古汉语
常用同义词疏证

洪成玉 著

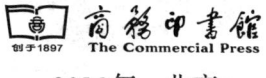

2018年·北京

图书在版编目(CIP)数据

古汉语常用同义词疏证 / 洪成玉著. — 北京：商务印书馆，2018
ISBN 978-7-100-15786-5

Ⅰ.①古… Ⅱ.①洪… Ⅲ.①古汉语—同义词—研究 Ⅳ.①H131

中国版本图书馆 CIP 数据核字(2018)第 023608 号

权利保留，侵权必究。

GǓHÀNYǓ CHÁNGYÒNG TÓNGYÌCÍ SHŪZHÈNG
古汉语常用同义词疏证
洪成玉　著

商 务 印 书 馆 出 版
(北京王府井大街36号　邮政编码100710)
商 务 印 书 馆 发 行
北京通州皇家印刷厂印刷
ISBN 978-7-100-15786-5

2018年6月第1版　　开本 880×1230 1/32
2018年6月北京第1次印刷　印张 22⅝
定价：76.00元

目　　录

自序 ……………………………………………………	1
凡例 ……………………………………………………	6
词目 ……………………………………………………	9
正文 ……………………………………………………	1
汉语拼音检索 …………………………………………	671
后记 ……………………………………………………	694

自　　序

　　本书所收的同义词词条,平均每组约有1500字左右,都能独立成篇,相当于微型论文。其中有近百组词条,有的曾收录在此前出版的拙著《古汉语同义词辨析》一书中;有的曾刊发在《天津师大学报》《北京师院学报》和其他多种刊物上。本书之所以称为疏证,是指对每一组同义词,先注释其共同的意义,然后证其同,而后疏其异。整个疏证过程,是一个收集整理、分析研究的过程。本书所收的同义词共410组,收词2363个(不包括括号内的古今字、同源字、异体字、通假字、繁简字),平均每组同义词约6个,不妨可以说,对古汉语常用同义词的研究,已颇具规模,并反映了古汉语常用同义词研究的基本面貌。

　　同义词是一个很复杂的词义现象。何谓同义词?至今还存在不同的理解,还没有一个统一的认识。1988年出版的《中国大百科全书·语言文字卷》这一语言文字学专科性的辞书,因回避矛盾,就不收"同义词"这一在语言中常用的词目。本书从汉语的实际出发,并参照古代具有同义词性质的《尔雅》《广雅》,确定同义词为有同有异的近义词。一个词往往有很多意义,在不同的各个词中,其中有某一个意义是相同的,就确定其为同义词。本书的绝大多数同义词词条,就是在研究的基础上确定的。因此,在近万个不同的词中,分析出其中共同的意义,不仅是一个收集整理的过程,而且还是一个分析研究的过程,这是其一;其二,在各个不同的词中,这个共同的意义,究竟是如何形成的?这就需要进行更深层次的分析研究。我在1983年发表在《中国语文》上的《古汉语同义词及其辨析方法》一文,就是探讨这个问题的。

　　从宏观观察,古汉语同义词可分两大类:一类是共时的,一类是历时的。一般来说,先秦时期的同义词多为共时的。语言中的词,一般反映该时期的人们对周围事物接触和认识范围以及思维状态。由于先秦时期,人们所接触和认识的范围,总的来说还相对较窄,因此,有不少同义词是对同一事物或行为观察比较细致或观察角度不同而形成的。如同是窗户,位于北面的称"向",位于南面的称"牖";同是从事商业的人,"商"指行商,即流动货物者,"贾"指坐贾,即开商铺出售货物者;同是河流,在北方的称河(当时为黄河的专称),在南方的称江(当时为长江的专称);等等。

以上所举的例子是名词,动词也是如此。同一行为,因行为对象、方式或程度不同而形成同义词。如同是雕刻,所刻的是木质材料称"刻",是金属材料称"镂",是玉质材料称"珊"或"琢";同样是对别国发动战争,大张旗鼓称"伐",不事声张称"侵",乘人不备称"袭",上对下称"征";同样是摇动,摇动幅度大的称"掉",摇动幅度小的称"摇";同样是饥饿,吃不饱称"饥",什么也没有吃称"饿";等等。这种现象,同时也反映当时的人对事物名称或行为的概括能力相对较低。现在这种现象一般已由复音词或词组所取代。当然,这种在现在看来过于琐细的区分,也是适应当时对事物准确表达的需要,是完全合理的。此外,这实际上也是古汉语同义词形成的一种途径。

汉语丰富的同义词中,更多的是历时形成的。如表示文字义的"文 名 字","文""名"在先秦时期就是一对同义词,"字"约在秦汉时期,始产生文字义,与"文""名"成为同义词。再如表示父亲义的"父 翁 爹 爷(耶) 爸 怙 严","父"甲骨文时期就有,"翁"的父亲义始见于《史记》,"爹""爷""爸"约产生于汉末至魏晋时期,"怙"单用表示父亲义约始于隋唐,"严"单用表示父亲义约始于明代。又如表示薪俸义的"俸 禄 薪 饷","禄"的薪俸义约产生于春秋时期,"俸"约产生于战国末期,"薪""饷"的薪俸义约产生于明清时期,等等。

历时形成的同义词,它们的本义各不相同,其形成途径比较复杂。有的是一次性词义的引申便形成同义词。如表示牢固、结实义的"坚 固 牢","坚"的本义是指土质坚硬,引申为泛指坚固;"固"的本义是要塞,引申为凡坚牢曰固;"牢"的本义是牛圈或马圈,引申为牢不可破。再如表示黑色的"黑 卢 黔 墨 黎 骊 黝 乌 玄 青 皂","黑"的本义是火所熏的颜色,引申为凡是黑色都称黑;"卢"的本义是火炉,因被火所熏,引申为黑色;"黔""黎"因黔首、黎民都是指老百姓,因一般百姓没有冠带,都是黑头,引申为凡黑之称;"墨"的本义是书写所用的黑色颜料,引申为泛指黑色;"骊"的本义是深黑色的马,引申为黑色的泛称;"黝"的本义是微青带黑,引申泛指一般黑色;"乌"的本义是乌鸦,乌鸦全身黑色,唯眼睛带有白色,去掉眼睛,全是黑色,因而为黑色的泛称;"玄"的本义是黑中微带赤色,引申为泛指黑色;"青"的本义,《说文》解释为"东方色也。木生火,从生丹,丹青之信言必然也",清徐灏《说文解字注笺》认为应是"石之青者,引申之,凡物之青色皆曰青矣";"皂"的本字作"草",本义是栎实,栎实可以染布帛为黑色,引申为凡黑色之称。等等。

而且,词义引申所形成的同义词,往往不是词义一次性的引申所形成的。有的是引申义辗转引申所形成的,即引申义再次引申而后才形成同义词。如表示一年四季的"季"与"时"是一组同义词,"时"的本义就是季;"季"的本义是年少者,引申为每季的最后一个月,如季春、季夏、季秋、季冬,就是指每季的最后一个月,约在汉代又引申为四季的"季"。再如表示供奉神或佛处所的"寺 庙 观 庵 刹",其中的"寺"的本义应是宫中内侍,主要指阉竖,即宦官;秦汉时宦官主外廷,引申出官署义;汉明帝时,有僧以白马驼经自西域来,入住鸿胪寺(当时接待外宾的机构),后来僧死于鸿胪寺,遂名其处为白马寺,又引申出寺庙义。"观",本义是仔细察看,引申为观望,又引申为观望的处所,即宫阙,义引申为道观,即道教的庙宇。

除因从本义引申而形成的同义词外,还有因古今、同源、方言甚至假借、神话传说等多种途径而形成同义词。

由古今关系而形成的同义词。这有两种情况:一种是由古今字直接形成的同义词。如表示抬头看的"昂 仰","昂""仰"都是"卬"的今字,而"仰""昂",又是古今字。因为古今字也是同义词(参见拙著《古今字字典》),本书考虑"昂""仰"都是"卬"的今字,只酌情收这一条,以表明古今字也是形成同义词的一条途径。另一种情况是古今字与其他词形成同义词。如表示瞳孔的"眸 瞳 睛 矑 眹",其中的"牟""眸"、"童""瞳"、"精""睛"、"卢(盧)""矑",都是有某个意义相同的古今字,与"眹"形成同义词。再如表示脚的"止 趾 足 脚",其中的"止""趾"是古今字,与"足""脚"形成同义词。等等。

由同源关系与其他词形成的同义词。如表示事物间的空间小,即稠密的"密 比 数 稠",其中的"密""比"同源,与"数""稠"形成同义词。再如表示配偶的"配 偶 妃 俪 仇",其中的"配""妃"同源,与"偶"等词形成同义词。又如表示从事商业活动的"商 贾 贩 沽","贾""沽"同源,与"商""贩"

形成同义词。等等。

由方言词参与而与其他词形成的同义词。如表示迎接的"迎 逆 迓",其中的"迎""逆"是方言词,"关东曰逆,关西曰迎",与"迓"形成同义词。有的是完全由方言词形成的同义词。如表示家畜的"豕 猪 豴 豨",全是方言词。《方言》卷八:"猪……关东西或谓之豴,或谓之豕,南楚谓之豨……吴、扬之间谓之猪。"

历时同义词中还有因文字假借而形成的。有的同义词,是假借字与正字并驾齐驱或喧宾夺主成为同义词。如表示水边陆地的"岸 干 皋 涯 滨 涘 溠",其中的"干"的本义是干犯,是个动词,假借为"岸",与"岸"并驾齐驱,和"皋""涯"等词形成同义词。再如表示豆类植物总称的"菽 豆","菽"的本义就是豆类,而"豆"的本义是盛肉的器皿,假借为豆类以后,喧宾夺主,如今成为豆类的常用词。

还有的同义词甚至因神话传说的某些词参与而形成同义词。如表示太阳的"日 阳 景 曦(羲) 乌",其中的"曦",是"羲"的今字。传说中的羲和是太阳神,后以"羲"或"曦"指代太阳;再如"乌",古代神话传说中太阳中有三足乌,后便以"乌"指代太阳。"羲""乌"两词遂与"日"等形成同义词。再如表示月亮的"月 阴 兔 蟾蜍 桂 嫦娥 望舒 婵娟",其中的"兔",传说中是月亮之精;"蟾蜍",传说月亮中有蟾蜍;"桂",传说月亮中有桂树;"嫦娥",是传说中月亮的女神;"望舒",是传说中为月神驾车的神;后这些词都用来指代月亮,与"月"等词形成同义词。

以上的约略介绍表明,同义词的形成并对其疏证,是一个十分艰辛的研究分析过程。中国、印度和希腊是三个世界语言学研究的中心。印度早在4世纪以前,就对梵语的语音系统进行了准确系统的描写。希腊在4世纪以前就明确地提出了词的语法分类和性、格等语法范畴。而我国独树一帜,是从研究语义开始的。早在先秦时期就在广泛研究的基础上,产生了传统语言学的奠基著作《尔雅》。由于语音、语法的有限性、规律性、封闭性,研究相对比较容易取得突破并产生成果,而语义由于其开放性、无限性、复杂性,至今仍是我国语言研究中比较薄弱的一个环节。世界语义学的研究也存在类似情况。因为国外对语义的研究是"以哲学家的概念和框架为基础"(徐烈炯《语义学·前言》)展开的。西学东渐以后,我国受西方语义研究的影响,以致到目前为止,连什么是词义这样看起来不成问题的问

· 4 ·

题,都存在种种不同的理解。《中国大百科全书·语言文字卷》所以不收"同义词"这一词条,就反映这种研究现状。

有鉴于此,我知难而进,在继承传统语义研究的基础上,从汉语的实际出发,力图对汉语语义尤其是同义词,进行深入探讨并也取得了一些初步的研究成果。三十多年来,先后发表和出版了一些有一定影响的论文和著作。这些研究成果,虽然是初步的,但也不妨看作是对汉语语义研究领域的一种开拓和创新。我深切地期待同行和方家的批评指正。

洪 成 玉

2015 年 4 月

凡　例

收词原则

一、同义词的确定：同义词一般都是意义有同有异的近义词。当几个词性相同的词，其中有某一意义相同时，本书就确定它们为同义词。

二、收词范围：

1.以常用同义词为主，但也有少数词目连类而及，一些稍偏僻的词也酌情收入。如表示老年妇女的"妪　媪　婆　姥　妽"，其中"妽"就稍偏僻。

2.以单音词为主，有的词目也酌收一些复音词，如表示刻在木、玉或金属上用作凭信的印记的"印　玺　章　宝　关防　钤记　图章"；还有个别词目是以复音词为主，如表示中国或中国的别称的"中国　华夏　夏(诸夏)　中夏　华(诸华)　中华　神州　赤县"。

三、收词时间：汉语是有文字记载的世界上最古老的语言之一，历史很长，而且同义词的形成有一个历史过程。收词的起点，一般从先秦开始，以先秦两汉为主，兼及魏晋南北朝以至唐宋，但有的连类而及，考虑到同义词发展的延续性，元明清时期的也酌情收入。如表示选择、挑选的"选(撰)　遴　择　柬(简　练　拣)　差　抡(论)　相　卜　滑　索　采　摘　挑"，其中"挑"约是明清时期产生的后起义。

编排体例

四、词目的排列：一般是按名词、形容词、数词、动词、副词、介词、代词、连词的顺序排列。其间用词类名分隔。

五、词条、词目的组成：词条，由两个(含两个)以上的词目组成，多的可达十几个。每一组词条下都有一个共同的语义解释。词目用〔　〕标明，有古辞书解释的，先引用辞书解释，然后引用书证。为了避免孤证和便于参考，书证一般都在三个以上，五个以内，并按时代先后排列。

六、同义词的辨析:在词目的下面用鱼尾号标出的【辨】,是对同义词进行逐个辨析。词的同义现象比较复杂,可资辨别的内容有多有少,因此篇幅也有长有短。篇幅长的部分对认识同义词的面貌很有参考价值。但多数同义词的辨析只有两部分:一部分是说明组成同义词的词,它们的本义(主要参考《说文》)各不相同;一部分是说明组成同义词的词,它们的词义内涵(介绍除共同义项以外的其他主要义项)各不相同。但也有少量词目,主要是虚词词目,只是在单词目下指出用法上的某些区别,没有列【辨】。

七、有的条目,最后还有用鱼尾号标出的【附】。【附】后收集的是介绍供参考用的同义词。如表示男子的配偶义的一组同义词:"妻 妾 后 妃 娣 姬 内 房 室 房",最后列有【附】,是介绍也含有妻妾义的词:宠 正后 皇后 女君 民母 坤极 正妃 妃子 娘娘 小君 少君 妇人 元妃 主内 老妇 寡小君 小童 妻子 妻儿 妻房 妻室 内人 内子 内助 内舍 内妇……。

八、所引的书证和注释,一般都标明作者或注释者。书证如汉王充《论衡》、汉桓宽《盐铁论》,注释如郑玄注、段玉裁注。但先秦的经书、子书或历代的史书,一般都只标出书名。如《尚书》《庄子》《战国策》《史记》《三国志》。有争议的注释,只标出姓氏,如毛传。

释义

九、在每组词条下面都用鱼尾号标出的【同】,对同义词的共同语义做出解释。

十、释义一般分两部分:前面部分是对词义做概括的解释,后面部分是对概括义进一步做具体的解释(中间用逗号","隔开)。如"奴 婢 妾 奚 臣 隶 房",解释为"奴隶,为奴隶主劳动而失去人身自由的人"。但也有的多词目释义只有具体的解释,如"英 雄 豪 杰 雄 彦",解释为"才能出众的人"。

文字

十一、在词条中,有的词目后面附有括号,括号内的字都是文字现象。有的是古今字,有的是通假字,有的是异体字,有的是同源字。如"瞳(童)","童"是古字、"瞳"是今字,"须(鬚)","须"是古字、"鬚"是今字;如

"尤(邮)","馈(餽)",括号内的是通假字;"睹(覩)",括号内的是异体字;"偶(耦)""洪(宏 闳 弘 鸿)",括号内的是同源字。

注音

十二、词条中的每个词目都有用汉语拼音的注音。注音悉从今读。但有辨义作用的读音仍遵古读。如表示行为多次进行的"亟 qì""数 shùo"等。

十三、括号内的字一般与它前面的词读音相同。但有的实为一词,古时读音也相近,而今读已别,也附在括号内,如表示如此义的"宁馨(如馨 尔馨)";有的是外来词,同一个词而翻译不同,读音也不完全一致,也附在括号内,如表示古时外国人对中国的称谓的"震旦(振旦 真丹 旃丹 神丹)";这些括号内的字,可仍读如字。

词 目

名 词

日 阳 景 暾 曦(羲) 乌 ……………………………………… 2
月 阴 兔 蟾蜍 桂 嫦娥 望舒 婵娟 ………………………… 4
河 汉 …………………………………………………………… 9
代 世 …………………………………………………………… 11
世 代 时 ……………………………………………………… 12
年 岁 载 祀 兹 ……………………………………………… 13
时 季 ………………………………………………………… 14
日 昼 明 ……………………………………………………… 15
旦 朝 早(蚤) 晨 夙 ………………………………………… 16
夕 昏 暮(莫) 晚 暝 ………………………………………… 18
人 民 氓(萌) 甿 庶 百姓 黎民 黔首 布衣 匹夫 ……… 19
奴 婢 妾 奚(傒) 臣 隶 虏 ………………………………… 22
工 匠 陶 冶 技 ……………………………………………… 24
商 贾(估) 贩 沽 …………………………………………… 26
店 铺(舖) 肆 邸 …………………………………………… 27
兵 卒 士 甲 褚 徒 勇 ……………………………………… 28
弓 弩 弧 ……………………………………………………… 30
矢 箭 矰 镝 ………………………………………………… 31
箙(服) 靫(叉) 韔 ………………………………………… 33
鞘(削) 韒 室 ……………………………………………… 34
甲 (鉀) 介 铠 函 …………………………………………… 36
胄 鍪(兜鍪 鞮鍪) 盔 ……………………………………… 37
盾(楯) 瞂 干 橹 …………………………………………… 39

官 僚(寮) 吏 宰 ……………………………………… 40
英 俊 豪 杰 雄 彦 ……………………………………… 41
巫 觋 ……………………………………………………… 43
男 夫 汉 士 ……………………………………………… 44
叟(傁) 老 翁 艾 ……………………………………… 45
妇 女 姑 娘 妪 媪 …………………………………… 46
媪 妪 婆 姥 妣 ………………………………………… 47
父 翁 爹 爷(耶) 爸 怙 严 ………………………… 48
母 娘(孃) 妈 姥 慈 恃 …………………………… 50
妻 妾 后 妃 娣 姬 内 室 房 ……………………… 51
匹 配 妃 偶(耦) 俪(儷) 仇(逑) ……………… 54
子 儿 男 崽 …………………………………………… 56
兄 昆(晜) 哥 ………………………………………… 57
姊 姒 姐 媭(女须) ………………………………… 58
婿(壻) 倩 东坦 ……………………………………… 59
妹 弟 娣 媦 …………………………………………… 60
儿 孺 婴 孩 童 僮 稚 ……………………………… 61
祖 宗 先 ……………………………………………… 63
姓 氏 ………………………………………………… 64
嗣 裔 苗 昆 後 胤 胄 ……………………………… 66
等 伦 侪(夷) 曹 属 辈 徒 俦(畴) …………… 67
类 属 比 畴 丑 ……………………………………… 70
首(页) 头 颅 颡 …………………………………… 72
顶 颠 ………………………………………………… 73
额(額) 颜 颡 题 颔(定) 颅 …………………… 74
容(颂) 貌(皃) …………………………………… 76
目 眼 ………………………………………………… 76
眸(牟) 瞳(童) 睛(精) 矑(卢) 眹 …………… 77
涕 泣 泪(泪) ……………………………………… 79
涕 洟 泗 …………………………………………… 81
胡(鬍) 须(鬚) 髯(顄) 髭(頾鬜) 而(耏鬍) … 82

· 10 ·

皮 肤(膚) ··· 84
皮革 韦 鞹(鞟) ··· 85
胸(匈) 膺 臆(肊) ··· 86
颈 项 领 胫 亢 ··· 87
背 脊 ·· 88
脚 胫 胈 股 骹 ··· 88
止 趾 足 脚 ··· 90
迹(跡 蹟) 踪(蹤 從) 迒 躅 ································ 90
冠 冕 弁 章 甫 帽 ··· 92
栉 梳(疏) 篦(比 枇) ·· 94
履 屦 舄(舃) 屣 鞋(鞵) 靸 ································ 95
宫 室 房 屋 ··· 96
宫 殿 ·· 98
第(弟) 邸 府 ··· 98
寺 庙 观 庵(菴) 刹 ·· 100
陛 除 阶(堦) 阼 级 磴(蹬) 砌(切) ················· 101
门 闱 闺 阁 阁 户 扉 扇 ····································· 104
限 阃(梱) 阈 槛 柣 橜 ·· 107
仓 廪 困 庚 廒(敖) ·· 108
府 库 ·· 110
栋 梁 极 ·· 111
柱 楹 ·· 112
础 礩 质 碣(舄) 磉 ·· 112
窗(囱 窻 窓 窓 牕 牎) 牖 向(嚮 乡) ················ 114
外 表 ·· 115
内 里 中 ·· 117
清(圊) 溷(圂) 匽(偃) 东 厕 ··························· 118
园 圃 囿 苑 ··· 120
土 壤 泥 ·· 121
坟 墓 冢(塚) 垄 丘(邱) 陵 茔 瘗 封 ················ 122
碑 碣 ·· 125

· 11 ·

本 根 柢(氐) 株 …… 126
基 本 …… 127
菽(尗 叔) 豆 …… 128
茶(荼) 茗 荈 …… 128
柴 樵 薪 蒸 荛 …… 130
功 劳 勋(勳) 绩(勣) 伐(阀) 烈 …… 131
俸(奉) 禄 薪 饷 …… 134
龟 贝 泉 刀 布 货 钱 金 银 币 …… 136
书 籍 …… 140
版 方 牍 牒 札 …… 140
篇 卷 …… 142
篇 什 …… 143
书 信 函 翰 牍 简 笺(牋) 缄(械) 札 椠 柬 鸿 羽 鲤 …… 144
文 名 字 …… 151
印 玺 章 宝 关防 铃记 图章 …… 152
契 券 质 剂 …… 153
计 策(筴) 谋 谟 略 …… 155
法 律 令 …… 157
译 象 寄 狄鞮 …… 158
绅 带 …… 160
绳 索 …… 160
网(冈 網) 罟 罗 …… 162
囊 橐 袋(帒 縢) …… 163
匣(柙) 匮(櫃) 匵(椟) 函 …… 165
箧 笥 箪 箱 篋 …… 166
车 舆 辇 辂(路) 轺 轩 …… 167
传 遽 驿 驲 …… 169
舟 船 舸 舫 …… 171
楫(檝) 桨 橹 櫂(濯 棹) 桡 …… 172
行 道 路 途(塗 涂) 径 畛 …… 174
衢 街 冲(衝) …… 177

12

桥 梁 圯 航 杠(矼) 彴 …… 178
国 邦 …… 180
中国 华夏 夏(诸夏) 中夏 华(诸华) 中华 神州 赤县 …… 181
秦 汉 唐 震旦(振旦 真丹 旃丹 神丹 支那 至那 脂那) …… 184
城 郭 郛 …… 186
邑 都 国 城 …… 187
囹 圄圉(圉圄) 狱 牢(牢房) 犴 监 夏台(均台) 羑里(牖里) …… 189
法 模 范(笵) 型(刑) 镕 …… 192
隍 堙 池 壕(濠) …… 194
封 疆(畺) 境(竟) 界 埸 …… 196
险(崄) 阻(岨) …… 198
阜 丘(邱) 虚(墟) 陵 阿 京 …… 199
堤(隄) 防(坊) 塘(唐) 障 堨 堰 坝(壩) …… 202
孔(空) 穴 洞 窍 窾 穿 眼 …… 204
隙 际 缝 间 罅 …… 206
质 的 侯 正 鹄 招 臬(槷) 准(埻) 志 格 垛 贴(帖)
　靶(靶子 把子) …… 208
钜 刚 钢 …… 210
禽 兽 …… 211
翼 翅 羽 …… 212
巢 窠 窝 …… 213
豕 猪 彘 豨 …… 214
狗 犬 …… 215
羊 羔 羝 羭 …… 217
雄 牡 父(馭) 公 …… 218
雌 牝 母 草 (騲) …… 219
花(蘤) 华 荂 荣 英 秀 葩 蕊 菁 芳 …… 220
池 沼 塘 洿(污) 潢 …… 223
江 河 水 川 渎 …… 225
波 浪 涛 澜 涟 沦 漪 …… 227
洲(州) 渚(陼) 沚 坻 …… 229

岛 屿 ……………………………………………………………… 231
岸 干 皋(皐) 涯(崖 厓) 滨(濒 频) 涘 澨 ……………… 231

形 容 词

白 皎 皓(暠) 皤 皑 皙 素 缟 雪 霜 ………………… 236
黑 卢(黸) 黔 墨 黎 黳 骊 黝(幽) 乌 玄 青 皂 ……… 238
红 朱(絑) 赤 丹 彤 绛 驿 檀 猩 茜 血 …………………… 241
安 定 宁 靖 宓(密) 憺(澹) 治 ………………………… 245
诚 信 …………………………………………………………… 247
恭(共) 敬 …………………………………………………… 247
谨 慎 …………………………………………………………… 248
朴 素 …………………………………………………………… 249
纯 粹 …………………………………………………………… 250
杂 驳(駮) ……………………………………………………… 251
美(媄 嬩) 好 丽 佳 姝 娥 姪 姣 ……………………… 251
丑(醜) 媸(蚩) 恶 陋 ………………………………………… 253
香 芬 芳 馨 馥 苾 ……………………………………………… 255
喜 乐 悦(说) 怿(释) 怡(台) 欢(懽 驩) 欣(忻 訢) 快 … 257
愤 恚 怒 恚 忿 悁 愠 ………………………………………… 260
安 宴 逸(佚) 豫(誉) 康 恺(凯 岂) 愉(媮) …………… 262
骄(乔 娇 憍) 傲(敖 骜 謷 慠) 倨(踞 据 裾) 矜 满
  岸 慢(嫚 谩) 亢 …………………………………………… 264
愚 蠢(惷 憃) 戆(赣) ………………………………………… 267
盲 瞽 矇 瞍 瞎 ………………………………………………… 268
过 失 愆 尤(邮) 错 误 谬(缪) 讹(譌) 差 忒 爽
  咎 舛 乖 ……………………………………………………… 270
疑 惑 …………………………………………………………… 274
疲(罢) 惫 倦 券 勚) 困 极 ………………………………… 274
等 同 均(钧) 齐 侔(牟) 垺 ………………………………… 276
殊 异 …………………………………………………………… 278
众 多 夥 ………………………………………………………… 279

寡 少 鲜（尟尠） 稀（希） 罕 …… 280
馨（謦） 尽 竭 绝 空 净 光 …… 281
稀（希） 疏（疎） …… 284
密 比 数 稠（綢） …… 285
清 洁（絜） 净（瀞） 皭 …… 286
污（汙汚） 秽（薉） 浊 龌龊 邋遢 肮脏（髒） 腌臜 …… 288
迅 速 遄 疾 快 捷 径 …… 290
徐 迟 缓 慢 …… 292
巨（钜） 大 洪（宏弘闳鸿） 硕 夏 京 封 溥（普） 博 …… 294
辽 远 遐 遥 逖（遏） 邈 迥（泂） …… 297
近 迩 …… 299
修（脩） 长 …… 299
坚 固 牢 …… 300
调 和（龢） 谐（龤） …… 301
湿（溼） 濡 …… 303
干（乾） 燥 晞 …… 304
涸 竭（渴） 枯 干（乾） …… 305
炎 暑 热 燠（奥） 温 暖（煖煗） 暄 …… 306
寒 冷 凉（涼） 清（凊） 冽 凛（澟凜） 沧（滄） …… 309
圆（员） 圜 团（抟博） 圞（圝栾挛） …… 311
弯 曲 屈（诎） 枉 桡（挠） 宛 …… 313
盈 溢 满 …… 315
空 虚 …… 316
枯 槁 …… 316
凹 洼（窪窐） 窊 窳 阴 …… 317
凸 突 隆 坟 …… 319
峭（陗） 峻（陖） 陡（斗） …… 320
给 足 赡（澹詹） 裕 饶 殷 丰 富 阜 …… 321
贫 穷 …… 324

数 词

一 壹 ··· 327
二 两 再 贰 ··· 327
三 九 ··· 329

动 词

身 孕 妊(姙 任) 娠(震) 重 ························· 332
生 产 字 乳 娩(免) ··· 333
笑 哂 莞 ·· 334
哭 泣 啼(嗁 謕) 号(嚎) 咷 ····························· 335
爱 惠 怜 慈 字 子 ··· 337
怜 悯(闵 愍) 矜 哀 ··· 338
爱 好 喜(憙) 嗜 ··· 340
爱 惜 珍 啬(穑) ··· 341
吝(悋) 啬 悭 鄙 靳 ··· 342
依 从 听 顺(训) 徇 若 将 ······························ 344
矜 伐 夸(誇 侉) ··· 346
观 察 ··· 347
视 见 睹(覩) 觌 看 瞧 瞅 ······························ 348
眺 望 ··· 350
觇 觑(覰) 窥 阚 闪 瞧 ···································· 351
眄 睇 瞟 睃 睥睨(俾倪 辟倪 辟睨) 盻 ······· 352
瞬(瞚) 睫 眨 瞵 ··· 354
听 闻 聆 ·· 356
低(氐) 俯 俛(俛 頫) ······································· 357
昂(卬) 仰 ··· 359
之 适 如 往 ··· 360
至 到 造 抵 臻 诣 ··· 361
趋 走 奔(犇) ··· 363
退 却(卻) ··· 364

追 逐 ………………………………………………………	365
迁 徙 移 ………………………………………………………	366
居 住 ………………………………………………………	367
启(啟启) 开 阊 辟(闢) 阐 ………………………………	368
关 闭 阖 阇 扃 ………………………………………………	370
入 内(纳) ………………………………………………	371
寐 寝 卧 眠(瞑) 睡 …………………………………	372
觉 寤(悟) 醒 ………………………………………………	374
苏(稣甦) 醒 ………………………………………………	376
坐 跪 跽 ………………………………………………	377
踞(居) 蹲 竣 跠(夷) ………………………………	378
依(隐) 倚 凭(冯慿凴) 靠 …………………………	380
迎 逆 迓(讶御) ………………………………………	381
祭 祀 ………………………………………………	382
言 语 ………………………………………………	383
曰 云 言 语 道 叙 述 陈 说 ………………………	384
语 谓 告 诰 诏 ………………………………………	387
书 写 ………………………………………………	389
传 诂(故) 训 笺 注(註) 疏 ………………………	390
契(栔锲) 刻 雕(琱彫) 琢 镂 铭 镌 勒 …………	393
呻 吟 ………………………………………………	395
讽 诵(颂) 读 ………………………………………	396
图 画 绘 繢 ………………………………………	397
仕 宦 ………………………………………………	399
陟 登 升(昇陞) 乘 上 爬 …………………………	400
迁 升(昇陞) 进 晋 陟 登 擢 拔 …………………	402
任 用 除 ………………………………………	405
免 罢 黜(绌) 废 退 ………………………………	406
讥 讽(风) ………………………………………	408
诽(非) 谤 ………………………………………	409
劝 勉 励 勖 懋(茂) ………………………………	410

谏 诤(争) 证 …………………………… 412
唯 诺(喏) 唉 …………………………… 413
应(應) 对 答(荅合) …………………… 415
允 许 诺 然 可 肯 听(聽) ……………… 416
耻(恥) 辱 ……………………………… 419
惭(慙) 愧(媿) ………………………… 420
畏 惮 恐 惧 怖 惶 悸 慄(栗) 怕 ……… 421
欺 诈 诳 诓 诒(绐) 诬 谩 谬(缪) 骗 … 424
狱 讼 ………………………………… 426
假 借 ………………………………… 427
租 赁 ………………………………… 428
质 赘 贴 ……………………………… 429
骂 詈 诟(詢) ………………………… 430
咒(呪 祝) 诅(作) …………………… 431
馈(餽 归) 遗 赠 送 贻(诒) 赍(齎) 贡 献 … 433
赐(锡) 与 予 畀 给(丏 匄) …………… 435
奉 承 ………………………………… 437
振 拯(抍 承 撜 丞) 救(捄) ………… 438
量 称 度 权 料 ………………………… 439
贸 易 换 ……………………………… 441
买 市 贾 货 购 售 酤(沽) …………… 443
卖 鬻(粥) 售 市 贾 货 酤(沽) ……… 445
饥 饿 馁(餒) ………………………… 447
秉 持 执 杖 操 握 把 拿(拏) ………… 448
负 背 佗(驮 驼) ……………………… 450
荷(何) 担(擔儋檐) 揭 肩 挑 扛 ……… 452
抱 任 负 ……………………………… 453
拔(拜) 捉 擢 挺 抽 …………………… 454
抱 抛 投 掷(摘提) 丢 扔 …………… 456
按(案) 捺 抑 搦 摩(擪) 捻 抹 ……… 458
束 缚 约 绁 缧(缫紲) 纬 缩 绷 绑 系 徽 捆(稇絪)

| 扎(紮紮)繫 ··· 460
| 摇 撼 掉 振 摆 晃 ···································· 463
| 招 召 呼(評) 唤 ······································· 465
| 沐 浴 盥 澡 洗 沫(頮靧) ················· 466
| 洗 洒 涤 盪(荡) 濯 浣(澣) ··············· 467
| 曝(暴) 晒 晞 暵 晾 ································ 469
| 藏(臧) 匿 窜 去 ··· 471
| 求 索 责 祈(蘄) 干 ································· 472
| 搜(蒐) 索 ··· 474
| 乞 丐(匄匃) ·· 475
| 遇 逢 遭 遘(覯姤) 迕(遻) 邂逅 偶 值(直) ······· 476
| 选(撰) 遴 择 柬(简练拣) 差 抡(论) 相 卜 涓
| 采 摘 索 挑 ··· 479
| 辨(辩班) 别 区 分 判 殊 异 择 ············ 484
| 擒(禽) 获 捕 捉 ·· 486
| 田(畋甸) 猎 狩(兽) ··································· 488
| 种(種) 树 艺(埶蓺) 植 殖 栽 莳 ········· 489
| 安 放 置(寘植值) 搁(阁) 措(错厝) 载 ·········· 492
| 处 置 材 ·· 494
| 捐 弃(棄) 舍(捨) 抛(抱) 掷 丢 扔 ············· 494
| 增 益 加 添 重 裨 ···································· 497
| 减(咸) 损 省 媘渻 杀 ······························· 499
| 如 若 似 像(象) 类 肖 ···························· 500
| 写 仿(放做) 效(俲効) 法 象 ···················· 503
| 因 袭 仍 ·· 505
| 更 改 革 变 易 ·· 506
| 渝 悛 ·· 508
| 贤 愈(瘉逾踰) 甚 多 胜 强 ····················· 509
| 逾 踰(隃) 越 超 ·· 512
| 遨(敖) 游(遊) ··· 513
| 游(遊) 泅(汓) 泳 浮 ··································· 514

涉 冯 厉(濿 砅) ……………………… 515
驱(敺) 驰 骋 …………………………… 516
踬(疐) 跆 蹪(隤) 蹶(蹙) …………… 518
僵 偃 偾 仆 毙(獘) 踣 ………………… 519
待 等 俟(竢) 须(胥需) ……………… 520
陈 列 罗 ………………………………… 522
含 函 涵 ………………………………… 523
盗 窃 偷 ………………………………… 524
丧 亡 遗 失 …………………………… 525
求 索 寻 觅 找 ………………………… 526
缮 补 修 ………………………………… 528
引 弯(贯) 彀 张 控 …………………… 529
征 伐 侵 袭 …………………………… 531
胜 捷 克(剋 尅) 赢 …………………… 533
拔 举 下 克 …………………………… 534
北 败 负 输 …………………………… 535
燃(然) 烧 焚 燔 爇(炳) 燎 炽 熯 炎 着(著) … 537
熄(息) 灭 救 …………………………… 540
警(儆) 戒 ……………………………… 541
禁 止 …………………………………… 542
覆 盖 苫 ………………………………… 543
萌 芽(牙) ……………………………… 544
坠(队 磂 磓 隧) 堕(陊 墯 隋) 撢(橐) 落 摽 陨 (碩 霣)
  颠 越 掉 …………………………… 545
环(还 圜) 周(舟) 匝 营(縈 赢) 婴(攖) 宫 围 团 绕(遶)
  带(递) 缘 抱 拱 佩 ………………… 548
连 联 接 属 缀 ………………………… 553
继 续 赓(庚 更) ……………………… 555
欧 呕 吐 ………………………………… 556
疾 病 …………………………………… 557
痊(全) 愈(瘉 俞) 瘥(差) 瘳 间 已 除 可 …… 558

死 亡 卒(殚) 殁(没)殇 终 故 逝 殂(徂) 薨 崩
殡(殒) 夭(殀) 殇 ………………………………… 561
吊 唁 ………………………………………………… 565
孵(孚) 伏 抱(菢) …………………………………… 566
阉 宦 犍 犍 羯 骟(扇善) 骒 镦 镦(镦) ……… 567

副　词

诚 信 审 ……………………………………………… 571
殆 盖 ………………………………………………… 571
复 又 重 再 …………………………………………… 572
孔 至 致 周 极 綦 极其 甚 良 雅 绝 剧 深 力 腊 … 574
殊 特 太(泰) 已 大 酷 死 ………………………… 577
很(狠) 好 好生 生 簇 怪 紧 健 忒 煞(煞杀) 忒煞 恶 十分
　分外 格外 非常 抵死 ………………………… 579
最 尤 尤其 巨 顶 …………………………………… 582
颇 稍 稍稍 稍为 微 微微 略 略略 差 少 小 些 些微 … 583
滋(兹) 滋益(兹益) 愈(俞逾瘉) 愈益 愈 愈更 益 益复
　益发 弥 弥更 弥益 况(兄) 更 更加 更为 更自 越 越越
　越发 越加 倍 倍加 剩 …………………………… 586
方 鼎 正 ……………………………………………… 591
适 会 正 恰 …………………………………………… 592
遂 乃 即 旋 寻 ……………………………………… 593
将 行 行将 行且 且 方 方且 ……………………… 594
既 既已 既而 已 已而 ……………………………… 595
立 即 顿 ……………………………………………… 596
亟 遽 ………………………………………………… 598
俄(蛾) 顷 …………………………………………… 599
暂 卒(猝) 忽 突 霎 乍(咋) 陡 奄(庵) 溘 ……… 600
素 素来 雅 向 ……………………………………… 604
终 卒 竟 ……………………………………………… 605
唯(惟维) 但(亶) 特 徒 直 弟(第) 仅 仅仅 止 祇 只 … 606

悉 皆 咸 尽 毕 并 俱(具) 举 凡 …… 609
屡(娄) 屡屡 骤 亟 数 数数 频 频频 比 比比 …… 611
不 弗 毋 勿 无 靡 蔑 罔 …… 613
毋(无) 勿 莫 …… 615
辱 忝 叨 猥 …… 616
惠 光 幸 …… 619
俯 垂 …… 621
暗 阴 微 潜 窃 私 …… 621
相 互 胥 厮(斯) …… 623

介 词

依 按(案) 以 如 倚 照 …… 626
向(嚮 乡) 面(偭) 对 当 朝 …… 627
于(扵) 见 为 被 吃(喫) 把 …… 629
以 用 由 为 因 唯(惟) 缘 坐 …… 632
与 将 和 跟 同 …… 633

代 词

余 予 我 吾 卬 朕 …… 636
汝(女) 而 若 乃(廼) 戎 尔 你 您(恁) 侬(阿侬) …… 637
其 厥 之 …… 639
此 是 斯 兹 之 若 …… 640
彼 夫 其 …… 642
然 尔 若 偌(惹) 云 许 宁 馨(如馨 尔馨) 能 恁(恁的 恁地 怎么 怎般 怎的般) …… 643
他(佗 它) 别 异 另 …… 646
谁 孰 …… 647
何 曷 胡 奚 底 …… 648
安 焉 恶(乌) …… 650

连　词

与　及　暨　若　和 ·································	653
而　以 ··	654
然　而　然而　但　抑　顾 ······························	655
非徒　非特　非独(匪独)　非直(匪直)　非但(非啻)　非唯(非惟) ······	656
况　况且　况乃　况乎　而况　又况　何况　矧 ·········	658
抑(意)　抑或　将　且　亡其(妄其　忘其) ·········	660
如　或　或者 ··	661
如　如令　如若　如使　如其　如或　如有　若　若令　若使　若或　若苟 ································	662
倘　倘若　倘如　倘或　倘使　傥　傥若　傥或　傥使　使　向使　乡使　设　设如　设若　设令　设使　脱　脱若　脱使　脱或　脱苟　令　弟令　即　苟　苟或　而 ··········	663
借　借使　借令　借如　藉　藉使　藉令　藉第令 ······	667
假如　假若　假而　假使　假令　假之　假设 ·········	668
微　自非	669
要之　总之 ···	670

名　词

日 阳 景 暾 曦(羲) 乌
rì yáng jǐng tūn xī wū

【同】 太阳,银河系的恒星之一,地球和其他行星围绕着它旋转并从它得到光和热。

〔日〕《说文》:"日,实也,太阳之精不亏。"《诗经·小雅·天保》:"如月之恒,如日之升。"《论语·子张》:"君子之过也,如日月之食焉。过也,人皆见之;更也,人皆仰之。"《孟子·万章上》:"孔子曰:'天无二日,民无二王。'"汉王充《论衡·感虚篇》:"儒者传书言:'尧之时,十日并出,万物燋枯。尧上射十日,九日去,一日常出。'"

〔阳〕《诗经·小雅·湛露》:"湛湛露斯,匪阳不晞。"毛传:"阳,日也。"《吕氏春秋·辩土》:"故畮欲广以平,甽欲小以深,下得阴,上得阳,然后咸生。"高诱注:"阳,日也。"《楚辞·远游》:"阳杲杲其未光兮,凌天地以径度。"王逸注:"日曜旭曙,旦欲明也。"《昭明文选·张协〈杂诗〉》:"浮阳映翠林,回飙扇绿竹。"李善注:"阳,日也。"唐温庭筠《边笳曲》:"嘶马渡寒碛,朝阳照霜堡。"

〔景〕《昭明文选·陆机〈长安有狭邪行〉》:"轻盖承华景,腾步蹑飞尘。"李善注:"华景,日也。"《昭明文选·王融〈三月三日曲水诗序〉》:"求中和而经处,揆景纬以裁基。"吕向注:"揆,度也;景,日也;纬,星也。言度日星以正东西南北之位。"南朝梁任昉《齐竟陵文宣王行状》:"于时景烛云火,风驰雨檄。"唐钱起《过长孙宅与朗上人茶会》诗:"岸帻看云卷,含毫任景斜。"明归有光《士立朝以正直忠厚为本》:"炎赫之景,一人吹之,不能为寒也。"

〔暾〕《楚辞·九歌·东君》:"暾将出兮东方,照吾槛兮扶桑。"王逸注:"谓日始出东方,其容暾暾而盛大也。"南朝梁沈约《梁南郊登歌二首》之一:"暾既明,礼告成。"宋杨万里《明发陈公径过摩舍那滩石峰下》诗:"东暾澹未熹,北吹寒更寂。"元周权《金焦两山》诗:"海暾红处谒仙山,不管刚风客耀寒。"清蒲松龄《聊斋志异·青娥》:"(生)周章逾时,夕暾渐坠。"

〔曦〕(羲) 晋陆云《四言失题》诗之五:"沉曦含辉,芳烈如兰。"南朝齐谢朓《奉和随王殿下》之五:"气爽深遥瞩,豫永聊停曦。"唐韩愈《南内朝贺归呈同事》诗:"薄云蔽秋曦,清雨不成泥。"元王恽《紫藤花歌》:"天孙夜掷紫霞被,满意下覆须春曦。"

"羲"是"曦"的古字。羲和是传说中的太阳神,后因以"羲和"或羲和的省称"羲"称太阳。晋郭璞《游仙诗》:"蓐收清西陆,朱羲将由白。"南朝宋谢惠连《秋怀》诗:"颓魄不再圆,倾羲无两旦。"李善注:"羲,羲和,谓日也。"唐韩愈《石鼓歌》:"孔子西行不到秦,掎摭星宿遗羲娥。""羲",太阳;"娥",月亮。

〔乌〕 古代神话传说太阳中有三足乌,所以用"乌"作为太阳的代称。《山海经·大荒东经》:"一日方至,一日方出,皆载于乌。"郭璞注:"中有三足乌。"晋陶潜《怨诗楚调示庞主簿邓治中》诗:"造夕思鸡鸣,及晨愿乌迁。"唐罗邺《冬日寄献庾员外》诗:"却思紫陌觥筹地,兔缺乌沉欲半年。"唐黄滔《白日上升赋》:"曦辔亭亭,乌光杲杲,爰脱屣于方厚,骤置身于苍昊。"元杨维桢《鸿门会》诗:"照天万古无二乌,残星破月开天余。"

【辨】

① 词的本义不同。"日",是个象形字,本义就是太阳。《说文》:"日,实也,太阳之精不亏。从○一,象形。""阳"的本义是山的南面或水的北面。《说文》:"阳,高明也。"段玉裁注:"不曰'山南曰阳'者,'阴'之解可错见也。""景"的本义是日光。《说文》:"景,光也。""暾"字,《说文》不收,其本义应是日将升起。《玉篇·日部》:"暾,日欲出。""曦"字,《说文》不收。"曦"当是"羲"的今字。羲和为传说中的太阳神,后也以"羲"省称日。"乌"的本义,按《说文》的解释是:"孝鸟也。象形。"

② 词义的内涵不同。"日"还有白天、每天、往日、光阴、时间单位等义。"阳"还有向阳部分、明亮、显露、复苏、男性生殖器等义。"景"还有光亮、景况、景色、光景等义。"暾"还有渐出、照物等义。"曦"还有日色、阳光等义。"乌"还有黑色义,还可用作疑问代词。

③ 能接受的修饰词不尽相同。"日"有初日(初升的太阳)、夕日(夕阳)、春日(春天的太阳)、夏日(夏天的太阳)、秋日(秋天的太阳)、冬日(冬天的太阳)、寒日(寒冬的太阳)、残日(夕阳)、旭日、晓日(朝阳)、晚日(夕阳)、炎日、烈日、酷日、斜日(西斜的太阳)、皎日(明亮的太阳)、皓日、落日、红日、赤日、骄日(骄阳)等。"阳"有夕阳、残阳、晓阳、晚阳、炎阳、秋阳、西阳(夕阳)、红阳、骄阳等。"景"有旭景(朝阳)、夕景(夕阳)、暮景(夕阳)、西景(夕阳)、落景(落日)、金景(夕阳)等。"暾"有初暾、夕暾(落日)、晨暾(朝阳)、晴暾、晓暾、海暾(海上旭日)、朝暾等。"曦"有东曦(初

日)、升曦、朝曦、斜曦等。"乌"有晨乌(初升的太阳)。

【附】 日车 日君 日珠 日宫 日御 日驭 日轮 日镜 日头 阳日 阳轮 阳曜 金乌 赤乌 踆乌 阳乌 乌轮 赤轮 赤鸦 丹羲 丹曦 丹灵 朱阳 赫曦 朱羲 朱曦 羲和 羲阳 羲御 羲驭 羲轮 羲曜 曦车 曦轩 曦辔 曦轮 曦和 曦曜

月 阴 兔 蟾蜍 桂 嫦娥 望舒 婵娟
yuè yīn tù chán chú guì cháng é wàng shū chán juān

【同】 月亮,地球的卫星。

〔月〕《说文》:"月,阙也,太阴之精。"《诗经·小雅·十月之交》:"彼月而食,则维其常。"《左传·襄公十四年》:"民奉其君,爱之如父母,仰之如日月,敬之如神明,畏之如雷霆,其可出乎?"汉王充《论衡·说日篇》:"且听儒者之言,虫物非一,日中何为有乌?月中何为有兔、蟾蜍?"北齐颜之推《颜氏家训·归心》:"天为积气,地为积块,日为阳精,月为阴精,星为万物之精,儒家所安也。"清姚士陛《月夜泊慈水》诗:"岸虫秋老急,江月夜深高。"

〔阴〕《素问·六节藏象论》:"日为阳,月为阴。"汉桓宽《盐铁论·非鞅》:"故利于彼者,必耗于此,犹阴阳之不并曜,昼夜之有长短也。"三国魏阮籍《采薪者歌》:"阳精蔽不见,阴光代为雄。"清龚自珍《叙嘉定七生》:"抱秋树之晨华,指太阴以宵盟。"

〔兔〕传说月中有兔。《埤雅·兔》:"旧说,兔者,明月之精。"汉张衡《灵宪》:"月者,阴精之宗,积而成兽,象兔、蛤焉。"《艺文类聚》卷一天部上引《五经通义》:"月中有兔、蟾蜍何?月,阴也;蟾蜍,阳也;而与兔并明,阴系阳也。"因以"兔"指称月亮。唐罗邺《冬日寄献庚员外》诗:"却思紫陌觎筹地,兔缺乌沉欲半年。"唐黄颇《闻宜春诸举子陪郡主登河梁玩月》诗:"虹影迥分银汉上,兔辉全写玉筵中。""兔辉",月光。清杨模《闰六月初七夜月》诗:"南讹莫认火西流,顾兔高悬略似钩。""兔"字还可与其他词组合称代月亮。如:

兔魄 元范梈《赠郭判官》诗:"慈乌夜夜向人啼,几度纱窗兔魄低。"明李昌祺《剪灯余话·江庙泥神记》:"俄而兔魄将低,鸡声渐动。"

兔轮 唐元稹《梦上天》诗:"西瞻若水兔轮低,东望蟠桃海波黑。"唐卢照邻《益州至真观主黎君碑》:"月硖紫城,疑兔轮之晓落。"

兔窟　清陈维崧《月当厅·虎丘中秋束蓬庵先生用梅溪词韵》："斜倚广寒,一望兔窟清深。"

玉兔　唐韩琮《春愁》诗："金乌长飞玉兔走,青鬓长青古无有。"清钱彩《说岳全传》第一三回："一路说,一路行,早已金乌西坠,玉兔东升。"

月兔　唐黄滔《省试内出白鹿宣示百官》诗："形夺场驹洁,光交月兔寒。"唐杜荀鹤《与友人话别》："月兔走入海,日乌飞出山。"

瑶兔　唐王勃《上明员外启》："侧闻金乌耸辔,俯圆燧而抽光;瑶兔浮轮,候方诸而吐液。"唐黄滔《丈六金身碑》："一夕雨歇天清,风微月明,瑶兔无烟,铜龙有声。"

玄兔　《昭明文选·谢庄〈月赋〉》："引玄兔于帝台,集素娥于后庭。"李周翰注："玄兔,月也。月中有兔象,故以名焉。"唐白行简《新月误惊鱼赋》："桂影西南,尽迷玄兔;与波上下,难晦紫鳞。"

冰兔　唐李绅《奉酬乐天立秋夕有怀见寄》诗："冰兔半升魄,铜壶微滴长。"

踆兔　清程晋芳《游太学观石鼓》诗："赤乌踆兔犹朦胧,六经聚讼如蚁丛。"

阴兔　南朝梁简文帝《大法诵》序："阴兔两重,阳乌三足。"北周庾信《秦州天水郡麦积崖佛龛名》："阴兔假道,阳乌回翼。"

〔蟾蜍〕　相传月中有蟾蜍,因以"蟾蜍"为月亮的别称。唐杜甫《八月十五日夜月》诗："刁斗皆催晓,蟾蜍且自倾。"明刘基《水龙吟·夜闻铜瓶汤响作》词："玉釭开尽丹葩,画簷深宿蟾蜍影。"清金农《东冈卧病》诗："蟾蜍两岁照秋林,忽忽奚堪百感侵!"

称代月亮的"蟾蜍",常省作"蟾"。唐李白《雨后望月》诗："四郊阴霭散,开户半蟾生。"前蜀韦庄《三堂东湖作》诗："蟾投夜魄当湖落,嶽倒秋莲入浪生。"清龚自珍《己亥杂诗》之一八二："误我归期知几许,蟾圆十一度无多。""蟾"或"蜍"还经常与相关的词组合,称代月亮。如:

蟾兔　《古诗十九首》之十七："三五明月满,四五蟾兔缺。"唐欧阳詹《玩月》诗："八月十五夕,旧嘉蟾兔光。"清方文《汤君谟读书敬亭寄此》诗："前夕与我约,月明登兹堂。蟾兔忽已缺,轩车犹未来。"

蟾宫　明朱鼎《玉镜台记·闻思》："岁月易推迁,倏而经年,又是秋之半,蟾宫几缺圆。"元王实甫《西厢记》第一本第三折："如玉殿嫦娥,微现蟾宫素影。"

蟾魄　唐元稹《寄怀赠李户曹》诗："华表当蟾魄,高楼挂玉绳。"清钮琇《觚賸·酒兵》诗："佳时恰遇蟾魄圆,触著狂怀兴蓬勃。"

蟾精　唐骆宾王《上兖州崔长史启》："叶凤彩之英姿,辨蟾精于弱岁。"

蟾轮　唐元凛《中秋夜不见月》诗："蟾轮何事色全微,赚得佳人出绣帏。"《敦煌变文集·十吉祥》："直如杲日出幽谷,恰似蟾轮入画堂。"

蟾盘　唐曹松《中秋对月》诗："无云世界秋三五,共看蟾盘上海涯。"清黄景仁《中秋夜雨》诗："今宵满意觞蟾盘,西北浮云早蓬勃。"

蟾镜　明陈子龙《长安夜归曲》："鸾篦蟾镜晓留人,御沟一夜冰纹白。"

秋蟾　唐姚合《秋夜月中登天坛》诗："秋蟾流异彩,斋洁上坛行。"宋辛弃疾《西江月·赋丹桂》词："杏腮桃脸费铅华,终惯秋蟾影下。"

皎蟾　清吴伟业、林云凤《梅花庵话雨联句》："有待闻乾鹊,无因见皎蟾。"

西蟾　宋张先《江城子》词："金字半开香穗少,愁不寐,恨西蟾。"

冰蟾　明汤显祖《牡丹亭·闹殇》："海天悠、问冰蟾何处涌?玉杵秋空,凭谁窃药把嫦娥奉?"清惜秋《维新梦·写本》："寻秋画烛,早红摇深柳书堂。看一派冰蟾泻冷,听几番风马敲凉。"

圆蟾　唐张碧《美人梳头》诗："玉容警觉浓睡醒,圆蟾挂出妆台表。"清朱孝臧《唐多令》："廊荫转疏槐,圆蟾明上阶。"

寒蟾　宋张铣《玉树后庭花》词之二："青骢一骑来飞鸟,靓妆难好,至今落日寒蟾,照台城秋草。"明李开先《宝剑记》第二十一出："鸡鸣客度关,望寒蟾将没,疏星犹灿。"

玉蟾　南朝梁刘孝绰《林下映月》诗："攒柯半玉蟾,裹叶彰金兔。"明无名氏《飞丸记·月下伤怀》："抬头问玉蟾,一样团圞,几般堪靦。"

琼蟾　明陈子龙《秋月篇》诗："海上琼蟾浴已过,天边玉䍌叶还多。"

明蟾　唐舒元舆《坊州按狱苏氏庄记室二贤自鄜州走马相访》诗："阳乌忽西倾,明蟾挂高枝。"

晶蟾　清黄六鸿《福惠全书·升迁·禀启》："九列光生,共指晶蟾。"

海蟾　宋梅尧臣《闻角》诗："高树朝光动,城头落海蟾。"

新蟾　唐温庭筠《夜宴谣》："高楼客散杏花多，脉脉新蟾如瞪目。"宋王安石《和平甫舟中望九华山》之二："忆在秋浦北，空江上新蟾。"

霜蟾　前蜀贯休《诗》："吟向霜蟾下，终须神鬼哀。"

灵蟾　宋梅尧臣《李康靖少傅夫人挽词》之一："宝剑知终合，灵蟾已陨西。"

金蟾　唐令狐楚《八月十七日夜书怀》诗："金蟾著未出，玉树悲稍破。"明高启《赋赵王孙家琵琶诗》："梦断金蟾隔烟小，青冢埋声秋不晓。"

银蟾　唐白居易《中秋月》诗："照他几许人肠断，玉兔银蟾远不知。"清王韬《淞滨琐话·田荔裳》："一夕宴罢，宿蝶未来，银蟾犹皎。"

蜍兔　清陈维崧《风流子》词："叹世上鸡虫，笑人寂寂；天边蜍兔，去我堂堂。"

蛤蟾　唐贾岛《夜坐》诗："蟋蟀渐多秋不浅，蛤蟾已没夜应深。"

〔桂〕传说月中有桂树，因以"桂"称代月亮。唐骆宾王《久戍边城有怀京邑》诗："葭繁秋引急，桂满夕轮孤。"唐元稹《赋得数蓂》诗："桂满丛初合，蟾亏影渐零。"唐李贺《房中思》诗："新桂如蛾眉，秋风吹小绿。"清洪昇《长生殿·闻乐》："云中细看天香落，仍倚苍苍桂一轮。""桂"还与相关的词组合表示月亮的代称。如：

桂花(华)　北周庾信《舟中望月》诗："天汉看珠蚌，星桥视桂花。"宋范成大《好事近》词："何待桂华相照，有人人如月。"

桂枝　唐卢照邻《明月引》："横桂枝于西第，绕菱花于北堂。"唐太宗《辽城望月》诗："魄满桂枝圆，轮亏镜彩缺。"

桂兔　唐韩偓《元夜即席》诗："桂兔韬光云叶重，烛笼衔耀月轮明。"明李东阳《太皇太后挽歌词》："桂兔秋逾好，轩龙晚更辉。"

桂月　《乐府诗集·杂曲歌辞八·东飞伯劳歌》："南窗北牖桂月光，罗帏绮帐脂粉香。"北周庾信《终南山义谷铭》："桂月危悬，风泉虚韵。"

桂魄　宋周邦彦《南柯子·咏梳儿》词："桂魄兮余晕，檀槽破紫心。"明徐渭《宴游西郊》诗："钩弯迟桂魄，流曲拟兰亭。"

桂轮　唐李涉《秋夜题夷陵水馆》诗："凝碧初高海气秋，桂轮斜落到江楼。"宋张先《燕归梁》词："去岁中秋玩桂轮，河汉净无云。"

桂蟾　唐卢照邻《赠益府裴录事》诗："朝看桂蟾晚，夜闻鸿雁度。"

月桂　南朝梁元帝《刻漏铭》："宫槐晚合，月桂宵辉。"《红楼梦》第四八回：“月桂中天夜色寒，清光皎皎影团团。”

　　蟾桂　唐罗隐《旅梦》诗："出门聊一望，蟾桂向人斜。"

〔嫦娥〕　嫦娥是神话里月中的女神。嫦，本作"恒"，因与"娥"连用，类化作"姮"。后因避汉文帝刘恒的讳，改为"常"，又因类化写作"嫦"。《淮南子·览冥训》："譬若羿请不死之药于西王母，姮娥窃以奔月。"高诱注："姮娥，羿妻。羿请不死之药于西王母，未及服之，姮娥盗食之，得仙，奔入月中为月精。""嫦娥"或"姮娥"，都可称代月亮。宋王安石《试院中五绝句》之三："咫尺宴留可奈何，东西虚共一姮娥。"清杨模《闰六月初七夜月》诗："半露姮娥能却暑，广寒深处玉为楼。"明唐寅《掬水月在手》诗："玉孅弄水金钿湿，要捧嫦娥对面看。"称代月亮的"嫦娥"也省作"娥"，并与相关的词组合表示月亮。如：

　　娥月　《昭明文选·王僧达〈祭颜光禄文〉》："凉阴掩轩，娥月寝耀。"

　　娥魄　唐许敬宗《奉和九月九日应制》："鹫岭飞夏服，娥魄乱雕弓。"

　　娥轮　唐许敬宗《奉和七夕宴悬圃应制》之二："婺闱期今夕，娥轮泛浅潢。"

〔望舒〕　神话中为月神驭车的神。《楚辞·离骚》："前望舒使先驱兮，后飞廉使奔属。"王逸注："望舒，月御也。"也可称代月亮。汉张衡《归田赋》："于时曜灵俄景，继以望舒，极盘游之至乐，虽日夕而忘劬。"《后汉书·蔡邕传》："元首宽则望舒朓，侯王肃则月侧匿。"李贤注："望舒，月也。"晋张协《杂诗》之八："下车如昨日，望舒四五圆。"唐耿湋《喜侯十七校书见访》诗："谁为（谓）须张烛，凉空有望舒。"

　　称代月亮的"望舒"，也省作"舒"。如：

　　素舒　《昭明文选·谢朓〈齐敬皇后哀策文〉》："轩曜怀光，素舒佇德。"李周翰注："素舒为月，亦比后妃也。"

　　圆舒　南朝梁萧统《铜博山香炉赋》："吐圆舒于东岳，匿丹曦于西岭。"

〔婵娟〕　形容女子姿容美好，也用以形容月色美好并称代月亮。宋苏轼《水调歌头》词："但愿人长久，千里共婵娟。"明兰陵笑笑生《金瓶梅词话》第七回："风吹列子归何处，夜夜婵娟在柳梢。"清孔尚任《桃花扇·草檄》："长空万里，见婵娟可爱，全无一点纤凝。"

【附】　玉弓　玉钩　玉杵　玉盘　玉团　玉魄　玉轮　玉娇　玉镜　玉鑑　冰壶　冰镜　冰魄

冰轮 冰盘 瑶轮 瑶镜 珠轮 晶盘 晶轮 晶饼 银盘 海镜

河汉 hé hàn

【同】 银河,晴天夜晚,天空中有一条亮带,宛似一条银白色的河。实际上是由许许多多恒星构成的。

〔河〕《昭明文选·谢朓〈暂使下都夜发新林至京邑〉》诗:"秋河曙耿耿,寒渚夜苍苍。"李善注:"秋河,天汉也。"唐李贺《画角东城》诗:"河转曙萧萧,鸦飞睥睨高。"王琦等注:"河汉运转,天晓之候。"后蜀毛熙震《更漏子》词:"秋色清,河影淡,深户烛寒光暗。"元陈樵《月赋》:"河倾月落,余欢未歇。"清孙枝蔚《贾客妇》诗:"天上有双星,一年一渡河。"

由"河"字构成表示银河义的,如:

河云　唐卢纶《七夕诗》:"月露皓方下,河云凝不流。"

天河　北周庾信《镜赋》:"天河渐没,日轮将起。"唐韦应物《拟古》诗之六:"天河横未落,斗柄当西南。"

玉河　元丁复《送廉公子北归》诗:"江上行逢瑶圃树,天边归泛玉河查。"明胡文焕《群音类选·溉园记·后园相窥》:"徐徐抱瓮向岩阿,欲问天孙借玉河。"

残河　拂晓前亮点渐暗的银河。唐韦应物《月下会徐十一草堂》诗:"远钟高枕后,清露卷帘时。暗觉新秋近,残河欲曙迟。"

明河　唐宋之问《明河篇》:"明河可望不可亲,愿得乘槎一问津。"宋欧阳修《秋声赋》:"星月皎洁,明河在天。"

晓河　拂晓时的银河。南朝梁何逊《和萧咨议岑离闺怨》诗:"晓河没高栋,斜月半空庭。"唐李商隐《板桥晓别》诗:"回望高城落晓河,长亭窗户压微波。"

曙河　同"晓河"。南朝陈后主《有所思》诗之三:"团团落日树,耿耿曙河天。"

白河　唐沈佺期《仙萼亭初成侍宴应制》诗:"无异登玄圃,东南望白河。"唐杜甫《送严侍郎到绵州同登杜使君江楼》诗:"不劳朱户闭,自待白河沉。"杨伦笺注:"白河指银河,谓宴毕而天将曙也。"

长河　《昭明文选·谢庄〈月赋〉》:"列宿掩缛,长河韬映。"吕向注:

"列星天河,皆韬掩光彩也。"唐陈子昂《春夜别友人》诗:"明月隐高树,长河没晓天。"

云河 南朝宋刘铄《白纻曲》:"状似明月泛云河,体如清风动流波。"

灵河 隋萧琮《奉和月夜观星》:"灵河隔神女,仙辔动星牛。"明许三阶《节侠记·诛佞》:"做鸾镜光分,凤箫声断。堪怜,欲似灵河牛女难。"

〔汉〕《尔雅·释天》:"析木之津,箕、斗之间,汉津也。"《诗经·小雅·大东》:"维天有汉,监亦有光。"毛传:"汉,天河也。"《昭明文选·鲍照〈玩月城西门廨中〉》诗:"夜移衡汉落,徘徊帷户中。"李周翰注:"衡,北斗也;汉,天河也。"南朝梁江淹《别赋》:"驾鹤上汉,骖鸾腾天。"唐李峤《饯骆四》诗之一:"星月悬秋汉,风霜入曙钟。"秋汉,秋天的银河。唐王昌龄《赠史昭》诗:"东林月未升,廓落星与汉。"清纳兰性德《采桑子》词:"扑面霜空,斜汉朦胧,冷逼毡帷火不红。"

由"汉"字构成表示银河义的,如:

天汉 三国魏曹丕《杂体诗》:"天汉回西流,三五正纵横。"唐张籍《秋夜长》诗:"秋天如水夜未央,天汉东西月色光。"

河汉 《古诗十九首·迢迢牵牛星》:"河汉清且浅,相去复几许!"南朝梁沈约《夜夜曲》之一:"河汉纵且横,北斗横复直。"

星汉 汉曹操《步出夏门行》诗:"日月之行,如出其中;星汉粲烂,若出其里。"北周庾信《哀江南赋》序:"舟楫路穷,星汉非乘槎可上。"

碧汉 隋江总《和衡阳殿下高楼看妓》诗:"起楼侵碧汉,初日照红妆。"清龚自珍《秋心》诗之三:"槎通碧汉无多路,土蚀寒花又此坟。"

横汉 北周庾信《奉和初秋》:"北阁连横汉,南宫应凿龙。"

云汉 《诗经·大雅·棫朴》:"倬彼云汉,为章于天。"毛传:"云汉,天河也。"唐李咸用《雪》诗:"云汉风多银浪溅,昆山火后玉灰飞。"

霄汉 宋张孝祥《踏莎行》词:"趁此秋风,乘槎霄汉。"

银汉 南朝宋鲍照《夜听妓》诗:"夜来坐几时,银汉倾露落。"宋苏轼《阳关词·中秋月》:"暮云收尽溢清寒,银汉无声转玉盘。"

鹊汉 唐黄滔《秋色赋》:"上澄鹊汉以清浅,东莹鳌洲而渺弥。"

【辨】

①词的本义不同。"河"的本义是黄河的专称。《说文》:"水,出敦煌塞外昆仑山,发原注海。""汉"的本义是汉水的专称。《说文》:"汉,漾也

10

东为沧浪水。"《尚书·禹贡》:"嶓冢导漾,东流为汉。"孔安国传:"泉始出山为漾水,东南流为沔水,至汉中东流为汉水。"

②词义的内涵不同。"河"还可表示水流的总称。"汉"只是表示汉水。此外,"汉"还用于表示朝代名、汉子、汉族等。

代 世
dài　shì

【同】 一代,父子相继为一代。

〔代〕唐杨炯《唐赠荆州刺史成公神道碑》:"成氏之先,有周之后。姬文受命,三十八王;郕伯象贤,二十一代。"唐王维《李陵咏》诗:"汉家李将军,三代将门子。"唐韩愈《唐故国子司业窦公墓志铭》:"国子司业公讳牟,字某。六代祖敬远尝封河西公。"明徐弘祖《徐霞客游记·粤游日记一》:"土语:'尧山十八面,画山九筒头,有人能葬得,代代出封侯。'"明冯梦龙《醒世恒言·两县令竞义婚孤女》:"他虽是个世家,累代清官,家无余积,自别驾死后,日渐消索。"《水浒传》第五六回:"别的都不打紧,这副雁翎甲乃是祖宗留传四代之宝,不曾有失。"

〔世〕《广韵·祭韵》:"世,代也。"《字汇·一部》:"世,父子相代为一世。"《周礼·秋官·大行人》:"凡诸侯之邦交,岁相问也,殷相聘也,世相朝也。"郑玄注:"父死子立曰世。"《韩非子·喻老》:"孙叔敖请汉间之地,沙石之处。楚邦之法,禄臣再世而收地,为孙叔敖独在……故九世而祀不绝。"汉王充《论衡·死伪篇》:"况伯有,我先君穆公之胄,子良之孙,子耳之子,弊邑之卿,从政三世矣。"《新唐书·文艺传上·袁朗》:"自滂至朗凡十二世,其间位司徒、司空者四世。"清纪昀《阅微草堂笔记·滦阳消夏录二》:"景城西偏,有数荒冢,将平矣,小时过之,老仆施祥指曰:'是即周某子孙以一善延三世者也。'"

【辨】 ①词的本义不同。"代"的本义是更替。《说文》:"代,更也。"引申为朝代更替为一代,如称夏、商、周为三代,用于"父子相继为一世"义,起于唐代。《说文》段玉裁注:"假代字为世字,起于唐人避讳。世与代,义不同也。唐讳言世,故有代宗。明既有世宗,又有代宗,斯失之矣。"父子相继为世,一世是三十年。《说文》:"世,三十年为一世。"

②词义的内涵不同。请参看"世 代 时"条。

世 代 时
shì dài shí

【同】时代,历史上某方面有特点的某个时期。

〔世〕《字汇·一部》:"世,当时为当世。"《易经·系辞下》:"《易》之兴也,其当殷之末世。"《韩非子·五蠹》:"故文王行仁义而王天下,偃王行仁义而丧其国,是仁义用于古不用于今也。故曰:世异则事异。"汉扬雄《法言·问道》:"鸿荒之世,圣人恶之,是以法始乎伏牺而成乎尧。"汉王充《论衡·逢遇篇》:"伯夷,帝之佐也,出于王者之世。"清俞樾《茶香室丛钞·先进于礼乐苏子瞻说》:"孔子之世,其诸侯卿大夫视先王制礼乐,犹方圆冰炭之不相入。"

〔代〕《字汇·人部》:"代,世也。"晋郭璞《〈尔雅〉序》:"总绝代之离词,辩同实而殊号者也。"邢昺疏:"绝代,犹远代也。"晋夏侯湛《东方朔画赞》:"瞻望往代,爰想遐踪,邈邈先生,其道犹龙。"南朝宋谢灵运《七里濑》诗:"既禀皇上心,岂屑末代诮!"《晋书·夏统传》:"使统属太平之时,当与元凯评议出处;遇浊代,念与屈生同污共泥。"唐齐己《村居寄怀》诗:"风雨如尧代,何心欲退藏?诸侯行教化,下国自耕桑。"

〔时〕《墨子·兼爱下》:"吾非与之并世同时,亲闻其声,见其色也。"《韩非子·心度》:"法与时转则治,治与世宜则有功……故圣人之治民也,法与时移而禁与能变。"《吕氏春秋·察今》:"故凡举事必循法以动,变法者因时而化。"汉王充《论衡·超奇篇》:"著文者历世希然。近世刘子政父子、扬子云、桓君山,其犹文、武、周公并出一时也,其余直有,往往而然。"三国魏曹植《送应氏二首》诗:"清时难屡得,嘉会不可常。"唐白居易《与元九书》:"始知文章合为时而著,歌诗合为事而作。"

【辨】

①词的本义不同。"世"的本义是,父子相继为一世,一世是三十年。《说文》:"世,三十年为一世。"清徐灏《说文解字注笺》:"《礼》:三十壮有室,始有子,子以著代。又:三十而有孙。大抵一世三十年,故三十年为一世。世者,父子相继之偁,故从卅而引长之。"按:世,甲骨文象树的枝条带叶形,当为叶的古文。"代"的本义是更替。《说文》:"代,更也。"段

玉裁注："凡以此易彼谓之代。""时"的本义是季。《说文》："时,四时也。"段玉裁注："本春、夏、秋、冬之偁,引申之,凡岁、月、日、刻之用。"

②词义的内涵不同。"世"还有后嗣、世世代代、朝代、人世、世人、一生等义。"代"还有交替、接替、世代、朝代等义。"时"还有时辰、岁月、某个时候、时机、时局、按时等义。

年 岁 载 祀 兹
nián suì zǎi sì zī

【同】 时间的单位,指地球绕太阳一周的时间。

〔年〕《玉篇·禾部》："年,载也,禾取一熟也。"《诗经·豳风·东山》："自我不见,于今三年。"《论语·子路》："圣人为邦百年,亦可以胜残去杀矣。"《汉书·食货志》："民耕三年,则余一年之畜。"《公羊传·隐公元年》："元年者何?君之始年也。"何休注："年者,十二月之总号。"《穀梁传·桓公元年》："四时具而后为年。"

〔岁〕《尚书·尧典》："朞,三百有六旬有六日,以闰月定四时,成岁。"《庄子·逍遥游》："上古有大椿树,以八千岁为春,八千岁为秋。"《韩非子·五蠹》："故周去秦为从,朞年而举;卫离魏为衡,半岁而亡。"汉王充《论衡·刺孟篇》："由周至孟子之时,又七百岁而无王者,五百岁必有王者之验,在何世乎?"汉桓宽《盐铁论·论功》："秦灭六国……及兼天下,十四岁而亡。"

〔载〕《尔雅·释天》："载,岁也。"《集韵·海韵》："载,年也。"《尚书·舜典》："二十八载帝乃殂落。""殂落",去世。《史记·天官书》："夫天运,三十岁一小变,百年中变,五百载大变。"汉王充《论衡·自纪篇》："名传于千载。"唐李白《江夏行》诗："只言期一载,谁谓历三秋。"

〔祀〕《玉篇·示部》："祀,年也。"《尚书·洪范》："惟十有三祀,王访于箕子。"《逸周书·柔武解》："维王元祀,一月,既生魄。"南朝梁萧统《文选序》："自姬、汉以来,眇焉悠邈,时更七代,数逾千祀。"唐柳宗元《封建论》："今矫而变之,垂二百祀。"

〔兹〕《左传·昭公二十年》："今兹宋有乱,国几亡,三年而后弭。"《孟子·滕文公下》："今兹未能,请轻之,以待来年。"《吕氏春秋·任地》："今兹美禾,来兹美禾。"高诱注："兹,年也。"《古诗十九首·生年不满百》："为乐当及时,何能待来兹?"按:"兹"用作年时,主要受"今"或"来"字修饰。

【辨】

①词的本义不同。"年"的本义是庄稼成熟。《说文》:"年,谷熟也。从禾从千。"《穀梁传·宣公十六年》:"五谷大孰(熟)为大有年。""岁"的本义是岁星。《说文》:"岁,木星也。""载"的本义是乘载,引申为年。《说文》:"载,乘也。"清徐灏《说文解字注笺》:"戴氏侗曰:车载人、物也,引申之记载于简册者亦曰载,古者以年纪事,故年亦谓之载。""祀"的本义是每年祭祀不断,引申为年。《说文》:"祀,祭无已也。""兹"的本义是草木滋盛。《说文》:"兹,艸木多益。"引申为年。章炳麟《小学答问》:"记岁以兹者,谓草木一荣实也。"

②词义的内涵不同。"年"还有年纪、年节、帝王年号等义。"岁"还有岁月、年龄、年成等义。"载 zǎi"还有记载义。"祀"还有祭祀、世代义。"兹"还有现在、此等义。

时 季

shí jì

【同】 时间单位,一年分春、夏、秋、冬四季,一季为三个月。

〔时〕《说文》:"时,四时也。"段玉裁注:"本春夏秋冬之称。"《左传·昭公七年》:"公曰:'何为六物?'对曰:'岁、时、日、月、星、辰。'"孔颖达疏引孙炎曰:"时为四时,春夏秋冬也。"《管子·问》:"工尹伐材用,毋于三时。"尹知章注:"三时,谓春夏秋也。"汉王充《论衡·䜋时篇》:"积日为月,积月为时,积时为岁。"

〔季〕 汉蔡邕《月令问答》:"春,木王。木胜土,土王四季。"汉桓谭《新论》:"五声各从其方,春角、夏徵、秋商、冬羽,宫居中央而兼四季。"唐白居易《陵园妾》诗:"四季徒支妆粉钱,三朝不识君王面。"《新唐书·柳公权传》:"御史劾之,夺一季俸。"

【辨】

①词的本义不同。"时"的本义是一年四季的季。《说文》:"时,四时也。""季"的本义是年少者。《说文》:"季,少偁也。"因每一季的最后一个月称季,如季春(春季的最后一个月)、季夏(夏季的最后一个月)、季秋(秋季的最后一个月)、季冬(冬季的最后一个月),约在汉代,季又引申出

季节的意思。

②词义的内涵不同。"时"还有时辰、某个时候、按一定的时间、岁月、时代、时机等义。"季"还有同辈排行最小的(如伯、仲、叔、季)、某一朝代的最末时期(如季汉)等义。

日　昼　明
rì　zhòu　míng

【同】白天,从天亮到天黑的一段时间。

〔日〕《诗经·唐风·葛生》:"夏之日,冬之夜,百岁之后,归于其居。"《孟子·离娄下》:"仰而思之,夜以继日。"《礼记·郊特牲》:"郊之祭也,迎长日之至也。"郑玄注:"迎长日者,建卯而昼夜分,分而日长也。"汉王充《论衡·说日篇》:"高则日道多,故日长;下则日道少,故日短也。"唐李亢《独异志·甾丘䜣之勇》:"丘䜣乃去衣拔剑而入。三日三夜杀二蛟一龙而出。"

〔昼〕《说文》:"昼,日之出入,与夜为界。"清徐灏《说文解字注笺》:"自日出至日入,通谓之昼,故云'日之出入,与夜为界'也。"《易经·系辞上》:"刚柔者,昼夜之象也。"《诗经·豳风·七月》:"昼尔于茅,宵尔索绹。"唐韩愈《叉鱼招张功曹》诗:"大炬然如昼,长船缚似桥。"《宋史·苏颂传》:"夜囚昼系,虽死无以偿。"

〔明〕《左传·昭公元年》:"明淫心疾。"杜预注:"明,昼也。"《马王堆汉墓帛书·经法·论》:"则壹晦壹明。"整理小组注:"晦,夜晚;明,白昼。"三国吴韦昭《博弈论》:"今世之人,多不务经术,好玩博弈,废事弃业,忘寝与食,穷日尽明,继以脂烛。"元汤舜命《湘妃引·有所赠》曲:"三般儿寄语娇姿,昏迷着无明无夜。"

【辨】①词的本义不同。"日"的本义是太阳。《说文》:"日,实也,太阳之精不亏。从○一,象形。""昼"的本义就是白昼。"明"的本义是明亮。《说文》:"明,照也。"按:《说文》明、照互训。《说文》:"照,明也。"段玉裁注:"与昭音义同。"《说文》:"昭,日明也。"

②词义的内涵不同。"日"还有太阳、一昼夜、每天、往日、时间、计时单位等义。"昼"一般只用于白昼义。"明"还有照亮、点亮、眼睛、通晓、明白、辨别、严明、显示、聪明等义。

③"日""昼"的反义词是"夜",如日夜、昼夜。"明"的反义词是"晦",如明晦。

【附】 日昼 昼日 正昼 白日 白昼

旦 朝 早(蚤) 晨 夙
dàn zhāo zǎo chén sù

【同】 天刚黎明,太阳升起来的一段时间。

〔旦〕《玉篇·日部》:"旦,早也,朝也,晓也。"《左传·成公十二年》:"旦而战,则星未已。"杨伯峻注:"从晨战至黄昏后尚未停止。"《公羊传·哀公十三年》:"见于旦也。"何休注:"旦者,日方出。"徐彦疏:"日方出地,未相去离之辞,故曰:'旦者,日方出。'"汉王充《论衡·说日篇》:"儒者或以旦暮日出入为近,日中为远。"《三国志·吴书·太史慈传》:"今管亥暴乱,北海被围,孤穷无援,危在旦夕。"

〔朝〕《说文》:"朝,旦也。"《易经·坤卦》:"臣弑其君,子弑其父,非一朝一夕之故,其所由来者渐矣。"《左传·襄公十六年》:"敝邑之急,朝不及夕。"《孟子·告子下》:"朝不食,夕不食,饥饿不能出门户。"《韩非子·难一》:"令朝至暮变,暮至朝变,十日而海内毕矣。"汉王充《论衡·命禄篇》:"日朝出而暮入,非求之也,天道自然。"宋王安石《送刘贡甫谪官衡阳》诗:"船头朝转暮千里,眼中之人吾老矣。"

〔早〕(蚤)《说文》:"早,晨也。"《韩非子·外储说左上》:"吴子曰:'待子而食。'故人至暮不来,(吴)起不食待之。明日早,令人求故人。故人来,方与之食。"唐白居易《履道西门二首》诗:"行灶朝香炊早饭,小园春暖掇新蔬。"清袁枚《随园诗话·补遗》卷六:"余园中种芭蕉三十余株,每早,采花百朵,吸其露,甘鲜可爱。"

"早"也写作"蚤"。《墨子·尚贤中》:"贤者之治邑也,蚤出莫入,耕稼树艺聚菽粟,是以菽粟多而民足乎食。"《孟子·离娄下》:"蚤起,施从良人之所之。"

〔晨〕《尔雅·释诂下》:"晨,早也。"《说文》:"晨,早昧爽也。"《左传·宣公二年》:"公患之,使鉏麑贼之。晨往,寝门辟矣。"《韩非子·难三》:"郑子产晨出,过东匠之间,闻妇人之哭,抚其御之手而听之。"汉王充《论衡·变动篇》:"夜及半而鹤唳,晨将旦而鸡鸣。"晋皇甫谧《高士传·石门守》:"为鲁守石门,主晨夜开闭。"唐李咸用《山中》诗:"晨钟暮鼓不到耳,明月孤云长挂情。"

〔夙〕《尔雅·释诂下》:"夙,早也。"《玉篇·夕部》:"夙,旦也。"《尚书·舜典》:"夙夜惟寅,直哉惟清。"孔安国传:"夙,早也。言早夜敬思其职,典礼施政教,使正直而清明。"《诗经·大雅·抑》:"夙兴夜寐,洒埽庭内,维民之章。"孔颖达疏:"当侵早而起,晚夜而寐,洒埽室庭之内。"《仪礼·士昏礼》:"父送女,命之曰:'戒之敬之,夙夜毋违命。'"明马中锡《中山狼传》:"夙兴失道,望尘惊悸。"

【辨】

①词的本义微有不同。"旦"的本义是日初出,天始明。《说文》:"旦,明也。从日见一上,一,地也。"清徐灏《说文解字注笺》:"'从日见一上',故曰'明也'。徐锴曰:'日出于地也。'明则当为本义,非引申之义。""朝"的本义是从日出到早餐这一时段。《诗经·小雅·采绿》:"终朝采绿,不盈一匊(同"掬",满握)。"毛传:"自旦及食时为终朝。"《左传·僖公二十七年》:"楚子将围宋,使子文治兵于睽,终朝而毕,不戮一人。"杜预注:"终朝,自旦及食时也。"《洪范·五行传》:"自平旦至食时,为日之朝。""早"的本义是旭日初升。《说文》:"早,晨也。从日在甲上。"段玉裁注:"甲象人头,在其上,则早之意。"清朱骏声《说文通训定声》:"按:甲者,首铠。从甲犹从首,举首见日为早。""晨"的本义是夜将尽,天色微明,初见曙光。《说文》:"晨,早昧爽也。"《左传·僖公五年》"丙之晨"孔颖达疏:"丙之晨者,《说文》云:'晨,早昧爽也。'谓夜将旦,鸡鸣时也。""夙"的本义是早敬。《说文》:"夙,早敬也。从丮(jí,用手握持)夕。持事虽夕不休,早敬者也。"清王筠《说文句读》:"字义为早,而字形从夕,故申说之。'虽夕不休',是敬也;夕而犹敬,则其敬于早者,可知也。"

②词义的内涵不同。"旦"还有日(时间单位)、农历每月初一、生日等义。"朝"还有日(时间单位)、东方等义。"早"还有早先、比一定的时间提前等义(按:先秦两汉的著作中,主要用于这个意义。)。"晨"还有鸡啼报晓、星名(也作"曟")等义。"夙"还有时间提前(使用频率较低)、旧、平素等义。

③反义词虽有交叉但也有区别。"旦"在先秦时期主要与"暮"相对,从两汉起"旦""夕"相对的用法逐渐增多。"朝"早期主要与"夕"相对,如

《左传》《论语》《墨子》《孟子》等著作中,"朝"都与"夕"相对而用。可能由于"朝(zhāo)见曰朝(cháo,早上朝见君王),夕见曰夕(傍晚朝见君王)","朝""夕"又可用作动词,为了避免词性和语义相混,约在战国中期,"朝"开始与"暮"相对而用。如《庄子·齐物论》:"朝三而暮四。"《荀子·乐论》:"朝不废朝,暮不废夕。"后一例中,居首的"朝""暮"表示时间,句末的"朝""夕"表示早上或傍晚朝见君王。"早"表示日出的时段义时,一般与"暮"相对(不含复音词),表示时间提前义则多与"晚"或"迟"相对。"晨"一般与"昏"相对,有时也与"夜"对用,表示白天黑夜时间相连续。"冥"通常只与"夜"相对。

夕 昏 暮(莫) 晚 暝
xī hūn mù wǎn míng

【同】傍晚,太阳刚落的时段。

〔夕〕《说文》:"夕,莫(暮)也。"段玉裁注:"莫者,日且冥也。日且冥而月且升矣,故字从月半见。"《左传·昭公元年》:"君子有四时:朝以听政,昼以访问,夕以修令,夜以安身。"《墨子·非攻中》:"赵氏朝亡,我夕从之;赵氏夕亡,我朝从之。"《韩非子·十过》:"若假之道,则虢朝亡而虞夕从之矣。"晋陶潜《咏贫士》诗之一:"迟迟出林翮,未夕复来归。"唐韩愈《感春》诗之五:"朝明夕暗已足叹,况乃满地成摧颓。"

〔昏〕《说文》:"昏,日冥也。"《左传·宣公十二年》:"及昏,楚师军于邲。晋之余师不能军,宵济,亦终夜有声。"《孟子·尽心上》:"昏暮叩人之门求水火,无弗与者,至足矣。"《韩非子·解老》:"时雨降集,旷野闲静,而以晨昏犯山川,则风露之爪角害之。"《仪礼·士昏礼》目录下郑玄注:"士娶妻之礼,以昏为期,因而名焉。必以昏者,阳往而阴来,日入三商(相当于一刻)为昏。"

〔暮〕(莫)《玉篇·日部》:"暮,日入也。"《广韵·暮韵》:"暮,日晚也。"《国语·晋语五》:"范文子暮退于朝。"《荀子·儒效》:"朝食于戚,暮宿于百泉。"《韩非子·难一》:"令朝至暮变,暮至朝变,十日而海内毕矣,何待期年?"北朝民歌《木兰辞》:"旦辞黄河去,暮至黑水头。"唐杜甫《石壕吏》诗:"暮投石壕村,有吏夜捉人。"

"暮",《说文》写作"莫",是"暮"的古字。《说文》:"莫,日且冥也。"南唐徐锴《说文解字系传》:"平野中,望日且莫将落,如在茻中也。今作暮。"《诗经·齐风·东方未明》:"不能辰(晨)夜,不夙则莫。"《墨子·尚贤中》:"贤者之治邑也,蚤出莫入,耕稼树艺聚菽粟,是以菽粟多而民足乎食。"《礼记·聘义》:"日莫人倦,齐庄正齐,而不敢解惰。"

〔晚〕《说文》:"晚,莫也。"段玉裁注:"莫者,日且冥也。"《韩非子·外储说左上》:"夫婴儿相与戏也,以尘为饭,以涂为羹,以木为胾(zì,大块的肉),然日晚必归饷者,尘饭涂羹可以戏而不可食也。"南朝宋刘义庆《世说新语·政事》:"王问何处来?云:'从师家受书还,不觉日晚。'"

〔暝〕《集韵·径韵》:"暝,夕也。"《古诗为焦仲卿妻作》:"奄奄日欲暝,愁思出门啼。"唐戴叔伦《过龙湾五王阁访友不遇》诗:"野桥秋水落,江阁暝烟微。"前蜀韦庄《题袁州谢秀才所居》诗:"若有前山好烟雨,与君吟到暝钟归。"清吴骞《扶风传信录》:"薄暝,秋鸿复来慰。"

【辨】

①词的本义相近而取义略有区别。"夕"是取日且冥而月将升,所以字从半月形。"昏"是取太阳落山三刻这一时段。"莫"是取太阳将入地平线还处在草莽中这一时段,"暮"是"莫"的今字。"晚"与"暮",声同韵近,是同源字,约在战国末期始用于日暮义。"暝"是后起字,《说文》无,是取其日冥义。

②词义的内涵不同。"夕"还有夜晚、傍晚时朝见君王、一年的最后一季或一季的最后一月或一月的最后一旬等义。"昏"还有昏暗、糊涂、目不明、昏迷、结婚("婚"的古字)等义。"暮"还有迟、时间靠末、老年等义。"晚"还有夜晚、迟、时间靠后、后来的、老年等义。"暝"还有昏暗、夜晚等义。

rén mín méng　　 méng shù　bǎi xìng　lí mín　qián shǒu
人 民　氓(萌)　 甿 庶　 百 姓　 黎 民　 黔 首
bù yī　pǐ fū
布 衣　 匹 夫

【同】 平民百姓(区别于官员)。

〔人〕《管子·君臣下》:"以人役上,以力役明,以刑役心,此物之理也。"房玄龄注:"人谓百姓。""人""民"还常异文。《尚书·尧典》:"敬授人时。"《汉

19

书·律历志》转录时为"《书》曰:'敬授民时。'"《国语·齐语》:"桓公曰:'定人之居,若何?'"下文同一内容为"定民之居,若何?"《左传·襄公三十一年》:"人生几何?"《汉书·五行志中之上》转录时为"民生几何?"

〔民〕《尚书·泰誓》:"民之所欲,天必从之。"《论语·泰伯》:"民可使由之,不可使知之。"《孟子·梁惠王下》:"乐民之乐者,民亦乐其乐;忧民之忧者,民亦忧其忧。"《商君书·更法》:"民不可与虑始,而可与乐成。"汉王充《论衡·感虚篇》:"神农之橈木为耒,教民耕耨,民始食谷,谷始播种。"《昭明文选·张衡〈东京赋〉》:"民忘其劳,乐输其财。"李善注引薛综曰:"民,谓百姓也。"

〔氓〕(萌)《说文》:"氓,民也。"《方言》卷三:"氓,民也。"郭璞注:"民之总名,音萌。"《广韵·耕韵》:"氓,民也。"《诗经·卫风·氓》:"氓之蚩蚩,抱布贸丝。"毛传:"氓,民也。"《管子·八观》:"氓无家无积而衣服修。"《晏子春秋·杂上十四》:"晏子饮景公酒,令器必新。家老曰:'财不足,请敛于氓。'"明徐弘祖《徐霞客游记·滇游日记一》:"有村氓数十家,具网罟为业。"

"氓"也写作"萌"。《墨子·非攻中》:"(夫差)于是退不能赏孤,施舍群萌,自恃其力,伐其功。"《吕氏春秋·高义》:"(墨)翟度身而衣,量腹而食,比于宾萌,未敢求仕。"高诱注:"萌,民也。"汉桓宽《盐铁论·授时》:"三代之盛无乱萌,教也;夏、商之际无顺民,俗也。"

〔甿〕《周礼·地官·遂人》:"凡治野,以下剂致甿,以田里安甿,以乐昏扰甿,以土宜教甿稼穑。"孙诒让正义:"甿、氓字通,并为田野农民之专称。"也泛指百姓。《南史·张裕传》:"渭川之甿,伫簪裾而悚叹。"唐张九龄《故襄州刺史靳公遗爱铭》:"繄公既没,厥迹可寻,勒石是图,以慰甿心。"宋王安石《少狂喜文章》:"仰惭冥冥士,俯愧扰扰甿。"

〔庶〕《尚书·召诰》:"厥既命殷庶。"《左传·昭公三十二年》:"三后之姓,于今为庶。"汉王充《论衡·变动篇》:"《甫刑》曰:'庶戮旁告无辜于天帝。'""庶戮",百姓被杀戮的。唐杜甫《丹青引赠曹将军霸》诗:"将军魏武之子孙,于今为庶为清门。"

〔百姓〕《论语·颜渊》:"对曰:'百姓足,君孰与不足?百姓不足,君孰与足?'"《韩非子·八奸》:"为人臣者散公财以说民人,行小惠以取百姓,使朝廷市井皆劝誉己,以塞其主而成其所欲,此之谓'民萌'。"《淮南子·主术训》:"百姓黎民,憔悴于天下。"汉桓宽《盐铁论·散不足》:"百姓或无斗筲之储,官奴累百金;黎民昏晨不释事,奴婢垂拱邀游也。"

〔黎民〕《尚书·舜典》:"帝曰:'弃,黎民阻饥,汝后稷,播时百谷。'"《孟子·梁惠王上》:"黎民不饥不寒,然而不王者未之有也。"赵岐注:"言百姓老稚温饱。"汉王充《论衡·验符篇》:"皇帝仁惠爱黎民,故降甘露。"

〔黔首〕《礼记·祭义》:"明命鬼神,以为黔首则。"郑玄注:"黔首,谓民也。"《史记·秦始皇本纪》:"二十六年……分天下以为三十六郡,郡置守、尉、监。更民曰'黔首'。"汉桓宽《盐铁论·诏圣》:"百姓不胜其求,黔首不胜其刑,海内同忧而俱不聊生。"汉王充《论衡·语增篇》:"诸生不师今而学古,以非当世,惑乱黔首。"

〔布衣〕《吕氏春秋·行论》:"人主之行与布衣异。"高诱注:"布衣,匹夫。"《韩非子·五蠹》:"布衣相与交,无富厚以相利,无威势以相惧也,故求不欺之士。"《战国策·赵策二》:"天下之卿相人臣乃至布衣之士,莫不高贤大王之行义,皆愿奉教尽忠于前之日久矣。"《史记·李斯列传》:"夫斯乃上蔡布衣,闾巷之黔首,上不知其驽下,遂擢至此。"

〔匹夫〕《荀子·大略》:"古之贤人,贱为布衣,贫为匹夫……然而非礼不进,非义不受,安取此?"《韩非子·有度》:"刑过不避大臣,赏善不遗匹夫。"《吕氏春秋·首时》:"故有道之士,未遇时,勤以待时。时至……有匹夫而极万乘者,故圣人之所贵唯时也。"

【辨】

①本义或初义不同。"人"的初义是区别于禽兽而言,无贵贱、尊卑、智愚的区别。《尚书·泰誓》:"惟人万物之灵。"《列子·天瑞》:"天生万物,惟人最贵。""民"是指人中被认为愚昧无知的下层劳动人民。《说文》:"民,众萌也。"南唐徐锴《说文解字系传·通论》:"民者,氓也,萌而无识也。"清王筠《说文句读》:"萌,冥昧也,言众庶无知也。""氓"的本义与"民"基本相同。《说文》:"氓,民也。"一说是迁移之民。清朱骏声《说文通训定声》:"按,自彼来此之民曰氓。从民从亡,会意,亡亦声;与'甿'义别。""甿"的本义是农民。《说文》:"甿,田民也。"段玉裁注:"甿为田民,农为耕人,其义一也。""庶"的初义是众多,因下层人民为数众多,引申为众民、平民义。

"百姓"的初义是百官。《尚书·舜典》:"二十有八载,帝乃殂落,百姓如丧考妣。"孔安国传:"考妣,父母;言百官感德思慕。"《诗经·小雅·天保》:"群黎百姓,遍为尔德。"毛传:"百姓,百官。"《国语·周语下》:"成王不敢康,敬百姓也。"韦昭注:"百姓,百官也。"后来因社会的变迁,原先的百官渐渐沦落为平民,"百姓"一词也随着演变为平民义。"黎民"的原义是众民,与"庶民"同义。《尚书·尧典》:"黎民于变时雍。"《诗经·大雅·云汉》:"周余黎民,靡有孑遗。"古注都解释"黎"为众。唯三国魏孟康在《汉书·鲍宣传》"苍头庐儿皆用致富"一语下才注释为:"黎民、黔首,黎、黔皆黑也。下民阴类,故以黑为号。"但段玉裁认为,"或以黑色训黎民,殊误。""黔首",按字面意思是黑头。《汉书·艺文志》:"至秦患之,乃焚灭文章,以愚黔首。"颜师古注:"秦人谓人黔首,言其头黑也。"《昭明文选·张衡〈东京赋〉》薛综注"黔首"为"《史记》曰'秦皇更民曰黔首',谓黑头无知也。""布衣",麻布衣服。因古代平民一般都穿麻布衣服,引申出平民百姓的意思。汉桓宽《盐铁论·散不足》:"古者庶人耋老而后衣丝,其余则麻枲而已,故命曰布衣。""匹夫"的"匹",是配偶的意思。汉班固《白虎通·爵》:"庶人称匹夫者,匹,偶也,与其妻为偶,阴阳相成之义也。"因此,古书中常匹夫匹妇连用,成为平民百姓的通称,也可单称"匹夫"。

②词义的内涵不同。"人"还有人才、人品、人事、别人、人人等义。"民"还有奴隶、民间的等义。"氓"的义域较窄,主要用于百姓义。"甿"还有愚昧无知义。"庶"还有庶出(非正妻所生、宗族的旁支)义。

【附】 人民 人萌 人黎 蒸人 民人 民氓 民甿 民庶 民萌 民黎 民隶 民灵 天民 士民 平民 蒸民 氓庶 氓萌 氓隶 萌庶 萌黎 萌隶 甿庶 甿黎 甿隶 庶人 庶民 庶萌 庶甿 庶黎 庶隶 苍生 苍民 苍氓 苍萌 苍甿 苍黎 苍黔 士氓 士庶 士素 蒸庶 蒸黎 黎人 黎氓 黎甿 黎萌 黎物 黎服 黎首 黎蒸 黎烝 黎庶 黎黔 黔氓 黔民 黔烝 黔蒸 黔庶 黔苍 黔愚 黔黎 黔黧 黑氓 匹庶

奴 婢 妾 奚(媯) 臣 隶 虏
nú　bì　qiè　xī　　　chén　lì　lǔ

【同】奴隶,为奴隶主劳动而失去人身自由的人。

〔奴〕《说文》:"奴,奴、婢皆古之罪人也。"《周礼·秋官·司厉》:"其奴,男子入于罪隶,女子入于舂槀。"郑玄注:"玄谓奴从坐而没入县官者,男女同名。"《史记·匈奴列传》:"其攻战,斩首虏赐一卮酒,而所得卤获因以予之,得人以为奴婢。"又《季布栾布列传》:"布为人所略卖,为奴于燕。"汉王充《论衡·吉验篇》:"王疑以为天子,令其母收取奴畜之,名东明,令牧牛马。"按:在实际使用中,"奴"多用于男奴义。如《宋书·沈庆之传》:"耕当问奴,织当问婢。"

〔婢〕 古代罪人的眷属没入官府称婢。《战国策·赵策三》:"威王勃然怒曰:'叱嗟!而母婢也。'"《史记·扁鹊仓公列传》:"妾愿入身为官婢,以赎父刑罪,使得改行自新。"汉桓宽《盐铁论·散不足》:"今县官多蓄奴婢……黎民昏晨不释事,奴婢垂拱邀游也。"汉赵晔《吴越春秋·勾践入臣外传》:"妻衣褐兮为婢,夫去冕兮为奴。"

〔妾〕《说文》:"有罪女子,给事之得接于君者也。"《尚书·费誓》:"马牛其风,臣妾逋逃,勿敢越逐。"孔安国传:"役人贱者,男曰臣,女曰妾。"又:"窃马牛,诱臣妾,汝则有常刑。"传:"军人盗窃马牛,诱偷奴婢,汝则犯有军令之常刑。"《周礼·大宰》:"八曰臣妾,聚敛疏材。"郑玄注:"臣妾,男女贫贱之称。"《汉书·刑法志》:"鬼薪、白粲一岁,为隶臣妾。隶臣妾一岁,免为庶人。"颜师古注:"男子为隶臣,女子为隶妾。"

〔奚〕(媱) "奚"的本字为"媱"。《说文》:"媱,女隶也。"《周礼·天官冢宰·酒人》:"女酒三十人,奚三百人。"郑玄注:"女酒,女奴晓酒者。古者从坐男女没入县官为奴,其少才智以为奚。"又《春官宗伯》:"女桃,每庙二人,奚四人。"郑玄注:"奚,女奴也。"按:《周礼》中"奚"字屡见,均用于女奴义。

〔臣〕 "臣"的初义是奴隶。据郭沫若研究,"臣、民均古之奴隶",两字"均用目形为之,臣目竖而民目横,臣目明而民目盲"(《甲骨文研究·释宰臣》)。"臣"为奴隶中的驯服者,见主人时总是低着头,低头看人时,眼睛必然侧向一方呈竖的形状,所以用竖目表示。上文"妾"下所引的臣妾的"臣",还有《韩非子·五蠹》"虽臣虏之劳不苦于此矣"的"臣",都是奴隶的意思。君臣的"臣"就是从这一意义发展而来的。

〔隶〕《广雅·释诂一》:"隶,臣也。"《管子·轻重乙》:"今发徒隶而作之,则逃亡而不守。"《左传·襄公二十三年》:"初,斐豹,隶也。著于丹书。"杜预注:"盖犯罪没为官奴,以丹书其罪。"《仪礼·既夕礼》:"隶人涅厕。"郑玄注:"隶人,罪人也。今之徒役作者也。"《昭明文选·潘岳〈马汧督诔〉》："狄隶可颁,况曰家仆。"李善注：《周礼》有蛮隶、夷隶。郑玄注：'征蛮夷所获也。'"

〔虏〕《说文》："虏,获也。"《玉篇·毌部》："虏,服也,获也,战获俘虏也。"由虏获义引申为战俘义。战俘一般充劳役,又引申为奴隶义。《韩非子·说难》："伊尹为宰,百里奚为虏,皆所以干其上也。"《史记·李斯列传》："故韩子曰：'慈母有败子而严家无格虏'者,何也?"司马贞索隐："虏,奴隶也。"《旧唐书·窦建德传》："丈夫不死,当立大功,岂可为逃亡之虏也!"

【辨】
　　①词的本义不同。"奴""婢"的本义是因罪而没入官府,充当劳役的男女(见《说文》)。"妾"的本义是提供性服务的女奴。《说文》所说的"得接于君者",《释名·释亲属》解释为："妾,接也。以贱见接幸也。""奚"的本义是干粗活的女奴。《周礼·天官冢宰》"奚三百人"下贾公彦疏："奴者,男女同名……其少有才知给使者,则曰奚。""臣"的本义是奴隶。"隶"的本义是附著。《说文》："隶,附箸也。"取其寄附于人。"虏"的本义是俘获。

　　②词义的内涵不同。"奴"还有奴仆、奴役、男女自谦之称等义。"婢"还有女仆、女子自谦之称等义。"妾"还有正妻以外所娶的女子、女子自谦之称等义。"臣"还有战俘、封建官员、古人谦称等义。"隶"还有附属义。"虏"还有掳掠、对敌人贱称等义。

　　③语法功能不同。"奴""臣""虏"可用作状语。如《史记·卫将军骠骑列传》："先母之子皆奴畜之。"按：这个"奴"字是奴仆义。又《秦始皇本纪》："二世与赵高谋曰：'朕年少,初即位,黔首未集附……毋以臣畜天下。'"《战国策·赵策三》："彼秦者,弃礼义而上首功之国也,权使其士,虏使其民。"鲍彪注："视民如所虏获。"《史记·鲁仲连邹阳列传》："虏使其民。"司马贞索隐："言以奴虏使其人。"

【附】　奴虏　奴隶　奴婢　奚奴　奚隶　臣宰　臣妾　臣虏　隶妾　胥靡

工　匠　陶　冶　技
gōng　jiàng　táo　yě　jì

【同】　工匠,手工劳动者。

〔工〕《论语·卫灵公》："工欲善其事,必先利其器。"《墨子·辞过》："女工作文采,男工作刻镂。"《韩非子·五蠹》:"今世近习之请行,则官爵可买,官爵可买,则商、工之民不卑也矣。"汉王充《论衡·儒增篇》:"犹世传言曰:'鲁般巧,亡其母也。'言巧工为母作木车马、木人御者,机关具备,载母其上,一驱不还。"

〔匠〕《说文》:"匠,木工也。"段玉裁注:"百工皆称工,称匠独举木工者,其字从斤(斧)也。"《墨子·天志上》:"譬若轮人之有规,匠人之有矩,轮、匠执其规矩以度天下之方圆。"《孟子·尽心上》:"大匠不为拙工改废绳墨。"《庄子·天道》:"水静则明烛须眉,大匠取法焉。"《韩非子·外储说左上》:"虞庆为屋,谓匠人曰:'屋太尊。'匠人对曰:'此新屋也,涂濡而椽生。'"

〔陶〕制作瓦器的工人。《周礼·冬官·考工记》:"抟埴之工陶、瓬。"贾公彦疏:"抟埴之工二:陶人为瓦器甑甗之属,瓬人为瓦簋。"《管子·任法》:"昔者尧之治天下也,犹埴之在埏也,唯陶之所以为;犹金之在炉,恣冶之所以铸。"《墨子·节用中》:"凡天下群百工……陶、冶、梓、匠,使各从事其能。"《庄子·马蹄》:"伯乐善治马,而陶、匠善治埴、木。"《商君书·画策》:"故胜民之本在制民,若冶于金,陶于土也。"

〔冶〕铸工。《字汇·冫部》:"铸匠谓之冶。"《庄子·大宗师》:"今之大冶铸金,金踊跃曰:'我且必为莫邪。'大冶必以为不祥之金。"《礼记·学记》:"良冶之子,必学为裘。"《荀子·强国》:"刑范正,金锡美,工冶巧,火齐得。"《淮南子·说林训》:"巧冶不能铸木,巧工不能斲金者,形性然也。"

〔技〕《荀子·富国》:"故百技所成,所以养一人也。"杨倞注:"技,工也。"《韩非子·功名》:"故人有余力易于应,而技有余巧便于事。"汉扬雄《羽猎赋》:"乃使文身之技,水格麟虫。"

【辨】

①词的本义有所不同。"工"的本义是巧饰(见《说文》),"引申之,凡善其事曰工。"(段玉裁注)"匠"的本义是木匠,后泛指工匠。"陶"本义是制作陶器,引申为制作瓦器的工人。"冶"的本义是熔炼金属,引申为铸工。"技"的本义是技巧,引申为有技艺的工人。

②词义的内涵不同。"工"还有乐官或乐人、官吏、精巧、擅长、技巧等义。"匠"还有某方面有造诣有修养的人、巧妙的构思或设计、制造等义。"陶"还有陶器、制作陶器、陶冶等义。"冶"还有熔炉、熔炼或制造金

属的场所等义。"技"一般只用于技巧、有技巧的人或与这两个意义相近的意义。

商　贾(估)　贩　沽
shāng　gǔ　　fàn　gǔ

【同】商贾，从事商业的人。

〔商〕《说文》："商，行贾也。"《玉篇》："商，通四方之珍异，谓之商人。"《左传·宣公十二年》："商、农、工、贾不败其业。"《史记·货殖列传》："汉兴，海内统一，开关梁，弛山泽之禁，是以富商大贾周流天下。"《公羊传·僖公三十三年》："弦高者，郑商也。"何休注："郑商者，贾人也。"

〔贾〕(估)《广韵·姥韵》："贾，商贾。"《国语·越语上》："臣闻之，贾人夏则资皮，冬则资𫄨，旱则资舟，水则资车。"韦昭注："贾人，买贱卖贵者。"《周礼·天官·大宰》："六曰商贾，阜通货财。"郑玄注："行曰商，处曰贾。"汉桓宽《盐铁论·轻重》："大夫各运筹策，建国用，笼天下盐铁诸利，以排富商大贾。"汉王充《论衡·佚文篇》："(杨)子云不听，曰：'夫富贾无仁义之行，犹圈中之鹿，栏中之牛也，安得妄载！'"

"贾"有时也写作"估"(《说文》无)。《后汉书·孝灵帝纪》："帝著商估服，饮宴为乐。"《北史·邢峦传》："于是蕃贡继路，商估交入。"《百喻经·估客偷金喻》："昔有二估客，共行商贾。"宋王安石《估玉》："大梁老估闻不眠，操金喜取走蹁跹。"

〔贩〕《说文》："贩，买贱卖贵者。"《周礼·地官·司市》："夕市夕时而市，贩夫贩妇为主。"郑玄注："贩夫贩妇，朝资夕卖，因其便而分为三市。"《管子·八观》："悦商贩而不务本货，则民偷取而不事积聚。"《汉书·食货志下》："工匠、医、巫、卜、祝及它方技、商贩、贾人坐肆、列里区、谒舍……除其本，计其利，十一分之，而以其一为贡。"

〔沽〕酒商。《广韵·姥韵》："沽，屠沽。""屠"，指屠夫；"沽"，指酒商。汉贾谊《新书·匈奴》："大每一关，屠沽者、卖饭食者……每物各一二百人，则胡人著于长城下矣。"《后汉书·祢衡传》："或问衡曰：'盍从陈长文、司马伯达乎？'对曰：'吾焉能从屠沽儿耶！'"明袁宏道《醉叟传》："其人既无自见之心，所与游又皆屠沽、市贩、游僧、乞食之辈，贤士大夫知而传之者几何？""屠沽"，经常连用。"沽"也写作"酤"。《后汉书·郭太传》："召公子、许伟康并出屠酤。"

【辨】①词的本义不同。"商"的本义是行商,"贾"的本义是坐贾。《说文》:"商,行贾也。"汉班固《白虎通·商贾》:"商贾,何谓也?商之为言商也。商其远近,度其有亡,通四方之物,故谓之商也;贾之为言固也。固其有用之物,以待民来,以求其利者也。行曰商,止曰贾。""贩"的本义是小本经营的商贩。《说文》:"贩,买贱卖贵者。"汉张衡《西京赋》:"尔乃商贾百族,裨贩夫妇,鬻良杂苦,蚩眩边鄙。"薛综注:"裨贩,买贱卖贵以自裨益。""裨贩",即小贩。"沽",用作商贾义时,本应读 gǔ,指酒商。

②语源不同。"贾""沽""酤"同源,都有买卖的意思。"贾 jià"还和"价"同源,两字还是古今字的关系。"贩"与"反"同源。"贩"为形声兼会意字。《荀子·儒效》:"反货而为商贾。"杨倞注:"反,读为贩。"

③词义的内涵有所不同。"商"是行商,即来往于各地的流通商人;"贾"是坐贾,即定点设店的商人。"贩"是设点摆摊的商贩。"沽"是卖酒的商人。"沽"虽与"贾"等同源,但用于商人义较晚。

店　铺(舖)　肆　邸
diàn　pù　　　sì　dǐ

【同】商店,出售商品的处所。

〔店〕唐玄应《一切经音义》卷十一:"店肆,言此皆陈物买卖之处也。"南朝宋刘义庆《世说新语·任诞》:"阮宣子常步行,以百钱挂杖头,至酒店,便独酣畅。"唐程异《请勒停置茶盐店奏》:"庆诸道州府,先请置茶盐店收税。"唐唐元宗《禁赁店干利诏》:"南北卫百官等,如闻昭应县两市及近场处,广造店铺,出赁与人,干利商贾,莫甚于此。"

〔铺〕(舖)《洪武正韵·暮韵》:"铺,贾肆也。"唐张籍《送杨少尹赴凤翔》诗:"得钱抵了还书铺,借宅常时事药栏。"唐唐德宗《宣慰平卢军陷淮西将士敕》:"如有庄宅、店铺、奴婢、六畜产业等,各任如旧,不得辄有侵扰。"宋孟元老《东京梦华录·宣德楼前省府宫宇》:"南门大街以东,南则唐家金银铺,温州漆器什物铺。"

"铺"也写作"舖"。唐封演《封氏闻见记·饮茶》:"自邹、齐、沧、棣,渐至京邑城市,多开店舖,煎茶卖之。"

〔肆〕《淮南子·俶真训》:"古者至德之世,贾便其肆,农乐其业,大夫安其职,而处士修其道。"《后汉书·王充传》:"家贫无书,常游洛阳市肆,阅所卖书,一见辄能诵忆,遂博通众流百家之言。"

〔邸〕 商店的"店",初写作"邸"。"邸"有储存物资的处所义,引申为商店。唐慧琳《一切经音义》卷三十九引《苍颉篇》:"邸,市中舍也。"《唐律疏议·名例·平赃及平功庸》:"居物之处为邸,沽卖之所为店。"《梁书·徐勉传》:"或使创辟田园,或劝兴立邸店。"《新唐书·德宗记七》:"禁百官置邸贩鬻。"又《薛登传》:"僧慧范怙太平公主势,夺民邸肆。官不能直。"宋刘克庄《戏孙季蕃》诗:"常过茶邸租船出,或在禅林借枕欹。"

【辨】

①词的本义不同。"店"字是一个后起字,《说文》无,约产生于南北朝时期。初义就是商店。"铺"的本义为门上带有环的铜制兽面的门饰。《说文》:"铺,箸门铺首也。"清黄生《字诂·铺》:"门户铺首,以铜为兽面,衔环著于门上,所以避不祥,示守御之义。"假借为"敷"。敷有铺陈、陈设义,因店内商品陈列于橱柜,又引申出商铺义。"肆"字,《说文》在"长"部,解释为"极称也"。极,穷极;称,陈列。从"极"引申出恣意、放肆等义;从"陈"引申出陈设、扩展等义。商店义,当为陈设义的引申。"邸"的本义是接待诸侯国官员的宾馆。《说文》:"邸,属国舍也。"段玉裁注:"《汉书》文帝纪曰:'入代郡。'颜(师古)注:'郡国朝宿之舍在京师者,率名邸。邸,至也,言所归至也。'按,今俗谓旅舍为邸。"旅店,是宾馆义的引申。

②词义的内涵不同。"店"还有放置农具、看守作物的草舍、旅舍等义。"铺"除铺首义外,还有铺展、普遍等义。"肆"还有陈尸示众、冲突、房舍、大、长、直等义。"邸"还有旅舍、官邸等义。

bīng zú shì jiǎ zhě tú yǒng
兵 卒 士 甲 褚 徒 勇

【同】 士兵,即军队中最基层的人员。

〔兵〕《说文》:"兵,械也。"段玉裁注:"械者,器之总名。器曰兵,用器之人亦曰兵。"《广韵》:"兵,戎也。"《左传·昭公十四年》:"楚子使丹然简上国之兵于宗丘,且抚其民。"孔颖达疏:"兵者,战器之名。战必令人执兵,因即名人为兵也。"《韩非子·存韩》:"诸侯兵困力极,无奈何,诸侯兵罢。"《战国策·赵策三》:"单闻之,帝王之兵,所用者不过三万,而天下服矣。"《史记·伍子胥列传》:"越王勾践乃以余兵五千人栖于会稽之上。"

〔卒〕 本指穿染色衣服的奴隶,引申为士兵。清朱骏声《说文通训定声》:"隶人给事者为卒,卒,衣有题识者⋯⋯今兵役民壮,以绛缘衣,当胸与背题字,其遗制也。"《左传·隐公元年》:"大叔完聚,缮甲兵,具卒乘,将袭郑。"杜预注:"步曰卒,车曰乘。"《战国策·秦策二》:"甘茂攻宜阳,三鼓之,而卒不上。"高诱注:"卒,士也,士不上攻也。"《史记·孙子吴起列传》:"卒母闻而哭之。人曰:'子,卒也,而将自吮其疽,何哭为?'"

〔士〕《诗经·大雅·瞻卬》:"邦靡有定,士民其瘵。"郑玄笺:"天下骚扰,邦国无有安定者,士卒与民皆劳病。"孔颖达疏:"士卒,即从军者也。"《左传·襄公二十八年》:"庆氏之马善惊,士皆释甲束马。"《荀子·王制》:"故王者富民,霸者富士,仅存之国富大夫。"杨倞注:"士,卒伍也。"《史记·孝武本纪》:"然而太尉以一节入北军,一呼士皆左袒,为刘氏,叛诸吕,卒以灭之。"

〔甲〕《左传·宣公二年》:"秋九月,晋侯饮赵盾酒,伏甲将攻之。"《韩非子·内储说下》:"于是乃起宿营之甲而攻成王。"汉王充《论衡·死伪篇》:"商臣闻之,以宫甲围王。"汉陈琳《为曹洪与魏文帝书》:"彼有精甲数万,临高守要,一人挥戟,万夫不得进。"唐杜牧《燕将录》:"王师入魏,于是悉甲压境,号曰伐赵。"

〔褚〕《方言》卷三:"楚东海之间⋯⋯卒谓之弩父,或谓之褚。"郭璞注:"言衣赤也,褚音赭。"《说文》:"褚,卒也。"清徐灏《说文解字注笺》:"卒谓之褚者,因其著赭衣而名之也。《周礼·司常》注云'今亭长著绛衣'(按:原注无"今"字),即其义。"清朱骏声《说文通训定声》:"按,今兵役民壮,以绛缘衣,有题'勇''壮'字样,此其遗制。"

〔徒〕《诗经·鲁颂·閟宫》:"公徒三万,贝胄朱綅。"朱熹集传:"徒,步卒也。"《左传·隐公九年》:"彼徒我车,惧其侵轶我也。"杜预注:"徒,步兵也。"《礼记·祭义》:"古之道,五十不为甸徒。"孔颖达疏:"徒谓步卒。"

〔勇〕 北魏崔鸿《十六国春秋·前秦录·苻坚》:"天锡率劲勇五万来拒,战于赤岸,凉师大溃。"唐杨乘《甲子岁书事》:"犒功椎万牛,募勇悬千帛。"清王韬《臆谭·治兵》:"今日所募之勇,几遍天下。"

【辨】

①词的本义不同。"兵"的本义是兵器,引申为使用兵器的人,即士兵。"卒"的本义是"隶人给事者",但古籍中主要用作士卒、役卒义。"士"与事同源(参见王力《同源字典》)。《说文》:"士,事也。"段玉裁注:"凡能事其事者称士。"清徐灏《说文解字注笺》:"士大夫谓之士,学者亦谓之士,皆任事者也……凡谓人曰人士,女曰女士,卒曰士卒,皆运举之辞。""甲"的士兵义是从铠甲义引申而来的。"褚"的本义是穿赭色衣服(相当于现在的军装)的士卒,但这个意义并不常用。"徒"的本义是徒步行走,引申为步兵义。"勇"的本义是有勇气、果敢,引申为勇力之士,即士卒。

②词义的内涵不同。"兵"还可用于军队义,如"用兵""兵力""举兵""兴兵"等;"兵"还可用于军事义,如"兵家""兵法""兵略""兵谋"等。"兵"有时还可活用动词,表示出兵。如《汉书·陈胜传》:"赵王以为然,因不西兵。""卒""士"等没有这些用法。

【附】 兵丁 兵人 兵士 兵甲 兵卒 兵勇 卒士 卒子 卒兵 卒徒 士兵 士卒 士徒 士众 甲士 甲兵 甲卒 甲盾 徒人 徒步 徒兵 徒卒 勇丁 苍头

弓 弩 弧
gōng nǔ hú

【同】 发射箭或弹的兵器,多用强韧的木或竹,弯成弧形,两端系弦,张弦发射。

〔弓〕《玉篇·弓部》:"弓,黄帝臣挥作弓。"《尚书·费誓》:"备乃弓矢,锻乃戈矛,砺乃锋刃,无敢不善。"《诗经·小雅·吉日》:"既张我弓,既挟我矢,发彼小豝,殪此大兕。"《淮南子·俶真训》:"乌号之弓,谿子之弩,不能无弦而射。"汉王充《论衡·骨相篇》:"飞鸟尽,良弓藏。"唐杜甫《兵车行》:"车辚辚,马萧萧,行人弓箭各在腰。"

〔弩〕《周礼·夏官·司弓矢》:"司弓矢掌六弓、四弩、八矢之法,辨其名物,而掌其守藏与其出入。"《战国策·韩策一》:"天下之强弓劲弩皆自韩出。"《淮南子·缪称训》:"善御者不忘其马,善射者不忘其弩。"汉王充《论衡·谈天篇》:"足可以柱天,则皮革如铁石,刀剑矛戟不能刺之,强弩利矢不能胜射也。"唐白居易《动静交相养赋(并序)》:"所以动之为用,在气为春,在鸟为飞,在舟为楫,在弩为机。"

〔弧〕《易经·系辞下》:"弦木为弧,剡木为矢。"孔颖达疏:"案,《尔雅》:'弧,木弓也。'"《左传·昭公四年》:"其出之也,桃弧、棘矢,以除其灾。"杨伯峻注:"出冰时,用桃木为弓,以棘为箭,置于储冰室之户以禳灾。"《后汉书·东夷传》:"辰韩,耆老自言秦之亡人,避苦役,适韩国,马韩割东界地与之。其名国为邦,弓为弧,贼为寇,行酒为行觞,相呼为徒,有似秦语,故或名之为秦韩。"《昭明文选·左思〈魏都赋〉》:"燕弧盈库而委劲,冀马填厩而驵骏。"李善注:"弧,弓也。"

【辨】①词的本义不同。"弓"的本义是古代远距离的兵器。《说文》:"弓,以近穷远。象形。"清王筠《说文句读》:"《说文》:'弓,以近穷远,故曰弓也。'依元应引补。""弩"的本义是用机械发射的弓。《说文》:"弩,弓有臂者。"清桂馥《说文义证》:"'弓有臂者'者,颜注《急就篇》:'弓之施臂而机发者曰弩。'《释名》:'弩,怒也,有势怒也;其柄曰臂,似人臂也;钩弦者曰牙,似齿牙也;牙外曰郭,为牙之规郭也;下曰悬刀,其形然也;合名之曰机,言如机之巧也。'""弧"的本义是用强韧的木所制作的弓。《说文》:"弧,木弓也。"清王筠《说文句读》:"《易·系辞》:'弦木为弧。'贾谊《(新)书》:'为王太子悬弧之礼,东方之弧以梧,南方之弧以柳,中央之弧以桑,西方之弧以棘,北方之弧以枣。'按:引文中"以梧""以柳"等之间有删节。"

②词义的内涵不同。"弓"还有如弓形的器具、弯曲或使弯曲、丈量土地的计算单位、姓氏等义。"弩"一般只有弓弩义。"弧"还有张挂旌旗的竹弓、使弯曲、星名、圆弧(圆周的任何一段)等义。

矢 箭 矰 镝
shǐ jiàn zēng dí

【同】箭,用竹竿或木杆制成,顶端有铁或石制的尖头,尾部有羽翼,搭在弓上发射,是古代长距离的兵器。

〔矢〕《方言》卷九:"箭,自关而东谓之矢。"《易经·系辞下》:"弦木为弧,剡木为矢,弧矢之利,以威天下。"《诗经·小雅·南车》:"不失其驰,舍矢如破。"郑玄笺:"射者之工,矢发则中,如椎破物也。"《左传·成公二年》:"郤克伤于矢,流血及屦。"《淮南子·说山训》:"矢之于十步贯兕甲,于三百步不能入鲁缟。"

〔箭〕《释名·释兵》:"矢,又谓之箭。"《列子·仲尼》:"引乌号之弓,綦卫之箭,射其目。"《后汉书·西域传·西夜国》:"地生白草,有毒,国人煎以为药,傅箭镞,所中即死。"晋干宝《搜神记》卷三:"持弓箭者主射胸腹。"唐杜甫《横吹曲辞·前出塞九首》:"挽弓当挽强,用箭当用长。射人先射马,擒贼先擒王。"

〔矰〕《玉篇·矢部》:"矰,结缴于矢也。"《字汇·矢部》:"矰,短矢也。"《周礼·夏官·司弓矢》:"矰矢、茀矢,用诸弋射。"郑玄注:"结缴于矢谓之矰。"《楚辞·九章·惜诵》:"矰弋机而在上兮,罻罗张而在下。"王逸注:"矰,缴射矢也。"汉王充《论衡·龙虚篇》:"游者可为网,飞者可为矰。"《汉书·货殖传》:"鹰隼未击,矰弋不施于徯隧。"颜师古注:"矰者,弋之矢也。"《昭明文选·班固〈西都赋〉》:"飑飑纷纷,矰缴相缠。"李善注引《周礼》曰:"矰,矢也。"

〔镝〕《释名·释兵》:"(矢)又谓之镝。"宋王应麟《玉海·兵制·弓矢》:"矢谓之箭,又谓之镝。"《史记·匈奴列传》:"冒顿乃作为鸣镝,习勒其骑射。"裴骃集解引《汉书音义》曰:"镝,箭也,如今鸣箭也。"三国魏曹植《名都篇》:"揽弓捷鸣镝,长驱上南山。"唐刘希夷《谒汉世祖庙》诗:"宛城剑鸣匣,昆阳镝应弦。"宋韩琦《答孙植太傅后园宴射》诗:"须臾一镝入鹄心,画鼓连轰尽声喝。"

【辨】

①词的本义不同。"矢"的本义就是箭。《说文》:"矢,弓弩矢也。从入,象镝、栝羽之形。"甲骨金文,"矢"字都象箭形,应为象形字。清饶炯《说文解字部首订》:"炯案,篆形上象镝,中直象干,下象栝,旁出象羽。""矰"的本义是系上生丝的箭,用于射鸟。《说文》:"矰,隹射矢也。"清桂馥《说文义证》:"馥案,隹所以取生鸟,故用系缴若罾,故名矢曰矰……《一切经音义》十一:'缴,生丝缕也。结缴于矢,谓之矰也。'""箭"的本义,《说文》解释为"矢也",认为"箭""矢"同义。但《说文》研究者参考其他古籍或字书,普遍认为"箭"的本义应是制箭的竹。清王筠《说文句读》:"'箭,矢竹也。'依《艺文类聚》引补。《字林》同。《众经音义》:'箭,矢竹也。大身小叶曰竹;小身大叶曰箭。竹主为矢,故谓矢为箭。'《〈尔

雅·）释地》：'东南之美者，有会稽之竹箭焉。'注：'竹箭，筱也。'"汉史游《急就篇》："弓、弩、矢、箭、铠、兜、鍪。"颜师古注："以竹曰箭，以木曰矢。""镝"的本义是箭头。《说文》："镝，矢鏠也。"段玉裁注："谓矢族（镞）之入物者。"清桂馥《说文义证》："矢鏠也者，本书：'矢，象镝、栝、羽之形。'《一切经音义》十一：'箭金，箭镞也。'"清朱骏声《说文通训定声》引《通俗文》："铁镞曰镝。"

②词义的内涵不同。"矢"还有正直、古代投壶用的筹、陈列、弧弦之半径等义。"矰"还有短箭义。"箭"还有古代滴漏计时用的标尺、古代博具等义。"镝"只有箭头、箭两义。

箙(服) 韔(叉) 韛
fú　　chā　　bù

【同】用竹、木或皮革制成的盛箭的器具。

〔箙〕(服)《玉篇·竹部》："箙，矢器也。藏弩箭为箙。"《周礼·夏官·司弓矢》："中春献弓弩，中秋献矢箙。"郑玄注："箙，盛矢器也，以兽皮为之。"唐柳宗元《唐铙歌鼓吹曲》之二："甲之櫜弓，弭矢箙。"唐李贺《黄家洞》诗："黑幡三点铜鼓鸣，高作猿啼摇箭箙。"

"服"，是"箙"的古字。《诗经·小雅·采薇》："四牡翼翼，象弭鱼服。"郑玄笺："服，矢服也。"孔颖达疏："鱼服，以鱼皮为矢服，故云'鱼服'。"《王力古汉语字典·月部》："此义后来写作'箙'。"《周礼·春官·巾车》："小服皆疏。"郑玄注引服(虔)云："服，读为箙。小箙，刀箙，刀剑短兵之衣。"汉司马相如《子虚赋》："左乌号之雕弓，右夏服之劲箭。"李善注引服虔曰："服，盛箭器也。夏后氏之良弓名繁弱，其矢亦良，即繁弱箭服，故曰'夏服'也。"《昭明文选·鲍照〈拟古三首〉》："毡带佩双鞬，象弧插雕服。"李善注引《方言》曰："所以藏箭弩谓之服。"

〔韔〕(叉)《玉篇·革部》："韔，箭室也。"北魏贾思勰《齐民要术·煮胶》："破皮履鞋底……破鞦韔，但是生皮，无问年岁久远，不腐烂者，悉皆中煮。"唐元稹《痁卧闻幕中诸公徵乐会饮因有戏呈三十韵》："蛇蛊迷弓影，雕翎落箭韔。"《元史·舆服志》："韔，制以黑革。"清李渔《奈何天·分忧》："二军齐换女装，一人戴凤冠，持锦幡，众佩弓箭韔袋上。"

"叉"，是"韔"的古字。《释名·释兵》："步叉，人所带，以箭叉于其中也。"毕沅疏证："当云'亦曰步叉'。《通俗文》：'箭箙谓之步叉。'王启原曰：'《文选•七发》注：服,今之步叉也。'……靫即叉之俗体。"宋胡铨《句》诗之九："当时号令君听取,白战无须带步叉。"

〔鞴〕 一般与"靫"连用。《古今韵会举要•佳韵》引《埤苍》："鞴靫,盛箭室。"宋刘祁《征妇词》："恨妾不为金鞴靫,在君腰下随风埃。"元张耆《前出军》诗之一："后军细铠甲,白羽攒鞴靫。"

【辨】

①词的本义不同。"箙"的本义就是盛箭的器具。《说文》："箙,弩矢箙也。"据清人研究,"箙"也即步叉。清桂馥《说文义证》："《史记•司马相如传》：'右夏服之劲箭。'徐广曰：'韦昭云：矢室名曰服。'吕静曰：'步叉谓之服也。'"清人还认为,"箙"是"服"的后起字。清王筠《说文句读》："'服'为古字,'箙'则后作之专字也。"清朱骏声《说文通训定声》："《齐语》：'服无矢。'《郑语》：'櫜弧箕服。'《子虚赋》：'右夏服之劲箭。'《七发》注：'即今之步叉也。'皆以'服'为之。按,箙者,实亦衣服之转注,'箙',后出字。"《王力古汉语字典•月部》："服1.fú㈨盛箭的器具……此义后来写作'箙'。""靫",是后起字,本义就是盛箭的器具。《说文》无,约产生于南北朝时期。靫,也称鞴靫、步叉。《广雅•释器》："鞴靫,矢藏也。"王念孙疏证："《集韵》引《埤仓》云：'鞴靫,箭室也。'鞴靫,亦作步叉。《释名》云：'步叉,人所带,以箭叉其中也。'"步叉：步,即出行随身所带；叉,因箭放入盛箭器中,露出器外部分,其形岐出如叉,故名。"鞴"字,《说文》《玉篇》《广韵》《集韵》等均无,其本义应是盛箭器。

②词义的内涵相同。"箙""靫""鞴"三字,都只用于盛箭器。

鞘(削) 鞞 室
qiào　　bǐng　shì

【同】 刀剑的套。

〔鞘〕(削) 唐慧琳《一切经音义》卷九十八："鞘,《方言》：'剑削也。'"晋葛洪《西京杂记》卷一："(剑)十二年一加磨,莹刃上常若霜雪,开匣拔鞘,辄有风气,光彩射人。"晋张协《杂诗十首》："长铗鸣鞘中,烽火列边亭。"唐卢照邻《刘生》诗："翠羽装刀鞘,黄金饰马铃。"宋李昉等《太平广记•徵应•戴思远》："夜分,其剑忽大吼,跃出鞘外,从卒闻者,愕然惊异。"

"削",是"鞘"的古字。《汉语大字典·刀部》:"(一)qiào 装刀剑的套子。后作'鞘'。"《方言》卷九:"剑削,自河而北,燕、赵之间谓之室,自关而东或谓之廓,或谓之削,自关而西谓之鞞。"戴震疏证:"案,'削',亦作'鞘'。"《集韵·笑韵》:"削,刀室。"《汉书·货殖传》:"质氏以洒削而鼎食。"颜师古注:"削,谓刀剑室也。"

〔鞞〕《玉篇·革部》:"鞞,剑削也,刀室也。"《逸周书·王会》:"请令以鱼皮之鞞,鰩鯝之酱,鲛骰利剑为献。"孔晁注:"鞞,刀削。"晋葛洪《抱朴子·薄喻》:"断长剑以赴短鞞,割尺璧以纳促匣也。"

〔室〕《方言》卷九:"剑削,自河而北,燕、赵之间谓之室。"《小尔雅·广器》:"刀之削谓之室。"《史记·刺客列传》:"秦王惊,自引而起,袖绝。拔剑,剑长,操其室。"司马贞索隐:"室,谓鞘也。"晋葛洪《西京杂记》卷一:"剑在室中,光景犹照于外,与挺剑不殊。"唐刘禹锡《砥石赋序》:"始余有佩刀甚良,至是涩不可拔,剖其室乃能出。"

【辨】

①词的本义不同。"鞘"字,《说文》正篆无。大徐本《说文》新附字收有'鞘'字,释为"刀室也"。按:"鞘"的古字作"削"。《说文》:"削,鞞也。"段玉裁注:"革部曰:'鞞,刀室也。'"清郑珍《说文解字新附考》:"按,《说文》'削'训'鞞也';'鞞,刀室也。''削'即古'鞘'字。""鞞"的本义是刀的套。《说文》:"鞞,刀室也。"后泛指刀剑的套。清王筠《说文句读》:"《韵会》引作'剑室也'。《诗》'瞻彼洛矣'传:'鞞,容刀鞞也。'是作刀之证。《方言》:'剑削,自河而北燕、赵之间谓之室,自关而西谓之鞞。'《史记·刺客传》:'剑长,操其室。'是作剑之证。""室"的本义是居所。《说文》:"室,实也。"段玉裁注:"以叠韵为训。古者前堂后室。《释名》曰:'室,实也,人、物实满其中也。'"引申为刀剑的套。清朱骏声《说文通训定声》:"[转注]又,《小尔雅·广器》:'刀之削,谓之室。'《史记·刺客传》:'剑长,操其室。'"

②词义的内涵不同。"鞘"还有贮银以供转运的空心木筒义。"鞞"只有刀剑的套一义。"室"还有家、家产、妻子、王室、坟墓等义。

甲(鉀) 介 铠 函

【同】古代军人作战时用来护身的服装,一般用铁片或皮革制成。

〔甲〕(鉀)《尚书·说命中》:"惟甲胄起戎。"孔安国传:"甲,铠。"《诗经·秦风·无衣》:"王于兴师,修我甲兵。""甲兵",铠甲与兵器。《礼记·曲礼上》:"献甲者执胄。"郑玄注:"甲,铠也;胄,兜鍪也。"《楚辞·国殇》:"操吴戈兮被犀甲,车错毂兮短兵接。"王逸注:"戈,戟也。甲,铠也。"《淮南子·览冥训》:"是故质壮轻足者,为甲卒。"高诱注:"甲,铠也。在车曰士,步曰卒。"

铠甲的"甲",也写作"鉀"。《晋书·姚弋仲载记》:"于是贯鉀跨马于庭中,策马南驰。"《敦煌变文集·汉将王陵变》:"其夜,西楚霸王四更已来,身穿金鉀。"

〔介〕《广雅·释器》:"介,铠也。"《玉篇·八部》:"介,甲也。"《诗经·郑风·清人》:"清人在彭,驷介旁旁。"毛传:"介,甲也。"孔颖达疏:"介是甲之别名,故云:'介,甲也。'"这里指战马披甲。《管子·小匡》:"介胄执枹,立于军门。"《史记·老子韩非列传》:"宽则宠名誉之人,急则用介胄之士。"

〔铠〕《韩非子·五蠹》:"铠甲不坚者伤乎体。"《淮南子·说林训》:"人性便丝衣帛,或射之,则被铠甲,为其不便以得所便。"《汉书·王莽传中》:"禁民不得挟弩铠,徙西海。"北魏郦道元《水经注·河水二》:"食尽穷困,乃煮铠弩,食其筋革。"

〔函〕《玉篇·曰部》:"函,铠也。"《字汇·凵部》:"函,甲也。"《周礼·考工记·序》:"粤无镈,燕无函,秦无庐,胡无弓车。"郑玄注引郑司农云:"函,铠也。"《礼记·曲礼下》"天子之六工"郑玄注:"函音含,函人为甲铠。"《孟子·公孙丑上》:"函人惟恐伤人。"赵岐注:"函,甲也。《周礼》曰:'函人为甲。'"《昭明文选·左思〈吴都赋〉》:"危冠而出,竦剑而趋。扈带鲛函,扶揄属镂。"李善注:"鲛函,鲛鱼甲,可为铠。"

【辨】

①词的本义不同。"甲"的本义是植物萌芽,破土而出时的外壳。《说文》:"甲,东方之孟,阳气萌动,从木戴孚甲之象。"段玉裁注:"孚甲,犹今言壳也。凡草木初生,或戴穜于颠,或先见其叶,故其字像之。下像木之有茎,上像孚甲下覆也。"引申为铠甲。清徐灏《说文解字注笺》:"甲

之本义为木之孚甲,引申为凡皮甲之称。""介"字的本义,《说文》解释为"画也",意思是画出田亩的界限。但突破字形的束缚,从两字的语音来看,"介""甲"两字又是同源字的关系。清徐灏《说文解字注笺》:"又按,古'介''甲'同声相通,介胄即甲胄也,因之,甲虫亦谓之介虫也。"王力《同源字典》也收有"甲""介"两字。"铠"的本义就是铠甲。《说文》:"铠,甲也。"段玉裁注:"古曰甲,汉人曰铠,故汉人以'甲'释'铠'。"清徐灏《说文解字注笺》:"《周礼》'司甲'郑注:'甲,今时铠也。'疏曰:'古用皮谓之甲,今用金谓之铠。从金为字也。'""函"的本义是包含。《说文》虽释"函"为"舌也",但《说文》和甲骨文研究者均认为本义应为包含。清徐灏《说文解字注笺》:"训'函'为舌,似非许意。陆氏引《说文》:'函,舌也。'又云:'口裹肉也。'可证盖原本妄增'舌也'之训……又以'函'为甲。《考工记》'函人为甲'是也。张衡《南都赋》:'巨蚌函珠。'李善注:'函与'含'同。'""函""含"音义俱同,两字同源。裘锡圭《文字学概要·字形在词义研究上的作用》:"'函'字在甲骨文里……本义是藏矢之器……从表面上看,'函'字的'包含'很像是'矢函'一义的引申义,但实际上,'矢函'反倒应是'包含'的引申义。'函'字的函甲、函套、函盒等义,大概也都是'包含'的引申义。"

② 这四个字用在铠甲这一意义上,有先有后。先秦用"函""甲""介",汉代才用"铠"。《诗经·郑风·叔于田》"缮甲治兵"郑玄笺:"缮之言善也。甲,铠也。"孔颖达疏:"经典皆谓之'甲',后世乃谓之'铠'。笺以今晓古。""今",指汉代。

③ 词义的内涵不同。"甲"还有士兵、指或趾上的硬质、天干的第一位、序数第一、旧时户口单位等义。"介"还有二者之间、间隔、介绍、佑助、凭借等义。"铠"只有铠甲一义。"函"还有包含、盒子、封套、信封或信等义。

胄 鍪(兜鍪 䩹鍪) 盔
<small>zhòu　móu　　　　　　　　kuī</small>

【同】 军人用来保护头部的帽子,一般用皮甲或金属制成。

〔胄〕《玉篇·冃部》:"胄,兜鍪也。"《广韵·宥韵》:"胄,介胄。《说文》曰:'兜鍪也。'"《字汇·冂部》:"胄,《书》正义云:'古之甲胄皆用犀兕,未有用铁者,而兜铠之字皆从金,盖后世始用铁也。'"《尚书·说命中》"惟甲胄起戎"孔安国传:"甲,铠。胄,兜鍪也。"《仪礼·既夕礼》:"役器:甲、胄、干、笮。"郑玄注:"甲,铠。胄,兜鍪。"孔颖达疏:"云'甲,铠。胄,兜鍪'者,古者用皮,故名甲、胄。后代用金,故名铠、兜鍪,随世为名故也。"《韩非子·喻老》:"甲胄生虮虱,燕雀处帷幄。"汉贾谊《新书·解县》:"将吏戍者或介胄而睡。"

〔鍪〕(兜鍪 鞮鍪) "鍪",原是炊具,形似锅。引申为头盔。《广韵·尤韵》:"鍪,兜鍪。"《尚书·说命中》"惟甲胄起戎"孔安国传:"胄,兜鍪也。"《战国策·韩策一》:"甲、盾、鞮、鍪、铁幕……无不毕具。"鲍彪注:"鍪,兜鍪。"《汉书·扬雄传下》:"鞮鍪生虮虱。"《新唐书·仪卫志上》:"次左右武卫白旗仗,居骁卫之次,鍪、甲、弓、箭、刀,楯,皆白。"

"鍪"有时和"兜""鞮"等词连用,组成"兜鍪""鞮鍪"等复音词,表示头盔。"兜鍪"如:汉刘珍等《东观汉记·马武传》:"(武)身被兜鍪铠甲,持戟奔击。"《新五代史·杂传·李金全》:"晏球攻王都于中山,都遣善射者登城射晏球,中兜鍪。""鞮鍪"如:《战国策·韩策一》:"坚甲盾、鞮鍪、铁幕、革抉、哎芮,无不毕具。"《昭明文选·扬雄〈长杨赋〉》:"鞮鍪生虮虱,介胄被霑汗。"

〔盔〕《正字通·皿部》:"盔,俗呼首铠曰盔。"《三国志平话》卷上:"仲相观之,见一人头顶金盔,身穿金锁甲。"金董解元《西厢记诸宫调》卷二:"着绫幡做甲,把钵盂做头盔戴着顶上。"《三国演义》第五十九回:"许褚兴起,飞回阵中,卸了盔甲……翻身上马,来与马超决战。"

【辨】

①词的本义不同。"胄"的本义就是头盔。《说文》:"胄,兜鍪也。"段玉裁注:"按,古谓之胄,汉谓之兜鍪,今谓之盔。"清桂馥《说文义证》:"兜鍪也者,《左传》正义引作:'兜鍪,首铠也。'案,与本书'兜'下训同。《一切经音义》一、《广雅》:'胄,兜鍪也。'中国(指中原地区)行此音。亦言鞮鍪,江南行此音。""鍪"的本义是锅一类的炊器。《说文》:"鍪,鍑属。"清桂馥《说文义证》:"鍑属者,《广雅》:'鍪,鬴也。'颜注《急就篇》:'鍪,似釜而反唇。一曰:鍪者,小釜类。'即今所谓锅也。""盔"字,《说文》正篆无。《玉篇·皿部》虽收有"盔"字,但释为"苦回切,钵也",音为kuī而义为钵,实疑即《说文·皿部》新附字"盔"。《说文》新附字:"盔,盔器,盂属……或

从金从本。"从《西厢记诸宫调》"把钵盂做头盔"一语来看,头盔应是钵盂义的引申。"盔"用于头盔义约在宋元时期。

②词义的内涵不同。"胄"只有头盔义。按:今还有一个与"胄"同形同音的"胄",但两字原来的形符并不相同;表示头盔义的"胄"从冃由声;表示帝王或贵族后裔"胄"从肉(月)由声。"鍪"还有像头盔似的帽子、头发不加修饰等义。"盔"只有头盔义;钵盂义,但有字书释义而无书证。

盾(楯) 瞂 干 橹
<small>dùn　　fá　gān　lǔ</small>

【同】 盾牌,防御刀剑矛矢的护身武器。

〔盾〕(楯)《方言》卷九:"盾,自关而东,或谓之瞂,或谓之干。关西谓之盾。"《周礼·夏官·司戈盾》:"及舍,设藩盾,行则敛之。"郑玄注:"藩盾,盾可以藩卫者。"《墨子·公孟》:"昔者齐桓公高冠博带,金剑木盾,以治其国,其国治。"《淮南子·兵略训》:"假之筋角之力,弓弩之势,则贯兕甲而径于革盾矣。"《史记·项羽本纪》:"哙即带剑拥盾入军门。交戟之卫士欲止不内,樊哙侧其盾以撞,卫士仆地,哙遂入。"

"盾"也写作"楯"。《集韵·准韵》:"楯,干也。"《左传·成公二年》:"狄卒皆抽戈楯冒之。"杨伯峻注:"楯,同'盾'。"《韩非子·难一》:"楚人有鬻楯与矛者,誉之曰:'吾楯之坚,莫能陷也。'"

〔瞂〕《山海经·海内西经》:"开明北……凤凰鸾鸟皆戴瞂。"郭璞注:"瞂,盾也。"晋葛洪《抱朴子·外篇·疾谬》:"利口者扶强而党势,辩给者借鍒以刺瞂。"《南齐书·文学传·丘巨源》:"讵其荷瞂尘末,皆是白起,操觚事始,必非鲁连邪!"

〔干〕《尚书·牧誓》:"称尔戈,比尔干,立尔矛,予其誓。"孔安国传:"干,楯也。"《诗经·大雅·公刘》:"弓矢斯张,干戈戚扬,爰方启行。"郑玄笺:"干,盾也。"陆德明释文:"盾,字又作'楯'。"《荀子·解蔽》:"凤凰秋秋,其翼若干,其声若箫。"杨倞注:"干,楯也。"汉桓宽《盐铁论·世务》:"兵设而不试,干戈闭藏而不用。"

〔橹〕《左传·襄公十年》:"狄虒弥建大车之轮,而蒙之以甲,以为橹。"杜预注:"橹,大楯。"《礼记·儒行》:"儒有忠信以为甲胄,礼义以为干橹。"郑玄注:"干橹,小楯、大楯也。"《昭明文选·贾谊〈过秦论〉》:"秦有余力而制其弊,追亡逐北,伏尸百万,流血漂橹。"李善注引韦昭曰:"大楯曰橹。"北齐颜之推《颜氏家训·名实》:"吾见世人,清名登而金贝入,信誉显而然诺亏,不知后之矛戟,毁前之干橹也。""干橹",同义连用。

【辨】①词的本义不同。"盾"的本义是盾牌。《说文》:"盾,瞂也,所以扞身蔽目。象形。"清王筠《说文句读》:"《释言》:'干,扞也。'孙炎曰:'干盾自蔽扞。'""瞂"的本义也是盾牌。《说文》两字互训。《说文》:"瞂,盾也。"据《方言》卷九所释,"盾,自关而东,或谓之瞂",两字应是方言的区别。"干"的本义,《说文》释为"犯也"。据研究,篆文汗简与"盾"的篆文上部同意,认为本义也是盾。清饶炯《说文解字部首订》:"炯案,象形,与'盾'篆上体同意,皆御敌之具,而大小异等耳。此说为'犯也',则义施于干者言之。"犯,是"干"的引申义。但清徐灏等人则认为"干",是假借为"戟"。《说文》:"戟,盾也。"但其字只见于字书,稽之古籍,未见其用。"橹"的本义是大盾。《说文》:"橹,大盾也。"

②词义的内涵不同。"盾"还有形状像盾牌的物品、星名等义。"瞂"只有盾牌义。"干"还有触犯、干扰、求取、干涉等义。"橹"还有瞭望楼(上无屋顶)、战车、船桨等义。

官 僚(寮) 吏 宰
guān liáo lì zǎi

【同】官员,旧时政府机构中的工作人员。

〔官〕《尚书·武成》:"建官惟贤,位事惟能。"《易经·系辞下》:"百官以治,万民以察。"《荀子·致士》:"德以叙位,能以授官。"《韩非子·外储说左下》:"管子曰:'君无听左右之请,因能而授禄,录功而与官,则莫敢索官。君何患焉?'"

〔僚〕(寮)《说文》无"僚"字,也无"寮"字。在早期的古籍中"僚""寮"并用。《尔雅·释诂上》:"寮,官也。"郭璞注:"同官为寮。"《玉篇·宀部》:"寮,官寮也。与'僚'同。"《诗经·大雅·板》:"我虽异事,及尔同寮。"毛传:"寮,官也。"但古籍中习写作"僚"。《尚书·皋陶谟》:"百僚师师,百工惟时。"孔安国传:"僚、工皆官也。"《诗经·小雅·大东》:"百僚是试。"毛传:"是试用于百官也。"《国语·晋语九》:"令鼓人各复其所,非僚勿从。"韦昭

注:"僚,官也。"现用作官吏义时,习用"僚"。

〔吏〕《说文》:"吏,治人者也。"《尚书·胤征》:"天吏逸德,烈于猛火。"孔安国传:"逸,过也。天王之吏为过恶之德,其伤害天下甚于火之害玉。"《左传·成公二年》:"王使委于三吏。"杜预注:"三吏,三公也。三公者,天子之吏也。"《国语·周语上》:"王乃使司徒咸戒公卿、百吏、庶民。"韦昭注:"百吏,百官。"《韩非子·外储说左下》:"吏者,平法者也,治国者,不可失平也。"

〔宰〕《说文》:"宰,罪人在屋下执事者。"清徐灏《说文解字注笺》引戴氏侗曰:"引申之,天下之宰曰冢宰,一邑之宰曰邑宰,宰制之义皆由此出。"后为官吏的通称。《周礼》中的冢宰、大宰、小宰、内宰、里宰等,都是官名。《公羊传·隐公元年》:"宰者何?官也。"郭沫若《奴隶制时代·关于中国古代史研究中的两个问题》:"臣、宰、仆本是奴隶,后来却成为官僚的尊称了。"

【辨】

①词的本义不同。"官"的本义是官府,即官员办事的处所,引申为在官府办事的官员(参看杨树达《积微居小学金石论丛·释官》)。"僚""寮"用作官僚义,可能都是本无其字的假借。"吏"的本义就是官吏。"宰"的本义是奴隶中的管理者。

② 在表示官吏的意义上,"官"可活用作动词。《史记·汲郑列传》:"卒后,上以黯故,官其弟汲仁至九卿。""官其弟","使其弟官",即授其弟官职。《礼记·杂记下》:"管仲死,桓公使为之服。官于大夫者之为之服也,自管仲始也。"郑玄注:"官,犹仕也。""仕",做官。"僚""吏""宰"等,一般不能活用作动词。

【附】 工 臣 田 有司

英 俊 豪 杰 雄 彦
yīng jùn háo jié xióng yàn

【同】 才能出众的人。

〔英〕《诗经·齐风·汾沮洳》:"彼其之子,美如英。"毛传:"万人为英。"《礼记·礼运》:"孔子曰'大道之行也,与三代之英,丘未之逮也。'"孔颖达疏:"《辨名记》:'倍人曰茂,十人曰选,倍选曰俊,千人曰英,倍英曰贤,万人曰杰,倍杰曰圣。'毛诗传又云:'万人为英。'是英皆多于俊、选,是俊、选之尤异者。"《荀子·正论》:"尧、舜者,天下之英也。"《文子·上礼》:"智过万人者谓之英。"《史记·袁盎晁错列传》:"闻天子所与共六尺舆者,皆天下豪英。"

〔俊〕《说文》:"俊,才过千人也。"《尚书·皋陶谟》:"九德咸事,俊乂在官。"陆德明释文:"马曰:'千人曰俊。'"《孟子·公孙丑上》:"尊贤使能,俊杰在位,则天下之士皆悦而愿立于其朝矣。"赵岐注:"俊,才美出众者也。"宋王安石《韩持国从富并州辟》:"官虽众俊后,名字久訇磕。""訇磕",名声大。

〔豪〕《说文》:"豪,豕鬣如笔管者。"清徐灏《说文解字注笺》:"豪之本义为豕豪,引申为凡豪毛之称;豪有长义,故人之杰出者称为豪杰。"《玉篇》:"豪,俊也。"《字汇》:"豪,英也。"《吕氏春秋·功名》:"人主贤,则豪杰归之。"高诱注:"才过百人曰豪。"《史记·田儋列传》:"儋从弟田荣,荣弟田横,皆豪,宗强,能得人。"《三国志·魏书·吕布传》:"君以千里之众,当四战之地,抚剑顾眄,亦足以为人豪。"

〔杰〕 南唐徐锴《说文解字系传》:"杰,势也,材过万人也。"《孟子·告子下》:"养老尊贤,俊杰在位,则有庆。"《荀子·非相》:"古者桀、纣长巨姣美,天下之杰也。"《楚辞·九章·怀沙》:"非俊疑杰兮,固庸态也。"王逸注:"千人才为俊,一国高为杰也。"宋李清照《夏日绝句》:"生当为人杰,死亦为鬼雄。"

〔雄〕《广雅·释训》:"雄,杰也。"《左传·襄公二十一年》:"齐庄公朝,指殖绰、郭最曰:'是寡人之雄也。'"三国魏刘劭《人物志·英雄》:"是故聪明秀出谓之英,胆力过人谓之雄。"唐李白《送梁公昌从信安王北征》诗:"高谈百战术,郁作万夫雄。"

〔彦〕《尔雅·释训》:"美士为彦。"《尚书·太甲上》:"旁求俊彦,启迪后人。"孔安国传:"美士曰彦。"《诗经·郑风·羔裘》:"彼其之子,邦之彦兮。"毛传:"彦,士之美称。"唐许佐尧《柳氏传》:"(韩)翊素知名,其所候问,皆当时之彦。"清秋瑾《感事》诗:"谁为济时彦,相与挽颓波。"

【辨】

①词的本义不同。"英"的本义是花。《楚辞·离骚》:"朝饮木兰之坠

露兮,夕餐秋菊之落英。""豪"的本义是豪猪尖而长的硬毛。"雄"的本义是与"雌"相对,指禽类中的雄性。"俊""杰"都是表示才能过人的人,只是程度有所差别。"彦"的本义是才德出众的人。

②词义的内涵有所不同。各种说法不完全一致。《左传·宣公十五年》"郑舒有三俊才"下孔颖达疏引《辨名记》云:"倍人曰茂,十人曰选,倍选曰俊,千人曰英,倍英曰贤,万人曰杰,倍杰曰圣。"《文子·上礼》:"智过百人谓之杰,十人谓之豪,千人谓之俊,万人谓之英。"《淮南子·泰族训》:"故智过万人者谓之英,千人者谓之杰,百人者谓之豪,十人者谓之杰。"还有一些说法,不一一引录。存参。

【附】 茂选 贤秀 英人 英士 英秀 英茂 英奇 英卓 英物 英俊 英彦 英哲 英特 英异 英雄 英杰 英豪 英贤 英翘 俊人 俊乂 俊士 俊才 俊艾 俊民 俊秀 俊茂 俊英 俊物 俊彦 俊哲 俊杰 俊雄 俊能 俊异 俊豪 俊髦 俊贤 俊德 俊器 豪英 豪俊 豪逸 豪雄 豪杰 豪贤 豪骏 杰人 杰士 杰子 杰俊 雄人 雄士 雄俊 雄杰 雄豪 雄骏 彦士 彦哲

巫 觋
^{wū xí}

【同】古时以占卜、舞神为人祈祷求福、却灾、治病的人。

〔巫〕《说文》:"巫,祝也。女能事无形以舞降神者也……古者,巫咸初作巫。"《周礼·春官》:"司巫掌群巫之政令,若国大旱,则帅巫而舞雩(旱祭)。"《左传·襄公二十九年》:"穆叔曰:'袚殡而禭,则布币也。'乃使巫以桃茢先袚殡。"孔颖达疏:"巫者,接神之官。"《公羊传·隐公四年》:"曰:'请作难,弑隐公。'于钟巫之祭焉弑隐公也。"何休注:"钟者,地名也;巫者,事鬼神祷解以治病请福者也。"

〔觋〕《说文》:"觋,能齐肃事神明者。在男曰觋,在女曰巫。"段玉裁注:"此析言耳,统言则《周礼》男亦曰巫,女非不可曰觋也。"《广雅·释诂四下》:"觋,巫也。"《国语·楚语下》:"如是则明神降之,在男曰觋,在女曰巫。"韦昭注:"巫觋,见鬼者。《周礼》男亦曰巫。"明何景明《忧旱赋》:"驱妖觋以干神兮,又知愚妇之不可赖。"

【辨】
①词的本义略有不同。"在男曰觋,在女曰巫",而实际使用中则男

女不别,且"巫"的使用频率高,"覡"的使用频率低。

②词义的内涵不同。"巫"还有医生义。"覡"只有巫覡一义。

男 夫 汉 士
<small>nán fū hàn shì</small>

【同】男性的成年人。

〔男〕《说文》:"男,丈夫也。从田从力,言男用力于田也。"《广韵•覃韵》:"男,男子也。"《易经•家人》:"女正位于内,男正位于外。男女正,天地之大义也。"《史记•滑稽列传》:"若乃州闾之会,男女杂坐,行酒稽留……饮可八斗而醉二参(二分醉)。"汉王充《论衡•骨相篇》:"富贵之男娶得富贵之妻。"

〔夫〕《说文》:"夫,丈夫也。"清徐灏《说文解字注笺》:"丈夫者,男子已冠之称也。"《诗经•秦风•黄鸟》:"维此奄息,百夫之特。"《孟子•梁惠王下》:"内无怨女,外无旷夫。"《汉书•食货志》:"古之人曰:'一夫不耕,或受之饥;一女不织,或受之寒。'"

〔汉〕本为北方少数民族对汉族男子的称呼,后成为对男子的通称。宋陆游《老学庵笔记》卷三:"今人谓贱丈夫曰'汉子',盖始于五胡乱华时。"《北史•邢邵传》:"此汉不可亲近。"《北齐书•魏兰根传》:"显祖谓(杨)愔云:'何虑无人作官职,若用此汉何为? 放其还家,永不收采。'"《旧唐书•狄仁杰传》:"初,则天尝问仁杰曰:'朕要一好汉任使,有乎?'"

〔士〕《诗经•周颂•载芟》:"思媚其妇,有依其士。"朱熹集传:"士,夫也。"清王引之《经义述闻•毛诗中》:"谓之士者,壮年之称也。"《韩非子•内储说下》:"燕人,其妻有私通于士,其夫早自外而来,士适出。"

【辨】

①词的本义不同。"男"的本义与"女"相对。"从田从力",表示从事耕作的是男性。"夫"的本义就是男性成年人。"汉"本是水名,自匈奴等少数民族称汉朝的中国人为汉人,此后又称汉人男子为汉子。《汉书》中已有"汉人"一词。《汉书•匈奴传下》:"呼韩邪单于且喜且惧,上书言曰:……近西羌保塞,与汉人交通。""士"的本义是任事的人,可引申为男士。

② 词义的内涵不同。"男"还有男性、男孩、儿子等义。"夫"还有男

子的美称、女子的配偶、体力劳动者、武夫等义。"汉"还有丈夫义。"士"还有未婚青年男子、兵士、有知识或技艺的人等义。

【附】 男丁 男子 男子汉 男儿 夫男 汉子 汉儿 士子 士夫

叟(傁) 老 翁 艾
sǒu　　　lǎo　wēng　ài

【同】 老年人,老年男性。

〔叟〕(傁)《说文》:"叟,老也。"《释名·释亲属》:"叟,老者称也。"《孟子·梁惠王上》:"王曰:'叟,不远千里而来,亦将有以利吾国乎?'"赵岐注:"叟,长老之称也,犹父也。"《列子·汤问》:"河曲智叟笑而止之曰:甚矣,汝之不惠!"《汉书·叙传》:"畔回冗其若兹兮,北叟颇识其倚伏。"颜师古注:"叟,老人称也。"唐杜甫《遭田父泥饮美严中丞》诗:"久客惜人情,如何拒邻叟。"

"叟"也写作"傁"。《左传·宣公十二年》:"赵傁在后。"杜预注:"傁,老称也。"

〔老〕《孟子·离娄上》:"二老(指伯夷、吕望两位老者)者,天下之大老也。"《礼记·大学》:"上老老而民兴孝,上长长而民兴弟。"郑玄注:"老老、长长,谓尊老敬长也。"汉王充《论衡·祸虚篇》:"而恬为名将,不以此时强谏,救百姓之急,养老矜孤,修众庶之和,而阿意兴功,此其兄弟遇诛,不亦宜乎?"唐杜甫《太子张舍人遗织成褥段》诗:"今我一贱老,裋褐更无营。"

〔翁〕《方言》卷六:"凡尊老……周、晋、秦、陇谓公,或谓之翁。"《广韵·东韵》:"翁,老称也。"三国魏曹丕《与吴质书》:"年行已长大,所怀万端……已成老翁,但未白头耳。"晋陶潜《丙辰八月中于下潠田舍获》诗:"遥谢荷蓧翁,聊得从君栖。"唐白居易《卖炭翁》诗:"卖炭翁,伐薪烧炭南山中。"

〔艾〕《方言》卷六:"叟、艾,长老也。艾,老也。东齐、鲁、卫之间,凡尊老谓之傁,或谓之艾。"《礼记·曲礼上》:"五十曰艾。年至五十,气力已衰,发苍白色如艾也。"《史记·周本纪》:"瞽史教诲,耆艾修之。"裴骃集解引韦昭曰:"耆艾,师傅也。"宋梅尧臣《田家语》:"搜索稚与艾,唯存跛无目。"

【辨】

① 词的本义不同。"老"的本义是年老。"叟"的本义就是老人。

"翁"的本义是鸟的颈毛(见《说文》),因"翁、公声近,故借为翁媪之翁"(清徐灏《说文解字注笺》)。"艾"的本义是艾草,《方言》释为"长老",《尔雅·释诂下》释为"长也",可能是进入全民语的方言词。

② 词义的内涵不同。"叟"一般用于老年人的意思。"老"原是形容词,由年老义引申老年人,还有历时长久(与"新"相对)、敬老等意义。"翁"用于老年人的意思外,还有父亲、公公、岳父、对男性的敬称等意思。"艾"还有美好、停止等意思。

【附】 老人 老人家 老大爷 老丈 老夫 老公公 老艾 老者 老儿 老叟 老耆 老耄 老爹 老翁 老寿星 老头 老头子 老头儿 翁甫 翁长 艾老 耆老 耆艾 耆年 耆叟 耆耄 耆耋 耆齿 耄老 耋艾 耋老 耋寿 大耋 宿齿 鲐背 鲐叟 鲐黄 长艾 长老 长年

妇 女 姑 娘 妪 媪
fù nǚ gū niáng yù ǎo

【同】 女子,成年女性。

〔妇〕《广雅·释亲》:"女子谓之妇人。"《左传·僖公二十四年》:"女德无极,妇怨无终。"《韩非子·外储说右上》:"宫妇不御者出嫁之。"汉王充《论衡·定贤篇》:"鲁林中哭妇,虎食其夫,又食其子,不能去者,善政不苛,吏不暴也。"晋陆机《演连珠》:"是以江汉之君悲其坠屦,少原之妇哭其亡簪。"

〔女〕《说文》:"女,妇人也。"段玉裁注:"男,丈夫也;女,妇人也。"《诗经·郑风·出其东门》:"出其东门,有女如云。"《韩非子·外储说右下》:"管仲曰:'蓄积有腐弃之财,则人饥饿;宫中有怨女,则民无妻。'"汉桓宽《盐铁论·园池》:"夫男耕女绩,天下之大业也。"汉王充《论衡·无形篇》:"时或男化为女,女化为男,由高岸为谷,深谷为陵,应政为变。"

〔姑〕《吕氏春秋·先识》:"商王大乱,沈于酒德,辟远箕子,爱近姑与息。"高诱引《尸子》注:"姑,妇也;息,小儿也。"南朝梁宗懔《荆楚岁时记·正月十五日》:"其夕,迎紫姑神以卜。"

〔娘〕《乐府诗集·清商曲辞四·黄竹子歌》:"一船使两桨,得娘还故乡。"唐晁采《子夜歌》之六:"寄语闺中娘,颜色不常好。"元陆泳《吴下田家志》:"娘养花蚕郎种田。"

〔姬〕汉桓宽《盐铁论·毁学》："赵女不择丑好,郑姬不择远近。"南朝宋刘义庆《世说新语·容止》："潘岳妙有姿容……妇人遇者,莫不连手共萦之。左太冲绝丑,亦复效岳遨游,于是群妪齐共乱唾之,委顿而返。"《南史·隐逸传下·邓郁传》："白日,神仙魏夫人忽来临降,乘云而至,从少姬三十……年皆可十七八许。"

〔媪〕《史记·卫将军骠骑列传》："其父郑季为吏,给事平阳侯家,与侯妾卫媪通,生青。"司马贞索隐："媪,妇人老少通称。"唐韩愈《顺宗实录四》："其余悉以酒送媪,无留也。"明冯梦龙《古今小说·穷马周遭际卖䭔媪》："年纪虽然三十有余,兀自丰艳胜人,京师人顺口都唤他做'卖䭔媪'。北方的'媪'字,即如南方的'妈'字一般。"

【辨】

①词的本义不同。"妇""女"的本义是妇女通称,泛指妇女。"姑"的本义是丈夫的母亲。《尔雅·释亲》："妇称夫之父曰舅,称夫之母曰姑。"《说文》："姑,夫母也。""娘"字产生较晚,约在魏晋时期或稍后。《玉篇》释"娘"为"少女之号"。"姬"的本义是母亲。《说文》："姬,母也。""媪"的本义是老年妇女。

②词义的内涵不同。"妇"还有已嫁女子、儿媳、妻子等义。"女"还有女儿、雌性、柔弱等义。"姑"还有父亲、丈夫的姐妹义。"娘"还有母亲义。

【附】妇人 妇女 妇道 妇道人家 女丁 女人 女子 女士 女儿 女郎 女流 女娘 女娘家 姑娘 姑娘家 娘子

媪 姁 婆 姥 姏
　　ǎo　yù　pó　mǔ　mán

【同】老年妇女。

〔媪〕《说文》："媪,女老称也。"《战国策·赵策四》："老臣窃以为媪之爱燕后,贤于长安君。"《史记·高祖本纪》："父曰太公,母曰刘媪。"裴骃集解："文颖曰:幽州及汉中皆谓老姁为媪。"《北史·邢邵传》："及代,吏人父老及媪姁,皆远相攀追,号泣不绝。"

〔姁〕《公羊传·昭公三十一年》："颜夫人者,姁盈女也,国色也。"《史记·高祖本纪》："后人来至蛇所,有一老姁夜哭。"汉王充《论衡·解除篇》："富家翁妪可求解除之福,以取逾世之寿。"清蒲松龄《聊斋志异·赵城虎》:"赵城妪,年七十余,止一子。"

〔婆〕《广韵》:"婆,老母称也。"《集韵》:"婆,女老称。"宋周密《南宋市肆记·酒楼》:"有老妪以小炉灶香为供者,谓之香婆。"宋范正敏《遁斋闲览·皤然一翁公然一婆》:"进士李居仁尽摘白发(须),其友惊曰:'昔日皤然一公,今则公然一婆。'"

〔姥〕唐玄应《一切经音义》卷十三:"姥,今以女老者为姥也。"《晋书·王羲之传》:"会稽有一孤居姥养一鹅,善鸣,求市未能得。"南朝宋刘义庆《世说新语·假谲》:"(帝)阴察军事形势。未至十余里,有一客姥,居店卖食。"宋陆游《阿姥》:"阿姥龙钟七十强。"

〔姐〕《广韵》:"姐,老女称。"《集韵·谈韵》:"姐,老女自称。"《晋书·文孝王道子传》:"又尼姐属类,倾动乱时。"《新唐书·王缙传》:"性贪冒,纵亲戚尼姐招纳财贿,猥屑相稽,若市贾然。"

【辨】

①词的本义不同。"媪"的本义就是年老妇女。"妪"的本义是母亲。《说文》:"妪,母也。""婆""姥""姐"等字,《说文》无。有人认为,"婆"即《说文》中的"婜","姥"即《说文》中的"姆"。存参。但从隋唐的一些字书、韵书的解释来看,它们在隋唐时期已是主要用于表示老年妇女了。

②词义的内涵不同。"媪""妪"还可表示妇女的通称,但"婆""姥""姐"一般不能。又,"婆""姥"等也可表示母亲义。此外,"婆"还有丈夫的母亲、祖母等义。

父 翁 爹 爷(耶) 爸 怙 严
fù wēng diē yé bà hù yán

【同】父亲,有子女的男性。

〔父〕《说文》:"父,矩也,家长率教者。"《释名·释亲属》:"父,甫也,始生己也。"《易经·序卦》:"有夫妇,然后有父子。"《荀子·大略》:"迎亲之礼,父南乡而立,子北面而跪。"《韩非子·说难》:"其家甚智其子,而疑邻人之父。"汉王充《论衡·实知篇》:"孔子生,不知其父。"唐白居易《长恨歌》:"遂令天下父母心,不重生男重生女。"

〔翁〕《广雅·释亲》:"翁,父也。"《史记·项羽本纪》:"吾与项羽俱北面受命怀王,曰'约为兄弟',吾翁即若翁,必欲烹而翁,则幸分我一杯羹。"宋陆游《示儿》诗:"王师北定中原日,家祭无忘告乃翁。"《红楼梦》第七回:"如此说来,尊翁如今也为此事悬心。"

〔爹〕《广雅·释亲》:"爹,父也。"《广韵·麻韵》:"爹,羌人呼父也。"又"哿"韵:"爹,北方人呼父。"《梁史·宗室传下·始兴王憺》:"诏征以本号还朝。人歌曰:'始兴王,人之爹,赴人急,如水火,何时复来哺乳我?'荆土方言谓父谓爹,故云。"元高明《琵琶记·高堂称寿》:"娘子,酒席完备了未?请爹妈出来。"清吴敬梓《儒林外史》第一六回:"匡超人走到跟前,叫一声,:'爹,儿子回来了。'"

〔爷〕(耶)《玉篇》:"爷,俗为父爷字。"《篇海类编·人物类·父部》:"爷,俗呼父为爷。通作耶。"《乐府诗集·横吹曲辞·木兰诗》:"军书十二卷,卷卷有爷名。"唐杜牧《别家》诗:"初岁娇儿未识爷,别爷不拜手吒叉。"

"爷"本写作"耶"。《木兰诗》中的"爷",《古文苑》作"耶"。宋程大昌《演繁露·父之称呼》:"今人不以贵贱呼父皆为耶,盖传袭已久矣。"宋王安石《高魏留》:"邂逅得归耶战死,母随人去亦萧然。"

〔爸〕《广雅·释亲》:"爸,父也。"王念孙疏证:"爸者,父声之转。"《玉篇·父部》:"爸,父也。"《集韵·祃韵》:"爸,吴人呼父曰爸。"章炳麟《新方言·释亲属》:"今通谓父为爸。古无轻唇,鱼模转麻,故父为爸。"

〔怙〕《正字通·心部》:"怙、恃二字,分言之,父曰怙,母曰恃……合言之,父母通谓之怙。"唐罗隐《钱氏大宗谱列传·开国子钱公列传》:"公……少失怙,哀毁过礼,事母以孝闻。"清李玉《清忠谱·哭追》:"我幼年失怙,赖母刘氏抚养长成。"清西周生《醒世姻缘传》第九〇回:"生腹中失怙,四十年来,朝夕在母膝下。"按:"怙"表示父亲义时,多为"失怙"或"怙恃"连用。

〔严〕《易经·家人》:"家人有严君焉,父母之谓也。"明王世贞《艺苑卮言》卷七:"先生戏分韵教余诗,余得'漠'字,则成句云……先生大奇之,曰:'子异日必以文鸣世。'是时畏家严未敢染指。""家严",谦称自己的父亲。清李汝珍《镜花缘》第八八回:"闺臣姐姐此番应试,原是迫于严命,无可奈何,勉强而来。""严命",父命。清吴趼人《二十年目睹之怪现状》第七四回:"兄弟襁褓时,先严、慈便相继弃世,亏得祖父抚养成人,以有今日。""先严",敬称已去世的父亲。

【辨】
　　①词义的内涵不同。除"翁"字外,"父""爹""爷""爸"等,本义就是父亲。"翁"还有祖父、舅父、夫或妻之父、老者自称等义。"父"还有禽兽中的雄性义。"爷"还可表示对主人、有地位的人或神佛的称呼,如老爷、少爷、王爷、相爷、佛爷、老天爷等。"爹""爸"词义相对比较单一。"怙",本义是依赖。《说文》:"怙,恃也。"《诗经·小雅·蓼莪》:"无父何怙?无母何恃?"后以"怙"指称父亲,以"恃"指称母亲,而且常"怙恃"连用,指称父母。"严",威严,称自己的父亲时含有敬意。

　　②产生时期不同。"父"字,甲骨文中就有。"翁"字在先秦主要著作中,仅《墨子》中有二见,父亲义约始于《史记》。"爹""爷""爸"等字,约产生于汉末或魏晋。"怙"单用于表示父亲义约始于隋唐。"严"用于称自己的父亲,可能始于明代。

【附】父亲 爸爸 爹爹 椿 椿挺 阿公 阿伯 阿爷 阿爹 阿郎 尊侯 尊君 尊公 令严 (按:后面四个表示父亲的词,是对他人父亲的敬称。)

母　娘（孃）　妈　姥　慈　恃
mǔ　niáng　mā　mǔ　cí　shì

【同】母亲,有子女的女性。

〔母〕《说文》:"母,牧也,象裹子之形。"《广韵》:"母,父母。"《诗经·小雅·四牡》:"王事靡盬,不遑将母。"《左传·隐公元年》:"对曰:'小人有母,皆尝小人之食矣,未尝君之羹,请以遗之。'"《韩非子·难一》:"其母不爱,安能爱君?"

〔娘〕（孃）本作"孃"。《玉篇》:"孃,母也。"《乐府诗集·横吹曲辞·木兰诗》:"不闻爷孃唤女声,但闻黄河流水鸣溅溅。"唐杜甫《兵车行》:"耶孃妻子走相送,尘埃不见咸阳桥。"也写作"娘"。《古今韵会举要》:"娘,母称曰娘。"宋李昉等《太平广记》卷一九引《法苑珠林》:"母语女言:'汝还努力为吾写经。'女云:'娘欲写何经?'"《敦煌变文集·父母恩重经讲经文》:"莫遣耶娘怨恨生。"

〔妈〕《玉篇》:"妈,母也。"《集韵》:"妈,《博雅》:'母也。'"按:《博雅》即《广雅》。这说明魏晋时期已有"妈"字。但今本《广雅》不见"妈"字。宋赵彦卫《云麓漫钞》卷三:"韩退之《祭女挐文》自称曰阿爹、阿八,岂唐人又称母为阿八？今人则曰妈。"

〔姥〕《乐府诗集·横吹曲辞·琅琊王歌辞》："公死姥更嫁,孤儿甚可怜。"北周卫元嵩《元包经·少阴》："稚牧于姥,子育于母也。"

〔慈〕 由慈爱义引申而来。宋王安石《寄虔州江阴二妹》："庶云留汝车,慰我堂上慈。"清蒲松龄《聊斋志异·小谢》："吾将速归,用慰严慈。"其他如谦称自己的母亲为"家慈",敬称他人的母亲为"令慈"。

〔恃〕 母亲的代称。语出《诗经·小雅·蓼莪》："无父何怙？无母何恃？"孔颖达疏："所以然者,以无父何所依怙,无母何所依恃？"表示父母的代称时,往往"怙""恃"连用。《旧唐书·文苑传·元德秀》："德秀早失怙恃。"宋梅尧臣《赠陈孝子庸》："嗟哉异类尤厚亲,岂彼人兮忘恃怙！"清蒲松龄《聊斋志异·珠儿》："六岁失怙恃,不为兄嫂所容。"

【辨】

①词的本义不同。"母""妈""孃"的本义就是母亲；在南北朝以至隋唐时期,"孃"的本义是母亲,"娘"本义是少女,两字用法画然可分,《玉篇》释"孃"为"母也",释"娘"为"少女之号"。(按：《说文》有"孃"字,释为"烦扰也"。段玉裁注："今人用扰攘字,古用孃……今攘行而孃废矣。又按《广韵》,孃,女良切,母称；娘亦女良切,少女之号。唐人此二字分用画然。")"姥"的本义是老年妇女。唐玄应《一切经音义》卷十三："姥,今以女老者为姥也。""慈"的本义是慈爱。"恃"的本义是依靠。

② 产生时期不同。"母"字甲骨文就有。"孃"字《说文》虽有,但本义为"烦扰",这个意义后写作"扰"。"娘""妈""姥"等字,《说文》都没有,可能产生于魏晋时期或稍后。

③ 语法功能不同。"母"有时可活用为动词,《史记·淮南衡山王列传》："吏奉厉王诣上,上悔,令吕后母之,而葬厉王母真定。""母之",(像母亲那样)哺育他。

【附】 母氏 母君 母亲 娘母 娘娘 娘亲 孃子 孃孃 妈妈 北堂 堂萱 堂老 尊堂 阿母 阿妈 家家(gūgū)

妻 妾 后 妃 娣 姬 内 室 房

qī qiè hòu fēi dì jī nèi shì fáng

【同】 妻子,男子的配偶。

〔妻〕《说文》:"妻,妇与夫齐者也。"《易经·系辞下》:"入于其宫,不见其妻。"《诗经·豳风·伐柯》:"取妻如何,匪媒不得。"《左传·成公十五年》:"初,伯宗每朝,其妻必戒之曰:'盗憎主人,民恶其上,子好直言,必及于难。'"《孟子·离娄下》:"齐人有一妻一妾而处室者。"

〔妾〕正妻以外所娶的女子。《易经·鼎》:"得妾以其子,无咎。"孔颖达疏:"妾者侧媵,非正室也。"《左传·僖公十七年》:"女为人妾。"杜预注:"不聘曰妾。"《吕氏春秋·慎势》:"妻妾不分则家室乱。"《韩非子·说林上》:"杨子过于宋东之逆旅。有妾二人,其恶者贵,美者贱。"

〔后〕帝王或诸侯的妻子。《释名·释亲属》:"天子之妃曰后。"汉班固《白虎通·嫁娶》:"天子之妃谓之后,何?后,君也,天下尊之,故谓之后。"《左传·僖公二十四年》:"夏,狄伐郑,取栎。王德狄人,将以其女为后。"《国语·楚语下》:"天子禘郊之事,必自射其牲,王后必自舂其粢。"《礼记·曲礼下》:"天子之妃(配偶)曰后。"汉王充《论衡·实知篇》:"孝文王后曰华阳后,与文王葬寿陵。"

〔妃〕《说文》:"妃,匹也。"段玉裁注:"人之配偶亦曰匹。妃本上下通称,后人以为贵称耳。"《仪礼·少牢馈食礼》:"以某妃配某氏。"郑玄注:"某妃,某妻也。"后专用于称帝王的妾或王侯的妻。《吕氏春秋·仲春纪》:"天子亲往,后妃率九嫔御。""后"为天子妻,"妃"为天子妾。《史记·外戚世家》:"初,上为太子时,娶长公主女为妃。"此"妃"为太子妻。又《吕后本纪》:"七年正月,太后召赵王友。友以诸吕女为后,弗爱……赵王饿,乃歌曰:诸吕用事兮刘氏危,迫胁王侯兮强授我妃。"此"妃"为王侯妻。

〔娣〕古时姊妹共嫁一夫,姐为姒,妹为娣。"娣"实际上处于妾的地位。《说文》:"娣,女弟也。"段玉裁注:"同夫之女弟也。"《左传·文公七年》:"穆伯娶于莒,曰戴己,生文伯;其娣声己,生惠叔。"《史记·鲁周公世家》:"庄公娶齐女为夫人曰哀姜,哀姜无子。哀姜娣曰叔姜,生子开。"以上两例中的"娣"为同夫之妹。"娣"同时也可表示妾义。《诗经·大雅·韩奕》:"诸娣从之,祁祁如云。"毛传:"诸娣,众妾也。"

〔姬〕妾。《史记·秦始皇本纪》:"庄襄王为秦质子于赵,见吕不韦姬,悦而取之,生始皇。"《汉书·元后传》:"后东平王聘政君为姬,未入,王薨。"唐白居易《读史》:"掇蜂杀爱子,掩鼻戮宠姬。"

〔内〕妻子主内,"内"可以表示妻妾义。《左传·襄公二十八年》:"齐庆封好田而耆酒,与庆舍政,则以其内实迁于卢蒲嫳氏,易内而饮酒。"杨伯峻注:"内,妻妾。"南唐刘崇远《金华子杂编》卷上:"晦辞自饮筵散,不及换衣,便步归舟中,以告其内。"明冯梦龙《古今小说·木绵庵郑虎臣报冤》:"贾涉平昔有个惧内的毛病,今日唐氏见丈夫娶了个小老婆,日逐在家淘气。"

〔室〕 古代建筑,前堂后室,室两旁是房。"室"是夫妇所居,可以表示妻室义。《礼记·曲礼上》:"三十曰壮有室。"郑玄注:"有室,有妻也。妻称室。"晋陶潜《酬刘柴桑》诗:"命室携童弱,良日登远游。"明凌濛初《二刻拍案惊奇》卷一九:"有人来献勤作媒,第三个公子说合驸马都尉王晋卿家孙女为室。"明冯梦龙《警世通言·宿香亭张浩遇莺莺》:"至弱冠之年,犹未娶室。"

〔房〕《晋书·石崇传》:"后房百数,皆曳纨绣,珥金翠。"元高明《琵琶记·伯喈五娘相会》:"毕竟是文章误我,我误妻房。"他如:正房,正妻;偏房,妾;填房,妻子死后续娶的妻子。

【辨】

①词的本义不同。"妻"的本义是妻子。《说文》:"妻,妇与夫齐者也。""妾"的本义是女奴。《说文》:"妾,有罪女子给事之得接于君者。""后"的本义是帝王或国君的妻子。"妃"的本义是匹配。《说文》:"妃,匹也。"按:"妃""配"声韵俱同,"匹"即匹配。"娣"的本义是姊妹同嫁一夫中的年幼者。"姬"的本义是黄帝的姓氏。"然官号及妇人通称姬者……以言天子之宗女,贵于他姓,故遂以姬为妇人美号。"(《史记·吕后本纪》"得定陶戚姬"下司马贞索隐。)后"姬"又由美女引申出姬妾的意思。"内"的本义是入内,引申为所入之处为内,又引申为妻妾。"室""房"由夫妇所居引申出男子配偶的意思。

② 词义的内涵不同。"妻"还可用作动词,表示以女嫁人或娶他人的女儿为妻,用为动词时,一般读去声。"妾"还有女奴、妇女谦称自己等义。"后"还有君主、诸侯、官长、土神等义。"妃"还有配偶、女神的尊称等义。"娣"还有兄弟之妻互称、同夫之妾等义。"姬"还有姓氏、美女、歌女等义。"室"还有正对厅堂后的房间、住宅、住户、家产等义。"房"还有正室两旁的房间、祭器、家族的分支、性行为等义。

【附】 宠 正后 皇后 女君 民母 坤极 正妃 妃子 娘娘 小君 少君 妇人 元妃

主内 老妇 寡小君 小童 妻子 妻儿 妻房 妻室 内人 内子 内助 内舍 内妇 室人 室子 室氏 室家 正妻 正夫人 正房 正室 正堂 正嫡 中人 中帏 中帷 中妇 中馈 娘子 婆子 婆儿 婆娘 婆婆 老小 老婆 老瓢 嫡妻 嫡室 嫡配 冢室 家婆 元配 孺人 房下 房老 房内 浑家 结发 糟糠 堂客 梵嫂 恪尊 姨娘 媵 姬人 姬侍 姬妾 婢子 婢妾 小妻 下妻 小妇 小老 小娘子 小家婆 少房 旁妻 傍妻 旁妇 庶妻 如君 细君 如夫人 侧室 侧庶 偏室 篷室 偏房 填房 别室 别房 次妃 次配 次室 次妻 孺子 良娣 小宠 内宠 尊宠

匹 配 妃 偶（耦） 俪（孋） 仇（逑）

【同】 配偶，夫妻或夫妻中的一方。

〔匹〕《广韵·质韵》："匹，偶也。"《乐府诗集·琴曲歌辞三·胡笳十八拍》："我不负天兮，天何配我殊匹？"唐李朝威《柳毅传》："（柳毅）徙家金陵，常以鳏寡多感，或谋新匹。"宋孙光宪《北梦琐言》卷三："'某已选得一佳婿，诸贤未见。'乃召客司一小将，指之曰：'此即某女之匹也。'"清李渔《比目鱼·发端》："一生一旦，天然佳匹。"

〔配〕 多用于称妻子。《诗经·大雅·皇矣》："天立厥配，受命既固。"朱熹注："配，贤妃也。"《穀梁传·庄公二十二年》："小君，非君也。其曰君，何也？以其为公配，可以言小君也。"宋叶適《翰林医痊王君墓志铭》："胡秉彝之配，病内秘，腹胀痛，号呼婉转旬余。"清李汝珍《镜花缘》第十回："俟他年长，代为择配，完其终身。"清黄轩祖《游梁琐记·吴翠凤》："有武孝廉孙秉乾者，具知凤事，敬其贞节，怜其孤苦，收而抚之为女，俾自择配。"

〔妃〕 多用于称妻子。初，尊卑通称，后称天子的妾、太子、王侯的妻为妃。《说文》："妃，匹也。"段玉裁注："人之匹偶亦曰匹。妃本上下通称，后人以为贵偶耳。"清王筠《说文句读》："妃本匹偶之通名。"《仪礼·少牢馈食礼》："以某妃配某氏。"郑玄注："某妃，某妻也。"《左传·桓公二年》："嘉耦曰妃，怨耦曰仇，古之命也。"

〔偶〕（耦）《集韵·厚韵》："偶，俪也。"《字汇·人部》："偶，伉俪也。"《魏书·刘昞传》："（郭）有女始笄，妙选良偶，有心于昞。"《红楼梦》第四回："这李纨虽青春丧偶，竟如'槁木死灰'一般。"朝裏《呦呦鹿鸣》二："他和她是情投意合的佳偶。""偶"，可用于动词，表示结为夫妻。唐李白《古风五十九首》之二十七:"焉得偶君子,共乘双飞鸾?"

"偶""耦"同源,"偶",也写作"耦"。《左传·桓公六年》:"齐侯欲以文姜妻太子忽。太子忽辞,人问其故,曰:'人各有耦;齐大,非吾耦也。'"杨伯峻注:"耦同偶,匹也,配也。"清蒲松龄《聊斋志异·阿纤》:"女微察之,夜中语三郎曰:'妾从君数年,未尝少失德……请赐离婚书,听君自择良耦。'"清魏秀仁《花月痕》第三四回:"你说少年失耦者,由于琴瑟之好,笃于常人,难道那偕老百年的,都不恩爱麼?"

〔俪〕(孋)《广雅·释诂四》:"俪,偶也。"《广韵·霁韵》:"俪,伉俪。"《左传·成公十一年》:"妇人曰:'鸟兽犹不失俪,子将若何?'"杜预注:"俪,耦也。"《昭明文选·潘岳〈悼亡诗〉》:"奈何悼淑俪,仪容永潜翳。"李善注引杜预曰:"俪,偶也。"清蒲松龄《聊斋志异·阿宝》:"(孙)生时失俪。有戏之者,劝之通媒。"清吴从先《顿子真小传》:"呜呼!水国有春,龙女为俪;菱花门镜,荇带牵衣。"

"俪"常与"伉"连用,构成"伉俪",表示夫妻或妻子。《晋书·孙楚传》:"初,楚除妇服,作诗以示(王)济。济曰:'文生于情,情生于文,览之凄然,增伉俪之重。'"《京本通俗小说·冯玉梅团圆》:"那汉道:'足下休疑,我已别娶浑家,旧日伉俪之盟不必再提。'"以上是指夫妻。《左传·昭公二年》:"晋少姜卒。公如晋,及河,晋侯使士文伯来辞曰:'非伉俪也,请君无辱。'"孔颖达疏:"言少姜是妾,非敌身对耦之人也。"《昭明文选·左思〈咏史〉诗之七》:"买臣因采樵,伉俪不安宅。"张铣注:"伉俪,谓妻也。"以上是指妻子。

"俪""孋"同源,"俪",也写作"孋"。《后汉书·皇后纪赞》:"祁祁皇孋,言观贞淑。"李贤注:"孋,俪也……言诸后皆示其贞淑,配皇为孋。"

〔仇〕(逑)《尔雅·释诂上》:"仇,匹也。"《说文》:"仇,雠也。"段玉裁注:"雠犹应也。《左传》曰:'嘉偶曰妃,怨偶曰仇。'(按:见《昭公二年》)……仇为怨匹,亦为嘉偶。"《礼记·缁衣》:"《诗》云:'君子好仇。'"郑玄注:"仇,匹也。"按:《诗经》为"君子好逑"。三国魏曹植《蒲生行浮萍篇》:"结发辞严亲,来为君子仇。"

"仇""逑"同源,表示配偶义的"仇",也写作"逑"。《说文》:"逑……又曰:怨匹曰逑。"《玉篇·辵部》:"逑,匹也。"《诗经·周南·关雎》:"窈窕淑女,君子好逑。"毛传:"逑,匹也。"唐李百药《赞道赋》:"咨幽闲之令淑,实好逑于君子。"明徐渭《槎海篇》:"彼美机上妇,涉梁乃其逑。"

【辨】①词的本义不同。"匹"的本义是布匹的长度单位。《说文》:"匹,四丈也。"清王筠《说文句读》:"古之布帛,自两头卷之,一匹两卷,故谓之两,汉谓之匹。"《说文》段玉裁注:"凡言匹敌、匹偶者,皆于两端成两取意。""配"的本义,《说文》解释为酒色。《说文》:"配,酒色。"段玉裁注:"本义如是。后人借为'妃'字而本义废矣。""妃"的本义是匹偶。《说文》:"妃,匹也。""匹""配"声韵俱同,两字同源。南唐徐锴《说文解字系传》认为:"匹配字,古只作'妃'。""偶"的本义是木偶。《说文》:"偶,桐人也。"清王筠《说文句读》:"《越绝书》:'桐不为器用,但为俑。'"《字汇·人部》:"偶,又俑也,像也。木像曰木偶,土像曰土偶。""俪""丽(附丽)"同源,清朱骏声《说文通训定声》认为是"'丽'之或体,从人丽声,字亦作'孋'。""仇"的本义是双方相当。《说文》:"仇,雠也。"清徐灏《说文解字注笺》:"双鸟为雠,即逑匹本义。"清朱骏声《说文通训定声》:"按,谓雠也。二人相当相对之谊。"王力《同源字典》:"按,在匹耦的意义上,'逑、仇实同一词。'仇'古音如'逑'。中古以后,才有人读'仇'如'雠'。"

②词义的内涵不同。"匹"还有相当、对等、配合、辈类、单一等义。"配"还有婚配、匹敌、配合、分配等义。"妃"还有女神的尊称义,又"妃"古读如"配",还有婚配、配合等义。"偶"还有辈类、相配、双数、相对、偶然等义。"俪"还有附丽、偕同等义。"仇"还有同伴、同类、同等等义,读 chóu 时,为仇敌、仇恨等义。

子 儿 男 崽
zǐ ér nán zǎi

【同】儿子(父母所生,男性)。

〔子〕《左传·哀公九年》:"微子启,帝乙之元子也。"《韩非子·说林下》:"郑人有一子,将宦,谓其家曰:'必筑外墙,是不善,人将窃。'"汉刘向《列女传·齐东郭姜》:"崔子前妻子二人,大子城,少子强。"唐陈玄祐《离魂记》:"天授三年,清河张镒因官家于衡州,性简静,寡知友。无子,有女二人。"元白朴《墙头马上》第一折:"裴尚书得了一子,名少俊;老夫得了一女,小字千金,未成姻眷。"

〔儿〕《广雅·释亲》:"儿,子也。"《史记·赵世家》:"简子曰:吾见儿在帝侧,帝属我一翟犬,曰'及而子之长以赐之。'"《汉书·项籍传》:"外黄令舍人儿年十三,往说羽。"颜师古注引苏林曰:"令之舍人儿也。"北齐颜之推《颜氏家训·音辞》:"吾家儿女,虽在孩稚,便渐督正之。"

〔男〕《左传·哀公三年》:"南氏生男,则以告于君与大夫而立之。"《史记·赵世家》:"程婴曰:'朔之妇有遗腹,若幸而男,吾奉之;即女也,吾徐死耳。'居无何,而朔妇免身,生男。"《汉书·天文志》:"钜鹿都尉谢君男诈为神人。"颜师古注引孟康曰:"男者,儿也。"唐杜甫《石壕吏》诗:"一男附书至,二男新战死。"

〔崽〕《方言》卷十:"崽,子也。湘沅之会,凡言是子者,谓之崽;若东齐言子也。"明焦竑《俗书刊误·俗用杂字》:"江、湘、吴、越呼子曰崽。音宰。"今口语中仍沿用。

【辨】

①词义的内涵不同。"子"可兼表儿子和女儿。《仪礼·丧服》:"故子生三月则父名之。"郑玄注:"凡言子者,可以兼男女。""子"还有男子、士大夫通称、敬称等义。"儿"还有小孩、男青年、雄性等义。"男"还有男人、儿子对父母自称等义。"崽"还有幼小义。

②语法功能不同。"子"有时可用作动词。《礼记·中庸》:"凡为天下、国家,有九经,曰:修身也,尊贤也……子庶民也。"孔颖达疏:"子,爱也。言爱民如子也。"按:"子",不等同于"爱","子庶民",爱百姓像爱自己的儿子。《史记·卫康叔世家》:"完母死,庄公令夫人齐女子之,立为太子。"司马贞索隐:"子之,谓养之为子也。""儿"用作儿童义时也可活用,参看"儿 孺 婴 孩 童 僮 稚"条。

③方言的区别。"子""儿""男"为全民语,"崽"为方言词。

【附】 儿子 儿男 儿郎 子男 男子 男花 男儿 崽子 公子(敬称他人之子)

兄 昆(晜) 哥
xiōng　kūn　gē

【同】哥哥,同父母(或只同父或母)比自己年长的男性。

〔兄〕《尔雅·释亲》:"男子先生为兄,后生为弟。"《尚书·蔡仲之命》:"懋乃(你的)攸绩,睦乃四邻,以蕃王室,以和兄弟。"《诗经·小雅·常棣》:"凡今之人,莫如兄弟。"《穀梁传·隐公元年》:"兄弟,天伦也。"《南史·梁武陵王传》:"兄肥弟瘦,无复相代之期;让枣推梨,长罢欢愉之日。"

〔昆〕(晜)《广韵·魂韵》:"昆,兄也。"《诗经·王风·葛藟》:"终远兄弟,谓他人昆。"毛传:"昆,兄也。"《汉书·叙传》:"昔卫叔之御昆兮,昆为寇而丧予。"颜师古注:"昆,兄也。"汉张衡《思玄赋》:"牛哀病而成虎矣,虽逢昆其必噬。"唐李白《送戴十五归衡岳序》:"其二三诸昆,皆以才秀擢用。"《红楼梦》第六六回:"如今既是贵昆仲(兄弟)高义,顾不得许多了,任凭定夺。我无不从命。"

"昆"也作"晜"。《尔雅·释亲》:"晜,兄也。"《玉篇·日部》:"晜,音昆,兄也,与昆同。"宋陆游《幽居即事九首》之五:"野人求其类,金墺实弟晜。"

〔哥〕《广韵·歌韵》:"哥,今呼为兄也。"清翟灏《通俗编·称谓》:"《广韵》始云今呼兄为哥,则此称自唐始也。"《晋书·西戎传》:"吐谷浑与弟分异,弟追思之,作《阿干之歌》。阿干,鲜卑谓兄也。'阿哥'当即'阿干'之转也。"唐白居易《祭浮梁大兄文》:"再拜跪奠大哥于座前,伏惟哥孝友慈惠,和易谦恭。"

【辨】

"兄"与"昆",段玉裁认为是全民语与方言的区别。《说文》:"晜,周人谓兄曰晜。"段玉裁注:"按,晜者,晜之误。男子先生为兄,后生为弟,此本定称。谓兄晜者,周人语也。《诗》惟《王风》有'昆'字,此周人谓兄之证也。诸经皆言兄。""哥"的本义是歌咏。《说文》:"哥,声也。从二可,古文以为謌字。"段玉裁注:"此义未见用者……《汉书》多用哥为謌。"据清人研究,"哥"用作兄长义,约在隋唐时期从鲜卑族传入。

【附】 兄长 伯氏 伯兄 阿兄 阿干(鲜卑语) 阿步干(鲜卑语) 阿哥

姊 姒 姐 媭(女须)
zǐ sì jiě xū

【同】 姐姐,同父母(或只同父或母)比自己年长的女性。

〔姊〕《尔雅·释亲》:"谓女子先生为姊,后生为妹。"《说文》:"姊,女兄也。"《诗经·邶风·泉水》:"问我诸姑,遂及伯姊。"毛传:"先生曰姊。"《左传·文公八年》:"宋襄夫人,襄王之姊也,昭公不礼焉。"南朝宋刘义庆《世说新语·贤媛》:"谢遏绝重其姊,张玄常称其妹,欲以敌之。"

〔姒〕《尔雅·释亲》:"女子同出,谓先生为姒,后生为娣。"汉刘向《古列女传·鲁公乘姒》:"(子皮)族人死,姒哭之甚悲。子皮止姒曰:'安之,吾今嫁姊矣已。'"

〔姐〕 唐李白《寄东鲁二稚子》诗:"小儿名伯禽,与姐亦齐肩。"宋吴曾《能改斋漫录·妇女称姐》:"近世多以女兄为姐,盖尊之也。""姐姐",常连用。元无名氏《前汉书平话》卷中:"吕胥曰:'姐姐不如捐讫关中十王。'"元关汉卿《鲁斋郎》楔子:"我浑家就是你亲姐姐一般。"

〔媭〕(女须) 古代楚人称姐姐为媭。《说文》:"媭,女字也。从女须声。《楚词》曰:'女媭之婵媛。'贾侍中说:楚人谓姊为媭。"《楚辞·离骚》:"女媭之婵媛兮,申申其詈予。"王逸注:"女媭,屈原姊也。"后也以"女须"用作姊的代称。宋姜夔《探春慢》词序:"予自孩幼从先人宦于古沔,女须因嫁焉。中去复来,几二十年,岂惟姊弟之爱,沔之父老儿女子亦莫不予爱也。"又《浣溪纱》词序:"予女须家沔山之阳,左白湖,右云梦。"

【辨】

① 方言不同。"姊""姒",为全民语。"姐"的初义是蜀方言母亲的称谓。《说文》:"姐,蜀谓母曰姐。"后为妇女通称,后又为姐妹义。"媭"是楚方言。

② 时期不同。先秦两汉以至魏晋,姐姐义主要由"姊"表示,"姒"的使用频率极低。呼姊为"姐",约始自隋唐。

婿(壻) 倩 东坦
xù　　　qiàn　　dōng tǎn

【同】 女婿,女儿的丈夫。

〔婿〕(壻) 本写作"壻"。《说文》:"壻,夫也……婿,壻或从女。"段玉裁注:"女子之夫为壻。"《仪礼·士昏礼》:"壻御妇车授绥。"《晋书·庾亮传附庾翼》:"桓温有英雄之才,愿陛下勿以常人遇之,常壻蓄之,宜委以方邵之任,必有弘济艰难之助。"也写作"婿"。南朝宋刘义庆《世说新语·文学》:"裴散骑娶王太尉女,婚后三日,诸婿大会。"元关汉卿《鲁斋郎》:"几曾见夫主婚,妻招婿。"现以"婿"为正体字。

〔倩〕《说文》:"倩,东齐壻谓之倩。"《史记·扁鹊仓公列传》:"黄氏诸倩,见建家京下方石,即弄之。"裴骃集解引徐广曰:"倩者,婿也。"明杨基《怀万郎中伯玉》:"倩可承家如有子,俸能给祭胜无官。"

〔东坦〕 南朝宋刘义庆《世说新语·雅量》:"郗太傅在京口,遣门生与王丞相书,求女婿……门生归白郗曰:'王家诸郎,亦皆可嘉,闻来觅婿,或自矜持。唯有一郎,在东床上坦腹卧,如不闻。'郗公云:'正此好!'访之,乃是逸少(王羲之的字号),因嫁女与焉。"后因称女婿为"坦"。如尊称他人女婿为令坦。称女婿为东坦、东床、东床坦腹或东床客,也出自这个典故。称"东坦"的如:宋丁谓《晋公谈录》:"晋公尝谓窦二侍郎今之师旷也。晋公即参政之东坦也。"明徐渭《雌木兰》第一出:"两口儿北邙近也,女孩儿东坦萧然。"清荻岸散人《玉娇梨》第四回:"前日因看花,偶然见了新考案首的苏友白,人才俊秀,诗思清新,我意欲招他东坦。"称"东床"的如:五代王定保《唐摭言·散序》:"曲江之宴,行市罗列,长安几于半空。公卿家率以其日拣选东床,车马阗塞,莫可殚述。"明无名氏《玉环记·副末开场》:"(韦皋)拜谒张公延赏,夫人相留作东床。"《红楼梦》第二回:"长一辈的姊妹一个也没有了!祇看这小一辈的将来的东床如何呢。"称"东床坦腹"的如:清褚人获《隋唐演义》第六回:"我是李府中小姐的保母,因夫人、老爷要聘公子东床坦腹,但我家小姐……誓要嫁一个善武能文,足智多谋的奇男子。"称"东床客"的如:唐刘长卿《登迁仁楼酬子婿李穆》诗:"赖有东床客,池塘免寂寥。"宋葛立方《韵语阳秋》卷十八:"文康公赐某诗云:'穿杨喜共东床客,攀桂同标北寺房。'"原注:"女夫章倧同榜。"

【辨】

"婿"是女婿的通称,是全民语。"倩"原是齐鲁方言,虽已进入全民语,但使用频率不高。"东坦"等是出自《世说新语》的典故,在文学作品中较为常见。

【附】 卒便(合音成"倩") 娇客 子婿 布袋 布代 斑鸠

妹 弟 娣 媦
mèi dì dì wèi

【同】 妹妹,同父母(或只同父或母)比自己年幼的女性。

〔妹〕《说文》:"妹,女弟也。"《诗经·卫风·硕人》:"东宫之妹,邢侯之姨。"

毛传:"女子后生曰妹。"《乐府诗集·横吹曲辞·木兰诗》:"阿姊闻妹来,当户理红装。"唐杜甫《五盘》诗:"故乡有弟妹,流落随丘墟。"

〔弟〕 古汉语中的"弟"也包含妹义。《孟子·万章上》:"弥子之妻与子路之妻,兄弟也。"《史记·陈丞相世家》:"樊哙,帝之故人也,功多,且又乃吕后弟吕须之夫,有亲且贵。"汉刘向《新序·善谋下》:"鲁元公主,太后之女,大王之弟也。"《汉书·邹阳传》:"窃闻长君之弟,得幸后宫,天下无有。"有时径称妹为女弟。《战国策·楚策四》:"楚王召入,幸之,遂生子男,立为太子,以李园女弟为王后。"

〔娣〕《说文》:"娣,女弟也。"宋洪迈《夷坚支志乙·董绛兄弟》:"余镒百益之女嫁余干董绛。绛赴乡举,泊舟东湖,尝谒余娣婿徐大声。"《红楼梦》第七八回:"姊娣悉慕瑛娴,姬媪咸仰慧德。"

〔媦〕《广雅·释亲》:"媦,妹也。"《公羊传·桓公二年》:"若楚王之妻媦,无时焉可也。"何休注:"媦,妹也。"《新唐书·诸帝公主传》:"同安公主,高祖同母媦也。"

【辨】

①词义的内涵不同。"弟",主要称同父母或同辈比自己年龄小的男性。"妹",主要称同父母比自己年龄小的女性。"娣"主要称同嫁一夫的年幼者或丈夫的弟妇。"媦",是方言词。《说文》:"媦,楚人谓女弟曰媦。"《玉篇·女部》:"媦,楚人呼妹。"

②使用频率不同。"妹"的使用频率最高,"弟"次之,"娣""媦"的使用频率很低。

儿 孺 婴 孩 童 僮 稚
ér　rú　yīng　hái　tóng　tóng　zhì

【同】 儿童,小孩,幼年阶段的人(从出生到少年以前)。

〔儿〕《说文》:"儿,孺子也。"段玉裁注:"《杂记》(按:《礼记》篇名)谓之婴儿,'女部'谓之婴娲(见《说文》'娲'下)。儿、孺双声,引申为凡幼小之偁。"《汉书·张汤传》:"汤为儿守舍。"颜师古注:"称为儿者,言其尚幼小也。"唐柳宗元《童区寄传》:"童寄者,柳州荛牧儿也。"清蒲松龄《聊斋志异·罗刹海市》:"见两儿浮坐水面,拍流嬉笑,不动亦不沉。"

〔孺〕《说文》:"孺,乳儿也。"《释名·释长幼》:"儿始能行曰孺。"唐皮日休

《静箴》:"勿欺孩孺。"唐萧颖士《登故宜城赋》:"微奔走之仆御,有啼呼之幼孺。"清管同《抱膝轩记》:"凡夫行旅之歌唱,妇孺之呼啼,鸡犬之鸣吠,嘈杂喧闃,殆无时不至。"

〔婴〕《释名·释长幼》:"人始生曰婴儿。"《老子》第十章:"专气致柔,能婴儿乎?"《列子·天瑞》:"人自生至终,大化有四:婴孩也,少壮也,老耄也,死亡也。"前蜀杜光庭《晋公后土醮词》:"戈甲屡兴,害及丘坟,戮兼婴耄,远近涂炭。""婴耄",小孩和老人。唐李肇《唐国史补》卷中:"竟陵僧有于水滨得婴儿者,育为弟子。"

〔孩〕《广韵·哈韵》:"孩,始生小儿。"晋郭璞《游仙诗》:"奇龄迈五龙,千岁方婴孩。"晋李密《陈情表》:"生孩六月,慈父见背。"唐韩愈《李君墓志铭》:"故四门之寡妻孤孩,与荥泽之妻子,衣食百须,皆由君出。"

〔童〕《管子·乘马》:"丈夫二犁,童五尺一犁,以为三日之功。"《孟子·尽心上》:"孩提之童,无不知爱其亲者。"汉王充《论衡·订鬼篇》:"是以实巫之辞,无所因据,其吉凶自从口出,若童之谣矣。童谣口自言,巫辞意自出……音声自发,同一实也。"汉班固《西都赋》:"采游童之欢谣,第从臣之嘉颂。"

〔僮〕《广雅·释亲》:"僮,稚也。"汉王充《论衡·实知篇》:"僮谣不学而知,可谓神而先知矣。"《昭明文选·张衡〈西京赋〉》:"辰僮程材,上下翩翩。"薛综注:"辰之言善;善僮,幼子也。"唐费冠卿《闲居即事》诗:"生计唯将三尺僮,学他贤者隐墙东。"

〔稚〕《孟子·滕文公上》:"为民父母……将终岁勤动不得以养父母,又称贷而益之,使老稚转乎沟壑,恶在为其民父母也?"唐韩愈《复雠状》:"若孤稚羸弱,抱微志而伺敌人之便,恐不能自言于官,未可以为断于今也。"唐李商隐《祭小侄女寄寄文》:"念当稚戏之辰,孰测死生之位?"宋吴处厚《青箱杂记》卷五:"呼稚临床畔,看书就枕边。"

【辨】

①词的本义不同。"儿"的本义是儿童。"孺"的本义是刚会走路的小孩。"婴"的本义是初生幼儿。按:《说文》释"婴"为"绕也"(段注本)。表示婴儿的"婴",是鷖弥、婴婗的声转。《礼记·杂记》:"曾生问于曾子曰:'哭父母有常声乎?'曰:'中路婴儿失其母焉,何常声之有?'"郑玄注:"婴,鷖弥也,言其若小儿亡母啼号,安得常声乎?""鷖弥",指小儿哭声。

清朱骏声《说文通训定声》按:"小儿言语不清,嫛婗然也。"《说文》"婴"下段玉裁注:"凡言婴儿,则嫛婗之转语。"古籍中也有直接以"嫛婗"表示婴儿的。唐张谔《三日岐王宅》诗:"玉女贵妃生,嫛婗始发声。""孩"的正篆写作"咳","孩"是作为"咳"的重文收入。《说文》解释为"小儿笑也"。清徐灏《说文解字注笺》:"《孝经·圣治章》正义曰:孩而名之,'谓指其颐下令之笑,而为之名'是也……小儿笑曰咳,因谓之孩矣。""童"的本义是奴仆,用作儿童义是"僮"的借字。"僮"的本义是少年。《说文》:"僮,未冠也。""稚"的本义,《说文》解释为"幼禾",幼小、儿童等义都是引申义。

② 词义的内涵不同。"儿"还有儿子、男青年、雄性(多指牲畜)等义。"孺"还有幼稚、亲属等义。"婴"一般只用作婴孩义。"孩"还有幼小、爱抚等义。"童"还有奴仆、光秃、蒙昧等义。"僮"还有无知、僮仆等义。"稚"还有幼小、细小等义。

③ 语法功能不同。"儿"有时能用作状语。《史记·循吏列传》:"丁壮号哭,老人儿啼。""儿啼",像小孩似的啼哭。"孩"有时能用作动词。《老子》第四十九章:"百姓皆注其耳目,圣人皆孩之。""孩之",把他看作孩子。"孺"等没有这种语法功能。

【附】 儿孩 儿童 儿稚 孺子 孺儿 孺童 孺齿 婴人 婴子 婴儿 婴儿子 婴孩 孩子 孩儿 孩提 孩童 孩孺 孩赤 孩幼 孩婴 童子 童幼 童儿 童稚 童龀 童孺 僮子 僮儿 稚子 稚幼 稚童 稚齿 稚孺 黄口 黄口儿 黄口孺子 黄毛 黄吻 黄童 髫稚 髫儿 髫童 髫稚 髫龀 髫孺

祖 宗 先
zǔ zōng xiān

【同】 祖先,家族较远的上辈。

〔祖〕《说文》:"祖,始庙也。从示且声(按:'且'是祖的古字。)"《诗经·大雅·生民序》:"生民,尊祖也。"孔颖达疏:"祖之定名,父之父耳。但祖者,始也,己所从始也,自父之父以上皆得称焉。"《管子·牧民》:"敬宗庙,恭祖旧。"尹知章注:"谓恭承先祖之旧法。"《穀梁传·文公二年》:"无祖,则无天也。"范宁注:"祖,人之始也。"《汉书·王莽传上》:"今加九命之锡,其以助祭,共文武之职,乃遂及厥祖。"颜师古注:"荣宠之命,上延其先祖也。"

〔宗〕《左传•成公三年》:"若不获命,而使嗣宗职。"杜预注:"嗣其祖宗之位职。"又《哀公十四年》:"所不杀子者,有如陈宗。"孔颖达疏:"陈宗,谓陈之先人。"汉刘向《列女传•周氏三母》:"文王生而明圣,大任教之,以一而识百,卒为周宗。"汉焦赣《易林•比之乾》:"继祖复宗,追明成康。光照万国,享世久长。"

〔先〕《楚辞•招魂》:"酎(醇酒)饮尽欢,乐先故些。"王逸注:"诚欲乐我先祖及故旧人也。"《汉书•礼乐志》:"丧祭之礼废,则骨肉之恩薄,而背死忘先者众。"颜师古注:"先者,先人,谓祖考。"《南史•徐勉传》:"勉耻以其先为戏,答旨不恭,由是左迁散骑常侍。"唐韩愈《河南府同官记》:"嗣绍家烈(继承家业),不违其先。"

【辨】

①词的本义不同。"祖"的本义是祖庙,即供祀祖先的庙宇。"宗"的本义是所尊崇的。《说文》:"宗,尊也(据段玉裁注补。清桂馥《说文义证》、清王筠《说文句读》都从段玉裁注),宗庙也。"段玉裁注:"宗、尊双声……尊莫尊于祖庙,故谓之宗庙。""先"的本义是走在前面,引申为时间在前的、祖宗在前的。

② 词义的内涵不同。"祖"还有父亲的上一辈、创始人、本原、效法等义。"宗"还有宗族、嫡长子、本旨、佛教派别等义。"先"还有古时的、原先等义。

【附】 祖考 祖先 祖宗 宗祖 先人 先世 先祖

xìng shì
姓 氏

【同】 标志家族的字。

〔姓〕《玉篇•女部》:"姓,姓氏。"《诗经•唐风•杕杜》:"岂无他人,不如我同姓。"毛传:"同姓,同宗也。"《礼记•大传》:"同姓从宗。"孔颖达疏:"其姓与氏,散文亦得通,故《春秋》有姜氏、子氏,姜、子皆姓而云氏是也。"《史记•项羽本纪》:"项氏世世为楚将,封于项,姓项氏。"汉班固《白虎通•姓名》:"禹姓姒氏,祖昌意以薏苡生。殷姓子氏,祖以玄鸟子生也。周姓姬氏,祖以履大人迹生也。"

〔氏〕《玉篇•氏部》:"氏,姓氏。"《左传•昭公二十九年》:"故有五行之官,是谓五官,实列受姓氏,封为上公,祀为贵神。"孔颖达疏:"人臣有大功者,天子封为国君,又赐之以姓,诸侯以国为氏,言其得封又得姓,兼受之也。"汉班固《白虎通·姓名》:"所以有氏者何?所以贵功德,贱伎力。或氏其官,或氏其事,闻其氏即可知其德,所以勉人为善也。"《魏书·官氏志》:"姓则表其所由生,氏则族之所由出。"

【辨】

先秦时期,"姓""氏"各有所指;两汉以后,逐渐相混。先秦时期,"姓"与"氏"的区别主要有:

①"姓"用于妇女,"氏"用于男子。宋郑樵《通志略·氏族》:"三代之前,氏姓分为二:男子称氏,妇人称姓。"清顾炎武《日知录》卷二十三:"考之于《传》,二百五十五年间,有男子称姓者乎?无有也。女子则称姓。"按:《说文》:"姓,人所生也。古之神圣人,母感天而生子,故称天子。因生以为姓,从女生。"这个解释,反映了我国上古时期曾经历过但知有母不知有父的母系社会。

②"姓"表示同宗共祖,"氏"表示旁支别属。《史记·五帝本纪》"姓姬氏"下裴骃集解注引郑玄《驳许慎〈五经异议〉》:"姓者,所以统系百世,使不别也;氏者,所以别子孙之所由出。故《世本》之篇,言姓则在上,言氏则在下也。"《左传·隐公八年》:"因生以赐姓,胙之土而命之氏。"孔颖达疏:"姓者,生也。以此为祖,令之相生,虽下及百世,而此姓不改。族者,属也,与其子孙相连属。其旁支别属,则各自立氏。"

③"姓"主要别婚姻,"氏"主要别贵贱。汉班固《白虎通·姓名》:"所以有姓者何?所以崇恩爱,厚亲亲,远禽兽,别婚姻也……所以有氏者何?所以贵功德,贱伎力。"宋郑樵《通志略·氏族》:"姓所以别婚姻,故有同姓、异姓、庶姓之别。氏同姓不同者,婚姻可通。姓同氏不同者,婚姻不可通……氏所以别贵贱,贵者有氏,贱者有名无氏。"汉董仲舒《春秋繁露·顺命》:"无名姓号氏于天地之间,至贱乎贱者也。"

约自西汉始,"姓""氏"开始混用。宋郑樵《通志略·氏族序》:"秦灭六国,子孙皆为民庶,或以国为氏,或以姓为氏,或以事为氏,姓、氏之失从此始。"清顾炎武《日知录》卷二十三:"姓、氏之称,自太史公始混而为一。"

嗣 裔 苗 昆 後 胤 胄
sì yì miáo kūn hòu yìn zhòu

【同】后代,同一祖先的子孙。

〔嗣〕《尚书·大禹谟》:"罚弗及嗣,赏延于世。"孔颖达疏:"罚人不及后嗣,赏人延于来世。"《晋书·王濬传》:"昔汉高定业,求乐毅之嗣。"唐韩愈《祭十二郎文》:"吾兄之盛德而夭其嗣乎?"清蒲松龄《聊斋志异·段氏》:"宁绝嗣,不令送眼流眉者忿气人也!"

〔裔〕《广韵》:"裔,苗裔也。"《尚书·微子之命》:"功加于时,德垂后裔。"汉王充《论衡·自纪篇》:"母骊犊骍,无害牺牲;祖浊裔清,不榜奇人。"晋左思《吴都赋》:"其居则高门鼎贵,魁岸豪杰,虞魏之昆,顾陆之裔。"刘良注:"昆、裔,皆后世也。"《新唐书·文艺传中·李白》:"访后裔,惟二孙女嫁为民妻。"

〔苗〕汉刘珍等《东观汉记·光武帝纪》:"汉虽唐之苗,尧以历数命舜,高祖赤龙大德,承运而起。"宋洪适《隶释·汉国三老袁良碑》:"厥先舜苗,世为封君。"隋江总《梁故度支尚书陆君诔》:"妫苗硕茂,完裔繁昌。"

〔昆〕《尚书·仲虺之诰》:"垂裕后昆。"孔安国传:"垂优足之道示后世。"《国语·晋语二》:"天降祸于晋国,谗言繁兴,延及寡君之绍续昆裔。""昆裔",同义连用。

〔後〕《诗经·大雅·瞻卬》:"无忝皇祖,式救尔後。"郑玄笺:"後,谓子孙也。"《孟子·离娄上》:"孟子曰:'不孝有三,无後为大。舜不告而娶,为无後也。君子以为犹告也。'"又《梁惠王上》:"仲尼曰:始作俑者,其无後乎!"赵岐注:"恶其始造,故曰:此人其无後嗣乎!"《三国志·蜀书·诸葛亮传》:"汉司隶校尉诸葛丰後也。""後"简化作"后"。

〔胤〕《说文》:"胤,子孙相承续也。从肉从八,象其长也;从幺,象其重累也。"清朱骏声《说文通训定声》:"按:从八,犹从分,分祖父之遗体也;从幺,如丝之继续也。会意。"《诗经·大雅·既醉》:"君子万年,永锡祚胤。"毛传:"胤,嗣也。"《左传·僖公二十四年》:"凡蒋、邢、茅、胙、祭,周公之胤也。"杜预注:"胤,嗣也。"

〔胄〕帝王或贵族的后代。《说文》:"胄,胤也。"《玉篇》:"胄,裔也。"《国语·周语上》:"(襄王)十六年,而晋人杀怀公,无胄。"韦昭注:"胄,后也。"《三国志·蜀书·诸葛亮传》:"将军既帝室之胄,信义著于四海。"《新唐书·儒学传中·柳冲》:"先王公卿之胄,才则用,不才则弃之。"

【辨】

①词的本义不同。"嗣"的本义是继承君位。《说文》:"嗣,诸侯嗣国也。""裔"的本义是衣服的边缘。《说文》:"裔,衣裾也。"南唐徐锴《说文解字系传》:"裾,衣边也。""苗"的本义是草本植物的幼苗。"昆"的子孙后代义,是"晜"的假借字。《尔雅·释亲》:"子之子为孙,孙之子为曾孙,曾孙之子为玄孙,玄孙之子为来孙,来孙之子为晜孙。"郭璞注:"晜,後也。""後"的本义是走路落在后面。《说文》:"後,迟也。""胤"的本义是"子孙相承续"。"胄"的本义是贵族的后代。

②词义的内涵不同。"嗣"还有继承、嗣后等义。"裔"还有边缘义。"苗"还有事物的端倪、动植物幼苗等义。"昆"的本字"晜"和"胄",意义一般比较单纯。

【附】 嗣胤 嗣继 嗣续 裔子 裔胄 裔孙 苗胄 苗胤 苗嗣 苗裔 苗绪 昆仍 昆苗 昆裔 後代 後昆 後胤 後嗣 後裔 後续 胤胄 胤息 胤嗣 胤绪 胤续 胤孙 胄嗣 胄裔 胄绪 子姓 子胤 子孙 洪胄 洪胤(均为王侯贵族的後代) 洪裔 流裔

děng lún chái(侪) cáo shǔ bèi tú chóu(俦)
等 伦 侪(夷) 曹 属 辈 徒 俦(畴)

【同】 辈,类,用在名词、代词后面,有的或介以"之"字,表示多数,指同一类或同一批人。

〔等〕《广雅·释诂一》:"等,辈也。"《墨子·公输》:"臣之弟子禽滑厘等三百人,已持守圉之器在宋城上而待楚寇也。"《史记·滑稽列传》:"人主闻之,曰:'令(东方)朔在事无为是行者,若(你)等安能及之哉?'"汉刘向《说苑·善说》:"设使肉食者一旦失计于庙堂之上,若臣等之藿食者,宁得无肝胆涂地于中原之野与?"《汉书·苏武传》:"数年,匈奴与汉和亲。汉求武等,匈奴诡言武死。"

〔伦〕《说文》:"伦,辈也。"汉贾谊《过秦论》:"吴起、孙膑、带佗、倪良、王廖、田忌、廉颇、赵奢之伦,制其兵。"汉贾谊《新书·藩强》:"令韩信、黥布、彭越之伦,列为彻侯而居,虽至今存而可也。"汉桓宽《盐铁论·杂论》:"贤良茂陵唐生、文学鲁万生之伦六十余人,咸聚阙庭。"《汉书·叙传》:"若

67

夫鞅、斯之伦,衰周之凶人,既闻命矣。"

〔侪〕(夷)《说文》:"侪,等辈也。"《广雅·释诂一》:"侪,辈也。"《左传·昭公二十四年》:"然大国之忧也,吾侪何知也?"又《成公二年》:"夫文王犹用众,况吾侪乎!"杜预注:"侪,等。"汉贾谊《新书·春秋》:"我侪,弃人也,安能守战?"

"侪"也写作"夷"。清朱骏声《说文通训定声》:"夷,叚借为侪。"《礼记·曲礼上》:"昏定而晨省,在丑夷不争。"郑玄注:"丑(醜),众也;夷,犹侪也。"孔颖达疏:"丑,众也;夷,犹侪也;皆等类之名。风俗语不同,故兼言之。"《史记·留侯世家》:"今诸将皆陛下故等夷,乃令太子将此属,无异使羊将狼,莫肯为用。"裴骃集解引徐广曰:"夷,犹侪也。"司马贞索隐引如淳云:"夷,言等辈。"

〔曹〕《说文》:"曹,狱之两曹也。"段玉裁注:"曹之引申为辈也、群也。"《玉篇·曰部》:"曹,辈也。"《史记·外戚世家》:"左右对曰:'人言且立其子,何去其母乎?'帝曰:'然。是非儿曹愚人所知也……'"《汉书·外戚传》:"我曹言愿自杀。"颜师古注:"曹,辈也。"《后汉书·光武帝纪上》:"军中不见光武,或云已殁,诸将不知所为。吴汉曰:'卿曹努力!王兄子在南阳,何忧无主?'"唐杜甫《戏为六绝句》之二:"尔曹身与名俱灭,不废江河万古流。"

〔属〕《广韵·烛韵》:"属,侪等也。"《韩非子·诡使》:"今死事之孤饥饿于道路,而优笑酒徒之属乘车衣丝。"《史记·项羽本纪》:"不者,若属(你们)皆且为所虏。"《汉书·高帝纪下》:"陛下与此属(这些人)共取天下。"唐韩愈《顺宗实录五》:"从其谋,吾属(我们)必死其手。"《新唐书·魏徵传》:"吾属虽往,人不信。"

〔辈〕《玉篇·车部》:"辈,类也,比也。"《广韵·队韵》:"辈,等辈,又比也,类也。"汉王充《论衡·书解篇》:"晁错之辈,各以私意,分拆文字,师徒相因相授,不知何者为是。"《晋书·石苞传》:"卿是我辈人,当相引在朝廷,何欲小县乎?"宋苏轼《过密州次韵赵明叔乔禹功》诗:"汝辈何曾堪一笑,吾侪相对复三人。"

〔徒〕徒,徒属。《墨子·所染》:"其友皆好仁义……则段干木、禽子、傅说之徒是也。"《史记·陈涉世家》:"于是六国之士有宁越、徐尚、苏秦、杜赫之属为之谋,齐明、周冣、陈轸、邵滑、楼缓、翟景、苏厉、乐毅之徒通其意,吴起、孙膑、带他、儿良、王廖、田忌、廉颇、赵奢之伦制其兵。""属""徒""伦"对用。《汉书·司马相如传》:"是时梁孝王来朝,从游之士邹阳、淮阴枚乘、吴严忌夫子之徒,相如见而说之。"汉王充《论衡·案书篇》:"广陵陈子回、颜方、今尚书郎班固、兰台令杨终、傅毅之徒,虽无篇章,赋颂记奏,文辞斐炳。"

〔俦〕(畴)《华严经音义》卷二:"《珠丛》曰:俦,类也。"汉王符《潜夫论·忠贵》:"此等之俦,虽见贵于时君,然上不顺天心,下不得民意。"三国魏曹植《七启》:"若夫田文、无忌之俦,乃上古之俊公子也。"北魏郦道元《水经注·易水》:"至于郭隗、乐毅之徒,邹衍、剧辛之俦,宦游历说之民,自远而届者多矣。""徒""俦"互文。北齐颜之推《颜氏家训·文章》:"自子游、子夏、荀况、孟轲、枚乘、贾谊、苏武、张衡、左思之俦,有盛名而免过患者,时复闻之,但其损败居多耳。"

"畴"是"俦"的古字,表示辈类义的"俦",也写作"畴"。《汉书·车千秋传》:"曩者,江充先治甘泉宫人,转至未央椒房,以及敬声之畴,李禹之属,谋入匈奴。""畴""属"互文。三国魏嵇康《琴赋》:"于是遁世之士,荣期、绮季之畴,乃相与登飞梁,越幽壑,援琼枝,陟峻崿,以游乎其下。"

【辨】

①词的本义不同。"等"的本义是使书籍整齐。《说文》:"等,齐简也。"段玉裁注:"'齐简'者,叠简册齐之,如今人整齐书籍也。""伦"的本义是辈类,人伦。《说文》:"伦,辈也。""侪"的本义是同一批或同一类的人,《说文》:"侪,等辈也。""曹"的本义是狱讼的双方。《说文》:"曹,狱之两曹也。"段玉裁注:"两曹,今俗所谓原告被告也。""属"的本义是连接。《说文》:"属,连也。"段玉裁注:"今韵分之欲、市玉二切,其义实通也。""辈"的本义是百辆车组成的车队。《说文》:"辈,若军发车百辆为一辈。"古籍中称一个车队组成的人员为一辈。《史记·大宛列传》:"诸使外国一辈大者数百,小者百余人。"又"汉使数百人为辈来。""徒"的本义是徒步行走。《说文》:"徒,步行也。""俦"的本义应是伴侣。《说文》:"俦,翳也。"段玉裁注:"翳者,华盖也。引申为凡覆蔽之偁。按,《玉篇》:'俦,直流切(chóu),侣也。'又:'大到切(dào)。翳,隐蔽也。'……'翳'义废而'侣'义独行矣。然自唐以前,用俦侣皆作'畴'。"清徐灏《说文解字注笺》:"'俦'从人建类,自当以俦侣为本义。"按:隐蔽义读dào,俦侣义读

chóu,是两个不同音义的同形字。

②词义的内涵不同。"等"还有等级、辈分、衡量、等待等义。"伦"还有伦常、比、道理、条理等义。"侪"还有相当、婚配等义。"曹"还有偶(成对)、成群、官府的部门等义。"属"还有种类、部属、亲属、归属、属相等义。"辈"还有辈次、相比等义。"徒"还有服劳役的人、门徒、徒众等义。"俦"还有匹敌、婚配等义。

类 属 比 畴 丑
lèi shǔ bǐ chóu chǒu

【同】类属,具有相同或相似特征的事物。

〔类〕《玉篇·犬部》:"类,种类也。"《易经·干卦》:"本乎天者亲上,本乎地者亲下,则各从其类也。"《论语·卫灵公》:"子曰:'有教无类。'"马融注:"言人所在见教,无有种类。"宋邢昺疏:"类谓种类。言人所在见教,无有贵贱种类也。"《韩非子·五蠹》:"今欲以先王之政,治当世之民,皆守株之类也。"北齐颜之推《颜氏家训·音辞》:"加以内言、外言、急言、徐言、读若之类,益使人疑。"

〔属〕《广韵·烛韵》:"属,类也。"《集韵·烛韵》:"属,附也,类也。"《易经·说卦》:"艮为山……为黔喙之属。"《周礼·考工记·梓人》:"以旁鸣者、以翼鸣者、以股鸣者、以胸鸣者,谓之小虫之属。"《庄子·人间世》:"夫柤、梨、桔、柚、果、蓏之属,实熟则剥。"成玄英注:"蓏,瓜瓠之类。"汉王充《论衡·商虫篇》:"凡天地之间,阴阳所生,蛟蛲之类,鲲蠕之属,含气而生,开口而食。""类""属"互文。《淮南子·墬形训》"食水者善游能寒"高诱注:"鱼、鳖、鹭、鹜之属是也。"

〔比〕《玉篇·比部》:"比,类也。"《汉书·叙传上》:"班侍中本大将军所举,宜宠异之,益求其比,以辅圣德。"颜师古注:"比,类也。"汉王充《论衡·偶会篇》:"今男女之早夭,非水沃火之比,适自灭覆之类也。""比""类"互文。《后汉书·杨震传附杨赐》:"《中孚经》曰:'蜺之比,无德以色亲。'"李贤注:"比,类也。"北魏郦道元《水经注·济水二》:"山下有大穴,谓之'舜井',抑亦茅山'禹井'之比矣。"

〔畴〕《字汇·田部》:"畴,类也。"《尚书·洪范》:"帝乃震怒,不畀洪范九畴,彝伦攸斁。"孔安国传:"畴,类也。"孔颖达疏:"'畴'是辈类之名,故为'类也'……此谓九类,是天之常道。"《荀子·劝学》:"草木畴生,禽兽群焉。"杨倞注:"'畴'与'俦'同,类也。"《战国策·齐策三》:"夫物各有畴,今髡贤者之畴也。"高诱注:"畴,类也。"《汉书·叙传上》:"是故驽蹇之乘不骋千里之途,燕雀之畴不奋六翮之用。"

〔丑〕繁体字作"醜"。《广雅·释诂三》:"醜,类也。"《易经·离卦》:"王用出征,有嘉折首,获非其丑,无咎。"王弼注:"处离之极,离道已成,则除其非类以去民害。"孔颖达疏:"'王用出征'者,处离之极,离道既成,物皆亲附,当除去其非类,以去民害,故'王用出征'也。"《尔雅·释草》:"苇丑,芀(苕)。"郭璞注:"其类皆有芀秀。"清郝懿行疏:"今人取之以为帚,曰苕帚。释文:'芀,或作苕。'"又《释鸟》:"凫雁丑,其足蹼,其踵企。"清郝懿行疏:"凫雁之类,其足指有幕肉相连属也。'其踵企'者……谓飞而直伸其足踵。"北魏贾思勰《齐民要术·竹》:"竹之丑有四:有青苦者,白苦者,紫苦者,黄苦者。"

【辨】①词的本义不同。"类"的本义是种类。"类",繁体字作'類',《说文》收在犬部。《说文》:"种类相似,唯犬为甚。"段玉裁注:"说从犬之意也。"按:同类事物一般都有相似特征。"属"的本义是连接。《说文》:"属,连也,从尾蜀声。"南唐徐锴《说文系传》:"臣锴曰:属,相连续,若尾之在体,故从尾。"清徐灏《说文解字注笺》:"属之言续也。《系传》曰:'属,相连续,若尾之在体,故从尾。'是也。"引申为类属。"属"下段玉裁注:"今字以为'联'字。属,今韵分之欲、市玉二切,其义实通也。凡异而同者曰属。"按:"属"字今有 zhǔ、shǔ 两读,连接义读 zhǔ,种类义读 shǔ。"比"的本义是密,与"稀"相对。《说文》:"比,密也。二人为从,反从为比。"段玉裁注:"今韵平、上、去、入四声皆录此字。要'密'义足以括之。其本义谓相亲密也,余义俌也、及也、次也、校也、例也、类也、频也、择善而从之也、阿党也,皆其所引申。"按:"比"字,今只有 bì、bǐ 两读。细密义读 bì,类属义读 bǐ。"畴"的本义是农田。《说文》:"畴,耕治之田也。"段玉裁注:"耕者,犁也,犁其田而治之,其田曰畴。"引申为类畴义。因古时耕田通常为耦耕,"且必非一耦,故贾逵注《国语》曰:'一井为畴。'杜预注《左传》曰:'并畔为畴。'并畔,则二井也。引申之,高注《国策》、韦注《汉书》:'畴,类也。'"(也见段注)。"丑(醜)"的本义,《说文》认为是可恶。

《说文》:"醜,可恶也。从鬼酉声。"段玉裁注:"非真鬼也,以可恶,故从鬼。"但《说文》研究者认为本义当为恶。马叙伦《说文解字六书疏证》:"本书:'亚,醜也。'此当曰:'亚也。'伦按:盖本训'恶也'。"类属义,是假借为"畴"。《说文》"醜"下段玉裁注:"凡云'醜,类也'者,皆谓'醜'即'畴'之假借字。"

②词义的内涵不同。"类"还有类似、法式、事理、美善等义。"属"还有连接、同辈、缀亲属、附属、归属、属相、下属(官员)等义。"比"还有比较、比照、类似、比兴(《诗》的六艺之一)、古代基层的行政编制单位等义。"畴"还有特指种麻的田、田界、相等、往昔、谁等义。"丑"还有丑陋、玷污、惭愧、众等义。

首(页) 头 颅 颡
shǒu　　tóu　lú　sǎng

【同】头,人的最上部分或动物的最前部分。

〔首〕(页)《广韵·有韵》:"首,头也。"《易经·既济》:"上六,濡其首。"《诗经·邶风·静女》:"爱而不见,搔首踟蹰。"《韩非子·定法》:"商君之法曰:'斩一首者爵一级,欲为官者为五十石之官……'官爵之迁与斩首之功相称也。"汉王充《论衡·卜筮篇》:"且夫沐去头垢,冠为首饰,浴去身垢,衣卫体寒。"唐韩愈《过鸿沟》诗:"谁劝君王回马首,真成一掷赌乾坤。"

《说文》"页""首"虽分立为两个部首,但实为一字。《说文》:"页,头也。"从"页"的字都与头有关,但"页"未见单独用于首义。清徐灏《说文解字注笺》:"古今书传未尝有用'页'字者,凡頭、颅、颠、顶、颡、额之类,俱从页,页之即为首明甚。"清王筠《说文句读》:"页,本即首字……盖后汉已变为胡结切,故许重明之。"

〔头〕《说文》:"头,首也。"《急就篇》卷三"头"下颜师古注:"头者,首之总名也。"《左传·襄公十九年》:"荀偃瘅疽,生疡于头。"《礼记·玉藻》:"头容直。"《史记·淮阴侯列传》:"汉王借兵而东下,杀成安君泜水之南,头足异处,卒为天下笑。"汉王充《论衡·验符篇》:"二黄龙见,长出十六丈,身大于马,举头顾望,状如图中画龙。"唐法琳《对傅奕废佛僧事》:"大庭氏人身牛头,女娲氏亦蛇身人头。"

〔颅〕《昭明文选·潘岳〈射雉赋〉》:"㣃余志之精锐,拟青颅而点项。"李善

注:"颅,头也。"《新唐书·武元衡传》:"遂害元衡,批颅骨持去。"宋张耒《岁暮即事》诗:"乌皮蒙燕几,褐帽裹僧颅。"

〔颡〕 章炳麟《新方言·释形体》:"《说文》:'颡,额也。'西安谓头曰颡,开口呼之曰沙。此小名代大名也。"汉扬雄《太玄·傒》:"上九,傒尪尪,天朴之颡。"范望注:"颡,头也。"唐杜甫《义鹘行》诗:"修鳞脱远枝,巨颡拆老拳。"仇兆鳌注:"巨颡,蛇头。"唐白行简《李娃传》:"有长髯者,拥铎而进,翊卫数人,于是奋髯扬眉,扼腕顿颡而登。"按:"顿颡",即叩头,也称稽颡,还可省作颡。《公羊传·昭公二十五年》:"再拜颡。"何休注:"颡者,犹今叩头也。"明徐弘祖《徐霞客游记·滇游日记十三》:"自颡及趾,靡有所遗。"清洪昇《长生殿·舞盘》:"袤金裙,齐作留仙想,舞住敛霞裳,重低颡,山呼万岁拜君王。"

【辨】

①"头""首"同源(定审邻纽,侯幽旁转),只是造字方法不同,"首"为象形字,"頭"为形声字。"颅""髅"同源,声同韵近,都可表示头骨义。意义稍有不同。"颡""嗓"古今字。

②"首"和"头"在表示初始、第一、首领等义是相同的,此外,"首"还有标明、向着、剑柄上的环等义;"头"还有头发、磕头、部分、头钱、每旬除十、二十、三十以外的日子等义。又,两字都可表示量词,但"首"一般用于表示诗词、歌曲、文章的单位;"头"一般用于表示人或动物以及某些颗形植物的单位。"颅"还有头骨、额头义。"颡"还有额头、嗓子义。

dǐng diān
顶　颠

【同】 头顶,即头的最上部。

〔顶〕《说文》:"顶,颠也。"《易经·大过》:"过涉灭顶。凶,无咎。"《韩非子·奸劫弑臣》:"若以守法不朋党治官而求安,是犹以足搔顶也。"唐玄奘《大唐西域记·僧伽罗国》:"此宝乃先王金佛像顶髻宝也,尔从何获,来此鬻卖?""顶髻",头顶的发髻。唐杜甫《饮中八仙歌》诗:"脱帽露顶王公前,挥毫落纸如云烟。"唐韩愈《论佛骨表》:"焚顶烧纸,白石为群。"

〔颠〕《尔雅·释言》:"颠,顶也。"郭璞注:"头上。"《说文》:"颠,顶也。"《国语·齐语》:"班序颠毛,以为民纪统。"韦昭注:"颠,顶也;毛,发也……言次列顶发之白黑,使长幼有等,以为治民之经纪。"《墨子·修身》:"畅之四肢,接之肌肤,华发隳颠,而犹弗舍者,其唯圣人乎!"孙诒让间诂:"隳颠,即秃顶也。"《晋书·束皙传》:"丹墀步纨绔之童,东野遗白颠之叟。"宋杨万里《病中复脚痛终日倦坐遣闷》诗:"满眼生花雪满颠,依稀又过三四年。"宋梅尧臣《依韵和杨敏叔吴门秋晚见寄》诗:"颠毛随日减,冉冉不胜簪。"清谢塘《忆旧游》词:"叹流水韶光,纷纷旧侣,半已华颠。"

【辨】

①"顶""颠"声同韵近,《说文》互训,是同源字;"颠"又与"巅""槙""天"同源;"颠"与"巅"还是古今字的关系。

②"顶""颠",还可表示物体上部,此外,"顶"还有以头载物、顶替、顶撞、至等义。"颠"还有本(《正字通·页部》:"颠,本末曰颠末。")、下(《说文》"颠"下段玉裁注:"颠为最上,倒之则为最下。")、陨落、颠倒等义。

额(頟) 颜 颡 题 颍(定) 颅
é yán sǎng tí dìng lú

【同】 额头,人或某些动物眉毛之上头发之下的部分。

〔额〕(頟)《玉篇·页部》:"额,《方言》云:'中夏谓之额,东齐谓之颡。'"《广韵·陌韵》:"额,《说文》作頟,颡也。"汉张衡《西京赋》:"修额短项,大口折鼻,诡类殊种。"《汉书·霍光传》:"曲突徙薪亡恩泽,焦头烂额为上客邪?"《北齐书·平秦王归彦传》:"文宣尝见之,怒,使以马鞭击其额。"唐李白《长干行二首》诗:"妾发初覆额,折花门前剧。"

"额",《说文》作"頟"。大徐本《说文》:"頟,颡也。"臣铉等曰:"今俗作额,五陌切。"《汉书·外戚传下·孝成赵皇后》:"頟上有壮发,类孝元皇帝。"《晋书·舆服志》:"汉元帝頟有壮发,始引帻服之。"也可表示物体接近顶端的部分。清陆继辂《合肥学舍札记·尹宙碑》:"尹宙碑頟,从铭二字篆法绝佳。"

〔颜〕《小尔雅·广服》:"颜,额也。"《诗经·鄘风·君子偕老》:"子之清扬,扬且之颜也。"毛传:"清,视清明也;扬,广扬,而颜角丰满。"《左传·僖公九年》:"天威不违颜咫尺,小白余敢贪天子之命无下拜!"孔颖达疏:"颜,谓额也。"《史记·高祖本纪》:"高祖为人,隆准而龙颜。"裴骃集解引应劭曰:"颜,頟颡也。"

〔颡〕《方言》卷十:"额,颡也。中夏谓之额,东齐谓之颡。"《易经·说卦》:"巽为木。其于人也,为寡发,为广颡,为多白眼。"孔颖达疏:"为广颡,额阔为广颡。"《孟子·滕文公上》:"其颡有泚(汗),睨而不视。"赵岐注:"颡,额也。"明徐继登《典故纪闻·太祖与侍臣论治道》:"迫之以力,强其所不欲而求其服从,是犹激水过颡,终非其性也。"清戴名世《〈天籁集〉序》:"倘其见此集而比量于白氏之裔孙,吾不知其颡有泚而汗浃于背否?"

〔题〕《说文》:"题,额也。"《韩非子·解老》:"弟子曰:'是黑牛也而白题。'"《礼记·王制》:"南方曰蛮,雕题交趾,有不火食者也。"孔颖达疏:"题谓额也。"《楚辞·招魂》:"雕题黑齿,得人肉以祀,以其骨为醢些。"王逸注:"题,额也。"《汉书·司马相如传》:"赤首圜题,穷奇象犀。"颜师古注引张揖曰:"题,额也。"唐温庭筠《观舞妓》诗:"凝腰倚风软,花题照锦春。"

〔頞〕(定)《尔雅·释言》:"頞,题也。"郭璞注:"题,额也。"《诗经·周南·麟之趾》"麟之定"陆德明释文:"定,都佞反,题也。字书作頞,音同。"《集韵·径韵》:"頞,题也。通作定。"清杜濬《长干阿育王塔》诗:"铜頞金如口,香台玉琢莲。"

〔颅〕《后汉书·马融传》:"殳殳狂击,头陷颅碎,兽不得猱,禽不得瞥。"李贤注:"颅,额也。"北周王褒《日出东南隅行》诗:"高箱照云母,壮马饰当颅。"元蒲道源《小令〈黄钟〉人月圆·赵君锡再得雄》:"隆颅犀角,黛抹朱妆。"

【辨】

①语源不同。"额""颜"为同一语源。"题""頞"为同一语源。"颅""髅"为同一语源。(参见王力《同源字典》)

②方言不同。《方言》卷十:"额、颜、颡也……中夏谓之额,东齐谓之颡,汝颍淮泗之间谓之颜。"

③词义的内涵不同。"额"还有匾额、物体接近顶端部分、规定的数目等义。"颜"还有面容、脸色、两眉之间、堂上或门上的匾额等义。"颡"还有头、嗓子等义。"题"还有题目、书写、标志、品评、标签、物体的一端等义。"頞"只有额头一义。"颅"还有头颅义。

容（頌） 貌（皃）

【同】 人的容貌或脸上的神情气色。

〔容〕（頌） 本字写作"頌"。《说文》："頌，皃（貌）也。"段玉裁注："古作頌皃，今作容皃，古今字之异也。"《汉书·儒林传》："汉兴，鲁高堂生传《士礼》十七篇，而鲁生善为颂。"颜师古注："颂，读与容同。"《史记·儒林列传》为"而鲁生善为容"。《玉篇·宀部》："容，仪容也。"《孟子·万章上》："舜见瞽瞍，其容有蹙。"三国魏曹植《与杨德祖书》："盖有南威之容，乃可论其淑媛。"唐韩愈《独孤申叔哀辞》："如闻其声，如见其容。"宋叶適《草庐先生墓志铭》："或肖其像，恍乎草庐之容也。"

〔貌〕（皃） "貌"，《说文》正篆写作"皃"。《说文》："皃，颂仪也。从儿，白像面形……貌，籀文皃从豸。"段玉裁注："颂者，今之容字。必言仪者，谓颂之仪度可皃象也。"《淮南子·主术训》："豫让欲报赵襄子，漆身为厉，吞炭变音，摘齿易貌。"《史记·鲁仲连邹阳列传》："今吾观先生之玉貌，非有求于平原君者也，曷为久居此围城之中而不去也？"汉桓宽《盐铁论·地广》："必将以貌举人，以才进士，则太公终身鼓刀，宁戚不离饭牛矣。"

【辨】
①词的本义相近而微有区别。"容"侧重于面部神情，"貌"侧重于面部外貌。《说文》"皃"段玉裁注："凡'容'言其内，'皃'言其外……析言则容、皃各有当。"清朱骏声《说文通训定声》："面之神气曰頌（容），面之形状曰貌。"

②词义的内涵不同。"容"还有容受、容许等义。"貌"还有外表、外观义。

目 眼

【同】 眼睛。人或动物的视觉器官。

〔目〕《说文》："目，人眼。"《诗经·卫风·硕人》："巧笑倩兮，美目盼兮。"《左传·僖公二十四年》："耳不听五声之和为聋，目不别五色之章为昧。"《国语·吴语》："（伍员）将死，曰：'以悬吾目于东门，以见越人之入，吴国之亡也。'"《孟子•滕文公下》:"陈仲子岂不诚廉士哉!居于陵,三日不食,耳无闻,目无见也。"《韩非子•说林下》:"刻削之道,鼻莫如大,目莫如小。"《素问•阴阳应象大论》:"在窍为目。"王冰注:"目所以司见形也。"汉王充《论衡•艺增篇》:"夫鹤鸣云中,人闻声仰而视之,目见其形。"

〔眼〕《说文》:"眼,目也。"清徐灏《说文解字注笺》:"戴氏侗曰:眼,目中黑白也……合黑白与匡谓之目。"唐杜甫《新安吏》诗:"莫自使眼枯,收汝泪纵横。"唐韩愈《自州还京行次安陆先寄随州周员外》诗:"面犹含瘴色,眼已见风华。"唐王绩《过酒家》诗之二:"眼看人尽醉,何忍独为醒!"宋赵希鹄《调燮类编•虫鱼》:"凡贩卖虾米及甘蔗者,每用人尿洒(洗)之,则鲜美可爱。所谓'眼不见为净也'。"按:"眼"的眼睛义为后起义。

【辨】
①词的本义不同。"目"的本义是眼睛,包括眼眶在内的视觉器官。"眼"的本义是眼珠。《庄子•盗跖》:"比干剖心,子胥抉眼,忠之祸也。"汉王充《论衡•雷虚篇》:"吕后断戚夫人手,去其眼,置于厕中,以为人豕。""抉眼""去其眼",都是指挖出眼珠。
②词义的内涵不同。"目"还有眼力、眼界、纲目、目录、名目、小孔、用目光、以目示意、看待、看重义。"眼"还有眼神、目力、孔穴和监视等义。

【附】 眼目 眼眸 眼睛 眼脑 目眼

眸(牟) 瞳(童) 睛(精) 矑(卢) 眹
móu   tóng   jīng   lú   zhèn

【同】 瞳孔,也称瞳人(仁),俗称眼珠子。因为瞳孔中有人像,所以也称瞳人或瞳仁。

〔眸〕(牟) 大徐本《说文》新附字:"眸,目童子。从目牟声。"《说文》直作'牟'。"《玉篇•目部》:"眸,目瞳子也。"《孟子•离娄上》:"存乎人者,莫良于眸子……听其言也,观其眸子,人焉廋(sōu,隐藏)哉!"战国楚宋玉《神女赋》:"眸子炯其精朗兮,瞭多美而可观。"汉王充《论衡•本性篇》:"且孟子相人以眸子也,心清而眸子瞭,心浊而眸子眊。"晋左思《魏都赋》:"八极可围于寸眸,万物可齐于一朝。"

"牟"是"眸"的古字。《荀子·非相》:"尧舜参牟子。"杨倞注:"牟与眸同。参牟子,谓有二瞳相参也。"《说文》:"盲,目无牟子也。"《周礼·秋官·小司寇》"目听"下郑玄注:"观其牟子,视不直则眊然。"

〔瞳〕(童)《玉篇·目部》:"瞳,目珠子也。"《灵枢经·大惑论》:"骨之精为瞳子,筋之精为黑眼。"《淮南子·修务训》:"舜二瞳子,是谓重明。"《史记·项羽本纪》:"太史公曰:吾闻之周生曰'舜目盖重瞳子',又闻项羽亦重瞳子,羽岂其苗裔邪?"汉王充《论衡·讲瑞篇》:"虞舜重瞳,王莽亦重瞳。"

"童"是"瞳"的古字。《汉书·项籍传》:"舜盖重童子,项羽又重童子。"《晋书·文苑传·赵至》:"童子白黑分明。"《说文》无"瞳"字,在解释语中,"瞳"均写作"童"。《说文·目部》:"目,人眼。象形,重童子也。""重童子",清朱骏声《说文通训定声》改为"重瞳子"。又《说文》:"眯,目童子不正也。"

〔睛〕(精)《玉篇·目部》:"睛,目珠子。"《淮南子·主术训》:"夫据干而窥井底,虽达视犹不能见其睛。"高诱注:"睛,目瞳子也。"汉王充《论衡·书虚篇》:"今颜渊用目望远,望远目睛不任。"唐薛昭蕴《幻影传·费鸡师》:"长庆初,蜀有费鸡师,目赤无黑睛,为人解疾。"唐张彦远《历代名画记》卷七:"金陵安乐寺四白龙,不点眼睛,每云:'点睛即飞去。'"明李梦阳《林良两角鹰歌》诗:"一鹰下视睛不转,已知两眼无秋毫。"

"精"是"睛"的古字。《说文》:"䁲,目童子精也。"段玉裁注:"精,谓精光也。俗作睛。"《正字通·米部》:"目中黑粒有光者亦曰精,今通作睛。"战国楚宋玉《高唐赋》:"煌煌荧荧,夺人目精。"汉刘向《说苑·辨物》:"灵龟文五色,似玉似金……蛇头龙翅,左精象日,右精象月。"南朝宋刘义庆《世说新语·巧艺》:"顾长康画人,或数年不点目精。"

〔矑〕(卢)《玉篇·目部》:"矑,目童子也。"《昭明文选·扬雄〈甘泉赋〉》:"玉女亡所眺其清矑兮,宓妃曾不得施其娥眉。"李善注引服虔曰:"矑,目童子也。"宋苏轼《跋姜君弼课册》:"凝矑未瞬,弥漫霾霼。"明沈德符《万历野获编·妇女·侠娼》:"其貌不甚白皙,而双矑特明秀。"明屠隆《昙花记·群仙会勘》:"神澹豁敞宇,矑瞬摇精芒。"清二石生《十洲春语》:"(杨阿翠)年十二,丰仪圆满,肤洁矑清,能歌《赏荷》《谏父》《佳期》诸剧。"

"矑"也写作"卢(盧)"。清朱骏声《说文通训定声》:"卢,字亦作矑。"《汉书·扬雄传上》:"玉女无所眺其清卢兮,虚妃曾不得施其娥眉。"颜师古注引服虔曰:"卢,目童子也。""卢",《昭明文选·扬雄〈甘泉赋〉》作"矑"。宋罗泌《路史·中三皇纪》:"骧首麟身,碧卢秃楬。"

〔眹〕 大徐本《说文》新附字:"眹,目精也。"《广韵·轸韵》:"眹,目瞳子也。"《周礼·春官·瞽矇》"瞽矇"郑玄注引郑司农曰:"无目眹谓之瞽,有目眹而无见谓之矇。"汉刘向《新序·杂事一》:"师旷侍坐,平公曰:'子生无目眹,甚矣!子之墨墨也。'"

【辨】

①本义所取的角度不同。"眸"的本义是眼眸,即眼珠子,初写作"牟",可能是口语的借音字。"瞳"的本义也是眼珠子,原作"童子",意为眼珠中有童子(小人)。童子,也即瞳人。"精""睛"古今字。古人把眼珠子看作是目精。"矑",《说文》无,但有"卢",义为黑,后加目为"矑"。南唐徐锴《说文解字系传》:"矑,童子也。从目縣声。臣锴曰:卢,黑也,眼中黑子也。""眹",《说文》无,清《说文》研究者段玉裁、朱骏声等,都认为"眹"是"朕"的误字或俗写。《说文》"瞽"下段玉裁注:"俗作眹,误。朕,从舟,舟之缝理也。引申之,凡缝皆曰朕。但有朕者,才有缝而已。"清朱骏声《说文通训定声》"朕"下:"《说文》'瞽'字下云:'目但有朕也。'《周礼·春官·序官》注:'无目朕谓之瞽。'则误作'眹',盖俗儒不知转注之理,故改从目,而新附'眹'字训'目精'矣。"

②"眸""瞳""睛"三字,意义比较单纯,只是与其他词搭配时,可表示眼睛或看。如"低眸",眼睛往下看;"秋眸",秋天般清澈大眼睛;"回眸",转过眼睛;"明瞳",犹"明眸",清澈明亮大眼睛;"定睛",把眼睛注视在一点上;"偷睛",犹"偷眼",偷偷地看。"眹"还有征兆、迹象等义。"矑"一般只用于眼珠义。

涕　泣　泪(泪)
　　tì　qì　lèi

【同】 眼泪。眼内泪腺分泌的无色液体。

〔涕〕《说文》:"涕,泣也。"清桂馥《说文义证》:"泣也者,《一切经音义》三:'涕,泪也。'"《玉篇·水部》:"涕,目汁出曰涕。"《广韵·霁韵》:"涕,涕泪。"《易经·萃卦》:"齎咨涕洟,无咎。"孔颖达疏:"自目出曰涕,自鼻出曰洟。"《韩非子·五蠹》:"且夫以法行刑,而君为之流涕,此以效仁,非以为治也。"《楚辞•离骚》:"长太息兮掩涕,哀民生之多艰。"洪兴祖补注:"掩涕,犹抆泪也。"《昭明文选•司马相如〈长门赋〉》:"左右悲而垂泪兮,涕流离而从横。"李善注:"自眼出曰涕。""泪""涕"并用。《史记•秦本纪》:"君子闻之,皆为流涕,曰:'嗟乎!秦缪公之与周人也,卒得孟明之庆。'"汉王充《论衡•知实篇》:"孔子泫然流涕曰:'吾闻之,古不修墓。'"按:"涕",后来演变为鼻涕义。

〔泣〕《广雅•释言》:"泣,泪也。"《诗经•邶风•燕燕》:"瞻望弗及,泣涕如雨。"《韩非子•五蠹》:"夫垂泣不欲行刑者,仁也;然而不可不刑者,法也。"《史记•韩长孺列传》:"梁王念太后、帝在中,而诸侯扰乱,一言泣数行下。"汉王充《论衡•明雩篇》:"雍门子悲哭,孟尝君为之流涕;苏秦、张仪悲说坑中,鬼谷先生泣下沾襟。"《汉书•外戚传•高祖吕皇后》:"太后发丧,哭而泣不下。"颜师古注:"泣谓泪也。"唐韩愈《送杨少尹序》:"于时公卿设供帐祖道东门外,车数百辆,道路观者多叹息泣下,共言其贤。"

〔泪〕(泪)《玉篇•水部》:"泪,涕泪也。"《集韵•至韵》:"泪,目液也。"《战国策•燕策三》:"高渐离击筑,荆轲和而歌,为变徵之声,士皆垂泪涕泣。"《史记•李斯列传》:"斯乃仰天而叹,垂泪太息曰:'嗟乎!独遭乱世,既以不能死,安托命哉!'"三国魏曹丕《燕歌行》:"贱妾茕茕守空房,忧来思君不敢忘,不觉泪下霑衣裳。"宋辛弃疾《菩萨蛮•书江西造口壁》词:"郁孤台下清江水,中间多少行人泪!"

"泪"也写作"泪"。《韩非子•和氏》:"和乃抱其璞而哭于楚山之下,三日三夜,泪尽而继之以血。"

【辨】

①词的本义不同。"涕"的本义就是眼泪。鼻涕义,段玉裁认为是因"涕"的偏旁"弟"与"洟(鼻涕)"的偏旁"夷",古书相乱造成的,"古书弟、夷二字多相乱,于是自鼻出者为涕,而自目出者别制泪字,皆许不取也。""泣"的本义是无声流泪。《说文》:"泣,无声出涕曰泣。""泪",《说文》无,本义应是眼泪,最早见于汉人著作,疑是"涕"用作鼻涕义后,又用口语中的"泪"取代"涕"。

②词义的内涵不同。"涕"还有流涕、鼻涕、痰等义。"泣"还有无声或低声而哭、哭、流涕等义。"泪"还有流涕等义。

【附】 涕泪 泣涕 泣泪 眼泪

涕 洟 泗
tì tì sì

【同】 鼻涕,鼻腔黏膜所分泌的液体。

〔涕〕《篇海类编·地理类·水部》:"涕,鼻液也。"《素问·解精微论》:"脑者,阴也;髓者,骨之充也;故脑渗为涕。"王冰注:"鼻窍通脑,故脑渗为涕,流于鼻中矣。"汉王褒《僮约》:"词穷咋索,仡仡叩头,两手自搏,目泪下落,鼻涕长一尺。"金董解元《西厢记诸宫调》卷五:"心头病怎成恁么?几日来气微嗜卧,舌缩唇干,全无涕唾。"

〔洟〕《说文》:"洟,鼻液也。"段玉裁注:"古书弟、夷二字多相乱,于是谓自鼻出者曰涕,而自目出者别制涙字,皆许(按:《说文》作者)不取也。"《礼记·檀弓上》:"将军文子之丧,既除丧,而后越人来吊。主人深衣练冠,待于庙,垂涕洟。"陆德明释文:"自目曰涕,自鼻曰洟。"《北史·齐永安王俊传》:"文宣性雌懦,每参文襄,有时洟出。"唐柳宗元《起废答》:"浴剔蚤虱,刮恶除洟。"《资治通鉴·陈武帝永定元年》:"帝有时洟出,浚责帝左右曰:'何不为二兄拭鼻?'"胡三省注:"鼻液曰洟。"

〔泗〕《玉篇·水部》:"泗,涕泗也。"清朱骏声《说文通训定声》:"泗,假借为洟。"《诗经·陈风·泽陂》:"寤寐无为,涕泗滂沱。"毛传:"自目曰涕,自鼻曰泗。"晋张载《拟四愁诗》:"登崖远望涕泗流,我之怀矣心伤忧。"唐李朝威《柳毅传》:"悲泗淋漓,诚怛人心。"宋钱易《南部新书》戊:"神尧宴近臣,果有蒲桃,陈叔达捧而不食。帝诏之,对曰:'臣母患口干,求之不致。'帝曰:'卿有母遗乎?'涕泗阑干。"

【辨】

①词的本义不同。"涕"的本义是眼泪,《说文》:"涕,泣也。"段玉裁注:"按,'泣也'二字,当作'目液也'三字,转写之误也。毛传皆云'自目曰涕',《篇》《韵》皆曰'目汁',泣非其义。""洟"的本义是鼻涕。"泗"的本义,《说文》释为河流的名称。

②词义的内涵不同。"涕"还有流泪等义。"洟"还有擤鼻涕、流鼻涕等义。

胡(鬍) 须(鬚) 髯(䫇) 髭(頿䰂) 而(耏髵)
　　hú　　　xū　　　rán　　　zī　　　　ér

【同】　胡子，嘴上下或连着鬓角的毛。

〔胡〕(鬍)　南朝梁元帝《金楼子·箴戒》:"帝纣垂胡，长尺四寸，手格猛兽。"宋苏轼《送乔仝寄贺君》诗之一:"尔来八十胸垂胡，上山如飞瞋人扶。"唐李商隐《骄儿》诗:"或谑张飞胡，或嘲邓艾吃。"《新五代史·杂传五·氏叔琮》:"叔琮选壮士二人深目而胡鬚者，牧马襄陵道旁，晋人以为晋兵。"

　　"胡"又写作"鬍"。汉应劭《风俗通·正失·封泰山禅梁父》:"《封禅书》说:'黄帝升封泰山，于是有龙垂鬍髯下迎黄帝。'"明黄溥《闲中古今录摘抄》:"为官不用好文章，只要鬍鬚及胖长。"清圣水艾衲居士《豆棚闲话·虎丘山贾清客联盟》:"(马才)年可三十上下，面方耳大，沿鬓短鬍。"王国维《系胡续考》:"自唐以来皆呼多鬚或深目高鼻者为胡或胡子，此二语至今犹存，世人呼鬚及多鬚之人皆曰胡子。俗又制'鬍'字以代之。"今"鬍"已简化为"胡"。

〔须〕(鬚)　《说文》:"须，面毛也。"《易经·贲卦》:"贲其须，与上兴也。"孔颖达疏:"'贲其须'者，须是上须(附)于面。"《荀子·非相》:"傅说之状，身如直鳍;伊尹之状，面无须麋(眉)。"《汉书·高帝纪上》:"高祖为人，隆准而龙颜，美须髯，左股有七十二黑子。"颜师古注:"在颐曰须，在颊曰髯。"唐杜甫《洗兵马行》诗:"张公一生江海客，身长九尺须眉长。"《新唐书·窦怀贞传》:"宦者用事，尤所畏奉，或见无须者，误为之礼。"宋陈师道《谢傅监》诗:"当使有近行，应门有长须。"

　　"须""鬚"，古今字。"须"，也写作"鬚"。《左传·昭公二十六年》:"有君子白皙，鬒鬚眉，甚口。"孔颖达疏:"鬒鬚眉者，言鬚皆稠多也。"陆德明释文:"鬚，本作须。"汉董仲舒《士不遇赋》:"苟肝胆之可同兮，奚鬚眉之足辨?"宋苏轼《浣溪沙》词:"雨脚半收檐断线，雪林处下瓦跳珠。归来冰颗乱黏鬚。"明方孝孺《黄氏三寿图赞》:"今年至其家，三老人者出迎，鬚髯颁白，冠裳如画。"

〔髯〕(䫇)　《释名·释形体》:"在颊耳旁曰髯，随口动摇冉冉然也。"《玉篇·髟部》:"髯，颊须。"《广韵·艳韵》:"髯，额毛。"《庄子·列御寇》:"美、髯、长、大、壮、丽、勇、敢，八者俱过人也，因以是穷。"《汉书·朱博传》:"博奋髯抵几曰:'观齐儿欲以此为俗也。'"颜师古注:"髯，颊毛。"晋刘伶《酒德颂》:"先生于是方捧罂承槽,衔杯漱醪,奋髯箕踞,枕麴藉糟。"宋范成大《满江红》词:"向尊前,来访白髯翁。"清宋琬《从军行送王玉门至大梁》:"有客有客髯而紫,左挟秦弓右吴矢。"

"髯"的本字作"頾"《说文》:"頾,颊须也。"

〔髭〕(頾 齍)《释名·释形体》:"口上曰髭。"《玉篇·髟部》:"髭,口上须。本作頾。"《乐府诗集·相和歌辞三·陌上桑》:"行者见罗敷,下担捋髭鬚。"晋袁宏《后汉书·桓帝纪下》:"党事之兴,馥名在捕中,馥乃髡髭髮,易姓名,匿迹远窜,为人佣赁。"唐周繇《送人蕃使》诗:"早终册礼朝天阙,莫遣虬髭染塞霜。"五代李煜《病中感怀》诗:"夜鼎唯煎药,朝髭半染霜。"清蒲松龄《聊斋志异·狐梦》:"余友毕怡庵,倜傥不群,豪纵自喜;貌丰肥,多髭,士林知名。"

"髭"也写作"頾"或"齍"。《说文》:"頾,口上须也。"段玉裁注:"在口上,在颊亦得名须。而正名百物,则曰齍曰髯。"《左传·昭公二十六年》:"至于灵王,生而有頾。"唐刘禹锡《送僧元暠南游》诗序:"繇是在席砚者多旁行四句之书,备将迎者皆赤頾白足之侣。"

〔而〕(耏 髵)《说文》:"而,颊毛也。象毛之形。"段玉裁注:"颊毛者,须部所谓髭须之类耳。"《周礼·考工记·梓人》:"必深其爪,出其目,作其鳞之而。"戴震补注:"颊侧上出者曰之,下垂者曰而,鬚鬣属也。"

"而""耏(髵)",古今字。清徐灏《说文解字注笺》:"而、耏,古今字。因(而)借为语词,加彡作耏。"大徐本《说文》"而"下:"臣铉等曰:今俗别作髵。"《玉篇·彡部》:"耏,颊须也。"《广韵·之部》:"髵,须也。"《后汉书·章帝纪》:"沙漠之北,葱岭之西,冒耏之类,跋涉悬度。"李贤注:"《字书》曰:'耏,多须貌,音而。'言须鬣多,蒙冒其面。或曰西域人多著冒而(胡须)长,故举以为言也。"《新唐书·波斯传》:"以麝揉苏,泽耏颜鼻耳。"清毛奇龄《家明府文山兄七十寿序》:"而文山齦完肌薄,俨涂髹漆于髵鬣之隙。"

【辨】

词的本义不同。胡子的"胡",据王国维考证,"自唐以来皆呼多须或深目高鼻者为胡或胡子⋯⋯世人呼须及多须之人皆曰胡子"。据此,胡子的"胡",本义应是胡(北方或西方的少数民族)人的"胡"。但《史记·孝武本纪》:"鼎既成,有龙垂胡髯下迎黄帝。"此语汉应劭《风俗通》为"有龙垂鬍髵下迎黄帝"。据此,胡须的"胡",本义应是"项下垂肉也"(颜师古注)。"须"的本义是胡须的泛称。《说文》:"须,面毛也。"清王筠《说文句读》:"《易》曰:'贲其须。'疏曰:'须上附于面。'彼言面者,散文则通也。须是总名,故部中四字,皆说之以须。《释名》曰:'颐下曰鬚。'与髭、髯相对立文,非也。""髯"的本义是面颊两旁的胡须。《说文》:"𩑡,颊须也。""髭"的本义是嘴上部的胡须。"而"的本义是两颊连鬓发的胡须。《说文》释"𩑡"为"颊须",释"而"为"颊毛","毛"的意义要广于"须"。

皮 肤(膚)
pí fū

【同】 皮肤,人体或动植物的表皮组织。

〔皮〕①人的表皮。《古今韵会举要》:"皮,皮肤肌表也。"《篇海类编·身体类·皮部》:"皮,肤肌表也。"《史记·扁鹊仓公列传》:"臣闻上古之时,医有俞跗,治病不以汤液醴洒……乃割皮解肌,诀脉结筋。"《素问·皮部论》:"邪之始入于皮也,泝然起毫毛,开腠理。"《后汉书·皇后纪》:"先是数日,梦有小飞虫无数赴著身,又入皮肤中而复飞出。"按:"皮"用于人的表皮义约在秦汉时期。②动植物的表皮。《左传·襄公二十一年》:"然而二子者,譬如禽兽,臣食其肉而寝处其皮矣。"《史记·高祖本纪》:"高祖为亭长,乃以竹皮为冠。"按:"皮"用于植物的表皮约始于汉代。

〔肤〕(膚)①人的表皮。"肤"的繁体字写作"膚",《说文》作为"臚"的重文收入。《说文》:"臚,皮也。从肉盧声。膚,籀文臚。"段玉裁注:"今字皮肤从籀文,肤行而臚废矣。"《诗经·卫风·硕人》:"手如柔荑,肤如凝脂。"《孟子·告子上》:"无尺寸之肤不爱也,无尺寸之肤不养也。"《淮南子·说山训》:"深则达五藏,浅则至肤而止矣。"《史记·司马相如列传》:"肤不生毛。"②动植物的表皮。《后汉书·宦者传》:"(蔡)伦乃造意,用树肤、麻头及敝布、鱼网以为纸。"唐刘禹锡《因论·叹牛》:"顾其足虽伤,而肤尚腯。"

【辨】

①词的本义不同。"皮"的本义是带毛的兽皮。《说文》:"皮,剥取兽革者谓之皮。""肤"的本义是人体的表皮。

②词义的内涵不同。"皮"还有剥皮、皮革、皮制的箭靶、表面等义。

"肤"还有浅薄、肉食、美等义。

皮 革 韦 鞹（鞟）
pí gé wéi kuò

【同】 兽类的表皮。

〔皮〕《说文》："皮，剥取兽革者谓之皮。"清王筠《说文句读》："言兽革者，人谓之肤，兽谓之皮，通之则亦曰革也。"《左传·僖公十四年》："皮之不存，毛将安傅？"《孟子·万章上》："万章问曰：'或曰：百里奚自鬻于秦养牲者五羊之皮，食牛以要秦穆公，信乎？'"《史记·赵世家》："吾闻千羊之皮不如一狐之腋。"

〔革〕《说文》："革，兽皮治去其毛曰革。"（段注本）《诗经·召南·羔羊》："羔羊之革。"毛传："革犹皮也。"孔颖达疏："对文则皮革异……散文则皮革通。"《左传·僖公二十三年》："羽毛齿革则君地生焉。"《周礼·秋官·冥氏》："若得其兽，则献其皮、革、齿、须备。"《史记·龟策列传》："杀牛取革，被郑之桐。"裴骃集解："牛革、桐，为鼓也。"

〔韦〕《说文》："韦，相背也。从舛口声。兽皮之韦，可以束物枉戾相韦背，故借以为皮韦。"《仪礼·聘礼》："君使卿韦弁（皮礼帽）。"郑玄注："皮、韦同类，取相近耳。"贾公彦疏："有毛则曰皮，去毛熟治则曰韦。本是一物，有毛无毛为异，故云'取相近耳'。"《史记·孔子世家》："孔子晚而喜《易》……读《易》，韦编三绝。"汉桓宽《盐铁论·散不足》："大夫士则单椱木具，盘韦柔革。"

〔鞹〕（鞟）《说文》："鞹，去毛皮也。《论语》曰：'虎豹之鞹。'"清朱骏声《说文通训定声》："（鞹）俗字作鞟。按，即革也。革，象形；鞹，谐声字。"汉刘向《九叹》："筐泽泻以豹鞹兮，破荆和以继筑。"南朝梁刘勰《文心雕龙·情采》："虎豹无文，则鞹同犬羊；犀兕有皮，而色资丹漆，质待文也。""鞹"也写作"鞟"。《淮南子·说山训》："剥牛皮鞟以为鼓，正三军之众。"

【辨】

①词的本义略有不同。"皮"和"革"，两者的区别在于前者有毛，后者去毛。《左传·隐公五年》"皮革"下孔颖达疏："有毛为皮，去毛为革……散文则皮革通也。""皮"、"革"与"韦"的区别在于生和熟。南唐徐锴《说文解字系传》："生曰皮，理之曰革，柔之曰韦。"《汉书·郑崇传》："每

见曳革履,上笑曰:'我识郑尚书履声。'"颜师古注:"孰曰韦,生曰革。""鞹"与"革"同。

②词义的内涵不同。"皮"还有植物的表皮、表面、皮制的箭靶、剥皮等义。"革"还有更改、除去、甲胄、兵车等义。"韦"还有背离义。"鞹"只用于皮革义。

胸(匈) 膺 臆(肊)
xiōng　　　yīng　yì

【同】 胸,躯干的颈和腹之间的部分。

〔胸〕(匈) "胸"的正篆作"匈"。《说文》:"匈,膺也。从勹凶声。"《左传•昭公二十七年》:"鱄设诸寘剑于鱼中以进,抽剑刺王,鈹交于胸,遂弑王。"《春秋左传注疏》卷五十二校勘记:"石经初刻作'匈',合于《说文》。后改作'胸',俗字也。"《战国策•秦策三》:"今臣之胸不足以当椹质,要(腰)不足以待斧钺,岂敢以疑事尝试于王乎?""胸"古籍中也写作"匈"。上引《左传》中的"鈹交于胸",《史记•吴太伯世家》转录时作"鈹交于匈"。《汉书•贾谊传》:"陛下之臣虽有悍如冯敬者,适启其口,匕首已陷其匈矣。"

〔膺〕《说文》:"膺,胸也。"《国语•鲁语下》:"今吾子夭死,吾恶其以好内闻也……请无瘠色,无洵涕,无摺膺。"韦昭注:"膺,胸也。"《列子•汤问篇》:"飞卫高蹈拊膺曰:'汝得之矣。'"《昭明文选•江淹〈恨赋〉》:"置酒欲饮,悲来填膺。"吕向注:"膺,胸也。"

〔臆〕(肊) "臆"的正篆作"肊"。《说文》:"肊,胸骨也……臆,肊或从意。"《广雅•释亲》:"臆,胸也。"《玉篇•肉部》:"肊,胸也。臆,同上。"《汉书•叙传上》:"黄神邈而靡质兮,仪遗谶以臆对。"颜师古注引应劭曰:"臆,胸臆也。"《昭明文选•潘岳〈射雉赋〉》:"彤盈窗以美发,纷颓首而臆仰。""臆仰",胸往后仰而倒地。

【辨】

①词的本义略有区别。"膺,自其外言之,无不当也;匈(胸),自其中言之,无不容也,故从勹"(《说文》"匈"下段玉裁注)。肊"从乙者,兒其骨也"(《说文》"肊"下段玉裁注)。

②词义的内涵不同。"胸"还有心中义。"膺"还有当受、抵挡等义。"臆"还有臆测(含有主观成分)、胸中气郁等义。

颈 项 领 脰 亢
jǐng xiàng lǐng dòu gāng

【同】脖子,头和躯干相连接的部分。

〔颈〕《说文》:"颈,头茎也。"《广雅·释亲》:"颈,项也。"《吕氏春秋·顺说》:"天下丈夫女子莫不延颈举踵而愿安利之。"高诱注:"延颈,引领也。"《战国策·魏策四》:"吾已全己,无为人臣之义矣,岂可使吾君有魏患也!乃之使者之舍,刎颈而死。"汉蔡琰《悲愤诗》:"儿前抱我颈,问母欲何之?"

〔项〕《说文》:"项,头后也。"段玉裁注:"(颈、项)浑言则不别也。"《广韵·讲韵》:"项,颈项。"《左传·成公十六年》:"王召养由基,与之两矢,使射吕锜,中项,伏弢。"汉王充《论衡·语增篇》:"高祖之相,龙颜、隆准、项紫、美须髯、身有七十二黑子。"唐丁仙芝《余杭醉歌赠吴山人》诗:"晓幕红襟燕,春城白项乌。"

〔领〕《说文》:"领,项也。"《诗经·卫风·硕人》:"肤如凝脂,领如蝤蛴。"毛传:"领,颈也。"《左传·襄公十六年》:"敝邑之急,朝不保夕,引领西望曰:'庶几乎!'"《孟子·梁惠王上》:"如有不嗜杀人者,则天下之民皆引领而望之矣。"孙奭疏:"则天下之民皆延颈以望王以归之矣。"《礼记·檀弓下》:"是全要(腰)领以从先大夫于九京也。"孔颖达疏:"古者,罪重要斩,罪轻颈刑也。"

〔脰〕《说文》:"脰,项也。"《公羊传·庄公十二年》:"万怒,搏闵公,绝其脰。"何休注:"脰,项也。齐人语。"《穀梁传·僖公十年》:"吾宁自杀以安吾君,以重耳为寄矣。刎脰而死。"陆德明释文:"脰音豆,颈也。"《史记·春申君列传》:"父子老弱系脰束手为群虏者相及于路。"《明史·卢象昇传》:"予受国恩,恨不得死所,有如万分之一不幸,宁捐躯断脰耳。"

〔亢〕《说文》:"亢,人颈也。"《史记·刘敬叔孙通列传》:"夫与人斗,而不搤其亢,拊其背,未能全其胜也。"《汉书·张耳陈余列传》:"所以不死,白张王不反耳。今王已出,吾塞责矣……乃仰绝亢而死。"颜师古注:"亢者,总谓颈耳。"

【辨】

①词的本义略有不同。"颈""领""脰"是指整个脖子。张舜徽《说文

解字约注》：" 然则项、颈、胫三名一物。""项"是指后脖，"亢"是指前脖
之后。

②词义的内涵不同。"颈"还有物体像颈的部位义。"项"还有冠的
后部、大、条目等义。"领"还有衣领、带领、统率、领取等义。"胫""亢"还
有咽喉义。

bèi jǐ
背 脊

【同】背，与胸、腹相对的躯干部分。

〔背〕《说文》："背，脊也。"《左传·庄公八年》："费曰：'我奚御哉？'袒而示
之背。"《孟子·告子上》："养其一指而失其肩背而不知也，则为狼疾人
也。"《史记·刘敬孙叔通列传》："夫与人斗，不搤其亢，拊其背，未能全其
胜也。"

〔脊〕《说文》："脊，背吕也。"《玉篇·肉部》："脊，背脊也。"《史记·扁鹊仓
公列传》："宋建曰：'建故有要（腰）脊痛……'又："济北王侍者韩女要背
痛。"同一篇文章，一说"要脊痛"，一说"要背痛"，脊、背互文。《后汉书·
东夷列传·马韩》："其人壮勇，少年有筑室作力者，辄以绳贯脊皮，缒以大
木，欢呼为健。"

【辨】

①词的本义不同。"背"是指整个背部。"脊"是指背部的脊骨部分。
"脊者，背之一端；背不止于脊。"（《说文》"背"下段玉裁注）

②词义的内涵不同。"背"还有物体的上面、后面或反面、背对着、违
背、背叛、背诵等义。"脊"还有物体中间高起的部分义。

jiǎo jìng héng gǔ qiāo
脚 胫 胻 股 骹

【同】小腿，即膝盖以下踝骨以上的部分。

〔脚〕《说文》："脚，胫也。"《释名·释姿容》："骑，支也，两脚枝别也（两小腿
左右分跨）。"《荀子·正论》："捶笞膑脚。"杨倞注："膑脚，谓刖其膝盖骨
也。"按：膑脚，古时肉刑，挖去与脚（小腿）相连的膝盖骨。《山海经·海外
西经》："长股之国，在雄常北，被发。一曰长脚。"晋葛洪《抱朴子·外篇·

自叙》："俗之服用,俄而屡改……或长裾曳地,或短不蔽脚。"

〔胫〕《说文》："胫,胻也。"段玉裁注："膝下踝上曰胫。胫之言茎也,如茎之载物。"《释名·释形体》："胫,茎也,直而长,似物茎也。"《论语·宪问》："子曰:'幼而不孙弟,长而无述焉。老而不死是为贼。'以杖叩其胫。"何晏集解引孔安国曰:"叩,击也;胫,脚胫。"《韩非子·五蠹》:"禹之王天下也,身执耒耜以为民先,股无胈,胫不生毛,虽臣虏之劳不苦于此矣。"《史记·魏其武安侯列传》:"此所谓'枝大于本,胫大于股,不折必披'。"

〔胻〕《说文》:"胻,胫耑(端)也。"清徐灏《说文解字注笺》:"疑'耑'字涉下文'臑'而衍。胫谓之胻,胻谓之胫,异名耳。"《史记·龟策列传》:"壮士斩其胻。"裴骃集解:"胻音衡,脚胫也。"《黄帝素问灵枢经·邪气藏府病形》:"中于阴者,常从臂胻始。夫臂与胻,其阴皮薄,其肉淖泽,俱受于风,独伤其阴。"

〔股〕《广雅·释亲》:"股,胫也。"王念孙疏证:"凡对文则膝以上为股,膝以下为胫……散文则通谓之胫。"《淮南子·墬形训》:"凡海外三十六国,自西北至西南方,有脩股民。"高诱注:"股,脚也。"同篇中的"奇股民""交股民","股",高诱都注释为脚。《山海经·海外西经》的"长股之国",同书《大荒西经》又称"长胫之国",郭璞注:"脚长三尺。"

〔骹〕《说文》:"骹,胫也"段玉裁注:"胫,膝下也。凡物之胫皆曰骹。"《尔雅·释畜》:"四骹皆白,驓。"郭璞注:"骹,膝下也。"《周礼·考工记·轮人》:"参分其股围,去一以为骹围。"郑玄注引郑司农云:"骹以喻其细。人胫近足者细于股,谓之骹;羊胫细者亦谓之骹。"

【辨】

①词的本义不同。"脚"的本义,《说文》虽释为"胫",但实际用法中一般包括足的部分,所以引申为足。"胫"的本义应是小腿。"胻"的本义是小腿近膝的部分。"股"的本义是大腿。"骹"的本义是小腿近足的部分。

②词义的内涵不同。"脚"还有物体的下端义。"胫"还有小腿骨、鸟兽的腿等义。"胻"一般只用于小腿义。"股"还有车辐近毂的部分、磬的宽而短的一端、事物的一部分等义。"骹"还有肋骨与胸骨及胸椎下部相交处、车辐较细近轮牙等义。

止 趾 足 脚
zhǐ　zhǐ　zú　jiǎo

【同】 脚,人或动物腿的下端接触地面的部分。

〔止〕《汉书·食货志》:"其《诗》曰:'四之日举止,同我妇子,馌彼南亩。'"颜师古注:"四之日,周之四月,夏之二月也。农人无不举足而耕之。"又《刑法志》:"当斩左止者,笞五百;当斩右止,及杀人先自告,及吏受赇枉法,守县官财物而即盗之,已论命复有笞罪者,皆弃市。"

〔趾〕《尔雅·释言》:"趾,足也。"《释名·释形体》:"趾,止也。"《诗经·周南·麟之趾》:"麟之趾,振振公子。"毛传:"趾,足也。"《左传·桓公十三年》:"举趾高,心不固也。"杜预注:"趾,足也。"汉王充《论衡·语增篇》:"汉诛王莽,丘顿昆阳,死者万数,军至渐台,血流没趾。"

〔足〕《说文》:"足,人之足,在体下。从口止。"《释名·释形体》:"足,续也,言续胫也。"《论语·泰伯》:"曾子有疾,召门弟子,曰:'启予足,启予手。'"《孟子·离娄下》:"君之视臣如手足,则臣视君如腹心。"《史记·吴太伯世家》:"公子光详为足疾,入于窟室。"

〔脚〕后起义。《山海经·西山经》:"马脚人手。"郭璞注:"前两脚似人手。"晋崔豹《古今注·鱼虫》:"虾蟆子曰蝌蚪,一曰元针,一曰元鱼,形圆而尾大,尾脱即脚生。"《宋书·范晔传》:"晔惮行,辞以脚疾。"

【辨】
　　①词的本义有同有不同。"止""趾""足"三字的本义都是脚。"止",甲骨文写作✔,象足形。"趾"是"止"的今字。"足",《说文》解释为"人之足也"。"脚"的本义是小腿。
　　②词义的内涵不同。"止"还有基础、停止、栖止、居住、容止等义。"趾"还有脚指头、踪迹等义。"足"还有支撑物体的脚或山的基部、充足、满足、足够等义。"脚"还有物体的下端义。

迹(跡 蹟) 踪(蹤 從) 迒 躅
jì　　　　　zōng　　　háng　zhuó

【同】 脚印,脚经过时留下的痕迹。

〔迹〕(跡 蹟)《玉篇·辵部》:"迹,跡也。"《广韵·昔韵》:"迹,足迹。"《孟子·滕文公上》:"当尧之时……兽蹄鸟迹之道,交于中国。"《庄子·天运》:"夫迹,履之所出,而迹岂履哉!"《淮南子·主术训》:"纣兼天下,朝诸侯,人迹所及,舟楫所通,莫不宾服。"

"迹"也写作"跡"。《左传·昭公十二年》:"昔穆王欲肆其心,周行天下,将皆必有车辙马跡焉。"汉王充《论衡·奇怪篇》:"后稷母履大人之跡而生后稷,故周姓曰姬。"唐韩愈《与陈给事书》:"由是阁下之庭,无愈之跡矣。"

"蹟",是"迹"的重文。《说文》作为"迹"的或体收在"迹"下。《字汇·足部》:"蹟,与'迹'同。"《诗经·小雅·沔水》:"念彼不蹟,载起载行。"毛传:"不蹟,不循道也。"陈奂传疏:"《说文》'蹟','迹'之或字。"《史记·三代世表》:"后稷母为姜嫄,出见大人蹟而履践之,知于身,则生后稷。"

〔踪〕(蹤 從) 《玉篇》《广韵》《集韵》等均不收"踪"字,是"蹤"的异体字,现统一写作"踪"。汉焦赣《易林·豫之明夷》:"鹄怒追求,郭氏之虚。不见踪跡,使伯心忧。""踪跡",同义连用。唐李贺《恼公》诗:"隈花开兔径,向壁印狐踪。"唐齐己《寄韩蜕秀才》诗:"松门高不似侯门,藓径鞋踪触处分。"

"踪"也写作"蹤"。《释名·释言语》:"蹤,从也,人形从之也。"《玉篇·足部》:"蹤,迹也。"《集韵·冬韵》:"蹤,跡也。"《史记·萧相国世家》:"高帝曰:'夫猎,追杀兽兔者,狗也,而发蹤指示兽处者,人也。'"唐杜甫《凤凰台》诗:"山峻路绝蹤,石林气高浮。"宋苏舜钦《独游辋川》诗:"暗林麏养角,当路虎留蹤。"

"蹤"古写作"從",是"踪"的古字。《史记·刺客列传》:"士固为知己者死,今乃以妾尚在之故,重自刑以绝從。"司马贞索隐:"從,音踪。"张守节正义:"本为严仲子报仇讫,爱惜其事,不令漏泄以绝其從。"《汉书·淮南厉王刘长传》:"王使人上书告相,事下廷尉治。從迹连王,王使人候司。"颜师古注:"從,读曰蹤。"《诗经·召南·羔羊》"退食自公,委蛇委蛇"毛传:"委蛇,行可從迹也。"陆德明释文:"從迹,足容反,字亦作'蹤'。"清阮元《毛诗注疏》校勘记:"從、蹤,古今字。"

〔远〕汉扬雄《太玄·居》:"见豕在堂,狗系之远。"范望注:"远,迹也。"北齐颜之推《颜氏家训·名实》:"夫神灭形消,遗声余价亦犹蝉壳蚰皮,兽远鸟迹耳。"宋黄庭坚《太上蒙笼》诗:"苦竹参天大石门,虎远兔蹊聊倚息。"元倪瓒《寄虞子贤》诗:"雨薛鹿远遍,霜梧鸢影寒。"

〔躅〕《集韵·觉韵》:"躅,迹也。"《篇海类编·身体类·足部》:"躅,亦迹也。"《吕氏春秋·论威》:"又况乎义兵,多者数万,少者数千,密其躅路,开敌之涂,则士岂特与专诸议哉?"陈奇猷校释:"《汉书·叙传》:'伏周、孔之轨躅。'颜注引郑氏曰:'躅,迹也。'"《昭明文选·沈约〈齐故安陆昭王碑文〉》:"轨躅清晏,车徒不扰。"李善注:"《汉书音义》曰:'躅,迹也。'"唐丘丹《经湛长史草堂》诗:"偶寻野外寺,仰慕贤者躅。"

【辨】

①词的本义不同。"迹"的本义是脚印。《说文》:"迹,步处也。"清桂馥《说文义证》:"《抱朴子·祛惑篇》:'所谓跡者,足之自出,而非足也。'俗作'跡'。"清王筠《说文句读》:"《淮南子·说山训》:'足蹍地而为跡。'《庄子》:'夫跡,履之所出,而跡岂履也!'""蹤"字,《说文》无,古作"從"。清雷浚《说文外编》卷十二:"《说文》无'蹤'字。《召南》:'委蛇委蛇。'毛传:'委蛇委蛇,行可從迹也。'《鄘风》:'委委佗佗。'毛传:'委委,行可委曲從迹也。'字皆作'從'……'蹤'作'踪',尤俗。""远"的本义是兽类的脚印。《说文》:"远,兽迹也。""躅",《说文》:"躅,蹢躅也。"段玉裁注:"蹢躅,双声。"是联绵字,义为徘徊不进。但也可单用,表示足迹。清王筠《说文句读》:"单承'蹢'下第二义言之者,《玉篇》亦祇此一义。《汉书》班嗣与恒生书:'伏孔氏之轨躅。'《音义》曰:'《三辅》说牛蹄处为躅。'是'躅'一字亦成义。"

②词义的内涵不同。"迹"还有行踪、追踪、事迹、行迹、痕迹等义。"踪"还有痕迹、跟踪、追随、姓氏等义。"远"还有车迹、兽径或小路等义。"躅"还有事迹、业绩等义。

冠 冕 弁 章 甫 帽
guān miǎn biàn zhāng fǔ mào

【同】帽子,戴在头上护头、保暖或表示礼仪的用品。

〔冠〕《说文》:"冠,絭也,所以絭发,弁冕之总名。"段玉裁注:"析言之,冕、弁、冠三者异制;浑言之,则冕、弁亦为冠。"《玉篇·冖部》:"冠,冕也。"《韩非子·外储说左下》:"冠虽穿弊,必戴于头。"《淮南子·说林训》:"钧之缟也,一端以为冠,一端以为袜。"《史记•留侯世家》:"四人从太子,年皆八十有余,须眉皓白,衣冠甚伟。"

〔冕〕《说文》:"冕,大夫以上冠也。"段玉裁注:"冕下曰:'弁冕之总名。'浑言之也。此云:'冕者,大夫以上冠。'析言之也。"《玉篇•冃部》:"冕,冠冕也。"《左传•桓公二年》:"衮、冕、黻、珽……昭其度也。"杜预注:"冕,冠也。"《论语•子罕》:"子见齐衰者、冕衣裳者与瞽者,见之,虽少必作,过之必趋。"何晏集解:"包曰:'冕者,冠也。'"《礼记•乐记》:"吾端冕而听古乐,则唯恐卧。"

〔弁〕《淮南子•泰族训》:"故弁冕辂舆,可服而不可好也。"高诱注:"弁冕,冠也。"《史记•礼书》:"皮弁布裳。"张守节正义:"以鹿子皮为弁也。"汉王充《论衡•恢国篇》:"巴、蜀、越嶲、郁林、日南、辽东、乐浪,周时被发椎髻,今戴皮弁。"

〔章甫〕《释名•释首饰》:"章甫,殷冠名。甫,丈夫也,服之所以标章丈夫也。"《论语•先进》:"宗庙之事,如会同,端章甫,愿为小相焉。"朱熹集注:"章甫,礼冠。"《礼记•儒行》:"丘少居鲁,衣逢掖之衣;长居宋,冠章甫之冠。"《淮南子•说林训》:"毋贻盲者镜,毋予躄者履,毋赏越人章甫。"高诱注:"章甫,冠。越人断发,无用冠为。"汉王充《论衡•宣汉篇》:"古之露首,今冠章甫。"

〔帽〕"帽",是"冃"的今字,《说文》无。《说文》:"冃,小儿及蛮夷头衣也。"清徐灏《说文解字注笺》:"冃,即古帽字。冃之形略,故从目作冒,引申为冡冒之称。后为引申义所专,又从巾作帽,皆相承增偏旁也。"《玉篇•巾部》:"帽,头帽也。"《淮南子•氾论训》:"古者有鍪而绻领,以王天下者矣。"高诱注:"鍪,头著兜鍪帽,言未知制冠也。"汉王充《论衡•讥日篇》:"如以障蔽人身者神恶之,则装车、治船、著盖、施帽,亦当择日。"《隋书•礼仪志》:"帽,自天子下及士人,通冠之,以白纱者,名高顶帽。"

【辨】

①词的本义不同。"冠"是弁冕的总名。"冕"是大夫以上,包括天子的冠。"弁"是"其尊卑次于冕"(《仪礼•士冠礼》"爵弁"下贾公彦疏)的冠。"章甫"是表明丈夫(对成年人的美称)的礼冠。"帽"是后起字,取盖头的意思。

②词义的内涵不同。"冠"还有像冠状的东西义。"弁"还有武官义。

"冕"还有特指王冠义。"帽"还有形状或用途像帽的东西、戴帽等义。

栉　梳（疏）　篦（比　枇）
　　　zhì　shū　　　　bì

【同】梳子，梳理毛发的工具。

〔栉〕《说文》："栉，梳比(bǐ)之总名也。"《礼记·玉藻》："栉用樿栉。"孔颖达疏："樿，白理木也；栉，梳也。沐发为除垢腻，故用白理涩木以为梳。"《庄子·寓言》："至舍，进盥漱巾栉。"郭庆藩注："栉，梳也。"汉王充《论衡·讥日篇》："如以发为最尊，则栉亦宜择日。"

〔梳〕(疏)《说文》："梳，理发也。"段玉裁注："梳，所以理发也。'所以'二字今补。器曰梳。"《释名·释首饰》："梳，言其齿疏也。"唐虞世南《北堂书钞》卷一三六引崔寔《正论》："无赏罚，是无君。苟欲治之，是犹不畜梳而欲发之理也。"《新唐书·吴兢传》："朝有讽谏，犹发之有梳。"五代李珣《南乡子》词："拢云髻，背犀梳。"

　　"梳"，古写作"疏"或"疎"。《急就篇》卷三："镜籢疏比各异工。"颜师古注："栉之大而麤所以理发者，谓之疏，言其齿稀疏也。"《史记·匈奴列传》："锦袷袍各一，比余一。"裴骃集解："徐广曰：'或作疏比。'"司马贞索隐："案：《汉书》作'比疎一'。"

〔篦〕(比　枇)古写作"比"或"枇"。《说文》无"篦"字，古只作"比"，后又写作"枇"或"篦"。"比""枇""篦"三字，是古今字的关系。《急就篇》"疏比"下颜师古注："小而细所以去虮虱者谓之比，言其齿密比也。"《广雅·释器》："枇(篦)，栉也。"《后汉书·济北惠王寿传》："头不枇沐，体生疮肿。"唐杜甫《水宿遣兴奉呈群公》诗："耳聋须画字，发短不胜篦。"

【辨】

　　①词的本义不同。"栉"是梳子的总名，包括梳和篦。"梳"是指齿疏的梳子（"梳"与"疏"同源）。"篦"是齿密的梳子（"篦"与"比"同源）。

　　②产生的时期不同。先秦通称理发工具为"栉"，汉代又细分为"比"和"梳"。清王筠《说文句读》："与他部言总名者不同。此谓汉时曰梳曰比者，周秦通谓之栉也。"

　　③词义的内涵不同。"栉""梳""篦"，都可用作动词，表示梳理义。此外，"栉"还有清除义。"梳"还有疏理、疏导义。"篦"还有装饰物义。

履 屦 舄（舃） 屣 鞋（鞵） 鞮

lǚ　jù　xī　　xǐ　xié　　dī

【同】鞋子，穿在脚上，有底有帮，走路时着地的东西。

〔履〕《说文》："履，足所依也。"《小尔雅·广服》："在足谓之履。"《释名·释姿容》："履，以足履之，因以名之也。"《庄子·让王》："原宪华冠縰履，杖藜而应门。"《韩非子·外储说左上》："郑人有且置履者，先自度其足而置之其坐。"《淮南子·人间训》："今人待冠而饰，待履而行。"汉王充《论衡·纪妖篇》："有一老父衣褐至（张）良所，直堕其履泗下，顾谓张良曰：'孺子下取履！'"

〔屦〕《说文》："屦，履也。"《方言》卷四："屦，履也，自关而西谓之屦。"《广雅·释器》："屦，履也。"《周礼·天官·屦人》："屦人掌王及后之服屦。"《左传·成公二年》："郤克伤于矢，流血及屦。"（按：《史记·齐太公世家》为："射伤郤克，流血至履。"）《庄子·寓言》："阳子居不答……脱屦户外，膝行而前。"《史记·日者列传》："此相去远矣，犹天冠地屦也。"

〔舄〕（舃）《广雅·释器》："舄，履也。"宋李昉等《太平广记》卷一七引《墉城集仙录》："发棺视之，止衣、舄而已。"明朱权《卓文君》第三折："我只索倒舄抠衣出门望。"周贻白注："倒穿鞋子，提起衣襟。"

"舃"是"舄"的别体。《龙龛手鉴·白部》："舃，履也。又，古文鹊字。"《宋书·礼志五》："绛绯袍、皂缘中单衣领袖各一领……舃、袜各一量。"唐李白《赠张相镐二首》诗之二："惟有安期舃，留之沧海隅。"

〔屣〕《玉篇·履部》："屣，履也。"《吕氏春秋·观表》："窃观公之志，视舍天下若舍屣。"《昭明文选·张衡〈西京赋〉》："振朱屣于盘樽，奋长袖之飒纚。"薛综注："朱屣，赤丝履也。"南朝陈徐陵《梁禅陈策文》："居之如驭朽索，去之如脱敝屣。"《南史·夷貊传上·林邑》："贵者著革屣，贱者跣行。"

〔鞋〕（鞵）《广韵·皆韵》："鞋，履也。"北齐颜之推《颜氏家训·治家》："麻鞋一屋，弊衣数库，其余财宝，不可胜言。"《说郛》卷十引唐留存《事始·鞋》："古人以草为屦，皮为履，后唐马周始以麻为之，即鞋也。"五代和凝《采桑子》词："丛头鞋子红编细，裙窣金丝。"宋吕滨老《醉落魄·纤鞋窄袜》词："纤鞋窄袜，红茵自称琵琶拍。"

"鞋"也写作"鞵"。《说文》："鞵，生革鞵也。"南唐徐锴《说文解字系传》:"今俗作鞋。"唐慧琳《一切经音义》卷十五引《证俗音》:"鞵,今内国唯以麻作,南土诸夷杂以皮、丝及革诸物作之。"《淮南子·齐俗训》:"带足以结纽收衽,束牢连固,不亟于为文句疏短之鞵。"唐杜甫《昔游》诗:"岂辞青鞵胝,怅望金匕药。"

〔鞮〕《说文》:"鞮,革履也。"《急就篇》卷二:"靸鞮卬角褐韤巾。"颜师古注:"鞮,薄革小履也。"汉桓宽《盐铁论·散不足》:"古者庶人贱骑绳控,革鞮皮鷹而已。"唐韩翃《送巴州杨使君》诗:"前驱锦带鱼皮鞮,侧佩金璋虎头绶。"明袁宏道《甓路疏》:"计纵其衣者,一春当费鞮二緉。"

【辨】

①词的本义不同。"履"的本义是践履,踏地。清徐灏《说文解字注笺》:"履,践也,行也。此古义也。秦汉以后,乃名屦为履。""屦"的本义就是鞋子。《说文》:"屦,履也。(按:《说文》的作者为汉人,汉人名屦为履。)""舄"的本义是两层底的鞋。"舄"本为鹊字,鸟名。《说文》:"舄,䧿也。"段玉裁注:"自经典借为履舄字而本义废矣。《周礼》注曰:'複下曰舄,禅下曰屦。'""屣"字,《说文》无。本字当为"躧",本义是舞鞋。《说文》:"躧,舞履也。""鞋"(正字为"鞵")是生革制成的鞋。"鞮"是熟革制成的鞋。

②"屦""履""舄""鞋"等词,虽同一物,但其名因时而异。"古曰屦,今曰履;古曰履,今曰鞋。名之随时不同者也。"(《说文》"履"下段玉裁注)"晋蔡谟曰:'今时所谓履者,自汉以前皆名屦。《左传》"屦贵踊贱",不言"履贱"。《礼记》"户外有二屦",不言"二履"。贾谊曰"冠虽敝,不以苴履",亦不言"苴屦"。《诗》曰:"纠纠葛屦,可以履霜。"屦、舄者,一物之别名,履者,足践之通称。'按,蔡说极精。《易》、《诗》、三《礼》、《春秋传》、《孟子》皆言'屦',不言'履'。周末诸子、汉人书乃言'履'。《诗》《易》凡三'履',皆为践也。然则'履'本训践,后以为履名,古今语异耳。"(《说文》"屦"下段玉裁注)清朱骏声《说文通训定声》:"按,汉以前,複底曰舄,禅底曰屦;汉以后曰履,今曰鞵。"

gōng shì fáng wū
宫 室 房 屋

【同】房屋,供人居住的建筑物。

〔宫〕《尔雅·释宫》:"宫谓之室,室谓之宫。"《易经·困卦》:"入于其宫,不见其妻,不祥也。"《孟子·滕文公上》:"且许子何不为陶冶,舍皆取诸其宫而用之?"孙奭疏:"且许子何不自为之陶冶,止皆取其宫室之中而用之乎?"《韩非子·难二》:"景公过晏子曰:'子宫小,近市,请徙子家豫章之圃。'"按:《左传·昭公三年》作"景公欲更晏子之宅,曰:'子之宅近市。'"《吕氏春秋·孝行》:"养有五道:修宫室,安床笫,节饮食,养体之道也。"

〔室〕《广韵·质韵》:"室,房也。"《易经·系辞下》:"上古穴居而野处,后世圣人易之以宫室,上栋下宇,以待风雨,盖取大壮。"王弼注:"宫室壮大于穴居,故制为宫室,取诸大壮也。"《诗经·豳风·七月》:"嗟我妇子,曰为改岁,入此室处。"《孟子·梁惠王下》:"为巨室,则必使工师求大木。"赵岐注:"巨室,大宫也。"汉王充《论衡·雷虚篇》:"盛夏之时,雷电迅疾,击折树木,败坏室屋。"

〔房〕《国语·晋语四》:"姓利相更,成而不迁,乃能摄固,保其土房。"韦昭注:"房,居也。"《左传·宣公十七年》:"郤子登,妇人笑于房。"(按:郤子足跛。)《庄子·知北游》:"无门无房,四达之皇皇也。"《宋书·乐志三》:"妾当守空房,闭门下重关。"唐张籍《病中酬元宗简》诗:"东风渐暖满城春,独向深房养病身。"

〔屋〕《说文》:"屋,居也。"《诗经·秦风·小戎》:"在其板屋,乱我心曲。"《淮南子·齐俗训》:"广厦阔屋,连闼通房,人之所安也。"《晋书·张华传》:"焕到县,掘狱屋基,入地四丈余,得一石函。"宋梅尧臣《陶者》诗:"陶尽门前土,屋上无片瓦。"

【辨】

①词的本义不同。"宫"的初义是穴室。甲骨文的"宫"字作几个方块或方块环状。罗振玉《增订殷虚书契考释》卷中:"(宫)象数室之状……象此室达于彼室之状。"在房室这一意义上,宫和室是同义词。《广雅·释宫》王念孙疏证:"宫室虽可互训,然以其制言之,则自户牖从内谓之室。宫为总名,室为专称。""宫""室"在先秦时期,是住宅的通称,不别贵贱。秦汉时期始称高大的帝王住宅为宫。《尔雅·释宫》郝懿行疏:"古者贵贱同称宫。秦汉以来,惟王者所居称宫焉。""室"的初义也是穴室。王力《汉语史稿》下册:"在远古时代,室就是穴,穴就是室。"《左传·昭公二十七年》:"光伏甲于堀室而享王。"杜预注:"掘地为室。""房"的本

义是正室两旁的房室。《说文》:"房,室在旁也。"《释名·释宫室》:"房,旁也,室之两旁也。""屋"的本义是帷幄。王力《同源字典》:"'屋'的本义是幄,后来'屋'指房屋,另造幄字。这是典型的同源字。"

②词义的内涵不同。"宫"还有帝王的住所、围绕、宗庙、古代五刑之一、古代音阶的第一音、姓氏等义。"室"还有内室、妻子、家产、坟墓、刀剑的鞘、姓氏等义。"房"还有结构似房状的东西、家族的分支、妻室、性行为等义。"屋"还有屋顶、覆盖物等义。

宫 殿 gōng diàn

【同】 宫殿,高大的房屋,古时一般为帝王所居住。

〔宫〕《史记·秦始皇本纪》:"先帝为咸阳朝廷小,故营阿房宫。"《汉书·高后纪》:"(周勃)乃谓朱虚侯后章曰:'急入宫卫帝。'"汉王充《论衡·案书篇》:"孝武皇帝时,鲁恭王坏孔子教授堂以为宫,得佚《春秋》三十篇,《左氏传》也。"

〔殿〕《太平御览·居处部》:"《说文》曰:'殿,堂之高大者。'"《汉书·东方朔传》:"秦兴阿房之殿而天下乱。""阿房之殿",即阿房宫。汉王充《论衡·正说篇》:"至孝武帝时,鲁恭王坏孔子教授堂以为殿,得百篇《尚书》于壁中。"三国魏曹植《箜篌引》:"置酒高殿上,亲友从我游。"李善注:"《汉书》曰:'过沛,置酒沛宫。'"

【辨】

词的本义不同。"宫"的本义是房屋,甲骨文作数室相连之状,《尔雅·释宫》:"宫谓之室,室谓之宫。"陆德明释文:"古者贵贱同称宫。秦汉以来,唯王者所居称宫焉。""殿"的本义是高大的厅堂。(按:"殿"在先秦但有殿后义,尚无宫殿义。)

第(弟) 邸 府 dì dǐ fǔ

【同】 府第,高级官员或贵族的住宅。

〔第〕(弟)《史记·魏其武安侯列传》:"武安由此滋骄,治宅甲诸第。"又《外戚世家》:"武帝奉酒前为寿,奉钱千万,奴婢三百人,公田百顷,甲第,以赐姊。""甲第",最上等的住宅。又《卫将军骠骑列传》:"天子为治第,令骠骑视之,对曰:'匈奴未灭,无以家为也。'"汉王充《论衡•变动篇》:"霍光家且败,第墙自坏。"

"第"本写作"弟"。《说文》有"弟"无"第"。清徐灏《说文解字注笺》:"弟宅有次弟义。《汉书•高帝纪》:'大弟宅。'颜注:'有甲乙次弟,故曰弟。'……今本《高帝纪》作第,后人所改。"

〔邸〕《玉篇•邑部》:"邸,舍也。"《汉书•王莽传》:"以楚王邸为安汉公第,大缮治,通周卫。"《后汉书•灵帝纪》:"(光和元年)初,开西邸卖官,自关内侯、虎贲、羽林,入钱各有差。"《宋书•蔡廓传附蔡兴宗》:"会土全实,民物殷阜,王公妃主,邸舍相望。"清严有禧《漱华随笔•长平公主》:"土田邸第,金钱牛车,锡予有加。"

〔府〕《周礼•天官•大宰》"官府"下郑玄注:"百官所居亦曰府。"《史记•范雎蔡泽列传》:"范雎归取大车驷马,为须贾御之,入秦相府。"汉王充《论衡•正说篇》:"秦始皇下其议丞相府,丞相斯以为越言不可用。"《水浒传》第十七回:"若有些动静消息,下官亲到相府回话。"清吴敬梓《儒林外史》第二八回:"你拜上你家老爷,说金老爷的字,是在京师王爷府里品过价钱的:小字一两一个,大字十两一个。"

【辨】

①词的本义不同。"第(弟)"的本义是次第。原意是帝王赐给臣下或近亲贵族的住宅,"有甲乙次第,故曰第"(见《汉书•高帝纪》颜师古注)。弟,第,古今字。"邸"的本义是指天子朝见诸侯王或外族来京的宾馆,如《史记•吕后本纪》:"吕后喜,许之。乃置酒齐邸。"张守节正义:"汉法,诸侯各起邸第于京师。"《汉书•元帝纪》:"冬,斩其首,传诣京师,县蛮夷邸门。"颜师古注:"县,古悬字也。蛮夷邸,若今鸿胪宾馆。"按:"鸿胪宾馆",相当于今外交部接待外宾的宾馆。抵、邸,同源字。"府"的本义是储存文籍图书的库房。《说文》:"府,文书藏也。"段玉裁注:"文书所藏之处曰府。"《汉书•郊祀志》:"史书而藏之府。"颜师古注:"府,藏书之处。"引申为官员的住宅。清徐灏《说文解字注笺》:"灏按,府主出纳,故从付声。因声载义,引申之,百官所居亦曰府。"

②词义的内涵不同。"第"还有等级、科举考试够格(及第)等义。

"邸"还有旅舍、库房等义。"府"还有储藏、官署、行政区域的名称等义。

寺 庙 观 庵（菴） 刹
sì miào guàn ān chà

【同】庙宇，供奉神、佛的处所。

〔寺〕《广韵·志韵》："寺，汉西域白马驼经来，初止于鸿胪寺，并取寺名，创置白马寺。"《晋书·五行志下·庶征恒风》："九年正月，大风，白马寺浮屠刹柱折坏。"又《艺术传·佛图澄》："百姓因澄故，多奉佛，皆营造寺庙，相竞出家。""寺庙"，同义连用。唐韦凑《谏造寺观疏》："近古以来，修黄老术者，汉之文、景，岂造寺观乎？"宋苏轼《石钟山记》："寺僧使小童持斧，于乱石间择其一二扣之，硿硿焉，余固笑而不信也。"

〔庙〕《晋书·何准传》："（何）充居宰辅之重，权倾一时……不及人事，唯颂佛经，修营塔庙而已。"宋王安石《扬州龙兴讲院记》："而士之行可一乡，才足一官者常少，而浮屠之寺庙被四海。"宋李昉等《太平广记》卷四五九引《玉堂闲话》："有大蛇见于城之西南，首枕大城，尾拖于壕南岸土地庙中。"《水浒传》第三九回："他又无老小，只止本身，只在城隍庙间壁观音庵里歇。"

〔观〕《魏书·释老志》："然净居尘外，道家所先……何必纵其盗窃，资营寺观。""寺"，佛教的庙宇；"观"，道教的庙宇。唐孟棨《本事诗·事感》："居十年，诏至京师，人人皆言有道士手植仙桃满观，盛如红霞。"宋赵彦卫《云麓漫钞》卷八："秦皇、汉武始好神仙，方士祠祀始有观。"清纪昀《阅微草堂笔记·姑妄听之四》："偶至道观，有道士招之曰：'君气色凝滞，似有重忧。'"

〔庵〕（菴） 唐温庭筠《赠越僧岳云诗二首》："禅庵过微雪，乡寺隔寒烟。""庵""寺"对文。宋苏东坡《李氏山房藏书记》："余友李公择，少时读书于庐山五老峰下白石庵之僧舍。"《西游记》第一五回："人家庄院，却没飞鱼稳兽之脊，这断是个庙宇庵院。"明兰陵笑笑生《金瓶梅》第七八回："吴月娘又与庵里薛姑子打斋。"

"庵"也写作"菴"。《正字通·艸部》："菴，草舍曰菴……释氏结草木为庐，亦曰菴。"明凌濛初《二刻拍案惊奇》卷二一："他曾到本地甚么菴观去处？"明冯梦龙《古今小说·闹阴司阮三偿冤债》："菴内尼姑，姓王名守长。"

〔刹〕《增韵·辖韵》："刹，僧寺。"《昭明文选·王简栖〈头陀寺碑文〉》："然后遗文间出,列刹相望。"李善注:"遗文,谓经也。"按:"列刹",即众寺院。北魏郦道元《水经注·文水》:"惟西侧一处,得历级升陟,顶上平地一十许顷,沙门释僧光表建二刹。泉发两寺之间,东流沥石,沿注山下。"唐张籍《题故僧影堂》诗:"香消云锁旧僧家,僧刹残形半壁斜。"元王实甫《西厢记》第一本第一折:"小生西洛至此,闻上刹幽雅清爽,一来瞻仰佛像,二来拜谒长老。""上刹",对寺院的敬称。

【辨】

①词的本义不同。"寺"的本义,《说文》释为"廷也",即官署。但据研究,"寺"的本义应是宫中内侍,主要指阉竖,即宦官。秦汉时宦官主外廷,引申出官署义。汉明帝时,有僧以白马驼经自西域来,入住鸿胪寺(当时接待外宾的机构)。后来僧死于鸿胪寺,遂名其处为白马寺。"寺"的僧寺义自此始。"观 guān"本义是仔细察看。《说文》:"观,谛视也。"引申为观望,又引申为观望的处所,即宫阙。《释名·释宫室》:"观,观也,于上观望也。"后音随义变,读音也由平声变为去声,读 guàn。因宫阙多为高大的建筑物,后又引申出特指道教的庙宇。"庙"的本义是宗庙,即供祀祖先的庙宇。《说文》:"庙,尊先祖皃(貌)也。"段玉裁注:"尊其先祖而以是仪皃之,故曰宗庙。"后引申指供祀神、佛的庙宇。"古者,庙以祀先祖。凡神不为庙也。为神立庙者,始三代以后。"(见段注)"庵"字,《说文》无,本义是圆顶草屋。《释名·释宫室》:"草圆屋曰蒲。蒲,敷也,总其上而敷下也。又谓之庵。"后也用于僧尼供佛的小寺庙,现特指尼姑庵。"刹"是梵语 lakṣata 的音译的省称,原指佛塔顶部的饰物,也指佛塔或佛寺。

②词义的内涵不同。"寺"还有宦官、官署等义。"庙"还有祭祀祖先的处所、朝廷、古代贵族住房的前厅、庙会的简称等义。"观"还有宫阙、高大建筑物、水名、姓氏等义。"庵"还有草舍、书斋等义。"刹"还有国土、佛塔、塔顶饰物、瞬间等义。

【附】 兰若 伽蓝 佛图 佛宇 佛龛 梵宇 梵坊 梵林 梵刹 梵居 梵城

陛 除 阶(堦) 阼 级 磴(隥) 砌(切)
bì chú jiē zuò jí dèng qì

【同】 台阶,用砖或石等构成的一级一级供人上下的建筑物。

〔陛〕《吕氏春秋·贵信》:"曹翙按剑当两陛之间,曰:'且二君将改图,毋或进者。'"《战国策·秦策三》:"荆轲奉樊於期头函,而秦武阳奉地图匣,以次进,至陛下,秦武阳色变振恐,群臣怪之。"《史记·刺客列传》作"至陛"。《后汉书·刘盆子传》:"诸三老、从事皆大会陛下,列盆子等三人居中立,以年次探札。"王先谦集解:"陛下,即阶下。"北魏郦道元《水经注·渐江水》:"亭宇虽坏,基陛尚存。"

〔除〕《玉篇·阜部》:"除,殿阶也。"《史记·魏公子列传》:"赵王埽除自迎,执主人之礼,引公子就西阶。"晋曹摅《思友人》诗:"密云翳阳景,林潦淹庭除。""庭除",庭阶。宋李诫《营造法式·总释下·阶》:"除谓之阶,"宋叶适《王氏读书堂》诗:"刿今治华室,山翠涌前除。"清纳兰性德《减字木兰花》词之四:"没个音书,尽日东风上绿除。"

〔阶〕(堦)《玉篇·阜部》:"阶,登堂道也。"《尚书·大禹谟》:"帝乃诞敷文德,舞干羽于两阶。"《左传·襄公二十三年》:"宣子逆诸阶,执其手,赂之以曲沃。"晋陆机《班婕妤》诗:"春苔暗阶除,秋草芜高殿。""阶除",同义连用,即台阶。北魏郦道元《水经注·河水二》:"其下层岩峭举,壁岸无阶。"唐孟浩然《题大禹寺义公禅房》诗:"户外一峰秀,阶前群壑深。"

"阶"的繁体字作"階",字也写作"堦"。《玉篇·阜部》:"登堂道也……级也。"又《土部》:"堦,土阶。"《集韵·皆韵》:"階,或从土。"三国魏曹植《闺情二首》之一:"闲房何寂寞!绿草被堦庭。"唐韩愈《与凤翔邢尚书书》:"诚悦阁下之义,愿少立于堦墀之际,望见君子之威仪也。"

〔阼〕《集韵·铎韵》:"阼,东阶也。"《礼记·曲礼下》:"君天下曰天子,朝诸侯,分职授政任功,曰予一人,践阼,临祭祀。"孔颖达疏:"阼,主人阶也。天子祭祀升阼阶。"汉贾谊《新书·礼》:"礼,天子适诸侯之宫,诸侯不敢自阼阶。阼阶者,主之阶也。"唐杜甫《朝享太庙赋》:"阶有宾阼,帐有甲乙。""宾阼",堂前的台阶,包括东阶和西阶。

〔级〕《玉篇·糸部》:"级,阶级也。"《礼记·曲礼上》:"主人先登,客从之。拾级聚足,连步以上。"《吕氏春秋·重言》:"乃令宾者延之而上,分级而立。"高诱注:"级,阶陛。"汉王充《论衡·薄葬篇》:"鲁人将以玙璠敛,孔子闻之,径庭丽级而谏。夫径庭丽级,非礼也,孔子为救患也。""丽级",即历阶而上。古礼,上台阶应上一个台阶,双脚并齐,然后再上下一个台阶。连步而上是一种非礼的行为。北魏郦道元《水经注·文水》:"其山石崖绝险……惟西侧一处,得历级升陟,顶上平地一十许顷,沙门释僧光表建二刹。""历级",也即历阶,连步登阶。

〔磴〕(嶝)《玉篇·石部》:"磴,岩磴。""岩磴",石阶。南朝梁简文帝萧纲《蒙预忏直疏》诗:"早烟藏石磴,寒潮浸水门。"北周庾信《和从驾登云居寺塔》:"重峦千仞塔,危磴九层台。"唐孟浩然《题云门山,寄越府包户曹、徐起居》诗:"台岭践磴石,耶溪溯林湍。""磴石",石阶。宋陈亮《北山普济院记》:"盖尝溯流缘磴,欲以尽发山水之奇。"

"磴"字本写作"嶝"。《一切经音义》四:"嶝,履下依之而上者也。"《广韵·嶝韵》:"嶝,梯嶝也。"《集韵·嶝韵》:"嶝,《说文》:'仰也。'或从石。"《穆天子传》卷四:"天子至于铏山之队,东升于三道之嶝,乃宿于二边。"《新唐书·诸帝公主传·安乐公主》:"司农乡赵履温为缮治,累石肖华山,嶝彴横邪,回渊九折,以石潨水。"

〔砌〕(切)《玉篇·石部》:"砌,阶砌也。"南朝齐谢朓《直中书省》诗:"红药当阶翻,苍苔依砌上。""阶""砌"互文。北魏郦道元《水经注·谷水》:"水积年,渠堨颓毁,石砌殆尽,遗基见存。"唐罗隐《扇上画牡丹》诗:"为爱红芳满砌阶,教人扇上画将来。""砌阶",台阶,同义连用。清钱泳《履园丛话·园林·朴园》:"园甚宽广,梅萼千株,幽花满砌。"

"砌"的古字写作"切"。《汉书·外戚传》:"切皆铜沓黄金涂。"《昭明文选·张衡〈西京赋〉》:"刊层平堂,设切厓𬮱。"李善注:"'切'与'砌'古字通。"

【辨】

①词的本义不同。"陛"的本义是由卑登高的台阶。《说文》:"陛,升高阶也。"段玉裁注:"自卑而可以登高者谓之陛。"清朱骏声《说文通训定声》:"按,天子之陛九级。《独断》:'陛,阶也,所由升堂也。'"清王筠《说文句读》:"'陛'字始见于《战国策》,盖秦语。""除"的本义,《说文》释为宫殿的台阶。《说文》:"除,殿陛也。"段玉裁注:"殿谓宫殿,殿陛谓之除。"按:"除"的台阶义,产生于汉代。"阶"的本义是呈层级的台阶。《说文》:"阶,陛也。"段玉裁注:"因之凡以渐而升皆曰阶。木部曰:'梯,木阶也。'"清王筠《说文句读》:"盖古名阶,后名陛,因而专为殿陛之名也。经文无'陛'字,可见。""阼"的本义是主阶,一般指天子所登的台阶,古时殿前分东西两阶,主阶在东。《说文》:"阼,主阶也。从阜乍声。"段玉裁注:"阶之在东者。古者天子践阼临祭祀,故国运曰阼。"清桂馥《说文义证》:"古时殿前

103

两阶无中间道,故以阼阶为天子之位。"清朱骏声《说文通训定声》:"从阜者,与'阶''除'同意。""级"的本义是丝的优劣次第。《说文》:"级,丝次弟也。"引申为台阶。段玉裁注:"本谓丝之次弟,故其字从糸。引申为凡次弟之偁。'阶'之次弟,《曲礼》云:'拾级聚足,连步以上。'是也。""磴"字《说文》无,本字当作"隥"。但"隥"《说文》也无,《一切经音义》《广韵》等始收有"隥"字(见书证)。"砌"字,《说文》正篆无。大徐本《说文》新附字收有"砌"字,释为"阶甃也"。但在实际使用中,"砌"一般用于门限、台阶义。其古字写作"切"。清王玉树《说文拈字》:"墨卿曰:'张揖《广雅·释室》篇云:厒,砌也。''砌'俗字,当作'切'。"

②词义的内涵不同。"陛"还有专指宫殿的台阶、阶梯、官员的等级等义。"除"还有修治、通道、除去、任免、减免、数学计算方法之一等义。"阶"还有梯子、官员的等级、升登、缘由、途径、凭借等义。"阼"还有帝位、国运等义。"级"还有等级、量词(古时指砍下的人头或俘获的人为级)等义。"磴"还有梯子的层级、有台阶的石桥、石凳等义。"砌"还有门槛、用泥灰把砖石层层黏合、堆积等义。

mén wéi guī hé gé hù fēi shàn
门 闱 闺 阖 阁 户 扉 扇

【同】 封闭建筑物的进出口,可以开关的板状防护物。

〔门〕《玉篇·门部》:"门,人所出入也。在堂房曰户,在区域曰门。"唐慧琳《一切经音义》卷十四引《字书》:"一扇曰户,两扉曰门。"《左传·襄公二十五年》:"门启而入,枕尸股而哭。"《庄子·天运》:"其里之富人见之,闭门而不出。"《后汉书·光武帝纪上》:"光武即驰赴之,信都太守任光开门出迎。"唐李白《赠卢司户》诗:"秋色无远近,出门尽寒山。"

〔闱〕《左传·哀公十四年》:"子我归,属徒攻闱与大门,皆不胜,乃出。"《周礼·地官·保氏》:"使其属守王闱。"郑玄注:"闱,宫中之巷门。"《昭明文选·张衡〈西京赋〉》:"天梁之宫,寔开高闱。"李善注:"天梁,宫名。闱,宫中之门谓之闱。"明王洪《送吴太仆还南京》诗:"初日映朝衣,承恩出琐闱。""琐闱",刻有连琐图案的宫门。

〔闺〕《荀子·解蔽》:"俯而出城门,以为小之闺也,酒乱其神也。"《公羊传·宣公六年》:"有人荷畚,自闺而出者。"何休注:"宫中之门谓之闱,其小者谓之闱。"南朝宋鲍照《东门行》："居人掩闺卧，行子夜中饭。"

〔阖〕《管子·八观》："闾閈不可以毋阖，宫垣关闭不可以不修。"尹知章注："阖，扉也。"《荀子·儒效》："四海之内，莫不变心易虑以化顺之，故外阖不闭，跨天下而无蕲。"杨倞注："阖，门扇也。"《吕氏春秋·仲春纪》："是月也，耕者少舍，乃修阖扇。"高诱注："阖扇，门扇也。"《北史·高允传》："昂仰呼求绳，又不得，拔刀穿阖，未彻，而追兵至。"

〔閤〕《玉篇·门部》："閤，小闺谓之閤，门旁户也。"《墨子·杂守》："閤通守舍，相错穿室。"汉卫宏《汉旧仪》卷上："以方尺板叩閤，大呼奴名。"汉佚名《上山采蘼芜》诗："新人从门入，故人从閤去。"明谢肇淛《五杂俎·地部一》："韩延寿为太守，闭閤思过，即如今闭脚门不听官属入耳。"

〔户〕《玉篇·户部》："户，所以出入也。一扉曰户，两扉曰门。"《论语·雍也》："谁能出不由户？"刘宝楠正义引《一切经音义》："一扇曰户，两扇曰门。"《孟子·离娄下》："乡邻有斗者，被发缨冠而往救之，则惑也。虽闭户可也。"《淮南子·主术训》："是故不出户而知天下，不窥牖而知天道。"元王实甫《西厢记》第三本第二折："待月西厢下，迎风户半开。"

〔扉〕《仪礼·士昏礼》："见主妇，主妇阖扉，立于其内。"郑玄注："阖扉者，妇人无外事。"孔颖达疏："云'阖扉者，妇人无外事'者，妇人送迎不出门。"晋陶潜《癸卯十二月中作与从弟敬远》诗："顾盼莫谁知，荆扉昼常闭。"唐张甫《花萼楼赋》："列众窗以启扉，疏重门而夹室。"《水浒传》第一〇四回："王庆正在疑虑，又有一个人推扉进来。"

〔扇〕 晋干宝《搜神记》卷十五："复发一大冢，内有重阁，户扇皆枢转，可开闭。""户扇"，即门，同义连用。北魏郦道元《水经注·漯余水》："溪之东岸，有石室三层，其户牖扇扉，悉石也。""扇扉"，即门，同义连用。唐李白《游泰山六首》："洞门闭石扇，地底兴云雷。"《西游记》第四三回："那里门扇大开，更无一个小卒。"《水浒传》第一〇八回："柴进……教军士拆开门扇，把车辆推送屋里。"

【辨】

①词的本义不同。"门"的本义是有两扇门的门。《说文》："门，闻也。从二户，象形。"南唐徐锴《说文系传》："臣锴按，《尚书》：'辟四门，明四目。'所以广闻见也。"清桂馥《说文义证》："闻也者，门、闻声相近。《广韵》：'门，问也，闻也。'馥案，问当为开。《书》：'辟四门。'《玉篇》：'门，人所

出入也。在堂房曰户,在区域曰门。'"清朱骏声《说文通训定声》:"按,一扇曰户,两扇曰门。又,在堂室曰户,在宅区域曰门。""闱"的本义是宫中之门。《说文》:"闱,宫中之门也。"段玉裁注:"《〈尔雅〉释宫》曰:'宫中之门谓之闱。'《周礼·保氏》:'使其属守王闱。'注:'闱,宫中之巷门。'"清朱骏声《说文通训定声》:"《尔雅·释宫》孙注:'闱者,宫中相通小门也。'""闺"的本义是宫中小门。《说文》:"闺,特立之户,上圜下方,有似圭。"段玉裁注:"《释宫》曰:'宫中之门谓之闱,其小者谓之闺。'"清王筠《说文句读》:"《淮南·汜论训》:'夫醉者俛入城门,以为七尺之闺也。'案,城门亦上圜下方,故醉者误以为闺。""阖"的本义是门扇。清桂馥《说文义证》:"门扇也者,《御览》引作'门扉也'。徐锴本作'门扉'。《释宫》:'阖谓之扉。'《月令》:'仲春之月……乃修阖扇。'注云:'用木曰阖,用竹、苇曰扇。'《吕氏春秋·仲春纪》:'乃修阖扇。'注云:'阖扇,门扇也。'""阁"的本义是正门旁的小门。《说文》:"阁,门旁户也。清朱骏声《说文通训定声》:"《尔雅·释宫》:'小闺谓之阁。'《汉书·公孙宏传》:'开东阁。'注:'小门也。'按,今苏俗所谓脚门是也。""户"的本义是单扇的门。《说文》:"户,护也。半门曰户,象形。"清王筠《说文句读》:"字不须说,故以叠韵说之。《左传》曰:'勇夫重闭。'则户者,所以防盗也……半门曰户,是字从半门,会意也。""扉"的本义是门扇。《说文》:"扉,户扇也。"段玉裁注:"《释宫》曰:'阖谓之扉。'门阖,门扇也。然则门、户一也。"清桂馥《说文义证》:"户扇也者,《一切经音义》十一:'《说文》:户扇谓之扉。'《集韵》:'以木曰扉,以苇曰扇。'《襄二十八年左传》:'子尾抽桷击扉三。'注云:'扉,门阖也。'""扇"的本义也是门扇。《说文》:"扇,扉也。"南唐徐锴《说文系传》:"臣锴曰:象鸟之翅。"段玉裁注:"《月令》:'乃修阖扇。'注云:'用木曰阖,用竹、苇曰扇。'案,析言之如此,浑言之则不拘。"

②词义的内涵不同。"门"还有门径、门第、门类、学派或宗派、攻或守城门(一般用于"于"字前)、形象如门的等义。"闱"还有后妃、女子或父母居处、科举时代的考场(后起义)等义。"闺"还有内宅或特指女子居室等义。"阖"还有关闭、全、符合等义。"阁"还有内室或卧室义。"户"还有住户、从事某种职业的人或家庭、户籍、阻止、量词等义。"扉"还有屋舍义。"扇"还有扇子、障尘蔽日的用具、布巾、量词等义。

【附】 閈 閦 閒 閶 閻 閫 閔

xiàn　kǔn　　　yù　kǎn　zhì　lǐn
限　阃(梱)　閾　槛　袟　檁

【同】门槛,门框下紧贴地面的横木。

〔限〕《后汉书·臧宫传》:"会属县送委输车数百乘至,宫夜使锯断城门限,令车声回转出入至旦。"唐韩愈《赠张籍》诗:"君来好呼出,踉跄越门限。"唐段成式《酉阳杂俎·忠志》:"骨利干国献马百匹,十匹尤骏,上为制名'决波騟'者,近后足有距,走历门三限不踬,上尤惜之。"清周亮工《复何匡山书》:"弟自被蕉弹,甘心蠖屈,八阅月足未尝履限外。"

〔阃〕(梱)　唐玄应《一切经音义》卷二引《三苍》:"阃,门限也。"《昭明文选·扬雄〈甘泉赋〉》:"天阃决兮地垠开,八荒协兮万国谐。"李善注引郑玄《礼记》注曰:"阃,门限。"《梁书·处士传·沈颙》:"颙从叔勃,贵显齐世,每还吴兴,宾客填咽,颙不至其门。勃就见,颙送迎不越于阃。"《金史·隐逸·褚承亮》:"状元许必仕为郎官,一日出左掖门,堕马,首中阃石死。"

"阃"的正字应为"梱"。《礼记·曲礼上》:"外言不入于梱,内言不出于梱。"郑玄注:"梱,门限也。"陆德明释文:"梱,本又作'阃'。"《史记·循吏列传·孙叔敖》:"王必欲高车,臣请教闾里使高其梱。"司马贞索隐:"梱,门限也。"

〔閾〕《仪礼·士冠礼》:"布席于门中,闑西阈外。"郑玄注:"阈,阃也。"贾公彦疏:"云'阈,阃也'者,《曲礼》云:'外言不入于阃。'阃,门限。与'阈'为一也。"《论语·乡党》:"立不中门,行不履阈。"何晏集解:"孔曰:'阈,门限。'"邢昺疏:"'行不履阈'者,履,践也。阈,门限也。出入不得践履门限。"《左传·僖公二十二年》:"妇人送迎不出门,见兄弟不逾阈。"杜预注:"阈,门限。"《昭明文选·刘孝标〈广绝交论〉》:"蹈其阃阈,若升阙里之堂。"李善注引郑玄《礼记》注曰:"阃、阈,皆门限也。"

〔槛〕明冯梦龙《醒世恒言》第十五卷:"只见西院的香公坐在门槛上,向着日色脱开衣服捉虱子。"《西游记》第四七回:"跌跌与爬爬,门槛何曾跨。"《明史·太祖纪一》:"吾欲……移兵两河,破其藩篱,拔潼关而守之,扼其户槛。"

〔袟〕《尔雅·释言》:"袟谓之阈。"郭璞注:"阈,门限。"邢昺疏:"袟者,孙炎云:'门限也。'经传诸注皆以'阈'为门限,谓门下横木为内外之限也。"明宋濂《燕书》:"樗,散木也。肤理不密,瀋液弗固,嗅之腥,瓜之不知所穷,为杕为柀且不可,况为负任器耶?"

〔橉〕《玉篇·木部》:"橉,楚人呼门限曰橉。"《淮南子·氾论训》:"枕户橉而卧者,鬼神跖其首。"

【辨】

①词的本义不同。"限",《说文》收有两个意义。《说文》:"限,阻也。一曰门榍。""门榍",即门槛,是别义。段玉裁注:"此别一义,而前义可包之。""阃"字,《说文》无。本字应为"梱"。《说文》:"梱,门橛也。"清邵瑛《说文解字群经正字》:"此字经典固多不误。如《礼记·曲礼》'外言不入于梱,内言不出于梱'是也……作'梱'为正。""阈"的本义是门槛。《说文》:"阈,门榍也。"段玉裁注:"木部曰:'榍者,门限也。'相合为一义。""槛"字有两个读音,两个意义。一读jiàn,本义是圈关猛兽或囚禁犯人的车。《说文》:"槛,栊也。从木监声。一曰圈。"清王筠《说文句读》:"《三苍》:'栊,所以养禽兽阑槛也。'《释名》:'槛车,上施阑槛以格猛兽,亦囚禁罪人之车也。'"一读kǎn,表示门槛,是音随义转,约产生于元明时期。"杕"字,《说文》无。据研究,即"榍"字。清雷浚《说文外编》卷八:"《说文》门部:'阈,门榍也。'木部:'榍,限也。''榍'即'杕'。"《说文》无"橉"字。"橉"有两个读音,一读lìn,是木名;一读lǐn,是门槛。

②词义的内涵不同。"限"还有阻隔、界限、限止、极限等义。"阃"还有妇女住房、妇女、郭门、驻外地的将帅或机构等义。"阈"还有门、栏、界限等义。"槛 kǎn",只有门槛一个意义。"杕"只用于门槛义,且使用频率极低。"橉"还有木名、木皮等义。

仓 廪 囷 庾 廒(敖)
cāng lǐn qūn yǔ áo

【同】粮库,储藏谷物的仓库。

〔仓〕《说文》:"仓,穀藏也。"段玉裁注:"穀藏者,谓穀所藏之处也。"《诗经·小雅·楚茨》:"我仓既盈,我庾维亿。"《淮南子·泰族训》:"夫水出于山而入于海,稼生于田而藏于仓。"《史记·高祖本纪》:"秦人大喜,争持牛羊酒食献饗军士。沛公又让不受,曰:'仓粟多,非乏,不欲费人。'"唐聂夷中《田家二首》诗之一:"六月禾未秀,官家已修仓。"

〔廪〕《广雅·释室》:"廪,仓也。"《商君书·农战》:"善为国者,仓廪虽满,不偷于农。"《韩非子·外储说右上》:"于是反国,发廪粟以赋众贫,散府余财以赐孤寡。"《史记·五帝本纪》:"尧乃赐舜绨衣,与琴,为筑仓廪,予牛羊。瞽叟尚复欲杀之,使舜上涂廪,瞽叟从下纵火焚廪。"

〔囷〕《说文》:"囷,廪之圜者。从禾在囗中。"《广雅·释室》:"囷,仓也。"《诗经·魏风·伐檀》:"不稼不穑,胡取禾三百囷兮?"郑玄笺:"圆者为囷。"《管子·八观》:"囷仓寡而台榭繁者,其藏不足以共其费。"《韩非子·难二》:"且夫发囷仓而赐贫穷者,是赏无功也。"

〔庾〕《广雅·释言》:"庾,仓也。"汉刘向《说苑·善说》:"孟尝君曰:'衣新而不旧,则是修也;仓庾盈而不虚,则是富也。为之奈何?其说可得而闻乎'"《汉书·食货志上》:"国家无事,非遇水旱,则人给家足,都鄙廪庾尽满,而府库余财。"三国魏文帝《策命孙权九锡文》:"君务财劝农,仓庾盈积。"

〔廒〕(敖) 元郑光祖《老君堂》第四折:"中原清宴,贺升平,幸仓廒满盈。"《水浒全传》第十回:"推开看里面时,七八间草屋做着仓廒。"清阮葵生《茶余客话》卷三:"京师十有三仓。禄米仓五十七廒,南新仓七十六廒,旧太仓八十九廒,富新仓六十四廒,兴平仓八十一廒;均在朝阳门内。"

"廒"的古字写作"敖"。《史记·郦生陆贾列传》:"夫敖仓,天下转输久矣。臣闻其下乃有藏粟甚多。"《后汉书·孝安帝纪》:"调零陵、桂阳、豫章、会稽租米,赈给南阳……又调滨水县谷输敖仓。"宋叶適《赵子容任温州司法为赋读书行》:"常平筑敖米山积,读书岂知米尘满!"

【辨】

①词的本义略有区别。一是形制不同:"仓""廪"为方形,"囷"为圆形。清朱骏声《说文通训定声》:"方者曰仓,圆者曰囷。"《荀子·荣辱》:"余刀布,有囷窌。"杨倞注:"囷,廪也。圜曰囷,方曰廪。窌,窖也。"《吕氏春秋·季春纪》:"命有司发仓窌。"高诱注:"方者曰仓。"一是所储存的谷物不同:"仓"一般储存谷物,"廪"一般储存米。《礼记·月令》:"命有司发仓廪。"孔颖达疏:"蔡氏云:谷藏曰仓,米藏曰廪。"因此,管理仓、廪人员的职责也不同。"廪人掌米,仓人掌谷。"(《周礼·地官·廪人》)贾公彦疏)"囷"常与"仓"或"廪"连用,一般不单用。"庾"是储存供水路转运时的粮库。《说文》:"庾,水漕仓也。"段玉裁注:"谓水转谷至而仓之也。"《战国策·魏策一》:"粟粮漕庾不下十万。""敖"字的本义是出游。"敖"字

《说文》两收,一收在出部,一收在放部,都释为"出游也"。《说文·出部》:"敖,出游也。从出从放。"后借用为地名,在今河南省郑州市西北邙山。秦在其地建筑粮仓,称"敖仓"。《史记·项羽本纪》:"汉军荥阳,筑甬道属之河,以取敖仓粟。"裴骃集解:"敖,地名,在荥阳西北山,临河有大仓。"张守节正义:"《括地志》云:'敖仓在郑州荥阳县西十五里,县门之东临汴水,南带三皇山,秦时置仓于敖山,名敖仓云。'""敖仓"一词,屡见于《史记》,计共18见,后演变为泛指粮仓。开始,有人屡辨其非。宋袁文《瓮牖闲评》卷六:"敖乃地名,秦以敖地为仓故尔。今所在竟谓仓为敖,盖循习之误。"后习非成是,广泛为人所接受,就以古字"敖"为基础,另加偏旁广(傍山建屋),新造今字"廒",以取代表示粮库义的"敖"。"廒"字产生较晚,约在宋元时期。金韩道昭《五音集韵》:"廒,仓廒也。"

②词义的内涵不同。"仓"后引申为泛指储存物资的库房。"廪"还有粮食、储存、供给、俸禄等义。"囷"还有积聚义。"庾"还可表示露天粮仓。《说文》:"庾……一曰:仓无屋者。""廒"只有粮仓一义。

府 库
fǔ kù

【同】 财库,储藏财货的库房。

〔府〕《尚书·大禹谟》:"地平天成,六府三事允治。"孔颖达疏:"府者,藏财之处。"《国语·越语下》:"除民之害,以避天殃,田野开辟,府仓实,民众殷。"韦昭注:"货财曰府。"《礼记·曲礼下》:"在府言府。"郑玄注:"府谓宝藏货贿之处也。"《淮南子·说林训》:"过府而负手者,希不有盗心。"高诱注:"府,藏货所主也。"《史记·廉颇蔺相如列传》:"民富而府库实。"

〔库〕《管子·七法》:"衡库者,天子之礼也。"尹知章注:"衡者,所以平轻重;库者,所以藏宝物不令外知者也。"《淮南子·时则训》:"开府库,出币帛。"高诱注:"府库,币帛之藏也。"唐韩愈《太原王公墓志铭》:"其蓄积,钱余于库,米余于廪。"

【辨】 ①词的本义不同。"府"的本义是储存文籍图书的库房。《说文》:"府,文书藏也。"段玉裁注:"文书所藏之处曰府。"《汉书·郊祀志》:"史书而藏之府。"颜师古注:"府,藏书之处。""库"的本义是藏兵器和车辆的库房。《说文》:"库,兵车藏也。"《礼记·曲礼下》:"在库言库。"郑玄注:"库谓车马兵甲之处也。"

②词义的内涵不同。"府"还有聚集、官署的通称等义。"库"还有监狱、店铺等义。

栋 梁 极
dòng liáng jí

【同】栋梁,房屋的大梁。

〔栋〕《说文》:"栋,极也。"唐慧琳《一切经音义》卷十七:"正言栋,居屋中,亦曰梁也,亦曰极也。"《易经·系辞下》:"上古穴居而野处,后世圣人易之以宫室,上栋下宇,以待风雨。"《淮南子·说山训》:"鄡人有买屋栋者,求大三围之木。"《昭明文选·陆机〈拟今日良宴会〉》:"哀音绕栋宇,遗响入云汉。"刘良注:"栋,梁也。"

〔梁〕《尔雅·释宫》:"宗廇谓之梁。"郭璞注:"屋大梁也。"郝懿行疏:"或谓之栋。"《商君书·兵守》:"发梁撤屋。"高亨注:"梁读为樑,屋樑。"汉王充《论衡·语增篇》:"传语又称纣力能索铁伸钩,抚梁易柱,言其力多也。"《昭明文选·潘安仁〈杨仲武诔〉》:"魂兮往矣,梁木实摧。"张铣注:"梁木,屋之栋梁也。"

〔极〕《说文》:"极,栋也。"段玉裁注:"李奇注《五行志》、薛综注《西京赋》,皆曰'三辅名梁为极'。按,此正名栋为极耳,今俗语皆呼栋为梁也。晋干宝《搜神记》:'汉蔡茂梦坐大殿,极上有禾三穗。主簿郭贺曰:极而有禾,人臣之上禄也。'此则似为梁。"(按:所引《搜神记》与原文略有出入)《庄子·则阳》:"孔子之楚,舍于蚁丘之浆,其邻有夫妻臣妾登极者。"陆德明释文:"司马云:极,屋栋也。"《汉书·天文志》:"后流星下燕万载宫极,东去。"颜师古注引李奇曰:"极,屋梁也,三辅间名为极。"

【辨】①词的本义不同。"栋"为屋正中的大梁。清王筠《说文句读》:"栋为正中一木之名,今谓之脊檩者是。"清徐灏《说文解字注笺》:"按,屋之中极谓之栋。"(见"檩"下)"梁"的本义是桥梁,"梁之字,用木跨水,则今之桥也……见于经传者,言梁不言桥也。"(《说文》"梁"下段玉裁注)"极"的本义是屋脊上的梁,南唐徐锴《说文解字系传》:"极,屋脊之栋也。今人谓高及甚为极。"

②词义的内涵不同。"栋"还有比喻重要的人或物义。"梁"还有桥梁、架桥义。"极"还有顶点、准则、终了、边际等义。

柱(zhù) 楹(yíng)

【同】 支撑房屋的柱子。

〔柱〕《说文》:"柱,楹也。"《庄子·人间世》:"散木也,以为舟则沉……以为柱则蠹。"《战国策·燕策三》:"秦王之方还柱走……遂拔以击荆轲,断其左股,荆轲废,乃引其匕首提秦王,不中,中柱。"《汉书·刘辅传》:"里语曰:'腐木不可以为柱,卑人不可以为主。'"

〔楹〕《说文》:"楹,柱也。"《广雅·释室》:"楹谓之柱。"《左传·襄公二十五年》:"公拊楹而歌。"(《史记·齐太公世家》转录时作"公拥柱而歌"。)《仪礼·聘礼》:"升,再拜稽首受币,当东楹北面。"《淮南子·氾论训》:"殷人殡于两楹之间。"高诱注:"楹,柱也。"

【辨】
①词的本义有所不同。"柱"泛指支撑房屋的柱子,不计大小和所在处所。"楹"一般指正厅两旁较高大的柱子,挺然独立,旁无所依。

②词义的内涵不同。"柱"还有似柱状功用之物、直立高耸等义。"楹"还有表示房屋单位的量词义。

础(chǔ) 礩(zhì)(质) 磶(xì)(舄) 磉(sǎng)

【同】 垫在柱子底下的石头。

〔础〕 大徐本《说文》新附字:"础,礩也。"《玉篇·石部》:"础,柱礩也。"《广韵·语韵》:"础,柱下石也。"《淮南子·说林训》:"山云蒸,柱础润。"高诱注:"础,柱下石,礩也。"北魏郦道元《水经注·渠水》:"今碑之左右,遗堳尚存,其础犹在。"唐吕温《代孔侍郎蕃中贺顺宗登极表》:"时雨将降,柱础犹知。"

〔礩〕(质) 大徐本《说文》新附字:"礩,柱下石也。"《广雅·释宫》:"础,礩也。"王念孙疏证:"礩之言质也。郑注《曲礼》云:'质犹本也。'礩在柱下,如木之有本,故曰礩。"《玉篇·石部》:"礩,柱下石。"《正字通·石部》:"礩,础别名。"《太平御览》卷一八八引《战国策》:"臣闻董安于之治晋阳也,公宫之室皆以黄铜为柱礩,请发而用之,则有余铜矣。"

"质""礩",古今字,先秦时期都写作"质"。清钮树玉《说文新附考》:"按,(礩)古通作'质'。从石丛木,并后人加。"《墨子·备穴》:"两柱同质。"毕沅校:"礩古字如此。"《韩非子·十过》:"张孟谈曰:'臣闻董子治晋阳也,公宫令舍之堂,皆以炼铜为柱质,君发而用之。'"陈奇猷集释:"松皋圆曰:《策》注:'质,础也。'按,质、礩同。"按,《战国策·赵策一》也有此语,高诱注:"质,础也。"

〔磶〕(舄)《广雅·释宫》:"磶,礩也。"王念孙疏证:"《众经音义》卷十八引许慎注云:'楚人谓柱礩曰础。'礩之曰藉也,履谓之舄,义与此同。"《玉篇·石部》:"磶,柱礩也。"《广韵·昔韵》:"磶,柱下石。"《昭明文选·张衡〈西京赋〉》:"雕楹玉磶,绣栭云楣。"李善注引《广雅》曰:"磶,礩也。"唐卢照邻《同崔少监作〈双槿树赋〉》:"故疾雷作而蛰虫飞,浮云兴而石磶润,不可废也。"唐杨炯《登秘书省阁诗并序》:"红梁紫柱,金铺玉磶。"

"磶"的古字写作"舄"。《墨子·备穴》:"柱间七尺,二尺一柱,柱下傅舄。"孙诒让《墨子间诂》:"《一切经音义》引许叔重云:'楚人谓柱礩曰础。'毕(沅)云:'张衡《西京赋》云:雕楹玉磶。'……磶,古字作舄。"《昭明文选·何晏〈景福殿赋〉》:"金楹齐列,玉舄承跋。"李善注:"舄,与磶同。"

〔磉〕《广韵·荡韵》:"磉,柱下石也。"《正字通·石部》:"磉,俗呼础曰磉。"《梁书·诸夷传·扶南》:"(穿土)可深九尺许,方至石磉,磉下有石函。"明冯梦龙《警世通言·桂员外途穷忏悔》:"乃随婿到彼先发卧房槛下左柱磉边,簿上载内藏银二千两,果然不谬。"《施公案》第一九七回:"这一跤跌下去,可巧她的脑袋碰在柱磉石上,只听得咔嚓一声响,登时脑浆迸出。"

【辨】

①这一组同义词,初义都是柱下的基石,只是来源不同。"础"是楚地的方言。清徐灏《说文解字注笺》:"《一切经音义》卷十八引许叔重曰:'楚人谓柱礩曰础。'""礩"与"櫍""椹"音义俱近,都含有垫在底部的意思,是同源字。《广雅·释器》:"櫍,椹也。"《尔雅·释宫》:"椹谓之榩。"邢昺疏:"椹者,斫木所用以藉者之木名也。"清郑珍《说文新附考》:"俗因斫

质用木,加木作'櫍';柱质用石,加石作礩。""碣"字,《说文》无。"碣"的古字作"舄",本义为鹊,借为屦履义。南唐徐锴《说文解字系传》:"盖借为履舄字也。"据此,"舄""碣"既是古今字,又是同源字,盖"舄"是在脚下,"碣"是在柱下。"磉"字,《说文》也无。约是六朝时期产生的口语俗字。

② 词义的内涵略有不同。这一组词词义比较单纯,除"础"可用于事物的根底或根基,"礩"还有窒滞义外,一般都用作础石义。

窗(囱 窻 窓 窓 牕 牎) 牖 向(嚮 乡)
chuāng　　　　　　　　　　yǒu　xiàng

【同】窗户,墙壁上通风采光的装置。

〔窗〕(囱 窻 窓 窓 牕 牎)《说文》的正篆作"囱","窗"作为重文收在"囱"下。《说文》:"囱,在墙曰牖,在屋曰囱。象形。窗,或从穴。"清徐灏《说文解字注笺》:"囱、窗,古今字,又作窻。许于穴部'窗'训'通孔',义似稍别。其实,'通孔'即'囱'之本义。'在墙曰牖,在屋曰囱',对文则异,散言则通谓之窗耳。"《后汉书·何进传》:"尚书卢植执戈于阁道窗下,仰数段珪。"唐杜甫《绝句四言》诗之三:"窗含西岭千秋雪,门泊东吴万里船。"

"囱"是窗的古字。《玉篇·囱部》:"囱,楚江切。《说文》曰:'在墙曰牖,在屋曰囱。'"古籍中"窗"也写作"囱"。宋苏轼《柳子玉亦见和因以送之兼寄其兄子璋道人》诗:"晴囱暖日肝肠暖,古殿朝真屦袖香。"清龚自珍《孝拱手抄词·喝火令》:"端正当囱户,停匀䩹步摇。"

"窗"也写作"窻""窓""窓""牕""牎"。南朝宋刘义庆《世说新语·言语》:"北窻作琉璃屏,实密似疏。"《正字通·穴部》:"窓,俗窗字。"汉王充《论衡·语增篇》:"坐在深室之中,闭窓举烛,故曰长夜。"元萨都剌《送外舅之燕京》诗:"扬子江头柳色浓,小窓春雨去念念(匆匆)。"晋陶潜《归去来辞》:"倚南牕以寄傲,审容膝之易安。"宋梅尧臣《闻橹》诗:"隔牎灯已暗,卷幔月微明。"

〔牖〕《说文》:"牖,穿壁以木为交窗也。"段玉裁注:"交窗者,以木横直为之,即今之窗也。"《玉篇·片部》:"牖,牕牖也。"《尚书·顾命》:"牖间南向,敷重篾席。"孔颖达疏:"牖谓窗也。"《老子》第四十七章:"不出户以知天下,不窥牖以知天道。"汉刘向《新序·杂事》:"于是天龙闻而下之,窥头于牖,施尾于堂。"唐王维《老将行》诗:"茫茫古木连穷巷,寥落寒山对虚牖。"

〔向〕(嚮 乡)《说文》:"向,北出牖也。"清徐灏《说文解字注笺》:"古者前堂后室,室之前为牖,后为向,故曰'北出牖'。"高田忠周《古籀篇》七十一:"古宫室,北墉无户牖,民间或有之,命之曰向……散文则凡牖亦得曰向。"《诗经·豳风·七月》:"穹窒熏鼠,塞向墐户。"毛传:"向,北出牖也。"北魏贾思勰《齐民要术·种紫草》:"入五月,内著屋中,闭户塞向,密泥,勿使风入漏气。"

"向"也写作"嚮""乡"。《广韵·漾韵》:"向,窗也。"又:"嚮,与向通用。"《荀子·君道》:"便嬖左右者,人主之所以窥远收众之门户牖嚮也。"《淮南子·说山训》:"四方皆道之门户牖嚮也。"《仪礼·士虞礼》:"祝从,启牖乡如初。"郑玄注:"乡、牖,一名也。"贾公彦疏:"云'牖、乡一名'者也,郑意盖谓牖一名乡,一物二名,非谓室北别有牖也。"《礼记·明堂位》:"复庙,重檐,刮楹,达乡。"郑玄注:"乡,牖属,谓夹户窗也。每室八窗为四达。"

【辨】①词的本义不同。"窗"的本义是天窗。王力《同源字典》:"按,'囱(窻)、窗'实同一字。词义发展的过程是这样的:最初的时候,'囱'指天窗,即在帐篷(屋)上留个洞,以透光线。后来灶突也叫'囱',同时墙上的窗户也叫'窗'。""牖"的本义是朝南的窗户。《说文》"牖"下段玉裁注:"古者室必有户有牖,牖东户西,皆南乡。"《论语·雍也》:"伯牛有疾,子问之,自牖执其手曰……"朱熹集注:"牖,南牖也。""向"的本义是朝北的窗户。

②词义的内涵不同。"窗"还泛指房屋、车船上的通风采光的洞口。"牖"没有与窗户有关的其他意义。"向"还有朝向、方向、趋向等义。

wài biǎo
外 表

【同】与"里"相对,物体表面的部分或某个范围以外的地方。

〔外〕《广雅·释诂》:"外,表也。"①物体表面的部分。《韩非子·十过》:"禹作为祭器,墨染其外,而朱画其内。"汉王充《论衡·讥日篇》:"夫衣与食俱辅人体,食辅其内,衣卫其外。"明刘基《卖柑者言》:"观其坐高堂,骑大马,醉醇醴而饫肥鲜者,孰不巍巍乎可畏,赫赫乎可象也?又何往而不金玉其外,败絮其中也哉!"②某个范围以外的地方。《尚书·顾命》:"太保命……虎贲百人逆子钊于南门之外。"《诗经·小雅·白华》:"鼓钟于宫,声闻于外。"汉王充《论衡·谈天篇》:"九州之外,更有瀛海。"

〔表〕 唐玄应《一切经音义》卷三引《三苍》:"表,外也。"①物体表面的部分。《荀子·大略》:"文貌情用,相为内外表里,礼之中焉。"汉王充《论衡·骨相篇》:"人命禀于天,则有表候见于体;察体候以知命,犹察斗斛以知容也。""表候",见于体表的征候。唐杨炯《从甥梁锜墓志铭》:"若夫神龙负卦,瑞雀衔书,安釐王汲冢之文,穆天子羽陵之籍,莫不因条报叶,望表知里。"清李宝嘉《官场现形记》第二十七回:"'金漆饭桶',大约说徒有其表,面子上好看,其实内骨子一无所有。"②某个范围以外的地方。《尚书·尧典》:"允恭克让,光被四表,格于上下。"孔颖达疏:"表里内外,相对之言,故以表为外。"俞樾平议:"以其在极外而言则曰四表。"《左传·僖公二十八年》:"若其不捷,表里山河,必无害也。"杜预注:"晋国外河而内山。"汉王充《论衡·谈天篇》:"极天之广,穷地之长,辨四海之外,竟四山之表。""外""表"互文。《晋书·桓温传》:"自永嘉之乱,播流江表者,请一切北徙,以实河南。"《资治通鉴·晋哀帝隆和元年》引此文,胡三省注:"中原以江南为江外,亦曰江表。"

【辨】

①词的本义不同。"外"的本义《说文》解释为"远也"。据分析,应是疏远。清桂馥《说文义证》:"远也者,《玉篇》引作'表也,远也'。《广韵》同。馥案,表也者,本书'表'下云:'古者衣裘,以毛为表。'馥谓毛在外也。远也者,远于事情也。"引申为外面、外表。《广雅·释诂四》:"外,表也。""表"的本义是毛翻在外的皮裘。《说文》:"表,上衣也。从衣毛。古者衣裘,故以毛为表。"段玉裁注:"上衣者,衣之在外者也……古者衣裘,谓未有麻丝,衣羽皮也。衣皮时,毛在外,故裘之制,毛在外,以衣毛制为表字,示不忘古。"《说文系传》:"臣锴曰:古以皮为裘,毛皆在外,故衣毛为表。会意。"引申为外表,外面,与"里"相对。

②词义的内涵不同。"外"还有疏远、除外、不同姓的亲戚、妻子对丈夫的称呼、另外、戏剧角色的一种等义。"表"还有外衣、标志、计时器、表

亲、表彰、表明、便于览观的表格、文体的一种等义。

内　里　中
nèi　lǐ　zhōng

【同】 与"外"相对，某个时间、空间或范围以内。

〔内〕《广雅·释言》："内，里也。"《玉篇·入部》："内，里也。"《易经·系辞下》："爻也者，效此者也；象也者，像此者也。爻象动乎内，吉凶见乎外。""内""外"对文。《诗经·唐风·山有枢》："子有廷内，弗洒弗扫。"汉贾谊《新书·礼》："礼：天子爱天下，诸侯爱境内。"北魏郦道元《水经注·河水三》："其城圆角而不方，四门列观，城内惟台殿而已。"

〔里〕 表示里面的"里"，繁体字写作"裏"。《正字通·衣部》："裏，借凡内称表之对也。"《左传·僖公二十八年》："战而捷，必得诸侯。若其不捷，表里山河，必无害也。"杜预注："晋国外河而内山。"唐王昌龄《出塞二首》："城头铁鼓声犹振，匣里金刀血未干。"唐白居易《过故洛城》诗："故城门前春日斜，故城门里无人家。"元辛文房《唐才子传·李贺》："旦日出，骑弱马，从平头小奴子，背古锦囊，遇有所得，书置囊里。"

〔中〕《易经·坤卦》："象曰：黄裳元吉，文在中也。"高亨注："中，犹内也。"《周礼·考工记·匠人》："国中九经九纬。"郑玄注："国中，城内也。"《淮南子·原道训》："故机械之心藏于胸中。"高诱注："藏之于胸臆之内。"汉王充《论衡·论死篇》："人之精神藏于形体之内，犹粟米在囊橐之中也。""内""中"互文。

【辨】 ①词的本义不同。"内"的本义是自外入内。《说文》："内，入也。从冂，自外而入也。"段玉裁注："今人谓所入之处为内，乃以其引申之义为本义也。"编者按：今动词入内读 nà，字也写作"纳"；名词所入之处读 nèi。清潘奕隽《说文解字通正》："古内外、出内皆作'内'，借作'纳'。""里（裏）"，在衣部，本义是衣的内层。《说文》："裏，衣内也。"段玉裁注："引申为凡在内之偁。"清朱骏声《说文通训定声》："衣外曰表。《穀梁宣九年传》注：'襦在里也。'"因此，"表""里"经常对用。"中"的本义有两说。《说文》释"中"为"和也"，认为本义是中和；段注改"和"为"内"。段玉裁注："俗本'和也'，非是，当作'内也'。宋麻沙本作'肉也'，一本作

'而也',正皆'内'之讹。入部曰:"内者,入也。''入者,内也。'然则'中'者,别于外之辞也,别于偏之辞也,亦合宜之辞也。"清徐灏《说文解字注笺》:"中如圜心之中。自圜体言,则极中为内。对外泛言则出为外,而入为内。内犹中也,中犹正也,得其中曰中。今读去声,古无平、去之分。"

②词义的内涵不同。"内"还有内室、妻妾、内心、内脏等义。"里"还有语气词(哩、呢)等义。"中"还有中央、中等、不偏不倚、半、中介、内心、内脏等义。

清(圊) 溷(圂) 匽(偃) 东 厕

【同】 厕所,供人大小便的处所。

〔清〕(圊)《骈雅·释宫》:"行清,粪厕也。"《荀子·王制》:"修采清,易道路,谨盗贼……治市之事也。"清俞樾《诸子平议·荀子二》:"清者,《说文·广部》:'厕,清也。'《急就篇》:'屏厕清溷粪土壤。'字亦作'圊'。"《周礼·天官·玉府》:"掌王之燕衣服、衽席、床笫、凡亵器。"郑玄注引郑司农曰:"亵器,清器、虎子之属。"孙诒让正义:"盖汉时名厕为'清',故受粪之器为清器。"《史记·万石张叔列传》:"建为郎中令,每五日洗沐归谒亲……取亲中裙厕腧,身自浣涤,复与侍者,不敢令万石君知。"司马贞索隐引三国魏孟康曰:"厕,行清;腧,行清中受粪函也。"

"清"也写作"圊"。"清""圊",古今字。《广雅·释宫》:"圊,厕也。"晋干宝《搜神记》卷三:"(右扶风臧仲英)女孙年三四岁,亡之,求不知处;两三日乃于圊中粪下啼。"《新唐书·叛臣传下·高骈》:"骈之自将出屯也,突将乱,乘门以入,骈匿于圊,求不得。"徐珂《清稗类钞·盗贼类》:"宫有圊,乃不顾污秽,藏其中。"清和邦额《夜谭随录·阿凤》:"衣服履袜,得诸圊中,污秽不可复着。"

〔溷〕(圂)《释名·释宫室》:"厕……或曰溷,言溷浊也。"《晋书·文苑传·左思》:"复欲赋《三都》……遂构思十年,门庭藩溷皆著笔纸,遇得一句,即便疏之。"北魏贾思勰《齐民要术·种麻子》:"无蚕矢,以溷中熟粪粪之亦善。"《新唐书·忠义传下·黄碣》:"抵溷中,夷其家百口,坎镜湖之南同瘗焉。"清蒲松龄《聊斋志异·灵官》:"灵官追逐甚急,至黄河上,濒将及矣,大窘无计,窜伏溷中。"

"圂","溷"的本字。但古籍中未见其用。《说文》:"圂,厕也。"《广雅·释宫》:"圂,厕也。"宋戴侗《六书故·工事二》:"厕以秽故,亦谓之圂。"杨树达《积微居小学金石论丛·释圂》:"古人豕牢本兼厕清之用,故韦昭云'豕牢,厕'是也。"

〔匽〕(偃)《周礼·天官·宫人》:"为其井匽,除其不蠲,去其恶臭。"郑玄注引郑司农曰:"匽,路厕也。"《战国策·燕策二》:"今宋王射天笞地,铸诸侯之象,使侍屏匽,展其臂,弹其鼻。"《新唐书·逆臣传上·史思明》:"俄如匽,优相谓曰:'胡命尽乎?'少选,(骆)悦以兵入,问思明所在,未对,辄杀数人,共指匽。"

"匽"也写作"偃"。《庄子·庚桑楚》:"观室者周于寝庙,又适其偃焉。"郭象注:"偃,谓屏厕。"明谢肇淛《五杂俎·地部一》:"古人观室者,唐其寝庙,又适其偃焉。偃者,厕也。厕虽秽浊之所,而古人重之。"明宋濂《诸暨方孝妇石表辞》:"有母何氏,孝妇左右就养,唯恐违其志。何病,腑道涩不能亲御偃溷,孝妇浸之汤盆中,以指探出之。"

〔东〕厕所的婉称。旧时建筑,厕所多建在房屋东角,故名。明冯梦龙《警世通言·拗相公饮恨半山堂》:"荆公见屋傍有个坑厕,讨一张手纸,走去登东。""登东",上厕所。清李渔《巧团圆·全节》:"〔净副〕我肚里疼痛不过,又要登东去了。"

〔厕〕《玉篇·广部》:"厕,圊溷也。"《左传·成公十年》:"(晋侯)将食,张,如厕,陷而卒。"《史记·项羽本纪》:"沛公起如厕。"《资治通鉴·唐僖宗全符二年》:"骈走匿于厕间,突将索之,不获。"胡三省注:"厕,圊也,溷也。"

【辨】

①词的本义不同。"清"的本义是水质清澈。《说文》:"清,朖也,澄水之皃。"段玉裁注:"朖者,明也。澄而后明,故云:'澄水之皃。'引伸之,凡洁曰清,凡人洁之亦曰清。"因厕所需经常去秽,以保持清洁,引申为厕所。"溷",《说文》收有两个意义。《说文》:"溷,乱也。一曰:水浊皃。"据《释名》释"厕"为"或曰溷,言溷浊也",当为引申义。"匽"的本义是隐匿。《说文》:"匽,匿也。"段玉裁注"匽之言隐也。"引申为厕所。清朱骏声《说文通训定声》:"按,厕者,匽避人之处也。""东"的本义是东方。《说文》:"东,动也。从木。官溥说:'从日在木中。'"旧时,厕所多建在房屋东角,于是婉称厕所为东。"厕"的本义是厕所。《说文》:"厕,清也。"南唐徐锴

《说文系传》：" 臣锴曰：此溷厕也。古多谓之清者，以其不洁，常当清除之也。'清'，今俗字书或作'圊'。"

②词义的内涵不同。"清"还有清洁、清除、清楚、清闲、清廉等义。"溷"还有混乱、混杂、污秽等义。"匽"的意义比较单纯，主要用于隐匿和厕所义。"东"还有主人义。"厕"还有猪圈义。

园 圃 囿 苑
<small>yuán pǔ yòu yuàn</small>

【同】 四周有垣篱，种植蔬菜、花果、林木的地方。

〔园〕《玉篇·囗部》："园，园圃。"《广韵·元韵》："园，园圃。"《诗经·郑风·将仲子》："将仲子兮，无逾我园，无折我树檀。"毛传："园，所以树木也。"《墨子·非攻上》："今有一人，入人园圃，窃其桃李，众闻则非之。"孙诒让间诂："毕云：《说文》云：'园，所以种果。''种菜曰圃。'"《吕氏春秋·重己》："昔先圣王之为苑囿园池也，足以观望劳形而已矣。"汉王充《论衡·儒增篇》："儒书曰：'董仲舒读《春秋》，专精一思，志不在他，三年不窥园菜。'"晋陶潜《咏贫士》之二："南圃无遗秀，枯条盈北园。""圃""园"互文。

〔圃〕《玉篇·囗部》："圃，菜园。"《广韵·姥韵》："圃，园圃。《说文》：'种菜曰圃。'"《诗经·齐风·东方未明》："折柳樊圃，狂夫瞿瞿。"毛传："圃，菜园也。"《周礼·天官·大宰》："二曰园圃，毓草木。"郑玄注："树果蓏曰圃。"又《地官·场人》："掌国之场圃，而树之果蓏珍异之物。"《左传·哀公十五年》："闰月，良夫与大子入，舍于孔氏之外圃。"杜预注："圃，园。"汉桓宽《盐铁论·未通》："孝武皇帝平百越以为园圃，却羌、胡以为苑囿。"《昭明文选·潘岳〈在怀县作二首〉》："灵圃耀华果，通衢列高椅。"李善注："灵圃，犹灵囿也。"

〔囿〕《玉篇·囗部》："囿，苑有垣也。"《广韵·宥韵》："囿，《说文》：'苑有垣。'一曰：禽兽有囿。"《诗经·大雅·灵台》："王在灵囿，麀鹿攸伏。"毛传："囿，所以域养禽兽也。"《国语·周语中》："薮有圃草，囿有林池。"韦昭注："囿，苑也。"《吕氏春秋·上农》："齿年未长，不敢为园囿。"陈奇猷注引夏纬瑛曰："园囿是种果蔬的地方。"

〔苑〕《玉篇·艸部》："苑，养禽兽园也。"唐玄应《一切经音义》卷十二引《三苍》："养牛马林木曰苑。"《周礼·秋官·雍氏》："禁山之为苑、泽之沈者。"

郑玄注:"郑司农云:'不得擅为苑囿于山也。泽之沈者,谓毒鱼及水虫之属。'"《吕氏春秋·听言》:"世主多盛其欢乐,大其钟鼓,侈其台榭苑囿,以夺人财。"《昭明文选·左思〈吴都赋〉》:"遭薮为圃,植林为苑。"李善注引刘逵曰:"有木曰苑,有草曰圃。"南朝宋谢灵运《夜宿石门》诗:"朝搴苑中兰,畏彼霜下歇。"

【辨】

①词的本义不同。"园"的本义是种果蔬的园地。《说文》:"园,所以树果也。"段玉裁注:"许意凡云'苑''圃',已必有草木,故以树果系诸园。""圃"的本义是种菜的园地。《说文》:"圃,种菜曰圃。""囿"的本义是有围墙的林地,也指养有禽兽的园地。《说文》:"囿,苑有垣也……一曰:禽兽曰囿。"南唐徐锴《说文系传》:"臣锴曰:苑,其周垣名也。园,树果菜也。《周礼》有'囿游之禁',亦树以果菜也。"清王筠《说文句读》:"以苑释囿者,《周礼·囿人》注:'囿,今之苑。'然则古名囿,汉名苑也。""苑"的本义是养有禽兽的园地。《说文》:"苑,所以养禽兽也。"清桂馥《说文义证》:"《三苍》:'养牛马林木曰苑。'"

②词义的内涵不同。"园"还有供游览休息的地方、帝王后妃的墓地、姓氏等义。"圃"还有种菜、繁茂、姓氏等义。"囿"还有区域、聚集、拘泥等义。"苑"还有聚集的场所、花纹等义。

土 壤 泥
tǔ　rǎng　ní

【同】泥土,陆地表层能生长植物的疏松物质。

〔土〕《尚书·禹贡》:"雍州……厥土惟黄壤,厥田惟上上。""黄壤",即黄土。《礼记·乐记》:"土敝则草木不长。"《国语·齐语》:"恶金以铸锄、夷、斤、斸,试诸壤土。""壤土",即土壤。《昭明文选·东方朔〈非有先生论〉》:"遂居深山之间,积土为室,编蓬为户。"李善注:"作壤室,编蓬户。"

〔壤〕《周礼·地官·大司徒》:"辨十有二壤之物,而知其种,以教稼穑树蓺。"郑玄注:"壤亦土也,变言耳。以万物自生焉则言土……以人所耕而树蓺焉则言壤。"《孟子·滕文公下》:"夫蚓,上食槁壤,下饮黄泉。"汉王充《论衡·率性篇》:"深耕细锄,厚加粪壤,勉致人功,以助地力。"唐韩愈《祭河南张员外文》:"铭君之绩,纳石壤中,爰及祖考,纪德事功,外著后世,鬼神与通。"

〔泥〕《汉书·儒林传》:"先驱旄头剑挺堕坠,首垂泥中,刃乡乘舆车。马惊。""首垂泥中",《昭明文选·陆机〈豪士赋序〉》李善注引《汉书》作"首垂泥土中"。汉王充《论衡·书虚篇》:"土蹶草尽,若耕田状,壤靡泥易,人随种之,世俗则谓舜、禹田。""壤靡泥易",土壤松碎平整。宋范成大《两木》诗:"枇杷昔所嗜,不问甘与酸。黄泥里余核,散掷篱落间。""黄泥",即泥土。

【辨】

①词的本义不同。"土"的本义是自然状态能生长植物的泥土。《说文》:"土,地之吐生物者也。二,象地之下、地之中,(丨)物出形也。"《释名·释地》:"土,吐也,吐生万物也。""壤"的本义是经人工耕耘而松软的土。《说文》:"壤,柔土也。"清王筠《说文句读》:"若夫《大司徒》'辨十有二壤之物(则为之种)',则以'壤'为土之别名。"南唐徐锴《说文系传》:"臣锴按,孔安国曰:'无块曰壤。'""泥"的本义是水名。《说文》:"泥,水,出北地郁郅北蛮中。"段玉裁注:"按,今字皆用为涂泥字。"编者按:今吴语区习称土为泥、泥土或黄泥,不单说"土"。

②词义的内涵不同。"土"还有田地、领土、故土、土著、本地的、五行之一等义。"壤"还有地(常常与"天"连用)、疆土、古代的一种游戏器具、古代大数名等义。"泥"还有古水名、含水的土、软弱、像泥一样的东西等义。

坟 墓 冢(塚) 垄 丘(邱) 陵 茔 瘗 封

fén mù zhǒng lǒng qiū líng yíng yì fēng

【同】 坟墓,埋葬死人的地方。

〔坟〕"坟"的繁体字写作"墳"。《说文》:"坟,墓也。"《广雅·释丘》:"坟,冢也。"《字汇·土部》:"坟,坟墓。"《墨子·七患》:"生时治台榭,死时又修坟墓。"唐李贺《秋来》诗:"秋坟鬼唱鲍家诗,恨血千年土中碧。"唐温庭筠《过陈琳墓》诗:"曾于青史见遗文,今日飘蓬过此坟。"

〔墓〕《说文》:"墓,丘也。"段玉裁注:"丘,自其高言;墓,自其平言。浑言之,则曰丘墓也。"《礼记·檀弓上》:"朋友之墓,有宿草而不哭焉。"《荀子·大略》:"武王始入殷……释箕子之囚,哭比干之墓。"

〔冢〕(塚)《说文》:"冢,高坟也。"段玉裁注:"土部曰:'坟者,墓也。'墓之高者曰冢。"《史记·高祖本纪》:"项羽烧秦宫室,掘始皇帝冢。"汉王充《论衡·死伪篇》:"河、泗之滨,立冢非一,水湍崩坏,棺椁露见。"宋陆游《哀郢》诗:"草合孤宫惟雁起,盗穿荒冢有狐藏。"

"冢"也写作"塚"。《玉篇·土部》:"塚,墓也。正作'冢'。"唐李贺《许公子郑姬歌》诗:"相如塚上生秋柏,三秦谁是言情客。"明汤显祖《牡丹亭·折寇》:"塚中枯骨,与贼何仇?"

〔垄〕《说文》:"垄,丘垄也。"《玉篇·土部》:"垄,《方言》:'冢,秦晋之间或谓之垄。'"《礼记·曲礼上》:"适墓不登垄。"郑玄注:"垄,冢也。"《管子·侈靡》:"巨瘗培,所以使贫民也;美垄墓,所以文明也。"唐李商隐《祭全义县伏波庙文》:"岂独文宣之陵不生刺草,更若武侯之垄仍有深松。"

〔丘〕(邱)《方言》卷十三:"冢,自关而东谓之丘。"《周礼·春官·冢人》:"凡有功者居前,以爵等为丘封之度与其度数。"郑玄注:"王公曰丘,诸臣曰封。汉律曰:'列侯坟高四丈,关内侯以下至庶人各有差。'"《吕氏春秋·孟冬纪》:"饬丧纪,辨衣裳,审棺椁之厚薄,营丘垄之大小、高卑、薄厚之度。"高诱注:"丘,坟。"南朝梁庾信《伤心赋》:"人惟一丘,亭遂千秋。"宋王安石《凤凰山》诗:"青山满天地,何往为吾丘?"

"丘"也写作"邱"。南朝梁刘勰《文心雕龙·檄移》:"发邱摸金,诬过其虐。"元马祖常《送宋显夫南归》诗:"携幼归来拜邱垄,南游莫恋武昌鱼。"

〔陵〕《广雅·释丘》:"陵,冢也。"《国语·齐语》:"昔者,圣王之治天下也,参其国而伍其鄙,定民之居,成民之事,陵为之终。"韦昭注:"以为葬地。"后主要用于帝王的陵墓。北魏郦道元《水经注·渭水三》:"秦名天子冢曰山,汉曰陵,故通曰山陵矣。"《后汉书·董卓传》:"(董)卓自出与(孙)坚战于诸陵墓间……坚乃埽除宗庙,平塞诸陵。"《三国志·魏书·武帝纪》:"令曰:'古之葬者,必居瘠薄之地。其规西门豹祠西原上为寿陵,因高为基,不封不树……《周礼》冢人掌公墓之地,凡诸侯居左右以前,卿大夫居后,汉制亦谓之陪陵'"。"寿陵",帝王生前营造的陵墓。"陪陵",古代诸侯、将相、卿大夫葬在皇帝陵墓近旁的陵墓。《明史·太祖纪三》:"辛卯,葬孝陵。谥曰高皇帝,庙号太祖"。"孝陵",明太祖的陵墓。

〔茔〕清刘献廷《广阳杂记》卷五:"《方言》:'凡葬之无坟者谓之墓,有坟者谓之茔。'"唐陈子昂《为义兴公求拜扫表》:"坟茔莫扫,松柏凋荒。"宋刘辰翁《菩萨蛮·春日山行》词:"何处不青青?青青是汉茔。"清吴炽昌《客窗闲话·明武宗遗事》:"帝哀怜甚,命葬关山之上,宠以殊礼,用黄土封茔。"

〔瘞〕《后汉书·独行传·范式》:"时式出行适还,省书见瘞,怆然感之,向坟揖哭,以为死友。"晋干宝《搜神记》卷十五:"我死当复生。埋我,以竹杖柱于瘞上。若杖折,掘出我。"《晋书·王敦传》:"有司议曰:'王敦滔天作逆,有无君之心,宜依崔杼、王凌故事,剖棺戮尸,以彰元恶。'于是发瘞出尸,焚其衣冠,踣而刑之。"

〔封〕《广雅·释丘》:"封,冢也。"《正字通·寸部》:"封,又筑土为坟。"《易经·系辞下》:"古之葬者,厚衣之以薪,葬之中野,不封不树。"孔颖达疏:"不积土为坟,是'不封'也。"《周礼·春官·冢人》:"凡有功者居前,以爵等为丘封之度与其树数。"郑玄注:"别尊卑也。王公曰丘,诸臣曰封。《汉律》曰:'列侯坟高四丈,关内侯以下至庶人各有差。'"《后汉书·东夷传·高句骊》:"金银财币尽于厚葬,积石为封,亦种松柏。"

【辨】

①词的本义不同。"坟"的本义应是高大的土丘。清徐灏《说文解字注笺》:"《方言》云:'坟,地大也。青、幽之间,凡土而高且大者,谓之坟。'郭璞注:'即大陵也。'《尔雅·释诂》曰:'坟,大也。'此乃坟之本义。"坟墓的"坟",开始是"葬必于高陵之上"(《吕氏春秋·节丧》),后来是泛指把死人埋入圹穴以后,再在其上聚土而隆起,形似土丘,因此,坟墓义应是其引申义。"墓"的本义是把死人埋入圹穴后,上面不再聚土。"盖自秦以前,皆谓葬而无坟者为墓,汉则坟墓通称。"(《广雅·释丘》王念孙疏证)"冢"的本义,《说文》认为是高大的坟墓。《说文》:"冢,高坟也。"段玉裁注:"土部曰:坟者,墓也。墓之高者曰冢。"但清徐灏《说文解字注笺》、清桂馥《说文义证》、清王筠《说文句读》都认为,"冢"的本义是高大,然后引申为山顶、坟墓。"垄"的本义是高丘。"垄"与"隆""陇"同源,都有高大的意思(参见王力《同源字典》)。"丘",《说文》解释为"土之高,非人所为也",即自然形成的山丘。"陵"的本义是大土丘。《说文》:"陵,大阜也。"《释名·释地》:"大阜曰陵。陵,陵隆也,体高隆也。""茔"的本义,段玉裁认为是墓地。段注本《说文》:"茔,墓地。"段玉裁注:"'地',各本作'也'。"

今正……按，茔之言营也。营者，匝居也，经营其地而葬之，故其字从营也。""瘗"的本义是埋藏（按：藏、葬同源）。《说文》："瘗，幽薶也。"段玉裁注："幽者，隐也。隐而薶之也。""封"的本义是聚土植树为界。《周礼·地官·封人》："掌诏王之社壝，为畿封而树之。"贾公彦疏："谓王之国外四面五百里，各置畿限，畿上皆为沟堑，其土在外面为封，又树木而为阻固。"《急就篇》卷三"埒封"下颜师古注："封为聚土以为田之分界也。"因坟一般都要在棺上聚土，引申为坟墓义。"土之高者曰坟，封者，《檀弓》云：'于是封之崇四尺。'郑玄注：'聚土曰封。'"（《广雅·释丘》：'封，冢也。'下清钱大昭疏义）

② 词义的内涵不同。"坟"有高地、大、隆起（表示坟起义时读 fèn）等义。"墓"有时用于埋葬义。"冢"还有大、山顶等义。"垄"还有高丘、田界、土埂等义。"丘"还有土山、废墟、邑里等义。"陵"还有登升、陵驾、超越、侵陵、战栗、衰微等义。"茔"还有墓地义。"瘗"还有埋、隐藏等义。"封"还有疆界、土堆、帝王分封给诸侯的土地、封闭、大、量词、姓氏等义。

bēi　jié
碑　碣

【同】墓前刻有文字的竖石。

〔碑〕《说文》："碑，竖石也。"《释名·释典艺》："碑，被也。此本葬时所设也，施鹿卢以绳被其上，引以下棺也。臣子追述君父之功美，以书其上，后人因焉……谓之碑也。"《玉篇·石部》："碑，铭石。"《后汉书·曹娥传》："至元嘉元年，县长度尚改葬娥于江南道旁，为立碑焉。"北魏郦道元《水经注·清水》："县故城西有汉桂阳太守赵越墓，冢北有碑，越字彦善……碑东又有一碑，碑北有石柱、石牛、羊、虎，俱碎，沦毁莫记。"唐韩愈《曹成王碑》："先王薨于今二十五年，吾昆弟在，而墓碑不刻，无文。"

〔碣〕《说文》："碣，特立之石也。"《广韵·月韵》："碣，今为碑碣字，李斯造。"北魏郦道元《水经注·济水二》："城西北三里，有项王羽之冢，半许毁坏，石碣尚存，题云项王之墓。"唐柳宗元《唐故兵部郎中杨君墓碣》："葬令曰：凡五品以上为碑，龟趺螭首；降五品为碣，方趺圆首。"唐张说《唐故处士河南元公碣铭》："乃建丰碣，追扬茂尘。"宋苏轼《与曾子固书》："祖父之没，轼年十二矣，固能记忆其为人，又尝见先人欲求人为撰墓碣。"

【辨】
①二者形制略有区别。碑的顶方,碣的顶圆。《字汇·石部》:"碣,碑碣。方者谓碑,圆者为碣。"《后汉书·窦融传附窦宪》:"封神丘兮建隆碣,熙帝载兮振万世。"李贤注:"方者谓之碑,员者谓之碣。碣亦碍也。"

②二者的内涵有所不同。"碑有三用:宫中之碑,识日景也;庙中之碑,以丽牲也;墓所之碑,以下棺也。"(清王筠《说文句读》)碑还有用来作为标记的竖石义(如里程碑、纪念碑等)。碣还有独立高举的样子义。

本　根　柢(氐)　株
běn　gēn　dǐ　　　zhū

【同】根,植物的基部。

〔本〕《说文》:"本,木下曰本。从木,一在其下。"《国语·晋语一》:"伐木不自其本,必复生。"《周礼·天官·醢人》:"昌本。"郑玄注:"昌本,菖蒲根。"《礼记·少仪》:"为君子择葱薤,则绝其本末。"孔颖达疏:"本,根也。葱薤根不净,末萎干,故择者必绝其二处。"《山海经·西山经》:"有草焉,其叶如蕙,其本如桔梗,黑华而不实,名曰蓇蓉。"郭璞注:"本,根也。"《汉书·刘向传》:"向每召见,数言公族者国之枝叶,枝叶落则根本无所庇荫。"

〔根〕《说文》:"根,木株也。"《庄子·则阳》:"万物有乎生而莫见其根,有乎出而莫见其门。"《史记·龟策列传》:"余至江南,观其行事,问其长老,云龟千岁乃游莲叶之上,蓍百茎共一根。"裴骃集解注引徐广曰:"蓍百年一本而生百茎。"《后汉书·延笃传》:"草木之生,始于萌芽,终于弥蔓,枝叶扶疏,荣华粉缛,末虽繁蔚,致之者根也。"

〔柢〕(氐)《尔雅·释言》:"柢,本也。"《说文》:"柢,木根也。"《老子》第五十九章:"有国之母,可以长久,是谓深根固柢,长生久视之道。"《韩非子·解老》:"树木有曼根,有直根。直根者,书之所谓柢也;柢也者,木之所以建生也。"《史记·鲁仲连邹阳列传》:"蟠木根柢,轮囷离诡,而为万乘器者,何则?以左右先为之容也。"裴骃集解注引张晏曰:"根柢,下本也。轮囷离诡,委曲槃戾也。"

"氐"为"柢"的古字。清徐灏《说文解字注笺》:"氐即根氐本字,相承增木为柢。"清朱骏声《说文通训定声》:"按,此字(氐)实即柢之古文。"

《尔雅·释天》:"寿星,角亢也。天根,氐也。"郭璞注:"角亢下系于氐,若木之有根。"

〔株〕《说文》:"株,木根也。"清徐灏《说文解字注笺》:"此指伐木之余而言。"《韩非子·五蠹》:"宋人有耕田者,田中有株,兔走触株折颈而死,因释其耒而守株,冀复得兔。"《史记·鲁仲连邹阳列传》:"故有人先谈,则以枯木朽株树功而不忘。"《后汉书·虞延传》:"其陵树株櫱,皆谙其数。"

【辨】
①词的本义微别。"本"是草木的底部,包括土上和土下的通称。"根"是指土下部分,"本言其全,根言其偏。"(《说文》"藕"下段玉裁注)"柢"指主根,即直根。"株"指伐木后土上剩余部分,南唐徐锴《说文解字系传》:"臣锴曰:入土为根,在土上者曰株。"

②词义的内涵不同。"本"还有树干、事物的基础或根本、本原、依据、原有的、自己方面的等义。"根"还有物体的基部、事物的根源、追究、根除等义。"柢"还有事物的根基义。"株"还有凡指草木、株连等义。

基 本
jī běn

【同】事物的根本或基础。

〔基〕《诗经·小雅·南山有台》:"乐只君子,邦家之基。"毛传:"基,本也。"《老子》第三十九章:"故贵以贱为本,高以下为基,侯王自谓孤寡不穀,此非以贱为本邪!"《左传·襄公二十四年》:"德,国家之基也。"《汉书·谷永传》:"王者以民为基,民以财为本。"

〔本〕《论语·学而》:"君子务本,本立而道生。"何晏集解:"本,基也。基立而后可大成。"《国语·晋语四》:"夫德义,生民之本也。"《孟子·离娄上》:"天下之本在国,国之本在家,家之本在身。"孙奭疏:"言天下之根本,独在于公侯为之根本也。"《礼记·昏礼》:"夫妇有义而后父子有亲,父子有亲而后君臣有正。故曰:昏礼者,礼之本也。"

【辨】
①词的本义不同。"基"的本义是墙基。《说文》:"基,墙始也。"清王筠《说文句读》:"谓墙之始也……今之垒墙者,必埋石地中以为基。""本"的本义是树木的基部。《说文》:"本,木下曰本。"

②词义的内涵不同。"基"还有开始义。"本"还有本原等义(参见"本 根 柢(氐) 株"条)。

菽(未 叔) 豆

【同】豆类植物的总称。

〔菽〕(尗 叔)《说文》写作"尗"。《说文》:"尗,豆也。象尗豆生之形也。"《玉篇·艸部》:"菽,豆名也。亦作尗。"《诗经·豳风·七月》:"禾麻菽麦。"《左传·成公十八年》:"周子有兄而无慧,不能辨菽麦,故不可立。"《吕氏春秋·孟夏纪》:"天子居明堂左个……食菽与鸡。"高诱注:"菽,豆也。"《韩非子·外储说左下》:"吾马菽粟多矣,其觼,何也?"

"菽"也写作"叔"。《字汇补·又部》:"叔,豆也。与菽同。"《汉书·昭帝纪》:"其令郡国毋敛今年马口钱,三辅、太常郡得以叔粟当赋。"颜师古注:"叔,豆也。"

〔豆〕《礼记·投壶》:"壶中实小豆焉。"(经书中仅此一例)《战国策·韩策一》:"韩地险恶山居。五穀所生,非麦而豆。民之所食,大抵豆饭藿羹。"《史记·张仪列传》在转录时改"豆"为"菽"。《汉书·杨恽传》:"种一顷豆,落而为萁。"三国魏曹植《七步诗》:"萁在釜下然,豆在釜中泣。"

【辨】

①词的本义不同。"豆"的本义是盛肉的器皿。《说文》:"豆,古盛肉器也。"假借为菽豆的豆。"菽(尗)"的本义就是豆。

②豆类,先秦称菽不称豆。《说文》:"尗,豆也。"段玉裁注:"尗、豆,古今语,亦古今字。此以汉语释古语也。""豆"字,"自战国以后乃有此称"(清徐灏《说文解字注笺》)。

茶(茶) 茗 荈

【同】茶叶,指茶树的嫩叶,经制作可沏成令人品味的饮料。

〔茶〕(茶) 南朝宋刘义庆《世说新语·纰漏》:"坐席竟,下饮,便问人云:'此为茶、为茗?'"唐刘禹锡《酬乐天闲卧见寄》诗:"诗情茶助爽,药力酒能宣。"唐陆羽《茶经·事》:"昙济道人设茶茗,子尚谓之曰:'此甘露也,何言茶茗?'""茶茗",同义连用。元方回《瀛奎律髓·风土类·王半山〈送周都官通判湖州〉》:"酒醥犹美好,茶荈正芳新。""茶荈",同义连用。明施惠《拜月亭》第九出:"草为茵褥,桥为住家,山花当饭,溪水当茶。"

"荼"是"茶"的古字。大徐本《说文》:"荼,苦荼也。"臣铉等曰:"此即今之'茶'字。"《尔雅·释木》:"槚,苦荼。"郭璞注:"树小,似栀子,冬生叶,可煮作羹饮。今呼早采者为荼,晚取者为茗。"郝懿行疏:"按,今茶字,古作'荼'……又,诸书说茶处,其字仍作'荼'。至唐陆羽著《茶经》始减一画作'茶'。今则知'茶',不复知'荼'矣。"宋魏了翁《邛州先茶记》:"茶之始,其字为荼。如《春秋》书'齐荼'(荼,齐国君。见《春秋经·哀公六年》)、《汉志》书'荼陵'(按:即茶陵。见《汉书·地理志》)之类。陆、颜诸人虽已转入茶音,而未敢辄易字文也。若《尔雅》,若《本草》,犹从艹从余,而徐鼎臣训茶犹曰:'即今之茶字也。'惟自陆羽《茶经》、卢仝《茶歌》、赵赞《茶禁》以后,则遂易荼为茶,其字为艹、为人、为木,而谓荼为茅秀,为苦菜,终无有命荼为荼者矣。"清顾炎武《唐韵正》卷四:"荼,宅加切,古音涂。按,茶荈之荼、荼苦之荼,本是一字,古时未分麻韵,茶荈字只读为徒。汉魏以下乃音宅加反,而'加'字音居何反,犹在歌戈韵,梁以下始有今音。又妄减一画为茶字……则此字变于唐以下也。"顾炎武在《日知录·茶》中,又重申"荼字自中唐始变作茶"。

〔茗〕 大徐本《说文·艹部》:"茗,茶芽也。"北魏杨衒之《洛阳伽蓝记·正觉寺》:"常饭鲫鱼羹,渴饮茗汁。"唐杜甫《重过何氏五首》:"落日平台上,春风啜茗时。""啜茗",即饮茶。宋欧阳修《庐陵文钞·与石推官第二书》:"世之好学其书而悦之者,与嗜饮茗、阅画图无异。"明兰陵笑笑生《金瓶梅》第三一回:"西门庆道:'杯茗相邀,得蒙光降,顿使蓬荜生辉。'"

〔荈〕《尔雅·释木》"槚,苦荼"下晋郭璞注:"早采者为荼,晚取者为茗。一名荈。"陆德明释文引张揖《杂字》:"荈,茗之别名也。"《三国志·吴志·韦曜传》:"曜素饮酒不过二升,初见礼异时,常为裁减,或密赐茶荈以当酒。""茶荈",同义连用。唐皮日休《茶中杂咏·茶坞》诗:"种荈已成园,栽荋宁记苗!"宋梅尧臣《得雷太简自制蒙顶茶》诗:"蜀荼久无味,声名谩驰骋。"清纪昀《阅微草堂笔记·如是我闻四》:"老儒故善治生:冬不裘,夏不绨,食不肴,饮不荈。"

【辨】

①词的本义略有不同。"茶"字,《说文》作"荼",本义就是茶叶。《说文》:"荼,苦荼也。"大徐本《说文》下注:"同都切。臣铉等曰:'此即今之茶字。'"《说文系传》:"臣锴按:《尔雅》:'荼,苦菜。'即今荼茗也。""茗"字约产生在汉代,但实际流行约在魏晋时期。其本义略有差异。大徐本新附字《说文》:"茗,荼芽也。"认为是刚长出的嫩芽。《尔雅·释木》:"槚,苦荼。"晋郭璞注:"今为早采者为荼,晚取者为茗。一名荈。"认为是晚采摘的茶叶。"荈"字《说文》无,《玉篇》收有。《玉篇·艸部》:"荈,茶叶老者。"实际上应是茶的别名。陆德明《经典释文·〈尔雅〉音义》:"荈、蔎、茗,其实一也,张揖《杂字》云:'茗之别名也。'"

②词义的内涵略有不同。"茶"的内涵较广,除用于由茶叶沏成的饮料外(今还可用于其他材料制成的饮料),还可表示茶树、唐时对小女孩的美称、旧时订婚聘礼的代称、姓氏等义。"茗"还有姓氏义。"荈"一般只用于用茶叶沏成的饮料义,且使用频率较低。

柴 樵 薪 蒸 荛
chái qiáo xīn zhēng ráo

【同】用作燃料的木柴或草柴。

〔柴〕《说文》:"柴,小木散材。""小木散材",指不成材,只能用作燃料。《广韵·佳韵》:"柴,薪也。"《左传·僖公二十八年》:"栾枝使舆曳柴而伪遁。"《礼记·祭法》:"燔柴于泰坛,祭天也。"孔颖达疏:"燔柴于泰坛者,谓积薪于坛上,取玉及牲置柴上燔之,使气达于天也。"《列子·汤问》:"秦之西有义渠之国者,其亲戚死,聚柴积而焚之,熏则烟上,谓之登遐,然后成为孝子。"

〔樵〕《说文》:"樵,散木也。"《诗经·小雅·白华》"樵彼桑薪"孔颖达疏:"樵者,薪之一名。"唐玄应《一切经音义》卷十五:"樵,木也,亦薪也。"《左传·桓公十二年》:"请无扞采樵者以诱之。"杜预注:"扞,卫也。樵,薪也。"《汉书·扬雄传上》:"樵蒸焜上。"颜师古注:"樵,木薪也。蒸,麻杆也。焜,同也。言以樵及蒸燎天,炎上于天。"

〔薪〕《说文》:"薪,荛也。"《玉篇·艸部》:"薪,柴也。"《诗经·齐风·南山》:"析薪如之何,非斧不克。"《孟子·告子上》:"今之为仁者犹以杯水救一车薪之火也。"《战国策·楚策三》:"楚国之食贵于玉,薪贵于桂。"《史记·魏世家》:"且夫以地事秦,譬犹抱薪救火,薪不尽,火不灭。"

〔蒸〕南唐徐锴《说文解字系传》:"蒸,析麻中干也。从艸烝声。臣锴曰:可以烧也。"《玉篇·艸部》:"蒸,麤曰薪,细曰蒸。"《诗经·小雅·正月》:"瞻彼中林,侯薪侯蒸。"孔颖达疏:"《无羊》云:'尔牧来思,以薪以蒸。'则薪、蒸,柴樵之名。"《左传·昭公二十年》:"薮之薪蒸,虞候守之。"《周礼·地官司徒·委人》:"凡其余聚以待颁赐,以式法共祭祀之薪蒸木材。"郑玄注:"薪蒸,给炊及燎。麤者曰薪,细者曰蒸。"

〔荛〕《说文》:"荛,薪也。"清朱骏声《说文通训定声》:"《左昭十三传》:'淫刍荛者。'疏:'供燃火之草薪。'《管子·轻重甲》:'卖其薪荛。'注:'大曰薪,小曰荛。'"

【辨】

①词的本义微别。"柴""樵""薪",是木柴。《说文》释"柴"为"小木散材",释"樵"为"散木"。"薪"字虽从艸,但与"新(从斤,《说文》释为取木也)"同源,也应是木柴。《礼记·月令》:"乃命四监收秩薪柴。"郑玄注:"大者可析谓之薪,小者合束谓之柴。""荛"是草柴。《说文》等字书均释为草薪。"蒸"是兼指草柴或劈细的竹木等细柴。"蒸"还常用于以麻、秸、芦苇或劈成细条的竹木等捆成的火把。《广雅·释器》:"蒸,炬也。"王念孙疏证:"凡析麻幹及竹木为炬,皆谓之蒸。"

②词义的内涵不同。"柴"与"紫"同源,还有焚柴祭天义。"樵"还有打柴、打柴的人等义。"薪"还有打柴、薪水等义。"蒸"还有熏蒸、蒸腾、祭祀名等义。"荛"还有打柴草、打柴草的人等义。

功 劳 勋(勳) 绩(勣) 伐(阀) 烈

gōng　láo　xūn　　　jī　　　fá　　liè

【同】功绩,对国家或事业有贡献。

〔功〕《周礼·夏官·司勋》:"王功曰勋,国功曰功。"郑玄注:"保全国家,若伊尹。"《商君书·君臣》："明王之治天下也，缘法而治，按功而赏。"《韩非子·内储说上》："有过不罪，无功受赏，虽亡，不亦可乎！"《淮南子·人间训》："天下有三危：少德而多宠，一危也……身无大功而受厚禄，三危也。"汉王充《论衡·骨相篇》："其后（卫）青为军吏，战数有功，超封增官，遂为大将军，封为万户侯。"

〔劳〕《尚书·盘庚》："世选尔劳，予不掩尔善。"孔颖达疏："言我世世选汝功勤，不掩蔽汝善。"《国语·吴语》："吴王夫差既退于黄池，乃使王孙苟告劳于周。"韦昭注："劳，功也。"《墨子·尚贤上》："故当是时，以德就列，以官服事，以劳殿赏，量功而分禄。""以劳殿赏"，以功劳定赏。《商君书·错法》："是以明君之使其臣也，用必加于其劳，赏必出于其功。"汉桓宽《盐铁论·非鞅》："君子进必以道，退不失义，高而勿矜，劳而不伐。""劳而不伐"，有功而不自夸。

〔勋〕（勳） 晋葛洪《抱朴子·逸民》："夫善卷无治民之功，未可谓之减于俗吏；仲尼无攻伐之勋，不可谓不及于韩、白矣。"

"勳"是"勋"的正字，"勋"是"勳"的重文。《说文》："勳，能成王功也。从力熏声。勋，古文'勳'从员。"古籍中习写作"勳"。《尔雅·释诂下》："勳，功也。"《尚书·大禹谟》："尔尚一乃心力，其克有勋。"孔颖达疏："汝等庶几同心尽力，以从我命，其必能有大功勋。"《周礼·夏官·司勋》："王功曰勳。"郑玄注："辅成王业，若周公。"《礼记·明堂位》："成王以周公为有勳劳于天下，是以封周公于曲阜。"郑玄注："王功曰勳，事功曰劳。"

〔绩〕（勣）《广韵·锡韵》："绩，功业也。"《尚书·尧典》："允厘百工，庶绩咸熙。"孔安国传："允，信；厘，治；工，官；绩，功；咸，皆；熙，广也。言……能信治百官，众功皆广。"《诗经·大雅·文王有声》："丰水东注，维禹之绩。"郑玄笺："绩，功……昔尧时洪水，而丰水亦泛滥为害。禹治之，使入渭，东注于河，禹之功也。"《汉书·食货志上》："民三年耕，则余一年之畜……故三载考绩。"颜师古注："三年一考其功也。"《后汉书·荀彧传》："原其绩效，足享高爵。""绩效"，功绩。

"绩"也写作"勣"。《玉篇·力部》："勣，功也。"《集韵·锡韵》："勣，功名。通作'绩'。"南朝梁刘勰《文心雕龙·封禅》："陈思《魏德》，假论客主，问答迂缓，且已千言，劳深勣寡，飚焰缺焉。""勣"，一本作"绩"。

〔伐〕（阀）《左传·庄公二十八年》："若使大子主曲沃，而重耳、夷吾主蒲与屈,则可以威民而惧戎,且旌君伐。"杜预注:"旌,章也;伐,功也。"又《成公十六年》:"晋侯使郤至献楚捷于周,与单襄公语,骤称其伐。"杨伯峻注:"屡夸己功。"《史记·高帝本纪》:"怀王者,吾家项梁所立耳,非有功伐,何以得主约?""功伐",功劳,同义连用。《资治通鉴·晋穆帝永和元年》:"今戎事方兴,勳伐既多,官未可减。"胡三省注:"王功曰勳,积功曰伐。"

"伐"也写作"阀"。唐张季明《对舆尸谒庙判》:"圣立谟训,礼明沿袭,文物大备,沮劝攸先,茂阀高勋,载在王府。"唐陆贽《慰问四镇北庭将吏敕书》:"卿等诚节昭宣,勋阀茂著,到此之后,当特甄升。""勋阀",同义连用。宋欧阳修《答谢景山遗古瓦砚歌》诗:"干戈战罢数功阀,周蔑方召尧无皋。""功阀",同义连用。

〔烈〕《尔雅·释诂下》:"烈,业也。"郭璞注:"谓功业也。"清郝懿行疏:"烈者,上文云:'光也。'有功业则光美,义相成也。故谥法云:'有功安民曰烈。'"《诗经·周颂·执竞》:"执竞武王,无竞维烈。不显成康,上帝是皇。"毛传:"无竞,竞也;烈,业也;不显乎其成大功而安之也。显,光也;皇,美也。"《礼记·祭统》:"铭者,论譔其先祖之有德善、功烈、勋劳、庆赏、声名,列于天下。"郑玄注:"勋,业也;王功曰勋,事功曰劳。"孔颖达疏:"功烈、勋劳、庆赏、声名列于天下者,此先祖美善之事也。烈,业也。谓有功业勋劳,有庆赏声名著于天下者也。"汉贾谊《新书·礼容语下》:"九州之民,四荒之国,歌谣文、武之烈。""烈",功绩。

【辨】

①词的本义不同。"功"的本义是功绩。《说文》:"功,以劳定国也。"清桂馥《说文义证》:"以劳定国也者,《释诂》:'绩、勋,功也。'郭云:'谓功劳也。'"清王筠《说文句读》:"《司勋》:'国功曰功。'注:'保全国家,若伊尹。'又注:'事功曰劳。'云'以劳定国,若禹。'""劳"的本义是辛劳。《说文》:"劳,剧也。"清王筠《说文句读》:"《说文》无'剧',当作'勮'。"《史记·屈原传》:'劳苦倦极。'"清朱骏声《说文通训定声》:"用力曰劳……《尔雅·释诂》:'劳,勤也。'《论语》:'有事弟子服其劳。'皇疏:'苦也。'《越语》:'劳而不矜其功。'注:'动而不已也。'"引申为功劳、功绩。清桂馥《说文义证》:"《诗·民劳》:'无弃尔劳。'笺云:'劳犹功也。'""勋"的本义是辅成王业的功劳。《说文》:"勋,能成王功也。"段玉裁注:"《司勋》曰:

'王功曰勋。'郑云：'辅成王业，若周公。'"清王筠《说文句读》："《史记·高帝功臣年表》：'以德立宗庙，定社稷曰勋。'"

"绩"的本义是析麻以制线。《说文》："绩，缉也。"段玉裁"绩"下注："《豳风》：'八月载绩。'传曰：'载绩，丝事毕而麻事起矣。'绩之言积也，积短为长，积少为多，故《释诂》曰：'绩，继也，事也，功也，成也。'《左传》曰：'远绩禹功。'《大雅》曰：'维禹之绩。'传曰：'绩，功也。'"清朱骏声《说文通训定声》："[转注]《尔雅·释诂》：'功也……'字亦作'勣'。《声类》：'勣，功也。'"

"伐"的本义是持戈击刺。《说文》："伐，击也。从人持戈。"段玉裁注："《诗》：'勿剪勿伐。'传：'钲人伐鼓。'传皆曰：'伐，击也。'《礼记·郊特性》：'二日伐鼓，何居？'郑曰：'伐，犹击也。'《尚书》：'不愆于四伐五伐。'郑曰：'一击一刺曰伐。'《诗》：'是伐是肆。'笺云：'伐谓击刺之。'按，此'伐'之本义也。引伸之乃为征伐。"又引申为功绩。"伐人者有功，故《左传》：'诸侯言时记功，大夫称伐。'"（同上）清潘奕隽《说文解字通正》："《史记》《汉书》'伐阅'字，俱从此，是'伐'正字，'阀'新附字也。"

"烈"的本义是火势猛烈。《说文》："烈，火猛也。"段玉裁注："《大雅》曰：'载燔载烈。'传：'传火曰燔，贯之加于火曰烈。'《商颂》曰：'如火烈烈。'"引申为功绩。清朱骏声《说文通训定声》："[转注]又《尔雅·释诂》：'烈，业也。'《诗·武》：'无竞维烈。'《周书·谥法》：'有功安民曰烈。秉德遵业曰烈。'《淮南·要略》：'此《鸿烈》之《泰族》也。'注：'功也。'"编者按：原注为："鸿，大也；烈，功也。凡二十篇，总谓之《鸿烈》。"

②词义的内涵不同。"功"还有从事劳动、功效、功力、坚致、丧服等义。"劳"还有劳动、役使、效劳、劳累、忧愁、耗费以及表敬等义。"勋"还有率领、古州名等义。"绩"还有继承、成绩等义。"伐"还有砍伐、敲击、征伐、夸耀等义。"烈"还有猛烈、厉害、浓烈、忠烈等义。

俸(奉) 禄 薪 饷
fèng　　lù　　xīn　　xiǎng

【同】 薪俸，官吏或军警的薪给。

〔俸〕(奉)《玉篇·人部》："俸，俸禄也。"《韩非子·奸劫弑臣》："国有无功得赏者，则民……皆欲行货财事富贵，为私善立名誉，以取尊官厚俸。"

唐韩愈《雪后寄崔二十六丞公》诗:"秩卑俸薄食口众,岂有酒食开容颜。"唐元稹《遣悲怀》诗之一:"今日俸钱过十万,与君营奠复营斋。"清吴敬梓《儒林外史》第七回:"到七日上,李老爷果然奉旨出狱,只罚了三个月的俸。"

"奉"是"俸"的古字。《广雅·释诂四》:"奉,禄也。"《集韵·用韵》:"俸,秩禄也。或作奉。"《战国策·赵策四》:"人主之子也,骨肉之亲也,犹不能恃无功之尊,无劳之奉,以守金玉之重也,而况人臣乎?"《史记·平津侯主父列传》:"弘位在三公,奉禄甚多。"又《萧相国世家》:"高祖以吏繇咸阳,吏皆送奉钱三,何独以五。"

〔禄〕《广韵·屋韵》:"禄,俸也。"《集韵·屋韵》:"禄,居官所给廪。"《国语·楚语下》:"成王每出子文之禄,必逃。"韦昭注:"禄,俸也。"《周礼·天官·大宰》:"四曰禄位,以驭其士。"郑玄注:"禄,若今月奉也。"贾公彦疏:"禄,若今之月奉也'者,古者,禄皆月别给之,汉之月奉亦月给之,故云'若今月奉也。'"《韩非子·内储说下》:"君何不迎之以重禄高位?"《汉书·晁错传》:"受禄不过其量。"汉王充《论衡·答佞篇》:"或问曰:'贤者行道,得尊官厚禄矣,何必为佞以取富贵?'"

〔薪〕后起义。"薪"用于薪俸义约始于清代。清俞樾《茶香室丛钞·薪俸》:"国初官员又给薪之例,故至今薪俸之名犹在人口,而近来各局委有薪水之给,亦本此也。"《清文献通考·国用四》:"坐粮厅关仓河船厂、砖厂各差官,除照品赴部支领俸薪外,岁给蔬菜、烛、炭银四十一两。"

〔饷〕《明史·食货志六》:"国家经费,莫大于禄饷。"《清通典·食货四》:"惟浙江驻防官兵,仍照京制支领俸饷,不给田地。"清黄钧宰《金壶浪墨·熙朝财赋》:"岁出兵饷官俸……恒在四千万以内。"清蒲松龄《聊斋志异·王者》:"湖南巡抚某公,遣州佐押解饷六十万赴京。"

【辨】

①词的本义不同。《说文》无"俸"字,"俸"为"奉"的今字。徐铉本《说文》后附"二十八俗书讹谬不合六书之体"的字中收有"俸"字,下注有小字:"本只作'奉'。古为之奉禄,后人加'人'。""奉"的本义为承受,《说文》:"奉,承也。"引申出进奉、奉养、俸禄等义。"禄"的本义是福,《说文》:"禄,福也。"清徐灏《说文解字注笺》:"浑言则福、禄义同,析言则食饷谓之禄。《王制》郑注:'禄,所受食。'是也。""薪"的本义是柴。

《说文》:"薪,荛也。""薪"引申出薪俸义后,开始是作为俸禄的补充。清谈迁《北游录·纪闻下》:"满官支俸不支薪……汉官俸薪兼支。"《六部成语·户部》:"官员每年所收之禄曰俸,此外另有月给曰薪水。""饷"的本义是送食物给人。《说文》:"饷,饟也。"纽树玉校录:"《一切经音义》卷十三及《韵会》引作'馈也'。《玉篇》注亦同。"后引申为军粮,又引申为军饷。

②词义的内涵不同。"俸"一般只用于薪俸义。"禄"还有封邑、禄食义。"薪"可用作动词,有取薪义。(《诗经·大雅·棫朴》:"芃芃棫朴,薪之槱之。"毛传:"山木茂盛,万民得而薪之。")"饷"还有赠送、食物等义。

龟 贝 泉 刀 布 货 钱 金 银 币
guī bèi quán dāo bù huò qián jīn yín bì

【同】货币,与商品等价,是商品价值的代表,可用以购买任何商品。

〔龟〕《广雅·释诂四》:"龟,货也。"《玉篇·龟部》:"龟,货之宝也。"《史记·平准书》:"虞、夏之币……或钱,或布,或刀,或龟贝。"《汉书·食货志下》:"莽即真,以为书'刘'字有'金''刀',乃罢错刀、契刀及五铢钱,而更作金、银、龟、贝、钱、布之品,名曰'宝货'。"南朝齐王融《永明九年策秀才文》:"既龟贝积寝,缗襁专用。"李周翰注:"古者货用贝、宝用龟,比今之用钱。"

〔贝〕《尚书·盘庚中》:"兹予有乱政同位,具乃贝玉。"孔颖达疏:"贝者,水虫。古人取其甲以为货,如今之用钱然。"《史记·平准书论》:"太史公曰:农工商交易之路通,而龟、贝、金、钱、刀、布之币兴焉。"汉桓宽《盐铁论·错币》:"古者,市朝而无刀币……后世即有龟贝金钱,交施之也。"

〔泉〕《广韵·仙韵》:"泉,钱别名。"《周礼·地官·序官》"泉府"汉郑玄注引郑司农云:"故书泉或作钱。"贾公彦疏:"泉与钱,今古异名。"《管子·轻重丁》:"凡称贷之家,出泉参(三)千万,出粟参数千万钟。"南朝宋沈演之《以一大钱当两议》:"龟贝行于上古,泉刀兴自有周,皆所以阜财通利,实国富民者也。"《通志·食货略二·钱币》:"自太昊以来,则有钱矣。太昊氏、高阳氏谓之金,有熊氏、高辛氏谓之货,陶唐氏谓之泉,商人、周人谓之布,齐人、莒人谓之刀。"

〔刀〕《玉篇·刀部》:"刀,亦名钱,以其利于人也;亦名布,分布人间也。"《墨子·经说下》："刀籴相为贾,刀轻则籴不贵,刀重则籴不易。"毕沅校注："(刀)谓泉刀。"《荀子·荣辱》："今人之生也……余刀布,有囷窌,然而衣不敢有丝帛。"杨倞注："刀、布皆钱也。"《史记·平准书》："虞、夏之币……或钱,或布,或刀,或龟贝。"司马贞索隐："刀者,钱也。"《汉书·食货志下》："错刀,以黄金错其文,曰'一刀直五千'。"

〔布〕《诗经·卫风·氓》："氓之蚩蚩,抱布贸丝。"毛传："布,币也。"郑玄笺："币者,所以贸买物也。"《周礼·地官·司徒》："以商贾阜货而行布。"郑玄注引郑司农云："布,谓泉也。"《汉书·食货志下》："大布、次布、弟布、壮布、中布、差布、厚布、幼布、幺布、小布……是为布货十品。"颜师古注："布亦钱耳。"

〔货〕《周礼·秋官·职金》："掌受士之金罚、货罚,入于司兵。"郑玄注："货,泉贝也。"《汉书·食货志下》："百姓愦乱,其货不行,民私以五铢钱市买。"《隋书·食货志》："交、广之域,全以金银为货。"《宋书·刘秀之传》："先是汉川悉以绢为货,秀之限令用钱,百姓至今受其利。"

〔钱〕《正字通·金部》："钱,冶铜为钱,易货也。"《国语·周语下》："景王二十一年,将铸大钱。"韦昭注："钱者,金币之名,所以贸货物,通财用者也。古曰泉,后转曰钱。"《史记·平准书》："虞、夏之币……或钱,或布,或刀,或龟贝。"司马贞索隐："钱本名泉,言货之流如泉也。故周有泉府之官,及景王乃铸大钱。"唐杜甫《最能行》："富豪有钱驾大舸,贫穷取给行艓子。"《宋史·岳飞传》："或问天下何时太平?飞曰:'文臣不爱钱,武臣不惜死,天下太平矣。'"

〔金〕《史记·平准书》："虞、夏之币,金为三品:或黄,或白,或赤。"北齐颜之推《颜氏家训·名实》："吾见世人,清名登而金贝入,信誉显而然诺亏。"卢文弨补注："《汉书·食货志》:'金刀龟贝,所以通有无也。'"南朝梁释慧皎《高僧传·释道远》："远周贫济乏,身无留财,有元绍比丘,每给以金贝,远让而弗受。"宋薛嵎《省试舟中》诗："阙下春光近,囊金又一空。"

〔银〕 宋方勺《青溪寇轨》："且声色、狗马、土木、祷词、甲兵、花石糜费之外,岁赂西北二虏银绢以百万计,皆吾东南赤子膏血也。""银"用作货币义时,也称银子或银两。明兰陵笑笑生《金瓶梅》第三十五回："向五被人争地土,告在屯田兵备道打官司,使了好多银子……如今手里弄的没钱了。"清西周生《醒世姻缘传》第九十六回："生出无穷事,骗去许多银。"

《水浒传》第三十七回:"两个自说道:'我们虽是吃了惊恐,却赚得许多银两。'"

〔币〕《管子·国蓄》:"先王为其途之远,其至之难,故托用于其重,以珠玉为上币,以黄金为中币,以刀布为下币。"《史记·吴王濞列传》:"吴王濞倍德反义,诱受天下亡命罪人,乱天下币。"裴骃集解引如淳曰:"币,钱也。以私钱淆乱天下钱也。"《汉书·食货志下》:"于是乎量资币,权轻重,以救民。"颜师古注:"凡言币者,皆所以通货物、易有无也,故金之与钱,皆名为币也。"

【辨】

①词的本义不同。"龟"的繁体字写作"龜",本义是乌龟。《说文》:"龜,旧也,外骨内肉者也。从它,龟头与它头同。"因其"是天下之宝",引申为钱币。清朱骏声《说文通训定声》:"《史记·龟策传》:'龟者,是天下之宝也。'《广雅·释诂四》:'龟,货也。'按,古者,货贝而宝龟。《易·损》:'十朋之龟。'崔憬注:'元龟值二十大贝,双贝曰朋也。'按,本《汉书·食货志》:'龟宝四品。'""贝"的本义是有壳的软体动物,引申为钱币。《说文》:"贝,海介虫也。居陆名猋,在水名蜬。象形。古者,货贝而宝龟。周而有泉,至秦废贝用钱。"段玉裁注:"秦始废贝专用钱,变泉为钱者,周曰泉,秦曰钱,在周秦为古今字也。金部'钱'下锴本云:'一曰货也。'《檀弓》注曰:'古者谓钱为泉布。'则知秦汉曰钱,周曰泉也。"清王筠《说文句读》:"上言'泉',此言'钱'者,各举当日之名名之也。《国语》:'周景王铸大钱。'《天官·外府》注引作'泉'。《地官·泉府》注:'故书泉或作钱。'云'或作'者,不尽然也。盖写者以时行字易之。郑君以其周时之书,故不从之。""泉"的本义是泉水。《说文》:"泉,水原也,象水流出成川形。"因钱币流通如泉水"其行无不遍也",引申为钱币。段玉裁注:"引申之,古者谓钱曰泉布。许云:'古者,货贝而宝龟,周而有泉,至秦废贝用钱。'""刀"的本义是兵器之一。《说文》:"刀,兵也。象形。"段玉裁注:"刀者,兵之一也。"因古时钱币似刀形,引申为钱币。清朱骏声《说文通训定声》:"[转注]《荀子·荣辱》:'余刀布。'注:'钱也。'《汉书·食货志》:'及金、刀、龟、贝。'注:'谓钱币也。'(又)'利于刀。'注:'名钱为刀者,以其利于民也。'按,始铸为刀形,即以命之。""布"的本义是麻布。《说文》:"布,枲织也。"引申为钱币。段玉裁注:"古者无今之木绵布,但有麻布及葛布

而已。引伸之，凡散之曰布，取义于可卷舒也。""货"的本义是财物。《说文》："货，财也。"《尚书·洪范》："二曰货。"孔安国传："宝用物。"孔颖达疏："货者，金玉布帛之总名，皆为人用，故为'用物'。"引申为货币。《周礼·秋官·职金》："掌受士之金罚、货罚。"郑玄注："货，泉贝也。"贾公彦疏："云'货，泉贝也'者，《汉书·食货志》云：'王莽时，有货布大泉及货贝。'故知货中泉、贝两有也。""钱"的本义，《说文》释"钱 jiǎn"为"铫也"，即农具。但小徐本《说文》收有"一曰货也"，认为是"钱"的别义。段注本《说文》也收有"一曰货也"，并注曰："大徐无此四字。按，贝部下曰：'古者货贝而宝龟，周而有泉，至秦废贝用钱。'《檀弓》注曰：'古者谓钱曰泉布。'《周礼·泉府》注：'郑司农云：故书泉，或作钱。'《外府》注云：'其藏曰泉，其行曰布，取名于水泉，其流行无不遍。'《周语》：'景王二十一年，将铸大钱。'韦曰：'古曰泉，后转曰钱。'玉裁谓秦汉乃假借钱为泉。《周礼》《国语》早有'钱'字，是其来已久，'钱'行而'泉'废矣，昨先切（qián）。""金"的本义是金属的总称。《说文》："金，五色金也，黄为之长。久薶不生衣，百炼不轻，从革不违。西方之行，生于土，从土，左右注，象金在土中形，今声也。"清徐灏《说文解字注笺》："'五色'者，白金银，青金铅，赤金铜，黑金铁，与黄金而为五也。"引申为货币。清朱骏声《说文通训定声》："[转注]《公羊隐五传》：'百金之鱼，公张之。'注：'百金，犹百万也。古者以金重一斤，若今万钱矣。'""银"的本义是白银。《说文》："银，白金也。"约宋元时引申为货币义。"币"的本义是丝织品，即帛。《说文》："币，帛也。"段玉裁注："帛者，缯也。"引申为钱币。清朱骏声《说文通训定声》："[转注]《汉书·武帝纪》：'有司以币轻多奸。'注：'钱也。'《食货志》：'量资币。'注：'凡言币者，皆所以通货物，易有无也，故金之与钱，皆名为币。'"

②词义的内涵不同。"龟"还有占卜、印章、兽类背部隆起处、古地名或山名等义。"贝"还有锦上的贝形花纹、古乐器名、古州名等义。"泉"还有地下水、黄泉（指阴间）等义。"刀"还有小船、量词（纸的计量单位）、姓氏等义。"布"还有赋税、公布、散布、展开、设置等义。"货"还有货物、贿赂、买或卖、对人的贱称、姓氏等义。"钱"还有量词（一两的十分之一）、像铜钱的东西、姓氏等义。"金"还有黄金、钱财、金属制品、如金之贵重或坚固、金色、五行之一、星名、地名或山名、姓氏等义。"银"还有银

质器物、银色等义。"币"还有财物、赠送等义。

书 籍
shū jí

【同】 写在竹帛或纸上连缀成册或卷帙的著作。

〔书〕《说文》:"书,箸也。"《说文解字·叙》:"箸于竹帛谓之书。"段玉裁注:"附著而著明之于竹帛也。"清朱骏声《说文通训定声》:"作书,上古以刀录于竹若木,中古以漆画于帛,后世以墨写于纸。"《淮南子·道应训》:"桓公读书于堂,轮扁斫轮于堂下。释其椎凿,而问桓公曰:'君之所读者,何书也?'桓公曰:'圣人之书。'"汉扬雄《法言·五百》:"圣人矢口而成言,肆笔而成书。"《史记·老子韩非列传》:"秦王见《孤愤》《五蠹》之书,曰:'嗟乎!寡人得见此人与之游,死不恨矣!'斯曰:'此韩非之所著书也。'"

〔籍〕《说文》:"籍,簿书也。"段玉裁注:"引申之,凡著于竹帛皆谓之书。"《周礼·秋官·小行人》:"小行人掌邦国宾客之礼籍,以待四方之使者。"郑玄注:"礼籍,名位尊卑之书。"《尚书·序》"史籍"下孔颖达疏:"此言史籍,籍者,古书之大名。由文而有籍,谓之文籍;因史所书,谓之史籍;可以为常,故曰典籍。义亦相通也。"汉王充《论衡·自纪篇》:"尧、舜之典,五伯不肯观;孔、墨之籍,季孟不肯读。"

【辨】

①词的本义不同。"书"的本义是书写。清王筠《说文句读》:"案,古者,书衹三义:书写,其本义也;因而所写之字谓之书;《尚书》者,史所书也,亦谓之书。""籍"的本义是簿册。《释名·释书契》:"籍者,藉也,所以籍疏人名户口也。"

②词义的内涵不同。"书"还有文字、诏书、奏记、书信等义。"籍"还有登记在册表示身份的依据(如户籍、门籍、官籍、学籍)义、籍贯、登记等义。

版 方 牍 牒 札
bǎn fāng dú dié zhá

【同】 古时用来书写的薄木片(相当于今天的纸)。

〔版〕《说文》:"版,片也。"(段注本)段玉裁注:"牍专为用于书者,然则《周礼》之'版'、《礼经》之'方',皆牍也。"(《说文》"牍"下段玉裁注)《管子·宙合》:"故身退不舍端,修业不息版。"房玄龄注:"版,牍也。"南朝宋刘义庆《世说新语·方正》:"太极殿始成,王子敬时为谢公长史,谢送版使王题之。"

〔方〕《正字通·方部》:"方、策,版也。大曰策,小曰版。"《周礼·秋官·哲蔟》:"哲蔟氏掌覆夭鸟之巢,以方书十日之号……县其巢上,则去之。"郑玄注:"方,版也。"《管子·霸形》:"于是令百官有司,削方墨笔,明日皆朝于太庙之门,朝定令于百吏。"房玄龄注:"方谓版牍也。"《史记·张丞相列传》:"秦时为御史,主柱下方书。"集解:"方,版也,为书事在版上者也。"晋葛洪《抱朴子·良规》:"方策所载,莫不尊君卑臣。"

〔牍〕《说文》:"牍,书版也。"《急就篇》卷三"椠牍家"下颜师古注:"牍,木简也。既可以书,又执之以见于尊者,形似今之木笏,但不挫其角耳。"《战国策·齐策六》:"君王后曰:'善。'取笔牍受言。"鲍彪注:"牍,书版也。"《史记·滑稽列传》:"朔初入长安,至公车上书,凡用三千奏牍。"《汉书·外戚传》:"后三日,客持诏记与武,问:'儿死未?'手书对牍背。"颜师古注:"牍,木简也。时以为诏记问之,故令于背上书对辞。"

〔牒〕《说文》:"牒,札也。"段玉裁注:"木部云:'札,牒也。'《左传》曰:'右师不敢对,受牒而退。'司马贞曰:'牒,小木札也。'按,厚者为牍,薄者为牒。"《广雅·释器》:"牒,版也。"《广韵·帖韵》:"牒,书版曰牒。"《战国策·齐策四》:"孟尝君乃取所怨五百牒,削去之,不敢以为言。"《汉书·薛宣传》:"宣察湛有改节敬宣之效,乃手自牒书。"颜师古注:"牒书,谓书于牒简也。"汉王充《论衡·量知篇》:"截竹为筒,破以为牒,加笔墨之迹,乃成文字,大者为经,小者谓传记。"

〔札〕《说文》:"札,牒也。"段玉裁注:"片部曰:'牒,札也。'二字互训。《释名》曰:'札,栉也,编之如栉齿相比也。'"《急就篇》卷三"简札"下颜师古注:"札者,木牒所以书之也。"《史记·司马相如列传》:"上许,令尚书给笔札。"《后汉书·章帝纪》:"尧试臣以职,不直以言语笔札。"唐皎然《上居示灵澈上人》诗:"乍削柳枝聊代札,时窥云影学裁衣。

【辨】

①词的本义微别。"版""方""牍"厚于"牒""札"。《说文》:"椠,牍朴

也。"椠,是版牍的粗坯。椠,加工后制成版;版,加工后制成牍;而牒、札,则又薄于版、牍。《说文》"牒"下段玉裁注和清朱骏声《说文通训定声》都释为"厚者为牍,薄者为牒。"清徐灏《说文解字注笺》:"牒者,叠也。戴氏侗曰:'薄可联合为牒。'""长大者曰椠,薄小者曰牒曰札。"(《说文》"札"下段玉裁注)

②词义的内涵不同。"版"还有木板、筑土墙用的夹板、户籍、图籍、笏等义。"方"还有并船、方形、方向、方圆(指地域)、比拟等义。"牍"还有书籍、文牍、书信等义。"牒"还有簿册、书籍、公文、诉状、谱牒等义。"札"还有书信、铠甲上的叶片、疫病等义。

piān juàn
篇 卷

【同】 书卷,书籍。古代把字写在简或帛上,联简成册的称为篇,缣帛可卷的称为卷。

〔篇〕《说文》:"篇,书也。"段玉裁注:"书,箸也,箸于简牍者也,亦谓之篇。"清朱骏声《说文通训定声》:"谓书于简册可编者也。"《汉书·公孙弘传》:"其悉意正议,详具其对,著之于篇。"汉王充《论衡·正说篇》:"故圣人作经,贤者作书,义穷理竟,文辞备足,则为篇矣。"晋葛洪《抱朴子·释滞》:"道书之出于黄老者,盖少许耳,率多后世之好事者,各以所知见而滋长,遂令篇卷至于山积。"明张居正《答廉宪王凤洲书》:"家君在时,曾以词碑渎求名笔,荷蒙不弃,贶以鸿篇。"

〔卷〕"古曰篇,汉人亦曰卷。卷者,缣帛可卷也。"(《说文》"篇"下段玉裁注)清朱骏声《说文通训定声》:"其书于帛可卷者谓之卷。"晋陶潜《与子俨等书》:"开卷有益,便欣然忘食。"《南史·司马裦传》:"裦少传家业,强力专精,手不释卷。"《宋书·后妃传·孝武穆王皇后》:"至于夜步月而弄琴,昼拱袂而披卷,一生之内,与此长乖。"宋苏轼《东坡志林》卷九:"予读《晋书》至此,未尝不废卷太息也。"清黄轩祖《游梁琐记·顾家媳》:"(顾生)每见客左手把卷,右手携壶,怡如也。"

【辨】 ①词的本义不同。"篇"的本义就是书卷。书卷的"卷",清朱骏声《说文通训定声》认为是假借为"捲",即"书于帛可卷者谓之卷","经传皆以卷为之"。

②语源不同。"篇"与"编"同源,"卷"与"捲""鬈""拳"等字同源。

③词义的内涵不同。"篇"还有首尾完整的诗文、诗文的单位等义。"卷 juàn"还有案卷、试卷和表示书籍一部分等意义。

篇 什
piān shí

【同】 首尾完整的诗文。

〔篇〕《玉篇·竹部》:"篇,篇什。"汉王充《论衡·案书篇》:"管仲相齐,造《轻重》之篇。"《后汉书·马武传》:"古以其本第係之篇末,以志功臣之次云尔。"南朝齐谢朓《酬德赋》:"登金华以问道,得石室之名篇。"《隋书·经籍志四》:"梁简文之在东宫,亦好篇什。"唐刘知几《史通·叙事》:"夫饰言者为文,编文者为句,句积而章立,章积而篇成,篇目既分,而一家之言备矣。"清李渔《风筝误·惊丑》:"这等小姐的佳篇,请念一念。"

〔什〕《玉篇·人部》:"什,篇什。"《诗经·鹿鸣之什》陆德明释文:"什音十……王者施教,统有四海,歌咏之作,非止一人,篇数既多,故以十篇编为一卷,名之为什。"《宋书·谢灵运传论》:"升降讴谣,纷披风什。"唐柳宗元《故大理评事柳君墓志》:"其嗣曰宽,字存谅,读其世书,扬其文辞,南方之人多讽其什。"唐成伯瑜《经义考》:"学者以《诗》大、小序皆子夏所作,未能无惑……故昭明太子亦云:大序是子夏全制,编入文什,其余众篇之小序,子夏惟裁初句耳。"宋陈亮《谪仙歌》:"歌其什,鬼神泣。"清曾国藩《邓湘皋先生墓表》:"于是搜访滨资郡县名流佳什,辑《资江耆旧集》六十四卷。"

【辨】

①词的本义不同。"篇"的本义是书卷。《说文》:"篇,书也。"段玉裁注:"书,箸也,箸于简牍者也,亦谓之篇。""什"的本义是由十户人家组成的基层行政单位。《说文》:"什,相什保也。"南唐徐锴《说文解字系传》:"保,相保任也。"《周礼·秋官·士师》:"掌乡合、州、党、族、闾比之联,与其民人之什伍,使之相安相受也。"贾公彦疏:"五家为比,比即一伍,二伍为什。"

②语源不同。"篇"与"编"同源。清朱骏声《说文通训定声》:"篇,谓

书于简册可编者也。""什"与"十"同源。除十家为什外,其他如:由十人组成的军事组织称"什"。《礼记·祭义》:"军旅什伍。"孔颖达疏:"五人为伍,二伍为什。"《诗经》中的"颂""雅"多以十篇为一组,称之为"什",如"周颂"中的"清庙之什""臣工之什","大雅"中的"文王之什""生民之什","小雅"中的"鹿鸣之什"等。

③词义的内涵不同。"篇"还有书卷、诗篇的单位等意义。"什"还有十、十倍、十成、什杂等意义。

书 信 函 翰 牍 简 笺(牋) 缄(械) 札 椠 柬 鸿 羽 鲤
shū xìn hán hàn dú jiǎn jiān jiān
zhá qiàn jiǎn hóng yǔ lǐ

【同】书信,用文字传递信息的函件。

〔书〕《左传·昭公六年》:"叔向使诒子产书……(子产)复书曰:'若吾子之言……敢忘大惠?'"《韩非子·外储说左上》:"郢人有遗燕相国书者,夜书,火不明,因谓持烛者曰:'举火。'……燕相受书而说之。"《史记·越王句践世家》:"朱公不得已而遣长子,为一封书遗故所善庄生。"南朝宋刘义庆《世说新语·雅量》:"谢公与人围棋,俄而谢玄淮上信至,看书竟,默然无言。""信",信使;"书",书信。唐杜甫《石壕吏》诗:"一男附书至,二男新战死。"

"书"可与相关的词搭配,构成书尺、书札、书函、书信、书素、书启、书缄、书翰、书简、尺书等,表示书信义。例如:唐冯贽《云仙杂记·日用斗面为糊以供缄封》:"顺宗时,刘禹锡干预大权,门吏接书尺日数千。"南朝梁徐悱《赠内》诗:"聊因一书札,以代九回肠。"清曹寅《支俸银铸酒枪一枚寄二弟生辰》诗:"比闻饮噉君常健,聊伴书函使欲归。"《敦煌变文集·秋胡变文》:"其秋胡妻,自从夫游学已后,经历六年,书信不通。"唐权德舆《左华观宴钱崔十七叔》诗:"记室有门人,因君达书素。"明瞿佑《剪灯新话·翠翠传》:"书启堆案,无人裁答。"宋周密《齐东野语·谢惠国坐亡》:"荆阃吕武忠文德,平时事公谨,书缄往来,必称恩府,而自书为门下使臣。"北齐颜之推《颜氏家训·勉学》:"世中书翰,多称勿勿(怱忙),相承如此,不知所由。"宋吴曾《能改斋漫录·事始二》:"濬出征并、汾,卢每致书疏，凡一事别为一幅，朝士至今慕之。盖重叠别纸，自光启始也。（见《北梦琐言》）乃至今人书简务为多幅，其来久矣。"汉赵晔《吴越春秋·勾践归国外传》："越王悦兮忘罪除，吴王欢兮飞尺书。"

〔信〕 晋王羲之《杂帖》："朱处仁今何在？往得其书信，遂不取答。"南朝梁梁元帝《玄览赋》："报荡子之长信，送仙人之短书。""信""书"互文。《南齐书·张敬儿传》："得家信云，足下有废立之事。"唐杜甫《得广州弘判官叔卿书使还以诗以代意》诗："忽得炎州信，遥从月峡传。"唐白居易《谢李六郎中寄新蜀茶》诗："红纸一封书后信，绿芽一片火前春。"

"信"可与相关的词搭配，构成信札（清吴趼人《二十年目睹之怪现状》第六五回："这本底稿在云岫是非常秘密的，内中都是带人家谋占田产、谋夺孀妇等种种信札与及诬捏人家的呈子。"）、信函、信简、信件等，表示书信义。

〔函〕《玉篇·臼部》："函，书也。"晋傅玄《傅子》卷四："（曹操）授晔以心腹之任，每有疑事，辄以函问晔，至一夜数十至耳。"宋欧阳修《又回富相公谢书》："曲示诲函，既深抃跃之诚，复积悚铭之抱。""诲函"，教函，对对方来信的敬称。明袁中道《寄周仪曹野王书》："壬子岁，曾得瑶函并柄头诗，甚佳。""瑶函"，对他人书信的敬称。清林则徐《批参逊为现在缴烟已敷四分之二求通三板往来禀》："今大概将次及半，本大臣先已驰函会商督部堂、抚部院、移咨关部，查验放行。"

"函"可与相关的词搭配，构成函札、函书、函问、函牍、函件、尺函、大函等，表示书信义。例如：清王浚卿《冷眼观》第一八回："我也是气昏了，好在你函札具在，笔墨犹新，来日谢恩时，我定要将你致我的原信呈上去。"宋陆游《答吴提官启》："伏蒙讲修拜礼，惠示函书，温乎其容若加亲，粲然有文以相接。"清薛福成《庸盦笔记·曾文正公挽联》："盖左公始为文正所荐举，中间以事相龃龉，不通函问者已九年矣。"清平步青《霞外攟屑·杂觚·起居》："今人函牍往来，多用'起居'字。"宋岳珂《宝真斋法书赞·晁无咎金山诗帖跋》："所托访求之士友，以尺函至。""大函"，今习用于敬称对方的来函。

〔翰〕 唐宋之问《答田徵君》诗："忽枉岩中翰，吟卧朝复夕。"宋叶适《赠徐灵渊》诗："今日观来翰，如亲见古人。"元侯克中《予客姑苏王御史持李鹏举书至知检讨太常以诗答之》："故人北去寂无闻，珍翰南来意甚勤。""珍翰",对对方来信的敬称。明袁宏道《答李本宁》:"远辱翰贶,愧感交集。"《清代名人书札·郭富衡致张鸣珂》:"想别十余年,忽得华翰遥颁,捧读之余,知敬德修业无日以嬉。""华翰",对对方来信的敬称。

"翰"可与相关的词搭配,构成翰札、尺翰等,表示书信义。例如:宋文莹《玉壶清话》卷一:"(李建中)善翰札,行笔尤工。"《陈书·蔡景历传》:"尺翰驰而聊城下,清谈奋而嬴军却。"

〔牍〕 宋陆游《上辛给事书》:"邮传之题咏,亲戚之书牍……皆可以洞见其人之心术才能。"明田汝成《西湖游览志余·佞幸盘荒》:"桧时已病,坐格天阁下,吏以牍进,欲落笔署牍,手颤而污,亟命易之,至再,竟不能字。"清吴敬梓《儒林外史》第三三回:"杜少卿道:'小侄菲才寡学,大人误采虚名,恐其有玷荐牍。'"清陈其元《庸闲斋笔记·安南阮氏遗牍》:"此上两广制军福文襄函也,有一纸是致粤西中丞之牍……董司农恂为题'安南阮氏遗牍'六大字。"

"牍"可与相关的词搭配,构成尺牍等,表示书信义。例如:宋吴处厚《青箱杂记》卷七:"尝有应制科人成锐,集诗三篇,国子博士侯君以献于随,随览之,乃亲笔尺牍答侯君。"

〔简〕 唐柳宗元《答贡士元公瑾论士进书》:"辱致来简,受赐无量。"《京本通俗小说·菩萨蛮》:"可常连日心疼病发,来不得,教男女奉上一简,他亲自封好。"《汪康年师友书札·恽祖翼致汪康年》:"先后奉手简,正在修答,复承十六日惠寄一书……甚感甚感。""手简",亲笔信。

"简"可与相关的词搭配,构成简尺、简素、简缄、简翰、简牍等,表示书信义。例如:宋邵雍《首尾吟》之九一:"简尺每称林下士,过从或着道家衣。"朱自清《陶诗的深度》:"'检素'即'简素',就是书信;'检素不获展'就是接不着你的信。"明冯梦龙《东周列国志》第十二回:"从人将简缄呈上,急子拆而看之,简上只有八个字云:'弟已代行,兄宜速避。'"唐李吉甫《编次郑钦悦辨大同古铭论》:"使至,忽辱简翰,用浣襟怀。不遗旧情,俯见推访。"鲁迅《书信集·致李秉中》:"来信令我作书再催并介绍,今写则写矣,附上,但即令见面,恐其不得要领,仍又与未见无异……况我又不善简牍,不能作婉转动听之言哉!"

〔笺〕(牋) 宋曾巩《回泉州陈都官启》:"岂期厚眷,特枉长笺。"《清代名人书札·时乃风致刘含芳》:"去腊奉仲冬还翰,祗承一是,录录久稽笺敬,驰仰芳殿。""笺"也写作"牋"。《晋书·石勒载记上》:"(石勒)遣张虑奉牋于刘琨。"唐韩愈《答刘正夫书》:"辱牋教以所不及,既荷厚赐,且愧其诚然。"

"笺"或"牋"可与相关的词搭配,构成笺札、笺书、笺简、尺笺、瑶笺、华笺等,表示书信义。例如:清袁枚《随园诗话补遗》卷二:"康熙间,叔父健磐公访戚镇江,寓某铁匠家,与其妻张淑仪有文字之知,彼此暗投笺札,唱和甚欢,而终不及于乱。"北齐颜之推《颜氏家训·风操》:"郡县民庶,竞修笺书,朝夕辐辏,几案盈积。"清李渔《闲情偶寄·器玩·笺简》:"改名笺简,则笺简二字中,便有无穷本义。"宋岳珂《宝真斋法书赞·汪彦章誉望求贤荐书》:"古道之存,存乎尺笺,盍思乎?勉旃。"清唐孙华《次韵酬宫恕堂》诗:"忽枉瑶笺赠佳句,头风立愈如加砭。""瑶笺",对对方来信的敬称。宋陆游《畣勾简州启》:"忽奉华笺之贶,岂胜末路之荣!""华笺",对对方来信的敬称。

〔缄〕(械) 清俞樾《茶香室丛钞·慎火停水》:"陈希夷将终,密封一缄,付其弟子,使候其死上之。"《清代名人书札·时乃风致刘含芳》:"上年冬月由子和兄面呈一缄,知已仰邀台鉴。"又《曾国藩致陈湜》:"正去缄间,又奉十月廿一日寄谕,因王护院之奏,饬催炮船赴晋。""缄"也写作"械"。清魏秀仁《花月痕》第四一回:"青萍呈上痴珠的械,荷生与采秋同看了信。"

"缄"可与相关的词搭配,构成缄札、缄封、缄素、缄书、缄翰、芳缄、华缄等,表示书信义。例如:唐李商隐《春雨》诗:"玉珰缄札何由达,万里云罗一雁飞。"宋苏轼《谢孙舍人启》:"不遗衰朽;过辱缄封,永敦为好之怀,深负难酬之作。"宋范成大《南柯子》词之二:"缄素双鱼远,题红片叶秋。"唐杜甫《奉汉中王手札》诗:"前后缄书报,分明馔玉恩。"唐李匡乂《资暇集》卷下:"四方缄翰,日满闾者之袖。"唐刘禹锡《和令狐相公谢太原李侍中寄蒲桃》:"上相芳缄至,行台绮席张。""芳缄",敬称他人的来信。唐皇甫枚《三水小牍·步飞烟》:"岂谓公子,忽贻好音,发华缄而思飞,讽丽句而目新。"

〔札〕《广韵·黠韵》:"札,简札。"《古诗十九首》之十七:"客从远方来,遗我一书札。上言长相思,下言久离别。"《魏书·夏侯道迁传》:"历览史书,间习尺牍,札翰往还,甚有意理。"《清代名人书札·龚易图致阎敬铭》:"季怀来,接奉钧札,询悉褆躬万福,潭祉绥和,至符私慰。""钧札",对他人来信的敬称。清李绿园《歧路灯》第八六回:"往者侄以侥幸联捷,曾由都门寄奉乡会硃卷四本,到今未获札诲。""札诲",赐函教诲。《汪康年师友书札·叶澜致汪康年》:"昨日得见致家兄手札,藉悉动定增绥,甚善甚善。""手札",亲笔信。

"札"还可与其他相关的词搭配,构成瑶札、芳札、素札、亲札、飞札、大札等,表示书信义。例如:唐宇文融《奉和命宴都堂赐诗》:"飞文瑶札降,赐酒玉杯传。""瑶札",对对方来信的敬称。唐韦应物《寄子西》诗:"伤离枉芳札,忻遂见心曲。"又《答崔都水》诗:"常缄素札去,适枉华章还。"清钱泳《履园丛话·旧闻·席氏多贤》:"我辈得县官亲札,靖一方之害,乃汝等翻欲陷我耶!""亲札",亲笔信。唐刘太真《和友》:"飞札谢三守,斯篇希见酬。""飞札",快信。鲁迅《书信集·致陶亢德》:"大札与《人间世》两本,顷同时拜领。"

〔絜〕 宋王令《赠别晏成绩懋父太祝》诗:"幸因西南风,时作寄我絜。"《续资治通鉴·宋李宗宝祐六年》:"帝疑之,密以絜问吉安守吴子明。"

〔柬〕 明沈德符《万历野获编·台省·房心宇侍御》:"房念众咻不止,其势且孤,乃尽出二给事先后请托诸手柬呈上览。上为重贬张、陈,而房亦降级。""手柬",亲笔信。明徐弘祖《徐霞客游记·滇游日记七》:"余以书为介,故有是请,然尚未知余至府治也。使者以复柬返。"清朱之瑜《与奥村庸礼书》之十一:"诸容二三日内过谈,不一一解具谢柬。""谢柬",感谢信。孙中山《答谢武汉各团体布告》:"尚有函柬相邀,而以时间迫促,未获一一领教者,有负期望,实在歉甚,尚希鉴谅为盼。"

〔鸿〕 《汉书·苏武传》:"教使者谓单于,言天子射上林中,得雁,足有系帛书,言武等在某泽中。""雁",即鸿。后以"鸿"喻代书信。明张煌言《祭建国公郑羽长鸿逵文》:"千里片鸿,经年尺鲤。"清蒲松龄《与杨松年书寄舞阳》:"便鸿致谢,可任伫切。"《清代名人书札·李宗岱致阎敬铭》:"此后即乏便鸿,致稽禀牍,下怀驰慕,匪可言喻。"

"鸿"或"雁"还可与相关的词搭配,构成鸿书、鸿雁、鸿鳞等,喻代书信。例如:清袁枚《奉和李雨村观察见寄原韵》:"访君恨乏葛陂龙,接得鸿书笑启封。"清孙枝蔚《得方尔止越中消息》诗:"游吴曾有约,不谓滞钱塘。屡月无鸿雁,沿途半虎狼。"明许自昌《水浒记·感愤》:"望风怀想,引领临岐,喜接鸿鳞。"

〔羽〕 "羽"的书信义可能由"鸿"引申而来。明张煌言《与某书》:"发羽匆次,率勒上报。"明张确《与张考夫书》:"顷与韫兄约,来春暇当续此游胜,但未知后会之期,便羽更望以及之。""便羽",托便人带的信。"羽"与"鳞"等连用,也表示书信义。明刘兑《娇红记》:"藉君怜旧日,莫绝羽鳞音。"清林则徐《致姚春木王冬寿书》:"龙沙万里,鳞羽难通,但有相思,勿劳惠答也。""鳞羽",同羽鳞。

〔鲤〕 汉蔡邕《饮马长城窟》诗:"客从远方来,遗我双鲤鱼。呼儿烹鲤鱼,中有尺素书。"后以"鲤"或"鲤鱼"喻代书信。唐李商隐《寄令狐郎中》诗:"嵩云秦树久离居,双鲤迢迢一纸书。"唐元稹《贻蜀张校书元夫》诗:"劝君便是酬君爱,莫比寻常赠鲤鱼。"《清代名人书札·姚济勋致阎敬铭》:"嗣以关河间阻,鲤牍疏陈为歉。"清谭嗣同《寄人五绝》诗:"鲤鱼三十六,江上报秋书。"

"鲤"或"鱼"以及喻代鱼的"鳞",构成素鲤、尺鲤、鱼雁、鱼笺、鱼缄、鱼书、鱼幅、鳞鸿等,也喻代书信。例如:唐武元衡《祭李吉甫文》:"风传丽句,缄开素鲤。金石相投,铿然在耳。"明张煌言《祭建国公郑羽长鸿逵文》:"千里片鸿,经年尺鲤。"宋李昉等《太平广记》卷三〇九引唐薛用弱《集异记·蒋琛》:"虽鱼雁不绝,而笑言久旷。"《敦煌曲子词·破阵子》:"栏径萋萋芳草绿,红脸可知珠泪频。鱼笺岂易呈!"元张昱《得朱桓编修海道之音》诗:"鱼缄尺素虽云密,事载空言释可怜。"明吕天成《齐东绝倒》第二出:"顾不得凤栖幽梦远,又何惜鱼幅好音讹?"晋傅咸《纸赋》:"鳞鸿附便,援笔飞书。"

【辨】

①词的本义不同。"书"的本义是书写,《说文》:"书,箸也。""箸",是动词。南唐徐锴《说文解字系传》:"臣锴曰:'箸于竹帛曰书也。'"清王筠《说文句读》:"案,古者书衹三义,书写其本义也,因而所写之字谓之书;尚书者,史所书也,亦谓之书。""信"的本义是诚信,是形容词。《说文》:"信,诚也。"因为信使都是诚实可靠的人,"因之信使所赍之书谓之信也。"(清徐灏《说文解字注笺》)"函"的本义是含。函、含同源,"函之言含也,含于口中也。"(《说文》段玉裁注)但据研究,"函"字,甲骨文作口中盛矢形,本义是矢箙(盛的口袋),"引申而为凡能容物者皆谓之函"(商承祚《殷墟文字类编》)。"翰"的本义是羽毛。《说文》:"翰,天鸡赤羽也。"清徐灏《说文解字注笺》:"翰之本义为羽毛,故云'天鸡赤羽也'。"引申为毛

笔(毛笔初为羽毛制作),文辞,书信。"牍"的本义是用于书写的木片。《说文》:"牍,书版也。"《急就篇》卷三"牍"下颜师古注:"牍,木简也。既可以书,又执之以进见于尊者,形似今之木笏,但不挫其角耳。""简"的本义是用于书写的竹片。《说文》:"简,牒也。"简与牍的用途相同,区别仅仅是材料的不同,"简,竹为之;牍,木为之。"(《说文》段玉裁注)"笺"的本义是使已有的注释更明确。《说文》:"笺,表识书也。"唐陆德明《经典释文·毛诗音义上》:"《字林》云:'笺,表也,识也。'案,郑《六艺论》云:'注《诗》宗毛为主。毛义若隐略则更表明。如有不同,即下己意,使可识别也。'""缄"的本义是捆束箱箧的绳索。段注本《说文》:"缄,所以束箧也。"段玉裁注:"'所以'二字,今补。箧者,笥也;束者,缚也;束之者曰缄。""札"的本义是用于书写的小木片。《说文》:"札,牒也。"段玉裁注:"片部曰:'牒,札也。'二字互训。长大者曰椠,薄小者曰札曰牒。""椠"的本义是没有书写的较大的木片。《说文》:"椠,牍朴也。"段玉裁注:"椠谓书版之素未书者也。"清王筠《说文句读》:"然见于群书者,椠大而札小。""柬"的本义是拣选。《说文》:"柬,分别简之也。从束从八。"清徐灏《说文解字注笺》:"《尔雅·释诂》曰:'柬,择也。'……从束从八,八,别也。楚金曰:'开其束而柬之也。'""鸿"的本义是大雁。《说文》:"鸿,鸿鹄也。"段玉裁注:"鸿之言娟也,言其大也。故又单呼鸿雁之大者曰鸿。""羽"的本义是鸟翅上的长羽毛。《说文》:"羽,鸟长毛也。""鲤"的本义,从引申为书信来看,应是鲤鱼。

②词义的内涵不同。"书"还有书籍(有时特指历书、占书、刑书)、《尚书》的简称、文字、书法等义。"信"还有相信、信仰、使者、准时等义。"函"还有铠甲、匣子、封套等义。"翰"还有山鸡、长羽、毛笔、文辞、高飞等义。"牍"还有公文、书籍等义。"简"还有书籍、手板、简略、怠慢、轻视等义。"笺"还有古代公文的体裁、精美的纸张等义。"缄"还有封闭、遮蔽等义。"札"还有船桨、拔除等义。"柬"还有柬帖、简略等义。"椠"还有书的版本、刻成的书籍等义。"鸿"与宏、洪等字同源,还有大、强、盛等义。"羽"还有鸟的代称、鸟类的翅膀、旌旗的代称、党羽、古代五音之一等义。"鲤"还有书信传送者义。

文 名 字
wén　míng　zì

【同】 文字，记录语言的符号。

〔文〕《说文解字·叙》："仓颉之初作书，盖依类象形，故谓之文。"《左传·宣公十二年》："夫文，止戈为武。"杜预注："文，字也。"《国语·晋语八》："夫文，虫皿为蛊。"韦昭注："文，字也。"《孟子·万章上》："故说《诗》者，不以文害辞，不以辞害志。"朱熹注："文，字也。"《礼记·中庸》："今天下车同轨，书同文。"《汉书·艺文志》："古制，书必同文。"

〔名〕《周礼·春官·外史》："掌达书名于四方。"郑玄注："或曰：古曰名，今曰字，使四方知书之文字，得能读之。"贾公彦疏："古者文字少，直曰名；后代文字多，则曰字。"《仪礼·聘礼》："百名以上书于策，不及百名书于方。"郑玄注："名，书文也，今谓之字。策，简也。方，版也。"《管子·君臣上》："书同名，车同轨。"

〔字〕《说文解字·叙》："字者，言孳乳而寖多也。"段玉裁注："按，析言之，独体曰文，合体曰字；统言之，则文、字可互称。"《史记·秦始皇本纪》："车同轨，书同文字。"《汉书·楚元王传》："往者，辍学之士不思废绝之阙，苟因陋就寡，分文析字，烦言碎辞，学者罢老且不能究其一艺。"《南史·江淹传》："时襄阳人开古冢，得玉镜及竹简古书，字不可识。"唐封演《封氏闻见记·声韵》："颜真卿撰《韵海镜源》……先起《说文》为篆字，次作今文隶字，仍具别体为证，然后注以诸家字书解释。"

【辨】

①词的本义不同。"文"的本义是交错刻画的纹理。《说文》："文，错画也。"清徐灏《说文解字注笺》："文，象分理交错之形，因以为文字之偁。""文"的文字义，是取其象事物之形。"名"的本义是用口说出事物的名称。《说文》："名，自命也。"《墨子·经说上》："声出口，俱有名，若姓字。""名"的文字义，是取语言的语音。"名者，自其有音者言之；文者，自其有形者言之。"(《说文解字·叙》段玉裁注)"字"的本义是生孩子。《说文》："字，乳也。"段玉裁注："人及鸟生子曰乳，兽曰产，引申之为抚字，亦引申之为文字。"

②词义的内涵不同。"文"还有言辞、文采、礼乐制度、法令条文、与"武"相对等义。"名"还有人名、取名、名分、声誉等义。"字"还有爱、抚

育、表字、许嫁等义。

印 玺 章 宝 关防 钤记 图章
yìn xǐ zhāng bǎo guānfáng qián jì tú zhāng

【同】刻在玉、石、木或金属上用作凭信的印记。

〔印〕《说文》:"印,执政所持信也。"段玉裁注:"凡有官守者,皆曰执政,其所持之卪(节)信曰印。"《墨子·号令》:"有能得若捕告者,以其所守邑,小大封之,守还授其印,尊宠官之。"《战国策·秦策二》:"甘茂,贤人也。今秦与之上卿,以相印迎之。"《史记·吕太后本纪》:"足下何不归将印,以兵属太尉?"

〔玺〕"玺"的繁体为壐,《说文》作"壐"。《说文》:"壐,王者印也。"段玉裁注:"印者,执政所持信也,王者所持则曰玺。"《广雅·释器》:"印谓之玺。"《左传·襄公二十九年》:"季武子取卞,使公冶问,玺书追而与之。"杜预注:"玺,印也。"《战国策·魏策二》:"是三人皆以太子为非固相也,皆将务以其国事魏,而欲丞相之玺。"《史记·李斯列传》:"(赵)高自知天弗与,群臣弗许,乃召始皇弟,授之玺。"

〔章〕汉卫宏《汉旧仪》:"汉比二千石以上,文曰'章',六百石至二百石,文曰'印'。"《汉书·百官公卿表上》"皆银印青绶"下颜师古注:"《汉旧仪》云:银印龟背钮,其文曰章,谓刻曰某官之章。"又《朱买臣传》:"守邸怪之,前引其绶,视其印,会稽太守章也。"《昭明文选·孔稚珪〈北山移文〉》:"至其纽金章,绾墨绶……驰妙誉于浙右。"刘良注:"金章,铜印也。铜章墨绶,县令之章饰也。"

〔宝〕即玺。《新唐书·车服志》:"初,太宗刻受命玄玺……至武后改诸玺皆为宝。中宗即位,复为玺。开元六年,复为宝。天宝初,改玺书为宝书。"《明史·舆服志》:"明初,宝玺十七。其大者曰'皇帝奉天之宝',曰'皇帝之宝',曰'皇帝行宝'……"

〔关防〕印信的一种,始于明初。《明史·舆服志》:"凡百官之印,惟文渊阁银印……其他文武大臣有领敕而权重者,或给以铜关防……永乐六年,驾幸北京,扈从官俱带牙牌,五府、六部、都察院、大理寺、锦衣卫各铸印信,通政司、鸿胪寺各铸关防。"清制,正规官职,用正方形官印称"印",临时派遣的官员用长方形的官印称"关防"。民国时期,行政系统凡属永久性质的印称"印",非永久性质或军事系统的印称"关防"。中华人民共和国成立后,无印和关防的区别,统称"章",且为圆形。

〔钤记〕 印信的一种。清制,凡佐治各官及不兼管兵马钱粮的武官,或由地方官员委办事务的人员,所用的印,明代称条记,清代称钤记。《清会典事例·刑部·吏律公式》:"凡一切差票,俱令钤盖印信。如无印信衙门,即用钤记。"民国时期,荐任级或与荐任级同级的机构用印或关防,委任级机构用钤记。

〔图章〕 印章的别称。《行厨集》:"印章曰图章。"清黄六鸿《福惠全书·莅任部·酬答书札》:"用图章封实。"

【辨】

词义的感情色彩不同。"印",贵贱共用。"玺"原也是"卑贱共用之……然则秦以来,天子独以印称玺,又独以玉,群臣莫敢用也。"(汉蔡邕《独断》卷上)"章",官员的印信,始于汉。"宝",相当于玺,是天子的印信。"关防""钤记"是官员或政府机构的印信。"图章",现为印章的通称。

契 券 质 剂
qì quàn zhì jì

【同】 契券,用作凭信的刻物或文书。

〔契〕《说文》:"契,大约也。"段玉裁注:"约,取缠束之意。"《周礼·天官·小宰》:"六曰听取予以书契。"贾公彦疏:"若争此取予者,则以书契券书听之。"又《地官·质人》:"掌稽市之书契。"郑玄注:"书契,取予市物之券也。"《礼记·曲礼上》:"献粟者执右契。"郑玄注:"契,券要也。"孔颖达疏:"契谓两书一札,同而别之。"《荀子·君道》:"合符节,别契券者,所以为信也。"

〔券〕《说文》:"券,契也……券别之书,以刀判契其旁,故曰书契。"段玉裁注:"书契,(徐)铉作'契券'……书而契之,是曰书契。"《管子·轻重乙》:"君直币之轻重,以决其数,使无券契之责,则积藏囷窌之粟皆归于君矣。"《战国策·齐策四》:"使吏召诸民当偿者,悉来合券……因烧其券,民称万岁。"《史记·高祖本纪》:"高祖每酤留饮,酒雠数倍。及见怪,岁竟,此两家常折券弃责。"

〔质〕《周礼·天官·小宰》:"七曰听买卖以质剂。"郑玄注:"质剂,谓两书一札,同而别之。长曰质,短曰剂。"孙诒让正义:"质剂,手书一札,前后文同而中别之,使各执其半札,唯札半别,而字全具不半别。"《左传·文公六年》:"宣子于是乎始为国政,制事典,正法罪,辟狱刑,董逋逃,由质要,治旧污,本秩礼。"杜预注:"质要,券契也。"孔颖达疏:"由质要者,谓断争财之狱,用券契正定之也。"《后汉书·张衡传》:"万方亿丑,并质共剂。"李贤注:"质、剂,犹今分支契也。"

〔剂〕《周礼·秋官·大司寇》:"以两剂禁民欲。"郑玄注:"剂,今券书也。"又《地官·质人》:"大市以质,小市以剂。"郑玄注:"质剂者,为之券,藏之也。大市,人民牛马之属用长券;小市,兵器珍异之属用短券。"晋左思《魏都赋》:"质剂平而交易,刀布贸而无筭。"刘良注引:"郑君曰:质剂谓两书一札而别之。若今下手书,保物要还矣。质,大贾也;剂,小贾也。刀布,钱刀之谓。"清谭嗣同《仁学》:"以速其冲决网罗,留作券剂耶?"

【辨】

①词的本义不同。"契""券"的本义就是契券、证券。《说文》:"契,大约也。"又:"券,契也。""剂"的本义是剪齐。《说文》:"剂,齐也。从刀从齐,齐亦声。""质"的本义是抵押。《说文》:"质,以物相赘。"

②初,用途和形制不同。"契",初,刻在木上,分成两半,各执其一。"取予市(买卖)物之券也"(《周礼·地官·质人》)。《尚书·孔安国序》:"古者伏牺氏之王天下也,始画八卦,造书契。"孔颖达疏:"言书契者,郑(玄)云:书之于木刻其侧为契。各持其一,后以相考合。""券书",也称傅别,主要用于发生经济纠纷时,"听讼责者,以券书决之。傅,傅著约束于文书;别,别为两,两家各得一也"(《说文》"券"下段玉裁注)。"质""剂",是用于买卖的契券,长曰质,短曰剂。"凡卖儥者质剂焉"(《周礼·地官·质人》)。

③语源不同。"契""锲",声韵俱同,两字同源。"质""贽",声同韵近,为同一语源。"剂""齐",声韵俱同,为同一语源。(请参看王力《同源字典》)

④词义的内涵不同。"契"还有盟约、情感投合、体悟、割断等义。"券"还有票证、证据等义。"质"还有抵押以及物质、对质、箭靶等义。"剂"还有剪齐、调节、剂量、药剂等义。

计 策(筴) 谋 谟 略
　jì　cè　　　 móu　mó　lüè

【同】为实现某个行动或大事,预先所制定的方针、方法或措施。

〔计〕《韩非子·存韩》:"夫一战而不胜,则祸构矣。计者,所以定事也,不可不察也。"《史记·李斯列传》:"秦王乃除逐客之令,复李斯官,卒用其计谋。""计谋",同义连用。汉王充《论衡·骨相篇》:"大梁人尉缭,说秦始皇以并天下之计。"《晋书·杜预传》:"(周)旨等发伏兵,随(孙)歆军而入。歆不觉,直至帐下,虏歆而还。故军中为之谣曰:'以计代战一当万。'""以计代战",用计谋代替交战。

〔策〕(筴)《广韵·麦韵》:"策,谋也。"《集韵·麦韵》:"策,一曰谋也。"《礼记·仲尼燕居》:"若无礼,则……田猎、戎事失其策,军旅武功失其制。"孔颖达疏:"今云失其策者,策,谋也。若失其谋,则不能闲暇也。"《战国策·秦策一》:"(陈)轸曰:'臣出,必故之楚,以顺王与(张)仪之策,而明臣之楚与不也。'"高诱注:"策,谋。"《史记·秦始皇本纪》:"秦王觉,固止,以为秦国尉,卒用其计策。""计策",同义连用。《晋书·载记·吕光》:"光曰:'彼众我寡,营又相远,势分力散,非良策也。'"

　　"策"也写作"筴"。《史记·张耳陈余列传》:"又闻诸将陈王徇地,多以谗毁得罪诛,怨陈王不用其筴,不以为将而以为校尉。"

〔谋〕《玉篇·言部》:"谋,计也。"《尚书·大禹谟》:"无稽之言勿听,弗询之谋勿庸。"孔颖达疏:"不是询众之谋,勿信用之。"汉桓宽《盐铁轮·相刺》:"虞不用百里奚之谋而灭,秦穆用之以至霸焉。"《汉书·陈平传》:"上曰:'吾用先生计谋,战胜克敌,非功而何?'""计谋",同义连用。《周书·长孙绍远(弟澄 兄子兕)传》:"十四(岁),从征讨,有策谋,勇冠诸将。""策谋",同义连用。

〔谟〕《尔雅·释诂一》:"谟,谋也。"《尚书·大禹谟》:"大禹谟。"孔安国传:"禹称大,大其功;谟,谋也。"又《皋陶谟》:"皋陶曰:'允迪厥德,谟明弼谐。'"孔安国传:"言人君当信蹈行古人之德,谋广聪明以辅谐其政。""谟明",谋略明智。明黄皞《蓬窗类记》:"公之机警谟略神速如此,殆非学而能也。""谟略",即谋略。

〔略〕《广韵·药韵》:"略,谋略。"《史记·郦生陆贾列传》:"骑士归,郦生见谓之曰：'吾闻沛公慢而易人，多大略。此真吾所愿从游。'""大略"，远大的谋略。《后汉书·乌桓鲜卑列传》："武帝情存远略，志辟四方，南诛北越，北讨强胡，西伐大宛，东并朝鲜。"《三国志·魏书·张既传》："卿谋略过人，今则其时。以便宜从事，勿复先请。""谋略"，同义连用。《宋史·郑文宝》："时文宝丁内艰，服未阕，即命相府召询其策略。""策略"，同义连用。

【辨】

①词的本义不同。"计"的本义是计算。《说文》："计，会也，算也。"引申为谋算、谋划，又引申为计谋、计策。"策"的本义是马鞭。《说文》："策，马箠也。""箠，所以击马也。"段注认为假借为"筹"。《说文》段玉裁"策"下注："又计谋曰筹策者，'策'犹'筹'，'筹'犹'算(算)'，'筹'所以计数，谋而得之，犹用筹而得之也。故曰'筹'、曰'筹'、曰'策'一也。""谋"的本义是谋虑。《说文》："谋，虑难曰谋。"《易经·讼卦》："君子以作事谋始。"孔颖达疏："凡欲兴作其事，先须谋虑其始。"引申为谋划，又引申为图谋，又引申为计策。"谟"的本义是计谋。《说文》："谟，议谋也。"清王筠《说文句读》："许以'谋'释'谟'而以'议'别之者，谓凡谋事皆曰谟，不必虑难也。下文'议'，语(补足语气)也。""谟"一般用作名词，即计谋、谋略。"略"的本义是地界。《说文》："略，经略土地也。"《左传·昭公七年》："王将饮酒，无宇辞曰：'天子经略，诸侯正封，古之制也。封略之内，何非君土？'"孔颖达疏："《庄二十一年》注云：'略，界也。'则此略亦为界也。经营天下，以四海为界，界内皆为己有，故言'略有四海'，谓有四海之内也。天子界内，天子自经营之，故言'经略'也。"引申为法度，又引申为策略。清徐灏《说文解字注笺》："引而申之则法度之所经画者，皆曰略……后世所谓筹略、策略皆由此而生。"

②词义的内涵不同。"计"还有计算、计划、总计、审核、簿籍（即记载户口、垦田、钱粮出入之数的簿册）、姓氏等义。"策"还有马鞭、鞭打、用于计算的小筹、拐杖、简册、记载、策问、古代占卜用的蓍草等义。"谋"还有谋划、商议、咨询、图谋、审察、姓氏等义。"谟"一般用作谋略义。"略"还有地界、法度、大略、大致、略夺、全、稍微等义。

法 律 令
fǎ lǜ lìng

【同】政府或立法机关制定的规范人的社会行为的法规或条令。

〔法〕法,行为模式。早期是泛指政府制定的一切规范人的社会行为的各类规定,其中包括法令、法规和刑法。《说文》:"法,刑也。"刑,本字当作"荆"。清桂馥《说文义证》:"刑也者,当从井为荆。本书'荆'下引《易》:'井,法也。'"清徐灏《说文解字注笺》:"刑,当作'荆',谓法制也。法者,典则之义。"《尚书·吕刑》:"苗民弗用灵,制以刑,惟作五虐之刑曰法。"《墨子·法仪》:"天下从事者,不可以无法仪。无法仪而其事能成者,无有也。虽至士之为将相者,皆有法;虽至百工从事者,亦皆有法。"《韩非子·定法》:"法者,宪令著于官府,刑罚必于民心,赏存乎慎法,而罚加乎奸令者也。"又《有度》:"故明主使法择人,不自举也;使法量功,不自度也。"《史记·太史公自序》:"夫礼禁未然之前,法施已然之后,法之所为用者易见,而礼之所为禁者难知。"汉王充《论衡·程材篇》:"法令,汉家之经;事定于法,诚为明矣。"

〔律〕《尔雅·释诂上》:"律,常也。"邢昺疏:"律者,常法也。"《广韵·术韵》:"律,律法也。"《正字通·彳部》:"律,刑律。"《易经·师卦》:"师出以律。"孔颖达疏:"律,法也……使师出之时,当须以其法制整齐之。"《韩非子·饰邪》:"舍法律而言先王明君之功者,上任之以国。"《汉书·刑法志》:"于是相国萧何攈摭秦法,取其宜于时者,作律九章。"汉王充《论衡·谢短篇》:"唐、虞之刑五刑,案今律无五刑之文。"明沈鲸《双珠记·协谋诳讼》:"依律例,违犯魁。"

〔令〕《广韵·劲韵》:"令,律也,法也。"《周礼·秋官·朝士》:"犯令者刑罚之。"《韩非子·和氏》:"商君教秦孝公以连什伍,设告坐之过,燔诗书而明法令。"《史记·司马穰苴列传》:"将在军,君令有所不受。"《三国志·魏书·文帝纪》:"自今,其敢设非祀之祭,巫祝之言,皆以执左道论,著于令典。"北齐颜之推《颜氏家训·勉学》:"但知抱令守律,早刑晚舍,便云我能平狱,不知同辕观罪、分剑追财,假言而奸露,不问而情得之察也。"唐柳宗元《驳〈复仇议〉》:"编之于令,永为国典。"《续资治通鉴·宋仁宗庆历六年》:"自今制科随进士贡举,其著为令,仍需近臣论荐,毋得自举。"

【辨】
①词的本义不同。"法"的本义是规范人的社会行为的法令,是人的行为模式。"法"与"模""型""范"是一组同义词。《说文》:"模,法也。""型,铸器之法也。""范,法也。"它们之间的区别,只是制作模具的材料和用途而异,木曰模,土曰型,竹曰范。"律"的本义是用来校正并规范乐音的仪器。《说文》:"律,均布也。"段玉裁注:"律者,所以范天下之不一而归于一,故曰'均布也'。""令"的本义是发号施令。《说文》:"令,发号也。"段玉裁注:"发号者,发其号呼以使人也,是曰令。人部曰:'使者,令也。'义相转注,引申为律令。"

②词义的内涵不同。"法"还有规章制度、准则、规律、方法、符合法度、效法、守法等义。"律"还有音律、规则、约束、依法处治、遵守、效法、衡量等义。"令"还有时令、酒令、使等义。

译 象 寄 狄 鞮
yì xiàng jì dí dī

【同】担任翻译的人或官员。

〔译〕《说文》:"译,传译四夷之言者。""北方之语官谓之曰译者,译,陈也,陈说外内之言。"(《礼记·王制》"译"下孔颖达疏)《汉书·佞幸传·董贤》:"明年,匈奴单于来朝……单于怪贤年少,以问译。"颜师古注:"传语之人也。"汉刘向《说苑·善说》:"鄂君子皙曰:'吾不知越歌,子试为我楚说之。'于是乃召越译,乃楚说之。"《资治通鉴·汉灵帝中平三年》:"丘力居等闻虞至,喜,各遣译自归。"

翻译人员或官员也称"重译""鞮译""译官""译长""译胥""译匠"。汉桓宽《盐铁论·崇礼》:"此四夷所以慕义内附,非重译、狄鞮来观猛兽熊罴也。"《昭明文选·王元长〈三月三日曲水诗序〉》:"瓯脱相寻,鞮译无旷。"李善注:"《礼记》曰:西方曰狄鞮,北方曰译。"《汉书·百官卿表上》:"武帝太初元年更名大鸿胪。属官有行人、译官、别火三令丞及郡邸长丞。"又《西域传上·于阗国》:"辅国侯、左右将、左右骑君、东西城长、译长各一人。"南朝宋颜延之《重释何衡阳达性论》:"将译胥牵俗,还说国情。苟未照尽,请复具伸。"南朝梁慧皎《高僧传·译经中·佛驮跋陀罗》:"吴郡内史孟顗,右卫将军褚叔度,即请贤为译匠。"

"译"也可用作动词。《隋书·经籍志四》:"永平中,法兰又译《十住经》。"唐白居易《苏州重玄寺法华院石壁经碑文》:"以华言唐文译刻释氏经典。"

〔象〕《礼记·王制》:"五方之民,言语不通,嗜欲不同,达其志,通其欲,东方曰寄,南方曰象,西方曰狄鞮,北方曰译。"孔颖达疏:"南方语官谓之曰象者,言放(仿)象外内之言。"《吕氏春秋·慎势》:"凡冠带之国,舟车之所通,不用象、译、狄鞮,方三千里。"《汉书·礼乐志》:"蛮夷竭欢,象来致福。"

翻译馆员,也称"象胥"。《周礼·秋官·象胥》:"象胥掌蛮、夷、闽、貉、戎、狄之国,使掌传王之言而谕说焉,以和亲之。"《旧唐书·玄宗纪论》:"象郡、炎州之玩,鸡林、鲲海之珍,莫不结辙于象胥,骈罗于典属。"

〔寄〕《周礼·秋官·序官》"象胥每翟上士一人"郑玄注:"通夷狄之言者曰象胥,其有才智者也。此类之本名,东方曰寄,南方曰象,西方曰狄鞮,北方曰译,合总名曰象者,周之德先致南方。"贾公彦疏:"云寄者,宾主不相解语,故寄中国于东夷,又寄东夷语于中国,使相领解。"《礼记·王制》:"东方曰寄。"孔颖达疏:"其通传东方之语官谓之曰寄,言传寄外内言语。"

〔狄鞮〕《礼记·王制》:"西方曰狄鞮。"郑玄注:"鞮之言知也,今冀部有言狄鞮者。"孔颖达疏:"其通传西方语官谓之狄鞮者,鞮,知也,谓通传夷狄之语与中国相知。"

【辨】

①词的本义不同。"译"的本义就是担任翻译的人。《说文》:"译,传译四夷之言者。""寄"的本义是寄托。《说文》:"寄,托也。"翻译义是取其传寄不同的语言。"象"的本义是大象。《说文》:"象,长鼻牙,南越大兽,三年一乳。象耳牙四足之形。"甲骨文、金文、篆文都突出象的长鼻形。从象形义引申为仿效义,翻译义是取其仿效不同的语言。狄鞮的"鞮",本义是皮鞋。《说文》:"鞮,革履。"假借为知(鞮、知同为端母支部,两字同音),使不同语言相知。

②词义的内涵不同。"译"还有解释经义义。"象"还有形象、肖像、仿效等义。"寄"还有依附、客居、寄放等义。

shēn dài
绅 带

【同】 大带,长而扁平,古时用于束腰的带子。

〔绅〕《说文》:"绅,大带也。"段玉裁注:"古有革带,以系佩韨,而后加之大带,绅则大带之垂者也……许但云大带,亦是浑言不析言。盖许意以革带统于大带,以带之垂者统于带,立言不分别也。"《论语·卫灵公》:"子张书诸绅。"邢昺疏:"此带束腰,垂其余以为饰,谓之绅。"又《乡党》:"疾,君视之,东首,加朝服拖绅。"何晏集注:"包(咸)曰……绅,大带也。"《礼记·玉藻》:"绅长,制:士三尺,有司二尺有五也。"郑玄注:"绅,带之垂者也。"《史记·仲尼弟子列传》:"子张书诸绅。"裴骃集解引孔安国曰:"绅,大带也。"清阮元《小沧浪笔谈》卷二:"何当看秋瀑,瀖落山三层。大者悬如绅,细者垂如绳。"

〔带〕《说文》:"带,绅也。"段玉裁注:"古有大带,有革带。革带以系佩韨,而后加之大带,则革带统于大带,故许于绅于鞶皆曰大带。"《广韵·泰韵》:"带,衣带。"《诗经·卫风·有狐》:"心之忧矣,之子无带。"毛传:"带,所以申束衣。"《古诗十九首·行行重行行》:"相见日已远,衣带日已缓。"《昭明文选·左思〈蜀都赋〉》:"舆辇杂沓,冠带混并。"李善注:"冠,首饰也;带,大带,所以束身也。"唐韦应物《休暇东斋》:"由来束带士,请谒无朝暮。"

【辨】 引申义不同。腰束大带是古时官员的装束,可引申为绅士,一般是指曾做过官或地方上有地位有权势的人士。"绅",可单用为绅士义,如清无名氏《王氏复仇记》:"邑有公事,当集诸绅会议。"他如乡绅、豪绅、官绅、富绅等;另,因官员上朝时常插笏于绅,搢绅、缙绅、荐绅也都表示绅士义。"带"则从能够系物和呈带状引申出相关的意义,如捆缚、佩带、携带、捎带、连接、履带、地带、海带等。

shéng suǒ
绳 索

【同】 绳子,即用丝、麻、棕或草类等拧成两股以上的条状物,可用来捆绑、结扎、牵引或编织等。

〔绳〕《广雅·释诂上》:"绳,索也。"《易经·系辞下》:"上古结绳而治,后世圣人易之以书契。"孔颖达疏:"'结绳'者,郑康成注云:'事大,大结其绳;事小,小结其绳。'"又:"作结绳而为网罟,以佃以渔。"孔颖达疏:"'作结绳而为网罟,以佃者以渔'者,用此罟网,或陆畋以罗鸟兽,或水泽以网鱼鳖也。"《仪礼·丧服》:"绳屦者,绳菲也。""绳菲",即草绳编织成的草鞋。汉辛延年《羽林郎》诗:"就我求清酒,丝绳提玉壶。"晋干宝《搜神记》卷一:"吴主怒,敕缚琰,著(着)甲士引弩射之。弩发,而绳缚犹存,不知琰之所之。"北魏郦道元《水经注·河水一》:"乌秅之西,有悬度之国,山溪不通,引绳而度,故国得其名也。"

〔索〕《广韵·铎韵》:"索,绳索。"《尚书·五子之歌》:"予临兆民,懔乎若朽索之驭六马,为人上者,奈何不敬?"孔颖达疏:"朽,腐,常训也;腐索驭六马,索绝马惊,马惊则逸,言危惧甚也。"《墨子·尚贤中》:"傅说(人名),被褐带索,庸筑乎傅岩。""被褐带索",穿粗布短衣,并以绳束腰。《汉书·西域传·乌秅》:"县度者,石山也,溪谷不通,以绳索相引而度云。"《三国演义》第四十六回:"(孔明)遂命将二十只船,用长索相连,径望北岸进发。"

【辨】
①词的本义略有不同。"绳"的本义就是绳子。《说文》:"绳,索也。"段玉裁注:"绳,可以悬,可以束,可以为网。"《小尔雅·广器》:"大者谓之索,小者谓之绳。"汉史游《急就篇》:"累繘绳索绞纺纑。"唐颜师古注:"绳,谓紃,两股以上总而合之者也。索,总谓切撚之令紧者也。一曰:丝麻曰绳,草谓之索。""索"的本义是专指草绳。《说文》:"索,草有茎叶,可以作绳索。"清王筠《说文句读》:"案,许君意,亦主草谓之索。而字从糸者,糸篆本象纠结之形,纠草为索,故从糸。比象之义。"编者按:对于绳、索而言,初义为"大者谓之索,小者谓之绳",后除丝、麻等绞合的细长条状物称线外,其他不论粗细,均可称之为绳索。古汉语中,表示绳索的字很多,如"缆",即缆绳,较粗,专用于拴系船只。"缳",《玉篇·糸部》:"缳,索也。""纠",绞合的绳。《字林》:"纠,两合绳。""纲",收提网的总绳。《说文》:"纲,维纮绳也。""缄",捆缚箱箧的绳索。《庄子·胠箧》"缄縢"下,陆德明释文:"缄、縢,皆绳也。""縢"也是绳。《玉篇·糸部》:"縢,

绳也。""维",系物的大绳。清桂馥《说文义证》:"维谓系盖之绳也。""累",绳索。《广雅·释器》:"累,索也。""绠""繘",都是汲井水的绳。《方言》卷五"绠""繘"下郭璞注:"水索也。""纤",拉船的绳索。《正字通·系部》:"纤,挽船索也。""缫",悬持蚕箔柱的绳索。《广雅·释器》:"缫,索也。"等等。

②词义的内涵不同。"绳"还有墨线(木工用)、标准、法则义,用作动词时,有用标准、法则衡量或矫正,约束,赞誉,继承等义。"索"还有寻找,索取、孤独、耗尽等义。

网（罔網） 罟 罗

【同】 用线或绳结成呈多孔状,用来捕鱼或鸟兽的工具。

〔网〕(罔網) 古籍中一般写作"罔"或"網"。《易经·系辞下》:"作结绳以为罔罟,以佃以渔。"孔颖达疏:"'作结绳以为网罟,以佃以渔'者,用此罟罔,或陆佃以罗鸟兽,或水泽以罔鱼鳖也。"汉董仲舒《春秋繁露·五行顺逆》:"四面张罔,焚林而猎。"《资治通鉴·汉成帝元延三年》:"南驱汉中,张罗罔罝罘,捕熊罴禽兽。"胡三省注:"罔,与'網'同。"

"罔""網",古今字。"罔"后写作"網"。《玉篇·糸部》:"網,一作'罔',罗也。"《诗经·邶风·新台》:"鱼網之设,鸿则离之。"《国语·周语中》:"且谚云:'兽恶其網,民恶其上。'"《战国策·齐策一》:"君不闻大鱼乎?網不能止,钩不能牵,荡而失水,则蝼蚁得意焉。"《淮南子·缪称训》:"譬若设網者,引其纲而万目开矣。"

〔罟〕《广雅·释器》:"罔谓之罟。"王念孙疏证:"此罔鱼及鸟兽通名。"《玉篇·西部》:"罟,鱼網也。"《广韵·姥韵》:"罟,網罟。"《孟子·梁惠王上》:"数罟不入洿池,鱼鳖不可胜食也。"赵岐注:"数罟,密網也。"《淮南子·兵略训》:"为鱼鳖者,则可以網罟取也。""網罟",同义连用。唐殷尧藩《访许浑》诗:"为言肯共留连饮,涧有青芹罟有鱼。"明凌濛初《二刻拍案惊奇》卷三十六:"每日与同妻子棹着小舟,往来江上,撒網施罟。"

〔罗〕《诗经·王风·兔爰》:"有兔爰爰,雉离于罗。"毛传:"鸟网为罗。"《淮南子·说山训》:"飞鸟不动,不絓网罗。""网罗",同义连用。汉桓宽《盐铁论·西域》："浩浩乎若无网罗而渔江海。"唐钱珝《江行无题一百首》："不顾鱼多处，应防一目罗。"唐胡曾《咏史诗·会稽山》："何事夫差无远虑，更开罗网放鲸鲵。"

【辨】①词的本义略有不同。"网"是"罔""網"的本字，"罔"作为"网"的或体字收在"网"下，是"網"的古字。段注本《说文》："网，庖牺氏所结绳，以田以渔也……罔，或加亡。"段玉裁注："'以田'二字，依《广韵》《太平御览》补。""罔"在使用中辗转引申为无，后又加偏旁糸，新造一个"網"字，以取代"罔"的本义。现又简化为"网"。清朱骏声《说文解字注笺》："网，象形，其形略，故又作'罔'，从亡声……'罔'有覆蔽义，引申为欺罔之称；'罔''亡'声相近，'亡'与'无'相通，故'罔'亦训无。因其引申义行，故又从糸作'網'也。"

"罟"，义同"网"，是网的总名。《说文》："罟，网也。"南唐徐锴《说文系传》："臣锴曰：'网之总名也。'"段玉裁《说文》"罟"下注："按，不言渔网者，《易》曰：'作结绳而为网罟，以田以渔。'是'网''罟'皆专施于渔也。罟实鱼网，而鸟兽亦用之，故下文有'鸟罟''兔罟'。""罗（羅）"的本义是捕鸟的网。《说文》："羅，以丝罟鸟也。从网从维。"《尔雅·释器》："鸟罟谓之罗。"郭璞注："谓罗络之。"编者按："罗"，古籍中主要用作捕鸟，但有时也用于捕鱼。古籍中用作网罟义的字还有，如："罘""罝""罨"，捕兔的网；"眾"，捕大鱼的网；"罠"，捕兽的网；"毕（畢）"，捕鸟兽的网等等，不一而足。

②词义的内涵不同。"网"还有喻网状物或网状系统、用网捕鱼等义。"罟"还有法网、用网捕鱼等义。"罗"还有用网捕鱼、搜罗、包罗、罗列、遭遇、质地细软的丝织品、细密的筛子、姓氏等义。

náng   tuó   dài
囊   橐   袋（帒 縢）

【同】用布、麻或皮制作的盛东西的口袋。

〔囊〕《说文》："囊，橐也。"《诗经·大雅·公刘》："于橐于囊，思辑用光。"《庄子·胠箧》："然而巨盗至，则负匮揭箧担囊而趋，唯恐缄縢扃镝之不固也。"《战国策·燕策三》："是时侍医夏无且，以其所奉药囊提轲。"汉桓宽

《盐铁论·取下》："公刘好货,居者有积,行者有囊。"《史记·淮阴侯列传》："韩信乃夜令人为万余囊,满盛沙,壅水上流。"

〔橐〕《说文》："橐,囊也。"《吕氏春秋·必己》："牛缺……遇盗于耦沙之中,盗求其橐中之载则与之。"《史记·郦生陆贾列传》："(尉他)赐陆生橐中装直千金,他送亦千金。"汉王充《论衡·书虚篇》："传书言:吴王夫差杀伍子胥,煮之于镬,乃以鸱夷橐投于江……浙江、山阴江、上虞江皆有涛,三江有涛,岂分橐中之体,散置三江中乎?"

〔袋〕(帒 縢)《玉篇·衣部》："袋,徒戴切,囊属。"《南史·羊鸦仁传》："后鸦仁兄子海珍知之,掘(荀)昺父伯道并祖及所生母合五丧,各分其半骨,共棺焚之,半骨杂他骨,作五袋盛之。"《隋书·食货志》："有司尝进干姜,以布袋贮之,帝用为伤费,大加谴责。后进香,复以毡袋,因笞所司,以为后诫焉。"

"袋",《说文》正文不收,而大徐本《说文》新附字收有"帒"字,释为"囊也"。"袋",《说文》正文写作"縢"。《说文》:"縢,囊也。"清郑珍《说文新附考》:"按,《说文》:'縢,囊也……'即古帒字……知改作'帒',在魏晋后。"

【辨】

①词的本义有所不同。传统训诂学对"囊""橐"两字有截然相反的四种说法。清王筠《说文句读》:"陈氏启源曰:诸家释囊、橐各异,约之有四说焉。毛传曰:'小曰橐,大曰囊。'此一说也。《文选·干宝〈晋纪论〉》引诗,吕向注云:'大曰橐,小曰囊。'与毛传相反,此又一说也。《仓颉篇》:'橐,囊之无底者。'《汉书·刑法志》注及《赵充国传》注,师古曰:'无底曰橐,有底曰囊。'与《说文》反,此又一说也。"按:"囊""橐"两字,稽之于古籍的实际用法,以"小曰橐,大曰囊""无底曰橐,有底曰囊"两说为长。《公羊传·哀公七年》:"于是使力士举巨囊,而至于中雷。"汉王充《论衡·无形篇》:"一石,囊之高大亦适一石。"可证"大曰囊"。《史记·龟策列传》:"杀人六畜,以韦为囊。囊盛其血,与人县而射之,与天帝争强。"《说文》:"幡,以囊盛谷,大满而裂也。"可证"有底曰囊"。《说文》:"橐,囊也。"清徐灏《说文解字注笺》:"此字从束,其义当为束物,而训为囊者,盖橐无底,与橐相类也。"按:"橐",捆缚。因"橐"是无底的口袋,盛物时,需捆扎两头。这也可证"无底曰橐"。"袋"字,约产生于魏晋时期,《玉

篇》收有"袋"字,释为"囊属",泛指囊橐。此后,"袋"逐渐取代囊橐。

②词义的内涵不同。"囊""橐""袋"除用作口袋义外,还都可用作装入袋内义。此外,"橐"还有风箱义,"袋"还有用作量词义。

匣(柙) 匮(櫃) 匵(椟) 函
xiá　　　　guì　　　 dú　　　　hán

【同】 存放物品可启闭的器具。

〔匣〕(柙)《说文》:"匣,匮也。"《史记·刺客列传》:"而高渐离念久隐畏约无穷时,乃退,出其装匣中筑与其善衣,更容貌而前。"汉桓宽《盐铁论·禁耕》:"故民人以垣墙为藏闭,天子以四海为匣匵。"三国魏曹丕《与钟大理书》:"绳穷匣开,烂然满目。"唐高適《送浑将军出塞》诗:"城头画角三四声,匣里宝刀昼夜鸣。"

"匣"也写作"柙"。《庄子·刻意》:"夫有干越之剑者,柙而藏之,不敢用也,宝之至也。"《史记·刺客列传》:"荆轲奉樊於期头函,而秦舞阳奉地图柙,以次进。""地图柙",《战国策·燕策三》作"地图匣"。《汉书·平帝纪》:"乙未,义陵寝神衣在柙中。"颜师古注:"柙,匣也。"

〔匮〕(櫃)《说文》:"匮,匣也。"《尚书·金縢》:"公归,乃纳册于金縢之匮中,王翼日乃瘳。"孙星衍疏:"匮者,王逸注《楚辞》云:'匣也。'"汉东方朔《七谏·哀命》:"玉与石其同匮兮,贯鱼眼与珠玑。"唐韩愈《送权秀才序》:"伯乐之厩多良马,卞和之匮多美玉。"

"匮"也写作"櫃"。《韩非子·外储说左上》:"楚人有卖其珠于郑者,为木兰之櫃。""櫃",今简化为"柜"。

〔匵〕(椟)《说文》:"匵,匮也。"《论语·子罕》:"子贡曰:'有美玉于斯,韫匵而藏诸,求善贾而沽诸?'何晏集解引马融曰:"韫,藏也。匵,匮也。"元杨弘道《幽怀久不写一首效韩子此日足可惜赠彦深》诗:"乃知畜奇货,韫匵方深藏。"

"匵"又写作"椟"。"木部曰:'椟,匮也。'是则匵与椟音义皆同,实一物也。"(《说文》"匵"下段玉裁注)《论语·季氏》:"龟玉毁于椟中。"《国语·鲁语下》:"君若使有司求诸故府,其可得也。使求,得之金椟。"韦昭注:"椟,匮也。"汉刘向《说苑·反质》:"天子藏于四海之内……士庶人藏于箧椟。"

〔函〕《集韵·咸韵》："函，匵也。"《战国策·燕策三》："荆轲奉樊於期头函，而秦武阳奉地图匣。"《史记·刺客列传》转录此文时，改"匣"为"柙"。司马贞索隐："柙亦函也。"北周庾信《周车骑大将军贺娄公神道碑》："龟转印函，蛇盘绶笥。"唐封演《封氏闻见记·匭使》："梁武帝诏于谤木、肺石旁各置一函，横议者投谤木函，求达者投肺石函。"唐杜甫《赠献纳史起居田舍人》诗："舍人退食收封事，宫女开函近御筵。"

【辨】　形制的大小有所区别。"匣""匵"《说文》互训，与"匵""函"又辗转相训，其义相同。但宋戴侗《六书故》卷二十七："匵，求位切，藏器也。按，今通以器之大者为匵，次为匣，小为匵。"认为后有大小之别。

箧 笥 箪 箱 簏
　　qiè　sì　dān　xiāng　lù

【同】　竹制的盛放物品的器具。

〔箧〕《说文》写作"匧"。《说文》："匧，藏也。从匚夹声。箧，匧或从竹。"《玉篇·竹部》："箧，笥也。"《广韵·帖韵》："箧，箱箧也。"《仪礼·士冠礼》："同箧。"郑玄注："同箧，谓此上六物。隋方曰箧。"《史记·老子韩非列传》："庄子者，蒙人也……作《渔父》《盗跖》《胠箧》。"张守节正义："箧，箱类也。"汉班婕妤《怨歌行》："弃捐箧笥中，恩情中道绝。"吕向注："箧笥，盛扇之箱。"南朝宋谢惠连《捣衣》诗："盈箧自余手，幽缄候君开。"吕延济注："箧亦箱也。"

〔笥〕《说文》："笥，饭及衣之器也。"清朱骏声《说文通训定声》："按，竹器之方而有盖者皆曰笥。"《广韵·志韵》："笥，箧也。圆曰箪，方曰笥，竹器也。"《庄子·秋水》："王巾笥而藏之庙堂之上。"郭庆藩集解："盛之以笥，覆之以巾。"南朝宋谢惠连《捣衣》诗："裁用笥中刀，缝为万里衣。"刘良注："笥，箱也。"南朝梁任彦昇《为范尚书让吏部封侯第一表》："金章有盈笥之谈。"吕延济注："笥为盛衣器……赵王伦为乱，谣曰：'金玉满箱，尚不可长。'"

〔箪〕《说文》："箪，笥也。"《仪礼·士冠礼》："栉实于箪。"郑玄注："箪，笥也。"《左传·哀公二十年》："（吴王）与之一箪珠，使问赵孟。"杜预注："箪，小笥。"孔颖达疏："此言小笥者，以盛珠之器，不宜与盛饭器同，故云小耳。"

〔箱〕《玉篇·竹部》:"箱,竹器也。"《广韵·阳韵》:"箱,箱笼。"《古诗为焦仲卿妻作》:"箱帘六七十,绿碧青丝绳。"晋葛洪《西京杂记》卷六:"此两卷在(葛)洪巾箱中,常以自随,故得犹在。"《晋书·郗超传》:"将亡,出一箱书付门生曰:'……我亡后,若大损眠食,可呈此箱。'"

〔簏〕《说文》:"簏,竹高箧也。"段玉裁注:"箧之高者竹为之。"清徐灏《说文解字注笺》:"钱氏坫云:'《通俗文》:簏谓之匾筥。今吴人言簏子。'"《楚辞·刘向〈九歌·惜命〉》:"筐簏"下王逸注:"方为筐,圆为簏。"晋干宝《搜神记》卷三:"火从箧簏中起,衣服尽烧,而箧簏故完。"南朝宋刘义庆《世说新语·德行》:"曹夫人作簏,封而不忍开。"唐王适《体元先生潘尊师碣》:"山有华阳洞天,群仙之府,乃负簏前往,结草幽居。"

【辨】

①词的本义略有不同。"箧""笥""箪""簏",早期都为竹制器具,而"箱"的初义是车箱。《说文》:"箱,大车牝服也。"段玉裁注引郑司农曰:"牝服为车箱,服读为负。"大约在魏晋初期,始有箱箧义。《文选》六臣注习以"箱"释"箧"或"笥"。

②用途也有差别。"箧""箱""簏"一般用于盛装物品,"笥""箪"还可用于盛饭。《礼记·曲礼上》:"凡以弓剑、苞苴、箪笥问人者,操以受命,如使之器。"郑玄注:"箪笥,盛饭食者,圜曰箪,方曰笥。"

③形制也有所区别。"箧""笥""箱"多呈方形,"箪"多为圆形。"簏"为"箧"之高者,一种形制较高的竹制盛物器。

chē yú niǎn lù yáo xuān
车 舆 辇 辂(路) 轺 轩

【同】 车辆,陆地上有轮子的运输工具。

〔车〕《诗经·秦风·车邻》:"有车邻邻,有马白颠。"毛传:"邻邻,众车声也。"《左传·庄公八年》:"公惧,坠于车,伤足丧屦。"《淮南子·兵略训》:"猎者逐禽,车驰人趋,各尽其力。"汉桓宽《盐铁论·结和》:"语曰:'前车覆,后车戒。'"

〔舆〕《玉篇·车部》:"舆,车乘也。"《洪武正韵·鱼韵》:"舆,车也。"《易经·剥卦》:"君子得舆,小人剥庐。"孔颖达疏:"'君子得舆'者,若君子而居此位……使得全安,是君子居之则得车舆也。"《老子》第八十章:"虽有舟舆,无所乘之。"陆德明释文:"舆,河上曰:车。"《史记·乐书》:"所谓大路者,天子之舆也。"张守节正义:"舆,车也。"《淮南子·主术训》:"权势者,人主之车舆也。""车舆"连用。

〔辇〕《玉篇·车部》:"辇,挽车也。"宋戴侗《六书故·工事三》:"辇,车用人挽者也。"《诗经·小雅·黍苗》:"我任我辇,我车我牛。"郑玄笺云:"……有负任者,有輓(挽)辇者。"孔颖达疏:"辇车,人輓(挽)以行,故云輓(挽)辇者。"《周礼·地官·乡师》:"大军旅,会同,正治其徒役,与其輂辇。"郑玄注:"輂,驾马。辇,人輓(挽)行,所以载任器也。止以为蕃营。"《荀子·大略》:"天子召诸侯,诸侯辇舆就马,礼也。"杨倞注:"辇谓人輓(挽)车,言不暇待马至,故辇舆就马也。"《汉书·货殖传》:"秦破赵,迁卓氏至蜀,夫妻推辇行。"颜师古注:"辇,步车曰辇。"

〔辂〕(路)《广雅·释器》:"辂,车也。"《玉篇·车部》:"辂,大车。"《集韵·铎韵》:"辂,王车。"《论语·卫灵公》:"行夏之时,乘殷之辂,服周之冕。"何晏集解引马融曰:"殷车曰大辂。"《礼记·乐记》:"所谓大辂者,天子之车也。"《昭明文轩·王褒〈四字讲德论〉》:"有二人焉,乘辂而歌。"李善注"辂,车也。"

"辂"也写作"路"。《诗经·小雅·采薇》:"彼路斯何?君子之车。"孔颖达疏:"《诗》云:'彼路斯何,君子之车。'此大夫之车称路也。"《礼记·月令》:"天子居大庙大室,乘大路。"郑玄注:"大路,殷路也。车如殷路之制,而饰之以黄。"孔颖达疏:"云'大路,殷路'者,《明堂位》文也。形制似殷之路者,但服色尚黄,饰之黄耳。"

〔轺〕《释名·释车》:"轺,遥也,遥远也,四向远望之车也。"《玉篇·车部》:"轺,小车也。"《国语·齐语》:"服牛轺马,以周四方。"韦昭注:"轺,马车也。"《史记·季布栾布列传》:"朱家乃乘轺车之洛阳,见汝阴侯滕公。"裴骃集解引徐广曰:"轺,马车也。"司马贞索隐:"案,谓轻车,一马车也。"《汉书·平帝纪》:"四辅、公卿、大夫、博士、郎、吏家属皆以礼娶,亲迎立轺并马。"颜师古注引服虔曰:"轺,音遥。立乘小车也。"《昭明文选·左思〈吴都赋〉》:"吴王乃巾玉辂,轺骈骗,旗鱼须。"吕向注:"轺,轻车也。"

〔轩〕《玉篇·车部》:"轩,大夫车。"唐慧琳《一切经音义》卷十五引《考声》云:"轩,安车也。"《左传·哀公十一年》:"或淫于外州,外州人夺之轩以献。"杜预注:"轩,车也。"《史记·卫康叔世家》:"苟能入我国,报子以乘轩,免子三死,毋所与。"裴骃集解引杜预曰:"轩,大夫车也。"汉王充《论衡·超奇篇》:"文轩之比于敝车,锦绣之方于缊袍也,其相过远矣。""文轩",装饰华丽的车。《昭明文选·江淹〈别赋〉》:"龙马银鞍,朱轩绣轴。"李善注引郑玄曰:"轩,车通称也。"

【辨】

①词的本义不同。"车"的本义是车辆的总称。《说文》:"车,舆轮之总名也。夏后时,奚仲所造。""舆"的本义是车厢。《说文》:"舆,车舆也。"段玉裁注:"车舆,谓车之舆也。"清徐灏《说文解字注笺》:"舆之言异也,人所载以行陆者也。"引申为车。"辇"的本义是人拉的车。《说文》:"辇,輓(挽)车也。"段玉裁注:"谓人挽以行之车也。""辂"的本义是车前用来牵引的横木。《说文》:"辂,车軨前横木也。"段玉裁注引应劭注《汉》云:"辂,谓以木当胸以挽车。"类似今纤夫拉船的纤板。引申为车。"轺"的本义是轻便的小马车。《说文》:"轺,小车也。"清王筠《说文句读》:"《史记·季布传》:'轺车。'索隐曰:'案,轻车,一马车也。'"又《说文》:"轻,轻车也。"清王筠《说文句读》:"《孙子·作战篇》:'驰车千乘,革车千乘。'注:'驰车,轻车也;革车,重车也。'此言军旅之轻车也。筠案……是知本是兵车,后用为乘车。""轩"的本义是曲辕,车厢前高后低,旁有帷幕,供大夫乘用的车。《说文》:"轩,曲輈藩车也。"段玉裁注:"谓曲輈而有藩蔽之车也。曲輈者,戴先生曰:'小车谓之輈,大车谓之辕。人所乘欲其安,故小车畅毂梁輈,大车任载而已,故短毂直辕。'艸部曰:'藩者,屏也。'服虔注《左传》、薛综解《东京赋》、刘昭注《舆服志》,皆云:'车有藩曰轩。'……杜注《左传》于'轩',皆曰:'大夫车。'"

②词义的内涵不同。"车"还有乘车、驾车的人、牙床骨、用水车灌溉等义。"舆"还有职位低贱的吏卒、举或扛、众多、疆域等义。"辇"还有乘辇、运载等义。"辂"一般只用于车辆义。"轺"还用于军车,大夫、使者所乘车等义。"轩"还有高、楼板、屋檐、房室等义。

传 遽 驿 驲
zhuàn jù yì rì

【同】古代驿站运送使者或传递文书的车或马。

〔传〕《尔雅·释言》:"驲、遽,传也。"郭璞注:"皆传车、驿马之名。"《说文》:

"传,遽也。"清桂馥《说文义证》:"《集韵》:'传,驿遽也。'《增韵》:'驿遽,邮马也。'"《左传·成公五年》:"梁山崩,晋侯以传召宗伯。"杜预注:"传,驿。"《礼记·玉藻》:"士曰传遽之臣。"郑玄注:"传遽,以车马给使者也。"《韩非子·外储说右上》:"周公旦从鲁闻之,发急传而问之曰:'夫二子,贤者也。今日飨国而杀贤者,何也?'"《汉书·高帝纪下》:"(田)横惧,乘传诣雒阳。"颜师古注:"传者,若今之驿。古者以车,谓之传车,其后又单置马,谓之驿骑。"唐戴叔伦《建中癸亥岁奉天除夜宿武当山北茅平村》诗:"驱传迷深谷,瞻星记北辰。"《水浒传》第一一四回:"(宋江)问道:'贤弟水路来,旱路来?'燕青答道:'乘传到此。'"

〔遽〕《周礼·秋官·行夫》:"行夫掌邦国传遽之小事媺恶而无礼者。"郑玄注:"传遽,若今时乘传骑驿而使者也。"《国语·吴语》:"无姬姓之振也,徒遽来告。"韦昭注:"遽,传车也。"《左传·僖公三十三年》:"商人弦高,将市于周,遇之……且使遽告于郑。"杜预注:"遽,传车。"《韩非子·喻老》:"天下有道,无急患,则曰静,传遽不用。"《列子·说符》:"赵襄子使新稺、穆子攻翟,胜之,取左人、中人,使遽人来谒之。"张湛注:"遽,传也。"

〔驿〕《说文》:"驿,置骑也。"《洪武正韵·陌韵》:"驿,置骑,今之递马也。"《吕氏春秋·士节》:"齐君闻之,大骇,乘驿而自追晏子,及之国郊,请而反之。"《后汉书·西域传论》:"立屯田于膏腴之野,列邮置于要害之路,驰命走驿,不绝于时月。"唐白居易《寄隐者》诗:"道逢驰驿者,色有非常惧。"《元典章·兵部三·铺马》:"今后非军情钱粮紧急之务,必合乘驿者,毋得滥差。"

〔驲〕《说文》:"驲,驿传也。"《左传·文公十六年》:"楚子乘驲,会师于临品。"杜预注:"驲,传车也。"《宋书·何承天传》:"若盛师连屯,非农必众;驰车奔驲,起役必迟。"《资治通鉴·陈宣帝太建十一年》:"周天元如洛阳,亲御驿马,日行三百里,四皇后与文武侍卫数百人并乘驲以从。"胡三省注:"驲,亦驿马也。"元杨景贤《西游记杂剧》第二本第五出:"驰驲马赴西天,取经归东土。"

【辨】

①词的本义不同。《说文》"传""遽"互训,但略有差别。清朱骏声《说文通训定声》认为:"以车曰传亦曰驲,以马曰遽亦曰驿,皆所以达急

速之事。"但既是"急速之事",心虽欲乘车而不暇驾车,便策马而奔。但随着时日的推移,它们之间的区别也逐渐消失。段玉裁"驿"下注:"驲为传车,驿为置骑,二字之别也……车为传,马为遽,浑言则传、遽无二,析言则传、遽分车、马,亦可证单骑从古而有。"清徐灏《说文解字注笺》:"《汉书·高帝纪下》:'乘传诣洛。'师古曰:'传者,若今之驿。古者以车谓之传车,其后又单置马,谓之驿骑。'顾氏炎武曰:'窃疑此法,春秋时当已有之。如楚子乘驲会师于临品、祁奚乘驲而见范宣子、楚子以驲至于罗汭、子木使驲谒诸王,皆事急不暇驾车,或是单乘驿马,而注疏家未之及也。'"

②词义内涵不同。"传"还有驿站、传记、注释(按:都含有流传义)等义。"遽"还有急速、匆忙等义。"驿"还有驿站、驿路、(用驿马、驿车)传递等义。"驲"还有驿站义。

舟 船 舸 舫
zhōu chuán gě fǎng

【同】 水上主要的运输工具。

〔舟〕《说文》:"舟,船也。古者共鼓、货狄刳木为舟,剡木为楫,以济不通。象形。"《左传·宣公十二年》:"中军下军争舟,舟中之指可掬也。"《国语·越语下》:"范蠡对曰:'臣闻命矣。君行制,臣行意。'遂乘轻舟以浮于五湖。"《韩非子·劫奸弑臣》:"治国之有法术赏罚,犹若陆行之有犀车良马也,水行之有轻舟便楫也,乘之者遂得其成。"

〔船〕《说文》:"船,舟也。"《庄子·渔父》:"子勉之。吾去子矣,吾去子矣,乃刺船而去。"《韩非子·功名》:"千钧得舟则浮,锱铢失船则沉,非千钧轻锱铢重也,有势之与无势也。"《吕氏春秋·知分》:"次非谓舟人曰:'子尝见两鲛绕船能两活者乎?'船人曰:'未之见也。'"

〔舸〕《广雅·释水》:"舸,舟也。"《玉篇·舟部》:"舸,船也。"《三国志·吴书·周瑜传》:"又豫备走舸,各系大船后。"唐王维《辋川集·临湖亭》:"轻舸迎上客,悠悠湖上来。"《乐府诗集·相和歌辞一·李商隐〈江南曲〉》:"郎船安两桨,侬舸动双桡。""船""舸"互文。明冯梦龙《喻世明言》第二十二卷:"孙虎臣扶着似道,乘单舸奔扬州。"

〔舫〕 南朝宋刘义庆《世说新语·德行》:"时夏月,暴雨卒至,舫至狭小,而又大漏,殆无复坐处。"《乐府诗集·相和歌辞·刘希夷〈江南曲〉》：" 画舫烟中浅,青阳日际微。"唐白居易《琵琶行》："东船西舫悄无言,唯见江心秋月白。"宋黄庭坚《鹊桥仙·次东坡七夕韵》："百钱端欲问君平,早晚具、归田小舫。"

【辨】

①"舟"小而"船"大。《易经·系辞下》："刳木为舟。"孔颖达疏："舟必用大木刳凿其中,故云刳木也。""船"一般集众木而成,载重量较大。《史记·淮南衡山列传》："上取江陵木以为船,一船之载当中国数十两车。""舸"初也指大船。《方言》卷九："凡船大者谓之舸。""舫"是两船相并的船。

②取意不同。"舟"取其周流义,"船"取其沿河义。"舟之言周旋也,船之言溯沿也。"(《说文》"船"下段玉裁注)《周礼·冬官·考工记》："作舟以行水。"郑玄注："故书舟作周。"《诗经·大雅·大东》："舟人之子。"郑玄笺："舟当作周。"《释名·释船》："舟言周流也。"按,"舟"取义于周流意,后又象舟形另造一个舟字,所以郑玄的注一再说"故书舟作周"。"舟"字产生在前,"船"字产生在后,约在战国时期产生。《诗经·邶风·谷风》"方之舟之"下孔颖达正义："舟者,古名也;今名船。"

"船"取义于沿河而行。《释名·释船》："船,循也,循水而行也。"清朱骏声《说文通训定声》"舟"下："以其沿水而行曰船也。"

"舸"字,《说文》正篆无。大徐本《说文》新附字收有"舸"字,释为"舟也"。编者按："舸"字的书证,虽出自魏晋时期,但西汉扬雄的《方言》已收有"舸"字。《方言》卷九："舟……南楚江湘,凡船大者谓之舸。""舫"为两船相并连的船。但《说文》解释为："船师也。"段注本删"师"字,作"舫,船也"。清徐灏肯定段注"删'师'是也","但训为船仍未合。盖本作'并船也',而后人改之。《篇》《韵》皆曰:'并两船',即承《说文》旧训"。(见《说文通训定声》)

楫(檝) 桨 橹 櫂(濯棹) 桡
jí jiǎng lǔ zhào ráo

【同】 船桨,划船的工具。

〔楫〕(檝)《释名·释船》："楫,捷也,拨水使舟捷疾也。"《玉篇·木部》："楫,行舟具也。"《易经·系辞下》："刳木为舟,剡木为楫。舟楫之利,以济不通。"《荀子·劝学》:"假舟楫者,非能水也,而绝江河。"《韩非子·奸劫弑臣》:"乘舟之安,持楫之利,则可以水绝江河之难。"《史记·周本纪》:"师尚父号曰:'总尔众庶,与尔舟楫,后至者斩。'"唐孟浩然《登鹿门山》诗:"岩潭多屈曲,舟楫屡回转。"宋张孝祥《水调歌头(和庞佑父)》:"我欲乘风去,击楫誓中流。"

"楫"也写作"檝"。《集韵·叶韵》:"楫,或作'檝'。"《管子·兵法》:"凌山坑,不待钩梯;历水谷,不须舟檝。"《资治通鉴·汉顺帝建康元年》:"夫君者,舟也;民者,水也;群臣,乘舟者也;将军兄弟,操檝者也。"胡三省注:"檝,与'楫'同。"

〔桨〕《玉篇·木部》:"桨,楫属。"《正字通·木部》:"桨,行舟具。长大曰橹,短小曰桨;纵曰橹,横曰桨。"《乐府诗集·清商曲辞四·黄竹子歌》:"一船使两桨,得娘还故乡。"南朝梁刘孝威《采莲曲》:"金桨木兰船,戏采江南莲。"唐刘禹锡《堤上行三首》:"日暮行人争渡急,桨声幽轧满中流。"宋范成大《三登乐》词:"过溪门,休荡桨,恐惊鱼鸟。"

〔橹〕《释名·释船》:"在旁曰橹。橹,旅(膂)也,用旅力然后舟行也。"《三国志·吴书·吕蒙传》:"(吕)蒙至寻阳,尽伏其精兵䑦艫中,使白衣摇橹,作商贾人服,昼夜兼行。"唐牟融《闽中回》诗:"帆影随风过富阳,橹声摇月下钱塘。"宋周邦彦《青房并蒂莲·维扬怀古》:"望去帆,一派湖光,棹声咿哑橹声柔。"

〔櫂〕(濯 棹)《玉篇·木部》:"櫂,檝(楫)也。"《集韵·锡韵》:"櫂,楚、宋谓桡曰櫂。"《楚辞·九歌·湘君》:"桂櫂兮兰枻,斲冰兮积雪。"王逸注:"櫂,楫也。"宋陆游《泛舟》诗:"水乡元不减吴松,短櫂沿洄野兴浓。"《清史稿·尚可喜传》:"缯船数百,三帆八櫂,冲浪若飞。"

"濯"是"櫂"的古字。《汉书·佞幸传·邓通》:"邓通,蜀郡南安人也,以濯船为黄头郎。"颜师古注:"濯船,能持濯行船也。"又《百官公卿表》:"属官有上林、均输、御羞、禁圃、辑濯……九官令丞。"颜师古注:"辑,读与'楫'同,音集。濯,音直孝反。皆所以行船也。"

"櫂"也写作"棹"。《广韵·效韵》:"棹,檝也。"汉曹操《战船令》:"雷鼓一通,吏士皆严……整持橹棹,战士各持兵器就船。"隋弘执恭《奉和出颍至淮应令诗》:"棹声喧岸度,飘影出云飞。"唐韩愈《桃源图》:"船开棹进一回顾,万里苍苍烟水暮。"唐鲍溶《南塘二首》:"画舟兰棹欲破浪,恐畏惊动莲花心。"明徐弘祖《徐霞客游记·滇游日记四》："棹影跃浮岚,橹声摇半壁。"

〔桡〕《小尔雅·广器》："桡,楫谓之桡。"《玉篇·木部》："又,如昭切,小楫也。"《篇海类编·花木类·木部》："桡,櫂之短者。"《楚辞·九歌·湘君》："薜荔柏兮蕙绸,荪桡兮兰旌。"王逸注："桡,船小楫也。"《昭明文选·谢惠连〈泛湖归出楼中玩月一首〉》："日落泛澄瀛,星罗游轻桡。"李善注引王逸曰："桡,小楫也。"唐骆宾王《晚泊河曲》诗："通波竹箭水,轻舸木兰桡。"宋欧阳修《采桑子》词："兰桡画舸悠悠去,疑是神仙。"

【辨】

①词的本义不同。"楫"的本义就是船桨。《说文》："楫,舟櫂也。"清王筠《说文句读》："'櫂'一作'棹',皆非《说文》所有。《增韵》'濯'下云《说文》'櫂'字或所据水部'濯'下有一曰'舟濯也'之文,即此文作'舟櫂'矣。""桨"字,《说文》无。字本作"䉪"。《说文》："䉪,剖竹未去节谓之䉪。"段玉裁注:"谓未去中之相隔者。《方言》:'所以隐櫂谓之篓。'郭云:'摇楠小橛也。'按,'篓',盖即'䉪'字。其始,以剖竹未去节为之,后乃以木为之,改其字作'篓'作'桨'。后人又不以名'橛'而以名'櫂'矣。""橹"的本义是大盾。"盾"是古代防御刀剑的护身武器。船桨是"橹"的别义。清朱骏声《说文通训定声》："[别义]《释名·释船》:'在旁曰橹。橹,旅也,用旅力然后舟行也。'""櫂",《说文》正篆无。大徐本《说文》新附字收有"櫂"字,释为"所以进船也。从木翟声,或从卓。《史记》通用'濯'。"说明"櫂"是"濯"的今字。"桡"的本义是曲木。《说文》："桡,曲木也。"船桨义,清朱骏声认为是其引申义。清朱骏声《说文通训定声》:"[转注]《小尔雅·广器》:'楫谓之桡。'"

②词义的内涵不同。"楫"还有喻代船、划船、林木等义。"桨"只用于船桨义。"橹"除盾牌义外,还有城上守御的望楼、战车的一种等义。"櫂"还有喻代船、划船等义。"桡"还有弯曲、屈服、屈枉、削弱、乱等义。

行 道 路 途(塗 涂) 径 畛

háng dào lù tú   jìng zhěn

【同】道路,地面供人或车行走呈带形的部分。

〔行〕《尔雅·释宫》："行,道也。"《诗经·豳风·七月》："女执懿筐,遵彼微行。"毛传:"微行,墙下径也。"孔颖达疏:"行,训为道也。步道谓之径。微行,为墙下径。"《左传·襄公九年》:"魏绛斩行栗。"杜预注:"行栗,表道树。"孔颖达疏:"行,道也。谓之'行栗',必是道上之栗。《周语》云:'列树以表道。'知此'行栗',是表道之树。"《国语·晋语四》:"夙夜征行,不遑启处,犹惧无及。"韦昭注:"行,道也。"

〔道〕《玉篇·辵部》:"道,路也。"《广韵·皓韵》:"道,路也。"《左传·僖公二年》:"晋荀息请以屈产之乘与垂棘之璧,假道于虞以伐虢。"《韩非子·外储说左上》:"子产退而为政,五年,国无盗贼,道不拾遗。"《吕氏春秋·季春纪》:"是月也……开通道路,无有障塞。"汉王充《论衡·命义篇》:"饥馑之岁,饿者满道。"

〔路〕《尔雅·释言》:"路,旅途也。"郭璞注:"途,即道也。"《玉篇·足部》:"路,道路,途也。"《广韵·暮韵》:"路,道路。"《易经·说卦》:"艮为山,为径路。"孔颖达疏:"为径路,取其山虽高,有涧道也。"《尚书·胤征》:"每岁孟春,遒人以木铎徇于路。"孔颖达疏:"每岁孟春,遒人之官以木铎徇于道路。"汉桓宽《盐铁论·园池》:"语曰:'厨有腐肉,国有饥民;厩有肥马,路有馁人。'"北魏郦道元《水经注·河水》:"沿路惟土穴出泉,挹之不穷。"

〔途〕(塗 涂)《玉篇·辵部》:"途,途路。"《广韵·模韵》:"途,道也。"《孟子·梁惠王上》:"狗彘食人食而不知检,途有饿莩而不知发。"晋陶潜《归去来兮辞》:"实迷途其未远,觉今是而昨非。"宋章炳文《搜神秘览》:"途中遇大雨,憩于屋下。"

"途"也写作"塗"或"涂"。《广韵·模韵》:"塗,路也。"《易经·系辞下》:"天下同归而殊塗,一致而百虑。"高亨注:"塗,读为途,路也。"《论语·阳货》:"孔子时其亡也而往拜之。遇诸塗。"何晏集解引孔安国注:"塗,道也。"《周礼·地官·遂人》:"百夫有洫,洫上有涂。"郑玄注:"径、畛、涂、道、路,皆所以通车徒于国都也。"《汉书·礼乐志》:"大朱涂广,夷石为堂。"颜师古注:"涂,道路也。"

〔径〕《玉篇·彳部》:"径,小路也。"《广韵·径韵》:"径,步道。"《周礼·地官·遂人》:"夫间有遂,遂上有径。"郑玄注:"径容牛马。"《论语·雍也》:"有澹台灭明者,行不由径。"《史记·高祖本纪》:"行前者还报曰:'前有大蛇当径,愿还。'"《论衡·纪妖篇》转录时,为"前有大蛇当道"。《汉书·五行志中之上》:"邪径败良田,谗口乱善人。"

〔畛〕《诗经·周颂·载芟》:"千耦其耘,徂隰徂畛。"郑玄笺:"畛,谓旧田有路径者。"孔颖达疏:"畛是地畔道路之名。"《楚辞·大招》:"田邑千畛,人阜昌只。"王逸注:"畛,田上道也。"《昭明文选·左思〈吴都赋〉》:"其四野则畛畷无数,膏腴兼倍。"李善注引刘逵曰:"畛畷谓地广道多也。旧井田间有径有畛。"唐李贺《新夏歌》:"野家麦畦上新垅,长畛徘徊桑柘重。"

【辨】

①词的本义不同。"行"的本义是行走。《说文》:"行,人之步趋也。"段玉裁注:"步,行也;趋,走也。二者一徐一疾皆谓之行。"引申为道路。清徐灏《说文解字注笺》:"又为道路之称。"音随义变,行的道路义读 háng。"道"的本义是道路。《说文》:"道,所行道也。"段玉裁注:"毛传每云:'行,道也。'道者,人所行,故亦谓之行。""路"的本义也是道路。《说文》:"路,道也。"段玉裁注:"《释宫》:'一达谓之道路。'此统言也。《周礼》:'浍上有道,川上有路。'此析言也。""途",《说文》无;"塗",《说文》正篆也无,大徐本《说文》新附书收有,释为"泥也";《说文》有"涂"字,本义是水名,《说文》:"涂,涂水,出益州牧靡南山,西北入渑。"借为本无其字的路途的"途"。南唐徐锴《说文系传》:"臣锴按……《周礼》书涂路字如此。古无'塗'字,'途'弥俗也。""径"的本义是供步行的道路。《说文》:"径,步道也。"南唐徐锴《说文系传》:"徐锴曰:小道不容车,故曰步道。"清徐灏《说文解字注笺》:"戴氏侗曰:小道径达,故因之为径直之义。""畛"的本义是田间小道。《说文》:"畛,井田间陌也。"

②行、道、路、途、径、畛,都可泛指道路,细分也有所区别。"行"是指四通八达的道路。罗振玉《殷墟书契考释》:"'行'象四达之衢,人之所行也。"《周礼·地官·遂人》"洫上有涂"郑玄注:"径、畛、涂、道、路,皆所以通车徒于国都也。径容牛马,畛容大车,涂容乘车一轨,道容二轨,路容三轨。"但古籍在实际用法中并没有如此明显的区别。一般以用道、路为常。"行"的道路义,不常用,一般只见于先秦古籍。"途"古多写作"涂"或"塗"。据《王力古汉语字典》的辨析,"'道'使用得更广泛";"'路'作为道路,在意义上侧重于通往来,旅行在外所走的道往往称'路'";"'途'是道路的泛称,不论大道、小道,也不论是城市中的路还是乡村田野中的路,都可以称作'途'。"(见"道"字条。)

③词义的内涵不同。"行 háng"还有行列、辈分、行伍、行业、营业的

处所、器物不坚实等义。"道"还有路程、方法、规律、道德、政治主张、道家、道教等义。"路"还有路过、门路、仕途等义。"途"还有途径、仕途等义。"径"还有径直、直径、疾速等义。"畛"还有界限、根本、祝告等义。

衢 街 冲（衝）
  qú   jiē   chōng

【同】 四通八达的道路。

〔衢〕《玉篇·行部》："衢，四达道也。"《广韵·虞韵》："衢，街衢。《尔雅》曰：'四达谓之衢。'"《左传·昭公二年》："七月壬寅，缢。尸诸周氏之衢，加木焉。"杜预注："衢，道也。"《公羊传·宣公十二年》："庄王伐郑，胜乎皇门，放乎路衢。"何休注："路衢，郭内衢道，四达谓之衢。"《淮南子·缪称训》："圣人之道，犹中衢而致尊邪。"高诱注："道六通谓之衢。"

〔街〕《玉篇·行部》："街，四通道也。"《广韵·佳韵》："街，道也。《说文》云：'四通道也。'《风俗通》云：'街，携也。离也，四出之路，携离而别也。'"唐慧琳《一切经音义》卷四《考声》云："街，都邑中之大道也。"《墨子·号令》："卒有惊事，中军疾击鼓者三，城上道路，里中街巷，皆无得行。"《韩非子·外储说左上》："子产退而为政五年，国无盗贼，道不拾遗，桃、枣荫于街者莫有援也。"汉王充《论衡·解除篇》："贵人之出也，万民并观，填街满巷，争进在前。"《昭明文选·张衡〈西京赋〉》："徒观其城郭之制，则旁开三门，参涂夷庭，方轨十二，街衢相经。"李善注引薛综曰："街，大道也。"

〔冲〕（衝）"冲"是"衝"的简化字。《左传·昭公元年》："（子晳）欲杀之而娶其妻。子南知之，执戈逐之。及冲，击之以戈。"杜预注："冲，交道。"汉荀悦《汉纪·高帝纪一》："天下之郡，陈留当冲，四通五达之郊也。"晋左思《魏都赋》："内则街冲辐凑，朱阙结隅，石杠飞梁，出控漳渠。"

    "冲"也写作"衝"。按："衝"为正字。《说文》："衝，通道也。"清邵瑛《说文解字群经正字》："今经典作'冲'。"《史记·郦生陆贾列传》："夫陈留，天下之衝，四通五达之郊也。"

【辨】
    ①词的本义不同。"衢"的本义是几条道路相交叉。《说文》："衢，四达谓之衢。"清承培元《说文引经证例》："此用《尔雅》说字，不著书名者也。'瞿'为四顾之称，故从瞿之字，皆有四出之义。"《尔雅·释宫》："四达

谓之衢。"郭璞注："交道四出。"郝懿行疏："按，衢为四道交错。""街"的本义是城邑中纵横交错的道路。《说文》："街，四通道也。"清桂馥《说文义证》："《西京赋》：'街衢相经。'五臣注：'街，大道也。'《洛阳记》：'宫门及城中大道皆分作三，此三道四通五达也。'""冲"的本义是包括郊区的四通八达的道路。《说文》："衝，通道也。"南唐徐锴《说文系传》："臣锴曰：谓南北东西各有道相冲。"

②词义的内涵不同。"衢"还有岔路、树枝的分岔等义。"街"还有市朝、市集、街市等义。"冲"还有要冲、冲击、冲刷、朝着、刺等义。

桥 梁 圯 航 杠（矼） 彴
qiáo liáng yí háng gāng zhuó

【同】桥，桥梁。架在水面上，连接两岸的建筑物。

〔桥〕《说文》："桥，水梁也。"《墨子·备城门》："断城以板桥，邪穿外，以板次之。"孙诒让间诂："连板为桥，架之城堞，以便往来。"《战国策·楚策一》："居顷之，襄子当出。豫让伏所当过桥下，襄子至桥而马惊。"《淮南子·主术训》："阴降百泉，则修桥梁。"《史记·秦本纪》："（昭襄王五十年）初作河桥。"

〔梁〕《说文》："梁，水桥也。"段玉裁注："梁之字，用木跨水，今之桥也。"《诗经·大雅·大明》："造舟为梁，不显其光。"孔颖达疏："比船于水，加板于上，即今之浮桥。"《国语·周语中》："九月除道，十月成梁。"韦昭注："成梁，所以便民，使不涉业。"《史记·赵世家》："庆舍将东阳河外师，守河梁。"张守节正义："河梁，桥也。"《昭明文选·扬雄〈甘泉赋〉》："历倒影而绝飞梁兮，浮蠛蠓而撇天。"李善注引晋灼曰："飞梁，浮道之桥也。"

〔圯〕《说文》："圯，东楚谓桥为圯。"《史记·留侯世家》："良尝间从容步下邳圯上。"司马贞索隐："李奇云：'下邳人谓桥为圯。'"宋苏轼《张竞辰永康所居万卷堂》诗："濠梁空复五车多，圯上从来一篇足。"宋敖陶孙《改周晋仙赠丁相士之什》诗："腰钱跨鹤谁不愿，只有圯下先我鞭。"

〔航〕《说文》作"斻"。《说文》："斻，方舟也。从方亢声。《礼》：'天子造舟，诸侯维舟，大夫方舟，士特舟。'"段玉裁注引李巡曰："比其舟而度曰造舟，中央左右相维持曰维舟，併两船曰方舟，一舟曰特舟。"南唐徐锴《说文解字系传》："臣锴曰：'方，并也。方舟，今之舫并两船也。造，至也。

连舟至他岸。"清徐灏《说文解字注笺》:"《公羊十二年》疏引旧说云:'以舟为桥,诣其上而行过,故曰造舟。'"《淮南子·氾论训》:"古者大川名谷,衝绝道路,不通往来也,乃为窬木方版以为舟航。"高诱注:"舟相连为航也。"《北史·韩禽传》:"陈叔宝遣领军蔡徵守朱雀航。"《资治通鉴·梁敬帝绍泰元年》:"丙辰,陈霸先对冶城立航,悉渡众军,攻其水南二栅。"胡三省注:"航,连舟为桥也。"清李调元《卍斋璅录·癸录》:"渡桥曰航,晋时有朱雀航、榻航。"

〔杠〕(矼)《孟子·离娄下》:"岁十一月,徒杠成。"焦循正义:"凡独木曰杠,骈木曰桥。"《昭明文选·左思〈魏都赋〉》:"石杠飞梁,出控漳渠。"刘良注引《尔雅》曰:"石杠,谓石桥也。"明徐弘祖《徐霞客游记·粤西游日记四》:"东望一峰,尖回而起,中空如合掌,悬架于众峰之间,空明下透,其上合处仅徒杠之凑。"

"矼",石桥。《玉篇·石部》:"矼,石桥也。"宋欧阳修《庐山高赠同年刘凝之归南康》诗:"水声聒聒乱人耳,六月飞雪洒石矼。"明袁宏道《赋得野竹上青霄拈三江韵》诗:"曲路通斜阁,交枝覆断矼。"

〔彴〕《广韵·药韵》:"彴,横木渡水也。"《初学记》卷七引《广志》:"独木之桥曰榷,亦曰彴。"唐刘禹锡《裴祭酒尚书见示春归城南青松坞别墅……命同作》诗:"野彴渡春水,山花掩岩扉。"唐元晦《越亭二十咏》诗:"津梁危彴架,济物虚舟渡。"唐韦庄《和薛先辈见寄初秋寓怀即事之作三用韵》诗:"凋柳横孤彴,岩藤架密阴。"宋梅尧臣《送蟾上人游南岳》诗:"宾鸿不到处,危彴独行时。"

【辨】

①本义有所不同。"桥""梁",《说文》虽然互训,但起初用法有所区别。"梁"用于桥梁义较早,最早约见于《诗经》。据孔颖达疏解,"比船于水,加板于上,即今之浮桥"。"见于经、传者,言梁不言桥也"(《说文》"梁"下段玉裁注)。"桥"字约见于战国时期,"桥""乔"同源,有"高"义。桥下能躲藏人,足见有相当高度。"圯"是楚语,是方言词。"航"也是浮桥。"杠"和"彴",都是独木桥或石桥。

②词义内涵不同。"桥"还有器物上的横梁、架在井上的汲水工具等义。"梁"还有捕鱼的坝堰、河堤、屋梁等义。"圯"只用于桥梁义。"航"还有船、航行等义。"杠"还有床前横木、旗杆等义。"彴"也只用于桥义。

国 guó 邦 bāng

【同】古时诸侯国的通称。"《周礼》凡言邦国者,皆是诸侯之国。"(《周礼·天官·大宰》"以佐王治邦国"下贾公彦疏)

〔国〕《说文》:"国,邦也。"《广雅·释言》:"国,邦也。"《广韵·德韵》:"国,邦国也。"《左传·襄公十一年》:"夫乐以安德,义以处之……而后可以殿邦国。"古籍中"国""邦"有时异文。《老子》第五十四章:"修之于国,其德乃丰。"《韩非子·解老》:"修之邦,其德乃丰。"《韩非子·六微》:"国之利器,不可以示人。"同书《喻老》篇为"邦之利器,不可以示人"。国、邦异文。原因之一,是因为汉高祖名邦,汉人因避讳改"邦"为"国"。

〔邦〕《说文》:"邦,国也。"《尚书·尧典》:"百姓昭明,协和万邦。"《诗经·大雅·皇矣》:"王此大邦,克顺克比。"《论语·颜渊》:"在邦无怨,在家无怨。"《韩非子·喻老》:"简公失之于田成,晋公失之于六卿,而邦亡身死。"汉王充《论衡·知实篇》:"陈子禽问子贡曰:'夫子至于是邦也,必闻其政。求之与,抑与之与?'"

【辨】①词的本义不同。"或""域""国",三字是古今字关系。《说文》:"或,邦也。从口,戈以守其一,一,地也。域,或或从土。""国"的初义是区域。先秦古籍中的"中国",即泛指中原地区的各诸侯国,有时也指天下的中心区域,即京师。《诗经·周颂·民劳》:"惠此中国,以绥四方。"毛传:"中国,京师也;四方,诸夏也。"孔颖达疏:"中国之文与四方相对,故知中国谓京师,四方谓诸夏。若以中国对四夷,言诸夏亦为中国。言各有对,故不同也。"后引申为诸侯国的通称。"國(国的繁体字)"的初文为"或"。"或字从戈从口,口即囗,象有土地也;戈字即执干戈以卫社稷之义,即國之古文。后叚为语辞之或,乃复增囗为偏旁耳。"(《甲骨文集释》编者按)

"邦"的本义是封。"封""邦",初本为一字。《金文编》:"案:古封、邦一字。""封"的本义是在疆界上聚土以为标志,"邦"的初义也是表示疆界。陆德明《经典释文·周礼音义上》:"邦,疆国之境。""邦""封"都有封侯义。《释名·释州国》:"邦,封也,封有功于是也。"南唐徐锴《说文解字系传》:"古谓封诸侯为邦,故《尚书》曰:乃命诸王而邦之蔡。"

②词义的内涵不同。"国"还有都城、地域、建国或建都义。"邦"还有分封、国都、地区义。

中国 华夏 夏(诸夏) 中夏 华(诸华)
中华 神州 赤县

【同】 中国或中国的别称。

〔中国〕 原指中原文化发达的诸侯国或京师。"中国"一词最早见于《尚书》(1见)、《诗经》(7见)等书。《尚书·梓材》:"皇天既付中国民,越厥疆土,于先王肆。"孔安国传:"大天已付周家治中国民矣,能远拓其界壤,则于先王之道遂大。"《诗经·大雅·民劳》:"惠此中国,以绥四方。"毛传:"中国,京师也;四方,诸夏也。"孔颖达疏:"'中国'之文与'四方'相对,故知中国为京师,四方为诸夏;若以中国对四夷,则诸夏亦为中国。言各有对,故不同也。"《左传·成公七年》:"中国不振旅,蛮夷入伐,而或之莫恤。"杨伯峻注:"中国,当时华夏各国之总称。"《史记·秦本纪》:"缪公怪之,问曰:'中国以诗书礼乐法度为政,然尚时乱,今戎夷无此,何以为治,不亦难乎?'""中国"后成为我国的专称。据《辞源》所引的书证,约在秦汉时期;据《汉语大词典》所引的书证,约在晚清。清林则徐《拟谕英吉利国王檄》:"中国所行于外国者,无一非利人之物。"但据《明史·外国七》:"意大利亚,居大西洋中,自古不通中国。万历时,其国人利玛窦至京师,为《万国全书》,言天下有五大洲。第一曰亚细亚洲,中凡百余国,而中国居其一。""中国"一词,最晚到明代已成为世界各国对中国的专称。"中国"也简称为中。

〔华夏〕 首见于《尚书·武成》篇,原指文化发达的中原地区,后泛称整个国家。《尚书·武成》:"华夏蛮貊,罔不率俾,恭天成命。"孔安国传:"冕服采章曰华,大国曰夏。"孔颖达疏:"冕服采章,对被发左衽则为有光华也。《释诂》:'夏,大也。'故大国曰夏,华夏,谓中国也。"《三国志·蜀书·关羽传》:"羽威震华夏,曹公拟徙许都以避其锐。"《昭明文选·何晏〈景福殿赋〉》:"总神灵之贶佑,集华夏之至欢。"刘良注:"言总集神明之惠福在于中夏,以为至欢也。"明叶盛《水东日记•喜信和勇》:"佛本夷人,固宜神。则有当事者而吊祭之礼不知,则是其自异于华夏矣。"郁达夫《满江红•闽于山戚继光题壁》词:"三百年来,我华夏威风欠歇。"

〔夏〕(诸夏) "华夏"的简称,也可称"诸夏"。《尚书•舜典》:"蛮夷猾夏,寇贼奸宄。"孔安国传:"夏,华夏。"《左传•定公十年》:"裔不谋夏,夷不乱华。"《论语•八佾》:"夷狄之有君,不如诸夏之无也。"何晏集解:"诸夏,中国。"《昭明文选•班固〈幽通赋〉》:"皇十纪而鸿渐兮,有羽仪于上京,巨滔天而泯夏兮,考遘愍以行谣。"李善注:"夏,诸夏。""诸夏"与"中国"异文而同义。《史记•匈奴列传》:"然至冒顿而匈奴最强大,尽服从北夷,而南与中国为敌。"《汉书•匈奴传》转录时改为"而南与诸夏为敌"。明王鏊《震泽长语•音韵》:"瞿昙之书,能入诸夏,而宣尼之书,不能至跋提河者,以声音之道障阂耳。"

〔中夏〕 "中国""华夏"的缩称。"中",指四方之中;"夏",即华夏,文化发达地区。《昭明文选•班固〈东都赋〉》:"目中夏而布德,瞰四夷而抗棱。"吕向注:"中夏,中国。"《后汉书•马融传》:"明德耀乎中夏,威灵畅于四方。"北魏郦道元《水经注•泗水》:"法流中夏,自法显始也。"唐白居易《册新回鹘可汗文》:"克保大义,永藩中夏。"

〔华〕(诸华) "华夏"的简称,也称"诸华"。《左传•定公十年》:"裔不谋夏,夷不乱华。"孔颖达疏:"夏,大也。中国有礼仪之大,故称夏;有服章之美谓之华;华、夏,一也。"清龚自珍《大誓答问第二十四》:"又译字之人,必华、夷两通而后能之。"林纾《送大学文科毕业诸学士序》:"诸君力延古文之一线,使不至于颠坠,未始非吾华之幸也。""华"也称"诸华"。《左传•襄公四年》:"劳师于戎,而楚伐陈,必弗能救,是弃陈也。诸华必叛。"杜预注:"诸华,中国。"《吕氏春秋•简选》:"东征至于庳庐,西伐至于巴、蜀,北迫齐、晋,令行中国。"高诱注:"中国,诸华。"

〔中华〕《中文大辞典》:"我国昔时多就黄河流域建都,因称其地曰中华。中者,言居四方之中;华者,言具有文化之民族也。其后疆域日广,凡其所属,皆称中华,亦曰中国。"《三国志•蜀书•诸葛亮传》裴松之注:"若使游步中华,骋其龙光,岂夫多士所能沈翳哉!"《魏书•礼志》:"下迄魏晋、赵秦二燕,虽地居中华,德祚微浅。"又《宕昌传》:"其地东接中华,西通西域。"晋桓温《请还都洛阳疏》:"自强胡凌暴,中华荡覆,狼狈失据。"《敦煌曲子词·献忠心》:"见中华好,与舜日同,垂衣理,菊花浓。"《唐律疏义·名例三·释文》:"中华者,中国也。亲被王教,自属中国,衣冠威仪,习俗孝悌,居身礼仪,故谓之中华。"

〔神州〕 最初,也是指中原地区或京师。"神州"一词,虽出自战国时期阴阳家邹衍之口,但现存文献首见于《史记》。《史记·孟子荀卿列传》:"中国名赤县神州。赤县神州内自有九州,禹之序九州是也,不得为州数。"汉王充《论衡·谈天篇》:"《禹贡》九州,方今天下九州也,在东南隅,名曰赤县神州。"《昭明文选·孙子荆〈为石仲容与孙皓书〉》:"土则神州中岳。"李善注:"昆仑东南地方五千里,名曰神州,中有五岳地图,帝王居之。"《事物纪原·礼祭郊祀部·神州》:"王者所居之地名也……今呼京都为神州,意盖本乎此。"现"神州"已广泛用于对中国的别称。

〔赤县〕 早期常与"神州"连用。汉桓宽《盐铁论·论邹》:"所谓中国者,天下八十一分之一,名曰赤县神州,而分为九州。"汉王充《论衡·难岁篇》:"邹衍论之,以为九州之内五千里,竟合为一州,在东南隅,名曰赤县神州。""赤县"单用时多见于诗词中。汉张衡《灵宪图》:"昆仑东南,赤县之周,风雨有时,寒暑有节。"南朝梁江淹《游黄蘖山》诗:"南州饶奇怪,赤县多灵山。"唐李白《赠宣城赵太守悦》诗:"赤县扬雷声,强项闻至尊。"

【辨】

①词义侧重点有所不同。"中国"侧重于四方之中,且常与"四夷""蛮夷"相对。"华夏"则侧重于文化内涵,意谓文化丰富发达。"华""夏"单用时,与"华夏"同。"中华""中夏",兼含"中国""华夏"义。"神州""赤县"都是地域概念。古人认为,"中国外如赤县神州者九……如此者九,乃有大瀛海环之,天地之际也。"(《史记·孟子荀卿列传》)

②这些词的产生有先有后。"中国""华夏"或"夏""华"已见于先秦早期的文献。"赤县神州"始见于汉人的著作引用战国时期邹衍的话。"中华""中夏"约产生于魏晋时期。

秦 汉 唐 震旦(振旦 真丹 旃丹 神丹 支那 至那 脂那)

【同】外国人对中国的称呼。

〔秦〕 汉时西域诸国和印度称中国为秦。有人以为古印度、希腊、罗马称中国为 Cina，Thin，Sinae，即"秦"字的音译。《史记·大宛列传》："闻宛城中新得秦人，知穿井，而其内食尚多。"《汉书·西域传》："匈奴缚马前后足，置城下，驰言：'秦人，我匄若马。'"颜师古注："谓中国人为秦人，习故言也。"南朝梁慧皎《高僧传·译经下》："彼诸道俗闻而叹曰：'秦地乃有求道沙门矣！'"清王士禛《池北偶谈·谈异二·汉人唐人秦人》："马永卿引《西域传》言：'秦人，我匄若马。'注：'谓中国人为秦人。'"汤用彤《汉魏两晋南北朝佛教史·经典与翻译》："故僧叡记罗什之译《大品般若》曰：'手执梵本，口宣秦言，两译异音，交辩文旨……胡音失者，正之以天竺；秦言谬者，定之以字义。'(《出三藏记》)"

〔汉〕 汉代国力强盛，声名远播，边远民族和外国常以汉为中国的称谓。《汉书·匈奴传下》："今西羌保塞，与汉人交通。"东晋法显《佛国记》："吾到汉地，当向国王言汝也。汉地王亦敬佛法，重比邱僧。"宋马永卿《嬾真子》卷一："今之夷狄谓中国为汉者，盖有说也。《西域传》载武帝论台诏曰：'匈奴缚马前后足，言秦人，我匄若马。'注谓中国人为秦人，习故言也。故今夷狄谓中国为汉，亦由是耳。"《资治通鉴·汉武帝太始四年》"秦人"元胡三省注："汉时，匈奴人谓中国人为秦人，至唐及国朝则谓中国为汉，如汉人、汉儿之类，皆习故而言。"汤用彤《汉魏两晋南北朝佛教史·经典与翻译》："僧祐论早期译经目：'义之得失，由乎译人……或善胡义('胡'字此处指印度西域而言)而不了汉旨；或明汉文而不晓胡意。'(《祐录》卷一)"

〔唐〕 唐为中国历史上的强盛时期，声播海外，径称中国为唐。唐玄奘《大唐西域记》卷五："大唐国在何方？经途所亘去斯远近？对曰：'当此东北数万余里，印度所谓摩诃(伟大)至那国是也。'"《明史·外国传二·真腊》："唐人者，诸番呼华人之称也，凡海外诸国尽然。"清王士禛《池北偶谈·谈异二·汉人唐人秦人》："昔予在礼部，见四译进贡之使，或谓中国为汉人,或曰唐人。谓唐人者,如荷兰、暹罗诸国。盖自唐始通中国,古相沿云尔。"

〔震旦〕(振旦 真丹 旃丹 神丹 支那 至那 脂那) 印度语 Cinisthāna 的音译,为古印度对中国的称呼。国人有时也用。东晋天竺帛尸蜜多罗译《佛说贯顶经》六:"佛语阿难……阎浮界内有震旦国。"《翻译名义集·诸国篇第二十八》:"震旦,或曰真丹、旃丹。琳法师云:'东方属震,是日出之方,故云。'震旦,《华严音义》翻为汉地,此不善华言。《楼炭经》云:'葱河以东,名为震旦。以日出初耀于东隅,故得名也。'"唐王勃《益州德阳县善寂寺碑》:"蛟台蜃阁,俄交震旦之墟;月面星毫,坐照毗邪之国。"明宋濂《西天僧授善世禅师诰》:"大雄氏之道以慈悲愿力导人为善,所以其教肇兴于西方,东流于震旦。"

"震旦"也写作"真丹"。《宋书·蛮夷传·天竺迦毗黎国》:"元嘉五年,国王月爱遣使奉表曰:'……圣贤承业,如日月天,于彼真丹,最为殊胜。'"唐玄应《一切经音义》卷四:"振旦或言真丹,并非正音,应言支那。此言汉国也。"明杨慎《词品》卷二:"王半山和俞秀老《禅思》辞曰:'茫然不肯住林间,有处即追攀。将他死语图度,怎得离真丹?'……真丹,即震旦也。"

"震旦",也作"神丹"。唐玄奘《大唐西域记》:"翻摩诃支那为大汉国,或谓日出东隅,其色如丹,故云'震旦'。'真丹'者,此皆讹说。今谓'神丹'者,唯借其音耳欤!"

古印度、希腊和罗马等称中国为 Cina, Thin, Sinae。在佛教经籍中译作支那、至那或脂那。近代日本也曾称中国为支那。唐义净《南海寄归内法传·师资之道》:"且如西国名大唐为支那者,直是其名,更无别义。"《宋史·外国传·天竺》:"太平兴国七年,益州僧光远至自天竺,以其王没徙曩表来上。上令天主僧施护译云:'近闻支那国内有大明王,至圣至明,威力自在……伏愿支那皇帝福慧圆满,寿命延长。'"唐玄奘《大唐西域记》卷五:"当此东北数万余里,印度所谓摩诃至那国是也。""摩诃",大,这里用作敬称。唐道宣《续高僧传·译经四·京大慈恩寺梵僧那提传二》:"承脂那东国,盛转大乘,佛法崇盛,瞻州称最。"

【辨】

"秦""汉""唐",初为边远民族对中国文化发达地区的称呼,后也成为外国对中国的称谓。"震旦""支那"等称谓,初为古印度对中国的称呼,后也延及其他一些国家。

城 郭 郛
chéng guō fú

【同】 城墙。古代为了防守在城市四周所建筑的又高又厚的墙。

〔城〕《广韵·清韵》:"城,城郭也。"《左传·成公二年》:"齐侯曰:'勿杀,吾与尔盟。'弗听,杀而膊诸城上。齐侯亲鼓,士陵城。""膊",暴而示众。《墨子·七患》:"城者,所以自守也。"《荀子·君道》:"民不为己用,不为己死,而求兵之劲,城之固,不可得也。"《韩非子·五蠹》:"故十仞之城,楼季弗能踰者,峭也。"《吕氏春秋·君守》:"奚仲作车,苍颉作书,后稷作稼,皋陶作刑,夏鲧作城。"《穀梁传·隐公七年》:"城为保民为之也,民众城小则益城。"汉王充《论衡·变动篇》:"军到城下,顿牟之城崩者十余丈,襄子击金而退之。"

〔郭〕《释名·释宫室》:"郭,廓也,廓落在城外也。"《左传·昭公二十年》:"齐氏射公,中南楚之背,公遂出。寅闭郭门,踰而从公。"《墨子·号令》:"去郭百步,墙垣树木大小尽伐除之。"《孟子·公孙丑下》:"三里之城,七里之郭,环而攻之不胜。"《韩非子·外储说左下》:"梁车新为邺令,其姊往看之。暮而后,门闭,因踰郭而入。"《礼记·礼运》:"城郭沟池以为固。"清黄轩祖《游梁琐记·裕州刀匪》:"至汝州郭外三里余,林莽间突出一壮士。"

〔郛〕《说文》:"郛,郭也。"《左传·隐公五年》:"郑人以王师会之,伐宋,入其郛。"杜预注:"郛,郭也。"《公羊传·文公十五年》:"齐侯侵我西鄙,遂伐曹,入其郛。郛者何?恢郭也。"何休注:"恢,大也。郛,城外大郭。"《后汉书·东平宪王苍传》:"岂况筑郭邑,建都郛哉!"《魏书·慕容白曜传》:"军人入其西郛,颇有採掠,文秀悔之,遂婴城拒守。"明沈贞《乐神曲·城隍》:"女墙坚兮有郛有郭,绕洇弯兮濠归于壑。"

【辨】
①词的本义不同。"城"的本义是城墙,如与"郭"相对时则指内城。金文"城",土旁为城郭形。"郭"的本义,《说文》认为是古国名,但从字形分析,应是外城。《说文》以"郭"释"郛","郛"的本义则是更大的外城。

186

②词义内涵不同。"城"还有筑城、守城等义。"郭"还有扩张、扩大、外围、外壳等义。"郭"还有不切实、不实在等义。

邑 都 国 城
　　yì　dū　guó　chéng

【同】都城,即首都;城市,与"乡村"相对。

〔邑〕①国都。《尔雅·释地》:"邑外谓之郊。"郭璞注:"邑,国都也。"《尚书·召诰》:"成王在丰,欲宅洛邑。"孔安国传:"武王克商,九鼎迁于洛邑,欲以为都,故成王居焉。"《诗经·商颂·殷武》:"商邑翼翼,四方之极。"毛传:"商邑,京师也。"《昭明文选·张衡〈东京赋〉》:"昔先王之经邑也,掩观九隩,靡地不营。"薛综注:"先王,谓周成王也;邑,洛邑也。"唐李白《为宋中丞请都金陵表》:"汤及盘庚,五迁其邑。"

②城市。《释名·释州国》:"邑,犹俋也,邑人聚会之称也。"《周礼·地官·里宰》:"掌比其邑之众寡与其六畜兵器,治其政令。"贾公彦疏:"邑是人之所聚居之处。"《管子·乘马》:"五部命之曰聚,聚者有市,无市则民乏;五聚命之曰某乡,四乡命之曰方,官制也,官成而立邑。"《韩非子·说林》:"任章曰:'……君不如与之以骄智伯……'君曰:'善。'乃与之万户之邑。"《战国策·赵策一》:"康子曰:'善。'使使者致万家之邑于知伯。"《史记·五帝本纪》:"一年而所居成聚,二年成邑,三年成都。"张守节正义:"聚,在喻反,谓村落也。"汉王充《论衡·遭虎篇》:"虎时入邑,行于民间,功曹游于闾巷之中乎?实说,虎害人于野不应政,其行都邑乃为怪。"

〔都〕①国都。《释名·释州国》:"国城曰都。言国君所居,人所都会也。"《尚书·文侯之命》:"简恤尔都,用成尔显德。"孔颖达疏引郑玄曰:"都,国都也。"《诗经·小雅·十月之交》:"皇父孔圣,作都于向。"《公羊传·僖公十六年》:"是月,六鹢退飞过宋都。"《史记·商君列传》:"而魏遂去安邑,徙都大梁。"《昭明文选·张衡〈西京赋〉》:"汉之西都,在于雍州,寔曰长安。"李善注引《汉书》:"秦地,于禹贡时,跨雍、梁两州,汉兴,立都长安。"三国蜀诸葛亮《前出师表》:"今南方已定,兵甲已足,当奖率三军……兴复汉室,还于旧都。"

②城市,一般是指较大的城市。宋戴侗《六书故·工事二》:"都,邑之

大者曰都。"《左传·隐公元年》："先王之制，大都不过参国之一，中五之一，小九之一。"孔颖达疏："《周礼》'四县为都'，周公之设法耳。但土地之形不可方平如图，其邑竟广袤无复定准，随人多少而制其都邑，故有大都、小都焉……而都、邑互见，是其名相通也。"《史记·商君列传》："君之危若早露，尚将欲延年益寿乎？则何不归十五都……可以少安。"张守节正义："公孙鞅封商於十五邑，故云'十五都'。""邑""都"互用。《汉书·司马迁传》："仆诚已著此书，藏之名山，传之其人通邑大都，则仆偿前辱之责，岂有悔哉！"

〔国〕①国都。清朱骏声《说文通训定声》："国者，郊内之都也。"《孟子·万章下》："在国曰市井之臣，在野曰草莽之臣。"赵岐注："在国谓都邑也。"《吕氏春秋·上农》："是故当时之务，农不见于国，以教民尊地产也。"高诱注："农民不见于国都。"《史记·廉颇蔺相如列传》："秦将大喜曰：'夫去国三十里而军不行，乃增垒，阏与非赵地也。'"张守节正义："国，谓邯郸，赵之都也。"

②城市。《周礼·冬官·匠人》："国中九经九纬，经涂九轨。"郑玄注："国中，城内也；经纬，谓涂也。"又《地官·载师》："凡任地，国宅无征。"郑玄注引郑司农云："国宅，城中宅也。"《礼记·曲礼上》："入竟而问禁，入国而问俗，入门而问讳。"郑玄注："国，城中也。"

〔城〕①国都。《汉语大字典》"城"的义项②："古代王朝国都，诸侯封地，卿大采邑，都以有大小不同墙垣的都邑为中心，这些都邑通称作城。"《左传·庄公二十八年》："凡邑有宗庙先君之主曰都，无曰邑；邑曰筑，都曰城。"孔颖达疏："大者皆名都，都则悉书曰城。"《诗经·大雅·瞻卬》："哲夫成城，哲妇倾城。"郑玄笺："城，犹国也。"孔颖达疏："国之所在，必筑城居之。作者以城表国。笺以其有城居之嫌，故云：'城，犹国也'。"按：这里的"城"，"有宗庙先君之主"，是国家的象征，所以郑玄说"城犹国也"。

②城市。《韩非子·存韩》："天下共割韩上地十城以谢秦，解其兵。"《战国策·燕策一》："齐城之不下者，唯独莒、即墨。"《史记·樗里子甘茂列传》："赵攻燕，得上谷三十城，令秦有十一。"

【辨】

①"邑"的本义，《说文》认为是国。《说文》："邑，国也。"段玉裁注：

《左传》凡称人曰大国，凡自称曰敝邑，古国、邑通称。"都"的本义是有先君宗庙的城邑。《说文》："都，有先君之旧宗庙曰都。"《左传·庄公二十八年》："凡邑有宗庙先君之主曰都，无曰邑。""国"的本义是诸侯国。《说文》："国，邦也。""城"的本义是城墙。

②词义内涵不同。"邑"还有无先王宗庙的都城、城镇、封地等义。"都"还有汇聚、聚集、居、美盛等义。"国"还有王侯的封地、地方、地域等义。"城"还有筑城、守城等义。

囹 图圄(囹圄) 狱 牢(牢房) 犴 监 夏台(均台) 羑里(牖里)

yǔ　líng yǔ　　　　yù　láo　　　　àn　jiān
xià tái　　　yǒu lǐ

【同】　监狱，监禁犯人的处所。

〔囹〕《玉篇·口部》："囹，禁也。"银雀山汉墓竹简《尉缭子·将里》："今夫縠（系）者，小囹不下十数。"《汉书·王褒传》："昔周公躬吐捉之劳，故有囹空之隆。"颜师古注："一饭三吐飧，一沐三捉发，以宾贤士，故能成太平之化，刑措不用，囹圄空虚也。"

〔图圄〕(囹圄)《玉篇·口部》："图，囹图，狱也。""图""圄"一般连用。《礼记·月令》："是月也……命有司省囹圄，去桎梏，毋肆掠，止狱讼。"郑玄注："囹圄，所以禁守系者，若今别狱矣。"释文："图，音零；圄，鱼吕反；囹圄，今之狱。"孔颖达疏："云'囹圄，所以禁守系者，若今别狱矣'者，蔡云：'图，牢也。圄，止也。所以止出入，皆罪人所舍也。'"《韩非子·三守》："至于守司囹圄，禁制刑罚，人臣擅之，此谓刑劫。"《汉书·礼乐志》："祸乱不作，囹圄空虚。"颜师古注："图，狱也；圄，守也；故总言囹圄。"

"囹圄"也写作"囹圉"。《史记·秦始皇本纪》："建国立君以礼天下，虚囹圉而免刑戮。"

"图""圄"有时也可单用。《晏子春秋·谏下一》："景公藉重而狱多，拘者满圄，怨者满朝。"唐韩愈《答张彻》诗："下险疑堕井，守官类拘图。"宋陆游《晚凉述怀》诗："屏医却药疾良已，破械空图盗自消。"

〔狱〕《释名·释宫室》："狱……又谓之牢，言所在坚牢也。"《诗经·小雅·小宛》："哀我填寡，宜岸宜狱。"陆德明释文："'岸'，《韩诗》作'犴'，音同。

云:'乡亭之系曰犴,朝廷曰狱。'"朱熹集传:"岸,亦狱也,《韩诗》作'犴'。"《史记·乐毅列传》:"民志不入,狱囚自出。"司马贞索隐:"狱囚自出,是政乱而士师不为守法也。"《汉书·刑法志》:"今郡国被刑而死者,岁以万数,天下狱二千余所,其冤死者多少相覆。"

〔牢〕(牢房)《释名·释宫室》:"狱,又谓之牢。"《史记·五宗世家》:"太子勃私奸,饮酒,博戏,击筑,与女子载驰,环城过市,入牢视囚。"《汉书·酷吏传·田延年》:"延年曰:'幸县官宽我耳,何面目入牢狱,使众人指笑我,卒徒唾吾背乎!'"汉王充《论衡·偶会篇》:"是故德令降于殿堂,命长之囚,出于牢中。"

"牢"还可与"房"连用,表示监狱义。元王仲文《救孝子贤母不认尸》第四折:"听的把犯罪的赦免出牢房,当军的释放还乡党。"明凌濛初《二刻拍案惊奇》卷三七:"浑如古庙无香火,一似牢房不洁清。"

〔犴〕《集韵·翰韵》:"犴,狱也。"《荀子·宥坐》:"狱犴不治,不可刑也。"杨倞注:"犴,亦狱也。"汉桓宽《盐铁论·刑德》:"此断狱所以滋众,而民犯禁滋多也。'宜犴宜狱,握粟出卜,自何能谷?'刺刑法繁也。"北魏郦道元《水经注·荡水》:"《广雅》称:狱,犴也。夏曰夏台,殷曰羑里,周曰囹圄。"《资治通鉴·晋惠帝元康九年》:"犴伪者因以售其情,居上者难以检其下。事同议异,狱犴不平。"胡三省注:"野狱曰犴。"

其他由"犴"构成的"犴狱""狱犴""犴户""犴庭""犴圄""圄犴""牢犴"等词,也都表示监狱义。

〔监〕《西游记》第九七回:"那刺史即命刑房吏:'把贼收监,好生看辖,待我接过上司,再行拷问。'""收监",把犯人关进监狱。明冯梦龙《醒世恒言》第十六卷:"张荩押付死囚牢里,潘寿自入女监收管。""女监",女牢。明凌濛初《二刻拍案惊奇》卷三十七:"凡是在大同来进关者,不是公差吏人有官文照验在身者,尽收入监内,盘诘明白,方准释放。"

"监"还可与"狱""牢""房"等词连用,表示监狱义。明兰陵笑笑生《金瓶梅》第二六回:"提刑两位官并上下观察、缉捕、排军、监狱中上下,都受了西门庆财物,只要重,不要轻。"清李宝嘉《官场现形记》第二二回:"不到一月,司里、府里、县里三处监牢,都已填满。"《水浒传》第五四回:"宋江心中忧闷,寻到一处监房内,却监着柴皇城一家老小。"

〔夏台〕(均台)《史记·夏本纪》:"桀不务德而武伤百姓,百姓弗堪。乃召汤而囚之夏台,已而释之。"司马贞索隐:"(夏台)狱名。"汉王充《论衡•命义篇》:"遭者,遭逢非常之变,若成汤囚夏台,文王厄牖里矣。"汉赵晔《吴越春秋•勾践入臣外传》:"昔汤系于夏台,伊尹不离其侧。"

"夏台"是夏代时的狱名,也称"均台"。汉蔡邕《独断》:"四代狱之别名:……夏曰均台,周曰囹圄,汉曰狱。"

〔羑里〕(牖里)《庄子•盗跖》:"文王拘羑里。"成玄英疏:"羑里,殷狱名。"汉贾谊《新书•君道》:"文王桎梏于羑里,七年而后得免。"《史记•殷本纪》:"崇侯虎知之,以告纣,纣囚西伯羑里。"

"羑里"也写作"牖里"。《史记•鲁仲连邹阳列传》:"文王闻之,喟然而叹,故拘之牖里之库百日,欲令之死。"

【辨】

①词的本义不同。"圉"的本义是监狱。大徐本《说文》:"圉,囹圄,所以拘罪人。"段注本改"圉"为"圄",并注曰:"幸,为罪人;囗,为拘之;故其字'圉'。"甲骨文中"圉"字,正象拘罪人形。商承祚《殷墟文字考》卷二:"此(指甲骨文"圉")正象桎人于阑中之形。""囹圄",古籍中经常连用,清邵瑛《说文解字群经正字》:"按,本部'圉'字与'圄'字联文,'圉'似当为'囹圄'字。"但《说文》"圄""圉"两字分别解释。《说文》:"圄,狱也。""圉,守之也。"段玉裁于"圄"下注:"'狱'上当有'囹圄'二字。幸部曰:'囹圄,所以拘罪人。'盖许作'囹圉',与他书'囹圄'不同也。《月令》郑注曰:'囹圄,所以禁守系者,若今别狱矣。'蔡邕云:'囹,牢也;圄,止也;所以止出入,皆罪人所舍也。'"清王筠《说文句读》:"幸部曰:'囹圄,所以拘罪人。'盖许作'囹圉',与他书'囹圄'不同。此并不言'囹圉'者,盖'圄'之一字,即为名也。"

"狱"的本义是相争。引申为狱讼,又引申为监狱。清朱骏声《说文通训定声》:"[转注]《广雅•释室》:'狱,豻也。'按,《独断》:'唐虞曰士官,夏曰均台,殷曰牖里,周曰囹圄,汉曰狱。'""牢"的本义是关牲畜的圈。《说文》:"牢,闲,养牛马圈也。"段玉裁注:"《充人》注曰:'牢,闲也。必有闲者,防禽兽触啮。'牲系于牢,故牲谓之牢。"引申为坚牢义,又引申为监牢义。清朱骏声《说文通训定声》:"[转注]《释名》:'狱,又谓之牢。言所在坚牢也。'""犴"也写作"豻",本义是北方的一种野狗。因监狱或用野狗看守,引申为监狱。《说文》:"豻,胡地野狗。从豸干声。豻,或从犬。"

清桂馥《说文义证》引《集韵》:"犴,野犬也。犬所以守,故谓狱为犴。或作'犴'。"《诗经·小雅·小宛》:"宜岸宜狱。"陆德明释文:"'岸',《韩诗》作'犴',音同。云:'乡亭之系曰犴,朝廷曰狱'""监"的本义,《说文》认为是监察下属。《说文》:"监,临下也。"南唐徐锴《说文系传》:"臣锴曰:安居以临下,监之也。"清桂馥《说文义证》:"'临下也'者,《方言》:'监,察也。'《诗·皇矣》:'监观四方,求民之莫。'《节南山》:'何用不监?'笺云:'女何用为职不监察之?'"引申为监督、监禁,又引申为监牢。按:"监"用于监牢义较晚,约在元明时期。

"夏台",是夏代的狱名,"羑里"是殷商的狱名。

②词义的内涵不同。"圈"还有养马、边境等义。"囹圄"只有监狱义。"狱"还有诉讼、罪过等义。"牢"还有古代祭祀或宴享时用的牲畜、公家发的粮食、坚固、稳妥、包罗、忧愁、古州名、水名、姓氏等义。"监"还有监督、监禁、统率、主管、古代诸侯方伯的泛称等义。

法 模 范(笵) 型(刑) 镕
fǎ　mó　fàn　　　xíng　　róng

【同】对人的行为或事物所制定的规范,含制造器物的模型。

〔法〕《周礼·天官·小宰》:"以法掌祭祀、朝觐、会同、宾客之戒具。"郑玄注:"法,谓其礼法也。"贾公彦疏:"言'礼法',谓七者皆有旧法依行,若九式曰'祭祀之式'。按:礼和法,都是对人的行为所制定的规范。《管子·七法》:"尺寸也,绳墨也,规矩也,衡石也,斗斛也,角量也,谓之法。"《礼记·少仪》:"工依于法,游于说。"郑玄注:"法,谓规矩尺寸之数也。"《周礼·冬官·考工记》:"不耗然后权之。"郑玄注:"权,谓称分之也。虽异法,用金必齐。"贾公彦疏:"云'虽异法,用金必齐'者,法谓模。"

〔模〕《玉篇·木部》:"模,规也。"《广韵·模韵》:"模,法也;形也;规也。"汉王充《论衡·物势》:"今夫陶冶者,初埏埴作器,必模范为形,故作之也。""模范",同义连用,指制造器物的模型。《昭明文选·汉张衡〈归田赋〉》:"挥翰墨以奋藻,陈三皇之轨模。"李善注:"贾逵《国语》注曰:'轨,法也。'《毛诗》笺曰:'模,法也。'""轨模",范式。又《汉邹阳〈狱中上书自明〉》"独化于陶钧之上"李善注引张晏曰:"陶家名模下圆转者为钧,以其能制器为大小。"

〔范〕(範) "范"的繁体字写作"範"或"笵"。《尔雅·释诂上》："范,常也……法也。"《玉篇·竹部》："笵,楷式。与'范'同。"又《车部》："范,又法也。"唐玄应《一切经音义》卷二："《通俗文》：'规模曰范。'……《说文》：'古法有竹刑(型)。'以土曰型,以金曰镕,以木曰模,以竹曰范。四者一物,材别也。"《集韵·范韵》："范,模也。"《尚书·洪范》："武王胜殷,杀受,立武庚;以箕子归,作《洪范》。"孔安国传："洪范,洪,大;范,法也。言天地之大法。"《逸周书·鄷保》："商为无道,弃德刑范。"朱右曾校释："刑范,皆法也。"《礼记·礼运》："后圣有作,然后修火之利,范金,合土。"郑玄注："范金,铸作器用。"孔颖达疏："范金合土者,'范金'者,谓以形范以铸金器;'合土'者,谓和合其土,烧之以作器物。"南朝齐王融《永明九年策秀才文》："且有后命,事兹镕范。"李善注引郑玄曰："范,铸作模器用也。"北魏贾思勰《齐民要术·造神麹并酒》："七月上寅日作麹……作熟。饼用圆铁范,令径五寸,厚一寸五分,于平板上,令壮士熟踏之。"缪启愉校释："'范',指踩麹块的模型,就是'麹模'。"

〔型〕(刑) 《淮南子·修务训》："明镜之始下型,矇然未见形容,及其粉以玄锡,摩以白旃,鬓眉微豪(毫),可得而察。"南朝宋谢灵运《命学士讲书》诗："铄金既云刃,凝土亦能型。"明罗懋登《三宝太监西洋记通俗演义》第二回："舟船浮海,用他垂在船头之下,把那些吸铁石子儿如金熔在型,了无滓渣。"

"型"的古字写作"刑"。《尔雅·释诂上》："刑,法也。"《尚书·吕刑》："王享国百年,耄荒,度作刑以诘四方。"《诗经·大雅·抑》："罔敷求先王,克共明刑。"毛传："刑,法也。"郑玄笺："罔,无也……无广索先王之道与能执法度之人乎?"《诗经·大雅·思齐》："刑于寡妻,至于兄弟,以御于家邦。"毛传："刑,法也。"郑玄笺："文王以礼法接待其妻,至于宗族。"《荀子·强国》："刑范正,金锡美,工冶巧,火齐得,剖刑而莫邪已。"王先谦集解："'刑'与'形'同;范,法也。刑范,铸剑规模之器也。郝懿行曰:'刑'与'型'同;'范'与'笵'同:皆铸作器物之法也。"《淮南子·缪称训》："金锡不消释则不成刑。"高诱注："刑,法也。"

〔镕〕 唐慧琳《一切经音义》卷九十一："镕冶,《考声》云:'铸金法也。'"《汉书·食货志下》："今农事弃捐而采铜者日蕃,释其耒耨,冶镕炊炭。"颜师古注引应劭曰："镕,形容也,作钱模也。"又《董仲舒传》："夫上之化下,下之从上……犹金之在镕,唯冶者之所铸。"颜师古注:"镕,谓铸器之模范也。"汉王符《潜夫论·德化》:"中民之生世也,犹铄金之在炉也,从笃变化,唯冶所为,方圆薄厚,随镕制尔。"梁江淹《萧领军拜侍中刺史章》:"今寰海顺典,琼都咸光,调御惟新,镕制就始。""镕制",法制。《陈书·高祖纪上》:"以公嶷然廊庙,为世镕范,折冲四表,临御八荒,是用锡公武贲之士三百人。""镕范",楷模。

【辨】

①词的本义不同。"法"的本义当为范式,即人的行为或器物的规范。《说文》:"法,刑也。"段玉裁注:"引伸为凡模范之称。木部曰:'模者,法也。'竹部曰:'笵者,法也。'土部曰:'型者,铸器之法也。'"按:"刑"当作"荆"。清徐灏《说文解字注笺》:"'刑'当作'荆',谓法制也。"法制,包括一切法定的含有规范意义的事物。"模"的本义是制作器物的木制模型。《说文》:"模,法也。"段玉裁注:"以木曰模,以金曰镕,以土曰型,以竹曰笵,皆法也。""范"的本字作"笵",本义也是模子。《说文》:"笵,法也。"清王筠《说文句读》:"元应引《尔雅》:'笵,法也。'今本作'范'。元应又曰:'《通俗文》:'规模曰笵。'是也……案,古钱范,吾见铜、石两种。"清朱骏声《说文通训定声》:"按,水曰法,木曰模,竹曰笵,土曰型,金曰镕。经传以'范'为之。""型"的本义是制造器物的模子。《说文》:"型,铸器之法也。"清王筠《说文句读》:"《集韵》引旧说:'以土为法曰型,以金为法曰范,以木为法曰模。'""镕"的本义是铸造器物的模型。《说文》:"镕,冶器法也。"段玉裁注:"冶者,销也,铸也。《董仲舒传》曰:'犹泥之在钧,唯甄者之所为;犹金之在镕,唯冶者之所铸。'师古曰:'镕,谓铸器之模范也。'今人多失其义。"

②词义的内涵不同。"法"还有法律、制度、规律、方法、效法、法术等义。"模"还有楷模、模仿等义。"范"还有典范、规范、对他人仪容的尊称等义。"型"还有法式、楷模、类型等义。"镕"还有销熔、熔化、陶冶、矛属兵器等义。

huáng qiàn chí háo
隍 堑 池 壕(濠)

【同】城壕或护城河,紧临城墙,起防护作用。

〔隍〕《尔雅·释言》:"隍,壑也。"郭璞注:"城池空者为壑。"《易经·泰卦》:"城复于隍,勿用师,自邑告命贞吝。"孔颖达疏:"子夏传云:'隍是城下池也。'"《昭明文选·班固〈两都赋序〉》:"京师修宫室,浚城隍,起苑囿。"李善注引《说文》曰:"城池无水曰隍。"汉王逸《七谏》:"悲太山之为隍兮,孰江河之可涸?"自注:"言太山将颓为池。"北魏郦道元《水经注·淮水》:"水东注焦陵陂,陂水北出,为铜陂,陂水潭涨,引渎北注汝阴,四周隍堑,下注颍水。"

〔堑〕《说文》:"堑,坑也。"《玉篇·土部》:"堑,《左氏传》注:'沟堑也。'《字书》云:'城隍也。'"《墨子·备城门》:"堑中深丈五,广比扇,堑长以力为度,堑之末为之县。"孙诒让注:"(县)即县(悬)门也。"《三国志·吴书·吴主传》:"起谯楼,穿堑发渠,以备盗贼。"北魏郦道元《水经注·汝水》:"陂水两分,一水自陂北,绕慎阳城四周城堑。"明徐弘祖《徐霞客游记·粤西游日记二》:"其内环壑深堑,亏蔽日月,重冈间之,人无至者。"

〔池〕《诗经·陈风·东门之池》:"东门之池,可以沤麻。"毛传:"池,城池也。"《孟子·梁惠王下》:"凿斯池也,筑斯城也,与民守之,效死而民弗去,则是可为也。"汉东方朔《非有先生论》:"于是正明堂之朝,齐君臣之位……坏苑囿,填池堑,以与贫民无产业者。"汉袁康《越绝书·外传计倪》:"越王大愧,乃坏池填堑,开仓谷,贷贫乏。"《宋史·李纲传上》:"天下城池,岂有如都城者?"

〔壕〕(濠)《玉篇·土部》:"壕,城壕也。"《广韵·豪韵》:"濠,城濠。""壕,同上。"《集韵·豪韵》:"壕,城下池。通作'濠'。"《墨子·备城门》:"凡守围城之法,城厚以高,壕池深以广。"唐温庭筠《途中偶作》诗:"鸡犬夕阳喧县市,凫鹥秋水曝城壕。"唐许浑《故洛城》诗:"鸦噪暮云归古堞,雁迷寒雨下空壕。"

"壕"也写作"濠"。《昭明文选·江淹〈杂体诗·效刘琨(伤乱)〉》:"饮马出城濠,北望沙漠路。"吕延济注:"濠,城池。"《金史·承晖传》:"雨潦害稼,承晖决引潦水纳之濠隍。"宋陆游《入蜀记》卷二:"城濠皆植荷花。是夜,月白如昼,影入溪中,摇荡如玉塔。"

【辨】

①词的本义不同。"隍"的本义是城壕。《说文》:"隍,城池也,有水曰池,无水曰隍。""堑"的本义是深坑。《说文》:"堑,坑也。"段玉裁注:

《左氏传》注:'堑,沟堑也。'《广韵》曰:'绕城水也。'《史记·李斯列传》:'峭堑之势异。'……谓斗直者,与陂陀者之势不同也。""池",《说文》正篆无。大徐本《说文》后附"俗书讹谬不合六书之体"的28个字中收有"池"字,下用小字注曰:"池沼之字,当用'沱'。"但《说文》解释语中却屡有所见。除释"隍"为"城池也,有水曰池,无水曰隍"外,他如:"净,鲁北城门池也。""洼,深池也。"再结合"池"在古籍中的实际用法来看,早期多用于护城河义。"壕""濠"两字,《说文》都无。先秦两汉均无"壕"字,《墨子》中虽有一见,疑为后人所改。"壕"字约产生于魏晋时期,"濠"字初见于东汉末年。两字应是后起之字。

②词义的内涵不同。"隍"一般只用于城壕或护城河义。"堑"还有壕沟、挖沟等义。"池"还有水塘、沟渠、屋檐下承水的水槽、姓氏等义。"壕"还用于战壕义。

封 疆(畺) 境(竟) 界 场
fēng jiāng jìng jiè yì

【同】疆界,国家或地域之间的界限。

〔封〕《小尔雅·广诂》:"封,界也。"《左传·成公二年》:"齐侯曰:'勿杀,吾与而盟,无入而封。'"杜预注:"封,竟也。"又《僖公三十年》:"既东封郑,又欲肆其西封。"杜预注:"封,疆也。"《吕氏春秋·乐成》:"子产始治郑,使田有封洫,都鄙有服。"高诱注:"封,界也。"

〔疆〕(畺)"疆",《说文》正字作"畺"。《说文》:"畺,界也……疆,或从土彊声。"段玉裁注:"《七月》:'万寿无疆。'传曰:'疆,竟也。'田部曰:'界,竟也。'然则疆、界义同。今则'疆'行而'畺'废矣,惟《周礼》有'畺'。"《小尔雅·广诂》:"疆,界也。"《周礼·地官·大司徒》:"大司徒之职……制其畿疆而沟封之。"郑玄注:"疆犹界也。"《左传·桓公十七年》:"夏,及齐师战于奚,疆事也。"杜预注:"争疆界也。"《国语·周语中》:"候不在疆。"韦昭注:"候,候人,掌迎送宾客者。疆,境也。"《淮南子·泰族训》:"宫子奇谏而不听,言而不用,越疆而去。"

〔境〕(竟)大徐本《说文》新附字:"境,疆也。从土竟声。经典通用'竟'。"《广韵·梗韵》:"境,界也。"《国语·鲁语上》:"外臣之言不越境。"《孟子·梁惠王下》:"臣始至于境,问国之大禁,然后敢入。"《吕氏春秋·赞能》:

"至齐境,桓公使人以朝车迎之。"《史记·廉颇蔺相如列传》:"臣尝从大王,与燕王会境上。"汉王充《论衡·效力篇》:"韩用申不害,行其《三符》,兵不侵境,盖十五年。"

"竟""境",古今字。经典多写作"竟"。如《左传》有"竟"无"境"。《左传·庄公二十七年》:"卿非君命不越竟。"又《宣公二年》:"对曰:'子为正卿,亡不越竟,反不讨贼,非子而谁?'"

〔界〕《说文》:"界,境也。"《广雅·释诂三》:"界,竟也。"《战国策·魏策一》:"大王之地……西有长城之界。"《史记·楚世家》:"寡人与楚接境壤界,故为婚姻,所从相亲久矣。"汉王充《论衡·书虚篇》:"钱塘之江,两国界也。山阴、上虞,在越界中。子胥入吴之江,为涛当自止吴界中,何为入越之地?"

〔场〕 大徐本《说文》新附字:"埸,疆也。"《广雅·释诂三》:"埸,界也。"《左传·成公十三年》:"郑人怒君之疆埸,我文公帅诸侯及秦围郑。"《晋略·武帝纪》:"诏士卒:遭父母丧,非在疆埸,皆得奔赴。"清魏源《默觚下·治篇十一》:"荒者乱之萌也……边埸弛警,其六荒。"

【辨】
①词的本义不同。"封"的本义是聚土植树为界。《周礼·地官·封人》:"掌诏王之社壝,为畿封而树之。"贾公彦疏:"谓王之国外四面五百里,各置畿限,畿上皆为沟堑,其土在外面为封,又树木为阻固。"《急就篇》卷三"圩封"下颜师古注:"封为聚土以为田之分界也。""疆"的本字作"畺",象在田与田之间画出田界,本义是经过丈量而划定田亩的界限。《诗经·小雅·信南山》:"我疆我理,东南其亩。"毛传:"疆,画经界也;理,分地理也。"孔颖达疏:"……襄四年左传曰:'茫茫禹迹,画为九州。'九州尚画其界,是田之经界须画之也。""境"的古字是"竟",本义是乐曲终了。"引申之,凡事之所止,土地之所止,皆曰竟。"(《说文》"竟"下段玉裁注)"界"的本义是把田分出界限。《说文》:"界,画也。"段玉裁注:"画部曰:'画,界也。'按,'界也',当是本作'介也'。介与画互训。田部'界'字,盖后人增之耳。介、界古今字。""埸"的本义是疆域到此易主。"埸"的古字是"易"。《汉书·食货志上》:"瓜瓠果蓏殖于疆易。"张晏注:"至此易主,故曰易。"

②词义的内涵不同。"封"还有帝王给诸侯的封赐(土地、爵位名号

等)、冢、土堆、高、封闭等义。"疆"还有疆域、疆土义。"境"还有处所、区域、景况等义。"界"还有一定范围、接界、划分等义。"场"一般只表示界限义。

险(崄) 阻(岨)

【同】 险阻,险要,难以通过的地方。

〔险〕(崄) 《说文》:"险,阻难也。"清王筠《说文句读》:"险、阻,一事而两名,难则其义也。险言其体之峻绝,阻言用之隔阂。"《易经·习坎》:"彖曰:'地险,山川丘陵也。'"孔颖达疏:"言地以山川丘陵而为险也。"《管子·势》:"战而惧险,此谓迷中。"尹知章注:"方战之时,惧有险碍。"《荀子·议兵》:"汝颍以为险,江汉以为池。"银雀山汉墓竹简《孙膑兵法·八阵》:"易则多其车,险则多其骑,厄则多其弩。"晋陆机《辨亡论》下:"其郊境之接,重山积险。"唐韩愈《元和圣德诗》:"疆外之险,莫过蜀土。"

"崄"同"险"。《集韵·琰韵》:"险,《说文》:'阻难也。'或从山。"《逸周书·武称》:"岠崄伐夷,并小夺乱。"朱右曾校释:"岠崄,与'距险'同。"《汉书·蒯通传》:"锐气挫于崄塞,粮食尽于内藏。"宋范仲淹《奏上时务书》:"今自京至边,并无关崄。"

〔阻〕(岨) 《说文》:"阻,险也。"《诗经·商颂·殷武》:"罙入其阻,裒荆之旅。"毛传:"罙,深也。"郑玄笺:"出兵伐之,冒入其险。"孔颖达疏:"往伐荆楚之国,深入其险阻之内。"汉班固《西都赋》:"左据函谷、二崤之阻,表以太华、终南之山。"明归有光《备倭事略》:"俾于贼所入嘉定及往南翔等要路阻阨之处,长鎗劲弩设伏以待之。"清恽敬《与庄大久书》:"怀庆当太行、黄河之阻,朝夕瞻眺,定多胜赏。"

"岨"同"阻"。汉司马相如《上书谏猎》:"今陛下好凌岨险,射猛兽。""岨",《史记》《汉书》都写作"阻"。《后汉书·南蛮西南夷传》:"道路悠远,山川岨深。"

【辨】

①本义不同。"险"的本义是地形险峻峭绝。"阻"的本义是山川阻陁隔碍。

②词义内涵不同。"险"还有要隘、高峻、危险、险诈、险恶等义。

"阻"还有阻碍、阻隔、阻止、推却、拒绝、艰难等义。

阜 丘(邱) 虚(墟) 陵 阿 京
fù　qiū　　　xū　　　líng　ē　jīng

【同】土山或堆积如土山。

〔阜〕《尔雅·释地》:"大陆曰阜。"邢昺疏引李巡曰:"土地高大名曰阜。"《释名·释山》:"土山曰阜。阜,厚也,言高厚也。"《玉篇·阜部》:"阜,山无石也。"《诗经·小雅·天保》:"如山如阜,如冈如陵。"毛传:"高平曰陆,大陆曰阜,大阜曰陵。"《国语·齐语》:"陵、阜、陆、墐、井、田、畴均,则民不憾。"银雀山汉墓竹简《孙膑兵法·地葆》:"山胜陵,陵胜阜,阜胜丘。"清潘荣陛《帝京岁时纪胜·正月·琉璃厂店》:"度石梁而西,有土阜高数十仞,可以登临眺远。"

〔丘〕〔邱〕《尚书·禹贡》:"桑土既蚕,是降丘宅土。"孔安国传:"地高曰丘。大水去,民下丘,居平土,就桑蚕。"孔颖达疏:"《释丘》云:'非人为之丘。'孙炎曰:'地性自然也。'是'地高曰土'也。"《孟子·公孙丑上》:"泰山之于丘垤,河海之于行潦,类也。"晋葛洪《抱朴子·广譬》:"登玄圃者,悟丘阜之卑;浮溟海者,识池沼之褊。"唐韩愈《送杨少尹序》:"某水某丘,吾童子时所钓游也。"

"丘"也写作"邱"。《广雅·释丘》:"小陵曰邱。"王念孙疏证:"《周官·大司徒》注云:'土高曰邱,大阜曰陵。'是邱小于陵也。《韩非子·喻老》:"纣为肉圃,设炮烙,登糟邱,临酒池。"《淮南子·泰族训》:"故邱阜不能生云雨,涔水不能生鱼鳖者,小也。"按:"邱"原为地名。《说文》:"邱,地名。"段玉裁注:"今制,讳孔子名之字曰'邱'。"孔子名丘。因避讳,清雍正三年上谕除四书五经外,凡遇"丘"字,并加"阝"旁为"邱"。地名用字亦用"邱"。

〔虚〕〔墟〕《集韵·鱼韵》:"虚,《说文》:'大丘也。昆仑丘谓之昆仑虚……丘谓之虚。'(墟)或从土。"《诗经·鄘风·定之方中》:"升彼虚矣,以望楚矣。"毛传:"虚,漕虚也。"孔颖达疏:"知墟'漕墟'者,以文公自漕而徙楚丘,故知升漕墟。"清阮元《毛诗注疏》校勘记:"案,经注皆作'虚',正义作'墟'。虚、墟古今字。"《淮南子·墬形训》:"禹乃以息土填洪水以为名山,掘昆仑虚以下地,中有增城九重。"《汉书·司马相如传下》:"况乎涉丰草,骋丘虚,前有利兽之乐,而内无存变之意,其为害也不亦难矣!""丘虚",同义连用。

"虚"也写作"墟","虚""墟"古今字。汉桓宽《盐铁论·散不足》:"田野不辟,而饰亭落;邑居丘墟,而高其郭。"《孔子家语·执辔》:"墟土之人大,沙土之人细。"《大戴礼记·易本命》"墟"作"虚"。北魏郦道元《水经注·漾水》:"祁山去沮县五百里,有民万户,矉其邱墟,信为殷矣。""邱墟",同义连用。

〔陵〕《尔雅·释地》:"大阜曰陵。"郝懿行义疏:"按,四平,谓中央高,四边下,故《广雅》云:'四隤曰陵'也。"《释名·释山》:"陵,隆也,体隆高也。"《广雅·释地》:"四隤曰陵。"王念孙疏证:"陵之言陵迟也。《文选·长杨赋》注引薛君《韩诗章句》云:'四平曰陵。''四平',犹'四隤'也。"《诗经·小雅·天保》:"如山如阜,如冈如陵。"毛传:"大阜曰陵。"《墨子·节用中》:"古者,人之始生,未有宫室之时,因陵丘堀(窟)而处焉。"银雀山汉墓竹简《孙子兵法·地形二》:"右负丘陵,左前水泽。"《后汉书·马融传》:"其植物则玄林包竹,藩陵蔽京。"宋苏轼《和陶〈咏荆轲〉》:"功成志自满,积恶如陵京。"

〔阿〕《尔雅·释地》:"大陵曰阿。"郝懿行义疏:"陵之大者名阿。"《诗经·小雅·菁菁者莪》:"菁菁者莪,在彼中阿。"毛传:"中阿,阿中也。大陵曰阿。"汉司马相如《上林赋》:"汨乎混流,顺阿而下。"晋陶潜《杂诗》:"白日沦西阿,素月出东岭。"余冠英注:"阿,大陵。"明何景明《渡泸赋》:"舣彼清浔,陟彼中阿。"

〔京〕《尔雅·释丘》:"绝高为之京。"郭璞注:"人力所作。"郝懿行义疏:"言卓绝高大如丘,而人力为作之者名京。"《诗经·小雅·甫田》:"曾孙之庾,如坻如京。"毛传:"京,高丘也。"《后汉书·刘虞传》:"(公孙)瓒乃筑京于蓟城以备虞。"李贤注:"京,高丘也。"《三国志·魏书·公孙瓒传》:"(瓒)为围堑十重,于堑里筑京,皆高五六丈,为楼其上。"宋苏轼《次韵秦少章和钱蒙仲》:"碧畦黄陇稻如京,岁美人和易得情。"

【辨】

①词的本义不同。"阜"的本义是没有石头的土山。《说文》:"阜,大陆,山无石者。"段玉裁注:"毛传皆曰:'大陆曰阜。'……引申之,为凡厚、凡大、凡多之称。《秦风》传曰:'阜,大也。'《郑风》传曰:'阜,盛也。'《国

语》注曰：'阜，厚也。'皆由土山高厚演之。""丘"的本义是自然形成的土山。《说文》："丘，土之高也，非人所为也。"清王筠《说文句读》："《释丘》：'绝高为之京，非人为之丘。'言人力为之者，虽绝高亦谓之京，不谓之丘。地自然生者，乃曰丘也。""虚"字《说文》在丘部，本义是大丘。大徐本《说文》："虚，大丘也……从丘虍声。臣铉等曰：'今俗别作"墟"，非是。'"段玉裁注："按，虚者，今之'墟'字。"清徐灏《说文解字注笺》："引申为虚空之偁。引申义行，又加土作'墟'。"清王筠《说文句读》："案，人之居于虚也，不于其顶而于其坳，故得空虚之意。迨为借义所夺，乃加土为'墟'。"《王力古汉语字典·虍部》："虚㊀大丘，大土山……以上'虚'字后来都写作'墟'。""陵"的本义是大土山。《说文》："陵，大阜也。"段玉裁注："《释地》、毛传皆曰：'大阜曰陵。'《释名》曰：'陵，隆也，体隆高也。'按，引申之，为乘也、上也、躐也、侵陵也、陵夷也。""阿"的本义是大于陵的土山。《说文》："阿，大陵也。从阜可声。一曰：阿，曲阜也。"但《说文》研究者倾向于"曲阜"是本义。段玉裁注："引申之，凡曲处皆得称阿。"清徐灏《说文解字注笺》："此当以曲阜为正义。凡山丘之曲谓之阿。"清王筠《说文句读》："《众经音义》：'《韩诗》："曲京曰阿。"阿谓山曲隈处。'""京"的本义是人工建造的高丘。《说文》："京，人所为绝高丘也。"清徐灏《说文解字注笺》："《鄘风·定之方中》传：'京，高丘也。'《大雅·皇矣》传：'京，大阜也。'引申之，凡高大皆曰京。"

②词义微有区别。1.大小不同。《尔雅·释地》"高平曰陆"郝懿行义疏："陆、阜、陵、阿，皆土山也，以高大而异名，故《诗·天保》及《左传》正义引李巡曰：'高平谓土地丰正，名为陆；大陆谓土地高大，名曰阜；阜最大，名为陵；陵之大者，名阿。'""虚"是四方高中央低。清徐灏《说文解字注笺》："虚为大丘，即所谓四方高，中央下者，故引申为虚空之偁。""京"是丘之绝高者。"丘"则是通名。2."阜""丘""虚""陵""阿"等都是自然形成的土山，而"京"则是人工所建造的土山。

③词义的内涵不同。"阜"还有大、厚、丰盛、肥壮等义。"丘"还有坟墓、废墟、大、空等义。"虚"还有废墟、空虚、区域、集市等义。"陵"还有坟墓、上升、陵驾、侵犯等义。"阿"还有山或水的弯曲处、阿谀、偏袒、亲附等义。"京"还有大仓库、高大、京城等义。

堤(隄) 防(坊) 塘(唐) 障 堨 堰 坝(壩)
dī　　　fáng　　táng　　zhàng　è　yàn　bà

【同】 挡水或防水的建筑物。

〔堤〕(隄) "堤"古籍中多写作"隄"。《尔雅·释宫》:"隄谓之梁。"郝懿行疏:"隄本积土防水之名。"《荀子·王制》:"修隄梁,通沟浍……司空之事也。"杨倞注:"隄,所以防水。"《礼记·月令》:"修利隄防,通达沟渎。"《淮南子·人间训》:"千里之隄,以蚁螘之穴漏。"

　　"隄"今写作"堤",古籍中有时也写作"堤"。《左传·襄公二十六年》:"初,宋芮司徒生女子,赤而毛,弃诸堤下。"

〔防〕(坊) 《说文》:"防,隄也。"《周礼·地官·稻人》:"掌稼下地,以潴蓄水,以防止水。"《吕氏春秋·慎小》:"巨防容蝼而漂邑杀人。"高诱注:"防,隄也。"《昭明文选·干宝〈晋纪总论〉》:"若积水于防,燎火于原,未尝暨(暫)静也。"吕向注:"防,隄也。"

　　"防"也写作"坊"。《礼记·经解》:"夫礼,禁乱之所由生,犹坊止水之所由来也。"孔颖达疏:"坊谓堤坊,人筑堤坊止约水之所从来之处。"

〔塘〕(唐) 大徐本《说文》新附字:"塘,隄也。"三国魏张揖《埤苍》:"塘,长沙谓隄为塘。"《后汉书·许杨传》:"杨因高下形势,起塘四百余里,数年乃立。"

　　"唐"是"塘"的古字。《说文》:"隄,唐也。"段玉裁注:"唐、塘,正俗字。"《说文》正篆无"塘"字。《吕氏春秋·尊师》:"治唐圃。"高诱注:"唐,隄,以壅水。"《淮南子·主术训》:"鱼得水而游焉则乐,唐决水涸,则为蝼蚁所食。"今浙江土语犹称海堤为海塘。今钱塘(塘,原写作唐)江,据传是筑堤时,以土石一斛,与钱一千而得名。

〔障〕《吕氏春秋·爱类》:"禹于是疏河决江,为彭蠡之障,乾东土,所活者千八百国,此禹之功也。"高诱注:"障,堤防。"汉马融《长笛赋》:"于是山水猥至,渟涔障溃。"李善注引贾逵《国语》注曰:"障,防也。"唐杜牧《罪言》:"国家因之,畦河修障。戍,塞其街蹊。"

〔堨〕《集韵·祭韵》:"堨,堤堰。"《三国志·魏书·刘馥传》:"于是聚诸生,立学校,广屯田,兴治芍陂及茄陂、七门、吴塘诸堨以溉稻田,官民有畜。"北魏郦道元《水经注·河水五》:"后作堤,发卒数十万……筑堤防修堨,起自荥阳,东至千乘海口,千有余里。"《新唐书·张守珪传》:"是时,渠堨为虏毁,材木无所出。"

〔堰〕《玉篇·土部》:"堰,壅水也。一作'堨'。"《昭明文选·沈休文〈三月三日率尔成篇一首〉》:"东出千金堰,西临雁鹜陂。"李善注:"《广雅》曰:'堰,潜堰也。'谓潜筑土以壅水也。一作'堨'。"北魏郦道元《水经注·河水五》:"顺帝阳嘉中,又自汴口以东,缘河积石为堰,通渠,咸曰金堤。"《梁书·康绚传》:"至其秋八月,淮水暴长(涨),堰悉坏决。"

〔坝〕(壩) 表示挡水或防水的建筑物的"坝",繁体字写作"壩"。《集韵·祃韵》:"坝,堰也。"《字通·土部》:"坝,障水堰也。"宋单锷《吴中水利书·伍堰水利》:"其河自西坝至东坝十六里有余。"明徐弘祖《徐霞客游记·粤西游日记一》:"坝堰水甚巨,曰上官坝。"《施公案》第一四七回:"俗话说的好:'未曾水来先垒坝。'"

【辨】
①词的本义不同。"堤"的正体字作"隄"。"隄"的本义是堤坝。《说文》:"隄,唐也。""唐",即"塘"的古字。清王玉树《说文拈字》:"唐、塘,古今字,亦正俗字……《说文·土部》无'塘'字。""防"的本义也是堤坝。《说文》:"防,隄也。"清桂馥《说文义证》:"隄也者,《广雅》同,《释丘》:'坟,大防。'孙炎曰:'防谓隄也。'"清邵瑛《说文解字群经正字》:"今经典'隄防',固多用'防'字。""唐""塘",古今字。"唐"的本义是"大言"。初,借用为本无其字的"塘"。"隄"字下段玉裁注:"唐、塘,正俗字。唐者,大言也,假借为陂唐,乃又益之土旁作'塘'矣。""障"的本义是阻隔。《说文》:"障,隔也。"引申为堤防。清朱骏声《说文通训定声》:"《周语》:'陂障九泽。'注:'防也。'""堨"的本义是壁间缝隙。《说文》:"堨,壁间隙也。"这是古义,后用为堤坝义。段玉裁注:"隙者,壁际也。壁际者,壁之罅也,亦曰堨,此古义也。今义堰也。""堰"字,《说文》无。古曾写作"匽"或"偃"。清雷浚《说文外编》卷十二:"《说文》无'堰'字。周伯琦《六书正讹》曰:'《周礼·官人》为井匽。郑注:匽,为雷下之池,受畜水而流之者。'别作堰,非。浚案,古亦通用'偃'。《襄公二十五年左传》:'规偃猪。'杜注:'偃猪,下湿之地,规度其受水多少。'《周礼·薮人》:'掌以时薮为梁。'司农云:'梁,水偃也。'释文曰:'偃,徐本作匽。'""坝"字,《说文》《玉篇》均无,《集韵》始收有"坝"字,释为"堰也",约产生于唐宋时期,其本义是

堤堰。

②"堤",一般只用于堤坝义,且只能用作名词。但"堤"的正体字作"隄"。"隄"还可用作动词,有筑堤之义,还有防范、限止等义。"防"还有城防或边防、防御、防止等义。"塘"还有池塘、培土为路等义。"障"还有阻隔、边塞小城、防范、遮蔽等义。"堨"还有阻塞义。"堰"一般只用于堤坝义。"坝"还有保护堤岸的建筑、平地等义。

孔(空) 穴 洞 窍 窾 穿 眼
kǒng　　xué　dòng　qiào　kuǎn　chuān　yǎn

【同】 孔,洞,物体穿透或凹陷较深(一般口较小)处。

〔孔〕(空)《尔雅·释诂上》:"孔,间也。"邢昺疏:"孔者,孔穴。"《玉篇·乚部》:"孔,窍也,通也,空也。"《墨子·备城门》:"客至,诸门户皆令凿而幂孔。"孙诒让间诂:"盖凿门为孔窍而以物蒙覆之,使外不得见。孔,窍也。"《列子·仲尼》:"子心六孔流通,一孔不达。"《新五代史·前蜀世家·王建》:"元膺为人猰喙齵齿,多材艺,能射钱中孔,尝自抱画毬掷马上,驰而射之,无不中。"明凌濛初《初刻拍案惊奇》卷三六:"此间是个古冢,内中空无一物,后有一孔,郎君可避在里头。"今语"窟窿"的合音即为孔。

"孔""空"同源,"孔"也写作"空"。《说文》:"空,穴也。"段玉裁注:"今俗语所谓孔也。"《集韵·董韵》:"空,窍也。通作孔。"《周礼·考工记·函人》:"夫察革之道,视其钻空,欲其惌也。"郑玄注引郑司农云:"惌(wǎn),小孔貌。"贾公彦疏:"先郑云'小孔貌'者,革恶则孔大,革善则孔小,验今亦然。"《庄子·秋水》:"计四海之在天地之间也,不似礨空之在大泽乎?"陆德明释文:"空,音孔。礨空,小穴也。"《汉书·鲍宣传》:"今贫民菜食不厌,衣又穿空。"颜师古注:"空,孔也。"

〔穴〕《玉篇·穴部》:"穴,空穴也。"《孟子·滕文公下》:"钻穴隙相窥,逾墙相从,则父母国人皆贱之。"《文选·宋玉〈高唐赋〉》:"豗互横啎,背穴偃蹠。"李善注:"穴,孔也。"清蒲松龄《聊斋志异·促织》:"遽扑之,入石穴中,掭以尖草,不出。"

〔洞〕 早期用于洞穴义,近代始用于洞孔义。汉张衡《西京赋》:"赴洞穴,探封狐。"南朝宋鲍照《山行见孤桐》诗:"上倚崩岸势,下带洞阿深。"唐刘禹锡《桃源行》诗:"清源寻尽花绵绵,踏花觅径至洞前。"唐柳宗元《复吴松子说》:"风出洞窟,流离百物。"鲁迅《书信•致李霁野(一九二八年三月十四日)》:"今天我寓所邻近巡警围捕绑票匪,大打其盒子炮和手枪,我的窗门被击一洞。"

〔窍〕《说文》:"窍,空也。"段玉裁注:"空、孔,古今字。"《广韵•啸韵》:"窍,穴也。"《庄子•齐物论》:"夫大块噫气,其名为风,是唯无作,作则万窍怒号。"《汉书•律历志上》:"黄帝使泠纶……取竹之解谷生,其窍厚均者,断两节间而吹。"颜师古注引应劭曰:"窍,孔也。"五代范资《玉堂闲话•上霄峰禹迹》:"夏禹治水时泊舟之所,凿石为窍系缆。"元白仁甫《梧桐雨》第四折:"渲湖山,漱石窍。"

〔窾〕《尔雅•释诂三》:"窾,空也。"唐柳宗元《霹雳琴赞引》:"始枯桐生石上,说者言有蛟龙伏其窾,一日暴震,为火之焚,至旦乃已,其余硿然倒卧地上。"唐陆龟蒙《杂讽》诗之四:"无木亦无风,笙簧由喜怒。长风吹窾木,始有音韵吐。"明徐渭《河豚》诗:"寒江晴后雪,烂柳窾中鲇。"

〔穿〕《玉篇•穴部》:"穿,穴也。"《字汇•穴部》:"穿,孔也。"《周礼•考工记•陶人》:"甗实二鬴,厚半寸,唇寸,七穿。"孙诒让正义:"穿即谓空。"《史记•田敬仲完世家》:"豨膏棘轴,所以为滑也,然而不能运方穿。"司马贞索隐:"然而穿孔若方,则不能运转。"晋干宝《搜神记》卷十四:"家人不解其意,于壁穿中窥之。"

〔眼〕小孔。宋杨万里《小池》诗:"泉眼无声惜细流,树荫照水爱晴柔。"明宋应星《天工开物•粹精•攻麦》:"凡牛马与水磨,皆悬袋磨上,上宽下窄,贮麦数斗于中,溜入磨眼。"《西游记》第二四回:"(金击子)上面有眼,系着一根绿绒绳儿。"

【辨】

①词的本义不同。"孔"的本义,《说文》认为是通达。《说文》:"孔,通也。"郭沫若认为是婴儿的囟门。《金文丛考》:"乃指示小儿头角上有孔也。故孔之本义当为囟,囟者象形文,孔则指示字。引申之,则凡空皆曰孔,由孔则可通,故孔有通义。""穴"的本义是凿地为室。《说文》:"穴,土室也。"《诗经•大雅•緜》:"古公亶父,陶复陶穴,未有家室。"郑玄笺:"凿地曰穴。""洞"的本义,《说文》认为是急流。《说文》:"洞,疾流也。""窍"的本义是孔眼。《说文》:"窍,空也。""窾"的本义是中空。《尔雅•释诂三》:"窾,空也。""穿"的本义是贯通。《说文》:"穿,通也。""眼"的本

义是眼珠。

②词的内涵不同。"孔"还有门径、带孔的钱、大、美好等义。"穴"还有蚂蚁、鸟兽的栖息处、墓穴、穴位、穴居、水道、挖凿、旁边等义。"洞"还有穿透、透彻、幽深等义。"窍"还有穿孔、贯通、人或动物器官的孔、处事的要诀等义。"窾"还有使物中空、空乏、法则、规矩等义。"穿"还有穿透、开凿、开通、穿衣、墓穴等义。"眼"还有眼神、目力、监视、向导、话中的要点、板眼等义。

③"孔"与"空""窾""窍"以及"罄""窠""稞"等词声母相同，韵母相同或相近，意义相同或相近，是同源字。

④"孔""洞""穴""眼"可用作量词。

隙 际 缝 间 罅
xì jì fèng jiàn xià

【同】缝隙，两物相合或一物开裂处所形成的长条缝隙。

〔隙〕《玉篇·阜部》："隙，壁际也，裂也。"《墨子·兼爱下》："人之生乎地上之无几何也，譬之犹驷驰而过隙也。"《商君书·修权》："谚云：'蠹众而木折，隙大而墙坏。'"《韩非子·亡征》："墙虽隙，无大雨不坏。"《淮南子·说山训》："受光于隙，照一隅；受光于牖，照北壁；受光于户，照室中无遗物。"《昭明文选·江淹〈郭弘农(游仙)璞〉》："朱霞入窗牖，曜灵照空隙。"李善注引《说文》曰："隙，壁缝也。"

〔际〕 繁体字写作"際"。《墨子·备穴》："柱者勿烧，柱善涂亓窦际，令勿泄。"孙诒让间诂："(际)毕云：缝也。"《后汉书·张衡传》："其牙机巧制，皆隐在尊中，覆盖周密无际。""无际"，没有缝隙。宋司马光《功名论》："确然若胶漆之相合，视其际而不可得见也。"

〔缝〕唐贾岛《访李甘原居》诗："石缝衔枯草，查根上净苔。"唐严善思《论则天不宜合葬乾陵表》："其石缝隙，铸铁以固其中。"元关汉卿《温太真玉镜台》第四折："明知道诗书饱满腹，那里是白头把你青春误？就嫌的我无地缝钻入去。"《水浒传》第三七回："宋江在门缝里张时，见是太公引着三个庄客，把火一到处照看。"

〔间〕《墨子·经上》："有间，中也。"毕沅校注："间隙，是二者之中。"《庄子·养生主》："彼节者有间，而刀刃者无厚；以无厚入有间，恢恢乎其于游刃，必有余地矣。""有间",有缝隙。《史记•管晏列传》:"晏子为齐相,出,其御之妻从门间而窥其夫。""门间",门缝。《昭明文选•颜延年〈应诏宴曲水作诗一首〉》:"化际无间,皇情爱眷。"李善注引杜预《左氏传注》曰:"间,隙也。"

〔罅〕《史记•田敬仲完世家》:"淳于髡曰:'弓胶昔干,所以为合也。然而不能傅合疏罅。'"司马贞索隐:"以言胶干可以势暂合,而久亦不能常傅合于疏罅隙缝。"唐贯休《夜对雪作寄友生》诗:"气射灯花落,光侵壁罅浓。""壁罅",壁缝。唐严伯均《暗思联句》:"洞房重扉无隙罅,烛灭更深月西谢。"清纪晓岚《阅微草堂笔记•槐西杂志三》:"又一少年,喜窥妇女,窗罅帘隙,百计潜伺。""罅""隙"对用。

【辨】①词的本义不同。"隙"的本义是缝隙。《说文》:"隙,壁际孔也。"清沈涛《说文古本考》:"涛案,《文选•沈休文〈咏月〉》诗注引作'壁际也',江文通《杂体诗》注又引作'壁缝也'。二引不同,必有一误。"段玉裁注:"今本'际'下有'孔'字,依《文选•沈约〈咏月〉》诗注正……'际'自分而合言之,'隙'自合而分言之。引申之,凡坼裂皆曰隙。""际"的本义也是缝隙。《说文》:"际,壁会也。"段玉裁注:"两墙相合之缝也。引申之,凡两合皆曰际。'际',取壁之两合,犹'间'取门之两合也。""缝"的本义是用针缝合。《说文》:"缝,以针紩衣也。"段玉裁注:"'针'下曰:'所以缝也。'"引申为缝合之处。清朱骏声《说文通训定声》:"《广雅•释诂二》:'缝,合也。'……[转注]《诗》:'羔羊之缝。'正义:'缝合羔羊皮为裘。缝,即皮之界域。'""间"的本义是缝隙。"间"的本字作"閒"。《说文》:"閒,隙也。从门从月。"段玉裁注:"隙者,壁际也。引申之,凡有两边、有中者,皆谓之隙。隙谓之閒。閒者,门开则中为际。凡罅缝皆曰閒,其为有两有中,一也……门开而月入,门有缝而月光可入,皆其意也。""罅"的本义是瓦器烧裂。《说文》:"罅,裂也……缶烧善裂也。"清王筠《说文句读》:"善,读如《汉书》'岸善崩'之善。善,犹多也。言此者,凡罅隙皆言罅。而字从缶,故申之也。"

②词义的内涵不同。"隙"还有嫌隙、空隙、空闲、漏洞、隔阂等义。"际"还有事物的分界或边际、地域之间或人事之间、时期、机会、接近、沿着等义。"缝"还有比喻言行出现漏洞或差错等义。"间"还有距离、间

隔、隔阂、离间、间谍、参与、病愈等义。"罅"还有漏洞、缺陷等义。

【附】 衅(釁)璺

$\overset{zhì}{质}\ \overset{dì}{的}\ \overset{hóu}{侯}\ \overset{zhèng}{正}\ \overset{hú}{鹄}\ \overset{zhāo}{招}\ \overset{niè}{臬}(\overset{}{槸})\ \overset{zhǔn}{准}(\overset{}{埻})\ \overset{zhì}{志}$

$\overset{gé}{格}\ \overset{duǒ}{垛}\ \overset{tiē}{贴}(帖)\ \overset{bǎ}{靶}(靶子\ 把子)$

【同】 箭靶或靶心。练习射箭或射箭的目标物。

〔质〕《荀子·劝学》："是故质的张而弓矢至焉,林木茂而斧斤至焉,树成荫而众鸟息焉。"《淮南子·原道训》："由此观之,先者则后者之弓矢质的也。"高诱注："质的,射者之准执。"《后汉书·马融传》："流矢雨坠,各指所质。"明徐光启《胜器策》："能射鸟二三百步,骑而驰,而击方寸之质。"

〔的〕《玉篇·白部》："的,射质也。"《诗经·小雅·宾之初筵》："发彼有的,以祈尔爵。"毛传："的,质也。"汉王充《论衡·超奇篇》："论之理应,犹矢之应的。"晋应祯《晋武帝华林园集诗》："发彼五的,有酒斯饮。"李善注引毛苌曰："的,射质也。"明徐渭《奉侍少保公宴集龙游之翠光岩》诗："宝马嘶群行杂锦,红旗悬的射穿杨。"

〔侯〕《诗经·齐风·猗嗟》："终日射侯,不出正也。"朱熹注："侯,张布而射之也。大射则张皮侯而设鹄,宾射则张布而射正。"又《小雅·宾之初筵》："大侯既抗,弓矢斯张。"高亨注："侯,箭靶。"《周礼·考工记·梓人》："梓人为侯,广与崇方,参分其广,而鹄居一焉。"《仪礼·乡射礼》："乃张侯下纲,不及地武。"郑玄注："侯谓所射布也。"《北史·宇文贵传》："魏文帝在天游园,以金卮置侯上,令公卿射中者即赐之。"

〔正〕《小尔雅·广器》："射有长布谓之侯,侯中者谓之鹄,鹄中者谓之正,正,方二尺。"《诗经·齐风·猗嗟》："终日射侯,不出正兮。"朱熹注："正,设的于侯中而射之者也。"《礼记·中庸》："射有似乎君子,失诸正鹄,反求诸其身。"陆德明释文："正、鹄皆鸟名。一曰:正,正也;鹄,直也。大射则张皮侯而栖鹄,宾射则张布侯而设正也。"北周庾信《三月三日华林园射马赋》："正绘五彩之云,壶宁百福之酒。"

〔鹄〕《仪礼·大射》："遂命量人巾车张三侯,大侯之崇见鹄于参,参见鹄于干,干不及地武。"郑玄注："鹄,所射之主。《射义》(按:《礼记》篇名)曰:

'为人君者以为君鹄,为人臣者以为臣鹄,为人子者以为子鹄。'(按:引文次序与原文不符)言射中此,乃能任己位也。鹄之言较,较,直也。射者所以直其志。或曰:鹄,鸟名。射之难中,中之为俊,是以所射与侯取名也。"《礼记·射义》:"故射者各射己之鹄。"清查慎行《恭和御制初夏新晴较射》诗:"隔花初树鹄,穿叶不惊莺。"

〔招〕《吕氏春秋·本生》:"万人操弓,共射其一招,招无不中。"高诱注:"招,埻(准)的也。"《战国策·楚策四》:"不知夫公子王孙,左挟弹,右摄丸,将加己乎十仞之上,以其类为招。"银雀山汉墓竹简《孙膑兵法·兵情》:"矢轻重得,前(后)适,而弩张正,其送矢壹,发者非也,犹不中招。"又《十阵》:"进则必遂,退则不蹙,方蹙从流,以敌之人为招。"整理者均注"招"为"箭靶"。

〔臬〕〔槷〕《说文》:"臬,射准的也。"汉张衡《东京赋》:"桃弧棘矢,所发无臬。"明曾公亮《武经总要·守城·鞭箭》:"正中施一竹臬,放时以绳钩臬系箭于竿,一人摇竿为势,一人持箭末激而发之。"

"臬"也写作"槷"。《小尔雅·广器》:"鹄中者谓之正,正,方二尺,正中谓之槷,槷方六寸。"

〔准〕〔埻〕《说文》:"埻,射臬也。读若准。"《广韵·准韵》:"埻,射的。《周礼》或作准。"唐玄应《一切经音义》卷四十二:"射埘曰埻,埻中木曰的。"汉扬雄《太玄·瞢》:"次三,师或导射,豚为埻。"范望注:"埻,射的也。"但"准"或"埻"一般都与"的"连用。晋葛洪《抱朴子·广譬》:"准的陈则流镝赴焉,美名起则谤讟攻焉。"《后汉书·宗室四王三侯传·齐武王縯》:"春陵去宛三百里耳,未足为功,遽自尊立,为天下准的,使后人得承吾敝,非计之善者也。"《吕氏春秋·本生》:"万人操弓,共射一招,招无不中。"高诱注:"招,埻的也。"

〔志〕《尚书·盘庚上》:"予告汝于难,若射之有志。"孔安国传:"当如射之有所准志,必中所志乃善。""志",还可用如动词,意为"以……为靶子"。《酉阳杂俎续集·贬误》引唐张鷟《朝野佥载》:"隋末有昝君谟善射,闭目而射,应口而中,云志其目则中目,志其口则中口。"

〔格〕清徐灏《说文解字注笺》:"格,射的谓之格。"《淮南子·兵略训》:"夫射,仪度不得,则格的不中。"高诱注:"格,射之椹质也。的,射准也。"

〔垛〕唐张鷟《游仙窟》:"张郎太贪生,一箭射两垛。"宋李昉等《太平广记》

卷二五〇引《启颜录》："唐宋国公萧瑀不解射,九月九日赐射,瑀箭俱不著垛。"

〔贴〕(帖) 宋朱熹《朱子语类》卷六二:"如人射箭,期于中红心。射在贴上,亦可谓中,终不若他射中红心者。"《金史·兵志》:"凡选弩手之制……取身与杖等,能踏弩至三石,铺弦解索,登踏闲习,射六箭皆上垛,内二箭中贴者。"元无名氏《锁魔镜》第五折:"二郎神正射着红心射贴,忽见正北上一点光明,二郎神又放一箭,正射破了锁魔镜也。"

"贴"也写作"帖"。《隋书·外戚传·萧岿》:"(萧琮)兼善弓马,遣人伏地著帖,琮驰马射之,十发十中,持帖者亦不惧。"唐贾岛《上邠宁邢司徒》诗:"箭头破帖浑无敌,杖地敲毯远有声。"

〔靶〕(靶子 把子) 元王实甫《高宴丽春堂》第一折:"伸猿臂揽银鬃,靶内先知箭有功。""靶"也可加词尾"子",称"把子"或"靶子"。清李宝嘉《文明小史》第一回:"第一场步箭,就在本府大堂校阅。因为人多,便立了三个靶子,一排三人同射,免得耽误日期。"明戚继光《纪效新书·射法》:"凡射,或对贼对把,站定观把子或贼人,不许看扣。"

【辨】

靶的大小和所处位置有所区别。"侯"最大,"鹄""正""质",尺寸依次递减。《周礼·天官·司裘》"皆设其鹄"郑玄注:"方十尺曰侯,四尺曰鹄,二尺曰正,二寸曰质。""贴"是靶心周围的部分。"质""的""埻""臬""志",是指靶心。"招""垛""格""靶",泛指箭靶。

钜 刚 钢
jù gāng gāng

【同】 钢,比铁坚致,具有较高的物理和机械性能。

〔钜〕《说文》:"钜,大刚也。"清吴善述《说文广义校订》:"大刚,即今所谓钢,炼铁为之,以坚锋刃者。古无钢字,即刚是。其质至刚,故曰大刚,亦曰刚铁。"《荀子·议兵》:"宛钜铁釶,惨如蜂虿。"杨倞注引徐广曰:"大刚曰钜。"《史记·礼书》:"宛之钜铁施,钻如蜂虿。"张守节正义:"钜,刚铁也。"

〔刚〕《说文》:"刚,彊断也。"清王筠《说文句读》:"案,俗作'钢'。然古之刚,百炼成之;今之刚,以生铁作之。"汉李尤《金马书刀铭》:"巧冶炼刚,金马托形。"《北齐书·綦母怀文传》:"又造宿铁刀,其法:烧生铁精以重柔铤,数宿则成刚。"《新唐书·卓行传·元德秀》:"颖士若百炼之刚,不可屈。"清陈端生《再生缘》第二六回:"卫焕推开身下马,刚枪一把点心苗。"

〔钢〕《说文》无"钢"字。《玉篇·金部》:"钢,炼铁也。"《集韵·唐韵》:"钢,坚铁。"《列子·汤问》:"其剑长尺有咫,练钢赤刃,用之切玉如切泥焉。"晋傅玄《斗鸡赋》:"爪似炼钢,目如奔星。"唐乔琳《太原进铁镜赋》:"晋人用铁兮从革无方,其或五金同铸,百炼为钢。"宋沈括《梦溪笔谈·辩证一》:"余出使至磁州锻坊,观炼铁,方识真钢。凡铁之有钢者,如面中有筋,濯尽柔面,则面筋乃见。炼钢亦然,但取精铁锻之百余火。每锻称之,一锻一轻,至累锻而斤两不减,则纯钢也。"

【辨】
①词的本义不同。"钜"的本义就是钢。"刚"的本义是坚硬。"钢"是"刚"的今字,分担"刚"的钢铁义。先秦两汉的古籍中,没有"钢"字,"钢"约产生于魏晋时期。

②词义的内涵不同。"钜"还有巨大、钩等义。"刚"还有坚毅、坚利等义。

禽 兽 qín shòu

【同】 有四条腿,全身长毛的脊椎动物。

〔禽〕《说文》:"禽,走兽总名。"《礼记·月令》:"命主祠祭禽于四方。"孔颖达疏:"禽者,兽之通名也。"《战国策·赵策一》:"虎将即禽,禽不知虎之即己而相斗,两罢而归其死于虎。"《史记·樗里子甘茂列传》:"禽困覆车。"裴骃集解:"譬禽兽得困急,犹能抵触倾覆人车。"汉王充《论衡·遭虎篇》:"虎亦诸禽之雄也。"《三国志·魏书·华佗传》:"(华)佗语(吴)普曰:'人体欲得劳动,但不得使极耳……吾有一术,名五禽之戏:一曰虎,二曰鹿,三曰熊,四曰猿,五曰鸟,亦以除疾,并利蹄足,以当导引。'"

〔兽〕《尔雅·释鸟》:"四足而毛谓之兽。"《玉篇·兽部》:"兽,四足有毛走者谓之兽。"《战国策·齐策三》:"夫鸟同翼者而聚居,兽同足者而俱行。"《淮南子·说山训》:"山有猛兽,林木为之不斩。"《史记·老子韩非列传》:

"孔子去,谓弟子曰:'鸟,吾知其能飞;鱼,吾知其能游;兽,吾知其能走……'"

【辨】

①"禽"与"擒",既是同源字,又是古今字。王力《同源字典》:"按,'禽'的本义应是猎获物,禽、擒同源。""兽"与"狩",既是同源字,又是古今字。杨树达《积微居小学述林》:"今之兽字之形与音求之,兽盖狩之初文也……兽本猎禽之称,引申为所猎之禽之称。""兽"本兼兽、狩两义,后另造"狩"字以分担"兽"的动词义。

②"禽"可兼指鸟兽,"兽"只能用于走兽。《说文》"禽"下段玉裁注:"凡经典'禽'字,有谓毛属者,有谓羽属者,有兼举者。""别而言之,羽则曰禽,毛则曰兽;通而为说,鸟不可曰兽,兽亦可曰禽。"(《尔雅·释鸟》郝懿行疏)

翼 翅 羽
yì　chì　yǔ

【同】翅膀,鸟类或昆虫的飞行器官。

〔翼〕《说文》收在飛部,作为翼的重文收入。《说文》:"翼,翅也。从飛異声。籀文翼。翼,篆文翼从羽。"《尔雅·释鸟》:"鸟之雌雄不可别者,以翼右掩左,雄;左掩右,雌。"《广韵·职韵》:"翼,羽翼。"《诗经·小雅·鸳鸯》:"鸳鸯在梁,戢其左翼。"郑玄笺:"明王之时,人不惊骇,敛其左翼以掩右翼,自若无恐惧。"《庄子·逍遥游》:"鹏之背,不知几千里,怒而飞,其翼若垂天之云。"以上是表示鸟类飞行器官。

《庄子·徐无鬼》:"郢人垩漫其鼻端,若蝇翼,使石匠斫之。"《战国策·楚策四》:"王独不见夫蜻蛉乎!六足四翼,飞翔乎天地之间。"以上是表示昆虫的飞行器官。

〔翅〕《说文》写作"翄"。《说文》:"翄,翼也。"翼、翅互训。《玉篇·羽部》:"翅,翼也。"《广韵·寘韵》:"翅,鸟翼。"《战国策·楚策四》:"黄雀因是以,俯啄白粒,仰栖茂树,鼓翅奋翼,自以为无患也。"《汉书·翟方进传》:"若鹰鹯之逐鸟爵也,翅翼虽伤,不避也。"汉刘向《说苑·辨物》:"其后齐有飞鸟一足,来止于殿前,舒翅而跳。"

"翅"用于昆虫的飞行器官,约在魏晋时期或稍早。晋陆机《毛诗草木鸟兽虫鱼疏》："蟋蟀似蝗而小,正黑有光泽如漆,有角翅。"《楚辞·九辩》"蝉寂寞而无声"王逸章注："螗蜩敛翅而伏藏也。"《艺文类聚·蝉》："隋王由礼赋得高柳鸣蝉诗曰:⋯⋯风高翅转轻。"

〔羽〕《广韵·遇韵》:"羽,鸟翅也。"《诗经·邶风·燕燕》:"燕燕于飞,差池其羽。"郑玄笺:"差池其羽,谓张舒其尾翼。"孔颖达疏:"舒张其尾翼,实翼也。而兼言尾者,以飞时尾亦舒张故也。"《礼记·月令》:"鸣鸠拂其羽,戴胜降于桑。"郑玄注:"鸣鸠飞且翼相击。"汉赵晔《吴越春秋·吴太伯传》:"复置于泽中冰上,众鸟以羽覆之。"

"羽"也可表示昆虫的翅膀。《诗经·周南·螽斯》:"螽斯羽,诜诜兮。"汉张衡《七辩》:"京城阿缟,譬之蝉羽。"

【辨】

①古今用法有所侧重。"翼"的古义兼指鸟类和昆虫的翅膀。"翅"的古义多用于鸟类的翅膀,而且使用频率相对较低。"羽"只是指代翅膀。在现代汉语中,"翼"和"翅"的用法有所分工。"翼"用于"鸟类的飞行器官","翅"用于"昆虫的飞行器官"(见《现代汉语词典》)。"羽"的"鸟类或昆虫的飞行器官"义,已经消亡。

②词义的内涵不同。"翼"还有表示某些翅状物、政治派别或作战的两侧、辅助、遮蔽、保护、恭敬以及连用时表示谨慎小心等义。"翅"还有鱼类的鳍、像翅膀的事物等义。"羽"还有鸟类的代称、羽舞所用的舞具、用于尾部以保持方向、书信、古代音阶的第五音等义。

巢 窠 窝
cháo kē wō

【同】禽鸟栖息的窝。

〔巢〕《说文》:"鸟在木上曰巢,在穴曰窠。"《诗经·召南·鹊巢》:"维鹊有巢,维鸠居之。"《淮南子·氾论训》:"鸟鹊之巢,可俯而探也。"汉桓宽《盐铁论·未通》:"故'代马依北风,飞鸟翔故巢',莫不爱其生。"《汉书·五行志中之下》:"树大四围,巢去地五丈五尺。"

〔窠〕《说文》:"窠,空也。从穴果声。一曰鸟巢也,在树曰巢,在穴曰窠。"《广雅·释宫》:"窠,巢也。"汉王充《论衡·辨祟篇》:"鸟有巢栖,兽有窟穴⋯⋯死伤病困,小大相害,或人捕取以给口腹,非作窠穿穴有所触。"西晋左思《蜀都赋》:"穴宅奇兽,窠宿异禽。"刘良注:"窠,鸟巢也。"唐白居易《问鹤》诗:"鸟鸢争食雀争窠,独立池边风雪多。"

〔窝〕 章炳麟《新方言·释宫》:"凡鸟巢曰窝,鸡犬栖处亦曰窝。"唐夏侯审《咏被中绣鞋》:"云里蟾钩落凤窝,玉郎沉醉也摩挲。"元薛昂夫《高隐·四煞》散曲:"黄莺出谷寻新柳,紫燕归巢觅旧窝。"元杨文奎《翠红乡儿女两团圆》第四折:"却生的这般俊秀的孩儿,敢则是鸦窝里出凤凰!"

【辨】
①词的本义微别。"巢之言高也,窠之言空也。"(《说文》"巢"下段玉裁注)"巢",指筑在树上的鸟巢;"窠",指栖于洞穴的鸟窝。"窝"字,《说文》《玉篇》《广韵》《集韵》均无。本义应是巢穴,引申为鸟兽昆虫的窝穴。
②词义的内涵不同。"巢"还有简陋的住处、巢穴(坏人或敌人盘踞的地方)、筑巢、栖息等义。"窠"还有居室、孔穴、团花、印文空白处等义。"窝"还有人的住处、成团成簇的东西、坑洼处、窝藏、量词等义。

豕 猪 彘 豨
shǐ zhū zhì xī

【同】 家畜名,哺乳动物,肉供食用,皮可制革,鬃可制刷子及用作其他工业原料。

〔豕〕《说文》:"豕,彘也。"段玉裁注:"《小雅》传曰:'豕,猪也。'毛浑言之,许分别言,名豕名彘名猪之故。"《诗经·小雅·渐渐之石》:"有豕白蹢,烝涉波矣。"毛传:"豕,猪也;蹢,蹄也。将久雨,则豕进涉水波。"《墨子·非攻上》:"至攘人犬豕鸡豚者,其不义又甚入人园圃窃桃李。"《孟子·尽心上》:"舜之居深山之中,与木石居,与鹿豕游,其所以异于深山之野人者几希。"《史记·儒林列传》:"景帝知太后怒而固(按:人名)直言无罪,乃假固利兵,下圈刺豕,正中其心,一刺,豕应声而倒。"例中两"豕"字,《汉书·儒林传》作"彘"。

〔猪〕"猪",繁体字为"豬"。《说文》:"豬,豕而三毛丛居者。"清徐灏《说文解字注笺》:"'三毛丛居',何以谓之猪? 其义未明。"《荀子·正论》:"今人或入其央渎,窃其猪彘,则援剑戟而逐之,不避死伤,是岂以丧猪为辱也哉!"汉王充《论衡·遭虎篇》:"行山林中,麋鹿、野猪、牛象、熊罴、豺狼、蛙蠮,皆复杀人。"唐韩愈《柳州罗池庙碑》:"池园洁修,猪牛鸭鸡,肥大蕃息。"

〔豨〕《说文》:"豨,豕也,后蹄废谓之豨。"《小尔雅·广兽》:"豨,猪也。"《墨子·鲁问》:"今有人于此,窃一犬一豨,则谓之不仁。"《孟子·梁惠王上》:"狗豨食人食而不知检。"《韩非子·外储说左上》:"适市来,曾子欲捕豨而杀。"《史记·齐太公世家》:"公怒,射之,豨人立而啼。"按:《左传·庄公八年》作"豕人立而啼"。

〔豨〕《说文》:"豨,豕走豨豨。从豕希声。古有封豨脩蛇之害。"《广雅·释兽》:"豨,豕也。"《墨子·耕柱》:"子墨子曰:'伤矣哉!言则称于汤、文,行则譬于狗豨,伤矣哉!'"《列子·黄帝篇》:"然后列子自以为未始学而归,三年不出,为其妻爨,食(sì,下同)豨如食人。"《庄子·应帝王》为"食豕如食人"。"豨"也写作"狶"。汉王符《潜夫论·贤难》:"西方之众有逐豨者,闻司原之噪也,竞举音而和之。"

【辨】

①初义所指有所不同。"豕"是先秦时期猪的通称。甲骨文中就已有"豕"字,"豕者,豨之总名也"(《急就篇》"豚豕猪"下颜师古注)。"猪"的初义是小猪。《尔雅·释兽》:"豕子,猪。"邢昺疏:"其子曰猪。"先秦使用频率极低,甚至在《史记》中也不见"猪"字。约汉以后渐成为猪豕的通称。"豨"的初义应是被箭射中的野猪。甲骨文中的"豨"字,象猪身贯矢。"豨"是方言词,详下。

②方言的区别。《方言》卷八:"猪,北燕朝鲜之间谓之豭;关东西或谓之豨,或谓之豕;南楚谓之豨,其子或谓之豚,或谓之貕;吴、扬之间谓之猪。"

狗 犬
gǒu　quǎn

【同】最早驯化的家畜之一,听觉、嗅觉特别灵敏,毛多色,性机警,可训练为看守、放牧、狩猎等。

〔狗〕《玉篇·犬部》:"狗,家畜,以吠守。"《左传·昭公三十三年》:"吏人之与叔孙居于箕者,请其吠狗,弗与。"孔颖达疏:"狗有吠守者,有主猎者。主猎者贵,吠守者贱,吏人请叔孙乞其吠守之狗。"《礼记·曲礼上》:"尊客之前不叱狗。"《墨子·经下》:"狗,犬也。杀狗非杀犬也。"孙诒让注引司马彪云：" 狗、犬同实异名。名实合则彼所谓狗，此所谓犬也；名实离，则所谓狗异于犬也。张云：既谓杀狗，即非杀犬。"汉王充《论衡·定贤篇》："高祖论功，比猎者之纵狗也，狗身获禽，功归于人。"

〔犬〕《诗经·小雅·巧言》："跃跃毚兔（狡兔），遇犬获之。"郑玄笺："遇犬，犬之驯者，谓田犬也。"孔颖达疏："犬有守犬、田犬，故辨之。""田犬"，即猎犬。《战国策·韩策二》："齐大夫诸子有犬，犬猛不可叱，叱之必噬人。"南朝梁沈约《齐故安陆赵旺碑文》："居邑不闻夜吠之犬，牧人不睹晨饮之羊。"唐柳宗元《临江之麋》："积久，犬皆如人意。"

【辨】

①词的本义略有不同。"狗"是指幼小的狗；"犬"是指成年的狗。传统训诂学称称这种情况为"同实而异名"。《说文》："狗，孔子曰：狗，叩也，叩气吠以守。"段玉裁注："按，《释兽》云：'狗，未成豪狗。'与马二岁曰驹，熊、虎之子曰豞同义，皆谓稚也。"除"狗""驹""豞"有幼小义外，据研究，还有与"狗"的音相近的字"羔"，也有幼小义。王力《同源字典》："小犬为狗，小熊、小虎为豞，小马为驹，小羊为羔，四字同源。"《说文》："犬，狗之有县（悬）蹄者也。"段玉裁注："有县蹄谓之犬，叩气吠谓之狗，皆于音得义。此与后蹄废谓之彘，三毛聚居谓之豬，竭尾谓之豕同名，一物异名之所由也。《庄子》曰：'狗非犬。'司马彪：'同实异名。'夫异名必由实异。"清朱骏声《说文通训定声》："'县蹄'，盖指猎犬言。南海曾氏钊曰：相犬之法，必验其蹄。凡犬蹄四趾，惟猎犬足上有一趾不履地。此所谓'县蹄'者欤。"编者按：以上只是从"同实异名"所做出的分析，但在实际使用中，两者常常浑然无别。《礼记·曲礼上》"效犬者左牵之"下孔颖达疏："然通而言之，狗、犬通名；若分而言之，则大者为犬，小者为狗。"清徐灏《说文解字注笺》："浑言则狗亦为通名矣。"从两字发展趋势来看，"狗"字向更通俗化发展，使用频率一般要高于"犬"。尤其是构词能力要远高于"犬"。依据《多功能汉语大词典索引》初步统计，能构成复音词（包括倒序）、熟语、谚语、成语的"狗"，有377个，而"犬"只有114个。一般说，"狗"字要通俗化一些，如"狗屎""狗屁""狗皮膏药""狗头军师""偷鸡摸狗""狼心狗肺"等，其中的"狗"不能换成"犬"；而"犬"字则相对要文雅、专业一些，如表示谦称的"犬子""犬儿"，他如"犬牙交错""见兔顾犬""警犬""牧羊犬""狂犬病"

等,其中的"犬"不能换写作"狗"。

②词义的内涵不同。"狗"还有失度、失意,星名,十二生肖之一,姓氏等义;"犬"还有谦称(臣对君王自谦或对人谦称自己的儿子)义。

羊 羔 羝 羭
yáng gāo dī yú

【同】哺乳动物,属反刍类,头上一般有一对角,有很多种类。

〔羊〕《诗经·小雅·无羊》:"谁谓尔无羊?三百维群。"《荀子·荣辱》:"今人之生也,方知蓄鸡、狗、豬、彘,又蓄牛、羊。"《韩非子·五蠹》:"楚之有直躬,其父窃羊而谒之吏。"汉刘向《新序·杂事第二》:"此庶人有称曰:'亡羊而固牢未为迟,见兔而呼狗未为晚。'"

〔羔〕《周礼·春官·大宗伯》:"孤执皮帛,卿执羔。"郑玄注:"羔,小羊。取其群而不失其类。"《韩非子·外储说左下》:"孙叔敖相楚……枯鱼之膳,冬羔裘,夏葛衣,面有饥色。"汉刘向《说苑·修文》:"羔者,羊也。"唐李贺《感讽六首》:"去去走犬归,来来坐烹羔。"

〔羝〕《玉篇·羊部》:"羝,牡羊。"《诗经·大雅·生民》:"取羝以軷,载燔载烈。"毛传:"羝,牡羊也。軷,道祭也。"孔颖达疏:"'羝,牡羊',者,以祭不用牝,故知是牡也。"《汉书·苏武传》:"匈奴以为神,乃使武北海上无人处,使牧羝,羝乳乃得归。"晋干宝《搜神记》卷一:"忽有一老羝,屈前两膝,人立而言曰:'遽如许。'人即云:'此羊是。'"唐李白《留别十一兄弟逖裴十三游塞垣》诗:"天张云卷有时节,吾徒莫叹羝触藩。"

〔羭〕《左传·僖公四年》:"且其繇曰:'专之渝,攘公之羭。'"杜预注:"羭,美也。"孔颖达疏:"羭是羊之名,美善之字皆从羊,故羭为美也。"《列子·天瑞》:"老羭之为猨也,鱼卵之为虫。"张湛注:"羭,牝羊也。"

【辨】

①本义略有不同。"羊"的本义是羊的总称。《说文》:"羊,祥也……象头角、足、尾之形。"按:"羊""祥",古今字。清徐灏《说文解字注笺》:"古无'祥'字,假'羊'为之。钟鼎款识多有'大吉羊'之文,'善''義'等字从羊者,祥也。愚谓建类有用引申、假借义者,此亦其一也……此篆上象头角;中二画,象四足左右分列;下象其尾。"清朱骏声《说文通训定声》改《说文》"羊,祥也"的"祥"为"兽"。"羔"的本义是羊羔,也即小羊。《说

文》:"羔,羊子也。"清桂馥《说文义证》:"《诗·七月》:'献羔祭韭。'……传云:'小曰羔,大曰羊。'……羊子也者,颜注《急就篇》:'羊子曰羔。'《周礼·羊人》:'凡祭祀,饰羔。'注云:'羔,小羊。'""羝"的本义是公羊。《说文》:"羝,牡羊也。"清王筠《说文句读》:"《生民》毛传文。《汉书·苏武传》:'羝乳乃得归。'颜注:'羝,牡羊也。羝不当产乳,故设此言示绝。'""羭"的本义是母羊。段注本《说文》:"羭,夏羊,牝曰羭。"注:"'牝',各本作'牡',误。按,《释兽》:'夏羊,牝羭,牡羖。'自郭所据,牝、牡字已互讹,引之者多误,因之窜改《说文》,今正。"清徐灏《说文解字注笺》:"段订,是。"清王筠《说文句读》:"《列子·天瑞篇》注:'羭,牝羊也。《增韵》亦引作牝羊。'"按:古汉语中同实异名的字颇多,如表示羊的还有"羠""羖""羯"等;表示小羊的还有"羜""羚"等;表示公羊的字还有"羧""羘""羒"等。

②词义的内涵不同。"羊"还有吉祥、详备、十二生肖之一、姓氏等义。"羔"还有幼小的生物义。"羝"的意义比较单纯,只表示公羊义。"羭"还有美好义。

雄 牡 父(馼) 公
xióng mǔ fù gōng

【同】 与"雌"相对,动物中的雄性。

〔雄〕《说文》:"雄,鸟父也。"《诗经·邶风·雄雉》:"雄雉于飞,泄泄其羽。"《墨子·辞过》:"人情也,则曰男女;禽兽也,则曰牡牝雄雌也。"汉王充《论衡·讲瑞篇》:"案《礼记·瑞命篇》云:'雄曰凤,雌曰皇。雄鸣曰即即,雌鸣足足。'"《艺文类聚·兽部下》:"《博物志》曰:'昔日南有四象,各有雄雌,其一雌死百有余日,其雄泥土著身,独不饮酒食肉。'"

〔牡〕《说文》:"牡,畜父也。"《广雅·释兽》:"牡,雄也。"《诗经·邶风·匏有苦叶》:"济盈不濡轨,雌鸣求其牡。"《列子·说符》:"穆公曰:'何马也?'对曰:'牝而黄。'使人往取之,牡而骊。"汉王充《论衡·奇怪篇》:"若夫牡马见雌牛,雄雀见牝鸡,不相与合者,异类故也。"

〔父〕(馼) 《汉书·食货志上》"乘牸牝者摈而不得会聚"颜师古注引孟康曰:"皆乘父马,有牝马间其间则踶齧,故斥出不得会同。"北魏贾思勰《齐民要术·养牛、马、驴、骡》:"饲父马令不斗法:多有父马者,别作一坊,多置槽厩。"元黄佐《战城南》:"辄骢父马锦障泥,我欲渡之,徘徊而骄嘶。"

"父"也写作"馼"。《尔雅·释畜》:"牡曰骘。"郭璞注:"今江东呼馼为骘。"

〔公〕 北魏贾思勰《齐民要术·作酱法》:"母蟹齐(脐)大,圆,竟腹下;公蟹狭而长。"《敦煌变文集·孔子项托相问书》:"小儿又问曰:'公鸡因何能鸣?'"宋胡仔《苕溪渔隐丛话》前集卷三十七:"公方假寐,秀老私跨公驴入法云,谒宝觉禅师。"

【辨】

①词的本义不同。"雄"与"雌"相对,本义是禽类中的雄性。"牡"与"牝"相对,本义是兽类中的雄性。"父"的本义是有子女的男性。"公"(与雄性相关)与"母"相对,有男性长辈义,包括父亲义。《广雅·释亲》:"公,父也。"

②词义的内涵不同。"雄"还有雌雄异株中的雄性、杰出人物、称雄、雄壮威武等义。"牡"还有植物中不开花的、锁簧、丘陵等义。"父"还有男性长辈的通称义,如祖父、伯父、叔父、舅父等。"公"与性别有关的意义还有尊称老年男子、祖父、丈夫之父、丈夫的兄长等。

雌 牝 母 草(騲)
cí pìn mǔ cǎo

【同】 与"雄"相对,动物中的雌性。

〔雌〕《诗经·小雅·小弁》:"雉之朝雊,尚求其雌。"《管子·霸形》:"楚人攻宋、郑……令其人有丧雌雄。"尹知章注:"失男女之偶。"《庄子·天运》:"虫,雄鸣于上风,雌应于下风而风化。"《淮南子·泰族训》:"螣蛇雄鸣于上风,雌鸣于下风而化成形。"《木兰诗》:"雄兔脚扑朔,雌兔眼迷离。"

〔牝〕《尚书·牧誓》:"古人有言曰:'牝鸡无晨。牝鸡之晨,惟家之索。'"孔颖达疏:"牝鸡,雌也。《尔雅》:'飞曰雌雄,走曰牝牡。'而此言'牝鸡'者,《毛诗》《左传》称'雄狐',是飞、走通也。"《史记·大宛列传》:"汉军取其善马数十匹,中马以下牡牝三千余匹……与盟而罢兵。"汉桓宽《盐铁论·未通》:"其后师旅数发,戎马不足,牸牝入阵,故驹犊生于战地。"

〔母〕《字汇·毋部》:"禽兽之牝者皆曰母。"《孟子·尽心上》:"五母鸡,二母彘,无失其时,老者足以无失肉矣。"《敦煌变文集·目连缘起》:"今得离于地狱,化为母狗之身。"《施公案》第一五四回:"小西的坐骑是儿马,瞧见母马,挣脱开缰绳,赶着那群马乱跑。"

〔草〕(騲)《尔雅·释畜》:"牝曰騇。"郭璞注:"草马名。"郝懿行疏:"《魏志·杜畿传》:'为河东太守,课民畜牸牛、草马。'《晋书·凉武昭王传》:'家有騧草马,生白额驹。'是魏晋间始有草马名。"唐颜师古《匡谬正俗》卷六:"问曰:'牝马谓之草马,何也?'答曰:'本以牡马壮健,堪驾乘及军戎者,皆伏皂枥,刍而养之。其牝马唯充蕃字,不暇服役,常牧于草,故称草马。'"北魏贾思勰《齐民要术·养牛、马、驴、骡》:"草骡不产,产无不死。养草骡,常须防勿令杂群也。"

"草"也写作"騲"。《玉篇·马部》:"騲,牝马也。"唐陆德明《经典释文·尔雅音义下》:"草马,本亦作騲马。《魏志》:'教民畜牸牛騲马是也。'"

【辨】①词的本义不同。"雌"与"雄"相对,本义是禽类中的雌性。"牝"与"牡"相对,本义是兽类中的雄性。"母"的本义是有子女的女性,与"公"相对时,表示动物中的雌性。"草"的本义是草本植物。

②词义的内涵不同。"雌"还有柔弱或声音柔弱似女性等义。"牝"的意义比较单一,主要表示动物中的雌性。"母"(与性别有关)还有对女性长辈的尊称义,如祖母、伯母、姑母、姨母等。"草"还有荒野、贱劣、底稿等义。

花(蘤) 华 荂 荣 英 秀 葩 蕊 菁 芳
huā huā fū róng yīng xiù pā ruǐ jīng fāng

【同】花朵,由花瓣、花萼、花托、花蕊组成,有各种颜色,有香味,可供观赏。

〔花〕(蘤)《广雅·释草》:"花,华也。"王念孙疏证:"《玉篇》云:'今为华荂字。'顾炎武《唐韵正》云:'考花字自南北朝以上,不见于书。'……晋以下书中间用花字,或是后人改易。惟《后魏书·李谐传》载其《述身赋》曰:'树先春而动色,草近岁而发花。'又曰:'肆雕章之腴者,咀文苑之英华。'花字与华并用,而五经、楚辞、诸子、先秦两汉之书,皆古本相传,凡华字未有改为花者。又考太武帝始光二年三月,初造新字千余,颁之远近以为楷式。如花字之比,得非造于魏晋以下之新字乎?'引之案:《广雅》释花为华,《字诂》又云:'蘤,古花字。'则魏时已行此字,不始于后魏矣。"南朝梁丘迟《与陈伯之书》:"暮春三月,江南草长,杂花生树,群莺乱飞。"南唐李煜《虞美人》词:"春花秋月何时了,往事知多少。"宋李清照《一剪梅》词:"花自飘零水自流,一种相思,两处闲愁。"

"蘤",古"花"字,形异同音。《广雅·释草》:"蘤,华也。"王念孙疏证:"《后汉书·张衡传》云:'百卉含蘤。'李贤注引张氏《字诂》:'蘤,古花字也。'……蘤字从艸,从白爲声,古音爲读如化,故花字从化声而古作蘤。"南朝齐王俭《春诗》:"轻风摇杂蘤,细雨乱丛枝。"唐王勃《采莲赋》:"红葩绛蘤,电烁千里。"

〔华〕《说文》:"华,荣也。"《诗经·周南·桃夭》:"桃之夭夭,灼灼其华。"汉蔡邕《释诲》:"夫华离蒂而萎,条去幹而枯。"三国魏曹植《离友》诗:"临渌水兮登重基,折秋华兮采灵芝。"晋陆机《短歌行》:"时无重至,华不再扬。"晋陶潜《拟古诗》之七:"皎皎云间月,灼灼叶中华。"清孔尚任《桃花扇·逃难》:"〔小生〕桃源洞里无征战。〔旦〕可由莲华并蒂开。"

〔荂〕《尔雅·释草》:"华,荂也。"郭璞注:"今江东呼华为荂。音敷。"宋石扬休《海棠》诗:"开尽夭桃落尽梨,浅荂深萼照华池。"清周亮工《书影》卷二:"竹八月俗谓之小春,热欲去,寒欲来,气至而凉,古曰小春,往往木有花,草有荂。"

〔荣〕《尔雅·释草》:"草谓之荣。"意为草本植物的花。《国语·晋语四》:"谚曰:'黍稷无成,不能为荣。'"韦昭注:"荣,秀也。"《楚辞·九章·橘颂》:"绿叶素荣,纷其可喜兮。"王逸注:"言桔青叶白华,纷然盛茂,诚可喜也。"汉枚乘《杂诗》之七:"攀条折其荣,将以遗所思。"唐陈子昂《送客》诗:"白苹已堪把,绿芷复含荣。"

〔英〕《尔雅·释草》:"荣而不实者谓之英。"《诗经·郑风·有女同车》:"有女同行,颜如舜英。"毛传:"舜,木槿;英,犹华也。"晋陶潜《桃花源记》:"芳草鲜美,落英缤纷。"唐李山甫《刘员外寄移竹》诗:"烟含细叶交加碧,露拆寒英次第黄。"宋无名氏《尉迟杯》词:"朝来冻解霜消,南枝上,香英数点微露。"宋秦观《望海潮》词:"梅英疏淡,冰澌溶泄,东风暗换年华。"

〔秀〕《玉篇·禾部》:"秀,荣也。"汉武帝《秋风辞》:"兰有秀兮菊有芳,携佳人兮不能忘。"《昭明文选·张协〈七命〉》:"方疏含秀,圆井吐葩。"李善注引张载曰:"秀,谓华也。"晋陶潜《咏贫士七首》之二:"南圃无遗秀,枯条盈北园。"唐李世民《感旧赋》："林何春而不花,花非故年之秀。"

〔葩〕《说文》："葩,华也。"《玉篇·艸部》："葩,草木华也。"唐慧琳《一切经音义》卷二十八引《声类》："秦人谓花为葩也。"汉张衡《思玄赋》："天地烟煴,百卉含葩。"晋范坚《安石榴赋》："黄应春以吐绿,葩涉夏而扬朱。"唐孟郊《和蔷薇花歌》："风枝嫋嫋时一飐,飞散葩馥绕空王。"《红楼梦》第五回："一个是阆苑仙葩,一个是美玉无瑕。"清戴名世《〈巢青阁集〉序》："其间岩姿壑态,激湍奔流,与夫名葩异卉之芬芳,城郭都邑之富丽,无不擅东南之胜。"

〔蕊〕《楚辞·离骚》："擥木根以结茝兮,贯薜荔之落蕊。"《昭明文选·郭璞〈江赋〉》："翘茎瀵蕊,濯颖散裹。"李善注引《广雅》曰："蕊,华也。"唐黄巢《题菊花》诗："飒飒西风满院栽,蕊寒香冷蝶难来。"宋李清照《摊破浣溪沙》词："梅蕊重重何俗甚,丁香千结苦麄生。"明徐弘祖《徐霞客游记·粤西游日记二》："而东南坞中又起一峰,正与独秀对峙,而高杀其三之一,宛然莲蕊中擎。"清宗炎《题鲁春雨绘听花图小影》诗："凭君寄语雨前蕊,莫遣红雨随风飘。"

〔菁〕《广雅·释草》："菁,华也。"《昭明文选·宋玉〈高唐赋〉》："秋兰茝蕙,江离载菁。"李善注引《广雅》曰："菁,华也。"

〔芳〕《楚辞·离骚》："虽萎绝其亦何伤兮,哀众芳之芜秽。"王逸注："哀惜众芳摧折,枝叶芜秽而不成也。"汉枚乘《七发》："众芳芬郁,乱于五凤。"宋欧阳修《减字木兰花》词："爱惜芳时,莫待无花空折枝。""芳时",开花时节。宋范成大《岩桂》诗之二："越城芳径亲手栽,红浅黄深次第开。""芳径",花径。

【辨】

①词的本义不同。《说文》："华,荣也。""华""蘤""荂""花"四字,实为一字。从字形上看,是广义的古今字的关系。从现存典籍来看,"华"字最古,先秦就有;"花"字最晚,约产生于魏晋;"蘤""荂"约产于汉,魏人张揖所编的《古今字诂》,称"蘤"是"花"的古字,汉扬雄所编的《方言》收有"荂"字(见卷一)。但其中"华""花"是典型的古今字,"华"字引申为光华、华美等义后,花朵义就逐渐由"花"所取代。从语音上看,存在着音变的关系。"华""花"韵同声异,声母由浊变清;"华""荂"声近韵同,是因方言之异而发生的音变,声母为匣、溪旁纽,韵母同为鱼。《方言》卷一："齐楚之间,或谓之华,或谓之荂。"

"荣"的本义是不结实的花。《说文》:"荣,桐木也。"清王筠《说文句读》:"案:荣即华也。以其荣,故名之荣矣。"清徐灏《说文解字注笺》:"凡草木之花皆谓之荣,而桐得专其名者,以其华而不实也。""英"的本义是不结实的草花。《说文》:"草荣而不实者。""秀"的本义,《说文》因避汉光武帝讳没有解释,一般都引《尔雅·释草》"不荣而实谓之秀,荣而不实谓之英",以为"秀"的本义。但孔颖达于《诗经·大雅·生民》"实发实秀"下疏引李巡曰:"分别异名以晓人,然则彼是英、秀对文,以英为不实,故以秀为不荣。其实,黍稷皆先荣后实。《出车》云:'黍稷方华。'是嘉穀之秀必有荣也。"《正字通·禾部》:"秀,禾吐华也。"可从。"葩"的本义是草本植物的花。《说文》:"葩,华也。"段玉裁注:"葩之训华者,草本花也。""蕊"字,《说文》无,但有"橤"字,释为"心疑也"。段注认为"今花蕊字当作此"。清朱骏声《说文通训定声》也认为"橤"是花蕊的别义。据此,"蕊"的本义似应是花蕊。"菁"的本义是韭菜花。《说文》:"菁,韭华也。""芳"的本义是花草的香气,引申为泛指花卉。

②词义的内涵不同。"花"还有形象像花的东西、喻女子或称妓女及与妓女有关的事物、有花纹的、眼花、虚伪或哄人的、花费、开花等义。"华"只有眼花、开花及从当中划开等义。"荣"还有繁茂、荣耀、美润、中医指人的人体营养和循环功能的一个术语等义。"苓"还有茂盛义。"秀"还有草木结子、成长、茂盛、出众、秀美等义。"英"还有美好、才能出众、精华等义。"蕊"一般只用于花蕊义。"菁"还可表示菜名蔓菁。"芳"还有香草、美好的、比喻有贤德的人,表示美称或敬称等义。

池 沼 塘 洿(污) 潢
chí zhǎo táng wū huáng

【同】 池塘,停蓄水的坑。

〔池〕《玉篇·水部》:"池,停水。"《广韵·支韵》:"池,停水曰池。"《尚书·泰誓上》:"惟宫室、台榭、陂池、侈服,以残害于尔万姓。"孔安国传:"池,停水曰池。"《诗经·大雅·召旻》:"池之竭矣,不云自频。"晋潘岳《闲居赋》:"池沼足以渔钓,春税足以代耕。"宋柳永《斗百花》词之二:"池塘浅蘸烟芜,帘幕闲垂风絮。"

〔沼〕《广雅·释地》:"沼,池也。"《玉篇·水部》:"沼,池沼。"《广韵·小韵》:

"沼,池沼。"《古今韵会举要·筱韵》:"沼,圆曰池,曲曰沼。"《诗经·召南·采蘩》:"于以采蘩,于沼于沚。"毛传:"沼,池也。"《管子·轻重甲》:"大夫立沼池,令以矩游为乐,则越人安敢至?"《孟子·梁惠王上》:"王立于沼上,顾鸿雁麋鹿。"赵注:"沼,池也。"汉司马相如《上林赋》:"日出东沼,入乎西陂。"

〔塘〕《广雅·释地》:"塘,池也。"汉刘桢《赠徐干》诗:"细柳夹道生,方塘含清源。"前蜀李珣《南乡子》词:"乘彩舫,过莲塘,棹歌惊起睡鸳鸯。"唐王维《奉寄韦太守陟》诗:"寒塘映衰草,高馆落疏桐。"宋晏几道《临江仙》词:"浅浅余寒春半,雪消蕙草初长,烟迷柳岸旧池塘。"

〔洿〕(污)《孟子·梁惠王上》:"数罟不入洿池,鱼鳖不可胜食也。"《后汉书·仲长统传》:"虽多山林洿泽,犹有可居人种谷者也。"唐刘禹锡《复荆门县记》:"昔饮于洿,夏涸冬枯。"明徐光启《农政全书·灌溉图谱》:"水塘,即洿池,因地形坳下,用之潴蓄水潦。"

"洿"也写作"污"。《诗经·小雅·十月之交》:"彻我墙屋,田卒污莱。"孔颖达疏:"污者,池,停水之名。"《国语·周语下》:"且绝民用以实王府,犹塞川原而为潢污,其竭也无日矣。"韦昭注:"大曰潢,小曰污。"

〔潢〕《左传·隐公三年》:"潢污行潦之水,可荐于鬼神。"孔颖达疏引服虔曰:"畜小水谓之潢,水不流谓之污。"晋葛洪《抱朴子·嘉遁》:"潢洿足以泛龙麟,岂事乎沧海!""潢洿",同义连用。《昭明文选·木华〈海赋〉》:"于是乎禹也,乃铲临崖之阜陆,决陂潢而相浚。"李善注引《说文》:"潢,积水池也。"唐元稹《后湖》诗:"环湖十余里,岁积潢与洿。"

【辨】

①词的本义不同。"池"字,《说文》正篆无。大徐本《说文》后附"俗书讹谬不合六书之体"的28个字中收有"池"字,下用小字注曰:"池沼之字,当用'沱'。"但《说文》解释语中屡见"池"字。从古籍中"池"的实际使用情况看,其本义应是护城河。"沼"的本义据清人段玉裁、桂馥、王筠、朱骏声等研究,都采用南唐徐锴《说文系传》的说法,认为应是"积水池"。"塘"字,《说文》正篆无。大徐本《说文》新附字收有,释为"堤也"。按:"塘"的本义应为堤坝。初,借用"唐"字表示,"塘"是"唐"的后起字。"洿"的本义是水浑浊的池。大徐本《说文》:"洿,浊水不流也。"《说文古本考》:"涛案,《一切经音义》卷八、卷十八引'流'下多一'池'字。盖古本

如是。《孟子》云:'数罟不入洿池。'《方言》注亦训'洿'为池。"清王筠《说文句读》:"案,洿、池同物,但分清浊耳。""潢"的本义是积水的池子。《说文》:"潢,积水池。"《说文古本考》:"涛案,《一切经音义》卷十七引:'久积水池也。大曰潢,小曰洿。'盖古本如是。今本夺'久''也'二字,并夺'大曰潢'六字,皆误。"

②词义的内涵不同。"池"还有护城河、屋檐下承水的槽、枢车上的饰物、衣服边缘的镶饰等义。"沼"一般用于池沼义。"洿"还有低洼、挖掘等义。"塘"还有堤坝义。"潢"还有水名(即今辽宁省西拉木伦河)、星名(即天潢星)等义。

江 河 水 川 渎
jiāng hé shuǐ chuān dú

【同】 河流的统称。

〔江〕《尚书·禹贡》:"九江孔殷。"孔颖达疏:"九江各自别源,非大江也,下流合于大江耳。然则江以南,水无大小,俗人皆呼为江,或从江分出,或从外合来。"《国语·越语上》:"夫吴之与越也,仇雠敌战之国也,三江环之,民无所移。"韦昭注:"环,绕也。三江,吴江、钱塘江、浦阳江。"汉王充《论衡·书虚篇》:"吴、越在时,分会稽郡……钱唐之江,两国界也。"三国魏曹植《求通亲亲表》:"江海称其大者,以无不容。"唐白居易《浦中夜宿》诗:"闇上江堤还独立,水气霜风夜棱棱。"宋张先《浣溪沙》词:"楼倚春江百尺高,烟中还未见归桡,几时期心似江潮?"

〔河〕《汉书·司马相如传上》:"罢池陂陁,下属江河。"颜师古注引文颖曰:"南方无河也。冀州凡水之大小皆谓之河。诗赋通方言耳。"《后汉书·文苑传·郦炎》:"陈平敖里社,韩信钓中曲。"李贤注:"韩信……钓于淮阴城下。河者,水之总名也。"唐杜甫《春望》诗:"国破山河在,城春草木深。"宋宋祁《宋景文公笔记·释俗》:"南方之人谓水皆曰江,北方之人谓水皆曰河。"清王士禛《池北偶谈·谈异五·邵进士三世姻》:"再世当生馆陶董家。所居河滨,河曲第三家。"

〔水〕《淮南子·墬形训》:"何为六水?河水、赤水、辽水、黑水、江水、淮水。""六水",都是河流名。其中,"河水",即今黄河;"江水",即今长江。《山海经·中山经》:"又西二百里,曰蔓渠之山,其上多金玉,其下多竹箭。伊水出焉,而东流注入洛。""伊水",即今伊河,在河南西部。《后汉书·西南夷传论》:"著自山经、水志者,亦略及焉。""水志",记载河流水系的著作。北魏郦道元《水经注·丹水》:"楚水注之,水源出上洛县西南楚山……其水两源,合舍于四皓庙东,又东迳高车岭南,翼带众流,北转入丹水。""楚水",即今山西商县西乳河;"丹水",在今河南沁县北。他如沂水,即沂河;汾河,又称汾水等。

〔川〕《尚书·禹贡》:"禹敷土,随山刊木,奠高山大川。"孔安国传:"大川,四渎。"孔颖达疏:"川之大者,莫大于渎……四渎,谓江、河、淮、济也。"《易经·坎卦》:"天险,不可升也;地险,山川丘陵也,王公设险以守其国。"《论语·子罕》:"子在川上曰:'逝者如斯夫!不舍昼夜。'"《庄子·大宗师》:"冯夷得之,以游大川;肩吾得之,以处大山。"《吕氏春秋·有始》:"何谓六川?河水、赤水、辽水、黑水、江水、淮水。""川",《淮南子·墬形训》为"水"。南朝梁周兴嗣《千字文》:"川流不息,渊澄取映。"清李渔《比目鱼·耳热》:"要学太史公读书之法,借名山大川作良师益友。"

〔渎〕《尔雅·释水》:"江、河、淮、济为四渎。四渎者,发原注海者也。"《释名·释水》:"天下大水四,谓之四渎,江、河、淮、济是也。"《韩非子·五蠹》:"中古之世,天下大水,而鲧、禹决渎。"汉王充《论衡·超奇篇》:"九州多山,而华、岱为岳;四方多川,而江、河为渎者,华、岱高而江、河大也。"唐封演《封氏闻见记·漳渎》:"(漳水)发源潞州,东赴沧海,有逾淮、济,合著'渎'名。请以漳水为一渎,并前为五。"清龙启瑞《上梅伯言先生书》:"观其起事之始,其气可以吞川渎,撼山岳。"

【辨】

①词的本义不同。"江"的本义是专指长江。《说文》:"江,水出蜀湔氐徼外崏山入海。""河"的本义是专指黄河。《说文》:"河,水出敦煌塞外昆仑山,发原注海。"在先秦两汉的古籍中,"江""河"单用时,一般都是表示长江、黄河的专称;引申为河流义后,初还有南北方的差别,"江"为南方河流的统称,"河"为北方河流的统称。"水"的本义是江河湖海中自然存在的无色透明液体,从字形上看,呈水纹,主要是指江河中流动的水。《说文》:"水,准也。北方之行,象众水并流,中有微阳之气也。""川"的本义是河流。《说文》:"川,贯穿通流水也。""渎"的本义是水沟。《说文》:"渎,沟也……一曰:邑中沟。""渎"在表示河流义时,用于名川大

河,如长江、黄河等。

　　②词义的内涵不同。"江"还有古诸侯国名、古州名等义。"河"还有银河、古州名等义。"水"还有某些液态物、用水测平、水灾、雨、五行之一、水星名等义。"川"还有水流的源头、河神、平川等义。"渎"除用于沟渠、大川义外,常通假为"黩"或"殰"。

波 浪 涛 澜 涟 沦 漪
bō　làng　tāo　lán　lián　lún　yī

【同】波浪,因外力的作用而呈纹理状起伏的水面。

〔波〕《战国策·燕策二》:"胡人与越人,言语不相知,志意不相通,同舟而凌波,至其相救助如一也。"《淮南子·主术训》:"夫疾风而波兴,木茂而鸟集。"《晋书·张华传》:"须臾光彩照水,波浪惊沸,于是失剑。""波浪",同义连用。唐白居易《府西池》诗:"柳无气力枝先动,池有波纹水尽开。"

〔浪〕《玉篇·水部》:"浪,波浪也。"晋葛洪《西京杂记》卷五:"昔人有游东海者,既而风恶船漂不能制,船随风浪,莫知所之。"南朝宋刘义庆《世说新语·雅量》:"风起浪涌,孙、王诸人色并遽,便唱使还。"唐任希古《和东观群贤七夕临泛昆明池》:"云光波处动,日影浪中悬。""波""浪"互文。《三国演义》第四十九回:"是时东风大作,波浪汹涌。"

〔涛〕《玉篇·水部》:"涛,大波也。"《广韵·豪韵》:"涛,波涛。"《淮南子·人间训》:"及至乎下洞庭,鹜石城,经丹徒,起波涛。"高诱注:"波者涌起,还者为涛。"汉王充《论衡·实知篇》:"始皇三十七年十月癸丑出游……至钱唐,临浙江,涛恶,乃西百二十里,从陕中渡。"按:《史记·秦始皇本纪》作"临浙江,水波恶"。《昭明文选·班固〈西都赋〉》:"扬波涛于碣石。"李善注引《苍颉篇》曰:"涛,大波。"北魏郦道元《水经注·河水》:"河流激荡,涛涌波襄,雷奔电泄,震天动地。"

〔澜〕《孟子·尽心上》:"观水有术,必观其澜。"赵岐注:"澜,水中大波也。"北魏郦道元《水经注·江水》:"(江水)又东迳羊肠虎臂滩。杨亮为益州,至此舟覆,惩其澜澳,蜀人至今犹名之为使君滩。"唐李贺《乐府杂曲·鼓吹曲辞·巫山高》:"碧丛丛,高插天,大江翻澜神曳烟。"唐韩愈《进学解》:"障百川而东之,回狂澜于既倒。"

〔涟〕《广韵·仙韵》:"涟,涟漪,风动水貌。"《集韵·仙韵》:"涟,风行水成文曰涟。"《诗经·魏风·伐檀》:"坎坎伐檀兮,寘之河之干兮,河水清且涟猗。"毛传:"风行水成文曰涟。"南朝宋谢灵运《山居赋》:"拂青林而激波,挥白沙而生涟。""波""涟"互文。唐韦应物《慈恩精舍南池作》诗:"石发散清浅,林光动涟漪。""涟漪",水波,同义连用。

〔沦〕《诗经·魏风·伐檀》:"河水清且沦猗。"毛传:"小风水成文,转如轮也。"《昭明文选·鲍照〈玩月城西门解中〉》:"肴干酒未缺,金壶启夕沦。"李善注引《尔雅》曰:"小波为沦。"北魏郦道元《水经注·渭水》:"右得白龙泉,泉径五尺,源穴奋通。沦漪四泄,东北流,注于汧。""沦漪",水波,同义连用。唐顾况《青弋江》诗:"凄清回泊夜,沦波击石响。"

〔漪〕《玉篇·水部》:"漪,波动貌。"《广韵·支韵》:"漪,水文也。"晋陆机《赠弟士龙诗十首》之八:"陆陵峻岅,川越洪漪。""洪漪",大波。《昭明文选·左思〈吴都赋〉》:"湛淡羽仪,随波参差……雕琢蔓藻,刷荡漪澜。"刘逵注:"漪澜,水波。""漪澜",同义连用。唐李贺《河南府试十二月乐词·四月》:"金塘闲水摇碧漪,老景沉重无惊飞。"清王韬《淞滨琐话·李延康》:"寺四周皆水,碧漪荡漾,其清澈底。"

【辨】

①词的本义不同。"波"的本义是水涌流。《说文》:"波,水涌流也。"清王筠《说文句读》:"流而且涌,涌而仍流,是之谓波。""浪"的本义是古水名,即今汉水。《说文》:"浪,沧浪水也,南入江。"清朱骏声《说文通训定声》:"按,沧浪,亦叠韵连语。水即汉之下流,在今湖北襄阳府均州北,至汉阳府合江……今所用波浪字,盖借为飓。""涛"的本义是大波。《说文》正篆失收,大徐本《说文》新附字收有"涛"字,释为"大波也"。清王玉树《说文拈字》:"按,高诱注《淮南·说林训》云:'波者涌也,还者为涛。'又李善注《西京赋》引《苍颉篇》云:'涛,大波。'虽不见于经典,而汉碑已有'涛'字,必非魏晋以后之近字也。""澜"的本义也是大波。《说文》:"澜,大波为澜。""涟",《说文》为"澜"的重文,收在"澜"下。《说文》:"澜,大波为澜……涟,澜或从连。"段玉裁注:"古阑、连同音,故澜、涟同字。后人乃别为异字、异义、异音。"清桂馥《说文义证》:"《释水》:'河水清且澜漪。'释文云:'李依《诗》作"涟"。'《释名》:'风吹水波成文曰澜,澜,连也,波体泛流相连及也。'""沦"的本义是小波。《说文》:"沦,小波为沦。"段玉裁注:"《魏风》:'河水清且沦猗。'《释水》曰:'小波为沦。'毛传曰

'小风水成文转如轮也.'……《释名》曰:'沦,伦也,水文相次有伦理也.'""漪"的本义是微波。"漪"字,《说文》无,其微波义,是因"猗"与"涟"连用而类化产生的。《诗经·魏风·伐檀》:"河水清且涟猗。"孔颖达疏:"此云'涟猗',下云'直猗''沦猗'。'涟''直''沦',论水波之异,'猗'皆语辞也。"按:"猗",句末语气词,即"兮"。

②词义的内涵不同。"波"还有水流、波动、潮流、影响等义。"浪"还有像水起伏的东西、涌动、放荡、淫荡等义。"涛"还有声似波涛义。"澜"还有四散义。"沦"还有相次、沉没、坠落、陷入、丧亡、古水名等义。"涟"还有泪流不断的样子义。"漪"还有岸边、句末语气词(同"猗")等义。

洲(州) 渚(陼) 沚 坻

zhōu　　　zhǔ　　　zhǐ　chí

【同】水中陆地,河流中由泥土、沙石淤积而成的陆地。

〔洲〕(州)《尔雅·释水》:"水中可居者曰洲。"《玉篇·水部》:"洲,水中可居也。"《广韵·尤韵》:"洲,渚也。《尔雅》曰:'水中可居曰洲。'"《诗经·周南·关雎》:"关关雎鸠,在河之洲。"毛传:"水中可居者曰洲。"《楚辞·九歌·湘君》:"君不行兮夷犹,蹇谁留兮中洲?"王逸注:"中洲,洲中也。水中可居者曰洲。"晋葛洪《西京杂记》卷三:"积砂为洲屿,激水为波潮。"晋左思《吴都赋》:"岛屿绵邈,洲渚冯隆。"李善注:"水中可居曰洲,小洲曰渚。冯隆,高貌。"

"洲",《说文》作"州"(分析见下)。《史记·司马相如列传》:"临曲江之陫州兮,望南山之参差。"裴骃集解引《汉书音义》曰:"陫,长也。苑中有曲江之象,泉中有长洲也。"以"洲"释"州"。汉刘向《说苑·辨物》:"八荒之内有四海,四海之内有九州岛。"《汉书·司马相如传》:"出乎椒丘之阙,行乎州淤之浦,径乎桂林之中,过乎泱莽之野。"颜师古注:"水中可居者曰州。"汉王充《论衡·谈天篇》:"每一州四海环之,名曰裨海。九州岛之外更有瀛海。"

〔渚〕(陼)《诗经·召南·江有汜》:"江有渚,子之归,不我与。"毛传:"渚,小洲也。"《淮南子·墬形训》:"东方曰大渚。"高诱注:"水中可居者曰渚。"三国魏曹植《应诏诗》:"朝发鸾台,夕宿兰渚。"李善注:"鸾台、兰渚,美言之。"唐杜甫《登高》诗:"风急天高猿啸哀,渚清沙白鸟飞回。"

"渚"也写作"陼"。《尔雅·释水》:"水中可居者曰洲,小曰陼。"郭璞注:"陼,当为'渚'。"陆德明释文:"字又作'渚'。"《汉书·司马相如传上》:"且齐东陼巨海,南有琅琊。"颜师古注:"苏林曰:'小洲曰陼。''东陼巨海',东有大海之陼。字与'渚'同也。"宋姜夔《越九歌·帝舜楚调》词:"维湘与楚,谓狩在陼。"

〔沚〕《尔雅·释水》:"小渚曰沚。"《玉篇·水部》:"沚,小渚也。"《诗经·秦风·蒹葭》:"溯游从之,宛在水中沚。"毛传:"小渚曰沚。"三国魏曹植《杂诗》之五:"朝游江北岸,夕宿湘川沚。"唐项斯《春日题李中丞樊川别墅》诗:"川光通沼沚,寺影带楼台。"

〔坻〕《尔雅·释水》:"小沚曰坻。"《诗经·小雅·甫田》:"曾孙之庾,如坻如京。"郑玄笺:"坻,水中之高地也。"《史记·屈原贾生列传》:"乘流则逝矣,得坻则止。"宋王安石《荷花》诗:"亭亭风露拥川坻,天放娇娆岂自知。"

【辨】

①词的本义不同。"洲"字,《说文》无。本字作"州"。大徐本《说文》:"州,水中可居曰州。周绕其旁,从重川。昔尧遭洪水,民居水中高土,故曰九州岛……臣铉等曰:今别作'洲',非是。"段玉裁注:"州,本州岛渚字。引申之,乃为九州岛,俗乃别制'洲'字,而小大分系矣。""渚"本是水名,洲渚义是别义。《说文》:"渚,水。在常山中丘逢山,东入湡。从水者声。《尔雅》曰:'小州曰渚。'"段玉裁注:"《释水》文。州、洲,古今字。""沚"的本义是小于"渚"的水中陆地。《说文》:"沚,小渚曰沚。"段玉裁注:"《召南》传曰:'沚,渚也。'此浑言之。《秦风》传、《尔雅·释水》曰:'小渚曰沚。'此析言之也。""坻"的本义是小于沚的水中陆地。《说文》:"坻,小渚也。"段玉裁注:"许《(说文)水部》引《尔雅》:'小州曰渚。''沚'下云:'小渚也。'皆与《尔雅》《毛传》同,则此'小渚'亦当作'小沚'明矣。坻者,水中可居之最小者也。"

②虽同为水中高地,但面积大小不同。《尔雅·释水》:"水中可居曰洲,小洲曰陼(渚),小陼曰沚,小沚曰坻。"

③词义的内涵不同。"洲"还有海洋包围的大陆义,如亚洲、欧洲等。"渚"还有海岛、水涯等义。"沚"一般只用于水中小块陆地义。"坻"还有涯岸义。

岛（dǎo） 屿（yǔ）

【同】海中的陆地（包括山），有时也用于江、湖中的陆地或山。

〔岛〕《玉篇·山部》："岛，海中山可居也。"《广韵·皓韵》："岛，海中往往有山可依止。"《尚书·禹贡》："岛夷皮服，夹右碣石入于河。"孔颖达疏："岛是海中之山。"《史记·司马相如列传》："阜陵别岛。"张守节正义："水中山曰岛。"又《田儋列传》："田横惧诛，而与其徒属五百余人入海，居岛中。"南朝梁丘迟《旦发鱼浦潭》诗："藤垂岛易涉，崖倾屿难傍。"李善注引《说文》曰："岛，海中山也。""岛""屿"互文。唐韩愈《送郑尚书序》："其南州皆岸大海，多洲岛。"

〔屿〕《玉篇·山部》："屿，海中洲。"《广韵·语韵》："屿，山在水中。"汉曹操《沧海赋》："览岛屿之所有。"晋左思《吴都赋》："岛屿绵邈，洲渚冯隆。"李善注："岛，海中山也。屿，海中洲，上有山石。"晋郭璞《江赋》："石帆蒙笼以盖屿。"李善注引刘逵《吴都赋》曰："石帆生海屿石上，草类也。"北魏郦道元《水经注·溱水》："又有藉水，上承沧海水，有岛屿焉。"南朝宋谢灵运《登江中孤屿》诗："乱流趋正绝，孤屿媚中川。"李善注引刘渊林《吴都赋》曰："屿，海中洲，上有山石。"

【辨】

①词的本义不同。"岛"的本义是海中的山。《说文》："岛，海中有山往往可依止曰岛。从山鸟声。""屿"字，《说文》无。大徐本《说文》新附字收有"屿"字，释为"岛也"。据研究，"屿"的古字作"㠘"。清郑珍《说文新附考》："按，《上林赋》：'行乎洲㠘之浦。'《方言》：'水中可居曰洲，三辅谓之㠘。''㠘'，即古'屿'字。"

②词义的内涵不同。"岛"还可表示姓氏。《正字通·山部》："岛，姓。明弘治举人岛璞。""屿"还有平地小山义。宋戴侗《六书故·地理二》："屿，平地小山也。在陆为屿，在水为岛。"

岸（àn） 干（gān） 皋（gāo）（皐） 涯（yá）（崖 厓） 滨（bīn）（濒 频） 涘（sì） 澨（shì）

【同】岸，水边陆地。

〔岸〕《说文》:"岸,水厓而高者。"《诗经·卫风·氓》:"淇则有岸,隰则有泮。"《荀子·宥坐》:"三尺之岸,而虚车不能登也。"杨倞注:"岸,崖也。"《淮南子·说山训》:"故玉在山而草木润,渊生珠而岸不枯。"唐王湾《次北固山下》诗:"潮平两岸阔,风正一帆悬。"宋李弥远《渡横溪》诗:"百尺沧浪两岸沙,肩舆徒涉步欹斜。"

〔干〕《诗经·魏风·伐檀》:"坎坎伐檀兮,寘之河之干兮"。毛传:"干,厓也。"晋葛洪《西京杂记》卷四:"白鸟朱冠,鼓翼池干。"南朝梁张纘《离别赋并序》:"及理棹江干,揽涕还望,采萧之咏,不觉成篇。"唐杜甫《有客》诗:"岂有文章惊海内,漫劳车马驻江干。"

〔皋〕(皐)《左传·襄公二十五年》:"町原防,牧隰皋。"杜预注:"隰皋,水岸下湿,为刍牧之地。"《楚辞·离骚》:"步余马于兰皋兮,驰椒丘且焉止息?"王逸注:"泽曲曰皋。""皋"也写作"臯"。《楚辞·九歌·湘夫人》:"朝驰余马兮江皋,夕济兮西澨。"宋陆游《暑行憩新都驿》诗:"细细黄花落古槐,江皋不雨转轻雷。"

〔涯〕(崖 厓)《玉篇·水部》:"涯,水际也。"《广韵·支韵》:"涯,水畔也。"《尚书·微子》:"今殷其沦丧,若涉大水,其无津涯。"孔颖达疏:"今殷其没亡,若涉大水,其无津济涯岸。"汉王充《论衡·验符篇》:"庐江皖侯国,民际有湖,皖民小男,曰陈爵、陈挺,年皆十岁以上,相与钓于湖涯。"《后汉书·马融传》:"水禽鸿鹄⋯⋯乃安斯寝,戢翮其涯。"李贤注:"涯,水滨也。"

"涯"也写作"崖"。《说文》:"崖,高边也。"清王筠《说文句读》:"此云高边则水之边而峭高者也。"《荀子·劝学》:"玉在山而草木润,渊生珠而崖不枯。"杨倞注:"崖,岸。"汉扬雄《解嘲》:"譬若江湖之崖,渤澥之岛,乘雁集不为之多,双凫飞不为之少。"晋木华《海赋》:"于是禹也,乃铲临崖之阜陆,决陂潢而相泼。"

"厓"是"涯""崖"的古字。《尔雅·释丘》:"望厓洒而高岸。"郭璞注:"厓,水边也。"《玉篇·厂部》:"厓,水边也。或作涯。"《诗经·魏风·伐檀》"寘之河之干兮"下毛传:"干,厓也。"《昭明文选·郭璞〈江赋〉》:"触曲厓以紫绕,骇崩浪而相礧。"吕延济注:"浪触曲岸则环旋。"宋洪适《〈隶续〉序》:"(番阳公)处之逾年,兵民两安,山颠水厓,如立庭户。"

〔滨〕(濒 频)《广雅·释丘》:"滨,厓也。"《尚书·禹贡》:"(青州)厥土白坟,海滨广斥。"孔安国传:"滨,水涯也。"《诗经·召南·采蘋》:"于以采蘋?南涧之滨。"《庄子·天地》:"谆芒将东之大壑,适遇苑风于东海之滨。"南朝齐陆厥《奉答内兄希叔》诗:"平旦上林苑,日入伊水滨。"

"濒"是"滨"的古字。《墨子·尚贤中》:"古者舜耕历山,陶河濒。"《吕氏春秋·慎人》:"舜耕于历山,陶于河滨。"《汉书·地理志上》:"厥土白坟,海濒广潟。"颜师古注:"濒,水涯也。""频",即"濒",后作"滨"。《字汇补·页部》:"频,同滨。"《诗经·大雅·召旻》:"池之竭矣,不云自频。"毛传:"频,厓也。"郑玄笺:"频,当作滨。"

〔浚〕《说文》:"浚,水厓也。"《广韵·止韵》:"浚,水岸涯也。"《诗经·秦风·蒹葭》:"所谓伊人,在水之浚。"《庄子·秋水》:"秋水时至,百川灌河,两浚渚崖之间,不辨牛马。"成玄英疏:"浚,岸也。"唐李朝威《柳毅传》:"毅,大王之乡人也,长于楚,游学于秦,昨下第,闲驱泾水之浚,见大王爱女牧羊于野。"清蒲松龄《聊斋志异·罗刹海市》:"女乘白羊车,送诸海浚。"

〔澨〕《玉篇·水部》:"澨,又水边地也,涯也。"《左传·宣公四年》:"(楚庄)王以三王(文王、成王、穆王)之子为质焉,弗受,师于漳澨。"杜预注:"漳澨,漳水边。"晋潘岳《秋兴赋》:"泉涌湍于石间兮,菊扬芳于崖澨。"唐张谓《虞帝庙碑铭》:"九嶷北麓,三湘南澨,帝之遗庙存焉。"

【辨】

①本义不同。"岸"的本义是水边高地。《说文》:"岸,水厓而高者。""干"的本义是干犯。《说文》:"干,犯也。"清朱骏声《说文通训定声》认为"干"表示水岸义时,是"岸"的假借字。"皋"的本义是泽边地,引申为水岸。《说文通训定声》:"此字(指皋字)当训泽边地也。从白,白者,日未出时初生微光也;圹野得日光最早,故从白夲声。俗字作皐。""涯""崖""厓"三字,既是同源字,又是古今字。从字形看,"厓"应是古字。《说文》:"厓,山边也。"清徐灏《说文解字注笺》:"山边曰厓,因之水滨亦曰涯。"《说文》:"崖,高边也。"清王筠《说文句读》:"此云'高边'则水之边而峭高者也。""涯"字,《说文》无。大徐本《说文》新附字收有"涯"字,释为"水边也"。"滨""濒""频"三字同源。"濒""频"同字。《说文》:"濒,水厓,人所宾附,频蹙不前而止。"清徐灏《说文解字注笺》:"(濒)隶省作'频'。""滨"是后起字,约产生汉末。郑玄笺《诗经》"频,当作'滨'",至少

233

汉末已有"滨"字。"涘"的本义也是河岸。《说文》:"涘,水厓也。""濆"的本义是人工加高的堤岸。《说文》:"濆,坪增水边土,人所止者。"清王筠《说文句读》:"者,一引作'也'……水边即厓。坪增之,即大防(大堤)。防大,故为'人所止'也。"

② 词义的内涵不同。"岸"还有高位、高傲等义。"干"是假借字,于"干"的词义无涉。"皋"还有沼泽、水田等义。"涯"还有边际、方面、量、限制等义。"崖"还有山崖、边垠等义。"厓"还有边际义。"滨"还有边、边境、临近义。"濒"还有迫近、靠近义。"频"还有屡次、危急、并列、接近等义。"涘"还有界限、止境义。"濆"还有大堤义。

形 容 词

白 皎 皓(皞) 皤 皑 皙 素 缟 雪 霜

【同】白色,像雪一样的颜色。

〔白〕《管子·揆度》:"其在色者,青、黄、白、黑、赤也。"《孟子·告子上》:"白羽之白也犹白雪之白,白雪之白犹白玉之白欤?"汉王充《论衡·率性篇》:"人少则发黑,老则发白,白久则黄。"唐李白《浣纱石上女》诗:"玉面邪溪女,青娥红粉妆,一双金齿屐,两足白如霜。"

〔皎〕《说文》:"皎,月之白也。"《广雅·释器》:"皎,白也。"《穆天子传》卷五:"有皎者駹,翩翩其飞。"郭璞注:"皎,白貌。"宋李昉等《太平广记》卷四五八引唐谷神子《博异志·李黄》:"少顷,白衣方出,素裙粲然,凝质皎若,辞气闲雅,神仙不殊。"清吴敬梓《儒林外史》第二八回:"空堂宴集,鸡群来皎鹤之翔。"

〔皓〕(皞)《小尔雅·广诂》:"皓,白也。"旧题汉李陵《答苏武书》:"丁年奉使,皓首而归。老母终堂,生妻去帷。"《汉书·司马相如传上》:"皓齿粲烂,宜笑的皪。"晋陆机《七征》:"灼若皓雪之颓玄雪,皎若明珠之积缁匮。"前蜀韦庄《菩萨蛮》词:"垆边人似月,皓腕凝双雪。"

"皓"也写作"皞"。《孟子·滕文公上》:"江汉以濯之,秋阳以暴之,皞皞乎不可尚已。"赵岐注:"皞,白甚也。"《孔丛子·陈士义》:"火浣布,必投诸火,布则火色,垢则灰色,出火振之,皞然疑乎雪焉。"

〔皤〕《说文》:"皤,老人白也。"《广雅·释器》:"皤,白也。"《玉篇》:"皤,素也。"《易经·贲》:"贲如皤如,白马翰如,匪寇,婚媾。"孔颖达疏:"皤是素白之色。"金完颜璹《临江仙》词:"卢郎心未老,潘令鬓先皤。"明孙仁孺《东郭记·出而哇之》:"吾已鬓成皤,见汝容颜更摧挫。"清周亮工《十八兄开也六十初度和诸君子诗》:"关心骨肉耐风波,痛定惊看发尽皤。"

〔皑〕《说文》:"皑,霜雪之白也。"《广雅·释器》:"皑,白也。"汉卓文君《白头吟》:"皑如山上雪,皎若云间月。"明李诩《戒庵老人漫笔·豆腐诗》引明孙大雅《豆腐诗》:"顷待晴浪翻,坐见雪华皑。"清薛福成《出使四国日记·光绪十七年二月二十五日》:"遂入瑞士国境,抵阿尔卑士山之麓,层峦叠嶂,积雪皑然。"

〔皙〕《说文》:"皙,人色白也。"《周礼·地官·大司徒》:"其民皙而瘠。"阮元校勘记引陆德明《经典释文》:"皙(而),音锡,白色也。"《左传·定公九年》:"齐侯赏犁弥,犁弥辞,曰:'有先登者,臣从之,皙帻而衣狸制。'"杜预注:"皙,白也。"《汉书·霍光传》:"光为人沈静详审,长财七尺三寸,白皙。"颜师古注:"皙,洁白也。"

〔素〕《小尔雅·广诂》:"素,白也。"《诗经·召南·羔羊》:"羔羊之皮,素丝五紽。"毛传:"素,白也。"《管子·水地》:"素也者,五色之质也。"晋左思《杂诗》:"明月出云崖,皦皦流素光。"宋王安石《白鹤吟》:"吾岂厌喧而求静,吾岂好丹而非素?"元戴良《赠别祝彦明》诗:"此时悲送君,安能发不素?"

〔缟〕《小尔雅·广诂》:"缟,白也。"《玉篇》:"缟,白色也。"《山海经·海内北经》:"有文马,缟身朱鬣,目若黄金,名曰吉量。"《列子·汤问》:"其上台观皆金玉,其上禽兽皆纯缟。"《素问·五藏生成论》:"生于心,如以缟裹朱。"王冰注:"缟,白色。"南朝宋谢惠连《雪赋》:"晛隮则万顷同缟,瞻山则千岩俱白。"

〔雪〕 隋卢思道《孤鸿赋》:"振雪羽而临风,掩霜毛而候旭。"唐李白《将进酒》诗:"君不见高堂明镜悲白发,朝如青丝暮成雪。"唐白居易《别行简》诗:"漠漠病眼花,星星愁鬓雪。"元赵孟頫《题耕织图·织五月》诗:"老蚕成雪茧,吐丝乱纷纭。"

〔霜〕 南朝梁范云《送别》诗:"不愁书难寄,但恐鬓将霜。"唐李白《古风》之四:"徒霜镜中发,羞彼鹤上人。"唐杜甫《古柏行》:"霜皮溜雨四十围,黛色参天二千尺。"仇兆鳌注:"霜皮溜雨,色苍白而润泽也。"明徐弘祖《徐霞客游记·游武彝山日记》:"鹤模石在峰壁罅间,霜翎朱顶,裂纹如绘。"

【辨】

①词的本义不同。"白"的本义,《说文》认为是"西方色也。阴用事,物色白。"即表示白的颜色词。但郭沫若认为,"此实拇指之象形……引申为伯仲之伯,又引申为王伯之伯。其用为白色字者乃假借也"(见《金文丛考》)。"皎"的本义是月光皎洁。"皓",《说文》无。疑即《说文》中的"晧"字。《说文》"晧"下段玉裁注:"谓光明之貌也……引申为凡白之称,又改其字从白作'皓'矣。""皤"的本义是老人发白,"引申为凡白素之称"(《说文》"皤"下段玉裁注)。"皑"的本义是"霜雪之白"。"皙"的本义是人的肌肤白皙。"素"的本义是白色生绢。《说文》:"素,白致缯也。"段玉裁注:"以其色白也,故为凡白之称。""缟"的本义是白色精细的丝织品。《说文》:"缟,鲜卮也。"段玉裁注:"各本作'鲜色',今正。《汉(书)·地理

志》颜师古注：'缟，鲜支也。'……支亦作卮，因讹色也。""雪"的本义是气温降到摄氏零度以下时，从天空落下的白色晶体。"霜"的本义是气温降到摄氏零度以下时，附在地面或挨着地面的物体上的白色晶体。

② 词义的内涵不同。"白"还有丧事的代称、洁净、明亮、显赫、明白、陈述、禀告等义。"素"还有本质、本性、质朴、清淡无为、挂空名、平素、预先、志向、旧交、蔬食等义。"皎"还有光明、洁白、清楚等义。"皓"还有明亮、老翁等义。"皤"还有老人白头、大腹义。"皑"只表示霜雪的白色。"雪"还有高洁、擦洗义。"霜"还有高洁、严厉、孀妇、锋利等义。

【附】 皓白 皓素 素白 雪白

黑 卢(黸) 黔 墨 黎(黧) 骊 黝(幽) 乌 玄 青 皂

【同】 黑色，与白色相对，一种像煤或墨一样的颜色。

〔黑〕《说文》："黑，火所熏之色也。"《尚书·禹贡》："厥土黑坟。"孔安国传："色黑而坟起。"《庄子·天运》："夫鹄不日浴而白，乌不日黔而黑。"《韩非子·说林下》："曩者使汝狗白而往，黑而来，子岂能无怪哉？"汉王充《论衡·道虚篇》："人之少也发黑，其老也发白。"元黄溍《初至海宁》诗之二："煮海盐烟黑，淘沙铁气腥。"

〔卢〕(黸) 繁体字为"盧"，本义是火炉，是爐、鑪的古字。清徐灏《说文解字注笺》："盧即古鑪字。《汉(书)·赵广汉传》：'椎破盧罌。'颜注：'盧，所以居罌。'是也。盧，为火所熏，色黑，因谓黑为盧。"《尚书·文侯之命》："卢弓一，卢矢百。"孔安国传："卢，黑也。"汉扬雄《太玄·守》："上九与荼有守，辞于卢首不殆。"范望注："卢，黑也。"

"黸"是"盧"的今字。先秦古籍不见"黸"字。《说文》收有"黸"字，释为"齐谓黑为黸"，认为是方言词。其实，盧和黸，是古今字（分别字）的关系。清徐灏《说文解字注笺》："盧、黸，古今字。"清王筠《说文句读》："黸则继起之分别字。"

〔黔〕《说文》："黔，黎也。"《广雅·释器》："黔，黑也。"《左传·襄公十七年》："筑者讴曰：'泽门之皙，实兴我役；邑中之黔，实慰我心。'"杜预注：

"子罕黑色,而居邑中。"《礼记·祭义》:"明命鬼神,以为黔首则。"孔颖达疏:"黔首,谓万民也。黔,谓黑也。凡人以黑巾覆头,故谓之黔首。"《淮南子·修务训》:"孔子无黔突,墨子无暖席。"高诱注:"黔,言其突灶不至于黑。"宋沈括《梦溪笔谈·故事一》:"至试学究,则悉撤帐幕毡席之类,亦无茶汤,渴则饮砚水,人人皆黔其吻。"

〔墨〕《广雅·释器》:"墨,黑也。"《左传·僖公三十三年》:"夏四月辛巳,败秦师于殽……遂墨以葬文公,晋于是始墨。"杨伯峻注:"谓着黑色丧服以葬文公也。"《昭明文选·孔稚珪〈北山移文〉》:"纽金章,绾墨绶,跨属城之雄,冠百里之首。"唐裴说《怀素台歌》:"苦树槎,乌梢蛇,墨老鸭。"

〔黎〕〔黧〕《说文》:"黔,黎也。秦谓民为黔首,谓黑色。"《说文》以"黎"释"黔",又以"黑"释"黔",可证黔、黑、黎同义。《尚书·禹贡》:"厥土青黎。"孔安国传:"色青黑而沃壤。"《荀子·尧问》:"颜色黎黑而不失其所。"明唐顺之《〈江阴县新志〉序》:"夫其田赋高下之异等,坟墟黎赤之异壤,九镇九泽之异名,而五戎八蛮之异服,其列载之可也。"

《说文》虽以"黎"释"黔",但无"黧"字。"黧"是"黎"的今字。早期的古籍,多写作"黎"。《玉篇·黑部》:"黧,黑也。亦作黎。"《韩非子·外储说左上》:"手足胼胝,面目黧黑,劳而有功者也。"唐刘禹锡《上杜司徒书》:"复以尘缨黧貌,称故吏于相门。""黧貌",黧黑的面貌。

〔骊〕《尔雅·释畜》:"骊马白跨,驈。"郭璞注:"骊,黑色。"《小尔雅·广诂》:"骊,黑也。"《庄子·列御寇》:"夫千金之珠必在九重之渊而骊龙颔下。"陆德明释文:"骊龙,黑龙。"《公孙龙子·迹府》:"如求白马御厩中,无有,而有骊色之马,然不可以应有白马也。"《史记·龟策列传》:"乃刑白雉,及与骊羊。"汉崔骃《博徒论》:"博徒见农夫戴笠持耨,以芸蓼荼,面色骊黑,手足胼胝,肤如桑朴,足如熊蹄。"

〔黝〕〔幽〕《尔雅·释器》:"青谓之葱,黝谓之黑。"《说文》:"黝,微青黑色。"段玉裁注:"谓微青之黑也。"汉王充《论衡·自纪》:"使面黝而黑丑,垢重袭而覆部,占射之者,十而失九。"唐杨炯《浑天赋》:"旁望万里之横山而皆青翠,俯察千仞之深谷而皆黝黑。"清吴骞《扶风传信录》:"常见其晓妆时,发长委地,黝泽如漆。"清和邦额《夜谭随录·汪越》:"老人携越绕出屋后,入一土穴中,黝然如漆。"

"幽""黝"同源。"幽"也有黑色义。《周礼·地官·牧人》:"凡阳祀,用驿牲毛之;阴祀,用黝牲毛之。"郑玄注:"郑司农云:'阳祀,春夏也。黝读为幽。幽,黑也。'"又《春官·守祧》:"其祧则守祧黝垩之。"郑玄注:"黝垩,郑司农云:'黝读为幽。幽,黑也。'"贾公彦疏:"先郑读黝为幽,幽,北方。北方,其色黑。"《诗经·小雅·隰桑》:"隰桑有阿,其叶有幽。"郑玄注:"幽,黑色也。"《礼记·玉藻》:"一命缊韨幽衡,再命赤韨幽衡。"郑玄注:"幽读为黝,黑谓之黝。"

〔乌〕《说文》:"乌,孝鸟也。"段玉裁注:"'乌'字点睛,'乌'则不,以纯黑故不见其睛也。"《古今韵会举要》:"乌,黑色曰乌。"《史记·匈奴列传》:"北方尽乌骊马,南方尽骍马。"《三国志·魏书·邓艾传》:"值岁凶旱,艾为区种,身被乌衣,手执耒耜,以率将士。"宋苏轼《将往终南和子由见寄》诗:"穷年弄笔衫袖乌,古人有之我愿如。"清吴敬梓《儒林外史》第一四回:"马二先生身子又长,戴一顶高方巾,一幅乌黑的脸。"

〔玄〕《广雅·释器》:"玄,黑也。"《尚书·禹贡》:"(徐州)厥篚玄纤缟。"孔安国传:"玄,黑缯。"《国语·吴语》:"右军亦如之,皆玄裳、玄旗、黑甲、乌羽之矰,望之如墨。"韦昭注:"尚黑。右,阴也。"晋崔豹《古今注·鸟兽》:"鹤千岁则变苍,又二千岁则变黑,所谓玄鹤也。"北魏郦道元《水经注·涟水》:"鱼石山,下多玄石……石黑色而理若云母,开发一重,辄有鱼形,鳞鳍首尾,宛若刻画。"宋苏轼《后赤壁赋》:"适有孤鹤横江东来,翅如车轮,玄裳缟衣,戛然长鸣。"明高启《秋怀》诗之八:"世故逐人老,发鬓能久玄?"

〔青〕《尚书·禹贡》:"(梁州)厥土青黎,厥田惟下土。"孔颖达疏:"王肃曰:'青,黑色。'"唐李白《将进酒》诗:"君不见高堂明镜悲白发,朝如青丝暮成雪。"《艺文类聚》卷六一引汉刘桢《鲁都歌》:"蛾眉青眸,颜若霜雪。"宋李昉等《太平广记》卷二五一引《笑言》:"吹火青唇动,添薪黑腕斜,要看烟里面,恰似鸠盘荼。"宋贺铸《行路难》词:"酌大斗,更为寿,青鬓长青古无有。"

〔皂〕《说文》无。《玉篇·白部》:"皂,色黑也。"《史记·五宗世家》:"是以每相,二千石至,彭祖衣皂布衣,自行迎,除二千石舍。"《汉书·贾谊传》:"且帝之身自衣皂绨,而富民墙屋被文绣。"又《萧望之传》:"敞备皂衣二十余年,尝闻罪人赎矣,未闻盗贼起也。"《三国志·魏书·管宁传》:"赏著皂帽,布襦绔,布裙。"《晋书·舆服志》:"衣皂上,绛下,前三幅,后四幅。"

《水浒传》第七六回:"后面一簇人马,尽是皂旗,黑甲黑袍,黑缨黑马,前面一把引军黑旗。"清孔尚任《桃花扇•骂筵》:"簇新新帽乌衬袍红,皂皮靴绿缝。"

【辨】①词的本义不同。"黑"的本义是火所熏的颜色。"卢"的本义是火炉。"黔",方言词,秦语谓黑色为黔。《说文》:"黔,黎也。从黑今声。秦谓民为黔首,谓黑色也;周谓之黎民。""墨"的本义是用于书写的黑色颜料。《说文》:"墨,书墨也。"段玉裁注:"箸于竹帛谓之书,竹木以漆,帛必用墨。""黎"的本义应是黑色。《说文》以黎释"黔"。黎、黧,古今字。《说文》释"黎"为"履黏",但未见其用。黎民,因其人众,又引申为众。"骊"的本义是深黑色的马。《说文》:"骊,马深黑色也。""黝"的本义是微青中带黑。"乌"的本义是乌鸦。"乌"是指事字,乌鸦全身都黑,唯眼睛中带有白色,去掉眼睛就纯为黑色。"玄"的本义是"黑而赤尚隐隐可见也"(段玉裁注)。"青"的本义是"为石之青者,引申之,凡物之青色皆曰青矣"(清徐灏《说文解字注笺》)。"皂"的本字是"草",本义是栎实。大徐本《说文》:"草,草斗,栎实也……臣铉等曰:今俗以为艸木之艸,别作'皂'字为黑色之皂。案:栎实可以染帛为黑色,故曰草。"

②词义的内涵不同。"黑"还有光线昏暗、夜晚、狠毒、隐秘或非法以及与"白"连用表示是非等义。"卢"还有瞳仁义(鸕,只能表示黑色义)。"黔"还可用作动词表示染黑或晒黑。"墨"还有取直的墨线、诗文书画、墨刑、不廉洁等义。"黎"一般用于黑色或众多义,"黧"只限于黑色义。"骊"可用于山名、地名或姓氏等。"黝"还可用作动词,表示涂饰黑色。"乌"一般用于乌鸦义和黑色义。"玄"还有深、远、静、玄妙、天等义。"青"还有蓝色、深绿色、年轻等义。"皂"还有差役、马(牛)槽等义。

hóng zhū chì dān tóng jiàng xīng tán
红 朱(絑) 赤 丹 彤 绛 骍 檀
xīng qiàn xuè
猩 茜 血

【同】红色,一种类似鲜血或石榴花的颜色。

〔红〕《史记•司马相如列传》:"红杳渺以眩湣兮,飙风涌而云浮。"司马贞索隐引晋灼曰："红,赤色貌。"唐杜牧《山行》诗："停车坐爱枫林晚,霜叶红于二月花。"宋高观国《八归》词："新霜初试,重阳催近,醉红偷染江枫。"

〔朱〕(絑)《广雅·释器》："朱,赤也。"《易经·坤卦》："困于酒食,朱绂方来。"《论语·阳货》："子曰:'恶紫之夺朱也……'"《韩非子·十过》："舜禅天下而传之于禹,禹作为祭器,墨染其外,而朱画其内。"汉王充《论衡·本性篇》："其传曰:'譬犹练丝,染之蓝则青,染之朱则赤。'"晋傅玄《太子少傅箴》："夫金水无常,方圆应形,亦有隐括,习以性成,故近朱者赤,近墨者黑。"唐杜甫《自京赴奉先县咏怀五百字》诗："朱门酒肉臭,路有冻死骨。"

《说文》以"絑"为正体。《说文》："絑,纯赤也。"段玉裁注："凡经传言朱,皆当作絑。朱,其假借字也。朱,赤心木也。"清王筠《说文句读》："经典但作朱。《诗·七月》:'我朱孔阳。'郑注《周易》:'朱深曰赤。'"按:絑,但有其字,罕见其用。

〔赤〕《说文》："赤,南方色也。从大火……古文从炎土。"清桂馥《说文义证》："馥谓丹沙亦土,此从土之义。"《释名·释采帛》："赤,赫也,太阳之色也。"《易经·说卦》："乾为天,为圜……为大赤。"孔颖达疏："为大赤,取其阳盛之色也。"《管子·幼官》："君服赤色。"汉班固《白虎通·封禅》："朱草者,赤草也,可以染绛,别尊卑也。"汉王充《论衡·本性篇》："九州田土之性,善恶不均,故有黄赤黑之别,上中下之差。"宋陆游《记老农语》："霜清枫叶照溪赤,风起寒鸦半天黑。"

〔丹〕《广雅·释器》："丹,赤也。"《国语·吴语》："左军亦如之,皆赤裳、赤旟、丹甲、朱羽之矰,望之如火。"韦昭注："丹,彤也。"《仪礼·乡射礼》："凡画者丹质。"郑玄注："丹浅于赤。"汉王充《论衡·率性篇》："传曰:'譬犹练丝,染之蓝则青,染之丹则赤。'"《艺文类聚》卷五八引晋傅玄《笔赋》："嘉竹翠色,彤管含丹。"唐韩愈《柳州罗池庙碑》："荔子丹兮蕉黄。"宋蔡襄《荔枝谱》七："绿核颇类江绿,色丹而小。"元黄溍《游西山同项可立宿灵隐西庵》诗："秋杪霜叶丹,石面寒泉绿。"

〔彤〕《尔雅·释畜》："彤白杂毛,騢。"郭璞注："彤,赤。"《玉篇·丹部》："彤,赤色。"《尚书·顾命》："太保、太史、太宗,皆麻冕彤裳。"孔传："彤,纁也。"孔颖达疏："彤,赤也。礼,祭服纁裳,纁是赤色之浅者,故以彤为纁言是常祭服也。"《诗经•邶风•静女》:"静女其娈,贻我彤管。"郑玄笺:"彤管,笔赤管也。彤,赤也。"汉王充《论衡•死伪篇》:"简公将入于垣门,庄子义起于道左,执彤杖而捶之,毙于车下。"宋李清照《减字木兰花》词:"泪染轻匀,犹带彤霞晓露痕。"

〔绛〕《说文》:"绛,大赤也。"段玉裁注:"大赤者,今俗所谓大红也。"《广雅•释器》:"绛,赤也。"《墨子•公孟》:"昔者楚庄王,鲜冠组缨,绛衣博袍,以治其国。"《史记•田单列传》:"田单乃收城中得千余牛,为绛缯衣,画以五彩龙文。"北魏郦道元《水经注•汳水》:"其后有人著大冠,绛单衣,杖竹立冢前,呼采薪孺子伊永昌曰:'我,王子乔也,勿得取我坟上树也。'"南朝梁刘勰《文心雕龙•通变》:"夫青生于蓝,绛生于蒨。"宋王安石《题金沙》诗:"海棠开后数金沙,高架层层吐绛葩。"

〔骍〕《周礼•地官•草人》:"凡粪种,骍刚用牛。"郑玄注:"骍谓地色赤而土刚强也。"《论语•雍也》:"犁牛之子骍且角,虽欲勿用,山川其舍诸?"何晏集解:"骍,赤色。"《楚辞•王褒〈九怀•通路〉》:"红采兮骍衣,翠缥兮为裳。"洪兴祖补注:"骍,赤色。"唐杜甫《遣兴五首》诗之二:"骍弓金爪镝,白马蹴微雪。"宋苏轼《和庚戌岁九月中于西田获早稻》诗:"尚恨不持锄,未免骍我颜。"清陈鼎《孝犬传》:"(犬)色白而尾骍,四足皆黑。"

〔檀〕 唐韩偓《余作探使以缭绫受帛子寄贺因而有诗》:"黛眉印在微微绿,檀口消来薄薄红。"宋秦观《南歌子》词之三:"香墨弯弯画,燕脂淡淡匀。揉蓝衫子杏黄裙。独倚玉栏无语、点檀唇。"明汤显祖《牡丹亭•魂游》:"好哩!你半垂檀袖学通参。小姑姑,从何而至?"明陈继儒《枕谭》:"画家七十二色有檀色,浅赭所合,妇女眉旁晕色似之,故称晕檀。"

〔猩〕 唐韩偓《已凉》诗:"碧阑干外绣帘垂,猩色屏风画折枝。"宋陆游《春雨绝句》诗:"千点猩红蜀海棠,谁怜雨里作啼妆?"元萨都剌《鹦鹉曲题杨妃绣枕》:"水晶帘垂宫昼长,猩色屏风围绣床。"清李慈铭《蓬莱驿》曲:"看他额黄稀,眉青锁,粉痕疏,唇褪猩朱。"《红楼梦》第一回:"只见军牢快手,一对一对过去,俄而大轿内抬着一个乌帽猩袍的官府来了。"

〔茜〕 晋佚名《休洗红》:"休洗红,洗多红色淡。不惜故缝衣,记得初按茜。"唐李群玉《黄陵庙》诗:"黄陵庙前莎草春,黄陵女儿茜裙新。"明张景《飞丸记•客途感慨》:"露滑霜沾,轮埋足蹇,几树霜枫如茜。"明汤显祖《牡丹亭•惊梦》:"你道翠生生出落的裙衫儿茜。"徐朔方、杨笑梅注:"茜,茜红色。"明无名氏《鸣凤记·秋夜女工》:"落得我泪痕斑血染针头,恐污了茜红颜色难剖。"

〔血〕唐李朝威《柳毅传》:"俄有赤龙长千余丈,雷目血舌,朱鳞大鬣。"宋张先《南乡子·送客过余溪听天隐二玉鼓胡琴》词:"天碧染衣巾,血色轻罗碎褶裙。"明徐弘祖《徐霞客游记·滇游日记九》:"村庐不多,而皆有杜鹃灿烂,血艳夺目。"

【辨】

①词的本义不同。"红"的本义是浅红或粉红色。《说文》:"红,帛赤白色。""赤白",即赤中带白。"朱"的本义是"赤心木",朱红是赤心木的引申义。《说文》:"朱,赤心木,松柏属。从木,一在其中。"清徐灏《说文解字注笺》:"戴氏侗曰:朱,榦也。木中曰朱,木心红赤,故因以为朱赤之朱。""赤"的本义是"太阳之色"。"丹"的本义是朱砂。《说文》:"丹,巴越之赤石也。象采丹井,·,象丹形也。"清徐灏《说文解字注笺》:"丹有五色,唯赤为贵……引申之,凡色近赤者皆曰丹。""彤"的本义是用红色涂漆。《说文》:"彤,丹饰也。"汉桓宽《盐铁论·散不足》:"唯瑚琏笾豆,而后雕文彤漆。"清徐灏《说文解字注笺》:"世误以丹为赤色之专名,而彤因亦误为赤矣。"按:这不是误用,而是词义引申的一种途径。"绛"的本义是大红。《说文》:"绛,大赤也。"段玉裁注:"大赤者,今俗所谓大红也。""骍"的本义是红色的马。大徐本《说文》新附字:"骍,马赤色也。""檀"的本义是指一种常绿大乔木,木材红棕色,通称红木。"猩"的本义是似猿的动物。"茜"的本义是一种茎有倒生刺,根红黄色,可作染料或入药的草本植物。"血"的本义是古代用作祭品的牲畜的血。《说文》:"血,祭所荐牲血也。"

②这一组同义词除"红""赤""绛"等专为表示红色而造的字外,其余都是从具有红色性质的物体中引申而来的。如"朱"是因其"木心红赤","丹"是因其色朱红,"彤"是因用红色饰物,"骍"是因其毛色赤红,"檀"是因其材红棕,"茜"是因其可作红黄色的染料,"猩""血"是因其色鲜红等。

③虽然都表示红色,但是深浅程度有所不同,一般说"绛(红)"最深,按深浅的程度,依次是"朱(红)","赤(红)",最浅是"(粉)红"。《说文》"绛,大赤也"下段玉裁注:"大赤者,今俗为大红也。朱红淡,大红浓。""朱"和"赤"比较,郑玄认为"朱深于赤"(《易经·困卦》"困于赤绂"下注)

"红"是赤中带白,相当于桃红或粉红。其他"丹""猩""血""骍""茜""檀"等表示红色的深浅程度,一般与其物体的颜色相一致,"丹""猩""血"的红色较深,"骍""茜"次之,"檀"较浅。按:这几个词用于红色义,除"骍"以外,其余都较晚,约在魏晋以后。

安 定 宁 靖 宓(密) 憺(澹) 治
ān dìng níng jìng mì dàn zhì

【同】安宁或安定,心情、生活、社会平静正常。

〔安〕《说文》:"安,静也。从女在宀中。"段玉裁注:"此与宁同意。"清徐灏《说文解字注笺》:"女有家,男有室,相安之道也。故安,从女在宀下,女归于夫家也。"《尚书·皋陶谟》:"皋陶曰:'都!在知人,在安民。'"《诗经·小雅·常棣》:"丧乱既平,既安且宁。"《韩非子·安危》:"故社稷常立,国家久安。"汉王充《论衡·案书篇》:"世俗用心不实,省事失情,二语不定,转侧不安。"晋束皙《补亡诗》之一:"循彼南陔,言采其兰,眷恋庭闱,心不遑安。"

〔定〕《说文》:"定,安也。"《易经·家人》:"父父、子子、兄兄、弟弟、夫夫、妇妇而家道正,正家而天下定矣。"《韩非子·外储说左上》:"国家不定,百姓不治,耕战不辑睦,亦子之罪。"汉曹操《封功臣令》:"天下虽未悉定,吾当要与贤士大夫共定之。"唐韩愈《许国公神道碑铭》:"比六七岁,汴军连乱不定。"

〔宁〕《广韵》:"宁,安也。"《尚书·大禹谟》:"野无遗贤,万邦咸宁。"孔安国传:"贤才在位,天下安宁。"《左传·定公五年》:"及宁,王欲杀之。"杜预注:"宁,安定也。"南朝宋刘义庆《世说新语·言语》:"王光禄远避流言,明公蒙尘路次,群下不宁,不审尊体起居如何?"唐韩愈《顺宗实录一》:"陛下未亲政事,群臣不敢安,宜存大孝,以宁万国,天下之幸。"

〔靖〕《广雅·释诂一》:"靖,安也。"《国语·晋语四》:"同出九人,唯重耳在,离外之患,而晋国不靖。"晋应贞《晋武帝华林园集》诗:"六府孔修,九有斯靖。"宋苏轼《萧士元知隰州赵永宁知永静军》:"惟少私寡欲,则民自靖。"清无名氏《秋灯录·云娘》:"取道河北,征途不靖。"

〔宓〕(密)《说文》:"宓,安也。"段玉裁注:"此字经典作'密'。"《集韵·质韵》:"宓,《说文》'安也'。通作'密'。"《诗经·大雅·公刘》:"夹其皇涧,溯其过涧。止旅乃密,芮鞫之即。"毛传:"密,安也。"《管子·大匡》:"夫诈密而后动者胜。"《淮南子·览冥训》:"宓穆休于太祖之下。"高诱注:"宓,宁。"

〔憺〕(澹)《说文》:"憺,安也。"《楚辞·九歌·东君》:"羌声色兮娱人,观者憺兮忘归。"王逸注:"憺,安也。"《淮南子·俶真训》:"蜂虿螫指而神不能憺,蚊虻噆肤而知不能平。"高诱注:"憺,定也。"字也写作"澹"。《广雅·释诂一》:"澹,安也。"《老子》第二十章:"澹兮其若海,飂兮若无止。"汉扬雄《长杨赋》:"使海内澹然,永亡边城之灾,金革之患。"《后汉书·冯衍传》:"意斟憛而不澹兮,俟回风而容与。"李贤注:"澹,定也。"

〔治〕 指社会安定。《易经·系辞下》:"君子安而不忘危,存而不忘亡,治而不忘乱。"汉王符《潜夫论·潜叹》:"凡有国之君,未尝不欲治也,而治不世见者,所任不贤故也。"宋曾巩《唐论》:"代隋者唐,更十八君,垂三百年,而其治莫盛于太宗之为君也。"明冯梦龙《智囊补·语智·杨廷和》:"陛下垂衣裳而天下治,圣情甚悦。"

【辨】

①词的本义不同。"安"的本义是"室家之内,女所安也"(宋戴侗《六书故》)。"定"的本义是安息。《说文》:"定,安也。"张舜徽《说文解字约注》:"许训定为安者,谓安止休息也。此乃'定'之本义,因引申为一切安定之称。""宁(宁的简化字)"是"寍"的借字。"寍"的本义是无饥寒之虞。《说文》:"寍,安也。从心在皿上,皿,人之食饮器,所以安人也。"南唐徐锴《说文解字系传》:"臣锴曰:'风雨有时,饮食无虞,人所以安也。'""靖"的本义是安静。《说文》:"靖,立竫也。"按:"竫"是静的本字。"宓"本义就是安。"澹"是"憺"的借字,本义是恬安。《说文》:"憺,安也。"清王筠《说文句读》:"谓憺然安乐也。""治"的本义是水名。"按,今治训理,盖由借治为理。"(《说文》段玉裁注)社会因治理而得安定。

② 词义的内涵不同。"安"还有安静、安稳、安适、安好等义。"定"还有固定、决定、审定、停息、宁静等义。"宁"还有宁静、止息、归宁等义。"宓"义域比较单一,一般只表示安宁。"澹"表示安定义时都是借字。"治"古籍中主要用作动词治理义,社会因治理而得到安定,"治"用作安定义时,只表示社会安定。

③ 语法功能不同。"安""定""宁"有时可带宾语,表示使安定。如

例中的"安民",即使民安定;"定之",即使之安定;"宁万国",即使万国安定。

【附】 安止 安定 安泰 安靖 安宁 安谧 安稳 宁平 宁安 宁定 宁泰 宁晏 宁靖 宁谧 谧安 谧宁

chéng xìn
诚 信

【同】 与"虚伪"相对,诚实,真实。

〔诚〕《说文》:"诚,信也。"清徐灏《说文解字注笺》:"诚与伪相对,古言诚,今言真也。"《礼记·乐记》:"著诚去伪,礼之经也。"《淮南子·说林训》:"苏秦以百诞成一诚。"高诱注:"诚,信也。"汉扬雄《法言·寡见》:"'自后者,人先之;自下者,人高之。'诚哉,是言也!"李轨注:"诚,信也。"《汉书·高帝纪》:"人乃以妪为不诚。"颜师古注:"谓言不实。"

〔信〕《说文》:"信,诚也。"《老子》第八十一章:"信言不美,美言不信。"《战国策·楚策一》:"子以我为不信,吾为子先行,子随我后,观百兽之见我而敢不走乎?"同样的句式,"不信"也可以用"不诚"。《史记·扁鹊仓公列传》:"子以吾言为不诚,试入诊太子。"《穀梁传·僖公二十二年》:"言之所以为言者,信也;言而不信,何以为言?"

【辨】

①词义的侧重有所不同。"诚"侧重于内心的真诚。《礼记·中庸》:"诚者,天之道也。"郑玄注:"言诚者天之性也。""信"侧重于因诚实而获得信任。《论语·阳货》:"信则人任焉。"邢昺疏:"言而有信,则人所委任也。"

②词义的内涵不同。"诚"还有真心诚意、确实(副词)等义。"信"还有凭信、信使(可靠的使者)、书信、相信等义。

gōng jìng
恭(共) 敬

【同】 对人尊敬有礼貌或对事严肃认真。

〔恭〕(共)《尔雅·释诂下》:"恭,敬也。"郝懿行疏:"恭、敬义同……散文则敬亦为恭,恭亦为敬。"《说文》:"恭,肃也。"《尚书·洪范》:"貌曰恭。"孔颖达疏:"貌能恭,则心肃敬也。"《论语·颜渊》:"君子敬而无失,与人恭而有礼,四海之内,皆兄弟也。"《礼记·少仪》:"宾客主恭,祭祀主敬。"郑玄注:"恭在貌也,而敬又在心。"汉贾谊《新书·道术》:"接遇慎容谓之恭。"《后汉书·五行》:"貌之不恭,是谓不肃。"

"恭""共"同源,"恭"也写作"共"。《尔雅·释诂下》:"恭,敬也。"郝懿行疏:"通作共。《书》'愿而恭',《史记·夏本纪》作'愿而共';《诗》'匪其止共',《韩诗》作'匪其止恭'。经典'恭''共'通者非一,举此二文,其余可知也。"按:《左传》中的"恭"字,除《宣公二年》"不忘恭敬"一处"恭敬"连文外,其余单用的"恭",都写作"共"。

〔敬〕《说文》:"敬,肃也。"《玉篇·苟部》:"敬,恭也。"《易经·坤卦》:"君子敬以直内,义以方外。"孔颖达疏:"内谓心也,用此恭敬以直内。"《荀子·议兵》:"凡百事之成也,必在敬之;其败也,必在慢。"《吕氏春秋·孝行》:"曾子曰:'身者,父母之遗体也。行父母之遗体,敢不敬乎?'"高诱注:"敬,畏慎也。"汉贾谊《新书·道术》:"接遇肃正谓之敬,反敬为嫚。"

【辨】

①词的本义微别。"恭""受义于共(两手相拱形)"(清徐灏《说文解字注笺》),词义偏重于外貌的恭敬。"敬"与"警""儆"同源,偏重于内心的肃敬。"恭在貌也,而敬又在心。"(《礼记·少仪》"宾客主恭"下郑玄注)

②词义的内涵不同。"恭"还有拱揖、端正、奉行等义。"敬"还有慎重、警惕、尊敬等义。

jǐn   shèn
谨　慎

【同】　小心谨慎,不贸然行事或说话。

〔谨〕《说文》:"谨,慎也。"《商君书·壹言》:"治法不可不慎也,壹务不可不谨也。"《礼记·缁衣》:"君子道人以言,而禁人以行……则民谨于言而慎于行。"汉扬雄《法言·重黎》:"金将军之谨,张卫将军之慎。"李轨注:"金将军,名日磾,为人谨慎,目不忤视数十年;张卫将军,名安世,为人周密重慎。"汉贾谊《新书·耳痹》:"天之处高,其听卑,其视察,故凡自行不可不谨慎也。"

〔慎〕《说文》:"慎,谨也。"《论语·学而》:"君子食无求饱,居无求安,敏于事而慎于言,就有道而正焉。"南朝宋刘义庆《世说新语·德行》:"晋文王称阮嗣宗至慎,每与之言,言皆玄远,未尝臧否人物。"北齐颜之推《颜氏家训·后娶》:"其后,假继(后母)惨虐孤遗,离间骨肉,伤心断肠者,何可胜数。慎之哉!慎之哉!"王利器集解:"《事文类聚》《合璧事类》作'谨之哉,谨之哉',避宋孝宗赵昚(慎)改。"

【辨】

①词的本义微别。"谨"的本义是不多言多语。杨树达《积微居小学金石论丛·释谨》:"老子之言曰:'轻诺者寡信。'轻诺者,不谨也;寡信者,不信也……《礼记·缁衣篇》曰:'君子寡言而信以成其行。'此云'谨而信',彼言'寡言而信',此谨为寡言之确证也。""慎"的本义是真诚。"慎字,今训谨,古则训诚。《小雅》'慎尔优游''予慎无罪',传皆云:'诚也。'又'慎尔言也'、《大雅》'考慎其相',笺皆云:'诚也。'慎训诚者,其字从真。人必诚而后敬,不诚未有能敬者也。敬者,慎之第二义;诚者,慎之第一义。学者沿其流而不溯其源矣。"(《说文》"真"下段玉裁注)

②词义的内涵不同。"谨"还有恭敬、严谨等义。"慎"还有忧恐、务必或千万(用在"勿""毋"等词的前面)义。

朴 素
pǔ sù

【同】 不加修饰,保持原来的面貌。

〔朴〕"朴"的繁体字为"樸"。"朴"和"樸",《说文》是两个不同意义的字,释"朴"为"木皮也",释"樸"为"木素也"。段玉裁注:"素犹质也。以木为质,未雕饰,如瓦器之坯然。"汉王充《论衡·量知篇》:"(物)无刀斧之断者谓之朴。"汉桓宽《盐铁论·通有》:"今世俗坏而竞于淫靡……雕素朴而尚珍怪。"汉刘向《说苑·反质》:"民之性皆不胜其欲,取其实而归之华……所以然者,何也?由离诚就诈,弃朴而取伪也。"

繁体字"樸",有时也写作"朴"。《荀子·性恶》:"今人之性,生而离其朴,离其资,必失而丧之。"王先谦集解:"朴当为樸,樸者,素也。言人性生而离其质朴与其资材,其失丧必矣。"

〔素〕《说文》:"素,白致缯也。"段玉裁注:"郑注《杂记》曰:'素,生帛也。'"

《释名·释采帛》:"素,朴素也,已织则供用,不复加功饰也。又,物不加饰,皆目之为素。"《淮南子·本经训》:"其心愉而不伪,其事素而不饰。"高诱注:"素,朴也。"《礼记·檀弓下》:"奠以素器,以生者有哀素之心也。"郑玄注:"哀素,言哀痛无饰也。凡物无饰曰素。"《汉书·礼乐志》:"然后诸侯轨道,百姓素朴,狱讼衰息。"

【辨】

①词的本义不同。"朴"的本义是未经加工的木材。"素"的本义是未经染色的丝帛。

②词义的内涵不同。"朴"还有本性、质朴等义。"素"还有白色、本性、质朴、有德而无爵位的、空、平素等义。

chún cuì
纯　粹

【同】事物不含杂质。

〔纯〕《说文》:"纯,丝也。"清徐灏《说文解字注笺》:"引申之,凡物不杂曰纯。"《淮南子·说林训》:"白璧有考(瑕),不得为宝,言至纯之难也。"又《原道训》:"所谓天者,纯粹朴素,质直皓白,未始有与杂糅者也。"《史记·范雎列传》:"名实纯粹,泽流千里。"汉王符《潜夫论·实贡》:"夫圣人纯,贤者驳,周公不求备,四友不相兼,况末世乎!"

〔粹〕《说文》:"粹,不杂也。"《广雅·释言上》:"粹,纯也。"《吕氏春秋·用众》:"天下无粹白之狐,而有粹白之裘,取之众白也。"高诱注:"粹,纯也。"《淮南子·说林训》:"豹裘而杂,不若狐裘之粹。"高诱注:"粹,纯。"又《齐俗训》:"牺牛粹毛,宜于庙牲,其于以致雨,不若黑蜧。"《汉书·董仲舒传》:"臣闻命者天之令也,性者生之质也,情者人之欲也。或夭或寿,或仁或鄙,陶冶而成之,不能粹美,有治乱之所以生,故不齐也。"颜师古注:"粹,纯也。"

【辨】

①词的本义不同。"纯"的本义是未经加工的丝。"粹"的本义就是纯粹不杂。

②词义的内涵不同。"纯"还有单纯、纯朴、纯美等义。"粹"还有精粹、粹美等义。

zá　bó
杂　驳（駁）

【同】　事物不纯，含有异物。

〔杂〕《庄子·刻意》："水之性，不杂则清，莫动则平。"晋陶潜《桃花源记》："忽逢桃花林，夹岸数百步，中无杂树。"南朝梁丘迟《与陈伯之书》："暮春三月，江南草长，杂花生树，群莺乱飞。"宋王安石《上皇帝言事书》："夫人之才，成于专而毁于杂。"

〔驳〕（駁）《说文》："驳，马色不纯。"引申为事物不纯。《庄子·天下》："惠施多方，其书五车，其道舛驳，其言也不中。"成玄英疏："驳，杂揉也。"《太平御览》卷四〇三引汉桓谭《新论》："三皇以道治，五帝以德化。王道纯粹，其德如彼；霸道驳杂，其功如此。"南朝梁刘勰《文心雕龙·杂文》："或文丽而义睽，或理粹而辞驳。"明刘绩《霏雪录》："唐人诗纯，宋人诗驳。"

"驳"也写作"駮"。《荀子·王霸》："粹而王，驳而霸，无一焉而亡。"杨倞注："駮，杂也。"汉王充《论衡·本性篇》："玉生于石，有纯有駮，情性生于阴阳，安能纯善？"

【辨】
①词的本义不同。"杂"的繁体字为"雜"，本义是各种颜色相配合。《说文》："雜，五色相合也。""驳"的本义是马的毛色不纯。《说文》："驳，马色不纯。"

②词义的内涵不同。"杂"还有配搭、混杂、杂乱、共同等义。"驳"还有辩驳、驳斥义。

měi　　　　hǎo　lì　jiā　shū　é　xíng　jiāo
美（媺 嬍）好　丽　佳　姝　娥　娙　姣

【同】　与"丑"相对，漂亮，好看。

〔美〕（媺 嬍）《说文》："美，甘也。"段玉裁注："引申之，凡好皆谓之美。"但色美的"美"，一般认为原写作"媺"。《说文》："媺，色好也。"清桂馥《说文义证》："色好也者，颜氏《字样》：'媺，颜色姝好也。'通用美字。"清朱骏声《说文通训定声》："字亦作嬍，经传皆以美为之。"《诗经·邶风·静女》：

251

"匪女之为美,美人之贻。"《左传·成公二年》:"天下多美妇人,何必是?"《史记·伍子胥列传》:"无忌驰归报平王曰:'秦女绝美,王可自取,而更为太子取妇。'"《汉书·直不疑传》:"人或毁不疑曰:'不疑状貌甚美,然特毋奈其善盗嫂何也!'"

〔好〕《说文》:"好,美也。"《方言》卷二:"自关而西,秦晋之间,凡美色或谓之好。"《战国策·秦策二》:"秦王曰:'善。'因以文绣千匹,好女百人遗义渠君。""好女",美女。《史记》中"好"用于本义妇女色美颇为常见。如《十二诸侯年表》:"华督见孔父妻好,悦之。"《齐太公世家》:"棠公女好。"《孔子世家》:"于是选齐国中女子好者八十人……遗鲁君。"《滑稽列传》:"徒用所赐钱帛,取少妇于长安中好女。"

〔丽〕《说文》:"丽,旅行也。鹿之性,见食急则必旅行。"清徐灝《说文解字注笺》:"丽,皮有文饰,因之为美丽之称。"《集韵·寘韵》:"丽,美也。"战国楚宋玉《登徒子好色赋》:"天下之佳人莫若楚,楚国之丽者莫若臣里,臣里之美者莫若臣东家之子。"《史记·平津侯主父列传》:"策奏,天子擢弘对为第一。召入见,状貌甚丽,拜为博士。"《汉书·车千秋传》:"千秋长八尺余,体貌甚丽,武帝见而悦之。"《昭明文选·鲍照〈芜城赋〉》:"东都妙姬,南国丽人,蕙心纨质,玉貌绛唇。"

〔佳〕《战国策·中山策》:"今者臣来,至境入都邑,观人民谣俗,容貌颜色殊无佳丽美好者。"《淮南子·说林训》:"佳人不同体,美人不同面,而皆悦于目。"汉李延年《佳人歌》:"北方有佳人,绝世而独立。"《古诗十九首》之一:"燕赵多佳人,美者颜如玉。"

〔姝〕《说文》:"姝,好也。"清桂馥《说文义证》:"好也者,《广韵》:'姝,美好。'《一切经音义》六:'《字林》:姝,好貌。'《华严经音义》上:'姝,色美也。'《方言》:'娥……好也……赵魏燕代之间曰姝。'"《诗经·邶风·静女》:"静女其姝,俟我于城隅。"毛传:"姝,美色也。"《尹文子·大道上》:"齐有黄公者,好谦卑。有二女皆国色,以其美也,常谦辞毁之……毁其子不姝美。"《昭明文选·宋玉〈登徒子好色赋〉》:"此郊之姝,华色含光,体美容冶,不待饰妆。"李周翰注:"姝,美女也。"《昭明文选·陆机〈拟古诗·拟青青河畔草〉》:"皎皎彼姝女,阿那当轩织。"吕向注:"姝,美也。"《后汉书·邓皇后纪》:"后长七尺二寸,姿颜姝丽,绝异于众。"

〔娥〕《说文》:"娥……秦晋谓好曰姣娥。"《方言》卷一:"秦曰娥……凡好而轻者谓之娥。"《广雅·释诂一上》:"娥,美也。"《列子·周穆王篇》:"简郑卫之处子娥媌靡曼者,施芳泽,正娥眉……"张湛注:"娥媌,妖好也。"《昭明文选·陆机〈拟今日良宴会〉》:"齐僮梁甫吟,秦娥张女弹。""秦娥",古美女。

〔姪〕《说文》:"姪,长好也。"《玉篇·女部》:"姪,身长好貌。"按:即身材高挑而漂亮。《史记·外戚世家》:"邢夫人号姪娥,众人谓之'姪何'。"司马贞索隐:"《说文》云:'姪,长也,好也。'许慎云:'秦晋之间谓好为姪。'"《汉书·外戚传上》:"至武帝制倢伃、姪娥、傛华、充依,各有爵位。"颜师古注:"姪娥,皆美好貌也。"

〔姣〕《说文》:"姣,好也。"《孟子·告子上》:"至于子都,天下莫不知其姣也。不知子都之姣者,无目者也。"赵岐注:"子都,古之姣好者也。"《荀子·非相》:"古者桀纣长巨姣美,天下之杰也。"《史记·苏秦列传》:"前有楼阙轩辕,后有长姣美人。"司马贞索隐:"《说文》云:'姣,美也。'"《列子·杨朱篇》:"丰屋美服,厚味姣色,有此四者,何求于外?"

【辨】

①词的本义不同。"美"的本义是口味甘美。"好"的本义是女子有美色。"丽"的本义,清徐灏《说文解字注笺》认为是有文饰的鹿皮。"佳"的本义是善,泛指美好的事物。"姝"的本义也是女子有美色,与"好"只是方言的区别。"娥"的本义是女子体态轻盈而美貌。"姪"的本义是女子身材苗条而漂亮。"姣"的本义是"容体壮大之好"(《说文》段玉裁注),即体态丰美。

②词义的内涵不同。"美"还有美善、优美、赞美等义。"好 hǎo"还有(事物)美好义。"丽"还有附丽、俪偶等义。"佳"还用于事物美好义。"姝"还有美女义。"娥"还有美女、眉等义。"姪"还有婢女义。"姣"还有妖媚义。

丑(醜) 嫸(蚩) 恶 陋
chǒu　　chī　　è　　lòu

【同】 丑陋,与"美"相对,形貌难看。

〔丑〕(醜) "丑"的繁体字写作"醜"。《玉篇·酉部》:"丑,皃恶。"《楚辞·九章·橘颂》:"纷缊宜修,姱而不丑兮。"王逸注:"纷缊,盛貌。丑,恶也。言橘类纷缊而盛,如人宜修饰,形容尽好,无有丑恶也。"《淮南子·说山训》:"嫫女有所美,西施有所丑。""美""丑"对文。《楚辞·七谏·怨世》:"嫫母勃屑而日侍。"王逸注:"嫫母,丑女也。言……嫫母丑恶,反得嫛姌而侍左右也。"汉王充《论衡·逢遇篇》:"夫好容,人所好也,其遇固宜。或以丑面恶色,称媚于上,嫫母、无盐是也。"三国魏阮籍《咏怀》之四:"朝为媚少年,夕暮成丑老。"

〔嫫〕(蚩)《广韵·之韵》:"嫫,嫫妍。"《字汇·女部》:"嫫,丑也。"《古诗源·鲁连子》:"情不移,艳色嫫。"唐刘知几《史通·内篇·言语》:"夫本质如此,而推过史臣,犹鉴者嫫姆多嫫,而归罪于明镜也。"唐李观《帖经日上侍郎书》:"侍郎果不以嫫夺妍,不以瑕废瑜。"清蒲松龄《聊斋志异·毛狐》:"次日,果有媒来,先诘女貌,答:'在妍嫫之间。'""妍嫫之间",美丑之间,意即相貌中等。

"嫫",古字写作"蚩"。《昭明文选·陆机〈文赋〉》:"妍蚩好恶,可得而言。"刘良注:"妍,美也;蚩,恶也。"南朝宋刘义庆《世说新语·巧艺》:"顾长康画人,或数年不点目精。人问其故,顾曰:'四体妍蚩,本无关妙处,传神写照,正在阿堵中。'""妍蚩",同"妍嫫"。

〔恶〕《尚书·洪范》:"六极……五曰恶,六曰弱。"孔安国传:"恶,丑陋。"孔颖达疏:"五曰恶,状貌丑陋。"《左传·昭公二十八年》:"昔贾大夫恶,娶妻而美。"杜预注:"恶亦丑也。"《庄子·山木》:"阳子之宋,宿于逆旅。逆旅人有妾二人,其一人美,其一人恶。"《晏子春秋·内篇杂下》:"公见其妻曰:'此子之内子邪?'公曰:'嘻,亦老且丑恶矣。'"张纯一校注:"恶,丑陋也。"《史记·外戚世家》:"《传》曰:'女无美恶,入室见妒;士无贤不肖,入朝见嫉。'美女者,恶女之仇。岂不然哉!"

〔陋〕《玉篇·阜部》:"陋,丑狠。"汉王充《论衡·齐世篇》:"语称上世之人,侗长佼好……下世之人,短小陋丑。""陋丑",同"丑陋"。汉刘珍等《东观汉记·周举传》:"周举字宣光,姿貌短陋。"北魏杨衒之《洛阳伽蓝记·城西》:"有沙门宝公者,不知何处人也。形貌丑陋,心机通达,过去未来,预睹三世。"《旧唐书·卢杞传》:"杞形陋而心险,左右见之必笑。"《三国演义》第五十二回:"若不嫌家嫂貌陋,愿陪嫁资,与将军为妻,结累世之亲,如何?"

【辨】

①词的本义不同。"丑"的繁体字写作"醜",《说文》收在鬼部。《说

文》认为,本义是可恶。《说文》:"醜,可恶也。从鬼酉声。"段玉裁注"非真鬼也,以可恶,故从鬼。"但《说文》研究者认为本义当为恶。马叙伦《说文解字六书疏证》:"本书:'亚,丑也。'此当曰:'亚也。'伦按:盖本训'恶也'。"这里所说的"恶",即粗恶、不好,也包括不好看。清朱骏声《说文通训定声》:"醜,可恶也。从鬼酉声。"《大戴·易本命》:'耗土之人丑。'《楚辞·橘颂》:'娇而不丑兮。'《武梁祠堂画像》:'无盐丑女。'字亦作'魗'。《诗·遵大路》:'无我魗兮。'笺:'魗'亦恶也……字又作'媸'。《后汉·文苑·赵壹传》:'孰知辨其蚩妍。'以'蚩'为之。'媸''丑'双声。""媸"字,《说文》无。后口语中产生了一个表示貌丑而发音为 chī 的词,本无其字。初借用"蚩"表示。"蚩"的本义是虫。《说文》:"蚩,虫也。"约在东汉时期,先借用为本无其字表示嗤笑义的"嗤",后又借用为本无其字表示丑陋义的"媸"。清雷浚《说文外编》卷十五:"《说文》无'媸'字。《后汉书·赵壹传》:'荣纳由于闪榆,孰知辨其蚩妍。'……'蚩'即'媸'。""恶"的本义是罪过。《说文》:"恶,过也。"段玉裁注:"人有过曰恶;有过而人憎之,亦曰恶。本无去、入之别,后人强分之。"假借为"亚"。清朱骏声《说文通训定声》:"恶,过也。从心亚声……[假借]为亚。"又:"亚,丑也,象人局背之形……今作'恶'。"《说文》"亚"下段玉裁注:"此'亚'之本义。"按:今传承的古籍中,不见"亚"用于丑陋义的书证,但偶见于出土文物。马王堆汉墓《十六经·果童》:"夫地有山有泽,有黑有白,有美有亚。"

②词义的内涵不同。"丑(醜)"还有厌恶、污秽、玷污、丑恶、羞耻、惭愧、同类等义。"媸"一般只用于貌丑义。"陋"还有隘小简陋、见闻不广、僻远、粗鄙、隐匿、用作谦词等义。"恶"还有劣、不好、凶恶、疾病、污秽等义。

香 芬 芳 馨 馥 苾

xiāng fēn fāng xīn fù bì

【同】与"臭"相对,芳香,好闻的气味。

〔香〕《说文》:"香,芳也。"《吕氏春秋·审时》:"得时之稻……穗如马尾,大粒无芒,抟米而薄糠,舂之易而食之香。"《韩非子·外储说左下》:"树橘柚者,食之则甘,嗅之则香。"《史记·郑世家》:"兰有国香。"《列子·汤问篇》:"香气经旬乃歇。"

〔芬〕《说文》:"芬,草初生,其香分布。从屮从分,分亦声。"唐玄应《一切经音义》卷七、卷十二、卷十九并引《说文》:"芬,芳也。"《史记·司马相如列传》:"橘柚芬芳。"汉韩婴《韩诗外传》卷三:"芬若椒兰。"汉桓宽《盐铁论·论菑》:"故不知味者,以芬香为臭。"汉张衡《南都赋》:"其香草则有薜荔、蕙、若、薇芜、荪、苌、晻暧蓊蔚,含芬吐芳。"

〔芳〕《说文》:"芳,香草也。"段玉裁注:"香草,当作草香。"《荀子·王制》:"其民之亲我也,欢若父母;好我,芳若芝兰。"战国楚屈原《离骚》:"恐鹈鴂之先鸣兮,使夫百草为之不芳。"《淮南子·说林训》:"兰芝以芳,未尝见霜。"高诱注:"芳,香。"又《说山训》:"兰生幽谷,不为莫服而不芳。"高诱注:"性香。"南朝宋谢惠连《捣衣》诗:"微芳起两袖,轻汗染双题。"李周翰注:"芳,香也。"

〔馨〕《说文》:"馨,香之远闻也。"《诗经·大雅·凫鹥》:"尔酒既清,尔殽既馨。"毛传:"馨,香之远闻也。"汉扬雄《剧秦美新》:"浮蚁鼎沸,酷烈馨香。"汉苏武《诗四首》:"芬馨良夜发,随风闻我堂。"《古诗十九首》之一:"馨香盈怀袖,路远莫致之。"

〔馥〕 大徐本《说文》新附字:"馥,香气芬馥也。"《玉篇·香部》:"馥,香盛。"晋潘尼《赠河阳》诗:"流声馥秋兰,摘藻艳春华。"《昭明文选·左思〈蜀都赋〉》:"百药灌丛,寒卉冬馥。"张铣注:"馥,香也。"南朝宋颜延之《和谢灵运》诗:"芬馥歇兰若,清越夺琳珪。"

按:《说文》香部正文无"馥"字。清桂馥《说文义证》:"馥案,《诗》'苾芬孝祀',《韩诗》作'馥芬'。又'苾苾芬芬',《景福殿赋》作'馥馥芬芬',然则隶体变作馥。"认为"馥"是由"苾"隶变而来。存参。

〔苾〕《说文》:"苾,馨香也。"《大戴礼记·曾子疾病》:"与君子游,苾乎如入兰芷之室。"南朝梁刘孝绰《谢晋安王饷米等启》:"垂赐米、酒、瓜、笋、菹、脯、酢、茗八种,气苾新城,味芳云松。""苾苾",也是表示浓香。《诗经·小雅·信南山》:"是烝是享,苾苾芬芬。"

【辨】

①词的本义不同。"香"的本义是稻米或百谷的香味。《吕氏春秋·审时》:"得时之稼,其臭(气味)香,其味甘。""芬"的本义是草香飘向四方。《玉篇·屮部》:"芬,草初生,香分布也。""芳"的本义是花草的香气。"馨"的本义是香气浓烈四散。"馥"的本义是香气浓郁。"苾"与"馥"同。

②词义的内涵不同。"香"还有香料或香料的制成品、味美、女子代称等义。"芬"还有香料、和好、比喻美名或盛德等义。"芳"还有香草、表示美好的美词(如芳龄、芳辰、芳姿、芳容、芳名等)等义。"馨""馥""苾"主要用于表示浓香。

喜 乐 悦(说) 怿(释) 怡(台) 欢(懽驩) 欣(忻䜣) 快

【同】 喜乐,感到幸福或满意的心情,往往露于形色。

〔喜〕《说文》:"喜,乐也。"《玉篇·口部》:"喜,悦也。"《诗经·小雅·菁菁者莪》:"既见君子,我心则喜。"毛传:"喜,乐也。"《韩非子·十过》:"三奏之,延颈而鸣,舒翼而舞……声闻于天,平公大悦,坐者皆喜。"汉王充《论衡·纪妖篇》:"有黑来,我又射之,中黑,黑死,帝甚喜,赐我二笥。"唐杜甫《闻官军收河南河北》诗:"却看妻子愁何在,漫卷诗书喜欲狂。"

〔乐〕《广韵·铎韵》:"乐,喜乐。"《诗经·小雅·常棣》:"兄弟皆具,和乐且孺。"孔颖达疏:"九族会聚,和而甚忻乐,且复骨肉相亲属也。"《论语·学而》:"有朋自远方来,不亦乐乎!"《后汉书·张堪传》:"百姓歌曰:'桑无附枝,麦穗两歧,张君为政,乐不可支。'"宋范仲淹《岳阳楼记》:"先天下之忧而忧,后天下之乐而乐。"

〔悦〕(说)《尔雅·释诂上》:"悦,乐也。"《广雅·释诂一》:"悦,喜也。"《庄子·徐无鬼》:"武侯大悦而笑。"《韩非子·说林上》:"智伯大悦,因索地于赵,弗与,因围晋阳。"汉王充《论衡·定贤篇》:"成子欲专齐政,以大斗贷小斗收而民悦;句践欲雪会稽之耻,拊循其民,吊死问病而民喜。""悦""喜"互文。宋乐史《广卓异记·段晖》:"晖戏作木马与之,童子甚悦。"

"悦"是"说"的今字,《说文》不收。喜悦义,古写作"说"。《左传·僖公四年》:"齐侯说,与之虎牢。"《论语·学而》:"子曰:'学而时习之,不亦说乎!'"

〔怿〕(释)《尔雅·释诂上》:"怿,乐也。"大徐本《说文》新附字:"怿,说也。"《诗经·大雅·板》:"辞之怿矣,民之莫矣。"毛传:"怿,说也。"《史记·仲尼弟子列传》:"子路惭,不怿而去,终身耻其言之过也。"汉王充《论衡·验符篇》:"皇帝悦怿,赐钱衣食,诏会公卿,郡国上计吏民皆在,以芝告示天下。"唐柳宗元《忧箴》:"忧不可常,常则谁怿?"

"怿"是"释"的今字,《说文》不收。《说文》:"说,说释也。"段玉裁注:"说释,即悦怿。说悦、释怿,皆古今字。许书无悦、怿二字也。说释者,皆开解之意,故为喜悦。"《亢仓子·全道》:"亢仓子闻之,色有不释。"唐韩愈《送高闲上人序》:"有得有丧,勃然不释。"

〔怡〕(台)《尔雅·释诂上》:"怡,乐也。"《国语·周语下》:"晋国有忧未尝不戚,有庆未尝不怡。"《楚辞·九章·哀郢》:"心不怡之长久兮,忧与愁其相接。"王逸注:"怡,乐貌。"唐常建《太公哀晚遇》诗:"兵马更不猎,君臣皆共怡。"

"台""怡",古今字。《说文》:"台,说也。"段玉裁注:"台,说者,今之怡、悦字。"《史记·太史公自序》:"唐尧逊位,虞舜不台。"司马贞索隐:"台,音怡,悦也。"

〔欢〕(懽 驩)《说文》:"欢,喜乐也。"《广雅·释诂一》:"欢,乐也。"《尚书·洛诰》:"公功肃将祗欢。"孔颖达疏:"公功已进且大矣,天下皆乐公之功,敬而欢乐。"《韩非子·说林上》:"君必许之,许之而大欢,彼将知君利之也,必将辍行。"《史记·晋世家》:"缪公大欢,与重耳饮。"汉王充《论衡·累害篇》:"人之交游,不能常欢。欢则相亲,忿则疏远。"

"欢"的繁体字作"歡"。"懽"与"歡",《说文》都收,但意义微别。《说文》:"懽,喜款也。"段玉裁注:"款者,意有所欲也。《欠部》曰:'欢者,喜乐也。'懽与歡,音义皆略同。"《吕氏春秋·本味》:"不谋而亲,不约而信,相为殚智竭力,犯危行苦,志懽乐之,此功名所以大成也。"后"懽"成为"欢"的异体字而废除。

"驩",原是马名,假借为"欢"。《左传·昭公四年》:"寡人愿结驩于二三君。"《史记·廉颇蔺相如列传》:"且以一璧之故,逆强秦之驩,不可!"清沈涛《交翠轩笔记》卷四:"三舅荷伯伯提携,极驩喜,只是外婆不乐。"

〔欣〕(忻 䜣)《尔雅·释诂上》:"欣,乐也。"《说文》:"欣,笑喜也。"《玉篇·欠部》:"欣,喜也。"《左传·昭公元年》:"诸侯其谁不欣焉望楚而归之。"汉王充《论衡·自纪篇》:"得官不欣,失位不恨。"《魏书·孙绍传》:"然臣奉国四世,欣戚是同。"晋陶潜《归去来兮辞》:"乃瞻衡宇,载欣载奔。"明袁宏道《广庄·养生主》:"夭不足恶,寿不足欣,故养生以益寿,皆妄之妄者也。"

"欣""忻""䜣",三字同源,且意义相近。《玉篇·心部》:"忻,喜也。"《墨子·经说上》:"誉之,必其行也,其言之忻,使人督之。"孙诒让间诂:"其言可忻悦也。"汉刘珍等《东观汉记·邓晨传》:"上征晨还京师,数燕见,说故旧平生为忻乐。"《说文》:"䜣,喜也。"《玉篇·言部》:"䜣,乐也,喜也。"《庄子·大宗师》:"古之真人,不知说生,不知恶死,其出不䜣,其入不距。"《汉书·王吉传》:"习治国之道,䜣䜣焉发愤忘食。"颜师古注:"䜣,古欣字。"

〔快〕《说文》:"快,喜也。"《易经·旅卦》:"得其资斧,心未快也。"《孟子·梁惠王上》:"抑王兴甲兵,危士臣,构怨于诸侯,然后快于心与?"《战国策·秦策五》:"文信侯去而不快。"高诱注:"快,乐。"《后汉书·朱浮传》:"凡举事无为亲厚者所痛,而为见雠者所快。"

【辨】

①词的本义不同。"喜"的本义是喜形于色。清饶炯《说文解字部首订》:"乐之见于谈笑曰喜,故从口。"《左传·宣公十二年》:"及楚杀子玉,公喜而后可知也。"杜预注:"喜见于颜色也。""乐"的本义是音乐。《说文》:"乐,五声八音总名。"引申为喜乐义。南唐徐锴《说文解字系传·通论》认为,"喜"与"乐"的区别是"小言之曰喜,大言之曰乐;独言之曰喜,众言之曰乐。乐者,出于人心布之于管弦也"。"悦"的本义是开心。南唐徐锴《说文解字系传·通论》:"若人心有郁结能解释之也……故于文,心兑为悦。故《易》曰:'兑,说也,决也,心有不快,忽自开决也……故曰:悦在心。'""怿"的本义是心事解开而高兴。"怿"字《说文》不收,是"释"的今字。清郑珍《说文新附考》:"按,《说文》:'释,解也。'人心有不解释者,斯不说(悦),解则说(悦)矣。""怡"的本义和悦。《说文》:"怡,和也。""欢"的本义是又喜又乐。《说文》:"欢,喜乐也。"南唐徐锴《说文解字系传》:"喜动声气,故从欠。""欣"的本义是边笑边乐。《说文》:"欣,笑喜也。"情喜则必笑而乐。"快"本是方言词,《方言》卷三:"自关而西曰快。"与"喜"义同,也是喜于形色。《说文》:"快,喜也。"

②词义的内涵不同。"喜"还有喜庆之事、怀孕等义。"乐"还有安乐、乐于等义。"悦""怿"还有悦服义。"怡"还有和悦、安适、舒畅等义。"欢"还有交好、男女相爱等义。"欣"还有悦服、爱戴等义。"快"还有舒

畅、畅快、称心、直爽、锋利、迅速等义。

【附】 喜悦 喜乐 喜怿 乐喜 悦喜 欣喜 乐欣 乐悦 乐喜 豫悦 欣豫 忻豫 怡豫 悦豫 愉快 愉怡 愉乐 愉怿 欣愉 欢愉 忻愉 怡愉 悦欣 悦喜 悦乐 欣悦 欢悦 快悦 怡悦 愉悦 欢悦 怿悦 欣怿 怡怿 悦怡 怡乐 欣快 欢欣 欢快 欢乐 快乐

愤(贲) 怒 恚 忿 悁 愠
fèn nù huì fèn yuān yùn

【同】 愤怒，因不满或怀恨而情绪激动。

〔愤〕(贲)《字汇·心部》："愤，怒也。"《汉书·魏相传》："争恨小故，不忍愤怒者，谓之忿兵，忿兵必败。"《后汉书·梁统传》："时，郎中汝南袁著，年十九，见(梁)冀凶纵，不胜其愤，乃诣阙上书。"唐陈子昂《国殇文》："徒手奋呼谁救哉，含愤沉怒志未回。"

"愤"也写作"贲"。《礼记·乐记》："夫民有血气心知之性，而无哀乐喜怒之常……广贲之音作，而民刚毅。"郑玄注："贲，读为愤。愤，怒气充实也。"

〔怒〕《字汇·心部》："怒，恚也，愤也。"《诗经·邶风》："薄言往愬，逢彼之怒。"孔颖达疏："薄往君所愬(诉)之，反逢彼君之恚怒，不受已志也。"《左传·桓公二年》："宋督攻孔氏，杀孔父而取其妻。公怒，督惧，遂弑殇公。"《荀子·儒效》："故君子无爵而贵，无禄而富，不言而信，不怒而威。"《楚辞·九章·惜往日》："君含怒而待臣兮。"王逸注："上怀忿恚，欲刑残也。"《淮南子·本经训》："人之性有侵犯则怒，怒则血充，血充则气激，气激则发怒，发怒则有所释憾也。"

〔恚〕《广雅·释诂二》："恚，怒也。"《战国策·齐策六》："故去忿恚之心，而成终身之名。"《汉书·朱买臣传》："妻恚怒曰：'如公等，终饿死沟中耳，何能富贵！'"《后汉书·朱俊传》："母既失产业，深恚责之。俊曰：'小损当大益，初贫后富，必然理也。'"宋苏轼《黄州上潞文公书》："既去，妇女恚骂曰：'是好著书，书成何所得？而怖我如此！'"

〔忿〕《玉篇·心部》："忿，恨也，怒也。"《尚书·君陈》："尔无忿疾于顽，无求备于一夫。"孔安国传："无忿怒疾之。"孔颖达疏："民有不知道者，汝无忿怒疾恶。"《论语·颜渊》："一朝之忿，忘其身以及其亲，非惑与?"汉邹阳

《狱中上书自明》:"此鲍焦所以忿于世,而不留富贵之乐也。"汉袁绍《与公孙瓒书》:"自此以后,祸隙弥深,孤之师旅,不胜其忿,遂至积尸为京,头颅满野。""不胜其忿",同"不胜其愤"。

〔悁〕《战国策·赵策二》:"秦虽辟远,然而心忿悁含怒之日久矣。"《楚辞·东方朔〈七谏·谬谏〉》:"独便悁而怀毒兮,愁郁郁之焉极!"洪兴祖补注:"悁,忿也。"又《刘向〈九叹·逢纷〉》:"肠愤悁而含怒兮,志迁蹇而左倾。"洪兴祖补注:"悁,忿也。"《后汉书·臧洪传》:"忿悁之师,兵家所忌。"

〔愠〕《玉篇·心部》:"愠,恚也,怒也,恨也。"《诗经·邶风》:"忧心悄悄,愠于群小。"毛传:"愠,怒也。"《论语·学而》:"人不知而不愠,不亦君子乎!"魏何晏集注:"愠,怒也。凡人有所不知,君子不怒。"《孟子·尽心下》:"'肆不殄厥愠,亦不殒厥问。'文王也。"赵岐注:"愠,怒也……言文王不殒绝畎夷之愠怒,亦不能殒失文王之善声问也。"《汉书·吴王愠传》:"吴王愠曰:'天下一宗,死长安即葬长安,何必来葬!'"

【辨】

①词的本义略有不同。"愤"的本义是怒气充盛。《说文》:"愤,懑也。"清桂馥《说文义证》:"懑也者,《一切经音义》三引同。又云:'怒气盈盛也。'"《礼记·乐记》郑玄注亦曰:"愤,怒气充实也。""怒"的本义则是突然发怒并形于色。《说文》:"怒,恚也。"南唐徐锴《系传通论》:"人心之怒,则面目皆张起也。《庄子》曰:'伏而喜,仰而怒。'《诗》曰:'王赫斯怒,爰整其旅。'《孟子》曰:'武王一怒而安天下之民。'心有所恚,突然而发,无所渐也。""恚"的本义是因恨而怒。《说文》:"恚,恨也。"清桂馥《说文义证》:"恨也者,《诗·绵》正义引作'怒也'。《广韵》:'恚,怒恨也。'《玉篇》:'恚,恨怒也。'"清王筠《说文句读》:"'恚,恨也。''恨,怨也。''怨,恚也。'此多字相为转注之例。三字已立的,于是他字之释以恚、恨、怨者,其同其别,可以意揣矣。""忿"的本义是因急不可待而怒。《说文》:"忿,悁也。"段玉裁注:"'愤'与'忿'义不同。'愤'以气盈为义,'忿'以狷急为义。"清桂馥《说文义证》:"《孙子·谋攻》篇:'将不胜其忿而蚁附之。'注云:'将不待攻器成。'又《九变》篇:'忿速可侮。'忿,急疾之人。""悁"的本义与"忿"近似。《说文》:"悁,忿也……一曰:忧也。"段玉裁注:"悁之言獧也。獧,急也。"南唐徐锴《说文系传》:"臣锴曰:悁犹狷(急躁)也。""愠"的本义是蓄怒。《说文》:"愠,怒也。"南唐徐锴《说文系

传》:"臣锴曰:蓄怒也。"段注本改"怒"为"怨",并注曰:"'怨',各本作'怒'。《大雅•绵》传曰:'愠,恚也。'正义云:'《说文》:愠,怨也。恚,怒也。有怨者必怒之,故以愠为恚。'然则,唐初本作'怨'甚明。"按:积怨深必心蓄怒。

②词义的内涵不同。"愤"还有郁结于心、憋闷、充盈等义。"怒"还有谴责、势盛、威武、奋起等义。"恚"一般只用于恚怒义。"忿"有时可用作"奋"。"悁"还有忧郁义。"愠"还有郁结义。

安 宴 逸(佚) 豫(誉) 康 恺(凯 岂) 愉(媮)

ān　yàn　yì　　　yù　　　kāng　kǎi　　　yú

【同】 安乐,安闲而逸乐。有别于表示强烈情绪的喜乐。

〔安〕《释名•释言语》:"安,晏也,晏晏然和喜无动惧也。"《左传•僖公二十三年》:"怀与安,实败名。"《论语•学而》:"君子食无求饱,居无求安。"《韩非子•说疑》:"赵之先君敬侯,不修德行,而好纵欲,适身体之所安,耳目之所乐。"晋陶潜《归去来兮辞》:"倚南窗以寄傲,审容膝之易安。"

〔宴〕《说文》:"宴,安也。"《字汇》:"宴,闲也。"《左传•闵公元年》:"晏安鸩毒,不可怀也。"孔颖达疏:"宴安自逸,若鸩毒之药,不可怀也。"《汉书•京房传》:"房尝宴见。"颜师古注:"以闲宴时入见天子。"《南史•范云传》:"愿陛下知稼穑之艰难,无徇一朝之宴逸也。"

〔逸〕(佚)《尚书•无逸》:"生则逸,不知稼穑之艰难。"《昭明文选•张衡〈东京赋〉》:"犹谓为之者劳,居之者逸。"薛综注:"逸,乐也。"《宋书•刘敬宣传》:"今我往劳困,彼来甚逸。"唐元稹《和乐天赠樊著作》诗:"遂我一身逸,不如万物安。"

"逸"的本字是"佚"。《荀子•王霸》:"心欲綦佚。"杨倞注:"佚,安乐也。"《淮南子•诠言训》:"凡人之性,乐恬而憎悯,乐佚而憎劳。心常无欲,可谓恬矣;形常无事,可谓佚矣。"

〔豫〕(誉)《尔雅•释诂上》:"豫,乐也。"邢昺疏:"豫者,逸乐也。"又《释诂下》:"豫、宁、绥、康、柔,安也。"邢昺疏:"皆安乐也。"《尚书•金縢》:"王有疾,弗豫。"孔安国传:"武王有疾不悦豫。"《诗经•小雅•白驹》:"尔公尔侯,逸豫无期。"毛传:"尔公尔侯邪,何为逸乐无期以返也?"《国语•晋语四》:"坤,母也;震,长男也。母老子强,故曰豫。"韦昭注:"豫,乐也。"

南朝宋颜延之《赠王太常》诗:"豫往诚欢歇,悲来非乐阕。"

"豫"也写作"誉"。《诗经·小雅·蓼萧》:"燕笑语兮,是以有誉处兮。"朱熹注引苏氏曰:"誉、豫通。凡《诗》之'誉',皆言乐也。"《吕氏春秋·孝行》:"人主存,则名章荣,下服听,天下誉。"高诱注:"誉,乐也。"

〔康〕《尔雅·释诂上》:"康,乐也。"邢昺疏:"康者,安乐也。"《诗经·唐风·蟋蟀》:"无已大康,职思其居。"毛传:"康,乐也。"《礼记·礼运》:"如有不由此者,在势者去,众以为殃,是谓小康。"郑玄注:"康,安也。"

〔恺〕(凯 岂)《尔雅·释诂上》:"恺,乐也。""恺"字《说文》重收。一收在岂部,释为"康也";一收在心部,释为"乐也"。《庄子·天道》:"中心物恺,兼爱无私。"成玄英疏:"恺,乐也。忠诚之心,愿物安乐。"

"恺"也写作"凯"。《集韵》:"凯,《说文》:'乐也。'亦作凯。"晋陆机《演连珠》:"是以万邦凯乐,非悦钟鼓之娱;天下归仁,非感玉帛之惠。""岂"是"恺""凯"的古字。《诗经》中恺乐义都写作"岂"。《诗经·小雅·鱼藻》:"王在在镐,岂乐饮酒。"郑玄笺:"岂,亦乐也。"又《蓼萧》:"既见君子,孔燕岂弟;宜兄宜弟,令德寿岂。""岂"都是安乐义。

〔愉〕(媮)《尔雅·释诂上》:"愉,乐也。"邢昺疏:"愉者,安闲之乐也。"《说文》:"愉,薄也。"段玉裁注:"此'薄也'当作'薄乐也',转写夺'乐'字,谓浅薄之乐也。"《庄子·在宥》:"桀之治天下也,使天下瘁瘁焉人苦其性,是不愉也。"成玄英疏:"愉,乐也。"《吕氏春秋·禁塞》:"上称三皇五帝之业,以愉其意。"

"愉"也写作"媮"。《楚辞·卜居》:"宁正言不讳以危身乎,将从容富贵以媮身乎?"王逸注:"媮,身安乐也。"《汉书·韦贤传》:"烝民以匮,我王以媮。"颜师古注:"媮与愉同,乐也。"

【辨】

①词的本义不同。"安"的本义是"室家之内,女所安也。"(宋戴侗《六书故》)引申为安乐。"宴"的本义是闲适。《说文》:"宴,安也。"清徐灏《说文解字注笺》:"戴氏侗曰:'宴者,燕居闲适也。'"逸乐的本字应是"佚"。《说文》:"佚,佚民也。"清朱骏声《说文通训定声》:"按,佚民者,独乐其身之民也。《广雅·释诂一》:'佚,乐也。'……《汉书·李广传》:'而其士亦佚乐。'注:'闲豫也。'""豫"的本义应是"象之大者"(《说文》)。段玉裁注:"大必宽裕,故先事而备谓之豫,宽裕之意也;宽大则乐,故《释

诂》曰:'豫,乐也。'""康"的本义是米糠,"康"是作为"糠"的重文收在"糠"下。段玉裁认为,康乐义是其引申义,"糠之言空也,空其中以含米也。凡康宁、康乐,皆本义空中之引申。""恺"的本义是安乐。《说文》:"恺,康也。"段玉裁注:"恺、康双声。《释诂》:'康,安也。'"按:"恺""凯",都是"岂"的今字。"愉"的本义是偷安。"愉""媮""偷"为同源字。

②词义的内涵不同。"安"请参见"安定"条。"宴"还有安居、安定、宴请等义。"逸"还有逃逸、隐逸、散失、放纵等义。"豫"还有喜欢、巡游、预备等义。"康"还有和悦、富裕、健康等义。"恺"还有和顺、胜利的音乐等义。"愉"还有温和、悦服等义。

【附】 安佚 安怡 安晏 安宴 安逸 安康 安闲 安愈 安适 安豫 安乐 宴安 宴宴 宴逸 宴乐 逸豫 逸乐 康乐 恺乐 恺豫 恬逸 恬愉 恬熙

骄(乔 娇 憍) 傲(敖 骜 謷 慠) 倨(踞 据 裾) 矜 满 岸 慢(嫚 谩) 伉

【同】 骄傲;傲慢;自以为了不起,看不起别人。

〔骄〕(乔 娇 憍)《国语·越语下》:"天道盈而不溢,盛而不骄,劳而不矜其功。"《韩非子·说林上》:"君予之地,智伯必骄而轻敌,邻邦必惧而相亲。"《史记·项羽本纪》:"战胜而将骄卒惰者败。"汉王充《论衡·问孔篇》:"当此之时,子贡之名凌颜渊之上,孔子恐子贡志骄意溢,故抑之也。"

"骄"也写作"乔""娇""憍"。《礼记·乐记》:"卫音趋数烦志,齐音敖辟乔志。"陆德明释文:"乔,徐音骄,本或作骄。"孔颖达疏:"言齐音敖很辟越,所以使人意志骄逸也。"《汉书·西域传》:"有求则卑辞,无欲则娇嫚。"王先谦补注:"娇,骄之借字。"《战国策·魏策一》:"君予之地,知伯必憍,憍而轻敌,邻国惧而相亲。""憍",《韩非子》作"骄"。《广韵》:"憍,本亦作骄。"

〔傲〕(敖 骜 謷 慠)《说文》:"傲,倨也。"《尚书·尧典》:"瞽子,父顽,母嚚,象傲。"孔安国传:"象,舜弟之字,傲慢不友(《尔雅·释训》:"善兄弟为友。")。"《韩非子·内储说下》:"无极教宛曰:'令尹甚傲而好兵,子必谨敬,先巫陈兵堂下及门庭。'"《楚辞·离骚》:"保厥美以骄傲兮,日康娱以淫游。"唐魏徵《十渐不克终疏》:"傲不可长,欲不可纵。"

"傲"也写作"敖""骜""謷""憿"。汉贾谊《新书·道术》:"弟敬爱兄谓之悌,反悌为敖。"《汉书·匈奴传上》:"陵轹边吏,入盗,甚骜无道,非约也。"颜师古注:"骜与傲同。"《吕氏春秋·侈乐》:"勇者凌怯,壮者憿幼。"《庄子·天地》:"虽以天下誉之,得其所谓,謷然不顾。"

〔倨〕(踞 据 裾) 兼有不礼貌的意思。《说文》:"倨,不逊也。"《左传·襄公二十九年》:"直而不倨。"杜预注:"倨,傲也。"《汉书·汲黯传》:"为人性倨,少礼,面折,不能容人之过。"颜师古注:"倨,简傲也。"汉王充《论衡·率性篇》:"是故叔孙通制定礼仪,拔剑争功之臣,奉礼拜伏,初骄倨而后逊顺,圣教威德,变易性也。"《北史·郭衍传》:"衍临下甚倨,事上甚卑。"

"倨"也写作"踞""据""裾"。汉桓宽《盐铁论·结和》:"今有帝名而威不信长城,反赂遗而尚踞敖,此五帝所不忍,三王所毕怒也。"《战国策·齐策四》:"据慢骄奢,则凶从之。"《汉书·赵禹传》:"禹为人廉裾,为吏以来,舍无食客。"颜师古注:"裾亦傲也,读与倨同。"

〔矜〕《正字通》:"矜,骄矜自负貌。"《尚书·大禹谟》:"汝惟不矜,天下莫与汝争能;汝惟不伐,天下莫与汝争功。"孔安国传:"自贤曰矜,自功曰伐。"《礼记·表记》:"不矜而庄,不厉而威。"郑玄注:"矜,谓自尊大也。"三国魏刘劭《人物志·材理》:"方其胜难,胜而不矜。"《新唐书·吴凑传》:"凑循循有礼让,无倨气矜色。"

〔满〕《尚书·大禹谟》:"满招损,谦受益,时乃天道。"孔安国传:"自满者人损之,自谦者人益之,是天之常道。"《国语·鲁语下》:"今吾子之戒吏人曰'陷而入于恭',其满之甚也。"韦昭注:"骄为满,恭为谦也。"《北史·序传·李冲》:"孝文览其表,嗟叹久之。既而曰:'道固可谓隘也,仆射亦为满也。'"

〔岸〕 高傲。南朝梁刘勰《文心雕龙·序志》:"傲岸泉石,咀嚼文义。"宋黄庭坚《定风波·次高左藏使君韵》词:"莫笑老翁犹气岸,君看,几人白发上华颠。"

〔慢〕(嫚 谩) 骄而无礼。《广韵》:"慢,倨也。"《易经·系辞上》:"上慢下暴,盗思伐之矣。"孔颖达疏:"小人居上位必骄慢,而在下必暴虐。"《史记·淮阴侯列传》:"王素慢无礼,今拜大将军如呼小儿耳,此乃信所以去也。"宋王安石《与僧道升二首》之二:"汝今何恭昔何慢?"

"慢"的本字应为"嫚"。《说文》:"嫚,侮易也。"段玉裁注:"'嫚'与心部之'慢'音同义别。凡嫚人当用此字。"《汉书·高帝纪下》:"陛下嫚而侮人,项羽仁而敬人。""嫚",《史记·高帝本纪》写作"慢"。字也写作"谩"。《汉书·董仲舒传》:"故桀、纣暴谩,谗贼并进,贤知隐伏。"颜师古注:"谩与慢同。"

〔伉〕 骄纵。《韩非子·亡征》:"太子轻而庶子伉,官吏弱而人民桀。"《榖梁传·桓公十八年》:"泺之会,不言及夫人,何也?以夫人之伉,弗称数也。"范宁注:"泺之会,夫人骄伉,不可言及,故舍而弗数。"汉荀悦《申鉴·政体》:"以侈为博,以伉为高,以滥为通,遵礼谓之劬,守法谓之固:此荒国之风也。"

【辨】

①词的本义不同。"骄"的本义是高大的马。《说文》:"骄,马高六尺为高。"段玉裁注:"凡骄恣之义,当是由此引申。""傲""倨"的本义是倨傲不逊。按:"居(本义为蹲踞)""踞",古今字;"踞""倨",也是古今字。"踞"是一种很不礼貌的坐姿,引申出倨傲义。"矜",字又作"矝","矝"有怜义。但《说文》认为本义是"矛柄"。段玉裁认为,"若矜夸、矜持、矜式……皆自矛柄之义引申之。"按:古籍中,"矜"常用于自夸义,骄矜义当由此引申。"满"的本义是水满溢。《说文》:"满,盈溢也。""岸"的本义是水边高地。《说文》:"岸,水涯而高者。"引申为高位、高傲等义。"慢"是"嫚"的借字,本义为懈惰,但古籍中习写作"慢"字。"伉"的本义是"高亢壮大之貌"(见南唐徐锴《说文解字系传》),引申为骄纵义。按:《说文》释"伉"为"人名"。段玉裁注:"非例也。《左传》:'施氏妇曰:不能庇其伉俪。'(见《左传·昭公十一年》,文字有出入。)杜预注:'伉,敌(对等)也;俪,偶也。'"

② 词义的内涵不同。"骄"还有马雄壮、强烈、宠爱、放纵等义。"傲"还有轻视、急躁等义。"倨"还有直、蹲坐等义。"矜"还有自夸、怜悯、惋惜、劳苦、凶险、戒惧、端庄、敬重等义。"满"还有充盈、满足、成就、饱满、全、达到某一程度等义。"岸"还有水边高地、高位、殿阶、边际等义。"慢"除借作"嫚"外,还有怠惰、轻视、简略、放肆、漂亮、稀疏等义。"伉"还有配偶、对等、直率、强悍、隐藏等义。

③ "倨""傲""慢"等除骄傲义外,还有轻视别人或不礼貌的意思。

【附】 骄大 骄亢 骄伉 骄抗 骄玩 骄尚 骄侈 骄侮 骄盈 骄矜 骄倨 骄崇 骄逸 骄敖 骄傲 骄骜 骄夸 骄诞 骄慢 傲岸 傲物 傲易 傲忽 傲侮 傲倪 傲倨 傲睨 傲诞 傲慢 倨侮 倨敖 倨傲 倨骜 倨慢 倨横 倨骄 矜尚 矜持 矜负 矜恃 矜倨 矜高 矜许 矜傲 矜诞 矜满 矜慢 矜踞 矜骄 满大 满盈 满假 岸忽 慢物 慢傲

愚 蠢(惷 憃) 戆(贛)

【同】 无知,缺乏知识和教养。

〔愚〕《说文》:"愚,戆也。"段玉裁注:"愚者,智之反也。"《论语·阳货》:"好仁而不好学,其蔽也愚。"《庄子·山木》:"南越有邑焉,名为建德之国。其民愚而朴,少私而寡欲。"《韩非子·六反》:"是故决贤、不肖、愚、知之策,在赏罚之轻重。"《礼记·表记》:"其民之敝,惷而愚,乔而野,朴而不文。"《淮南子·氾论训》:"存亡之迹,若此其易知也,愚夫惷妇皆能知之。"

〔蠢〕(惷 憃) 愚蠢的"蠢",《说文》写作"惷"。《说文》:"惷,愚也。"按:《说文》还另有"憃"字,释为"乱也"。先秦时期的古籍中,愚蠢的"蠢"多写作"惷"或"憃",且常与"愚"连用或对用。《周礼·秋官·司刺》:"三赦曰惷愚。"郑玄注:"惷愚,生而痴駭童昏者。"《仪礼·士昏礼》:"某之子惷愚,又弗能教。"《战国策·魏策一》:"魏王曰:'寡人惷愚,前计失之,请称东藩……效河外。'"《淮南子·墜形训》:"黑色主肾,其人惷愚。""蠢",《说文》释为"虫动也",用于愚蠢义约始于汉。汉王充《论衡·自然篇》:"时人愚蠢,不知相绳责也。"

〔戆〕(贛) 《说文》:"戆,愚也。"《玉篇·心部》:"戆,愚戆。"《荀子·大略》:"悍戆好斗,似勇而非。"杨倞注:"戆,愚也。"《史记·汲郑列传》:"上退,谓左右曰:'甚矣,汲黯之戆也。'"司马贞索隐:"戆,愚也。"《汉书·高帝纪》:"王陵可,然少戆,陈平可以助之。"颜师古注:"戆,愚也。""戆"也写作"贛"。《墨子·非儒下》:"其亲死,列尸弗敛,登屋窥井,挑鼠穴,探涤器,而求其人矣,以为实在,则贛愚甚矣。"《后汉书·蔡邕传》:"臣实愚贛,唯识忠尽,出命忘躯,不顾后害,遂讥刺公卿,内及宠臣。"

【辨】
①词的本义有所侧重。"愚""戆"两字,《说文》互训。"愚"侧重于愚昧、知识寡陋。唐玄应《一切经音义》卷二十二:"愚,无所知也。""蠢"的本字是"惷",参照郑玄的《周礼》注,则侧重于"痴騃",即智力低下。"戆"则侧重于刚直憨拙。《正字通·心部》:"戆,急直也。"

②词义的内涵不同。"愚"还有被愚弄义,还可用作谦称。"蠢"与愚蠢有关的还有笨拙义。"戆"一般只用于本义。

盲(máng) 瞽(gǔ) 矇(méng) 瞍(sǒu) 瞎(xiā)

【同】瞎。失去视觉,失明。

〔盲〕《说文》:"盲,目无牟子。"《老子》第十二章:"五色令人目盲,五音令人耳聋。"《庄子·庚桑楚》:"目之与形,吾不知其异也,而盲者不能自见。"《荀子·赋篇》:"以盲为明,以聋为聪,以危为安,以吉为凶,呜呼上天,曷维其同!"《韩非子·解老》:"目不能决黑白之色则谓之盲,耳不能别清浊之声则谓之聋。"《汉书·杜钦传》:"钦字子夏,少好经书,家富而目偏盲。"颜师古注:"盲,目无见也。"汉王充《论衡·别通篇》:"人目不见青黄曰盲,耳不闻宫商曰聋。"

〔瞽〕《说文》:"瞽,目但有䀹也。"南唐徐锴《说文解字系传》:"臣锴按,说《尚书》者,言目漫若鼓皮也。䀹但有黑子外微有黑影而已。"清朱骏声《说文通训定声》:"谓目眠不开,惟有缝者。"《尚书·尧典》:"瞽子,父顽,母嚚。"孔安国传:"无目曰瞽。"《国语·周语上》:"瞽献曲。"韦昭注:"瞽,无目如鼓。"《庄子·逍遥游》:"瞽者无以与乎文章之观。"成玄英疏:"瞽者,眼无䀹缝,冥冥如鼓皮也。"汉韩婴《韩诗外传》卷五:"两瞽相扶,不触墙木,不陷井穽,是其幸也。"宋王安石《上相府书》:"瞽、聋、侏儒,亦各得以其材,食之有司。"

〔矇〕《说文》:"矇,童矇也。"清徐灏《说文解字注笺》:"《释名》云:'矇有眸子而失明,蒙蒙无所别也。'许云'童矇'者,言目童子有所蔽也。"《诗经·大雅·灵台》:"鼍鼓逢逢,矇瞍奏公。"毛传:"有眸子而无见曰矇。"《国语·周语上》:"故天子听政……师箴,瞍赋,矇诵。"韦昭注:"有眸子而无见曰矇。"《吕氏春秋·达郁》:"是故天子听政,使公卿列士正谏,好学博闻献诗,矇箴师诵。"高诱注:"目不见曰矇。"

〔瞍〕《说文》:"瞍,无目也。"段玉裁注:"无目者,其中空洞无物,故《字林》云:目有眹无珠子也。《诗经·大雅·灵台》:"鼍鼓逢逢,矇瞍奏公。"毛传:"无眸子曰瞍。"孔颖达疏:"《春官》'瞽矇'注,郑司农云:有目而无眸子谓之瞍。"《国语·周语上》:"瞍赋。"韦昭注:"无眸子曰瞍。"

〔瞎〕 一目失明或两目均失明。《说文》无。《玉篇·目部》:"瞎,一目合也。"《释名·释疾病》:"瞎,迄也。"王先谦《释名疏证补》:"毕沅曰:《说文》无'瞎'字。《御览》引《说文》:'瞎,目病也。'恐未可为据……按,晋以后始谓眇目者为瞎……叶德炯曰:《世说新语》顾南郡与殷荆州语次,(因)共作了语……殷有一参军在座,曰:'盲人骑瞎马,夜半临深池。'以仲堪眇一目故也。《玉篇》遂以'一目合也'训'瞎'。《资治通鉴·晋穆帝永和十一年》:"洪尝戏之曰:'吾闻瞎儿一泪,信乎?'"胡三省注:"瞎,一目盲也。"又《集韵·辖韵》:"瞎,目盲也。"唐孟郊《寄张籍》诗:"西明寺后穷瞎张太祝,纵尔有眼谁尔珍。天子咫尺不得见,不如闭眼且养真。"

【辨】

①古人观察很细,虽均表示失明,但眼部情况微有区别。《说文》释"盲"为"目无牟子",即没有眼珠;释"瞽"为"目但有眹也",即目如鼓,仅有眼缝;释"矇"为"童矇也",即"童(瞳)子为翳所蒙也"(清王筠《说文句读》"矇"下释),今称白内障。释"瞍"为"无目也",即眼中"空洞无物"。段玉裁认为:"'无目'与'无牟子'别。'无牟子'者,黑白不分;'无目'者,其中空洞无物,故《字林》云:'瞍,目有眹无珠子也。'瞽者,才有眹而中有珠子;瞍者,才有眹而中无珠子。此又瞽与瞍之别。凡若此等,皆对文则别,散文则通。"(《说文》"瞍"下注)"瞎"是后起字。初为盲一目,后引申为两眼全瞎。按:古时乐师多由盲者担任,"瞽""矇""瞍",可以表示乐师,"盲"不能。

②词义的内涵不同。"盲"还有昏暗、不明事理等义。"瞽"还可表示不达事理或自谦。"矇"还可表示昏暗、愚昧、眯眼等义。"瞍"还可表示对长者的称呼。"瞎"还可表示盲目地、胡乱地等义。

过 失 愆 尤(邮) 错 误 谬(缪) 讹(譌) 差 忒 爽 咎 舛 乖

【同】错误,不正确的行为或事物。

〔过〕《广雅·释诂三》:"过,误也。"《左传·宣公二年》:"人谁无过,过而能改,善莫大焉。"《论语·子张》:"君子之过也,如日月之食焉。过也,人皆见之;更也,人皆仰之。"《孟子·公孙丑上》:"子路,人告之以过则喜,禹闻善言则拜。"《韩非子·内储说上》:"重罪者,人之所难犯也;而小过者,人之所易去也……夫小过不生,大罪不至,是人无罪而乱不生也。"《汉书·王莽传上》:"(霍光)虽曰有功,所因亦易,然犹有计策不审过徵之累。"颜师古注:"光误徵昌邑王,不得其人也。"

〔失〕《增韵·质韵》:"失,过也。"《周礼·地官·司救》:"司救掌万民之邪恶过失而诛让之,以礼防禁而救之。"《左传·襄公十四年》:"善则赏之,过则匡之,患则救之,失则革之。"《商君书·靳令》:"邪臣有得志,有功者日退,此谓失。"《韩非子·有度》:"故矫上之失,诘下之邪,治乱决缪,绌羡齐非,一民之轨,莫如法。"《汉书·路温舒传》:"臣闻秦有十失,其一尚存,治狱之吏是也。"汉王充《论衡·非韩篇》:"使太公不赏出仕未有功之人,则其诛不仕未有罪之民非也,而韩子是之,失误之言也。"

〔愆〕《玉篇·心部》:"愆,过也。"《尚书·伊训》:"惟兹三风十愆,卿士有一于身,家必丧。"孔安国传:"有一过则德义废,失位亡家之道。"《汉书·王莽传下》:"孝弟忠恕,敬上爱下,博通旧文,德行醇备,至于黄发,靡有愆失。"《三国志·蜀书·诸葛亮传》:"街亭之役,咎由马谡,而君引愆。"唐韩愈《祭十二兄文》:"归女教男,反骨本原。其不有年,以补我愆。"

〔尤〕(邮)《玉篇·乙部》:"尤,过也。"《诗经·小雅·四月》:"废为残贼,莫知其尤。"郑玄笺:"尤,过也。言在位者贪残,为民之害,无自知其行之过者。"汉王粲《为刘荆州与袁尚书》:"是故虽灭亲不为尤,诛兄不伤义也。"南朝梁任昉《为齐明帝让宣城郡公第一表》:"家国之事,一至于斯。非臣之尤,谁任其咎?"宋叶適《医工叹重赠柳山人》诗:"柳生听罢掉颈笑,既有主对非吾尤。"清蒲松龄《聊斋志异·王成》:"此我数也,于主人何尤?"

"尤"也写作"邮"。《尔雅·释言》:"邮,过也。"郝懿行疏:"过,谓失误……邮者,古本作'尤'……通作'邮'。"《诗经·小雅·宾之初筵》:"是曰既醉,不知其邮。"郑玄笺:"邮,过也。"《国语·晋语四》:"远人入服。不为邮矣。"韦昭注:"邮,过也。"《汉书·成帝纪》:"天著变异,以显朕邮。"颜师古注:"'邮'与'尤'同,谓过也。"

〔错〕《集韵·铎韵》:"错,乖也。"汉郑玄《郑志·族师职四间八间》:"(赵商问)《族师》之义,邻比相坐;《康诰》之问,门内尚宽,不知《书》《礼》孰错?"《礼记·大传》:"五者一物纰缪,民莫得其死。"郑玄注:"物,犹事也。纰缪,犹错也。五事得则民足,一事失则民不得其死。"唐杜甫《堂成》:"旁人错比扬雄宅,懒惰无心作《解嘲》。"

〔误〕《说文》:"误,谬也。"《尚书·立政》:"继自今,文子文孙,其勿误于庶狱庶慎。"孔颖达疏:"继续从今以往,文王之子孙,其勿得过误于众狱讼众所慎之事。"《礼记·聘义》:"使者聘而误,主君弗亲飨食也。"孔颖达疏:"误,谓来聘使者行聘之时礼有错误。"《三国志·吴书·周瑜传》:"瑜少精意于音乐,虽三爵之后,其有阙误,瑜必知之,知之必顾,故时人谣曰:'曲有误,周郎顾。'"唐韩愈《为韦相公让官表》:"毫厘之差,或致弊于寰海;晷刻之误,或遗患于历年。"

〔谬〕(缪)《广雅·释诂三》:"谬,误也。"《尚书·冏命》:"绳愆纠谬,格其非心,俾克绍先烈。"孔颖达疏:"绳其愆过,纠其错误,格其非妄之心……使能继先王之功业。"《荀子·儒效》:"故闻之而不见,虽博必谬。"《韩非子·八奸》:"功劳之臣不论,官职之迁失谬……是以贤者懈怠而不劝,有功者隳而简其业,此亡国之风也。"汉王充《论衡·答佞篇》:"问曰:聪明有蔽塞,推行有谬误,今以是者为贤,非者为佞,殆不得贤者之实乎?"明归有光《荀子叙录》:"而时有芜谬,取韩子'削其不合者附于圣人之籍'之意,与其他脱文衍字,并为识别,读者可以一览而知也。"

"谬"也写作"缪"。《庄子·盗跖》:"尔作言造语,妄称文武……多辞缪说,不耕而食,不织而衣,摇唇鼓舌,擅生是非。"《礼记·仲尼燕居》:"君子无礼不动,无节不作,不能诗,于礼缪。"郑玄注:"缪,误也。"《韩非子·八经》:"刑之烦,名之缪也。"《汉书·梅福传》:"然其俊桀指世陈政,言成文章,质之先圣而不缪,施之当世合时务,若此者,亦亡几人。"宋苏轼《答陈师仲书》:"人生如朝露,意所乐者则为之,何暇计议穷达?云能穷者固缪,云不能穷者,亦未免有意于畏穷也。"

〔讹〕(譌)《广韵·戈韵》:"讹,谬也。"汉王充《论衡·累害篇》:"夫如是,市虎之讹,投杼之误不足怪,则玉变为石,珠化为砾不足诡也。"三国魏曹植《植橘赋》:"神盖幽而易激,信天道之不讹。"明宋濂《潜溪录》卷四:"广收博采,缺者补之,讹者正之。"明郎瑛《七修类稿·辩证上·爱妾换马》:"不然,长髯紫衣,怪诞幽显之说,何其骇异哉?后人又不考而咏吟焉,讹以传讹。"明徐弘祖《徐霞客游记·黔游日记二》:"石梁西麓,有穴纷骈纵横如亦字,故名其地曰亦字孔。今讹为亦资孔,乃土音之淆也。"

"讹"也写作"譌"。明徐弘祖《徐霞客游记·滇游日记九》:"所谓高黎工山,土人譌为高良工山。"清冯班《钝吟杂录·日记》:"印章上字或可用隶书,不纯用小篆也,世人多以为譌字。"

〔差〕《尚书·吕刑》:"察辞于差,非从惟从。"孔安国传:"察囚辞,其难在于差错,非从其伪辞,惟从其本情。"《荀子·天论》:"乱生其差,治尽其详。"杨倞注:"差,谬也。"《韩非子·制分》:"务不与事相得,则法安得无失而刑安得无烦? 是以赏罚扰乱,邦道差误,赏刑之不分白也。"唐韩愈《石鼓歌》:"毫发尽备无差讹。"元无名氏《货郎旦》第二折:"我是来救你的,你休认差了也。"《明史·徐光启传》:"历久必差,宜及时修正。"

〔忒〕《广雅·释诂四》:"忒,差也。"宋戴侗《六书故·人六》:"忒,过差也。"《易经·观卦》:"观天之神道,而四时不忒。"孔颖达疏:"观此天之神道,而四时不有差忒。"《吕氏春秋·孟春纪》:"宿离不忒,无失经纪。"高诱注:"忒,差也。"《宋书·律历志下》:"元和所用,即与古历相符也。逮至景初,而终无毫忒。"《明史·天文志一》:"县象在天,制器在人,测验推步,靡忒毫分。"

〔爽〕《尔雅·释言》:"爽,差也,忒也。"《方言》卷十三:"爽,过也。"郭璞注:"谓过差也。"《诗经·卫风·氓》:"女也不爽,士贰其行。"毛传:"爽,差。"《昭明文选·曹植〈求通亲亲表〉》:"诚骨肉之恩,爽而不离。"李善注引《尔雅》:"爽,差也。"

〔咎〕《广韵·有韵》:"咎,愆也。"《诗经·小雅·伐木》:"宁适不来,微我有咎。"毛传:"咎,过也。"汉曹操《手书答朱灵》:"来书恳恻,多引咎过。"三国蜀诸葛亮《出师表》:"若无兴德之言,则责攸之、祎、允之慢,以彰其咎。"

〔舛〕《汉书·贾谊传》:"且帝之身自衣皂绨,而富民墙屋被文绣;天子之后以缘其领,庶人孽妾缘其履,此臣所谓舛也。"《宋史·隐逸中·张愈传》:

"闭户读书四十年,手校书万卷,无一字舛。"明单本《蕉帕记·备聘》:"怎生的识见偏,怎生的作事舛!"

〔乖〕《广雅·释诂四》:"乖,差也。"《后汉书·郭玉传》:"针石之间,毫芒即乖。"北齐颜之推《颜氏家训·勉学》:"己身姓名,多或乖舛。纵得不误,亦未知所由。"五代王定保《唐摭言·点检文书》:"或文字乖讹,便在点窜矣。"《辽史·穆宗纪下》:"朕醉中处事有乖,无得曲从。"清吴敬梓《儒林外史》第一四回:"像我娄家表叔结识了多少人,一个个出乖露丑。"

【辨】

①词的本义不同。"过"的本义是经过,引申为过错的"过"。《说文》:"过,度也。"段玉裁注:"引申为有过之过。""失"在《说文》"手"部,解释为"纵也"。段玉裁注:"在手而逸去为失。""愆"的本义是超越。《说文》:"愆,过也。"清徐灏《说文解字注笺》:"过者,越也,故引申为过差。""尤"的本义是特异。《说文》:"尤,异也。"清桂馥《说文义证》:"本书'就'下云'尤,异于凡也。'""错"的本义是用金涂饰。《说文》:"错,金涂也。"段玉裁注:"谓以金措其上也。""误"的本义是错误。《说文》:"误,谬也。""谬"的本义是荒谬。《说文》:"谬,狂者之妄言也。""讹"的本字应为"譌"。清邵瑛《说文解字群经正字》:"《说文》无'讹'字,正字当作'譌'。"《说文》:"譌,譌言也。""差"的本义是失当。《说文》:"差,贰也,差不相值也。""忒"的本义是更迭。《说文》:"忒,更也。""爽"的本义是明。《说文》:"爽,明也。"段玉裁认为,"本训明。明之至而差生焉,故引申训差也"("爽"字下注)。"咎"的本义是灾祸。《说文》:"咎,灾也。""舛"的本义,《说文》释为"对卧"。按:从舛的字与脚有关,如"舞"字,象两脚相背,本义应是相违背。"乖"的本义是乖离。段玉裁据字形分析,认为"皆取分背之意"。

②词义的内涵不同。"过"还有渡过、过去、超过、过分、过访、责备、人死的婉称等义。"失"还有遗漏、错过、迷失、消失、损失等义。"愆"还有失掉、错过等义。"尤"还有怨恨、责怪等义。"错"还有磨、治(玉)、镶嵌、交错、杂乱等义。"误"还有耽误、妨害、迷惑等义。"谬"还有欺诈义。"讹"还有谣言、讹诈等义。"差"还有差别、歪斜等义。"爽"还有开朗、清凉、舒适、损减等义。"忒"还有疑惑、邪恶等义。"咎"还有责备、罪过、憎恶等义。"舛"还有错杂、不顺利等义。"乖"还有分离义。

【附】 过尤 过失 过咎 过差 过愆 过误 过错 过谬 失误 失错 失谬 愆尤

怂忒 怂失 怂误 错失 错过 错误 错谬 误失 误错 误谬 误缪 误讹 谬失
谬忒 谬舛 谬误 缪误 纰缪 纰谬 讹失 讹舛 讹误 讹错 讹谬 差失 差舛
差忒 差爽 差池 差讹 差误 差错 差谬 差缪 爽误 爽缪 咎过 咎怂 舛差
舛讹 舛错 舛误 舛谬 舛缪 乖失 乖舛 乖差 乖爽 乖讹 乖错 乖怂

疑(yí) 惑(huò)

【同】对人或事不明白,不理解。

〔疑〕《说文》:"疑,惑也。"《论语·季氏》:"疑思问。"《孟子·公孙丑下》:"异哉,子叔疑!"焦循正义:"赵氏以……'子叔疑'犹《论语》言'门人惑'也。"《战国策·秦策二》:"夫以曾参之贤与母之信,而三人疑之。"高诱注:"疑犹惑也。"汉王充《论衡·对作篇》:"况《论衡》细说微论,解释世俗之疑,辩照是非之理。"

〔惑〕清桂馥《说文义证》:"惑也者,《增韵》:'惑,疑也。'《易·乾卦》:'或(惑)之者,疑之也。'"《论语·为政》:"四十而不惑。"何晏集解:"孔曰:'不疑惑。'"《孟子·公孙丑上》:"若是则弟子之惑滋甚。"《淮南子·诠言训》:"故知道者不惑。"又《齐俗训》:"夫乘舟而惑者不知东西,见斗极则寤矣。"《列子·说符》:"吾惑愈甚。"

【辨】

①词的本义有所不同。"疑"侧重于有疑问。《孟子·告子上》:"故凡同类者,举相似也,何独至于人而疑之?""惑"的本义是迷乱。《说文》:"惑,乱也。"用于疑惑义侧重于不明白。汉刘向《说苑·修文》:"子贡问曰:闵子哀不尽,子曰:'君子也。'子夏哀以尽,子曰:'君子也。'赐也惑,敢问何谓?"

②词义的内涵不同。"疑"还有疑问、怀疑、猜疑等义。"惑"还有蛊惑义。

疲(罢)(pí) 惫(bèi) 倦(券 勌)(juàn) 困(kùn) 极(jí)

【同】劳累后感到乏力。

〔疲〕(罢) 《说文》:"疲,劳也。"《广雅·释诂一》:"疲,极也。"《广韵·支韵》:"疲,劳也,乏也。"《庄子·天道》:"其鬼不祟,其魂不疲,一心定而万物服。"《韩非子·初见秦》:"是故兵终身暴露于外,士民疲病于内,霸王之名不成。"《列子·黄帝》:"朕闲居三月,斋心服形,思有以养身治物之道,弗获其术。疲而睡,所梦若此。"按:先秦古籍中"疲"字的使用率很低,仅《庄子》《韩非子》各二见。

早期古籍中,"疲"多写作"罢"。《左传·襄公二十六年》:"楚罢于奔命。"又《宣公十二年》:"民不罢劳。"《史记·淮阴侯列传》:"然而众劳卒罢,其实难用。"《汉书·刑法志》:"于是师旅亟动,百姓罢敝,无伏节死难之谊。"颜师古注:"罢读曰疲。"

〔惫〕《玉篇·心部》:"惫,极也,疲劳也。"《庄子·让王》:"孔子穷于陈蔡之间,七日不火食,藜羹不糁,颜色甚惫,而弦歌于室。"《史记·樊郦滕灌列传》:"始陛下与臣等起丰沛,何等壮也!今天下已定,又何惫也!"《列子·天瑞》:"知老之惫,未知老之佚。"

〔倦〕(券 勌) 《说文》:"倦,罢也。"南唐徐锴《说文解字系传》:"臣锴曰:罢,疲字也。"清徐灏《说文解字注笺》:"罢,当读为疲。《广韵》:'罢,倦也。符羁切。'"《国语·晋语一》:"用而不倦,身之利也。"韦昭注:"倦,劳也。"《史记·屈原贾生列传》:"故劳苦倦极,未尝不呼天也。"南朝梁江淹《杂体诗·陶徵君》诗:"虽有荷锄倦,浊酒聊自适。"

"倦"也写作"券"。《说文》:"券,劳也。"段玉裁注引《周礼·考工记》郑玄注:"券,今倦字也。"后说:"据此则汉时已倦行而券废矣。今皆作倦,盖由契券从刀而避之也。""倦"也写作"勌"。《庄子·应帝王》:"有人于此,向疾强梁,物彻疏明,学道不勌,如是者可比明王乎?"

〔困〕《广雅·释诂一》:"困,极也。"《后汉书·耿纯传》:"(世祖)劳纯曰:'昨夜困乎?'"《晋书·王敦传》:"因作势而起,困乏复卧。"唐杜甫《江畔独步寻花》诗:"黄师塔前江水东,春光懒困倚微风。"宋苏轼《次韵周长官寿星院同钱鲁少卿》诗:"困眠不觉依蒲褐,归路相将踏桂华。"

〔极〕《广雅·释诂一》以"极"解释"疲""惫""困""券(倦)"诸字。《汉书·王褒传》:"庸人之御驽马,亦伤吻敝策而不进于行,匈喘肤汗,人极马倦。"《三国志·魏书·华佗传》:"人体欲得劳动,但不当使极耳。"南朝宋刘义庆《世说新语·言语》:"丞相小极,对之疲睡。"

【辨】

①在表示疲劳的意义上微有差别。"疲""倦""罢",侧重于劳累义。《说文》同训"疲""券(倦)"为劳。又《礼记·少仪》"师役曰罢。"郑玄注:"罢之言劳也。""惫""困""极",侧重于精疲力尽义。汉服虔《通俗文》:"疲极曰困。"《广雅·释诂一》:"困,极也。"《说文》"困"下段玉裁注:"凡言困勉、困苦皆极尽之义。"《汉书·匈奴传》:"前此者,汉兵深入穷追二十余年,匈奴孕重惰殰,罢极苦之。"颜师古注:"罢,读曰疲。极,困也。"按:颜注"罢""极"分别解释,意谓筋疲力尽。一般辞书释"罢极"为动补结构,误。

②词义的内涵不同。"疲"还有瘦弱、衰老等义。"惫"还有衰竭、危殆义。"倦"还有厌倦义。"困"还有艰难、贫乏义。"极"的本义是房梁,还有顶点、终了、穷尽、边际等义。

等 同 均(钧) 齐 侔(牟) 埒

【同】均等,两者一样。

〔等〕《说文》:"等,齐简也。"段玉裁注:"引申为凡齐之称。"《吕氏春秋·慎势》:"权钧不能相使,势等不能相并,治乱齐则不能相正。"《淮南子·天文训》:"若使景(影)与表等,则高与远等也。"《史记·孟尝君列传》:"食客数千人,无贵贱,一与文等。"《汉书·张耳陈余传》:"耳之国,余愈怒,曰:'耳与余功等也,今耳王,余独侯。'"汉王充《论衡·讥日篇》:"且沐者去首垢,洗去足垢,盥去手垢,浴去身垢,皆去一形之垢,其实等也。"

〔同〕《广韵·东韵》:"同,齐也。"《吕氏春秋·审己》:"凡物之然也,必有故,而不知其故,虽当与不知同。"高诱注:"同,等也。"《史记·司马相如列传》:"卓王孙喟然而叹,自以得使女尚司马长卿晚,而厚分与其女财,与男等同。"汉王充《论衡·感虚篇》:"夫哀与乐同,喜与怒均。"

〔均〕(钧)《史记·酷吏列传》:"(周阳由)与汲黯俱为忮,司马安之文恶,俱在二千石之列,同车未尝敢均茵伏。"司马贞索隐:"案:均,等也;茵,车蓐也;伏,车轼也。言二人与由同载一车,尚不敢与之均茵轼也,谓下之也。"汉王充《论衡·语增篇》:"饮酒有法,胸腹大小,与人均等。"

"均"也写作"钧"。《左传·襄公三十一年》:"年钧择贤,义钧则卜。"

杜预注:"义钧,谓贤等。"《淮南子·俶真训》:"百围之木,斩而为牺尊……然其断在沟中,壹比牺尊,沟中之断,则丑美有间矣。然而失木性,钧也。"高诱注:"钧,等。"汉王充《论衡·调时篇》:"且田与宅,俱人所治,兴功用力,劳佚钧等。"

〔齐〕《说文》:"齐,禾麦吐穗上平也。"段玉裁注:"引申为凡齐等之称。"《论语·里仁》:"子曰:'见贤思齐焉,见不贤而自内省也。'"何晏集解:"包曰:'思与贤者等。'"《孟子·滕文公上》:"夫物之不齐,物之情也。"孙奭疏:"夫万物之不齐等,是物有贵贱好恶之情也。"《淮南子·精神训》:"齐死生,则志不慑矣。"高诱注:"齐,等也。不畏义死,不乐不义生,其志意无所慑惧,故曰等也。"《汉书·食货志》:"世家子弟富人或斗鸡走狗马,弋猎博戏,乱齐民。"颜师古注:"齐,等也。无有贵贱,谓之齐民。"

〔侔〕(牟)《说文》:"侔,齐等也。"《广雅·释诂四》:"侔,齐也。"《周礼·考工记·轮人》:"权之以视其轻重之侔也。"郑玄注:"侔,等也。"《韩非子·五蠹》:"既蓄王资而承敌国之釁,超五帝,侔三王者,必此法也。"《战国策·中山策》:"我万乘之国也,中山千乘之国也,何侔名于我?"高诱注:"侔,等。"《史记·孝文本纪》:"德厚侔天地。"裴骃集解:"李奇曰:'侔,齐等。'"

"侔"也可写作"牟"。《汉书·司马相如传》:"德牟往初,功无与二。"颜师古注:"牟,等也。"按:《史记》作"侔"。

〔埒〕《说文》"埒"下段玉裁注:"按,《广韵》引孟康云:'等库垣也。'似孟氏所据为长。等者,齐等也,卑垣延长而齐等若一,是之谓埒。引之为涯际之称……又为相等之称。""埒"字《史记》共五见,全用于相等义。《平准书》:"故吴,诸侯也,以即山铸钱,富埒天子。"《货殖列传》:"而邯郸郭纵以铁冶成业,与王者埒富。"又:"一岁之中,则无盐氏之息什倍,用此富埒关中。"《佞幸列传》:"延年佩二千石印,号协声律。与上卧起,甚贵幸,埒如韩嫣也。"

【辨】

①词的本义不同。"等"的本义是使书简整齐。"同"的本义是会合。《说文》:"同,合会也。""均"的本义是平均。《说文》:"均,平偏也。""齐"的本义是禾麦吐穗整齐。"侔"的本义是齐等。"埒"的本义按段玉裁的解释是"卑垣(矮墙)延长而齐等若一"。

②词义的内涵不同。"等"还有等级、等辈、等类等义。"同"还有齐

一、偕同、共一等义。"均"还有普遍、调和等义。"齐"还有平等、齐全、并列、疾速等义。"侔"一般用于齐等义。"垺"还有田塍、涯际等义。

殊 异
shū yì

【同】不同，即形式或内容有差别。

〔殊〕《玉篇·歹部》："殊，《苍颉》云：'殊，异也。'"《易经·系辞下》："天下同归而殊途。"孔颖达疏："言天下事终则归于一，但初时殊异其塗也。"《史记·乐书》："五帝、三皇乐各殊名，示不相袭。"汉桓宽《盐铁论·国疾》："世殊而事异。"《汉书·董仲舒传》："今师异道，人异论，百家殊方，指意不同。"汉王充《论衡·讲瑞篇》："骨法不同，姓名不等，身形殊状，生出异土。"南朝宋刘义庆《世说新语·言语》："周侯中坐而叹曰：'风景不殊，正自有山河之异。'"

〔异〕《说文》："异，分也。"段玉裁注："分之则有彼此之异。"《玉篇·異部》："异，殊也。"《尚书·旅獒》："王乃昭德之致于异姓之邦，无替厥服。"《论语·子张》："异乎吾所闻。"《礼记·曲礼上》："别同异，明是非也。"《韩非子·五蠹》："夫古今异俗，新故异备。如欲以宽缓之政，治急世之民，犹无辔策而御駻马，此不知之患也。"汉贾谊《过秦论》上："仁义不施，而攻守之势异也。"汉王充《论衡·儒增篇》："走用足，飞用翼，形体虽异，其行身同。"唐韩愈《复志赋》："固余异于牛马兮，宁止乎饮水而求刍！"唐卢照邻《南阳公集序》："异议蜂起，高谈不息。"

【辨】

①词的本义不同。"殊"的本义是有罪当死。清段玉裁《说文解字注》和清王筠《说文句读》依《左传》释文和《广雅》还收有"一曰：断也"。并认为："凡言殊异、殊绝，皆引申之义。""异"的本义是分开。《说文》："异，分也。"

②词义内涵不同。"殊"还有断绝、区别、特殊、超过等义。"异"还有特别、别的、怪异、违逆等义。

众 多 夥
zhòng duō huǒ

【同】与"少"相对,数量多。

〔众〕"众"的繁体字为"眾"。《说文》:"眾,多也。"《国语·周语上》:"夫兽三为群,人三为众。"《左传·成公六年》:"子之佐十一人,其不欲战者三人而已,欲战者可谓众矣。"《庄子·让王》:"僖侯曰:'善哉!教寡人者众矣,未尝得闻此言也。'"《战国策·魏策一》:"人民之众,车马之多,日夜行不休已。"

〔多〕《说文》:"多,重也。从重夕,夕者,相绎也,故为多。重夕为多,重日为叠。"《左传·襄公三十一年》:"然犹防川,大决所犯,伤人必多。"《论语·子罕》:"君子多乎哉,不多也。"《韩非子·外储说左上》:"叔向赋猎,功多者受多,功少者受少。"

〔夥〕《说文》:"夥,齐谓多为夥。"《史记·陈涉世家》:"入宫,见殿屋帷帐,客曰:'夥颐!涉之为王沉沉者。'楚人谓多为夥,故天下传之,夥涉为王,由陈涉始。"司马贞索隐:"按:又言'颐'者,助声之字也。谓涉为王,宫殿帷帐庶物夥多,惊而伟之,故称'夥颐'也。"又《司马相如列传》:"万物众夥。"《昭明文选·左思〈魏都赋〉》:"若此之属,繁富夥够,非可单究。"吕向注:"夥、够,皆多也。"《后汉书·张衡传》:"不耻禄之不夥,而耻智之不博。"

【辨】

①词的用途有所差别。"众",与"寡"相对,一般表示人的数量多。《韩非子》一书共用"众"141个,其中只有1例表示禽兽的数量多,如《五蠹》:"人民少而禽兽众。"《史记》共用"众"字407个,其中只有3例表示财物数量多,如《平准书》:"上林财物众。""多",与"少"相对,兼表人或物的数量多。"夥"是齐楚方言。

②词义的内涵不同。"众"还有普通、一般等义。"多"还有大、贤、赞誉等义。"夥"后又有伙伴、合伙等义。

寡 少 鲜(尟 尠) 稀(希) 罕
guǎ shǎo xiǎn xī hǎn

【同】与"多"相对,表示数量少。

〔寡〕《说文》:"寡,少也。"《左传·僖公二十二年》:"司马曰:'彼众我寡,及其未既济也,请击之。'"《庄子·天地》:"有械于此,一日浸百畦,用力甚寡而见功多,夫子不欲乎?"《韩非子·喻老》:"列子闻之,曰:'使天地三年而成一叶,则物之有叶者寡矣。'"汉桓宽《盐铁论·本议》:"是以百姓就本者寡,趋末者众。"

〔少〕《说文》:"少,不多也。"《庄子·盗跖》:"古者,禽兽多而人少。"《孟子·梁惠王上》:"察邻国之政,无如寡人用心者,邻国之民不加少,寡人之民不加多,何也?"《史记·河渠书》:"是时东郡烧草,以故薪柴少。"《汉书·司马相如传》:"乌有先生问曰:'……获多乎?'曰:'少。'"

〔鲜〕(尟 尠)《尔雅·释诂下》:"鲜,寡也。"但古注认为,"鲜"用于寡少义是假借为"尟"。《说文》:"尟,是少也。"清朱骏声《说文通训定声》:"经传皆以罕以鲜为之。"《说文》"鲜"下段玉裁注:"经传乃叚为新鱻字,又叚为尟少字而本义废矣。"《诗经·小雅·蓼莪》:"鲜民之生,不如死之久矣。"毛传:"鲜,寡也。"又《郑风·扬之水》:"终鲜兄弟,维予与女。"郑玄笺:"鲜,寡也。"《论语·学而》:"其为人也孝悌,而好犯上者鲜矣。"何晏集解:"鲜,少也。"《国语·周语上》:"匹夫专利,犹谓之盗。王而行之,其归鲜矣。"韦昭注:"鲜,寡也。"《淮南子·原道训》:"说之者众,而用之者鲜;慕之者多,而行之者寡。"

"鲜"也写作"尟"或"尠"。《说文》:"尟,是少也。"段玉裁注:"《易·系辞》:'故君子之道鲜矣。'郑本作尟,云:'少也。'又:尟不及矣。本亦作'鲜'。"《易经·系辞下》:"力小而任重,尟不及矣。"陆德明释文:"尟,本亦作'鲜',少也。"唐玄奘《大唐西域记·蓝摩国》:"窣堵国侧不远,有一伽蓝,僧众尟矣。"清孙诒让《与章太炎书》:"弟索居尟俱,无复缉述之兴。""尠"是"尟"的俗字。《广韵·獮韵》:"尠,俗。""尠'者'尟'之俗"("尟"下段玉裁注)。汉王褒《四子讲德论》:"礼文既集,文学夫子降席而称曰:'俚人不识,寡见尠闻。'"李周翰注:"俚人,鄙俚之人。谦辞也。寡、尠(五臣本作'鲜'),皆少也。"唐无名氏《为王相公请改六书表》:"虽鲁恭王坏孔子之宅,河内女子毁老聃之家,而壁屋之余,门庭盖尠。"

〔稀〕(希)《说文》:"稀,疏也。"可引申为稀少、稀罕。但先秦古籍中不见"稀"字,稀少的"稀"多写作"希"(按:但《说文》无"希"字)。《尔雅·释诂下》:"希、寡、鲜,罕也。"《论语·季氏》:"天下无道,则礼乐征伐自诸侯出。自诸侯出,盖十世希不失矣。"何晏集解:"孔曰:'希,少也。'"《吕氏春秋·原乱》:"故凡作乱之人,祸希不及身。"高诱注:"希,鲜也。"

到了汉代,始见"稀"用于稀少义。《汉书·地理志下》:"习俗颇殊,地广民稀。"《古诗十九首》之一:"不惜歌者苦,但伤知音稀。"《说文》后附《许冲上书》:"知此者稀。"

〔罕〕《说文》:"罕,网也。"本义是捕鸟的网,段玉裁认为"经传叚为'尟'字"。《诗经·郑风·大叔于田》:"叔马慢忌,叔发罕忌。"毛传:"罕,希也。"《论语·子罕》:"子罕言利,与命与仁。"何晏集解:"罕者,希也。"《史记·司马相如列传》:"舟舆不通,人迹罕至。"

【辨】①词的本义不同。"寡"的本义,段玉裁从字形分析,认为是"始多而终少"。"少"在《说文》小部,释为"不多也",本义应是数量不多。"稀"的本义是稀疏。"鲜""罕"都是假借字,假借为"尟"。

②词义的内涵不同。"寡"还有使少、丧偶、孤单等义。"稀"还有稀疏、稀薄义。"少"还有缺少、轻视、时间短等义。"鲜""罕"没有其他与表示稀少义相关的意义。

qìng jìn jié jué kōng jìng guāng
罄(磬) 尽 竭 绝 空 净 光

【同】尽或使尽,没有剩余。

〔罄〕(磬)《尔雅·释诂下》:"罄,尽也。"《玉篇·缶部》:"罄,尽也。"《广韵·径韵》:"罄,尽也。"《晋书·王衍传》:"数年之内,家资罄尽,出就洛城西田园而居焉。"隋祖君彦《为李密檄洛州文》:"罄南山之竹,书罪无穷。"唐韩愈《东都遇春》诗:"为生鄙计算,盐米告屡罄。"

字也写作"磬"。《玉篇·石部》:"磬,或作'罄'。"清朱骏声《说文通训定声》:"罄,假借为'磬'。"《淮南子·览冥训》:"磬龟无腹,蓍策曰施。"高诱注:"磬,空也。象磬,数钻卜,故空尽无腹也。"

〔尽〕《广韵·轸韵》:"尽,竭也。"《左传·襄公八年》:"楚师辽远,粮食将尽,必将速归,何患焉?"《墨子·公输》:"公输盘之攻械尽,子墨子之守圉有余。"《韩非子·和氏》:"和乃抱其璞而哭于楚山之下,三日三夜,泪尽而继之以血。"唐李商隐《无题》诗:"春蚕到死丝方尽,蜡烛成灰泪始干。"

〔竭〕《广韵·薛韵》:"竭,尽也。"《左传·庄公十年》:"夫战,勇气也,一鼓作气,再而衰,三而竭。"《礼记·大传》:"旁治昆弟,合族以食,序以昭缪,别之以礼义,人道竭矣。"郑玄注:"竭,尽也。"宋苏轼《前赤壁赋》:"惟江上之清风,与山间之明月……取之无尽,用之不竭。""尽""竭"互文。《三国演义》第一一一回:"姜维夜遁,其力已竭,不敢再出矣。"

〔绝〕《吕氏春秋·报更》:"臣宦于绛,归而粮绝,羞行乞而憎自取,故至于此。"汉桓宽《盐铁论·本议》:"商不出,则宝货绝……宝货绝,则财用匮。"《水浒传》第一一二回:"我等不把你这贼徒诛尽杀绝,誓不回兵!"清曾朴《孽海花》第五回:"仑樵又不善经纪,坐吃山空,典尽卖绝。"

〔空〕《尔雅·释诂上》:"空,尽也。"《诗经·小雅·大东》:"小东大东,杼柚其空。"毛传:"空,尽也。"郑玄笺:"小也、大也,谓赋敛之多少也。"孔颖达疏:"前所赋敛者,唯出杼柚。今既输送杼柚,从其上之物皆已尽焉。"汉王充《论衡·薄葬篇》:"竭财以事神,空家以送终。"《三国志·吴书·陆凯传》:"无灾而民命尽,无为而国财空。"唐郑少微《对移贯判》:"岁聿云暮,年储屡空。"《三国演义》第十一回:"常曰:'座上客常满,樽中酒不空,吾之愿也。'"

〔净〕 南朝梁武帝《净业赋》:"患累已除,障碍亦净。"唐刘禹锡《再游玄都观》诗:"百亩中庭半是苔,桃花净尽菜花开。"宋仲并《芰荷香·中秋在毗陵,不见月,作数语未成。后一日来澄江,途中先寄赵智夫》:"浮远轩窗异日到,山空云净,江远天浮。"明凌濛初《二刻拍案惊奇》卷一:"如此行之多年,不知收拾净了万万千千的字纸。"

〔光〕 南朝梁沈约《齐故安陆昭王碑》:"乔岳峻峙,命世兴贤,膺期诞德,绝后光前。""绝后光前",即空前绝后。《水浒传》第三五回:"山上都收拾的停当,装上车子,放起火来,把山寨烧作光地。"明罗懋登《三宝太监西洋记通俗演义》第四三回:"治世老母生下了盘古,分天、分地、分人,诚恐他吃光了世界,特自走到须弥山上,收他下来。"清刘鹗《老残游记》第十九回:"不但吴二早已输尽,就连许亮也输光了。"

【辨】

①词的本义不同。"罄"的本义是容器中空无一物。《说文》:"罄,器中空也。"引申为物尽。段玉裁注:"《释诂》《毛传》皆曰:'罄,尽也。'引伸为凡尽之称。"清徐灏《说文解字注笺》:"其中空则物尽,故罄有尽义。""尽"与"罄"同训。《说文》:"尽,器中空也。"清桂馥《说文义证》:"器中空也者,《释诂》:'空,尽也。'"罗振玉《增订殷虚书契考释》:"象涤器形。食尽器斯涤矣,故有终尽之意。""竭"字的本义,《说文》释为"负举也",即靠背的力量把物举起来。段玉裁注:"凡手不能者负而举之。"这个意义上,"竭"和"揭"是同源字。《王力古汉语字典》:"[同源字]①竭、揭。二字同源。韵部相同,声母亦相近。竭为负举,揭为高举。""竭"的"竭尽"义,一般认为是假借为"渴"。清朱骏声《说文通训定声》:"[假借]为渴。"按:《说文》:"渴,尽也。""绝"的本义是断成两截。《说文》:"绝,断丝也。"段玉裁注:"断之则为二,是曰绝。"引申为竭尽。清朱骏声《说文通训定声》:"《淮南·本经》:'江河山川绝而不流。'注:'竭也。'鲍照诗:'绝目尽平原。'注:'犹尽也。'""空"的本义是孔穴。《说文》:"空,窍也。"段玉裁注:"今俗语所谓孔也。"引申为尽。清朱骏声《说文通训定声》:"[转注]《尔雅·释诂》:'空,尽也。'《诗·大东》:'杼柚其空。'《论语》:'屡空。'集解:'虚中也。'""净"的本义是护城河。《说文》:"净,鲁北城门池也。"段玉裁注:"净者,北城门之池。其门曰争门,其池曰净,从争旁水也……按,今俗用为'瀞'字,释为'无垢薉',切以才性。今字,非古字也。"清王筠《说文句读》:"后人以'瀞'字省作'净',音才性切,而梵书用之。自南、北史以下,俱为才性之'净',而鲁之净门不复知矣。"按:《说文》:"瀞,无垢薉也。"《玉篇·水部》:"瀞,无垢也。"省作"净"。"无垢",即干干净净,什么都没留下,引申为尽,没有剩余。初,用于梵书,即有关佛教的书。"光"的本义是光明。《说文》:"光,明也。从火在人上光明意也。"清徐灏《说文解字注笺》:"《释名》云:'光,晃也,晃晃然也。亦言广也,所照广远也。'《广雅》曰:'光,照也。'灏按,光,从人持火。盖本义谓以火烛物,故穤让(《广雅》作者张揖的字)训为照。因之为光明之称。"因在光照之下,一览无余,引申为没有剩余。

②词义的内涵不同。"罄"只有器中无物、用尽两义。"尽"还有终了、达到极限点、全部、死的婉称等义。"竭"还有干涸、败坏、遏止、姓氏

等义。"绝"还有绝灭、死亡、险绝、横穿、卓绝、非常等义。"空"还有空虚、天空、不切实际、空廓、徒然等义。"净"还有纯粹、全都、佛教用语(如净土、金净宇、净居、净住舍等)、戏曲脚角色等义。"光"还有明亮、光采、光荣、恩惠、时光、景色、敬词、仅仅等义。

稀(希) 疏(疎)
xī　　　shū

【同】与"密"相对,事物间的间距大。

〔稀〕(希)《说文》:"稀,疏也。"清徐灏《说文解字注笺》:"稀之本义为禾之稀疏,引申为凡稀疏之称。"《汉书·百官公卿表》:"县大率方百里,其民稠则减,稀则旷,乡、亭亦如之。"《乐府诗集·汉铙歌下》:"忆别春花飞,已见秋叶稀。"汉曹操《短歌行》:"月明星稀,乌鹊南飞。"

先秦两汉古籍,稀疏的"稀"多写作"希"。《尚书·尧典》:"鸟兽希革。"郑玄注:"夏时鸟兽毛疏皮见。"《论语·先进》:"鼓瑟希。"《汉书·刘向传》:"异有小大希稠,占有舒疾缓急而圣人所以断疑也。"

〔疏〕(疎)《说文》:"疏,通也。"清徐灏《说文解字注笺》:"疏密、疏数、亲疏之义,皆由是而生。今俗疏密之疏作'疎',《说文》无此字。"《吕氏春秋·辩土》:"慎其种,勿使数,亦无使疏。"《史记·平准书》:"当此之时,网疏而民富。"《汉书·赵共王刘恢传》:"深耕穊种,立苗欲疏。"汉王充《论衡·龙虚篇》:"故潜藏伏匿,出见希疏,出又乘云,与人殊路,人谓之神。"

"疏",俗又写作"疎"。《广韵·鱼韵》:"疏,俗作疎。"《礼记·祭统》:"见贵贱之等焉,见亲疏之杀焉。"北魏杨衒之《洛阳伽蓝记·城内》:"洞房周匝,对户交疎。"范祥雍校注:"疎与疏同。"

【辨】
①词的本义不同。"稀"的本义是"禾之稀疏",引申为事物之间的间距大。"疏"的本义是疏通。

②词义的内涵不同。"稀"还有稀少、稀薄等义。"疏"还有分散、疏远、粗疏等义。

密 比 数 稠(绸)
mì bǐ cù chóu

【同】与"稀"或"疏"相对,表示事物的间距小。

〔密〕《易经·小畜卦》:"密云不雨,自我西郊。"晋张协《杂诗》之三:"腾云似涌烟,密雨如散丝。"南朝宋谢灵运《游南亭》诗:"密林含余清,远峰隐半规。"南朝梁简文帝《祠伍员庙》诗:"密树临寒水,疏扉望远城。"宋王安石《秋风》诗:"漠漠惊沙密,纷纷断柳高。"

〔比〕旧读 bì。《说文》:"比,密也。"《诗经·周颂·良耜》:"其崇如墉,其比如栉。"《吕氏春秋·达郁》:"肌肤欲其比也,血脉欲其通也,筋骨欲其固也,心志欲其和也,精气欲其行也。"高诱注:"比,致也。"毕沅校:"谓致密。"清顾炎武《天下郡国利病书·山东四·滕县志》:"夫县比地窄则民勤,勤则反本;县疏地旷则民慢,慢则骛法。"

〔数〕《孟子·梁惠王上》:"数罟不入洿池,鱼鳖不可胜食也。"赵岐注:"数罟,密网也。"《吕氏春秋·辩土》:"慎其种,勿使数,亦无使疏。"《史记·苏秦列传》:"地名虽小,然而田舍庐庑之数,曾无所刍牧。"唐柳宗元《石城山记》:"其疏数偃仰,类智者所施设也。"明何景明《何子内篇》之十四:"网弛曰缓,目数曰急。"

〔稠〕(绸)《玉篇·禾部》:"稠,密也。"《礼记·文王世子》:"公与父兄齿,族食世降一等。"郑玄注:"亲者稠,疏者希。"陆德明释文:"稠,密也。"北魏贾思勰《齐民要术·大小麦》:"麦生黄色,伤于太稠。"唐杜甫《涪城县香积寺官阁》诗:"含风翠壁孤云细,背日丹枫万木稠。"唐白居易《听歌六绝句·乐世》诗:"管急弦繁拍渐稠,绿腰宛转曲终头。"

"稠"也写作"绸"。《诗经·小雅·都人士》:"彼君子女,绸直如发。"毛传:"密直如发也。"《北史·北海王详传》:"详既素附于皓,又缘淫好,往来绸密。"

【辨】

①词的本义不同。"密"的本义,《说文》解释为"山如堂者",是一种像堂屋似的山。但据王力先生研究,"密""比"音近义通,"密"应是"比"的同源字。《说文》:"比,密也。""数 cù"与"数 shuò",音近义通,两字同源。本义应是计数。《说文》:"数,计也。"段玉裁注:"又引申之义、分析之音甚多,大约速和密二义可包之。""稠"的本义是禾多。《说文》:"稠,

多也。"段玉裁注："本谓禾也。"凡禾多则密,引申为密。

②词义内涵不同。与"比"同源的"密",还有亲近、细致、坚实等义。"比"还有亲近、和协、并列、相连接等义。"数 cù"还有细小义。"稠"还有多、浓等义。

清　洁（絜）　净（瀞）　皭
　　qīng　jié　　　jìng　　jiào

【同】　清洁,不脏,没有污垢。

〔清〕《玉篇·水部》："清,澄也,洁也。"《广韵·清韵》："清,又静也,澄也,洁也。"《集韵·静韵》："清,洁也。"《晏子春秋·内篇·景公问治国何患》："宋人有酤酒者,为器甚洁清,置表甚长,而酒酸不售。"汉王充《论衡·雷虚篇》："且人闻人食不清之物,心平如故。"按：上文为"夫人食不净之物"。"清""净"互用。《诗经·召南·野有死麕》"白茅包之"毛传："白茅,取絜清也。"

〔洁〕（絜）《广韵·屑韵》："洁,清也。经典用'絜'。"《左传·定公三年》："庄公卞急而好洁,故及是。"汉贾谊《新书·劝学》："夫以西施之美而蒙不洁,则过之者莫不睨而掩鼻。"汉王充《论衡·逢遇篇》："遇不遇,时也。才高行洁,不可保以必尊贵。"《后汉书·李固传》："夫表曲者景（影）必邪（斜）,源清者流必洁。"

"洁"的繁体字写作"潔",是"絜"的今字。清洁义,经典一般写作"絜"。《诗经·小雅·楚茨》："济济跄跄,絜尔牛羊,以往烝尝。"孔颖达疏："济济然,跄跄然,甚皆敬慎,乃鲜絜尔王者所祀之牛羊,以往为冬烝秋尝之祭也。"《昭明文选·宋玉〈登徒子好色赋〉》："寤春风兮发鲜荣,絜斋俟兮惠音声。"刘良注："言见春发万物之荣,乃絜斋戒以待惠和之音。""絜斋",洁净斋戒。《史记·五帝本纪》："治气以教化,絜诚以祭祀。""絜诚",洁身诚意。《后汉书·西南夷传·哀牢》："（哀牢）有梧桐木华,绩以为布,幅广五尺,絜白不受垢污。"

〔净〕（瀞）《广韵·劲韵》："净,无垢。"《墨子·节葬下》："若苟贫,是粢盛酒醴不净洁也。"《南史·庾仲文传》："时陈郡殷冲亦好净,小史非净浴新衣,不得近左右,士大夫小不整洁,每容接之。"宋欧阳修《浣溪沙》词："溶溶春水浸春云,碧琉璃滑净无尘。"清李渔《巧团圆·原梦》："几净窗明尘不至,读书刺绣有余光。"

"净"本写作"瀞"。但古籍中使用频率较低。春秋齐《国差𦉢》："卑旨卑瀞。"清吴式芬《攈古录•齐国差𦉢》："'瀞,孙释：'瀞,《说文》：无垢薉也。从水静声。'阮释：'清,《说文》：朖也,澄水之皃,从水青声。清,以青为声；瀞,由争得声。瀞、清,义又相若,得通用。'"清郑江《西溪草堂图》："四山围瀞绿,土俗勤鉏耰。"

〔皭〕《玉篇•白部》："皭,净皃也。"《史记•屈原贾生列传》："自疏濯淖污泥之中,蝉蜕于浊秽,以浮游尘埃之外,不获世之滋垢,皭然泥而不滓者也。"裴骃集解引徐广曰："皭,疏净之貌。"《昭明文选•晋左思〈蜀都赋〉》："蔚若相如,皭若君平。"吕向注："皭,清净皃也。"《宋史•史弥巩传》："未仕则为其寄理,已仕则为其排摈,皭然不污有如此。"

【辨】

①词的本义不同。"清"的本义是水清澈明净,与"浊"相对。引申为清洁。《说文》："清,朖也,澄水之皃。"段玉裁注："引申之,凡洁曰清,凡人洁之亦曰清。""洁",繁体字写作"潔"。《说文》正篆无"潔"字,但大徐本《说文》新附字收有"潔"字,释为"瀞也"。本字当作"絜"。"絜"本义是麻一束,引申为洁。《说文》："絜,麻一耑。"段玉裁注："'一耑'犹一束也。耑,犹头也。束之必齐其首,故曰耑……束之则不散曼,故又引申为洁净。俗作'潔',经典作'絜'。""净"本读chéng,本义是鲁国都城北门的护城河。《说文》："净,鲁北城门池也。"段玉裁注："净者,北城门之池,其门曰争门,则其池曰净,从争旁水也。"《广韵》曰：'净,七耕切。鲁城北门池。'""净"的洁净义,清王筠《说文句读》引顾亭林曰："后人以'瀞'字省作'净',音才性切。而梵书用之,自南北史以下,俱为才性之'净',而鲁之净门不复知矣。"清李富孙《说文辨字正俗》："净,鲁北城门池也。瀞,无垢薉也。按,'净'为鲁城池名,今俗用为'瀞'字,非本义也。""皭"字,《说文》无。《广雅》《广韵》收有"皭"字,均释为"白也"。引申为洁白无垢。

②词义的内涵不同。"清"还有廉洁、高洁、清楚、清除、清静、闲暇、清平、清丽等义。"洁"还有洁白、明净、品行清白、简洁等义。"净"还有使干净、单纯、去除情欲（佛教用语）、没有剩余、宁静、传统戏曲的角色之一等义。"皭"只有白色、洁净两义,且使用频率不高。

污(汙 洿)　穢(薉)　濁　齷齪　邋遢
　　wū　　　huì　　zhuó　wò chuò　lā tā

骯髒(臟)　腌臢
āng zāng　ā zā

【同】 脏，不干净。

〔污〕(汙 洿)　唐李贺《追赋画江潭苑四首》："宫官烧蜡火，飞烬污铅华。"《敦煌曲·十恩德》："干处与儿眠，不嫌污秽与腥膻。"宋王安石《寄吴冲卿》："归来污省舍，又继故人躅。"

"污"，《说文》篆文作"汙"，但隶变作"汙"。《正字通·水部》："污、汙、汙、洿同。《玉篇》从亏者古文，从于者今文。欧阳氏悦：'污、汙本一字，今经文皆以今文书之。'"其实，不仅经文，一般古籍也都写作今文"汙"，以致近代以来有关古汉语词汇的工具书包括各种大型工具书，亦从今文，凡污秽义，都以"汙"为字头。《荀子·赋》："修洁之为亲而杂汙之为狄者邪？"杨倞注："智修洁则可相亲，若杂乱秽汙则与夷狄无异。"《史记·屈原贾生列传》："自疏濯淖污泥(nì)之中，蝉蜕于浊秽，以浮游尘埃之外，不获世之滋垢，皭然而不滓者也。"《仪礼·既夕礼》"燕养、馈、羞、汤沐之馔"汉郑玄注："汤沐，所以洗去汙垢。"

"污"也写作"洿"。《左传·文公六年》："治旧洿，本秩礼。"孔颖达疏："洿者，'秽'之别名，不洁之称也。"汉王充《论衡·雷虚篇》："夫人食不洁之物，口不知有其洿也。"晋葛洪《抱朴子·外篇·广譬》："夫云翔者不知泥居之洿，处贵者鲜恕群下之劳。"

〔穢〕(薉)《玉篇·禾部》："穢，不净也。"《左传·昭公二十六年》："且天之有彗也，以除穢也。"《昭明文选·班固〈东都赋〉》："百姓涤瑕荡穢，而镜至清。"李善注引《字书》曰："穢，不絜清也。"《隋书·南蛮传·真腊》："居处器物，颇类赤土。以右手为净，左手为穢。"宋孙升《孙公谈圃》卷中："南海有飞鸟，自空中遗粪于舟，穢不可闻。"

"穢"也写作"薉"。《荀子·王霸》："涂薉则除，危塞则亡。"杨倞注："薉，与'穢'同。"《楚辞·刘向〈九叹·愍命〉》："情纯洁而罔薉兮，姿盛质而无愆。"王逸注："言志意洁白，身无瑕穢；姿质茂盛，行无过失也。"以"穢"释"薉"。

〔浊〕《昭明文选·宋玉〈风赋〉》:"吹死灰,骇溷浊,扬腐余。"李善注:"《广雅》曰:'骇,起也。'言风之来,既起溷浊之处,又举扬腐臭之余。"南朝梁刘勰《文心雕龙·辨骚》:"蝉脱秽浊之中,浮游尘埃之外,皭然涅而不淄,虽与日月争光可也。"汉刘向《说苑·辨物》:"四渎何以视诸侯?能荡涤垢浊焉,能通百川于海焉。"唐姚合《过张邯郸庄》诗:"雨门延风凉,洗我昏浊肌。"

〔龌龊〕 叠韵联绵字。元高文秀《黑旋风》第一折:"他见我风吹得龌龊,是这鼻凹里黑。他见我血渍的腌臜,是这衲袄腥。"明冯梦龙《醒世恒言》第四卷:"秋公道:'地上龌龊,衙内如何坐得?'"清李宝嘉《官场现形记》第十九回:"如嫌买的衣服龌龊,做晚的倒有一身可以奉借。"

〔邋遢〕 叠韵联绵字。明沈榜《宛署杂记·民风二》:"人不修洁曰邋遢。"李鉴堂《俗语考原》引《敬止录》:"邋遢,俗谓不洁曰邋遢。"《水浒传》第八十二回:"第五个贴净的……裹一顶油油腻腻旧头巾,穿一领邋邋遢遢泼戏袄。"清李渔《玉搔头》第五十八出:"头戴邋遢毡,身上青衣气带膻。"清潘荣升《帝京岁时记胜·十二月·沐浴》:"岁暮斋沐,多于廿八日。谚云:'二十七,洗疚疾;二十八,洗邋遢。'"

〔肮脏〕(脏) 叠韵联绵字。《玉篇·骨部》:"肮,肮脏。"《龙龛手鉴·骨部》:"肮,肮脏。"《集韵·荡韵》:"肮,肮脏。"《篇海类编·身体类·骨部》:"脏,脏肮。"金王结《贺新郎·次范君铎诏后喜雨韵》词:"自笑飘零成底事?裂荷衣,肮脏尘埃地。"明冯梦龙《东周列国志》第八十八回:"地方但见肮脏衣服,撒做一地,已不见孙膑矣。"

约在清代开始,肮脏的"脏"不仅可以单用,而且逐渐成为最常用的词。《红楼梦》第六回:"袭人亦含羞问道:'你梦见什么故事了?是那里流出来的这些脏东西。'"清吴趼人《二十年目睹之怪现状》第三十四回:"那种苏州饭馆,脏的了不得,怎样坐得下!还是广东馆子干净点。"

〔腌臜〕 叠韵联绵字。宋赵叔向《肯綮录·俚俗字义》:"不洁曰腌臜。"金王和卿《双调·拔不断·王大姐浴房内吃打》:"你本待洗腌臜倒惹得不干净。"元王实甫《西厢记》第二本第二折:"腑脏内生心且解馋,有甚腌臜?"明冯梦龙《醒世恒言》第二三卷:"若接这腌臜浊物来,举杯邀月,可不被嫦娥连我也笑得俗了。"

腌臜的"腌"有时也可单用。元王实甫《西厢记》第五本第五折:"枉腌了他金屋银屏,枉污了他锦衾绣绷。"

【辨】

①词的本义不同。污秽的"污",《说文》篆文作"汚"。《说文》:"污,薉也。一曰:小池为汙;一曰:涂也。"段玉裁注:"艸部曰:'薉者,芜也。'地云'芜薉',水云'汙薉',皆谓其不洁清也。""秽(穢)",《说文》作"薉",本义是田中杂草。《说文》:"薉,芜也。"段玉裁注:"今作'秽'。"南唐徐锴《说文系传》:"臣锴曰:田中杂草也。"引申为污秽。"浊",繁体字作"濁",本义应是水名,在今山东境内。《说文》:"濁,水,出齐郡厉妫山东北入钜定。"引申为水浑浊不清。段玉裁注:"按,浊者,清之反也。"清朱骏声《说文通训定声》:"[转注]《诗·四月》:'载清载浊。'《老子》:'浑兮其若浊。'"又引申为污浊。"龌龊"是叠韵联绵字。《说文》既无"龌"字,也无"龊"字。"龌龊"一词,约产生于东汉。初表示气量狭小义,约在宋元时期才开始用于肮脏义。"邋遢",叠韵联绵字。《说文》有"邋"字,读 liè,为折断义,但甲骨文用同"猎"。"邋遢"一词,约产生于宋,初为行走貌。《广韵·盍韵》:"邋,邋遢,行貌。"约于元明时期用于不洁净义。"腌臜",叠韵联绵字。"腌"字,《说文》收有,读 yān。《说文》:"腌,渍肉也。"即腌肉。"腌臜"一词,约产生于宋元时期。

②词义的内涵不同。"污"还有去污、社会风气或品行不洁、侮辱、小水池、低洼、卑下等义。"秽"还有杂乱、丑恶、淫乱、缺点、古少数民族之一等义。"浊"还有水质不清、混乱、品行卑鄙、发音低沉等义。"龌龊"还有牙齿细密、气量狭窄、空间局促、卑鄙丑恶等义。"邋遢"还有走路的样子、鄙陋糊涂等义。"肮脏"还有糟蹋义。"腌臜"还有丑陋、恶劣、困窘等义。

迅 速 遄 疾 快 捷 径
xùn sù chuán jí kuài jié jìng

【同】快,与"慢"相对,形容事物或行为发生过程的时间短。

〔迅〕《尔雅·释诂》:"迅,疾也。"《论语·乡党》:"迅雷烈风必变。"邢昺疏:"迅,急疾也。"《楚辞·招魂》:"九侯淑女,多迅众些。"王逸注:"迅,疾也。"《汉书·沟洫志》:"河汤汤兮激潺缓,北渡回兮迅流难。"颜师古注:"迅,疾也。"《昭明文选·张衡〈东京赋〉》:"撞洪钟,伐灵鼓……若疾霆转雷而激迅风也。"薛综注："霆，霹雳也。迅，疾也。言钟鼓之声，又若雷霆之相转，亦如急风之迅疾也。"

〔速〕《尔雅·释诂下》："速，疾也。"《方言》卷二："速，疾也。东齐、海、岱之间曰速。"《论语·子张》："欲速则不达，见小利则大事不成。"《左传·桓公八年》："少师谓随侯曰：'必速战。不然，将失楚师。'"《韩非子·难三》："惠窦之难，君令三宿，而汝一宿，何其速也！"《淮南子·人间训》："有知徐之为疾，迟之为速者，则几于道矣。"《昭明文选·王粲〈从军诗五首〉》："拓地三千里，往返速若飞。"李善注引毛苌曰："疾如飞也。"

〔遄〕《尔雅·释诂下》："遄，疾也。"又："遄，速也。"《易经·损卦》："已事遄往，无咎，酌损之。"王弼注："遄，速也。"《诗经·鄘风·相鼠》："人而无礼，胡不遄死？"毛传："遄，速也。"南朝宋傅亮《为宋公至洛阳谒五陵表》："河流遄疾，道阻且长。"《昭明文选·谢灵运〈初去郡〉》："负心二十载，于今废将迎。理棹遄还期，遵渚骛修坰。"李善注："遄，速也。"

〔疾〕《管子·度地》："夫水之性，以高走下必疾。"《淮南子·泰族训》："故寒暑燥湿，以类相从；声响疾徐，以音应也。""疾徐"，快慢。《史记·淮阴侯列传》："秦失其鹿，天下共逐之，于是高材疾足者先得。"唐孟郊《登科后》诗："春风得意马蹄疾，一日看尽长安花。"

〔快〕《正字通·心部》："快，俗谓急捷为快。"《晋书·王湛传》："此马虽快，然力薄不堪苦行。"宋苏轼《凤翔八观》诗之三："当其下手风雨快，笔所未到气已吞。"《水浒传》第五五回："却被一丈青眼明手快，早起刀只一隔，右首那口刀望上直飞起来。"《施公案》第一〇六回："小西催赶着两匹驴，甚是快速，顷刻走了三十里程途。"

〔捷〕《小尔雅·广诂》："捷，疾也。"《荀子·君子》："长幼有序，则事业捷成而有所休。"杨倞注："捷，速也。"《吕氏春秋·贵卒》："吴起之智可谓捷矣。"高诱注："捷，疾也。"《淮南子·主术训》："猿得木而捷，鱼得水而骛。"北魏贾思勰《齐民要术·种谷》："获不可不速，常以急疾为务。芒张叶黄，捷获之无疑。"

〔径〕《荀子·修身》："凡治气养心之术，莫径由礼，莫要得师，莫神一好。"杨倞注："径，捷速也。"《战国策·燕策二》："王若欲攻之，则必举天下而图之。举天下而图之，莫径于结赵矣。"《史记·大宛列传》："从蜀宜径，又无寇。"裴骃集解引如淳曰："径，疾也。"

【辨】①词的本义不同。"迅""速"二字,《说文》同训为"疾也"。据研究,"迅"如鸟之奋起速飞。《说文》:"卂,疾飞也。从飞而羽不见。"段玉裁注:"飞而羽不见者,疾之甚也。"清王筠《说文句读》:"筠案,奋迅即是鸟;迅从辵,则为人也。"《说文》"速"下所收籀文从欶从言。南唐徐锴《说文系传》:"古文从欶言。臣锴曰:言行速如言之易到也。"极言行之速。扬雄的《方言》收有"速"字,认为是个方言词。"遄"则与"湍"同源,含有急速义。"遄"是人的行为急速,"湍"是水的流动急速。"疾"的本义是病。《说文》:"疾,病也。"南唐徐锴《说文系传》:"臣锴曰:病来急,故从矢。矢,急疾也。"清徐灏《说文解字注笺》:"《释名》云:'疾,疾也,客气中人急疾也。'《系传》曰:'病来急,故从矢。矢,急疾也。'……引申为凡急速之称。""快"的本义是喜乐。《说文》:"快,喜也。"段玉裁注:"引申之义为疾速。"按:疾速是"快"的后起义,约产生于魏晋时期。"捷"的本义是战利品。《说文》:"捷,猎也,军获得也。"《公羊传•庄公三十一年》:"六月,齐侯来献戎捷。"何休注:"战所获物曰捷。"清桂馥《说文义证》:"猎者,《月令章句》:'猎,捷也。'言以捷取之。""径"的本义是步行的道路(与车道相对)。《说文》:"径,步道也。"南唐徐锴《说文系传》:"臣锴曰:小道不容车,故曰步道。"小道,一般斜出,步行求快而走小道,引申为快捷。清桂馥《说文义证》:"〈祭义〉:'是故道而不径。'注云:'径,步邪趋疾也。'"

②词义的内涵不同。"迅"还有兽名义。"速"还有招请、招致等义。"遄"只有疾速义。"疾"还有疾病、缺点、憎恶、妒忌、担忧等义。"快"还有高兴、舒畅、称心、直爽、锋利等义。"捷"还有猎获物、胜利、捷报、抄近道等义。"径"还有小路、道路、直径、就等义。

徐 迟 缓 慢
xú chí huǎn màn

【同】慢,与"快"相对,形容行为所需时间长。

〔徐〕《广雅•释诂四》:"徐,迟也。"《广韵•鱼韵》:"徐,缓也。"《孟子•告子下》:"徐行后长者谓之弟,疾行先长者谓之不弟。""徐""疾"对文。《庄子•天道》:"斫轮,徐则甘而不固,疾则苦而不入。不徐不疾,得之于手而应于心。"汉王充《论衡·祸虚篇》："蒙恬喟然叹曰：'我何罪于天，无罪而死？'良久，徐曰：'恬罪固当死矣。'"《昭明文选·成公绥〈啸赋〉》："徐宛约而优游，纷繁鹜而激扬。"张铣注："徐，缓也。"

〔迟〕《广雅·释诂二》："迟，缓也。"《广韵·脂韵》："迟，徐也。"《易经·归妹》："归妹延期，迟归有时。"陆德明释文："迟，缓也。"《诗经·商颂·长发》："汤降不迟，圣敬日跻。"毛传："不迟，言速也。"《礼记·王制》："民生其间者异俗，刚柔、轻重、迟速异齐，五味异和，器械异制，衣服异宜。"《淮南子·说林训》："矢疾，不过二里也；步之迟，百舍不休，千里可致。"汉王充《论衡·命禄篇》："天不可与期，道不可与谋，迟速有命，焉识其时？"

〔缓〕《韩非子·亡征》："缓心而无成，柔茹而寡断，好恶无决，而无所定立者，可亡也。"陈奇猷校释："心缓，即缓心，谓行事迟迟也。"《列子·黄帝》："子华之门徒皆世族也，缟衣乘轩，缓步阔视。""缓步"，慢行。《汉书·地理志下》："凡民函五常之性，而其刚柔缓急，音声不同，系水土之风气，故谓之风。"唐杜甫《江头四咏·花鸭》："花鸭无泥滓，阶前每缓行。"《西游记》第七八回："若果能得脱，真贤徒天大之德！可速为之，略迟缓些，恐无及也。"

〔慢〕《广雅·释诂二》："慢，缓也。"《诗经·郑风·叔于田》："叔马慢忌，叔发罕忌，"毛传："慢，迟也。罕，希也。"郑玄笺："田事且毕，则其马行迟，发矢希，"唐刘长卿《湘中纪行十首·花石潭》："人闲流更慢，鱼戏波难定。"《水浒传》第四一回："今日你要快死，老爷却要你慢死。"《西游记》第五一回："他拳松脚慢，不如大圣的紧疾。"

【辨】

①词的本义不同。"徐"的本义是慢步。《说文》："徐，安行也。"清桂馥《说文义证》："安行也者，《易·困卦》：'来徐徐。'马云：'安行貌。'《国策》：'安步以当车。'"引申为缓慢。清朱骏声《说文通训定声》："《广雅·释诂四》：'(徐)迟也'……《宋策》：'徐其攻而留其日。'注：'缓也。'""迟"的本义也是慢行，与"徐"微别。《王力古汉语字典·辵部》："迟[辨]两个字都表示行动缓慢，是同义词。但是'迟'一般与'速'相对，偏重表示行为迟钝，反应不敏捷；而'徐'则是与'疾'相对，正如《说文》所释'安行也'，表示行动安适，不急迫。""缓"字，《说文》在"素"部，写作"繨"，释为"绰也"，本义是宽绰。清徐灏《说文解字注笺》："引申为凡宽缓之称。"

"慢"的本义是怠慢。《说文》:"慢,怠也。"按:这个意义与快慢的"慢",两者似没有联系。《说文》另有一个"趨"字,释为"行迟也",当是快慢的"慢"的本字。"慢"表示快慢义,在先秦两汉甚至到南北朝时期,使用频率极低,约隋唐以后才使用渐广。

　　②词义的内涵不同。"徐"还有安闲、舒展、古国名或州名、姓氏等义。"迟"还有晚、久、迟钝、迟疑、姓氏等义。"缓"还有宽松、延迟等义。"慢"还有懈怠、骄慢、轻忽等义。

巨(钜) 大 洪(宏弘闳鸿) 硕 夏 京 封 溥(普) 博

jù　　dà　hóng　　　　　shuò　xià　jīng　fēng
pǔ　　bó

【同】　与"小"相对,表示空间、范围、数量或程度大。

〔巨〕(钜)《说文》:"巨,规巨(正方的工具)也。"假借为"钜"。《说文》:"钜,大刚也。"段玉裁注:"按,引申为钜大字。"《礼记·三年问》:"创钜者其日久,痛甚者其愈迟。"孔颖达疏:"钜,大也。夫创(创伤)小者易差(瘥),创大者难愈,故云'创钜者其日久'也。"《汉书·食货志上》:"庶人之富者累钜万,而贫者食糟糠。"颜师古注:"钜,大也。大万,谓万万也。"

　　"巨"假借为"钜",并喧宾夺主,成为表巨大义的专字。《小尔雅·广诂》:"巨,大也。"《孟子》中"巨"字共5见,都表示大义。《梁惠王下》:"为巨室,则必使工求大木。"《滕文公上》:"巨屦小屦同价。"《墨子·非乐》:"三者,民之巨患也。"《史记·秦始皇本纪》:"乃令入海者赍捕巨鱼具,而自以连弩候大鱼出射之。"

〔大〕《说文》:"大,天大地大人亦大。"《国语·周语下》:"景王二十一年,将铸大钱……又铸大钟。"《韩非子·外储说左下》:"夫瑟以小弦为大声,以大弦为小声,是大小易序,贵贱易位。"汉王充《论衡·讥日篇》:"察物,近则日大,远则小,故日出入为近,日中为远也。"

〔洪〕(宏弘闳鸿)《尔雅·释诂上》:"洪,大也。"《尚书·洪范》:"武王胜殷,杀受,立武庚,以箕子归,作《洪范》。"孔安国传:"洪,大;范,法也。言天地之大法。"《昭明文选·班固〈典引〉》:"铺观二代,洪纤之度,其赜可探也。"蔡邕注:"洪,大也。纤,细也。"《昭明文选·陆机〈演连珠〉》五十首》:"臣闻赴曲之音,洪细入韵。"吕延济注:"洪,大。"

"宏""弘""闳""鸿"等词与"洪"同源,也都有大义。《庄子•天下》:"其于本也,宏大而辟,深闳而肆。"汉孔安国《尚书序》:"芟夷烦乱,剪截浮辞,举其宏纲,撮其机要,足以垂世立教。"孔颖达疏:"宏,大也;纲者,网之索。举大纲则众目随之。"《韩非子•扬权》:"夫道者,弘大而无形。"汉扬雄《甘泉赋》:"于是事毕功弘,回车而归。"《韩非子•难言》:"闳大广博,妙远不测,则以为夸而无用。"《史记•孟子荀卿列传》:"其语闳大不经,必先验小物,推而大之,至于无垠。"《昭明文选•扬雄〈羽猎赋〉》:"于兹乎鸿生钜儒,俄轩冕,杂衣裳,揖让于前。"张铣注:"鸿、钜,皆大也。"《史记•司马相如列传》:"前圣之所以永保鸿名而常为称首者用此,宜命掌故悉奏其义而览焉。"

〔硕〕《方言》卷一:"硕,大也。齐宋之间曰巨曰硕。"《说文》:"硕,头大也。"段玉裁注:"引申为凡大之称。"《诗经•大雅•崧高》:"吉甫作诵,其诗孔硕。"郑玄笺:"硕,大也。"又《魏风•硕鼠》:"硕鼠硕鼠,无食我黍。"郑玄笺:"硕,大也。"按:《诗经》中"硕"字共27见,均为大义。《荀子•富国》:"礼节将甚文,珪璧将甚硕,货赂将甚厚。"杨倞注:"硕,大也。"《昭明文选•扬雄〈剧秦美新〉》:"是以耆儒硕老,抱其书而远逊。"刘良注:"硕,大也。"

〔夏〕《说文》:"夏,中国之人也。"段玉裁注:"引申之义为大。"清徐灏《说文解字注笺》:"大与夏皆象人形,故有大义。《尔雅•释诂》曰:'夏,大也。'《方言》曰:'自关而西,秦晋之间,凡物壮大者而爱伟之,谓之夏。'故大屋谓之夏屋。"《尚书•舜典》:"蛮夷猾夏。"孔颖达疏:"夏训大。中国有文章光华,礼义之大。"《诗经•秦风•权舆》:"于我乎,夏屋渠渠。"毛传:"夏,大也。"《淮南子•本经训》:"乃至夏屋宫驾,县联房植……以相交持。"高诱注:"夏屋,大屋。"

〔京〕《说文》:"京,人所为绝高丘也。"段玉裁注:"按,《释诂》云:'京,大也。'其引申之义也。凡高者必大。"《方言》卷一:"凡人之大,谓之奘,或谓之壮。燕之北鄙,齐楚之郊,或曰京,或曰将,皆古今语也。"《左传•庄公二十二年》:"八世之后,莫与之京。"杜预注:"京,大也。"孔颖达疏:"'莫与之京',谓无与之比大。"《公羊传•桓公九年》:"京者何?大也。师者何?众也。天子之居,必以众大之辞言之。"《昭明文选•张衡〈东京赋〉》:"京邑翼翼,四方所视。"薛综注:"京,大也。大邑,谓洛阳也。"

〔封〕《说文》:"封,爵诸侯之地也。"段玉裁注:"又引申为大也。"《小尔雅·广诂》:"封,大也。"《广雅·释诂一上》:"封,大也。"《诗经·商颂·殷武》:"命于下国,封建厥福。"毛传:"封,大也。"郑玄笺:"大立其福,谓命汤使由七十里王天下也。"《国语·周语中》:"狄,封豕豺狼也,不可厌也。"韦昭注:"封,大。厌,足。"战国楚屈原《离骚》:"羿淫游以佚田兮,又好射夫封狐。"王逸注:"封狐,大狐也。"《淮南子·修务训》:"吴为封豨修蛇,蚕食上国,虐始于楚。"高诱注:"封、修,皆大也。"《山海经·中山经》:"又东五十里,曰声匄之山……上多封石。"

〔溥〕(普)《尔雅·释诂上》:"溥,大也。"《说文》:"溥,大也。"《诗经·大雅·公刘》:"笃公刘,逝彼百泉,瞻彼溥原。"毛传:"溥,大也。"战国楚宋玉《风赋》:"夫风者,天地之气,溥畅而至,不择贵贱高下而加焉。"《汉书·朱博传》:"汉家至德溥大,宇内万里,立置郡县。"

"溥""普"同源,"溥"也写作"普"。《韩非子·解老》:"故曰:'修之天下,其德乃普。'"王先慎集解:"顾广圻曰:'傅本普作溥。'按,普、溥同字也。"

〔博〕《说文》:"博,大通也。"清桂馥《说文义证》:"大通也者,当是大也,通也。"《广雅·释诂一上》:"博,大也。"《左传·昭公三年》:"君子曰:'仁人之言,其利博哉!'"《韩非子·制分》:"凡国博君尊者,未尝非法重而可以至乎令行禁止于天下者也。"《礼记·中庸》:"天地之道,博也,厚也,高也,明也,悠也,久也。"《史记·儒林列传》:"故因史记作《春秋》,以当王法,以辞微而指(旨)博,后世学者多录焉。"

【辨】

①词的本义不同。"巨"的本义是取方的工具。"大"的本义是涵盖天地间一切事物的大。"洪"的本义是洪水。《说文》:"洪,洚水也""宏"的本义是"深大之屋,凡声如有应声"(清朱骏声《说文通训定声》)。"弘"的本义是弓声弘大。《说文》:"弘,弓声也。""闳"的本义是高大的巷门。《说文》:"闳,巷门也。""鸿"的本义是大鸟。《说文》:"鸿,鹄也。"段玉裁注:"单呼鹄,絫呼黄鹄、鸿鹄。黄言其色也,鸿……言其大也。""硕"的本义是头大。"夏"的本义是"中国之人也",因人的形体似"大",故有大义。"京"的本义是人工所造的高大的丘。《说文》:"京,人所为绝高丘也。"段

玉裁注:"按,《释诂》云:'京,大也。'其引申之义也。凡高者必大。""封"的本义是积聚高大的土丘,上植林木以为界。"溥"的"本义为水之大"(清朱骏声《说文通训定声》)。"博"的本义是分布广博。《说文》:"博,大通也。从十尃,尃,布也,亦声。"

②词义的内涵不同。"巨"一般用于巨大义。"大"还有(品德、辈分、技艺)高义,还可用作敬词。"硕"还有学识丰富或德高望重的人、深远等义。"夏"还有华彩、大屋等义。"京"还有京城、方形粮仓等义。"洪"用于洪水、大两义外,还有姓氏义。"封"还有封地、封赐、界限、密封、姓氏等义。"溥"还有普遍、姓氏等义。"博"还有宽阔、广泛、渊博、博取等义。

辽 远 遐 遥 逖(逷) 邈 迥(泂)
liáo yuǎn xiá yáo tì miǎo jiǒng

【同】与"近"相对,空间或时间距离长。

〔辽〕"辽"的繁体字写作"遼"。《说文》:"遼,远也。"早期古籍中多与"远"连用。《左传·襄公八年》:"楚师辽远,粮食将尽,必将速归。"《墨子·非攻下》:"道路辽远。"《荀子·天论》:"天不为人之恶寒也辍冬,地不为人之恶辽远也辍广。"《淮南子·要略训》:"武王欲昭文王之令德,使夷狄各以其贿来贡,辽远未能至,故治三年之丧,殡文王于两楹之间,以俟远方。"《史记·平准书》:"又兴十余万人筑卫朔方,转漕甚辽远。"

〔远〕"远"的繁体字写作"遠"。《尔雅·释诂上》:"遠,遐也。"《说文》:"遠,辽也。"《诗经·小雅·绵蛮》:"道之云远,我劳如何?"《左传·僖公三十二年》:"劳师以袭远,未所闻也。"《论语·泰伯》:"任重而道远。"《孟子·梁惠王上》:"王曰'叟不远千里而来,亦将有以利吾国乎?'"《庄子·山木》:"君曰:'彼其道远而险,又有江山,我无舟车,奈何?'"

〔遐〕《尔雅·释诂上》:"遐,远也。"大徐本《说文》新附字:"遐,远也。"《尚书·太甲下》:"若升高,必自下;若陟遐,必自迩。"《诗经·小雅·天保》:"降尔遐福,维日不足。"郑玄笺:"遐,远也。"《史记·司马相如列传》:"遐迩一体,中外提(禔)福,不亦康乎!"汉扬雄《剧秦美新》:"海外遐方,信延颈企踵,四面内向,喁喁如也。"

〔遥〕大徐本《说文》新附字:"遥,逍遥也。"又远也。"《方言》卷六:"遥,广远也,梁楚曰遥。"《广雅·释诂一》:"遥,远也。"《礼记·王制》:"自江至于衡山,千里而遥。"《史记·黥布列传》:"(刘邦)与布相望见,遥谓布曰:'何苦而反?'"《汉书·司马相如传》:"登阆风而遥集兮,亢鸟腾而壹止。"颜师古注引张揖曰:"遥,远也。"南朝宋谢灵运《拟魏太子邺中集诗八首》:"照灼烂霄汉,遥裔起长津。""遥裔",远代的子孙。

〔逖〕(逷)《说文》:"逖,远也。"《尚书·牧誓》:"逖矣,西土之人。"孔安国传:"逖,远也。"《史记·周本纪》作"远矣,西土之人"。《史记·司马相如列传》:"率迩者踵武,逖听者风声。"裴骃集解:"徐广曰:'逖,远也。听察远古之风声。'"又:"使疏逖不闭。"司马贞索隐:"逖,远。言其疏远者不被闭绝也。"

"逷"是"逖"的古文,《说文》作为重文收在"逖"下。《诗经·大雅·抑》:"用戒戎作,用逷蛮方。"毛传:"逷,远也。"

〔邈〕 大徐本《说文》新附字:"邈,远也。"《玉篇·辵部》:"邈,远也。"《楚辞·九章·怀沙》:"汤、禹久远兮,邈而不可慕也。"《汉书·司马相如传》:"轩辕之前,遐哉邈乎!其详不可得闻已。"颜师古注:"遐、邈,皆远也。"《昭明文选·潘岳〈西征赋〉》:"古往今来,邈矣悠哉!"

〔迥〕(泂)《说文》:"迥,远也。"《尔雅·释诂上》:"迥,遐也。"《史记·司马相如列传》:"迩陕游原,迥阔泳沫。"裴骃集解:"《汉书音义》曰:'迩,近。原,本也。迥,远;阔,广也……近者游其原,远者游其沫。'"《昭明文选·班固〈幽通赋〉》:"梦登山而迥眺兮,睹幽人之仿佛。""迥眺",远望。

"迥"也写作"泂"。《诗经·大雅·泂酌》:"泂酌彼行潦,挹彼注兹,可以餴饎。"毛传:"泂,远也。"

【辨】

这几个词的词义很接近,只是词义的内涵略有不同。"辽""远""遐""遥""邈",还可表示时间长远;"逖""迥"一般只用于表示空间距离大。另,"辽"还有宽缓义。"远"还有边远、差距大、远大、疏远等义。"遐"还有长(cháng)、疏离等义。"遥"还有飘荡义。"邈"还有离去、渺茫不清、超越等义。"逖"还有使远离义。"迥"还有迥然(相差很远)、偏远处等义。

近 迩
jìn ěr

【同】与"远"相对,空间或时间的距离短。

〔近〕《说文》:"近,附也。"清朱骏声《说文通训定声》:"凡言近者,非是实到,附近而已。"《左传·文公七年》:"秦大而近,足以为援。"《荀子·君道》:"墙之外,目不见也;里之前,耳不闻也;而人主之守司,远者天下,近者境内,不可不略知也。"以上两例为空间的距离短。《论语·卫灵公》:"人无远虑,必有近忧。"《史记·平原君虞卿列传》:"魏齐已死,不得已,乃著书,上采《春秋》,下观近世,曰《节义》《称号》《揣摩》《政谋》凡八篇,以刺讥国家得失,世传之曰《虞氏春秋》。"以上两例为时间的距离短。

〔迩〕《说文》:"迩,近也。"《尚书·太甲》:"若升高必自下,若陟遐必自迩。"《诗经·郑风·东门之墠》:"其室则迩,其人甚远。"《诗经》中"迩"字共7见。毛传、郑玄笺均释为近。《淮南子·人间训》:"行发于迩者,不可禁于远。""迩"多用于表示空间距离短,有时也用于时间距离短。汉桓宽《盐铁论·结和》:"夫偷安者后危,虑近者忧迩。"南朝宋鲍照《行路难十首》:"执袂分别已三载,迩来淹寂无分音。"

【辨】

①词的本义不同。"近"的本义是附近。"迩"的本义是空间距离短。且反义词也不同。"近"的反义词为"远"。《论语·阳货》:"子曰:'性相近也,习相远也。'"汉陆贾《新语·道基》:"附远宁近,怀来万邦。""迩"常与"遐"相对用。《史记·司马相如列传》:"遐迩一体,中外媞福,不亦康乎!"《后汉书·孝桓帝纪》:"普天率土,遐迩洽同。"但也与"远"相对用。《淮南子·人间训》:"夫言出于口者,不可止于人;行发于迩者,不可禁于远。"北魏郦道元《水经注·河水》:"数说不同,远迩亦异。"

②词义的内涵不同。"近""迩"都有接近、浅近义,但"近"还有亲近义,"迩"没有。

修(脩) 长
xiū cháng

【同】与"短"相对,两端的距离大。

〔修〕（脩）　清朱骏声《说文通训定声》认为，表示长度的"修"或"脩"是假借为"筳"。《说文》："筳，疾也，长也。"但"古籍皆以脩以修为之"。《广雅·释诂二》："修，长也。"《列子·汤问》："吾何以识其巨细，何以识其修短，何以识其同异哉？"汉班固《幽通赋》："道修长而世短兮，敻冥默而不周。"

早期古籍中，"修"一般表示修治、修饰义，修长义习用"脩"表示。《史记》中"修"字共88见，无一例表示修长义。而《淮南子》中，因避淮南王刘长的讳，修长义则习用"脩"。如《主术训》："园中之无脩木，小也。"又《墬形训》："其人脩形兑上……脩颈印行。"又《本经训》："断脩蛇于洞庭。"连长城也写作"脩城"。《泰族训》："筑脩城以守胡。"《人间训》："因发卒五十万，使蒙公、杨翁子将，筑脩城。"

〔长〕《说文》："长，久远也。"段玉裁注："引申之，为滋长，为长幼之长，今音知丈切；又为多余之长、度长之长。"《诗经·齐风·猗嗟》："猗嗟昌兮，颀而长兮。"《论语·乡党》："必有寝衣，长一身有半。"《孟子·梁惠王上》："权，然后知轻重；度，然后知长短。"《韩非子·五蠹》："鄙谚曰：'长袖善舞，多钱善贾。'"

【辨】　①词的本义不同。"修"的本义是修饰。《说文》："修，饰也。""长"的本义《说文》释为"久远也"。

②"修"或"脩"表示修长义，约始于战国时期，且使用频率很低。仅《墨子》中2见（《尚贤中》的"脩久"、《非攻》中的"脩远"），《国语》中1见（《吴语》中的"脩远"），《庄子》中2见（《逍遥游》中的"未知其修者"、《天地》中的"大小长短脩远"）。其他诸书，如《左传》《论语》《孟子》《荀子》《韩非子》等，不见"修"或"脩"用于修长义。"长"的长短义，早见于先秦的早期古籍，如《尚书》《诗经》以及上述诸书。

坚　固　牢
jiān　gù　láo

【同】　牢固，结实，不容易损坏或击破。

〔坚〕《尔雅·释诂上》："坚，固也。"唐玄应《一切经音义》卷三："坚，坚牢也。"《论语·子罕》："仰之弥高，钻之弥坚。"《孟子·公孙丑上》："兵革非不坚利也。"《韩非子·解老》："有形，则有短长；有短长，则有小大；有小大,则有方圆;有方圆,则有坚脆。"《淮南子•时则训》:"是月也,工师效功,陈祭器,案度程,坚致为上。"高诱注:"坚致,功牢。"逯吉按:"致,即密緻之緻。古无緻字。"《史记•郦生陆贾列传》:"陈留者,天下之据冲也,兵之会地也,积粟数千万石,城守甚坚。"

〔固〕《说文》:"固,四塞也。"段玉裁注:"按,凡坚牢曰固。"《诗经•小雅•天保》:"天保定尔,亦孔之固。"毛传:"固,坚也。"《论语•季氏》:"今夫颛臾,固而近于费。"何晏集解:"固谓城郭完坚,兵革利也。"《韩非子•难势》:"夫良马固车,五十里一置,使中手御之,追速致远,可以及也,而千里可日致也。何必待古之王良乎?"《战国策•秦策一》:"大王之国,西有汉中巴蜀之利,北有胡貉代马之用,南有巫山黔中之限,东有肴函之固。"高诱注:"固,牢坚,难攻易守也。"

〔牢〕《说文》:"牢,闲,养牛马圈也。从牛冬省,取其四周帀。"段玉裁注:"从古文冬省也。冬取完固之意,亦取四周象形。引申之,为牢不可破。""牢"引申为牢固义约在战国时期。《韩非子•难一》:"东夷之陶者器苦窳,舜往陶焉,期年而器牢。"但仅1见。而汉人著作如《淮南子》等却屡见不鲜。如《泰族训》:"夫矢之所以射远贯牢者,弩力也。"又《兵略训》:"当此之时,非有牢甲利兵,劲弩强冲也。"(同篇中"牢甲"也写作"坚甲")汉桓宽《盐铁论•国疾》:"往者常民衣服温暖而不靡,器质朴牢而致用。"汉王符《潜夫论•务本》:"物以任用为要,以坚牢为资。"

【辨】

①词的本义不同。"坚"的本义是土质坚硬。《说文》:"坚,土刚也。"(段注本)"固"的本义是要塞。《说文》:"固,四塞也。""牢"的本义是牛圈或马圈。

②词义的内涵不同。"坚"还有坚定、坚强等义。"固"还有专一、固执、闭塞等义。"牢"还有祭祀或宴享时用的牲畜、监狱、牢靠等义。

tiáo　　hé　　　xié
调　和(龢)　谐(龤)

【同】事物间互相协调、配合一致。

〔调〕《说文》:"调,和也。"清桂馥《说文义证》:"和也者,'和'当为'龢'。"《说文》:"'龢,调也。'"《墨子•节葬下》:"是故大国之所以不攻小国者,积委多,城郭修,上下调和,是故大国不耆攻之。"《庄子·在宥》:"云将曰:'天气不和,地气郁结,六气不调,四时不节。今我愿合六气之精,以育群生,为之奈何?'"《韩非子·喻老》:"凡御之所贵:马体安于车,人心调于马,而后可以追速致远。"《吕氏春秋·察今》:"尝一脟肉,而知一镬之味,一鼎之调。"高诱注:"调,和也。"

〔和〕(龢) 调和的"和",本字应为"龢"。《说文》:"龢,调也。从龠禾声,读与和同。"《国语·周语下》:"人民龢利。"但古籍中"龢"习写作"和"。《尔雅·释乐》:"和乐谓之节。"邢昺疏:"八音克谐,无相夺伦,谓之和乐。"《左传·襄公十一年》:"八年之中,九合诸侯,如乐之和,无所不谐。"杜预注:"谐亦和也。"《荀子·议兵》:"弓矢不调,则羿不能以中微;六马不和,则造父不能以致远。""调""和"互文。

〔谐〕(龤) 谐和的"谐",本字作"龤"。《说文》:"龤,乐和龤也。"但古籍中习写作"谐"。《尔雅·释诂下》:"谐,和也。"《小尔雅·广言》:"谐,和也。"《尚书·尧典》:"克谐以孝。"《史记·五帝本纪》转录时作"能和以孝"。又《尚书·皋陶谟》:"谟明弼谐。"《史记·夏本纪》转录时作"谋明辅和。"《周礼·天官·大宰》:"三曰礼典:以和邦国,以统百官,以谐万民。"《淮南子·兵略训》:"或将众而用寡者,势不齐也。将寡而用众者,用力谐也。"

【辨】

①词的本义略有不同。"调"侧重于均匀义。清沈涛《说文古本考》:"涛案:《一切经音义》卷十五引:'调,匀也。'盖古本如是。匀,疑即均字之省,即今之韵字。龠部:'龢,调也。'乐谐韵则龢调。引申之,物之均平亦谓之调。均,从匀,义亦相近。今俗犹有调匀之语。""调",用作动词时,就含有调之使匀的意思。和谐,本字为龢龤。两字均从龠(yuè),龠是一种三孔的管乐器。龢龤,是使不同音阶的乐音协调均匀,构成美妙的和声。所以《说文》释"龢"为"调也",释"龤"为"乐和龤也"。但经传以及古籍中,一般都写作和谐。据《说文》解释,"和"的本义是"相应也",即应和,如习语"一唱一和"的"和",应是其本义。"谐"的本义,《说文》解释"谐"为"詥也"。《玉篇·言部》:"谐,和也。"意即使言和合。

②词义的内涵不同。"调"还有调之使合适义,如调剂、调济、调配、调理等。"和"还有"不坚不柔"(《广韵·戈韵》)、正合适义,如和悦、和顺、平和、和睦等。"谐"还有使事谐和办成、诙谐义。

湿(溼) 濡
shī　　rú

【同】与"燥"相对,物体含有水分或沾上水。

〔湿〕(溼)　"湿"的本字作"溼"。《说文》:"溼,幽溼也。"《广韵·缉韵》:"溼,水霑也。"《吕氏春秋·任地》:"溼者欲燥,燥者欲溼。"汉蔡邕《述行赋》:"穷变巧于台榭兮,民露处而寝溼。"但古籍中,"溼"多写作"濕"(现简化为湿)。《易经·乾卦》:"水流湿,火就燥。"《左传·襄公三十一年》:"其暴露之,则恐燥湿之不时而朽蠹。"有时,同一古籍"溼""湿"并用。如《庄子·大宗师》:"相濡以湿。"又《让王》:"上漏下溼。"按:"濕",原音 tà,水名,出今山东茌平。后"溼"隶变作"濕",而表示水名的"濕"又隶变误作"漯",以致在表示潮湿的意义上,"溼""濕"两字混用无别。

〔濡〕《说文》:"濡,濡水,出涿郡故安,东入涞。"段玉裁注:"今字以濡为霑濡,经典皆然。"《诗经·曹风·候人》:"维鹈在梁,不濡其翼。"《荀子·礼论》:"不沐则濡栉三律而止。"杨倞注:"律,理发也。濡,湿也。"《淮南子·俶真训》:"狡狗之死也,割之犹濡。"高诱注:"濡,濡湿。"《史记·春申君列传》:"《易》曰:'狐涉水,濡其尾。'"张守节正义:"言狐惜其尾,每涉水,举尾不令湿,比至极困,则濡之。"《汉书·谷永传》:"《易》曰:'濡其首,有孚失是。'"颜师古注:"濡,湿也。"

【辨】
①词义有所侧重。"湿"侧重含有水分。汉贾谊《新书·无为》:"故近河之地湿,近山之土燥。"《淮南子·泰族训》:"夫湿之至也,莫见其形而炭已重矣。"《史记·酷吏列传》:"为人上,操下如束湿薪。""濡"则侧重沾上水珠或被湿透。汉桓宽《盐铁论·论儒》:"是故追亡者趋,拯溺者濡。"《史记·扁鹊仓公列传》:"信身入水中,几死,吏即来救信,出之水中,衣尽濡。"

反义词不同。"湿"的反义词是"燥"。《左传·襄公三十一年》:"不畏盗寇,而亦不畏燥湿。"《淮南子·原道训》:"各生所急,以备燥湿。""濡"则有时与"干"相对。《淮南子·泰族训》:"风以干之,雨露以濡之。"

②词义的内涵不同。"湿"可用于中医的术语。"濡"还有淹没、涂抹、滋润等义。

干(乾) gān　燥 zào　晞 xī

【同】与"湿"相对，原含有水分的物体水分很少或没有水分。

〔干〕(乾)　干燥的"干"，繁体字写作"乾"。《集韵·寒韵》："乾，燥也。"《诗经·王风·中谷有蓷》："中谷有蓷，暵其干矣。"孔颖达疏："暵然其干燥矣。"《吕氏春秋·爱类》："禹于是疏河决江，为彭蠡之障，干东土，所活者千八百国。"高诱注："干，燥也。"汉王充《论衡·商虫篇》："温湿之气，常在春夏。秋冬之气，寒而干燥。"唐杜甫《大麦行》："大麦干枯小麦黄，妇女行泣夫走藏。"

〔燥〕《广雅·释诂二》："燥，干也。"《玉篇·火部》："燥，干燥也。"《集韵·皓韵》："燥，干也。"《易经·干卦》："同声相应，同气相求，水流湿，火就燥。"孔颖达疏："火焚其薪，先就燥处。"《荀子·富国》："为之宫室台榭，使足以避燥湿。"《淮南子·天文训》："火胜，故冬至燥。燥故炭轻，湿故炭重。"汉王充《论衡·商虫篇》："谷干燥者，虫不生。"

〔晞〕《玉篇·日部》："晞，燥也。"《诗经·秦风·蒹葭》："蒹葭凄凄，白露未晞。"毛传："晞，干也。"《礼记·玉藻》："发晞用象栉。"郑玄注："晞，干也。"孔颖达疏："晞，干燥也。"《昭明文选·曹植〈赠白马王彪〉》："人生处一世，去若朝露晞。"李善注引毛苌《诗传》曰："晞，干也。"唐韩愈《送区弘南归》诗："开书拆衣泪痕晞，虽不救还情庶几。"

【辨】

①词的本义不同。干燥的"干"，繁体字作"乾"。"乾"本读 qián，引申为干燥义，音随义变，读为 gān。"乾"的本义《说文》解释为"上出也。从乙，乙，物之达也。"段玉裁注："此'乾'之本义也。自有文字以后，乃用为卦名，而孔子释之曰：'健。''健'之义生于'上出'。上出为健，下注则为湿，故乾与湿相对。俗别其音(按：指读 gān)，古无是也。"清朱骏声认为，"乾"的干燥义，是"乾(qián)"的引申。《说文通训定声》："按，达于上者谓之乾。凡上达者，莫若气。天为积气，故乾为天……[转注]又，上达者，莫若火，故又为燥也……《字林》：'乾，燥也。'""燥"的本义是干燥。《说文》："燥，乾也。"清王筠《说文句读》："《易》：'燥万物者，莫暵于乎火。'许君盖主此为证。""晞"的本义是晒干。《说文》："晞，干也。"南唐徐

锴《说文系传》：“臣锴按：古诗曰：'青青园中葵，朝露待日晞。'希，少也。物干则少也。"清桂馥《说文义证》：“晞也者，《字林》《小尔雅》并同。《艺文类聚》引《纂要》：'日昕曰晞。'注云：'大明曰昕。'《诗》曰：'匪阳不晞。'晞，干也。言日所干湿物也。"

②词义的内涵不同。"干"还有枯竭、声音发干嘶哑、拜认的亲戚关系等。"燥"还有焦急、中医病因之一等义。"晞"还有晒、拂晓等义。

涸　竭(渴)　枯　干(乾)
　　hé　jié　　　　kū　gān

【同】水枯竭，指原来有水的河流、溪涧、池塘、渊泽等没有水了。

〔涸〕《玉篇·水部》："涸，水竭也。"《孟子·离娄下》："苟为无本，七八月之间雨集，沟浍尽盈，其涸也，可立而待也。"《庄子·大宗师》："泉涸，鱼相处于陆，相呴以湿，相濡以沫，不如相忘于江湖。"《礼记·月令》："（仲秋之月）杀气浸盛，阳气日衰，水始涸。"郑玄注："涸，竭也。"《汉书·公孙弘传》："山不童，泽不涸。"颜师古注："涸，水竭也。"

〔竭〕（渴）《诗经·大雅·召旻》："池之竭矣，不云自频？泉之竭矣，不云自中？"孔颖达疏："言人见池水之竭尽矣……人见泉水之枯竭矣。"《国语·周语上》："昔伊、洛竭而夏亡，河竭而商亡。"韦昭注："竭，涸也。"《孙子兵法·兵势》："故善出奇者，无穷如天地，不竭如江河。"《汉书·晁错传》："如飞鸟走兽于旷野，美草甘水则止，草尽水竭则移。"

　　水枯竭的"竭"，本写作"渴"。《说文》："涸，渴也。""渴，尽也。"段玉裁注："渴、竭，古今字。古水竭，多用'渴'。"《周礼·地官·草人》："凡粪种，骍刚用牛……渴泽用鹿。"郑玄注："渴泽，故水处也。"贾公彦疏："'渴泽，故水处'也者，以水钟（聚蓄）曰泽。今泽云渴，明是故时停水，今乃渴，故云'故水处'也。"

〔枯〕《管子·国准》："有虞之王，枯泽童山。"《荀子·致士》："川渊枯则龙鱼去之，山林险则鸟兽去之。"汉王充《论衡·效力篇》："江河之水，驰涌滑漏，席地长远，无枯竭之流，本源盛矣。""枯竭"连用。北魏郦道元《水经注·谷水》："今川澜北注，澄映泥泞，何得言枯涸也？""枯涸"连用。唐杜荀鹤《感寓》诗："大海波涛浅，小人方寸深。海枯终见底，人死不知心。"

〔干〕（乾）　干燥的"干"，繁体字写作"乾"。《玉篇·乙部》："乾，竭也。"《山海经·北山经》:"教水出焉,西流注于河,是水冬乾而夏流,实惟乾河。"《吕氏春秋·应同》:"乾泽涸渔,则龙龟不往。"《淮南子·说山训》:"上求材,臣残木;上求鱼,臣乾谷。"《相和歌辞·僧皎然〈从军行〉》:"兵屯绝漠暗,马饮浊河乾。"

【辨】

①词的本义不同。"涸"的本义是水枯竭。《说文》:"涸,渴也。"段玉裁注:"渴,尽也,渠列切。《释诂》曰:'涸,渴也。'俗本作'竭'。""竭"的本义,《说文》释为"负举也",义近"揭"。但古籍中主要用于竭尽义,以取代"渴"的本义。《说文》:"渴,尽也。"段玉裁注:"渴、竭,古今字。古水多用'渴'。"清承培元《广说文答问疏证》:"今隶书用'揭'为'竭',用'竭'为'渴'。""枯"的本义是草木枯槁。《说文》:"枯,槁也。""槁,木枯也。"清桂馥《说文义证》:"槁也者,《易·说卦》:'离为火,其于木也,为科上槁。'注云:'草木空中者必枯槁也。'"引申为水枯竭。清朱骏声《说文通训定声》:"[转注]《周礼·司书》注:'童枯则不税。'疏:'川泽无水曰枯。'"枯干的"干",繁体字写作"乾"。《说文》:"乾,上出也。"段玉裁注:"此'乾'之本义也。自有文字以后,乃用为卦名。而孔子释之曰:'健也。'健之义,生于上出。上出则为乾,下注则为湿,故'乾'与'湿'相对。俗别其音,古无是也。"引申为水干枯。清朱骏声《说文通训定声》:"[转注]又《北山经》:'是水冬乾而夏流,实惟乾河。'"

②词义的内涵不同。"涸"还有竭尽义。"竭"还有穷尽、亡、遏止、姓氏等义。"枯"还有枯槁、干瘦、疲病、空虚等义。"干"还有嗓音嘶哑、拜认的亲属关系、使人难堪、加工制成的干食品、姓氏以及副词虚假地、徒然地等义。

炎 暑 热 燠(奥) 温 暖(煖 煗) 暄
yán shǔ rè yù   wēn nuǎn   xuān

【同】温度相对高,通常是人对温度的触觉或感受。

〔炎〕《玉篇·炎部》:"炎,热也。"汉班婕妤《怨歌行》:"常恐秋节至,凉风夺炎热。" 北魏郦道元《水经注·㶟水》:"地势不殊,而炎凉异致。""炎凉",热冷。宋王安石《和平甫舟中望九华山二首》之二:"此山高且寒,五月不觉炎。"宋李昴英《念奴娇(宝祐丁巳闰四月,偕十友避暑白云寺)》:"麦秋时候,薄阴罩炎日,山行乘兴。""炎日",炎热的太阳。

〔暑〕《玉篇·日部》:"暑,热也。"《易经·系辞下》:"寒往则暑来,暑往则寒来。"《墨子·非攻中》:"今师徒唯毋兴起,冬行恐寒,夏行恐暑,此不可以冬夏为者。"《淮南子·人间训》:"冬日则寒冻,夏日则暑伤。"汉王充《论衡·寒温篇》:"春温夏暑,秋凉冬寒,人君无事,四时自然。"

〔热〕《玉篇·火部》:"热,温也。"《孟子·梁惠王下》:"如水益深,如火益热。"《庄子·齐物论》:"大泽焚而不能热,河汉冱而不能寒。"《吕氏春秋·孟秋纪》:"是月也……行夏令,则多火灾,寒热不节,民多疟疾。"北魏郦道元《水经注·滱水》:"其水温热若汤,能愈百疾,故世谓之温泉焉。"

〔燠〕(奥)《玉篇·火部》:"燠,热也。"《集韵·屋韵》:"燠,热也。"《尚书·洪范》:"庶征:曰雨,曰旸,曰燠,曰寒。"孔安国传:"燠以长物,寒以成物。"孔颖达疏:"《释言》云:'燠,暖也。'舍人曰:'燠,温暖也。'是'燠''暖'为一,故传以'暖'言之。"《诗经·唐风·无衣》:"不如子之衣,安且燠兮!"毛传:"燠,暖也。"《礼记·内则》:"以适父母舅姑之所。及所,下气怡声,问衣燠寒。"《淮南子·俶真训》:"夫人之所受于天者,耳目之于声色也,口鼻之于芳臭也,肌肤之于寒燠也,其情一也。"

"燠"也写作"奥"。《诗经·小雅·小明》:"昔我往矣,日月方奥。"毛传:"奥,暖也。"《史记·宋微子世家》:"庶征:曰雨,曰阳,曰奥,曰寒。"《尚书·洪范》作"曰燠"。《汉书·李寻传》:"其月土湿奥,恐后有雷雹之变。"颜师古注:"奥,温也。"

〔温〕《广雅·释诂三》:"温,燠也。"《墨子·辞过》:"古之民未知为衣服时,衣皮带茭,冬则不轻而温,夏则不轻而清。"《礼记·月令》:"季夏之月……温风始至,蟋蟀居壁,鹰乃学习,腐草为萤。"汉王充《论衡·寒温篇》:"近水则寒,近火则温。"北魏郦道元《水经注·河水》:"水西出娄山,至冬则煖,故世谓之温泉。"唐宋之问《冬夜寓直麟阁》诗:"广庭怜雪净,深屋喜炉温。"

〔暖〕(煖 煗)《玉篇·日部》:"暖,温也。"《墨子·节用中》:"冬服绀緅之衣,轻且暖。"《吕氏春秋·季秋》:"季秋……行春令,则暖风来至。"唐白居易《岁除夜对酒》诗:"醉依香枕坐,慵傍暖炉眠。"

"暖"也写作"煖"或"煗"。《孟子·尽心上》:"五十非帛不煖,七十非肉不饱。"《墨子·辞过》:"当今之主,其为衣服,则与此异矣。冬则轻煗,夏则轻清。"

〔暄〕《广韵·元韵》："暄,温也。"《集韵·元韵》："暖,《说文》:'温也。'或作'暄'。"《列子·杨朱》："昔者宋国有田夫……顾谓其妻曰:'负日之暄,人莫知之者,以献吾君,将有重赏。'"《素问·五运行大论》："东方生风,其性为暄,其德为和。"张介宾注:"暄,温暖也。"《南齐书·东夷传》:"四时暄暖,无霜雪。"北齐颜之推《颜氏家训·养生》:"若其爱养神明,调护气息,慎节起卧,均适寒暄,禁忌饮食,将饵药物,遂其所禀,不为夭折者,吾无间然。""寒暄",即寒暖。明兰陵笑笑生《金瓶梅》第八九回:"天色暖,谓之暄;天色寒,谓之料峭。"

【辨】

①词的本义不同。"炎",《说文》单独立部,本义是火光上升。《说文》:"炎,火光上也。"引申为热。段玉裁注:"《洪范》曰:'火曰炎上。'其本义也。《云汉》传曰:'炎,热气也。'……皆引申之义也。""暑"的本义是炎热。《说文》:"暑,热也。""暑"与"热",意义微殊。"暑"是湿热,"热"是燥热。段玉裁注:"'暑'与'热',浑言则一,故许以热训暑;析言则二……'暑'之义主谓湿,'热'之义主谓燥,故溽暑谓湿暑也。《释名》曰:'暑,煮也,如水煮物也。''热,爇'也,如火烧爇也。""热"的本义是温之极。《说文》:"热,温也。"清桂馥《说文义证》:"温也者,《释名》:''热,爇也,如火烧爇也。'《易稽览图》:'夏至之后三十日极温。'"按:温,是热之始;热,是温之极。"燠"是方言词,本义是温暖,也即热之始。《说文》:"燠,热在中也。"清桂馥《说文义证》:"热在中也者,《广雅》:'燠,煖也。'《释言》:'燠,煖也。'郭云:'今江东通言燠。'"《尚书·洪范》:"曰燠。"孔颖达疏:"'燠'是热之始。""温"的本义是水名,在今贵州境内。清朱骏声认为,假借为"煴"。《说文通训定声》"温"下[假借]为'煴'。""煴"下"按,温煖、温和字,经传皆以'温'为之。""暖",《说文》写作"煖"或"煗",本义是温暖。《说文》:"煖,温也。""煗,温也。"段玉裁"煖"下注:"今通用'煖'。"或以为"煗"即"暄"。清王筠《说文句读》:"俗'煖'作'暄',以'煗'为'煖',又别作'暖'。"按:"温"与"热",两词的意义,古今有所区别。《说文》以"温"训"热",认为"温"也包括"热"。细辨之,"温"是热之始,"热"是温之极。今则"热"表示温度高,"温"则表示不冷不热。清王筠《说文句读》"煖"下曰:"'温'不至热,别'热'于温,后世语也。""暄"字,《说文》无。或以为即

"煖"的俗字。清雷浚《说文外编》卷三:"《说文》:'煗,温也。从火耎声。'况爱切。音义并合。而俗读上声之'煖'字,则当作'煴'。《广韵二十二元》:'暄,温也。煖,同。'"

②词的内涵不同。"炎"还有火焰、焚烧、旺盛、炎症(后起义)等义。"暑"还有夏季、中医的病名等义。"热"还有烦躁、发烧(病名)、姓氏等义。"煖"还可表示鲜明义。"温"还有温柔、温习、温度(后起义)等义。"暖"只有温暖义。"暄"还有春末义。

寒 冷 凉(涼) 清(凊) 冽 凛(凜 澟)

沧(滄)

【同】温度相对低,通常是人对温度的触觉或感受。

〔寒〕《尚书·洪范》:"庶征:曰雨,曰旸,曰燠,曰寒,曰风,曰时。"孔颖达疏:"寒,是冷之极。"《周礼·地官·大司徒》:"日北则景(影)长,多寒。"《孟子·梁惠王上》:"七十者衣帛食肉,黎民不饥不寒,然而不王者,未之有也。"《荀子·劝学》:"青,取之于蓝,而青于蓝;冰,水为之,而寒于水。"

〔冷〕《玉篇·冫部》:"冷,寒也。"《广韵·梗韵》:"冷,寒也。"汉王充《论衡·谴告篇》:"火猛则汤热,火微则汤冷。"《后汉书·戴就传》:"(戴)就语狱卒:'可熟烧斧,勿令冷。'"北周庾信《山中》诗:"涧暗泉偏冷,岩深桂绝香。"北魏郦道元《水经注·洱水下》:"东溪广一丈九尺,冬暖夏冷;西溪广三丈五尺,冬冷夏暖。"

〔凉〕(涼)"凉"的正体字写作"涼"。《玉篇·水部》:"涼,薄寒儿。"又《冫部》:"凉,俗'涼'字。"《广韵·阳韵》:"涼,亦寒凉也。"《吕氏春秋·季夏》:"凉风始至,蟋蟀居宇。"汉王充《论衡·寒问篇》:"春温夏暑,秋凉冬寒。"三国魏曹丕《燕歌行》:"秋风萧瑟天气凉,草木摇落露为霜。"

〔清〕(凊)《素问·五藏生成论》:"腰痛,足清,头痛。"王冰注:"清亦冷也。"《吕氏春秋·有度》:"冬不用翣,非爱翣也,清有余也。"高诱注:"清,寒也。"汉董仲舒《春秋繁露·王道通》:"然而主好恶喜怒,乃天之春夏秋冬也,其居暖清寒暑而以化成功也。"北魏贾思勰《齐民要术·笨麴并酒》:"如无北向户屋,于清凉处亦得。然要须日未出前清凉时下黍。"

表示寒凉义的"凊",本字写作"凊"。《说文》:"凊,寒也。"《玉篇·冫部》:"凊,冷也。"《墨子·节用中》:"夏服绨绤之衣,轻且凊则止。"《礼记·曲礼上》:"凡为人子之礼,冬温而夏凊,昏定而晨省。"陆德明释文:"凊,七性反。字从冫,冰冷也。本或作水旁,非也。"章炳麟《新方言·释天》:"福州谓寒为凊,若通语言冷也。"

〔冽〕《玉篇·冫部》:"冽,寒气也。"《诗经·曹风·下泉》:"冽彼下泉,浸彼苞稂。"毛传:"冽,寒也。"汉王褒《圣主得贤臣颂》:"虎啸而谷风冽,龙兴而致云气。"唐白居易《春雪》诗:"寒销春茫苍,气变风凛冽。"明徐弘祖《徐霞客游记·游天台山日记》:"复上至太白,循路登绝顶,荒草靡靡,山高风冽,草上结霜高寸许。"

〔凛〕(懔 廩)《素问·五运大行论》:"其性为凛,其德为寒。"王冰注:"凛,寒也。"晋潘岳《闲居赋》:"于是凛秋暑退,熙春寒往。"李善注引《字林》曰:'凛,寒也。'晋傅咸《神泉赋》:"六合萧条,严霜凛冽。""凛冽",同义连用,寒冷。

　　"凛",古籍中多写作"溧"或"凓"。《玉篇·水部》:"溧,寒也。"《篇海类编·地理类·水部》:"溧,寒也;又凄清也。与'凛'同。""溧"虽具有寒冷义,但罕见其用。《玉篇·冫部》:"凓,凓凓,寒也。"《篇海类编·时令类·冫部》:"凓,俗作'凛'。"唐韩琮《秋晚信州推院亲友或责无书即事寄答》诗:"月寒深夜桂,霜凓近秋松。""寒""凓"对文。宋王安石《定林寺》诗:"众木凓交覆,孤泉静横分。"

〔沧〕(凔)《玉篇·水部》:"沧,寒也。"《玉篇·冫部》:"凔,寒也。"《逸周书·周祝》:"天地之间有沧热。"孔昭晁注:"沧,寒。"《昭明文选·枚乘〈上书谏吴王〉》:"欲汤之沧,一人炊之,百人扬之,无益也,不如绝薪止火而已。"李善注引《汉书音义》或曰:"沧,寒也。"宋梅尧臣《送秀州海盐知县李寺丞》诗:"沧凉朝日近,紫翠晚山尖。"

【辨】

　　①词的本义相近或微别。"寒"的本义是寒冷。《说文》:"寒,冻也。"段玉裁注:"冻,当作冷。十一篇曰:'冻,仌也。''冷,寒也。'此可证矣。""冻"有时也可表示寒冷。清王筠《说文句读》:"此'冻'之别义也。《左传》:'甚雨及之,楚师多冻。'是也。""冷"的本义也是寒冷。《说文》:"冷,寒也。""凉",《说文》收在水部。《说文》:"凉,薄也。"引申为寒。段玉裁

注:"引伸之,为凡薄之称……又引伸为寒。"表示寒凉义的"凊",本字作"清"。《说文》:"凊,寒也。"但古籍中一般写作"清"。"冽"的本义也是寒冷。《说文》无,但经传中有"冽"字,可能是失收。《说文》"洌"下段玉裁注:"案,《诗》《书》有'冽''洌'二篆。毛《诗》有'冽'无'洌'。冽彼下泉。"传云:'冽,寒也。''有冽氿泉。'传云:'冽,寒也。'""沧",《说文》两收,一收在冫部,一收在氵部,从冫或从氵,音义均同。《说文》:"沧,寒也。""凔,寒也。"段玉裁注:"此与水部'沧',音义皆同。"

此外,在表示寒冷的程度上有所区别。"寒"最冷,"凉"微寒,"冷"则是温度低的统称。其他各词的温度低的程度,是在"寒"和"凉"之间。《尚书·洪范》:"曰燠,曰寒。"孔颖达疏:"'凉',冷之始;'寒',冷之极。"今北方地区仍称"冷之始"为凉,而吴语区则都称冷。

②词义的内涵不同。"寒"还有冬季、贫寒(贫困)、贫贱(低贱)、谦称自己或自己的家宅等义。"冷"还有冷清、冷静、冷淡、冷酷等义。"凉"还有薄、清凉、愁苦、荒凉以及地名等义。"清"只具有寒凉义。"冽"有时还用于清澄义。"凛"还有庄严、可敬等义。"沧"还有水名、地名义。

yuán　　yuán　tuán　　　　luán
圆(员)　圜　团(抟 慱)　圞(圝 欒 挛)

【同】 周边与中心点等距离的平面图形或球状形。

〔圆〕(员) 《墨子·法仪》:"百工为方以矩,为圆以规。"《庄子·马蹄》:"圆者中规,方者中矩。"《吕氏春秋·分职》:"巧匠为宫室,为圆必以规,为方必以矩,为平直必以准绳。"《韩非子·外储说左下》:"人莫能左画方而右画圆也。"汉王充《论衡·说日篇》:"儒者谓:'日月之体皆至圆。'彼从下望见其形若斗筐之状,状如正圆。"唐王维《使至塞上》诗:"大漠孤烟直,长河落日圆。"

"员"是"圆"的古字。甲骨文、金文以及《尚书》《诗经》《论语》《左传》《国语》等古籍中均无"圆"字。《易经》中虽有1见,《系辞上》:"是故蓍之德圆而神,卦之德方以智。"但陆德明释文:"圆,本又作员。"《孟子·离娄上》:"离娄之明,公输子之巧,不以规矩,不能成方员。"《淮南子·原道训》:"员不中规,方不中矩。"汉王充《论衡·书解篇》:"方员画不俱成,左右视不并见,人材有两为,不能成一。"

〔圜〕《说文》:"圜,天体也。"段玉裁注:"依许则言天当作圜……言浑圆当作圆。"南唐徐锴《说文解字系传》:"此(圜)方圆字。"《广雅•释诂三》:"圜,圆也。"《周礼•考工记•舆人》:"圜者中规,方者中矩。"《墨子•天志中》:"中吾规者谓之圜,不中吾规者谓之不圜。"《楚辞•离骚》:"何方圜之能周兮,夫孰异道而相安?"朱熹集注:"圜,一作圆。"南朝陈荀仲举《铜雀台》诗:"谁堪三五夜,空对月光圜。"圜,一本作圆。

〔团〕(抟 槫) "团"的繁体字写作"團"。《说文》:"团,圜也。"《玉篇•囗部》:"团,圆也。"《墨子•经下》:"鑑团景一。"孙诒让间诂:"盖谓鑑正圜则光聚于一。"晋张翰《周小史》:"香肤柔泽,素质参红。团辅圆颐,菡萏芙蓉。"南朝梁吴均《八公山赋》:"桂皎月而长团,云望空而自布。"宋王安石《题扇》诗:"玉斧修成宝月团,月边仍有女乘鸾。"明徐渭《云居庵松下眺城南》诗:"夕照不曾残,城头月正团。"明诸圣麟《大唐秦王词话》第四十六回:"沓沓长空敛雾烟,冰轮都胜别时团。"

"抟",在圆形的意义上,是"团"的古字。《说文》:"抟,圜也。"段玉裁注:"抟,俗字作团。"清王筠《说文句读》:"抟,自是周秦间'团'字,许君以古义说之,非动字。"《周礼•考工记•矢人》:"凡相笴,欲生而抟。"郑玄注:"抟,圜也。"《楚辞•九章•橘颂》:"曾枝剡棘,圆果抟兮。"王逸注:"抟,圜也。楚人名圜为抟。"《吕氏春秋•审时》:"得时之黍,芒茎而徽下,穗芒以长,抟米而薄糠。"清俞樾《诸子平议•吕氏春秋三》:"抟之言圜也……'抟米而薄糠'与上文'其粟圆而薄糠'文义正同。"许维遹集释:"俞说是。凡圆形物本书多谓之'抟'。"

"团"也写作"槫"。汉扬雄《太玄•中》:"月阙其槫,明始退也。"范望注:"月满则阙,故戒之也。"司马光集注:"搏、槫、塼,皆与团同。"

〔圞〕(圝 欒 挛) 多与"团"连用,构成叠韵联绵字,但有时也单用。《中华大字典•囗部》:"圞,俗圝字。"唐张志和《空洞歌》:"廓然惚然,其形团圞。"明方以智《物理小识•草木类上》"橘"自注:"卢硕曰:'橘种子者不结实,实亦长,俗呼柚子,广柚则圞大。'"清蒲松龄《聊斋志异•凤仙》:"今日三婿并临,可称佳集,又无他人,可唤儿辈来,作一团圞之会。"

"圝","圞"的古字。《玉篇•囗部》:"圝,团圞也。"《集韵•桓韵》:"圝,圆也。"五代牛希济《生查子》词:"新月曲如眉,未有团圝意。"

"团圞",也写作"团栾"或"团挛"。唐任华《杂言寄杜拾遗》诗:"积翠扈游花匼匝,披香寓值月团栾。"清张南庄《何典》第二回:"自然生副搓得团挛捏得扁的糯米心肠。"

【辨】①词的本义略有不同。《说文》:"圆,圜全也。"清朱骏声《说文通训定声》:"浑圆为圜,平圆为圆。"("圜"下释)此说可从。根据:1.《说文》中习以"圜"释浑圆或其他非平圆器物。如"玑,珠不圜者。""丸,圜也,倾侧而转者。""团,圜也。""困,廩之圜者。""娃,圜深目皃。""镟,圜鑪也。""簋,圜竹器也。""卮,圜器也。"2."圜"与"丸"同源。王力《同源字典》:"hiuan 圜:huan 丸(元部 叠韵)"清徐灏《说文解字注笺》:"左氏宣二年:'灵公从台上弹人而观其避丸也'是弹弓之制古已有之。丸者圜转……丸本浑圆,引申之,凡轮囷之形皆曰丸。"清饶炯《说文解字部首订》:"炯案:以圜说丸,通其名也;又以'倾侧而转'说圜,申其义也。盖丸之为物,上下左右皆圜,倾侧相转,无面隅之制。""团",清徐灏认为,是口语突栾的合音(《说文解字注笺》)。"圜"常与"团"连用,组成叠韵联绵字"团圞",但有时也单用。

②词义的内涵不同。"圆"还有丰满、使圆满、围环、团圆、(嗓音)圆润、圆通等义。"圜"还有天体、钱币等义。"团"还有萦绕、聚集、团成圆球形、圆形物等义。

弯 曲 屈(诎) 枉 桡(挠) 宛

wān qū qū wǎng náo wǎn

【同】与"直"相对,弯曲。

〔弯〕"弯"的繁体字写作"彎"。《字汇·弓部》:"弯,曲也。"唐温庭筠《新乐府辞·晚归曲》:"弯堤弱柳遥相瞩,雀扇团圆掩香玉。"唐丁泽《上元日梦王母献白玉环》诗:"似见霜姿白,如看月彩弯。"宋范成大《南柯子·七夕》词:"月姊妒人,颦尽一弯眉。"《水浒传》第三回:"三个人转弯抹角,来到州桥之下一个潘家有名的酒店。"

〔曲〕《说文》:"曲,象器曲受物之形也。"《玉篇·曲部》:"曲,枉也……不直也。"《论语·述而》:"曲肱而枕之。"《庄子·马蹄》:"曲者中钩,直者应绳。"《淮南子·主术训》:"是故能进退履绳,而旋曲中规。"高诱注:"曲,屈。规,圆。"晋嵇康《与山巨源绝交书》:"足下见直木不可以为轮,曲者不可以为桷,盖不欲以枉其天才,令得其所也。"

〔屈〕(诎)《玉篇•出部》:"屈,曲也。"《易经•系辞下》:"尺蠖之屈,以求信(伸)也。"《老子》第四十五章:"大直若屈。"《孟子•告子上》:"今有无名之指,屈而不信,非疾痛害事也。"汉王充《论衡•变动篇》:"商羊者,知雨之物也,天且雨,屈其一足起舞矣。"

"诎",是"屈"的本字。《说文》:"诎,诘诎也。"段玉裁注:"二字双声,屈曲之意。"清邵瑛《说文解字群经正字》:"诎,今经典多用屈字。"清朱骏声《说文通训定声》则认为,"凡单言诎者,皆曲之声转也,亦以屈为之。"《史记•刘敬孙叔通列传》:"大直若诎。"

〔枉〕《说文》:"枉,衺曲也。"段玉裁注:"本谓木衺曲,因以为凡衺曲之称。"清徐灏《说文解字注笺》:"木之曲者,可煣之使直,直者亦可使曲,故因之谓屈为枉。"《荀子•君道》:"譬之是犹立直木而恐其景(影)之枉也……譬之是犹立枉木而求其景之直也。"《史记•孔子世家》:"举直错其枉,则枉者直。"《列子•说符》:"形枉则影曲,形直则影正。"汉东方朔《答客难》:"枉而直之。"刘良注:"枉,曲也。言曲者申之令直。"

〔桡〕(挠)《说文》:"桡,曲木也。"段玉裁注:"引申为凡曲之称……古本无从手挠字,后人臆造之,以别于桡,非也。"《广雅•释诂下》:"桡,曲也。"《左传•成公二年》:"畏君之震,师徒桡败。"杜预注:"桡,曲也。"《史记•萧相国世家》:"上已桡功臣,多封萧何。"裴骃集解:"应劭曰:'桡,屈也。'"汉贾谊《新书•道基》:"于是奚仲乃桡曲为轮,因直为辕,驾马服牛,浮舟仗楫,以代人力。"

"桡",也写作"挠"。《史记•酷吏列传》:"所爱者,挠法活之;所憎者,曲法诛灭之。"

〔宛〕《史记•司马相如列传》:"奔星更于闺闼,宛虹拖于楯轩。"张守节正义:"颜云:'宛虹,屈曲之虹。'"《汉书•扬雄传下》:"言奇者见疑,行殊者得辟,是以欲谈者宛舌而固声,欲行者拟足而投迹。"颜师古注:"宛,曲也。"唐杜牧《长安送友人游湖南》诗:"楚南饶风烟,湘岸苦萦宛。"

【辨】

①词的本义不同。"曲"的本义是"象器曲受物之形"。"屈"的本义,《说文》解释为"无尾也"。段玉裁注:"今人屈伸字,古作诎申。此古今字之异也。""枉"的本义是木材斜曲不直。"桡"的本义是"曲木"。"宛"的

本义,《说文》释为"屈草自覆也"。段玉裁注:"此曰'屈草自覆','宛'之本义也。"但此义未见其用。清徐灏《说文解字注笺》:"夗者,屈曲之义。从夕,盖谓宫室窈然深曲。引申为凡圆曲之称,又为曲折之称。'屈草自覆',未详其恉。"

②词义的内涵不同。"弯"还有水湾、停泊、量词(如一弯新月)等义。"曲"还有邪曲、理曲、曲隅(局部)等义。"屈"与弯曲义相关的还有屈从、委屈、困穷等义。"枉"还有(行为)不正、枉法、枉屈、冤枉等义。"桡"还有屈服、枉法、搅乱等义。"宛"还有低洼、好像、摇动等义。

盈 溢 满
yíng yì mǎn

【同】装满,充满。

〔盈〕《说文》:"盈,满器也。"《广雅·释诂四》:"盈,充也。"又《释诂一》:"盈,满也。"《玉篇·皿部》:"盈,满也。"《诗经·周南·卷耳》:"采采卷耳,不盈顷筐。"孔颖达疏:"不能满此顷筐。顷筐,易盈之器,而不能满者,由此人志有所念忧,思不在此故也。"《国语·楚语下》:"四境盈垒。"韦昭注:"垒,壁也。言垒壁满于四境之内。"《孟子·滕文公下》:"圣王不作,诸侯放恣,处士横议,杨朱、墨翟之言盈天下。"《淮南子·原道训》:"夫临江而钓,旷日而不能盈罗。"

〔溢〕《说文》:"溢,器满也。"《尔雅·释诂下》:"溢,盈也。"《广雅·释诂一》:"溢,满也。"《玉篇·水部》:"溢,盈也,器满也。"《孟子·离娄上》:"巨室之所慕,一国慕之;一国之所慕,天下慕之;故沛然德教溢乎四海。"赵岐注:"慕,思也……一国思其善政,则天下思以为君矣。沛然大治,德教可以满溢于四海之内也。"汉桓宽《盐铁论·贫富》:"故舜耕于历山,恩不及州里;太公屠牛朝歌,利不及妻子;及其见用,恩流八荒,德溢四海。"

〔满〕《说文》:"满,盈溢也。"《广雅·释诂四》:"满,充也。"《玉篇·水部》:"满,实也,盈也,溢也。"《墨子·辞过》:"府库实满。"《庄子·逍遥游》:"偃鼠饮河,不过满腹。"《韩非子·饬令》:"三寸之管毋当,不可满也。"汉王充《论衡·论死篇》:"人且死见鬼,宜见数百千万,满堂盈廷,填塞巷路,不宜徒见一两人也。"

【辨】　①词的本义不尽相同。"盈"的本义是"满器",即使器皿装满,有一个从虚到盈的过程。"溢"的本义是"器满",即器满而即将外溢。《广雅·释诂一》:"溢,出也。"王力《同源字典》:"过满则溢。""满"的本义则兼有"盈""溢"二义。

②词义的内涵不同。"盈"还有丰满、旺盛、增长等义。"溢"还有河水泛滥、过度、超出等义。"满"还有满足、骄傲、整个等义。

kōng xū
空　虚

【同】　中空不实或没有内容。

〔空〕《广韵·东韵》:"空,空虚。"《古今韵会举要》:"空,虚也。"《正字通》:"空,虚也。"《汉书·燕刺王刘旦传》:"王自歌曰:'归空城兮,狗不吠,鸡不鸣,横术何广广兮,固知国中之无人。'"汉王充《论衡·别通篇》:"空器在厨,金银涂饰,其中无物益于饥,人不顾也。"《后汉书·陈蕃传》:"田野空,朝廷空,仓库空,是谓三空。"

〔虚〕《广雅·释诂三》:"虚,空也。"《吕氏春秋·知度》:"至治之世,其民不好空言虚辞。"《韩非子·解老》:"狱讼繁,则田荒;田荒,则府仓虚;府仓虚,则国贫。"《史记·平准书》:"费数十百巨万,府库益虚。"汉王充《论衡·别通篇》:"故器空无实,饥者不顾;胸虚无怀,朝廷不御也。"

【辨】　①词的本义不同。"空"的本义是孔穴。《说文》:"空,窍也。"段玉裁注:"今俗言所谓孔也。""虚"的本义是大丘。《说文》:"虚,大丘也,昆仑丘谓之昆仑虚。"清徐灏《说文解字注笺》:"虚为大丘,即所谓四方高,中央下者,故引申为空虚之称。"

②词义的内涵不同。"空"还有空间或天空、尽、无、大、穿通等义。"虚"还有废墟、集市、虚假、虚弱、天空等义。

kū gǎo
枯　槁

【同】　干枯,植物失去水分。

〔枯〕《说文》:"枯,槁也。"《易经·大过》:"枯杨生华,何可久也?"《管子·度地》:"春不收枯骨朽脊,伐枯木而去之,则夏旱至矣。"《史记·殷本纪》:"大戊从之,而祥桑枯死而去。"《汉书·礼乐志》:"霆声发荣,岩处倾听,枯槁复产,乃成厥命。"颜师古注:"枯槁,谓草木经冬零落者也。"

〔槁〕《说文》:"槁,木枯也。"《易经·说卦》:"其于木也,为科上槁。"孔颖达疏:"科,空也……木既空中者,上必枯槁也。"《庄子·齐物论》:"形固可使如槁木,而心固可使如死灰乎?"《孟子·梁惠王上》:"王知夫苗乎?七八月之间旱,则苗槁矣。"《淮南子·原道训》:"今夫徙树者,失其阴阳之性,则莫不枯槁。"

【辨】

①"枯"与"涸"同源。"枯"指木枯,"涸"指水枯。"槁"与"犒"同源。《周礼·地官·牛人》:"军事,共其槁牛。"郑玄注引郑司农云:"槁师之牛。"贾公彦疏:"谓将帅在军中枯槁之赐牛,谓之槁牛。"《左传·成公二年》:"子以君师辱于敝邑,不腆敝赋,以犒从者。"孔颖达疏:"士卒之劳于外,师众枯槁,以酒食劳之,谓之犒师。"

②词义的内涵不同。"枯"还有干涸、枯竭、干瘦、疲病、空等义。"槁"除表示植物失去水分外,一般用于皮肤干枯或形容人干瘦。

凹 洼(窪窐) 窊 窳 阴

【同】 与"凸"相对,凹陷,低于周围。

〔凹〕《广韵·洽韵》:"凹,下也。"《集韵·爻韵》:"凹,窊也。"旧题汉东方朔《神异经·北方荒经》:"(北方荒中有石湖)其湖无凹凸,平湖无高下。"明杨慎《艺林伐山》卷十八引南朝宋盛弘之《荆州记》:"山胁漫衍无垤凹,湖面平满无高低。"元武汉臣《生金阁》第三折:"似这等人心无餍足,则怕天地也填不的许多凹。"清袁于令《西楼记·私契》:"两片嘴唇阔又翘,眼大眉粗面又凹,只落得弯话骚。"

〔洼〕(窪窐)《马王堆汉墓帛书·老子甲本·道经》:"洼则盈,敝则新。"今本《老子》二十二章"洼"作"窐"。《庄子·齐物论》:"山林之畏佳,大木百围之窍穴,似鼻,似耳……似洼者,似污者。"《红楼梦》第七六回:"这山之高处,就叫凸碧;山之低洼近水处,就叫凹晶。"

"窪""窐"与"洼"同源,音义均同。《广雅·释诂一》:"窪,下也。"《龙龛手鉴·穴部》:"窪,凹也。"《老子》第二十二章:"窪则盈。"朱谦之校释:"窪字《道藏》河上本作'宛'。窪、宛字同,皆洿下低陷之义。"《新唐书·南蛮传下》:"扶南,在日南之南七千里,地卑窪。"明张存绅《雅俗稽言·器用·古器》:"凡鑑,窪则照人面大,凸则照人面小。"《吕氏春秋·任地》:"子能以窐为突乎?"高诱注:"窐,容洿下也。"

〔宛〕《说文》:"宛,污斜,下也。"段玉裁注:"凡下皆得谓之宛。"《广雅·释诂一》:"宛,下也。"晋左思《吴都赋》:"原隰殊品,宛隆异等。"唐元结《杯樽铭序》:"石有宛颠者,因修之以藏酒。"清黄景仁《夹石》诗:"双城落天半,倒影辨宛凸。"

〔窊〕《说文》:"窊,污衺也。"段玉裁注:"窊衺,盖与污斜同。"清徐灏《说文解字注笺》:"窊衺,当作污窊。"《史记·孔子世家》:"生而首上圩顶,故因名丘云,故孔子顶如反宇。反宇者,若屋宇之反,中低而四旁高也。"唐司马贞索隐:"圩顶,言顶上窊也。"清顾祖禹《读史方舆纪要·江南十》:"(颜公山)山半稍前,则四旁隆起,其窊处有清浊也。"

〔阴〕 一般指篆刻凹下的字。宋赵希鹄《洞天清禄集·古钟鼎彝器辨》:"夏用鸟迹篆,商用虫鱼篆,周以虫鱼大篆,秦用大小篆,汉以小篆隶书……三代用阴识,谓之偃囊,其字凹入也。"明陶宗仪《辍耕录》卷十七:"所谓款识,乃分二义:款为阴字,是凹入者,刻画成之;识谓阳字,是挺出者。"印章上凹下的文字,称"阴文"或"阴字"。

【辨】

①词的本义不同。"凹"的本义就是低凹。《说文》无,约产生于魏晋时期。"洼"的本义是深池。《说文》:"洼,深池也。"低凹是引申义。"宛"的本义是低凹处。"窊"的本义是凹陷。"阴"的本义是"水之南,山之北",即阳光照射不到的地方。《说文》:"阴,闇也,水之南,山之北也。"

②词义的内涵不同。"凹"只有凹下义。"洼"还有潴积义。"宛"还有卷缩、喻衰落义。"窊"还有器物粗劣、败坏、瘦弱、懒惰等义。"阴"还有潮湿、幽暗、秘密的、日影、月亮等义。

凸 tū　突 tū　隆 lóng　坟 fèn

【同】 与"凹"相对,凸起,高于周围。

〔凸〕《玉篇·亚部》:"凸,起皃。"《广韵·没韵》:"凸,凸出皃。"唐陆龟蒙《奉酬袭美先辈吴中苦雨一百韵》诗:"先夸屋舍好,又恃头角凸。"宋苏轼《洞庭春色》诗:"瓶开香浮座,盏凸光照牖。"清纪昀《阅微草堂笔记·滦阳消夏录五》:"草树翳荟,沟塍凹凸。"

〔突〕《集韵·没韵》:"突,出皃。"《庄子·说剑》:"然吾王所见剑士皆蓬头突鬓垂冠。"成玄英疏:"乱发如蓬,鬓毛突出。"《吕氏春秋·任地》:"子能以窐为突乎?"高诱注:"突,理出丰高也。"陈奇猷校释:"'湿者欲燥,燥者欲湿'等句,都是用相反的话来申说的,更可见'以窐为突'的'窐''突'二字,该是相反的取义。"明徐弘祖《徐霞客游记·粤西游日记一》:"其崖突立向南,曰狮子寨。"清黄钟骏《畴人传四编·墨翟》:"西人窪镜突镜,俱本算法。"

〔隆〕《后汉书·张衡传》:"造候风地动仪,以精铜铸成,圆径八尺,合盖隆起,形似酒尊。"北魏郦道元《水经注·江水》:"粒大者方寸,中央隆起,形如张伞。"宋张元幹《西江月》词:"怜君病后颊颧隆。"

〔坟〕"坟"的繁体字写作"墳"。《集韵·混韵》:"坟,土起。"《左传·僖公四年》:"公至,毒而献之。公祭之地,地坟;与犬,犬毙;与小臣,小臣亦毙。"宋苏轼《东坡志林·先夫人不许发藏》:"其后某官于岐下,所居大柳下,雪方尺不积;雪晴,地坟起数寸。"清彭养鸥《黑籍冤魂》第二十三回:"天地君亲师,喊得也响,颈项中的筋,都喊得坟起。"

【辨】

①词的本义不同。"凸",《说文》无。从字形分析,本义应是隆起,即高于周围。"突"的本义,《说文》认为是狗突然从洞中窜出。《说文》:"突,犬从穴中暂出也。"但清徐灝认为是"假借为灶突(烟囱)"。烟囱一般都高出屋顶,此说较妥。"隆"的本义为高大。《说文》:"隆,丰大也。""坟"的本义,《说文》解释为"墓也"。但更早的意义,应该是高大、高起。坟、墓虽同义,但有差别。《说文》段玉裁注:"此浑言之也,析言之则墓为平处,坟为高处……郑(玄)注《礼记》曰:'墓谓兆域,今之封茔也;土之高者曰坟。'此其别也。"清徐灝《说文解字注笺》:"《方言》云:'坟,地大也。

青幽之间,凡土而高且大者谓之坟。'郭(璞)注:'即大陵也。'《尔雅·释诂》曰:'坟,大也。'此坟之本义也。"表示隆起的"坟",读 fèn,是声调构词,从"大"义引申而来。

②词义的内涵不同。"凸"只有凸起一义。"突"还有忽然、冲撞、触犯等义。"隆"还有高、兴起、多、丰厚、尊崇等义。读 fèn 的"坟",还有土肥义。

峭(陗)　峻(陖)　陡(斗)
qiào　　　jùn　　　dǒu

【同】（山势等）坡度很大,近于垂直。

〔峭〕(陗)《韩非子·内储说上》:"涧深,峭如墙,深百仞。"《楚辞·九章·悲回风》:"上高岩之峭岸兮,处雌蜺之标颠。"王逸注:"峭,山石之峻峭也。"北魏郦道元《水经注·江水》:"城居山跨阜……南枕大江,险峭壁立,信天固也。"唐马戴《题石瓮寺》诗:"藓壁松生峭,龛灯月照空。"

"峭"的正字作"陗"。《楚辞·九章·悲回风》"峭岸"旧注:"峭,一作'陗'。"《史记·李斯列传》:"夫楼季也而难五丈之限,岂跛牂而易百仞之高也哉!陗堑之势异也。"司马贞索隐:"陗,峻也,高也。"

〔峻〕(陖)《广韵·稕韵》:"峻,险也,峭也。"汉桓宽《盐铁论·周秦》:"夫负千钧之重,以登无极之高,垂峻崖之峭谷,下临不测之深渊……知坠则身肝脑涂山石也。"北魏郦道元《水经注·沔水》:"山形峻峭,其上秀木茂林,隆冬不凋。""峻峭",同义连用。唐韩愈《送廖道士序》:"衡之南八九百里,地益高,山益峻,水清而益驶,其最高而横绝南北者岭。"《西游记》第五十回:"忽然又遇一座大山,阻住去道,路窄崖高,石多岭峻,人马难行。"

"峻"的正字作"陖"。《玉篇·阜部》:"陖,险也。亦作'峻'。"《昭明文选·张衡〈西京赋〉》:"襄岸夷涂,修路陖险。"薛综注:"陖,陡也。"

〔陡〕(斗)《集韵·厚韵》:"陡,峻立也。"唐林滋《望九华山》诗:"虚中始讶巨灵擘,陡处乍惊愚叟移。"唐杜光庭《豆圌山记》:"东临峭壁,陡绝一隅。"《三国志平话》卷中:"又行三里,有一河,上有大桥,山坡特陡,名曰当阳坂。"《西游记》第二十回:"高的是山,峻的是岭,陡的是崖,深的是壑。"明凌濛初《初刻拍案惊奇》卷四:"再行过去,有陡峻高山遮在前面。"

"陡"的古字作"斗"。《史记·封禅书》："成山斗入海,最居齐东北隅,以迎日出云。"司马贞索隐："斗入海,谓斗绝曲入海也。"北魏郦道元《水经注·穀水》："二壁争高,斗耸相乱。"

【辨】①词的本义不同。"峭"字,《说文》作"陗"。《说文》："陗,陵也。"段玉裁注："凡斗(陡)直者,曰陗。"清王筠《说文句读》："《淮南子》:'岸陗者必陁。'许注:'陗,峻也。'"清朱骏声《说文通训定声》:"斗直曰陗……字亦作'峭'。""峻"字,是《说文》的或体字,正文作"陖"。《说文》："陖,高也。丛山陵声。峻,陖或省。"但陡峭义,《说文》另有"陵"字。《说文》："陵,陗高也。"段玉裁注："谓斗直而高也。卑者虽直,不得云陵矣。山部:陖,或作'峻',高也。此'陵,陗高也。'是'峻''陵'之别也。""陡"字,《说文》无。陡峭义,本写作"斗"。《说文》"陗"下段玉裁注："斗,俗作'陡'。古书皆作'斗'。"

②词义的内涵不同。"峭"还有严厉、苛刻、尖利、寒冷等义。"峻"还有高、高大、高升、严峻、严厉等义。"陡"还有突然义。

给 足 赡(澹 儋) 裕 饶 殷 丰 富 阜

jǐ zú shàn   yù ráo yīn fēng fù fù

【同】财物充足或丰富。

〔给〕《说文》："给,相足也。"《国语·周语上》："事之供给,于是乎在。"韦昭注："供,具也。给,足也。"《孟子·梁惠王下》："春省耕而补不足,秋省敛而助不给。"《吕氏春秋·应言》："今割国之锱锤矣,而因得大官,且何地以给之?"高诱注："给,足也。"《淮南子·本经训》："古者上求薄而民用给。"高诱注："给,足。"《史记·封禅书》："人皆以为不治生业而饶给。"《列子·天瑞》："齐之国氏大富,宋之向氏大贫,自宋之齐,请其术。国氏告之曰:'吾善为盗。始吾为盗也,一年而给,二年而足,三年而大穰。'"

〔足〕表示充足义的"足",清朱骏声《说文通训定声》认为是假借为"浞"。但不见"浞"用于充足义的书证,疑为本无其字的假借。《管子·牧民》："衣食足而知荣辱。"《论语·颜渊》："子曰:'足食,足兵,民信之矣。'"《孟子·尽心下》："不信仁贤则国空虚……无政事则财用不足。"《韩非子·五蠹》:"不事力而养足,人民少而财有余,故民不争。"《史记·苏秦列传》:"家殷人足。"《汉书·食货志》:"民不足而可治者,自古及今,未之尝闻。"

〔赡〕(澹 詹)《说文》正篆无"赡"字。大徐本《说文》新附字:"赡,给也。"清郑珍《说文新附考》:"赡,殆制于魏晋间。"《小尔雅·广言》:"赡,足也。"但先秦古籍中已见"赡"字。《孟子·梁惠王上》:"此惟救死而恐不赡,奚暇治礼义哉!"赵岐注:"今民困穷,救死恐冻饿而不给,何暇修行礼义乎!"《孟子》中"赡"字共2见。《史记·平准书》:"天子乃损膳,解乘舆驷,出御府禁藏以赡之。"又:"边兵不足,乃发武库工官兵器以赡之。"《史记》中"赡"字共15见。

"赡",《汉书》多写作"澹"。上引《史记·食货志》中的"赡",《汉书·食货志》转录时并作"澹"。另,颜师古注《汉书·食货志》"澹其欲"曰:"澹,古赡字也。赡,给也。"《汉书》也用"赡"字。《昭帝纪》:"朕闵百姓未赡。"又《哀帝纪》:"惟阴阳不调,元元不赡。"颜师古并释"赡"为"足也。"《淮南子》也"赡""澹"并用。《齐俗训》:"智伯有三晋而欲不澹。"高诱注:"澹,足也。"又《原道训》:"富赡天下而不既。"高诱注:"赡,足也。"

"赡"也写作"詹"。《吕氏春秋·适音》:"太小则志嫌,以嫌听小则耳不充,不充则不詹,不詹则窕。"高诱注:"詹,足也。詹,读如'澹然无为'之澹。"

〔裕〕《诗经·小雅·角弓》:"此令兄弟,绰绰有裕。"毛传:"裕,饶也。"《国语·吴语》:"今越王勾践恐惧而改其谋……身自约也,裕其众庶。"韦昭注:"裕,饶也。"汉扬雄《法言·孝至》:"天地裕于万物乎!万物裕于天地乎!"李轨注:"裕,足也。"汉王充《论衡·别通篇》:"夫富人可慕者,货财多则饶裕,故人慕之。""饶裕",同义连用,富足。《京本通俗小说·冯玉梅团圆》:"话说陈州有一姓徐名信……家道丰裕。"明冯梦龙《醒世恒言》第三十九卷:"有一僧人,法名至慧,积资富裕。"

〔饶〕《玉篇·食部》:"饶,丰也。"《左传·成公六年》:"夫山、泽、林、盐,国之宝也。国饶则民骄佚。"《史记·孝武本纪》:"少君者,故深泽侯入以主方……常余金钱帛衣食,人皆以为不治产业而饶给。""饶给",同义连用,丰足。汉王充《论衡·艺增篇》:"若其富人,谷食饶足者,廪囷不空,口腹不饥,何愁之有?""饶足",同义连用,丰足。《后汉书·宦者传·张让》:"扶风人孟佗,资产饶赡。""饶赡",同义连用,富足。

〔殷〕《战国策·秦策一》:"田肥美,民殷富。""殷富",同义连用。《淮南子·人间训》:"虞氏,梁之大富人也。家充盈殷富,金钱无量。"《史记·苏秦列传》:"临淄甚富而足……家殷人足,志高气扬。""殷""足"互文。《三国志·魏书·司马芝传》:"建安中,天下仓廪充实,百姓殷足。""殷足",同义连用。

〔丰〕"丰"的繁体字写作"豐"。《淮南子·主术训》:"岁登民丰,乃始县(悬)钟鼓,陈干戚,君臣上下,同心而乐之。"汉蔡邕《黄钺铭》:"储廪丰饶,室馨不悬。""丰饶",同义连用。晋葛洪《抱朴子·诘鲍》:"晋文景之世,百姓务农,家给户丰。""给""丰",互文见义。《三国志·魏书·徐邈传》:"家家丰足,仓库盈溢。""丰足",同义连用。

〔富〕《玉篇·宀部》:"富,丰于财。"《尚书·洪范》:"五福:一曰寿,二曰富,三曰康宁,四曰攸好德,五曰终考命。"孔安国传:"富,财丰备。"孔颖达疏:"二曰富,家丰财货也。"《荀子·富国》:"经田野之税,平关市之征,省商贾之数,罕兴力役,无夺农时,如是则国富矣。"《汉书·戾太子刘据传》:"太子有故人在湖,闻其富赡,使人呼之而发觉。""富赡",同义连用,表示资财丰富充足。汉焦赣《易林·干之咸》:"女贵以富,黄金百镒。"《后汉书·蔡遵传》:"家富给,而遵恭俭,恶衣服。"

〔阜〕《诗经·小雅·頍弁》:"尔酒既旨,尔殽既阜,"郑玄笺:"阜,犹多也。"《周礼·地官·大司徒》:"然则百物阜安,乃建王国焉。"贾公彦疏:"'然则百物阜安'者,总结上句所合已(以)下。然,尤(犹)如此。阜,盛也。如是四事得所,则百物盛安也。"汉扬雄《法言·孝至》:"君人者,务在殷民阜财。""阜财",使资财丰富。《昭明文选·张衡〈东京赋〉》:"东则洪池清藥,渌水澹澹,内阜川禽,外丰葭菼。"李善注:"阜,多也。丰,饶也。""阜""丰"互文,表示富足安宁。《续资治通鉴·元世祖至元三十年》:"每岁经费患不阜赡者过有所费。""阜赡",同义连用,表示富足。

【辨】

①词的本义不同或微别。"给"的本义是使丰足。《说文》:"给,相足也。""赡"的本义是丰足。《说文》正篆无"赡"字。大徐本《说文》新附字收有"赡"字,释为"给也"。按:"澹""赡"古今字,古写作"澹"。清郑珍《说文新附考》:"《汉书》凡赡足字皆作'澹'……至晋《右将军郑烈碑》始见从贝之'赡',殆制于魏晋间。""足"的本义是人的脚。《说文》:"足,人

323

之足也。"早在先秦时期就借用为丰足义。"裕"的本义是衣、物丰饶。《说文》:"裕,衣、物饶也。"段玉裁注:"引伸为凡宽足之称。"《广雅·释言》:"裕,足也。"清钱大昭疏义:"'裕,足'者,《法言·孝至》篇:'天地裕于万物,非裕于天地。'李轨注:'裕,足也。言万物取足于天地,天地不取足于万物也。'""饶"的本义是饱。《说文》:"饶,饱也。"段玉裁注:"饶者,甚饱之词也。"引申为物资丰富有余。清桂馥《说文义证》:"饱也者,李善注王粲《从军》诗引作'余也'。本书:'余,饶也。''益,饶也。'《广韵》:'饶,益也,饱也,余也。'……《曲礼》:'大飨不问卜,不饶富。'""殷"的本义是乐盛。《说文》:"殷,作乐之盛称殷。"段玉裁注:"此殷之本义也……引伸之,为凡盛之称。""丰"的本义是丰满。《说文》:"丰,豆之丰满者也。"清徐灏《说文解字注笺》:"丰,谓豆所盛实,丰满也。"清桂馥《说文义证》:"豆之丰满也者,《御览》引作'俎豆贵丰满也。《广雅》:'丰,满也。'""富",《说文》收有两个意义。《说文》:"富,备也。一曰:厚也。"引申为财物丰盛。清朱骏声《说文通训定声》:"《书·洪范》:'二曰富。'疏:'家丰财货也。'……《周礼·太宰》:'以富得民。'注:'(富)谓数中材物。'"按:"以富得民"下孔颖达疏:"以富得民,举数而言,则山泽之等,皆有材物,民居可知也。""阜"的本义是没有石头的土山。《说文》:"阜,大陆,山无石者。"段玉裁注:"毛传皆曰'大陆曰阜。'……引伸之,为凡厚、凡大、凡多之称。《秦风》传曰:'阜,大也。'《郑风》传曰:'阜,盛也。'《国语》注曰:'阜,厚也。'皆由土山高厚演之。"

②词义的内涵不同。"给"还有供给、给予、供事或服役义。"足"还有满足、足够、能够等义。"赡"还有供养、文思丰富、周济等义。"裕"还有充足、宽裕、宽大等义。"饶"还有多、肥沃、安逸、宽恕等义。"殷"还有众多、正值等义。"丰"还有大、厚、满、多、盛等义。"富"还有完备、财富等义。"阜"还有土山、高大、旺盛、繁盛等义。

pín qióng
贫 穷

【同】缺少生活或生产资料。

〔贫〕《玉篇·贝部》:"贫,乏财也。"《广韵·真韵》:"贫,乏也。"《尚书·洪范》:"四曰贫。"孔安国传:"困于财。"《礼记·月令》:"命有司,发仓廪,赐贫穷,振乏绝。"孔颖达疏:"无财曰贫。"《吕氏春秋·为欲》:"舆隶,至贱也;无立锥之地,至贫也。"《淮南子·览冥训》:"譬如隋侯之珠,和氏之璧,得之者富,失之者贫。"

〔穷〕《广雅·释诂四》:"穷,贫也。"王念孙疏证补正:"穷与贫义相近。"《左传·昭公十四年》:"分贫振穷。"孔颖达疏:"大体贫穷相类,细言穷困于贫。贫者家少货财,穷谓全无生业。"《管子·五辅》:"衣冻寒,食饥渴,匡贫窭,振罢露,资乏绝:此谓振其穷。"《荀子·大略》:"多有之者富,少有之者贫,至无有者穷。"

【辨】

①词的本义不同。"贫"的本义是缺少钱财。《说文》:"贫,财分少也。从贝从分,分亦声。"南唐徐锴《说文系传》:"臣锴曰:原宪瓮牖桑枢。是室屋之贫也。"清桂馥《说文义证》:"《一切经音义》卷一引《苍颉篇》:'无财曰贫。'""穷"的本义是极尽。《说文》:"穷,极也。"清桂馥《说文义证》:"极也者,至也。颜注《急就篇》:'极,尽也。'《楚辞·天问》:'天极焉加?'《吕氏春秋·下贤》篇:'与物变化而无所终穷。'注云:'穷,极也。'"引申为贫穷。

②用法有所不同。"穷"的贫困程度甚于"贫",往往是一无所有(见上例)。"贫"一般与"富"对用。如《淮南子·说林训》:"人有盗而富者,富者未必盗;有廉而贫者,贫者未必廉。""穷"一般与"达"或"通"对用。如《孟子·告子上》:"穷则独善其身,达则兼善天下。"《荀子·不苟》:"通则文而明,穷则约而详。"

③词义的内涵不同。"贫"还有表示谦称、贫嘴等义。"穷"还有穷尽、极端、理屈、不得志、荒僻等义。

数　词

yī　yī
一　壹

【同】 数词,最小的正整数。

〔一〕《说文》:"一,惟初太始,道立于一,造分天地,化成万物。"《玉篇·一部》:"一,王弼曰:一者,数之始也。"《尚书·文侯之命》:"彤弓一,彤矢百;卢弓一,卢矢百。"《诗经·王风·采葛》:"一日不见,如三秋兮。"《礼记·中庸》:"人一能之,己百之;人十能之,己千之。"《汉书·律历志上》:"数者,一、十、百、千、万也。"

〔壹〕《诗经·召南·驺虞》:"彼茁者葭,壹发五豝。"《公羊传·成公二年》:"壹战不胜,请再;再战不胜,请三;三战不胜,则齐国尽子之有也。"《礼记·乐记》:"壹倡而三叹,有遗音者矣。"宋洪迈《容斋五笔·一二三与壹贰叁》:"古书及汉人用字,如一之与壹,二之与贰,三之与叁,其义皆同。"

【辨】
①词的本义不同。"一"的本义是数词,表示最小的整数。"壹"的本义是形容词,表示专心一意。《说文》:"壹,专一也。"《左传·庄公三十二年》:"神,聪明正直而壹者也,依人而行。"孔颖达疏:"壹者,言其一心不二意也。"

②用途有所不同。"一"泛用于一般记数。"壹"一般用于正式文书,防人涂改。清翟灏《通俗编·数目》:"《演繁露》:'今官府文书,凡其记数,皆取声同而点画多者改用之,于是壹贰叁肆之类,本皆非数,借以为用,贵其不可改换为奸耳。'"清顾炎武《金石文字记》卷三:"凡数字作壹贰叁肆捌玖等字,皆(唐)武后所改。"

èr　liǎng　zài　èr
二　两　再　贰

【同】 二,一加一的数。

〔二〕《说文》:"二,地之数也。从偶一。"《易经·系辞上》:"二人同心,其利断金。"《论语·公冶长》:"赐也,闻一以知二。"《礼记·坊记》:"子云:'天无二日,土无二王,家无二主,尊无二上,示民有君臣之别也……'"《商君书·去强》:"国用其二,舍其一,必强。"《韩非子·说疑》:"故周威公身杀,国分为二。"

〔两〕《广雅·释诂四》:"两,二也。"《诗经·齐风·还》:"并驱从两肩兮,揖我谓我儇兮。"郑玄笺:"并躯而逐二兽。"《左传·成公十六年》:"王召养由基,与之两矢,使射吕錡。"《墨子·大取》:"马四足者,一马而四足也,非两马而四足也。"《荀子·王制》:"两者分别则贤不肖不杂,是非不乱。"

〔再〕《广雅·释诂四》:"再,二也。"《玉篇·冓部》:"再,两也。"《尚书·多方》:"我惟时其教告之,我惟时其战要囚之,至于再,至于三,乃有不用我降尔命,我乃其大罚殛之。"《左传·昭公元年》:"子相晋国以为盟主,于今七年矣!再合诸侯,三合大夫……民无谤讟,诸侯无怨,天无大灾,子之力也。"《战国策·燕策一》:"秦赵五战,秦再胜而赵三胜。"

〔贰〕《广雅·释诂四》:"贰,二也。"《易经·系辞下》:"因贰以济民行,以明失得之报。"孔颖达疏:"贰,二也。谓吉凶二理。"《论语·雍也》:"有颜回者好学,不迁怒,不贰过。"《孟子·滕文公上》:"从许子之道,则市价不贰,国中无伪。"赵岐注:"可使市无二价。"宋韩元吉《荐张竑周坰状》:"贰人者,皆可任监司或繁剧郡守。"

【辨】

①词的本义不同。"二"的本义是基数,可以与其他基数构成表示各种数目的数词。《韩非子·五蠹》:"今人有五子不为多,子又有五子,大父未死而有二十五孙。""两"的本义是成双,两两相对。《左传·昭公二十三年》:"体(指手和脚)有左右。"杜预注:"谓有两。"用"两"解释肢体两两相对。"再"的本义是同样的行为进行两次。《论语·公冶长》:"季文子三思而后行。子闻之,曰:'再,斯可矣。'""再",两次。"贰"的本义是正副的副。《说文》:"贰,副益也。"又:"副,判也。"段玉裁认为,"副之则一物成二,因仍谓之副。因之凡分而合者,皆谓之副。训诂中如此者致多。"一物成二,其一为副。《周礼·天官·大宰》:"乃施法于官府,而建其正,立其贰。"郑玄注:"贰谓小宰、小司徒、小宗伯、小司马、小司寇、小司空也。"贰,即与大宰、大司徒等相对而言。

②用法有所区别。"二"可与"三"连用,表示多数、约数或不专一。《左传·襄公二十三年》:"栾氏率贼以入,郰之父与二三子在君所矣。"杜预注:"二三子,诸大夫。""二三",表示多数。汉贾谊《论积贮疏》:"即不幸有方二三千里之旱,国胡以恤?""二三",表示约数。《诗经·卫风·氓》

"士也罔极,二三其德。""二三",表示不专一。"二"还可以用于小数、分数和序数等。如零点二、三分之二、二妹。

"再"可用在"一"的后面或"三""四"的前面,表示行为多次发生。如一再、再三、再三再四。《汉书·西域传下·乌孙国传》:"公主至其国,自治宫室居,岁时一再与昆莫会。"《史记·孔子世家》:"季桓子微服往观再三,将受,乃语鲁君为周道游,往观终日,怠于政事。"元范康《竹叶舟》第二折:"今日我这道友再三再四的度脱你出家,你则不省悟。"

"两"可用在"一"的后面或"三"的前后,表示少数,如一两个人、两三本书、三三两两等;还可用在双方或两两相对的事物前面,如两扉、两颊、两眉、两耳、两袖、两旁、两极、两端、两头、势不两立、两全其美、合则两利等。

"贰"用在有重要数据的票据上,以防止涂改或作伪。请参看"一 壹"。

③语源不同。"二"与"贰",声韵俱同,意义相近,为同一语源。"两"与"辆",声韵俱同,意义相近,为同一语源。"两""辆",还是古今字的关系。

三 九
sān jiǔ

【同】 虚数,数量或次数多。

〔三〕 清汪中《述学·释三九上》:"凡一二所不能尽者,则约之以三,以见其多。"《论语·公冶长》:"季文子三思而后行。"刘宝楠正义:"三思者,言思之多,能审慎也。"《孟子·滕文公上》:"当是时也,禹八年于外,三过其门而不入。""三过其门",多次经过家门。《战国策·齐策四》:"梁使三反,孟尝君固辞不往也。""三反",多次往返。晋葛洪《抱朴子·遐览》:"故谚曰:'书三写,鱼成鲁,虚成虎。'""三写",多次传写。

〔九〕 清汪中《述学·释三九上》:"三之所不能尽者,则约之以九,以见其极多。此言语之虚数也。"刘师培《古书疑义举例补·虚数不可实指之例》:"《楚辞·九歌》本为十一篇,而以九数标目,则数之不止于九者,亦可以九为数。盖'九'训为'究',又为极数,凡数之指其极者,皆得称之为九,不必泥于实数也。"《尚书·旅獒》:"为山九仞,功亏一篑。"《昭明文选·离

329

骚》:"虽九死其犹未悔。"刘良注:"九,数之极也。"《汉书·武帝纪》:"《诗》云:'九变复贯,知言之选。'"颜师古注引臣瓒曰:"九,数之多也。"

【辨】
　　①多的程度有所区别。"三",泛指多数;"九",言"数之极也",个位数中,九是最大的。

　　②不仅"三""九"泛指多数,"三"的倍数也往往泛指多数。如十二分、十二万分,形容程度极深,超过十分、十万分;三十六行、七十二行、一百二十行、三百六十行,极言行业众多。

动词

身 孕 妊(姙 任) 娠(震) 重

shēn yùn rèn shēn chóng

【同】怀孕。

〔身〕金文"身",象妇女隆腹怀孕形。《诗经•大雅•大明》:"大任有身,生此文王。"毛传:"身,重也。"郑玄笺:"重谓怀孕也。"孔颖达疏:"以身中复有一身,故言重。"《战国策•楚策四》:"今妾自知有身矣,而人莫知。"《史记•外戚世家》:"男方在身时,王美人梦日入其怀。"《汉书•孝宣许皇后传》:"今皇后当免身,可因投毒药去也。""免身",分娩。

〔孕〕《说文》:"孕,裹(怀)子也。"《玉篇•子部》:"孕,妊子也,含实也。"《易经•渐卦》:"妇孕不育。"郑玄注:"孕犹娠也。"《左传•僖公十七年》:"惠公之在梁也,梁伯妻之,梁嬴孕过期。"《国语•郑语》:"府之童妾,未既龀而遭之。既笄而孕,当宣王时而生。"韦昭注:"孕,任身也。"

〔妊〕(姙 任)《说文》:"妊,孕也。"段玉裁注:"孕者,怀子也。"《广雅•释言》:"妊,娠也。"《玉篇•女部》:"妊,妊身怀孕也。"晋张华《博物志》卷二:"故古者妇人妊娠,必慎其所感……妊娠者不可食兔肉,又不可见兔,令儿缺唇。"

先秦不见"妊"字,两汉多写作"姙"。汉王充《论衡•奇怪篇》:"或时禹、契、后稷之母适欲怀妊,遭吞薏苡、燕卵、履大人之迹也。"《后汉书•章帝纪》:"今诸怀姙者,赐养胎谷,人三斛。"

"妊""任"同源,"任"是"妊"的古字。《汉书•元后传》:"初,李亲任政君在身,梦月入其怀。"又《孝武钩弋赵婕妤传》:"拳夫人进为婕妤,居钩弋宫……任身十四月乃生。"

〔娠〕(震)《说文》:"娠,女妊身动也。"段玉裁注:"妊而身动曰娠,别词也。浑言之,则妊、娠不别。"《国语•晋语四》:"臣闻昔者大任娠文王不变。"韦昭注:"娠,有身也。"《史记•吴太伯世家》:"帝相之妃后缗方娠,逃于有仍,而生少康。"裴骃集解:"杜预曰:'娠,怀身也。'"《汉书•孝宣许皇后传》:"明年,许皇后当娠,病。"汉王充《论衡•吉验篇》:"北夷橐离国王侍婢有娠,王欲杀之。婢对曰:'有气大如鸡子,从天而下,我故有娠。'"

"震""娠"同源,"震"是"娠"的古字。《尔雅•释诂下》:"娠、震,动也。"郭璞注:"娠犹震也。"《左传•昭公元年》:"当武王邑姜方震大叔,梦帝谓己:'余命而子曰虞……'"杜预注:"怀胎为震。"《史记•晋世家》集解注引《左传》此文时为"邑姜方娠太叔"。

〔重〕《广雅·释诂四》:"重,侞也。"汉刘向《说苑·修文》:"取禽不麛卵,不杀孕重者。"《素问·奇病论》:"人有重身,九月而瘖,此为何也?"王冰注:"重谓身中有身,则怀孕者也。"《汉书·刘屈氂传》:"重马伤耗,武备衰减。"颜师古注:"重谓怀孕也。"

【辨】

①造字的取意不同。"身"字取挺身隆腹,象妇女怀孕之形,是象形字。"孕"字,清段玉裁认为是"从子乃声",是个形声字。"妊""任"同源,"任"的本义是两手抱物,取妇女怀孕像两手抱物状。《诗经·大雅·生民》:"是任是负,以归肇祀。"郑玄笺:"任犹抱也。""娠""震"同源,取妇女怀孕时胎儿在腹内躁动。重取意于因怀孕"身中复有一身"。

②词义的内涵不同。"身"还有躯体、自身、身份或地位等义。"孕"还有孕育、包含等义。"妊"只用于怀孕义。"娠"还有孕育义。"重 chóng"还有重复、倍、拖累等义。

生 产 字 乳 娩(免)

【同】 生孩子。

〔生〕《玉篇·生部》:"生,产也。"《左传·隐公元年》:"初,郑武公娶于申,曰武姜,生庄公及共叔段。"《淮南子·时则训》:"雷且发声,有不戒其容止者,生子不备,必有凶灾。"《史记·秦始皇本纪》:"庄襄王为秦质子于赵,见吕不韦姬,悦而取之,生始皇。"

〔产〕《说文》:"产,生也。"《正字通·生部》:"妇生子曰产。"《史记·高祖本纪》:"其先刘媪尝息大泽之陂,梦与神遇……已而有身,遂产高祖。"汉王充《论衡·奇怪篇》为"已而有身,遂生高祖","产""生"异文。《汉书·李广利传》:"李广利,女弟李夫人有宠于王,产昌邑哀王。"

〔字〕《说文》:"字,乳也。"段玉裁注:"人及鸟生子曰乳。"《广雅·释诂一》:"字,生也。"《山海经·中山经》:"其上有木焉,名曰黄棘,黄华而员叶,其实如兰,服之不字。"郭璞注:"字,生也。"汉王充《论衡·气寿篇》:"妇人疏字者子活,数乳者子死。"《汉书·谷永传》:"急复益纳宜子妇人,毋择好丑,毋避尝字,毋论年齿。"颜师古注:"如淳曰:'王凤上小妻弟以纳后宫,以尝字乳。'"

〔乳〕《说文》:"乳,人及鸟生子曰乳。"《玉篇·乙部》:"乳,生也,字也。"《史记·扁鹊仓公列传》:"菑川王美人怀子而不乳。"司马贞索隐:"乳,生也。"汉王充《论衡·四讳篇》:"夫妇人之乳子也,子含元气而出。"

〔娩〕(免)《广韵·问韵》:"娩,生也。"《北史·尒朱荣传》:"荣乃暂来向京,言看皇后娩难。""娩难 nàn",旧时医疗条件差,视妇女生孩子是灾难。明冯梦龙《古今谭概·妖异部·窦母等》:"苏城吴妻娩身。"

"免","娩"的古字,意为妇女生孩子是解免身孕。《国语·越语上》:"将免者以告,公令医守之。"韦昭注:"免,免乳。"汉刘向《新序·节士》:"无何而朔妻免,生男。"《汉书·外戚传》:"妇人免乳大故,十死一生,今皇后当免身,可因投毒药去也。"

【辨】

①词的本义不同。"生"的本义是草木初生。《说文》:"生,进也,象艸木出生土上。"甲骨文中的"生"字,"象艸木生出地上"(李孝定《甲骨文字集释》)。"产"的本义是生出同类物种。《周礼·春官·大宗伯》:"百物之产。"郑玄注:"生其种曰产。"贾公彦疏:"云生其种曰产者,卵生、胎生及万物草木但如本者曰产也。""字"的本义是人生育。高田忠周《古籀篇》四十:"人曰字,鸟曰孚,兽曰犙。《易·屯》:'女子贞不字。'注:'妊娠也。'为'字'本义。""乳"的初义是鸟生子。《玉篇·乙部》:"鸟之生子曰乳。"清王筠《说文句读》:"且孚在爪部,以菢卵为义,则乳字两体,皆主鸟而言,于人无涉。""免"字,《说文》正篆无,但说解语中有。《说文》:"挽,生子免身也。"(说解语中共 2 见)据此,"免"的本义应为免去、解免。

②词义的内涵不同。"生"还有生长、产生、生计、生命、天生的等义。"产"还有出产、发生、物产、产业等义。"字"还有抚育、爱、出嫁、文字等义。"乳"还有孵化、幼小的、乳房、乳汁等义。"娩"一般用于生育义。

笑 哂 莞
xiào　shěn　wǎn

【同】因高兴、喜悦脸上露出愉快的表情,或发出欢愉的声音。

〔笑〕宋毛晃等《增修互注礼部韵略》:"笑,喜而解颐启齿也。"《诗经·卫风·硕人》:"巧笑倩兮,美目盼兮。"《史记·齐太公世家》:"群臣皆泣,晏子笑,公怒。"《汉书·郑崇传》:"每见曳革履声,上笑曰:'我识郑尚书履声。'"汉王充《论衡·儒增篇》:"乐然后笑,人不厌其笑也。"晋郭璞《游仙诗》:"灵妃顾我笑,粲然启玉齿。"

〔哂〕《玉篇·口部》:"哂,笑也。"《论语·先进》:"子路率尔而对曰:'千乘之国……比及三年,可使有勇,且知方也。'夫子哂之。"何晏注引马融曰:"哂,笑。"晋杨方《合欢诗》之二:"子笑我必哂,子感我无欢。"宋陈师道《示三子》诗:"喜极不得语,泪尽方一哂。"金董解元《西厢记诸宫调》卷三:"是日张生正郁闷,闻言点头微哂。"

〔莞〕宋苏轼《石塔寺》诗:"山僧异漂母,但可供一莞。"宋杨万里《晚立普明寺门时已过立春去除夕三日尔将归有叹》诗:"欲雪不雪关得依,得归未归一莞中。"清曹寅《舟中望惠山举酒调培山》诗:"知君昔夙结山缘,吐语调君双颊莞。"

【辨】①词的本义不同。"笑"的本义难明。大徐本《说文》新附字:"笑,此字本阙。臣铉等案:孙愐《唐韵》引《说文》云:'喜也,从竹从犬。'而不述其义。今俗皆从犬。又案:李阳冰刊定《说文》'从竹从夭',义云'竹得风,其体夭屈如人之笑'。未知其审。""哂"的本义是微笑。《说文》无"哂"字。从"哂"的实际用法和字书、韵书的解释来看,其本义应是微笑。唐玄应《一切经音义》卷四引《三苍》曰:"哂,小笑。"《洪武正韵·轸韵》:"哂,微笑。""莞"一般带有词尾"尔"或"然",构成"莞尔""莞然",表示微笑的样子。单用时表示微笑。

②词义的内涵不同。"笑"还有讥笑、嘲笑义。"哂"有时也用于讥笑义。"莞"只有微笑义。

哭 泣 啼(嗁 謕) 号(嚎) 咷
kū qì tí háo táo

【同】因痛苦、悲哀而出声流泪。

〔哭〕《说文》:"哭,哀声也。"《玉篇·吅部》:"哭,哀之发声。"《左传·僖公二十八年》:"公知其无罪也,枕之股而哭之。"《礼记·檀弓下》:"孔子过泰山侧,有妇人哭于墓者而哀。"《韩非子·和氏》:"和乃抱其璞而哭于楚山之下,三日三夜,泪尽而继之以血。"汉桓宽《盐铁论·非鞅》:"商鞅峭法长利,秦人不聊生,相与哭孝公;吴起长兵攻取,楚人骚动,相与泣悼王。"

〔泣〕 南唐徐锴《说文解字系传·通论》:"哭无声曰泣,泣,哭之细也。"按:泣,是低声地哭,至少有出涕声,并非完全无声。《诗经·邶风·日月》:"瞻望弗及,泣涕如雨。"《淮南子·齐俗训》:"夫载哀者,闻歌声而泣;载乐者,见哭者而笑。"《史记·齐太公世家》:"群臣皆泣,晏子笑,公怒。"

〔啼〕(嗁 謕)《说文》作"嗁"。《说文》:"嗁,号也。"段玉裁注:"俗作啼。"《左传·文公七年》:"穆嬴日抱太子以啼于朝。"《仪礼·既夕礼》:"主人啼,兄弟哭。"贾公彦疏:"啼即泣也。"《礼记·丧大记》:"始卒,主人啼,兄弟哭,妇人哭踊。"郑玄注:"悲哀有深浅也。若婴儿中路失母,能勿啼乎?"汉王充《论衡·偶会篇》:"赵武藏于袴中,终日不啼,非或掩其口,阋其声也。""啼"也写作"謕"。《汉书·严助传》:"亲老涕泣,孤子謕号。"

〔号〕(嚎)《说文》:"号,痛声也。"《玉篇·号部》:"号,哭痛声。"《左传·宣公十二年》:"号而出之。"杜预注:"号,哭也。"《墨子·公孟》:"夫婴儿之知独慕父母而已。父母不可得也,然号而不止。"《汉书·刑法志》:"或奔走赴秦,号哭请救,秦为之出兵。"《山海经·中山经》:"有兽焉,其状如彘而有角,其音如号。"郭璞注:"如人号哭。"

"号"也写作"嚎"。宋梅尧臣《新霜感》诗:"我母魂何之?膏火糜我肠。隔棺三寸地,如在万里乡。嚎呼不闻声,饮食空置旁。"《西游记》第三九回:"哭有几样:若干着口喊谓之嚎;扭搜出些儿眼泪儿来谓之啕。"《红楼梦》第一四回:"凤姐坐下放声大哭,于是里外上下男女接声嚎哭。"

〔咷〕 唐韩愈《祭河南张员外文》:"岁弊寒凶,雪虐风饕,颠于马下,我泗君咷。"明冯梦龙《智囊补·兵智·沈希仪》:"儿啼女咷,往往寒冻死。"清魏源《寰海后》诗:"先咷肯作前禽戒,后福谁收塞马完。""咷"常与"号"连用,作"号咷"。《易经·同人》:"先号咷而后笑。"陆德明释文:"号咷,啼呼也。"《晋书·谢尚传》:"(尚)十余岁遭父忧,丹阳尹温峤吊之,尚号咷极哀。""号咷"也写作"嚎啕"。元康进之《李逵负荆》第三折:"老儿也似这般烦恼的无颠无倒,越惹你揉眵抹泪哭嚎啕。"

【辨】

①哭的方式和悲哀程度有所不同。"哭""啼""号""咷",一般指声泪俱下,放声而哭。但"礼以哭有言者为号"(北齐颜之推《颜氏家训·风操》);哭,有时也有哀诉的言辞;"咷"多指嚎啕大哭。"泣"与"哭""啼"

"号"相对而言,多指流泪而不出声。另,在相对而用时,悲哀程度有所差别。一般说,"泣""啼"哀痛程度更深。"哀有甚有否者,啼即泣也。《檀弓》云:'高柴泣血三年。'注云:'言泣无声。如血出则啼,是哀之甚。'"(《仪礼•既夕礼》"主人啼"下贾公彦疏)"亲始死,孝子哀痛呜咽不能哭,如婴儿失母,故啼也……有声曰哭,兄弟情比主人为轻,故哭有声也。"(《礼记•丧大记下》"主人啼,兄弟哭"下孔颖达疏)

②词义的内涵不同。"哭"还有吊唁、哭诉等义。"泣"还有眼泪义。"啼"可用于鸟兽啼鸣义。"号"还有呼叫、动物鸣叫等义。"咷"只有大哭义。

爱 惠 怜 慈 字 子
ài　huì　lián　cí　zì　zǐ

【同】 对人或事物有诚挚的感情。

〔爱〕《说文》:"爱,惠也。"清桂馥《说文义证》:"惠也者,《释诂》:'惠,爱也。'《昭二十年左传》:'古之遗爱也。'贾注:'爱,惠也。'"《诗经•邶风•静女》:"爱而不见,搔首踟蹰。"《论语•颜渊》:"爱之欲其生,恶之欲其死,既欲其生,又欲其死,是惑也。"《韩非子•难一》:"夫人情莫不爱其子,今弗爱其子,安能爱君?"汉刘向《说苑•贵德》:"臣闻爱其人者,兼屋上之乌。"

〔惠〕《尔雅•释诂下》:"惠,爱也。"《诗经•大雅•民劳》:"惠此中国,以绥四方。"郑玄笺:"惠,爱也。"《国语•晋语一》:"公曰:'夫岂惠其民而不惠于其父乎?'"《论语•宪问》:"或问子产。子曰:'惠人也。'"何晏集解:"孔曰:'惠,爱也。'"《韩非子•奸劫弑臣》:"哀怜百姓不忍诛罚者,此世之所谓惠爱也。"《史记•五帝本纪》:"仁而威,惠而信,修身而天下服。"唐张潮《长干行》:"妾本富家女,与君为偶匹。惠好一何深,中门不曾出。"

〔怜〕《尔雅•释诂下》:"怜,爱也。"《方言》卷一:"怜,爱也……汝、颖之间曰怜,宋、鲁之间曰牟,或曰怜。怜,通语也。"《集韵•真韵》:"怜,爱也。"《韩非子•六反》:"相怜以衣食,相惠以佚乐,天饥岁荒,嫁妻卖子者,必是家也。"《史记•项羽本纪》:"且籍与江东子弟八千人渡江而西,今无一人还,纵江东父兄怜而王我,我何面目见之!"唐元稹《遣悲怀三首》诗之一:"谢公最小偏怜女,嫁与黔娄百事乖。"

〔慈〕《说文》:"慈,爱也。"《周礼·地官·大司徒》:"一曰慈幼。"郑玄注:"慈幼,谓爱幼少也。"汉贾谊《新书·道术》:"亲爱利子谓之慈。"《史记·周本纪》:"西伯……遵后稷、公刘之业,则古公、公季之法,笃仁,敬老,慈少。"宋曾巩《冬望》诗:"尝闻古者禹称智,过门不暇慈其孩。"

〔字〕《玉篇·子部》:"字,爱也。"《尚书·康诰》:"于父不能字厥子,乃疾厥子。"孔安国传:"于为人父不能字爱其子,乃疾恶其子,是不慈。"孙星衍疏:"字者,爱也。"《左传·成公四年》:"楚虽大,非吾族也,其肯字我乎?"杜预注:"字,爱也。"《北史·虞翻传》:"不识字人温恤之方,唯知重役残忍之法。"

〔子〕《玉篇·子部》:"子,爱也。"《正字通·子部》:"子,仁君爱养百姓曰子。"《战国策·秦策一》:"子元元。"高诱注:"子,爱。"《礼记·中庸》:"子庶民也。"郑玄注:"子犹爱也。"孔颖达疏:"子,爱也。言爱民如子。"唐柳宗元《封建论》:"封建者,必私其土,子其人。"

【辨】

①词的本义不同。"爱"与"恶""憎"相对,表示对人或事作出感情上的回应。《论语·颜渊》:"爱之欲其生,恶之欲其死。"《管子·枢言》:"爱者,憎之始也。""惠"的本义是"施恩及人"。清徐灏《说文解字注笺》:"施恩及人为惠,引申之义为赐予。""怜"的本义是哀怜。《说文》:"怜,哀也。"引申为爱怜。"慈"的本义是慈爱,即上对下的爱。"字"的本义是生育。《说文》:"字,乳也。"段玉裁注:"人及鸟生子曰乳。"引申为爱。南唐徐锴《说文解字系传》:"字,乳也,爱也。""子"的本义是婴儿,甲骨文和小篆都作婴儿的象形,引申为爱民如子。

②词义的内涵不同。"爱"还有爱好、怜惜、爱惜、情爱等义。"惠"还有恩惠、赐予等义。"怜"还有怜悯义。"慈"还有对父母孝敬奉养、对母亲的敬称等义。"字"还有抚育、教育、出嫁、字号、文字等义。"子"还有儿女、爵位的第四等名、对男子的尊称、地支的第一位等义。

怜 悯(闵愍) 矜 哀

lián mǐn jīn āi

【同】 怜悯,对遭遇不幸的人表示同情。

〔怜〕《玉篇·心部》:"怜,矜之也。"《广韵·先韵》:"怜,哀矜也。"《吕氏春秋·

爱士》:"人之困穷,甚如饥寒,故贤主必怜人之困也,必哀人之穷也。"《史记·项羽本纪》:"且籍与江东子弟八千人渡江而西,今无一人还,纵江东父兄怜而王我,我何面目见之?"三国魏曹植《赠徐干》诗:"顾念蓬室士,贫穷诚足怜。"北魏郦道元《水经注·㶟水》:"姊,代夫人……磨笄自刺而死,使者自杀。民怜之,为立神屋于山侧,因名之为磨笄之山。"

〔悯〕(闵 愍) 汉刘向《说苑·辨物》:"国人不知其梦也,曰:'君悯白骨,而况于生者乎!'"北魏郦道元《水经注·渭水三》:"延年女弟,上召见之,禾丽善歌舞,得幸。早卒,上悯念之,以后礼葬。"北齐颜之推《颜氏家训·省事》:"然而穷鸟入怀,仁人所悯,况死士归我,当弃之乎?"唐周昙《公子无忌》诗:"能怜钝拙诛豪放,悯弱摧强真丈夫。"

"悯"的古字作"闵"。汉刘向《新序·善谋上》:"管仲死,楚人伐江灭黄,桓公不能救,君子闵之。"汉桓宽《盐铁论·备胡》:"故圣人怜其如此,闵其久去父母妻子,暴露中野,居苦寒之地。"《汉书·苏建传附苏武》:"(苏)武年老,子前坐死,上闵之,问左右曰:'武在匈奴久,岂有子乎?'"

"悯"也写作"愍"。《汉书·武帝纪》:"朕嘉孝弟力田,哀夫老眊孤寡鳏独,或匮于衣食,甚怜愍焉。"《后汉书·光武帝纪》:"更始破败,弃城逃走,妻子裸袒,流冗道路,朕甚愍之。"晋干宝《搜神记》卷十九:"汝曹怯弱,为蛇所食,甚可哀愍。"

〔矜〕《方言》卷一:"矜,哀也。齐鲁之间曰矜。"《广韵·蒸韵》:"矜,本矛柄也。巨巾切。《字样》借为矜怜字。"《尚书·泰誓上》:"天矜于民,民之所欲,天必从之。"孔安国传:"矜,怜也。"《诗经·小雅·鸿雁》:"爰及矜人,哀此鳏寡。"毛传:"矜,怜也。"汉王充《论衡·祸虚篇》:"养老矜孤,修众庶之和。"北齐颜之推《颜氏家训·教子》:"贤俊自当赏爱,顽鲁者亦当矜怜。"

"矜怜",同义连用。唐岑参《西蜀旅舍春叹,寄朝中故人呈狄评事》诗:"何负当途人,无心矜窘厄。"

〔哀〕《尚书·吕刑》:"皇帝哀矜庶戮之不辜,报虐以威,遏绝苗民,无世在下。""哀矜",同义连用。《诗经·小雅·鸿雁》:"爰及矜人,哀此鳏寡。"汉桓宽《盐铁论·未通》:"先帝哀怜百姓之愁苦……率三十而税一。""哀怜",同义连用。《论语·子张》"君子……嘉善而矜不能"孔颖达疏:"人有善行者则嘉美之,不能者则哀矜之。"以"哀矜"释"哀"。

【辨】

①词的本义不同。"怜"的繁体字作"憐",本义是矜怜,即对人的苦难和不幸表示同情。《说文》:"怜,哀也。"清桂馥《说文义证》:"哀也者,《广雅》《方言》并同。《玉篇》:'怜,矜之也。'"按《说文》:"哀,闵(悯)也。""怜""哀""闵"三字递训。"悯"的古字作"闵",本义是上门吊唁。《说文》:"闵,吊者在门也。"段玉裁注:"引申为凡痛惜之辞。俗作'悯'。"清桂馥《说文义证》:"刘向《与子歆书》:'盖董生有言:吊者在门,贺者在闾。'""矜"字,依《说文》,本义当为矛柄也。"据研究,表示怜惜、同情义的"矜",本写作"斧"。清沈涛《说文古本考》:"涛案,《华严经音义》卷二十二云:'按《说文字统》:斧,怜也。皆从令。若从今者,音巨斤切 qín,矛柄也。按《玉篇》二字皆从矛令,无矛今者也。'以上皆慧苑说。盖古本有从矛从令之字训怜者,与矛柄字不同。《玉篇》合二字为一,皆从矛令,今则皆又从矛今,无从矛从令之字矣。""哀"的本义是怜悯。《说文》:"哀,闵也。"段玉裁注:"引伸之,凡哀皆曰闵。"

②词义的内涵不同。"怜"还有喜爱义。"悯"还有愤懑、忧愁义。"矜"还有自夸、骄傲、持重、端庄、凶危等义。"哀"还有爱、悲伤等义。

爱 好 喜(熹) 嗜
ài hào xǐ shì

【同】喜欢,爱好,对某种事物有特殊的兴趣。

〔爱〕《字汇·心部》:"爱,好乐也。"唐杜甫《戏为六绝句》诗之二:"不薄今人爱古人,清词丽句必为邻。"唐白居易《对火玩雪》诗:"平生心所爱,爱火兼怜雪。"宋王安石《题舫子》诗:"爱此江边好,留连至日斜。"元耶律楚材《过金山和人韵》诗之三:"我爱汉家长天月,照人依旧一轮明。"

〔好〕《玉篇·心部》:"爱,爱好也。"《诗经·小雅·彤弓》:"我有嘉宾,中心好之。"《左传·昭公二十五年》:"喜生于好,怒生于恶。"《史记·陈丞相世家》:"陈丞相平者……少时家贫,好读书。"南朝宋刘义庆《世说新语·德行》:"吴郡陈遗,家至孝,母好食铛底焦饭。"明冯梦龙《醒世恒言·灌园叟晚逢仙女》:"那十八姨性颇轻佻,却又好酒。"

〔喜〕(熹)《诗经·小雅·彤弓》:"我有嘉宾,中心喜之。"三国魏嵇康《与山巨源绝交书》:"卧喜晚起,而当关呼之不置。"宋叶适《淮西论铁钱五事状》:

常人之情,喜新厌旧。"郑观应《盛世危言·吏治下》:"间有建议征剿者,非以为好事,即指为喜功。"

"喜""憙",古今字。清徐灏《说文解字注笺》:"喜、憙,古今字。"《玉篇·心部》:"憙,好也。"《墨子·鲁问》:"国家憙音湛湎,则语之《非乐》《非命》。"《穀梁传·桓公六年》:"陈侯憙猎,淫猎于蔡,与蔡人争禽。"《乐府诗集·相和歌辞·陌上桑》:"罗敷憙蚕桑,采桑城南隅。"金元好问《刘时举节制云南》诗:"幽、并豪侠憙功名,咄嗟顾盼风云生。"

〔嗜〕《说文》:"嗜,嗜欲,喜之也。"《诗经·小雅·楚茨》:"苾芬孝祀,神嗜饮食。"宋梅尧臣《依韵和永叔劝饮酒莫吟诗杂言》诗:"我生无所嗜,唯嗜酒与诗。"清蒲松龄《聊斋志异·宦娘》:"温如春,秦之世家也,少癖嗜琴,虽逆旅未尝暂舍。"清阮元《小沧浪笔谈》卷二:"工诗文书画,尤嗜金石。"

【辨】

①词的本义不同。"爱"的本义是对人或事有诚挚的感情。"好 hǎo"的本义是女子姿容美丽。《说文》:"好,美也。"是形容词,引申为喜好义,声调也随之变化,由上声变为去声。"喜"的本义是喜乐。《说文》:"喜,乐也。"这三个词,因爱而好之,因美而好之,因喜而好之,殊途同归,共同引申出爱好义。"嗜"的本义是嗜欲,引申为对其他事物的爱好。现代汉语多用于对不良事物的爱好。

②词义的内涵不同。"爱"还有怜惜、爱惜、情爱等义。"好 hào"还有玉器中的孔、容易发生等义。"喜"(与爱好义有关的意义)还有生物某种习性(如"喜光")、物体某种性能("真玉喜折")等义。"嗜好"还有贪求义。

爱 惜 珍 啬(穑)
ài xī zhēn sè

【同】爱惜,珍惜,重视并不随意糟蹋。

〔爱〕《晏子春秋·谏上四》:"公曰:章谏吾曰:'愿君之废酒也,不然,章赐死。'如是而听之,则臣为制也;不听,又爱其死也。"《韩非子·解老》:"是以圣人爱精神而贵处静。"《淮南子·修务训》:"夫雁顺风以爱气力。"

〔惜〕《广雅·释诂一》:"惜,爱也。"《韩非子·难二》:"夫惜草茅者耗禾穗,惠盗贼者伤良民。"《吕氏春秋·长利》:"我国士也,为天下惜死;子不肖

341

人也,不足爱也。""惜""爱"互文。汉刘邦《手敕太子》:"人有好牛马尚惜,况天下耶?"《乐府诗集·近代曲辞四·金缕衣》:"劝君莫惜金缕衣,劝君惜取少年时。"

〔珍〕 唐李白《古风五十九首》之一:"自从建安来,绮丽不足珍。"唐韩愈《送惠师》诗:"离合自古然,辞别安足珍?"清梅曾亮《〈柏视山房诗集〉自序》:"语得来处,拙而足珍;言乃无稽,巧而必斥。"

〔啬〕(穑)《吕氏春秋·先己》:"凡事之本,必先治身,啬其大宝。"高诱注:"啬,爱也。"《大戴礼记·公冠》:"使王近于民,啬于时,惠于财。"孔广森补注引王肃曰:"啬,爱也。啬于时,不夺民时也。"三国魏嵇康《答难养生论》:"若比之于内视反听,爱气啬精。"

"啬"也写作"穑"。《左传·僖公二十一年》:"贬食省用,务穑劝分。"孔颖达疏:"穑是爱惜之意。"又《昭公元年》:"大国省穑而用之。"杜预注:"大国能省爱用之。"《逸周书·程典》:"生穑省用,不滥其度。"朱右曾校释:"穑,爱也。"

【辨】

①词的本义不同。"爱"的本义是对人或事有诚挚的感情。"惜"的本义是痛惜。《说文》:"惜,痛也。""珍"的本义是珍宝。《说文》:"珍,宝也。"珍宝有贵重义,"珍"表示爱惜义时,侧重于重视义。"啬"的本义是收获。清徐灏《说文解字注笺》:"啬之本义是收获……引申为爱啬之称。"

② 词义的内涵不同。"惜"还有哀伤、可惜、吝啬等义。"珍"还有宝物、美食、贵重的、精美的、重视等义。"啬"还有收获、节省、吝啬、缺少等义。

【附】 爱啬 惜爱 珍啬

吝(悋) 啬 悭 鄙 靳
lìn sè qiān bǐ jìn

【同】 吝啬,过分爱惜自己的一切。

〔吝〕(悋)《说文》:"吝,恨惜也。"南唐徐锴《说文解字系传》:"臣锴曰:恨惜形于言,故从口。"《论语·泰伯》:"子曰:'如有周公之才之美,使骄且吝,其余不足观也已。'"《旧唐书·裴延龄传》:"陛下与人终始之意则美矣,其于改过勿吝,去邪勿疑之道或未尽善。"宋司马光《叙清河郡君》:

"及余用之以賙亲戚之急,亦未尝吝也。"清恽敬《二仆传》:"生非我有也,财何吝邪?"

"吝"也写作"悋"。《方言》卷十:"凡贪而不施谓之亄……或谓之悋。"《广韵·震韵》:"悋,鄙悋。本亦作'吝'。"晋释道恒《释駮(驳)论》:"商也悭悋,赐也货殖。"《南史·王玄谟传》:"刘秀之俭悋,常呼为老悭。"宋苏轼《与刘宜翁书》:"古之至人,本不悋惜道术,但以人无受道之质,故不敢轻付之。"宋曾巩《东轩小饮呈坐中》诗:"高情坐使鄙悋去,病体顿觉神明还。"

〔啬〕《战国策·韩策一》:"(公)仲啬于财,(颜)率曰散施。"《史记·货殖列传》:"然其赢得过当,愈于纤啬,家致富数千金。"张守节正义:"啬,吝也。"《汉书·地理志》:"俗俭啬爱财,趋商贾,好訾毁……然其好学犹愈于他俗。"清袁枚《新齐谐·芜湖朱生》:"芜湖监生朱某,家富而啬,待奴仆尤苛。"

〔悭〕《玉篇·心部》:"悭,悭悋也。"《广韵·山韵》:"悭,悋也。"《南史·王玄谟传》:"刘秀之俭吝,常呼为老悭。"唐元稹《台中鞫狱忆开元观旧事》:"渐大官渐贵,渐富心渐悭。"元白朴《梧桐雨》第二折:"取时难,得后悭。"元郑廷玉《看钱奴》第三折:"我往常间一文不使,半文不用。我今病重,左右是个死人了,我可破一破悭,使些钱。我儿,我想豆腐吃哩!"

〔鄙〕《正字通》:"鄙,啬于财,薄于礼者曰鄙吝。"《韩非子·五蠹》:"是以古之易财,非仁也,财多也;今之争夺,非鄙也,财寡也。"汉刘向《说苑·贵德》:"故天子好利则诸侯贪,诸侯贪则大夫鄙,大夫鄙则庶人盗。"北齐颜之推《颜氏家训·勉学》:"素鄙吝者,欲观其古人之贵义轻财,少私寡欲……赧然悔耻,积而能散也。"

〔靳〕《广韵·焮韵》:"靳,靳固。"唐慧琳《一切经音义》卷八十六引《考声》:"靳固,悭惜也。"《集韵·焮韵》:"靳,吝也。"《后汉书·崔烈传》:"帝顾谓亲幸者曰:悔不小靳,可至千万。"李贤注:"靳,固惜之也。"宋苏轼《杭州上执政书》:"上户有米者,皆靳惜不肯出。"宋何薳《春渚纪闻·僧净元救海毁》:"我释迦文佛,历劫以来,救护有情,捐弃躯命,初无少靳,而吾何敢爱此微尘幻妄,坐视众苦而不赴救。"

【辨】

①词的本义不同。"吝"本义是"恨惜";"恨惜",过分爱惜。"啬"的

本义是收获。"悭"的本义是舍不得放手。段玉裁认为"悭"是"掔"的俗字。《说文》："掔,固也。"段玉裁注："掔之言坚也、紧也,谓手持之固也……俗用悭吝字,亦为掔之俗。""鄙"的本义是边邑,辗转引申为鄙吝。"靳"的本义是服马当胸的皮革,"引申之义为靳固"(《说文》"靳"下段玉裁注)。

②词义的内涵不同。"吝"还有悔恨、吝惜等义。"悭"还有俭省、阻滞、穷困等义。"鄙"还有郊野、狭小、质朴、俚俗等义。"靳"还有游环、嘲弄等义。

【附】 吝爱 吝悭 啬吝 啬刻 啬克 啬细 悭吝 悭啬 悭涩 靳吝 靳固 靳惜 靳啬 鄙吝 鄙啬 遴柬 小器 小气

依 从 听 顺(训) 徇 若 将
yī cóng tīng shùn xùn ruò jiāng

【同】顺从,依从别人的意思或不违背事理。

〔依〕《诗经·小雅·小旻》:"谋之其臧,则具是违;谋之不臧,则具是依。"郑玄笺:"谋之善者俱违背之,其不善者依就之。"《庄子·养生主》:"依乎天理。"元关汉卿《窦娥冤》第三折:"有一事肯依,窦娥便死而无怨。"明冯梦龙《醒世恒言·薛录事鱼服证仙》:"夫人终是不听,拗他不过,只得依着。"

〔从〕《尚书·益稷》:"予违汝弼,汝无面从,退有后言。"孔安国传:"我违道,汝当以义辅正我,无得面从,我违而退后有言我不可弼。"《墨子·号令》:"不从令者斩。"《韩非子·心度》:"圣人之治民,度于本,不从其欲,期于利民而已。"汉王充《论衡·异虚篇》:"咎犯曰:'君得天而成王伏其罪,战必大胜。'文公从之,大破楚师。"

〔听〕《国语·周语下》:"神是以宁,民是以听。"韦昭注:"听,从也。"《逸周书·周祝》:"被之以刑,民始听。"孔晁注:"听,顺。"《韩非子·难一》:"或曰:'今使臧获奉君令诏卿相,莫敢不听,非卿相卑而臧获尊也,主令所加,莫敢不从也。'"汉王充《论衡·死伪篇》:"商臣闻之,以宫甲围王。王请食熊蹯而死,弗听。"

〔顺〕〔训〕《易经·革》:"小人革面,顺以从君也。"《诗经·大雅·抑》:"有觉德行,四国顺之。"郑玄笺:"于其俗有大德行,则天下顺从其政。"又《鲁颂·泮》:"顺彼长道,屈此群丑。"孔颖达疏:"顺者顺从之义,长者遥远之言,故顺为从,长为远也。"唐韩愈《送殷员外序》:"唐受命为天子,凡四方万国,不问海内外无大小,咸臣顺于朝。"

"顺""训"为同源字。"顺"也写作"训"。《广雅·释诂一》:"训,顺也。"《尚书·康王之诰》:"皇天用训厥道。"孔安国传:"大天用顺其道。"《诗经·大雅·抑》:"无竞维人,四方其训之。"《左传·哀公二十六年》引用这句话时为"四方其顺之"。

〔徇〕《左传·文公十一年》:"郕大子朱儒,自安于夫钟,国人弗徇。"杜预注:"徇,顺也。"唐柳宗元《封建论》:"汉有天下,矫秦之枉,徇周之制,剖海内而立宗子,封功臣。"宋曾巩《大悲祈雨文》:"田亩顺成,里闾安辑。仰期真理,俯徇舆情。"明冯梦龙《古今小说·陈御史巧勘金钗钿》:"知县又徇了顾签事人情。"

〔若〕《尔雅·释言》:"若,顺也。"《诗经·小雅·大田》:"播厥百谷,既庭且硕,曾孙是若。"郑玄笺:"若,顺也。"孔颖达疏:"民既尽力,已专其务,曾孙成王,于是止力役,以顺其民,不夺其时,令民得尽力于田。"《左传·宣公三年》:"故民入川泽山林,不逢不若。"杨伯峻注:"若,顺也。不若,不顺,意指不利于己之物。"《穀梁传·庄公元年》:"不若于道者,天绝之也。"范宁注:"若,顺也。"《资治通鉴·唐睿宗景云二年》:"天地垂佑,风雨时若。"

〔将〕《庄子·庚桑楚》:"备物以将形。"陆德明释文:"将,顺也。"《汉书·礼乐志》:"招摇灵旗,九夷宾将。"颜师古注:"将,犹从也。""宾将",宾从,犹"宾服"。

【辨】

①词的本义不同。"依"的本义是依靠。"从"的本义是相从。《说文》:"从,相听也。"清徐灏《说文解字注笺》:"从、從古今字。相听,犹相从。""听"的本义是聆听。《说文》:"听,聆也。"引申为听从。"顺"的本义是顺其理。《说文》:"顺,理也。"《释名·释言语》:"顺,循也,循其理也。"引申为顺从。"徇"字《说文》不收。清朱骏声《说文通训定声》认为,"徇"是假借字,假借为"顺"。"若"的本义是择菜。《说文》:"若,择菜也。"假借为顺从义。"将"的本义是"率循"。《说文》:"将,帅也。"清徐灏《说文解字注笺》:"按,将者,率循之义。因之,有将帅之称。将者,将也。引

申之，凡有所执持、引导，皆谓之将。"将帅的"帅"，先秦也多写作"率"。段玉裁认为，"后人谓将、帅二字去声，与平声之将、入声之帅别者，古无是说也。"

② 词义的内涵不同。"依"还有遵循、顺从、依旧等义。"从"还有随行、随从、随着、从事、使……从等义。"听"还有听取、允许、考察、治理、审理等义。"顺"还有顺应、和顺、通顺、陈列、沿同一方向等义。"若"还有允诺、选择、如同、及等义。"将"还有统率、扶持、执持、护持、将息、行进、送、遵奉等义。

【附】 依随 依从 依顺 依遵 从顺 从听 听从 委从 委顺 委随

矜 伐 夸（誇 侉）
jīn fá kuā

【同】 夸耀，自夸其贤能或功绩。

〔矜〕《玉篇·矛部》："矜，自贤也。"《尚书·大禹谟》："汝惟不矜，天下莫与汝争能；汝惟不伐，天下莫与汝争功。"孔安国传："自贤曰矜，自功曰伐。"《国语·越语下》："不劳而矜其功。"韦昭注："未有勤劳而自大其功。"《公羊传·僖公九年》："矜之者何？犹曰莫若我也。"《史记·淮阴侯列传》："假令韩信学道谦让，不伐其功，不矜其能，则庶几哉！"

〔伐〕《礼记·祭统》："贤而勿伐，可谓恭矣。"《吕氏春秋·骄恣》："此霸王之所忧也，而君独伐之，其可乎？"《史记·游侠列传》："既已存亡生死矣，而不矜其能，羞伐其德，盖亦足有多者焉。"汉刘向《说苑·臣术》："功成事立，归善于君，不敢独伐其劳。"《汉书·霍光传》："及御史大夫桑弘羊建造酒榷、盐铁，为国兴利，伐其功。"颜师古注："伐，矜也。"汉桓宽《盐铁论·褒贤》："秦以虎狼之心，蚕食诸侯，并吞战国以为郡县，伐能矜功，自以为过尧、舜而羞与之同。"

〔夸〕（誇 侉） 清桂馥《说文义证》："《一切经音义》十五云：'《通俗文》：自矜曰夸。'"《韩非子·外储说左下》："齐有狗盗之子与刖危子戏而相夸。"《史记·日者列传》："夫卜者多言夸严以得人情。"司马贞索隐："谓卜者自矜夸而庄严，说祸以诳人也。"《昭明文选·扬雄〈长杨赋〉》："明年上将大夸胡人以多禽兽。"李善注引吕忱曰："夸，大言也。"《后汉书·王允传》："布亦自负其功，多自夸伐。"以上诸例中的"夸"，繁体字都写作"誇"。

古籍中的"夸"也可直接用于自夸义。《广雅·释诂一》:"夸,大也。"《吕氏春秋·下贤》:"得道之人,贵为天子而不骄倨,富有天下而不骋夸。"高诱注:"夸,诧而自大也。"自夸的"夸"也写作"侉"。《尚书·毕命》:"骄淫矜侉,将由恶终。"孔安国传:"言殷众士骄恣过制,矜其所能以自夸大,如此不丧,将用恶自终。"

【辨】

①词的本义微有差别。"矜"的本义是自贤其能。"伐"的本义是自大其功。"夸"的本义是夸大其辞,华过其实。

②词义的内涵不同。"矜"还有怜悯、惋惜、矜庄等义。"伐"还有征伐、砍伐等义。"夸"还有夸奖义。

guān chá
观 察

【同】 仔细看。

〔观〕《说文》:"观,谛视也。"段玉裁注:"宷(审)谛之视也。"《易经·系辞下》:"古者庖牺氏之王天下也,仰则观象于天,俯则观法于地,观鸟兽之文与地之宜,近取诸身,远取诸物,于是始作八卦。"《荀子·强国》:"入境观其风俗,其百姓朴……古之民也。"《汉书·楚元王传》:"观孔子之言,考暴秦之异,天命信可畏也。"汉王充《论衡·自然篇》:"春观万物之生,秋观其成,天地为之乎?物自然也。"

〔察〕《说文》:"察,覆审也。"《尔雅·释诂下》:"察,谛也。"《孟子·梁惠王上》:"察邻国之政,无如寡人之用心者。"孙奭疏:"察,详视也。"《淮南子·泰族训》:"圣王之设政施教也,必察其始终。"汉王充《论衡·定贤篇》:"用明察非,非无不见;用理铨疑,疑无不定。"三国魏曹植《洛神赋》:"远而望之,皎若太阳升朝霞;迫而察之,灼若芙蕖出渌波。"

【辨】

①词义微别。"观"偏重于目的性比较明确的观看,即观看值得观看的东西。《左传·隐公五年》:"公将如棠观鱼者。臧僖伯谏曰:'凡物不足以讲大事,其材不足以备器用,则君不举也。'"孔颖达疏:"其意言猎之坐作进退可以教战陈,兽之齿牙皮革足以充器用,人君可以观之;捕鱼不足

以教战陈,鳞甲不足以为器用,人君不宜观之。""察"则偏重于辨察。《礼记·礼器》:"无节于内者,观物弗之察矣。"孔颖达疏:"察,犹分辨。"《淮南子·主术训》:"今治乱之机,辙迹可见也,而世主莫之察也。"

②词义的内涵不同。"观"还有给人观看、观赏、景观、对事物的认识等义。"察"还有考察、辨别、明晰等义。

视 见 睹(覩) 觌 看 瞧 瞅
shì jiàn dǔ dí kàn qiáo chǒu

【同】看,目光与物或人相接触。

〔视〕《孟子·公孙丑上》:"其子趋而往视之,苗则槁矣。"《韩非子·有度》:"故有口不以私言,有目不以私视,而上尽制之。"汉王充《论衡·说日篇》:"春秋之时,星陨宋都,就而视之,石也,不圆。"唐杜甫《彭衙行》诗:"从此出妻孥,相视涕阑干。"

〔见〕《说文》:"见,视也。"《庄子·达生》:"孔子观于吕梁,县水三十仞……见一丈夫游之,以为有苦而欲死也。"《荀子·儒效》:"闻之不若见之,见之不若知之,知之不若行之。"《战国策·楚策四》:"见兔而顾犬,未为晚也。"

〔睹〕(覩)《说文》:"睹,见也。"《礼记·中庸》:"是故君子戒慎乎其所不睹,恐惧乎其所不闻……故君子慎其独也。"《史记·伯夷列传》:"余悲伯夷之意,睹轶诗可异焉。"汉王充《论衡·薄葬篇》:"孔子睹微见著,故径庭丽级,以救患直谏。"北魏杨衒之《洛阳伽蓝记·景乐寺》:"寺内奇禽怪兽,舞抃殿庭,飞空幻惑,世所未睹。"宋王安石《金山寺》诗:"扣栏出鼋鼍,幽姿可时睹。"

"覩"是"睹"的异体字,往往同一作者"睹""覩"互用。如《史记》"覩"字用11次,"睹"字用18次;汉王充的《论衡》,"覩"字用47次,"睹"字用1次。《说文》把"覩"作为重文收在"睹"下。《说文》:"睹,见也。从目者声。覩,古文从见。"《说文》把"覩"看作古文是有根据的。如《易经》有"覩"无"睹"。《易经·乾卦》:"圣人作而万物覩。"《庄子·山木》:"庄周游于雕陵之樊,覩一异鹊从南方来者,翼广七尺,目大运寸,感周之颡而集于栗林。"《荀子·王霸》:"政令已陈,虽覩利败,不欺其民;约结已定,虽覩利败,不欺其与。"汉王充《论衡·状留篇》:"夫如是,而适足以见贤不肖之分,觇高下多少之实也。"

〔觑〕《尔雅·释诂上》:"觑,见也。"清郝懿行疏:"凡见皆称觑。故《左氏昭十九年传》:'龙不我觑也。'《(国语·)周语》云:'武不可觑。'又云:'火朝觑矣。'觑,皆训见。"《说文》正篆"觑"字不收,大徐本《说文》新附字收有"觑"字,解释为"见也"。清王玉树《说文拈字》:"'觑,见也。从见虗声。'按,'觑'字屡见经传。如《易·困卦》:'三岁不觑。'《春秋·庄二十四年》:'大夫宗妇觑用币。'《公羊传(·庄公二十四年)》:'觑者(何),见也。《礼记·郊特牲》:'不敢私觑。'《周礼·秋官·司仪》注:'私觑,私面也。'则此字许书(指《说文》)不应无,所谓经典相承之字。徐氏补之,甚是。"

〔看〕《广雅·释诂一》:"看,视也。"《乐府诗集·横吹曲辞五·十五从军征》:"遥看是君家,松柏冢累累。"南朝宋刘义庆《世说新语·德行》:"有乘轩冕过门者,宁读如故,歆废书出看,宁割席分坐,曰:'子非吾友也。'"宋欧阳修《借观五老师次韵为谢》诗:"闻说优游多唱和,新篇何惜多传看。"宋苏轼《题西林壁》诗:"横看成岭侧成峰,远近高低各不同,不识庐山真面目,只缘身在此山中。"

〔瞧〕元高明《琵琶记·牛小姐谏父》:"撇呆打堕,早被那人瞧破。"《红楼梦》第三一回:"二爷近来气大的很,行动就给脸子瞧。"清文康《儿女英雄传》第三八回:"张姑娘道:'姐姐竟别说他一个儿,我们柳条儿也是这个毛病儿,不信,瞧我这袖子也给弄了那么一块。'"清魏秀仁《花月痕》第四七回:"那各队的人转抽身四处瞧那火焰冲霄,好似风雨翳霾中电光驰骤。"

〔瞅〕 元无名氏《杀狗劝夫》第二折:"他那里,不转睛,瞅了我一会。"《西游记》第一六回:"三藏瞅了他一眼道:'谨言!'"明陶宗仪《辍耕录》卷十七:"田连阡陌心犹窄,架插诗书眼不瞅。"

【辨】

①词的本义有所不同。"视"的本义是临视。《说文》:"视,瞻也。"段玉裁注:"目部曰:'瞻,临视也。'"但具体用法中偏重于用眼看的行为。"见"则偏重于目光已接触到所看到的物并且已看清楚了。清饶炯《说文解字部首订》:"对文则用目及物曰视,物来遇物曰见。《礼记·大学》云'视而不见'、《中庸》曰'视之而弗见,'皆是也。散文则视亦为见。""睹"的本义是看见。"觑",《说文》正篆无。大徐本《说文》新附字收有,解释为

"见也"。本义未详。"看"的本义是手搭凉棚而看。南唐徐锴《说文解字系传》:"看,睎也。从手下目。臣锴曰:以手翳目而望也。"唐唐玄度《九经字样》:"凡物见不审,则手遮目看之,故看'从手下目'。"按:先秦两汉,"看"的使用频率很低。"瞧",《说文》无,约产生于魏晋时期,早期用于双目昏花。"瞅"是方言词,见于书面语言约在元明时期。

②词义的内涵不同。"视"还有视察、照看、看待、比照等义。"见"还有进见、接见、见解等义。"睹"还有观察、了解义。"觏"还有相见、显现义。"看"还有观察、观赏、探望、看待、诊治、估量等义。"瞧"还有眼睛昏花、偷看等义。"瞅"只表示看的意思。

tiào　　wàng
眺　望

【同】向远处看。

〔眺〕《玉篇·目部》:"眺,眺望也。"《集韵·筱韵》:"眺,远视。"《礼记·月令》:"是月也,毋用火南方,可以居高明,可以远眺望。"晋潘岳《西征赋》:"眺华岳之阴崖,觏高掌之遗踪。"晋谢混《游西池》诗:"回阡被陵阙,高台眺飞霞。"唐杜甫《水会渡》诗:"迥眺积水外,始知众兴乾。"宋王安石《和王徽之登高斋》诗之一:"想携诸彦眺平野,高论历诋秦以来。"清沈复《浮生六记·闲情记趣》:"此可以居,此可以眺,胸中丘壑若将移居者然。"

〔望〕《释名·释姿容》:"望,茫也,远视茫茫也。"《玉篇·亡部》:"望,远视也。"《诗经·卫风·河广》:"谁谓宋远,跂予望之。"郑玄笺:"跂足可以望见之。"《韩非子·说林上》:"隰斯弥见田成子,田成子与登台四望。三面皆畅,南望,隰子家之树蔽之。"战国楚宋玉《高唐赋》:"登巘岩而下望兮,临大阺之稸水。"汉班固《西都赋》:"既惩惧于登望,降周流以彷徨。"汉王充《论衡·书虚篇》:"今颜渊用目望远,望远目睛不任,宜盲眇,发白齿落,非其效也。"唐张籍《祭退之》:"有花必同寻,有月必同望。"

【辨】

①词的本义不同。"眺"的本义《说文》说是"目不正",《集韵》也释为"视不正",但清王筠《说文句读》认为"各书未有以'眺'为'目不正'者,阙之可也",宜存疑。"望"的本义是盼望。《说文》:"望,出亡在外,望其还也。"段玉裁注:"按,望以望(朔望)为声,朢以望为义,其为二字较然也。"

350

②词义的内涵不同。"眺"主要用于向远处看,有时也泛指看。"望"除用于远望以外,还可用于仰视、期待、希图、察看、看望、声望等义。

觇 覰(覷) 窥 阚 闪 瞧
chān qù kuī kuī shǎn qiáo

【同】 偷看,从暗中察看。

〔觇〕《说文》:"觇,窥也。"《左传·成公十九年》:"郤至聘于周,栾书使孙周见之。公使觇之,信,遂怨郤至。"杜预注:"觇,伺也。"《国语·晋语六》:"郤至聘于周,公使觇之。"韦昭注:"觇,微视也。"《礼记·檀弓下》:"晋人之觇宋者,反报于晋侯曰:'……殆不可伐也。'"郑玄注:"觇,窥视也。"《淮南子·俶真训》:"其兄掩户而入,觇之,则虎搏而杀之。"宋文天祥《指南录后叙》:"予更欲一觇北,归而求救国之策。"

〔覰〕(覷)《正字通·见部》:"覰,俗作覷。"现代汉语以"覷"为正体。汉服虔《通俗文》:"覷,伏觇曰覷。"《广韵·御韵》:"覰,伺视也。"汉蔡邕《汉津赋》:"覰朝宗之形兆,瞰洞庭之交会。"元乔吉《梁州第七·射雁》套曲:"迎头,仰面,偷睛儿覷见碧天外雁行现。""覷看""覷见",均为窥视义。明凌濛初《初刻拍案惊奇》卷二〇:"兰孙小姐灯烛之下,覷见新郎容貌不凡。"

〔窥〕《说文》:"窥,小视也。"南唐徐锴《说文解字系传》:"臣锴曰:视之于隙穴也。"《孟子·滕文公下》:"不待父母之命,媒妁之言,钻穴隙相窥,逾墙相从,则父母国人皆贱之。"《礼记·少仪》:"不窥密,不旁狎,不道旧故,不戏色。"郑玄注:"嫌伺人之私也。密,隐曲处也。"孔颖达疏:"不窥密者,人当正视,不得窥觇隐秘之处。"《韩非子·备内》:"故为人臣者,窥觇其君心也无须臾之休,而人君怠傲处其上,此世所以有劫君弑主也。"《汉书·司马相如传上》:"及饮,卓氏弄琴,文君窃从户窥,心说而好之,恐不得当也。"

〔阚〕《方言》卷十:"阚,视也。凡相窃视,南楚谓之阚。"《说文》:"阚,闪也。"清王筠《说文句读》:"与窥同。窥,小视也。《丰卦》:'阚其户。'释文引李登云:'阚,少视。'《字林》:'窥,倾头门内视也。'既于门内取义,是即阚也。"《易经·观》:"阚观,利女贞。"虞翻注:"窃观称阚。"战国楚宋玉《登徒子好色赋》:"然此女登墙阚臣三年,至今未许也。"《公羊传·宣公十五年》:"于是使司马子反乘堙而阚宋城。"

〔闪〕《说文》:"闪,阚头门中也。从人在门中。"清沈涛《说文古本考》:"阚、闪互训。"引申为偷看。三国魏应场《九宫赋》:"登嶕峣之厘台,窥天门而闪帝宫。"《三国志·魏书·梁习传》"(王)思亦能吏,然奇碎无大体"南朝宋裴松之注引《魏略·苛吏传》:"(刘类)性又少信,每遣大吏出,辄使小吏随覆察之,白日常自于墙壁间阚闪,夜使干廉察诸曹。"按:"闪"用于偷看义,使用频率很低。

〔瞧〕《篇海类编·身体类·目部》:"瞧,偷视貌。"明郭勋《雍熙乐府·集贤宾·秋忆》:"我和他既相知恨不相见早,他烛花前将锦筝来斜抱,划的又背着人偷用眼儿瞧。"明洪楩《清平山堂话本·刎颈鸳鸯会》:"他两个贪欢贪笑,不隄防门外有人瞧。"元关汉卿《新水令》:"怕别人瞧见咱,掩映在酴醾架。"明冯梦龙《警世通言·赵太祖千里送京娘》:"只见外面一个人入来,在房门口探头探脑,公子大喝道:'什么人敢来瞧俺脚色?'"

【辨】

①词的本义不同。"觇"的本义是窥视。《广韵·艳韵》"觇"下引《说文》云:"阚视也。""觑"的本义虽然也是暗中察看,但含有侦伺的意思。"窥"的本义是从隙穴中偷看。"阚"的本义是从门内窃视。"闪"的本义是窥头从门中看。"瞧",《说文》无,约产生于魏晋时期。初用于眼睛昏花义,后用于偷看或看见义。

②词义的内涵不同。"觇"一般只用于偷看义。"觑"还可泛指看。"窥"还有暗中探伺或泛指观看等义。"阚"还有窥伺、窥测、探索、看、望等义。"闪"还有忽有忽无、忽隐忽现、动摇不定、躲、抛撇、扭伤、意外的情况等义。"瞧"还有眼睛昏花义。

眄 睇 瞟 睃 睥睨(俾倪 辟倪 辟睨) 睨

【同】斜视,即斜着眼、不正面地看。

〔眄〕《说文》:"眄……一曰:斜视也。"段玉裁注引《方言》:"瞷、睇、睎……眄也。自关而西,秦晋之间曰眄。"《史记·鲁仲连邹阳列传》:"臣闻明月之珠,夜光之璧,以闇投人于道路,人无不按剑相眄者,何则?无因而至前也。"《列子·黄帝》:"自吾之事夫子友若人也,三年之后,心不敢念是非,口不敢言利害,始得夫子一眄而已。"《后汉书·卢植传》:"植侍讲积年,未尝转眄,融以是敬之。"晋陶潜《归去来兮辞》:"引壶觞以自酌,眄庭柯以怡颜。"

〔睇〕《方言》卷二:"睇,眄也。陈楚之间、南楚之外曰睇。"《说文》:"睇,目小视也。"《玉篇·目部》:"睇,倾视也。"《楚辞·九歌·山鬼》:"既含睇兮又宜笑,子慕予兮善窈窕。"王逸注:"睇,微眄貌。"《礼记·内则》:"在父母姑舅之所……不敢哕噫、嚏咳、欠伸、跛倚、睇视,不敢唾洟。"郑玄注:"睇,倾视也。"《汉书·司马相如传上》:"长眉连娟,微睇緜藐,色授魂予,心愉于侧。"唐白行简《李娃传》:"娃回眸凝睇,情甚相慕。"

〔瞟〕《说文》:"瞟,瞭也。"《集韵·霁韵》:"瞟,斜视。"清朱骏声《说文通训定声》:"今俗语为斜视曰瞟曰白眼。"明汤显祖《南柯记·决婿》:"睃他外才,瞟他内才,风流一种生来带。"明兰陵笑笑生《金瓶梅词话》第五八回:"我头里又对他说:'你趁娘不来,早喂他些饭,关到后面院子里去吧。'他佯打耳睁的不理我,还拿眼儿瞟着我。"《红楼梦》第二八回:"宝玉因向黛玉道:'你听见了没有?难道二姐姐也跟我撒谎不成?'脸望着黛玉说,却拿眼睛瞟着宝钗。"

〔睃〕《玉篇·目部》:"睃,视也。"金董解元《西厢记诸宫调》卷三:"等得夫人眼儿落,斜着渌老儿不住睃。"《水浒传》第二一回:"当下宋江坐在杌子上睃那婆娘时,复地叹口气。"清吴敬梓《儒林外史》第二九回:"诸葛天申回来,同两人睃着那桥和行李一直进到老退居隔壁那和尚家去了。"

〔睥睨〕(俾倪 辟倪 辟睨)"睥"常与"睨"连用,"睨"可单用。《广韵·霁韵》:"睥,睥睨,视也。"《篇海类编·身体类·目部》:"睥,睥睨,邪视。"《淮南子·修务训》:"今夫毛嫱、西施,天下之美人,若使衔腐鼠,蒙猬皮,衣豹裘,带死蛇,则布衣韦带之人,过者莫不左右睥睨而掩鼻。"《魏书·萧衍传》:"萧衍轻险有素,士操蔑闻,睥睨君亲,自少而专,好乱乐祸,恶直丑正。"明无名氏《四贤记·允娶》:"你青年出家,终招睥睨。"

"睥睨"是叠韵联绵字,也可写作"俾倪""辟倪"或"辟睨"。《史记·魏公子列传》:"侯生下见其客朱亥,俾倪故久立与其客语。"张守节正义:"(俾倪)不正视也。"又《魏其武安侯列传》:"(魏其、灌夫)不仰视天而俯画地,辟倪两宫间,幸天下有变,而欲有大功。"司马贞索隐:"辟,普係反;倪,五係反。《埤仓》云:'睥睨,邪视也。'""辟倪",《汉书·灌夫传》作"辟睨"。

〔睨〕《说文》:"睨,斜视也。"《孟子·滕文公上》:"其颡有泚,睨而不视。"《礼记·中庸》:"执柯以伐柯,睨而视之,犹以为远。"《史记·李将军列传》:"广详死,睨其旁有一胡儿骑善马,广暂腾而上胡儿马。"汉王充《论衡·卜筮篇》:"吉人与善兆合,凶人与恶数遇,犹吉人行道逢吉事,顾睨见祥物,非吉事祥物为吉人瑞应也。"清蒲松龄《聊斋志异·红玉》:"(生)微睨之,虽荆布之饰,而神情光艳,心窃喜。"

【辨】

①词的本义不同。"眄",《说文》把"目偏合"作为正义,"一曰斜视,秦语"作为别义。"睇"的本义是"目小视"。《说文》:"睇,目小视也。从母弟声。南楚谓眄曰睇。"段玉裁注:"谓眄曰睇也,眄为斜视、睇为小斜视者,析言之,此浑言之。""瞟"的本义是明察。《说文》:"瞟,瞟也。""瞟,察也。""睃"字《说文》无,是后起字。《玉篇》《集韵》都收有"睃"字,释为视,读 jùn。古白话特用于斜视义,现代汉语读 suō。"睥"字《说文》无,但有"俾倪","睥""俾"同源,意谓从城上女墙小孔向外看。《说文》:"陴,城上女墙,俾倪也。"段玉裁注:"凡小者谓之女,女墙,即垣也。俾倪,叠韵字,或作睥睨,或作埤堄,皆俗字也。城上为小墙作孔穴,可以窥外,谓之俾倪。""睨"的本义就是斜视。

②词的内涵不同。"眄"还有看、望义。"睇"虽也可表示看、望义,但音变为 tī。"瞟"还有窥视义。"睃 suō"只用于斜视义。"睥"不单用,一般用在联绵字中。"睨"除用作看、望义外,还有回视、窥伺义。

瞬(瞚) 睫 眨 䁪
shùn jié zhǎ zhǎn

【同】眨眼,眼睛一闭上立即睁开。

〔瞬〕(瞚)《列子·汤问》:"尔先学不瞬,而后可言射矣。"晋陶潜《闲情赋》:"瞬美目以流眄,含言笑而不分。"北魏杨衒之《洛阳伽蓝记·城东》:"宗圣寺有像一躯,举高三丈八尺,端严殊特,相好毕备,士庶瞻仰,目不暂瞬。"隋王通《中说·魏相》:"关吏仇璋止之曰:'先济者为谁,吾视其……目灿如也,澈而不瞬。'"《宋史·韩世忠传》:"风骨伟岸,目瞬如电。"

"瞬",小篆作"瞚"。《说文》:"瞚,开阖目数摇也。"清朱骏声《说文通训定声》:"与眴略同,字亦作瞬。"《玉篇·目部》:"瞚,目动也。"《庄子·庚桑楚》:"终日握而手不挽,共其德也;终日视而目不瞚,偏不在外也。"陆德明释文:"瞚,又作瞬,同。动也。"《史记·扁鹊仓公列传》:"中庶子闻扁鹊言,目眩然而不瞚,舌撟然而不下,乃以扁鹊言入报虢君。"唐段成式《酉阳杂俎·贝编》:"目不瞚,众蜂出妙音。"

〔睫〕《列子·仲尼》:"矢来注眸子而眶不睫,矢隧地而尘不扬。"张湛注:"睫,本作䀹,目瞬也。"明汤显祖《邯郸记·合仙》:"可是你三转身单注着邯郸道,禄尽衣绝,一睫眼猛守的清河店,米沸汤浑。"清刘献廷《广阳杂记》卷二:"衣绿布棉袄,眼时睫无已。"

〔眨〕大徐本《说文》新附字:"眨,动目。"唐玄应《一切经音义》卷十一引《字苑》:"眨,目数开闭也。"《景德传灯录》卷二十九:"眨眼参差千里莽,低头思虑万重滩。"宋张耒《寄杨应之》诗:"扬眉鼠子事轻肥,眨眼小儿夸谨厚。"《水浒传》第二六回:"武都头,他是个杀人不眨眼的男子。"清吴敬梓《儒林外史》第二一回:"再要问那人时,把眼一眨,人和票子都不见了。"

〔瞚〕元关汉卿《望江亭》第二折:"我虽是个群钗辈,见别人瞚眼抬头,我早先知来意。"元无名氏《渔樵记》第二折:"直等的那日头不红,月明带黑,星宿瞚眼,北斗打呵欠。"明冯惟敏《不伏老》第三折:"既然告饶,我且放你去,那十步之外,把左眼瞚几瞚,右眼瞚几瞚,再把两眼齐瞚几瞚,略略丢几个眼色儿。"《西游记》第八回附录:"欲待烹与母亲吃,只见鲤鱼闪闪瞚眼。"

【辨】

①词的本义不全相同。"瞬""眨""瞚"三字的本义都是眨眼。"睫"的本义是睫毛,即眼睑上下边缘的细毛。《说文》作"䀹",释为"目旁毛也"。

②词产生的时期不同。"瞚""睫"两字,产生于先秦两汉时期(《说文》已收);"眨""瞚"约产生于魏晋以后。

③词义的内涵不同。"瞬"还有瞬间、注视等义。"睫"有睫毛、眨眼两义。"眨""瞚"只有眨眼一义。

tīng　wén　líng
听　闻　聆

【同】用耳朵感知声音。

〔听〕《说文》:"听,聆也。"《孟子·万章下》:"耳不听恶声。"《史记·苏秦列传》:"秦成,则高台榭,美宫室,听竽瑟之音。"《汉书·司马相如传》:"奏陶唐氏之舞,听葛天氏之歌。"

〔闻〕《说文》:"闻,知闻。"《玉篇·耳部》:"闻,知声也。"《论语·述而》:"子在齐闻韶,三月不知肉味。"《孟子·梁惠王下》:"百姓闻王钟鼓之声,管籥之音,举欣欣然有喜色。"《荀子·解蔽》:"心不使焉……雷鼓在侧而耳不闻。"

〔聆〕《说文》:"聆,听也。"《玉篇·耳部》:"聆,《仓颉篇》:'耳聆曰听。'"汉扬雄《法言·五百》:"聆听前世,清视在下,鉴莫近于斯矣。"《昭明文选·张衡〈思玄赋〉》:"聆《广乐》之九奏兮,展泄泄以肜肜。"李善注:"聆,听也。"三国魏曹植《七启》:"观游龙于神渊,聆鸣凤于高冈。"

【辨】①词的本义不同。"听"的本义是听觉器官感知和辨别声音。甲骨文中,"听""声""圣"本是一个字。郭沫若《卜辞通纂》:"古听(聽)、声(聲)、圣(聖)乃一字……言口有所言,耳得之为声,其得声之动作则为听。"李孝定《甲骨文字集释》卷十二"圣"编者按:"圣之初谊为听觉官能之敏锐,故引申训通、贤圣之义……听、声、圣三字同源,其始当本一字。"

"闻"的本义原为报告奏闻。"闻之义,一为闻知,一为达闻。此二义殷代并已用之。此字最初之意义,当为奏报上'达'之'闻',犹《淮南·主术》'而臣情得上闻'之'闻'。接受此奏报者必有所闻,故同时亦有知义。"(董作宾《殷历谱》下编卷三)

"聆""听"两字,《说文》互训,但"聆"字先秦典籍虽偶有所见,疑为讹字,真正的使用约在汉代。"聆"的本义,唐人颜师古据当时的土语,认为是听敲击瓦器以声辨其好坏。《匡谬正俗》卷六:"问曰:'今俗买瓦器以枚敲之,知其全、破、善、恶,谓之为聆,此义何也?'答曰:'案,《说文解字》云:聆,听也……瓦破坏者,声嘶恶,须一一击而听之,故呼聆瓦耳。字当作聆也。'"

②词义的内涵不同。"听"还有听取、听信、听从、听事(治理)等义。"闻"还有知道、声音或名声由此达彼、散布或嗅到气味等义。"聆"一般只用于聆听义。

低(氐) 俯(俛頫)
　　dī　　　　fǔ

【同】与"昂"相对,低头。

〔低〕(氐)《广韵·齐韵》:"低,俛也。"《庄子·盗跖》:"孔子再拜趋走……目芒然无见,色若死灰,据轼低头,不能出气。"汉王充《论衡·程材篇》:"阿意苟取容幸,将欲放失,低嘿不言者,率多文吏。""低嘿",低头沉默。《汉书·景十三王传·刘胜》:"故高渐离击筑易水之上,荆轲为之低而不食。"颜师古注:"低谓俛首。"《三国志·魏书·乌桓鲜卑东夷传·韩》:"其舞,数十人俱起相随,踏地低昂,手足相应,节奏有似铎舞。""低昂",低首昂头。下文"手足相应",指手足也随着头的低昂而舞。

　　"低"本写作"氐"。《正字通·氏部》:"氐,与'低'同。"《汉书·食货志下》:"封君皆氐首仰给焉。"颜师古注:"氐首,犹俯首也。"

〔俯〕(俛頫)《玉篇·人部》:"俯,谓下首也。"《字汇·人部》:"俯,俛也。"《易经·系辞上》:"仰以观于天文,俯以察于地理。"《礼记·礼运》:"其余鸟兽之卵胎,皆可俯而闚(窥)。"孔颖达疏:"俯,下头也。"《公羊传·宣公六年》:"上其堂则无人焉,俯而闚其户,方食鱼飧。"何休注:"俯,俛头。"《史记·太史公自序》:"迁俯首流涕曰:'小子不敏,请悉论先人所次旧文,弗敢阙。'"

　　"俯"也写作"俛""頫"。《广韵·麌韵》:"俯,《汉书》又作'俛'。"《周礼·考工记·矢人》:"前弱则俛,后弱则翔。"郑玄注:"俛,低也。"《左传·成公二年》:"韩厥俛,定其右。"杜预注:"俛,俯也。"《汉书·夏侯胜传》:"经术苟明,其取青紫,如俛拾地芥耳。"颜师古注:"俛,即'俯'字也。"

　　"頫"是"俯""俛"的正字。《广韵·麌韵》:"頫,《说文》:'低头也。'《太史公书》頫仰字如此。"按:今本《史记》只有"俛(13见)""俯(19见)"两字,不见"頫"字。《汉书·项籍传赞》:"百粤之君俯頫首系颈,委命下吏。"颜师古注:"頫,古'俯'字。"《昭明文选·司马相如〈上林赋〉》:"頫杳眇而无见,仰攀橑而扪天。"李善注引《声类》曰:"頫,古文'俯'字。"

【辨】

①词的本义不同。"低"字,《说文》正篆无。大徐本《说文》新附字收有"低"字,释为"下也。从人氐,氐亦声",认为本义应是低下。《说文》研究者认为,"低"本作"氐"。《说文》:"氐,至也。从氏下著一,一,地也。"段玉裁注:"许书无'低'字。'底,一曰下也'。而'昏',解云:'从日氐省,氐者下也。'是许说'氐'为高低字也。"清徐灏《说文解字注笺》:"《〈诗经〉小雅·节南山》篇:'维周之氐。'毛传:'氐,本也'。氐在下,故引申为高低之偁。《说文》无'低'字。日部曰'昏,从日氐省'者,'氐者下也'。"清朱骏声《说文通训定声》:"[转注]《汉书·食货志》:'封君皆氐首仰给焉。'注:'犹俯首也。'字亦作'低'。"《说文》新附字研究者也认为"低"即"氐"字,"低"是"氐"的今字。清郑珍《说文新附考》:"按,《说文》:'氐,至也。从氏下著一。'即古'低'字,故日部'昏'注云:'氐者下也。'本书如'暬'注:'氐目。'等,皆止作'氐'。《汉书》原本盖通用'氐'字,自俗间改乱。今如《食货志》:'氐首仰给'者,一二见耳。'低'字,宜出汉已后。""低",原是动词,与俯仰的"仰"相对,本义是低头。高低的"低",是引申义。"低"字约产生于两汉时期或稍后。先秦经传中无"低"字。战国时期诸子的作品中,虽有"低"字,但数量极少。《墨子》仅1见(《经上》:"忠,以为利而强低也。"),《庄子》也仅1见(《盗跖》:"据轼低头。"),《韩非子》仅1见("决白马之口以沃魏低。")。西汉时期"低"字出现的频率也不高,仅见于《新书》(1见)、《史记》(6见)等,但数量也很少。到了东汉以及魏晋时期,"低"字的使用频率才逐渐增多。如仅《论衡》一书,"低"字就用了16次。

"俯"字,《说文》无。"俯"和"俛"是异体字的关系,"俛"则是"頫"的重文,正字应为"頫"。《说文》:"頫,低头也。从页逃省。"段玉裁注:"逃者多愧而俯,故取以会意。"清徐灏《说文解字注笺》:"'頫''俛''俯'三字,各有本音。因其义同互用,并读为俯。考'俯'字见于经传者,不可枚举,实非近世所造。鼎臣以为俗字,盖因许书未录耳……缘周秦以来,习用'俯仰'连文,而'頫''俛'二字,同义相通,由是并读为俯。"清邵瑛《说文解字群经正字》:"按,今经典中有作'俛'无作'頫'者。《考工记·矢人》:'前弱则俛。'此从《说文》或体也。然亦仅见,余多作'俯'。"

②词义的内涵不同。"低"还有低下(与"高"相对)义。"俯"还有屈

身、蛰伏等义。

昂(卬) 仰
áng   yǎng

【同】与"俯"相对,昂首,抬头。

〔昂〕(卬)《三国志·魏书·乌桓鲜卑东夷传·韩》:"其舞,数十人俱起相随,踏地低昂,手足相应,节奏有似铎舞。""低昂",低首昂头。下文"手足相应",指手足也随着头的低昂而舞。《隋书·赵王侗传》:"履践禁御,据有宫闱,昂首扬眉,初无愧色。"宋苏轼《和子由次王巩韵如囊之句可为一噱》:"简书见迫身已老,尊酒闻呼首一昂。"宋李昉等《太平广记·嘲诮二·张元一》:"天官侍郎吉顼长大,好昂头行,视高而望远,目为'望柳骆驼'。"

"卬"是"仰"的古字。《玉篇·匕部》:"卬,俯卬,今为'仰'。"《庄子·天地》:"为圃者卬而视之曰:'奈何!'"陆德明释文:"卬,音仰。"《史记·殷本纪》:"帝武乙无道……为革囊,盛血,卬而射之,命曰'射天'。"《汉书·晁错传》:"兵,凶器也;战,危事也。以大为小,以强为弱,在俯卬之间耳。"

〔仰〕《易经·系辞上》:"仰以观于天文,俯以察于地理。"汉陆贾《新语·道基》:"故知天者仰观天文,知地者俯察地理。"汉贾谊《新书·解悬》:"陛下威惮大信……俯视中国,仰望四夷,莫不如志矣。"《淮南子·精神训》:"生不足以挂志,死不足以幽神,屈伸俯仰,抱命而婉转。"

【辨】

①词的本义不同。"昂"字,《说文》正篆不收。大徐本《说文》新附字收有"昂"字。郑珍《说文新附考》:"按,《说文》:'卬,望也,欲有所庶及也。'此俯卬古字。'仰,举也。'此低昂古字。""卬"是"昂"的古字。本义是仰望。《说文》:"卬,望也,欲有所庶及也。从匕从卪。《诗》曰:'高山卬止。'"清徐灏《说文解字注笺》:"卬,古'仰'字。'高山卬止',《小雅·车舝》文。今《诗》作'仰'。又《尔雅·释训》:'禺禺卬卬。'孙炎注:'卬卬,志气高远也。'是'卬'亦古'昂'字。"清潘奕隽《说文解字通正》:"《汉书》'卬贵''俛卬',又《诗》'瞻卬','仰'俱作'卬'。是古者'仰''昂'俱作'卬'。'仰''昂'俱新附字。""仰"的本义应为抬头。《说文》:"仰,举也"清姚文田、严可均《说文校议》:"《一切经音义》卷八引作'举首也'。"清王筠《说

文句读》:"《广雅》同。一引作'举首也'……'仰'即'卬'之分别文。"按:"昂""卬""仰"三字,均为疑母阳部,音义俱同,是一组同源字。

②词义的内涵不同。"昂"还有高、抬高等义。"仰"还有仰慕、仰仗、敬词等义。

之 适 如 往
zhī shì rú wǎng

【同】前往某个地方。

〔之〕《尔雅·释诂》:"之,往也。"罗振玉《增订殷虚书契考释》卷中:"案,卜辞从止从一,人所止也。《尔雅·释诂》:'之,往也。'当为'之'之初谊。"《庄子·人间世》:"颜回见仲尼请行,曰:'奚之?'曰:'将之卫。'"《韩非子·外储说左下》:"管仲束缚,自鲁之齐,道而饥渴,过绮乌封人而乞食。"《战国策·秦策一》:"陈轸去楚之秦。"《汉书·高帝纪上》:"高祖为亭长,乃以竹皮为冠,令求盗之薛治,时时冠之。"前一"之"字,颜师古注:"之,往也。"

〔适〕《说文》:"适,之也。"《尔雅·释诂》:"适、之,往也。"《诗经·郑风·叔于田》:"叔适野,巷无服马。"郑玄笺:"适,之也。"《论语·子路》:"子适卫,冉有仆。"《国语·晋语四》:"再拜稽首,受而载之,遂适齐。"《史记·孔子世家》:"孔子去曹适宋,与弟子习礼大树下。"

〔如〕《尔雅·释诂》:"如,往也。"郝懿行疏:"《春秋经》凡书如晋、如齐、如盟、如会之类,皆以如为往也。"《小尔雅·广诂》:"如,适也。"《左传·成公十八年》:"楚子重救彭城伐宋,宋华元如晋告急。"《国语·晋语四》:"二子求公不获,遂如河上,秦伯诱而杀之。"《史记·佞幸列传》:"文帝时时如邓通家游戏。"汉桓宽《盐铁论·论儒》:"田骈如薛,而孙卿适楚。"

〔往〕《说文》:"往,之也。"《礼记·玉藻》:"大夫有所往,必与公士为宾也。"郑玄注:"往,之也。"孔颖达疏:"往谓之适也。"《韩非子·外储说左下》:"孟献伯拜上卿,叔向往贺。"《史记·伍子胥列传》:"兵未发而晋伐郑,郑请救于楚。楚使子西往救,与盟而还。"《汉书·高帝纪上》:"吕后兄周吕侯将兵居下邑,汉王往从之。"

【辨】

①词义和用法有所区别。"之""适""如",是从到达某处而言,后面一般有表示处所的词语;"往"是从某处开始出发而言,后面一般不带有

表示处所的词语。"之""适"意在到达,与表示离开的"去"相对。如上例"去楚之秦""去曹适宋"。"往"表示自此出发,与自彼到此的"来"相对。《史记·货殖列传》:"天下熙熙,皆为利来;天下攘攘,皆为利往。""往"表示前往,也与表示返回的"返"相对。《庄子·逍遥游》:"大而无当,往而不返。"《韩非子·说林上》:"春往冬反。"

②词义的内涵不同。"之"还有到达某个程度义,如"之死靡它""之死不渝"。"如"还有依随、如同、及(比得上)等义。"适"还有归向、出嫁、适合、舒适等义。"往"还有交往、以往、死等义。

至 到 造 抵 臻 诣
zhì dào zào dǐ zhēn yì

【同】来到或到达某个地方。

〔至〕《昭明文选·马融〈长笛赋〉》注引《字林》:"至,到也。"《玉篇·至部》:"至,到也。"《诗经·小雅·天保》:"如川之方至,以莫不增。"《论语·微子》:"子曰:'隐者也。'使子路反见之,至则行矣。"《孟子·梁惠王下》:"王无罪岁,斯天下之民至焉。"《史记·卫将军骠骑列传》:"骠骑将军踰居延至祁连山,捕首虏甚多。"

〔到〕《说文》:"到,至也。"《诗经·大雅·韩奕》:"蹶父孔武,靡国不到。"郑玄笺:"蹶父(人名)甚武健,为王使于天下,国国皆至。"《战国策·齐策三》:"今君到楚而受象床,所未至之国,将何以待君?"《史记·大宛列传》:"匈奴时有候者到,而希矣。"清魏源《乌龙潭夜坐》诗:"近水月先到,矮窗山四来。"

〔造〕《广雅·释言》:"造,诣也。"《尚书·盘庚中》:"诞告用亶其有众咸造,勿亵在王庭。"孔安国传:"造,至也。"汉赵晔《吴越春秋·勾践归国外传》:"吴封地百里于越,东至炭渎,西止周宗,南造于山,北薄于海。"南朝宋刘义庆《世说新语·任诞》:"时戴在剡,即便夜乘小船而就之。经宿方至,造门不前而返。"清魏源《庐山纪游六首》诗之二:"不见庐山面目尽,只缘身不造山顶。"

〔抵〕《广雅·释诂一》:"抵,至也。"《史记·秦始皇本纪》:"行,遂从井陉抵九原。"张守节正义:"抵,至也。"韩愈《送惠师》诗:"寻嵩方抵洛,历华遂之秦。"明张宁《方洲杂言》:"一日晨出暮归,抵家天色尽暝。"《明史·戚继光传》:"继光乃旋师,抵福清。"

〔臻〕《说文》:"臻,至也。"《诗经·邶风·泉水》:"遄臻于卫,不瑕有害。"毛传:"臻,至也。"汉王充《论衡·变虚篇》:"政善,则嘉瑞臻,福祥至。"汉元帝《灾异求言诏》:"今朕恭承天地……灾异并臻,连年不息。"汉桓宽《盐铁论·世务》:"舟车所臻,足迹所及,莫不被泽。"

〔诣〕《玉篇·言部》:"诣,往也,到也。"《史记·项羽本纪》:"外黄不下。数日,已降,项王怒,悉令男子年十五已上诣城东,欲阬之。"《汉书·杨王孙传》:"王孙苦疾,仆迫从上祠雍,未得诣前。"颜师古注:"诣,至也。"唐李贺《感讽五首》诗之一:"不因使君怒,焉得诣尔庐?"清戴名世《〈天籁集〉序》:"余诣其家,殷勤访谒,欲得而为雕刻流传之。"

【辨】

①词的本义不同。"至"的本义,《说文》从字形分析,认为是"鸟飞从高下之地"。罗振玉《雪堂金石文字跋尾》认为,象矢远来降至地之形,不象鸟形。"到"的本义为到达。《说文》:"到,至也。""造"的古文作"艁"。《说文》解释为"就也",认为"造"的本义是造就。但清朱骏声《说文通训定声》认为,"《小尔雅·广诂》:'造,适也;造,进也。'《广雅·释言》:'造,诣也。'此字从辵,本训当为至。""抵"的到达义,清人段玉裁、朱骏声等认为是假借为"厎"。《说文》:"厎,柔石也。"段玉裁注:"厎之引申之义为致也、至也、平也。""臻"的本义是至。《说文》:"臻,至也。""诣"的本义是到尊上或精深所在的地方。《说文》:"诣,候至也。"段玉裁注:"候至者,节候所至也……凡谨畏、精微、深造以道而至曰诣。"

②用法上有所区别。"造""抵""诣"的宾语一般都是处所,"至""臻"可用于抽象的领域。如《老子》第八十章:"鸡犬之声相闻,民至老死不相往来。"《史记·司马相如列传》:"故曰非常之原,黎民惧焉,及臻厥成,天下晏如也。"又,早期的"至",后面表示处所的词语,要用介词"于"介进。如《左传·僖公四年》:"昔召康公命我先君大公曰:'五侯九霸,女实征之,以夹辅周室。'赐我先君履:东至于海,西至于河,南至于穆陵,北至于无棣。"战国时期的著作,"至"后如有处所词,以直接结合为常。如《韩非子·十过》:"其地南至交趾,北至幽都,东西至日月所出入者,莫不宾服。"

③词义的内涵不同。"至"还有达到、极点以及最、甚等义。"到"是"倒"的古字,《说文》无"倒"字,解释语中,凡颠倒、不顺义,都写作"到"。

如《说文》："県，到首也。贾侍中说：'此断首到縣県字。'"段玉裁注："到者，今之倒字。"又："匕，变也。从到人。"又："尾，微也。从到毛，在尸后。""到"，都是现在的"倒"字。"造"还有成就义。"抵"还有排挤、抵赖、抵偿、价值相当、拜谒等义。"臻"还有周全、重复等义。"诣"还有造诣义。

qū zǒu bēn
趋 走 奔（犇）

【同】跑，用腿迅速往前行动。

〔趋〕《说文》："趋，走也。"清徐灏《说文解字注笺》："疾走谓之趋，速其走亦曰趋。"《论语·微子》："孔子下，欲与之言。趋而避之，不得与之言。"皇侃疏："趋，疾走也。"《孟子·公孙丑上》："其子趋而往视之，苗则槁矣。"赵岐注："趋，走也。"《公羊传·桓公二年》："殇公知孔父死，己必死，趋而救之，皆死焉。"何休注："趋，走也。"

〔走〕《说文》："走，趋也。"《玉篇·走部》："走，奔也。"《荀子·尧问》："君子力如牛，不与牛争力；走如马，不与马争走。"《战国策·赵策二》："臣固闻王之胡服也，不佞寝疾，不能趋走。"《淮南子·人间训》："夫走者，人之所以为疾也。"《史记·刺客列传》："荆轲逐秦王，秦王环柱而走。"

〔奔〕（犇）《说文》："奔，走也。"《尔雅·释言》："奔，走也。"《尚书·西伯戡黎》："西伯既戡黎，祖伊恐，奔告于王。"孙星衍注："奔者，《说文》云：'走也。'……祖伊惧而走告王，不俟驾也。"《墨子·明鬼下》："郑穆公见之，乃恐惧奔。"《韩非子·安危》："奔车之上无仲尼，覆舟之下无伯夷。"汉王充《论衡·定贤篇》："匮乏无以举礼，赢弱不能奔远。"

"奔"也写作"犇"。《集韵·魂韵》："奔，古作犇。"《汉书·昭帝纪》："遣衡水都尉吕破胡募吏民及发犍为、蜀郡犇命击益州，大破之。"颜师古注引应劭曰："旧时郡国皆有材官骑士以赴急难，今夷反，常兵不足以讨之，故权选取精勇，闻命奔走，故谓之奔命。"汉王充《论衡·非韩篇》："御者无衔，见马且犇，无以制也。"

【辨】

①词的本义略有不同。"趋"介于"走"和"行"之间，慢于"走"而快于"行"。《释名·释姿容》："疾行曰趋。"又："疾趋曰走。""奔"在奔跑的意义

上与"走"一致，但含有因急事而奔赴的意思。《释名·释姿容》："奔，变也，有急变奔赴之也。"今语"奔走""奔赴""奔丧"还含"急变奔赴"义。

②词义的内涵不同。"走"还有败走、趋往（此义旧读 zòu）、谦称自己等义。"趋"还有趋向、趋求、趋附等义。"奔"还有逃亡、私奔等义。

退　却（卻）
tuì　què

【同】向后移动或从来的方向回去。

〔退〕①《玉篇·辵部》："退，却也。"与"进"相对，向后移动。《孟子·尽心上》："其进锐者，其退速。"《礼记·玉藻》："进则揖之，退则扬之，然后玉锵鸣也。"《后汉书·荀彧传》："进可以胜敌，退则以坚守，故虽有困败，而终济大业。"②《广雅·释诂二》："退，归也。"回归原处。《易经·系辞下》："日中为市，致天下之民，聚天下之货，交易而退，各居其所。"《左传·哀公二十年》："退无谤言。"孔颖达疏："退归私室，则无诽谤之言。"《礼记·檀弓上》："吾与女事夫子洙泗之间，退而老于西河之上，使西河之民疑女于夫子，尔罪一也。""退"，退居。

〔却〕（卻）本写作"卻"，俗作"却"。《玉篇·卩部》："卻……俗作'却'。"《广韵·药韵》："却，退也。"①向后移动。《周礼·夏官·大司马》："鼓戒三阕，车三发，徒三刺，乃鼓退，鸣铙且却，及表乃止。"贾公彦疏："云'鸣铙且却'者，此鸣铙且却……军退亦鸣铙。"《吕氏春秋·序意》："赵襄子游于囿中，至于梁，马却不肯进。"《史记·廉颇蔺相如列传》："王授璧，相如因持璧却立，倚柱，怒发上冲冠。"《汉书·项籍传》："秦军数却，二世使人让章邯。"②回到原处。汉王充《论衡·道虚篇》："黑青不可复还，老衰安可复却？""复却"，又退回到年轻。前蜀韦庄《自孟津舟西上雨中作》诗："却到故园翻似客，归心迢递秣陵东。""却""归"互文。

【辨】①词的本义不同。"退"字，《说文》在彳部，写作"復"或"衲"，释为"却也。一曰：行迟也。"清桂馥《说文义证》："却也者，《广雅》：'却，退也。'《秦策》：'战栗而却。'高注：'却，退也。'刘向《九叹》：'却骥骎以转运兮。'王云：'却，退也。'"古籍中的"退"，多用于回到住处或原处。《广雅·释诂二》："退，归也。"《礼记·少仪》："朝廷曰退，燕游曰归，师役曰罢。"

"退""归""罢"互文,都是回归的意思。由此可见,"退"都是主动的。据《论语译注》统计,《论语》共用"退"13次。其中10次表示"回到原处",1次表示"后退",2次表示"退缩"。"却",《说文》正篆作"卻",本义是节制、制止。段注本《说文》从《玉篇·卩部》:"却,节却也"。改大徐本《说文》的"却,节欲也"为"却,卩却也"。并注曰:"卩却者,节制而退却之也。"清徐灏《说文解字注笺》:"段订是也。""节制"应是"却"的本义,退却义是其引申,且含有控制的意思,即有节制的退却。

②词义的内涵不同。"退"还有减退、退缩、谦让、退还等义。"却"还有推辞不受、仰(与"覆"相对)以及轻微转折、反而、恰好、竟等各种副词用法。

追 逐
zhuī zhú

【同】追赶,加快行动从后面赶上。

〔追〕《说文》:"追,逐也。"《周礼·秋官·士师》:"与其民人之什伍,使之相安相受,以比追胥之事,以施刑罚庆赏。"郑玄注:"追,追寇也。胥,读如宿偦之偦。偦谓司搏盗贼也。"《左传·僖公二十五年》:"楚令尹子玉追秦师,弗及。"《公羊传·庄公十八年》:"夏,公追戎于济西。"何休注:"以兵逐之曰追。"《史记·秦本纪》:"缪公与麾下驰追之,不能得晋军,反为晋军所围。"《汉书·项籍传》:"梁已破东阿下军,遂追秦军。"

〔逐〕《说文》:"逐,追也。"《左传·襄公十七年》:"十一月甲午,国人逐瘈狗。"《淮南子·说山训》:"撰良马者,非以逐狐狸,将以射麋鹿。"《汉书·蒯通传》:"秦失其鹿,天下共逐之,高材者先得。"汉王充《论衡·定贤篇》:"当荆轲之逐秦王,秦王环柱而走,医夏无且以药囊提荆轲。"

【辨】①词的初义略有差别。"追"的初义是追赶人。罗振玉《增订殷虚书契考释》卷中:"《说文解字》:'追,逐也。从辵自声。'……自即师字,自行以追之也。"杨树达《积微居甲文说·释追逐》:"余考之卜辞,追逐二字用法划然不紊。盖追必用于人,逐必用于兽也。"如先秦古籍《春秋经传》"追"字共51见,其中用于追赶义的有44次,都是用于追人。"逐"的初义是追赶兽。罗振玉《增订殷虚书契考释》卷中:"《说文解字》:'逐,追也。从辵从豚省。'此或从豕，或从犬，或从兔从止，象兽走圹而人追之，故不限何兽。"但后应用范围扩大，不限于追兽，也用于追人。《左传·文公七年》："逐寇如追逃。"《汉书·韩信传》："赵见我走，必空壁逐我。"

②词义的内涵不同。"追"还有追随、追溯、追求、追究等义。"逐"还有驱逐、竞逐、逐一等义。

迁 徙 移
qiān xǐ yí

【同】迁移，人或物从甲地到乙地的移动。

〔迁〕《尔雅·释诂》："迁，徙也。"《广雅·释言》："迁，移也。"《玉篇·辵部》："迁，徙也，移也。"《诗经·小雅·伐木》："出自幽谷，迁于乔木。"郑玄笺："谓乡时之鸟，出从深谷，今移处高木。"《左传·襄公十年》："昔平王东迁，吾七姓从王。"杜预注："平王徙时，大臣从者有七姓。"《韩非子·十过》："戎王许诺，见其女乐而说之，设酒张饮，日以听乐，终岁不迁，牛马半死。"汉王充《论衡·龙虚篇》："夏后享之，既而使求。惧而不得，迁于鲁县。"

〔徙〕"徙"，《说文》作"䢙"。《说文》："䢙，迻也。"《广雅·释言》："徙，移也。"《玉篇·辵部》："䢙，迁也。"《韩非子·内储说上》："俄又置一石赤菽东门之外而令之曰：'有能徙此于西门之外者，赐之如初。'人争徙之。"《吕氏春秋·上农》："民舍本而事末，则其产约；其产约，则轻迁徙。"《史记·游侠列传》："及徙豪富茂陵也，解家贫，不中訾，吏恐，不敢不徙。"

〔移〕"移"，本字作"迻"。《说文》："迻，徙也。"段玉裁注："今人假'禾相倚移'之移为迁迻字。"《玉篇·辵部》："迻，徙也，迁也。今作移。"《尚书·多士》："移尔遐逖。"孔颖达疏："移徙汝居于远。"《孟子·梁惠王上》："寡人之于国也，尽心焉耳矣。河内凶，则移其民于河东，移其粟于河内；河东凶亦然。"《韩非子·十过》："彼来请地而弗与，则移兵于韩必矣。"汉王充《论衡·辨祟篇》："宅盛即留，衰则避之，及岁破、直符，辄举家移。"

【辨】

①词的本义有所不同。"迁"的本义是从低处往高处移动。《说文》："迁，登也。"《广韵·仙韵》："迁，去下之高也。"所以"迁"可用于官员升迁。"徙"的本义是已有既定目的地的迁徙。南唐徐锴《说文解字系传》：

"臣错曰:徙,有所之也。"《史记·商君列传》:"令既具,未布,恐民之不信己,乃立三丈之木于国都市南门,募民有能徙置北门者予十金。民怪之,莫敢徙。复曰:'能徙者予五十金。'有一人徙之,辄予五十金,以明不欺。""移"的本义则强调自此至彼。《说文》"移"下段玉裁注:"今人但读为迁移。据《说文》则自此之彼当作'迻'。"清徐灏《说文解字注笺》:"戴氏侗曰:'移,移秧也。凡种稻必先苗之而移之,迁移之义取焉。别作迻。'灏按,禾苗茂密,乃移种之,戴说正所谓'相倚则移'也。"《墨子·辞过》:"古之民未知为舟车之时,重任不移,远道不至。""重任不移",重的负荷不能移动。

②词义的内涵不同。"迁"还有升迁、离开、变动等义。"徙"还有谪戍、调动等义。"移"还有移栽、挪动、变易等义。

居 住
jū zhù

【同】 在某一地方固定或较长时间居留。

〔居〕"居",《说文》作"凥"。《说文》:"凥,处也。从尸得几而止。"段玉裁注:"凡尸得几谓之凥,尸即人也,引申之为凡凥处字。"《易经·系辞下》:"上古穴居而野处,后世圣人易之以宫室。"《左传·昭公三年》:"子之宅近市,湫隘嚣尘,不可以居。"《孟子·滕文公下》:"仲子所居之室,伯夷所筑与,抑亦盗跖之所筑与?"《韩非子·十过》:"管仲老,不能用事,休居于家。"《史记·李斯列传》:"今时上不坐朝廷,上居深宫,吾有所言者,不可传也,欲见无间。"

〔住〕汉王充《论衡·量知篇》:"文吏空胸无仁义之学,居住食禄,终无以效,所谓尸位素餐者也。"《南齐书·张融传》:"融为中书郎,未有居止,权牵小船,于岸上住。"唐杜甫《赠蜀僧闾丘师兄》诗:"我住锦官城,君居祇树园。"宋苏轼《与侄孙元老书》:"侄孙既是东坡骨肉,人所觑看,住京凡百加关防。"

【辨】①词的本义不同。"居"的本字作"凥",本义是凭几而坐。清徐灏《说文解字注笺》:"凥,古居字,凭几而坐也。从尸者,人字横体;从几,指事。凥处,即字之本义。"按:"凥"和"居"原是两个字。"凥"是"居"的本字,"居"是蹲踞的"踞"的古字。《说文》:"居,蹲也。""住"字,《说文》正篆不收,但说解语中屡见。如"立,住也。""蹢,住足也。"又《说文》释"侸"为"立也",释"驻"为"马立也"。《玉篇》《集韵》收有"住"字,并释为"立也"。《玉篇》又释"逗"为"留也,住也,止也。"据此,"驻""侸""逗""住"四字,意义当有联系。"侸"当是"住"的古字,本义似当为立,引申为止留、居留义。

②词义的内涵不同。"居"还有住所、闲居、处在等义。"住"还有停止、存留等义。

启(啟 啓) 开 闿 辟(闢) 阐
qǐ　　　　　kāi　kǎi　pì　　　chǎn

【同】 开启,把关闭的物体打开。

〔启〕(啟 啓) 按:"启"为"啟""啓"的古字,但罕见其用;今为"啓"的简化字。下面均写作简化字"启"。《广雅·释诂三》:"启,开也。"《尚书·金縢》:"启钥见书,乃并是吉。"孔安国传:"开钥见占兆书,乃亦并是吉。"《周礼·地官·司门》:"司门,掌授管键,以启闭国门。"孔颖达疏:"云'掌授管键,以启闭国门'者,谓用管钥以启门,用键牡以闭门。"《楚辞·天问》:"西北辟启,何气通焉?"王逸注:"言天西北之门,每常开启,岂元气之所通?"汉王充《论衡·别通篇》:"开户内(纳)日之光,日光不能照幽,凿窗启牖,以助户明也。""启牖",开窗。

〔开〕《玉篇·门部》:"开,张也。"《老子》第二十七章:"善闭,无关楗而不可开。"《淮南子·道应训》:"桓公郊迎客,夜开门。"汉王充《论衡·乱龙篇》:"齐孟尝君夜出秦关,关未开,客为鸡鸣而真鸡鸣和之。"

〔闿〕《方言》卷六:"开户,楚谓之闿。"《管子·七臣七主》:"藏竭则主权衰,法伤则奸门闿。"汉王充《论衡·定贤篇》:"孟尝君夜出秦关,鸡未鸣而关不闿。"《汉书·匈奴传》:"今欲与汉闿大关,取汉女为妻。"颜师古注:"闿,读与'开'同。"《三国志·吴书·吴主传》:"初,兴平中,吴中童谣曰:'黄金车,班兰耳,闿昌门,出天子。'"裴松之注:"昌门,吴西郭门,夫差所作。"

〔辟〕(闢) "辟"不仅是"闢"的简化字,而且有多种意义和读音。为了避免混淆,均写作繁体字"闢"。《广韵·昔韵》:"闢,启也。"《易经·系辞上》:"是故阖户谓之坤,闢户谓之乾,一阖一闢谓之变。"孔颖达疏:"闢户,谓吐生万物也,若室之开阖其户,故云'阖户谓之乾'也。"李鼎祚集解:"虞翻曰:闢,开也。"《国语·晋语五》:"公患之,使鉏麑贼之,晨往,则寝门闢矣,盛服将朝,早而假寐。"汉应劭《风俗通·十反·河内太守庐江周景》:"盖人君者,闢门开窗,号咷博求,得贤而赏,闻善若惊,无适也。"唐王维《同比部杨员外十五夜游有怀静者季》诗:"悬知三五夕,万户千门闢。"

〔阐〕《昭明文选·班固〈东都赋〉》:"于是圣皇乃握乾符,阐坤珍。"吕延济注:"阐,开也。坤珍,洛书也。"唐白居易《严十八郎中在郡日改制东南楼因名清辉未立标征归郎署予既到郡性爱楼居宴游其间颇有幽致聊成十韵兼戏寄严》:"看山倚前户,待月阐东扉。"金王喆《特地新》词:"道门开,释门阐,儒门堪步。"

【辨】

①词的本义不同。"启"的本义,《说文》释为"教也",但《华严经音义》卷二、卷二十引《说文》古本均作"开也"。据研究,开,正是"启"的本义。马叙伦《说文解字六书疏证》卷六:"《华严经音义》两引作'开也'。伦按:'教也'乃引申义;'开也'则'启'字义。"杨树达《积微居小学述林·释启启》:"愚谓训开者当谓此字。以手闢户,故为开也。""开"的本义是张开。《说文》:"开,张也。"段玉裁注:"张者,施弓弦也。门之开,如弓之张也。""闿"的本义是开门。《说文》:"闿,开也。"段玉裁注:"本义为开门,引申为凡启导之称。""闿"实际上是被吸收到全民语里的方言词。《方言》卷六:"开户,楚谓之闿。""闢"的本义也是开门。《说文》:"闢,开也。"清王筠认为"闢""开"两字,意义小异。"开,举事本……两手执其肩以开之也;闢,举其末……两手向外推其扇,以附于墙。"(见《说文句读》"闢"下)意为"开"是两手拨开门闩,即"本","闢"是两手向外推门,即"末"。"阐"的本义是门大开。《说文》:"阐,开也。"清王筠《说文句读》引《声类》:"阐,大开也。"

②词义的内涵不同。"启"还有开拓、开始、开导、陈述、文体的一种等义。"开"还有张开、拆开、舒张、开创、开放、启发、开始、开设等义。"闿"还有明朗义。"辟"还有开拓、开垦、开辟、开阔、排除等义。"阐"还有显露、阐明、扩充等义。

369

guān bì bì hé jiǒng
关 闭 閟 阖 扃

【同】关闭,使开着的物体合拢。

〔关〕"关"的繁体字作"關"。《玉篇·门部》:"关,扃也。"《声类》:"关,所以扃也。"《淮南子·诠言训》:"天下非无廉士也,然而守重宝者,必关户而全封,以为有欲者之于廉,不若无欲者也。"汉王充《论衡·知实篇》:"宾如闻其家有轻子泊孙,必教亲撤馔退膳,不得饮食;闭馆关舍,不得顿宾。"南朝梁刘勰《文心雕龙·书记》:"关者,闭也。出入由门,关闭当审。"唐韩熙载《汤泉院碑》:"人和岁稔,君明臣贤;外户不关,到于今日。"

〔闭〕《左传·定公十年》:"公闭门而泣之,目尽肿。"《孟子·万章下》:"欲见贤人而不以其道,犹欲其入而闭之门也。"《吕氏春秋·慎大览》:"故周明堂外户不闭,示天下不藏也。"《淮南子·人间训》:"阳虎为乱于鲁,鲁君令人闭城门而捕之。"晋陶潜《癸卯十二月作与从弟敬远》诗:"顾盼莫能知,荆扉昼常闭。"明谢肇淛《五杂俎·地部一》:"韩延寿为太守,闭合思过,即如今闭脚门不听官属入耳。"

〔閟〕唐慧琳《一切经音义》卷八十二引《韵英》:"閟,闭也。"《左传·三十二年》:"初,公筑台以临党氏,见孟任,从之。閟,而以夫人言许之。"杨伯峻注:"閟音秘(bì),闭门也。此谓庄公追孟任(党氏之女),孟任闭门以拒之。"唐元稹《和李校书新乐府·上阳白发人》:"诸王在閣十四年,十宅六宫门户閟。"宋沈辽《德相所示论书聊复戏酬》诗:"金玉敷卷轴,蛇龙閟箱笈。"清唐孙华《夏重谈金陵旧事》诗:"上书欲自通,沉沉九阍閟。"

〔阖〕《易经·系辞上》:"是故阖户谓之坤,辟户谓之乾。"孔颖达疏:"阖户,谓闭藏万物,若室之闭阖其户,故云'阖户谓之坤'也。"《礼记·曲礼上》:"户开亦开,户阖亦阖。有后入者,阖而勿遂。"孔颖达疏:"'户阖亦阖'者,户若本阖,则今入者不须开也。"《淮南子·主术训》:"是故十围之木,持千钧之屋;五寸之键,制开阖之门,岂其材之巨小足哉!所居要也。"汉王充《论衡·非韩篇》:"段干木阖门不出,魏文敬之。"

〔扃〕《淮南子·俶真训》:"处小隘而不塞,横扃天地之间而不窕。"高诱注:"扃,犹闭也。"《汉书·外戚传下·孝成班婕妤》:"应门闭兮禁闼扃。""闭""扃"互文。《后汉书·东夷列传》:"论曰:'……门不夜扃。'"《昭明文选·颜延年〈阳给事诔(并序)〉》:"金柝夜击,和门昼扃。"李善注引《后汉书》章帝诏:"永平之末,城门昼闭。"唐李白《赠清漳明府侄聿》诗:"牛羊三阡陌,夜寝不扃户。"

【辨】①词的本义不同。"关"的本义是门闩,名词。《说文》:"关,以木横持门户也。"清朱骏声《说文通训定声》:"按,竖木为闭,横木为关。"引申为动词关闭。《方言》卷十二:"关,闭也。""闭"的本义是闭门。《说文》:"闭,阖门也。""阖"的本义也是闭门。《说文》:"阖,闭门也。"段玉裁注:"引伸为凡闭之称。""阖"的本义是门扇,闭门是"阖"的别义。《说文》:"阖,门扇也。一曰闭也。"如《说文》释"闭"为"阖门也。""扃"的本义是从外关门的门闩。《说文》:"扃,外闭之关也。"清王筠《说文句读》:"盖内外相对,皆关闭之器。在门内者谓之楗,在门外者谓之扃也。"

②词义的内涵不同。"关"还有门闩、门、关口(要塞)、机关(控制机械的部分)、征税的关卡、关税、关联、关系、禀告、身体某关键的部位等义。"闭"还有门闩的孔、机密、隐蔽、防守、壅塞、停止等义。"阖"还有止息、掩蔽、掩埋、埋没、慎重、幽静等义。"阖"还有门扇、全等义。"扃"还有门户、车前横木、贯通鼎上两耳的横木等义。

入 内(纳)
rù　nà

【同】进入或使进入。

〔入〕《说文》:"入,内也。"《释名·释言语》:"入,纳也,纳使还也。"《玉篇·入部》:"入,进也。"《左传·成公二年》:"齐侯曰:'勿杀。吾与而盟,无入而封。'"《礼记·曲礼上》:"入竟而问禁,入国而问俗,入门而问讳。"《战国策·秦策四》:"王资臣万金而游,听之韩魏,入其社稷之臣于秦。"高诱注:"入,纳也。"《史记·五帝本纪》:"敬道日入,便程西成。""日入",《尚书·尧典》作"纳日"。

〔内〕〔纳〕《说文》:"内,入也。"《周礼·天官·序官》:"职内上士二人"。郑玄注:"职内,主入也。"《礼记·月令》:"是月也,申严号令,命百官贵贱无不务内,以会天地之藏,无有宣出。"郑玄注:"内谓收敛入之也。""无不务内",《吕氏春秋·季秋纪》作"无不务入",高诱注:"季秋毕内,故务入也。"

《史记·礼书》:"太庙之未内尸也。"《荀子·礼论》作"太庙之未入尸也"。
"内"也写作"纳"。《尚书·禹贡》:"九江纳锡大龟。"陆德明释文注引马融云:"纳,入也。"《史记·夏本纪》正作"九江入赐大龟"。《尚书·舜典》:"纳于大麓,烈风雷雨弗迷。"汉王充《论衡·正说篇》转述时作"入于大麓,烈风雷雨不迷"。《诗经·豳风·七月》:"十月纳禾稼。"郑玄笺:"纳,内也。"

【辨】

①词的语法功能不同。"入"一般不带宾语。如《论语·子张》:"夫子之墙数仞,不得其门而入。"如带宾语,一般有两种情况:一种情况是,早期古籍中多用介词"于"介进,"于"后是表示处所的词语。如《尚书》中共用"入"字29次,除与动词连用的外,用介词介进的有19次。《左传》中一般也有介词介进。如《隐公元年》:"京叛大叔段。段入于鄢,公伐诸鄢。"但时有省略。如《隐公十年》:"九月,戊寅,郑伯入宋。"省略后语义不变。一种情况是,"入"直接带宾语,宾语又不是处所词,就成为使动用法。如上例"入其社稷之臣于秦",应理解为:使其社稷之臣入秦。"内(纳)"的后面必须有宾语或补语。汉王充《论衡·效力篇》:"开户内日之光,日光不能照幽,凿窗启牖,以助户明也。"又《逢遇篇》:"或以丑面恶色称媚于上,嫫母、无盐是也。嫫母进于黄帝,无盐纳于齐王。""内"理解时可因文而异,但语法上都属使动用法,意为使入。

"内"还有动词和名词、本义和引申义的区别。《说文》:"内,入也。"段玉裁注:"今人谓所入之处为内(按:此为名词),乃以其引申之义为本义也。互易之,故分别。读奴答切(按:此为动词读音),有多假纳为之矣。《周礼》注云:'职内,主入也。''内府,主良货贿藏在内者。'然则职内之'内 nà'是本义,内府之'内 nèi'是引申之义。"

②词义的内涵不同。"入"还有收入、参与等义。"内 nà"一般只有使入义。

寐_{mèi} 寝_{qǐn} 卧_{wò} 眠_{mián}(瞑) 睡_{shuì}

【同】 进入睡眠状态。

〔寐〕《说文》:"寐,卧也。"段玉裁注:"俗所谓睡着也。"唐玄应《一切经音义》卷二十三:"寐,谓眠熟也。"《诗经·周南·关雎》:"窈窕淑女,寤寐求之。"《国语·晋语一》:"归寝不寐。"韦昭注:"寐,瞑也。"《孟子·告子下》:"孟子曰:'吾闻之,喜而不寐。'"《韩非子·六反》:"人皆寐,则盲者不知。"《公羊传·僖公二年》:"献公朝诸大夫而问焉,曰:'寡人夜者寝而不寐,其意也何?'"

〔寝〕《论语·公冶长》:"宰予昼寝。"皇侃疏:"寝,眠也。"《淮南子·墬形训》:"寝居直梦。"高诱注:"寝,寐也。"宋惠洪《清明前一日闻杜宇》诗:"篱外花如海,闲轩小寝惊。""小寝",小睡。明王世贞《艺苑卮言》卷七:"甫发歌,明卿则鼾寝,鼾声与歌相低昂。""鼾寝",鼾睡。《明史·太祖纪一》:"太祖择骁健者五百人,入卫,解甲酣寝达旦,众心始安。""酣寝",熟睡。

〔卧〕《玉篇·卧部》:"卧,眠也。"《荀子·解蔽》:"心卧则梦。"杨倞注:"卧,寐也。言人心有所思,寝则必梦。"汉王充《论衡·订鬼篇》:"昼日则鬼见,暮卧则梦闻。"晋葛洪《神仙传·焦先》:"先熟卧于雪下,颜色赫然,气息休休,如盛暑醉卧之状。"《新唐书·李大亮传》:"(李大亮)每番直,常假寐,帝劳曰:'公在,我得酣卧。'""酣卧",酣睡。清蒲松龄《聊斋志异·玉兰》:"富翁止此女,甚珍惜之,能医者愿以千金相酬报。张请视之,从翁入室,见女瞑卧。启其衾,抚其体,昏然不觉。""瞑卧",闭目昏睡。

〔眠〕(瞑)《篇海类编·身体类·目部》:"眠,寐也。"《正字通·目部》:"眠,寝息也,俗谓之睡。"《列子·周穆王》:"(古莽之国)其民不食不衣而多眠,五旬一觉。"晋干宝《搜神记》卷十五:"吴国富阳人马势妇,姓蒋,村人应病死者,蒋辄恍惚熟眠经日,见病人死,然后省觉。"《南齐书·东昏侯纪》:"(帝)昼眠夜起如平常。"唐孟浩然《春晓》诗:"春眠不觉晓,处处闻啼鸟。"

《说文》无"眠"字,"瞑"当是"眠"的古字。《说文》:"瞑,翕目也。从目冥,冥亦声。臣铉等曰:今俗别作眠,非是。武延切。"清徐灏《说文解字注笺》:"《文选·陆士衡〈答张士然诗〉》:'薄暮不遑瞑。'李善注:'瞑,古眠字。'"《玉篇·目部》:"瞑,寐也。"又:"眠,同上。"清朱骏声《说文通训定声》:"瞑,字亦作眠。"《楚辞·招魂》:"致命于帝,然后得瞑些。"王逸注:"瞑,卧也。"《昭明文选·嵇康〈养生论〉》:"内怀殷忧,则达旦不瞑。"李善注:"瞑,古眠字。"南唐冯延巳《菩萨蛮》词之三:"欹枕不成瞑,关山人未还。"

〔睡〕《广韵·寘韵》:"睡,眠睡。"《字汇·目部》:"睡,今睡眠通称。"《正字通·目部》:"睡,《说文》:'坐寐也。'……今眠睡通称,《六书故》曰:'睡即古寐字。'"晋葛洪《抱朴子·官理》:"秦孝闻高谈而睡寐。"《魏志·礼志》:"魏文侯听古乐而眠睡。"唐杜甫《早发》诗:"烦促瘴气侵,颓倚睡未醒。"元王实甫《西厢记》第三本第二折:"不听得声音,敢又睡哩。"

【辨】

①词的本义不同。"寐"的本义是入睡。"寝"的本义是就寝,即躺卧在床准备休息。清王筠《说文句读》:"此为日入而息之字。""卧"的本义是身子趴在几案上休息。《说文》:"卧,伏也。从人臣,取其伏也。"段玉裁注:"卧与寝异。寝于床,《论语》'寝不尸'是也;卧于几,《孟子》'隐(依)几而卧'是也……此则析言之,统言之则不别。""眠"是后起字,其本义当从"瞑",为闭目。"睡"的本义是坐着时因困乏而合上眼皮打瞌睡。《说文》:"睡,坐寐也。从目垂。"(段注本)段玉裁注:"知为坐寐者,以其字从垂也。《左传》曰:'坐而假寐。'《战国策》:'读书欲睡。'……目垂者,目睑垂而下,坐则尔。"

②词义的内涵不同。"寐"一般只用于入睡义。"寝"还有止息、病卧、卧室、帝王的宫室等义。"卧"还有停息、卧伏、卧睡处等义。"眠"还有卧放、某些生物的生理期(冬眠)等义。"睡"还有躺着义。

觉 寤(悟) 醒
jué wù xǐng

【同】睡醒,睡眠状态结束。

〔觉〕《说文》:"觉,寤也。"唐玄应《一切经音义》卷九:"觉,寤也,谓眠而后觉也。"《国语·吴语》:"王寐,畴枕王以璞而去之。王觉而无见也,乃匍匐将入于棘闱。"汉王充《论衡·祀义篇》:"当人之卧也,置食物其旁,不能知也。觉乃知之,知乃能食之。"《汉书·高帝纪上》:"(高祖)行数里,醉困卧……后人至,高祖觉。"颜师古注:"觉谓寝寐而寤也。"又《董贤传》:"(董贤)常与上卧起。尝昼寝,偏藉上袖,上欲起,贤未觉,不欲动贤,乃断袖而起。"

〔寤〕(悟)《说文》:"寤,觉而有言曰寤。"《诗经·周南·关雎》:"窈窕淑女,寤寐求之。"毛传："寤，觉。"《庄子·列御寇》："夫千金之珠，必在九重之渊而骊龙颔下。子能得之者，必遭其睡也。使骊龙而寤，子尚奚微之有哉！"《吕氏春秋·离俗》："齐庄公之时，有士曰宾卑聚，梦有壮子……从而叱之，唾其面，惕然而寤，徒梦也。"高诱注："寤，觉。徒，但。"北魏崔鸿《十六国春秋·前赵·刘渊》："其夜，梦所见鱼变为人，左手把一物，大如鸡子，光景非常，授呼延氏曰：'此是日精，服之生贵子。'寤以告豹，豹曰：'吉征也。'"

"寤"也写作"悟"。汉王充《论衡·问孔篇》："行事：适有卧厌不悟者，谓此为天所厌也？案诸卧厌不悟者，未皆为鄙陋也。"

〔醒〕《正字通·酉部》："醒……又，俗谓梦觉也。"唐杜甫《奉酬薛十二丈判官见赠》诗："忽忽峡中睡，悲风方一醒。"唐韩愈《东都遇春》诗："朝曦入牖来，鸟唤昏不醒。"明王韦《阁试春阴诗》："檐影频移瞑云动，曲枕悠然醒午梦。"

【辨】

①词的本义不尽相同。"觉"的本义是梦觉，指做梦醒来，多与"梦"对用。《左传·成公十年》："晋侯梦大厉……公觉，召桑田巫。"《庄子·大宗师》："且汝梦为鸟而厉乎天，梦为鱼而没于渊，不识今之言者，其觉者乎，其梦者乎？"又《刻意》："其寝不梦，其觉不忧。"《列子·周穆王》："其民不食不衣而多眠，五旬一觉。以梦中所为者实，觉之所见者妄。"汉贾谊《新书·春秋》："居三月，而梦天诛大蛇，曰：'尔何敢当明君之路？'文公觉，使人视之，蛇已鱼烂矣。"《史记·佞幸列传》："孝文帝梦欲上天……觉而之渐台。"汉王充《论衡·纪妖篇》："人梦上天，一卧之顷也；其觉，或尚在天上，未终下也。若人梦行至洛阳，觉，因从洛阳悟矣。""寤"的本义是睡醒或醒着。《说文》："寤，寐觉而有言曰寤……一曰：昼见而夜梦也。"《诗经·邶风·终风》："寤言不寐。""寤"，醒着或睡不着；"言"，句中语气词。"醒"的本义是酒醉后清醒过来。《说文》无"醒"有"醒"。《说文》："醒，病酒也。一曰醉而觉也。"段玉裁注："许无醒字。醉中有所觉悟即是醒也，故醒足以兼之。"《字林》始有醒字，云：'酒解也。'见《众经音义》。"《玉篇·酉部》："醒，酒解也。"《广韵·迥韵》："醒，酒歇也。""醒"的睡醒义约始于隋唐或稍早。

②词义的内涵不同。"觉"还有觉悟、知觉、觉察等义。"寤"还有醒

悟义。"醒"还有清醒、醒悟义。

苏(甦 甦) 醒
sū　　xǐng

【同】 从昏迷状态恢复知觉。

〔苏〕(甦 甦)《小尔雅·广名》:"死而复生谓之苏。"《左传·宣公八年》:"晋人获秦谍,杀诸绛市,六日而苏。"晋干宝《搜神记》卷十五:"遂发冢开棺,女即苏活,因负还家,将养数日,平复如初。"《南史·任昉传》:"昉先以毁瘠,每一恸绝,良久乃苏。"《资治通鉴·后周世宗显德三年》:"牙将馆陶张琼遽以身蔽之,矢中琼髀,死而复苏。"清蒲松龄《聊斋志异·封三娘》:"生自负尸,与三娘俱归,置榻上,投以药,逾时而苏。"

"苏"也写作"甦"或"甦"。《集韵·模韵》:"死而更生曰甦。通作苏。俗作甦,非是。"南朝宋刘义庆《幽明录》:"石长和死,四日甦。"唐道世《法苑珠林》卷十二引南朝齐王琰《冥祥记》:"泰年三十五时,尝卒心痛,须臾而死……留尸十日,平旦喉中有声如雨,俄而甦活。"

"甦"由"更""生"两字组成,是个会意字,约产生于魏晋以后。《篇海类编·人事类·生部》:"甦,死而更生曰甦。"北齐颜之推《颜氏家训·杂艺》:"北朝丧乱之余,书迹鄙陋,加以专辄造字,猥拙甚于江南。乃以百念为忧,言反为变……更生为甦,先人为老,如此非一,遍满经传。"宋李昉等《太平广记》卷三二一引《甄异录》:"见义乘马入门,引弓射之,正中其喉,喉便痛亟,姿态失常,奄忽便绝,十余日乃甦。"金董解元《西厢记诸宫调》卷二:"夫人闻语,仆地諕倒,红娘与莺莺连救,多时稍甦。"

〔醒〕 宋周煇《清波杂志》卷五:"凡冻欲死者,未可即与热物,待其少定,渐渐苏醒,盖恐冷热相激。"明冯梦龙《醒世恒言·张廷秀逃生救父》:"且说陈氏见丈夫拿去,哭死在地,亏养娘救醒。"《秦并六国平话》卷中:"那时,燕王已惊,近臣扶起,把安魂定魄汤饮了,渐至甦醒。"

【辨】
①词的本义不同。"苏"的本义是一种药用植物,俗名紫苏。《本草纲目·苏》:"时珍曰:蘇从甦,音甦,舒畅也。苏性舒畅,行气和血,故谓之苏。曰紫苏者,以别白苏也。""苏"的苏醒义,似与其药用有关。《礼记·乐记》:"蛰虫昭苏,羽者妪伏。"郑玄注:"昭,晓也。蛰虫以发出为晓,更

息曰苏。"孔颖达疏:"言蛰虫之类皆埋藏其体,近于死。今复得活,似暗而遇晓,死而更息也。""醒"的本义是醉后酒醒。

②词义的内涵不同。"苏"包括"稣""甦",还可用于其他生物复苏,还有苏息或缓解、醒悟等义。"醒"还有清醒、醒悟义。

坐 跪 跽
<small>zuò guì jì</small>

【同】 两膝着地,支撑身体的一种姿势。

〔坐〕《左传·昭公二十七年》:"执羞者坐行而入。"杜预注:"坐行,膝行。"《礼记·曲礼上》:"坐而迁之,戒勿越。虚坐尽后,食坐尽前。"孔颖达疏:"坐亦跪也。"又《玉藻》:"退则坐取屦。"孔颖达疏:"坐,跪也。"清顾炎武《日知录》卷二十八:"古人之坐,皆两膝着席。有所敬,引身而起,则为跪矣……褚先生补《梁孝王世家》:'帝与梁王俱侍坐太后前,太后谓帝曰:"吾闻殷道亲亲,周道尊尊,其义一也。"帝跪席举身曰:"诺。"'是也。《礼记》'坐'皆训'跪'。《三国志》注引《高士传》,言管宁尝坐一木榻积五十余年,未尝箕股其上,当膝处皆穿。以此。"

〔跪〕《释名·释姿容》:"跪,危也,两膝隐(依)地……"清毕沅疏证:"古人危坐乃跪也,故管宁坐榻当膝处皆穿。"《集韵·支韵》:"跪,屈膝也。"明张鼎思《琅邪代醉编·跪坐》:"古者席地而坐,即今之跪也。"《庄子·在宥》:"乃斋戒以言之,跪坐以进之。"《韩非子·外储说左上》:"吴起为魏将而攻中山。军人有病疽者,吴起跪而自吮其脓。"《史记·孙子吴起列传》:"妇人左右、前后、跪起,皆中规矩绳墨,无敢出声。"汉王充《论衡·纪妖篇》:"良愕然,欲殴之,以其老,为强忍下取履,因跪进履。"

〔跽〕《说文》:"跽,长跪也。"《篇海类编·身体类·足部》:"跽,长跪也,伸两足两膝着地而立身。"《庄子·人间世》:"擎跽曲拳,人臣之礼也。"成玄英疏:"擎手跽足。"王先谦集解:"宣云:擎,执笏;跽,长跪;曲拳,鞠躬。"《史记·项羽本纪》:"项王按剑而跽曰:'客何为者?'"司马贞索隐:"谓长跪。"明李贽《史纲评要·晋纪·明帝》:"有司乃发敦尸,焚其衣冠,跽而斩之。"

【辨】
①姿势和词义略有不同。古时没有桌椅,席地而坐。"坐"是膝盖着

地,臀部落在后踵上,是一种处在休息的状态。"跪"时臀部离开后踵,直起身体,有表示敬意的作用。因此,"跪",也称长跪。如果跪着两手向前据地,是拜的姿势。跽的姿势与跪同。两者的区别是,"系于拜曰跪,不系于拜曰跽。""人安坐则形弛,敬则小跪耸体若加长焉,故曰长跽。"(《说文》"跽"下段玉裁注)《正字通·足部》:"跪,屈膝也……朱子谓古人只是跪坐,著《跪坐拜说》云:'两膝着地,以尻著膝而稍安者为坐,伸腰及股而势危者为跪,因跪而益致其恭,以头着地为拜。'"

②词义的内涵不同。"坐"还有座位、居住、放置、因……获罪、因等义。"跪"还有足(名词)、特指蟹足等义。"跽"一般只用于跪义。

踞(居) 蹲 踆 跠(夷)
jù　　dūn　zūn　yí

【同】 脚着地,膝双耸,臀部虚悬或据物而坐的姿势。

〔踞〕(居)《说文》"踞""居"重收。《说文·尸部》:"居,蹲也。"《说文·足部》:"踞,蹲也。"段玉裁于"居"下注:"古人有坐有跪有蹲有箕踞。跪与坐皆膝著于席,而跪耸其体,坐下其臀……若蹲则足底著地而下其臀,耸其膝曰蹲。""居"与"踞",是古今字的关系。但古籍中,"居"一般用于居处义,极少见用于蹲踞义。蹲踞义习写作"踞"。《韩非子·外储说右下》:"兹郑子引辇上高梁而不能支。兹郑踞辕而歌,前者止(走),后者趋,辇乃上。"晋葛洪《抱朴子·遐览》:"其法用药用符,乃能令人飞行上下,隐沦无方,含笑即为妇人,蹙面即为老翁,踞地即为小儿。"

"踞"也可以是叉开两腿倚物而坐(古人没有椅子之类的坐具)。《正字通·足部》:"踞,据物而坐曰踞。"《史记·高祖本纪》:"沛公方踞床,使两女子洗足。郦生不拜,长揖曰:'足下必欲诛无道秦,不宜踞见长者。'"这种姿势,形状似箕,是一种极不礼貌的坐姿。"箕踞为大不敬"(《说文》"居"下段玉裁注)。汉韩婴《韩诗外传》卷九:"孟子妻独居,踞。孟子入户视之,白其母曰:'妇无礼,请去之。'母曰:'何也?'曰:'踞。'"这种坐姿习称"箕踞"。《史记·张耳陈余列传》:"高祖箕踞詈,甚慢易之。"

〔蹲〕《说文》:"蹲,踞也。"唐慧琳《一切经音义》卷二十七:"蹲,犹虚坐也。"《庄子·外物》:"任公子为大钩巨缁,五十犗以为饵,蹲乎会稽,投竿东海,且旦而钓,期年不得鱼。"《淮南子·说山训》:"以非礼为礼,譬犹倮走而追狂人,盗财而予乞丐,窃简而写法律,蹲踞而诵《诗》《书》。"汉曹操《苦寒行》诗:"熊罴对我蹲,虎豹夹路啼。"唐杜甫《东屯月夜》诗:"数惊闻雀噪,暂睡想猿蹲。"按:古人席地而坐,坐的姿势是两膝着地,臀部落在脚后跟上,与蹲的区别不像今天那么大。从文字上考察,坐具产生较晚。椅子的"椅",原写作"倚","倚子"一词约产生于隋唐间。因此,在坐具没有产生以前,"蹲",一般是臀部虚悬,累了也可能臀部着物。

〔踆〕《集韵·魂韵》:"踆,蹲也。"《篇海类编·身体类·足部》:"踆,或作蹲。"《庄子·外物》:"纪他闻之,帅弟子而踆于窾水。"成玄英疏:"闻汤让务光,恐其及己,与弟子蹲踞水旁。"《淮南子·精神训》:"日中有踆乌,而月中有蟾蜍。"高诱注:"踆犹蹲也。"《山海经·大荒东经》:"有一大人踆其上,张其两耳。"郭璞注:"踆,或作俊,皆古字。"《汉书·货殖传》:"吾闻岷山之下沃野,下有踆鸱,至死不饥。"颜师古注引孟康曰:"踆,音蹲。"《史记·货殖列传》作"蹲鸱"。

〔踦〕(夷)《广雅·释诂三》:"踦,蹲也。"《字汇·足部》:"踦,蹲踞。"《昭明文选·王延寿〈鲁灵光殿赋〉》:"玄熊舑䑙以断断,却负载而蹲踦。"李善注引张载曰:"踦,踞也。""踦",古也写作"夷"。《论语·宪问》:"原壤夷俟。"何晏集解:"马曰:原壤,鲁人,孔子故旧。夷,踞。俟,待也。(夷俟)踞待孔子。"按:"踦(夷)",使用频率极低,录以备考。

【辨】

①"踞""蹲"两字,《说文》互训。按今人理解,应该是脚着地、膝耸起,臀部虚悬。从这两个字的实际用法看,"踞"除表示蹲外,还可表示实坐。清朱骏声《说文通训定声》:"《一切经音义》卷六引《字林》:'踞谓垂足实坐也,蹲犹虚坐也。'""蹲"虽是虚坐,但有时也可能实坐,不过不是坐在椅子或凳子上,而是坐在地上或物体上。"踆""踦",只用于蹲义,且使用频率不高。

②"踞"与"倨"同源,也有倨傲义,"踞"还有依靠、占据等义。"蹲""踆""踦"只表示蹲姿。

依(隐) 倚 凭(冯 憑 凴) 靠
yī　　　yǐ　píng　　　　kào

【同】身体某个部分的重量由人或物支撑着。

〔依〕(隐)《说文》:"依,倚也。"《诗经·小雅·采薇》:"驾彼四牡,四牡骙骙。君子所依,小人所腓。"陈奂传疏:"君子所依,为依于车中者也。依,犹倚也。"《左传·定公四年》:"(申包胥)立,依于庭墙而哭,日夜不绝声,勺饮不入口七日。"清蕊珠旧史《京尘杂录·长安看花记》:"言词举止,并皆安详,雅无市井依门卖笑习气。"

"隐""依"音近义通,"隐"也有依凭义。《孟子·公孙丑下》:"孟子去齐,宿于昼。有欲为王留行者,坐而言,不应,隐几而卧。"赵岐注:"客危坐而言,留孟子之言也。孟子不应答,因隐倚其几而卧。"焦循正义:"隐、依、倚,三字义同。"《庄子·齐物论》:"南郭子綦隐几而坐,仰天而嘘。"陆德明释文:"隐,冯也。"成玄英疏:"子綦凴几坐忘,凝神遐思,仰天而叹。"

〔倚〕《说文》:"倚,依也。"《论语·卫灵公》:"立则见其参于前也,在舆则见其倚于衡也。"《韩非子·内储说上》:"古越王焚宫室,而吴起倚车辕。"《史记·张释之冯唐列传》:"使慎夫人鼓瑟,上自倚瑟而歌。"唐杜甫《佳人》诗:"天寒翠袖薄,日暮倚修竹。"

〔凭〕(冯 憑 凴)《说文》:"凭,依几也。"唐白居易《寄湘灵》诗:"遥知别后西楼上,应凭栏干独自愁。"唐李群玉《湖寺清明夜遣怀》诗:"柳暗花乡愁不眠,独凭危槛思凄然。"宋王安石《次韵和张仲通见寄三绝句》诗:"默默此时谁会得?坐凭江阁看飞鸿。"元王实甫《西厢记》第一本第三折:"夜深香霭散空庭,帘暮东风静,拜罢也斜将曲栏凭。"

"凭"也写作"冯""憑""凴"。"冯""凭",声韵俱同,古也写作"冯"。《左传·僖公二十八年》:"请与君之士戏,君冯轼而观之,得臣与寓目焉。"《史记·魏世家》:"中旗冯琴而对曰:'王之料天下过矣。'"《汉书·王莽传下》:"莽忧懑不能食,亶饮酒,啗鳆鱼。读军书倦,因冯几寐,不复就枕矣。"颜师古注:"冯读曰憑。"

《小尔雅·广言》:"憑,依也。"《尚书·顾命》:"相被冕服,凭玉几。"陆德明释文:"凭,《说文》作凭,云:依倚也。《字林》同。"南朝梁江淹《杂体诗·效孙绰〈杂述〉》:"冏冏秋月明,凴轩咏尧老。"南朝宋刘义庆《世说新语·雅量》:"子敬神色恬然,徐唤左右扶憑而出。""憑"是"凭"的异体字。《集韵·证韵》:"凭,或作憑。"

〔靠〕《篇海类编·通用类·非部》:"靠,倚靠也。"宋林逋《和陈湜赠希社师》诗:"瘦靠栏干搭梵襟,绿荷阶面雨花深。"清李汝珍《镜花缘》第四十九回:"若花只觉两足痛入肺腑,登时喘作一团,连忙靠着一棵大树。"

【辨】

①词的本义略有不同。《说文》"依""倚"互训,两字的细微差别,清徐灏《说文解字注笺》认为,"依者,相亲相附之意",所以可以与相关的词构成"依附""依偎""依恋""偎依""昵依""附依"等词;"凡身有所倚,必有所偏",所以"倚"可以与相关的词构成"倚杖""倚身""倚坐""倚柱""倚门""偏倚"等词,"倚"还可引申为"倚子(椅子)"。"凭"的本义是专指身体靠在几案上。《说文》:"凭,依几也。从任从几。《周书》曰:'凭玉几。'""靠"的本义是相违背。《说文》:"靠,相违也。"段注本改"相违"为"相韦",并注曰:"相韦者,相背也,故从非。今俗谓相依曰靠,古人谓相背曰靠,其义一也。"

②词义的内涵不同。"依""倚""凭""靠"四词的凭靠义,从行为的主体(不限于身体)到行为的对象(不限于具体的支撑物)都可进一步引申。另外,"依"还有遵循、依顺、依照等义。"倚"还有偏斜、站立、仗恃等义。"凭"的意义比较单纯,只有凭靠义。"靠"还有接近、可信等义。

迎 逆 迓(讶御)
yíng nì yà

【同】迎接,到某处迎候并陪同到来的客人。

〔迎〕《方言》卷一:"逢、逆,迎也。自关而西或曰迎,或曰逢。"《增修互注礼部韵略》:"迎,逆也,迓也。"《左传·僖公二十二年》:"妇人送迎不出门。"《礼记·中庸》:"送往迎来,嘉善而矜不能,所以柔远人也。"《韩非子·十过》:"秦穆公迎而拜之上卿,问其兵势与其地形。"《史记·孝文本纪》:"丞相陈平、太尉周勃等使人迎代王。"

〔逆〕《尔雅·释言》:"逆,迎也。"《说文》:"逆,迎也。"迎接义,《国语》《左传》多用"逆"表示。《国语·齐语》:"桓公亲逆之于郊。"韦昭注:"逆,迎也。"又《周语上》:"上卿逆于境。"韦昭注:"逆,迎也。"《左传·僖公二十四年》:"晋侯逆夫人嬴氏以归。"又《襄公二十六年》:"大夫逆于竟者,执其手而与之言;道逆者,自车揖之;逆于门者,颔之而已。"汉桓宽《盐铁论·伐功》:"民思之若旱之望雨,箪食壶浆,以逆王师。"

〔迓〕(讶 御) 本字作"讶"。《说文》:"讶,相迎也。《周礼》曰:'诸侯有卿讶也。'"《周礼·秋官·掌讶》:"凡宾客,诸侯有卿讶,卿有大夫讶,大夫有士讶,皆有讶。"《仪礼·聘礼》:"厥明,讶宾于馆。"郑玄注:"以君命迎宾于馆谓之讶。讶,迎也。"

"迓"是大徐本《说文》新增的十九个字之一。清朱骏声《说文通训定声》:"此字(迓)徐铉补入《说文》,为十九文之一。从辵牙声。按,即'讶'字之俗……《尔雅·释诂》:'迓,迎也。'古本皆作'讶',故《左传》《公羊传》《尔雅》释文并云'迓'本作'讶'。"《尚书·盘庚中》:"予迓续乃命于天。"孔安国传:"迓,迎也。"《左传·成公十三年》:"迓晋侯于新楚。"《韩非子·外储说右上》:"或令孺子怀钱挈壶瓮而往酤,而狗迓而龁之,此酒所以酸而不售也。""迓",先秦仅见于《尚书》《左传》《韩非子》等书,且使用频率很低,《尚书》4见,《左传》《韩非子》各1见。

"迓"也写作"御"。《诗经·召南·鹊巢》:"之子于归,百两御之。"郑玄笺:"御,迎也。"陆德明释文:"御,五嫁切,本亦作'讶'。"《列子·周穆王》:"郑人有薪于野者,遇骇鹿,御而击之。"张湛注:"御音讶,迎也。"

【辨】

①"迎""逆""迓(讶)",同属疑母,"迎"属阳部,"逆"属铎部,"迓"属鱼部,阳、入、阴对转,声同韵近,三个词既是同义词,又是同源词。"迎""逆"还存在方言的区别。"关东曰逆,关西曰迎。"(《说文》释"逆")"迓"的古字"讶",从言,段玉裁注:"迎必有言,故从言。"

②词义的内涵不同。"迎"还有迎合、迎向等义。"逆"还有迎受、反着、不从、叛逆、逆料等义。"迓"还有抵御义。

祭 祀
jì　　sì

【同】祭祀神或祖先,以表敬意或求福。

〔祭〕《说文》:"祭,祭祀也。从示,以手持肉。"段玉裁注:"统言则祭、祀不别也。"《论语·八佾》:"祭如在,祭神如神在。"《礼记·祭统》:"祭者,所以追养继孝也。"《韩非子·解老》:"为人子孙者,体此道以守宗庙,宗庙不灭之谓'祭祀不绝'。"汉王充《论衡·祭意篇》:"祭,犹《礼》之诸祀也。饮食亦可毋祭,礼之诸神亦可毋祀也。祭、祀之实,一也;用物之费,同也。"宋陆游《示儿》诗:"王师北定中原日,家祭无忘告乃翁。"

〔祀〕《尔雅·释诂下》:"祀,祭也。"《说文》:"祀,祭无已也。"张舜徽《说文解字约注》:"子祭其父谓之祀,亦犹子肖其父谓之似,子继其父谓之嗣也……然则似、嗣、巳三字音义俱近,固又与祀字受义同原也。后世所谓祠堂,当以祀为本字。"《尚书·洪范》:"八政:一曰食,二曰货,三曰祀,四曰司空,五曰司徒,六曰司寇,七曰宾,八曰师。"《左传·成公十三年》:"国之大事在祀于戎。"《礼记·杂记》:"晏平仲祀其先人,豚肩不揜豆。"《韩非子·喻老》:"此不以其邦为收者,瘠也,故九世而祀不绝。"

【辨】

①词的本义不同。"祭"的本义是用酒肉等供品祭神和先祖。罗振玉《增订殷虚书契考释》卷中:"此字变形至夥,然皆象持酒肉于示前之形……篆文从手持肉而无酒,古金文亦然。"清徐灏《说文解字注笺》:"榖梁桓八年范注:'无牲而祭曰荐,荐而加牲曰祭。'故从又持肉,会意。"

"祀"的本义是指对祖先的祭祀世代代延续不绝。《说文》:"祀,祭无已也。"清桂馥《说文义证》:"祭无已者,祀、已声相近。何休云:'祀者,无已,长久之词。'《急就篇》:'祠祀社稷丛腊奉。'颜注:'祀者,无已也。'唐玄应《一切经音义》卷二:'祀,祭无已也,谓常年祭祀,洁敬无已也。'"张舜徽《说文解字约注》:"张文虎曰:祭无已,语简未达。定公八年公羊传解诂云:'言祀者,无已,长久之辞。'疏云:'见其相祀不已,长久长然。'此盖汉儒相传之训。舜徽按:张说是也。子孙世祀不绝,即祭无已之意。此乃祀之本义。"因此,古籍中称祭祀能继续的为"续祀",称祭祀断绝的为"绝祀"或"灭祀"。

②词义的内涵不同。"祭"还有杀义。"祀"还有世代、年等义。

yán yǔ
言 语

【同】说话或所说的话。

〔言〕《说文》:"言,直言曰言,论难曰语。"南唐徐锴《说文解字系传》:"出于口为言。"《左传·僖公十年》:"郤芮曰:'币重而言甘,诱我也。'"《论语·公冶长》:"始吾于人也,听其言而信其行;今吾于人也,听其言而观其行。"《孟子·滕文公上》:"孟子道性善,言必称尧、舜。"《史记·儒林列传》:"天子问治乱之事,申公时已八十余,老,对曰:'为治者,不在多言,顾力行何如耳。'"汉桓宽《盐铁论·圣诏》:"夫善言天者合之人,善言古者考之今。"

〔语〕《广雅·释诂四》:"语,言也。"《论语·季氏》:"孔子曰:'见善如不及,见不善如探汤。吾见其人矣,吾闻其语矣。'"《庄子·盗跖》:"尔作言造语,妄称文、武。"《孟子·万章上》:"否,此非君子之言,齐东野人之语也。"《礼记·文王世子》:"语使能也。"郑玄注:"语,言也。"《战国策·秦策二》:"魏文侯令乐羊将攻中山,三年而拔之。乐羊反而语功。"高诱注:"语,言也。"《淮南子·齐俗训》:"故其见不远者,不可与语大。"汉王符《潜夫论·务本》:"今学问之士,好语虚无之事。"

【辨】

①词的本义略有不同。"言"的本义侧重于表达自己的意见,"语"的本义侧重于与人谈论。《礼记·杂记》:"三年之丧,言而不语。"郑玄注:"言,言己事也;为人说为语。"

②词义的内涵不同。"言"还有讲论、言论、学说、言辞、建议、告知、字、句等义。"语"还有谈论、交谈、记录成集的言辞、语言等义。

曰 云 言 语 道 叙 述 陈 说
yuē yún yán yǔ dào xù shù chén shuō

【同】说话,用语言表达或表述。

〔曰〕《广雅·释诂》:"曰,言也。"《尚书·皋陶谟》:"皋陶曰:'予未有知,思曰赞赞襄哉!'"孔颖达疏:"经云'曰'者,谓我上之所言也。"《易经·系辞上》:"子曰:'《易》其至矣乎!'"孔颖达疏:"子曰:'《易》其至矣乎'者,更美《易》之至极,是语之别端,故言'子曰'。"《诗经·郑风·女曰鸡鸣》:"女曰鸡鸣,士曰昧旦。"郑玄笺:"此夫妇相警觉以夙兴,言不留色也。"《论语·学而》:"子曰:'学而时习之,不亦说乎!'"邢昺疏:"以此下是孔子之语,故以'子曰'冠之。"《史记·魏公子列传》:"居顷之,复从北方来传言,曰:'赵王猎耳,非为寇也。'"

〔云〕《玉篇•云部》:"云,言云也。"《广韵•文韵》:"云,言也。"《集韵•文韵》:"云,言也。"《经传释词》卷三:"云,言也,曰也。"《尚书•微子》:"我旧云刻子,王子弗出,我乃颠隮。"陆德明释文引马融云:"云,言也。"《老子》第五十七章:"故圣人云:'我无为,人自化……我无欲,人自朴。'"《论语•宪问》:"子张曰:'《书》云:高宗谅阴,三年不言。'何谓也?"

〔言〕《释名•释言语》:"言,宣也,宣彼此之意也。"《尚书•无逸》:"三年不言。其惟不言,言乃雍,不敢荒宁。"孔颖达疏:"'三年不言',以旧无功,而今有,故言。"《礼记•曲礼下》:"君使士射,不能,辞以疾,言曰:'某有负薪之忧。'"《论语•子罕》:"子罕言利与命与仁。"邢昺疏:"罕,希也。与,及也……孔子以其利、命、仁三者,常人罕能及之,故希言也。"《国语•周语中》:"王孙满观之,言于王曰:'秦师必有谪。'"《淮南子•要略训》:"故言道而不言事,则无以与世浮沉;言事而不言道,则无以与化游息。"

〔语〕《易经•颐卦》:"君子以慎言语,节饮食。"《周礼•春官•大司乐》:"以乐语教国子,兴、道、讽、诵、言、语。"郑玄注:"答述曰语。"贾公彦疏引郑注《杂记》:"为人说曰语。"《战国策•秦策二》:"魏文侯令乐羊将攻中山,三年而破之。乐羊反而语功。"高诱注:"语,言也。"《淮南子•齐俗训》:"故其见不远者,不可与语大。"汉王符《潜夫论•务本》:"今学问之士,好语虚无之事。"

〔道〕《诗经•鄘风•墙有茨》:"中冓之言,不可道也。"《老子》第一章:"道可道,非常道。"清魏源《老子本义》:"道固未可以言语显而名迹求也。"《汉书•司马迁传》:"然此可为智者道,难为俗人言也。""道""言"互文。唐杜甫《哀王孙》诗:"问之不肯道姓名,但道困苦乞为奴。"《敦煌变文集•茶酒论》:"阿你两个,何用忿忿?阿谁许你,各拟论功!言词相毁,道西说东。""道""说"互文。

〔叙〕《国语•晋语三》:"纪言以叙之,述意以导之。"韦昭注:"叙,述也。"《后汉书•皇后纪上》:"常与帝言道政事……议论经书,述叙平生。"唐权德舆《答杨湖南书》:"伏以门中忠节,叙述周详。"唐杜甫《敬寄族弟唐十八使君》诗:"归朝跼病肺,叙旧思重陈。"

〔述〕《左传•昭公五年》:"小有述职,大有巡功。"杜预注:"诸侯适天子曰述职。"陆德明释文:"述职,述其所治国之职功也。"《仪礼•士丧礼》:"筮人许诺,不述命。"郑玄注:"既受命而申言之曰述。"汉陆贾《新语•术事》:

"善言古者合之于今,能述远者考之于近。""言""述"互文。《诗经·鄘风·定之方中》"卜云其吉"陆德明释文:"说者,说其形势也。或曰述,述者,述其故事也。"

〔陈〕《韩非子·说难》:"略事陈意,则曰怯懦而不尽。"王先谦集解:"略言其事,粗陈其意,则谓己怯懦而有所畏惧,不敢具言。"汉王充《论衡·问孔篇》:"说道陈义,不能辄形。"《昭明文选·古诗十九首之四》:"今日良宴会,欢乐难具陈。"李善注:"陈犹说也。"唐李白《答从弟幼成过西园见赠》诗:"上陈樵渔事,下叙农圃言。"

〔说〕《释名·释言语》:"说,述也,宣述人意也。"《易经·咸卦》:"咸其辅、颊、舌、滕口说也。"王弼注:"'咸其辅、颊、舌'者,所以为语之具。'咸其辅、颊、舌',则'滕口说也'。"高亨注:"'滕口说',谓翻腾其口谈,即所谓'口若悬河'。"汉崔瑗《座右铭》:"无道人之短,无说己之长。""道""说"互文。晋嵇康《与山巨源绝交书》:"时与亲旧叙阔,陈说平生。""陈说"连用。晋干宝《搜神记》卷一:"时有百岁公说:'小儿时,见训卖药会稽市,颜色如此。'"

【辨】

①词的本义不同。"曰"的本义是虚词。《说文》:"曰,词也。"段玉裁注:"《释诂》:'粤、于、爰,曰也。'此谓《诗》《书》古文多有以'曰'为'爰'者,故粤、于、爰、曰四字可互相训。"南唐徐锴《说文系传》:"凡称词者,虚也,语气之助也。"引申为言说。清朱骏声《说文通训定声》:"《广雅·释诂四》:'曰,言也。'""云"是"雲"的古文,假借为"曰"。《说文》"曰"下段玉裁注:"有是意而有是言,亦谓之曰,亦谓之云。云、曰双声。""言"的本义是表达自己的意见。《说文》:"言,直言曰言,论难曰语。"段玉裁注引郑注《杂记》曰:"言,言己事,为人说曰语。""语"的本义是相应答。《说文》:"语,论也。"段玉裁注:"如毛说,一人辩论是非谓之语;如郑说,与人相答问辩难谓之语。"南唐徐锴《说文系传》:"语者,相应答也。""道"的本义是道路。《说文》:"道,所行道也。"展转引申为言说。清徐灏《说文解字注笺》:"又,言语亦谓之道。此义展转相生也。""叙"的本义是次第。《说文》:"叙,次弟也。"引申为叙述。清朱骏声《说文通训定声》:"又,《晋语》:'记言以叙之。'韦昭注:'叙,述也。'""述"的本义是沿循。《说文》:"述,循也。"清朱骏声《说文通训定声》:"凡循其旧而申明之,亦曰述。"

"陈"的本义,《说文》认为是地名。《说文》:"陈,宛丘,舜后妫满之所封。"但清徐灏则认为,"陈之本义即谓陈列……引申为陈说之意。盖凡言事者,必条举其得失,指陈其利害,故谓之陈。""说"的本义是解说。《说文》:"说,说释也。一曰:谈说。"段玉裁注:"说释者,开解之意。"清桂馥《说文义证》:"'一曰谈说'者,《释名》:'说,述也,叙述之也。'"

②用法上有所区别。"曰"的后面紧接着是自己所说的话。"云"的后面虽也是所说的话,但多为转述他人的话。这在注解中更为习见。"言"多用于提出自己的建议或想法。"语"多用于对答。"道"多用于说明道理。"叙"多用于依次叙述事实。"述者,述其故事也",用于述说以往的事。"陈"用于一一列出事实。"说"用于解说或说明事实。

③词义内涵不同。"曰"还有叫作、句首或句中语气词等义。"云"是"雲"的古字,此外还有代词如此、句首或句中语气词等义。"言"还有语言、言辞、言论、学说、建议、告知、句首或句中语气词等义。"语"还有语言、言论、谚语等义。"道"还有道路、途经(方法)、规律、道理、道家、行政区域、量词等义。"叙"还有次序、序言、头绪等义。"述"还有遵循义。"陈"还有陈列、行列、陈旧以及国名等义。"说"还有解释、评说、学说等义。

yù wèi gào gào zhào
语 谓 告 诰 诏

【同】 告诉,把事情或想法让他人知道。

〔语〕《左传•隐公元年》:"公语之故,且告之悔。""语""告"互文。《庄子•达生》:"居,吾语女。"《礼记•檀弓》:"子张病,召申祥而语之曰:'君子曰终,小人曰死。吾今日其庶几乎?'"《淮南子•氾论训》:"告寡人以事者振铎,语寡人以忧者击磬。"《史记•项羽本纪》:"张良曰:'臣为韩王送沛公,沛公今事有急,亡去不义,不可不语。'良乃入,具告沛公。"

〔谓〕《诗经•小雅•隰桑》:"心乎爱矣,遐不谓矣。"朱熹集注:"谓犹告也。"《左传•庄公十年》:"息侯闻之,怒,使谓楚文王曰:'伐我,吾求救于蔡而伐之。'"《墨子•贵义》:"今谓人曰:'予子冠履,而断子手足,子为之乎?'"《孟子•滕文公下》:"简子曰:'我使掌与女乘。'谓王良,良不可。"

〔告〕《广雅•释诂一》:"告,语也。"《论语•公冶长》:"旧令尹之政,必以告新令尹。"按:杨伯峻《论语译注》后附《论语词典》:"告(16次)㊀告诉(15次)。"《孟子·万章上》:"《诗》云:'娶妻如之何?必告父母。'"《荀子·不苟》:"故曰:君子能则人荣学焉,不能则人乐告之;小人能则人贱学焉,不能则人羞告之。"《吕氏春秋·本味》:"其母居伊水之上,孕,梦有神告之曰:'臼出水而东走,毋顾!'"

〔诰〕《尔雅·释诂上》:"诰,告也。"清郝懿行疏:"《书序》云:'作《帝告》,《史记·殷纪》作《帝诰》。'"诰""告"异文同义。《尚书·太甲下》:"伊尹申诰于王曰:'呜呼!惟天无亲,克敬惟亲。'"孔颖达疏:"伊尹以至忠之心,喜王悔改,重告于王。"以"告"释"诰"。《周礼·春官·大祝》:"作六辞,以通上下、亲疏、远近……三曰诰。"郑玄注引杜子春曰:"诰,当为告。《书》亦或为'告'。"晋左思《魏都赋》:"魏国先生有睟其容,乃盱衡而诰曰:'异乎交益之士!'"李善注引《尔雅》曰:"诰,告也。"

〔诏〕《玉篇·言部》:"诏,告也。"《尚书·微子》:"商其沦丧,我罔为臣仆,诏王子出迪。"蔡沈传集:"诏,告也。告微子以去为道。"《周礼·天官·外府》:"以周知四国之治,以诏王及冢宰废置。"贾公彦疏:"所诏告及冢宰者,以其冢宰者副贰王之治事,故并告之。"《礼记·曲礼下》:"去国三世,爵禄有列于朝,出入有诏于国。"郑玄注:"诏,告也。谓与卿大夫吉凶往来相赴告。"《楼辞·离骚》:"麾蛟龙使梁津兮,诏西皇使涉予。"王逸注:"诏,告也。"

【辨】

①词的本义不同。"语"的本义是相应答。《说文》:"语,论也。"引申为告诉。清桂馥《说文义证》:"《杂记》:'三年之丧,言而不语。'注:'言,言己事也;为人说为语。'""谓"的本义是告语。《说文》:"谓,报也。"清王筠《说文句读》:"报者,告也。"清朱骏声《说文通训定声》:"《广雅·释诂二》:'谓,说也。'……《汉书·霍光传》:'人以谓霍氏。'注:'告语也。'""告"的本义应是告知。《说文》:"告,牛触人,角箸横木,所以告人也。"《说文》这个解释,颇令人费解,但从"所以告人也"一语,已点明其本义应是告知他人,而实际用法也是如此。"诰"的本义是告知。《说文》:"诰,告也。"段玉裁注:"按,以言告人,故古用此字。今则用告。""诏"的本义是告知。《说文》:"诏,告也。"为大徐本新修的十九个字之一。

②用法上有所不同。"语"后面的宾语,是告知的对象,但有时在告

知对象后加"曰",构成"语……曰"。"语"用于告知义时应读 yù。"谓"则以"谓某……曰"为常,有时后面直接是告知对象,不用"曰"。"告"与"诰",则在语义上有所区别。清朱骏声《说文通训定声》:"按,诰者,上告下也。《列子·杨朱》注:'告上曰告,告下曰诰。'""诏"的语义与"诰"相同。清朱骏声《说文通训定声》:"按,上告下之义,古用'诰',秦复造'诏'字当之。"

③词义内涵不同。"语 yù"只有告诉义。"谓"还有评论、说、叫作等义。"告"还有请求、告假、告状等义。"诰"还有告诫、上告知下的一种文体(如诰文)等义。"诏"还有诏令、诏书、教导、告诫、征召等义。

书 写
shū xiě

【同】用书写工具把字描摹在竹帛、牍札或纸张上。

〔书〕《说文解字·叙》:"箸于竹帛谓之书。"段玉裁注:"古者大事书于册,小事简牍。《(仪礼)聘礼》记曰:'百名以上书于册,不及百名书于方。'古用竹木,不用帛,用帛盖起于秦。秦时官狱职务繁,初有隶书,以趋简约。始皇至以衡石量书决事,此非以缣素代竹木不可。许于此兼言帛者,盖曩括秦以后言之。"清王筠《说文句读》:"书写,其本义也。"《左传·隐公十一年》:"虽及灭国,灭不告败,胜不告克,不书于策。"《礼记·玉藻》:"动则左史书之,言则右史书之。"《吕氏春秋·明理》:"尽荆、越之竹,犹不能书。"《淮南子·俶真训》:"虽镂金石,书竹帛,何足以举其数?"

〔写〕《说文》:"写,置物也。"段玉裁注:"谓去此注彼也……按,凡倾吐曰写,故作字作画皆曰写。"《淮南子·说山训》:"以非义为义,以非礼为礼,譬犹……窃简而写法律。"《汉书·艺文志》:"于是建藏书之策,置写书之官,下及诸子传说,皆充秘府。"汉王充《论衡·自纪篇》:"故辩言无不听,丽文无不写。"晋葛洪《抱朴子·遐览》:"故谚曰:'书三写,鱼成鲁,虚成虎。'此之谓也。"

【辨】

①词的本义不同。"书"的本义是书写。"箸于竹帛谓之书,书者,如也"(《说文解字·叙》),即按字的原状"附著而著明之于竹帛"(段玉裁注),也就是今语的书写。"写"的本义是把物按原样移置别处。摹拟、摹

临甚至吐泻都含有把物移置别处义。《国语·越语下》:"王命金工以良金写范蠡之状而朝礼之。""写范蠡之状",即模拟范蠡的形状。《战国策·燕策二》:"宋王无道,为木人以写寡人,射其面。""写寡人",即摹刻寡人。把吃进去的食物吐出来,也是"以此注彼"的一种"移置"。《淮南子·修务训》:"楚人有烹猴而召其邻人,以为狗羹也而甘之。后闻其猴也,据地而吐之,尽写其食。"书写、抄写也是一种"移置"。后为了分担"写"的吐泻义,又新造一"泻"字。

②"书""写",约在西汉时期才开始形成同义关系。先秦时期,书义只由"书"表示;西汉时期,"写"虽然开始产生书写义,但使用频率很低。

③词义的内涵不同。"书"还有书籍、书信、文字、书法和《尚书》的简称等义。"写"还有抄录、倾述等义。

传 诂(故) 训 笺 注(註) 疏
zhuàn gǔ xùn jiān zhù shū

【同】 用今语(即当时的词语)解释古书中的疑难词语。

〔传〕《广韵·线韵》:"传,训也。"十三经注疏本《尚书·尧典第一》"孔氏传"下注:"传即注也。"孔颖达疏:"以註者多门,故云其氏,以别众家。"《公羊传·定公元年》:"主人习其读,而问其传。"何休注:"读谓经,传谓训诂。"《汉书·古今人表》:"传曰。"颜师古注:"传,谓解说经义者也。"又《淮南衡山王传》:"初,安入朝,献所作《内篇》,新出,上爱祕之。使为《离骚》传。"颜师古注:"传,为解说之,若《毛诗》传。"唐刘知几《史通·补注》:"降及中古,始名传曰注。"

〔诂〕(故) 十三经注疏本《毛诗》注疏《周南·关雎》"诂训传"陆德明释文:"旧本多作'故',今或作'诂',音古,又音故。"孔颖达疏:"诂训者,通古今之异辞,辨物之形貌,解释之义尽归于此。"《尔雅·释诂》下邢昺疏:"释曰释解也。诂,古也,古今异言,解之使人知也。"《后汉书·桓谭传》:"博学多通,遍习五经,皆诂训大义,不为章句。"李贤注引《说文》:"诂,训古言也。"

"诂""故"在以今言释古义这一意义上,实同一词。《汉书·儒林传·丁宽》:"景帝时,宽……作《易说》三万言,训故举大谊而已。"王先谦补

注:"'诂''故'字同。"又《艺文志》:"《鲁故》二十五卷。"颜师古注:"故者,通其指义也。它皆类此。今流俗《毛诗》改故训传为'诂'字,失真耳。"《汉书·艺文志》所收的为《诗经》作注的《毛诗故训传》《齐后氏故》《齐孙氏故》都作"故"。

〔训〕《字汇·言部》:"训,释也。"《尔雅·释训》郝懿行义疏:"训之言顺也,顺其义而导之,故以'释训'名篇。"《汉书·艺文志》:"汉兴,鲁申公为《诗》训故。"《晋书·郑冲传》:"初,冲与孙邕、曹羲、荀𫖮、何晏共集《论语》诸家训注之善者,记其姓名,因从其义,有不安者辄改易之,名曰《论语集解》。"十三经《毛诗》注疏《周南·关雎》"诂训传"孔颖达疏:"训者,道也。道物之貌以告人也。"

〔笺〕《后汉书·儒林传·卫宏》:"马融作《毛诗传》,郑玄作《毛诗笺》。"唐陆德明《经典释文·毛诗音义上》:"笺,本亦作'牋',同荐年反。《字林》云:'笺,表也,识也。'案,郑《六艺论》云:'注《诗》宗毛为主。毛义若隐略则更表明。如有不同,即下己意,使可识别也。'"《诗经·小雅·常棣》:"常棣之华,鄂不韡韡。"郑玄笺:"承华(花)者曰鄂。不,当作'柎'。柎,鄂足也。"又《大雅·云汉》:"瞻卬昊天,云如何里?"汉郑玄笺:"里,忧也。王愁闷于不雨,但仰天曰:'当如我之忧何?'"汉王符《潜夫论·叙录》:"未尝服斯役,无所效其勋。"清汪继培笺:"《新书·官人篇》云:'王者官人有六等,六曰厮役。'斯、厮,古今字。"

〔注〕(註)《仪礼·士冠礼》"郑氏注"下贾公彦疏:"注者,注义于经下,若水之注物。"十三经注疏本《诗经·周南·关雎》训诂传"郑氏笺"下孔颖达疏:"郑于诸经皆谓之'注'……郑以毛学审备,遵畅其旨,所以表明毛意,记识其事,故特称为笺。余经无所遵奉,故谓之注。"《礼记·曲礼上第一》孔颖达疏:"注者,即解书之名。"南朝宋刘义庆《世说新语·文学》:"初注《庄子》者数十家,莫能究其旨要。"《昭明文选·陆机〈长安有狭邪行〉》:"轻盖承华景,腾步蹑飞尘。"李善注:"华景,日也。"《左传·僖公三十三年》:"秦伯素服郊次,乡师而哭。"杨伯峻注:"乡,同今'向'字。"

"注"也写作"註"。《广雅·释言》:"註,疏也。"《玉篇·言部》:"註,解文义也。"《集韵·遇韵》:"註,述也,解也。或从水。"《诗经·周南·关雎·序》"郑氏笺"孔颖达疏:"註者,著也,言为之解说,使其义著明也。"《晋书·向秀传》:"始秀欲註《庄子》,嵇康曰:'此书讵复须註。'"

〔疏〕《广雅·释诂二》:"疏,识也。"清钱大昭疏义:"疏,通也。识之使其通达晓畅也。"清朱骏声《说文通训定声》:"今注疏字,亦以疏通分析为义。"《孝经序》"今存于疏,用广发挥"下邢昺疏:"此言必须作疏之义也。发谓发越,挥谓挥散。若其注文未备者,则具存于疏,用此义疏,以广大、发越、挥散夫子之经旨也。"如《周礼·春官·大宗伯》:"以脤膰之礼,亲兄弟之国。"唐贾公彦疏:"分而言之,则脤是社稷之肉,膰是宗庙之肉。"《广雅·释诂三》:"第,次也。"清王念孙疏证:"古用'弟'字。《说文》:'弟,韦束之次弟也。'《释名》:'弟,第也,相次第而生也。'"《广雅·释诂二》:"佐、佑,助也。"清钱大昭疏义:"佐、佑者,上则个切,下云九切。古作'左右'。"

【辨】

①词的本义不同。"传"的本义是运送使者或传递文书所乘的车或马,引申为传注义。《说文》:"传,遽也。"段玉裁注:"按,传者,如今之驿马……引伸传递之义,则凡展转引伸之称皆曰传,而传注、流传皆是也。""诂"的本义是以今言释古语。《说文》:"诂,训故言也。"段玉裁注:"故言者,旧言也……训故言者,说释故言以教人,是之谓诂。""训"的本义是教导,"训""顺"同源,引申为顺着古义解释使之通顺。《说文》:"训,说教也。"段玉裁注:"说教者,说释而教之,必顺其理。"《说文系传》:"顺者,顺其义而训之也。""笺"的本义是使传注的意思更明确。《说文》:"笺,表识书也。"段玉裁注:"郑《六艺论》云:'注《诗》宗毛为主,毛义若隐略则更表明。如有不同,即下己意。'""注"的本义是灌注,引申为传注。《说文》:"注,灌也。"段玉裁注:"引伸为传注、为六书转注。注之云者,引之有所适也,故释经以明其义曰注。"清邵瑛《说文解字群经正字》:"注,盖即兼注解义,故《仪礼》郑氏注贾疏云:'言注者,注义于经下,若水之注物。'""疏"的本义是疏通文意。《说文》:"疏,通也。"清徐灏《说文解字注笺》:"按,引申为凡疏释之称。""疏",疏通传注的解释,一般是紧置于传注之后。

②词义的内涵不同。"传"字,古不分 chuán、zhuàn 两读。今读 chuán 的有流传、传授、传达、传闻等义;读 zhuàn 的有还有驿站、符信、传记等义。"诂"的意义比较单纯,主要用于以今言释古语。"训"还有典范、告诫、训练等义。"笺"还有一种公文体裁、信笺等义。"注"还有记

载、赌注、预示等义。"疏"还有粗疏、疏远、稀疏、生疏等义。

契（栔 锲） 刻 雕（琱 彫） 琢 镂 铭 镌 勒
  qì   kè diāo   zhuó lòu míng juān lè

【同】 在竹木、玉石、象牙以及金属等器材上进行雕刻。

〔契〕（栔 锲）《说文》正篆写作"栔"。《说文》："栔，刻也。"清王筠《说文句读》："案，栔原其始，契要其终，祇是一字，略分动静，故经典皆用契而不用栔。"《释名·释书契》："契，刻也，刻识其数也。"王先谦疏证："此即以契为刻者。《释诂》：'契，绝也。'郭注：'今江东呼刻断物为契断。'《吕氏春秋·察今篇》'契舟求剑'、《淮南子·齐俗训》'越人契臂'，皆以契为刻。""契"的初文为丰、刧。清徐灏《说文解字注笺》："戴氏侗曰：'丰即契也；又作刧，加刀，刀所以契也；又作契，大声。古未有书，先有契，契刻竹木以为识。丰，象所刻之齿。'灏按，戴说是。"《淮南子·说林训》："以一世之制度治天下，譬犹客之乘船，中流遗其剑，遽契其舟楫，暮薄而求之，其不知物类亦甚矣。"高诱注："契，刻也。"

  "契""锲（今读 qiè）"，古今字。"契"又写作"锲""鍥"。《广韵·屑韵》："锲，刻也。"清徐灏《说文解字注笺》："丰即契也……契又作栔，亦作锲。《左氏定九年传》：'锲其轴。'《荀子·劝学篇》：'锲而舍之，朽木不折。'契、锲，古今字。""锲"又写作"鍥"。《淮南子·本经训》："鍥金玉。"高诱注："鍥刻金玉以为器也。"

〔刻〕《说文》："刻，镂也。"段玉裁注："金部曰：'镂，刚铁可以刻镂也。'《释器》曰：'金谓之镂，木谓之刻。'此析言之，统言则刻亦镂也。"《韩非子·十过》："食器雕琢，觞酌刻镂。"《史记·封禅书》："已视之，果有献玉杯者，刻曰：'人主延寿。'"汉王充《论衡·乱龙篇》："匈奴敬郅都之威，刻木象都之状，交弓射之，莫能一中。"

〔雕〕（琱 彫）《说文》正篆作"琱"。《说文》："琱，治玉也。"清邵瑛《说文解字群经正字》："彡部曰：'彫，琢文也。从彡周声。'则泛为彫刻之彫。古人制字，固有重其事而特制其字者，故治玉之琱，自为一字，则正字当作琱。"《汉书·贡禹传》："墙涂而不琱，木摩而不刻。"古籍中习写作"雕"或"彫"。《论语·公冶长》："朽木不可雕也。"《孟子·梁惠王上》："今有璞玉于此，虽万镒，必使人彫琢之。"

〔琢〕《说文》:"琢,治玉也。"段玉裁注:"按,琢珊字谓镌錾之事。"《诗经·大雅·棫朴》:"追琢其章,金玉其相。"毛传:"追,彫也。金曰彫,玉曰琢。"《礼记·学记》:"玉不琢,不成器。"《淮南子·齐俗训》:"车舆极于雕琢,器用逐于刻镂。"又:"夫雕琢刻镂,伤农事者也。"

〔镂〕《说文》:"镂,刚铁也可以刻镂。"段玉裁注:"镂,本刚铁之名。刚铁可受镌刻,故镌刻亦曰镂。"《荀子·劝学》:"锲而不舍,金石可镂。"《礼记·哀公问》:"器不刻镂。"汉韩婴《韩诗外传》卷八:"臣闻之,虽有良玉,不刻镂不成器。"《淮南子·本经训》:"名可名,非常名。著于竹帛,镂于金石,可传于人者,其粗也。"

〔铭〕 大徐本《说文》新附字:"铭,记也。"清钮树玉《说文新附考》:"铭,通作名。其加金旁者,盖涉题钟鼎也。"《国语·鲁语下》:"故铭其栝曰:'肃慎氏之贡矢。'"韦昭注:"刻曰铭。"又《晋语一》:"其铭有之。"注:"刻器曰铭。"《礼记·祭统》:"夫鼎有铭,铭者,自名也。"郑玄注:"铭谓书之刻之,以识其事者也。"《墨子·鲁问》:"攻其邻国……镂之于金石,以为铭于钟鼎,传遗后世子孙。"

〔镌〕《后汉书·蔡邕传》:"邕乃自书丹于碑,使工镌刻,立于太学门外。"唐白居易《青石》诗:"不愿作官家道傍德政碑,不镌实录镌虚辞。"元卢挚《鹧鸪天·元贞元年九月初五日》词:"愿将《江汉》清风颂,镌向松崖最上头。"清周亮工《书影》第三卷:"自书自镌者,独印章一道耳。"

〔勒〕《释名·释言语》:"勒,刻也,刻识之也。"《礼记·月令》:"物勒工名,以考其诚。"郑玄注:"勒,刻也。刻工姓名于其器,以察其信。"《韩非子·外储说左上》:"秦昭王令工施钩梯而上华山,以松柏之心为博,箭长八尺,棋长八寸,而勒之曰:'昭王尝与天神博于此矣。'"《史记·封禅书》:"二世元年,东巡碣石……刻勒始皇所立石书旁,以章始皇之功德。"汉王充《论衡·自纪篇》:"希出之物,勒于鼎铭。"

【辨】

①词的本义不同。"契"的本字是"栔",本义是刻在木上。"刻之用于木,故从木"(《说文》"栔"下段玉裁注)。"刻"是在木上刻。《尔雅·释器》"木谓之刻。""雕(琱)""琢"的本义是雕治玉器。《说文》两字俱训为"治玉"。"镂"的本义是可以刻镂的钢铁。《说文》:"镂,刚铁也,可以刻镂。"段玉裁注:"镂,本刚铁之名。"《尔雅·释器》:"金谓之镂。""铭""名"

同源,本义是把文字刻在器皿上称扬祖先的功德。"其作器刻铭,亦谓称扬其先祖之德,著已名于下,皆祇云'名'已足,不必加金旁,故许书金部不录'铭'字……许意凡经传,'铭'字皆当作'名'矣"(《说文》"名"下段玉裁注)。"镌"的本义是类似凿子的破木器。《说文》:"镌,破木镌也。"段玉裁注:"谓破木之器曰镌。""勒"的本义是马络头。《说文》:"勒,马头落衔也。"段玉裁注:"引申为……物勒工之名。"

②词义的内涵不同。"契"还有契券、契约、契合等义。"刻"还有刻绘、苛刻、刻峭等义。"雕(彫)"还有琢磨义。"琢"还有修饰文字义。"镂"还有雕金属为饰物义。"铭"还有铭记、文体的一种等义。"镌"还有铭记、晓谕等义。"勒"还有整饬、约束、强制等义。

shēn yín 呻 吟

【同】痛苦声或吟诵声。

〔呻〕《说文》:"呻,吟也。"段玉裁注:"呻者,吟之舒;吟者,呻之急。浑言则不别也。"唐颜师古《匡谬正俗》卷六:"今痛而呻者,江南俗谓之呻唤,关中俗谓之呻恫。""呻"表示痛苦声,如《素问·阴阳应象大论》:"在声为呻。"王冰注:"呻,吟声也。"唐韩愈《郓州谿堂》诗:"孰呻孰叹?孰冤孰不问?"清蒲松龄《聊斋志异·花姑子》:"至七夜,安忽甦,反侧以呻。"

"呻"还与"吟"连用,表示痛苦声或吟诵声。痛苦声,如《吕氏春秋·大乐》:"君臣失位,父子失处,夫妇失宜,民人呻吟,其以为乐也,若之何哉?"《三国志·魏书·华佗传》:"一人病咽塞,嗜食而不得下……佗闻其呻吟,驻车往视。"《明史·王学曾传》:"北敌嚣张,士卒固苦,呻吟嗟怨之状,陛下不闻。"

吟诵声,如《庄子·列御寇》:"郑人缓也,呻吟裘氏之地,祇三年,而缓为儒。"郭象注:"呻吟,吟咏之谓也。"陆德明释文:"呻,音申。谓吟咏学问之声也。"汉桓宽《盐铁论·大论》:"呻吟槁简,诵死人之语,则有司不以为文学。"汉王充《论衡·案书篇》:"刘子政玩弄《左氏》,童仆妻子皆呻吟之。"唐韩愈《和侯协律咏笋》诗:"属和才将竭,呻吟至日暾。"清孙枝蔚《次韵酬李伯伟来诗》诗:"自有呻吟苦,全无唱和诗。"

〔吟〕《说文》:"吟,呻也。"《山海经·南山经》:"有兽焉,其状如禺而四耳,其名长右,其音如吟,见则郡县大水。"郭璞注:"如人呻吟声。"《三国志·魏书·管辂传》:"(辂)过毌丘俭墓下,倚树哀吟,精神不乐。"宋孔平仲《铸钱行》诗:"三更趋役抵昏休,寒呻暑吟神鬼愁。"明何景明《陇游行送徐少参》诗:"相送悲吟不尽情,关山陇坂高无极。"以上各例为表示痛苦声。

"吟"用于吟诵声则更为习见,如《庄子·德充符》:"倚树而吟。"成玄英疏:"行则倚树而吟咏。"《梁书·王筠传》:"(筠尝为诗呈沈约,报书云:)思力所该,一至乎此,叹服吟研,周流忘念。"唐杜甫《和裴迪登新津寺寄王侍郎》诗:"何限倚山木,吟诗秋叶黄。"唐韩愈《进学解》:"先生口不绝吟于六艺之文,手不停披于百家之编。"

【辨】

①词的本义略有不同。"呻"一般只用于因痛苦而发出的声音,只是与"吟"连用或对用时,才有吟咏义。唐杜甫《乾元中寓居同谷县作七首》右一:"此时与子空归来,男呻女吟四壁静。""吟"则不仅可以表示吟叹、悲吟等痛苦声义,而且更常见的是用于吟诵、吟咏义。《史记·屈原列传》:"屈原至于江滨,被发行吟泽畔。"《战国策·秦策二》:"臣不知其思与不思。诚思,则将吴吟。"高诱注:"吟,歌吟也。"

②词义的内涵不同。"呻"单用时只能用于表示痛苦声。"吟"还有鸣叫、吹奏、诗歌体裁的一种等义。

讽　诵（颂）　读
fěng　sòng　dú

【同】与"默读"相对,朗读。

〔讽〕《说文》:"讽,诵也。"《荀子·大略》:"少不讽,壮不论议,虽可,未成也。"杨倞注:"讽谓就学讽《诗》《书》也。"《史记·滑稽列传》:"今子大夫修先王之术,慕圣人之义,讽诵《诗》《书》百家之言,不可胜数。"《汉书·艺文志》:"孔子纯取周诗,上采殷,下取鲁,凡三百五篇,遭秦而全在,以其讽诵,不独在竹帛故也。"汉王充《论衡·自纪篇》:"手书既成,辞师受《论语》《尚书》,日讽千字。"

〔诵〕（颂）《说文》:"诵,讽也。"南唐徐锴《说文解字系传》:"臣锴以为临文为诵。诵,从也,以口从其文也。"《论语·子路》:"诵《诗》三百。"皇侃疏:"不用文,背文而念曰诵,亦曰口读曰诵。"汉贾谊《新书·传》:"梁太傅贾谊者,洛阳人,号贾生,年十八,以能诵《诗》《书》属文闻于郡中。"《淮南子·泰族训》:"以弋猎博奕之日诵诗读书,闻识必博矣。"《史记·留侯世家》:"旦日视其书,乃《太公兵书》也。良因异之,常习诵读之。"

"诵"也写作"颂"。《孟子·万章下》:"颂其诗,读其书,不知其人可乎?"朱熹注:"颂、诵通。"《三国志·魏书·文帝纪》:"阙里不闻讲颂之声,四时不睹蒸尝之位。"清蒲松龄《聊斋志异·三朝元老》:"其人云:'但烦坐听,容某颂达上闻。'遂探袖出文,抗声朗读。"

〔读〕《说文》:"读,诵书也。"段玉裁注:"人所诵习曰读……讽诵亦为读。"《庄子·天道》:"桓公读书于堂上。"《荀子·劝学》:"其数则始乎诵经,终乎读礼。"《韩非子·外储说左上》:"昭王读法十余简而睡卧矣。"《史记·司马相如列传》:"上读《子虚赋》而善之,曰:'朕独不得与此人同时哉!'"汉王充《论衡·正说篇》:"传曰:男子不读经,则有博戏之心。"

【辨】

①词的本义略有不同。"讽"的本义是背诵,"诵"的本义是有节奏地朗诵。《周礼·春官·大司乐》:"以乐语教国子:兴道,讽诵,言语。"郑玄注:"倍文曰讽,以声节之曰诵。""倍同背,谓不开读也;诵则非直背文,又为吟咏以声节之。《周礼》经注析言之,讽、诵是二,许统言之,讽、诵是一。"(《说文》"讽"下段玉裁注)"读"的本义是"得其意蕴"(《说文》"读"下段玉裁注),即从中分析并理解其意义。

②词义的内涵不同。"讽"还有讽喻、讽刺等义。"诵"还有述说、背诵、诗篇等义。"读"还有说出、阅览等义。

图 画 绘 繢
tú huà huì huì

【同】绘画或画成的画。

〔图〕《说文》:"图,画计难也。"段玉裁注:"故引申之义,谓绘画为图。"《广雅·释诂四》:"图,画也。"《左传·宣公三年》:"昔夏之方有德也,远方图物……百物而为之备,使民知神、奸。"杜预注:"图画山川奇异之物而献之。"《史记·司马相如列传》:"其卑湿则生藏莨兼葭,东蔷雕胡,莲藕菰芦,菴䕡轩芋,众物居之,不可胜图。"汉王充《论衡·雷虚篇》:"图画之工,图雷之状,累累如连鼓之形;又图一人,若力士之容,谓之雷公。"

"图"也可用作名词,表示所画的图像。《汉书·苏武传》:"自丞相黄霸……等,皆以善终,著名宣帝之世,然不得列于名臣之图。"汉王充《论衡·验符篇》:"二黄龙见,长出十六丈,身大于马,举头顾望,状如图中画龙。"

〔画〕"画"的繁体作"畫"。《说文》:"畫,界也,象田四界,聿,所以画之。"《尔雅·释言》:"画,形也。"郭璞注:"画者为形象。"《释名·释书契》:"画,绘也,以五色绘物象也。"《韩非子·外储说左下》:"人莫能左画方而右画圆也。"《战国策·齐策二》:"一人蛇先成,引酒且饮之,乃左手持卮,右手画蛇,曰:'吾能为之足。'"《晋书·顾恺之传》:"恺之每画人成,或数年,不点目精。"

　　"画"也能用作名词,表示画成的图像。《淮南子·修务训》:"夫宋画吴冶……其为微妙,尧舜之圣不能及。"高诱注:"宋人之画,吴人之冶。"《汉书·金日䃅传》:"日䃅每见画常拜,乡之涕泣,然后乃去。"宋苏轼《念奴娇·赤壁怀古》词:"江山如画,一时多少豪杰。"

〔绘〕　清王筠《说文句读》:"绘,五彩曰绘。绘,画也。"《论语·八佾》:"绘事后素。"郑玄注:"绘,画文也。凡绘画,先布众色,然后以素分布其间,以成其文。"皇侃疏:"绘,画也。画之成文,谓之绘也。"《新唐书·白居易传》:"尝与胡杲、吉旼、郑据、刘真、卢真、张浑、狄兼谟、卢贞燕集,皆高年不事者,人慕之,绘为《九老图》。"

　　"绘"可用作名词。《新唐书·李益传》:"至《征人》《早行》等篇,天下皆施之图绘。"唐张怀瓘《书断下》:"绘以众色为章,食以五味而美。"

〔繢〕《说文》:"繢……一曰:画也。"《周礼·考工记·画繢》:"画繢之事,杂五色。"贾公彦疏:"画繢并言者,言画是总语。"唐陆龟蒙《江湖散人歌》诗:"神锋悉出羽林仗,繢画日月蟠龙螭。"宋李诫《营造法式·彩画》:"夫图者,画之权舆;繢者,画之末迹。总而名之为画。"

　　"繢"可用作名词。魏何晏《景福殿赋》:"命共工使作繢,明五采之彰施。"《续汉书·舆服志下》:"日月星辰,山龙华虫,作繢宗彝。"刘昭注引孔安国曰:"以五采成此画焉。"

【辨】

①词的本义不同。"图"的本义是规划、谋划。大徐本《说文》"图"下徐锴曰:"规画之也。""画"的本义是画定田亩的界限。"按,画

绘之事,起于古之画井经田。古者,山川域地,皆有图画……然则田有界画,以观县鄙之形体;地有图画,以写天下之形势;物有图画,以尽万物之形容。此皆画训形之义也。"(《尔雅·释言》"画"下郝懿行疏)"绘"的本义是会集众采。《说文》:"绘,会五采绣也。""繢"的本义是布帛的余头。《说文》:"繢,织余也。"段玉裁注:"此亦兼布帛言之也。"

②词义的内涵不同。"图"还有谋取、意图等义。"画"还有装饰、签署、计谋等义。"绘"还有描写、形容等义。"繢"还有画工义。

仕 宦
shì huàn

【同】做官或担任某种官职。

〔仕〕《说文》:"仕,学也。"段玉裁注:"训仕为入官,此今义也。古义宦训仕,仕训学……若《论语·子张》篇:'仕而优则学,学而优则仕。'《公冶长》篇:'子使漆雕开仕。'注云:'仕,仕于朝也。'以仕、学分出处起于此时矣。"清桂馥《说文义证》:"学也者,本书:'宦,仕也。'《急就篇》:'宦学讽诗孝经论。'颜注:'宦,仕也。言欲仕学者,必当先讽读《诗》及《孝经》《论语》也。'"《孟子·滕文公下》:"周霄问曰:'古之君子仕乎?'"《庄子·让王》:"孔子谓颜回曰:'回,来。家贫居卑,胡不仕乎?'颜回对曰:'不愿仕。'"《吕氏春秋·慎小》:"吴起治于西河,欲谕其信于民,夜日置表于南门之外,令于邑中曰:'明日有僨南门之外表者,仕长大夫。'"《史记·管晏列传》:"吾三仕三见逐于君,鲍叔不以我为不肖,知我不遭时也。"

〔宦〕《说文》:"宦,仕也。"《左传·宣公二年》:"及成公即位,乃宦卿之适子而为之田,以为公族。又宦其余子,其庶子为公行。"杜预注:"宦,仕也。"《吕氏春秋·报更》:"对曰:'臣宦于绛,归而粮绝,羞行乞而憎自取,故至于此。'"《韩非子·内储说下》:"荆王欲宦诸公子于四邻。戴歇曰:'不可。'"《史记·张耳陈余列传》:"张耳是时脱身游,女家厚奉给张耳,张耳以故致千里客,乃宦魏为外黄令。"汉刘向《说苑·敬慎》:"官怠于宦成,病加于少愈,祸生于懈惰,孝衰于妻子。"汉桓宽《盐铁论·本议》:"高帝禁商贾不得仕宦。"

【辨】

①词的本义侧重点不同。《说文》:"仕,学也。""仕"所以学习《诗》《书》以及《孝经》《论语》等儒家典籍,是作为入官的一种手段或途径。《说文》:"宦,仕也。""宦"是已经入官,是学所达到的目的。

②词义的内涵不同。"仕"还有察看义。"宦"还有官吏、奴隶、阉宦等义。

陟 登 升(昇 陞) 乘 上 爬
zhì dēng shēng chéng shàng pá

【同】两脚从低处往高处移动。

〔陟〕《尔雅·释诂》:"陟,升也。"《诗经·周南·卷耳》:"陟彼崔嵬,我马虺隤。"毛传:"陟,升也。崔嵬,土山之戴石者。"《汉书·扬雄传》:"上乃帅群臣横大河……登历观,陟西岳以望八荒。"晋孙绰《游天台山赋(并序)》:"举世罕能登陟,王者莫由禋祀。""登陟",同义连用。北魏郦道元《水经注·清水》:"四面崄绝,无由升陟矣。""升陟",同义连用。南朝宋刘义庆《世说新语·栖逸》:"许掾好游山水,而体便登陟。"

〔登〕《尔雅·释诂》:"登,升也。"《玉篇·癶部》:"登,升也。"《荀子·劝学》:"吾尝跂而望矣,不如登高之博见也。"《淮南子·泰族训》:"又况登泰山,履石封,以望八荒。"《三国志·魏书·曹仁传》:"瑜众来攻,前锋数千人始至,仁登城望之。"南朝宋鲍照《伤逝赋》:"晨登南山,望彼中阿。"北魏郦道元《水经注·湘水》:"自庙仰山极高,直上可百余里。古老相传,未有登其峰者。"

〔升〕(昇 陞)《正字通·十部》:"升,登也。"《易经·同人卦》:"升其高陵,三岁不兴。"孔颖达疏:"'升其高陵,三岁不兴'者,唯升高陵以望前敌,量斯势也。纵令更经三岁,亦不能兴起也。"《论语·先进》:"由也,升堂矣,未入于室也。"按:成语"升堂入室",也写作"登堂入室"。《礼记·礼运》:"及其死也,升屋而号,告曰:'皋某复。'""升屋",登上屋顶。《后汉书·马援传》:"贼每升险鼓噪,援辄曳足以观之。左右哀其壮意,莫不为之流涕。""升险",登上险要处。

"升"也写作"昇"或"陞"。汉王逸《九思·哀岁》:"昇车兮命仆,将驰兮四荒。'"昇车",即登车。唐韩愈《送侯参谋赴河中幕》诗:"洲沙厌晚坐,岭壁穷晨昇。"明刘若愚《酌中志·大内规制纪略》:"先年慈圣娘娘亦曾陞此阁,召李戚畹至仁德门跪于地,而宣谕切责之。""陞此阁",登上此阁。

〔乘〕《释名·释姿容》:"乘,升也。'登'亦如之也。"《易经·同人卦》:"乘其墉,弗克攻,吉。""乘墉",登上城墙。《国语·晋语一》:"邵叔虎将乘城。"韦昭注:"乘,升也。"《汉书·陈汤传》:"夜过半,木城穿,中人却入土城,乘城呼。"颜师古注:"乘,登也。"《北史·齐安德王延宗传》:"众皆争为死,童儿女子亦乘屋攘袂,投砖石以御周军。""乘屋",登上屋顶。

〔上〕《广韵·养韵》:"上,登也。"《礼记·曲礼上》:"拾级聚足,连步以上。上于东阶,则先右足;上于西阶,则先左足。"三国魏曹丕《善哉行》:"上山采薇,薄暮苦饥。"唐王之涣《登鹳雀楼》诗:"欲穷千里目,更上一层楼。"唐刘禹锡《始闻秋风》诗:"天地肃清堪四望,为君扶病上高台。"

〔爬〕明冯梦龙《喻世明言》第二十一卷:"正当爬山过险,却不提防顾全武一枝军冲出。"《三国演义》第九九回:"魏兵大败。郭、孙二人弃马爬山而走。"《水浒传》第二一回:"婆子……爬上楼来,见那宋江不做声。"《西游记》第四四回:"那呆子急了,闻得那香喷喷供养要吃,爬上高台,把老君一嘴拱下去。"《红楼梦》第八回:"我生怕别人贴坏了,亲自爬高上梯的贴上去。"

【辨】

①词的本义不同。"陟"的本义是登高。《说文》:"陟,登也。"段玉裁注:"《释诂》曰:'陟,陞也。'毛传曰:'陟,升也。'陞者,'升'之俗字;升者,'登'之假借。"甲骨文中的"陟",和"降"相对,左边是山坡,右边是两脚向上,作登山状。"登"的本义是上车。《说文》:"登,上车也。"段玉裁注:"引申之,凡上升曰登。""升"的本义是容器名。段注本《说文》:"升,十合也。"段玉裁注:"'十合',各本作'十龠',误,今正。《律历志》:'合龠为合,十合为升,十升为斗,十斗为斛,而五量嘉矣。'作'十龠'则不可通。古经传'登'多作'升',古文假借也。"认为"升"的上升义,是通假为"登"。按:"升""登"音义俱近,实为同源字。王力《同源字典》:"登……升(端审邻纽,蒸部叠韵)……尔雅释诂:'登,升也。'小尔雅广言:'登,升也。'庄子大宗师:'登高不栗。'天地:'登乎昆仑之丘。'""乘"的本义,《说文》释

401

为"覆也"。段玉裁注:"加其上曰乘。人乘车是其一端也。"但经今人研究,认为其本义应为升或登,李孝定《甲骨文字集释》:"乘之本义为升为登,引申之为加其上。许训'覆也',与'加其上'同意。""上"的本义是高。《说文》:"上,高也。"引申为升。清朱骏声《说文通训定声》:"《易·需》:'云上于天。'注:'升也。'""爬",《说文》无,《玉篇》也不见收有,《广韵》始收有"爬"字,释为"搔也",是个后起字。"爬"由用手搔,引申为手足并用的攀登义,又引申为用足上登义。《中文大辞典·爪部》:"㋥登也。登山曰爬山。"

②词义的内涵不同。"陟"还有重山叠峦、晋升、登程等义。"登"还有高、庄稼成熟、升迁、掂量、姓氏等义。"升"还有泛指由低往上移动(不限于两脚)、进奉、庄稼成熟、姓氏等义。"乘"还有驾驭、乘坐、趁、依仗、进攻、战胜、算术中的乘法、姓氏等义。"上"还有高、高位、君主、尊上、上面、上等、岸上等义。"爬"还有攀登、爬行、类似手抓的松土工具、姓氏等义。

迁 升(昇陞) 进 晋 陟 登 擢 拔
qiān shēng　　　jìn jìn zhì dēng zhuó bá

【同】晋升,提拔,多指提升官员的级别。

〔迁〕《龙龛手鉴·辵部》:"迁,升也。"《商君书·农战》:"然则下官之冀迁者,皆曰:'多货,则上官可得而欲也。'"高亨注引朱(师辙)说:"冀,望也。迁,犹升也。"《韩非子·定法》:"官爵之迁与斩首之功相称也。"《史记·屈原贾生列传》:"孝文帝说(悦)之,超迁,一岁中至太中大夫。""超迁",越级提升。汉王充《论衡·命禄篇》:"命贵之人,俱学独达,并仕独迁。"明兰陵笑笑生《金瓶梅》第二十九回:"后来定掌威权之职,一生盛旺,快乐安然,发福迁官,主生贵子。"

〔升〕(昇陞)汉王充《论衡·状留篇》:"长吏妒贤,不能容善,不被钳赭之刑,幸矣,焉敢望官位升举,道理之早成也?""升举",提拔荐举。唐韩愈《进士策问》:"宋、鲁之君,不贤乎齐、晋,其位等,其德同,升黜取舍,如是之相远,亦将有由乎?""升黜",提升或罢免。唐元稹《授崔弘礼郑州刺史制》:"侍中宏正以课来上,书为第一。不有升陟,谓之蔽能。""升陟",晋升。清文康《儿女英雄传》第三十九回:"是还想我能去钻营升官呢,是还想我去谋干发财呢?"

"升"也写作"昇"或"陞"。唐韩愈《唐故河东节度观察使郑公神道碑文》:"公之为司马,用宽廉平正得士吏心,及昇大帅,持是道不变。"《旧唐书·马周传》:"自古昇郡守县令,皆妙选贤德,欲有擢昇宰相,必先试以临人。""擢昇",提拔晋升。《广雅·释诂二》:"陞,进也。"钱大昭疏义:"陞者,古作'升'。"宋曾巩《上杜相公书》:"课农桑,以损益之数为陞黜之法。""陞黜",升免。明陈与郊《义犬》第二出:"闻得出首小儿者,官陞三级,赏赐千金。"

〔进〕《汉书·元帝纪》:"于是言事者众,或进擢召见,人人自以得上意。""进擢",提拔晋升。《魏书·高阳王雍传》:"又令仆卿相,任情进黜,迁官授职,多不经旬。""进黜",升免。《旧唐书·昭宗本纪》:"门下侍郎、吏部尚书、平间事崔昭纬进阶光禄大夫。""进阶",晋升官阶。明冯梦龙《喻世明言》第二十二卷:"贾似道自思:'无功受宠,怎能勾超官进爵?'""进爵",晋升官爵。

〔晋〕明沈德符《野获编·科场·早达》:"(李文正)晋阶资善大夫,赐二品服。""晋阶",升级。《明史·许进传》:"边将出万死馘一贼,始获晋级。"《清史稿·圣祖本纪》:"论平布尔尼功,封赏有差,及助顺蒙古王贝勒沙津以次各晋爵。"又《曾纪凤传》:"三年,从克正安,进围绥阳,屡战有功,晋知府。"清魏秀仁《花月痕》第五十回:"此时明相晋了公爵,荷生封侯。"

〔陟〕《广韵·职韵》:"陟,进也。"《尚书·舜典》:"三载考绩,三考,黜陟幽明。"孔安国传:"黜退其幽者,升进其明者。"汉张衡《东京赋》:"省幽明以黜陟。"薛综注:"黜,退也。陟,升也,为有功者进,无功者退也。"《三国志·蜀书·诸葛亮传》:"宫中府中,俱为一体,陟罚臧否,不宜异同。""陟罚",升迁罚罪。清钱大昕《〈味经窝类稿〉序》:"(秦锡山)洎登巍科,陟上卿。"

〔登〕《尚书·尧典》:"帝曰:'畴咨若时?登庸。'"孔安国传:"畴,谁。庸,用也。谁能咸熙庶绩,顺是事者?将登用之。""登用",提拔任用。《管子·小匡》:"退而察问其乡里,以观其所能,而无大过,登以为上卿之佐。"汉班固《封燕然山铭(并序)》:"有汉元舅,曰车骑将军窦宪,寅亮圣皇,登翼王室。"李善注:"登翼,谓登用辅翼。"宋苏轼《议学校贡举状》:"特愿陛下留意其远者大者,必欲登俊良,黜庸回,总览众才,经略世务。""登""黜"对用。

〔擢〕《正字通·手部》:"擢,今俗凡迁官曰擢。擢,犹升也,进也。"《战国策·

燕策二》:"先王过举,擢之乎宾客之中,而立乎群臣之上。"汉刘向《新序·善谋下》:"汉王既用滕公、萧何之言,擢拜韩信为上将军。""擢拜",升授。《汉书·楚元王传》"(刘向)年十二,以父德任为辇郎。既冠,以行修饬擢为谏大夫。"汉桓宽《盐铁论·褒贤》:"赵绾、王臧之等,以儒术擢为上卿。"
〔拔〕《庄子·天地》:"官施而不失其宜,拔举而不失其能。"成玄英疏:"施令设官,取得宜便,拔擢荐举,不失其能。""拔擢",提拔升官。《汉书·杜周传》:"前后所言皆合指施行,朱博果见拔用。""见拔用",被提拔任用。汉王充《论衡·累害篇》:"将或幸佐吏之身,纳信其言,佐吏非清节,必拔人越次。""拔人越次",超越等次提拔官员。《晋书·邓艾传》:"艾本屯田掌犊人,宣皇帝拔之于农吏之中,显之于宰府之职。"

【辨】

①词本义不同。"迁"的本义是从低处往上移动。《说文》:"迁,登也。"又:"遷(移),迁徙也。"《尔雅·释诂下》:"迁,徙也。"郭璞注:"今江东通言迁徙。"《广韵·仙韵》:"迁,去下之高也。"引申为升迁。"升"的本义是容器名。段注本《说文》:"升,十合也。"段玉裁注:"'十合',各本作'十龠',误,今正。《律历志》:'合龠为合,十合为升,十升为斗,十斗为斛,而五量嘉矣。''十龠'则不可通。古经传'登'多作'升',古文假借也。"认为"升"的上升义,是通假为"登"。编者按:"升""登"音义俱近,实为同源字(参见《同源字典》)。"进",《说文》与"迁"同训。《说文》:"进,登也。"清桂馥《说文义证》:"登也者,《玉篇》:'进,升也。'"引申为提升官员的职级。"晋"的本义是前进。《说文》:"晋,进也。"段玉裁注:"《周易·象》传曰:'晋,进也。'以叠韵为训。"清桂馥《说文义证》:"进也者,《释诂》《广雅》并同。'晋''进'声相近。《释名》:'晋,进也。'又云:'进,引也,引而向前也。'""陟"的本义是登高。《说文》:"陟,登也。"段玉裁注:"《释诂》曰:'陟,升也。'毛传曰:'陟,升也。'陞者,'升'之俗字;升者,'登'之假借。《礼·丧服》服注曰:'今文《礼》皆登为升。'俗误已行久矣。""陟"字,甲骨文正象两脚向上登坡形。"登"的本义是上车。《说文》:"登,上车也。"段玉裁注:"引申之,凡上升曰登。""擢"的本义是拔出。《说文》:"擢,引也。"南唐徐锴《说文系传》:"臣错曰:谓拔擢也。"清徐灏《说文解字注笺》:"此当以拔擢为本义。"清朱骏声《说文通训定声》:"《方言》三:'擢,拔也。'《小尔雅·广物》:'拔根曰擢。'《仓颉篇》:'抽也。'《广雅·释诂

一》:'出也。'"引申为提拔。"拔"的本义与"擢"相近,是抽引出来。《说文》:"拔,擢也。"福保案:"《慧琳音义》四十卷九页'拔'注引《说文》有'引而出之'四字。"《汉书·枚乘传》:"夫十围之木,始生如蘖,足可搔而绝,手可擢而拔。"引申为提拔。

②词义的内涵不同。"迁"还有迁移、迁徙、变迁、放逐、离去等义。"升"还有上升、登上、成熟、进献、卦名等义。"进"还有向前、长进、进荐、进入等义。"晋"还有内、卦名、古国名、地名、水名、姓氏等义。"陟"还有登高、启程等义。"登"还有高、由低往高移动、庄稼成熟、掂量、姓氏等义。"擢"还有独出的样子、撤去等义。"拔"还有超出、攻克、变动、疾速、箭的末端等义。

rèn yòng chú
任 用 除

【同】 任用或任命某人担任某种官职。

〔任〕《玉篇·人部》:"任,委任也。"《尚书·大禹谟》:"任贤勿贰,去邪勿疑。"孔颖达疏:"任用贤人勿有二心。"《韩非子·外储说左上》:"尚明也者,举贤而任之。"《战国策·齐策四》:"周武王任周公旦,而世世称曰明主。"汉桓宽《盐铁论·非鞅》:"秦任商君,国以富强。其后,卒并六国而成帝业。"《后汉书·侯霸传》:"成帝时,任霸为太子舍人。"

〔用〕《左传·僖公三十年》:"公曰:'吾不能早用子,今急而求子,寡人之过也。'"《孟子·告子下》:"虞不用百里奚而亡,秦穆公用之而霸。"《战国策·魏策一》:"公孙痤死,公孙鞅闻之,已葬,西至秦,孝公受而用之。秦果日以强。"《三国志·秦宓传》:"《易》称颜渊,固知选士用能,不拘长幼。""选士用能",义同"选贤任能"。"用能",任用有才能的人。

〔除〕《洪武正韵·鱼韵》:"除,拜官曰除。"《史记·平准书》:"诸买武功爵官首者,试补吏,先除;千夫如五大夫。"司马贞索隐:"官首,武功爵第五,位稍高,故得试为吏,先除用也。""先除",先任用。此文《汉书·食货志》照录,颜师古注:"今则先除为吏,比如五大夫也。"又《史记·魏其武安侯列传》:"当是时,丞相入奏事,坐语移日,所言皆听……权移主上。上乃曰:'君除吏已尽否?吾亦欲除吏。'"此文《汉书·田蚡传》也照录,颜师古注引如淳曰:"凡言除者,除去故官就新官。"又《景帝纪》:"列侯薨及诸侯太傅初除之官"下也有相同的注文。《后汉书·文苑列传·黄香》:"初除郎中,元和元年,肃宗诏香诣东观,读所未尝见书。"唐韩愈《举张正甫自代状》:"右臣蒙恩除尚书兵部侍郎。"

【辨】　①词的本义不同。"任"的本义是抱,即把物体用双臂围持在胸前。《说文》:"任,保也。"段玉裁注:"按,上文云:'保,养也。'此云:'任,保也。'二篆不相属者,'保'之本义,《尚书》所谓'保抱'。'任'之训保则保引申之义,如今言保举是也。"引申为任用。清王筠《说文句读》:"《广雅》同。又'保''任'并云:'使也。'谓可保任而使之也。""用"的本义是可施行。《说文》:"用,可施行也。"引申为任用义。"除"的本义,《说文》解释为殿堂的台阶。《说文》:"除,殿陛也。"但据研究,解释"除"的"殿(殿堂义)""陛(台阶义)"均是秦汉时期才产生的意义。先秦时期古籍中的"除",只用于除去义,未见用于台阶义,而且"殿"也未见用于殿堂义。因此,清人徐灏认为,"除"的台阶义,应是除去义的引申。"戴氏侗曰:'辟草秽地为除,廷除之义取此。凡除治皆取此义。'灏按,辟草秽地为除,虽未见古训,然由除治引申为阶除,其义为顺。《玉篇》亦曰:'去也,开也。'而后言'殿阶也'。"(《说文解字注笺》)清人王筠认为,"'除(台阶义)'亦汉名","'陛'字始见于《战国策》,盖秦语。"(均见于《说文句读》)

②词义的内涵不同。"任"还有担当、担保、职责、使用、放纵、听凭等义。"用"还有使用、采纳、功用、财用、用作介词等义。"除"还有除去、台阶、减免、不计算在内、除法等义。

免　罢　黜(绌)　废　退
miǎn　bà　chù　　　fèi　tuì

【同】　免职,解除职务。

〔免〕《广韵·狝韵》:"免,黜也。"《正字通·儿部》:"免,又罢黜也。"《史记·白起王翦列传》:"于是免武安君为士伍,迁之阴密。"《汉书·文帝纪》:"遂免丞相勃,遣就国。"《后汉书·孝灵帝纪》:"夏四月戊辰,大尉周景薨。司空宣酆免,长乐卫尉王畅为司空。"唐刘禹锡《送熊判官》:"迎风奸吏免,先令疲人喜。"

〔罢〕《字汇》:"罢,废也,黜也。"《战国策·秦策三》:"吴起为楚悼罢无能,废无用,捐不急之官,塞私门之请。"《史记·樊郦滕灌列传》:"三岁,绛侯勃免相就国,婴为丞相,罢太尉官。"《汉书·佞幸传·董贤》:"高安侯贤未更事理,为大司马不合众心,非所以折冲绥远也。其收大司马印绶,罢归第。"唐韩愈《河南府同官记》:"郑公去汜水,为监察御史……其后由工部侍郎至宰相,罢而又为。"《宋史·王安石传》:"洎复相,岁余罢,终神宗世不复召。"

〔黜〕(绌)《尚书·舜典》:"三载考绩,三考,黜陟幽明。"孔安国传:"黜退其幽者,升进其明者。"唐柳宗元《封建论》:"有罪得以黜,有能得以赏。"明冯梦龙《醒世恒言·三孝廉让产立高名》:"若所举不得其人,其后或贪财坏法,轻则罪黜,重则抄没,连举主一同受罪。"

"黜"也写作"绌"。《史记·屈平列传》:"屈平既绌,其后秦欲伐齐,齐与楚从亲,惠王患之。"

〔废〕《周礼·天官·大宰》:"二曰法则,以驭其官。四曰废置,以驭其吏。"郑玄注:"法则,其官之制度。废,犹退也。退其不能者,举贤而置之。"贾公彦疏:"'四曰废置,以驭其吏'者,谓有罪则废退之,有贤则举置而赞之,亦所以驱人于善也。"《管子·明法解》:"处官而不胜其任者废免。""废免",罢免。《史记·酷吏列传》:"(张)汤为御史大夫,(朱)买臣以会稽守为主爵都尉,列于九卿。数年,坐法废。"汉刘向《新序·杂事》:"燕昭王用乐毅,推弱燕之兵,破强齐之雠,屠七十城;而惠王废乐毅,更代以骑劫,兵立破,亡七十城。"

〔退〕《汉书·武帝纪》:"与闻国政而无益于民者斥,在上位而不能进贤者退,此所以劝善黜恶也。"汉王充《论衡·累害篇》:"官升进者谓之善,位废退者谓之恶。"晋王嘉《拾遗记·吴》:"后有贪宠求媚者,言夫人幻耀于人主,因而致退黜。"

【辨】

①词的本义不同。"免"字,《说文》无。在古汉语中常用于免于不幸的场合,如免难、免死、免罪等。"罢"的本义是放遣罪人。《说文》:"罢,遣有罪也。"清王筠《说文句读》:"遣者,纵也,纵舍之也。"《史记·齐悼惠王世家》:"乃罢周勃。"司马贞索隐:"罢,谓不罪而放遣之。""黜"的本义是贬退。《说文》:"黜,贬下也。"段玉裁注:"按:当作贬也……贬也者,黜陟之义也。""废"的本义是倒塌。《说文》:"废,屋顿也。"清钮树玉《说文

解字校录》："《系传》《韵会》'顿'作'倾'。"清王筠《说文句读》："基址不坚，因而废顿，废顿则置于平地矣。"引申为废除、免除官职、爵号义。清朱骏声《说文通训定声》："[转注]又《尔雅·释诂》：'废，舍也。'又：'止也。'《周礼·大宰》：'废置以驭其吏。'注：'犹退也。'""退"字，《说文》在彳部，写作"後"或"衲"，释为"却也。一曰：行迟也。"清桂馥《说文义证》："却也者，《广雅》：'却，退也。'《秦策》：'战栗而却。'高注：'却，退也。'刘向《九叹》：'却骐骥以转运兮。'王云：'却，退也。'"古籍中的"退"，多用于回到住处或原处。《广雅·释诂二》："退，归也。"《礼记·少仪》："朝廷曰退，燕游曰归，师役曰罢。"引申为免除官职，因一般罢官以后都退居老家。

②词义的内涵不同。"免"还有脱掉、释放、逃避、豁免、离开等义。"罢"还有遣归、免除、废除、停止、完毕等义。"黜"还有贬斥、摈弃、废除、减损等义。"废"还有倒塌、衰败（与"兴"相对）、疲乏、废除、停止、荒废、无用的等义。"退"还有退却、回归、脱去、迟缓等义。

【附】 免官 免退 免罢 免黜 免职 罢斥 罢免 罢官 罢退 罢废 罢黜 罢职 黜斥 黜汰 黜官 黜免 黜退 黜废 黜谪 废免 废黜

jī　fěng
讥　讽(风)

【同】 用委婉的言辞提出劝告或批评意见。

〔讥〕《说文》："讥，诽也。"段玉裁注："讥之言微也，以微言相摩切也。"《左传·隐公元年》："书曰：'郑伯克段于鄢。'……称郑伯，讥失教也。"《楚辞·天问》："迁藏就歧何能依？殷有惑妇何所讥？"王逸注："讥，谏也。"《公羊传·隐公二年》："外逆女不书，此何以书？讥。何讥尔？讥始不迎亲也。"何休注："讥，犹谴也。"

〔讽〕(风) 《广雅·释诂四》："讽，谏也。"《玉篇·言部》："讽，譬喻也。"《韩非子·内储说下》："吕仓，魏王之臣也，而善于秦、荆。微讽秦、荆，令之攻魏。"《后汉书·李云传论》："礼有五谏，讽为上。"《旧唐书·肃宗纪》："明年六月，哥舒翰为贼所败，关门不守。国忠讽玄宗幸蜀。"《新唐书·王世充传》："讽百官劝进。"

清人朱骏声认为，表示讽谏、讽喻的"讽"，本应作"风"。《说文通训定声》："按，风动物而无形，故微言婉辞谓之风。《汉书》志、传，凡几十见,皆作'风'。"《广雅·释诂三》:"风,告也。"王念孙疏证:"讽,与'风'通。"《篇海类编·天文类·风部》:"风,微加晓告也。"《诗经·小雅·北山》:"或出入风议,或靡事不为。"《史记·梁孝王世家》:"而王与任王后以此使人风止李太后。"

【辨】

①词的本义不同。"譏"("讥"的繁体字)的本义是微言相劝。譏,从言从幾,幾亦声。《说文》:"幾,微也。"讥刺、讥讽,是引申义。"讽"的本义是讽喻。张舜徽《说文解字约注》:"舜徽按:讽之言风也,谓背诵其文,其速如风之行也。今语称背诵如流,亦即此意。古人谓婉辞规戒为讽,亦义通于风,若风之动物而无形也,故《汉书》直以风为讽。"

②词义的内涵不同。"讥"还有稽查、谴责等义。"讽"还有背诵、讽刺等义。

诽(非) 谤
<small>fěi bàng</small>

【同】 从旁指责或议论别人的过失。

〔诽〕(非)《说文》:"诽,谤也。"杨树达《积微居小学述林·释誣》:"诽从言从非,言人之非也。"《管子·法法》:"故法之所立,令之所行者多,而所废者寡,则民不诽议。"《墨子·经上》:"诽,明恶也。"《吕氏春秋·自知》:"尧有欲谏之鼓,舜有诽谤之木。"高诱注:"欲谏者击其鼓也,书其过失以表木也。"《史记·孝文本纪》:"古之治天下,朝有进善之旌,诽谤之木,所以通治道而来谏者。"司马贞索隐:"韦昭曰:虑政有阙失,使书于木,此尧时然也。"

"诽"也写作"非"。《楚辞·九章·怀沙》:"非俊疑杰兮,固庸态也。"王逸注:"《史记》云:'诽骏疑桀。'"《荀子·解蔽》:"群臣去忠而事私,百姓怨非而不用。"杨倞注:"非,或为诽。"

〔谤〕《玉篇·言部》:"谤,对他人道其恶也。"《国语·周语上》:"厉王虐,国人谤王。"《战国策·齐策一》:"能谤议于市朝,闻寡人之耳者,受下赏。"汉贾山《至言》:"庶人谤于道,商贾议于市,然后君得闻其过失也。"宋欧阳修《论茶法奏状》:"古之为国者,庶人得谤于道,商旅得议于市,而士得传言与朝。"

【辨】
　　①"诽""谤",用于指责或议论别人的过失,都有事实依据,只是在程度上有轻重之别。清朱骏声《说文通训定声》:"按,放言曰谤,微言曰诽曰讥。"又:"谤者,道人之实事,与'诬''谮'不同。"
　　②用于捏造事实,进行毁谤是其引申义。《广雅·释诂二》:"诽,毁也。"又《释诂三》:"诽,恶也。"《说文》:"谤,毁也。"另,"谤"还有诅咒义。

劝 勉 励 勖 懋(茂)
quàn　miǎn　lì　xù　mào

【同】　鼓励人努力向善。

〔劝〕《玉篇·力部》:"劝,勉也。《书》曰:'劝之以九歌。'"《广韵·愿韵》:"劝,奖善也。"《尚书·大禹谟》:"戒之用休,董之用威,劝之以《九歌》,俾勿坏。"孔颖达疏:"劝勉之以《九歌》之辞。"又《多方》:"慎厥丽,乃劝;厥民刑,用劝。"孔安国传:"汤慎其施政于民,民乃劝善,其人虽刑,亦用劝善,言政刑清。"孔颖达疏:"政无失,刑无滥,民以是劝善。"《左传·成公十四年》:"惩恶而劝善,非圣人谁能修之?"杜预注:"善名必书,恶名不灭,所以为惩劝。"《国语·越语上》:"国人皆劝,父勉其子,兄勉其弟,妇勉其夫。"《吕氏春秋·上德》:"当尧之时,未赏而民劝,未罚而民畏。"

〔勉〕《广韵·狝韵》:"勉,勖也;劝也。"《诗经·小雅·白驹》:"慎尔优游,勉尔遁思。"孔颖达疏:"勉力行汝遁思之志,勿使不终也。"《孟子·滕文公上》:"子之君将行仁政,选择而使子,子必勉之!""勉之",勉力行之。《礼记·月令》:"天子布德行惠……开府库,出币帛,周天下,勉诸侯,聘名士,礼贤者。"孔颖达疏:"谓王者勉劝此诸侯,令聘问有名之士,礼接德行之贤。"《商君书·垦令》:"民不贱农,则勉农而不偷(偷安)。""勉农",勉力务农。

〔励〕《小尔雅·广诂》:"励,勉力也。"《尚书·皋陶谟》:"慎其身修,思永,惇叙九族,庶明励翼。"孔安国传:"言慎修其身,厚次叙九族,则众庶皆明其教,而自勉励翼戴(辅佐)上命。"汉王充《论衡·本性篇》:"长大之后,禁情割欲,勉励为善矣。"《三国志·魏书·杨阜传》:"阜等率父子弟以义相励,有死无二。""相励",互相勉励。《昭明文选·谢灵运〈述祖德诗二首〉》:"惠物辞所赏,励志故绝人。"李善注:"恩惠及物而不受赏赐,言勉其志不与众同,故言'绝人'也。孔安国《尚书》传曰:'励,勉也。'"

〔勖〕《尔雅·释诂一》:"勖,勉也。"《玉篇·力部》:"勖,勉也。"《集韵·屋韵》:"勖,勉也。"《尚书·泰誓中》:"勖哉夫子!罔或无畏,宁执非敌。"孔安国传:"勖,勉也。"孔颖达疏:"'夫子',将士等。呼将士令勉力也。"《诗经·邶风·燕燕》:"先君之思,以勖寡人。"毛传:"勖,勉也。"郑玄笺:"戴妫思先君庄公之故,故将归,犹劝勉寡人以礼义。寡人,庄姜自谓也。"《后汉书·方术传上·谢夷吾》:"奋忠毅之操,躬史鱼之节,董臣严纲,勖臣懦弱。"李贤注:"勖,励也。"《昭明文选·潘岳〈西征赋〉》:"励疲钝以临朝,勖自强而不息。"李善注:"孔安国《尚书》传曰:'励,勉也。'又曰:'勖,勉也。'"

〔懋〕(茂)《玉篇·心部》:"懋,勉也。"《广韵·候韵》:"懋,勉也。"《尚书·仲虺之诰》:"德懋懋官,功懋懋赏。"孔安国传:"勉于德者,则勉之以官;勉于功者,则勉之以赏。"孔颖达疏:"于德能勉力行者,王则劝勉之以官;于功能勉力为之者,王则劝勉之以赏。"前一个"懋",指勉力(用于自己);后一个"懋",指劝勉(劝勉他人)。《国语·晋语四》:"懋穑劝分,省用足财,利器明德,以厚民性。""懋""劝"互文。唐陆贽《册嘉诚公主文》:"懋敦王风,勿坠先训。""懋敦",勉力弘扬。

"懋"也写作"茂"。《尔雅·释诂上》:"茂,勉也。"《尚书·康诰》:"惠不惠,懋不懋。"《左传·昭公七年》转录时作"惠不惠,茂不茂"。杜预注:"《周书·康诰》也。言当施惠于不惠者,劝勉于不勉者。茂,勉也。"

【辨】

①词的本义微别。"劝"的本义是奖励向善。《说文》:"劝,勉也。"段玉裁注:"《广韵》曰:'奖,劝也。'按,勉之而悦从,亦曰劝。"《广韵·愿韵》:"劝,奖善也。""劝"常与"惩"相对。如"惩恶而劝善"。"勉"的本义促使人努力向善。《说文》:"勉,强也。"段玉裁注:"凡言勉者,皆相迫之意。自勉者,自迫也;勉人者,迫人也。"清桂馥《说文义证》:"强也者,《一切经音义》卷五引同。又云:'谓力所不及而强行事也。'又卷六:'……勉,犹劝强也,谓劝教之也。'""勉"所含的强,无论是自勉或勉人,都是迫使人向善。强人所难的勉强义,是其引申义。"励"的繁体字写作"勵"。《说文》无"勵"字,但有"勩"字。段注本《说文》:"勩,勉力也。从力萬声。《周书》曰:'用勩相我邦家。'读与厲同。"段玉裁注:"厲,亦萬声。汉时如

411

此读。"清桂馥《说文义证》:"勉力也者,《一切经音义》七:'勖,强也,谓自劝强也。字或作勵。'"但今"勵"读 lì,"勱"读 mài,义虽同而音却异。"勖"的本义是勉人,有时还有冒犯义。南唐徐锴《说文系传》:"勖,勉也。从力冒声。《周书》曰:'勖哉夫子!'臣锴曰:勉其事冒犯而为之也。"清王筠《说文句读》:"亦省作'冒'。《书·君奭》:'迪见冒闻于上帝。'马本'冒'作'勖,勉也。'《顾命》:'尔无以钊冒于非几。'释文:'马、郑、王作勖。许玉切。'""懋"的本义是勉力、勉励。《说文》:"懋,勉也。"段玉裁注:"古夺假'茂'字为之。"

②词义的内涵不同。"劝"还有劝说、努力等义。"勉"还有勉强、尽力、赶快等义。"励""勖"意义比较单纯,一般用于勉励或与之相近的意义。"懋"还有盛美、喜悦、贸易等义。

谏 诤(争) 证
jiàn zhèng zhèng

【同】 向君上、尊长或朋友提出意见,以帮助他们改正错误。

〔谏〕《说文》:"谏,证也。"唐慧琳《一切经音义》卷六:"谏,正也。"《周礼·地官·司徒》:"司谏,中士二人。"郑玄注:"谏,以道正人行。"又《保氏》:"保氏掌谏王恶。"郑玄注:"谏者,以礼义正之。"意为谏就是用礼义匡正他人的过失。《左传·宣公二年》:"赵盾、士季见其手,问其故,而患之。将谏,士季曰:'谏而不入,则莫之继也。会请先,不入,则子继之。'"《韩非子·内储说下》:"哀公新乐之,必怠于政,仲尼必谏,谏必轻绝于鲁。"

〔诤〕(争)《说文》:"诤,止也。"清桂馥《说文义证》:"止也者,当作正。诤、正声相近。"《广雅·释诂四》:"诤,谏也。"《吕氏春秋·似顺》:"见乐则淫侈,见忧则诤治。"汉桓宽《盐铁论·相刺》:"扁鹊不能治不受针药之疾,贤圣不能正不食谏诤之君。"

"争"是"诤"的古字。清徐灏《说文解字注笺》:"灏按,争、诤古今字。争之本义为两手争一物,引申之,争言亦谓之争。"《孝经·谏诤》:"昔者天子有争臣七人,虽无道,不失其天下。"注:"争,谓谏也。言虽无道,为有争臣,则终不至失天下亡国也。"《荀子·修身》:"谄谀者亲,谏争者疏……虽欲无灭亡,得乎哉?"《史记·滑稽列传》:"马病肥死,使群臣丧之,欲以棺椁大夫礼葬之。左右争之,以为不可。王下令曰:'有敢以马谏者,罪至死。'"《汉书·朱云传》:"于是,左将军辛庆忌免冠解印绶,叩头殿下,曰:'臣素著狂直于世。使其言是,不可诛;其言非,固当容之。臣敢以死争。'"

〔证〕《说文》:"证,谏也。"清徐灏《说文解字注笺》:"证者,正也。"《广韵·劲韵》:"证,谏证。"《吕氏春秋·贵当》:"其朝臣多贤,左右多忠,主有失,则交争证谏。"高诱注:"证亦谏也。"《战国策·齐策一》:"士尉以证靖郭君,靖郭君不听。"高诱注:"证,谏也。"

【辨】

①词的本义不同。"谏"与"间"同源,本义是分清是非善恶,以正确的替代错误的。汉班固《白虎通·谏诤》:"谏者何?谏,间也,因也,更也,是非相间,革更其行也。"汉王充《论衡·谴告篇》:"故谏之为言间也,持善间恶。"南唐徐锴《说文解字系传·通论》:"谏者,间也。君所谓否而有可焉,臣献其可,以间隔之也,犹黑白相间以成文也。故于文,言柬为谏。柬者,分别也,能分别善恶以陈于君也。"

"诤"与"争"同源,本义是不顾生命危险,以死相谏诤。汉刘向《说苑·臣术篇》:"又能进言于君,用则留之,不用则去之,谓之谏;用则可生,不用则死,谓之诤。"同样的语意,《荀子·臣道》"诤"写作"争"。

"证"与"正"同源,本义是用正道或礼义去正人。

②词义的内涵不同。"谏"还有更正义。"诤"还有诉讼义。"证"一般只用于谏证义。按:验证、证明的"证",本字为"證"。"证""證",本来是两个不同意思的字。

唯 诺(喏) 唉
wěi nuò āi

【同】应词,即应答声。

〔唯〕《说文》:"唯,诺也。"《广雅·释诂一》:"唯,应也。"《论语·里仁》:"子曰:'参乎!吾道一以贯之。'曾子曰:'唯。'"《庄子·庚桑楚》:"南荣趎赢粮,七日七夜至老子之所。老子曰:'子自楚之所来乎?'南荣趎曰:'唯。'"《礼记·玉藻》:"父命呼,唯而不诺。"战国楚宋玉《对楚王问》:"楚襄王问于宋玉曰:'先生其有遗行与?何士民众庶不誉之甚也!'宋玉对曰:'唯,然,有之。'"

"唯唯"连用,是表示恭敬的应词。战国楚宋玉《高唐赋序》:"王曰:'试为寡人赋之。'玉曰:'唯唯。'"《汉书·司马相如传上》:"齐王曰:'虽然,略以子之所闻见言之。'仆对曰:唯唯。'"颜师古注:"唯唯,恭应之辞也。"汉东方朔《非有先生论》:"非有先生伏而唯唯。"

〔诺〕(喏)《说文》:"诺,应也。"清朱骏声《说文通训定声》:"按,应词也。"《诗经·鲁颂·閟宫》:"莫敢不诺,鲁侯是若。"郑玄笺:"诺,应辞也。"《左传·襄公二十六年》:"文子言于晋侯曰:'晋为盟主,诸侯或相侵也,则讨而使归其地……请归之。'公曰:'诺,孰可使也?'"《论语·述而》:"冉有曰:'夫子为卫君乎?'子贡曰:'诺,吾将问之。'"《韩非子·十过》:"师涓明日报曰:'臣得之矣,而未习也,请复一宿习之。'灵公曰:'诺。'"

"诺"也写作"喏"。《正字通·口部》:"喏,《六书故》:'喏,应声也。'古无此字,疑即诺字。"《淮南子·道应训》:"臣有薄技,愿为君行之。子发曰:'喏。'不问其辞而遣之。"晋干宝《搜神记》卷二十九:"二更中,有来自庙门者,呼曰:'何铜!'铜应曰:'喏。'"宋宋祁《宋景文公笔记·释俗》:"汾、晋之间尊者呼左右曰咄,左右必曰喏。"《三国演义》第六十一回:"孙权喏喏连声,答曰:'老母之训,岂敢有违!'"

"诺诺"连用,即连声答应,表示依顺听从。《韩非子·八奸》:"优笑侏儒,左右近习,此人主未命而唯唯,未使而诺诺,先意承旨,观貌察色以先主心者也。"《古诗为焦仲卿妻作》:"媒人下床去,诺诺复尔尔。"

〔唉〕《说文》:"唉,譍也。"《广韵·咍韵》:"唉,慢譍。"《庄子·知北游》:"狂屈曰:'唉,予知之。'"陆德明释文引李(颐)曰:"唉,应声。"

【辨】

①词的本义略有不同。"唯"的应声急,用于应答地位或辈分高的人;"诺"的应声缓,用于平辈或地位、辈分比自己低的人。《说文》"诺"下段玉裁注:"唯、诺有缓急之别,统言之则皆应也。"清朱骏声《说文通训定声》:"按,应词也。缓应曰诺,疾应曰唯。"《礼记·曲礼上》:"父召无诺,先生召无诺,唯而起。"郑玄注:"应辞。唯恭于诺。"孔颖达疏:"父与先生呼召称唯。唯,喏(rě)也,不得称诺。其称诺,则似宽缓骄慢。但今人称诺,犹古之称唯,则其意急也;今之称喏(rě),犹古之称诺,其意缓也。是今古异也。"又《礼记·玉藻》"唯而不诺"下疏:"唯而不诺者,应之以唯而不称诺,唯恭于诺也。"

②词义的内涵不同。"唯"只有表示应声义。"诺"还有允诺、顺从义。

应(應) 对 答(荅合)
yìng duì dá

【同】 对别人的问话作出相应的回答。

〔应〕(應)《说文》本字作"應"。《说文》:"應,以言对也。"但段玉裁认为"應者,应之俗字。"(《说文》"诺"下注)《说文》:"应,当也。"段玉裁注:"引申为凡相对之称,凡言语应对之字即用此。"《国语•晋语一》:"我卜伐骊,龟往,离散以应我。"韦昭注:"应,答也。"《吕氏春秋•顺说》:"宋元王无以应。"高诱注:"应,答也。"《战国策•齐策一》:"候者言章子以齐入秦。威王不应。"高诱注:"应,答也。"汉王充《论衡•卜筮篇》:"人道,相问则对,不问不应。"

〔对〕"对"的繁体字为"對",是"對"的重文。《说文》:"對,應无方也。从丵从寸。對,對或从士。汉文帝以为责对而面言,多非诚对,故去其口以从士也。"清徐灏《说文解字注笺》:"有问而后对,故曰'应无方也'……周以后诸款识,對字最多,皆无从口者。疑李斯变古法作小篆對字始从口,至文帝复改之耳。"《诗经•大雅•桑柔》:"听言则对,诵言如醉。"郑玄笺:"对,答也。"《左传•昭公二十年》:"王信之,问伍奢。伍奢对曰:'君一过多矣,何信于逸?'"《韩非子•难三》:"秦昭王问于左右曰:'今时韩、魏孰与始强?'左右对曰:'弱于始也。'"

〔答〕(荅合)《正字通•竹部》:"答,对也。"《尚书•顾命》:"燮和天下,用答扬文、武之光训。"孔安国传:"言用和道和天下,用对扬圣祖文、武之大教,叙成王意。"《诗经•小雅•雨无正》:"听言则答,譖言则退。"孔颖达疏:"答犹对也。"《论语•宪问》:"夫子不答。"《庄子•知北游》:"非不答,不知答也。"《仪礼•乡射礼》:"上射退于物一笴,既发,则答君而俟。"郑玄注:"答,对也。"《韩非子•说林下》:"桓公问管仲:'富有涯乎?'答曰:'水之以涯,其无水者也;富之以涯,其富已足者也……'"

《说文》无"答"字。先秦古籍回答、酬答字,多写作"荅"。《十三经注疏》经阮元校勘的阮元本,《尚书》《诗经》《论语》《仪礼》《礼记》中的"答",均写作"荅"。以上所引《尚书》《诗经》《论语》《仪礼》中"答"的书证,《十三经注疏》本均作"荅"。再如《礼记•郊特牲》:"君之南乡,荅阳之义也;

臣之北面,答君也。"郑玄注:"答,对也。"

"答"古作"合"。《尔雅·释诂上》:"合,对也。"郭璞注:"皆相当对。"郝懿行疏:"古答问之字直作合。故《左氏宣二年》:'既合而来奔。'杜预注:'合犹答也。'按,《说文》云:'合,亼口也。'亼口,即答之义。"清朱骏声《说文通训定声》:"按,此(合)即今所用之答字。"《睡虎地秦墓竹简·封诊式》:"自杀者必先有故,问其同居,以合其故。"《马王堆汉墓帛书·战国纵横家书·苏秦自赵献书于秦王》:"奉阳君合臣曰……"

【辨】

①词的本义不同。"应"的本义是相当、相对应,"引申为……言语应对之字"(段玉裁注)。《说文·言部》的"䴁"字,可以看作是"应"的今字,分担言语应对义。但新造字"䴁",实际上没有通行。"对"的本义是应对、答问。《仪礼·聘礼》"对曰"下郑玄注:"对,答问也。"又《士冠礼》"冠者对"下郑玄注:"对,应也。""答"的本义为合,相合。

②词义的内涵不同。"应 yìng"还有应允、应和、适应、应验等义。"对"还有面对、对手、配偶、投合等义。"答"还有答应、酬答、报答等义。

允 许 诺 然 可 肯 听(聽)
yǔn xǔ nuò rán kě kěn tīng

【同】 允许,接受或同意他人的意见、主张或要求。

〔允〕《正字通·儿部》:"允,今俗许诺曰允。"南朝梁任昉《齐竟陵文宣王行状》:"既允焚林之求,实兼仪形之寄。"唐陆贽《奉天论李晟所管兵马状》:"语及于此,仍言许去,事亦无妨。遂敕本军,允其所请。"唐李光弼《辞疾让官表》:"臣以素无成效,累加封邑,每经陈让,不蒙允许。""允许",同义连用。《三国演义》第二六回:"(陈)震曰:'倘曹操不允,为之奈何?'"

〔许〕《广韵·语韵》:"许,许可也。"《左传·闵公二年》:"及密,使公子鱼请,不许。"《韩非子·内储说下》:"越王攻吴王,吴王谢而告服,越王欲许之。"《史记·田敬仲完世家》:"魏文侯乃使使言周天子及诸侯,请立齐相田和为诸侯。周天子许之。"唐韩愈《董府君墓志铭》:"明年,立皇太子,有赦令,许归葬。"明凌濛初《初刻拍案惊奇》卷三十九:"天师见州将自来,不得已,方才许诺。""许诺",同义连用。

〔诺〕《老子》第六十三章:"夫轻诺者必寡信,多易必多难。"《吕氏春秋·赞能》:"于是乎使人告鲁曰:'管夷吾,寡人之雠也,愿得之而亲加手焉。'鲁君许诺。"汉刘向《新序·善谋上》:"郑君曰:'吾不能蚤用子,今急而求子,寡人之过也……'烛之武许诺。"按:此语本《左传·僖公三十年》,"许诺",原文为"许"。唐李益《入华山访隐者经仙人石坛》诗:"久负青山诺,今还获所欲。"《古文辞类纂·周䜣止魏王朝秦》:"王谓支期曰:'吾始已诺于应侯矣,今不行者欺之矣。'"

〔然〕《玉篇·火部》:"然,许也。"《汉书·灌夫传》:"夫不好文学,喜任侠,已然诺。"颜师古注:"已,必也。谓一言许人,必信之也。""已然诺",必定履行许诺。《旧唐书·文艺下·李华传》:"华少旷达,外若坦荡,内谨重,尚然许,每慕汲黯为人。""尚然许",重许诺。《新唐书·褚遂良传》:"帝欲自讨辽东。遂良固劝无行:'一不胜,师必再兴;再兴,为忿兵。兵忿者,胜负不可必。'帝然可。""然可",同义连用,接受或同意。

〔可〕《广韵·哿韵》:"可,许可也。"《左传·桓公十六年》:"宣姜与公子朔构急子,公使诸齐,使盗待诸莘,将杀之。寿子告之,使行。不可,曰:'弃父之命,恶用子矣?有无父之国则可也。'""不可",不同意。《史记·李斯列传》:"始皇可其议,收去《诗》《书》及百家之语以愚百姓,使天下无以古非今。"《旧五代史·王峻传》:"太祖从而顺之,则忻然而退;稍未允可,则应声而愠。""允可",同义连用。元刘壎《隐居通议·诗歌一》:"庭玉他日或可予斯言,或笑而哀之。"

〔肯〕 偏重于同意。《尔雅·释言》:"肯,可也。"清郝懿行疏:"按,意所善曰可。"《左传·文公十六年》:"公有疾,使季文子会齐侯于阳榖,请盟。齐侯不肯,曰:'请俟君间。'""不肯",不许或不同意。汉刘向《说苑·贵德》:"东海有孝妇,无子,少寡,养其姑甚谨。其姑欲嫁之,终不肯。"汉王充《论衡·非韩篇》:"使韩子闻善,必将试之;试之有功,乃肯赏之。"宋王明清《挥尘三录》卷三:"诸将皆喜云:'此亦何难?'彦舟亦首肯。""首肯",点头同意。

〔听〕(聽) 繁体字作"聽"。《吕氏春秋·知士》:"静郭君辞,不得已而受,十日谢病,强辞,三日而听。"高诱注:"听,许。"《汉书·终军传》:"军遂往说越王,越王听许,请举国内属。""听许",同义连用。《后汉书·肃宗孝章帝纪》:"今肥田尚多,未有垦辟……所过县邑,听半入今年田租,以劝农夫之劳。"清赵翼《陔余丛考·未葬亲不许入仕》:"魏晋之制,祖、父未葬者,不听服官。""不听服官",即"不许入仕"。

【辨】

①词的本义不同。"允"的本义是诚信。《说文》:"允,信也。"《尔雅·释诂上》:"允,信也。"又:"允,诚也。"允诺一般都建立在信任的基础上,约在南北朝时期又引申出允诺义。"许"的本义是听从而许之。《说文》:"许,听也。"段注本从徐锴《说文系传》作"听言也。"并注曰:"听从之言也。"清朱骏声《说文通训定声》:"按,听从其言也。"清桂馥《说文义证》:"本书'从'下云:'相听也。'徐锴本作'相听许也。'""诺"的本义是应答声。《说文》:"诺,应也。"段玉裁注:"口部曰:'唯,诺也。'唯、诺有急缓之别,通言之则皆应也。"引申为许可。清桂馥《说文义证》引《管子·形势解》:"圣人之诺已也,先论其义理,计其可否。义则诺,不义则已;可则诺,不可则已。""然"的本义是燃烧。清朱骏声认为假借为"嘫"。《说文通训定声》:"《说文》:'嘫,应声也。'谓相应之声。经传皆以'然'为之。"《说文》虽有"嘫"字,但不见书证。段玉裁则认为是"尔"的转语。《说文》"然"下段注:"通假为语词,训为'如此','尔'之转语也。""然"作为语词如此或应声义,一般都表示同意或肯定。后又引申出然诺、允诺义。"可"的本义是肯定,即表示认可。《说文》:"可,肯也。"引申为许可。清朱骏声《说文通训定声》:"按,许词也。《礼记·玉藻》:'(笏,天子以球玉)士竹本,象可也。'疏:'言可者,通许之辞。'《曾子问》:'不可。'疏:'不可,不许之辞。'""肯"《说文》写作"肎",本义是附着在骨头上的肉。《说文》:"肎,骨肉间肎肎箸也。"引申为许可。段玉裁注:"肎肎,附箸难解之皃……按,肎之言可也,故心所愿曰肎。""听"的繁体字作"聽",《说文》收在耳部,本义是耳朵接受声音。《说文》:"聽,聆也。"引申为听从,又引申为允许。清朱骏声《说文通训定声》:"[转注]……《吕览·知士》:'三日而听。'注:'许也。'"

②词义的内涵不同。"允"还有诚信、公允、诚然等义。"许"还有给予、赞许、期望、相信、处所、或许、约数、姓氏等义。"诺"还有应词(应答声)、古时在公文之尾签字表示许可叫"诺"等义。"然"还有如此、是的、然而、形容词或副词词尾等义。"可"还有能够、值得、是或对、适合、病愈、约略、却等义。"肯"还有愿意、能够等义。"听"还有感知声音、听取

听从、治理、审理（断狱）、听凭、听候、"厅"的古字等义。

耻（恥） 辱
chǐ　　rǔ

【同】名声或人格受到损害。

〔耻〕（恥）"耻",《说文》作"恥"。《说文》："恥,辱也。"《周礼·地官·司救》："三罚而士加明刑,耻诸嘉石,役诸司空。"郑玄注："嘉石,朝士所掌,在外庙之门左,使坐焉以耻辱之。"《吕氏春秋·顺民》："越王苦会稽之耻,欲深得民心,以致必死于吴。"高诱注："耻,辱也。"《史记·司马相如列传》："卓王孙闻而耻之,为杜门不出。"汉王充《论衡·定贤篇》："若伯夷之徒,昆弟相让以国,耻有分争之名。"按："耻",古籍中一般都写作"恥"。

〔辱〕《说文》："辱,耻也。"《荀子·正论》："人皆以侮为辱,故斗也;知见侮之为不辱,则不斗也。"《礼记·儒行》："儒有可亲而不可劫也,可近而不可迫也,可杀而不可辱也。"《吕氏春秋·慎行》："郄宛曰：'我,贱人也,不足以辱令尹。令尹必来辱,我且何以给待之？'"《战国策·齐策六》："今死生荣辱,尊卑贵贱,此其一时也。"汉王充《论衡·累害篇》："身完全者谓之洁,被毁谤者谓之辱。"

【辨】

①词的本义略有不同。"耻"是因名声或人格受到损害而感到羞愧,可引申为羞愧、惭愧。《国语·晋语四》："秦伯谓其大夫曰：'为礼而不终,耻也；中不胜貌,耻也；华而不实,耻也；不度而施,耻也；施而不济,耻也。'""辱"是因名声或人格受到损害而感到屈辱,可引申为侮辱。《左传·昭公五年》："若吾以韩起为阍,以羊舌肸为司宫,足以辱晋。"汉司马迁《报任安书》："灌夫受辱于居室。"

②语法功能有所不同。"耻"后如有宾语时,一般是意动用法。《论语·公冶长》："子曰：'敏而好学,不耻下问,是以谓之文也。'""不耻下问",不以下问为耻。《史记·伍子胥列传》："子胥耻其计谋不用,乃反怨望。""子胥耻其计谋不用",以其计谋不用为耻。

"辱"后如有宾语时,一般是使动用法。《论语·子路》："子曰：'行己有耻,使于四方,不辱君命,可谓士矣。'""不辱君命",不使君命受到屈辱。《史记·廉颇蔺相如列传》："夫以秦王之威,而相如廷斥之,辱其群臣。""辱其群臣",使其群臣受到屈辱。

③词义的内涵不同。"耻"还有羞愧、辨别是非荣辱、道德规范义(《管子·牧民》:"国有四维。何谓四维?一曰礼,二曰义,三曰廉,四曰耻。")。"辱"还有污浊、挫折义。

惭(慙) 愧(媿)
<small>cán　　　　kuì</small>

【同】 因自己在某些方面的不足或错误而感到羞愧。

〔惭〕(慙) "惭",《说文》作"慙",古籍中一般写作"慙"。《说文》:"慙,媿也。"《吕氏春秋·诬徒》:"归则愧于父母兄弟,出则惭于知友邑里。"《史记·苏秦列传》:"(苏秦)出游数载,大困而归。兄弟嫂妹妻妾窃皆笑之,曰:'周人之俗,治产业,力工商,逐什二以为务。今子释本而事口舌,困,不亦宜乎?'苏秦闻之而惭,自伤,乃闭室不出,出其书遍观之。"汉王充《论衡·量知篇》:"贫人富人并为宾客,受赐于主人。富人不惭而贫人常愧者,富人有以效,贫人无以复也。"

〔愧〕(媿) "愧",《说文》作"媿"。《说文》:"媿,慙也。"《韩非子·外储说右下》:"王因使人问之……阎遏、公孙衍愧不敢言。"《淮南子·精神训》:"延陵季子不受吴国,而讼间田者惭矣;子罕不利宝玉,而争契券者愧矣。"《史记·陈丞相世家》:"居顷之,孝文皇帝既益明习国家事,朝而问右丞相勃曰:'天下一岁决狱几何?'勃谢曰:'不知。'问:'天下一岁钱谷出入几何?'勃又谢不知,汗出沾背,愧不能对。"汉王充《论衡·四讳篇》:"权可哀之身送可痛之尸,使先祖有知,痛尸哀形,何愧之有?如使无知,丘墓,田野也,何惭之有?"

【辨】

①语法功能不同。"惭""愧"都是不及物动词,以不带宾语为常。但"愧"有时带宾语,"惭"则极少带宾语。"愧"带宾语时,一般有两种情况:一种情况是所带的宾语表示"愧"的原因,一种情况是使动用法。前者如:《战国策·齐策四》:"是以君王无羞亟问,不愧下学。""不愧下学",不因下学而感到惭愧。《淮南子·泰族训》:"且夫圣人者,不耻身之贱而愧道之不行。""愧道之不行",因道之不行而感到惭愧。《史记·孝文本纪》:"今吾闻祠官祝釐,皆归福朕躬,不为百姓,朕甚愧之。""朕甚愧之",

我因此而甚感惭愧。

后者如:《战国策·齐策四》:"公孙弘敬诺,以车十乘之秦。昭王闻之,而欲愧之以辞。""欲愧之以辞",打算用言辞使他羞愧。《史记·刺客列传》:"然所以为此者,将以愧天下后世之为人臣怀二心以事其君者也。""将以愧"句,打算以此使天下或后代心怀二意不能忠心耿耿侍奉国君的臣子感到惭愧。《越绝书》卷五:"昔者吴王夫差不顾义而愧吾王。""愧吾王",使吾王受到愧辱。

②"愧"有时可用作名词。《史记·刺客列传》:"臣左手把其袖,右手揕其匈,然则将军之仇报而燕见陵之愧除矣。""惭"一般不能用作名词。

畏 惮 恐 惧 怖 惶 悸 慄(栗) 怕
wèi dàn kǒng jù bù huáng jì lì pà

【同】遇到危险或困难心中感到不安或恐慌。

〔畏〕《广雅·释诂二》:"畏,惧也。"《广韵·未韵》:"畏,畏惧。"《老子》第七十四章:"民不畏死,奈何以死惧之?"《战国策·赵策三》:"先生独未见夫仆乎?十人而从一人者,宁力不胜,智不若耶?畏之也。"《史记·乐书》:"故先王之喜怒皆得其齐矣。喜则天下和之,怒则暴乱者畏之。"

〔惮〕《诗经·大雅·云汉》:"我心惮暑,忧心如薰。"郑玄笺:"惮,犹畏也。"《左传·哀公二十年》:"今君在难,无恤不敢惮劳。"《史记·吕后本纪》:"吕禄、吕产欲发乱关中,内惮绛侯、朱虚等,外畏齐、楚兵……犹豫未决。"汉刘向《说苑·复恩》:"君不能报臣之功,而惮刑赏者,亦乱之基也。"《后汉书·度尚传》:"尚为辽东太守,数月,鲜卑率兵攻尚,与战,破之,戎狄惮畏。"

〔恐〕《说文》:"恐,惧也。"《国语·鲁语上》:"齐后见使者曰:'鲁国恐乎?'对曰:'小人恐矣,君子则否。'"《韩非子·说疑》:"临难不恐,上虽严刑,无以威之。"《史记·吕后本纪》:"太后怒,乃令酌两卮酖,置前,令齐王起为寿。齐王起,孝惠亦起,取卮欲俱为寿。太后乃恐,自起泛孝惠卮。"《素问·藏气法时论》:"善恐,如人将捕之。"王冰注:"恐,谓恐惧,魂不安也。"汉王充《论衡·雷虚篇》:"宋王行其言,群臣畏惧……宋国大恐。"

〔惧〕《说文》:"惧,恐也。"《广韵·遇韵》:"惧,怖惧。"《正字通·心部》:"惧,恐怖也。"《易经·系辞下》:"其出入以度,外内使知惧。"孔颖达疏:

"使知畏惧凶咎而不为也。"《论语·子罕》:"仁者不忧,勇者不惧。"邢昺疏:"勇者果敢,故不恐惧。"《韩非子·难四》:"及昭公即位,惧其杀己也,辛卯,弑昭公而立子罩也。"《史记·孙子吴起列传》:"吴起惧得罪,遂去,即之楚。"《汉书·武帝纪》:"迫隆冬至,朕惧其饥寒不活。"

〔怖〕"怖",《说文》作"悑"。《说文》:"悑,惶也。怖,或从布声。"《广雅·释诂二》:"怖,惧也。"《广韵·暮韵》:"怖,惶惧也。"《韩非子·喻老》:"昔者纣为象箸而箕子怖。"《昭明文选·宋玉〈神女赋〉》:"意离未绝,神心怖覆。"李善注:"谓恐怖而反覆也。"《淮南子·诠言训》:"故福至则喜,祸至则怖。"宋苏轼《黄州上文潞公书》:"至宿州,御史符下,就家取文书,州郡望风,遣吏发卒,围船搜取,老幼几怖死。"

〔惶〕《说文》:"惶,恐也。"《广雅·释诂二》:"惶,惧也。"《战国策·燕策三》:"(秦王)方急时,不及下召兵,以故荆轲逐秦王,而卒惶急无以击轲,而乃以手共搏之。"《史记·万石张叔列传》:"建为郎中令,书奏事,下,建读之,曰:'误书!马者与尾当五,今乃四,不足一。上谴死矣。'甚惶恐。"汉王符《潜夫论·卜列》:"孟贲狎猛虎而不惶。"

〔悸〕汉王逸《九思·悼乱》:"惶悸兮失气,踊跃兮距跳。"王延寿注:"悸,惧也。"《后汉书·梁节王畅传》:"肌慄心悸,自悔无所复及。"唐韩愈《南海神庙碑》:"又当祀时,海常多大风,将往皆忧慼。既进,观顾怖悸,故常以疾为解。"宋苏轼《巫山》诗:"苍崖忽相逼,绝壁凛可悸。"

〔慄〕(栗)《尔雅·释诂下》:"慄,惧也。"《诗经·秦风·黄鸟》:"临其穴,惴惴其慄。"毛传:"慄,惧也。"《庄子·人间世》:"吾甚慄之。"陆德明释文引李颐曰:"慄,惧也。"唐韩愈《燕河南府秀才》诗:"鄙夫忝县尹,愧慄难为情。"唐司空图《唐故太子太师致仕卢公神道碑》:"吏士慄缩,皆请闭关拒守。""慄缩",畏缩。

"慄"也写作"栗"。《论语·八佾》:"哀公问社于宰我。宰我对曰:'夏侯氏以松,殷人以柏,周人以栗,曰使民战栗。'"《汉书·杨恽传》:"下流之人,众毁所归,不寒而栗。"颜师古注:"栗,竦缩也。"

〔怕〕《玉篇·心部》:"怕,恐怕也。"《广韵·祃韵》:"怕,怕惧。"唐杜甫《官定后戏赠》诗:"老夫怕趋走,率府且逍遥。"唐元稹《侠客行》诗:"侠客不怕死,怕死事不成。"宋辛弃疾《祝英台近·晚春》词:"怕上层楼,十日九风雨,断肠片片飞红,都无人管,更谁劝流莺声住?"元关汉卿《窦娥冤》第三折:"天地也,做得个怕硬欺软,却原来也这般顺水推船。"

【辨】
①词的本义略有不同。"畏"的本义是对威严、威势产生恐惧。《左传·襄公三十一年》:"有威而可畏谓之畏。"《释名·释言语》:"威,畏也,可畏惧也。"有威则令人生畏。《孟子·尽心上》:"善政民畏之。"《礼记·曲礼上》:"龟为卜,筴为筮。卜筮者,先圣王之所以使民信时日,敬鬼神,畏法令也。"孔颖达疏:"君行法令,若依卜筮而为之,则民敬而畏之也。"

"惮"的本义是害怕困难。《说文》:"惮,忌难也。"段玉裁注:"畏难曰惮,以难相恐吓亦曰惮。"《左传·襄公十四年》:"君惮告子。"杜预注:"难以游戏烦大臣。"《孟子·滕文公上》:"且许子何为不陶冶,舍皆取诸宫中而用之?何为纷纷然与百工交易?何许子之不惮烦?"

"恐"的本义含有惶恐不安义。明杨时伟《正韵笺》:"恐有惊惶之意。"《国语·鲁语上》:"齐侯见使者曰:'鲁国恐乎?'对曰:'小人恐矣,君子则否。'"汉桓宽《盐铁论·论勇》:"荆轲提匕首入不测之强秦,秦王惶恐失守备,卫者皆惧。"

"惧"的本义含有戒惧警惕义。《左传·成公十六年》:"唯圣人能内外无忧。自非圣人,外宁必有内忧,盍释楚以为外惧乎?""外惧",指外部存在敌国,可使自己经常保持戒惧。汉韩婴《韩诗外传》卷七:"孔子曰:'明王有三惧:一曰处尊位而恐不闻其过也,二曰得志而恐骄,三曰闻天下之至道而恐不能行。'""三惧",指必须警惕的三点。

"怖"的本义含有惊怖不安义。《说文》:"怖,惶也。"《广韵·暮韵》:"怖,惶惧也。""悸"的本义是因害怕而心跳。《说文》:"悸,心动也。""惶"的本义含有惊惶失措义。《战国策·燕策三》:"秦王之方还柱走,卒惶急不知所为。""慄"的本义含有因惧怕而战栗义。《广雅·释言》:"慄,战也。"北周庾信《竹杖赋》:"于是无惧而慄,不寒而战。""怕"约产生于南北朝时期,可能是当时的口语词。按:《说文》收有"怕 bó"字,释为"无为也",意为淡泊无为。"怕"字因用于惧怕义,淡泊义遂为借字"泊"所专。

②语法功能不同。"畏""恐""惧""怖"等有使动用法,使害怕。如《战国纵横家书·苏秦谓齐王章》:"天下之兵皆去秦而与齐争宋地,此其为祸不难矣。愿王之毋以此畏三晋也。""畏三晋",使三晋畏惧。《汉书·广川惠王传》:"谓去曰:'前杀昭平,反来畏我,今欲糜烂望卿,使不能

神。'颜师古注："令我恐畏也。"《淮南子·俶真训》："死不足以禁之,害何足以恐之?""恐之",使之恐惧。唐贾岛《暮过山村》诗："怪禽啼旷野,落日恐行人。""恐行人",使行人恐惧。《左传·昭公二十五年》："公执戈以惧之,乃走。""惧之",使之惧怕。《汉书·云敞传》："宇与吴章谋,夜以血涂莽门,若鬼神之戒,冀以惧莽。""惧莽",使(王)莽惧怕。《后汉书·第五伦传》："其巫祝有依托鬼神,诈怖愚民,皆案论之。""怖愚民",使愚民恐怖。宋范正敏《遯斋闲览·麻胡》："今人呼麻胡,以怖小儿。""怖小儿",使小儿害怕。"惮""惶""悸""慄",一般没有使动用法。

③词义的内涵不同。"畏"还有敬服、畏避、疑虑等义。"惮"还有忌恨、盛怒义。"恐"还有恐怕、忧虑义。"惧"一般只用于惧怕、戒惧义。"怖"只有害怕义。"惶"还有迷惑义。"悸"只有惧怕、心跳义。"慄"还有颤抖义。

欺 诈 诳 诓 诒(绐) 诬 谩 谬(缪) 骗

qī zhà kuáng kuāng dài wū mán miù piàn

[同] 欺骗,用虚假的言辞或行动掩盖事实真相,使人上当。

〔欺〕《说文》："欺,诈也。"《论语·子罕》："吾谁欺,欺天乎?"《孟子·滕文公上》："从许子之道,则市贾不贰,国中无伪,虽使五尺之童适市,莫之或欺。"《韩非子·外储说左下》："故明主者,不恃其不我叛,恃吾不可叛也;不恃其不我欺,恃吾不可欺也。"汉王充《论衡·祸虚篇》："商鞅欺旧交,擒魏公子卬,后受诛死之祸。"

〔诈〕《说文》："诈,欺也。"《左传·宣公十五年》："我无尔诈,尔无我虞。"《韩非子·难一》："舅犯所谓'不厌诈伪'者,不谓诈其民,谓诈其敌也。"《史记·楚世家》："楚王怒曰:'秦诈我而又强要我以地!'"汉王充《论衡·儒增篇》："人有上书告新垣平所言神器事皆诈也,于是下平事于吏,吏治诛新垣平。"

〔诳〕《说文》："诳,欺也。"《国语·晋语二》："民疾其态,天又诳之。"《礼记·曲礼上》："幼子常视毋诳。"郑玄注："诳,欺也。"《韩非子·和氏》："楚人和氏得玉璞楚山中,奉而献之厉王。厉王使玉人相之。玉人曰:'石也。'王以和为诳,而刖其左足。"《列子·仲尼》："(公孙)龙诳魏王曰:'有意不心,有指不至,有物不尽,有影不移……其负类反伦,不可胜言也。"唐皮日休《橡媪叹》诗:"自冬及于春,橡实诳饥肠。"

〔诓〕《广韵·漾韵》:"诓,谬言。"《史记·郑世家》:"晋景公欲发兵救宋……乃求壮士,得霍人解扬,字子虎,诓楚,令宋毋降。"明李日华《南西厢记·衣锦还乡》:"你不仁不义,诓骗人妻,奏过官里,明证其罪。"明郭勋《雍熙乐府·一枝花·我往这猪市中向北行》:"你常是赖了人钱,诓了人钞,苦了人物。"明沈受先《三元记·空归》:"你那诓财背义真禽兽,你去忘忧恣花酒。"

〔诒〕(绐)《说文》:"诒,相欺诒也。"段玉裁注:"郭注《方言》云:'汝南人呼欺亦曰诒。'诒音殆。《史》《汉》多假'绐'为之。"《广雅·释诂二》:"诒,欺也。"汉徐幹《中论·考伪》:"父盗子名,兄窃弟誉,骨肉相诒,朋友相诈:此大乱之道也。"《列子·仲尼》:"吾笑(公孙)龙之诒孔穿。"张湛注:"诒,欺也。"清蒲松龄《聊斋志异·劳山道士》:"诒之曰:'执此术也以往,可以横行而无碍。'"

"诒"也写作"绐"。《玉篇·糸部》:"绐,欺也。"《穀梁传·僖公元年》:"内不言获,此其言获,何也?恶公子之绐。"范宁注:"绐,欺绐也。"《史记·项羽本纪》:"项王至阴陵,迷失道,问一田父,田父绐曰:'左。'左,乃陷大泽中。"裴骃集解引文颖曰:"绐,欺也。欺令左去。"宋王安石《同昌叔赋雁奴》诗:"偷安与受绐,自古有亡国。"

〔诬〕《广雅·释诂二》:"诬,欺也。"《左传·襄公十四年》:"定姜曰:'无神何告?若有,不可诬也。'"杜预注:"诬,欺也。"《孟子·滕文公下》:"杨、墨之道不息,孔子之道不著,是邪说诬民,充塞仁义也。"《礼记·乐记》:"诬上行私而不可止也。"郑玄注:"诬,罔也。"唐刘知几《史通·书志》:"讵知后生可畏,来者难诬者邪!"

〔谩〕《说文》:"谩,欺也。"《墨子·非儒下》:"且夫繁饰礼乐以淫人,久丧伪哀以谩亲。"《史记·淮南衡山列传》:"吏觉知,使长安尉奇等往捕开章,长匿不予,与故中尉蒭忌谋,杀以闭口,为棺椁衣衾,葬之肥陵邑,谩吏曰:'不知安在。'"司马贞索隐:"谩,诳也。"唐柳宗元《骂尸虫文》:"潜下谩上,恒其心术,妒人之能,幸人之失。"

〔谬〕(缪)《广雅·释诂二》:"谬,欺也。"《玉篇·言部》:"谬,诈也。"《燕丹子》卷上:"欲求归,秦王不听,谬言:'令乌白头,马生角,乃可许耳。'"《史记·范雎蔡泽列传》:"应侯知蔡泽之欲困己以说,复谬曰:'何为不可?'""谬"也写作"缪"。《晋书·李意传》:"侵剥百姓,以缪惑朝士。"

〔骗〕《字汇·马部》:"骗,今作诓骗字。"宋刘克庄《庚申召对》:"臣惟国家数年来,凶相弄权,以富强自诡,辅圣天子而行霸政,为天下宰而设骗局。"宋周密《癸辛杂识续集·乌贼得名》:"盖其腹中之墨可写伪契券,宛然如新,过半年则淡然如无字。故狡者专以为骗诈之谋,故谥曰贼云。"明姚茂良《精忠记·争裁》:"虽则是本分营生,免不得东骗西骗。"

【辨】

①词的本义有所不同。"欺"的本义侧重于心虚理亏而欺骗。清徐灏《说文解字注笺》:"戴氏侗曰:'欺,气馁也,引之为欺绐。欺于心者馁于气。别作諆。'灏按,戴说从欠之义甚精。《大学》曰:'所谓诚其意者毋自欺也。'诚与诈正相反。""诈"的本义侧重于诈伪弄假。《尔雅·释诂下》:"诈,伪也。""诳"的本义侧重于欺罔蒙蔽。张舜徽《说文解字约注》:"舜徽按:诳之为言罔也,谓蒙蔽之也。""诓",《说文》无,首见于《史记》,但《史记》中仅上文一例。《玉篇·言部》:"诓,狂言也。"疑"诓"是以狂言骗人。"诒",是汝南(今河南上蔡)的方言词。"诬"的本义是凭空捏造,不符合事实,引申为欺罔。"谩"的本义是以狡慧的言辞骗人。《方言》卷一:"虔、儇,慧也。秦谓之谩。""谬"的本义是大言欺人。《说文》:"谬,狂者之妄言也。""骗",后起字,《说文》有"諞"字,解释为"便巧言也",意即花言巧语。

②词义的内涵不同。"欺"还有欺压、压倒等义。"诈"还有假装义。"诳"还有虚伪义。"诓"还有狂言义。《玉篇·言部》:"诓,狂言也。"(但不见书证)"诒 dài"只有欺骗义。"诬"还有诬蔑、毁谤义。"谩"还有诋毁义。"谬"还有荒谬、差错义。"骗"与"諞"相关的还有引诱义(按:"骗"另有跃上马、骑马义)。

yù   sòng
狱　讼

【同】诉讼,俗称打官司。

〔狱〕《诗经·召南·行露》:"谁谓女无家,何以速我狱?"陆德明释文引卢植云:"狱,谓相质觳争讼者也。"《周礼·秋官·大司寇》:"以两剂禁民狱。"郑玄注:"狱,谓相告以罪名者。"贾公彦疏:"云'狱,谓相告以罪名者',对前相告以货财为讼也。"《国语·周语中》:"夫君臣无狱……不可听也。君臣皆狱,父子将狱,是无上下也。"韦昭注:"狱,讼也。"《史记·五帝本纪》:"诸侯朝觐者不之朱丹而之舜,狱讼者不之朱丹而之舜。""狱讼",同义连用。

〔讼〕《正字通·言部》:"讼,《六书故》:争曲直于官有司也。"《周礼·地官·大司徒》:"凡万民之不服教而有狱讼者,与有地治者听而断之。"郑玄注:"争罪曰狱,争财曰讼。"贾公彦疏:"云'争罪曰狱,争财曰讼'者,案,《秋官·大司寇》云:'以两造禁民讼。以两剂禁民狱。''狱''讼'相对,故狱为争罪,讼为争财。若'狱''讼'不相对,则争财亦为狱。"《礼记·曲礼上》:"分争辩讼,非礼不决。"孔颖达疏:"郑云:'争罪曰狱,争财曰讼。'……对文异耳,散则通名……是争罪亦曰讼也。"汉王充《论衡·物势篇》:"讼必有曲直,论必有是非。"清李汝珍《镜花缘》第十二回:"讼端既起,彼此控告无休。"

【辨】

①词的本义不同。"狱"的本义是相争。《说文》:"狱,确也。从狱从言,两犬所以守也。"段玉裁注:"狱字从狱者,取相争之义。"清朱骏声《说文通训定声》:"按,狱,两犬相争也。"引申为狱讼义。清徐灏《说文解字注笺》:"按,狱之引申为罪为讼。《郑语》:'褒人有狱。'韦注:'狱,罪也。'《周语》:'夫君臣无狱。'注:'狱,讼也。'""讼"的本义是对质于公庭。《说文》:"讼,争也。从言公声。"清王筠《说文句读》:"《讼卦》释文:'讼,争也,言之于公也。'"

②词义的内涵不同。"狱"还有牢狱义。"讼"还有争论、为人辩冤、责备等义。

假　借
<small>jiǎ　jiè</small>

【同】暂时使用别人的物或钱(向人借),或让别人暂时使用自己的物或钱(借给人)。

〔假〕假借的"假",《说文》本字作"叚"。《说文》:"叚,借也。"段玉裁注:"此'叚'云'借也'。然则凡云假借,当作此字。"《广雅·释诂二》:"假,借也。"《玉篇·人部》:"假,借也。"《广韵·马韵》:"假,借也。"古籍中一般都写作"假"。《左传·僖公五年》:"晋侯复假道于虞以伐虢。"《韩非子·十过》:"若受吾币不假之道,将奈何?"(《穀梁传·僖公二年》为"如受吾币而不借吾道,则如之何?")以上例句的"假",是向人借。《左传·成公二年》:"唯器与名不可以假人……若以假人,与人政也。"孔颖达疏:"唯车服之器与爵号之名不可以借人也……若以名器借人,则是与人政也。"《后汉书·孝安帝纪》:"癸巳,诏以鸿池假与贫民。"李贤注:"假,借也。"以上例句的"假",是借给人。

〔借〕 小徐本《说文》无"借"字。大徐本《说文》新增的十九个字中,"借"字是其中之一。《说文》:"借,假也。"《玉篇·人部》:"借,假借也。"《正字通·人部》:"借,假也,贷也。"《左传·襄公十九年》:"今将借人之力以救其死,若之何铭之?"《韩非子·说林上》:"魏文侯借道于赵而攻中山,赵肃侯将不许。"以上例句的"借",是向人借。《论语·卫灵公》:"有马者借人乘之。"《韩非子·内储说下》:"权势不可以借人。"以上例句的"借",是借给人。

【辨】

①词的语源不同。"假""叚"同源。清桂馥《说文义证》:"本书(指《说文》)所谓'非真'(指《说文》对'假'字的训释)者,当作'叚'字。叚,借也。汉假司马之类,唐谓之借职也。"张舜徽《说文解字约注》:"窃谓假借之假,真假之假,本实一字,古但作叚,后人加人旁耳。"

"借"和"藉",同一语源。清朱骏声《说文通训定声》:"此字(指'借'字)徐铉补入《说文》,为十九文之一。按,即'藉'字之转注(指引申),古只作'藉'。"《礼记·王制》:"古者公田藉而不税。"郑玄注:"藉之言借也,借民力治公田,美恶取于此,不税民之所自治也。"汉应劭《风俗通·祀典》:"古者,使民如借,故曰'藉田'。"

②词义的内涵不同。"假"还有凭借、暂时代理职务、雇赁等义。"借"还有帮助、推重、凭借等义。

zū lìn
租 赁

【同】 租入或租出,用钱或物约定的临时使用关系。

〔租〕 "租"的租赁义产生较晚,约在魏晋以后始有此义。《北史·斛律光传》:"帝又以邺清风园赐提婆租赁之。""租赁",指出租房屋。明凌濛初

《初刻拍案惊奇》卷一五:"今因主家租钱连年不楚,他家日来催小弟出屋,老母忧愁成病,以此烦恼。""租钱",即租金,对房主来说,是出租房屋的钱,对房客来说,是租用房屋的钱。清吴敬梓《儒林外史》第三三回:"当下房牙子同房主人跟到仓卢家写定租约,付了十六两银子。""租约",确定租赁关系的契约。按:"租"早期用于田赋或与田赋有关的意义,魏晋以后虽开始有租赁义,但主要用"赁","租"的使用不如现在广泛。

〔赁〕①租入。《集韵·沁韵》:"赁,以财雇物。"汉桓宽《盐铁论·通有》:"弦高贩牛于周,五羖赁车入秦。"元杨朝英《双调·水仙子》:"依山傍水盖茅斋,旋买奇花赁地栽。"清珠泉居士《续板桥杂记·丽品》:"先是姬赁居洞神宫前马妪家,斗室两间,殊苦窄陋。""赁居",指租入房屋居住。明凌濛初《初刻拍案惊奇》卷一五:"小弟自同老母搬往城中,赁房居住。"②租出。北魏杨衒之《洛阳伽蓝记·城西》:"里内之人以卖棺椁为业,赁辀车为事。"宋赵彦卫《云麓漫钞》卷四:"富家巨室,竞造房廊,赁金日增。""赁金",这里指出赁房屋所得到的金额。清李宝嘉《文明小史》第七回:"自己只得住一进厅房,其余的赁与两家亲戚同住。"

【辨】

①本义不同。"租"的本义是田赋,即政府按田亩向农民征收的赋税。古汉语中的"租"一般多用于租税义。如"租民"(交纳田赋的人)、"租车"(交纳租赋的车)、"租船"(运送租粮的船)、"租税"(田赋和税收)、"租徭"(田赋和徭役)、"租责"(所欠的田赋,责是债的古字)等。"赁"的本义是雇佣。《说文》:"赁,庸也。""庸"、"佣(傭)"的古字。

②词义内涵不同。"租"还有税收、租金、积聚等义。"赁"还有借入、借出、给受雇者的报酬等义。

zhì　zhuì　tiē
质　赘　贴

【同】抵押,典当,用财物或人作为保证以取得信任。

〔质〕《说文》:"质,以物相赘。"《左传·隐公三年》:"故周郑交质,王子狐为质于郑,郑公子忽为质于周。"《战国策·赵策四》:"于是为长安君约车百乘,质于齐,齐兵乃出。"晋干宝《搜神记》卷八:"边屯守将皆质其妻子,名曰'保质'。"北魏薛虎子《上疏请宽省征调》:"或有货易田宅,质妻卖子,呻吟道路,不可忍闻。"明徐弘祖《徐霞客游记·粤西游日记一》:"不半里,过一村,以衣质梯,复肩至岩中,缘拭数字,尽录无遗。"

〔赘〕《说文》:"赘,以物质钱。"段玉裁注:"若今人之抵押也。"《淮南子·本经训》:"居者无食,行者无粮,老者不养,死者不葬,赘妻鬻子,以给上求,犹弗能澹。"《汉书·严助传》:"间者,数年岁比不登,民待卖爵赘子以接衣食。"颜师古注:"如淳曰:'淮南俗,卖子与人作奴婢,名为赘子。三年不能赎,遂为奴婢。'师古曰:'赘,质也。'"

〔贴〕大徐本《说文》新附字:"贴,以物为质也。"《玉篇·贝部》:"贴,以物钱也。"南朝梁任昉《奏弹刘整》:"整兄寅以当伯贴钱七千,共众作田。寅罢西阳郡还,虽未别火食,寅以私钱七千赎当伯,仍使上广州去。"《南史·蔡廓传》:"百姓杨元孙以婢采芝贴与同里黄权,约生子,酬乳哺直。"唐李峤《谏建白马坂大像疏》:"亦有卖舍贴田,以供王役。"《宋书·何承天传》:"时有尹嘉者,家贫,母熊(母名)自以身贴钱,为嘉偿责(债)。"

【辨】

①词的本义略有不同。质,是指以人或物作为抵押物。《说文》:"质,以物相赘。"南唐徐锴《说文解字系传》:"臣锴曰:质,实也。事疑虚,以人、物实之也。"即事疑有虚,用人或物作抵押,以消除怀疑。赘,是指抵押的行为。《说文》:"赘,以物质钱。"清桂馥《说文义证》:"以物质钱者,《汉书·贾谊传》:'家贫子壮则出赘。'应劭曰:'出作赘婿也。'颜注:'家贫,无有聘,则以身为质也。'""贴"的本义是以物(包括人)相典押。《说文》:"以物为质。"

②引申义不同。清徐灏《说文解字注笺》:"《系传》曰'质,实也。'……质必有物,故为质实之义,质疑、质狱皆实之也;故为文质之义;又因之为椹质之质,别作锧。"又:"赘者,以物为质,因之为赘子,引申为赘婿,又为赘疣及凡附赘之偁。""贴"有服帖、贴附、妥帖等引申义。

骂 詈 诟(訽)

mà　lì　gòu

【同】用粗野的话侮辱人。

〔骂〕《说文》:"骂,詈也。"《史记·郦生陆贾列传》:"高帝骂之曰:'迺公居马上而得之,安事《诗》《书》?'"《汉书·郦食其传》:"骑士曰:'沛公不喜儒。诸客冠儒冠来者,沛公辄解其冠,溺其中。与人言,常大骂,未可以儒生说也。'"汉王充《论衡·骨相》:"(卫)青曰:'人奴之道,得不笞骂足矣,安敢望封侯?'"

〔詈〕《说文》:"詈,骂也。"《尚书·无逸》:"厥或告之曰,小人怨汝詈汝。"《韩非子·喻老》:"文王见詈于王门,颜色不变。"《战国策·秦策二》:"楚王曰:'张子以楚不绝齐乎?'乃使勇士往詈齐王。"《史记·张耳陈余列传》:"高祖箕踞詈,甚慢易之。"《汉书·魏豹传》:"今汉王嫚侮人,骂詈诸侯群臣如奴耳。"

〔诟〕(訽)《玉篇·言部》:"诟,骂也。"《左传·哀公八年》:"八年春,宋公伐曹,将还,褚师子肥殿。曹人诟之,不行。"杜预注:"诟,詈辱之。"《魏书·酷吏传·高遵》:"屯逼民家求丝缣,不满意则诟骂不去,强相征求。"《资治通鉴·隋恭帝义宁元年》:"居雅攘袂大诟曰:'此乃反者欲杀我耳!'"胡三省注:"诟,骂也。"宋叶適《中奉大夫太常少卿直秘阁致仕薛公墓志铭》:"太守所遣卒诟于庭,公囚之。守怒,罢。"

"诟"或写作"訽"。《资治通鉴·隋文帝开皇九年》:"(贺若弼)既而耻功在韩擒虎后,与擒虎相訽,挺刃而出。"胡三省注:"訽,骂也。"

【辨】

①词的本义有所不同。"骂"是单纯用恶言侮辱人。《释名·释言语》:"骂,迫也,以恶言被迫人也。"南唐徐锴《说文解字系传》:"臣锴曰:谓以恶言加罔之也。"《广韵·祃韵》:"骂,恶言。"唐慧琳《一切经音义》卷六十六引《考声》:"骂,以恶言相詈辱也。""詈"是在骂人时往往罗列对方的罪名或过失。《正字通·言部》:"詈,罗织其言以相谤也。""诟"的本义是耻辱。《说文》:"诟,謑诟,耻也。"《玉篇·言部》:"诟,耻辱也。"引申为辱骂。

②词义的内涵不同。"骂""詈",只有辱骂义。"诟"还有耻辱义。

咒(呪 祝) 诅(作)

zhòu　　　　　zǔ

【同】诅咒,祈求神降灾祸或咒骂某人。

〔咒〕(呪 祝) 古籍中写作"呪",今写作"咒"。《广韵·宥韵》:"呪,呪诅。"《正字通·口部》:"呪,'呪'与'咒',形体小变,其义则一也。"汉陆贾《新语·资质》:"退而不用(扁鹊),乃使灵巫求福请命,对扁鹊而咒。病者卒死,灵巫不能治也。"北魏杨衒之《洛阳伽蓝记·城西·法云寺》:"京师沙门好胡法者……咒人变为驴马。"《宋史·卢多逊传》:"通达语言,咒诅君父,大逆不道,干纪乱常。"宋石孝友《惜奴娇》词:"冤家,休直待,教人咒骂。"

"咒"的古字写作"祝"。《集韵·宥韵》:"祝,诅也。"《诗经·大雅·荡》:"侯作侯祝,靡届靡究。"毛传:"祝,诅也。"郑玄笺:"王与群臣乖争而相疑,日祝诅其凶咎无极已。"汉王充《论衡·言毒篇》:"南郡极热之地,其人祝树树枯,唾鸟鸟坠。"

〔诅〕(作)《广韵·御韵》:"诅,咒诅。"《尚书·无逸》:"民否则其心违怨,否则厥口诅咒。"孔颖达疏:"诅咒,谓告神明令加殃咎也,以言告神谓之祝,请神加殃谓之诅。"《诗经·小雅·何人斯》:"及尔如贯,谅我不知。出此三物,以诅而斯。"陆德明释文:"以祸福之言相要曰诅。"汉刘向《新序·杂事》:"夫舟车饰则赋敛厚,赋敛厚则民怨诅矣。"《汉书·刑法志》:"其诽谤詈诅者,又先断舌。"明冯梦龙《东周列国志》第七十四回:"百姓怨此二人,入于骨髓,皆云相国纵其为恶,怨詈咒诅,遍于国中。"

"诅"有时也写作"作"。《诗经·大雅·荡》:"侯作侯祝,靡届靡究。"毛传:"作、祝,诅也。"陆德明释文:"作,侧虑反。注同。本或作'诅'。"《管子·轻重己》:"下作之地,上作之天,谓之不服之民。"郭沫若等集校:"俞樾云:两'作'字皆读为'诅',古字通用。"

【辨】

①词的本义不同。"咒"字,《说文》无,其古字作"祝"。"祝"的本义是祭祀时祝赞词的人。《说文》:"祝,主赞词者。"引申为祝告之词。祝告之词兼有善恶两方面。《释名·释言语》:"祝,属(zhǔ)也,以善恶之词相属也。善则为祝愿,恶则为诅咒。""诅"的本义同"咒"。《说文》:"诅,訑也。""訑,诅也。"两字互训。"訑"即"祝(咒的古字)"字。段玉裁"訑"下注:"《玉篇》云:'《说文》:职又切,诅也。'《玄应》六引曰:祝,今作呪,《说文》作訑,之授切。'……若经典则通用'祝',不用'訑'。"

②词义的内涵不同。"咒"还有符咒(僧、道等自称可以驱鬼降神的口诀)义。"诅"还有盟誓义。

kuì　　　　　wèi　zèng　sòng　yí　　jī　　　　lài　xiàn
馈（餽 归）遗 赠 送 贻（诒）赍（賫）赉 献

【同】 赠送,把东西无偿地给人。

〔馈〕(餽 归)《广雅·释诂三》:"馈,遗也。"《左传·襄公二十六年》:"夫人使馈之锦与马。"又《昭公十三年》:"卫人使屠伯馈叔向羹与一筐锦。"《周礼·天官·玉府》:"凡王之献金玉……"郑玄注:"凡致物于人,尊之则曰献,通行曰馈。"孔颖达疏:"'通行曰馈'者,言通行者,上于下,下于上及平敌相于,皆可云馈。"《孟子·万章上》:"昔者有馈生鱼于郑子产,子产使校人畜之池。"

"馈"也写作"餽"或"归"。《孟子·公孙丑下》:"前日于齐,王餽兼金一百而不受;于宋,餽七十镒而受;于薛,餽五十镒而受。"《汉书·礼乐志》:"齐人餽鲁而孔子行。"《论语·阳虎》:"阳虎欲见孔子,孔子不见,归孔子豚。"《仪礼·聘礼》:"君使卿韦弁归饔饩五牢。"郑玄注:"今文'归'或为'馈'。"

〔遗〕《广雅·释诂四》:"遗,送也。"《广韵·至韵》:"遗,赠也。"《韩非子·说林下》:"吾尝好音,此人遗我鸣琴;吾好佩,此人遗我玉环。"《史记·魏公子列传》:"公子闻之,往请,欲厚遗之。不肯受。"汉刘向《说苑·臣术》:"晏子出,公使梁丘据遗之辂车乘马,三返不受。"汉王充《论衡·异虚篇》:"赐人丝缕,犹为重厚,况遗人以成帛与织布乎!"

〔赠〕《说文》:"赠,玩好相送也。"段玉裁注:"赠、送叠韵。《秦风·渭阳》《大雅·韩奕》皆云'何以赠之',毛传、郑笺皆云:'赠,送也。'"《广雅·释诂四》:"赠,送也。"《诗经·郑风·女曰鸡鸣》:"知子之来之,杂佩以赠之。"郑玄笺:"赠,送也。"《左传·僖公二十三年》:"宋襄公赠之以马二十乘。"《礼记·檀弓下》:"子路去鲁,谓颜渊曰:'何以赠我?'"郑玄注:"赠,送也。"《荀子·大略》:"婴闻之,君子赠人以言,庶人赠人以财。"

〔送〕《仪礼·聘礼》:"宾再拜稽首,送币。"《史记·郦生陆贾列传》:"(尉他)赐陆生橐中装直千金,他送亦千金。"唐韩愈《与郑相公书》:"今裴押衙所送二百七十千,足以益业,为遗孀永久之赖。"

〔贻〕(诒) 大徐本《说文》新附字:"贻,赠遗也。从贝台声。经典通用诒。"《诗经·邶风·静女》:"静女其娈,贻我彤管。"《庄子·逍遥游》:"魏王贻我大瓠之种。"汉李延年《羽林郎》诗:"贻我青铜镜,结我红罗裾。"三国魏曹植《朔风诗》:"子好芳草,岂忘尔贻!"

"贻"也写作"诒"。《说文》:"诒……一曰遗(wèi)也。"清王筠《说文句读》:"遗,以醉切。《尔雅•释言》:'贻,遗也。'即此。《说文》无'贻'字。《诗》:'诒尔多福。'(见《小雅•天保》)'贻我佩玖。'(见《王风•丘中有麻》)两字叠见,多寡亦略相当。"宋王安石《送李屯田守桂阳》诗之一:"寄书向江山,诒我峰下石。"清俞樾《春在堂随笔》卷四:"真伪亦不可知,未可听其泯没也。因临数本,分诒好事者。"

〔赍〕(賫)《战国策•齐策四》:"齐王闻之,君臣恐惧,遣太傅赍黄金千斤,文车二驷,服剑一,封书谢孟尝君。"汉王充《论衡•佚文篇》:"扬子云作《法言》,蜀富人赍钱十万,愿载于书。子云不听。"《新唐书•魏徵传》:"帝遣使者至西域立叶护可汗,未还,又遣使赍金帛诸国市马。"

"赍"为"齎"的俗字,本字为"齎"。《说文》:"齎,持遗也。"段玉裁注:"《周礼•掌皮》:'岁终则会其财齎。'注:'予人以物曰齎。'"《广雅•释诂四》:"齎,送也。"《玉篇•贝部》"齎"下收有"赍"字,只注一"俗"字,无解释。《荀子•大略》:"非其人而教之,齎盗粮,借贼兵也。"《战国策•西周策》:"王何不以地齎周最以为太子也。"

〔赉〕《北史•艺术传•李脩》:"车马金帛,酬赉无赀。"明冯梦龙《醒世恒言•李玉英狱中讼冤》:"那老妪乃是贫穷寡妇,倒有些义气。一个从不识面的患病小厮,收留回去,看顾好了,临行又赉赠银两,依依不舍。"清陈鸿墀《全唐文纪事•方外二》:"今差人赉到白乳茶三十斤。"

〔献〕《字汇•犬部》:"献,凡以物相馈,下之于上曰献。"《周礼•天官•玉府》:"凡王之献金玉……"郑玄注:"凡致物于人,尊之曰献,通行曰馈。"《左传•宣公四年》:"楚人献鼋于郑灵公。"《韩非子•和氏》:"楚人和氏得玉璞楚山中,奉而献之厉王。"《战国策•燕策二》:"足下有意为臣伯乐乎?臣请献白璧一双,黄金千镒,以为马食。"

【辨】

①词的本义不同。"馈"的本义是送食物给人。《说文》:"馈,饷也。"《左传》共用"馈"16次,其中有14次用于馈赠食物。《孟子》共有"馈"字4个,全都用于馈赠食物。"遗"的本义是遗失。《说文》:"遗,亡也。"段玉裁注:"《广韵》:'失也,赠也,加也。'按,皆遗亡引申之义也。""赠"的本义是送玩好之物给人。《说文》:"赠,玩好相送也。"《玉篇•贝部》:"赠,

以玩好相送也。"《一切经音义》:"以玩好之物相送曰赠。""送"的本义是为亲友宾客送行。《正字通·辵部》:"赠行曰送。"在先秦时期,"送"多用于送行义。"贻"的本义是赠送。本字作"诒",赠送是"诒"的别义。《说文》:"诒……一曰遗也。""赍"的本字作"齎",本义是持而予之。《说文》:"齎,持遗也。""赉"的本义是给与。《说文》:"赉,赐也。"段玉裁注:"《释诂》曰:'赍、贡、锡、畀、予、贶、赐也。'又'赉,予也。'《小雅》毛传:'赉,予也。'""献"的本义是祭祀用作祭品的犬。"献本祭祀奉牲犬之称"(《说文》"献"下段玉裁注)。

②词义的内涵不同。"馈"还有运送粮食义。"遗wèi"还有给与义。"赠"还有追赠死者官爵或称号义。"送"还有遣送、输送、传送、在后追赶等义。"贻"还有遗留义。"赍"还有携持、交付、怀着等义。"赉"还有赐予义。"献"还有进献、庆贺、显现等义。

赐(锡) 与 予 畀 给(丐 匃)
cì yǔ yǔ bì gěi

【同】 给与,使对方得到东西。

〔赐〕(锡)《说文》:"赐,予也。"《墨子·号令》:"伤甚者令归治病,家善养,予医给药,赐酒日二升,肉二斤。"《汉书·苏武传》:"(李)陵恶自赐(苏)武,使其妻赐武牛羊数十头。"汉王充《论衡·纪妖篇》:"晋公子重耳失国,乏食于道,从耕者乞饭,耕者奉块土以赐公子。"(《左传·僖公二十三年》作"(晋公子重耳)乞食于野人,野人与之块"。)

"赐"也写作"锡"。《尔雅·释诂上》:"锡,予也。"《玉篇·金部》:"锡,铅锡。又与也。"《尚书·尧典》:"师锡帝曰:'有鳏在下,曰虞舜。'"孔安国传:"师,众;锡,与也。"

〔与〕"与"和"與",《说文》是两个字。《说文》:"与,赐予也。一勺为与。此與予同意。"《说文》:"與,党與也。从舁与。"段玉裁注:"会意,共举而与之。"《玉篇·勺部》:"与,赐也……予也。又作與。"清徐灏《说文解字注笺》:"勺部曰:'与,赐予也。'与此(指"與"字)别,二字二义。然舁而与之,仍是赐予之义。盖与、與,古今字耳。"古给与的"与",一般都写作"與"。今,"与"为"與"的简化字。《老子》第六十三章:"将欲夺之,必固与之。"《孟子·万章上》:"万章曰:'尧以天下与舜,有诸?'孟子曰:

'否。天子不能以天下与人。'"《韩非子·十过》:"知伯说,又令人请地于魏。宣子欲勿与,赵葭谏曰:'彼请地于韩,韩与之。今请地于魏,魏弗与。'……如勿予,其措兵于魏必矣,不如予之。"《穀梁传·僖公十年》:"君将食,骊姬跪曰:'食自外来者,不可不试也。'……以脯与犬,犬死。"

〔予〕《尔雅·释诂上》:"予,赐也。"清郝懿行疏:"《周礼·大府》:'币余(指贱价卖出的剩余物资)之赋以待赐予。'此赐、予连文。若单文,则赐亦为予,予亦为赐。赐、予互训,其义俱通。"《诗经·鄘风·干旄》:"彼姝者子,何以予之?"(汉王充《论衡》的《率性篇》《本性篇》作"《诗》曰:'彼姝者子,何以与之?'")《墨子·贵义》:"今谓人曰:'予子冠履而断子之手足,子为之乎?'"《史记·商君列传》:"募民有能徙置北门者予十金。"《新唐书·李德裕传》:"毁属下浮屠私庐数千,以地予农。"

〔畀〕《尔雅·释诂下》:"畀,予也。"《玉篇·丌部》:"畀,相付也,与也。"《诗经·鄘风·干旄》:"彼姝者子,何以畀之?"又《小雅·信南山》:"畀我尸宾,寿考万年。"朱熹注:"畀,与也。"《三国志·吴书·吴主传》:"(嘉禾)五年春,铸大钱,一当五百。诏使吏民输铜,计铜畀直(值)。"

〔给〕(丐 匃) 给与的"给",清人段玉裁认为原作"匃(丐)"。"今人以物与人曰给,其实当用匃(丐)字"(《说文》"匃"下段玉裁注)。《字汇·一部》:"丐,与也。"《汉书·西域传下》:"匈奴缚马前后足,置城下,驰言:'秦人,我匃若马。'"颜师古注:"匃,乞与也。"《魏书·食货志》:"灵太后曾令公卿已下任力负物而取之,又数赉禁内左右,所费无赀,而不能一丐百姓也。"唐韩愈《太原王公墓志铭》:"又出库钱一千万,以丐贫民遭旱不能供税者。"《资治通鉴·汉桓帝延熹九年》:"悉散与太学诸生及匃施贫民,由是众誉归之。"胡三省注:"匃,与也。"

给与的"给",旧读 jǐ,今读 gěi。《吕氏春秋·权勋》:"若残竖子之类,恶能给若(你)金?"高诱注:"恶,安也;给,与也。"《后汉书·章帝纪》:"其悉以赋贫民,给与粮种,务尽地力,勿令游手。"《宋史·张茂直传》:"且给钱五万,以助其装。"清刘鹗《老残游记》第十九回:"老残给了他二十两银子安家费。"

【辨】

①词的语源不同。"赐"与"施"同源。"赐"属心母锡部,"施"属审母

歌部,声韵俱近。《尔雅·释诂上》:"予,赐也。"清郝懿行疏:"赐之言施也,施亦赐也。""与""與""予"同源(参看王力《同源字典》)。"给 gěi"与"丐"同源。"畀",没有与之同源的字。

②词的感情色彩不同。"赐""畀",除表示给与的通称外,还用于上给与下。《正字通·贝部》:"上予下曰赐。"《公羊传·庄公元年》:"锡者何?赐也。"何休注:"上与下之辞。"《礼记·少仪》:"其以乘壶酒、束脩、一犬赐人。"郑玄注:"与卑者曰赐。"《说文》:"畀,相付与之物在阁上也。"段玉裁注:"《(礼记·)祭统》曰:'夫祭有畀煇、胞、翟、阍者,惠下之道也……畀之为言与也,能以其余畀其下者也。'此谓上之与下,庋阁而命取之。"

③词义的内涵不同。"赐"还有赐予财物或恩惠义,还可用作敬词。"与 yǔ"还有党羽、盟国、随从、亲附、帮助等义。"予"还有赞许义。"畀"还有委托义。"给 gěi"一般只用于给与义。

奉 承
fèng chéng

【同】 双手恭而持物,以示敬意。

〔奉〕《说文》:"奉,承也。"唐颜师古《匡谬正俗》卷三:"奉者皆为恭而持之,于义足了。"《左传·僖公二十三年》:"秦伯纳女五人,怀嬴与焉,奉匜沃盥,既而挥之。"《礼记·内则》:"进盥,少者奉槃,长者奉水,请沃盥。"《韩非子·和氏》:"楚人和氏得玉璞楚山中,奉而献之厉王。"《战国策·燕策二》:"臣自以为奉令承教,可以幸无罪矣,故受命而不辞。"

〔承〕《说文》:"承,奉也。"清王筠《说文句读》:"惟此贡之于上,受之于上,皆曰承。于字形求之皆合,故不分主从。"《易经·归妹》:"象曰:上六无实,承虚筐也。"孔颖达疏:"承虚筐者,筐本受币,以币为实。今之无实,正是承捧虚筐,实无所有也。"《左传·襄公二十五年》:"子展执絷而见,再拜稽首,承饮而进献。"杜预注:"承饮,捧觞,示不失敬。"又《成公十六年》:"(子叔声伯)对曰:'婴齐(声伯名),鲁之常隶也,敢介大国以求厚也?承寡君之命以请,若得所request,吾子之赐多矣,又何求?'"杜预注:"承,奉也。"《礼记·礼运》:"以正君臣,以笃父子,以睦兄弟,以齐上下,夫妇有所,是谓承天之祐。"

【辨】
①词的本义略有不同。"奉""承"两字,《说文》互训:"奉,承也。""承,奉也,受也。"且两字都有恭而献之或恭而受之义,但"奉"侧重于恭而献之,如奉上、奉呈、奉献、奉贡等,且可用作敬词,如奉慕、奉仰、奉陪、奉请、奉托、奉谒、奉祝等;"承"侧重于恭而受之,如承受、承接、承旨(接受圣旨)、承恩(蒙受恩泽)、承教(接受教令或教诲)等。

②词义的内涵不同。"奉"还有供奉、信奉、侍奉、事奉、奉养、俸禄等义。"承"还有承载、承担、承继等义。

振　拯(抍承撜丞)　救(捄)
zhèn　zhěng　　　　　　　jiù

【同】援助他人,使脱离危险或灾难。

〔振〕《说文》:"振,举救也。"唐颜师古《匡谬正俗》卷七:"许慎《说文解字》曰:'振,举救也。'诸史籍所云'振给''振贷',其义皆同,尽当为'振'字……言振给、振贷者,并以其饥馑穷厄,将就困毙,故举救之。"《国语·鲁语上》:"若以邪临民,陷而不振,用善不肯专,则不能使。"韦昭注:"振,救也。"《左传·昭公十四年》:"分贫振穷。"杜预注:"分,与也;振,救也。"孔颖达疏:"贫者家少货财,穷谓全无生业。分财货以与贫者,授生业以救穷者。"《礼记·月令》:"天子布德行惠,命有司发仓廪,赐贫穷,振乏绝。"郑玄注:"振,犹救也。"《战国策·齐策四》:"是其为人,哀鳏寡,恤孤独,振困穷,补不足,是助王息其民者也。"汉贾谊《新书·谕诚》:"出仓之粟,以振饥者。"

〔拯〕(抍承撜丞)《庄子·达生》:"孔子观于吕梁……见一丈夫游之,以为有苦而欲死也,使弟子并流而拯之。"《孟子·梁惠王下》:"民以为将拯己于水火之中也。"《吕氏春秋·察微》:"子路拯溺者,其人拜之以牛,子路受之。孔子曰:'鲁必拯溺者矣。'"《淮南子·说山训》:"两人俱溺,不能相拯。"

"拯"也写作"抍""撜""承""丞"。《集韵·抍韵》:"抍、承、撜、拯、丞,音蒸之上声。《说文》:'上举也。'抍,马壮言或作承、撜、拯、丞。(按:在拯救的意义上,五字异形而同义)"《玉篇·手部》:"抍,救助也。"《周礼·天官·职币》:"振掌事者之余财。"郑玄注:"振,犹抍也。"贾公彦疏:"以财与之谓之抍。"清施补华《江安傅君墓表》:"君为人孝慈端悫无文饰,好抍救人。"

《列子·黄帝篇》:"孔子观于吕梁……见一丈夫游之,以为有苦而欲死者也,使弟子并流而承之。"张湛注:"承,音拯。《方言》:'出溺为拯。'诸家直作拯,又作撜。"《淮南子·齐俗训》:"子路撜溺而受牛谢。"

《昭明文选·扬雄〈羽猎赋〉》:"土事不饰,本功不雕,丞民乎农桑,劝之以弗怠。"李善注引《声类》曰:"丞,亦拯字也。"杨树达《积微居小学述林·文字初义不属初形属后起字考》:"丞(按:指甲骨文)字象出休上举之形,乃拯之初字,而许君不知,乃训为翊,上举之训,乃为后起加形旁之拯所据有。"

〔救〕(捄)《周礼·地官·大司徒》:"五族为党,使之相救。"郑玄注:"救,救凶灾也。"孔颖达疏:"五族为党,使之相救者,五百家立一下大夫为党正,民有凶祸者,使民相救助,故云'使之相救'。"《诗经·邶风·谷风》:"凡民有丧,匍匐救之。"郑玄笺:"匍匐,言尽力也。凡于民有凶祸之事,邻里尚尽力往救之,况我君子家之事难易乎! 固当黾勉。以疏喻亲也。"《韩非子·说林上》:"失火而取水于海,海水虽多,火必不灭矣,远水不救近火也。"

"救"也写作"捄"。《汉书·董仲舒传》:"将以捄溢扶衰,所遭之变然也。"颜师古注:"捄,古救字。"《新唐书·刘蕡传》:"沈健于谋,浩然有捄世意。"

【辨】

①词的本义不同。"振""赈",既是古今字,又是同源字。"振"的本义应是解救穷乏,使免于贫困。"振"的宾语一般多为"贫穷""乏绝"等词语。"拯"的本义是"上举",即拯救溺水者,把溺水者举出水面。"拯"的宾语多为"溺"或"溺者"。"救"的本义是"止",即帮人止住危急或灾难。"救"的宾语多为"灾难""凶患""饥馑""死""失"等词语。

②词义的内涵不同。"振"还有举起、振奋、摇动等义。"拯"一般只用于拯救义。"救"还有救治、纠正等义。

liáng　chēng　duó　quán　liào
量　称　度　权　料

【同】称量,计量,用一定的计量单位或其他方法把事物量化。

〔量〕包括称轻重、度长短、计多少。①量轻重。《说文》:"量,称轻重也。"段玉裁注:"此训量为'称轻重'者,有多少斯有轻重,视其多少可辜榷其重轻也。"清王筠《说文句读》卷十五补正:"《能改斋漫录》引《符子》曰:'或献百二十年豕于燕昭王,王养之十五年令衡官桥而量之,折十桥,豕不量。命水官浮舟而量之,其重千钧。'案,此固以量言权者也。"汉冯衍《显志赋》:"弃衡石而意量兮,随风波而飞扬。"②量长短、大小等。《广雅·释诂一》:"量,度也。"《周礼·夏官·序官》:"量人。"郑玄注:"量犹度也,谓以丈尺度地。"《楚辞·离骚》:"不量凿而正枘兮,固前脩之菹醢。"王逸注:"量,度也。"宋魏庆之《诗人玉屑·命意·说愁意》:"请量东海水,看取浅深愁。"清戴震《考工记图·栗氏》:"准之,然后量之。"补注:"量范之大小所受,以为用金多少之量数也。"③计多少、容积。《庄子·胠箧》:"为之斗斛以量之,则并与斗斛而窃之。"《楚辞·惜誓》:"苦称量之不审兮,同权概而就衡。"王逸注:"量,所以别多少。"《汉书·律历志》:"量者,龠、合、升、斗、斛也,所以量多少也。"《三国志·吴书·吴主传》"遣都尉赵咨使魏"南朝宋裴松之注引《吴书》:"如臣之比,车载斗量,不可胜数。"

〔称〕《说文》:"称,铨也。"清王筠《说文句读》:"称本动字,谓称量之也。"《易经·谦卦》:"称物平施。"孔颖达疏:"称此物之多少均平而施物之。"《管子·明法》:"有权衡之称者,不可欺以轻重。"尹知章注:"以权衡称之,轻重立见。"《淮南子·泰族训》:"称薪而爨,数米而炊,可以治小,而未可以治大也。"汉刘向《说苑·谈丛》:"寸而度之,至丈必差;铢而称之,至石必过。"

〔度〕《广韵·铎韵》:"度,度量也。"《管子·枢言》:"量之不以多少,称之不以轻重,度之不以长短。不审此三者,不可以举大事。"《左传·隐公十一年》:"山有木,工则度之。"《孟子·梁惠王上》:"度,然后知长短。"《楚辞·天问》:"圜则九重,孰营度之?"洪兴祖补注:"度,量度也。"《汉书·文帝纪》:"夫度田非益寡,而计民未加益,以口量地,其于古犹有余,而食之甚不足者,其咎安在?"颜师古注:"度谓量计之。"

〔权〕《孟子·梁惠王上》:"权,然后知轻重。"《汉书·律历志上》:"度长短者不失毫厘,量多少者不失圭撮,权轻重者不失黍絫。"《清朝野史大观·清代述异·兰陵庄氏》:"即自入井,运金以出,穷日之力乃尽,至公堂权之,得三十万两有奇。"

〔料〕《说文》:"料,量也。"段玉裁注:"量者,称轻重也;称其轻重曰量,称其多少曰料,其义一也。"《广韵·啸韵》:"料,度量也。"《吴子·图国》:"故强国之君,必料其民,民有胆勇气力者聚为一卒。"《韩非子·亡征》:"大心而无悔,国乱而自多,不料境内之资而易其邻敌者,可亡也。"《史记·张仪列传》:"(秦)虎贲之士百余万,车千乘,骑万匹,积粟如丘山……且夫从者聚群弱而攻至强,不料敌而轻战,国贫而数举兵,危亡之术也。"《晋书·庾亮传附庾冰》:"隐实户口,料出无名万余人。"《乐府诗集·雁门太守行》:"文武备具,料民贫富。"

【辨】

①词的本义不同。"量 liáng"的本义是称量物体的轻重。《说文》:"量,称轻重也。"段玉裁注:"《汉志》曰:'量者,所以量多少也。'……此训量为'称轻重'者,有多少斯有轻重,视其多少可辜榷其轻重也。""称"的本义就是称量。清王筠《说文句读》:"案,称(chēng)本动字,谓称量之也。然《荀子·正论》篇:'是县天下之权称(chèng)也。'注:'称,尺证反。'案,权称是复语,以动字为静字也。""度 duó",初多用于度长短。《说文》收在又部,释为"法制也"。又,为人手,古人以人的寸口为长度计量的起始单位,似与"度"的度长短义有联系。存参。表称量意义的"权",本义应是秤锤。《广雅·释器》:"锤谓之权。"《广韵·仙韵》:"权,称锤也。""料""量"互训,"料"的本义也是称量。《说文》:"量,称轻重也。""料,量也。"段玉裁注:"知其多少斯知其轻重也。"

②词义的内涵不同。"量 liáng"还有估量、商酌、思考等义。"称 chēng"还有衡量、称作、称述、称举、称谓、名声等义。"度 duó"还有忖度义。"权"还有秤锤、权衡、权力、权势、权变、权且等义。"料"还有测度、料理、照料、材料等义。

贸 易 换
mào yì huàn

【同】 交易,交换。彼此互换。

〔贸〕《诗经·卫风·氓》:"氓之蚩蚩,抱布贸丝。"毛传:"布,币也。"郑玄笺:"币者,所以贸买物也。"高亨注:"贸,交换。"《吕氏春秋·上农》:"是故丈夫不织而衣,妇人不耕而食,男女贸功以长生。"高诱注:"贸,易也。"《晋书·姚兴载记上》:"(胡威曰:)'窃闻乃以臣等贸马三千匹,羊三万口。如所传实者,是为弃人贵畜。'"北魏郦道元《水经注·渐江水》:"弘少以苦节自居,恒躬采伐,用贸粮膳。"《资治通鉴·晋安帝义熙二年》:"陛下奈何乃以臣等贸马三千匹、羊三万口……"胡三省注:"贸,音茂,易也。"

〔易〕《易经·系辞》:"日中为市,致天下之民,聚天下之货,交易而退,各得其所。"《左传·成公二年》:"逢丑父与公易位。""易位",交换座位。《孟子·滕文公上》:"以粟易械器者,不为厉陶冶;陶冶亦以械器易粟者,岂为厉农夫哉?"《史记·楚世家》:"围宋五月,城中食尽,易子而食,析骨而炊。"《后汉书·光武帝纪》:"初,王莽末,天下旱蝗,黄金一斤易粟一斛。"

〔换〕《晋书·阮籍传附阮孚》:"(阮孚)迁黄门侍郎、散骑常侍。尝以金貂换酒,复为所司弹劾,帝宥之。"唐李白《襄阳歌》:"千金骏马换小妾,笑坐雕鞍歌落梅。"宋俞紫芝《阮郎归》词:"襄衣未必清贵,不肯换金章。"《三国演义》第十二回:"又一日寇至,坞中无粮,遂与贼和,约以耕牛换米。"

【辨】

①词的本义不同。"贸"的本义是互相交换财物。《说文》:"贸,易财也。"按:这里所说的"财",也包括物。《说文》:"财,人所宝也。"清徐灏《说文解字注笺》:"《六书故》曰:'财之为言才也。凡粟、米、丝、麻、才木可用者曰才。'"清桂馥《说文义证》:"易也者,'易'当为'傷'。本书:'傷,交傷也。'通用'易'字。《一切经音义》六:《三苍》:贸,易也,交易物为贸也。字从贝卯。'《小尔雅》:'贸,易也。'《释言》:'贸,市也。'又云:'贸,买也。'"按:古代的商业活动,在没有货币之前,一般都是用物互相交换,双方既是买方,又是卖方。《尔雅·释言》:"贸,市也。"清郝懿行疏:"按,市兼买、卖二义。《齐策》云:'窃以为君市义。'此以'买'为市也。《越语》云:'又身与之市。'此以为'卖'为市也。故《史记·项羽纪》集解云:'市,贸易也'《周礼·司布》注:'市者,人之所交利。'皆其义也。""易"字,《说文》收了二个义项。《说文》:"易,蜥易、蝘蜓、守宫也。象形。秘书说曰:日月为易,象阴阳也。一曰从勿。""易"的交易义,一般认为是假借为"傷"。清朱骏声《说文通训定声》:"经传皆以'易'为之。"清承培元《广说文答问疏证》:"凡交兔义,皆当以'傷'为正字。"但古籍中交易义一般都写作"易"。"换"的本义是交易。《说文》:"换,易也。"清桂馥《说文义

证》:"易也者,当为'傷',通用'易'字。《小尔雅•广诂》:'换,易也。'……《晋书•阮孚传》:'以金貂换酒。'"

②词义的内涵不同。"贸"还有改变、混杂等义。"易(古读入声,与读去声的"易"不是一个词)"还有改变、更替、相异、书名、水名、地名、姓氏等义。"换"还有更易、替换、兑换、改变等义。

买 市 贾 货 购 售 酤(沽)
mǎi shì gǔ huò gòu shòu gū

【同】用货币换货物,与"卖"相对。

〔买〕《说文》:"买,市也。从网贝。孟子曰:'登垄断而网市利。'(按:见《孟子•公孙丑下》,词语有出入)"段玉裁注:"市者,买物之所,因之买物亦言市。《论语》:'沽酒市脯。'(按:见《论语•乡党》)"《韩非子•五蠹》:"今世近习之请行,则官爵可买;官爵可买,则工商不卑也矣。"《淮南子•说林训》:"酤酒买肉,不离屠沽之家。"《史记•平准书》:"(卜)式入山牧十余岁,羊致千余头,买田宅。"

〔市〕《广雅•释诂三》:"市,买也。"《国语•齐语》:"以其所有,易其所无,市贱鬻贵。"《周书•王悦传》:"将战之夕,悦罄其行资,市牛飨战士。"唐李白《宣城送刘副使入秦》诗:"千金市骏马,万里逐王师。"明袁宏道《拙效传》:"昨至城,偶见蜜价贱,遂市之;饼价贵,未可市也。"

〔贾〕清朱骏声《说文通训定声•豫部》:"贾,谓以财致物。"《左传•昭公二十九年》:"平子每岁贾马,具从者之衣屦,而归之于乾侯。"杜预注:"贾,买也。"南朝梁刘峻《广绝交论》:"凡斯五交,义同贾鬻。"《续资治通鉴•宋宁宗嘉定二年》:"禁两淮官吏私贾民田。"

〔货〕《说郛》卷七引《苇航纪谈》:"公恐其货酒不治药,亲为治之。"《宋史•食货志下八》:"请自今所货,岁约毋过二百万缗。"明凌濛初《初刻拍案惊奇》卷八:"乃是久惯大客商,江行防盗,假意货苎麻,暗藏在捆内,瞒人眼目的。"

〔购〕唐裴铏《传奇•萧旷》:"若有胡人购之,非万金不可。"明宋应星《天工开物•序》:"欲购奇考证,而乏洛下之资。"清龚自珍《病梅馆记》:"予购三百盆,无一完者。"

〔售〕唐柳宗元《钴鉧潭西小丘记》:"问其价,曰:'止四百。'余怜而售之。"

宋沈括《梦溪笔谈·书画》："藏书画者，多取空名，偶传为钟、王、顾、陆之笔，见者争售，此所谓'耳鉴'。"清王士禛《池北偶谈·谈异六·高阳民》："高阳民家子，方十余岁，忽臂上生宿瘤……一日忽自溃，中有圆卵坠出，寻化为石。刘工部以一金售之，治膈病如神。"

〔酤〕（沽）《诗经·小雅·伐木》："有酒湑我，无酒酤我。"郑玄笺："酤，买也。"《墨子·非儒下》："子路为烹豚，孔某不问肉之所由来而食；号人衣以酤酒，孔某不问酒之所由来而饮。"《韩非子·外储说右上》："或令孺子怀钱挈壶而往酤，而狗迓而龁之，此酒所以酸而不售也。"《淮南子·说林训》："然酤酒买肉不离屠沽之家。"唐杜甫《草堂》诗："邻舍喜我归，酤酒携葫芦。"

"酤"也写作"沽"。《说文》"沽"下段玉裁注："今以为沽买字。"《论语·乡党》："沽酒市脯不食。"《史记·滑稽列传》："王先生徒怀钱沽酒，与卫卒仆射饮，日醉，不视其太守。"

【辨】

①词的本义不同。"买"的本义就是以货币交换货物。"市"的本义是做买卖的场所，类似今天的集市。《说文》："市，买卖所之也。""贾"的本义是定点售物的商人。《说文》："贾……一曰：坐卖售也。""货"的本义是流通的财货。南唐徐锴《说文解字系传》："货，财也。从贝化声。臣锴曰：'可以交易曰货。货，化也。《尚书》曰：'懋迁有无化居。'（见《尚书·益稷》）""购"的本义是重金购取。《史记·项羽本纪》："项王乃曰：'吾闻汉购我头千金，邑万户，吾为若德。'""售"的本义是货物已卖出手。《说文》正篆无"售"字，但解释语中有"售"字。《说文》："贾……一曰：坐卖售也。""卖""售"连用。大徐本《说文》新附字收也有"售"字，解释为"卖去手也"。"酤"的本义是专指买酒。《说文》："酤……一曰：买酒也。"

②词义的内涵不同。"买"还有雇佣、招惹、博取等义。"市"还有做买卖、卖、求取、市镇等义。"贾"还有做买卖、贩卖、招引等义。"货"还有货币、贿赂等义。"购"还有奖赏、赎取等义。"售"还有实现义。"酤"还可用于卖酒。

卖 鬻(粥) 售 市 贾 货 酤(沽)
mài　yù　　 shòu shì gǔ huò gū

【同】 用货物换货币,与"买"相对。

〔卖〕《说文》:"卖,出货物也。从出从买。"段玉裁注:"出买者,出而与人买之也。"《韩非子·说林下》:"有与悍者邻,欲卖宅而避之。"《史记·司马相如列传》:"相如与俱之临邛,尽卖其车骑,买一酒舍酤酒,而令文君当罏。"《汉书·食货志下》:"贵则卖之,贱则买之。"唐聂夷中《咏田家》诗:"二月卖新丝,五月粜新谷。"

〔鬻〕(粥)《左传·昭公三年》:"于是景公繁于刑,有鬻踊者。"陆德明释文:"鬻,卖也。"《国语·齐语》:"市贱鬻贵。"韦昭注:"鬻,卖也。"又《郑语》:"于是宣王闻之,有夫妇鬻是器者,王使执而戮之。"(按:《史记·周本纪》为"有夫妇卖是器者","鬻""卖"异文)《墨子·经说上》:"买鬻,易也。""易",交易,贸易。《韩非子·外储说左上》:"此可谓善卖椟矣,未可谓善鬻珠也。"《淮南子·齐俗训》:"林中不卖薪,湖上不鬻鱼,所有余也。"

"鬻"也写作"粥"。《广韵·屋韵》:"鬻,卖也。亦作粥。"《礼记·曲礼下》:"君子虽贫,不粥祭器。"郑玄注:"粥,卖也。粥音育。"汉桓宽《盐铁论·散不足》:"古者衣服不中制,器械不中用,不粥于市。"《孔子家语·刑政》:"果实不时,不粥于市;五木不中伐,不粥于市。"

〔售〕大徐本《说文》新附字:"售,卖去手也。"按:指用货物交换货币的行为已经达成,如汉桓宽《盐铁论·力耕》:"计耕桑之功,资财之费,是一物而售百倍之价也。"汉王充《论衡·状留篇》:"大器晚成,宝货难售也。"但"售"前如有"不"字,表示买卖没有达成。《诗经·邶风·谷风》:"既阻我德,贾用不售。"《百喻经·入海取沈水喻》:"经历多日,不能得售。"唐韩愈《为人求荐书》:"昔人有鬻马而不售于市者,知伯乐之善相也,从而求之。"唐柳宗元《钴鉧潭西小丘记》:"问其主,曰:'唐氏之弃地,货而不售。'"

〔市〕《韩非子·外储说右上》:"古市木之价不加贵于山。"唐李德裕《亳州圣水状》:"其水斗价三千,而取者益之他水,沿路转以市人,老病饮之,多至危笃。"《宋史·太祖本纪》:"己丑,诏市二价者以枉法论。"清李渔《巧团圆·悬标》:"先将私语嘱招牌,好去街头市老骸。"

〔贾〕《诗经·邶风·谷风》:"既阻我德,贾用不售。"郑玄笺:"如卖物之不售。"《左传·成公二年》:"齐高固入晋师,桀石以投人,禽之,而乘其车,系桑本焉,以徇齐垒,曰:'欲勇者,贾余余勇。'"杜预注:"贾,卖也。"汉扬雄《法言·问道》:"衒玉而贾石者,其狙诈乎?"唐韩愈《唐故监察御史卫府君墓志铭》:"嗟惟君,笃所信,要无有,弊精神,以弃余,贾于人。"清唐甄《潜书·潜存》:"天薄吾貌而违吾才,虽欲贾所长,岂可得哉!"

〔货〕《后汉书·延笃传》:"时皇子有疾,下郡县出珍药,而大将军梁冀遣客赍书诣京兆,并货牛黄。笃发书收客,曰:'大将军椒房外家,而皇子有疾,必应陈进医方,岂当使客千里求利乎!"宋吴曾《能改斋漫录·神仙鬼怪》:"既锻以火,赴市货之,得上金之价。"元高明《琵琶记·蔡公逼伯喈赴试》:"这个正是学成文武艺,合当货与帝王家。"清蒲松龄《聊斋志异·晚霞》:"端货其珠,有贾胡出赀百万,家由此巨富。"

〔酤〕(沽)《广雅·释诂三》:"酤,卖也。"《玉篇·西部》:"酤,卖酒也。"《墨子·迎敌祠》:"举屠酤者,置厨给事,弟之。"孙诒让间诂:"苏云:酤与沽通,卖酒也。"《史记·司马相如列传》:"尽卖其车骑,买一酒舍酤酒,令文君当鑪。"《资治通鉴·汉景帝中二年》:"夏四月,地震。旱,禁酤酒。"胡三省注:"酤,谓卖酒也。"

"酤"也写作"沽"。《论语·子罕》:"子贡曰:'有美玉于斯,韫匵而藏诸?求善贾而沽诸?'"何晏集解:"马曰:'沽,卖也。'"宋孟元老《东京梦华录·天晓诸人入市》:"酒店多点灯烛沽卖,每分不过二十文,并粥饭点心。"

【辨】

本条除"鬻"以外,其他各词,既有买入义,又有卖出义。这反映我国古代的最初的商业活动主要是以物易物。交换双方,既是买方,又是卖方。货币产生以后,才产生买或卖的区别。持货币以换货物称为买,拿货物去换货币称为卖。"买""卖"本为一字。清徐灏《说文解字注笺》:"出物货曰卖,购取曰买,祇一声之轻重;与物美曰好(hǎo),好(hào)之曰好(hào),物丑曰恶(è),恶(wù)之曰恶(wù)同例。窃谓买、卖本是一字,后以其声异而从'出'以别之。书、传买卖二字往往互用。如《周礼·贾师》:'凡国之卖儥。'郑注:'故书卖为买。'《萍氏》:'几酒。'郑注:'苟察沽买过多。'释文:'买,一本作卖。'是也。《通鉴·晋纪十》:'杨难敌遣养子贩易于梁州,私卖良人子一人。'亦以卖为买。可见本非二义,如粜、籴亦本一字也。"

"鬻",夸说自己的货好而向人兜售。汉王符《潜夫论•务本》:"今商竞鬻无用之货。""竞鬻",即竞相兜售。《后汉书•郅恽传》:"昔伊尹自鬻辅商。"注:"自衒卖也。"

饥 饿 馁(餒)
jī è něi

【同】 肚子里没有食物,需要进食。

〔饥〕《说文》:"饥,饿也。"唐慧琳《一切经音义》卷二十九引《苍颉篇》曰:"饥,馁也,腹中空也。"《诗经•陈风•衡门》:"泌之洋洋,可以乐饥。"郑玄笺:"饥者,不足于食也。"《墨子•尚贤中》:"是以民无饥而不得食,寒而不得衣,劳而不得息,乱而不得治者。"《孟子•公孙丑上》:"饥者易为食,渴者易为饮。"《史记•吴王濞列传》:"吴大败,士卒多饥死。"

〔饿〕《说文》:"饿,饥也。"《广韵•箇韵》:"饿,不饱也。"《正字通•食部》:"饿,饥甚。"《左传•宣公二年》:"初,宣子田于首山,舍于翳桑,见灵辄饿。问其病,曰:'不食三日矣。'"《论语•季氏》:"伯夷、叔齐饿于首阳之下,民到于今称之。"("饿于首阳之下",《史记•伯夷列传》为"饿死于首阳山")《韩非子•难势》:"且夫百日不食以待粱肉,饿者不活。"汉王充《论衡•道虚篇》:"如饥而不饱,寒而不温,则有冻饿之害矣。冻饿之人,安能久寿?"

〔馁〕(餒)《广雅•释诂四》:"馁,饥也。"《玉篇•食部》:"馁,饿也。"《论语•卫灵公》:"子曰:'君子谋道不谋食。耕也,馁在其中矣;学也,禄在其中矣。君子忧道不忧贫。'"何晏集解:"郑曰:'馁,饿也。'"《孟子•尽心上》:"不暖不饱谓之冻馁。"《韩非子•十过》:"桓公渴馁而死南门之寝、公守之室,身死三月不收,虫出于户。"

《说文》无"馁"字,有"餒"字。两字异形而同义。《说文》:"餒,饥也。"《集韵•贿韵》:"餒,馁,弩罪切,《说文》:'饥也。'或作馁。"《荀子•儒效》:"虽穷困冻餒,必不以邪道为贪。"汉桓宽《盐铁论•园池》:"厨有腐肉,国有饥民;厩有肥马,路有餒人。"

【辨】

词的本义略有不同。"饥"的本义是"不足于食",即还能有食物吃但吃不饱。(按：古汉语中，"饥"和"饑"是两个字。《说文》："饥，饿也。""饿，饥也。""饥""饿"互训。而"饑"《说文》解释为"谷不孰(熟)为饑。"是歉收的意思。但"饑"也常通用为饥。)"饿"的本义是几天没有进食，濒临饿死的边缘。两字对用时，这种差别就更为明显。《韩非子·饰邪》："家有常业，虽饥不饿；国有常法，虽危不亡。"《淮南子·说山训》："宁一月饥，无一旬饿。""餒"同"饥"。

秉 持 执 杖 操 握 把 拿(拏)
bǐng chí zhí zhàng cāo wò bǎ ná

【同】握持，用手拿着。

〔秉〕《尔雅·释诂下》："秉，执也。"《广雅·释诂三》："秉，持也。"《诗经·邶风·简兮》："左手执籥，右手秉翟。"《管子·轻重乙》："有一人秉剑而前。"《淮南子·齐俗训》："昔武王执戈秉钺以伐纣胜殷，搢笏杖殳以临朝。"汉王充《论衡·乱龙篇》："立春东耕，为土象人，男女各二人，秉耒把锄。"

〔持〕《孟子·公孙丑下》："孟子之平陆，谓其大夫曰：'子之持戟之士，一日而三失伍，则去之否乎？'"《庄子·秋水》："庄子钓于濮水。楚王使大夫二人往先焉，曰：'愿以境内累矣。'庄子持竿不顾。"《史记·绛侯周勃世家》："绛侯勃自畏恐诛，常被甲，令家人持兵以见之。""持兵"，手持兵器。汉王充《论衡·调时篇》："使三军持木杖，匹夫持一刃，伸力角气，匹夫必死。"

〔执〕《广韵·缉韵》："执，持也。"《诗经·邶风·简兮》："左手执籥，右手秉翟。""执""秉"互文。汉王充《论衡·超奇篇》："选士以射，心平体正，执弓矢审固，然后射中。"《三国志·魏书·邓艾传》："身被乌衣，手执耒耜，以率将士。"北魏郦道元《水经注·泗水》："庙有夫子像，列二弟子执卷以侍。"

〔杖〕《尚书·牧誓》："王左杖黄钺，右秉白旄以麾。""杖""秉"互文。《史记·淮阴侯列传》："及项梁渡淮，(韩)信杖剑从之。""杖剑"，持剑。汉韩婴《韩诗外传》卷六："简子披发杖矛而见我君。""杖矛"，执矛。《昭明文选·左思〈招隐诗二首〉》："杖策招隐士，荒涂横古今。"李善注："《说文》曰：'杖，持也。'《方言》曰：'木细枝曰策。'"

〔操〕《左传·襄公三十一年》："今吾子爱人则以政，犹未能操刀而使割也，其伤实多。"《韩非子·说林上》："有献不死之药于荆王者，谒者操之以人。"《楚辞•九歌•国殇》:"操吴戈兮被犀甲,车错毂兮短兵接。"王逸注:"手持吴戟,身被犀铠而行也。"《淮南子•览冥训》:"于是武王左操黄钺,右秉白旄……曰:'余任天下,谁敢害吾意者?'"

〔握〕《广雅•释诂三》:"握,持也。"《诗经•小雅•小宛》:"握粟出卜,自何能穀?"郑玄笺:"持粟行卜,求其胜负,从何能得生?"《楚辞•九章•抽思》:"怀瑾握瑜兮,穷不知所示。"王逸注:"在衣为怀,在手为握。"汉王充《论衡•量知篇》:"荷斤斧,把筑锸,与彼握刀持笔何以殊?"南朝宋刘义庆《世说新语•言语》:"庾法畅造庾太尉,握麈尾至佳。"

〔把〕《楚辞•九歌•东皇太一》:"瑶席兮玉瑱,盍将把兮琼芳。"王逸注:"盍,何不也。把,持也。"《战国策•燕策三》:"(荆轲)因左手把秦王之袖,右手持匕首揕之。""把""持"互文。汉王充《论衡•顺鼓篇》:"今……悉发国人操刀把杖以击之。""操""把"互文。唐韦庄《杂曲歌辞•古离别》:"更把马鞭云外指,断肠春色在江南。"

〔拿〕(挐) 金董解元《西厢记诸宫调》卷二:"或拿着切菜刀,擀面杖。"《水浒传》第十一回:"那庄客听得叫,手拿着白木棍,从门里走出来。"《西游记》第二十回:"行者将行李拿入门里,将白马拴在桩上。"

"拿"本写作"挐",是"挐"的俗字。《玉篇•手部》:"挐,手挐也。"《正字通•手部》:"拿,俗'挐'字。"《昭明文选•王延寿〈鲁灵光殿赋〉》:"奔虎攫挐以梁倚,仡奋䯻而轩鬐。"吕延济注:"攫,举爪也。挐,以手持也。"明冯梦龙《警世通言》第三十七卷:"婆婆不问事由,挐起一条挂杖,看着尹宗落夹背便打。"

【辨】

①词的本义不同。"秉"的本义是禾把。《说文》:"秉,禾束也。"段玉裁注:"《小雅》:'彼有遗秉。'毛云:'秉,把也。'"引申为握持。清朱骏声《说文通训定声》:"[转注]《尔雅•释诂》:'秉,执也。'《广雅•释诂三》:'秉,持也。'""持"的本义是握持。《说文》:"持,握也。"清王筠《说文句读》:"其实,'握者,搤持也。'是持之一种,不似'持'之为统词也。""执"的本义是拘捕罪人。《说文》:"执,捕罪人也。"段玉裁注:"引申之,凡为持守之称。"清朱骏声《说文通训定声》:"[转注]《易•遯》:'执之用黄牛之革。'虞注'艮为手'称执。《诗》:'执竞武王。'笺:'持也。'""杖"的本义是手持。《说文》:"杖,持也。"段玉裁注:"凡可持及人持之,皆曰杖。""操"

的本义是握持。《说文》："操,把持也。"段玉裁注："把者,握也。""握"的本义也是握持,兼含手所持处的意思。《说文》："握,搤持也。"清桂馥《说文义证》:"搤持也者,本书:'持,握也。'《广雅》:'握,持也。'《诗·小宛》:'握粟出卜。'《乡射礼》:'箭筹,长尺有握。'注云:握,本所持处也。""把"的本义也是握持。《说文》："把,握也。"清桂馥《说文义证》:"握也者,《一切经音义》十二引云:'握也,持也。单手曰把。'""拿",古字写作"挐",本义是牵引。《说文》："挐,牵引也。"但段注认为,握持义应是"拏",《说文》"挐""拏"两字互讹。段注："按,各本篆作'挐',解作奴声,别有'拏'篆,解云:'持也。从手如声。'女加切。二篆形体互讹,今正。"但多数《说文》研究者认为,"挐""拏"实系一字。清徐灏《说文解字注笺》："疑'挐''拏'同字,因声之轻重而别之,实一义相生耳。"清王筠《说文句读》："案,'挐''拏'一字。今互易其训义,非《说文》传讹也。段氏乃互易其篆文,尤误。"

②词义的内涵不同。"秉"还有量词、执掌、保持、姓氏等义。"持"还有掌握、治理、支持、持重、携带、抗衡等义。"执"还有逮捕、治理、执行、主持、固执、好友等义。"杖"还有拐杖、依仗、棍状物、刑具、拷打等义。"操"还有掌握、操作、应用等义。"握"还有掌握、屈指成拳、量词等义。"把"还有把持、把守、结盟、量词、介词等义。"拿"还有捉拿、装腔作样、介词等义。

负 背 佗(驮 驼)
fù　bēi　tuó

【同】用背负载物体。

〔负〕《释名·释姿容》："负,背也,置项背也。"《玉篇·贝部》："负,担也,置之于背也。"《诗经·小雅·无羊》："尔牧来思,何蓑何笠,或负其餱(干粮)。"《吕氏春秋·自知》："百姓有得钟者欲负而走。"《韩非子·喻老》:"王寿负书而行。"《列子·汤问篇》："其大父死,负其大母而弃之,曰:'鬼妻不可以同居处。'"汉桓宽《盐铁论·复古》："负荷之商,不知猗顿之富。"

〔背〕《广雅·释诂四》："背,负后也。"清徐灏《说文解字注笺》："负之古音古义皆为背。"唐李商隐《李长吉小传》："恒从小奚奴,骑距驴,背一古破锦囊,遇有所得,即书投囊中。"宋孙光宪《北梦琐言·逸文》:"王生腰背一船,船中载十二人舞《河传》一曲。"《西游记》第八回:"菩萨遂将锦襕袈裟,作一个包袱,令他背了。"

〔佗〕(䭾 驼)《说文》:"佗,负何也。"清朱骏声《说文通训定声》:"按,本训为人负物,故畜产载负亦曰佗。"宋戴侗《六书故·人一》:"佗,背负曰佗。匈奴有奇畜曰橐佗,肩背有肉峰隆起,能佗重载。"《汉书·赵充国传》:"回远千里,以一马自佗负三十日食,为米二斛四斗,麦八斛,又有衣装兵器,难以追逐。"颜师古注:"凡以畜产载物负者皆为佗。"

"佗"也写作"䭾"或"驼"。《玉篇·马部》:"䭾,马负儿。"大徐本《说文》新附字:"䭾,负物也。"《正字通·马部》:"驼,凡以畜负物曰驼。"按:《说文》只是说"负何",没有说明是人负物,还是畜负物,按字的结构分析似应是畜负物,但古籍中,䭾、驼,或用于人,或用于畜。宋无名氏《异闻总录》卷一:"吾倦,与尔更迭驼负如何?其人曰:'善。我先驼尔至某处,尔又驼我至某处。'"明洪楩《清平山堂话本·夔关姚卞吊诸葛》:"只见一个承局,背个包袱,驼把伞。"《水浒传》第六二回:"(燕青)背着卢俊义,一直往东边行走,不到十数里,早䭾不动。"清钱彩《说岳全传》第三九回:"张保将高宠尸首䭾在背上,转身就走。"以上是用于人背物。《北齐书·彭城景思王浟传》:"又有一人从幽州来,驴䭾鹿脯。"唐李白《对酒》诗:"蒲萄酒,金叵罗,吴姬十五细马䭾。"宋徐梦莘《三朝北盟会编》卷二百三十一:"如隐漏马该死,骡马要往滑州驼衣甲等用。"明黄元吉《黄廷道夜走流星马》第一折:"他有一匹马,背驼三将,入水如踏平地,日行千里流星马,此乃是无敌之骑。"以上是用于兽背物。

【辨】

①词的本义不同。"负"的本义是依恃。《说文》:"负,恃也。从人守贝,有所恃也。"清王筠《说文句读》:"浑言之,是字之本义……又即字形申恃义,适得负之一端。《左传》:'秦人负恃其众。'则可负者不但贝也。"以背负物,是引申义。"背"的本义是背脊。《说文》:"背,脊也。"清徐灏《说文解字注笺》:"背者,自外兼骨肉而言;脊则但名其内骨也。""佗"的本义是负荷。《说文》:"佗,负何也。""佗"和"驼""䭾",既是古今字的关系,又是同源字的关系。

②词义的内涵不同。"负"还有依恃、依靠、承担、违背、辜负、亏欠、

失败等义。"背"还有物体的背面或上面、违背、背弃等义。"佗"用于负荷义的频率很低。"驼"还有骆驼、驼背等义。"驮"主要用于牲口负载物体义。

荷(何) 担(擔儋檐) 揭 肩 挑 扛
<small>hè dān jiē jiān tiāo káng</small>

【同】用肩膀承受物体。

〔荷〕(何) 用于肩负的"荷",本作"何"。《说文》:"何,儋也。"段玉裁注:"何,俗作'荷',犹佗俗作'驼',儋俗作'擔'也……凡经典作'荷'者,皆后人窜改。"《诗经·曹风·候人》:"彼候人兮,何戈与祋(duì,兵器名)。"又《小雅·无羊》:"何蓑何笠,或负其餱。"汉贾谊《新书·耳痹》:"伍子胥见事之不可为也,何笼而自投水。"但古籍中,"何"多写作"荷"。《诗经·商颂·玄鸟》"百禄是何",《左传·隐公三年》引此诗写作"百禄是荷"。孔颖达疏:"故天之百种之禄,于是乎负荷之。"《论语·微子》:"子路从而后,遇丈人以杖荷蓧。"又《宪问》:"有荷蒉而过孔氏之门者。"《史记·秦始皇本纪》:"秦小邑并大城,守险塞而军……荷戟而守之。"

〔担〕(擔 儋 檐) "担",本字写作"儋"。《说文》:"儋,何也。"段玉裁注:"儋,俗作擔。"《国语·齐语》:"负任儋何,服牛轺马,以周四方。"韦昭注:"背曰负,肩曰儋;任,抱也;何,揭也。"《淮南子·氾论训》:"故地势有无得相委输,乃为靻蹻而超千里,肩荷负儋之勤也。""儋",俗作"擔"。《史记·平准书》:"作者数万人,千里负擔馈粮。"汉曹操《苦寒行》诗:"擔囊行取薪,斧冰执作糜。"

"儋"也写作"檐"。《集韵·阚韵》:"擔,负也。或从木。"《楚辞·严忌〈哀时命〉》:"负檐何以丈尺兮,欲伸要而不可得。"王逸注:"背曰负,荷曰檐。檐,一作擔。"《史记·滑稽列传》:"数赐缣帛,檐揭而去。"

〔揭〕《广雅·释诂三》:"揭,担也。"《庄子·胠箧》:"然而巨盗至,则负匮揭箧担囊而趋。"《史记·滑稽列传》:"数赐缣帛,檐揭而去。"唐杜光庭《虬髯客传》:"乃紫衣戴帽人,杖揭一囊。"

〔肩〕《左传·襄公二年》:"郑成公疾,子驷请息肩于晋。"杜预注:"欲辟楚役,以负担喻。"宋梅尧臣《回自青龙呈谢师直》诗:"唯髭比旧多且黑,学术久已不可肩。"宋熊鉌《捣衣曲》:"老农肩米肉成疮。"明徐弘祖《徐霞客游记・黔游日记一》:"余饭而待之,送者亦不至,乃雇夫分肩行李,从旧司北向逾岭行。"

〔挑〕《字汇・手部》:"挑,杖荷。"宋陆游《自题传神》诗:"担挑双草履,壁倚一乌藤。"明洪楩《清平山堂话本・快嘴李翠莲记》:"擗柴挑水与炮厨,就有蚕儿也会养。"明戚继光《练兵纪实・练伍法》:"用铁尖扁担,便于肩挑。"《西游记》第二三回:"这一向爬山过岭,身挑着重担。"

〔扛〕 明戚继光《纪效新书・布城诸器图说》:"佛郎机又大重,难于扛随。"《水浒传》第六一回:"蔡福收了金子,藏在身边,起身道:'明日早来扛尸。'"清文康《儿女英雄传》第四〇回:"那个铁肩膀,姓冯,名叫冯小江……他生恐失事,立即跳下水去,只一肩膀就扛得那船行动了,因此得了这个绰号。"

【辨】

①语源不同。负荷的"何"与荷花的"荷"为同一语源。"荷是大名,又叶名者,荷之言何也,负何,言其叶大也。"(《尔雅・释草》"荷"下郝懿行疏)"擔(担)""儋""甔",同属端母谈部,音同义通,为同一语源。清徐灏《说文解字注笺》:"《史记・货殖传》:'浆千甔。'索隐作'擔';《汉书》作'儋',师古曰:'儋,人儋之也。一儋两罋。'《说文》无'甔'字,盖缘罋字从瓦作甔也。'""揭"与"挈",声近(见、溪旁纽)韵同(同属月部),意义相近,为同一语源。《说文》:"揭,高举也。"《广雅・释诂一》:"揭,举也。"《荀子・劝学》:"若挈裘领。"杨倞注:"挈,举也。"《广雅・释诂四》:"挈,提也。""肩"与"揵"声近(见、群旁纽)韵同(同属元部),意义相近,为同一语源。《尚书・盘庚下》:"朕不肩好货,敢恭生生。"孔安国传:"肩,任也。"《康熙字典・手部》:"揵,以肩举物也。""挑""扛"两字《说文》虽有,但肩荷义是后起义。

②词义的内涵不同。"荷"还有担任、承担、承受等义。"担"还有担当义。"揭"还有高举、掀起、标志等义。"肩"还有肩膀、胜任等义。"挑"还可用作量词。"扛"还有用言语顶撞义。

bào rèn fù
抱 任 负

【同】 把物体用双臂围持在胸前。

453

〔抱〕 双臂围持的"抱",当为"襃"的借字。《说文》:"襃,褱也。"段玉裁注:"《论语》:'子生三年,然后免于父母之怀,'马融释以怀抱,即襃褱也。今字'抱'行而'襃'废矣。"《尚书·召诰》:"夫知保抱携持厥妇子,以哀吁天。"孔安国传:"言困于虐政,夫知保抱其子,携持其妻,以哀号呼天。"《庄子·天地》:"见一丈人方将为圃畦,凿隧而入井,抱甕而出灌。"《公羊传·僖公二年》:"虞公抱宝牵马而至。"唐韩愈《赴江陵途中寄赠三学士》诗:"弱妻抱稚子,出拜忘惭羞。"按:《说文》中的"抱"字作为重文收在"捊"下。《说文》:"捊,引取也……抱,捊或从包。"

〔任〕《诗经·大雅·生民》:"是任是负,以归肇祀。"郑玄笺:"任犹抱也。"孔颖达疏:"以任、负异文,负在背,故任为抱也。"《国语·齐语》:"以知其市之贾,负任担荷。"韦昭注:"背曰负,肩曰担;任,抱也。荷,揭也。"按:"任"的基本意义是抱,但也可泛指用人力载物。《楚辞·九章·悲回风》:"骤谏君而不听兮,重任石之何益!"王逸注:"任,负也。"

〔负〕《荀子·不苟》:"故怀负石而赴河,是行之难为者也。"王先谦集解引王念孙曰:"负,抱也,谓抱石于怀中而赴河也。"《淮南子·说林训》:"负子而登墙,谓之不祥。"高诱注:"负,抱也。"按:"负"主要用于以背驮物。

【辨】

①语源不同。"抱"与"保""褓""孵""菢""伏"等词,声近义通,为同一语源。(详见王力《同源字典》244—245页)"任"与"妊",同属日母侵部,为同一语源。"任""妊",古今字。女子怀孕,如两手抱物,"妊",本写作"任"。《说文》:"妊,孕也。"《汉书·叙传上》:"初,刘媪任高祖,而梦与神通。"颜师古注:"任谓怀任也。""负"与"蝜""背",声韵俱近,为同一语源。"负""背",用背驮物;"蝜",即蝜蝂,一种善负的小虫。

②词义内涵不同。"抱"还有怀抱、胸怀、环绕、持守等义。"任"还有保举、承担、责任、担任、委任等义。"负"还有依仗、依靠、承担、违背、辜负、亏欠、失败等义。

拔(拜) 揠 擢 挺 抽
bá (拜) yà zhuó tǐng chōu

【同】 把在物体里的东西往外拉或拽。

〔拔〕(拜)《说文》:"拔,擢也。"《广韵·末韵》:"拔,抽也。"《易经·泰卦》:

"拔茅茹以其汇。"王弼注:"茅之为物,拔其根而相牵引者也。"《左传·隐公十一年》:"公孙阏与颖考叔争车,颖考叔挟辀以走,子都拔棘以逐之。"《汉书·武帝纪》:"秋七月,大风拔木。"晋干宝《〈晋纪〉总论》:"基广则难倾,根深则难拔。""拔"也写作"拜"。《诗经·召南·甘棠》:"勿翦勿拜,召伯所说。"郑玄笺:"拜之言拔也。"

〔揠〕《方言》卷三:"揠,拔也。东齐、海岱之间曰揠。"《说文》:"揠,拔也。"《孟子·公孙丑上》:"宋人有闵其苗之不长而揠之者。"赵岐注:"揠,挺拔之,欲亟长也。"《新唐书·诸夷蕃将传·阿史那社尒》:"从征辽东,中流矢,揠去复战,所部奋厉,皆有功。"元许衡《与窦先生书》:"揠苗则害稼。"

〔擢〕《方言》卷三:"擢,拔也。自关而西,或曰拔,或曰擢。"《庄子·骈拇》:"枝于仁者,擢德塞(搴)性以收名声。"陆德明释文:"司马云:擢,拔也。"汉枚乘《上书谏吴王》:"夫十围之木,始生而蘖,足可以搔而绝,手可以擢而抓。"宋苏轼《惠州李氏潜珍阁铭》:"蔚鹅城之南麓,擢仙李之芳根。"《宋书·臧质传》:"质生与胇俱,不可详究,擢发数罪,曾何足言!"

〔挺〕《说文》:"挺,拔也。"《国语·吴语》:"被甲带剑,挺铍搢铎。"韦昭注:"挺,拔也。"《孔子家语·致思》:"两垒相望,尘埃相接,挺刃交兵。"《昭明文选·潘岳〈西征赋〉》:"垂饵出入,挺叉来往。"李善注:"挺,拔也。"《宋史·韩世忠传》:"世忠瞋目大呼,挺刃突前,贼辟易,矢不及发,遂败。"

〔抽〕《广雅·释诂三》:"抽,拔也。"《诗经·郑风·清人》:"左旋右抽,中军作好。"毛传:"右抽,抽矢以射。"《左传·宣公十二年》:"每射,抽矢菆。"杜预注:"抽,擢也。"三国魏曹植《七启》:"生抽豹尾,分裂貙肩。"唐李白《宣州谢朓楼饯别校书叔云》诗:"抽刀断水水更流,举杯消愁愁更愁。"

【辨】

①本义相近而微别。这几个字都有往外拉的意思,《说文》或同训,如"揠""挺"同训为拔,"擢""抽"同训为引;或递训,如"揠""挺"训为拔,"拔"训为擢,"擢"训为引,"引"也有往外拉的意思。《淮南子·俶真训》:"引楯万物,群美萌生。"高诱注:"引楯,拔擢也。"但用法上微有区别。"拔"有"引而出之"义(见唐慧琳《一切经音义》卷四十)。"揠"与"擢"的所拔对象不同。《小尔雅·广雅》:"拔心曰揠,拔根曰擢。""挺"有出义,可引申为脱出、生出。"抽"有抽引义。《广韵·尤韵》:"抽,引也。或作紬,紬其端绪也。"

②方言的区别。《方言》卷三:"自关而西,或曰拔,或曰擢……东齐海岱之间曰揠。"

③词义的内涵不同。"拔"还有选拔、超出、高出、攻取、摆脱等义。"揠"还有提拔义。"擢"还有选拔、耸出、划船等义。"挺"还有生出、生长、特出、挺直等义。"抽"还有引出、抽取、除去、(植物)长出等义。

抱 抛 投 掷(擿 提) 丢 扔
pāo　pāo　tóu　zhì　　　　diū　rēng

【同】抛掷,把物体抛往某人或某处。

〔抱〕《战国策·魏策三》:"以地事秦,譬犹抱薪救火也。薪不尽则火不止。""抱薪救火",即抛薪救火。《史记·三代世表》:"姜嫄以为无父,贱而弃之道中,牛羊避不践也;抱之山中,山者养之。"裴骃集解:"抱,普茅反。"司马贞索隐:"普交反。""抱之山中",即抛之山中。又《李将军列传》:"广详死,睨其旁有一胡儿骑善马,广暂腾而上胡儿马,因推堕儿,取其弓,鞭马南驰十余里。"《汉书·李广传》改"因推堕儿"为"因抱儿"。《史记会注考证》引《汉书》说:"'抱'读为'抛'。""抱儿",把儿抛掷马下。

〔抛〕《玉篇·手部》:"抛,掷也。"晋孙光宪《竹枝词》:"商女经过江欲暮,散抛残食饲神鸦。"后蜀欧阳炯《贺明朝》词:"忆昔花间相见后,只凭纤手,暗抛红豆。"《乐府诗集·横吹曲辞·张祜〈白鼻䮾〉》:"摘莲抛水上,郎意在浮花。"明何景明《津市打鱼歌》:"小船取速不取多,往来抛网如掷梭。"

〔投〕《左传·成公二年》:"齐高固入晋师,桀石以投人。"杜预注:"投,掷也。"汉王充《论衡·状留篇》:"且圆物之投于地,东西南北,无之不可,策杖叩动,才微辄停。"《晋书·谢鲲传》:"邻家高氏女有美色,鲲尝挑之,女投梭,折其两齿。"唐韩愈《李公墓志铭》:"尹家奴以书抵县请事,公走府,出其书,投之尹前。"

〔掷〕(擿 提)《玉篇·手部》:"掷,同'擿'。"《广韵·昔韵》:"掷,投也。"《后汉书·何进传》:"中黄门以(何)进头掷与尚书,曰:'何进谋反,已伏诛矣。'"晋干宝《搜神记》卷一:"问望子,来何迟?因掷两橘与之。"北魏郦道元《水经注·河水》:"大夫人妒之,言汝之生,不祥之征,即盛以木匣,掷恒水中。"

"掷"本写作"擿"。《庄子·胠箧》:"擿玉毁珠,小盗不起。"陆德明释文:"擿,持赤反,与'掷'字义同。"《史记·刺客列传》:"荆轲废,乃引其匕首以擿秦王,不中,中铜柱。"司马贞索隐:"擿与'掷'同,古字耳。"

"掷"也写作"提"。《集韵·霁韵》:"提,掷也。"《战国策·燕策三》:"荆轲废,乃引其匕首提秦王,不中,中柱。"《史记·刺客列传》转录时作"乃引其匕首以擿秦王。"汉王充《论衡·儒增篇》转录时作"轲以匕首掷秦王"。"提""擿""掷"异文。《史记·刺客列传》:"是时侍医夏无且以其所奉药囊提荆轲。"

〔丢〕《水浒传》第二六回:"只看我丢出篮儿来,你便抢入来捉奸。"《西游记》第六一回:"牛王慌了,把宝贝丢入口中,双手轮剑就砍。"《三国演义》第一〇三回:"只听得喊声大震,山上一齐丢下火把来,烧断谷口。"

〔扔〕《红楼梦》第九三回:"(贾琏)便从靴掖儿里头拿出那个揭帖来,扔与他瞧。"清吴趼人《二十年目睹之怪现状》第六六回:"总办便拿过来看,看了一眼……忽然把那张报往地下一扔,跳起来大骂。"清石玉昆《三侠五义》第八一回:"大家掷骰子,耍急了,隔墙儿把骰子扔过来了。"

【辨】

①词的本义不同。"抱"字,《说文》作为"捋"的重文收在"捋"下,解释为"引取也"。《玉篇·手部》引《说文》作"引聚",即引而聚之,义偏于聚。但古籍中,"抱"一般用于怀抱或双手围持物于胸前义。大徐本《说文》于"抱,捋或从包"下用小字注出:"臣铉等曰:今作薄报切,以为裹褒字。非是。"徐铉虽已见"抱"的实际用法,但仍囿于《说文》的解释。"抱"的抛掷义,从其最早的用例来看,"抱薪救火""抱之山中",都与怀抱、双手持物于胸前义有关,是怀抱的引申义。后音随义变,"抱"字用于抛弃、抛掷义时,始读为 pāo。《集韵》反映了"抱"音随义变的情况。《集韵·爻韵》:"抛,弃也。或作抱。""抛"字,《说文》无,是后起字。大徐本《说文》新附字收有,释为"弃也"。清郑珍《说文新附考》:"抛弃字,古则作'抱'。""抛"字约产生于东汉。且东汉时期的古籍中,仅《后汉书》中一见。甚至在魏晋时期,使用频率也仍很低。"投"的本义是投掷。《说文》:"投,擿也。"段玉裁注:"下文云:'擿,投也。'二篆为转注。"清徐灏《说文解字注笺》:"《广雅》亦曰:'投,擿也。'《左氏昭五年传》:'受其书而投之。'杜注:'投,掷也。'"掷与"擿"同。"掷"《说文》无,是"擿"的后起字。"提"的本义是提挈。《说文》:"提,挈也。""提""擿"声韵俱近,假借

为"摘"。清朱骏声《说文通训定声》"[假借]为'摘'。""丢"的本义,据研究是"摘"的音变。章炳麟《新方言·释言》:"《说文》:'投,摘也。'……今为丁侯切,俗书作'丢'。""扔"的本义,《说文》解释为"因也"。段注本改"因"为"捆",意为牵引。约在明清时产生抛掷义。

②词义的内涵不同。读 pāo 的"抱",还有抛弃义。"抛"还有抛弃、显露、量词(多指秽物)等义。"投"还有投合、投入、投奔、骰子等义。"掷"还有抛弃、腾跃等义。"丢"还有丢失、抛弃、搁置等义。"扔"还有牵引、丢弃等义。

按(案) 捺 抑 搦 擪(擪) 捻 抹
àn　　nà　yì　nuò　yè　　　niē　mò

【同】 按压,用手向下压。

〔按〕(案)《说文》:"按,下也。"段玉裁注:"以手抑之使下也。"唐杨炯《王勃集序》:"壮而不虚,刚而能润,雕而不碎,按而弥坚。"唐韩愈《故太学博士李君墓志铭》:"其法以铅满一鼎,按中为空,实以水银,盖封四际,烧为丹砂云。"《水浒传》第三一回:"武松按住,将去割头时,刀切不入。"清洪昇《长生殿·合围》:"双手把紫缰轻挽,骗上马,将盔缨低按。"也用于抽象的事物,如《昭明文选·陆机〈文赋〉》:"言恢之而弥广,思按之而愈深。"李善注:"按,抑按也。"《水浒传》第六五回:"张顺见了,按不住火起。""按"也写作"案"。《史记·魏其武安侯列传》:"籍福起为谢,案灌夫项令谢。"

〔捺〕《玉篇》:"捺,搦也。"《广韵》:"捺,手按。"宋李昉等《太平广记》卷二四九引张鷟《朝野佥载·高崔嵬》:"唐散乐高崔嵬善弄痴,太宗命给使捺头向水下,良久,出而笑之。"清吴敬梓《儒林外史》第三九回:"将只手捺着左眼,飞跑出来。"清和邦额《夜谭随录·棘闱志异》:"壁角有物,形如猬,被捺唧唧作声,渐捺渐缩。"

〔抑〕《说文》:"抑,按也。"《老子》第七十七章:"天之道,犹张弓与!高者抑之,下者举之。"《吕氏春秋·适威》:"若玺之于涂也,抑之以方则方,抑之以圜则圜。"《淮南子·精神训》:"病疵瘕者,捧心抑腹。"高诱注:"抑,按也。"唐柳宗元《梓人传》:"高者不可抑而下也,狭者不可张而广也。"用于抽象的,如《史记·平准书》:"大农之诸官尽笼天下之货物,贵即卖之,贱即买之。如此,富商大贾无所牟大利,则反本,而万物不得腾跃。故抑天下物,名曰'平准'。""抑天下物",按压天下物价。宋王安石《忆昨诗示诸外弟》诗:"归心动荡不可抑,霍若猛吹翻旌旗。"

〔搦〕《说文》:"搦,按也。"段玉裁注:"按者,抑也。"《汉书·叙传》:"当此之时,搦朽摩钝,铅刀皆能壹断。"颜师古注:"搦,按也。"三国魏曹植《幽思赋》:"搦素筝而慷慨,扬《大雅》之哀吟。"晋左思《魏都赋》:"搦秦起赵,威振八蕃。"北魏贾思勰《齐民要术·杂说》:"灰汁和之,搅令匀,搦取汁,别器盛。"

〔擪〕(擫) 用手指按压。《说文》:"擪,一指按也。"《玉篇》:"擪,指按也。"《淮南子·泰族训》:"所以贵扁鹊者,非贵其随病而调药,贵其擪息脉血,知病之所从生也。"宋许月卿《厌厌》诗:"僮仆触屏成蝶梦,姬姜擪笛作蝉声。"字也写作"擫"。《韩非子·外储说下》:"田连鼓上,成窍擫下,而不能成曲。"唐白居易《霓裳羽衣歌》诗:"磬箫筝笛递相搀,击擫弹吹声迤逦。"

〔捻〕 演奏乐器时手指向下按的指法。《集韵》:"捻,按也。"《文子·上德》:"使倡吹竽,使工捻窍。"南朝梁简文帝《筝赋》:"照琼环而俯捻,度玉爪而徐牵。"《西游记》第九六回:"擂鼓敲铙,吹笙捻管。"前蜀李珣《菩萨蛮》词:"捻得宝筝调,心随征櫂遥。"

〔抹〕 轻按。指弹琵琶的指法。唐白居易《琵琶行》诗:"轻拢慢撚抹复挑,初为《霓裳》后《六幺》。"宋辛弃疾《赋琵琶》词:"推手含情还却手,一抹《梁州》哀彻。"宋洪迈《容斋随笔》卷一:"菱角执笙簧,谷儿抹琵琶。"元王士熙《李宫人琵琶引》诗:"龙柱雕犀锦面妆,春风一抹采丝长。"

【辨】

①本义有所不同。"按""捺""抑""搦"的本义都是用手向下压。"擪"的本义是用手指压。"捻""抹"用于管弦乐器上时,指用手指轻按吹孔或弹弦。大徐本《说文》新附字收有"捻"字,解释为"指捻也",意谓用手轻按。"捻""抹"两字《说文》都没有。《集韵·屑韵》:"捻,按也。"《集韵·太韵》:"抹,摸也。"

②词义内涵不同。"按"还有抑制、按摩、抚摸、巡行、考察、依据、按照等义。"捺"还有抑制、摩擦、搁置等义。"抑"还有抑制、遏止、压制、冤屈、俯、贬等义。"搦"还有摩、握、捕捉、挑起等义。"擪"还有压、压抑等义。读 niē 的"捻"还有捏、握持等义。读 mò 的"抹"还有模、紧挨、弯下等义。

③"按"和"压"的区别是:"按"是用手向下压;"压"是用外力向下压。

【附】 按抑 按捺 按纳 按压 按摩 抑按 揾

束 缚 约 绁(緤 緥) 纬 缩 绷 绑 系 徽 捆(稇 綑) 扎 (紥 紮) 繋

【同】 捆缚,捆束,即用绳或带把东西或人及动物缠绕并打上结。

〔束〕《说文》:"束,缚也。"《诗经·鄘风·墙有茨》:"墙有茨,不可束也。"《史记·廉颇蔺相如列传》:"今君乃亡赵走燕,燕畏赵,其势必不敢留君,而束君归赵矣。"唐韩愈《小女道死留题驿梁》诗:"数条藤束木皮棺,草殡荒山白骨寒。"清蒲松龄《聊斋志异·荷花三娘子》:"自乃以刀剖脐下,取子出,令宗裂帛束之,过宿而愈。"

〔缚〕《说文》:"缚,束也。"《玉篇·糸部》:"缚,束缚也。"《广韵·药韵》:"缚,繋也。"《左传·文公二年》:"晋襄公缚秦囚,使莱驹以戈斩之。"《史记·淮阴侯列传》:"(韩)信入,吕后使武士缚信,斩之长乐钟室。"《汉书·张放传》:"白昼入乐府,攻射官寺,缚束长吏子弟。"唐杜甫《缚鸡行》诗:"小奴缚鸡向市卖,鸡被缚急相喧争。"《水浒传》第八回:"薛霸道:'哪里信得你说?要我们心稳,须得缚一缚。'"

〔约〕《说文》:"约,缠束也。"段玉裁注:"束者,缚也。"《诗经·小雅·斯干》:"约之阁阁,椓之橐橐。"毛传:"约,束也。"孔颖达疏:"谓以绳缠束之。"《战国策·齐策六》:"鲁连乃书,约之矢以射城中。"唐李商隐《又效江南曲》:"扫黛开宫额,裁裙约楚腰。"明宋应星《天工开物·舟车·杂舟》:"挽缰者以巨竹破为四片和六片,麻绳约接,名曰火杖。"

〔绁〕(緤 緥)《广雅·释诂二》:"绁,系也。"王念孙疏证:"亦作繋……盖绁为系之通名。凡系人系物皆谓之绁。"《汉书·王莽传下》:"遣将不与兵符,必先请而后动,是犹绁韩卢(良犬)而责之获也。"颜师古注:"绁,繋也。"《昭明文选·张衡〈东京赋〉》:"扫项军于垓下,绁子婴于轵涂。"李善注引薛综曰:"绁,犹繋也。"

"绁"也写作"緤"或"緥"。《楚辞·离骚》:"朝吾将济于白水兮,登阆风而缧马。"王逸注:"缧,系也。"《汉书·贾谊传》:"夫束缚之,係缧之。"颜师古注:"缧,谓以长绳係之也。"唐钱起《登玉山诸峰偶至悟真寺》诗:"紫芝每相引,黄绶不能缧。"《论语·公冶长》:"虽在缧绁之中,非其罪也。"邢昺疏:"缧,黑索。绁,挛也。古狱以黑索拘挛罪人。"唐皮日休《遇谤》:"手欲动兮似挛,足将行兮如绁。"

〔纬〕《释名·释典艺》:"纬,围也。反复围绕以成经也。"《广雅·释诂三》:"纬,束也。"王念孙疏证:"纬者……《释名》云:'纬,围也。反复围绕以成经也。'围与束同义。"《集韵·尾韵》:"纬,束也。"《墨子·迎敌祠》:"令命昏纬狗纂马。"苏时学注:"纬,束也。"《大戴礼记·夏小正》:"农纬厥耒。纬,束也。"孔广森补注:"束其耒者,使耜与柄相坚著也。"清王士禛《抱琴歌》:"峄阳之桐何牂牂,纬以五弦发清商。"

〔缩〕《尔雅·释器》:"绳之谓之缩之。"郭璞注:"缩者,约束之。"《诗经·大雅·緜》:"其绳则直,缩版以载。"毛传:"乘谓之缩。"郑玄笺:"乘,声之误,当为绳也。"宋李昉等《太平广记》卷四二五引《王子年拾遗记》:"以香金为钩,缩丝纶,以舟鲤为饵,不逾旬日,钓一白蛟,长三四丈。"

〔绷〕"绷"的古字为"繃"。《说文》:"繃,束也。《墨子曰》:'禹葬会稽,桐棺三寸,葛以繃之。'"宋时已简作"绷"。《集韵·耕韵》:"繃,或作绷。"明兰陵笑笑生《金瓶梅词话》第一二回:"西门庆……喝令:'与我捆起来,着实打。'当下把琴童儿绷子绷着……"《西游记》第二四回:"却说那三人穿林入里,只见那呆子绷在树上,声声叫喊,痛苦难禁。"清蒲松龄《聊斋志异·马介甫》:"万石入,见妇赤身绷系,心头刀痕,纵横不可数。"

〔绑〕《正字通·糸部》:"绑,俗作绑缚字。"元王实甫《西厢记》第二本第二折:"将军引卒子骑竹马调阵,拿绑下。"元马致远《汉宫秋》第四折:"有番国差使命绑送毛延寿来。"《西游记》第一三回:"魔王喝令绑了,众人一齐将三人用绳索绑缚。"

〔係〕 现已简化为"系"。《说文》:"係,絜束也。"段玉裁注:"絜束者,围而束之。"《集韵·霁韵》:"係,缚也。"《易经·坎卦》:"係用徽纆,置于丛棘,三岁不得,凶。"《左传·襄公十八年》:"献子以朱丝係玉二瑴。"《国语·越语上》:"若以越国之罪为不可赦也,将焚宗庙,係妻孥,沈金玉于江,有带甲五千人将以致死,乃必有偶。"韦昭注:"係,繫也。"汉贾谊《惜誓》:"使麒麟可得羁而係兮,又何以异乎犬羊?"《史记·秦始皇本纪》:"子婴即係

461

颈以组。"

〔徽〕《昭明文选·扬雄〈解嘲〉》:"徽以纠缪,制以锧铁。"刘良注:"纠、缪、锧、铁,皆刑法名也。徽,繫也。制,裁也。"汉扬雄《太玄·养》:"小子牵象,妇人徽猛。""徽猛",捆缚猛兽。唐皇甫曾《遇风雨作》诗:"转知人代事,缨组乃徽束;向若家居时,安枕春梦熟。"

〔捆〕(稇 綑)《吕氏春秋·士节》:"齐有北郭骚者,结罘网,捆蒲苇,纺葩屦,以养其母犹不足。"陈奇猷校释引杨树达曰:"捆,《说文》作'稇',云:'絭束也。'"《说文》"絭"下段玉裁注:"谓以绳束之。"《红楼梦》第七回:"众小厮见他说出来的话有天没日的,唬得魂飞魄散,也不顾别的了,把他捆起来,用土和马粪满满地填了他一嘴。"

"捆",《说文》作"稇"。《说文》:"稇,絭束也。"段玉裁注:"絭束,谓以绳束之。"《国语·齐语》:"垂橐而入,稇载而归。"韦昭注:"稇,絭也。""捆",也作"綑"。《正字通·糸部》:"綑,同捆。"明冯梦龙《古今小说·杨八老越国奇逢》:"不期老将军不行细审,一概綑吊。"《西游记》第七六回:"八戒道:'我的脚綑麻了,跑不动。'"

〔扎〕(紥 紮)《汉语大字典·手部》:"扎(四)①捆绑;缠束。如:扎行李;扎辫子;包扎伤口。《水浒全传》第五十八回:'抄扎家私,分俵众军。'《红楼梦》第三十六回:'手里提着个雀儿笼子,上面扎着小戏台。'……""扎","紥"的俗写。《集韵·黠韵》:"紥,缠束也。"《水浒传》第三三回:"家家门前,紥起灯棚,赛悬灯火。"清刘鹗《老残游记》第八回:"上面挂了四盏纸灯,斑竹紥的,甚为灵巧。""紥"也作"紮"。《中华大字典·糸部》:"紮,紥俗字。"

〔繫〕《广韵·霁韵》:"繫,缚繫。"《后汉书·祭遵传》:"初,丰好方术,有道士言丰当为天子,以五彩囊裹石繫丰肘,云石中有玉玺。""繫肘",系缚于肘。南朝宋刘义庆《世说新语·规箴下》:"桓南郡好猎。每田狩,车骑甚盛……或行阵不整,麈兔腾逸,参佐无不被繫束。"唐刘恂《岭表录异》卷上:"贾人船不用铁钉,只使桄榔须繫缚,以橄榄糖泥之,糖干甚坚,入水如漆也。"后简化作"系"。

【辨】

①词的本义不同。"束"的本义是捆缚。《说文》:"束,缚也。从口(音韦)木。"清王筠《说文句读》:"字从口木,则《诗》'束楚''束薪'(见《王

风·扬之水》),是其本义也。"《说文》"束""缚"互训,"缚"的本义也是捆缚。"约"的本义是缠束。清桂馥《说文义证》:"缠束也者,颜注《急就篇》:'约,犹束缚也。'""绁"的本义是马缰。《说文》:"绁,系也。"清桂馥《说文义证》:"系也者,《一切经音义》七:'绁,马缰也,所以絷制畜牲者皆曰绁。绁,縶也。'""纬"的本义是织物的横线。《说文》:"纬,织横丝也。""缩"的本义,《说文》解释为"乱也"。段玉裁注:"《通俗文》云:'物不申曰缩。'不申则乱,故曰乱也。""捆",《说文》作"稛",段玉裁认为本义是"以绳束之"。"绷"的本义也是捆缚。《说文》:"繃,束也。""绑"是约产生于宋元时期的俗字,专用于绑缚义。"係"的本义,《说文》认为是"絜束",但于省吾认为这是"引申义",并非本义","甲骨文'係'字象用绳索以缚系人的颈部"(《甲骨文字释林》)。"徽"字,《说文》收有两个义项,一个义项是"衺幅",一个义项是"三纠绳"。捆缚义当是从"三纠绳"引申而来。"扎"用于捆扎义,疑是"紥"的俗写,约产生于元明时期。"縶"的本义是粗劣的絮。

②词义的内涵不同。"束"还用于束缚、约束、聚敛、狭窄、收拾等义。"缚"还用于拘束、限制、捆绑东西的绳索等义。"约"还有约束、约定、办备、节俭、省约等义。"绁"还可用于拴牵其他牲畜的绳索。"纬"还有编织、整治、地理上的纬度等义。"绷"还用于婴儿的被、绷紧、硬撑等义。"係"还有绳、带、维系、连续等义。"徽"还有系琴弦的绳、琴徽、标志、美善等义。"縶"还用于拴、系结、约束、羁绊、拘囚、留意、挂念、牵涉、关连等义。"捆"和"绑"只能用于捆缚义。

③语法功能不同。"束""捆"能用作量词,其他的不能。

摇 撼 掉 振 摆 晃
yáo hàn diào zhèn bǎi huàng

【同】摇动,物体在水平方向或上下晃动。

〔摇〕《说文》:"摇,动也。"《广韵·笑韵》:"摇,摇动。"《周礼·考工记·矢人》:"是故夹而摇之,以视其丰杀之节也。"《墨子·备城门》:"城上千步一表,长丈,弃水者操表摇之。"《古诗十九首》之九:"四顾何茫茫,东风摇百草。"唐顾况《华山西冈游赠隐玄叟》诗:"失风鼓咯呀,摇撼千灌木。"宋王明清《挥尘余话》卷二:"相得端明似虎形,摇头摆脑得人憎。"《三国演义》第六四回:"张任引数千人马,摇旗呐喊,出城搦战。"

〔撼〕《广雅·释诂一》:"撼,动也。"王念孙疏证:"《说文》:'搣,摇也。'搣与撼同。"《玉篇·手部》:"撼,摇也。"《昭明文选·司马相如〈长门赋〉》:"挤玉户以撼金铺兮,声噌吰而似钟音。"李善注引《说文》曰:"撼,摇也。"唐韩愈《调张籍》诗:"蚍蜉撼大树,可笑不自量。"《宋书·岳飞传》:"撼山易,撼岳家军难。"《红楼梦》第一二回:"(贾瑞)只得悄悄出来,将门撼了撼,关得铁桶一般。"

〔掉〕《说文》:"掉,摇也。"段玉裁注:"掉者,摇之过也;摇者,掉之不及也。许浑言之。"《左传·昭公十一年》:"末大必折,尾大不掉。"《国语·楚语上》:"夫边境者,国之尾也,譬之如牛马,处暑之既至,蝱蟹(小虻虫)之既多,而不能掉其尾,臣亦惧之。"《汉书·蒯通传》:"且郦生一士,伏轼掉三寸舌,下齐七十余城。"颜师古注:"掉,摇也。"唐高蟾《道中有感》诗:"年华经几日,日日掉征鞭。"宋罗大经《鹤林玉露》丙编卷三:"(洪)景卢素有风疾,头常微掉。"

〔振〕《广雅·释诂一》:"振,动也。"《楚辞·王褒〈九怀·尊嘉〉》:"秋风兮萧萧,舒芳兮振条。"王逸注:"动摇百草使芳熟也。"《汉书·食货志上》:"行人振木铎徇于路,以采诗。"晋潘岳《寡妇赋》:"孤鸟嘤兮悲鸣,长松萋兮振柯。"

〔摆〕《正字通·手部》:"摆,持而摇振之。"唐韩愈《别赵子》诗:"摆头笑且言,我岂不足歆!"唐皎然《五言戏赠薛彝》诗:"何处销君兴,春风摆绿杨。"唐杜牧《叹花》诗:"如今风摆花狼藉,绿叶成荫子满枝。"

〔晃〕唐张说《山夜听钟》诗:"前声既舂容,后声复晃盪。"明王子一《误入桃源》第二折:"似这般花月神仙,晃动了文章巨公。"清文康《儿女英雄传》第四回:"当下二人商定,便站起身来,摇头晃脑的走了。"

【辨】

①词的本义不同。"摇"的本义是轻轻摆动。《说文》:"摇,动也。""撼"《说文》作"搣",释为"摇也"。"掉"的本义是摇动的幅度大于"摇"。《说文》:"掉,摇也。"段玉裁注:"掉者,摇之过也;摇者,掉之不及也。""振"的本义是举救。《说文》:"振,举救之也。"按:"振"与"震"同源,当含有上下振动义。"摆"字《说文》无,约隋唐时产生。《正字通》认为初义是手"持而摇振之"。摇晃义的"晃",是后起义。

②词义的内涵不同。"摇"还有动摇、上升、疾速等义。"撼"只有摇动一义。"掉"还有振动、卖弄等义。"振"除与"震"同源外,其他意义均与其本义"举救"有关。"摆"的其他各义如放置、排除、摆布等义,与摇摆义无关。"晃 huàng",只有摇晃一义。

招 召 呼(評) 唤
zhāo zhào hū huàn

【同】用口或手示意别人前来。

〔招〕《说文》:"招,手呼也。"(段玉裁注本)《广雅·释诂二》:"招,呼也。"《荀子·劝学》:"登高而招,臂非加长也,而见者远。"《史记·项羽本纪》:"坐须臾,沛公起如厕,因招樊哙出。"汉桓宽《盐铁论·孝养》:"夫嗟来而招之,投而与之,乞者由不取也。"

〔召〕《说文》:"召,呼也。"《广雅·释诂二》:"召,呼也。"林义光《文源》:"按,与'招'字义略同。"《论语·泰伯》:"曾子有疾,召门弟子,曰:'启予足,启予手。'"《礼记·曲礼上》:"父召无诺,先生召无诺,唯而起。"《史记·廉颇蔺相如列传》:"相如顾召赵御史书曰:'某年月日,秦王为赵王击缻。'"

〔呼〕(評) 召呼的"呼",《说文》作"評"。《说文》:"評,召也。"段玉裁注:"口部曰:'召,評也。'后人以呼代之,呼行而評废矣。"《玉篇·言部》:"評,唤也。"《广韵·模韵》:"評,亦唤也。"但古籍中习写为"呼"。《左传·哀公十一年》:"将战,吴子呼叔孙,曰:'而何事也?'"《墨子·鲁问》:"处则静,呼则应,是似响也。"《史记·淮阴侯列传》:"王素慢无礼,今拜大将如呼小儿耳,此乃信所以去也。"又《伍子胥列传》:"尚为人仁,呼必来。"

〔唤〕《说文》无"唤"字。大徐本《说文》新附字:"唤,評也。"《广韵·换韵》:"唤,呼也。"但《说文》有"嚣"字。《说文》:"嚣,呼也。"段玉裁注:"《玉篇》云:'嚣,荒贯切,与唤同。'《广韵》同。按,《说文》无唤字。嚣、唤,古今字也。""唤"约产生于魏晋时期。晋陶潜《晋故征西大将军长史孟府君传》:"诸从事既去,唤弟翼语之曰:'孟嘉故是盛德人也。'"《南史·张子信传》:"有人唤,必不可往,虽敕亦以病辞。"南朝宋刘义庆《世说新语·方正》:"元帝便欲施行,虑诸公不奉诏,于是先唤周侯、丞相入,然后欲出诏付刁。"唐杜甫《病后遇王倚饮赠歌》:"遣人向市赊香粳,唤妇出房亲自馔。"

【辨】①词的本义略有不同。"招"的本义是"手呼",即用手招呼别人。《说文》"招"下段玉裁注:"不以口而以手,是'手呼'也。""召"与"诏"同源,是口呼,但"诏"含有上呼下义。"呼""唤"的本义是"口呼",即用口招呼别人。

②词义的内涵不同。"招"还有招致、邀请、招惹等义。"召"还有召请、征召等义。"呼"还有呼喊、称呼等义。"唤"还有呼叫、啼叫等义。

沐 浴 盥 澡 洗 沬(頮 靧)
mù yù guàn zǎo xiǎn huì

【同】用水洗去身体上某部分的污垢。

〔沐〕《说文》:"沐,濯发也。"《礼记·杂记下》:"首有创则沐。"《韩非子·六反》:"古者有谚曰:'为政犹沐也,虽有弃发,必为之。'"《淮南子·说山训》:"今沐者堕发,而犹为之不止,以所去者少,所利者多。"《史记·周鲁公世家》:"然我一沐三捉发,一饭三吐哺,起以待士,犹恐失天下之贤人。"

〔浴〕《说文》:"浴,洒身也。"《韩非子·内储说下》:"季曰:'诺。'乃浴以矢。一曰浴以兰汤。"《淮南子·说山训》:"先倮而浴则可,以浴而倮则不可。"《史记·屈原列传》:"新沐者必弹冠,新浴者必振衣。"

〔盥〕《说文》:"盥,澡手也。"甲骨文中的"盥"字,象双手接水冲洗,下有器皿承接。《左传·僖公二十三年》:"秦伯纳女五人,怀嬴与焉,奉匜沃盥,既而挥之。"《礼记·内则》:"进盥,少者奉槃,长者奉水,请沃盥。盥卒授巾。"《淮南子·泰族训》:"洗爵而饮,盥而后馈,可以养少,不可以飨众。"汉王充《论衡·讥日篇》:"洗、盥、浴不择日,而沐独有日。"

〔澡〕《说文》:"澡,洒手也。"《广雅·释诂二》:"澡,洒也。"《昭明文选·马融〈长笛赋〉》:"是故可以通灵感物……涤盥污濊,澡雪垢滓矣。"李善注:"澡,洗手也。"《三国志·魏书·管宁传》:"又居宅离水七八十步,夏时诣水中澡洒手足,窥于园圃。"《北史·真腊国传》:"以右手为净,左手为秽,每旦澡洗。"

〔洗〕《说文》:"洗,洒足也。"《史记·郦生陆贾列传》:"初,沛公引兵过陈留。郦生踵军门上谒……使者入通,沛公方洗。"上文为"郦生至,入谒,沛公方踞床使两女子洗足"。《汉书·黥布传》:"(布)至,汉王方踞床洗,而召布入见。"颜师古注:"洗,濯足也。"按:洗,古读 xiǎn,今读 xǐ。

〔沬〕(頮 靧)《说文》:"沬,洒面也。"《昭明文选·司马迁〈报任少卿书〉》:"然李陵一呼劳军,士无不起,躬自流涕,沫血饮泣。"李善注:"言流血在面如盥頮。"《汉书·律历志下》:"甲子,王乃洮沬水,作《顾命》。"颜师古注:"洮,盥手也;沬,洗面也。"

"沬"也写作"頮"或"靧"。唐刘禹锡《述病》:"面不能罢頮,发不能捐枊。"《礼记·玉藻》:"日五盥,沐稷而靧粱。"孔颖达疏:"沐,沐发也;靧,洗面也。取稷、粱之潘汁,用将洗面沐发并须滑故也。"

【辨】

①词的本义不同。"沐"的本义是洗头。"浴"的本义是洗身。"盥"和"澡"的本义是洗手。汉王充《论衡·讥日篇》:"且沐者,去首垢也;洗,去足垢;盥,去手垢;浴,去身垢。皆去一形之垢,其实等也。""沬"的本义是洗脸。

②词义的内涵不同。"沐"还有洗发用的淘米汁、洗涤、润泽等义。"浴"有浴血(以血浴身,表示勇敢)、浴德(以德浴身,表示用德洁净自身)等义。"盥"还有盥洗的器皿义。"澡"还有洗澡、洗涤等义。"洗 xiǎn"还有洁净义。"沬"只有洗脸义。

洗 洒 涤 盪(荡) 濯 浣(澣)
xǐ xǐ dí dàng   zhuó huàn

【同】用水去脏或污垢。

〔洗〕《说文》:"洗,洒足也。"段玉裁注:"自后人以洗代洒涤字,读先礼切(按:本读 xiǎn)。"《庄子·则阳》:"掘之数仞,得石椁焉,洗而视之,有铭焉。"《韩非子·大体》:"不洗垢而察难知。"《淮南子·诠言训》:"洗爵而饮。"

〔洒〕《说文》:"洒,涤也。从水西声。古文以为灑埽字。"段玉裁注:"下文云:'沬,洒面也''浴,洒身也''澡,洒手也''洗,洒足也'。今人假洗为洒,非古字。"《玉篇·水部》:"洒,先礼、先殄二切。濯也,深也,涤也。今为洗,又所卖切。"《左传·襄公二十一年》:"纥也闻之,在上位者洒濯其心,壹以待人,轨度其信,可明征也,而后可以治人。"《庄子·山木》:"吾愿君刳形去皮,洒心去欲,而游于无人之野。"《汉书·平帝纪》:"(往)者有司多举奏赦前事,累增罪过,诛陷无辜,殆非重信慎刑,洒心自新之意也。"颜师古注:"洒,涤也。音先礼切。"

　　按:"洒",在先秦两汉时期,常通假为"灑 sǎ"。《集韵·蟹韵》:"灑,或作洒。"《诗经·大雅·抑》:"夙兴夜寐,洒埽庭内,维民之章。"孔颖达疏:"洒埽者,以水灑地而扫之。"《周礼·夏官·隶仆》:"掌五寝之埽除粪洒之事。"郑玄注引郑司农云:"洒,当为灑。"

〔涤〕《说文》:"涤,洒也。"《玉篇·水部》:"涤,洗也。"《广韵·锡韵》:"涤,洗也,除也,净也。"《韩非子·说林下》:"宫有垩器,有涤则洁矣。行身亦然,无涤垩之地,则寡非也。"《淮南子·泰族训》:"涤杯而食,洗爵而饮。"《史记·司马相如列传》:"相如自著犊鼻裈,与保佣杂作,涤器于市中。"

〔盪〕(荡)《说文》:"盪,涤器也。"段玉裁注:"此字从皿,故训涤器。凡贮水于器中,摇荡之去滓,或以碱垢瓦石和水吮漳之,皆曰盪。盪者,涤之甚者也。"《汉书·元后传》:"且羌胡尚杀首子以盪肠正世,况于天子而近已出之女也!"颜师古注:"盪,洗涤也。"汉班固《东都赋》:"于是百姓涤瑕盪秽,而镜至清。"北魏贾思勰《齐民要术·涂瓮》:"以热汤数斗著瓮中,涤盪疏洗之。"

　　"盪"也写作"荡"。《释名·释言语》:"荡,盪也,排盪去秽垢也。"《礼记·昏义》:"是故日食则天子素服而修六官之职,荡天下之阳事。"郑玄注:"荡,荡涤。"《史记·乐书》:"天子躬于明堂临观,而万民咸荡涤邪秽,斟酏饱满,以饰厥性。"

〔濯〕《说文》:"濯,瀚也。"《广雅·释诂二》:"濯,洒也。"《诗经·大雅·泂酌》:"挹彼注兹,可以濯罍。"毛传:"濯,涤也。"孔颖达疏:"《说文》云:'涤,洗也。''濯,浣也。'则濯、浣俱是洗浣之名,故云:'濯,涤也。'"《孟子·离娄上》:"有孺子歌曰:'沧浪之水清兮,可以濯我缨;沧浪之水浊兮,可以濯我足。'"《后汉书·周磐传》:"若命终之日,桐棺足以周身,外椁足以周棺,敛形悬封,濯衣幅巾。"李贤注:"濯衣,浣衣也。"

〔浣〕(澣)"浣",在《说文》中是"瀚"的重文。"瀚"又隶变为"澣"。《说文》:"瀚,濯衣垢也……浣,今瀚从完。"古籍中,"澣""浣"并用。《诗经·周南·葛覃》:"薄污我私,薄澣(浣)我衣。"郑笺:"澣(浣)谓濯之耳。"《礼记·礼器》:"晏平仲祀其先人,豚肩不揜豆,澣衣濯冠以朝,君子以为隘矣。"陆德明释文:"澣,又作浣。"《公羊传·庄公三十一年》:"筑台于郎,何以书？讥,何讥尔？临民之所漱浣也。"何休注:"无垢加工曰漱,去垢曰浣,齐人语也。"《淮南子·诠言训》:"涤杯而食,洗爵而饮,浣而后馈,可以养家老,而不可以飨三军。"

【辨】

①词的本义不同。"洗"的本义是洗脚。《说文》:"洗,洒足也。"《史记·黥布列传》:"淮南王至,上方踞床洗,召布入见。""洒""涤",是泛指洗涤。"盪"的本义是"涤之甚也",即贮水器中,摇荡以去污。今南方江浙一带尚有此语。"濯""浣"的本义是洗涤衣服。

②词的语源不同。"洗"与"跣"同源。"涤"与"濯"同源。"盪"与"荡"同源。"浣"与"盥"同源。

③词义的内涵不同。"洗"还有洗雪、洗涤用具等义。"洒"一般只用于洗涤义。"涤"还有涤除义。"盪"还有激荡、扫荡等义。"濯"还有洗涤后的脏水义。"浣"还有漂洗义。

曝(暴) 晒 晞 暵 晾
pù　　shài　xī　hàn　liàng

【同】在阳光的照射下使物晒干或晾干。

〔曝〕(暴)《广韵·屋韵》:"暴,日干也。'曝',俗。"《战国策·燕策二》:"今者臣来,过易水,蚌方出曝。"《列子·杨朱》"昔者宋国有田夫,常衣缊黂,仅以过冬,暨春东作,自曝于日。"汉贾谊《新书·春秋》:"夫百姓煦牛而耕,曝背而耘,苦勤而不敢惰者,岂为鸟兽也哉！"北魏贾思勰《齐民要术·种枣》:"枣脯法:切枣曝之,干如脯也。"北魏郦道元《水经注·渭水》:"夏大暑日,使曝坐,环以十火炉,不言热,又身不汗。""曝坐",在烈日下坐。

"曝"本写作"暴","暴"是"曝"的古字。《汉语大字典·日部》:"暴(一)pù 晒,晒干。后作'曝'。"《小尔雅·广言》:"暴,晒也。"《广韵·屋韵》:"暴,日干也。"《周礼·天官·染人》:"凡染,春暴练。"郑玄注:"暴练,练其素而暴之。"贾公彦疏:"春暴练者,以春阳时,阳气燥达,故暴晒其练。"《战国策·秦策四》:"解冻而耕,暴背而耨。""暴背",太阳晒在背上。汉王充《论衡·解除》:"暴谷于庭,鸡雀啄之。"北齐颜之推《颜氏家训·书证》:"案字书,古者暴晒字与暴疾字相似,唯下稍异。后人专辄加傍日耳。"

〔晒〕"晒"的繁体字作"曬"。《玉篇·日部》:"曬,暴干物也。"北魏郦道元《水经注·河水》:"佛遗足迹于此,其迹长短在人心念,至今犹尔。其晒衣石尚在。"南朝宋刘义庆《世说新语·排调》:"郝隆七月七日出日中仰卧。人问其故,答曰:'我晒书。'"意谓自己有满腹诗书。北魏贾思勰《齐民要术·收种》:"将种前二十许日,开水出淘,即晒令干。"

〔晞〕《方言》卷七:"晞,暴也……暴五谷之类。秦、晋谓之晒,东齐、北燕、海、岱之郊谓之晞。"《楚辞·九歌·少司命》:"与女沐兮咸池,晞女发兮阳之阿。"南朝宋鲍照《谢永安令解禁止启》:"与物更禀,遂晞晒阳春,湔汰秋水。""晞晒",同义连用。《昭明文选·郭璞〈江赋〉》:"琼蚌晞曜以莹珠,石砝应节而扬葩。"李善注:"晞曜,向日也。"北魏贾思勰《齐民要术·养羊》:"春夏早放,秋冬晚出。"原注:"七月以后,霜露气降,必须日出霜露晞解,然后放之。"

〔暵〕《广韵·旱韵》:"暵,日干也。"《正字通·日部》:"暵,曝也。"北魏贾思勰《齐民要术·大小麦》:"大小麦,皆须五月、六月暵地。不暵地而种者,其收倍薄。"缪启愉校释:"暵地,即夏耕晒垡,晒后再耕耙收墒,入秋下种。"又《旱稻》:"其春耕者杀种尤甚,故宜五六月暵之。"

〔晾〕《字汇补·日部》:"晾,曝晒也。"元谷子敬《城南柳》第一折:"似这等风吹日晾,雪压霜欺。"《西游记》第七十六回:"八戒惭愧不胜,在坡前晾晒衣服,等候不提。"明刘若愚《酌中志·饮食好尚纪略》:"六月初六日,皇史宬古今通集库晒晾。"《红楼梦》第二十四回:"明日有人带花儿匠来种树,叫你们严谨些,衣服裙子别混晒混晾的。"

【辨】

①词的本义不同。"曝"是"暴"的今字,"暴"的本义是晒米。《说文》:"暴,晞也。从日从出从廾从米。"段玉裁注:"日出而竦手举米晒之,合四字会意。""晒"的繁体字作"曬"。《说文》:"曬,暴也。"清王玉树《说文拈字》:"今俗作'晒',非是。""晞"的本义是经日晒而干。《说文》:"晞,干也。"段玉裁注:"元应书引作'日干曰晞'……《方言》:'脯、晒、晞,暴也。'""暵"的本义是翻晒耕地。《说文》:"暵,干也。耕暴田曰暵。"段玉裁注:"暴田曰暵,因之耕暴田曰暵。""晾"是个后起字。不仅《说文》无,

《玉篇》《广韵》《集韵》等均无。约是元明时期产生的口语词。初多见于元曲、小说等文艺作品中。初义应是晾晒。

②词义的内涵不同。"曝"只分担古字的曝晒义。"晒"还有舒散义，最近又新产生了曝光义。"晞"还有天刚亮义。"暵"还有枯干、干旱义。"晾"还有把物品放在通风处，令其物阴干义。

藏(臧) 匿 窜 去
　　cáng　　　 nì　 cuàn　 jǔ

【同】收藏或隐藏。

〔藏〕(臧)《说文》正篆无"藏"字，但说解语中时有所见。如："葬，藏也。"又："肾，水藏也。"又："脾，土藏也。"清王筠《说文句读》："《说文》无'藏'篆，而说解语中凡三十见。""臧""藏"，古今字，古籍中两字并用。用"臧"的如：《荀子·天论》："繁启蕃长于春夏，畜积收臧于秋冬。"《汉书·武五子传》："太子之亡也，东至湖，臧匿泉鸠里。"用"藏"的如：《韩非子·十过》："臣闻圣人之治，藏于民，不藏于府库。"《淮南子·览冥训》："当此之时，禽兽蝮蛇，无不匿其爪牙，藏其螫毒，无有攫噬之心。"《史记·魏公子列传》："公子闻赵有处士毛公藏于博徒，薛公藏于卖浆家，公子欲见两人，两人自匿不肯见公子。"

〔匿〕《广雅·释诂四》："匿，藏也。"《广韵·职韵》："匿，藏也。"《左传·宣公十五年》："山薮藏疾，瑾瑜匿瑕。"杜预注："匿亦藏也。虽美玉之质，亦或居藏瑕秽。"《吕氏春秋·重言》："桓公、管仲虽善匿，弗能隐矣。"高诱注："匿，藏。"《史记·郦生陆贾列传》："郦生乃深自藏匿。"汉王充《论衡·答佞篇》："鱼鳖匿渊，捕鱼者知其源；禽兽藏山，畋猎者见其脉。"

〔窜〕"窜"的繁体字作"竄"。《说文》："竄，匿也。从鼠在穴中。"《尔雅·释诂下》："竄，微也。"郭璞注："微为逃藏义。"郝懿行疏："藏匿义皆为微。"《广雅·释诂四》："竄，藏也。"《国语·周语上》："我先王不窋用失其官，而自窜于戎狄之间。"韦昭注："窜，匿也。"《吕氏春秋·首时》："故有道之士未遇时，隐匿分窜，勤以待时。"高诱注："窜，藏。"《淮南子·人间训》："夫事之所以难知者，以其窜端匿迹，立私于公，倚邪于正，而以胜惑人之心者也。"《汉书·蒯通传》："常山王奉头鼠窜，以归汉王。"颜师古注："言其迫窘逃亡，如鼠之藏窜。"

〔去〕"去"字的隐藏义,本字作"弆"。唐玄应《一切经音义》卷十三:"弆,藏也。《通俗文》:'密藏曰弆。'"《集韵·语韵》:"弆,藏也。或作去。"《左传·昭公十九年》:"及老,托于纪鄣,纺焉以度而去之。"杜预注:"因纺纑连所纺以度城而藏之,以待外攻者,欲报雠。"孔颖达疏:"去即藏也。字书'去'作'弆',羌莒反,谓掌物也。今关西仍呼为弆,东人轻言为去,音莒。"陆德明释文:"(去,)起吕反,藏也。裴松之注《魏志》云:'古人谓藏为去。'案,今关中犹有此音。"《左传·闵公二年》:"卫公不去其旗,是以甚败。"陆德明释文释"去"为"藏"。《史记·周本纪》:"龙亡而漦在,椟而去之。"《国语·郑语》原文为"龙亡而漦在,椟而藏之"。《汉书·苏武传》:"武既至海上,廪食不至,掘野鼠去草实而食之。"颜师古注:"去谓藏之也。"又《陈遵传》:"性善书,与人尺牍,主皆藏去以为荣。"颜师古注:"去亦藏也。"《三国志·魏书·华佗传》:"卿今强健,我欲死,何忍无急去药,以待不祥?"裴松之注:"古语以藏为去。"

【辨】①词的本义不同。"藏"的古字是"臧"。《说文》:"臧,善也。"段玉裁注:"凡物善者必隐与内也。以从艸之藏为藏匿义,始于汉末。""匿"的本义是隐藏。《说文》:"匿,亡也。"又:"匽,匿也。"段玉裁注:"匽之言隐匿……皆为隐蔽之地也。""窜"的本义是逃藏。清朱骏声《说文通训定声》:"按,古音读如毚。《字林》:'窜,逃也。'《易·讼》:'归逋窜也。'《高唐赋》:'飞扬伏窜。'注:'窜,走也。'""去",古作"弆",是古方言口语。

②词义的内涵不同。"藏"还有怀藏义。"匿"还有隐瞒义。"窜"还有容纳、放逐、窜改等义。"去 jǔ"只有收藏义。

求 索 责 祈(蕲) 干
qiú suǒ zé qí gān

【同】求取或谋求实现自己的愿望。

〔求〕《说文》作为"裘"的重文收在"裘"下,认为"裘""求"是同一个字的不同书写形式。清朱骏声《说文通训定声》从"求"的实际用法考虑,则认为"裘""求"是两个不同形体和意义的字,分别列为两个字目,并加按说:"从又从尾省,会意,与隶同意,以手索取物也。"《礼记·檀弓上》:"瞿瞿如有求而弗得。"郑玄注:"求犹索物。"《战国策·齐策一》:"客之美我者,欲有求于我也。"高诱注:"求,索。"《淮南子•本经训》:"今背其本而求其末,释其要而索之于详,未可与言至也。""求""索"互文。汉王充《论衡•定贤篇》:"且广交多徒,求索众心者,人爱而称之。""求""索"连用。

〔索〕"索"的本义是绳索,假借为"素"。《说文》:"素,入家搜也。"段玉裁注:"素,经传多假索为之。"《广雅•释诂三下》:"索,求也。"《小尔雅•广言》:"索,求也。"《国语•晋语二》:"幸苟君之子,唯其索之也。"韦昭注:"索,求也。"《战国策•楚策二》:"臣请西索救于秦。"汉扬雄《法言•寡见》:"大寒而后索衣,不亦晚乎!"《汉书•艺文志》:"方今去圣久远,道术缺废,无所更索,彼九家者,不犹瘉于野乎?"颜师古注:"索,求也。"

〔责〕《说文》:"责,求也。"《玉篇•贝部》:"责,求也。"《左传•桓公十三年》:"宋多责赂于郑。"按:"责赂",《桓公十一年》《史记•郑世家》作"求赂"。《韩非子•五蠹》:"今人主之于言也,说其辩而不求其当焉;其用于行也,美其声而不责其功焉。""求""责"互文。《战国策•秦策二》:"先绝齐,后责地,且必受欺于张仪。"《昭明文选•丘迟〈与陈伯之书〉》:"圣朝赦罪责功,弃瑕录用。"张铣注:"责,求也。"

〔祈〕(蕲)《广雅•释诂三下》:"祈,求也。"《诗经•小雅•甫田》:"以祈甘雨,以介我稷黍。"郑玄笺:"以求甘雨,佑助我禾稼。"《国语•周语上》:"对曰:'使太宰以祝、史帅狸姓,奉牺牲粢盛玉帛,往献焉,无有祈也。'"韦昭注:"祈,求也。"《礼记•射义》:"《诗》云:'发彼有的,以祈尔爵。'祈,求也,求中以辞爵也。"汉王充《论衡•明雩篇》:"春祈谷雨,秋祈谷实。""祈"也写作"蕲"。《吕氏春秋•振乱》:"所以蕲有道行有义者,为其赏也。"《列子•黄帝篇》:"尹生闻之,从列子居,数月不省舍,因间请蕲其术者,十反而十不告。"

〔干〕《尔雅•释言》:"干,求也。"《诗经•大雅•旱麓》:"岂弟君子,干禄岂弟。"毛传:"干,求也。"又《大雅•假乐》:"干禄百福,子孙千亿。"郑玄笺:"干,求也。"《孟子•尽心下》:"经德不回,非以干禄也。"赵岐注:"非以求禄位也。"《庄子•徐无鬼》:"今老邪,其欲干酒肉之味邪?"注:"干,求也。"《汉书•终军传》:"偃已前三奏,无诏,不惟所为不许,而直矫作威福,以从民望,干名采誉,此明圣所必加诛也。"《昭明文选•张衡〈思玄赋〉》:"欲巧笑以干媚兮,非余心之所尝。"张衡自注:"干,求也。"

【辨】①本义不尽相同,"求"的本义是"以手索取物也"。"索"的本义是"入家搜也"。《史记•赵世家》:"屠岸贾闻之,索于宫中……及索,儿竟无声……今一索不得,后必且复索之。""责"的本义是求取财物。"责"是"债"的古字,即求人偿还自己的财物。"祈"的本义是告神求福。《说文》:"祈,告事求福也。""干"的本义是求取爵禄名位。本字为"迁"。《说文》:"迁,进也。"段玉裁注:"干求字,当作迁。"

②词义的内涵不同。"求"还有请求、追求等义。"索"还有索取、请求、选取等义。"责"还有要求、责备、责罚等义。"祈"还有祭祀名(求福之祭)、请求等义。"干"字的其他意义,如干犯、干预等,与干求义无涉。

搜(蒐) 索
_{sōu} _{suǒ}

【同】 仔细寻找,力求获得。

〔搜〕(蒐)《说文》:"搜……一曰求也。"《方言》卷三:"搜、略,求也。秦晋之间曰搜。就室曰搜,于道曰略,略,强取也。"《庄子•秋水》:"或谓惠子曰:'庄子来,欲代子相。'于是惠子恐,搜于国中三日三夜。"《韩非子•外储说左下》:"(阳)虎曰:臣居鲁,树三人,皆为令尹。及虎抵罪于鲁,皆搜索于虎也。"《汉书•武帝纪》:"冬十一月,发三辅士林大搜上林,闭长安城门索,十一日乃解。"

"搜"也写作"蒐"。《左传•隐公五年》:"故春蒐,夏苗,秋狝,冬狩,皆于农隙以讲事也。"杜预注:"蒐索择取不孕者。"陆德明释文:"春蒐,所求反,索也。"又《成公十七年》:"及还,将至,闭门而索客。"杜预注:"蒐索备奸人。"《昭明文选•陆机〈辩亡论〉》:"于是讲八代之礼,蒐三王之乐。"李善注:"蒐与搜,古字通。"

〔索〕《说文》作"㯱"。《说文》:"㯱,入家搜也。"《淮南子•人间训》:"追者以为然,而不索其内,果活子发(人名)。"《史记•范雎蔡泽列传》:"范雎曰:'吾闻穰侯智士也,其见事迟,乡者疑车中有人,忘索之。'"司马贞索隐:"索犹搜也。"《汉书•淮南王安传》:"吏因捕太子、王后,围王宫,尽捕王宾客在国中者,索得反具以闻。"颜师古注:"索,搜也。"汉王充《论衡•纪妖篇》:"留侯张良椎秦始皇,误中副车,始皇大怒,索求张良。"

【辨】

①词的本义不同。"搜",《说文》收有两个意义,"一曰求也",是"搜"的别义。搜寻义是从"求"引申而来。"索"在《说文》"宀部",本义是"入家搜也"。段玉裁注:"《颜氏家训·音辞》》曰:'《通俗文》云:入室求曰搜。'按,当作'入室求曰索'。今俗语云'搜索'是也。经典多假索为之,如'探赜索隐'是。"

②词义的内涵不同。"搜"还有选择义。"索"还有索取、请求、选取等义。

乞 丐(匃 匄)
qǐ gài

【同】 向人乞求、乞讨。

〔乞〕《说文》无"乞"字。清人段玉裁认为,乞求的"乞",初用借字"气"表示。《说文》:"气,云气也。"段注:"借为气假于人之气,省作乞。"《广韵·迄韵》:"乞,求也。"《左传·僖公二十三年》:"过卫,卫文公不礼焉。出于五鹿,乞食于野人。"《国语·晋语三》:"晋饥,乞籴于秦。"《论语·公冶长》:"子曰:'孰谓微生高直?或乞醯焉,乞诸其邻而与之。'"《孟子·离娄下》:"之祭者乞其余,不足,又顾而之他。"《庄子·盗跖》:"此六子者,无异于磔犬流豕,操瓢而乞者。"

〔丐〕(匃 匄) "丐"的正字为"匃"或"匄"。《说文》:"匃,气也。"清王筠《说文句读》:"借云气字为气求也。今省作乞。《通俗文》:'求愿曰匄。'字体从人从亡,言人有亡失,则行求乞也。"《广韵·泰韵》:"匃,乞也。丐,上同。"《左传·昭公六年》:"禁刍牧采樵……不强匄。"陆德明释文:"匄,本或作丐,音盖。乞也。《说文》作'匄',云'乞也'。"孔颖达疏:"匄,乞也。不就人强乞也。"《史记·外戚世家》:"对曰:'姊去我西时,与我决于传舍中,丐沐沐我,请食饭我,乃去。'"司马贞索隐:"丐者,乞也。沐,米潘也。谓后乞潘为弟沐。"《汉书·文帝纪》:"令至,其悉思朕之过失,及知见之所不及,丐以启告朕。"颜师古注:"丐亦乞也。"《昭明文选·陈琳〈为袁绍檄豫州〉》:"父嵩乞丐携养,因赃假位,舆金辇璧,输货权门。"

【辨】

①"乞"与"丐",声韵俱近,为同源字,意义又基本相同,都有乞求、给

予义。《说文》:"匃,气也。"段玉裁注"气者,云气也,用其声假借为气(乞)求、气(乞)与字。俗以气(求)为入声,以气(乞)与为去声。匃训气(乞),亦分二义二音。《西域传》:'气匃无所得。'此气(乞)求之义也,当去声。又曰:'我匃若马。'(按:均见《汉书·西域传》)此气(乞)与之义也,当入声。"段玉裁还认为"今人以物与人曰给(gěi),当用匃字"。依段说,给与的"给",原作"匃"。

②语法功能不同。"乞"的语法功能广泛。既可以带表示乞求内容的宾语,如乞师、乞盟、乞籴、乞肉、乞食、乞贷、乞骸骨等,也可以不带宾语,如《韩非子·难言》:"伯里子道乞。"《吕氏春秋·报更》:"臣宦于绛,归而绝粮,羞行乞而憎自取,故至于此。""丐"一般很少带宾语,且使用频率较低。

遇 逢 遭 遘(覯 姤) 迕(遻) 邂逅 偶 值(直)

【同】 相遇,遇见,多指事先没有约定。

〔遇〕《尔雅·释诂下》:"遇,见也。"又《释言》:"遇,偶也。"郭璞注:"偶尔相值曰遇。"宋邢昺疏:"《谷梁》曰:'不期而会曰遇。'"《玉篇·辵部》:"遇,道路相逢也。"《易经·睽卦》:"遇主于巷,无咎。"王弼注:"然五亦失位,俱求其党,出门同趋,不期而遇,故曰'遇主于巷'也。"《尚书·胤征》:"入自北门,乃遇汝鸠、汝方。"孔安国传:"不期而会曰遇。"《礼记·曲礼下》:"诸侯未及期相见曰遇。"《吕氏春秋·当务》:"齐之好勇者,其一人居东郭,其一人居西郭,卒然相遇于途。"

〔逢〕《尔雅·释诂下》:"逢,遇也。"《玉篇·辵部》:"逢,遇也。"《诗经·王风·兔爰》:"我生之初,尚无为;我生之后,逢此百罹。"《素问·离合真邪论》:"三部九候,卒然逢之,早遏其路。"王冰注:"逢,谓逢遇。"汉桓宽《盐铁论·讼贤》:"子路、宰我生不逢伯乐之举而遇狂屠,故君子伤之。""逢""遇"互文。晋干宝《搜神记》卷五:"汉下邳周式尝至东海,道逢一吏,持一卷书,求寄载。"

〔遭〕《玉篇·辵部》:"遭,遇也。"《增韵·豪韵》:"遭,逢也。"《礼记·曲礼上》:

"遭先生于道,趋而进,正立拱手。"孔颖达疏:"遭,逢也。"《楚辞·远游》:"遭沉浊而污秽兮,独郁结其谁语!"王逸注:"逢遇暗主,触谗佞也。"《后汉书·儒林传下·张玄》:"今日相遭,真解蒙矣!"李贤注:"遭,逢也。"宋欧阳修《青松赠林子》:"子诚怀美材,但未遭良工。"

〔遘〕(冓 姤) 《尔雅·释诂下》:"遘,遇也。"郭璞注:"谓相遭遇。"《尚书·金縢》:"惟尔元孙某,遘厉虐疾。"陆德明释文:"遘,遇也。"《楚辞·哀时命》:"哀时命之不及古人兮,夫何予生之不遘时?"王逸注:"遘,遇也。"《昭明文选·潘岳〈寡妇赋〉并序》:"何遭命之奇薄兮,遘天祸之未悔。"李善注:"《尔雅》曰:'遘,遇也。'言夫之早陨者,遇天未悔悟之时。"《后汉书·崔骃传》:"嘉昔人之遘辰兮,美伊、傅之遘时。"李贤注:"遘,遇也;辰,时也。""遘辰",遇上好时机。

"冓",是"遘"的古字。据研究,甲骨文"冓"字,象两鱼相遇之形,为"遘"的古字。高鸿缙《中国字例》:"冓与遘为古今字。"杨树达《卜辞求义·侯部》:"《戬寿》十七叶之九云:'△酉卜,逐贞,王宾岁,不冓大雨'。王国维曰:'冓,读为遘。'"

"遘"也写作"姤"。《广雅·释言》:"姤,遇也。"《易经·姤卦》:"姤,女壮,勿用取女。《象》曰:'姤,遇也。柔遇刚也。'"孔颖达疏:"姤,遇也。此卦一柔而遇五刚,故名为姤。"陆德明《经典释文·周易音义》:"姤,古豆反。薛云:'古文作遘。'郑同。《序卦》及《象》皆云:'遇也。'"

〔迕〕(遻) 《玉篇·辵部》:"迕,遇也。"《古今韵会举要》:"迕,徐曰:'相逢也。'"《后汉书·陈蕃传》:"王甫时出,与蕃相迕。"李贤注:"迕,犹遇也。"《晋书·夏侯湛传》:"且伊尹之干成汤,宁戚之迕桓公,或投己鼎俎,或庸身饭牛,明废兴之机,歌《白水》之流,德入殷王,义感齐侯。"

"遻"与"迕"声同韵近,是同源字。《玉篇·辵部》:"迕,遇也。'遻'同迕。"《列子·黄帝》:"死生惊惧不入乎其胸,是故遻物而不慑。"张湛注引向秀曰:"遇而不恐也。"《昭明文选·张衡〈思玄赋〉》:"幸二八之遻虞兮,嘉傅说之生殷。"旧注:"遻,遇也。"

〔邂逅〕《诗经·郑风·野有蔓草》:"有美一人,清扬婉兮。邂逅相遇,适我愿兮。"毛传:"邂逅,不期而会。"陆德明释文:"(逅)本亦作'遘'。"南朝宋鲍照《赠傅都曹别》诗:"邂逅两相亲,缘念共无已。"清吴敬梓《儒林外史》第三三回:"只道闻名不能见面,何图今日邂逅高贤!"

"邂逅",有时也可单用"邂"或"逅"。明冯梦龙《双雄记•灯前订盟》:"六年前共作持杯,今日里依先相邂。"《清史稿•乐志六》:"通人达士,岂奚易逅!"

〔偶〕《尔雅•释言》:"遇,偶也。"郭璞注:"偶尔相值遇。"《集韵•候韵》:"偶,不期会也。"《昭明文选•任昉〈为齐明帝让宣城郡公第一表〉》:"愚夫一至,偶识量己。"李善注:"《尔雅》曰:'偶,遇也。'郭璞曰:'偶尔值也。'"唐李白《邺中赠王大劝入高凤石门山幽居》诗:"中途偶良朋,问我将何行?"唐白居易《贺云生不见日蚀表》:"盖天地大统,不能无灾,皇王至诚,可以销愿。尝闻此说,今偶其时。"

〔值〕(直) 南唐徐锴《说文系传》:"值,一曰逢遇。"《庄子•知北游》:"明见无值,辩不若默。"成玄英疏:"值,会遇也。"王先谦集解:"虽明见之而无所值。"《史记•酷吏列传》:"宁见乳虎,无值宁戚之怒。"《周书•文帝纪上》:"早值宇文使君,吾等岂从逆乱!"《北史•周纪上》"值"作"遇"。宋辛弃疾《贺新郎•和吴明可给事安抚》词:"正值春光二三月,两两燕穿帘幕。"

表示遇见的"值",也写作"直"。《汉书•李陵传》:"陵至浚稽山,与单于相直,骑可三万围李陵。"《新唐书•王璠传》:"璠挟所持,颇横恣,道直左仆射李绛,交骑不避。"明汤显祖《南柯记•宫训》:"管教他灵山会里直着个有缘人。"

【辨】

①词的本义微别。"遇"的本义是不期而遇。《说文》:"遇,逢也。"南唐徐锴《说文系传》:"臣锴曰:遇之言相偶也。"清桂馥《说文义证》:"《公羊传》:'遇者何? 不期也。'……《谷梁传》:'不期而会曰遇。'""逢""遇",《说文》互训。"遇"侧重于不期,"逢"侧重于遽然。《说文》:"逢,遇也。"南唐徐锴《说文系传》:"臣锴曰:逢言蜂飞奄忽相见。""遭"的本义含有正好相遇。《说文》:"遭,遇也。"南唐徐锴《说文系传》:"臣锴曰:直也,'遭'犹市也,若物市相值也。""遘"的本义侧重于两人相对而遇。《说文》:"遘,遇也。"南唐徐锴《说文系传》:"臣锴曰:'遘'犹结构也,理当相对也。""迕"字,《说文》无。清雷浚《说文外编》卷十二:"《说文》无'迕'字。《广韵十一暮》'迕''遻'同。《说文》:'遻,相遇惊也。'与'迕'字义合。""迕"与"晤""遻"声同韵近,义亦相同或相近。(参看《同源字典》)"邂""逅"两字,《说文》正篆无。大徐本《说文》新附字收有,释"邂"为"邂逅,

不期而遇也";释"逅"为"邂逅也"。按:"邂逅",是双声联绵字,也写作"解后""解逅""解覯""解构"等。主要用作形容词或副词(见"词义的内涵不同")。"偶"的本义是木偶。《说文》:"偶,桐人也。"清儒徐灏认为,本义应为二人相对遇,木偶义是其引申。《说文解字注笺》:"《释名》曰:'偶,遇也,二人相对遇也。'……按,相人偶者,与人相偶也。人之相遇曰偶,因之,凡事之相值者曰偶矣。然耦耕亦取二人相偶之意,因田事而改耒旁,实本一字。"清王筠《说文句读》:"《史记》正义:'偶,对也。以土木为人,对象于人形也。'亦借'寓'为之。《汉书·郊祀志》:'木寓龙一驷。'李奇曰:'寓,寄也。寄生龙形于木也。'颜注《公孙贺传》:'刻木象人之形,谓之偶人。'偶,并也,对也。""值"的本义,大徐本《说文》释为"措也"。但段注本和王筠的《说文句读》改"措"为"持"。段玉裁注:"引申为当也。凡彼此相遇,相当曰值,亦持之意也。《史》《汉》多用'直'为之。"

②所遇对象有所不同。这组词所遇的对象,可以是人,也可以是事;可以是好事,也可以是坏事。但"遭"所遇到的大多是坏事。如《汉语大词典》"遭"字下所收词条约 90 多个,其中"遭厄""遭凶""遭火""遭囚""遭劫""遭旱""遭困""遭灾""遭事""遭命""遭殃""遭辱"等共 70 多条,约占百分之八十。

③词义的内涵不同。"遇"还有遭遇、投合、对待、机遇、诸侯冬季朝王等义。"逢"还有迎接、迎合、大等义。"遭"还有遭受、巡行、际遇等义,并可用作量词。"遘"一般只表示遇见义。"迕"还有违背、触犯、错杂等义。"邂逅"还有偶然、侥幸、意外等义。"偶"还有木偶、配偶、匹配、双数、类辈、相对、偶然等义。"值"还有适当、相当、匹偶、价钱、等到等义。

xuǎn　　lín　zé　jiǎn　　　　chāi　lún
选(撰)　遴　择　柬(简练拣)　差　抡(论)
xiàng　bǔ　juān　cǎi　zhāi　suǒ　tiāo
相　卜　涓　采　摘　索　挑

【同】 选择,挑选,即从同类或相关事物(含人)中选取其中某个或某部分。
〔选〕(撰)《说文》:"选……一曰选择也。"唐玄应《一切经音义》卷九引《说文》:"选,简能曰选。"《礼记·礼运》:"大道之行也,天下为公,选贤与能,讲信修睦。"《荀子·儒效》:"遂选马而进,朝食于戚,暮宿于百泉,且厌于牧之野。"杨倞注:"选,简择也。"《韩非子·难三》:"哀公问政于仲尼,仲尼曰:'政在选贤。'"《史记·田敬仲完世家》:"田常乃选齐国中女子长七尺以上为后宫。"

《说文》无"撰"字。《集韵》作为"選"的异体字收在"選"下,解释说:"一曰择也,或从手。"《周礼·夏官·大司马》:"群吏撰车徒,读书契。"贾公彦疏:"云'群吏撰车徒'者,群吏谓军将至伍长,各有部分,皆选择其在车甲士三人,步徒七十二人之等。"《史记·司马相如列传》:"伊上古之初肇,自昊穹兮生民,历撰列辟,以迄于秦。"裴骃集解:"徐广曰:'撰,一作选。'"《昭明文选·班固〈东征赋〉》:"时孟春之吉日兮,撰良辰而将行。"李善注:"郑玄《礼记》注曰:'撰犹择也。'"

〔遴〕《增韵·震韵》:"遴,谨选也。"《正字通·辵部》:"遴,谨选也,谓相比而选之也。"南朝宋刘义庆《世说新语·言语》"陶公疾笃,都无献替之言,朝士以为恨"南朝梁刘孝标注:"按王隐《晋书》载侃临终表曰:'……伏愿遴选代人,使必得良才,足以奉宣王猷,遵成志业。'"《新唐书·魏玄同传》:"故当衰弊之乏,则磨策朽钝以驭之;太平多士,则遴柬髦俊而使之。""遴柬",选拔。明申佳胤《详陈先著第二义》:"御敌之事,全在得将;将将之要,全在遴才。""遴才",选拔人才。

〔择〕《说文》:"择,柬选也。"《广韵·陌韵》:"择,选择。"《左传·襄公二十九年》:"吾闻君子务在择人。"《论语·述而》:"子曰:'三人行,必有我师焉。择其善者而从之,其不善者而改之。'"《墨子·尚同中》:"是故择其国之贤者,置以为左右将军大夫。"《史记·晋世家》:"史佚因请择日立叔虞。"

〔柬〕(简 练 拣)《尔雅·释诂上》:"柬,择也。"《说文》:"柬,分别简之也。"《集韵·霰韵》:"柬,择也。"《荀子·修身》:"安燕而血气不惰,柬理也。"杨倞注:"柬与简同。言柬择其事理所宜而不务骄逸。"《新唐书·褚遂良传》:"自古宗姓无良,则倾败相仍,公等为我柬贤者保傅之。"宋叶適《中大夫赵公墓志铭》:"用人必亲柬,雅不任宰相,宰相往往惭沮,曰:'此何以得进?'"

"柬"也写作"简"。《尚书·冏命》:"慎简乃僚,无以巧言令色。便辟侧媚,其惟吉士。"孔安国传:"当谨慎简选汝僚属侍臣。"《诗经·邶风·简兮》:"简兮简兮,方将万舞。"郑玄笺:"简,择;将,且也。择兮择兮者,为且祭祀,当万舞也。"《左传·襄公二十六年》:"简兵蒐乘,秣马蓐食,师陈焚次,明日将战。"杜预注:"简,择。"《庄子·庚桑楚》:"简发而栉,数米而炊。"成玄英疏:"譬如择简毛发,梳以为髻。"晋潘岳《杨荆州诔》:"鸟则择木,臣亦简君。"

"柬"也写作"练"。《正字通·糸部》:"练,选择也。"《大戴礼记·保傅》:"成王有知而选太公为师,周公为傅……是以封泰山而禅梁父,朝诸侯而一天下。由此观之,王左右不可不练也。"孔广森补注:"练,择也。"《汉书·礼乐志》:"练时日,侯有望。"颜师古注:"练,选也。"《昭明文选·谢庄〈月赋〉》:"于是玄桐练响,音容选和。"李善注引《埤苍》:"练,择也。练与柬,音义同。"

"柬""拣",古今字。"拣",《说文》无。大徐本《说文》后附"二十八俗书讹谬不合六书之体"中收有"拣"字,注道:"本只作柬,《说文》从束八,八,柬之也。后人加手。"《广雅·释诂一》:"拣,择也。"《集韵·产韵》:"柬,《说文》:'分别简之也。'或从手。"《逸周书·酆保》:"十败……五,比党不拣。"孔晁注:"不拣,不知所择也。"汉赵晔《越绝书·阖闾内传》:"后三月,拣练士卒,遂之吴。"《三国志·吴书·贺齐传》:"诛其首恶,余皆降服,拣其精健为兵,次为县户。"宋苏轼《卜算子·黄州定慧院寓居作》词:"拣尽寒枝不肯栖,寂寞沙洲冷。"

〔差〕《尔雅·释诂上》:"差,择也。"《诗经·小雅·吉日》:"吉日庚午,既差我马。"毛传:"差,择也。"战国楚宋玉《高唐赋》:"子将欲往见,必先斋戒,差时择日。"《宋书·蒯恩传》:"高祖征孙恩,县差为征民。"《资治通鉴·汉献帝建安二十年》:"当差留新兵之温厚者,千人,镇守关中,其余悉遣东。"胡三省注:"差,择也。"

〔抡〕(论)《说文》:"抡,择也。"《国语·晋语八》:"君抡贤人之后,有常位于国者而立之。"韦昭注:"抡,择也。"南朝梁刘潜《为江仆射荐士表》:"枯岸之珠既抡,润山之玉已荐。"宋周邦彦《汴都赋》:"其制则般输之所作,其林则匠石之所抡。"南宋周煇《清波别志》卷中:"若始抡不精,则丝纶之出,亦无怪乎为时之诋诃也。"

"抡"也写作"论"。《国语·齐语》:"令夫工群萃而州处,审其四时,辨其功苦,权节其用,论比协材。"韦昭注:"论,择也。"《荀子·王霸》:"君者,论一相,陈一法,明一指,以兼覆之,兼炤之,以观其盛者也。"杨倞注:

"论,选择也。"《吕氏春秋•当染》:"故古之善为君者,劳于论人,而佚于官事,得其经也。"高诱注:"论犹择也。"

〔相〕《周礼•考工记•矢人》:"凡相笴(箭杆),欲生而抟。"郑玄注:"相犹择也。"又《春官•簭(同"筮")人》:"凡国之大事,先簭而后卜,上春相簭。"郑玄注:"相,谓更选择其蓍也。"晋常璩《华阳国志•后贤志•李毅》:"(王)濬笑曰:'如卿言,当相以为秀才。'"《三国演义》第六五回:"良禽相木而栖,贤臣择主而事。"

〔卜〕《左传•昭公三年》:"非宅是卜,唯邻是卜。"《吕氏春秋•举难》:"卜相曰'(季)成与(翟)璜孰可'? 此功之所以不及五伯也。"高诱注:"卜,择也。"汉赵晔《吴越春秋•勾践归国外传》:"唐、虞卜地,殷、夏封国,古公营城周雒。"唐杜甫《为农》诗:"卜宅从兹老,为农去国赊。"元关汉卿《玉镜台记•议婚》:"贤侄,吾女卜婿,岂敢希汝为比!"明陈所闻《驻马听•九里松》曲:"我欲清修,卜来此地,把茅堂小构。"

〔涓〕 清朱骏声《说文通训定声•乾部》:"涓,凡有所弃,乃有所取,故亦训择。"《昭明文选•左思〈魏都赋〉》:"量寸旬,涓吉日,陟中堂,即帝位。"张铣注:"涓,择也。"《南齐书•乐志•昭夏乐歌辞》:"涓辰选气,展礼恭祇。"《宋史•乐志十》:"涓嘉旦兮,齐明迎祥。"明崔时佩、李景云《西厢记•萧寺停丧》:"涓取好日,做些功果,追荐相公便了。"

〔采〕 选取。《仪礼•士昏礼》:"纳采用雁。"郑玄注:"使人纳其采择之礼。"陆德明释文:"采,择也。"《史记•秦始皇本纪》:"采上古帝位号,号曰'皇帝'。"《新唐书•贾曾传》:"太子数遣使采女乐。"清刘献廷《广阳杂记》卷四:"诸省志书,多有记其地之时事者,皆当采出以备参考。"

〔摘〕 选取。汉蔡邕《琅琊王傅蔡朗碑》:"履孝弟之性,怀文艺之才,包洞典籍,刊摘沉秘。"南朝梁刘勰《文心雕龙•才略》:"仲宣溢才,捷而能密,文多兼善,辞少瑕累,摘其诗赋,则七子之冠冕乎!"唐李贺《南园十三首》诗:"寻章摘句老雕虫,晓月当帘挂玉弓。"《金史•完颜仲德传》:"仲德摘三面精锐日夕战御,终不能拔。"

〔索〕《管子•禁藏》:"故曰:誉不虚出,而患不独生,福不择家,祸不索人。此之谓也。""择""索"互文。《左传•襄公二年》:"齐侯伐莱,莱人使正舆子赂夙沙卫,以索马牛,皆百匹。"杜预注:"夙沙卫,寺人。索,简择好者。"杨伯峻注:"索,选择。索马牛,精选之马牛。"

〔挑〕后起义。《康熙字典·手部》:"今拣选人物亦谓挑。"《红楼梦》第二五回:"你不嫌不好,挑两块去就是了。"或以为也写作"条"。《诗经·豳风·七月》:"蚕月条桑,取彼斧斨,以伐远扬。"马瑞辰通释:"条乃挑之假借。"或以为本字是"洮"。章炳麟《新方言·释言》:"今人谓简择曰挑,本是洮字。唯洮米作本字耳。"存参。

【辨】

①词的本义不同。"选",《说文》收有此字,但把选择义看作是别义,用"一曰"表示。"遴"的本义,《说文》解释为"行难也"。清人段玉裁认为,"引申为遴选。选人必重难也。"(《说文》"遴"下段注)"择"与"柬",本义也都是选择。"遴""选""择""柬"的区别是,一般说,"选""遴",先有一个客观标准,而且主要用于选人;"择"在选择时主要是根据主观意愿,选择对象人、物兼用;"柬"是先区分再挑选。"差"的本义,清人徐灏认为是参差。《说文》:"差,贰也,差不相值也。"清徐灏《说文解字注笺》:"灏按,参差之义,取象于华,犹齐字取于禾之齐平也。然则参差乃其本义,参差则有高下之殊,故引申之为差等、为差择。""抡"的本义也是选择。"抡"也写作"论",声符俞兼义,都有条理次序义。"抡"表示选择义,是根据人或物的材用高下选用。"相"的本义是观木。《说文》:"相,省视也。从目从木。《易》曰:'地可观者,莫可观于木。'《诗》曰:'相鼠有皮。'"清徐灏《说文解字注笺》:"戴氏侗曰:'相,度才也。工师用木,必相视其长短、曲直、阴阳、刚柔之相宜也,相之取义始于此。'""卜"的本义是灼龟甲以占吉凶。"涓"的本义,《说文》释为"小流也",引申为涓洁、清除,又引申为选择。《说文》"索"和"索"是两个字。"索"的本义是绳索,"索"的本义是搜求。选择义当是从搜求义引申。"采"的本义是摘取。《说文》:"采,捋取也。""摘"的本义是采摘。《说文》:"摘,拓果树实也。""挑 tiāo"的本义不详。

②词义的内涵不同。"选"还有遣送、派遣、选本等义。"遴 lín"只有选择义。"择"还有区别义。"柬"与"简"声韵俱同,两字可以互写。表示选择的"柬"可写作"简",表示书信的"简"也可写作"柬"。"抡 lún"一般只表示选择义。"相 xiàng"还有省视、占视、形貌等义。"差 chāi"还有派遣、被派遣的人或事等义。"卜"还有占卜、推测义。"涓"还有细小的水流、涓除等意义。"索"除用于选择义外,还有求索、探求、请求、索取等

义。"挑 tiāo"还有挑剔义。

辨(辩班) 别 区 分 判 殊 异 择

【同】 辨别,区别,即把不同事物区分开来。

〔辨〕(辩班)《说文》:"辨,判也。"段玉裁注:"大郑辨读为别。古辨、判、别三字义同也。"《小尔雅·广言》:"辨,别也。"《广韵·狝韵》:"辨,别也。"《易经·同人》:"君子以类族辨物。"孔颖达疏:"辨物,谓分辨事物,各同其党,使自相同不间杂也。"《左传·成公十八年》:"周子有兄而无慧,不能辨菽麦。"汉王充《论衡·雷虚篇》:"王欲群臣之畏也,不若毋辨其善与不善而时罪之,斯群臣畏矣。"宋陆九渊《与朱元晦》:"辨是非,别邪正,决疑似。"金董解元《西厢记诸宫调》卷二:"劫财物,夺妻女,不能争揣。岂辨个是和非,不分个皂白!"

"辨""辩"同源,"辨"也写作"辩"。《易经·履卦》:"君子法辩上下,定民志。"孔颖达疏:"君子法此履卦之象,以分辩上下尊卑。"《庄子·秋水》:"秋水时至,百川灌河,泾流之大,两涘渚崖之间,不辩牛马。"《后汉书·仲长统传》:"目能辩色,耳能辩声,口能辩味,体能辩寒暑。"明杨慎《丹铅杂录·枣棘象形》:"束而相戴,立生者枣也;束而相比,横生者棘也。不识二物,观物可辩,古人制字之妙义如此。"

"辨""班"音近义通,"辨"也写作"班"。汉王符《潜夫论·遏利》:"虽有南面之尊,公侯之位,德义有殆,礼义不班,挠志如芷,负心若芬,固弗为也。"汪继培笺:"'班'与'辨'通。《孟子》云:'万钟则不辨礼义而受之。'"

〔别〕《正字通·刀部》:"别,辨也。"《墨子·天志下》:"今有人于此,少而示之,黑谓之黑;多示之,黑谓白:必曰吾目乱,不知黑白之别。"《庄子·盗跖》:"子张曰:'子不为行,则将疏戚无伦,贵贱无义,长幼无序,五纪六位,将何以为别乎?'"《韩非子·说疑》:"为人主者诚明于臣之所言,则别贤不肖如黑白矣。"又:《解老》:"耳不聪,则不能别清浊之声。"《史记·扁鹊仓公列传》:"病名多相类,不可知,故圣人为之脉法……调阴阳,别人之脉各名之。"汉王充《论衡·对作篇》:"玉乱于石,人不能别。"北魏郦道元《水经注·淇水》:"不遇盘根错节,何以别利器乎?"

〔区〕《论语·子张》:"譬诸草木,区以别矣。"汉刘珍等《东观汉记·宗资传》:"汝南太守宗资任用善士,朱紫区别。"《后汉书·党锢传赞》:"物性既区,嗜恶从形。"李贤注:"区犹别也。"《南齐书·李安国传》:"鄞、司之间,流杂繁广,宜并加区判定其隶属。"清章学诚《校雠通义·汉志诗赋第十五》:"惟诗赋一格,区为五种。"

〔分〕《易经·系辞上》:"方以类聚,物以群分。"韩康伯注:"方有数,物有群,则有同有异有聚有分矣。"《论语·微子》:"四体不勤,五谷不分,孰为夫子?"《韩非子·难三》:"无比周,则公私分;公私分,则朋党散。"《吕氏春秋·功名》:"贤、不肖,不可以不相分。"唐韩愈《长安交游者赠孟郊》诗:"何以辨荣悴,且欲分贤愚。"宋苏轼《司马温公神道碑》:"公首更诏书,以开言路,分别邪正,进退其甚者十余人。"

〔判〕 汉王充《论衡·程材篇》:"文吏理烦,身役于职,职判功立,将尊其能。"晋殷仲文《解尚书表》:"宜其极法,以判忠邪。"《后汉书·陈宠传》:"宠在乡间,平心率物。其有争讼,辄求判正,晓譬曲直,退无怨者。"《资治通鉴·汉灵中平四年》转引此文,胡三省注:"判,分也,剖也,剖析而见正理也。"《元史·崔斌传》:"时世祖锐意图治,斌危言谠论,直面指斥,是非立判,无有所讳。"清唐甄《潜书·任相》:"居正之功如是,虽有威权震主之嫌,较之严嵩,判若黑白矣。"

〔殊〕《字汇·歹部》:"殊,别也。"《礼记·大传》:"易服色,殊徽号,异器械,别衣服。此其所得与民变革者也。"孔颖达疏:"殊,别也。徽号,旌旗也,周大赤,殷大白,夏大麾,各有别也。"《史记·太史公自序》:"法家不别亲疏,不殊贵贱,一断于法。"三国魏曹植《节游赋》:"观靡靡而无终,何渺渺而难殊!"晋袁宏《后汉纪·安帝纪下》:"别亲疏,殊嫡庶,尊国体,重继嗣,防淫篡,绝奸谋,百王不易之道。"

〔异〕《礼记·乐记》:"乐者为同,礼者为异。"郑玄注:"异为别贵贱。"《韩非子·外储说左下》:"夫爵禄旗章,所以异功伐别贤不肖也。"汉陆贾《新语·道基》:"异是非,明好恶,检奸邪,消佚乱。"宋范仲淹《上吕相公书》之三:"某谓朝廷用儒之要,莫若异其品流,隆其委注。"

〔择〕《孟子·离娄下》:"此亦妄人也已矣,如此,则与禽兽奚择哉!"《吕氏春秋·简选》:"今有利剑于此,以刺则不中,一击则不及,与恶剑无择。"又《情欲》:"耳不乐声,目不乐色,口不甘味,与死无择。"高诱均注曰:"择,

485

别也。"按:"无择",没有区别,即无法把两者区别开来。

【辨】①词的本义不同。"辨"的本义是分别。《说文》:"辨,判也。""别"的本义是分解。《说文》:"别,分解也。""判"的本义是分开。《说文》:"判,分也。"按:古"辨""别""判",音近义通,是一组同源字。清王筠《说文句读》:"《小宰》'傅别',故书作'傅辨';《朝士》'判书',故书'判'为'辨';《左哀元年传》'男女以辨',《襄二十五年传》'男女以班':辨、判、班、别四字,皆双声叠韵,故通用。"(请参看王力《同源字典》)"区"的本义是隐藏。《说文》:"区,踦区,藏匿也。"引申为区别义。清徐灏《说文解字注笺》:"按,藏物必区分之,故引申之义为区别为区域。""分"的本义是用刀把东西分开。《说文》:"分,别也。从八从刀,刀以分别物也。""殊"的本义是死罪。《说文》:"殊,死也。"段玉裁注:"凡汉诏言'殊死'者,皆谓死罪也。死罪者,首身分离,故曰殊死。引申为殊异。""异"的本义是分物予人。《说文》:"异,分也。从廾畁,畁,予也。"清徐灏《说文解字注笺》:"举物以予人,是分异之也。然恐非字之本义,盖谓怪异之物也。"存参。"择"的本义是选择。《说文》:"择,柬选也。""柬,分别简之也。从束从八,八,分别也。"

②词义的内涵不同。"辨"还有明察、明晰、确定、察看、辨认等义。"别"还有离别、分支、类别、另外、特别等义。"区"还有地区、区域、居处、小屋等义。"分"还有分割、分出、分支、分散、分担、分解、一半等义。"判"还有分开、评断、裁决、一半等义。"殊"还有断绝、不同、特殊、超过等义。"异"还有不同、其他、特别等义。"择"还有舍弃义。

擒(禽) 获 捕 捉
qín huò bǔ zhuō

【同】捕获;捕捉;即捕捉动物或捉拿人。

〔擒〕(禽)《说文》无"擒"字。"禽""擒",古今字,擒获义在先秦时期,一般都写作"禽"。《左传·宣公二年》:"狂狡(人名)辂(yà,迎战)郑人,郑人入于井。倒戟而出之,获狂狡。君子曰:'失礼违命,宜其为禽也。'"上言"获",下言"禽"。又《成公二年》:"禽之而乘其车。"杜预注:"既获其人,因释己车而载所获者。"以"获"释"禽"。《战国策·赵策一》:"大败知伯军而禽知伯。"《韩非子·十过》作"大败知伯之军而擒知伯。""禽""擒"异文。按:《史记》"禽""擒"并用,但主要用"禽","擒"字才2见。《史记·淮阴侯列传》:"陛下不能将兵,而善将将,此乃信之所以为陛下禽也。"又《高祖本纪》:"项羽有一范增而不能用,此其所以为我擒也。"同样句式,一用"禽",一用"擒"。

〔获〕《说文》:"获,猎所获也。"《易经·解卦》:"田获三狐,得黄矢,贞吉。"《左传·哀公七年》:"曹鄙人公孙彊好弋,获白雁献之。"《汉书·宣帝纪》:"封泰山,塞宣房,符瑞应,宝鼎出,白麟获。""获",也用于捕获人。《左传·襄公十四年》:"楚人不能相救,吴人败之,获楚公子宜榖。"《史记·晋世家》:"初,献公将伐骊戎,卜曰:'齿牙为祸。'及破骊戎,获骊姬,爱之,竟以乱晋。"古人的名与字,义常相同或相近。如"展获(《左传》中的人名)",字"季禽"。

〔捕〕《说文》:"捕,取也。"《广韵·暮韵》:"捕,捉也。"《增韵》:"捕,擒捉也。"《左传·襄公十四年》:"譬如捕鹿,晋人角之,诸戎掎之,与晋踣之。戎何以不免?"《庄子·秋水》:"骐骥骅骝一日而驰千里,捕鼠不如狸狌。"《韩非子·外储说左上》:"适市来,曾子欲捕彘杀之。""捕",也用于捕人。《墨子·号令》:"若能身捕罪人,若告之吏,皆构(通"购",指重金悬赏)之。"《史记·魏豹彭越列传》:"于是上使使掩梁王,梁王不觉,捕梁王,囚之洛阳。"

〔捉〕《广韵·觉韵》:"捉,捉搦也。"《字汇·手部》:"捉,捕也。"《说文》收有"捉"字,解释为"搤(握持)也"。捕捉义约产生于魏晋。《三国志·蜀书·马超传》:"曹公与遂、超单马会晤,超负其多力,阴欲突前捉曹公。"晋干宝《搜神记》卷十七:"有人骑马夜行,见道中有一物,大如兔,两眼如镜……人遂惊惧堕马,魅便就地捉之。"元康进之《李逵负荆》第四折:"管叫他瓮中捉鳖,手到拿来。"清文康《儿女英雄传》第九回:"姑娘,你有什么为难的事只管说,漫说'上山捉虎,下海擒龙',就是'赴汤蹈火,粉身碎骨',我安龙媒此时都敢替你去作。"

【辨】

①词的本义不同。"擒"的本义是擒获禽兽。"获",甲骨文写作"隻",象以手持鸟,本义为猎获。"捕"的本义是捕取。《说文》:"捕,取也。""取,捕取也。""捉"的本义是握持。《说文》:"捉,搤也。"

②词义的内涵不同。"擒",一般只用于擒获、捕获义。"获"还有猎获之物、获得、捕获等义。"捕"还可表示担任缉捕工作的人。"捉"还有把握、拾取、操持等义。

【附】 逮 执 拿 挐 抓

田(畋甸) 猎 狩(兽)
tián　　　liè　shòu

【同】 狩猎,在野外捕猎禽兽。

〔田〕(畋 甸)《字汇·田部》:"田,猎也。"《易经·恒卦》:"田,无禽。"孔颖达疏:"'田'者,田猎也,以譬有事也;'无禽'者,田猎不获,以喻有事无功也。"《诗经·郑风·叔于田》:"叔于田,巷无居人。"毛传:"田,取禽也。"《左传·庄公八年》:"冬,十二月,齐侯游于姑棼,遂田于贝丘。"杜预注:"田,猎也。"《淮南子·本经训》:"焚林而田,竭泽而渔。"

在田猎这一意义上,"田""畋"是古今字。《广韵·先韵》:"畋,取禽兽也。"《昭明文选·司马相如〈子虚赋〉》:"楚使子虚于齐,王悉发车骑,与使者出畋。"李善注引司马彪曰:"畋,猎也。"按:《史记·司马相如列传》《汉书·司马相如传》均作"与使者出田"。汉王充《论衡·答佞篇》:"禽兽藏山,畋猎者知其脉。"

"田"也写作"甸"。《周礼·春官·司服》:"凡甸,冠弁服。"郑玄注:"甸,田猎也。"又《小宗伯》:"若大甸,则帅有司而馌兽于郊。"郑玄注:"甸,读曰田。"孙诒让正义:"甸、田声同。《叙官》注云:'甸,田也。''田'为田狩正字,'甸'为借字,故读从之。"

〔猎〕《玉篇·犬部》:"猎,犬取兽也。"《广韵·叶韵》:"猎,取兽。"《诗经·魏风·伐檀》:"不狩不猎,胡瞻尔庭有县貆兮。"郑玄笺:"冬猎曰狩,宵田曰猎。"《左传·襄公三十一年》:"譬如田猎,射御贯则能获禽。""田猎",同义连用。《淮南子·人间训》:"孟孙猎而得麑,使秦西巴持归烹之。"汉王充《论衡·遣告篇》:"楚庄王好猎,樊姬为之不食鸟兽之肉。"

〔狩〕(兽)《玉篇·犬部》:"狩,冬田也。"《诗经·郑风·叔于田》:"叔于狩,巷无饮酒。"郑玄笺:"冬猎曰狩。"孔颖达疏:"《释天》文。李巡曰:'围守取之,无所择也。'"《国语·齐语》:"昔吾先君襄公筑台以为高位,田、狩、毕、弋,不听国政。"汉刘向《列女传·楚庄樊姬》:"庄王即位,好狩猎。""狩猎",同义连用。

"兽"是"狩"的古字。《诗经·小雅·车攻》:"建旐设旄,搏兽于敖。"郑玄笺:"兽,田猎搏兽也。"杨树达《积微居小学述林·文字初义不属初形后起字考》:"盖古文只有会意之'兽'字,形声字之'狩'乃后起之字也。今狩猎之义为后起之'狩'所独占,初形之'兽'却只具后起禽兽之义矣。"

【辨】①词的本义不同。"田"的本义是种植庄稼的田地。大徐本《说文》:"田,陈也,树谷曰田。象四口,十,阡陌之制也。"在农业社会,以田猎保护庄稼,引申出田猎义。汉刘向《说苑·修文》:"五谷者,以奉宗庙,养万民也。去禽兽害稼穑者,故以'田'言之。""猎"字,《说文》作"獵",本义是打猎。《说文》:"獵,放獵逐禽(古时"禽"包括兽)也。"段玉裁注引《白虎通》曰:"四时之田,总名为猎。""狩"的本义是焚林而猎。段注本《说文》:"狩,火田也。"如习语有"焚林而田"、"焚林而猎"(见《淮南子》的《本经训》《人间训》)、"焚林而畋"(见《论衡·指瑞篇》)等。

②词义的内涵不同。"田"还有农田、耕种农田、田官、姓氏等义。"猎"还有追求、凌虐等义。"狩"还有军事演习、帝王巡视等义。

种(種) 树 艺(埶 蓺) 植 殖 栽 蒔
zhòng shù yì zhí zhí zāi shí

【同】 种植,把植物的种子或幼苗种在土里。

〔种〕(種) 种植的"种(種)",《说文》作"穜"。种植义的本字原作"穜 zhòng",《说文》:"穜,埶也。"而"種 chóng"原是禾黍的晚熟品种义,隶变时,两字互易。《说文》:"穜,埶也。"《玉篇·禾部》:"种……之用切,种植也。"《广韵·用韵》:"种,种埴也。"《类篇·禾部》:"种,蓺也。"《孟子·滕文公上》:"孟子曰:'许子必种粟而后食乎?'"《战国策·东周策》:"今其民皆种麦,无他种矣。君若欲害之,不若一为下水,以病其所种。下水,东周必复种稻。"《三国志·吴书·步骘传》:"(步骘)避难江东,单身穷困,与广陵卫旌同年相善,俱以种瓜自给。"唐王维《送六舅归陆浑》诗:"条桑腊月下,种杏春风前。"

"穜"为种植义的本字。《马王堆汉墓帛书·经法·论》:"动静不时,穜树失地之宜。"清程瑶田《九谷考·黍》:"诸书言穜黍皆云大火中,是以夏至而穜也。"

〔树〕《广雅·释地》:"树,种也。"《吕氏春秋·任地》:"孟夏之昔,杀三叶而获大麦,日至,苦菜死而资生,而树麻与菽。"高诱注:"昔,终也;树,种也;菽,豆也。"《淮南子·本经训》:"益树莲菱,以食鳖鱼。"汉王充《论衡·刺孟篇》:"所食之粟,伯夷所树与,抑盗跖之所树与?"唐李白《赠闾丘处士》诗:"如能树桃李,为我结茅茨。"

〔艺〕(埶 蓻)《说文》作"埶"。《说文》:"埶,穜(按:即今字"種")也。"段玉裁注:"《齐风》毛传曰:'蓻犹树也。(按:见《诗经·齐风·南山》"蓻麻如何"下注)'树、种义同。"《集韵·祭韵》:"埶,《说文》:'种也。'或作'艺'。"《尚书·酒诰》:"嗣尔股肱,纯其艺黍稷。"孔安国传:"其当勤种黍稷。"《孟子·滕文公上》:"后稷教民稼穑,树艺五谷。"赵岐注:"树,种也;艺,殖也。"《资治通鉴·后晋齐王天福八年》:"命营田使邓懿文籍逃田,募民耕艺出租。"胡三省注:"艺,种也。"

"埶",虽是《说文》本字,但古籍中几乎不用。"埶"也写作"蓻"。《诗经·唐风·鸨羽》:"王事靡盬,不能蓻稷黍,父母何怙?"《诗经》中"蓻"字6见,不见"埶"或"艺(藝)"。

按:"埶"字,甲骨文就有,象双手持草木种植状。"埶""蓻""艺(藝)"三字,应是古今字关系。"唐人树埶字作蓻,六埶字作藝,说见《经典释文》。然蓻、藝字皆不见于《说文》。周时六藝字盖亦作埶,儒者之于礼、乐、射、御、书、数,犹农者之树埶也。"(段玉裁于《说文》"埶"字下注)

〔植〕《广雅·释地》:"植,种也。"《广韵·职韵》:"植,种植也。"《昭明文选·张衡〈东京赋〉》:"植华平于春圃,丰朱草于中唐。"薛综注:"植,犹种也。"《古诗为焦仲卿妻作》:"东西植松柏,左右种梧桐。"清黄宗羲《陈乾初先生墓志铭》:"如五谷之性,不艺植,不耕籽,何以知其种之美耶?"清俞樾《茶香室三钞·赵鼎骄侈》:"奇花佳木,环植周围。"

〔殖〕《玉篇·歹部》:"殖,种也。"《尚书·吕刑》:"稷降播种,农殖嘉榖。"《昭明文选·潘岳〈闲居赋〉》:"张公大谷之梨,梁侯乌椑之柿,周文弱枝之枣,房陵朱仲之李,靡不毕殖。"李善注引《苍颉篇》曰:"殖,种也。"明徐光启《农政全书·农本·经史典故》:"瓜瓠果蓏,殖于疆场。"清朱大韶《实事求是斋经义·禘祫一祭说》:"烈山氏之有天下也,有子曰柱,能殖百榖。"

〔栽〕《广韵·哈韵》:"栽,种也。"《礼记·中庸》:"故天生之物,必因其材而笃焉。故栽之培之,倾之覆之。"郑玄注:"栽,犹殖也……今时人名草木之殖曰栽。"北魏贾思勰《齐民要术·栽树》:"凡栽一切树木,欲记其阴阳,不令转易。"唐韩愈《县斋有怀》诗:"禾麦种满地,梨枣栽绕舍。"唐刘禹锡《戏赠看花诸君子》诗:"玄都观里桃千树,尽是刘郎去后栽。"

〔莳〕《说文》:"莳,更别种也。"段玉裁注:"今江苏人移秧插田中曰莳秧。"《玉篇·艸部》:"莳……更种也。"晋左思《魏都赋》:"水澍秔稌,陆莳稷黍。"北魏贾思勰《齐民要术·种穀楮》:"移栽者,二月莳之。"唐李忱《收复河湟制》:"如百姓能耕垦种莳,五年内不加税赋。"

【辨】

①词的本义不同。"种"的初义为播种,引申为凡种植之称。"种者,以穀播于土,因之名穀可种者曰种(zhǒng),凡物可种者皆曰种(zhòng)。"(《说文》"穜"下段玉裁注)"种 zhòng"和"种 zhǒng",两字同源。"树"的本义,据研究为植木。罗振玉《增订殷虚书契考释》:"树之本谊为树立,盖植木为树。引申之,则凡树他物使直立,皆谓之树。""艺"的本义为手持作物幼苗栽种。《说文》"穜(种)""埶"互训。"植"的本义为关门用的直木,上可加锁。《说文》:"植,户植也。"段玉裁注:"按,今竖直木而以铁了鸟关之,可以加锁,故曰:持锁植。植之引申为凡植物、植立之植。""殖"的本义为脂膏积久。《说文》:"殖,脂膏久殖。"清徐灏《说文解字注笺》:"脂膏久积谓之殖。引申之,积货曰货殖,积学曰学殖,非有多藏厚亡之义也。殖、植古通,故又训为生、为种。"(按:张舜徽《说文解字约注》认为"凡云生殖,乃借殖为莳耳"。)"栽"的本义为筑墙的长板。《说文》:"栽,筑墙长版也。"段玉裁注:"《中庸》:'故栽者培之。'郑云:'栽犹殖也。'今时人名草木之殖曰栽,筑墙立版亦曰栽,郑同许说。""莳"的本义为移栽。

②词义的内涵不同。"种 zhòng"还有播撒、移植、培植、养殖等义。"树"还有树立、竖等义。"艺"还有技艺、才能、文典等义。"植"还有闭户用的直木、木柱、树立、放置、主工程的将领等义。"殖"还有生长、繁殖、经商、生财等义。"栽"还有幼苗、安上等义。"莳"单用时,只用于移栽义。

安 放 置(寘 植 值) 搁(阁) 措(错 厝) 载

【同】 放置,安放,把物体摆在一定的位置上。

〔安〕《乐府诗集·清商曲辞六·杨叛儿》:"欢欲见莲时,移湖安屋里。"北魏贾思勰《齐民要术·种红蓝花、栀子》:"以三重布帖粉上,以粟糠著布上,糠上安灰。灰湿,更以乾者易之。"宋陆游《东阳道中》诗:"小吏知人当著句,先安笔砚对溪山。"明冯梦龙《警世通言·崔衙内白鹞招妖》:"那酒保从里面掇一桶酒出来,随行自有带着的酒盏,安在桌上,筛上一盏,先敬衙内。"

〔放〕《广雅·释诂四》:"放,置也。"《庄子·知北游》:"神农隐几拥杖而起,嚗然放杖而笑。"《三国志·魏书·钟会传》:"维至广汉郪县,令兵悉放器杖。"宋李昉等《太平广记·宝三·珠宝》:"天大热,至寺门易衣,以底裹珠,放金刚脚下,因忘收之。"明洪楩《清平山堂话本·快嘴李翠莲记》:"日下天色且是凉,便放五日也不妨。"

〔置〕(寘 植 值)《庄子·逍遥游》:"覆杯水于坳堂之上,则芥为之舟,置杯焉则胶,水浅而舟大也。"《韩非子·内储说上》:"俄又置一石赤菽东门之外而令之曰:'有能徙此于西门之外者,赐之如初。'"《史记·秦始皇本纪》:"金人十二,重各千石,置廷宫中。"汉王充《论衡·祀义篇》:"当人之卧也,置食物其旁,不能知也。"

"置"也写作"寘"。大徐本《说文》新附字:"寘,置也。"《诗经·魏风·伐檀》:"坎坎伐檀兮,寘之河之干兮。"毛传:"寘,置也。"《新唐书·魏徵传》:"帝美其书,录寘内府。"宋岳珂《桯史·南陔脱帽》:"中大人悦其韶秀,抱寘之膝。"

"置"又写作"植"或"值"。《尚书·金滕》:"植璧秉珪,乃告太王、王季、文王。"孔安国传:"植,置也。"汉贾谊《吊屈原文》:"贤圣逆曳兮,方正倒植。"李善注:"植,《史记》作值。"清魏源《城守篇·守备上》:"金人来攻,植炮四隅,一炮所击,应声摧堕。"放置的"置",清朱骏声《说文通训定声》认为是"值"的借字。《说文》:"值,措也。"《集韵·职韵》:"值,措置也。"

〔搁〕(阁) 宋范成大《白髭行》:"烦搁包裹夜不眠,无奈露头出光怪。"《红楼梦》第一一二回:"如今我的脸搁在那里呢!"清文康《儿女英雄传》第七回:"(姑娘)顺手开了那柜门,见里面搁着一顶旧僧帽。"

"阁"是"搁"的古字。隋李德林《复魏收议齐书起元事书》:"当世君子,必无横议,唯应阁笔赞成而已。"唐张鷟《游仙窟》:"十娘即唤桂心,并呼芍药,与少府脱鞾履,叠袍衣,阁幞头,挂腰带。"唐元稹《遣春十首》之九:"葛巾竹梢挂,书卷琴上阁。"

〔措〕(错 厝)《论语•子路》:"刑罚不中,则民无所措手足。"汉桓宽《盐铁论•世务》:"是犹措重宝于道路而莫之守也,求其不亡,何可得乎?"唐柳宗元《永州韦使君新堂记》:"宗元请志诸石,措诸屋漏,以为二千石楷法。"

"措"也写作"错"或"厝"。《易经•系辞上》:"子曰:'苟错诸地而可矣,藉之用茅,何咎之有?'"孔颖达疏:"错,置也。"《庄子•达生》:"为虪谋,曰不如食以糟糠而错之牢筴之中。"《列子•汤问》:"命夸娥氏二子负二山,一厝朔东,一厝雍南。"《宋书•前废帝纪》:"阖朝业业,人不自保,百姓遑遑,手足靡厝。"

〔载〕《史记•礼书》:"侧载臭茝,所以养鼻也。"司马贞索隐:"载者,置也。言天子之侧常置芳香于左右。"唐柳宗元《送薛存义之任序》:"河东薛存义将行,柳子载肉于俎,崇酒于觞,追而送之江浒。"

【辨】

①词的本义不同。"安"的本义一说是"止"。南唐徐锴《说文解字系传》:"安,止也。"引申为处于、安放等义。"放"本义是放逐。《说文》:"放,逐也。"清朱骏声《说文通训定声》认为,"放"的放置义是引申义。"置"的放置义,清人段玉裁、朱骏声都认为是"植"的今字。《尚书•金縢》:"植璧秉珪。"孙星衍疏引郑玄曰:"植,古置字。"《说文》:"植,户植也。从木直声。櫃,或从置。""搁"是"阁"的今字。《说文》:"阁,所以止扉也。"《说文通训定声》:"阁,凡止而不行皆谓之阁。""措"的本义是放置。《说文》:"措,置也。"段玉裁注:"立之为置,舍之亦为置。措之义亦如是。""载"的本义是乘载。《说文》:"载,乘也。"引申为载物、放置义。

②词义的内涵不同。"安"还有安静、安稳、安适、安好等义。"放"还有废置、免去、释放、发放、安置等义。"置"还有废置、搁置、安置、设置、购置等义。"搁"还有搁置义。"措"还有废置、设置、举措、安置等义。"载"还有运载、运载的工具、承受、负担等义。

处 置 材
chǔ zhì cái

【同】安排,安置,使人或物有着落。

〔处〕《左传•襄公四年》:"靡奔有鬲氏,浞因羿室,生浇及豷……处浇于过,处豷于戈。"杜预注:"过、戈者,国名。"《国语•鲁语下》:"昔圣王之处民也,择瘠土而处之。"《礼记•檀弓下》:"(子)谓子路曰:'何以处我?'"郑玄注:"处,犹安也。"宋王安石《上仁宗皇帝言事书》:"故先王之处民,处工于官府,处农于畎亩,处商贾于肆,处士于庠序,使各专其业。"明凌濛初《二刻拍案惊奇》卷一六:"这是你家害我的,须凭你家怎么处我?"

〔置〕《玉篇•网部》:"置,安置也。"《尚书•说命》:"爰立作相,王置诸其左右。"孔安国传:"于是礼命立以为相,使在左右。"《左传•僖公二十八年》:"天假之年,而除其害。天之所置,其可废乎?"《孟子•滕文公下》:"引而置之庄岳之间数年,虽日挞而求其楚,亦不可得矣。"《韩非子•外储说左下》:"桓公问置吏于管仲。"

〔材〕《国语•郑语》:"故先王以土与金、木、水、火杂,以成百物……出千品,具万方,计亿事,材兆物,收经入,行姟极。"韦昭注:"材,裁也。"《荀子•富国》:"治万变,材万物,养万民,兼制天下者,为莫若仁人之善也。"杨倞注:"材,与裁同。"宋王安石《上相府书》:"伏惟阁下观古之所以材瞽聋、侏儒之道,览《行苇》之仁。"按:古注以"裁"释"材",但"裁"很少用作安排义。

【辨】

①词的本义不同。"处"的本义是止。《说文》:"处,止也。"引申为使人或物有止处。"置"用于安置义,清朱骏声《说文通训定声》认为是"值"的借字。《说文》:"值,措也。""材"的安排义,《说文通训定声》认为是"裁"的借字。"裁"的本义是裁衣,引申为安排。

②词义的内涵不同。"处"还有暂止、中止、居住、位于等义。"置"还有放置、废弃、树立、设立等义。"材"还有木材、材料、才能等义。

捐 弃(棄) 舍(捨) 抛(抱) 掷 丢 扔
juān qì shě pāo zhì diū rēng

【同】舍弃,抛弃。

〔捐〕《说文》:"捐,弃也。"《庄子·在宥》:"黄帝退,捐天下,筑特室,席白茅,闲居三月。"战国楚屈原《九歌·湘君》:"捐余袂兮江中,遗余佩兮澧浦。"《昭明文选·班固〈东都赋〉》:"捐金于山,沉珠于渊。"唐吕延济注:"捐,弃也。"汉王充《论衡·幸偶篇》:"虫堕一器,酒弃不饮;鼠涉一筐,饭捐不食。"唐韩愈《进学解》:"贪多务得,细大不捐。"

〔弃〕(棄)"弃"为"棄"的古文,现又简化为"弃"。《说文》:"棄,捐也……弃,古文棄。"《左传·哀公六年》:"王曰:'然则死也。再败楚师,不如死;弃盟逃雠,亦不如死。死一也,其死雠乎!'"《孟子·尽心上》:"舜视弃天下犹弃敝蹝也。"《庄子·在宥》:"故曰:绝圣弃智,而天下大治。"《史记·刺客列传》:"管仲曰:'不可。夫贪小利以自快,弃信于诸侯,失天下之援,不如与之。'"汉王符《潜夫论·实贡》:"亡秦之所弃,王莽之所捐,二祖任用以诛暴乱,成致治安。"《列子·说符篇》:"且天下理无常是,事无常非。先日所用,今或弃之;今之所弃,后或用之。"

〔舍〕(捨)"舍"是"捨"的古字,现又简化为"舍"。先秦古籍多用"舍"字。《易经·贲卦》:"舍车而徒。"孔颖达疏:"乃弃于不义之车,而从有义之徒步。"《左传·昭公九年》:"君彻宴乐,学人舍业,为疾故也。"《孟子·告子上》:"鱼我所欲也,熊掌亦我所欲也,二者不可得兼,舍鱼而取熊掌者也;生亦我所欲也,义亦我所欲也,二者不可得兼,舍生而取义者也。"《韩非子·显学》:"孔子、墨子俱道尧、舜,而取舍不同。"

"捨"是"舍"的今字,或称区别字。《说文》:"捨,释也。"清王筠《说文句读》:"此舍之分别文也。故经典皆用舍。"《广雅·释诂四》:"捨,置也。"《洪武正韵·者韵》:"捨,弃也。"汉王充《论衡·答佞篇》:"君子与小人,本殊操异行,取捨不同。"又《卜筮篇》:"俗信卜筮,谓卜者问天,筮者问地,蓍神龟灵,兆数报应,故捨人议而就卜筮,违可否而信吉凶。"晋葛洪《抱朴子·外篇·自叙》:"洪秉性尪羸,兼之多疾,贫无车马,不堪徒行……又患弊俗,捨本逐末,交游过差,故遂抚笔闲居,守静筚门,而无趋从之所。"按:先秦的典籍,如《易经》《尚书》《诗经》《左传》《论语》《孟子》《墨子》《庄子》《荀子》《韩非子》等,均不见"捨"字。

〔抛〕(抱)大徐本《说文》新附字:"抛,弃也。"《集韵·爻韵》:"抛,弃也。"《后汉书·安成孝侯赐传》:"赐与(兄)显子信,卖田宅,同抛财产,结客报吏。皆亡命逃伏,遭赦归。"《乐府诗集·白居易〈浪淘沙六首〉之一》:"谁道小郎抛小妇,船头一去没回期。"唐顾况《湖南客中春望》诗:"便抛印绶归从隐,吴渚香菰漫吐春。"《三国志平话》卷上:"问军赶贼那里去也?答曰:都入兖州城也,有抛弃老小,尽皆杀了。"

"抱"是"抛"的古字。《尉缭子·制谈》:"将已鼓,而士卒相嚣,拗兵、折矛、抱戟,利后发战,有此数者,内自败也。""抱戟"与"拗兵""折矛"对文,即弃戟。《史记·三代世表》:"姜嫄以为无父,贱而弃之道中,牛羊避不践也;抱之山中,山者养之。"裴骃集解:"抱,普茅反。"司马贞索隐:"普交反。"例中的"抱",音 pāo。"抱之山中",与上文的"弃之道中","抱""弃"互文,即弃之山中。清惠栋《惠氏读说文记》:"《史记·三代世表》:'褚先生赞:抱之山中。'音普茅反,则是弃之义。"

〔掷〕 晋陶潜《杂诗》之二:"日月掷人去,有志不得骋。"《乐府诗集·韦承庆〈折杨柳〉》:"不忍掷年华,含情寄攀折。"唐韩愈《南溪始泛》诗之三:"赢形可舆致,佳观安事掷?"唐杜牧《阿房宫赋》:"金块珠砾,弃掷逦迤,秦人视之,亦不甚惜。"

〔丢〕 清翟灏《通俗编》卷一:"舍去曰丢,见李氏《俗呼小录》。"元康进之《李逵负荆》第一折:"把烦恼都也波丢,都丢在脑背后。"《三国演义》第七十回:"比及天明,连夺三寨。寨中丢下军器鞍马无数,尽教孟达搬运入关。""丢",丢弃。《水浒传》第七十七回:"军士抛金弃鼓,撇戟丢枪,觅子寻爷,唤兄呼弟,折了万余人马。"明兰陵笑笑生《金瓶梅》第九回:"他娘劝他,前月嫁了外京人去了,丢下这个业障老头子。""丢下",抛弃。

〔扔〕《红楼梦》第八回:"好啊!叫我研了墨,早起高兴,只写了三个字,扔下笔就走了。"清吴趼人《二十年目睹之怪现状》第二十四回:"我带了回去没处放,不如扔了干净。"清曾朴《孽海花》第二十五回:"这些钱断不会白白扔掉的。"

【辨】

①词的本义不同。"捐""弃"两字,《说文》互训。《说文》:"捐,弃也。""弃,捐也。"但本义略有区别。张舜徽《说文解字约注》卷八:"窃意'弃'之本义,乃弃置,非弃除……引申为捐弃义。"又卷二十四:"舜徽按……捐从手,谓由手除去之。""捨"的本义是放下。《说文》:"捨,释也。"《广雅·释诂四》:"捨,置也。"清朱骏声《说文通训定声》:"经传皆以舍为之,训放、训弃……皆是。""抛",是"抱"的今字,《说文》无,是后起字。大

徐本《说文》新附字收有,释为"弃也"。清郑珍《说文新附考》:"抛弃字,古则作'抱'。""抛"字约产生于东汉。且东汉时期的古籍中,仅《后汉书》中1见。甚至在魏晋时期,使用频率也很低。"掷",是"擿"的今字,本义是抛投,《说文》无。清雷浚《说文外编》卷十二:"《说文·手部》无'掷'字。掷,投也。《邶风》:'王世敦我。'毛传:'敦,犹投掷也。'陆释文作'投擿'。《史记·刺客列传》:'乃引其匕首以擿秦王。'索隐:'擿与掷同。古字耳。'"引申为抛弃。"丢"是后起字,约产生于元。本义是丢失,引申为抛弃。"扔"的本义,《说文》释为"因也"。段注本改"因"为"捆",意为牵引。约在明清时产生丢弃义。

②词义的内涵不同。"捐"还有除去、捐助等义。"弃"还有废除、忘记等义。"舍"还有施予、离开等义。"抛"还有抛掷、显露、量词等义。"掷"还有投掷、腾跃等义。"丢"还有丢失义。"扔"还有牵引、抛掷等义。

增 益 加 添 重 裨
zēng yì jiā tiān zhòng bì

【同】 增加,在原有基础上加多或把一物放到另一物上。

〔增〕《说文》:"增,益也。"《广雅·释诂二》:"增,加也。"《诗经·小雅·天保》:"如川之方至,以莫不增。"郑玄笺:"川之方至,谓其水纵长之时也,万物之收皆增多也。"《墨子·辞过》:"故圣人作,海男耕稼树艺,以为民食。其为食也,足以增气充虚,强体适腹而已矣。"《韩非子·六反》:"明主知之,故不养恩爱之心而增威严之势。"《史记·吕不韦列传》:"吕不韦乃使其客人人著所闻……号曰《吕氏春秋》,布咸阳市门,悬千金其上,延诸侯游士宾客有能增损一字者予千金。"汉王充《论衡·无形篇》:"增减其寿,亦当增减其身,形安得如故?"

〔益〕《广雅·释诂二》:"益,加也。"《广韵·昔韵》:"益,增也。"《易经·谦卦》:"天道亏盈而益谦。"孔颖达疏:"减损盈满而增益谦退。"《左传·襄公二十六年》:"子木惧,言诸王,益其禄爵而复之。"《韩非子·内储说下》:"左右有私不善者,乃为之请王曰:'公子甚贫,马甚瘦,何不益之马食?'"《史记·封禅书》:"自五帝以至秦,轶兴轶衰……其礼损益世殊,不可胜记。"汉王充《论衡·感类篇》:"天虽夺文王年以益武王,犹须周公请,乃能得之。"

〔加〕《尔雅·释诂上》:"加,重也。"郝懿行疏:"加者,增也,益也,故为重。"《左传·隐公五年》:"公曰:'叔父有憾于寡人,寡人弗敢忘。'葬之加一等。"《韩非子·十过》:"负羁曰:'诺。'盛黄金于壶,充之以餐,加璧其上,夜令人遗公子。"《史记·楚世家》:"今君相楚而攻魏,破军杀将,功莫大焉,冠之上不可以加矣。"汉王充《论衡·佚文篇》:"加一字之谥,人犹劝惩,闻知之者,莫不自勉。"

〔添〕"添"的古字作"沾"。《说文》:"沾,益也。"段玉裁注:"沾、添,古今字。俗制添为沾益字,而沾之本义废矣。"南唐徐锴《说文解字系传》:"(沾)今俗作添。"《玉篇·水部》:"添,益也。"《三国志·吴书·吕蒙传》:"权亲征皖,引见诸将,问以计策。"南朝宋裴松之注引《吴书》:"诸将皆劝作土山,添攻具。"唐杜甫《江上值水如海势聊短述》诗:"新添水槛供垂钓,故著浮槎替入舟。"宋陆游《双桥道中寒甚》诗:"裂面霜风快似镰,重重袭裤晚仍添。"

〔重〕《左传·宣公十二年》:"今天或者大警晋也,而又杀林父以重楚胜,其无乃久不竞乎!"《吕氏春秋·制乐》:"今故兴事动众以增国城,以重吾罪也。"高诱注:"重犹益也。"《汉书·文帝纪》:"今纵不能博求天下贤圣有德之人而嬗天下也,而曰豫建太子,是重吾不德也。"颜师古注:"重,谓增益也。"

〔裨〕清沈涛《说文古本考》:"《一切经音义》卷五引'裨,增也,益也,亦补也。'卷十引'裨,增也,厚也,补也,亦助也。'厚,当为益字之误。"《国语·郑语》:"若以同裨同,尽乃弃矣。"韦昭注:"裨,益也。同,谓若以水益水,水尽乃弃之,无所成也。"汉王逸《楚辞章句〈九怀〉序》:"褒读屈原之文,嘉其温雅,藻采敷衍,执握金玉,委之污渎,遭世溷浊,莫之能识。追而愍之,故作《九怀》,以裨其词。"

【辨】

①词的本义不同。"增"的本义是加多。《说文》:"增,益也。""益""溢",古今字。"益"由水、皿两字构成,本义应为水从皿中溢出。"加"的本义是恶言相加。《说文》:"加,语相增加也。"南唐徐锴《说文解字系传》:"臣锴按,《史》曰:'恶声之加人也。'"在这个意义上与"诬"同义。《说文》:"诬,加也。"《左传·僖公十年》:"欲加之罪,其无辞乎?"例中的"加",用的是本义。"添"字产生较晚。清徐灏《说文解字注笺》:"古但言

增加而不言添，添乃后出俗字。（按："添"约产生于魏晋时期）""重"的本义是厚重。《说文》："重，厚也。"段玉裁注："厚斯重也，引申之为郑重、重叠。古祇平声，无去声。""裨"的本义是自卑增高。《说文》"裨"字下段玉裁注："土部曰：'埤，增也。'皆字异而音义同。"又"埤"下注："凡从卑之字，皆取自卑加高之意。"

②词义的内涵不同。"增"一般只用于增加义。"益"还有溢出、丰饶、利益、有益等义。"加"还有夸大、安放、施行、凌驾、超越等义。"添"还有生育义。"重"还有与"轻"相对、厚、重量、重大、重要、重视、慎重等义。"裨"还有裨益、弥补等义。

【附】 增益 增加 增添 加增 加添 添增 添加 裨增

减（咸） 损 省（婼 消） 杀
jiǎn　　　sǔn　　shěng　　　　shài

【同】 减少，从总体或某个数量中减去一部分。

〔减〕（咸）《说文》："减，损也。"《广雅·释诂三》："减，少也。"《礼记·乐记》："礼减而进，以进为文。"孔颖达疏："礼既减损，当须勉励于前进。"《淮南子·泰族训》："吴起为楚减爵禄之令而功臣畔矣。"《史记·礼书》："至于高祖，光有四海，叔孙通颇有所增益减损，大抵皆袭秦故。"《汉书·食货志》："汉氏减轻田租，三十而税一。"汉桓宽《盐铁论·复古》："明主即位以来，六年于兹，公卿无请减除不急之官，省罢机利之人。"

"减"也写作"咸"。《说文》："减，损也。"段玉裁注："古书多假咸为之。"《集韵·赚韵》："减，《说文》：'损也。'或作咸。"《周礼·考工记·辀人》："驽马之辀，深三尺有三寸。"郑玄注："轮辐与轸轐，大小之减，率寸半也。""减"，陆德明释文作"咸"。清阮元《〈周礼注疏〉校勘记》："按，古多假咸为减，如《左传》'不为末咸'，读'末减'是也。"

〔损〕《说文》："损，减也。"《左传·襄公三十一年》："我闻忠善以损怨，不闻作威以防怨。"《论语·为政》："殷因于夏礼，所损益可知也；周因于殷礼，所损益可知也。"《孟子·尽心上》："君子所性，虽大行不加焉，虽穷居不损焉，分定故也。"《吕氏春秋·上农》："上田夫食九人，下田夫食五人，可以益，不可以损。"高诱注："损，减也。"《史记·吕不韦列传》："号曰《吕氏春秋》，布咸阳市门，悬千金其上，延诸侯游士宾客有能增损一字者，予千

499

金。"《汉书·贡禹传》:"方今宫室已定,亡可奈何矣,其余尽可减损。"

〔省〕(婿 渻) 减省的"省",《说文》作"婿"或"渻"。《说文》:"婿,减也。""渻,少减也。"《说文》虽有此两字,但古籍中多写作"省"。《孟子·梁惠王上》:"王如施仁政于民,省刑罚,薄赋敛……可使制梃以挞秦、楚之坚甲利兵矣。"《礼记·月令》:"命有司省囹圄,去桎梏。"郑玄注:"省,减也。"《史记·吴王濞列传》:"吴王之王,由父省也。"司马贞索隐:"省者,减也。"《汉书·宣帝纪》:"其令太官损膳省宰,乐府减乐人,使归就农业。"颜师古注:"省,减也。"

〔杀〕《广雅·释诂二下》:"杀,减也。"《周礼·地官·廪人》:"若食不能人二鬴,则令邦移民就谷,诏王杀邦用。"郑玄注:"杀犹减也。"《荀子·正论》:"以人之情为欲多而不欲寡,故赏以富厚,而罚以杀损也。"杨倞注:"杀,减也。"《公羊传·僖公二十二年》:"春秋辞繁而不杀者,正也。"何休注:"杀,省也。"《淮南子·主术训》:"故灵王好细要(腰),而民有杀食自饥也。"高诱注:"杀食,省食也。"

【辨】

①词的本义有所不同。"减",含有减少数量义。"省",含有省去义。《汉书·元帝纪》:"太仆减谷食马,水衡省肉食兽。"颜师古注:"减者损其数,省者全去之。""损",《说文》与"失"字相邻,含有失义。《韩非子·八说》:"以公财分施谓之仁人……仁人者,公财损也。""损",损失。"杀",含有削减义。《淮南子·说林训》:"夫所以养而害所养,譬犹削足而适履,杀头而便冠。"高诱注:"杀亦削也。头大冠小,不相宜,杀削其头以便冠也。"

②反义词不同。"减"一般与"增"或"加"相对。"损"一般与"益"相对。"省"一般与"繁"相对。"杀",一般单用,有时与"丰"相对。

③词义的内涵不同。"减"还有减轻、减弱、减低、少或差于等义。"损"还有损失、损害、损毁等义。"省"与减省义有关的还有去掉、简省等义。"杀 shài"还有消耗、衰微、细、差等义。

如 若 似 像(象) 类 肖

【同】 像,如同,两者在形象或性质上相同或有共同点。

〔如〕《广雅·释言》:"如,若也。"《说文》"如"下段玉裁注:"《白虎通》曰:'女者,如也。'引申之,凡相似曰如。"《诗经·郑风·大叔于田》:"执辔如组,两骖如舞。"《韩非子·外储说左上》:"今毂(人名)有巨狐,坚如石,厚而无窍,献之。"汉王充《论衡·艺增篇》:"《春秋·庄公七年》:'夏四月辛卯,夜中恒星不见,星陨如雨。'《公羊传》曰:'如雨者何? 非雨也。非雨则曷为谓之如雨?'"唐白居易《琵琶行》:"大弦嘈嘈如急雨,小弦切切如私语。"

〔若〕《尚书·盘庚上》:"若网在纲,有条而不紊;若农服田,力穑乃亦有秋。"《孟子·公孙丑上》:"凡有四端于我者,知皆扩而充之矣,若火之始然,泉之始达。"《韩非子·功名》:"故曰:至治之国,君若桴,臣若鼓,技若车,事若马。故人有余力易于应,而技有余巧便于事。"汉王充《论衡·说日篇》:"夫日月不圆,视若圆者,去人远也。"唐王勃《杜少府之任蜀川》诗:"海内存知己,天涯若比邻。"

〔似〕《广雅·释诂三》:"似,类也。"又《释诂四》:"似,象也。"《易经·系辞上》:"是故知鬼神之情状,与天地相似,故不违。"《韩非子·外储说右上》:"夫马之似鹿者题之千金,然而有千金之马而无千金之鹿者,马为人用而鹿不为人用也。"《史记·孔子世家》:"东门有人,其颡似尧,其项类皋陶。"汉王充《论衡·论死篇》:"禽兽之死也,其肉尽索,毛尚在,制以为裘,人望见之,似禽兽之形。"

〔像〕(象)《说文》:"像,象也。"《广韵·养韵》:"像,似也。"《易经·系辞下》:"象也者,像此者也。"孔颖达疏:"言象此物质形状也。"《淮南子·主术训》:"天下从之,如响之应声,景之像形。"《史记·滑稽列传》:"优孟曰:'若无远有所之。'即为孙叔敖衣冠,抵掌谈语。岁余,像孙叔敖,楚王及左右不能别也。"清李渔《奈何天·虑婚》:"莫说举人进士,挣扎不来,就是一顶秀才头巾,也像天平冠一样,再也承受不起。"

"象""像"古今字。清王筠《说文释例》:"《易》曰:'象也者,像也。'乃以中古分别字释上古假借字也。"汉王充《论衡·订鬼篇》:"天地生物也,有人如鸟兽,及其生凶物,亦有似人象鸟兽者也。"《周髀算经》卷下:"天象盖笠。"唐李白《古风五十九首》之三:"额鼻象五岳,扬波喷云雷。"明归有光《见南阁记》:"夫海旁蜃气象楼台,广野气象宫阙,云气各象其山川。"

〔类〕《广雅·释诂四》:"类,象也。"《集韵·术韵》:"类,似也。"《易经·系辞下》:"古者庖牺氏之王天下也,仰则观象于天,俯则观法于地……于是始作八卦,以通神明之德,以类万物之情。"《韩非子·内储说下》:"及夷射去,刖跪因捐水郎门霤下,类溺(niào)者之状。明日,王出而呵之,曰:'谁溺于是?'"汉王充《论衡·奇怪篇》:"尧,高祖审龙之子,子性类父,龙能乘云,尧与高祖亦宜能焉。"《后汉书·马援传》:"效(杜)季良不得,先为天下轻薄子,所谓画虎不成反类狗者也。"

〔肖〕《说文》:"肖,骨肉相似也。"段玉裁注:"谓此人骨肉与彼人骨肉状貌略同也。"《方言》卷七:"肖,类,法也。齐曰类,西楚梁、益之间曰肖……西南梁、益之间凡言相类者,亦谓之肖。"郭璞注:"肖者,似也。"《尚书·说命上》:"(王)梦帝赉予良弼,其代予言。乃审厥象,俾以形旁求于天下,(傅)说筑傅岩之野,惟肖。"孔安国传:"肖,似。似所梦之形。"汉扬雄《法言·学行》:"螟蛉之子殪而逢蜾蠃,祝之曰:'类我,类我!'久则肖之也。"

【辨】

①词的本义不同。"如"的本义,《说文》认为是随从。《说文》:"如,从随也。"段玉裁注:"从随,即随从。必以口从女者,女子从人者也,幼从父兄,嫁从夫,夫死从子,故《白虎通》曰:'女者,如也。'引申之,凡相似曰如。""若"的本义,段玉裁认为是选择,假借为如。《说文》:"若,择菜也。"段玉裁注:"《晋语》秦穆公曰:'夫晋国之乱,吾谁使先若夫二公子而立之,以为朝夕之急。'此谓使谁先择二公子而立之,若正训择。择菜,引之义也……又假借为如也、然也。""似"的本义是像。《说文》:"似,象也。"段注改"象"为"像",注曰:"《广雅》曰:'似,类也。'又曰:'似,象也。'又曰:'似,若也。'皆似之本义也。""像"的本义为似。清徐灏《说文解字注笺》:"又按,此像字乃由象而增人旁……象,即'式样'之合声。""类"的本义《说文》认为是种类相似。《说文》:"类,种类相似,唯犬为甚。"按:"类"实兼种类、相似两义。"肖"的本义是相像。南唐徐锴《说文解字系传》:"肖,骨肉相似也,从肉小声。不似其先,故曰不肖。"

②词义的内涵不同。"如"还有往、及(比得上)、奈、表示举例等义。"若"还有顺从、及、比得上、奈以及第二人称代词等义。"似"还有似乎、延续、给予等义。"像"还有模拟、依随、形象、肖像等义。"类"还有法式、事理、形貌、类比、善、大抵等义。"肖"还有仿效义。

③语法功能不同。用作像这一意义时,"如""若""似""像""类"等词,一般要求有类比的对象作宾语,"肖"以没有宾语为常。

写 仿(放 倣) 效(俲 効) 法 象
xiě fǎng xiào fǎ xiàng

【同】仿效,模仿已有的样式、声音或方法。

〔写〕《字汇·宀部》:"写,摹画。"《国语·吴语下》:"王命金工以良金写范蠡之状而朝礼之。"韦昭注:"以善金铸其形状。"《淮南子·本经训》:"雷震之声,可以钟鼓写也。"高诱注:"写,犹放敩也。"《史记·乐书》:"(卫灵公)乃召师涓曰:'吾闻鼓琴音,问左右,皆不闻。其状似鬼神,为我听而写之。'"汉刘向《新序·杂事》:"叶公子高好龙,钩以写龙,凿以写龙,屋室雕文以写龙,于是夫龙闻而下之。"

〔仿〕(放 倣) 清朱骏声《说文通训定声》:"仿,俗亦作'倣',经传放效字皆以'放'为之。"《晋书·刘粲载记》:"(粲)好兴造宫室,相国之府仿像紫宫。"元杨梓《霍光鬼谏》第一折:"你待仿骊姬乱晋,俺难学伊尹扶汤。"清王士禛《池北偶谈·蜀产》:"近督抚监司募工仿制,殊不能佳。"

"仿"也写作"放"或"倣"。"放"是"仿""倣"的古字,"仿""倣"是"放"的今字。《广雅·释诂三》:"放,效也。"《玉篇·放部》:"放,甫往切,效也。"《集韵·养韵》:"放,效也。或从人。"《尚书·尧典》:"曰若稽古帝尧,曰放勋。"孔颖达疏:"放效上世之功,即是考于古道也。经言'放勋',放其功而已。"《墨子·法仪》:"巧者能中之,不巧者虽不能中,却放依以从事。"毕沅校注:"放与'仿'同。"唐杜甫《风疾舟中伏枕书怀三十六韵奉呈湖南亲友》:"叨陪锦帐坐,久放《白头吟》。"仇兆鳌注:"放吟,仿古而吟。"

《玉篇·人部》:"倣,倣学也。"《淮南子·要略训》:"故言道而不明终始,则不知所倣依。"《新唐书·隐逸传·王绩》:"兄通……聚徒河汾间,倣古作六经,又为《中说》以拟《论语》。"宋赵与时《宾退录》卷一:"其造语尽倣《世说》。"

〔效〕(俲 効) 《玉篇·攴部》:"效,法效也。"《易经·系辞上》:"知崇礼卑,崇效天,卑法地。"韩康伯注:"极知之崇,象天高而统物;备礼之用,象地广而载物也。"《左传·庄公二十一年》:"郑伯效尤,其亦将有咎!""效尤",仿效过失。《荀子·大略》:"故其行效,其立效,其坐效,其置颜色、出辞气效。"杨倞注:"效,放也。"南朝梁刘勰《文心雕龙·论说》:"陆机《辨亡》,效《过秦》而不及,然亦其美矣!"

"效"也写作"俲"或"効"。《玉篇·人部》:"俲,学俲也。"《诗经·小雅·鹿鸣》:"君子是则是俲。"毛传:"是则是俲,言可法效也。"《左传·昭公七年》在转录时作"是则是效"。晋葛洪《抱朴子·审举》:"上为下俲,君行臣甚。"明侯方域《南省试策三》:"今既不能如此脱略而简易,则所俲法者,独皇帝一身耳。""効"是"效"的俗字。《玉篇·力部》:"効,俗'效'字。"《敦煌曲·十二时·普劝四众依教修行》:"见善人,相仿効。"

〔法〕《商君书·更法》:"治世不一道,便国不法古。""法古",效法古代。《史记·循吏列传》:"此不教而民从其化,近者视而效之,远者四面望而法之。""效""法"互文。《宋书·恩幸传·阮佃夫》:"每制一衣,造一物,京邑莫不法效焉。"

〔象〕《广雅·释诂三》:"象,效也。"《易经·系辞下》:"象也者,像此者也。"孔颖达疏:"象也者,像此者也,言象此物之形状也。"《左传·桓公二年》:"今灭德立违,而置其赂器于大庙,以明示百官,百官象之,其又何诛焉?""象之",仿效之。《墨子·辞过》:"人君为饮食如此,故左右象之。"《荀子·解蔽》:"故学者以圣王为师,案以圣王之制为法。法其法,以求其统类,以务象效其人。""象效",效法。

【辨】

①词的本义不同。"写"的本义是移置,即以此注彼。《说文》:"写,置物也。"段玉裁注:"谓去此注彼也。"引申为仿效。清徐灏《说文解字注笺》:"作图书者,依仿彼形以传写于此,故亦谓之写。""仿",《说文》解释为"相似也"。但据清人段玉裁、王筠等研究,认为是联绵字,应作"仿佛"。段玉裁注:"仿佛,双声叠字也。"仿效义,最初皆以"放"字表示。清朱骏声《说文通训定声》:"(仿)俗字亦作'倣'。经传放效字皆以'放'为之。""仿"则是"放"的后起字。

"效"字的本义是仿效。《说文》:"效,象也。"段玉裁注:"《毛诗》:'君子是则是俲'。又'民胥俲矣',皆效法之或体……今俗分别效力作'効',效法、效验作'效',尤为鄙俚。"按:仿效义最初写作爻。《广雅·释诂三》:"爻,效也。"王念孙疏证:"《系辞》传云:'爻此者也。'又云:'爻也者,效天下之动者也。又:'效法之谓坤。'古本皆作'爻'。是'爻''效'同声同义。"凡从爻的字,都具有仿效义。《广雅·释诂三》:"学,效也。"学(學),敩,《说文》同字(学,是敩的省体),后分化为"学""教(敎)"两个字("教"字中"孝",篆文上作爻)。"学"仿效别人,即向别人学习;"教"是让别人仿效,也即让人学习。《说文》"敩"下段玉裁注:"学所以自觉下之效也;教人,所以觉人,上之施也:故统谓之学也。"《说文》:"孝,放也。"段玉裁注:"'教'字、'学'字皆以'孝'会意。教者,与人以可放也;学者,放而像之也。"南唐徐锴《说文系传》:"臣锴曰:教,从此。"

"法"的本义是应是模式、范式。《说文》:"法,刑也。"《说文》研究者都认为"刑"当作"荆",与"型"同源,与"模""镕""范""型"等则是同义词。《说文》:"镕,冶器法也。"又:"型,铸器法也。"又:"范,法也。"又:"模,法也。"段玉裁注:"以木曰模,以金曰镕,以土曰型,以竹曰范:皆法也。"用作动词,即以……为模式。如"法先王",即以先王为楷模。引申为效法。清徐灏《说文解字注笺》:"引伸之……为法则、为法度、为效法。""象"的本义是长有长鼻的大象。《说文》:"象,长鼻牙,南越大兽,三年一乳。象耳、牙、四足之形。"引申为像某物的形状,如象形字,即模仿某物体的字。

②词义的内涵不同。"写"还有倾吐、吐泻、书写等义。"仿"单用时专用于仿效义。"效"还有效力、功效、效验等义。"法"还有法令、法规、法制、准则、方法等义。"象"还有象牙、形象、相貌、象征等义。

因 袭 仍
yīn xí réng

【同】沿袭,沿用以往的成规或成说等。

〔因〕《广韵·真韵》:"因,仍也。"《左传·昭公二十年》:"昔爽鸠氏始居此地,季荝因之,有逢伯陵因之,蒲姑氏因之,而后太公因之。"《论语·为政》:"子曰:'殷因于夏礼,所损益,可知也。周因于殷礼,所损益,可知也。'"魏何晏注:"马云:'所因,谓三纲五常。'"杨伯峻译注:"殷朝沿袭夏朝的礼义制度。"《昭明文选·张衡〈东京赋〉》:"因秦宫室,据其府库。"李善注:"因,仍也。"唐韦处厚《翰林院厅壁记》:"唐有天下,因袭前代。""因袭",同义连用。

〔袭〕《小尔雅·广诂》:"袭,因也。"《玉篇·衣部》:"袭,因也。"《礼记·表记》:"卜、筮不相袭。"郑玄注:"袭,因也。"《昭明文选·陆机〈文赋〉》:"或理朴而辞轻,或袭故而弥新。"李善注引孔安国《尚书》传曰:"袭,因也。"《史记·赵世家》:"圣人之兴也,不相袭而王;夏、殷之衰也,不易礼而灭。""相袭",相沿袭。南朝梁刘勰《文心雕龙·乐府》:"于是《武德》兴于高祖,《四时》广于孝文,虽摹《韶》《夏》,而颇袭秦旧,中和之响,阒其不还。"

〔仍〕《尔雅·释诂下》:"仍,因也。"《论语·先进》:"闵子骞曰:'仍旧贯,如之何?何必改作?'"何晏注引郑曰:"仍,因也。贯,事也。因旧事则可矣,何乃复更改作。""仍旧贯",沿袭往事办。《南齐书·豫章文献王嶷传》:"行园苑中乘舆,出篱门外乘舆鸣角,皆相仍如此。""相仍",相承袭。《新唐书·傅弈传》:"时国制草具,多仍隋旧,弈谓承乱世之后,当有变更。""多仍隋旧"多为承袭隋朝旧制。

【辨】

①"因"的本义,《说文》释为"就也。"清徐灏认为,"就"犹依凭。清徐灏《说文解字注笺》:"因,犹依也。"清朱骏声认为"因袭",是其引申。《说文通训定声》:"[转注]又《诗·常武》传:'仍,因也。'《东京赋》:'因秦宫室。'注:'仍也。'""袭"的本义是衣襟在左边的衣服(多为死人所穿)。《说文》:"袭,左衽袍。"段玉裁注:"小敛、大敛之前,衣死者谓之袭。"但清徐灏则认为,因袭义是"衣一称"之引申。因"袍无左衽之制……'袭'之本义为衣一称,因之加于外者谓之袭衣,故又为相因、为重袭之义,又为掩袭之称"。(《说文解字注笺》)"仍",《说文》释为"因也"。清桂馥认为与"因"同义,是方言词。《说文义证》:"因也者,《释诂》文。《类篇》:'仍,《说文》:因也。关中语。'"并详列书证。

②"因"还有凭借、原因、亲近、介词依据、副词因而等义。"袭"还有衣襟在左边的衣服(多为死人所穿衣服)、加穿衣服或穿衣、重叠、侵袭、触及、量词(多指服装类)、姓氏等义。"仍"还有重复、仍然、仍孙(第八代孙)、姓氏等义。

gēng　gǎi　gé　biàn　yì

更　改　革　变　易

【同】 改变或更改事物。

〔更〕《说文》:"更,改也。"《论语·子张》:"君子之过也……更也,人皆仰之。"何晏集解:"更,改也。"《墨子·辞过》:"凡回于天地之间,包于四海之内,天壤之情,阴阳之和,莫不有也。虽至圣不能更也。"《吕氏春秋·似顺》:"其次不循理,必数更。"高诱注:"更,革也。"《汉书·五行志下之下》:"诸侯更制兹谓叛。"颜师古注:"更,改也。"

〔改〕《说文》:"改,更也。"《正字通·支部》:"改,革也。"《庄子·德充符》:"子产蹵然改容更貌曰:'子无乃称!'"《韩非子·五蠹》:"今有不才之子,父母怒之弗为改,邻人谯之弗为动,师长教之弗为变。"《楚辞·离骚》:"不抚壮而弃秽兮,何不改乎此度?"王逸注:"改,更也。"汉桓宽《盐铁论·遵道》:"而必随古不革,袭故不改,是文质不变,而椎车尚在也。"

〔革〕《玉篇·革部》:"革,改也。"《左传·襄公十四年》:"善则赏之,过则匡之,患则救之,失则革之。"杜预注:"革,更也。"《国语·周语下》:"厉始革典,十四王矣。"韦昭注:"革,更也;典,法也。厉王无道,变更周法,至今灵王,十四王矣。"《吕氏春秋·执一》:"天地阴阳不革,而成万物不同。"高诱注:"革,改也。"汉桓宽《盐铁论·诏圣》:"故衣弊而革才(通"裁"),法弊而更制。"

〔变〕《说文》:"变,更也。"《小尔雅·广诂》:"变,易也。"《商君书·更法》:"臣闻之,圣人不易民而教,知(智)者不变法而治。"《战国策·齐策三》:"非亟得下东国者,则楚之计变;变则是君抱空质而负名于天下也。"高诱注:"变,改也。"《淮南子·氾论训》:"今世之法籍与时变,礼义与俗易。"《史记·货殖列传》:"范蠡既雪会稽之耻……乃乘扁舟,浮于江湖,变名易姓,适齐为鸱夷子皮,之陶为朱公。"

〔易〕《广韵·昔韵》:"易,变易也,改也。"《易经·系辞下》:"上古穴居而野处,后世圣人易之以宫室。"《国语·晋语八》:"夫子员导宾主之言无私,子常易之。"韦昭注:"易,变也。"《韩非子·亡征》:"好以智矫法,时以行杂公,法禁变易,号令数下者,可亡也。"《史记·商君列传》:"利不百,不变法;功不十,不易器。"

【辨】

①词的本义不尽相同。"更",含有改变以后保持连续性的意思。《说文》:"更,改也。"段玉裁注:"更训改,亦训继。不改为继,改之亦为继。"清徐灏《说文解字注笺》:"《周官·巾车》:'岁时更续。'《晋语》:'姓利相更。'注:'更,续也。'因假庚为更,亦假赓为更,而庚、赓亦训续也。"

"改"的初义含有自己改变义。大徐本《说文》:"改,更也。"下引李阳冰曰:"己有过,攴之即改。"清桂馥《说文义证》:"古人有以己为改变之义者。《仪礼·少牢馈食礼》:'日用丁己。'丁己者,取其令名,自丁宁,自改变,皆为谨敬。"郑玄注《仪礼》时,屡注"改"为"自变动"。如《仪礼·士相见礼》:"与大人言,始视面,中视抱,卒视面,毋改。"郑玄注:"毋改,谓传言见答应之间,当正容体以待之,毋自变动,为嫌解惰不虚心也。"又:"凡侍坐于君子……改居则请退可也。"郑玄注:"改居,自变动也。"古汉语中,表示改正自己的错误,一般都用"改"字。

"革"的本义是去毛后的兽皮。《说文》:"革,兽皮治去其毛曰革。革,更也。"因此,含有革去故旧义。段玉裁注:"二字双声。治去其毛,是更改之义,故引申为凡更新之用。"《易经·杂卦》:"革,去故也;鼎,取新也。"

按:"更""改""革"三字,不仅同义,而且同源。

"变"所表示的改变,含有形体或性质的改变。《礼记·月令》:"田鼠化为鴽。"孔颖达疏:"先有旧形,渐渐改者谓之变;虽有旧形,忽改者谓之化。"《庄子·至乐》:"气变而有形,形变而有生,今又变而之死,是相与为春秋冬夏四时行也。"汉赵晔《吴越春秋·勾践阴谋外传》:"袁公则飞上树,变为白猿。"

"易"的本义是互相交换(清朱骏声《说文通训定声》认为是假借为"傷")。唐孔颖达《周易正义·卷首》:"易者,易代之名。凡有无相代,彼此相易,皆是易义。"《左传·成公二年》:"逢丑父与公易位。"《公羊传·桓公十一年》:"从其言,则君可以生易死,国可以存易亡。"

②词义的内涵不同。"更"还有更换、更迭、赓续、经历等义。"改"还有改正、修改等义。"革"还有皮肤、除去、革制的甲、胄等义。"变"还有变通、变异、灾变或事变等义。"易"还有替代、疆场(古作"埸")、书名(即今《易经》)等义。

渝 悛
yú quān

【同】 人或物自身的改变。

〔渝〕《尔雅·释言》:"渝,变也。"郭璞注:"谓变易。"《玉篇·水部》:"渝,变也,污也。"《易经·豫卦》:"有渝无咎。"王弼注:"故必渝变,然后无咎。"

孔颖达疏："有渝无咎者,渝,变也。若能自思改变,不为冥豫(昏冥不悟,沉湎于享乐),乃得无咎也。"《诗经·郑风·羔裘》:"彼其之子,舍命不渝。"毛传:"渝,变也。"《墨子·非命中》:"此世不渝而民不改。"《孔丛子·执节》:"答曰:'行不苟合,虽贱不渝,君子人也。'"

〔悛〕《方言》卷六:"悛,改也。自山而东或曰悛。"《广雅·释诂三》:"悛,更也。"《玉篇·心部》:"悛,改也。"《尚书·泰誓上》:"惟受(商王纣)罔有悛心。"孔安国传:"悛,改也。言纣纵恶无改心。"《左传·襄公七年》:"孙子无辞,亦无悛容。"杜预注:"悛,改也。"《国语·鲁语下》:"夙之事君也,不敢不悛。"韦昭注:"悛,改也。"

【辨】

①词的本义不同。"渝"的本义是水由净变污。《说文》:"渝,变污也。"段玉裁注:"许谓澛(净)而变污。"引申为事物由好变坏。《战国策·楚策一》:"以色交者,华落而爱渝。"汉扬雄《法言·君子》:"或问:'圣人之言炳若丹青,有诸?'曰:'呼!是何言欤?丹青初则炳,久则渝,渝乎哉!'"南朝梁刘勰《文心雕龙·情采》:"吴锦好渝,舜英徒艳。"如受否定词修饰,则表示不会由好变坏(保持原来的状态)。《晋书·谢安传》:"安虽受朝寄(朝廷的任命),然东山之志始末不渝,每形于颜色。"唐柳宗元《为裴中丞上裴相乞讨黄贼状》:"陈力之志,誓死不渝。"

"悛"的本义是停止。《说文》:"悛,止也。""止",指停止过错,也即改正过错(开始由坏变好)。《国语·楚语下》:"(阖庐)有过必悛,有不善必惧。"如受否定词修饰,则表示不愿由坏变好。《左传·襄公七年》:"穆叔曰:'孙子必亡。为臣而君,过而不悛,亡之本也。'"又《隐公六年》:"君子曰:'善不可失,恶不可长,其陈桓公之谓乎?长恶不悛,从自及也。'"《宋史·王化基传》:"若授以远方牧民之官,其或怙恶不悛,恃远肆毒,小民惧殃,卒莫上诉。"

②词义的内涵不同。"渝"还有泛滥义。"悛"还有次序义。

贤 愈(瘉逾踰) 甚 多 胜 强
xián yù shèn duō shèng qiáng

【同】胜过,超出,两者相比较,在优势或程度上前者要胜过或超出后者。

〔贤〕《正字通·贝部》:"贤,胜也。"《仪礼·乡射礼》:"若右胜,则曰右贤于左;若左胜,则曰左贤于右。"郑玄注:"贤犹胜也。"《战国策·赵策四》:"老臣窃以为媪之爱燕后,贤于长安君。"《淮南子·说山训》:"圣人无止,无以岁贤昔、日愈昨也。"高诱注:"贤、愈,犹胜也。言今岁胜于昔岁,今日胜于昨日。"宋洪迈《容斋四笔·山公启事》:"旧《谭帖》为识者称许,以为贤于他本。"清姚鼐《辨〈周逸书〉》:"云孔子所论百篇之余者,刘向说也,班氏不取,识贤于向也。"

〔愈〕(瘉 逾 踰)《广雅·释言》:"愈,贤也。"《玉篇·心部》:"愈,胜也。"《论语·公冶长》:"子谓子贡曰:'女与回也孰愈?'"何晏集解引孔氏曰:"愈犹胜也。"汉刘歆《移书让太常博士》:"夫礼失求之于野,古文不犹愈于野乎?"北齐颜之推《颜氏家训·音辞》:"然冠冕君子,南方为优;闾里小人,北方为愈。"《新唐书·姚崇传》:"且讨蝗纵不能尽,不愈于养以遗患乎?"

《说文》无"愈"字。"瘉""愈"古今字,"愈"也写作"瘉"。《国语·晋语九》:"东方之士孰为瘉?"韦昭注:"瘉,贤也。"《汉书·汲黯传》:"使黯任职居官,亡以瘉人。然至其辅少主守成,虽自谓贲、育弗能夺也。"颜师古注:"瘉,胜也。读与愈同。"

"愈"也写作"逾""踰"。《墨子·法仪》:"巧者能中之,不巧者虽不能中,放依以从事,犹逾已。"孙诒让间诂引毕沅云:"《(群书)治要》并作'愈'。"《淮南子·道应训》:"子发攻蔡,踰也。"高诱注:"踰,越。胜之也。"《史记·汲郑列传》:"使黯任职居官,无以踰人。"司马贞索隐:"踰,《汉书》作'瘉',犹胜也。"

〔甚〕《国语·周语上》:"防民之口,甚于防川。"《论语·卫灵公》:"民之于仁也,甚于水火。"皇侃疏:"甚犹胜也。"《韩非子·内储说下》:"夫人郑袖知王爱悦之也,亦爱悦之,甚于王。"《史记·游侠列传》:"专趋人之急,甚己之私。"汉王充《论衡·遭虎篇》:"孔子曰:'弟子识诸!苛征暴吏甚于虎也。'"宋辛弃疾《菩萨蛮·送郑守厚卿赴阙》词:"一日甚三秋,愁来不自由。"

〔多〕《正字通·夕部》:"多,胜也。"《说文》"多"下段玉裁注:"多者胜少者,故引申为胜之称。"《礼记·檀弓上》:"曾子闻之,曰:'多矣乎予出祖者。'"孔颖达疏:"多犹胜也。曾子自知其说之非……故言子游所说出祖之事,胜于我所说出祖也。"《公羊传·宣公十五年》:"什一者,天下之中正也。多乎什一,大桀小桀。""桀",夏桀,历史上的暴君。《三国志·魏书·钟会传》裴松之注:"其论道傅会文辞,不如何晏;自然有所拔得,多晏也。"明汤显祖《紫箫记·巧探》:"想他才似相如,貌多王粲。"

〔胜〕《论语·雍也》:"质胜文则野,文胜质则史。"旧题汉郭宪《洞冥记》卷四:"帝所幸宫人名丽娟,年十四,玉肤柔软,吹气胜兰。"晋陶潜《和刘柴桑》诗:"弱女虽非男,慰情良胜无。"唐杜甫《北征》诗:"平生所娇儿,颜色白胜雪。"明凌濛初《二刻拍案惊奇》卷二五:"从来说救人一命,胜造七级浮图。"

〔强〕《史记·平原君列传》:"毛先生以三寸之舌,强于百万之师。"元不忽木《点绛唇·辞朝》套曲:"会三岛十洲客,强如冕公卿万户侯。"清吴敬梓《儒林外史》第四六回:"小弟在青枫城六年,得饮白水,已为厚幸,只觉强于马溺多矣。"

【辨】

①词的本义不同。"贤"的本义是多才。《说文》:"贤,多才也。"(段玉裁注本改"才"为"财")段玉裁注:"引申之,凡多皆曰贤。"清徐灏《说文解字注笺》:"引申之,凡得数多者皆曰贤,或谓贤为多。""愈"的古字为"瘉"。《说文》:"瘉,病瘳也。"段玉裁注:"凡训胜训贤之愈,皆引申于瘉。愈,即瘉字也。""甚"的本义,《说文》解释为"尤安乐也"。段玉裁注:"引申凡殊尤者皆曰甚。"清徐灏《说文解字注笺》:"引申之,过于逸乐曰甚;又,凡事之过皆曰甚。""多"的本义是叠加增多。《说文》:"多,重也;从重夕,夕者,相绎也,故为多;重夕为多,重日为叠。"段玉裁注:"多者胜少者,故引申为胜之称。""胜"的本义是能胜任。《说文》:"胜,任也。"段玉裁注:"凡能举之,能克之,皆曰胜。本无二义二音,而俗强分平、去。"按:胜任的"胜"和胜利的"胜",原为一个读音,后有平声、去声之分,现又统一读为 shèng。用于胜过义的"强",本字应为"彊"。"彊"的本义是"弓有力"(《说文》),即须用大力张开的弓。后"强"字喧宾夺主,取代了本字"彊"。

②词义的内涵不同。"贤"还有多才、贤能、优良、多、对人的敬称等义。"愈"还有病愈义,还可用作副词,表示程度加深。"甚"还有表示程度深义。"多"还有数量多、重视、称誉、大等义。"胜"还有胜利、制服、凌

驾、美好的、相当等义。"强"还有强壮、强盛、坚强、有余等义。

逾 踰(隃) 越 超
yú yú yuè chāo

【同】逾越，越过某个障碍或界限。

〔逾〕《说文》："逾，迡（越）进也。"段玉裁注："迡进，有所超越而进。"清桂馥《说文义证》："迡进也者，《书·禹贡》：'逾于洛。'传云：'逾，越也。'《周书》曰'无敢昏逾'者(《顾命》文)，传云：'无敢昏乱逾越。'"清王筠《说文句读》："迡，小徐作越。越，度也；迡，踰也；踰，越也。越、迡一字，则逾、踰一字。"《左传·僖公五年》："重耳曰：'君父之命不校（违抗）。'乃徇曰：'校者，吾雠也。'逾垣而走。"汉桓宽《盐铁论·繇役》："古者无过年之繇，无逾时之役。"汉班固《白虎通·爵》："不旷年无君，故逾年乃即位。"唐韩愈《刘生诗》："越女一笑三年留，南逾横岭入炎州。"

〔踰〕(隃)《说文》："踰，越也。"段玉裁注："越，度也。踰与逾，音义略同。"《诗经·郑风·将仲子》："将仲子兮，无踰我里。"毛传："踰，越也。"《论语·为政》："七十而从心所欲，不踰矩。"邢昺疏："言虽从心所欲而不踰越法度也。"《孟子·滕文公下》："不待父母之命，媒妁之言，钻穴隙相窥，踰墙相从，则父母国人皆贱之。"汉董仲舒《春秋繁露·精华》："是故大小不踰等，贵贱如其伦，义之正也。"

"踰"也写作"隃"。《汉书·贾谊传》："帝入北学，上贵而爵尊，则贵贱有等而下不隃矣。"颜师古注："隃与踰同，谓越制。"《昭明文选·司马相如〈上林赋〉》："隃绝梁，腾殊榛。"李善注："隃字，与踰同。"宋王明清《挥尘前录》卷二："寿隃八秩，妇人中罕有。"

〔越〕《说文》："越，度也。"宋戴侗《六书故·人九》："越，踰越险阻也。"《左传·庄公二十七年》："卿非君命不越竟（境）。"《墨子·兼爱中》："虽然，不可行之物也，譬若挈太山越河济也。"《楚辞·天问》："阻穷西征，岩何越焉？"《史记·司马相如列传》："夫修德以锡符，奉符以行事，不为进越。"司马贞索隐："文颖曰：'越，踰也。不为苟进踰礼也。'"

〔超〕宋戴侗《六书故·人九》："超，跳越高阻也。"《墨子·兼爱下》："子墨子曰：'夫挈泰山而超江河，自古之及今，生民而来，未尝有也。'"《孟子·梁惠王上》："挟太山以超北海。语人曰：'我不能。'是诚不能也。"三国魏曹植《孟冬篇》:"庆忌、孟贲,蹈谷超峦。"

【辨】　①词的本义微有区别。"逾"的本义是逾越而进之。"踰"的本义就是逾越。"越"的本义是度过。清李富孙《说文辨字正俗》:"按,(逾、踰)二字义微别。逾者,迈(越)而进之。《玉篇》:'逾,越也,远也,进也。'踰,但训为越。"又:"按,越训度,与过字义同。踰越字,当作迈。"

②词义的内涵不同。"逾"还有经过、胜过、愈益等义。"踰"还有度或渡过、超过等义。"越"还有经过、超越、超过、激越(指声音)等义。"超"还有跳跃、超出、超脱等义。

遨(敖)^{áo}　游(遊)^{yóu}

【同】　出游,游览,外出观赏自然或人文景观。

〔遨〕(敖)　"遨"是"敖"的今字,古作"敖"。《说文》"敖"字两收,一在"放"部:"敖,出游也。"一在"出"部:"敖,游也。"遨游的"遨",先秦两汉一般写作"敖"。《诗经·邶风·柏舟》:"微我无酒,以敖以游。"《庄子·列御寇》:"饱食而敖游。汎若不系之舟,虚而敖游者也。"《战国策·韩策三》:"中国白头游敖之士,皆积智欲离秦、韩之交。"《汉书·循吏列传·召信臣》:"府县吏家子弟好游敖,不以田作为事。"

"遨"字约在汉末魏初始开始通行。《玉篇·辵部》:"遨,遨遊也。"三国吴陆机《拟古诗青青陵上柏》诗:"遨游放情愿,慷慨为谁叹!"《后汉书·刘盆子传》:"(刘盆子)乘轩车大马⋯⋯而犹从牧儿遨。"

〔游〕(遊)　"游 liú"的本义是旌旗下面的流苏或飘带。《说文》:"游,旌旗之流也。"段玉裁注:"又引申为出游、嬉游,俗作遊⋯⋯俗作遊者,合二篆为一字。""游 yóu",用作出游义时,同"遊"。《诗经·大雅·卷阿》:"岂弟君子,来游来歌,以矢其音。"《荀子·宥坐》:"百仞之山,而竖子冯而游焉。"《史记·太史公自序》:"二十而南游江、淮。"

《说文》不收"遊"字,但出游的"游",古籍中也写作"遊"。《玉篇·辵部》:"遊,遨遊也。"《诗经·邶风·泉水》:"驾言出遊,以写我忧。"《论语·里仁》:"父母在,不远遊,遊必有方。"《庄子·马蹄》:"夫赫胥氏之时,民居不知所为,行不知所之,含哺而熙,鼓腹而遊。"唐杜甫《滕王亭子二首》

诗之二："人到于今歌出牧，来遊此地不知還。"

【辨】

①词的本义不同。"遨"的本义就是遨游。"游""遊"本为一字，后有所分工。"游"可表示游泳、河流等义。"遊"表示遨遊、遊乐等义。现又简化统一写作"游"。

②词义的内涵不同。"遨"的义域较窄，只用于遨游义。"游"除表示游泳、河流义外，还有游乐、游学、游民、交游、游说等义。

游（遊） 泅（汓） 泳 浮
yóu　　　　qiú　　　yǒng　fú

【同】 人或动物在水中浮行。

〔游〕（遊）《玉篇•水部》："游，浮也。"《尚书•君奭》："今在予小子旦，若游大川……"孔颖达疏："《诗》云：'泳之游之。'《左传》称：'阎敖游涌而逸'（见《庄公十八年》），则游者，入水浮渡之名。"《管子•轻重甲》："令曰：'能游者赐千金。'未能用金千，齐民之游水，不避吴、越。"《庄子•达生》："孔子观于吕梁，县水三十仞，流沫四十里，鼋鼍鱼鳖所不能游也，见一丈夫游之。"《吕氏春秋•察今》："有过于江上者，见人方引婴儿而欲投之江中。婴儿啼，人问其故，曰：'此其父善游。'"

游泳的"游"，也写作"遊"。《韩非子•难势》："夫待越人之善海遊者以救中国之溺人，越人善遊矣，而溺者不济矣。"《隋书•炀帝纪下》："见二大鸟，高丈余，皓身朱足，遊泳自若。"唐张说《再使蜀道》诗："鱼遊恋深水，鸟迁恋乔木。"明冯梦龙《女丈夫•红拂投主》："这西京不日有变，奴家只身在此，如鱼遊釜中。"

〔泅〕（汓）"泅"，《说文》作为"汓"的重文收入。《说文》："汓，浮行水上也。从水子……泅，汓或从囚声。"《列子•说符篇》："人有滨河而居者，习于水，勇于泅，操舟鬻渡，利供百口。"汉荀悦《申鉴•政体》："济大川者，太上乘舟，其次泅。泅者劳而危，乘舟者逸而安。"《南齐书•张敬儿传》："乘舴艋过江，中江遇风船覆，左右丁壮各泅走。"宋陆游《思归引》诗："善泅不如稳乘舟，善骑不如谨持辔。"

〔泳〕《尔雅•释言》："泳，游也。"《说文》："泳，潜行水中也。"清王筠《说文释例》："（汓、泳）盖对文别，散文则通也。此二者概谓之溯。河之广而溯之,必且或潜或浮也。吾乡俗语祇云溯矣。"《诗经•周南•河广》:"汉之广兮,不可泳思。"《史记•司马相如列传》:"迩陕游原,迥阔泳沫。"裴骃集解:"《汉书音义》:'迩,近;原,本也;迥,远;阔,广也;泳,浮也。'"《列子•黄帝篇》:"因复指河曲之淫隈曰:'彼中有宝珠,泳可得也。'商丘开复从而泳之,既出,果得珠焉。"

〔浮〕《广雅•释言》:"浮,游也。"《玉篇•水部》:"浮,水上曰浮。"《淮南子•诠言训》:"龟三千岁,浮游不过三日。"北魏郦道元《水经注•丹水》:"水出丹鱼,先夏至十日,夜伺之,鱼浮水侧,赤光上照如火。"宋苏轼《日喻》:"南方多没人,日与水居也。七岁而能涉,十岁而能浮,十五而能没矣。"宋陆游《牧牛儿》诗:"溪深不须忧,吴牛自能浮。"

【辨】

①词的本义不同。"游"字本读 liú,字也作"旒",本义是旌旗下部的悬饰物。因能随风飘动,可引申为游泳等义(参见段玉裁注)。"泅"的本义是浮行水上。"泳"的本义是潜行水中。"浮"的本义是漂浮。《说文》:"浮,汎也。"段玉裁注:"各本'汎'作'氾',今正。木华《海赋》:'浮天无岸。'李善引《说文》:'浮,汎也。'按,上文云:'汎,浮也。'是'汎''浮'二字互训,与'氾''滥'二字互训义别。"

②词义的内涵不同。"游"还有流动、河流等义。"泅""泳"一般只用于游泳义。"浮"还有漂浮(含飘浮在气体上)、泛舟、轻浮、游荡、不实际等义。

涉 冯 厉（濿 砅）
shè　píng　lì

【同】不用渡水的工具,徒步涉水过河。

〔涉〕《说文》:"涉,徒行厉水也。"《广韵•叶韵》:"涉,徒行渡水也。"《尚书•泰誓下》:"今商王受……自绝于天,结怨于民,斮朝涉之胫,剖贤人之心。"孔安国传:"冬月见朝涉水者,谓其胫耐寒,斩而视之。"《左传•僖公三十三年》:"子上欲涉。大孙伯曰:'不可。晋人无信,半涉而薄我,悔败何及？不如纾之。'乃退舍。"《韩非子•外储说左上》:"襄公曰:'寡人闻君子曰:不重伤,不擒二毛……请使楚人毕涉成阵而后鼓士进之。'"宋陆游《秋郊有怀》诗:"秋山瘦益奇,秋水浅可涉。"

〔冯〕《尔雅•释训》:"冯河,徒涉也。"《易经•泰卦》:"包荒,用冯河。"孔颖达疏:"能包含荒秽之物,故云包荒也;用冯河者,无舟渡水,冯陵于河,是顽愚之人。"《诗经·小雅·小旻》:"不敢暴虎,不敢冯河。"毛传:"徒涉曰冯河,徒搏曰暴虎。"孔颖达疏引李巡曰:"无舟而渡水曰徒涉。"

〔厉〕(濿 砅)《说文》本字作"砅","濿"则是"砅"的重文。《说文》:"砅,履石渡水也。从水从石。《诗》曰:'深则砅。'濿,砅或从厲。"《广韵·祭韵》:"濿,以衣渡水由膝以上为濿。"清戴震《答江慎修先生论小学书》:"《说文》砅,字又作濿,省用厲(厉)。"《诗经·邶风·匏有苦叶》:"匏有苦叶,济有深涉,深则厉,浅则揭。"毛传:"以衣涉水为厉,谓由带以上也。"战国楚宋玉《大言赋》:"血冲天车,不可以厉。"汉蔡邕《述行赋》:"乘舫舟而泝湍流兮,浮清波以横厉。"三国魏嵇康《赠秀才入军》诗:"南凌长阜,北厉清渠。"宋苏轼《和桃花源诗》:"高山不难越,浅水何足厉!"

【辨】

①词的本义不尽相同。"涉""溯"的本义都是徒步过河。"冯"的本字作"淜"。《说文》:"淜,无舟渡河也。"段玉裁注:"《小雅》传曰:'徒涉曰冯河。'(见《小旻》)《尔雅·释训》《论语》(见《述而》)孔注同。淜,正字;冯,假借字。"《玉篇·水部》:"淜,备秭切,徒涉曰淜。今冯字。""厉(濿)"的本义是踩着未被水没的石头(一般都是人工铺垫的)过河。但常用于徒涉深水。《广韵·祭韵》:"以衣渡水,由膝已上为濿,亦作厲(厉)。"

②词义的内涵不同。"涉"还有经历、牵涉、涉猎等义。"冯"用于徒步过河时,一般只与"河"连用。"厉"的意义较广,但均与涉水义无涉。

驱(敺) 驰 骋
qū　　chí　　chěng

【同】乘车或骑马快速奔跑。

〔驱〕(敺)《说文》:"驱,马驰也。"《广雅·释室》:"驱,奔也。"《玉篇·马部》:"驱,奔驰也。"《左传·昭公二十年》:"公闻乱,乘驱自阅门入。"杜预注:"乘驱者,乘车而疾驱也。"《韩非子·外储说右上》:"天雨,廷中有潦,太子遂驱车至于茆门。"《战国策·齐策四》:"(冯谖)长驱到齐,晨而求见。"《史记·袁盎晁错列传》:"袁盎驱自追之,遂以侍者赐之,复为从使。"唐杜甫《前出塞九首》诗之七:"驱马天雨雪,军行入高山。"

"敺"是"驱"的重文。《说文》:"驱,马驰也。从马区声。敺,古文驱,从攴。"段玉裁注："攴者，小击也，今之扑字。鞭、箠、策，所以施于马而驱之也，故古文从攴。"《墨子·非命下》："外之敺骋田猎毕弋，内湛于酒乐，而不顾其国家百姓之政。"《汉书·郊祀志上》："前上甘泉，先敺失道。"颜师古注："敺与驱同。"但在实际使用中，"驱"和"敺"有所分工。清徐灏《说文解字注笺》："驱为驱骋车马之名，敺则为凡敺逐之偁。"用于驰驱义时，一般用"驱"，用于驱赶义时，才"驱""敺"通用。

〔驰〕《说文》："驰，大驱也。"《广雅·释室》："驰，奔也。"《玉篇·马部》："驰，奔走也。"《广韵·支韵》："驰，疾驱也。"《诗经·大雅·卷阿》："君子之马，既闲且驰。"孔颖达疏："驰者，是马走之名。"《左传·宣公十二年》："孙叔曰：'进之！宁我薄人，无人薄我……'遂疾进师，车驰卒奔，乘晋军。"《礼记·曲礼上》："入国不驰，入里必式。"郑玄注："爱人也。"孔颖达疏："入国不驰者，国中人多，若驰车，则害人，故不驰。"《史记·留侯世家》："项羽至鸿门下，欲击沛公，项伯乃夜驰入沛公军，私见张良，欲与俱去。"汉桓宽《盐铁论·刑德》："执辔非其人，则马奔驰。"

〔骋〕《说文》："骋，直驰也。"《广雅·释室》："骋，奔也。"《玉篇·马部》："骋，直驱也。"《左传·定公八年》："林楚（人名）怒马，及衢而骋。"杜预注："骋，驰也。"《楚辞·招魂》："步及骤处兮，诱骋先。"王逸注："骋，驰也。"《史记·袁盎晁错列传》："今陛下骋六骓，驰下峻山，如有马惊车败，陛下纵自轻，奈高庙、太后何？"裴骃集解："如淳曰：'六马之疾若飞。'"

【辨】

①词的本义有所不同。"驱"的本义是用鞭子策马奔驰。"驱"的重文作"敺"，从攴区声。"攴者，小击也……鞭、箠、策，所以施于马而击之也。"（《说文》"驱"下段玉裁注）又《说文》："鞭，驱也。"也表明"驱"是用鞭策马而驰。《诗经·唐风·山有枢》："子有车马，弗驰弗驱。"孔颖达疏："走马谓之驰，策马谓之驱。"

"驰"的本义是驱马急速奔驰。《说文》："驰，大驱也。"段玉裁注："驰亦驱也，较大而疾也。"《诗经·唐风·山有枢》孔颖达疏："走马谓之驰。""走马"，即跑马。

"骋"的本义是纵马疾驰。《说文》释"骋"为"直驰"，即在广阔的无障碍的路上奔驰。清王筠《说文句读》："《左定八年传》：'林楚怒马，及衢而骋。'衢为大路，可以直驰。"《诗经·小雅·节南山》："我瞻四方，蹙蹙靡所骋。"毛传:"骋,极也。"

②词义的内涵不同。"驱"还有驱逐、追随、驱使等义。"驰"还有奔驰、追逐、驰名等义。"骋"还有放纵、施展等义。

踬(疐) 跲 蹪(隤) 蹶(蹷)
zhì　　jiá　　tuí　　jué

【同】 行遇障碍而跌倒。

〔踬〕(疐)《说文》:"踬,跲也。从足质声。《诗》曰:'载踬其尾。'"《左传·宣公十五年》:"及辅氏之役,(魏)颗见老人结草以亢杜回,杜回踬而颠,故获之。"《韩非子·六反》:"故先圣有谚曰:'不踬于山,而踬于垤。'"《战国策·燕策三》:"与杀吾父,逐吾主母者,宁伴踬而覆之。"《旧唐书·蒋镇传》:"泾师之叛,镇潜窜,夜至鄠县西,马踬堕沟涧中,伤足不能进。"

"踬"也写作"疐"。《诗经·豳风·狼跋》:"狼跋其胡,载疐其尾。"明马中锡《中山狼传》:"前虞跋胡,后恐疐尾,三纳之而未克。"清薛福成《书科尔沁忠亲王大沽之败》:"英领队官伤股而疐,殒焉。"

〔跲〕《说文》:"跲,踬也。"《广韵·洽韵》:"跲,踬碍也。"《吕氏春秋·不广》:"鼠前而兔后,趋则跲,走则颠。"《诗经·豳风·狼跋》:"狼跋其胡,载疐其尾。"毛传:"老狼有胡,进则踬其胡退则跲其尾,进退有难。"

〔蹪〕(隤) "蹪"字,《说文》不收。《广雅·释言》:"蹪,疐也。"《集韵·灰韵》:"蹪,楚人谓踬仆为蹪。"《淮南子·修务训》:"今以为学者之有过而非学者,则是以一饱之故,绝谷不食;以一蹪之难,辍足不行;惑也。"高诱注:"蹪,踬也,楚人谓蹪也。"又《说山训》:"万人之蹪,愈于一人之隧。"高诱注:"楚人谓踬为蹪。愈,胜也;隧,陷也。"

"蹪"也写作"隤"。《淮南子·原道训》:"先者隤陷,则后者以谋。"高诱注:"楚人读踬为隤。"

〔蹶〕(蹷)《说文》:"蹶,僵也。"《广韵·月韵》:"蹶,失脚。"《篇海类编·身体类·足部》:"蹶,跌也。"《孟子·公孙丑上》:"今夫蹶者、趋者,是气也,而反动于心。"朱熹集注:"蹶,颠踬也。"《淮南子·精神训》:"形劳而不休则蹶,精用而不已则竭。"高诱注:"蹶,颠。"《元史·忠义传·周喜同》:"喜同突围将自拔,贼横刺其马,马蹶,喜同鞭马跃而起,手斩刺马者。"

"蹶"也写作"蹷"。《广韵·月韵》:"蹶,亦书作蹷。"清朱骏声《说文

518

通训定声》:"字亦作躄,下形上声。"《左传·昭公二十三年》:"武城人塞其前,断其后之木而弗殊,邾师过之,乃推而蹶之。"《吕氏春秋·慎小》:"人之情不蹶于山,而蹶于垤。"高诱注:"蹶,踬,颠顿也。"按:"躄",同样的语义,《韩非子·六反》作"踬"(引文见上),《淮南子·人间训》作"蹪"("人莫蹪于山,而蹪于蛭(垤)")。"躄""踬""蹪"三字同义而异文。

【辨】
①方言的区别。"踬""跲""蹶"为共同语,"蹪"为当时的楚方言。
②词义的内涵不同。"踬"还有阻碍、不顺利、文义晦涩等义。"跲"还有窒碍义。"蹪"只有跌倒义。"蹶"还有失败义。

僵 偃 偾 仆 毙(獘) 踣
jiāng yǎn fèn pū bì bó

【同】人或物倒在地上。

〔僵〕《说文》:"僵,偃也。"(段注本)《广韵·阳韵》:"僵,仆也。"《吕氏春秋·贵卒》:"管仲扞弓射公子小白,中钩。鲍叔御,公子小白僵。"高诱注:"僵,犹偃也。"《战国策·燕策一》:"妾知其药酒也,进之则杀主父,言之则逐主母,乃阳僵弃酒。"《汉书·五行志中之下》:"哀帝建平三年,零陵有树僵地。"颜师古注:"僵,偃也。"唐韩愈《此日足可惜赠张籍》诗:"日西入军门,羸马颠且僵。"

〔偃〕《说文》:"偃,僵也。"段玉裁注:"凡仰仆曰偃。"《尚书·金縢》:"天大雷电以风,禾尽偃。"孔颖达疏:"天大雷电,又随之以风,禾尽偃仆。"《论语·颜渊》:"草上之风必偃。"何晏集解:"孔曰:……偃,仆也。"《墨子·兼爱下》:"昔者越王句践好勇,教其士臣三年……鼓而进之,其士偃前列,伏水火而死者不可胜数也。"

〔偾〕《尔雅·释言》:"偾,僵也。"郭璞注:"偾,却偃。"邢昺疏:"偾谓之偃,皆仰偃也。"《说文》:"偾,僵也。"《左传·昭公十三年》:"牛虽瘠,偾于豚上,其畏不死?"杜预注:"偾,仆也。"《庄子·天运》:"一死一生,一偾一起,所常无穷。"《吕氏春秋·慎小》:"明日有偾南门之外表者,仕长大夫。"高诱注:"偾,僵也。"《汉书·晁错传》:"秦之戍卒不能其水土,戍者偾于边,输者偾于道。"颜师古注:"服虔曰:'偾,仆也。'"

〔仆〕《广雅·释诂四》:"仆,僵也。"《广韵·宥韵》:"仆,前倒。"《通雅·一疑始》:"偾、仆同声,其义一也。"《素问·经脉别论》:"度水跌仆。"王冰注:"仆,谓身倒也。"《战国策·秦策四》:"头颅僵仆,相望于境"。汉王充《论衡·雷虚篇》:"案雷之声迅疾之时,人仆死于地。"《汉书·五行志中之下》:"昭帝时,上林苑中大柳树断仆地。"

〔毙〕(斃) "毙(斃)"的正篆作"獘"。《说文》:"獘,顿仆也。从犬敝声。《春秋传》(见《僖公四年》)曰:'与犬犬獘。'斃,獘或从死。"《尔雅·释言》:"毙,踣也。"《玉篇·死部》:"毙,仆也,顿也。"古籍中一般都写作"毙(斃)"。《左传·哀公二年》:"郑人击简子中肩,毙于车中。"杜预注:"毙,踣也。"又《定公八年》:"颜高夺人弱弓,籍丘子鉏击之,与一人俱毙。"杨伯峻注:"谓颜高及其他一人俱被击而仆地。"《礼记·表记》:"忘身之老也,不知年数之不足也,俛焉日有孳孳,毙而后已。"郑玄注:"俛焉,勤劳之貌也;毙,仆也。"

〔踣〕《说文》:"踣,僵也。"段玉裁注:"踣与仆,音义皆同。孙炎曰:'前覆曰仆。'"《尔雅·释言》:"毙,踣也。"郭璞注:"前覆。"邢昺疏:"前却颠倒之名也。毙又谓之仆,皆前覆也。"《广韵·德韵》:"踣,毙也,倒也。又作仆。"《左传·襄公十四年》:"譬如捕鹿,晋人角之,诸戎掎之,与晋踣之。"杜预注:"踣,僵也。"孔颖达疏:"前覆谓之踣。言与晋共倒之。"《庄子·外物》:"申徒狄因以踣河。"陆德明释文:"《字林》云:僵也。"《资治通鉴·汉安帝延光元年》:"顿踣呼嗟,莫不叩心。"胡三省注:"踣,僵也,毙也。"

【辨】

①词的本义有所不同。"僵""偃""偾",仰面倒地;"踣""仆""毙",前覆倒地。清王筠《说文句读》卷十五补正:"偾、僵、偃,皆踣也,其面向天;仆亦踣也,其面向地。"但浑言则不别。

②词义的内涵不同。"僵"还有僵硬义。"偃"还有仰、偃息等义。"偾"还有倒毙、覆败等义。"仆"还有以头碰地义。"毙"还有死亡、击毙、失败等义。"踣"还有陈尸、败亡等义。

待 等 俟(竢) 须(胥 需)
dài děng sì xū

【同】等待,等候,即暂不行动,直到自己所期望的人、事或情况出现。

〔待〕《说文》:"待,竢也。"段玉裁注:"今人易其语曰等。"《左传·隐公元年》:"公曰:'多行不义必自毙,子姑待之。'"《韩非子·难势》:"且夫百日不食以待粱肉,饿者不活;今待尧、舜之贤乃治当世之民,是犹待粱肉而救饿之说也。"又《外储说左上》:"群臣左右谏曰:'夫原之食竭力尽矣,君姑待之。'"汉王充《论衡·知实篇》:"未有功而知其圣者,尧之知舜也;待其有功而后知其圣者,市人之知舜也。"

〔等〕 "等"是"待"的音转。"待"属定母之部,"等"属端母蒸部,声韵相近,为同一语源。《尔雅·释诂下》:"頲、竢,待也。"郝懿行疏:"今语谓待为等,等即待之声转也。""等"的等候义产生较晚,约在隋唐时期。唐路德延《小儿诗》:"等鹊潜篱畔,听蛩伏砌边。"宋范成大《州桥》诗:"州桥南北是天街,父老年年等驾回。"《景德传灯录》卷二十七:"师(布袋和尚)在街衢立,有僧问:'和尚在这里作什麽?'师曰:'等个人。'"

〔俟〕(竢) 本作"竢"。《说文》:"竢,待也。"段玉裁注:"彳部曰:'待,竢也。'是为转注,经传多段'俟'为之,'俟'行而竢废矣。"《尔雅·释诂下》:"竢,待也。"《汉书·司马迁传》:"藏之名山,副在京师,以竢后圣君子。"颜师古注:"竢,古俟字。"

但古籍中一般都写作"俟"。《国语·晋语三》:"尔俟我。"韦昭注:"俟,待也。待我图之。"《论语·先进》:"如其礼乐,以俟君子。"何晏集解:"若礼乐之化,当以待君子。谦也。"《礼记·玉藻》:"凡君召……在官不俟屦,在外不俟车。"

〔须〕(胥需) 本作"竢"。《说文》:"竢,待也。"段玉裁注:"今字多作'须'、作'需'……'頾'字仅见《汉书·翟方进传》。"《左传·成公二年》:"师败矣,子不少须,众惧尽。"杨伯峻注:"须,等待。"《战国策·魏策一》:"魏之亡可立而须也。"《史记·淮南衡山列传》:"休舍,穿井未通,须士卒尽得水,乃敢饮。"汉贾谊《新书·术事》:"故怀道者须世,抱璞者待工。"

"须"也写作"需"或"胥"。段注本《说文》:"需,頾也,遇雨不进止頾也。从雨而。"段玉裁注:"頾者,待也……《左传》曰:'需,事之贼也。'(见《哀公十四年》)又曰:'需,事之下也。'(见《哀公六年》)皆待之义也"《易经·需卦》:"需,有孚,光亨贞吉,利涉大川。"孔颖达疏:"需者,待也。"《后汉书·张衡传》:"虽老氏曲全,进道若退,然行亦以需。"《淮南子·说林训》:"华大早者,不胥时落。"高诱注:"不待秋时而零落也。"《史记·扁鹊仓公列传》:"胥与公往见之,当知公喜方也。"裴骃集解:"徐广曰:'胥,犹言须也。'"

【辨】①词的本义有所不同。"待"的本义与"止"相近,含有坐待义。《尔雅·释诂下》:"止,待也。"《广韵·止韵》:"止,待也。"习语"坐以待旦""坐以待毙",也反映"待"的坐待义。"等",同"待"。"俟(竢)""竢",南唐徐锴《说文解字系传》都解释为"立而待也"。《战国策·魏策一》:"可立而须也。"《史记·张仪列传》:"卞庄子以为然,立须之。"多指等的时间较短。

②词义的内涵不同。"待"还有对待、留待、打算、将要等义。"俟"一般用于等待义。"须"与等待义有联系的有止、迟缓等义。

chén liè luó
陈 列 罗

【同】把人或物排列在一起待着或摆着。

〔陈〕《广雅·释诂一》:"陈,列也。"《国语·齐语》:"九妃六嫔,陈妾数百。"《吕氏春秋·贵直》:"王必勉之,其无使齐之大吕陈之廷。"高诱注:"陈,列也。"《昭明文选·张衡〈西京赋〉》:"陈虎旅于飞廉,正垒壁乎上兰。"吕延济注:"陈,列也;虎旅,则虎贲之旅也,飞廉,馆名。"唐韩愈《招杨之罘》诗:"前陈百家书,食有肉与鱼。"明黄粹吾《续西厢升仙记·夏赏》:"果陈瓜李,肴设珍奇。"

〔列〕《小尔雅·广言》:"列,陈也。"《广雅·释诂二》:"列,陈也。"《墨子·非儒下》:"其亲死,则列尸弗(敛)。"《礼记·乐记》:"铺筵席,陈尊俎,列笾豆,以升降为礼者,礼之末节也。"唐杜甫《后出塞》诗之二:"平沙列万幕,部伍各见招。"金元好问《李参军友山亭记》:"九山环列,颍水中贯。"唐权德舆《答杨湖南书》:"初不敢以制集自命,但全其文而已。因其猥多,分列卷第,又靦然以序引奉烦者。"

〔罗〕《广雅·释诂一》:"罗,列也。"《楚辞·招魂》:"轩辌既低,步骑罗些。"王逸注:"罗,列也。"《昭明文选·扬雄〈长杨赋〉》:"罗千乘于林莽,列万骑于山隅。""罗""列"互文。晋陶渊明《归园田居》诗五之一:"榆柳荫后檐,桃李罗堂前。"唐杜甫《赠卫八处士》诗:"问答未及已,驱儿罗酒浆。"宋李昭玘《送徐州举人赴省试》诗:"昔时大禹致方物,神光玉色罗广庭。"

【辨】
①词的本义不同。陈列义的"陈",是"敶 zhèn"的借字。"陈"的本义是地名。《说文》:"陈,宛丘,舜后妫满之所封。""敶"的本义,据清人研究,是战阵,引申为陈列义。但古籍中"敶"字极为罕用。"列"的本义是分解。《说文》:"列,分解也。"段玉裁注:"列之本义为分解……引申为行列之义。""罗"的本义是捕鸟的工具。《说文》:"罗,以丝罟鸟也。"清朱骏声《说文通训定声》认为,罗列义是其引申义。

②词义的内涵不同。"陈"还有陈述、陈旧等义。"列"还有行列、位次等义。"罗"还有包罗、搜寻、遭遇(也写作"罹")、质地轻软的丝织品等义。

含 函 涵
hán hán hán

【同】包含,里面含着或含有。

〔含〕《洪武正韵·覃韵》"含,包也。"又:"含,容也。"《庄子·马蹄》:"含哺而熙,鼓腹而游,民能以此矣。""含哺",口含食物。战国宋玉《登徒子好色赋》:"眉如翠羽,肌如白雪,腰如束素,齿如含贝。""含贝",口含海贝,形容牙齿洁白。《列子·黄帝》:"有七尺之骸,手足之异,戴发含齿,倚而趣者,谓之人。"《淮南子·本经训》:"阴阳者,承天地之和,形万殊之体,含气化物,以成坏类。""含气",含藏天地之气。汉王充《论衡·效力篇》:"文儒怀先王之道,含百家之言。"

〔函〕《广韵·覃韵》:"函,容也。"《集韵·覃韵》:"函,容也。"《诗经·周颂·载芟》:"播厥百谷,实函斯活。"郑玄笺:"实,种子也;函,含也;活,生也。"孔颖达疏:"言种子内含生气。"《汉书·叙传上》:"函之如海,养之如春。"颜师古注:"函,容也。读与'含'同。"《昭明文选·颜延之〈赭白马赋〉》:"闻王之阜昌,知函夏之充牣。"李善注引扬雄《河东赋》曰:"函夏之大。"服虔曰:"函诸夏也。""函诸夏",即包含整个中国。

〔涵〕《诗经·小雅·巧言》:"乱之初生,僭始既涵。"毛传:"涵,容也。"陆德明释文:"涵,毛音含。"晋葛洪《抱朴子·道意》:"道者,涵乾括坤。""涵乾括坤",包含天地。唐元结《二风诗·治风诗五篇·至慈序》:"古有慈帝,能保静顺以涵万物。"唐张祜《千秋镜赋》:"虚以受物,则万象必涵。"

【辨】
①词的本义不同。"含"的本义口内衔有东西。《说文》:"含,嗛也。"又:"嗛,口有所衔也。"《释名·释饮食》:"含,合也,合口亭之也。"引申为包含。"函"的本义,《说文》认为是舌。《说文》:"函,舌也……肣,俗函从肉。"段玉裁注:"《大雅音义》引《说文》云:'函,舌也。'又云:'口裹肉也。'按,'口裹肉也'四字,当在此下,释从肉之意也。"引申为包容。清徐灏《说文解字注笺》:"'函'之引申为含容。《曲礼》:'席间函丈。'郑注:'函犹容也。'……张衡《南都赋》:'巨蚌函珠。'李善注:'函,与'含'同。'"清朱骏声《说文通训定声》:"[转注]《史记·礼书》:'函及士大夫。'索隐:'包容也。以函为之。'""涵"的本义是水所容受润泽多。引申为容受义。《说文》:"涵,水则泽多也。"段玉裁注:"所受润泽多也。"又:"按,涵训容者,就受泽多之义而引申之。"

②词义的内涵不同。"含"还有容忍义。"函"还有铠甲、盒子、封套、信封或信等义。"涵"还有浸润、宽恕、涵洞等义。

dào qiè tōu
盗 窃 偷

【同】暗地里拿取他人的东西并占为己有。

〔盗〕"盗",繁体字作"盜"。《说文》:"盜,私利物也。从次皿。次,欲也,欲皿为盗。"《左传·僖公二十四年》:"窃人之财犹谓之盗,况贪天之功以为己力乎?"《孟子·万章下》:"夫谓非其有而取之者,盗也。"《韩非子·说难》:"宋有富人,天雨墙坏。其子曰:'不筑,必将有盗。'……暮而果大亡其财。"《史记·魏公子列传》:"如姬果盗晋鄙兵符与公子。"

〔窃〕《说文》:"窃,盗自中出曰窃。"《左传·定公三年》:"唐人……窃马而献之子常。"《国语·鲁语上》:"夫莒太子杀其君而窃其宝来。"《论语·颜渊》:"季康子患盗,问于孔子。对曰:'苟子之不欲,虽赏之不窃。'"《墨子·非攻上》:"今有一人,入人园圃,窃其桃李,众闻则非之。"《史记·魏公子列传》:"嬴闻晋鄙之兵符常在王卧内,而如姬最幸,出入王卧内,力能窃之。"

〔偷〕《淮南子·道应训》:"楚有善为偷者,往见曰:'闻君求技道之士。臣,偷也,愿以技赍一卒。'……左右谏曰:'偷者,天下之盗也,何为之礼?'"汉王充《论衡·答佞篇》:"知力耕可以得谷,勉贸可以得货,然而必盗窃,情欲不能禁也……偷盗与田商同知,偷盗以欲自劫也。"汉荀悦《申鉴·政体》:"诈而取之谓之偷窃。偷窃则民备之。"南朝宋刘义庆《世说新语·言语》:"昼日父眠,小者床头盗酒饮之,大儿谓曰:'何以不拜?'答曰:'偷,那得行礼?'"

【辨】

①词的本义不同。"盗"的本义见财起意。其字"从次皿",即见到皿中的财富而起贪欲之心,盗取他人财物以利己。"窃"的本义是小偷小摸。南唐徐锴《说文解字系传》:"窃从穴,弥小,所谓鼠窃狗盗也。"清王筠《说文释例》:"窃者,不必米也("窃"的繁体字作"竊",在《说文》米部)。而云'盗自中出',则非由穿窬而入,不得入穴部。家人所窃,不过米盐凌杂物耳,故附米部。""偷"的本义是苟且偷安。"偷",本写作"偷"。《说文》:"偷,薄也。"段玉裁注:"浅人分别之,别制'偷'字,从人,训为偷薄,训为苟且,训为偷盗,绝非古字,许书所无。""偷",《说文》不收,其偷窃义约产生于西汉。

②词义的内涵不同。"盗"还有抢劫、诈骗、盗贼、低贱的人等义。"窃"还有剽窃、可用作谦词等义。"偷"还有小偷、偷偷地等义。

sàng　wáng　yí　shī
丧　亡　遗　失

【同】 失去,与"得到"相反。

〔丧〕 南唐徐锴《说文解字系传》:"丧,亡也。从哭亡声。臣锴按,《淮南子》(见《览冥训》)曰:'羿妻姮娥窃不死之药,阙然有丧。'凡失物则为丧。"《诗经·大雅·文王》:"殷之未丧师,克配上帝。"郑玄笺:"师,众也。"孔颖达疏:"殷自纣父以前未丧失众心之时,其德皆能配上天之命而行之者。"《国语·周语下》:"若积聚既丧,又鲜其继,生何以殖?"《左传·庄公八年》:"豕人立而啼。公惧,队于车,伤足丧屦。"《韩非子·喻老》:"王之兵自败于秦、晋,丧地数百里,此兵之弱也。"汉桓宽《盐铁论·本议》:"故天子不言多少,诸侯不言利害,大夫不言得丧。"

〔亡〕 《说文》:"亡,逃也。"段玉裁注:"引申之,则为失为亡。"《左传·僖公二十五年》:"公曰:'信,国之宝也,民之所庇也。得原失信,何以庇之?所亡滋多。'"《国语·周语下》:"今财亡民罢,莫不怨恨,臣不知其和也。"

《韩非子·说难》："其子曰：'不筑，必将有盗。'其邻人之父亦云。暮而果大亡其财。"《淮南子·原道训》："张天下以为之笼，因江海以为罟，有何亡鱼失鸟之有乎？"

〔遗〕《说文》："遗，亡也。"《广韵·脂韵》："遗，失也。"《庄子·天地》："黄帝游于赤水之北，登乎昆仑之丘而南望，还归，遗其玄珠。"《韩非子·难二》："齐桓公饮酒醉，遗其冠，耻之，三日不朝。"汉王充《论衡·书解篇》："由此言之，经缺而不完，书无佚本，经有遗篇。"北魏郦道元《水经注·河水五》："虽千古茫昧，理世玄远，遗文逸句，容或可寻，沿途隐显，方土可验。"

〔失〕《左传·成公三年》："人所以立，信、知、勇也。信不叛君，知不害民，勇不作乱。失兹三者，其谁与我？"《论语·泰伯》："子曰：'学如不及，犹恐失之。'"《韩非子·功名》："千钧得船则浮，锱铢失船则沉。"《史记·项羽本纪》："今将军为秦将三岁矣，所亡失以十万数，而诸侯并起滋益多。"

【同】

①词的本义不同。"丧"的本义是失去。《说文》："丧，亡也。"清人段玉裁认为："亡非死之谓……凶礼谓之丧者，郑《礼经》目录云：'不忍言死而言丧。'丧者，弃亡之辞，若全居于彼焉，己失之耳。是则死曰丧之义也……凡丧失字，本皆平声。俗读去声，以别子死丧平声，非古也。""亡"的本义是逃亡。《说文》："亡，逃也。"段玉裁注："今人但谓亡为死，非也。引申之，则谓失为亡，亦谓死为亡。孝子不忍死其亲，但疑亲之出亡耳，故丧篆，从哭、亡。""遗"的本义是"行有所亡失也"（清徐灏《说文解字注笺》引戴侗曰）。"失"的本义是丢失。《说文》："失，纵也。从手乙声。"段玉裁注："'纵者，缓也；一曰捨也。'(此为引《说文》对"纵"的解释)在手而逸去谓之失。"

②词义的内涵不同。"丧"还有灭亡、死亡、忘记等义。"亡"还有外出、死亡、灭亡等义。"遗"还有遗漏、遗弃、遗忘、遗留等义。"失"还有遗漏、错过、过失、迷失、损失等义。

求 索 寻 觅 找
qiú suǒ xún mì zhǎo

【同】寻找，寻找失去或想要的物或人。

〔求〕《玉篇·裘部》:"求,索也。"《诗经·邶风·击鼓》:"爰居爰处,爰丧其马。于以求之? 于林之下。"《孟子·梁惠王下》:"孟子谓齐宣王曰:'为巨室则必使工师求大木,工师得大木则喜。'"《韩非子·内储说上》:"周主亡玉簪,令吏求之,三日不能得也。"北魏郦道元《水经注·汾水》:"昔介子推逃晋文公之赏,而隐于绵山之上也。晋文公求之不得,乃封绵为介之推田。"

〔索〕《玉篇·索部》:"索,求索也。"《庄子·天地》:"皇帝游乎赤水之北……遗其玄珠,使知索之而不得,使离朱索之而不得。"郭庆藩集释:"索,求也。"《吕氏春秋·贵公》:"荆人有遗弓者,而不肯索,曰:'荆人遗之,荆人得之,又何索焉?'"陈奇猷校释:"蒋维乔等曰:'《类聚》二十二,《御览》四二九,索作求,下同。'……奇猷案:'求、索同义。'"《昭明文选·杨子云〈甘泉赋〉(并序)》:"感动天地,逆厘三神者,乃搜逑索偶皋伊之徒,冠伦魁能。"李善注引韦昭曰:"搜,择也。逑,匹也。索,求也。偶,对也。"晋干宝《搜神记》卷九:"(周)勤惊觉,闻失充,乃出寻索。"

〔寻〕 晋陶潜《桃花源记》:"太守即遣人随其往,寻向所志,遂迷不复得路。"北魏郦道元《水经注·伊水》:"寻郭文之故居,访胡昭之遗像,世去不停,莫识所在。"唐杜荀鹤《题庐岳刘处士草堂》诗:"仙境闲寻采药翁,草堂留话一宵同。"元王实甫《西厢记》第四本第二折:"知他今宵宿在那里?在梦也难寻觅。"

〔觅〕《玉篇·见部》:"觅,索也。"《广韵·锡韵》:"觅,求也。"《晋书·郭璞传》:"复云:'此树应有大鹊巢。'众索之不得。璞更令人寻觅,果于枝见得一大鹊巢。"唐孟浩然《寻滕逸人故居》诗:"今朝泉壑里,何处觅藏舟。"宋辛弃疾《永遇乐·京口北固亭怀古》:"千古江山,英雄无觅孙仲谋处。"元高明《琵琶记》第三十五出:"踏破铁鞋无觅处,得来全不费工夫。"

〔找〕 明沈榜《宛署杂记·民风二·方言》:"寻取曰找。"元李文蔚《同乐院燕青博鱼》第三折:"如今王大姐着人来寻找,相约晚间在他家说话。"《西游记》第二一回:"龙王遍海找夜叉,雷公到处寻闪电。"清吴敬梓《儒林外史》第三三回:"迟衡山路熟,找着房牙子一路看了几处河房,多不中意。"《红楼梦》第三一回:"这可丢了,往那里找去?"

【辨】

①词的本义不同。"求"字的本义是皮裘,《说文》收在衣部,作为

"裘"的古文收在"裘"下。但"求"的皮裘义,与寻求义无涉。清朱骏声认为,"求"与"裘"应是两个不同意义的字,"求"的寻求义为"以手索取物也"(见《说文通训定声》"求"字下)。"索"的本义是绳索,假借为求索的"索"。求索的"索",《说文》收在宀部,本写作"索"。《说文》:"索,入家搜也。"段玉裁注:"索,经传多假索为之。""寻"的本义,《说文》释为"绎理也",即寻求其端绪。清徐灏《说文解字注笺》:"此治丝之义,寻其端绪而治之,谓之寻也。"引申为长度单位,又引申为探求。清朱骏声《说文通训定声》:"[转注]寻所以度物,故揣度以求物谓之寻。""觅"字,《说文》无,最早见于《玉篇》。本义就是寻觅。书证最早见于《晋书》,约产生于魏晋时期。"找"是个晚起字,且是一个方言词,约产生于宋元时期。

②词义的内涵不同。"求"还有请求、要求、谋求、择取等义。"索"还有搜索、索取、请求、选取等义。"寻"还有长度单位、探究、追逐、攀缘、寻常等义。"觅"一般只用于寻觅义。"找"还有退有余,补不足义。

缮 补 修
shàn bǔ xiū

【同】 修理使完好。

〔缮〕《说文》:"缮,补也。"唐慧苑《华严经音义》卷一引《桂苑珠丛》:"凡治故造新皆谓之缮也。"《左传·襄公十三年》:"聚禾粟,缮城郭,恃此二者而不抚其民……能无亡乎?"《礼记·月令》:"是月也,命有司修法制,缮囹圄,具桎梏,禁止奸,慎罪邪,务搏执。"《汉书·息夫躬传》:"未闻将军恻然深以为意,简练戎士,缮修干戈。"颜师古注:"缮,补也。"汉王充《论衡·讥日篇》:"人杀伤不在择日,缮治室宅何故有忌?"

〔补〕《说文》:"补,完衣也。"《急就篇》:"鍼缕补缝绽紩缘。"颜师古注:"修破谓之补。"《礼记·内则》:"衣裳绽裂,纫箴请补缀。"《吕氏春秋·顺说》:"田赞衣补衣而见荆王。"高诱注:"补衣,弊衣也。"《史记·田敬仲完世家》:"淳于髡曰:'狐裘虽敝,不可补以黄狗之皮。'"汉桓宽《盐铁论·申韩》:"夫衣小缺襟裂可以补……衣缺不补则日以甚。"

〔修〕《管子·立政》:"如是,则城郭毁坏莫之筑补,甲弊兵雕莫之修缮。"《左传·宣公十二年》:"楚子退师,郑人修城;进复围之,三月,克之。"《史记·万石张叔列传》:"天子巡狩海内,修上古神祠,封禅,兴礼乐。"唐韩愈

《新修滕王阁记》:"此屋不修且坏。"

【辨】 ①词的本义不同。"缮"与"善"同源,取义于善,有经修缮使治旧如新义。"补"的本义《说文》解释为"完衣",有修破使完整义。"修"的本义是修饰。《说文》:"修,饰也。"用于修补义有修饰使新义。

②词义的内涵不同。"缮"还有缮写义。"补"还有弥补、补助、填补等义。"修"还有修炼、修治、编修等义。

引 弯(贯) 彀 张 控
yǐn wān gòu zhāng kòng

【同】 张开弓弦使满。

〔引〕《庄子·田子方》:"列御寇为伯昏无人射,引之盈贯,措杯水其肘上,发之。"《孟子·尽心上》:"大匠不为拙工改废绳墨,羿不为拙射变其彀率。君子引而不发,跃如也。"朱熹集注:"引,引弓也。"《淮南子·说林训》:"引弓而射,非弦不能发矢。"宋刘克庄《念奴娇·七月望夕观月》:"少时独步词场,引弦百发无虚矢。"

〔弯〕(贯)《玉篇·弓部》:"弯,引也。"汉贾谊《过秦论上》:"胡人不敢南下而牧马,士不敢弯弓而报怨。"《昭明文选·司马相如〈上林赋〉》:"弯蕃弱,满白羽。"郭璞注:"文颖曰:弯,牵也。蕃弱,夏后氏良弓名。引弓尽箭镝为满,以白羽为箭,故言白羽也。"《汉书·匈奴传上》:"士力能弯弓,尽为甲骑。"《昭明文选·张衡〈思玄赋〉》:"弯威弧之拨剌兮,射嶓冢之封狼。"李善注:"弯。引也……拨剌,弯弓貌。"

"弯"也写作"贯"。《史记·伍子胥列传》:"子胥贯弓执矢向使者,使者不敢进。伍胥遂亡。"司马贞索隐:"刘氏音贯为弯,又音古患反。贯,谓张满弓。"汉桓宽《盐铁论·论功》:"家有其备,人有其用,一旦有急,贯弓上马而已。"《后汉书·祭遵传》:"肜有勇力,能贯三百斤弓。""贯"也写作"关(關)"。见下"词的本义不同"。

〔彀〕《玉篇·弓部》:"彀,张弓弩也。"《孟子·告子上》:"孟子曰:'羿教人射,必志于彀。'"赵岐注:"学者志道,犹射者之张也。"朱熹注:"彀,弓满也。"《列子·汤问》:"甘蝇,古之善射者也,彀弓而兽伏鸟下。"杨伯峻注:"释文曰:'彀音搆。张弓也。'"汉刘向《新序·杂事第二》:"梁君出猎,见白雁群。梁君下车，彀弓欲射之。"《昭明文选·张衡〈东京赋〉》："决拾既次，彫弓斯彀。"李善注："彀，张也。"

〔张〕《广雅·释诂二》："张，开也。"《诗经·小雅·吉日》："既张我弓，既挟我矢。"《墨子·亲士》："良弓难张，然可以举高入深。"汉王充《论衡·儒增篇》："夫见似虎者，意以为是，张弓射之。"唐李白《赠江夏韦太守良宰》诗："弯弧惧天狼，挟矢不敢张。"

〔控〕《玉篇·手部》："控，引也。"《史记·匈奴列传》："是时汉兵与项羽相距，中国罢于兵革，以故冒顿得自强，控弦之士三十万。""控弦之士"，指能开弓的士兵。《昭明文选·王俭〈褚渊碑文（并序）〉》："鸣控弦于宗稷，流锋镞于象魏。"吕延济注："鸣控弦，谓用弓也。"唐岑参《白雪歌送武判官归京》："将军角弓不得控，都护铁衣冷难著。"明冯梦龙《东周列国志》第五十六回："齐侯……令军士俱控弓以俟，曰：'视吾马足到处，万矢俱发。'"

【辨】

①词的本义不同。"引"的本义是开弓。《说文》："引，开弓也。"段玉裁注："施弦于弓曰张，钩弦使满，以竟矢之长，亦曰张：是谓之引。凡延长之称，开导之称，皆引申于此。""弯"的本义是持弓将箭搭在弦上以发射。《说文》："弯，持弓关矢也。"段玉裁注："凡两相交曰关，如以木横持两扉也。矢栝孂于弦而镝出弓背外，是两端相交也。《孟子》曰：'越人关弓而射之。'《左传》：'将注，豹则关矣。'皆谓引弓将满，是之谓弯。或假'贯'为'关'。""彀"的本义是张开机械装置的强弩。《说文》："彀，张弩也。"清王筠《说文句读》："汉以前，皆言'彀弩'，不言'彀弓'也。《孟子》：'羿之而教人射，必志于彀。'注：'彀，张弩付之者。'《六韬》：'力能彀八百石弩。'《汉书·冯奉世传》：注：'刘德曰：彀者，谓能张弩者也。'""张"的本义是拉开弓弦使张满。《说文》："张，施弓弦也。"清王筠《说文句读》："《曲礼》：'张弓尚筋，弛弓尚角。'《杂记》：'张而不弛，文、武不能也；弛而不张，文、武弗为也。'注：'弓弩久张之，则绝其力，久弛之，则失其体。'""张"和"弛"相对。"控"的本义是开弓，是匈奴的地方语。《说文》："控，引也。从手控声。《诗曰》：'控于大邦。'匈奴名引弓控弦。"段玉裁注："此引匈奴方语以证'控，引一也'。"清桂馥《说文义证》："《一切经音义》二十二引作'突厥名引弓曰控弦也。'"

②词义的内涵不同。"引"还有牵拉、延长、长久、导引、招引、持取、引进、长度单位(十丈为一引)、乐曲的体裁等义。"弯"还有弯曲、弯曲的地方、停泊、量词等义。"彀"还有箭靶、箭能射及的范围、善射者等义。"张"还有紧(与松弛相对)、张开、张设、增大、张贴、张望、量词、姓氏等义。"控"还有控制、操纵、控告、弯下等义。

征 伐 侵 袭
zhēng fá qīn xí

【同】 兴师攻打并侵入他国。

〔征〕《诗经·豳风·破斧》:"周公东征,四国是皇。"郑玄笺:"周公既反摄政,东伐此四国,诛其君罪,正其人民而已。"又《小雅·采芑序》:"《采芑》,宣王南征也。"孔颖达疏:"谓宣王命方叔(周宣王贤卿)南征荆蛮之国止言伐,此云征,便辞耳……征、伐,其义一也。"《左传·成公十三年》:"文公躬擐甲胄,跋履山川,逾越险阻,征东之诸侯,虞、夏、商、周之胤而朝诸秦,则亦既报旧德矣。"《国语·周语上》:"穆王将征犬戎。"

〔伐〕《说文》:"伐,击也。"段玉裁注:"按,此伐之本义也,引申之乃为征伐。"《广韵·月韵》:"伐,征也。"《左传·僖公二十六年》:"公以楚师伐齐,取穀。"《国语·吴语》:"吴王夫差起师伐越。"《孟子·告子下》:"是故天子讨而不伐,诸侯伐而不讨。"赵岐注:"讨者,上讨下也;伐者,敌国相征伐也。"汉桓宽《盐铁论·非鞅》:"是以征敌伐国,攘地斥境,不赋百姓而师以赡。"

〔侵〕《左传·庄公二十九年》:"夏,郑人侵许。"《国语·晋语三》:"六年,秦岁定,帅师侵晋,至于韩。"《韩非子·存韩》:"昔秦、韩勠力一意以不相侵,天下莫敢犯,如此者数世矣。"

〔袭〕《左传·襄公二十九年》:"凡师,有钟鼓曰伐,无曰侵,轻曰袭。"孔颖达疏:"释例曰侵、伐、袭者,师旅讨伐之名也。然则春秋之世,加兵于人,唯此三名。"《韩非子·初见秦》:"秦与荆人战,大破荆,袭郢,取洞庭、五湖、江南,荆王君臣亡走,东服于秦。"《淮南子·氾论训》:"秦穆公兴兵袭郑。"《史记·晋世家》:"晋灭虢,虢公丑奔周。还,袭灭虞。"

【辨】 ①词的本义不同。"征"的本义,《说文》解释为"正行"。《诗经》中的

"肃肃宵征"(见《小星》)、"而月斯征"(见《小宛》)、"我征徂西"(见《小明》)、"烈烈征师"(见《黍苗》),毛传、郑玄笺并释"征"为"行"。因"征""正"同源,"征"含有用战争手段使人正的意思(《孟子·尽心下》:"征之为言正也。"汉班固《白虎通·诛伐》:"征者,何谓也?征犹正也。"),所以清人段玉裁说:"引申为征伐。"

"伐"的本义是"击",引申为征伐。《周礼·夏官·大司马》:"以九伐之法正邦国。"郑玄注:"诸侯有违王命,则出兵征伐之,所以正之也。诸侯之于国,如树木之有根本,是以言伐云。"《左传·襄公二十九年》:"有钟鼓曰伐。"孔颖达疏:"击鼓、斩木俱名为伐,鸣钟鼓声其罪往讨伐之,若击鼓、斩木然。"

"侵"的本义是渐进。《说文》:"侵,渐进也。"引申为不事声张地攻打他国。《周礼·夏官·大司马》"则侵之"下贾公彦疏:"不声钟鼓,入境而已,谓之侵。"《左传·襄公二十九年》"无曰侵"下孔颖达疏:"侵者,加陵之意。寝其钟鼓,潜入其竟,往侵陵之。"

"袭"的本义是重衣,即衣服上再披上衣服(按:《说文》认为"袭"的本义是死者所穿的"左衽袍")。《礼记·内则》:"寒不敢袭。"郑玄注:"袭为重衣。"唐人孔颖达认为,袭击义是从"重衣"引申而来的。"袭者,重衣之名。倍道轻行,掩其不备,忽然而至,若披衣然。"(《左传·襄公二十九年》"轻曰袭"下疏)

②感情色彩和攻打方式不同。"征""伐"一般是上征伐下,且大张旗鼓。《论语·季氏》:"天下有道,礼乐征伐自天子出。"《孟子·尽心下》:"征者,上征下也,敌国不相征也。"《尚书·胤征》孔安国传:"奉辞伐罪曰征。"孔颖达疏:"征者,正也,伐之以正其罪。"《战国策·齐策一》:"古之王者之伐也,欲以正天下而立功名,以为后世也。"但春秋之世,周室衰微,政出诸侯,诸侯间的战争也往往借口对方有罪而进行征伐。

"侵"含有侵凌的意思,多用于大国入侵小国。《周礼·夏官·大司马》:"负固不服则侵之。"郑玄注:"负犹恃也。固,险可依以固者也。不服,不事大也。侵之者,兵加其境而已。"贾公彦疏:"谓依恃险固,不服事大国,则以兵侵之,使弱其势也。"

"袭",不事声张,偷偷地入侵他国。《淮南子·氾论训》:"秦穆公兴师袭郑。"高诱注:"不击鼓,密声曰袭。"

③词义的内涵不同。"征"还有征税义。"伐"还有砍伐、夸耀等义。"侵"还有凌辱、损伤、侵蚀等义。"袭"还有重叠、因袭、和合等义。

胜 捷 克(剋 尅) 赢
shèng jié kè　　　　　yíng

【同】在斗争或竞争中获得成功。

〔胜〕《尔雅•释诂上》:"胜,克也。"《正字通•力部》:"胜,负之对也。"按:也与"败"相对。《孟子•梁惠王上》:"邹人与楚人战,则王以为孰胜?"《韩非子•喻老》:"吾入见先王之义,则荣之;出见富贵之乐,又荣之。两者战于胸中,未知胜负,故癯。"《史记•高祖本纪》:"是时九江王与龙且战,不胜。"汉王充《论衡•物势篇》:"人有勇怯,故战有胜负。"

〔捷〕《尔雅•释诂上》:"捷,胜也。"《小尔雅•广诂》:"捷,成也。"《玉篇•手部》:"捷,剋也,胜也。"《诗经•小雅•采薇》:"岂敢定居,一月三捷。"毛传:"捷,胜也。"《史记•卫将军骠骑列传》:"臣幸得待罪行间,赖陛下神灵,军大捷,皆诸校尉力战之功也。"《后汉书•荀彧传》:"敌人怀利以自百,臣众怯沮以丧气,有必败之形,无一捷之势。"唐杜甫《蜀相》诗:"出师未捷身先死,长使英雄泪满襟。"按:"捷"不能带宾语。

〔克〕(剋 尅)《左传•庄公十年》:"既克,公问其故。对曰:'夫战,勇气也。一鼓作气,再而衰,三而竭。彼竭我盈,故克之。'"《韩非子•外储说左下》:"及文公反国,举兵攻原,克而拔之。"《吕氏春秋•爱士》:"野人之尝食马肉于岐山之阳者三百余人,毕力为缪公疾斗于车下,遂大克晋,反获惠公以归。"高诱注:"克,胜也。"《三国志•蜀书•诸葛亮传》:"然操遂能克绍,以弱为强者,非惟天时,抑亦人谋也。"

"克"也写作"剋"或"尅"。《尔雅•释诂上》:"剋,胜也。"《韩非子•难四》:"鲁阳虎欲攻三桓,不剋而奔齐,景公礼之。"《史记•龟策列传》:"夫汤伐桀,武王剋纣,其时使然。"《战国策•中山策》:"长平之事,秦军大尅,赵军大破。"

〔赢〕《正字通•贝部》:"凡战攻博簺,胜曰赢,负曰输。"唐白居易《放言》诗之二:"不信君看奕棋者,输赢须待局终头。"《水浒传》第三八回:"倘或赢得几贯钱来,请他一请也好看。"《西游记》第六回:"若赢了他,也不必列公绑缚,我自有兄弟动手。"明冯梦龙《东周列国志》第八回:"只要输,不要赢,诱至东门伏兵之处,便算成功。"

【辨】①词的本义不同。"胜"的本义是担任、承担。《说文》:"胜,任也。"段玉裁注:"任者,保也;保者,当也。凡能举之、能克之,皆曰胜。本无二义二音,而俗强分平、去。""捷"的本义是猎获、猎获品。《说文》:"捷,猎也,军获得也。""克"的本义是胜任。《说文》:"克,肩也。"段玉裁注:"肩谓任,任事以肩,故任谓之肩,亦谓之克。《释诂》云:'肩,克也。'又曰:'肩,胜也。'""赢"的本义是经商获得利润。《说文》:"赢,有余贾利也。"段注改为"贾有余利也"。

②词义的内涵不同。"胜"还有胜过、遏制、凌驾等义。"捷"还有战利品、胜利喜讯、迅捷、抄近道等义。"克"还有胜任、攻克、制服、完成、能等义。"赢"还有赢余、赢利、肩挑或背负等义。

拔 举 下 克
bá jǔ xià kè

【同】攻取,攻打并夺取敌方的城市或据点。

〔拔〕《增韵·黠韵》:"拔,攻而举之也。"《韩非子·初见秦》:"大王以诏破之,拔武安。"《史记·魏世家》:"景湣王元年,秦拔我二十城,以为秦东郡。二年,秦拔我朝歌。卫徙野王。三年,秦拔我汲。五年,秦拔我垣、蒲阳、衍。"《汉书·高帝纪》:"二月,攻砀,三日拔之。"唐颜师古注:"拔者,破城邑而取之,言若拔树木,并得其根本也。"

〔举〕《荀子·议兵》:"然而秦师至而鄢、郢举。"《韩非子·难二》:"昔文王侵孟、克莒、举酆,三举事而纣王恶之。"《史记·郦生陆贾列传》:"下井陉,诛成安君,破北魏,举三十二城:此蚩尤之兵也,非人之力也,天之福也。"《穀梁传·僖公二年》:"献公亡虢,五年而后举虞。"

〔下〕《战国策·齐策六》:"燕攻齐,取七十余城,唯莒、即墨未下。"《史记·高祖本纪》:"诸城未下者,闻声争开门而待,足下通行无所累。"《三国演义》第六十一回:"何不差一军先截川口,断其归路,后尽起东吴之兵,一鼓而下荆襄?"按:"下"的攻取义含有使之降服义。

〔克〕《史记·孔子世家》:"(定公十三年)二月,公围成,弗克。"唐韩愈《司徒兼侍中许国公神道碑铭》:"师道之诛,公以兵东下,进围考城,克之。"

《水浒传》第九九回:"且说卢俊义等已克汾阳府。"按:"克"的攻取义是胜而取之。

【辨】①词的本义不同。"拔"的本义是连根往上拽出。《说文》:"拔,擢也。"《小尔雅·广物》:"拔根曰擢。""举"的本义是双手高举擎物。《说文》:"举,对举也。"《广韵·语韵》:"举,擎也。""下"的本义是底部。《说文》:"下,底也。""克"的本义是胜任。《说文》:"克,肩也。"段玉裁注:"肩谓任,任事以肩,故任谓之肩,亦谓之克。《释诂》云:'肩,克也。'又曰:'肩,胜也。'"

②词义的内涵不同。"拔"还有选拔、高出、挺、移动等义。"举"还有升起、执持、举动、施行、推举等义。"下"还有所处位置低下(与"高"相对)、地位低的人、等级、质量低的、降服、自谦等义。"克"还有胜任、战胜、制服、完成、能等义。

běi bài fù shū
北 败 负 输

【同】与"胜"相对,在斗争或竞争中失利。

〔北〕《玉篇·北部》:"北,军败走曰北。"《左传·桓公九年》:"鬬廉衡陈其师于巴师之中,以战,而北。"杨伯峻注:"北,军败奔走也。"《孙子·军争》:"用兵之法,高陵勿向,背丘勿逆,佯北勿从。"《史记·项羽本纪》:"吾起兵至今八岁矣,身七十余战,所当者破,所击者服,未尝败北,遂霸有天下。""败北",同义连用。《魏书·景穆十二王传》:"英命诸军伪北诱之,既至平地,统军傅永等三军击之,贼便奔退。""伪北",佯败。

〔败〕《韩非子·十过》:"昔者楚共王与晋厉公战于鄢陵,楚师败。"《吕氏春秋·不屈》:"当忠王之时,五十战而二十败。"《淮南子·兵略训》:"兵之胜败,本在于政。"唐张仲素《贺破贼表》:"又官军出战,贼众大败。"

〔负〕《孙子·谋攻》:"知己知彼,百战不殆;不知彼而知己,一胜一负。"《韩非子·内储说上》:"人之有狐疑之讼者,令之射的,中者胜。不中者负。"汉扬雄《法言·重黎》:"屈人者克,自屈者负。"李轨注:"负,败。"唐韩愈《论淮西事宜状》:"兵之胜负,实在赏罚。"清薛福成《中兴叙略上》:"环寇之师且十万,递胜递负,无尺寸功。""递胜递负",时而胜,时而负,

535

相交替。

〔输〕《篇海类编•器用类•车部》:"输,俗谓胜负为输赢。"《正字通•车部》:"俗谓负为输,战败北亦曰输。"南朝宋刘义庆《世说新语•任诞》:"桓宣武少家贫,戏大输,债主敦求甚切。"唐杜甫《遣怀》诗:"百万攻一城,献捷不云输。"仇兆鳌注:"《唐韵》:'俗谓负为输。'"宋汪元量《湖州歌就使八首》:"卧笑宫人投骰子,金钱痴咒卜输赢。"元关汉卿《温太真玉镜台》第四折:"你畅好吃赢不吃输,亏的我又说又能做。"

【辨】

①词的本义不同。"北"是"背"的古字。清徐灏《说文解字注笺》:"北、背,古今字。"败走时背向敌人,引申为军败而奔逃。"军奔曰北,其引申之义也,谓背而走也。""败"的本义是毁坏。《说文》:"败,毁也。"引申为溃败。《尚书•汤誓》:"夏师败绩。"孔安国传:"大崩曰败绩。"《左传•庄公十一年》:"凡师,敌未陈曰败某师,皆陈曰战,大崩曰败绩。"孔颖达疏:"绩者,是大崩之名。败多存少,乃称败绩;败少存多,则不称败绩也。""负"的本义,《说文》释为"恃也"。但《说文》研究者认为,本义应为以背负物,"恃"是其引申义。清徐灏《说文解字注笺》:"'负'之古音古义皆为背。《释名》曰:'负,背也。'郑注《丧服记》曰:'负在背上者也。'他如负剑、负版、负薪、负绳之类,皆以在背而言。因之为自负,故训为恃。又为背人之称,即受贷不偿之谓也。凡战败必背走,又为胜负之称。"此说可从。"输"的本义是转运,转展引申为输赢的"输"。《说文》:"输,委输也。"段玉裁注:"委输者,委随输写也。以车迁贿曰委输,亦单言曰输。引申之,凡倾写皆曰输。输于彼,则彼赢而此不足,故胜负曰输赢。"

②用法有所不同。"北"偏重于背向敌人逃跑,一般不用于在竞争中失利。"败"还有使动用法,后面可有宾语,使败,即打败。"败""负"与"胜"相对,"输"与"赢"相对,"北"既不能与"胜"相对,也不能与"赢"相对。

③词义的内涵不同。"北"还有方位、姓氏等义。"败"还有腐烂、变质、衰败等义。"负"还有承担、背靠着、凭借、违背、辜负、亏欠、负数(小于零)、遭受等义。"输"还有输送、告语、缴纳、捐献、倾泻、毁坏、败坏等义。

燃(然) 烧 焚 燔 爇(炳) 燎 炽 焊 炎 着(著)

【同】 燃烧,可燃物质在引火后发热发光的现象。

〔燃〕(然)《玉篇·火部》:"燃,俗为烧然字。"《汉书·贾谊传》:"夫抱火厝之积薪之下而寝其上,火未及燃,因谓之安,方今之势,何以异此!"旧题汉东方朔《神异经·南方经》:"荒外有大山,其中生不尽之木,昼夜火燃,得暴风不猛,猛雨不灭。"汉王充《论衡·说日篇》:"火燃木。扶桑,木也,十日处其上,宜焦枯焉。"北魏郦道元《水经注·江水》:"天旱,燃木崖上,推其灰烬,下秽渊中,寻即下雨。"

"然"是"燃"的古字。《汉语大字典·火部》:"然①燃烧。后作'燃'。"《汉语大词典·火部》:"然①'燃'的古字。燃烧。"《孟子·公孙丑上》:"若火之始然,泉之始达。"焦循疏:"火始燃,泉始通,其势不可遏止。"《庄子·外物》:"木与木相摩则然。"《淮南子·原道训》:"斩之不断,焚之不然。"汉焦赣《易林·乾之谦》:"方船备水,旁河然火,终身无祸。""然火",点燃火。

〔烧〕《玉篇·火部》:"烧,爇也,燔也。"《墨子·天志下》:"是以差论蚤牙之士……焚烧其祖庙,攘杀其牺牷。"《战国策·齐策四》:"臣窃矫君命,以责赐诸民,因烧其券,民称万岁。"《淮南子·兵略训》:"兵至其郊,乃令军师曰:'毋伐树木,毋抉坟墓,毋烧五谷,毋焚积聚。'"唐白居易《赋得古原草送别》诗:"野火烧不尽,春风吹又生。"

〔焚〕《玉篇·火部》:"焚,烧也。"《集韵·文韵》:"焚,火灼物也。"《尚书·胤征》:"火炎昆冈,玉石俱焚。"《左传·文公三年》:"秦伯伐晋,济河焚舟,取王官,及郊。"《墨子·节葬下》:"秦之西,有仪渠之国者,其亲戚死,聚柴薪而焚之,熏上谓之登遐,然后成为孝子。"汉王充《论衡·谢短篇》:"秦焚诸书之时,《尚书》诸篇皆何在?"

〔燔〕《玉篇·火部》:"燔,烧也。"《集韵·元韵》:"燔,《说文》:'爇也。'"《庄子·盗跖》:"子推怒而去,抱木而燔死。"《韩非子·和氏》:"商君教秦孝公以连什伍,设告坐之过,燔《诗》《书》而明法令。"《汉书·东方朔传》:"推甲乙之帐燔于四通之衢。"颜师古注:"燔,焚烧也。"汉王充《论衡·语增篇》:"传语曰:'秦始皇燔烧《诗》《书》,坑杀儒士。'"晋干宝《搜神记》卷一:"一旦,风雨迎之,山木皆燔。"

〔爇〕(焫)《玉篇·火部》:"爇,烧也。"《左传·昭公二十七年》:"将师退,遂令攻郤氏,且爇之。"杜预注:"爇,烧也。"晋干宝《搜神记》卷二十:"遇太守郑瑕出猎,见田草深,遣人纵火爇之。"唐白居易《杂感》诗:"城门自焚爇,池鱼罹其殃。"

　　"爇"也写作"焫"。《广雅·释诂二》:"焫,爇也。"王念孙疏证:"焫,即爇字也。《众经音义》卷七引《苍颉篇》:'爇,烧也,然也。'"《集韵·薛韵》:"爇,《说文》云:'烧也。'或作'焫'。"《礼记·郊特牲》:"故既奠,然后焫萧合膻芗。"陆德明释文:"焫,烧也。"《昭明文选·陈琳〈为袁绍檄豫州〉》:"若举炎火以焫飞蓬,覆沧海以沃爣炭,有何不灭者哉!"李善注引《声类》曰:"焫,烧也。"

〔燎〕《尚书·盘庚上》:"若火之燎于原,不可向迩,其犹可扑灭。"《淮南子·本经训》:"纣为肉圃、酒池,燎焚天下之财。"《史记·刺客列传》:"夫以鸿毛燎于炉炭之上,必无事矣。"《昭明文选·张衡〈西京赋〉》:"燎京薪。"李善注:"积高为京,燎谓烧之。"唐白居易《寓意诗五首》:"孟冬草木枯,烈火燎山坡。"

〔炽〕《左传·昭公六年》:"及丧,(寺人)柳炽炭于位,将至,则去之。"杨伯峻注:"此时已渐凉,炽炭以暖地。"唐李白《化城寺大钟铭》:"剑轮辍苦期息肩,汤镬猛火停炽燃。"宋张耒《冬日放言》诗之十六:"温炉炽薪炭,永夜炎光流。"明凌濛初《初刻拍案惊奇》卷十八:"依法动手,炽起炉火,将银子渐渐放将下去。"

〔燲〕《管子·霸形》:"此其后,楚人攻宋、郑。烧焫燲焚郑地,使城坏者不得复筑也,屋之烧者不得复葺也。"《商君书·兵守》:"发梁撤屋,给从,从之;不洽,而燲之,使客无得以助攻备。"高亨注引孙星衍说:"不及徙则焚之。"汉王充《论衡·感虚篇》:"夫燲一炬火,爨一镬水,终日不能热也。"《西游记》第三十五回:"那怪物着实无情,一连扇了七八扇子,燲天炽地,烈火飞腾。"

〔炎〕《玉篇·炎部》:"炎,焚也。"《尚书·胤征》:"火炎昆冈,玉石俱焚。"《淮南子·人间训》:"及火之燔孟诸而炎云台,水决九江而渐荆州,虽起三军之众,弗能救也。"宋王安石《和平甫舟中望九华山》之二:"遐追商洛翁,秦火不能炎。"

〔着〕(著)《三国演义》第八十六回:"(曹)丕大惊,急下小船上岸时,龙舟上早已火着。"明施耐庵《水浒传》第七十九回:"锣鼓响处,一齐点着火把,霎时间,大火竟起,烈焰飞天。""点着",即点燃。明周履靖《群物奇制·文房》:"栎炭灰成花烧之,有墨处着,无墨处不着。"

"著"是"着"的古字。北魏贾思勰《齐民要术·大小麦》:"火既著,即以扫帚扑灭之。"唐杜甫《初冬》诗:"渔舟上急水,猎火著高林。"王嗣奭释:"著,直略窃,火炎起谓之著,俗语犹然。"前蜀贯休《送僧归日本》诗:"流黄山火著,碇石索雷鸣。"

【辨】

①词的本义基本相同。"然"字的本义就是燃烧。《说文》:"然,烧也。从火肰声。臣铉等曰:今俗别作'燃',盖后人增加。"段玉裁注:"通假为语词,训为如此,'尔'之转语也。俗作'燃',非是。"清王筠《说文句读》:"俗作'燃'。"戴家祥《金文大字典中》:"徐铉等曰:'今俗别作'燃',盖后人增加。'此说不明'然''燃'本古今字。'然'后借为语词,又复加火旁,以还其初义。""然""燃",是典型的古今字。"然"字从火,于义已足。因广泛借用为指示代词、转折连词,复又加火,再新造一个"燃"字,以取代"然"的本义,从而形成古今字的关系。"烧"的本义也是焚烧。《说文》:"烧,爇也。"清王筠《说文句读》:"自'然'至'烧',乃多字转注之法。它部亦有。""焚"字,《说文》写作"燓",本义是烧草木进行田猎。《说文》:"燓,田烧也。"南唐徐锴《说文系传》:"臣锴曰:今作'焚'。"清严章福《说文校议》:"《一切经音义四》引《说文》:'焚,烧田也。'字从林,烧林意也。""燔""爇"的本义是也是燃烧。《说文》:"燔,爇也。""爇,烧也。""燔""爇""烧"三字递训。"燎"的本义与"焚"相近。《说文》:"燎,放火也。"段玉裁注:"《小雅》:'燎之方扬。'笺云:'火田曰燎。'"清徐灏《说文解字注笺》:"'燎'之本义为烧草木,故火田为燎。""炽"的本义是火势旺盛。《说文》:"炽,盛也。""熯"的本义是用火使物干燥。《说文》:"熯,乾(干)皃。"段玉裁注:"'乾'读如干。此与日部'暵'同音同义,从火犹从日也。""炎"的本义是火光上腾。《说文》:"炎,火光上也。"段玉裁注:"《洪范》曰:'火曰炎上。'其本义也。"着火的"着",古写作"著",读入声,直略切。今吴语区着火的"着"仍读入声。

②词的内涵不尽相同。"燃"还有点火义。"烧"还有照射、发烧、烹

调方法之一等义。"焚"还有干燥、一种用火焚烧的刑名等义。"爇"还有烘烤义。"燔"还有烧烤义。"燎"还有烘烤义。"炽"还有强盛、兴旺等义。"熯"还有干燥、烘烤、曝晒等义。"炎"还有炎热、旺盛、炎症、炎帝的简称等义。"着"还有入睡、受到等义。

熄(息) 灭 救
xī   miè jiù

【同】 熄灭，使火停止燃烧。

〔熄〕(息)《孟子·告子上》："今之为仁者，犹以一杯水救一车薪之火也，不熄则谓之水不胜火。"汉韩婴《韩诗外传》卷七："灌之恐坏墙，熄灭之恐烧木。"宋李昉等《太平广记》卷三九三引《原化记·华亭堰典》："为礼拜，求乞不更烧之，火方自熄。"

　　"息"是"熄"的古字。《庄子·逍遥游》："日月出矣，爝火不息。"《吕氏春秋·求人》："昔者尧朝许由于沛泽之中，曰：十日出而焦火不息，不亦劳乎？"《史记·龟策列传》："日月并蚀，灭息无光。"

〔灭〕《篇海类编·地理类·水部》："灭，火熄也。"《尚书·盘庚上》："若火之燎于原，不可向迩，其犹可扑灭！"《诗经·小雅·正月》："燎之方扬，宁或灭之？"郑玄笺："火田为燎。燎之方盛之时，炎炽熛怒，宁有能熄灭之者？"《淮南子·兵略训》："若以水灭火，以汤沃雪，何往而不遂？"

〔救〕《墨子·兼爱下》："若非人而无以易之，譬之犹以水救火也，其说将必无可焉。""救火，"灭火。《韩非子·说林上》："失火而取水于海，海水虽多，火必不灭矣，远水不救近火也。"《文子·尚德》："水之势胜火，一酌不能救一车之薪。"汉王充《论衡·顺鼓篇》："夫大山失火，灌以壅水，众知不能救之者，何也？火盛水少，热不能胜也。"

【辨】

①"熄"的本义，《说文》释为火种，把灭火列为第二义项。《说文》："熄，畜火也。从火息声。亦曰灭火。"段玉裁注："畜火者，火种也。"清王筠《说文句读》："息亦兼生息、灭息二义。"南唐徐锴《说文系传》："臣锴曰：史多用为'息'字。"王力《同源字典》："《说文》：'熄，亦曰灭火。'《吕氏春秋·本味》：'名号必废熄。'注：'熄，灭也。'字本作'息'。《易·革卦》：'水火相息。'马注：'息，灭也。'释文：'息，《说文》作熄。《庄子·逍遥游》：

'日月出矣,而爝火不息。'按,灭火是使火止息。'息''熄'本同一词,'熄'是后起形声字。""灭"的繁体字作"滅",本义是绝尽。《说文》:"滅,尽也。"《尔雅•释诂下》:"滅,绝也。"清郝懿行疏:"尽、绝义同。"用于灭火义,意思是使火绝尽。"救"的本义是止。《说文》:"救,止也。"段玉裁注:"许谓凡止皆谓之救。"按:"救"用于灭火义,意思是使火停止燃烧。"救"的后面必须有"火"或能引起燃烧的物品等词语。

②词义的内涵不同。"熄"还有止息义。"灭"还有淹没、隐没、消除等义。"救"还有援助、纠正、救治等义。

警(儆) 戒
<small>jǐng jiè</small>

【同】 事先采取措施或有所准备,以备不测或不虞。

〔警〕(儆)《说文》:"警,戒也。从言敬,敬亦声。"《玉篇•言部》:"警,戒也,敕也。"《周礼•天官•宰夫》:"正岁,则依法警戒群吏,令修宫中之职事。"郑玄注:"警,敕戒之言也。"《左传•宣公十二年》:"若以恶来,有备不败。且虽诸侯相见,军卫不彻,警也。彘子不可。"杜预注:"不肯设备。"《韩非子•外储说左上》:"李悝警其两和,曰:'谨警敌人,旦暮且至击汝。'""两和",两翼。《史记•韩世家》:"韩王曰:'善。'乃警公仲之行,将西购于秦。"司马贞索隐:"警,戒也。"

"警""儆"音义皆同,是同源字。两字《说文》同训为"戒"。《说文》:"儆,戒也。"段玉裁注:"与'警'音义同。《孟子》引《书》'洚水儆予'(此为《尚书》逸文),用'儆'字。《左传》、《国语》亦用'儆'。毛《诗》'徒御不警'(见《诗经•小雅•车攻》)、《周礼》'警戒群吏'(见《周礼•天官•宰吏》),皆用'警'。"《左传•成公十六年》:"退,舍于夫渠,不儆。"杜预注:"宋师不儆备。"南朝宋鲍照《咏双燕》诗之二:"岂但避霜雪,当儆野人机。"

〔戒〕《说文》:"戒,警也。"南唐徐锴《说文解字系传•通论》:"防患曰戒。《书》曰:'儆戒无虞。'(见《大禹谟》)君子思患而豫防之。"《国语•吴语》:"吴王夫差还自黄池,息民不戒。越大夫种乃唱谋曰:'吾谓吴王将遂涉吾地,今罢师而不戒以忘我,我不可以怠。'"韦昭注:"戒,儆也。"《孟子•公孙丑下》:"当在薛也,予有戒心。辞曰:'闻戒,故为兵餽之。'予何为不受?"赵岐注:"戒,有戒备不虞之心也。"《荀子•儒效》:"胜敌而愈戒。"杨惊注:"戒,备也。言胜敌而益戒备。"《韩非子·存韩》:"修守备,戒强敌,有蓄积,筑城池以守固。"

【辨】

①词的本义有所不同。"警"与"驚(惊)""敬"等字同源,本义侧重于警惕。"惊则引起警惕,警惕自己不犯错误就是敬。故'驚(惊)''警''敬'同源。"(王力《同源字典》第 320 页)"戒"的本义是持戈以备不虞。《说文》:"戒,警也。从廾持戈,以戒不虞。"

②词义的内涵不同。"警"还有警惕、紧急的情况或消息、敏悟等义。"戒"还有戒除、斋戒、晓告等义。

禁 止
jìn zhǐ

【同】 阻止或停止别人的行为。

〔禁〕《广雅·释诂三》:"禁,止也。"《吕氏春秋·壹行》:"其威不威,则不足以禁也。"高诱注:"禁,止也。"《韩非子·外储说左上》:"蔡女为桓公妻,桓公与之乘舟。夫人荡舟,桓公大惧,禁之不止,怒而出之。"《战国策·秦策一》:"王不能禁。"高诱注:"禁,止也。"《淮南子·人间训》:"夫言出于口者,不可止于人;行发于迩者,不可禁于远。"《史记·淮南衡山列传》:"王使人止之,莫能禁,乃自驾追捕太子。"汉桓宽《盐铁论·诏圣》:"严刑不能禁,峻法不能止。"

〔止〕《左传·桓公六年》:"少师归,请追楚师,随侯将许之,季梁止之。"《吕氏春秋·贵生》:"口虽欲滋味,害于生则止。"高诱注:"止,禁也。"《战国策·齐策一》:"对曰:'君不闻大鱼乎?网不能止,钩不能牵,荡而失水,则蝼蚁得意焉。'"高诱注:"止,禁也。"《淮南子·时则训》:"止狱讼。"高诱注:"止犹禁也。"

【辨】

①词的本义不同。"禁"的本义为禁忌,引申为告诫并阻止别人做违禁的事。"止"的本义是脚,引申为阻止。清徐灏《说文解字注笺》:"凡从止之字,其义皆为足趾。许以为'象草木出有址',殆非也。考阮氏《钟鼎款识父丁卣》有足迹之文作止,正象足趾之形。惟止为足趾而非草木……无可疑也。"清朱骏声《说文通训定声》:"止部文十四,亦无一涉草木

者,当以足止为本义,象形也……字为借义所专,因加足旁作趾。《仪礼·士昏礼》:'北止。'注:'足也。'《易·噬嗑》'屦校灭止''贲其止''艮其止''壮于前止',《诗》'麟之止',《礼记·内则》'奉席请何止',《汉书·礼乐志》'爰五止',《刑法志》'当斩左止者',《五行志》'举止高',《食货志》'四之日举止',《海内经》'韩流豚止',本皆作止,不作趾。"按:甲骨文中的"止",正作足的形状。

②词义的内涵不同。"禁"还有法禁、监禁、帝王所住之处(如禁中、宫禁)等义。"止"还有至、停止、停留、静止、容止等义。

覆 盖 苫
fù gài shàn

【同】 一物体盖住或遮住另一物体。

〔覆〕《说文》:"覆……一曰盖也。"《诗经·大雅·生民》:"诞寘之寒冰,鸟覆翼之。"朱熹集传:"覆,盖也。"《礼记·中庸》:"天之所覆,地之所载。"《吕氏春秋·音初》:"帝令燕往视之,鸣若谥隘,二女爱而争抟之,覆以玉筐。"《韩非子·十过》:"腾蛇伏地,凤凰覆上。"汉王充《论衡·自纪篇》:"玉隐石间,珠匿鱼腹,故为深覆。"

〔盖〕《说文》:"盖,苫也。"《小尔雅·广诂》:"盖,覆也。"《墨子·备穴》:"盆盖井口,毋令烟上泄。"《淮南子·精神训》:"圣人食足以接气,衣足以盖形。"高诱注:"盖,覆也。"又《齐俗训》:"故日月欲明,浮云盖之。"

〔苫〕《说文》:"苫,盖也。"清徐灏《说文解字注笺》:"苫谓之盖,引申为覆盖之称。"北魏贾思勰《齐民要术·蔓青》:"拟作干菜……燥则上在厨,积置以苫之。"宋陆游《困甚戏书》诗:"刈茅以苫屋,缚柴以为门。"宋梅尧臣《和孙端叟寺丞农具》诗之一:"但能风雨蔽,何惜茅蓬苫。"

【辨】
①词的本义不同。"覆"的本义是覆盖。《说文》:"覆……一曰盖也。""盖(繁体字作蓋)""苫"的本义是用茅草苫盖屋顶。《说文》"盖""苫"都在艸部,并且互训。《尔雅·释器》:"白盖谓之苫。"郭璞注:"白茅苫也,今江东呼为盖。"郝懿行疏:"左氏昭廿七年正义及《释文》并引李巡曰:'编菅茅以覆屋曰苫。'襄十四年正义及孙炎曰:'白盖,茅苫也。'按:《说文》云:'茨,以茅苇盖屋。'是盖屋亦用苇,但不白,白唯茅耳。"

②词义的内涵不同。"覆"与覆盖义相关的有倾覆、埋伏等义。"盖"还有覆盖物(如器皿的盖、车盖、头盖)、掩盖、胜过等义。"苫"在读 shān 时,有用草编成的覆盖物、草垫子等义。

萌 芽(牙)
méng yá

【同】 草木萌生,刚刚露芽;也可用来比喻事物处在刚刚发生的阶段。

〔萌〕《说文》:"萌,草芽也"。段玉裁注依《玉篇》改为"草木芽也"。《广雅·释草》:"萌,蘖也。"又《释诂一》:"萌,始也。"《孟子·告子上》:"是其日夜之所息,雨露之所润,非无萌蘖之生也。"孙奭注:"非无萌牙丝蘖生焉。"《周礼·秋官·薙氏》:"薙氏掌杀草,春始生而萌之。"贾公彦疏:"此经云杀草,则是萌谓草始生出地之时。"《礼记·月令》:"是月也,天气下降,地气上腾,天地和同,草木萌动。"《汉书·五行志下之上》:"是时王莽为大司马,害上之萌自此始也。"颜师古注:"萌,若草木之始生也。"唐韩愈《石鼎联句》:"秋瓜未落蒂,冻芋强抽萌。"

〔芽〕(牙) "牙"是"芽"的古字。萌芽的"芽",初写作"牙"。《淮南子·本经训》:"萌牙卵胎而不成者,处之太半矣。"《汉书·外戚传》:"其萌牙所以约制妾者,恐失人理。"颜师古注:"萌牙,言其初始发,意若草木之方生也。"又《金日磾传》:"宣帝即位,赏为太仆,霍氏有事萌牙,上书去妻。"颜师古注:"萌牙,言始有端绪,若草之始生。"《说文》:"管,如篪,六孔,十二月之音,物开地牙,故谓之管。"段玉裁注:"牙、芽,古今字。古书多云十一月物萌,十二月物牙,正月物见也。"又:"蘖,牙米也。"段玉裁注:"牙同芽。芽米者,生芽之米也。"

"芽"是"牙"的今字。《吕氏春秋·仲春》:"是月也,安萌芽,养幼少,存诸孤。"清王筠认为"芽"字上的艹,疑为后人所加。汉刘向《说苑·臣术》:"六正者:一曰萌芽未动,形兆未见。"《三国志·吴书·孙奋传》:"大行皇帝览古戒今,防芽遏萌,虑于千载。"

【辨】 ①词的本义不同。"萌"的本义是植物刚生出的嫩芽。《说文》:"萌,草木芽也。""芽"的古字是"牙"。《说文》:"牙,牡齿也。""牡齿",大牙。因草木萌生的嫩芽像牙而引申出萌芽义。

②"萌"字产生在先,"芽"字产生在后。先秦就已有"萌"字,如《周礼》《礼记》《庄子》《孟子》《吕氏春秋》《韩非子》等先秦作品中均有"萌"字。"芽"字义约始于汉代。清王筠《说文句读》:"虽《月令》《《礼记》《吕氏春秋》篇名)云'安萌芽',亦恐后人加艹,他经不见此字。"王筠的看法可从。查两汉魏晋,"芽"字只散见于诗赋中,《史记》《汉书》《后汉书》等史书中均无"芽"字,《三国志》中也仅1见。

③词义的内涵不同。"萌"还有萌发、萌生等义。"芽"还有发芽、形似芽的东西等义。

坠(队 磙 礈 隧) 堕(陊 墥 隋) 撻(橐) 落 摽 陨(碩 霣) 颠 越 掉

zhuì　　　　　　　duò　　　　　tuò　　luò
biāo　yǔn　　　　diān　yuè　diào

【同】 物体从上往下落。

〔坠〕(队 磙 礈 隧)《说文》无"坠"字。大徐本《说文》新附字收有"坠"字,释为"陊也"。《吕氏春秋·异用》:"从天坠者,从地出者,从四方来者,皆离吾网。"高诱注:"坠,陨也。"《楚辞·离骚》:"朝饮木兰之坠露兮,夕餐秋菊之落英。"汉王充《论衡·言毒篇》:"南郡极热之地,其人祝树树枯,唾鸟鸟坠。"唐白居易《江亭玩春》诗:"日消石挂绿岚气,风坠木兰红露浆。"

"队"是"坠"的古字。甲骨文象人头朝下从高处坠落。《尔雅·释诂》:"队,落也。"《说文》:"队,从高队也。"段玉裁注:"队、坠,正俗字。古书多作队,今则坠行而队废矣。"《左传》中共19个"队"字,其中有17个用于坠落义。如《文公三年》:"秋,雨螽于宋,队而死也。"杜预注:"螽飞至宋,队地而死若雨。"《庄公八年》:"公惧,队于车。"《襄公二十三年》:"陈人城,板队而杀人。""队"有时与"堕"互文。《汉书·西域传》:"畜队,未半坑谷尽靡碎;人堕,势不得相收视。"颜师古注:"队亦堕也。"

"队"也写作"磙"。《说文》:"磙,陊也。"段玉裁注:"陊者,落也。''磙'与'隊'音同。队者,从高队也。《广韵》曰:'礌、磙,物坠也。'《一切经音义》卷十二:'队,古文作磙。'《汉书》往往作磙。《天文志》:'星磙至地。'""队"有时也写作"隧"或"礈"。《淮南子·说林训》:"县垂之类(指悬挂着的东西),有时而隧。"高诱注:"隧,堕。"《正字通·石部》:"礈、墜同。"

〔堕〕（陊 憜 隋）《广韵•果韵》："堕，落也。"《淮南子•原道训》："夫善游者溺，善骑者堕。"《史记•日者列传》："而贾谊为梁怀王傅，王堕马薨，谊不食，毒恨而死。"《汉书•匈奴传上》："年老气衰，发齿堕落。"唐杜甫《彭衙行》诗："何当有翅翎，飞去堕尔前。"

　　《说文》无"堕"字，有"陊"字，"堕"即"陊"。《说文》："陊，落也。"段玉裁注："今叚堕为陊。"大徐本《说文》："𡐦，艸木凡皮叶落，陊地为𡐦。"以"陊"释"𡐦"。小徐本《说文》："𡐦，艸木皮叶落，堕地为𡐦。"改"陊"为"堕"。清朱骏声《说文通训定声》附"陊"于"堕"后，并加"按"说："当为'堕'之或体。""堕"也写作"憜"或"隋"。《汉书•匈奴传上》："前此者，汉兵深入穷追二十余年，匈奴孕重憜殰，罢极苦之。"颜师古注："憜，落也。"《诗经•卫风•氓》："桑之落兮，其黄而陨。"毛传："陨，隋也。"陆德明释文："隋字又作堕。"

〔𡐦〕（櫐）《说文》："𡐦，艸木凡皮叶落，陊地为𡐦。"《广雅•释木》："𡐦，落也。"《诗经•豳风•七月》："十月陨𡐦。"毛传："陨，坠；𡐦，落。"又《小雅•鹤鸣》："乐彼之园，爰有树坛，其下维𡐦。"毛传："𡐦，落也。"

　　"𡐦"有时也写作"櫐"。《鹖冠子•能天》："櫐木降风。"陆佃注："櫐，𡐦落之𡐦。"

〔落〕《说文》："落，凡草曰零，木曰落。"《左传•僖公十五年》："岁云秋矣，我落其实而取其材，所以克也。"杜预注："山有木，今虽已秋，风吹落山木之实，则材为人所取。"《国语•晋语二》："夫坚树在始，始不固本，终必槁落。"《庄子•在宥》："草木不待黄而落。"《楚辞•离骚》："惟草木之零落兮，恐美人之迟暮。"王逸注："零、落，皆堕也。"《淮南子•说林训》："华大者不胄时而落。"高诱注："不待秋时而零落也。"

〔摽〕《尔雅•释诂上》："摽，落也。"《诗经•召南•摽有梅》："摽有梅，其实七兮。"毛传："摽，落也。"鲁迅《唐宋传奇集•梅妃传》："信摽落之梅花，隔长门而不见。"清陈衍《重刻晚翠轩诗》序："抑凡物之生，成熟早则摽陨亦速。"

〔陨〕（磒 霣）《尔雅•释诂上》："陨，落也。"又《释诂下》："陨，坠也。"《说文》："陨，从高下也。"段玉裁注："《释诂》曰：'陨，下落也。'毛传曰：'陨，隋也。''隋'即'陊'字。"《诗经•小雅•小弁》："心之忧矣，涕既陨之。"毛传："陨，队也。"《春秋经•僖公十六年》："春，王正月，戊申，朔，陨石于宋五。"杜预注："陨,落也。闻其陨,视之石,数之五,各随其闻见先后而记之。"汉桓宽《盐铁论·论菑》："雹雾夏陨,万物皆伤。"《汉书·五行志下之下》："众星陨坠,民失其所也。"

"磒""霣"与"陨"同源,从高往下落的意义上与"陨"完全相同。《尔雅·释诂上》："磒,落也。"《说文》："磒,落也。从石员声。《春秋传》曰:'磒石于宋五。'"段玉裁注："'磒'与'陨',音义皆同。陨者,从高下也。《春秋经·僖公十有六年》:'陨石于宋五。'《左》《谷》皆作'霣',许所据《左传》作'磒'。"

〔颠〕《小尔雅·广言》："颠,殒也。"唐慧琳《一切经音义》卷十五引《字书》:"颠,坠也。"《左传·隐公十一年》："颍考叔取郑伯之旗蝥弧以先登,子都自下射之,颠。"杜预注："颠,颠队而死。"《楚辞·离骚》："日康娱而自忘兮,厥首用夫颠陨。"王逸注："自上下曰颠。"《汉书·五行志中之上》:"京房《易传》曰:'《复》:崩来无咎。'自上下者为崩,厥应太山之石颠而下,圣人受命人君房。"颜师古注："颠,坠也。"

〔越〕《尚书·盘庚中》:"颠越不恭,暂遇奸宄。"孔安国传:"颠,陨也;越,坠也。"《左传·成公二年》:"射其左,越于车下。"杜预注:"越,队也。"明刘基《维泽有蒲》:"人有父母,如日如月。煦之照之,弗陨弗越。"

〔掉〕唐李贺《感讽诗》:"会待春日宴,丝车方掷掉。"宋黄庭坚《赠刘静翁之二》诗:"艰难常用途中觅,掉却甜桃摘醋梨。"元纪君祥《赵氏孤儿》第三折:"是那一个实丕丕将着麤棍敲,打的来痛杀杀精皮掉。"明康海《满庭芳·晴望》词:"园林一带青如掉,山色周遭。"清吴敬梓《儒林外史》第三〇回:"说着,掉下泪来。"

【辨】

①本义有所区别。"坠"的古字为"队",甲骨文象人头朝下从山上坠落。"堕"的本字为"陊",《说文》解释为"落也",是物体自上而下的通称(见段玉裁注)。"萚"的本义是草木落在地上的皮或叶。"落"的本义是树叶凋零脱落。"摽"的物落义,为"受"的借字。《说文》:"受,物落,上下相付也。""掉"的本义是摇摆,落下义约产生于唐代或稍早,为后起义。"陨"的本义是从天空落下。《说文》:"陨,从高下也……《易》曰:'有陨自天。'"释语"从高"和引例"自天",互相补充,其义益显。"颠"的本义是头顶,引申为自上而下(见段玉裁注)。"越"的坠落义,清朱骏声《说文通训

定声》认为是"糜"的借字。

②词义的内涵不同。"坠"还有丧失、衰落等义。"堕"读 duò 时,只有落下义。"蓡"还可以表示根如葵而叶似杏的草名。"落"还有衰落、开始、居处、死亡等义。"掉"还有振动、摆弄、扶正、回转等义。"陨"还有毁坏、失去、死亡等义。"颠"还有物之顶端、本始、倒下、颠倒、颠簸等义。

环(还 圜)　周(舟)　匝　营(紫 嬴)　婴(撄)　宫
围　团　绕(遶)　带(递)　缘　抱　拱　佩

【同】环绕,围绕,处在或绕在某物或某地的周围。

〔环〕(还 圜)《玉篇·玉部》:"环,绕也。"《周礼·考工记·匠人》:"环涂七轨,野涂五轨。"郑玄注引杜子春云:"环涂为环城之道。"《国语·越语上》:"三江环之,民无所移。"韦昭注:"环,绕也。"《史记·刺客列传》:"秦王方环柱走,卒惶急,不知所为。"唐杜牧《池州造刻漏记》:"暇日,公与宾吏环城见铜壶银箭,律如古法。"宋欧阳修《醉翁亭记》:"环滁皆山也。"元刘将孙《宣武将军玉陇齐公墓志铭》:"汀环山负阻,民俗犷悍,接江通广,奸宄出没。"

"环""还"同源,"环"也写作"还"。《说文》"还"下段玉裁注:"今人还绕字用环,古经传祇用'还'字。"《左传·襄公十年》:"诸侯之师,还郑而南,至于阳陵。"杜预注:"还,绕也。"《战国策·燕策三》:"荆轲逐秦王,秦王还柱而走。"《汉书·食货志上》:"还庐树桑,菜茹有畦,瓜瓠果蓏,殖于疆易。"颜师古注:"还,绕也。"唐贾岛《永福湖和杨郑州》诗:"积水还平岸,春来引郑溪。"

"环"也写作"圜"。《广韵·删韵》:"圜,围也。"《集韵·删韵》:"圜,绕也。"《商君书·算地》:"谈说之士资在于口……商贾之士资在于身,故天下一宅而圜身资。"蒋礼鸿《商君书锥指》:"圜犹环也……身之所在,资亦随之,故曰圜身资。"《汉书·高五王传》:"武帝为悼惠王家园在齐,乃割临菑东圜悼惠王家园邑尽以予菑川。"颜师古注:"圜谓周绕之。"又《郊祀志下》:"水圜宫垣。"颜师古注:"圜,绕也。"

〔周〕(舟)《小尔雅·广言》:"周,帀(匝)也。"《国语·晋语五》:"齐师大败,逐之,三周华不注之山。"韦昭注:"周,匝也。"《楚辞·九歌·湘君》:"鸟次兮屋上,水周兮堂下。"王逸注:"周,旋也……流水周旋已之堂下。"银雀山汉墓竹简《孙膑兵法·地葆》:"军与阵皆毋政前右,右周毋左周。"注:"周,周匝环绕。"《后汉书·班彪传上》:"周以鉤陈之位。"李贤注:"周,环也。"清魏源《圣武记》卷六:"(寨)外周以三濠,濠外又横以大树。"

"周"也写作"舟"。《诗经·大雅·公刘》:"何以舟之?维玉及瑶,鞞琫容刀。"毛传:"舟,带也。"马瑞辰传笺通释:"舟者,匋之假借。《说文》:'匋,币徧也。'字通作周。带周于身,故舟得训带。"按:带,长而柔曲,可以绕物,也可引申为环绕。

〔匝〕 南朝梁刘勰《文心雕龙·物色》:"山沓水匝,树杂云合。"唐元结《招陶别驾家阳华作》诗:"清渠匝庭堂,出门仍灌田。"宋叶適《修职郎吴君墓志铭》:"淳熙大荒札,匝其居数十里,养生丧死,廪无留陈。"清张丹《晏城》诗:"小小古晏城,西对华不注。昔之晋郤克,逐马匝此处。"

〔营〕(萦 嬴)《说文》:"营,币居也。"清桂馥《说文义证》:"营谓周垣。"《说文》:"厶,奸邪也。韩非曰:'苍颉作字,自营为厶。'"段玉裁注:"见《五蠹》篇。今本《韩非(子)》'营'作'环',二字双声语转。营训币(匝)居,环训旋绕,其义亦相通。"清王筠《说文句读》:"营、环一义,皆绕币之谓。"汉扬雄《羽猎赋》:"营合围会,然后先置乎白杨之南,昆明灵沼之东。""营合",环绕合拢。《汉书·李寻传》:"日中,为大臣欺诬;日且入,为妻妾役使所营。"颜师古注:"营,谓绕也。"

"营"也写作"萦"。《诗经·周南·樛木》:"南有樛木,葛藟萦之。"毛传:"萦,旋也。"汉班固《白虎通·灾变》:"以朱丝萦之,鸣鼓攻之。"唐李白《蜀道难》诗:"青泥何盘盘,百步九折萦岩峦。"宋苏轼《张竞辰永康所居万卷堂》诗:"清江萦山碧玉环,下有老龙千古闲。"清梁章钜《归田琐记·北东园日记诗附徐观察诗》:"薜荔翠萦文石上,芙蕖红到研池边。"

"营"也写作"嬴"。清朱骏声《说文通训定声·鼎部》:"嬴,假借为营。"《淮南子·要略训》:"儌真者,穷逐终始之化,嬴坪有无之精。"高诱注:"嬴,绕匝也。"

〔婴〕(撄) 唐玄应《一切经音义》卷二十一:"婴,犹缠绕也。"《昭明文选·司马迁〈报任少卿书〉》:"其次剔毛发婴金铁受辱。"吕延济注:"婴,绕也。"《山海经·西山经》:"婴以百珪百璧。"郭璞注:"婴谓陈之以环祭也。"《后汉书·卓茂传论》:"建武之初,雄豪方扰,虓呼者连响,婴城者相望。"李贤

注:"婴城,言以城自婴绕。"《昭明文选·陆机〈赴洛道中作〉》诗:"借问子何之？世网婴我身。"李善注引《说文》曰:"婴,绕也。"宋苏轼《厉法禁策》:"其罪至于除名,而其官不足以赎,则至于婴木索受笞箠。"

　　"婴""撄"古今字。围绕义也写作"撄"。《墨子·经上》:"撄,相得也。"清孙诒让注:"《庄子·大宗师》释文引崔譔云:'撄,有所系著也。'"毕沅校注引《玉篇》曰:"撄,结也。"《淮南子·缪称训》:"勿挠勿撄,万物将自清。"高诱注:"撄,缨。"唐张谓《虞帝庙碑铭并序》:"其来也撄于樊笼,其去也脱于桎梏。"《明史·云南土司传一》:"时城中食少,士卒多病,寇至,都督谢熊、冯诚等撄城固守。""撄城",同婴城。

〔宫〕《尔雅·释山》:"大山宫小山,霍。"郭璞注:"宫,谓围绕之。"邢昺疏:"谓小山在中,大山在外围绕之,山形若此者名霍。非谓大山名宫,小山名霍也。"《礼记·丧大记》:"君为庐,宫之。"郑玄注:"宫,谓围障之也。"清姚鼐《望潜山》诗:"道边只堁复只堁,天半大山宫小山。"清魏源《关中览古·南山龙湫》诗:"大山宫小山,上帝开天囷。"

〔围〕《玉篇·囗部》:"围,绕也。"《周礼·秋官·司寇》:"环人中士四人。"郑玄注:"环,犹围也。"以围释"环"。《庄子·则阳》:"精至于无伦,大至于不可围。"汉刘珍等《东观汉记·周嘉传》:"嘉从太守何敞讨贼,敞为流矢所中,贼围绕数十重。"《三国志·魏书·武帝纪》:"五月,毁土山,地道作堑,决漳水灌城。""围堑",围绕城垒的壕沟。宋王安石《阴漫漫行》诗:"少留灯火就空床,更听波涛围野屋。"

〔团〕唐李贺《屏风曲》诗:"团回六曲抱膏兰,将鬟镜上掷金蝉。"明王贵一《九月六日夜雨作》诗:"野菊团江舍,孤灯闇壁萝。"明朱鼎《玉镜台记·拘温家属》:"众兵团住温家,一个个都绑起来解去称赏。"《清朝野史大观·夏侍郎窘迫》:"每日早晚二餐,诸人团坐而食。"

〔绕〕(遶)《正字通·糸部》:"绕,围也。"《庄子·说剑》:"绕以渤海,带以常山。"汉曹操《短歌行》诗:"绕树三匝,何枝可依？"《列子·汤问》:"昔韩娥东至齐,匮粮,过雍门,鬻歌假食。既去,余音绕梁欐,三日不绝。"唐韩愈《论淮西事宜状》:"绕逆贼州县堡栅等,各置兵马。"明李攀龙《送妻弟魏生还里》诗:"阿姊扶床泣,诸甥绕膝啼。"

　　"绕"也写作"遶"。《广韵·小韵》:"遶,围遶。"《篇海类编·人事类·辵部》:"遶,围遶也。"三国魏曹植《杂诗六首》之三:"飞鸟遶树翔,噭噭鸣索群。"

南朝梁沈约《相逢狭路间》诗:"大妇逸梁歌,中妇回文织。"宋秦观《满庭芳》词:"斜阳外,寒鸦数点,流水逸孤村。"清方苞《三山林湛传》:"时问疾者逸床,谓将以家累属成之也。"

〔带〕〔递〕 环绕(似带)。《战国策·楚策一》:"秦地半天下,兵敌四国,被山带河,四塞以为固。"晋陆机《辩亡论下》:"长江制其区宇,峻山带其封域。"三国魏嵇康《赠秀才入军》诗之三:"浩浩洪流,带我邦畿。"唐杨师道《陇头水》诗:"陇头秋月明,陇水带关城。"唐王昌龄《秋日登高》诗:"青山远近带皇州,霁景重阳上北楼。"清魏源《圣武记》卷二:"黄岩凭山带江,贼水陆扼险。"

"带"有时也写作"递"。《古今韵会举要·泰韵》:"递,绕也。"《汉书·王莽传》:"夫绛侯即因汉藩之固,杖朱虚之鲠,依诸将之递,据相扶之势,其事虽丑,要不能遂。"颜师古注:"递,绕也。谓相围绕也。"

〔缘〕《荀子·议兵》:"限之以邓林,缘之以方城。"三国魏曹植《苦思行》诗:"绿萝缘玉树,光耀灿相辉。"北魏郦道元《水经注·江水二》:"江陵城地东南倾,故缘以金堤。"

〔抱〕 汉张衡《西京赋》:"于前则终南、太一……抱杜含鄠,欱澧吐镐。"吕向注:"杜,杜陵;鄠,鄠县。言山势含抱也。"北周庾信《奉报穷秋寄隐士》诗:"秋水牵沙落,寒藤抱树疏。"唐杜甫《江村》诗:"清江一曲抱村流,长夏江村事事幽。"唐李白《见会公谈陵阳山水》诗:"冰谷明且秀,陵峦抱山城。"

〔拱〕 环绕(如抱手相围)。《吕氏春秋·有始》"极星与天俱游,而天枢不移"下高诱注:"譬如北辰居其所,而众星拱之。"晋潘岳《藉田赋》:"若湛露之晞朝阳,似众星之拱北辰也。"《乐府诗集·燕射歌辞·登歌》:"群星拱极(北极星),众川赴海。"《水浒传》第三七回:"群星拱皓月争辉,绿水共青山斗碧。"

〔佩〕 以水环绕。《正字通·人部》:"水萦纡谓之佩。"北魏郦道元《水经注·渭水》:"藉水又东北迳上邽县,左佩四水,东会占溪水。"又"兰渠川水出自北山,带佩众溪,南流注于渭。"清恽敬《重建东湖书院记》:"南泮之北,沙斗入,北佩湖,南以南泮为至,环三面皆水也。"

【辨】

①词的本义不同。"环"的本义是环形的玉器。《说文》:"环,璧也,

肉(环形玉器的实体)好(环形玉器中间的孔)若一谓之环。"段玉裁注:"环,引申为围绕无端之义。"围绕义的"周",本字当作"匓"。《说文》:"匓,帀(匝)徧也。"段玉裁注:"匓与周义别。口部曰:'周者,密也。'周自其中之密言之,匓自其外之极复言之。凡圜周、方周、周而复始,其字当作匓。""匝"的小篆作"帀"。《说文》:"帀,周也。"(段玉裁注本改"周"为"匓")本义为圜周。"营"的本义是环居。《说文》:"营,帀居也。"(段注本)段玉裁注:"帀居,谓围绕而居。"清徐灏《说文解字注笺》:"营与环,古音近相通。""婴"的本义是围绕。《说文》:"婴,绕也。"(据段注本、《说文句读》本)段玉裁注:"凡史言婴城自守,皆谓以城围绕而守也。"清王筠《说文句读》:"依《选》(昭明文选)注屡引改。《众经音义》:'婴,犹缠绕也。'《汉书》:'婴城固守。'音曰:'以城自绕也。'""宫"的本义最初是穴室。甲骨文作两口或两口相连状。《说文》:"宫,室也。"段玉裁注:"宫,言其外之围绕;室,言其内。析言则殊,统言则不别也。""围"的本义是防守。《说文》:"围,守也。""团",清人徐灏认为是口语团栾的合音(见《说文解字注笺》)。"绕"的本义是缠绕。《说文》:"绕,缠也。""带"的本义是带子。《说文》:"带,绅也。""缘"的本义是修饰衣边。《说文》:"缘,衣纯也。"段玉裁注:"缘者,沿其边而饰之也。""抱"的本字当作"褱"。《说文》:"褱,裏(同怀)也。"清李富孙《说文辨字正俗》:"按,褱为裹褢字,今俗皆误作'抱'。""拱"的本义是两手抱拳如抱鼓,是一种表示礼节的姿势。《说文》:"拱,敛手也。"段玉裁注:"《尚书大传》曰:'拱则抱鼓。'""佩"的本义是系于衣带上的饰品。《说文》:"佩,大带佩也。"清王筠《说文句读》:"巾部'带'下云:'象系佩之形。'故此亦连带言之也。佩系于革带,此言大带者,浑言不别也。"

②词义的内涵不同。"环"还有环形或环形物、包围、循环、四周等义。"周"除取代"匓"义外还有周密、亲密、适合、完备、周济、遍及完毕、循环、周围等义。"匝"还有完满、周全、遍及等义。"营"还有军营、扎营、区域、营造、经营、谋求、谋虑等义。"婴"还有妇女颈饰、遭受、触犯、加等义。"宫"还有宫殿、宗庙、神庙、五刑之一、音乐术语等义。"围"还有包围、区域、围子等义。"团"还有圆形、聚集、抟成圆球形、圆形物等义。"绕"还有迂回义。"带"还有束缚、佩带、带领、连带、地带等义。"缘"还有边沿、攀援、凭借、沿着、缘分、因为等义。"抱"还有怀藏、持守、保养等

义。"拱"还有执持、两手合围的粗度、向上或向前顶等义。"佩"还有佩带、携带、钦佩等义。

连 联 接 属 缀
<small>lián lián jiē zhǔ zhuì</small>

【同】 连接,事物互相衔接。

〔连〕《昭明文选·苏武〈别从弟诗〉》:"况我连枝树,与子同一身。"吕向注:"兄弟如木连枝而同本。"汉王充《论衡·效力篇》:"书五行之牍,书十奏之记,其才劣者,笔墨之力犹难,况乃连句结章,篇至十百哉!"北魏郦道元《水经注·江水》:"两岸连山,略无阙处。"南朝陈徐陵《〈玉台新咏〉序》:"清文满箧,非惟芍药之花;新制连篇,宁止葡萄之树。"明杨慎《丹铅杂录·朋党》:"后世朋党二字连称,以困君子,名实皆紊矣。"

〔联〕《说文》:"联,连也。"汉张衡《西京赋》:"朝堂承东,温调延北,西有玉台,联以昆德。"李善注引《说文》曰:"联,连也。"南朝梁刘勰《文心雕龙·章句》:"故章者,明也;句者,局也。局言者,联字以分疆;明情者,总义以包体。"唐柳宗元《与崔策登西山》诗:"联袂度危桥,萦回出林杪。"宋岳珂《桯史·快目楼题诗》:"八月书空雁字联,岳阳楼上俯晴川。"元赵孟頫《游吴兴山水清远图记》:"横视则散布不属,从视则联若鳞比。"明何景明《与李空同论诗书》:"仆尝谓诗文有不易之法者,辞断而意属,联类而比物也。"明焦竑《玉堂丛语·文学》:"公环奇跌荡,限韵命题,即席联句,动辄数百言。"

〔接〕《管子·八观》:"食谷水,巷凿井;场圃接,树木茂。"晋左思《蜀都赋》:"栋宇相望,桑梓接连。"南朝梁沈约《齐故安陆昭王碑》:"南接衡巫,风云之路千里。"北齐刘昼《新论·从化》:"尧、舜之人,可比屋而封;桀、纣之人,可接屋而诛。"清魏源《圣武记》卷一:"大军每从喜峰、居庸间道内袭,如入无人之境,然终有山海关控扼其间,则内外声势不接。"《红楼梦》第九九回:"家中事情接二连三,也无暇及此。"

〔属〕《尚书·禹贡》:"弱水既西,泾属渭汭。"孔颖达疏:"属谓相连属。"汉王充《论衡·说日篇》:"临大泽之滨,望四边之际与天属,其实不属,远若属矣。"《昭明文选·陆机〈文赋〉》:"每自属文,尤见其情。"李善注:"属,缀也。"宋苏轼《再论积欠六事四事劄子》:"累岁灾伤,流殍相属。"明徐弘祖《徐霞客游记·粤西游日记四》:"中有土冈,南北横属。"

〔缀〕《广雅·释诂四》:"缀,连也。"《广韵·祭韵》:"缀,连缀。"汉张衡《西京赋》:"左有崤、函重险,桃林之塞,缀以二华。"李善注引贾逵《国语》注:"缀,连也。"李周翰注:"言比二山如缀之于长安。"晋葛洪《抱朴子·尚博》:"然则缀文固为余事,而吾子不褒崇其源,而独贵其流,可乎?"五代王定保《唐摭言·谢恩》:"状元已下,到主司宅门,下马缀行而立。"明徐弘祖《徐霞客游记·黔游日记一》:"而其村重缀冈阜,瓦舍高耸。"

【辨】

①词的本义不同。"连"的本义是一个人拉的车。《说文》:"连,员连也。"段玉裁改"员连"为"负车"并注道:"'连'即古文'辇'也。《周礼·(地官)·乡师》:'輂辇。'郑玄注:'故书辇作连。'负车者,人挽车而行,车在后如负也……人与车相属不绝,故引申为连属字。""联"是"连"的古字,两字又是同源字。《说文》:"联,连也。"段玉裁注:"周人用联字,汉人用连字,古今字也。"初为一词,在相当长一个时期,用法也常常相同。例如联合、联络、联系、联翩、联袂、联职(同事、共事)、联绵字,也写作连合、连络、连系、连翩、连袂、连职、连绵字;连带、连接、连环、连属、连续、连贯、连娟、连锁、毗连、株连、连篇累牍,也写作联带、联接、联环、联属、联续、联贯、联娟、联锁、毗联、株联、联篇累牍。但后来逐渐分工,"连"一般用于连接义,"联"一般用于联合义。如连中三元、连战皆捷、连环画、连续剧、连轴转、连阴天、连日连夜、连锁反应,其中的"连",不能换成"联";联防、联营、联姻、联播、联名、联合战线、联欢晚会、工农联盟、八国联军,其中的"联",不能换成"连"。

"接"的本义是交接。《说文》:"接,交也。"段玉裁注:"引申为凡相接之偁。""属"的本义是连接。《说文》:"属,连也。"段玉裁注:"今字以为'联'字。属,今韵分之欲、市玉二切,其义实相通也。"清徐灏《说文解字注笺》:"属之言续也。《系传》曰:'属,相连续,若尾之在体,故从尾。'""缀"的本义是缝合。《说文》:"缀,合箸也。"段玉裁注:"联之以丝,会意。"清徐灏《说文解字注笺》:"合箸,犹缀联也。叕、缀疑本一字。"按"缀"字,《说文》在叕部。《说文》:"叕,缀联也。"清王筠《说文句读》:"以缀说叕,则缀者,叕之分别文也。"

②词义的内涵不同。"连"还有连续、联合、牵连、连姻、连同等义。

"联"还有联合、联系、缀连、对偶、对联等义。"接"还有接续、接近、接待、承受、迎接等义。"属"还有连缀、嘱托、属注、叮嘱、汇集等义。"缀"还有点缀、跟随、挂等义。

继 续 赓（庚 更）

【同】 连续，接续，事物或行为在时间或空间上前后相连。

〔继〕《说文》："继，续也。"《易经•离卦》："象曰：明两作离，大人以继明照于四方。"王弼注："继，谓不绝也。明照相继不绝旷也。"《孟子•万章下》："其后廪人继粟，庖人继肉，不以君命将之。"赵岐注："其后仓廪之吏继其粟，将尽复送，厨宰之人日送其肉。"又《离娄下》："周公思兼三王，以施四事，其有不合者，仰而思之，夜以继日。"《礼记•玉藻》："大夫继武。"孔颖达疏："继武者，谓两足迹相接继也。"《史记•范雎蔡泽列传》："及二人羁旅入秦，继踵取卿相。""继踵"，足跟连着足跟，犹相继。

〔续〕《说文》："续，连也。"《尚书•盘庚中》："予迓续乃命于天。"孔颖达疏："天意向汝，我欲迎之；天断汝命，我欲续之。"《庄子•骈拇》："凫胫虽短，续之则忧；鹤胫虽长，断之则悲。"汉陈琳《为袁绍檄豫州》："续遇董卓，侵官暴国。"吕延济注："续，相连也。"宋宋敏求《春明退朝录》卷上："赵令初拜，止独相，领集贤殿大学士，续兼修国史。"清吴敬梓《儒林外史》第三四回："一时人急智生，把自己头发拔下一绺，登时把弓弦续好。"

〔赓〕（庚 更）《尔雅•释诂下》："赓，续也。"《尚书•益稷》："皋陶拜手稽首……乃赓载歌曰：'元首明哉，股肱良哉，庶事康哉。'"孔安国传："赓，续；载，成也。"唐韩愈《上巳日燕太学听弹琴诗序》："坐于罇俎之南，鼓有虞氏之《南风》，赓之以文王《宣父》之操，优游夷愉，广厚高明。"清薛福成《〈筹洋刍议〉序》："宜事牵扰，卒卒尠暇，不知何日能赓此志。"

"赓""更"同源，"赓"也写作"更"。《国语•晋语四》："姓利相更，成而不迁，乃能摄固，保其土房。"韦昭注："更，续也。"《淮南子•时则训》："祭不用牺牲，用圭璧，更皮币。"于省吾《双剑誃诸子新证•淮南子一》："此言用圭璧又续之以皮币。"按："赓"也写作"庚"，但书证仅见于《诗经•小雅•大东》："东有启明，西有长庚。"毛传："庚，续也。"且与"庚"的动词义不甚相合。

【辨】
　　①词的本义不同。"继"的本义是连续。《说文》:"继,续也。"段玉裁注:"谓以糸联其绝也。""续"的本义是相连。《说文》:"续,连也。"而"连"又与"联"意义相近。一般说,"继"多用于时间上的相连,如日以继夜、继往开来等;"续"多用于空间上的相连,如绝长续短、狗尾续貂、断鹤续凫。"赓",《说文》作为"续"的重文收在"续"下,当与"续"同义。

　　②词义的内涵不同。"继"还有延续、接连不断、承继、接济等义。"续"还有继续、连续、断而复连等义。"赓"还有抵偿、补偿义。

　　③"继""续"与"连""联""接""属""缀"等义近,两者主要区别是,前者有延续,不使中断义,如存亡继绝、继路(不绝于路)、继志(继前人之志)、继昼(昼不足继之以夜)、继父、继母、续编(原作完成以后继续编写)、续作(继原作之后续写的作品)、续弦(丧妻后再娶)等;后者则表示事物互相衔接。

欧　呕　吐
　　ǒu　ǒu　tù

【同】呕吐,胃内食物、脏器出血等被迫从口内排出。

〔欧〕《广韵·厚韵》:"欧,吐也。或作'呕'。"《集韵·厚韵》:"欧,《说文》:'吐也。'或作'呕'。"《汉语大词典·口部》:"ǒu'呕'的古字。呕吐。"《史记·张丞相列传》:"嘉谓长史曰:'吾悔不先斩错,乃先请之,为错所卖。'至舍,因欧血而死。"汉刘向《新序·节士》:"袁旌目曰:'嘻!汝乃盗也,何为而食我?以吾不食也。'两手据地而欧之。"《汉书·丙吉传》:"吉驭吏耆酒,数逋荡,尝从吉出,醉欧丞相车上。"颜师古注:"欧,吐也。"《三国志·魏书·武帝纪》:"(袁)绍自军破后,发病欧血,夏五月死。"

〔呕〕"欧"的今字。《释名·释疾病》:"呕,伛也,将有所吐,脊曲伛也。"《左传·哀公二年》:"简子曰:'吾伏弢呕血,鼓音不衰,今日我上也。'"杜预注:"呕,吐也。"《史记·扁鹊仓公列传》:"此病疽也,内发于肠胃之间,后五日当臃肿,后八日呕脓死。"汉王充《论衡·四讳篇》:"故鼻闻臭,口食腐,心损口恶,霍乱呕吐。""呕吐",同义连用。宋苏轼《东坡文钞·问养生》:"食中有蛆,人见之者必呕也。"

〔吐〕《广韵·暮韵》:"吐,欧也。"《淮南子·修务训》:"楚国有烹猴而召其邻人,以为狗羹也而甘之。后闻其猴也,据地而吐之,尽写其食。"《后汉书·李杜列传》:"时冀亦在侧,曰:'恐吐,不可饮水。'"北齐颜之推《颜氏家训·风操》:"医诊脉云:'肠断矣!'因尔便吐血,数日而亡。"《三国演义》第一三回:"妻曰:'必中其毒矣!'即令将粪汁灌之,一吐方定。"

【辨】

①词的本义不同。"欧"字的本义是呕吐。《说文》:"欧,吐也。从欠区声。乾一案,'欧',俗作'呕',非。"清朱骏声《说文通训定声》:"字亦作'呕'。"清邵瑛《说文解字群经正字》:"今经典作'呕'……正字当作'欧'。"按:呕吐义的"呕",经传中仅《左传》中1见。"呕"字,《说文》不收。清郭庆藩《说文经字正谊》:"庆藩案,《说文》无'呕'字,'呕'当作'欧'。《(说文)欠部》:'欧,吐也。《篇》《韵》同。《一切经音义》十:'欧,欲吐也。《急就篇》:'消灡欧㵸欸䜴让。颜注:'欧䬩而不下食也。'《山海经·东山经》:'膏水,其中多薄鱼,其音如欧。'注:'声如人呕吐。'《海外经》:'欧丝之野,一女子跪,据树欧丝。'《新序·节士篇》:'据地而欧之,不出。'……'呕'字,并当作'欧'。"按:"欧"字,因又借为讴歌的"讴"、殴打的"殴"、驱使的"敺"和姓氏等,且呕吐都自口出,后便改偏旁欠为口,新造一个"呕"字,以取代"欧"字的本义。"吐"的本义是吐泻。《说文》:"吐,写也。"清朱骏声《说文通训定声》:"《广雅·释言》:'泻也。《释名》:'扬、豫以东谓泻为吐。《苍颉篇》:'吐,弃也;亦写也。'"按"写"的本义是把物(包括液体)从甲处移置至乙处。《说文》:"写,置物也。"段玉裁注:"谓由此注彼也。《曲礼》曰:'器之溉者不写。'注云:'传己器中乃食之。'……按,凡倾吐曰写,故作字作画皆曰写。"上面例句中的"据地而吐之,尽写其食",即把吃进去的食物全都吐出来,"写""泻",古今字。清徐灏《说文解字注笺》:"俗'泻',相承增水旁。古只作'写'。"

②词义的内涵不同。"欧"还有讴歌、殴打、驱使、姓氏、地名(欧洲)等义。"呕",只有呕吐义。"吐"还有比喻被迫退还所侵占的财物义。

疾 病
jí   bìng

【同】 身体不健康的状态。

〔疾〕《说文》:"疾,病也。"段玉裁注:"浑言之,则疾亦病也。"《易经·复卦》："亨。出入无疾。"《孟子·公孙丑下》："王使人问疾，医来。"赵岐注："王以孟子实病，遣人将医来，且问疾也。"汉桓宽《盐铁论·轻重》："扁鹊抚息脉而知疾所由生。"

"疾""病"还常常异文。《史记·吴王濞列传》："吴王由此稍失藩臣之礼，称疾不朝⋯⋯今王始诈病⋯⋯吴王身有内病。"《汉书·吴王濞传》为"吴王由此怨望，稍失藩臣礼，称疾不朝⋯⋯今吴王始诈疾⋯⋯吴王身有内疾。"又《史记·高祖本纪》："汉王出行军，病甚，因驰入成皋。"《汉书·高帝纪》为"汉王出行军，疾甚，因驰入成皋。"

〔病〕《说文》："病，疾加也。"张舜徽《说文解字约注》："今人常语则但言病，不言疾，以浑言则无别耳。"《周礼·天官·疾医》："以五味、五谷、五药养其病。"《韩非子·外储说右下》："秦昭王有病，百姓里买牛而家为王祷。"《淮南子·说山训》："良医者，常治无病之病，故无病。"

【辨】

①词的本义不同。《说文》认为病甚于疾，轻者称疾，重者称病。《说文》："疾，病也。""病，疾加也。"《玉篇·疒部》："病，疾甚也。"《论语·子罕》："子疾病，子路使门人为臣。"何晏集解："包曰：疾甚曰病。"《礼记·丧大记》："疾病，内外皆埽。"郑玄注："为宾客将来问病也。疾困曰病。"孔颖达疏："此对文耳，散文则通也。"《汉书·昭帝纪》："后元二年二月，上疾病，遂立昭帝为太子，年八岁。"颜师古注："疾甚曰病。"

②词义的内涵不同。"疾"还有疫疠、痛、恨、嫉妒、患（担忧）等义。"病"还有疾苦、疲惫、饥饿、贫困、毛病、忧虑、怜悯等义。

quán（全） yù（瘉俞） chài（差） chōu jiàn yǐ chú kě
痊（全） 愈（瘉俞） 瘥（差） 瘳 间 已 除 可

【同】病愈，健康恢复正常。

〔痊〕（全）《玉篇·疒部》："痊，病瘳也。"《集韵·僊韵》："痊，病除也。"《庄子·徐无鬼》："今予病少痊，予又且复游于六合之外。"成玄英疏："痊，愈也。虚妄之病，久已痊除。"汉蔡邕《胡公夫人赞》："夫人寝疾，荣此宠休，疾用欢痊，翊日斯瘳。"元尹廷高《永嘉书所见》诗："况遭疫疠苦，十病无一痊。"

《说文》无"痊"字。"全"是"痊"的古字。《周礼·天官·医师》："岁终，则稽其医事以制其食,十全为上,十失一次之。"郑玄注:"全,犹愈也。"孙诒让正义:"《说文》入部云:'全,完也。'引申之,疾愈亦为全。"唐韩愈《祭十二郎文》:"孰谓少者殁而长者存,强者夭而病者全乎!"明冯梦龙《警世通言·假神仙大闹华光庙》:"魏公取归,煎膏入酒,与魏生吃。一日三服,比及膏完,病已全愈。"

〔愈〕(瘉 俞)《说文》不收"愈"字。《玉篇·心部》:"愈,差也。"《孟子·公孙丑下》:"孟仲子对曰:'昔者有王命,有采薪之忧,不能造朝。今病小愈,趋造于朝,我不识能至否乎?'"《礼记·三年问》:"创巨者其日久,病甚者其愈迟。"孔颖达疏:"'病甚者其愈迟'者,愈,差也……其病既甚,故其差亦迟也。"宋苏轼《代滕甫论西夏书》:"遂用其言,以善药磨治半月而愈。"

"愈"的正字为"瘉"。《说文》:"瘉,病瘳也。"南唐徐锴《说文解字系传》:"臣锴曰:'今作愈字。'"《汉书·高帝纪上》:"汉王疾瘉,西入关,至栎阳,存问父老,置酒。"颜师古注:"瘉与愈同。愈,差也。"南朝梁简文帝《答湘东王书》:"吾春初卧疾,极成委弊,虽西山白鹿,惧不能瘉。"唐魏徵《九成宫醴泉铭》:"京师醴泉,饮者痼病皆瘉。"

"愈"也写作"俞"。《荀子·解蔽》:"故伤于湿而击鼓鼓痹,则必有敝鼓丧豚之费矣,而未有俞疾之福也。"杨倞注:"俞,读为愈。"

〔瘥〕(差)《说文》:"瘥,瘉也。"清王筠《说文句读》:"谓病瘉也。"《广雅·释诂一》:"瘥,瘉也。"《玉篇·疒部》:"瘥,疾愈也。"《百喻经·倒灌喻》:"医言当须倒灌乃可瘥耳。"北魏郦道元《水经注·沔水》:"泉源沸涌,冬夏汤汤,望之则白气浩然,言能瘥百病云。"宋孔平仲《续世说·夙慧》:"袁正君年数岁,父疾,昼夜不眠,专侍左右,家人劝令暂卧,答曰:'患既未瘥,眠也不安。'"明归有光《与沈敬甫·题病疟医言似疟非疟》诗:"我能胜之当自瘥,禹乎卢乎终始乎?"

"差"是"瘥"的古字。《方言》卷三:"差,愈也。南楚病愈谓之差。"《广韵·卦韵》:"差,病除也。"汉张仲景《伤寒论·阴阳易差病》:"大病差后劳复者,枳实栀子汤主之。"《后汉书·华佗传》:"(曹)操积苦头风眩,佗针,随手而差。"《三国志·魏书·朱建评传》:"夏侯威为兖州刺史,年四十九,十二月上旬得疾……至下旬转差,垂以平复。"唐元稹《蟆子·序》:"啮人成疮,秋夏不愈,膏楸叶而傅之则差。"

〔瘳〕《说文》:"瘳,疾瘉也。"《广雅·释诂一》:"瘳,瘉也。"《玉篇·疒部》:"瘳,病愈也。"《尚书·金縢》:"公归,乃纳册于金縢之匮中,王翼日乃瘳。"孔安国传:"翼,明。瘳,差也。"孔颖达疏:"瘳训差,亦为愈,病除之名。"又《说命上》:"启乃心,沃朕心。若药弗瞑眩,厥疾弗瘳。"孔安国传:"开汝心,以沃朕心。如服药,必瞑眩极,其病乃除。"《诗经·郑风·风雨》:"既见君子,云胡不瘳?"毛传:"瘳,愈。"《吕氏春秋·孝行》:"门人问之曰:'夫子下堂而伤足,瘳而数月不出,犹有忧色,敢问其故?'"《后汉书·光武帝纪》:"是夏,京师醴泉涌出,饮之者固疾皆愈,惟眇蹇者不瘳。"

〔间〕《方言》卷三:"差、间,愈也。"《左传·文公十六年》:"公有疾,使季文子会齐侯于阳谷,请盟。齐侯不肯,曰:'请俟君间。'"杜预注:"间,瘳。"又《襄公十年》:"晋侯有间。"杜预注:"间,疾差也。"《论语·子罕》:"子疾病,子路使门人为臣。病间。"何晏集解:"少差曰间。"《史记·赵世家》:"今主君之病与之同,不出三日疾必间,间必有言也。"《新唐书·敬宗纪》:"穆宗疾少间,宰相李逢吉请立景王为皇太子。"

〔已〕《广雅·释诂一》:"已,瘉也。"《吕氏春秋·至忠》:"王之疾,必可已也。"高诱注:"已,犹愈也。"《素问·离合真邪论》:"刺其出血,其病立已。"《史记·扁鹊仓公列传》:"臣意即为之液汤火齐逐热,一饮汗尽,再饮热去,三饮病已。"《汉书·郊祀志》:"于是上病瘉,遂起,幸甘泉,病良已。"颜师古注:"孟康曰:'良已,善已,谓瘉也。'"

〔除〕《方言》卷三:"南楚病愈谓之差,或谓之间……或谓之除。"《广雅·释诂一》:"除,瘉也。"《韩非子·八说》:"夫沐者有弃发,除者伤血肉。"王先慎注:"欲病瘉者,攻以药石。药石所达,血肉必伤。"《三国志·魏书·方技传·华佗》:"其妻闻其病除,从百余里来省之。"《敦煌变文集·父母恩重经讲经文》:"男女有病,父母亦病;子若病除,父母方差。""除""差"互文。唐李师政《通命二》:"譬如药石胜而疾除,水雨注而焚息。"

〔可〕《南史·王茂传》:"(帝)乃令腹心郑绍叔往候之。遇其卧,因问疾,茂曰:'我病可耳。'"金董解元《西厢记诸宫调》卷一:"这些病何时可?待医来却又无个方本。"明徐榜《济南纪政·回生》:"徐生病可,述其事告太守。"

【辨】

词义的内涵有所不同。"痊"的古字为"全"。《说文》:"全,完也。"

"引申之,疾愈亦为全"(见《周礼·天官·医师》孙诒让正义),意为病全好了,康复如初。"愈"表示病已过去。清徐灏《说文解字注笺》:"瘉训为甚,亦训为过,古通作踰。踰者,过也。《史记·汲黯传》:'无以踰人。'索隐作'瘉',云'胜也'。胜亦过也。又通作'愈',愈亦过也。瘉为过甚之义,又为过去之义,故瘉谓之病,亦谓之瘳矣。""瘥"是表示病情逐渐好转。张舜徽《说文解字约注》:"瘥之言差也,谓病之逐渐次第减轻也。""瘳"是表示病情逐渐减轻。《集韵·萧韵》:"瘳,损也。""损",减损。"间",表示病情正在好转,但没有完全好。《说文》:"间,隙也。"段玉裁注:"病愈瘳之间曰病间。""除"在先秦古籍只有去除义。病愈义,当是去除义的引申。病去,也即病愈。"可"的本义是肯定、认可。古时病愈没有量化的标准,只是觉得没有症状了,便认可病已痊愈。

死 亡 卒(猝) 殁(没殁) 终 故 逝
殂(徂) 薨 崩 殒(陨) 夭(殀) 殇

【同】 死亡,人失去生命。

〔死〕《说文》:"死,澌也,人所离也。"段玉裁注:"水部曰:'澌,水索也。'《方言》:'澌,索也。'是澌为凡尽之称。人尽曰死。"《释名·释丧制》:"人始气绝曰死。死,澌也,就消澌也。汉以来谓死为物故,言其诸物皆就朽故也。"《诗经·鄘风·相鼠》:"人而无仪,不死何为?"《左传·襄公二十四年》:"古人有言曰:'死而不朽。'何谓也?"《论语·泰伯》:"人之将死,其言也善。"《孟子·告子上》:"死亦我所恶,所恶有甚于死者,故患有所不辟也。"《列子·天瑞》:"死者,人之终也。"

〔亡〕"今人但谓亡为死,非也。引申之,则谓失为亡,亦谓死为亡。"(《说文》"亡"下段玉裁注)《字汇·亠部》:"亡,死也。"《尚书·汤誓》:"时日曷丧?予及汝皆亡。"《公羊传·桓公十五年》:"曷为末言尔?祭仲亡矣。"何休注:"亡,死亡也。"南朝梁刘勰《文心雕龙·哀吊》:"及后汉汝阳王亡,崔瑗哀辞,始变前式。"南朝宋刘义庆《世说新语·言语》:"羊秉为抚军参军,少亡。"宋张孝祥《邕帅蒋公墓志铭》:"天子方将用之于既老,而君则耇于数而云亡也。"

〔卒〕(殡)《尔雅·释诂上》:"卒,尽也。"又《释诂下》:"卒,死也。"《左传·哀公十六年》:"夏,四月,己丑,孔丘卒。"《国语·鲁语下》:"公父文伯卒,其母戒其妾曰:吾闻之,好内,女死之;好外,士死之。吾恶其以好内闻也。"《战国策·燕策一》:"文公卒,易王立,齐宣王因燕丧攻之。"《史记·外戚世家》:"先,代王未入立为帝而王后卒。"

"殡"是"卒"的今字。《说文》:"殡,大夫死曰殡。"清徐灏《说文解字注笺》:"卒、殡,古今字。"《玉篇·歹部》:"殡,死也。"《越绝书·吴内传》:"天子称崩,诸侯称薨,大夫称殡。"清李慈铭《越中三子传》:"及训导殡,君所生父以毁亡。"

〔殁〕(没 歾)《广韵·没韵》:"殁,死也。"《国语·晋语四》:"管仲殁矣,多谗在侧。"韦昭注:"殁,终也。"《史记·秦始皇本纪》:"始皇既殁,胡亥极愚,骊山未毕,复作阿房,以遂前策。"汉王充《论衡·偶会篇》:"父殁而子嗣,姑死而妇代,非子妇嗣代使父姑终殁也,老少年次自相承也。"《明史·太祖本纪》:"太祖时年十七,父母兄相继殁,贫不克葬。"

"没"是"殁"的古字。清朱骏声《说文通训定声》:"经传皆以'没'为之。"《论语·学而》:"子曰:'父在观其志,父没观其行。'"《孟子·滕文公上》:"昔者孔子没,三年之外,门人将治任归。"《韩非子·难二》:"献公没,惠公即位。"

"殁",《说文》写作"歾"。《说文》:"歾,终也。从歺勿声。殁,歾或从殳。"《广韵·没韵》:"殁,又作'歾'。"《左传·僖公二十二年》:"叔詹曰:'楚王其不歾乎!'"

〔终〕《释名·释丧制》:"老死曰寿终,寿久也。"《礼记·文王世子》:"文王九十七乃终。"《汉书·苏武传》:"自丞相黄霸、廷尉于定国、大司农朱邑……及儒者夏侯胜等,皆以善终。"汉王充《论衡·偶会篇》:"人生百岁而终,物生一岁而死。"《旧唐书·李元恺传》:"元恺年八十余,寿终。"明凌濛初《二刻拍案惊奇》卷一六:"后来此人整整活到九十一岁,无疾而终。"

〔故〕晋干宝《搜神记》卷二:"(徐)登年长,(赵)昞师事之。后登身故,昞东入长安。"明徐弘祖《徐霞客游记·黔游日记一》:"时沙土官初故,其妻即郎岱土酋之妹,郎岱率众攻之。"明凌濛初《二刻拍案惊奇》卷一七:"夫人已故,房中有一班姬妾,多会吹弹歌舞。"明冯梦龙《喻世明言·任孝子烈性为神》:"(张员外)年纪有六旬,妈妈已故。"清陈奂《〈尔雅义疏〉跋》:

"(丙戌)再入都,而先生故矣。"

〔逝〕 汉司马迁《报任安书》:"是仆终已不得舒愤懑以晓左右,则长逝者魂魄私恨无穷。"唐韩愈《祭石君文》:"自君之逝,相遇辄哀。"宋陆游《舒悲》诗:"管葛逝已久,千古困俗学。"《明史·卢象昇传》:"但自臣父奄逝,长途惨伤,溃乱五官,非复昔时。"清蒲松龄《聊斋志异·辛十四娘》:"又逾月,女暴疾……巫医无灵,竟以溘逝。"

〔殂〕(徂)《说文》:"殂,往死也……《虞书》:'勋乃殂。'"《玉篇·歹部》:"殂,死也。"三国蜀诸葛亮《出师表》:"先帝创业未半,而中道崩殂。"《魏书·后废帝纪》:"后以罪殂于门下外省,时年二十。"清袁枚《新齐谐·梁朝古冢》:"闻新任淮徐道孙公署中一友得急疾殂。"

"徂""殂",古今字。"徂"的本义是"往"(见《说文》)。宋戴侗《六书故·人九》:"徂,人死因谓之徂。"清王筠《说文句读》:"殂之言徂也。徂,往也,此谓不忍死其君者,讳而言殂也。"《史记·伯夷列传》:"于嗟徂兮,命之衰矣。"司马贞索隐:"徂者,死也。"宋王安石《虞部郎中晁君墓志铭》:"方冬告役,君夏而徂,寿五十五,识者呼叹。"

〔薨〕《尔雅·释诂下》:"薨,死也。"《说文》:"薨,公侯卒也。"《广雅·释言》:"薨,亡也。"《左传·隐公元年》:"生桓公而惠公薨,是以隐公立而奉之。"《论语·宪问》:"君薨,百官总己以听于冢宰三年。"《孟子·滕文公上》:"滕定公薨。"《韩非子·和氏》:"及厉王薨,武王即位。"汉桓宽《盐铁论·忧边》:"故君薨,臣不变君之政;父没,则子不改父之道。"

〔崩〕《说文》:"崩,山坏也。"段玉裁注:"引申之,天子死曰崩。"《左传·襄公三十年》:"及灵王崩,儋括欲立王子佞夫。"《战国策·秦策五》:"王之春秋高,一日山陵崩,太子用事,君危于累卵而不寿于朝生。"高诱注:"崩,死也。"《史记·吕后本纪》:"高祖十二年四月甲辰,崩长乐宫,太子袭号为帝。"

〔殒〕(陨)《玉篇·歹部》:"殒,殁也。"《集韵·隐韵》:"殒,殂也。"《史记·汉兴以来诸侯年表》:"大者叛逆,小者不轨于法,以危其命,殒身亡国。"唐元稹《诲侄等书》:"不幸余命不殒,重戴冠缨。"明唐顺之《祭有怀府君文》:"临病不能尽医药,以致先考殒殁。"

"陨"是"殒"的古字。《左传·襄公三十一年》:"延州来季子其果立乎?巢陨诸樊,阍戕戴吴,天似启之。"杨伯峻注:"二十五年《传》,诸樊死于攻巢。"宋文天祥《癸亥上皇帝书》："坐受斧钺，九陨无悔。"宋洪迈《夷坚甲志·江心寺震》："复入厨，引一人出，亦陨于外。凡死者六人。"

〔夭〕(殀)《释名·释丧制》："少壮而死曰夭，如取物中夭折也。"《尚书·高宗肜日》："降年有永有不永，非天夭民，民中绝命。"《管子·形势》："寿夭贫富，无徒归也。"《昭明文选·束晳〈补亡诗〉》："人无道夭，物极则长。"李善注："年未三十而死曰夭。"

"殀"是"夭"的今字。《玉篇·歹部》："殀，殁也。亦作夭。"《孟子·尽心上》："殀寿不贰，修身以俟之。"《楚辞·离骚》："曰鲧婞直以亡身兮，然终殀乎羽之野。"王逸注："蚤死曰殀。"

〔殇〕《说文》："殇，不成人也。人年十九至十六死为长殇，十五至十二死为中殇，十一至八岁死为下殇。"《释名·释丧制》："未二十而死曰殇。殇，伤也，可哀伤也。"《左传·哀公十一年》："孔子曰：'能执干戈以卫社稷，可无殇也。'"徐珂《清稗类钞·姓名类》："(同儿)以痘殇，太素、太清皆以诗哭之。"

【辨】

①词的本义不同。"人尽曰死"(见《说文》"死"下段玉裁注)，"死"是表示人失去生命的通称。"亡"的本义是逃亡。《说文》："亡，逃也。"段玉裁注："亡之本义为逃。今人但谓亡为死，非也……孝子不忍死其亲，但疑亲之出亡耳。""卒"的本义是终(按：与表示士卒的"卒"是同形字)，引申为死亡义。"殁"的古字"没"，本义是沉没。"古文以沉没比喻死亡，'没'是'死'的委婉语"(见王力《同源字典》)。"终"的本义，据甲骨文研究，最初就用于终了义，引申为死亡义。

"故"与"古"同源，都有古旧义，约在汉以后才引申出死亡义。"逝""徂"的本义是都是往，引申为死亡。"薨""崩"都是以山体崩坏比喻重要人物的死亡。"殒"是以天体星辰的陨落比喻重要人物死亡。"夭"的本义是屈而不伸。《说文》："夭，屈也。"清徐灝《说文解字注笺》："(草木)若屈而折之即不能成长，故有夭折之谓。""殇"与"伤"同源，本义就是未成年而死。

②词义的色彩不同。《礼记·曲礼下》："天子死曰崩，诸侯(死)曰薨，大夫(死)曰卒，士(死)曰不禄，庶人(死)曰死。"其他如"殁""殒""亡""徂""逝""故""终"等，都是死的婉词。"夭""殇"，是对未成年而死的婉

称。

③词义的内涵不同。"死"与"生"相对,还有尸体、死刑、呆板、不流动、失去知觉、达到极点等义。"亡"还有外出、失去、灭亡等义。"卒"还有完毕、后来、终于等义。"终"还有终止、始终等义。"逝"还有过去义。"徂"还有已往、到达等义。"崩"还有败坏、崩裂等义。"夭"还有弯曲、受屈等义。"殁""薨""殒""殇"等,是专职表死亡的词。

吊 唁
diào yàn

【同】 吊唁死者,慰问生者(主要是家属)。

〔吊〕"吊"本写作"弔"。《说文》:"弔,问终也。从人弓。古之葬者,厚衣之以薪,从人持弓,会驱禽也。"《急就篇》卷四"丧吊"下颜师古注:"弔谓问终者也。于字,人持弓为弔。上古葬者衣之以薪,无有棺椁,常苦鸟兽为害,故弔问者持弓会之,以助弹射。"《庄子·至乐》:"庄子妻死,惠子吊之。"汉贾谊《吊屈原文》:"造托湘流兮,敬吊先生。"唐韩愈《祭十二郎文》:"今吾使建中祭汝,吊汝之孤与汝之乳母。"

〔唁〕《说文》:"唁,吊生也。"段玉裁注:"此言吊生者,以吊生为言,别于吊死为吊也。"清徐灏《说文解字注笺》:"吊、唁对文则异,散文则通。"清桂馥《说文义证》:"《符子》:'陶朱公丧其中子,邻人往吊之,曰:闻有丧,将唁子之哀。'"《新唐书·李甘传》:"(孝童杨牢)单缞冬月,往来太行间,冻肤皲瘃,衔哀雨血……牢为儿践操如此,未闻执事门唁而书显之,岂树风扶教意耶?"清吴骞《扶风传信录》:"追中元而可觏之妻死。十月二十五日,仲仙令素娥来唁,且嘱慎火。"

【辨】

①本义不同。"吊"的本义是"问终"。《说文》段玉裁注:"谓有死丧而问之也。""唁"的本义是"吊生",即慰问生者。《玉篇》:"吊,吊生曰唁,吊死曰吊。"但"散文则通"。

② 词义的内涵不同。"吊"一般只用于悼念死者。"唁"除因死丧慰问家属外,还有慰问遭遇突然变故者的意思。如《诗经·鄘风·载驰序》:"许穆夫人闵卫之亡,伤许之小,力不能救,思归唁其兄,又义不得,故赋是诗也。"陆德明释文:"吊失国曰唁。"

【附】唁劳 唁慰 吊唁 吊问 吊丧 吊慰

孵(孚) 伏 抱(菢)

【同】禽类伏在卵上,用体温使卵孵育成雏禽;有时也指鱼虫类。

〔孵〕(孚)《玉篇·卵部》:"孵,卵化也。"《广韵·虞韵》:"孵,卵化。"清李绿园《歧路灯》第七十三回:"魔王道:'我看您共不得事,原俱是从软蛋内孵出来的。'"徐珂《清稗类钞·动物类·动物可种》:"盖蛭产卵期在春冬间,孵化后,常随海潮漂至他处。"梁启超《呵旁观者文》:"一国聪明才智之士,皆走集于其旗下,而方在萌孵芽卵之少年子弟,转率仿效之。"

"孵"的古字写作"孚"。汉韩婴《韩诗外传》卷五:"卵之性为雏,不得良鸡,覆伏孚育,积日累久,则不成为雏。"《淮南子·人间训》:"夫鸿鹄之未孚于卵也,一指篾之,则靡而无形矣。"宋张载《正蒙·中正》:"子而孚化之。"王夫之注:"子,禽鸟卵也;孚,菢也。"

〔伏〕《广韵·宥韵》:"伏,鸟菢子。"《集韵·宥韵》:"伏,菢卵。"《正字通·人部》:"伏,禽覆卵也。"《庄子·庚桑楚》:"越鸡不能伏鹄卵。"《汉书·五行志中之上》:"丞相府史家雌鸡伏子,渐化为雄。"南朝梁元帝《金楼子·杂记下》:"静虚已接对,仍留帝宿,夜设粥,无鲑,新伏鹅卵,令煮为肴。"清纪昀《阅微草堂笔记·槐西杂志三》:"余因思鹅、鸭皆不能自伏卵,人以鸡代伏之。"

〔抱〕(菢)《方言》卷八:"北燕、朝鲜、洌水之间谓伏鸡为抱。"戴震疏证:"抱,《广韵》作'菢',云:'鸡伏卵。'"五代伊用昌《湖南闯斋吟》:"鸡能抱卵心常听,蝉到成形壳自分。"明李时珍《本草纲目·禽二·鸡》:"抱出卵壳,俗名混沌池、凤凰蜕。用抱出者,取其蜕脱之义也。"章炳麟《新方言·释动物》:"今淮南谓鸡伏卵曰抱。江南运河而东至于浙江,谓鸡伏卵曰孚,音如捕。"

"抱"也写作"菢"。宋梅尧臣《十五日雪三首》:"官车犹载炭,菢鹊不离窝。"明徐光启《农政全书》卷四一:"养鸡不菢法:母鸡下卵时,日逐食内夹以麻子喂之,则常生卵不菢。"

【辨】

①词的本义不同。"孵"字,《说文》无。孵卵义的本字作"孚"。《说

文》:"孚,卵孚也。从爪从子。一曰:信也。"段玉裁注:"《通俗文》:'卵化曰孚。'音方赴反。《广雅》:'孚,生也。'谓子出于卵也。《方言》:'鸡卵伏而未孚。'于此可得'孚'字解矣。卵因伏而孚,学者因即呼伏为孚。""伏"的本义是蹲伏而守候。《说文》:"伏,司也。从人从犬。"段玉裁注:"司,今之'伺'字。凡有所司者,必专守之……引申之为俯伏,又引申之为隐伏。"清徐灏《说文解字注笺》:"犬之守也,恒蹲伏,见人则起而吠之。"禽鸟孵卵状似俯伏在卵上,"伏"因而也可表示孵卵义,但音随义变,孵卵义的"伏",读 fù。"抱"字,《说文》作为"捊"的重文收在"捊"下,本义是引而取之。《说文》:"捊,引取也。从手孚声。捊,或从包。"臣铉等曰:"今作薄报切,以为怀抱字,非是。"段玉裁注:"古音孚声、包声同在三部(幽部)。后人用'抱'为怀抱字,盖古今字之不同,如此。""抱"用为孵卵义,朱骏声认为是假借为"孚"。《说文通训定声》:"[假借]为孚,《方言》八:'伏鸡曰抱。'"也有学者认为,"伏""抱"都是"孚"的音转。清徐灏《说文解字注笺》:"孚、伏、抱,一声之转。今俗犹谓鸡伏卵为步,即'孚'之重唇音稍转耳。"编者按:今吴语区仍称鸡孵卵为步(读若浊声母)。

②词义的内涵不同。"孵"只用于孵卵义。"伏 fù"也只用于孵卵义。"抱"还有胸怀、怀藏、抚育、两臂合围、环绕等义。

阉 宦 犗 犍 羯 骟(扇 善) 騬 镦 敦(镦)

【同】 阉割,割去动物(包括人)的睾丸。

〔阉〕《资治通鉴·唐则天后垂拱二年》:"陛下若以怀义有巧性,欲宫中驱使者,臣请阉之,庶不乱宫闱。"明冯梦龙《醒世恒言·隋炀帝逸游召谴》:"(王义)常从帝游,终不得入宫,曰:'尔非宫中物也。'义乃出,自阉以求进。"明罗颀《物原·技原》:"轩辕始医兽,少昊始阉洁六畜。"清朱彝尊《日下旧闻》卷三十八补遗引《戴斗夜谈》:"(高承埏)知宝坻县事,下车禁私阉甚力。"清俞樾《茶香室丛钞·宦官八字》:"凡宦官初阉,名曰服药。"

〔宦〕阉割牛的睾丸。明朱权《臞仙肘后经·蚕丝六畜类》:"骟马、宦牛、羯羊、阉猪、镦鸡、善狗、净猫。"

〔犗〕《说文》:"犗,騬牛也。"《广韵·夬韵》:"犗,犍牛也。"唐玄应《一切经音义》卷十三:"犗,以刀去阴也。"《庄子·外物》:"任公子为大钩巨缁,五十犗以为饵。"陆德明释文:"犗,犍牛也。"《魏书·天象志二》:"(皇始五年十月)牛大疫,死者十八九,官车所驭巨犗数百,同日毙于路侧。"《后汉书·陈宠传附陈忠》:"上除蚕室刑。"李贤注:"蚕室,宫刑名也;或云:犗刑也。"

〔犍〕 大徐本《说文》新附字:"犍,犗牛也。"唐玄应《一切经音义》卷十四:"犍,割也。"汉服虔《通俗文》:"以刀去阴曰犍。"《北史·蠕蠕传》:"(蠕蠕之人)每来抄掠,驾牸牛奔遁,驱犍牛随之。"宋苏轼《西山戏题武昌王居士》诗:"江干高居坚关扃,犍耕躬稼角挂经。"宋陆游《稻饭》诗:"买得乌犍遇岁穰,此身永免属官仓。"明宋应星《天工开物·精粹·攻麦》:"凡磨,大小无定形,大者用肥犍力牛曳转。"北魏贾思勰《齐民要术·养猪》:"其子三日便掐尾,六十日后犍。"《宋史·二凶传·元凶劭》:"天兴先署佞人府位,不审监上当无此薄领耳。急宜犍之。"

〔羯〕 清翟灏《通俗编·禽鱼》:"羯鸡,阉鸡也。见《素问》。"黄侃《蕲春语》:"吾乡谓去牛马犬阴,皆曰扇。称阉人,亦曰扇。豕曰犗,或曰羯。"

〔骟〕(扇 善)《篇海类编·鸟兽类·马部》:"骟,元无此字。《朧仙肘后经》云:'骟马、宦牛、羯羊、阉猪、镦鸡、善狗、净猫。'"《旧五代史·郭崇韬传》:"宜尽去宦官,优礼士族,不唯疏斥阉寺,骟马不可复乘。"明李时珍《本草纲目·兽部·马》:"马去势曰骟。"《西游记》第三九回:"他是个骟了的狮子。"明沈德符《万历野获编·补遗·内廷豢畜》:"御前又最重猫儿……若已骟者,则呼曰某老爹。"

"骟"也写作"扇"或"善"。宋彭大雅《黑鞑事略》:"四齿则扇,阔壮而有力,柔顺而无性,能风寒而久岁月。"上"宦"字条所引"善狗",即骟狗。

〔騬〕《说文》:"騬,犗马也。"清王筠《说文句读》:"騬,今谓之骟。"《金史·选举志四》:"制马牛羊亏元数十之一,騬马百死四十。"明冯梦龙《古今谭概·鸷忍部》:"大王他日得天下,騬马亦不可乘之。"章炳麟《新方言·释动物》:"《说文》:'騬,犗马也。'登莱移以言猪,谓猪去阴者为騬。"

〔鐅〕《正字通·金部》:"鐅,今俗雄鸡去势谓之鐅,与宦牛、阉猪、骟马义同。"明尹直《謇斋琐缀录》:"郭师孔少尝与芳洲同砚席,及芳洲自翰林归,以鐅鸡为贺礼。"

〔騸〕(鐼)《广韵·魂韵》:"騸,去畜势。出《字林》。"宋梅尧臣《重送袁世弼》诗:"騸鸡肥脆聊供膳,篘酒甘浓可荐杯。"清李玉《清忠谱·书闹》:"童贯这騸狗,作恶异常,教我哪里按捺得定?"字也作"鐼"。清郝懿行《证俗文》卷十七:"凡牡而去势者曰净猫、善狗、鐼鸡、阉猪、羯羊、宦牛、骟马。"

【辨】
　　①词的本义不同。"阉"的本义是睾丸已被阉割的人,一般是指宦官或看守宫门的人。《说文》:"阉,竖也,宫中奄阍闭门者。"《玉篇·门部》:"阉,宦人也。""宦"的本义是做官。《说文》:"宦,仕也。"后因宫中的宦官都是由睾丸被阉割的人担任,又引申出阉割义。"犗"的本义是睾丸被阉割的牛。《说文》:"犗,騬牛也。""犍"的本义是阉割牛的睾丸。《说文》:"犍,犗牛也。""羯"是"犍"的音变。《广雅·释兽》"羯"下王念孙疏证:"'犍'与'羯'同,其转声则为羯。""骟"是俗语,约产生于唐宋时期。"騬"本义是阉割马的睾丸。《说文》:"騬,犗马也。""鐼"是约产生于明清时期的俗语,用于阉割鸡的睾丸或卵巢。"騸"是约产生于魏晋时期的俗语。

　　②词义的内涵不同。"阉"还有被阉割的人、掩蔽、遏制等义。"宦"还有官职、宦官、贵族的奴仆等义。"犗""犍"还可用作名词,表示被阉割过的牛。"羯""骟""騬""鐼""騸"等只用于动词阉割义。

副 词

chéng　xìn　shěn
诚　信　审

【同】 真正，的确。情态副词，表示对行为或名词谓语的坚决肯定。

〔诚〕 诚然，确实。《广韵·清韵》："诚，审也……信也。"《礼记·经解》："礼之于正国也，犹衡之于轻重也，绳墨之于曲直也，规矩之于方圜也，故衡诚县，不可欺以轻重；绳墨诚陈，不可欺以曲直；规矩诚设，不可欺以方圜。"郑玄注："诚，犹审也。"《孟子·梁惠王上》："挟泰山以超北海，语人曰：'我不能。'是诚不能也。"《战国策·齐策一》："臣诚知不如徐公美。"《史记·春申君列传》："相国诚善楚太子乎？"三国蜀诸葛亮《前出师表》："今天下三分，益州疲敝，此诚危急存亡之秋也。"

〔信〕 确实，的确。《左传·昭公十二年》："仲尼曰：'古也有志：克己复礼，仁也。'信善哉！楚灵王若能如是，岂其辱于乾溪？"杨伯峻注："信，诚也。"又《昭公元年》："女自房观之，曰：'子晳信美矣，抑子南，夫也。夫夫妇妇，所谓顺也。'"杨伯峻注："信，诚也，实也。"《孟子·公孙丑上》："信能行此五者，则邻国之民，仰之若父母矣。"赵岐注："今诸侯诚能行此五者。"以"诚"释"信"。《三国志·魏书·方伎传》："若妻信病，赐小豆四十斛，宽限假日。"唐柳宗元《游石角过小岭至长乌村》诗："为农信可乐，居宠真虚荣。""信""真"互文。

〔审〕 真的，确实。《玉篇·采部》："审，信也。"《史记·张耳陈余列传》："上贤贯高为人能立然诺……曰：'张王已出。'因赦贯高。贯高喜曰：'吾王审出乎？'泄公曰：'然。'"汉王充《论衡·知实篇》："匡人之围孔子，孔子如审先知，当早易道以违其害。"又《谴告篇》："黄老之家，论说天道，得其实矣。且天审能谴告人君，宜变易其气以觉悟之。"宋王安石《答李参书》："审如是，某诚爱焉。"

dài　gài
殆　盖

【同】 大概。情态副词，对行为或名词谓语表示委婉的肯定。

〔殆〕 《左传·僖公二十三年》："叔詹谏曰：'臣闻天之所启，人弗及也……离外之患，而天不靖晋国，殆将启之。'"《吕氏春秋·高义》："子墨子曰：

571

'子之观越也,能听吾言用吾道乎?'公上过曰:'殆未能也。'"《史记•张丞相列传》:"申徒嘉可谓刚毅守节矣,然无学术,殆与萧、曹、陈平异矣。"汉王充《论衡•讥日篇》:"忌日之法,盖丙与子、卯之类,殆有所讳,未必有凶祸也。堪舆历,历上诸神非一,圣人不言,诸子不传,殆无其实。"宋苏轼《石钟山记》:"郦元之所见闻,殆与余同,而言之不详。"

〔盖〕《论语•里仁》:"有能一日用其力于仁矣乎?我未见力不足者。盖有之矣,我未之见也。"《孝经•诸侯章》:"富贵不离其身,然后能保其社稷而和其民人,盖诸侯之孝也。"汉王充《论衡•案书篇》:"《春秋左氏传》者,盖出孔子壁中。"唐韩愈《祭裴太常文》:"朝廷之重,莫过乎礼,虽经策具存,而精通盖寡。"宋苏轼《黄州快哉亭记》:"(宋)玉之言盖有讽焉。"

【辨】

"殆"的副词用法较多。除表示委婉的肯定外,有时也用于表示完全的肯定,相当于"必"。如汉王充《论衡•是应篇》:"若夫蓂脯、蓂荚、屈轶之属,殆无其物。何以验之?说以实者,太平无有此物。"还可用于时间副词"将"、范围副词"仅"等义。"盖"的副词用法比较单纯,但还可用于说明原因的连词和表示开始发议论(在句首)或舒缓语气(在句中)的语气词。

复 又 重 再
fù yòu chóng zài

【同】 副词,重复同样的行为。

〔复〕《左传•庄公六年》:"还年,楚子伐邓。十六年,楚复伐邓,灭之。"《墨子•非儒下》:"齐景公问晏子曰:'孔子为人何如?'晏子不对。公又复问。不对。""又复",同义连用。《孟子•滕文公上》:"滕文公为世子,将之楚,过宋而见孟子……世子自楚反,复见孟子。"《吕氏春秋•去尤》:"人有亡铁者,意其邻之子。视其行步,窃铁也……他日,复见其邻之子,动作态度,无似窃铁者。"《淮南子•人间训》:"楚恭王与晋人战于鄢陵,恭王伤而未休……恭王欲复战。"

〔又〕《尚书•益稷》:"乃歌曰:'股肱喜哉!元首起哉!百工熙哉!'……又歌曰"《礼记•文王世子》:"文王之为世子,朝于王季……问内竖之御者曰:'今日安否,何如?'竖曰:'安。'文王乃喜。及日中又至,亦如之。及暮又至,亦如之。"《淮南子·天文训》:"正朝夕,先树一表东方……日直入,又树一表于东方。"《史记·五帝本纪》:"尧曰:'谁可顺此事?'……尧又曰:'谁可者?'"

〔重〕《昭明文选·古诗十九首》之一:"行行重行行,与君生别离。"三国魏曹植《上责躬应诏诗表》:"诚以天网不可重罹,圣恩难可再恃。""重""再"互文。北魏郦道元《水经注·夷水》:"村人骆都,小时到此室边采蜜,见一仙人坐石床上……都还,招村人重往,则不复见。"北齐颜之推《颜氏家训·后娶》:"河北鄙于侧出,不预人流,是以必须重娶,至于三四,母年有少于子者。"

〔再〕《玉篇·冓部》:"再,重也,仍也。"《史记·留侯世家》:"沛公乃引兵击秦军,大破之。逐北至蓝田,再战,秦兵竟败。"《汉书·食货志下》:"其明年,票骑仍再出击胡,大克获。"《后汉书·酷吏列传·黄昌》:"又迁为河内太守,又再迁颖川太守。""又再",同义连用。《三国志·吴书·薛综传》:"(薛)综复再祝,辞令皆新,众咸称善。""复再",同义连用。

【辨】

"复"用作副词时,主要是表示行为重复,且不限重复的次数。"又"的本义是手。《说文》:"又,手也。"但这个意义只用于造字的构件中,如"叔""取""隻"等,在古籍中不见单独使用。"又"在单独使用时几乎都用作副词,有时也用于连接数词中的整数和零数。除用于表示行为重复外,还可表示递进的语义。如《论语·八佾》:"子谓〈韶〉:'尽美矣,又尽善也。'"《淮南子·原道训》:"张天下以为之笼,因江海以为罟,又何亡鱼失鸟之有乎!"且还可与"既""非徒"等构成"既……又……""非徒……又……"等关联词组。如汉贾谊《新书·容经》:"故师傅之道,既美其施,又慎其齐。"汉王充《论衡·吉验篇》:"夫积炭崩,百余人皆死,广国独脱,命当富贵,非徒得活,又封为侯。"连接整数与零数,如《清史稿·交通四·邮政》:"其邮局,则总局、副总局、分局、支局、代办处,总计六千二百又一。""重"用于行为重复的频率较低,而且较晚,约在东汉时期才用于副词。"再"初用于表示同样的行为进行两次。如《论语·公冶长》:"季文子三思而后行。子闻之,曰:'再,斯可矣。'""再",两次。《战国策·燕策一》:"秦、赵五战,秦再胜而赵三胜。"

孔 至 致 周 极 綦 极其 甚 良 雅
绝 剧 深 力 腊

【同】 很，甚。程度副词，表示达到最深或最高的程度。一般用作状语，修饰形容词或动词；有的可用作补语。

〔孔〕《尔雅·释言》："孔，甚也。"《诗经·周南·汝坟》："虽则如燬，父母孔迩。"毛传："孔，甚。"又《小雅·鹿鸣》："我有嘉宾，德音孔昭。"郑笺："孔，甚。"《尚书·皋陶谟》："安民则惠，黎民怀之……何畏乎巧言令色孔壬（同'佞'）。"孔安国传："孔，甚也。"《左传·襄公八年》："《诗》云：'谋夫孔多，是用不集。'"杜预注："孔，甚也。"按："孔"用作程度副词，主要见于先秦早期的作品。仅《诗经》一书，有"孔"字61见，全都用作副词。用法有两种：一种是修饰形容词（也有少量修饰动词），如上例；一种是与被修饰的词用"之"隔开。如《诗经·豳风·破斧》："哀我人斯，亦孔之将（将：大）。"郑玄笺："此言周公之哀我民人，其德亦甚大也。"

〔至〕 程度之深到达顶点，一般用于修饰形容词。《荀子·儒效》："至高谓之天，至下谓之地。"又《君子》："天子也者，势至重，形至佚，心至愈，志所诎，形无所劳，尊无上矣。"《韩非子·外储说右上》："夫瓦器，至贱也，不漏，可以盛酒。"汉王充《论衡·变动篇》："南方至热，煎沙烂石，父子同水而浴；北方至寒，凝冰坼土，父子同穴而处。"晋李密《陈情事表》："今臣亡国贱俘，至微至陋，过蒙拔擢，宠命优渥，岂敢盘桓，有所希冀！"元岳伯川《铁拐李》第一折："我要禁持你至容易，只消得二指阔纸提条。"

〔致〕 用同"至"。《荀子·王霸》："其用智甚简，其为事不劳，而功名致大，甚易处而綦可乐也。""致"与"甚""綦"互文。又《荣辱》："志意致修，德行致厚，智虑致明，是天子之所以取天下也。"杨倞注："致，极也。"《资治通鉴·隋炀帝大业五年》："（薛）道衡致美先朝。"胡三省注："致，极也。""致"多用于修饰形容词，但也用于修饰动词。《荀子·王霸》："上莫不致爱其下。"

〔周〕 用同"至"。《广雅·释诂一》："周，至也。"《尚书·泰誓中》："虽有周亲，不如仁人。"孔安国传："周，至也。言纣家至亲虽多，不如周家之少仁人也。"《资治通鉴·唐文宗太和九年》:"郑覃曰:'罪人周亲前已皆死,其余殆不足问。'"胡三省注:"周亲,孔安国曰:'周,至也。'"按:从现有资料来看,"周"用作程度副词时,使用频率极低。

〔极〕 程度之深到了极点。约产生于战国末期。《史记》中"极"字125见,其中有17个用作副词,修饰形容词或动词,充当状语或补语。如《史记·秦始皇本纪》:"始皇既殁,胡亥极愚,郦山未毕,复作阿房,以遂前策。"又《屈原贾生列传》:"其称文小而其指极大。"又《李将军列传》:"李广军极简易,然虏卒犯之,无以禁也。"又《魏其武安侯列传》:"田园极膏腴。"以上4例修饰形容词。又《燕召公世家》:"吾极知燕小力少,不足以报。"此例"极"修饰动词。又《李斯列传》:"当今人臣之位无居臣上者,可谓富贵极矣。"此例的"极"用作补语。

〔綦〕 假借为"极"。《荀子·君子》:"是以为善者劝,为不善者沮,刑罚綦省而威行如流,政令致明而化易如神。""綦""致"互文。又《王霸》:"是君人者之要守也,知(同"智")者易为之兴力,而功名綦大,舍是而孰足为也?"宋苏轼《礼义信足以成德论》:"綦大而至天子,綦小而至农夫,各有其分,不可乱也。"清蒲松龄《聊斋志异·焦螟》:"家人受虐已久,衔恨綦深。"按:程度副词"綦",使用频率较低。

〔极其〕 约产生于唐宋时期,一般用于修饰形容词。《敦煌变文集·晏子赋》:"使者晏子,极其丑陋,面目青黑。"宋苏轼《赠学士安国公敬简堂记》:"人之才力虽极其大,终有限量。"清王韬《〈火器略说〉前跋》:"枪极其灵便,炮极其猛巨,船舰极其坚捷。"

〔甚〕《玉篇·甘部》:"甚,孔也。"《易经·系辞下》:"其道甚大,百物不废。"《孟子·梁惠王下》:"滕文公问曰:'齐人将筑薛,吾甚恐,如之何则可?'"《荀子·王霸》:"饮食甚厚,声乐甚大,台榭甚高,园囿甚广。"《韩非子·内储说下》:"中山有贱公子,马甚瘦,车甚弊。"按:先秦时期,"甚"主要用于形容词,但也用作副词,从秦汉开始才普遍用于程度副词。

〔良〕 甚。主要用于修饰表时间的副词"久",后也用于修饰动词或形容词。《战国策·燕策三》:"左右既前斩荆轲,秦王目眩良久。"《史记·淮阴侯列传》:"平旦,信建大将之旗鼓,鼓行出井陉口,赵开壁击之,大战良久。"《汉书·冯唐列传》:"上既闻廉颇、李牧为人,良说(悦)。"王先谦补注引刘攽曰:"良说者,甚喜也。"《后汉书·公孙述传》:"良失斩将吊人之义也。"李贤注:"良,犹甚也。"明冯梦龙《警世通言·杜十娘怒沉百宝箱》:"仁兄所见良是。"按:"良"用作程度副词约始于汉初。起初,只用于修饰时间副词"久"。《史记》中用作程度副词的"良"共19个,全都修饰"久";《论衡》中用作程度副词的"良"有3个,也全都修饰"久"。

〔雅〕 极,甚。清刘淇《助字辨略》卷二:"雅,犹云极也。"《后汉书·皇后纪上·章德窦皇后》:"肃宗先闻后有才色,数以讯诸姬傅。及见,雅以为美。"唐白居易《燕子楼》诗序:"善歌舞,雅多风态。"宋苏轼《卢山五咏·饮酒台》诗:"博士雅好饮,空山谁与语。"宋吴曾《能改斋漫录·记事一》:"待制唐公肃,雅有远识。"清黄轩祖《游梁琐记·易内奇案》:"莲娘许邑生庞某……莲娘雅不愿,恒背人弹泪。"

〔绝〕 程度高到绝无仅有的程度。《史记·伍子胥列传》:"平王使无忌为太子取妇于秦,秦女好,无忌驰归报平王曰:'秦女绝美,王可自取,而更为太子取妇。'平王遂自取秦女而绝爱幸之。""绝美",达到稀世之美的程度。《北齐书·郑述祖传》:"述祖能鼓琴,自造《龙吟十弄》,云尝梦人弹琴,寤而写得。当时以为绝妙。"唐杜甫《江梅》诗:"绝知春意好,最奈客愁何?"按:"绝"用于程度副词的使用频率较低。

〔剧〕 极。程度很深。大徐本《说文》新附字:"剧,尤甚也。"《昭明文选·班彪〈北征赋〉》:"剧蒙公之疲民兮,为强秦而筑怨。"李善注引《说文》曰:"剧,甚也。"南朝陈徐陵《长相思》诗之一:"愁来瘦转剧,衣带自然宽。"唐柳宗元《蝜蝂传》:"背愈重,虽困剧不止也。"宋吴曾《能改斋漫录·记事一》:"先与丁晋公同举进士,剧相善。"清孙枝蔚《新春》诗:"往事休重问,新春剧可哀。"

〔深〕 由水深引申为程度深。《汉书·王莽传上》:"将为皇帝定立妃后,有司上名,公女为首,公深辞让,迫不得已然后受诏。"《后汉书·吴汉传》:"会光武至,共定邯郸,而(谢)躬禅将虏掠不相承禀,光武深忌之。"《北史·李义深传》:"梁义深耽释学,遂集名僧于其爱敬、同泰二寺,讲《涅槃大品经》。"《辽史·食货志上》:"左右对曰:'军国之务,爱民为本,民富则兵足,兵足则国强。'上深然之。"清蒲松龄《聊斋志异·道士》:"闻居士挥霍,深愿求饮焉。"

〔力〕 甚,用于病情程度深,且只能作补语。《字汇·力部》:"病甚曰力。"《汉书·汲黯传》:"臣常有狗马之心,今病力,不能任郡事。"颜师古注力,谓甚也。"《新唐书•乔琳传》:"帝素以旧老礼之,给乘舆马,辞病力。"又《杜如晦传》:"会病力,诏皇太子就问,帝亲至其家,抚之梗塞。"

〔腊〕 极,表示程度极深。《国语•周语下》:"高位寔疾颠,厚味寔腊毒。"明吾邱瑞《运甓记•嗔鲊封还》:"你难道肥甘适口非关节,又谁知腊毒招尤反损名。"按:"腊"用作程度副词,始见于《国语》,只见用于修饰"毒",且使用频率极低。

殊 特 太(泰) 已 大 酷 死
shū tè tài　yǐ dà kù sǐ

【同】 非常,特别。程度副词,表示程度极深,达到或超过不同一般的深度。除"死"可用作补语外,其他的只能用作状语。

〔殊〕 殊,殊异。程度之深,深到殊异的程度。《战国策•赵策四》:"老臣今者殊不欲食,乃自强步,日三四里,少益耆食,和于身也。"《史记•留侯世家》:"父以足受,笑而去。良殊大惊,随目之。"汉应玚《正情歌》:"夫何媛女之殊丽兮,咨温惠而明哲。"晋陶潜《读〈山海经〉》诗之九:"神力既殊妙,倾河焉足有?"清刘鹗《老残游记》第六回:"又见许多麻雀儿,躲在屋檐底下,也把头缩着怕冷,其饥饿之状,殊觉可悯。"

〔特〕 特,特别,格外。《尹文子•大道上》:"趋利之情,不肖特厚。"《越绝书•荆平王内传》:"今子大夫报寡人也特甚。"南朝梁简文帝《赠丽人》诗:"腰肢本独绝,眉眼特惊人。"北魏郦道元《水经注•㵲水》引《晋太康地理志》:"县有龙泉水,可以砥砺刀剑,特坚利。"唐虞世南《北堂书钞》卷一百五十六引晋张华《博物志》:"云南郡土特寒凉,四月五日犹积雪皓然。"清杨宾《柳边纪略》卷三:"市会宁者,多以羊皮袄布匹,往易牛马纸布瓮盐,而书特贵。康熙初,姚琢之以明季遗文,易牛一头。"

〔太〕〔泰〕《广韵•泰韵》:"太,甚也。"《论语•雍也》:"居简而行简,无乃太简乎?"《庄子•天下》:"虽然,其为人太多,其自为太少。"汉王充《论衡•艺增篇》:"《武成》言'血流漂杵',亦太过焉。死者血流,安能浮杵?"唐杜甫《新婚别》诗:"暮婚晨告别,无乃太匆忙。"

"太"早期也写作"泰"。《诗经•小雅•巧言》:"昊天已威,予慎无罪;昊天泰怃,予慎无辜。"郑玄笺:"已、泰,皆言甚也。"《汉书•孔光传》:"霸为人谦退,不好权势,常称爵位泰过,何德以堪之!"汉王充《论衡•宣汉篇》:"儒者称圣泰隆,使圣卓而无迹;称治亦泰盛,使太平绝而无续也。"

〔已〕 用同"太"。《广韵·止韵》:"已,甚也。"《诗经·唐风·蟋蟀》:"无已太康,职思其居。"毛传:"已,甚。"《管子·戒》:"其为人也,好善而恶恶已甚,见一恶终身不忘。"尹知章注:"已,犹太也。言憎恶恶人太甚。"《礼记·檀弓上》:"所知,吾哭诸野;于野则已疏,于寝则已重。"郑玄注:"已,犹太也。"《史记·白起王翦列传》:"将军之乞贷,亦已甚矣。"唐韩愈《原毁》:"举其一不计其十,究其旧不图其新……是不亦责于人者已详乎!"

〔大〕 用作程度副词时,早期多用于表示心理或情感方面的行为超过一般的程度。《尚书·金縢》:"秋,大熟,未获,天大雷电以风,禾尽偃,大木斯拔。邦人大恐。"《孟子·梁惠王下》:"民望之,若大旱之望云霓也。归市者不止,耕者不变,诛其君而吊其民,若时雨降,民大悦。"《韩非子·内储说下》:"令尹大怒,举兵而诛郤宛,遂杀之。"《史记·淮阴侯列传》:"韩信……知其不用,还报,则大喜。"又《秦始皇本纪》:"二年冬,陈涉所遣周章等将西至戏,兵数十万。二世大惊,与群臣谋曰:奈何?"汉王充《论衡·知实篇》:"客具报。王大骇曰:'嗟乎!淳于生,诚圣人也。'"按:以上各例,"大"所修饰的"恐""悦""怒""喜""惊""骇"都是心理或情感方面的动词。

〔酷〕 极,甚。《集韵·沃韵》:"酷,甚也。"《说文》"酷"下段玉裁注:"引申为已甚之义。《白虎通》曰:'酷,极也,教令穷极也。'"《昭明文选·王褒〈洞箫赋〉》:"愤伊郁而酷愍(忧伤),愍眸子之丧精。"李善注:"酷,犹甚也。"南朝宋何法盛《晋中兴书·征祥说》:"桓玄入建康宫,逆风迅激,旗帜飘亡,仪饰一皆倾偃。是月酷寒。"南朝宋刘义庆《世说新语·贤媛》:"陶公(侃)少有大志,家酷贫,与母湛氏同居。"《宋书·武帝纪上》:"何无忌,刘牢之甥,酷似其舅。"唐韩愈《潮州刺史谢上表》:"臣受性愚陋,人事多所不通,惟酷好学问文章,未尝一日暂废。"

〔死〕 表示程度极深。只能用作补语。《汉书·霍光传》:"今将军坟墓未干,尽外我家,反任许、史,夺我印绶,令人不省(明白)死。"元杨文奎《儿女团圆》第三折:"这添添小哥哥,今年十三岁,天生的甚是聪明,父亲喜欢死他。"《红楼梦》第三五回:"真正的二奶奶的嘴,怕死人。"

hěn	hǎo	hǎo shēng	shēng	cù	guài	jǐn	jiàn	tè
很(狠)	好	好生	生	簇	怪	紧	健	忒

shā		tè shā	è	shí fēn	fèn wài	gé wài
煞(㬠杀)		忒煞	恶	十分	分外	格外

fēi cháng	dǐ sǐ
非常	抵死

【同】 程度副词，表示程度深。修饰形容词或动词，充当状语或补语。这一组程度副词产生较晚，多见于唐宋以后的作品。

〔很〕(狠) 始见于明清小说，用作状语或补语。清吴敬梓《儒林外史》第一九回："这好的很了。只是事不宜迟，老爷就要去办。"《红楼梦》第九八回："老太太主意很好，何必问我！""狠"，用同"很"。《西游记》第二二回："这家子远得狠哩！相去有五七千里之路。"清吴敬梓《儒林外史》第三回："只是因为欢喜狠了，痰涌上来，迷了心窍。"《红楼梦》第二八回："宝玉道：'狠是，我已知道了。'"

〔好〕 表示程度深，兼表感叹语气。章炳麟《新方言·释词》："今人谓甚曰好，如甚大曰好大，甚快曰好快。"约始于宋元。宋石孝友《西地锦》词："风儿又起，雨儿又煞，好愁人天色！"清洪昇《长生殿·侦报》："外有逆藩，内有奸相，好教人发指也。"金董解元《西厢记诸宫调》卷八："你好毒！你好呆！"元佚名《盆儿鬼》第三折："好是奇怪！"《红楼梦》第一回："这官儿好面善。"又第四二回："说的好可怜见儿的，连我们也软了，饶了他罢。"

〔好生〕 同"好"。《京本通俗小说·错斩崔宁》："这是你两日因独自在家，勾搭上了人；又见家中好生不济，无心守耐。"元关汉卿《关大王独赴单刀会》一："这荆州断然不可取，想关云长好生勇猛，你索荆州呵，他弟兄怎肯和你甘罢。"《水浒传》第四一回："这两日听得劫了法场，好生吃惊。"

〔生〕 最，甚。含有比较和限定义。张相《诗词曲语辞汇释》卷二："生，甚辞，犹最也，只也。"唐刘采春《啰唝曲六首》诗之一："不喜秦淮水，生憎江上船。"唐卢照邻《长安古意》诗："生憎帐额绣孤鸾，好取门帘帖双燕。"宋周邦彦《庆春宫》词："尘埃憔悴，生怕黄昏，离思牵萦。"宋贺铸《南乡子》词之二："无限鲜飚吹芷若、汀州，生羡鸳鸯得自由。"《西游记》第四八回："那呆子撩衣拽步，走上河边，双手举钯，尽力一筑，只听扑的一声，筑了九个白迹，手也振得生疼。"

〔簇〕 很,崭。只能修饰"新"。元无名氏《刘弘嫁婢》第一折:"人家那簇新做出来的衣服,连带儿也不曾缀。"《红楼梦》第二八回:"我这里也得了一件奇物,今日早起才系上,还是簇新,聊可表我一点亲热之意。"清吴敬梓《儒林外史》第五三回:"金修义到了寓处门外,两个长随,穿着一身簇新的衣服,传了进去。"清李宝嘉《官场现形记》第一九回:"署院举目一看,见他二人穿的都是簇新的袍褂。"今语"簇簇新",相当于非常非常新,极言新的程度。

〔怪〕 很,甚。清蒲松龄《聊斋志异·公孙九娘》:"神情意志,怪似九娘。"又《阿绣》:"见北向一家,两扉半开,内一女郎,怪似阿绣。"《红楼梦》第一九回:"宝玉笑道:'我怪闷的,来瞧瞧你作什么呢。'"清刘鹗《老残游记》第十三回:"我看你老的样子怪慈悲的。"

〔紧〕 很。用在形容词或动词后作补语。元佚名《盆儿鬼》楔子:"遇着一个打卦先生,叫做贾半仙,人都说他灵验得紧。"元李好古《张生煮海》第三折:"只听得大虫叫道:'我今日怎么这等心疼的紧。'"清吴敬梓《儒林外史》第三回:"这个主意好得紧,妙得紧。"

〔健〕 很,非常。唐李朝威《柳毅传》:"既而男女二姓,俱为豪族,法用礼物,尽其丰盛。金陵之士,莫不健仰。"唐封演《封氏闻见记·壁记》:"朝廷百事诸厅,皆有壁记……原其作意,盖欲著前政履历,而发将来健羡焉。"唐元稹《遣病》诗之三:"忆作孩稚初,健羡成人列。"五代范资《玉堂闲话·选仙场》:"观者靡不涕泗健羡,望洞门而作礼。"《新唐书·张建封传》:"善容人过,至健黠亦未尝曲法假之。"按:"健"用于程度副词,约始于唐,且所修饰的词十分有限,多局限于表示心理状态的动词如"仰""羡""黠"等。

〔忒〕 忒,太,过分。宋时口语。《说文》"忒"下段玉裁注:"忒之引申为已甚,俗语用之。或曰大,他佐切,或曰太,或曰忒。俗语曰忒杀。"宋杨万里《题张垣夫腴庄图》诗之二:"不分腴庄最无赖,一时奄有忒伤廉。"元王实甫《西厢记》第一本第二折:"夫人忒虑过,小生空妄想。"清吴敬梓《儒林外史》第五回:"论起来,这件事你汤老爷也忒孟浪了些。"

〔煞〕(煞 杀) 极,甚。张相《诗词曲语辞汇释》卷四:"煞,甚辞。"唐白居易《醉题沈子明壁》诗:"我有《阳关》君未闻,若闻亦应愁煞君。"唐卢延让《八月十六夜月》诗:"桂老犹全在,蟾深未煞忙。"唐罗邺《嘉陵江》诗:"嘉陵南岸雨初收,江似秋岚不煞流。"宋朱熹《朱子语类》卷八七:"东汉诸儒煞好。"宋柳永《迎春乐》词:"近来憔悴人惊怪,为别后,相思煞。"元马致远《汉宫秋》第一折:"这个煞容易。"

"煞"同"煞"。宋欧阳修《渔家傲》词六:"昨日为逢青伞盖,慵不采,今朝斗觉凋零煞。"宋辛弃疾《洞仙歌·红梅》词:"春未到,雪里先开,风流煞。"金董解元《西厢记诸宫调》卷二:"和尚果雄骁,兵法煞曾学。"《金史·杲传附宗义》:"谋里野阿浑所言煞是,只杀挞不野则南路无忧虑矣。"

"杀"用同"煞"。《古诗十九首》之十四:"白杨多悲风,萧萧愁杀人。"唐李白《陪侍郎叔游洞庭,醉后三百》诗之三:"巴陵无限酒,醉杀洞庭秋。"唐白居易《玩半开花赠皇甫郎中》诗:"西日凭轻照,东风莫杀吹。"宋朱敦儒《鼓笛令》词:"残梦不须深念,这些个,光阴杀短。"元关汉卿《窦娥冤》楔子:"读尽缥湘万卷书,可怜贫杀马相如。"

〔忒煞〕"忒煞"同义连用,极言程度深。宋时口语。宋朱熹《朱子语类》卷二三:"陈少南要废《鲁颂》,忒煞轻率。"元无名氏《朱砂担》第四折:"我痴心想望贞洁,你做事忒煞非为。"明冯梦龙《醒世恒言·灌园叟晚逢仙女》:"这老官儿真个忒煞古怪,所以有这样事。"清纳兰性德《点绛唇·咏风兰》词:"忒煞萧疏,争奈秋如许,还留取冷香半缕,第一湘江雨。"

〔恶〕甚。多用于词曲中。张相《诗词曲语辞汇释》卷二:"恶,甚辞。"宋杨万里《见周子充舍人叙怀》诗:"公今贫贱庸非福,我更清愁恶似公。"宋辛弃疾《临江仙》词:"小屩人怜都恶瘦,曲眉天与长颦。"宋邵雍《自咏吟》诗:"平生积学无他效,只得胸中恶坦夷。"

〔十分〕十,满,全。十分,已深到不能再深的程度。约产生于唐宋时期。宋苏轼《橄榄》诗:"待得微甘回齿颊,已输崖蜜十分甜。"明李贽《与杨凤里书》:"世间人有家小、田宅、禄位、名寿……性命非一,自宜十分稳当。"今语还在"十分"的基础上,又发展出"十二分""十二万分",极言程度之深。

〔分外〕"分",合理的界限。《篇海类编·数目类·八部》:"分,限量也。""分外",指程度超过通常的界限。约产生于隋唐时期。唐高蟾《晚思》诗:"虞泉冬恨由来短,杨叶春期分外长。"宋苏轼《平山堂次王居卿祠部韵》:"酒如人面天然白,山向吾曹分外青。"宋杨万里《秋雨叹十解》诗:"湿浸团扇不能轻,冷逼孤灯分外明。"

〔格外〕"格",标准,符合规范的行为或事物。"格外",指程度超过通常所理解的标准。约产生于唐宋时期。宋侯寘《风入松》词:"少年心醉杜韦娘,曾格外疏狂。"元耶律楚材《请容公和尚住竹林疏》:"我容公禅师一条生铁脊,两片点钢唇,参透济下,没把鼻禅说得格外无滋味话呵。"

〔非常〕同"分外""格外",指超过通常的程度。约产生于唐宋时期。唐李德裕《昭义军事宜状》:"其端氏城,是刘从谏近年修筑,非常牢固。"

〔抵死〕抵,达,到。极言程度之深。约产生于唐宋时期。宋王安石《与微之同赋梅花得香字》诗:"向人自有无言意,倾国天教抵死香。"宋陆游《花时遍游诸家园》诗之二:"为爱名花抵死狂,只愁风日损红芳。"金秦略《赋乐真竹拂子》诗:"觅个龟毛抵死难,直教击碎钓鱼竿。"

【附】蛮挺觋

最 尤 尤其 巨 顶

zuì yóu yóuqí jù dǐng

〔同〕程度副词,含有比较的意义,表示同性状事物中程度相对更高。

〔最〕《广韵·泰韵》:"最,极也。"《字汇·曰部》:"最,尤也。"《墨子·经上》:"端,体之无序而最前者也。"《商君书·外内》:"故农之用力最苦而赢利少,不如商贾、技巧之人。"《韩非子·难三》:"夫六晋之时,知氏最强。"《史记·吕后本纪》:"今皆已夷灭诸吕,而置所立,即长用事,吾属无类矣。不如视诸王最贤者立之。"又《滑稽列传》:"三子之才能,谁最贤哉?"汉王充《论衡·商虫篇》:"人则物之最贵者也。"唐韩愈《与华州李尚书书》:"愈于久故游从之中,伏蒙恩奖知待,最深最厚,无有比者。"

〔尤〕在比较中含有程度更深更进一层的意思。《史记·樗里子甘茂列传》:"方秦之强时,天下尤趋谋诈哉!"又《六国年表》:"秦既得意,烧天下《诗》《书》,诸侯史记尤甚,为其有所讥刺也。"《晋书·阮籍传》:"博览群籍,尤好《庄》《老》。"南朝宋刘义庆《世说新语·仇隙》:"王右军(羲之)素轻蓝田(王述),蓝田晚节论誉转重,右军尤不平。"宋欧阳修《醉翁亭记》:"其西南诸峰,林壑尤美。"

〔尤其〕同"尤"。宋秦观《徐得之闲轩》诗:"建安自古多俊髦,徐子磊落尤其豪。"清吴敬梓《儒林外史》第三六回:"这人大是不同的,不但无学博气,尤其无进士气。"

〔巨〕 最,极。三国魏曹植《辩道论》:"言不尽于此,颇难悉载,故粗举其巨怪者。"《宋书·江夏文献王义恭传》:"臣闻治乱无兆,倚伏相因,乾灵降祸,二凶极逆,深酷巨痛,终古未有。"按:"巨"用作程度副词的频率很低。

〔顶〕 明李诩《戒庵漫笔·头通称》:"今人以物之极大者为顶。"宋朱熹《朱子语类》卷二:"星图甚多,只是难得似。圆图说得顶好,天弯,纸却平。"清吴趼人《二十年目睹之怪现状》第三回:"家里有要紧事,要请个假回去一趟,顶多两三个月就来的。"

pō shāo shāo shāo shāo wéi wēi wēi wēi lüè lüè lüè
颇 稍 稍稍 稍为 微 微微 略 略略
chā shǎo xiǎo xiē xiē wēi
差 少 小 些 些微

【同】 稍,略微。程度副词,表示程度轻。

〔颇〕 稍,少。《广雅·释诂三下》:"颇,少也。"约产生于汉初,开始多用于修饰动词,后修饰形容词的逐渐增多。《史记》中用作程度副词的"颇"共73见,其中修饰形容词的仅2见,均表示程度轻。值得注意的是,"颇"用作程度副词时,程度的深或轻,有着古今的差别。古表程度轻,今表程度深。《汉书·地理志》:"宾客相过,以妇侍宿,嫁取之夕,男女无别,反以为荣。后稍颇止,然终未改。"例中"稍颇"连用。从唐人对古籍的注释来看,唐时仍然普遍用于表示程度轻。《史记·儒林列传》:"孝惠、吕后时,公卿皆武力有功之臣。孝文时颇征用,然孝文帝本好刑名之言。"唐张守节正义:"言孝文稍用文学之士居位。"《汉书·儒林传》颜师古注又改"稍用文学之士"为"少用文学之士"。《汉书·高帝纪》:"代地居常山之北,与夷狄边……难以为国。颇取南太原之地益属代。"颜师古注:"少割以益之,不尽取也。"汉扬雄《解嘲》:"是以颇得信其舌而奋其笔。"唐李周翰注:"颇,少也。"魏曹丕《与吴质书》:"顷何以自娱,颇复有所造述否?"吕向注:"颇,少也。"魏陈琳《为曹洪与魏文帝书》:"故颇奋文辞,异于他日。"张铣注:"颇,少。"晋皇甫谧《豪士赋序》:"借使伊人颇览天道。"张铣注:"假使成功之人少览天道。"晋陶潜《读山海经》诗:"穷巷隔深辙,颇回故人车。"吕向注:"颇,少也。"晋庾亮《让中书令表》："朝士百僚,颇识其情。"张铣注："颇,少也。"南朝梁任彦升《天监三年策秀才文》："九流七略颇尝观览。"李善注引《广雅》："颇,少也。""颇"用于表示程度深,最早见于清人刘淇编著的《助字辨略》卷三。该书义项(1)为"略也,少也";义项(2)为"尽悉之辞";义项(3)为"甚也"。现代汉语中虽然已普遍用于表示程度深,但仍含有保留的意思。

〔稍〕 稍,不仅表示程度轻,而且还含有程度随着时间渐渐加深的意思。《说文》："稍,出物有渐也。"段玉裁注："稍之言小也。凡古言稍稍者,皆渐进之谓也。"由于隐含渐进之义,早期的"稍"一般修饰动词。《史记·刺客列传》："其后秦日出兵山东以伐齐、楚、三晋,稍蚕食诸侯,且至于燕。"又《汲郑列传》："武帝立,(郑)庄稍迁为鲁中尉、济南太守、江都相,至九卿为右内史。"《汉书·周勃传》："其后有人上书告勃欲反,下廷尉,逮捕勃治之。勃恐,不知置辞,吏稍侵辱之。"《后汉书·逸民传序》："自后帝德稍衰,邪孽当朝,处子耿介,羞与卿相等列。"唐柳宗元《黔之驴》："益习其声,又近出前后,终不敢搏;稍近益狎,荡倚冲冒。"

〔稍稍〕 "稍"的叠用,用同"稍",程度轻,随着时间逐渐加深。《战国策·赵策二》："秦之攻韩、魏也则不然。无有名山大川之限,稍稍蚕食之,傅国都而止矣。"《汉书·韩王信传》："居七日,胡骑稍稍引去。天雾,汉使人往来,胡不觉。"唐杜甫《赠王二十四侍御契四十韵》："区区甘累趼,稍稍息劳筋。"唐韩愈孟郊《远游联句》："外患萧萧去,中悒稍稍瘳。"按:今只用于表示程度轻,与"稍微"同。

〔稍为〕 稍微。清刘鹗《老残游记》第四回："这些马勇遂到他家,从上房里搜起,衣箱橱柜,全行抖擞一个尽,稍为轻便值钱一点的首饰,就掖在腰里去了。"又:"还是他的二儿子,在府城里读过两年书,见过点世面,胆子稍为壮些。"

〔微〕 稍微。修饰动词或形容词。《汉书·王莽传上》："莽色厉而言方,欲有所为,微见风采,党与承其指意而显奏之。"又《翟方进传》："时方进新为丞相,陈咸内惧不安,乃令小冠杜子夏往观其意,微自解说。"《魏书·裴叔业传》："(裴蔼之)性轻率,好琴书,其内弟柳谐善鼓琴,蔼之师谐而微不及也。"北魏贾思勰《齐民要术·种瓜》："使行阵整直,两行微相近。"唐白居易《自咏》诗："须白面微红,醺醺半醉中。"

〔微微〕 同"微"。金董解元《西厢记诸宫调》卷五:"红妆皱也娇娇羞,腰肢困也微微喘。"明张煌言《立秋同诸子限韵》:"清露微微沾薜荔,凉风淡淡拂松杉。"

〔略〕 略微。北周庾信《周骠骑大将军李夫人墓志铭》:"(夫人)本有风气之疾,频年增动,略多枕卧。"《西游记》第一三回:"三藏回头看时,果是他的物件,并不曾失落,心才略放下些。"清蒲松龄《聊斋志异·辛十四娘》:"小生所以悉出君上者,以起处数语略高一筹耳。"《红楼梦》第七四回:"外特寄香袋一个,略表我心。"

〔略略〕 同"略"。《西游记》第一六回:"行者道:……老孙见他心毒,果是不曾与他救火,只是与他略略助些风的。"清文康《儿女英雄传》第一回:"(安老爷)只等到谢恩领宴诸事完毕,才得略略安静。"

〔差〕 稍微,稍稍。《汉书·匈奴传下》:"从塞以南,径深山谷,往来差难。"宋张实《流红记》:"……祐临流浣手。久之,有一脱叶,差大于他叶。"金王若虚《慵夫自号》诗:"时人莫笑慵夫拙,差比时人得少闲。"明徐弘祖《徐霞客游记·滇游日记八》:"今山门有一楼,差可以存迹。"清梁贞怀《天雨花》第四回:"两人下拜齐声哭,今日差堪报父亲。"

〔少〕 《庄子·徐无鬼》:"今予病少痊,予又且复游于六合之外。"《史记·匈奴列传》:"儿能骑羊,引弓射鸟鼠;少长则射狐兔,用为食。"《汉书·贾山传》:"臣不敢以久远谕,愿借秦以为谕,唯陛下少加意焉。"

〔小〕 《诗经·大雅·民劳》:"民亦劳止,汔可小康。"《孟子·尽心下》:"其为人也小有才。"唐韩愈《论淮西事宜状》:"有司计算所费,苟ել．因循,小不如意,即求休罢。"

〔些〕 些微。表示程度轻微。唐卢纶《伦开府席上赋得咏美人名解愁》诗:"舞态兼些醉,歌声似带羞。"清盛禾《浣溪纱》词:"似墨浓云雨脚斜,参差蝉雀掩轻纱,水亭今夜觉凉些。"按:此例作"凉"的补语。

〔些微〕 稍微。表示程度轻微。《红楼梦》第五八回:"些微谈了一谈,便催宝玉去歇息调养。"

【附】 稍微 稍许 略微 略为

滋(兹) 滋益(兹益) 愈(俞 逾 瘉) 愈益 愈更
愈加 益 益复 益发 弥 弥更 弥益
况(兄) 更 更加 更为 更自 越 越越
越发 越加 倍 倍加 剩

【同】更，愈。程度副词，程度在原有的基础上又进一步加深。

〔滋〕（兹）《左传·僖公二十五年》："信，国之宝也，民之所庇也。得原失信，何以庇之？所亡滋多。"《国语·晋语一》："不战而反，我罪滋厚。"韦昭注："滋，益也。"《孟子·公孙丑上》："若是，则弟子之惑滋甚。"《史记·魏其武安侯列传》："太后好黄老之言，而魏其、武安、赵绾、王臧等务隆推儒术，贬道家言，是以窦太后滋不悦魏其等。"

"滋"也可以写作"兹"。《墨子·非攻上》："苟亏人愈多，其不仁兹甚，罪益厚。"孙诒让间诂："兹、滋古今字。"《汉书·匈奴传下》："前世重之兹甚，未易可轻也。"颜师古注："兹，益也。"又《五行志下之下》："赋敛兹重，而百姓屈竭。"颜师古注："兹，益也。"

〔滋益〕（兹益）"滋益"同义连用，更加。《史记·项羽本纪》："今将军为秦将三年矣，所亡失以十万数，而诸侯并起滋益多。"按：《汉书·项籍传》"滋益"作"兹益"。汉桓宽《盐铁论·通有》："买则失实，卖则失理，其疑或滋益甚。"《左传·昭公七年》："及正考父，佐戴、武、宣，三命兹益共（恭）。"《诗经·小雅·出车》郑玄笺："御夫则兹益悴，忧其马之不正。"

〔愈〕（俞 逾 瘉）《诗经·小雅·小明》："曷云其还？政事愈蹙。"郑玄笺："愈，犹益也。"《左传·昭公七年》："壬寅，公孙段卒，国人愈惧。"《庄子·渔父》："见过不更，闻谏愈甚，谓之很。"《韩非子·外储说左下》："以肉去蚁，蚁愈多；以鱼去蝇，蝇愈至。"《史记·魏公子列传》："侯生摄敝衣冠，直上载公子上座，不让，欲以观公子。公子执辔愈恭。"

"愈"也可写作"俞""逾""瘉"。《国语·越语下》："辞俞卑，礼俞尊。"按：《四部备要》本"俞"作"愈"。《汉书·食货志上》："如此，德泽加于万民，民俞勤农。"《楚辞·东方朔〈七谏·自怨思〉》："故人疏而日忘兮，新人近而俞好。"清刘淇《助字辨略》卷一:"逾,弥也,愈也。"《墨子•三辩》:"故其乐逾繁者,其治逾寡。"《淮南子•原道训》:"夫释大道而任小数,无以异于使蟹捕鼠,蟾蜍捕蚤,不足以禁奸塞邪,乱乃逾滋。"高诱注:"逾滋,益甚也。"汉陆贾《新语•无为》:"事逾烦,天下逾乱。"南朝梁王籍《入若耶溪》:"蝉噪林逾静,鸟鸣山更幽。"《荀子•尧问》:"孙叔敖曰:'吾三相楚而心瘉卑。'"清龚自珍《平均篇》:"浮不足之数相去瘉远,则亡瘉速。"

〔愈益〕 "愈益"同义连用。《淮南子•说林训》:"以诈应诈,以谲应谲,若披蓑而救火,毁渎而止水,乃愈益多。"《史记•司马相如列传》:"相如初尚见之,后称病,使从者谢,吉愈益谨肃。"又《陈丞相世家》:"汉王闻之,愈益幸平,遂与东伐项王。"《汉书•朱买臣传》:"其妻亦负戴相随,数止买臣毋歌讴道中。买臣愈益疾歌,妻羞之,求去。"宋王安石《伯夷》:"以孔孟之可信而又辩之反复不一,是愈益可信也。"清侯方域《重修演武厅事记》:"久之,愈益以为无事,遂废其官。"

〔愈更〕《后汉书•朱穆传》:"(穆)及壮耽学,锐意讲颂……其父常以为专愚,几不知数马足。穆愈更精笃。"《三国志•魏书•钟会传》"少敏慧夙成"下裴松之注:"及姙娠,愈更嫉妒,乃置药食中,夫人中食,觉而吐之。"

〔愈加〕 明李东阳《孟子直解》:"横征暴敛,日甚一日,使小民愈加困苦,无以安生。"明冯梦龙《警世通言•赵太祖千里送京娘》:"自此京娘愈加严敬公子,公子亦愈加怜悯京娘。"《三国演义》第一百五回:"后主愈加惊怖。"

〔益〕 更,更加。《左传•昭公七年》:"及壬子,驷带卒,国人益惧。"《庄子•山木》:"孔子问子桑雽曰:'吾再逐于鲁,伐树于宋,削迹于卫,穷于商周,围于陈蔡之间。吾犯此数患,亲交益疏,徒友益散,何与?'"《韩非子•孤愤》:"故主上愈卑,私门益尊。"《史记•淮阴侯列传》:"上笑曰:'多多益善,何为为我禽?'"

〔益复〕 更加。汉李陵《答苏武书》:"与子别后,益复无聊。"唐元稹《唐故万州刺史刘君墓志铭》:"先时,银之长不命于朝数十年矣,诸将摄理,夺其马牛,夷人苦,益复叛远。"唐陆贽《论裴延龄奸蠹书》:"延龄既怙宠私,益复放肆。"

〔益发〕 越发。清吴敬梓《儒林外史》第一六回:"自从我病倒,日用益发艰难。"清吴趼人《二十年目睹之怪现状》第三〇回:"凭你把那舵攀足了,那个船只当不知;无可奈何,只得打倒车回来,益发走的慢了。"

〔弥〕 愈,愈加。《小尔雅·广诂》:"弥,益也。"《左传·昭公十三年》:"我先君文公,狐季姬之子也,有宠于献,好学而不贰……亡十九年,守志弥笃。"《荀子·荣辱》:"是故穷则不隐,通则大明,身死而名弥白。"《韩非子·十过》:"君子皆知文章矣,而欲服者弥少。"《史记·孔子世家》:"故孔子不仕,退而修诗书礼乐,弟子弥众,至自远方,莫不受业焉。"汉王充《论衡·自纪篇》:"历事弥久,以为昔古之事,所言近是,信之入骨,不可自解,故作实论。"唐杜甫《自京赴奉先县咏怀五百字》诗:"取笑同学翁,浩歌弥激烈。"

〔弥更〕 "弥更"同义连用。唐颜师古《汉书叙例》:"《汉书》旧文多有古字,解说之后,屡经迁易,后人习读,以意刊改,传写既多,弥更浅俗。"宋胡仔《苕溪渔隐丛话前集·石曼卿》:"若移作咏白牡丹诗,有何不可?弥更亲切耳。"

〔弥益〕 "弥益"同义连用。唐薛曜《服乳石号性论》:"年少筋力满盛,饮食饱饫,弥益精明壮健。"清陈康祺《郎潜纪闻》卷十:"自此番僧见大皇帝,弥益恭顺。"

〔况〕(兄) 更,愈加。《广雅·释言》:"况,兹也。"《诗经·小雅·出车》:"忧心悄悄,仆夫况瘁。"郑玄笺:"况,兹也。"《国语·晋语一》:"以众故,不敢爱亲,众况厚之。"韦昭注:"况,益也。言以众故杀君,除民害,众益以为厚。"清姚鼐《桃核研歌为庶子叶书山先生赋》:"幽辉岂非玉质蕴,含芒况淬笔锋利。"

"兄","况"的古字。《集韵·漾韵》:"况,一曰益也……古作'兄'。"《诗经·大雅·召旻》:"彼疏斯粺,胡不自替?职兄斯引。"毛传:"兄,兹也。"陆德明释文:"兄,音况。"《墨子·非攻下》:"还至乎商王纣,天不序其德,祀用失时……天雨肉,棘生乎国道,王兄自纵也。"孙诒让间诂:"兄与'况'同,益也。"

〔更〕 愈,越。《战国策·韩策一》:"与之,即无地以给之;不与,则弃前功,而后更受其祸。"《史记·管晏列传》:"吾尝为鲍叔谋事,而更穷困。"汉王充《论衡·儒增篇》:"善射者能射远中微,不失毫厘,安能使弓弩更多力乎?"《敦煌变文集·捉季布传文》:"季布闻言心更大。"清赵翼《瓯北诗话·白香山诗》:"此外如三十、二十韵者,更不可胜计。"

〔更加〕 愈加。元刘壎《隐居通义·象山先生言吏奸二书》:"当来更加挚敛,使归简严,则前无古人矣。"明凌濛初《二刻拍案惊奇》卷一七:"还有杜子中更加相厚,倒不得不闪下了他。"《三国演义》第五十三回:"今夜防备,当比每夜更加谨慎。"

〔更为〕 更加。明凌濛初《二刻拍案惊奇》卷八:"一头掷骰,一头饮酒助兴,更为有趣。"清刘鹗《老残游记》第九回:"虽是蔬菜,却满口清香,比荤菜更为适用。"清吴趼人《二十年目睹之怪现状》第九〇回:"伯芬应酬得更为忙碌。"

〔更自〕 更加。清华广生《白雪遗音·马头调·有心事儿》:"有心事儿常常梦,思想多情,醒后的凄凉更自儿不同。"明冯梦龙《喻世明言·吴保安弃家赎友》:"今番重复取出,这疼痛比初打针时更自难忍。"清文康《儿女英雄传》第九回:"但是作姐姐的心事更自不同,只可为自己道,难为知者言。"

〔越〕 愈,愈加。宋辛弃疾《浣溪沙·赠子文侍人名笑笑》词:"歌欲颦时还浅笑,醉逢笑处却轻颦,宜颦宜笑越精神。"金董解元《西厢记诸宫调》卷七:"觑衙内结束模样,越添烦恼。"元关汉卿《拜月亭》第三折:"恰随妹妹闲行散闷些,到池沼,陌观绝,越教人叹嗟。"元萨都剌《一枝花·妓女蹴踘》套曲:"红尘两袖纤腰倦,越丰韵,越娇软。"清吴敬梓《儒林外史》第八回:"不想到家一载,小儿亡化了,越觉得胸怀冰冷。"

〔越越〕 越发,越加。宋无名氏《大宋宣和遗事·亨集》:"饮多时也,天子带酒观师师之貌,越越的风韵。"元高栻《集贤宾·怨别》套曲:"我这里展转的疑惑,越思量越越的难为。"明凌濛初《二刻拍案惊奇》卷七:"东老越越的疑心。过会又问道:'你可实对我说!'"

〔越发〕 越,越加。明兰陵笑笑生《金瓶梅词话》第十回:"知县听了此言,越发恼了。"明无名氏《张子房赤松记望静》:"你看他两个越发打扮得好了。"明罗懋登《三宝太监西洋记通俗演义》第九十四回:"三宝老爷看见王爷一猜必中,越发大笑起来。"《红楼梦》第七一回:"司棋只不言语,浑身乱颤,鸳鸯越发不解。"

〔越加〕 愈加。《京本通俗小说·菩萨蛮》:"郡王越加欢喜。至晚席散,着可常回寺。"明凌濛初《二刻拍案惊奇》卷一二:"晦翁越加嗔恼,这是大姓刁悍抗拒。"明冯梦龙《醒世恒言·白玉娘忍苦成夫》："程万理想道：'一发是试我了。'说话越加谨慎。"

〔倍〕 更加，愈加。《北齐书·神武纪上》："于是士众感悦，倍愿附从。"唐王维《九月九日忆山东兄弟》诗："独在异乡为异客，每逢佳节倍思亲。"明徐祯卿《济上作》诗："忽见黄花倍惆怅，故园明日又重阳。"明王衡《再生缘》卷六："一盏香茶吞下去，语言清楚倍精神。"

〔倍加〕 更加。唐韩愈《御史台上论天旱人饥状》："又京师者，四方之腹心，国家之根本，其百姓实宜倍加忧恤。"明凌濛初《初刻拍案惊奇》卷一七："吴氏倍加扫兴，忿怒不已。"《西游记》第六五回："那妖精倍加勇猛，帅众上前掩杀。"

〔剩〕 更。唐高适《赠杜二拾遗》诗："听法还应难，寻经剩欲翻。"宋辛弃疾《浣溪纱·寿内子》词："婚嫁剩添儿女拜，平安频拆外家书。"又《水调歌头·题赵晋臣敷文真得归方是闲二堂》词："真得归来笑语，方是闲中风月，剩费酒边诗。"

【附】 滋（兹）……滋（兹） 滋……愈 愈（俞 逾）……愈（俞 逾）…… 愈……益 益……益 益……逾（逾）…… 弥……弥 弥……滋 弥……愈 越……越

【同】 副词性固定词组。由两个用法相同的程度副词组成，表示所修饰的有因果关系的事物性状，两者的程度成正比或反比的加深。

　　滋（兹）……滋（兹）…… 同"愈……愈……"。《庄子·徐无鬼》："去国数日，见其所知而喜；去国旬月，见所常见于国中者喜……不亦去人滋久，思人滋深乎？"《墨子·尚同中》："是以一人一义，十人十义，百人百义。其人数兹众，其所谓义者亦兹众。"

　　滋……愈 同"愈……愈……"。《荀子·尧问》："位滋尊而礼愈恭。"三国魏杜恕《体论》："位滋高而其礼愈恭。"

　　愈（俞 逾）……愈（俞 逾） 同"越……越……"。《吕氏春秋·慎大览》："贤主愈大愈惧，愈强愈恐。"《韩非子·奸劫弑臣》："故奸私之臣愈众，而暴乱之徒愈胜，不亡何待？"三国魏杜恕《体论》："譬如登高者，愈惧愈危，愈危愈坠，孰如早去邪径而就夫大道乎？"《国语·越语下》："使者往而复来，辞俞卑，礼俞尊。"韦昭注："俞，益也。"《墨子·所染》："不能为君者，伤形费神，愁心劳意，然国逾危，身逾辱。"

愈……益…… 同"愈……愈……"。《韩非子·孤愤》:"故主上愈卑,私门益尊。"《史记·魏其武安侯列传》:"诸士在己之左,愈贫贱,尤益敬,与均。"

　　益……益…… 同"愈……愈……"。《史记·袁盎晁错列传》:"后朝,上益庄,丞相益畏。"汉王充《论衡·讲瑞篇》:"行操益清,交者益鲜。"北齐颜之推《颜氏家训·杂艺》:"古者实以小豆,为其矢之跃也;今则唯欲其骁,益多益喜。"

　　益……愈(逾)…… 同"愈……愈……"。《三国志·魏书·庞德传》:"战益怒,气愈壮,而水浸盛。"汉陆贾《新语·无为》:"兵马益设,而敌人逾多。"

　　弥……弥…… 同"愈……愈……"。《论语·子罕》:"仰之弥高,钻之弥坚。"《荀子·不苟》:"故操弥约而事弥大,五寸之矩尽天下之方也。"《吕氏春秋·慎势》:"王者之封建也,弥近弥大,弥远弥小。"《韩非子·解老》:"然则数变业者,其人弥众,其亏弥大矣。"《昭明文选·宋玉〈对楚王问〉》:"其曲弥高,其和弥寡。"汉王充《论衡·讲瑞篇》:"歌曲弥妙,和者弥寡。"《汉书·刘向传》:"是故德弥深者葬弥薄。"

　　弥……滋…… 同"愈……愈……"。汉桓宽《盐铁论·地广》:"今逾蒙恬之塞,立郡县寇虏之地,地弥远而民滋劳。"

　　弥……愈…… 同"愈……愈……"。宋苏洵《权书·六国》:"然则诸侯之地有限,暴秦之欲无厌。奉之弥繁,侵之愈急。"

　　越……越…… 同"愈……愈……"。明凌濛初《二刻拍案惊奇》卷九:"谁知这少年心性,吃到兴头上,越吃越狂,那里肯住!"清吴敬梓《儒林外史》第二回:"这雨越下越大,却见上流头一只船冒雨而来。"

fāng dǐng zhèng
方 鼎 正

【同】 正,正在。时间副词,表示行为正处于持续进行的状态。

〔方〕《左传·定公四年》:"国家方危,诸侯方贰,将以袭敌,不亦难乎!"《吕氏春秋·察今》:"有过于江上者,见人方引婴儿而欲投之江中,婴儿啼。"《韩非子·外储说右下》:"造父方耨,时有子父乘车过者,马惊而不行。其子下车牵马,父子推车,请造父助我推车。"《战国策·燕策二》:"蚌方出曝,而鹬啄其肉,蚌合而拑其喙。"《史记·陈涉世家》:"燕人曰:'赵方西忧秦,南忧楚,其力不能禁我。'"

〔鼎〕汉贾谊《陈政事疏》:"天子春秋鼎盛,行义未过,德泽有加焉。"《汉书·匡衡传》:"诸儒为之语曰:'无说《诗》,匡鼎来;匡说《诗》,解人颐。'"颜师古注:"应劭曰:'鼎,方也。'"宋徐梦莘《三朝北盟会编·炎兴》:"而采石之旧将已去,新将未至,当军情危疑间,房兵鼎来,臣不当便引去,暂且留此,与统制官同谋战守。"清卢浙《黎珠湄味道编序》:"先生今者年鼎七十,而气体康强。"

〔正〕《史记·五帝本纪》:"我思舜,正郁陶。"三国魏曹植《七哀》诗:"明月照高楼,流光正徘徊。"唐韩愈《送李六协律归荆南》诗:"柳花还漠漠,江燕正飞飞。"

适 会 正 恰
shì　huì　zhèng　qià

【同】正好。时间副词,一行为发生时,恰遇另一事也正发生或一事正与另一事巧合。

〔适〕清刘淇《助字辨略》卷五:"适,正也。"《左传·昭公十七年》:"我高祖少皋(白)挚之立也,凤鸟适至。"《韩非子·内储说下》:"燕人,其妻有私通于士,其夫早自外而来,士适出。"《战国策·赵策三》:"此时鲁仲连适游赵,会秦围赵。"《史记·魏其武安侯列传》:"(灌)夫身中大创十余,适有万金良药,故得无死。"汉王充《论衡·龙虚篇》:"当雷电击树木之时,龙适与雷电俱在树木之侧,雷电去,龙随而上,故谓从树木中升天也。"

〔会〕正值。《诗经·大雅·生民》:"诞寘之平林,会伐平林。"《韩非子·外储说左上》:"魏文侯与虞人期猎。明日,会天疾风,左右止文侯,不听,曰:'不可以疾风之故而失信,吾不为也。'"《史记·范雎蔡泽列传》:"寡人宜以身受命久矣,会义渠之事急,寡人旦暮自请太后。"又《匈奴列传》:"胡又入败渔阳太守军千余人,围汉将军安国,安国时千余骑亦且尽,会燕救至,匈奴乃去。"宋苏辙《龙川别志》卷上:"(周高祖、柴后)行至河上,父母迓之。会大风雨,止于逆旅。"

〔正〕《史记·樗里子甘茂列传》:"至汉兴,长乐宫在其东,未央宫在其西,武库正值其墓。"汉王充《论衡·谈天篇》:"雒阳,九州之中也。从雒阳北顾,极正在北。"南朝宋刘义庆《世说新语·德行》:"后贼追至,王欲舍所携人,歆曰:'本所以疑,正为此耳。'"唐韩愈《京尹不台参答友人书》:"小人言不可信,类如此,亦在大贤斟酌而断之,流言止于智者,正谓此耳。"

〔恰〕 北周庾信《后堂望美人山铭》:"恰对妆台,诸窗并开。"唐韩愈《池盆》诗:"一夜青蛙鸣到晓,恰如方口钓鱼时。"南唐李煜《虞美人》词:"问君能有几多愁,恰似一江春水向东流。"宋李清照《蝶恋花·上巳召亲族》词:"随意杯盘虽草草,酒美梅酸,恰称人怀抱。"元郑光祖《倩女离魂》楔子:"他是个矫帽轻衫小小郎,我是个绣帔香车楚楚娘,恰才貌相当。"

遂 乃 即 旋 寻
suì nǎi jí xuán xún

【同】 就,随即。表示两件事在时间上前后相连接,即前一事发生之后,接着发生另一件事。

〔遂〕《穀梁传·桓公八年》:"遂,继事之辞也。"《左传·僖公四年》:"四年,春,齐侯以诸侯之师侵蔡。蔡溃,遂伐楚。"杜预注:"遂,两事之辞。"《孟子·滕文公上》:"子之兄弟,事之数十年,师死而遂倍之。"《韩非子·十过》:"宫之奇谏曰:'……若假之道,则虢朝亡而虞夕从之矣。'虞公弗听,遂假之道。"汉王充《论衡·纪妖篇》:"智伯益怒,遂率韩、魏攻赵襄子。"《宋史·种世衡传》:"募商贾,货以本钱,使通货赢之利,城遂富实。"

〔乃〕《尚书·尧典》:"百姓昭明,协和万邦,黎民于变时用,乃命羲和,钦若昊天。"蔡沈集传:"乃,继事之辞。"《左传·僖公二十四年》:"瑕甥、郤芮不获公,乃如河上。"记载同一件事的《国语·晋语四》为"二子求公不获,遂如河上"。《韩非子·外储说右上》:"王曰:'子安闻之?'对曰:'犀首告臣。'王怒犀首之泄,乃逐之。"《史记·陈涉世家》:"攻陈,陈守令皆不在,独守丞与战谯门中。弗胜,守丞死,乃入据城。"汉王充《论衡·道虚篇》:"百姓仰望黄帝既上天,乃抱其弓与龙胡髯呼号。"

〔即〕 清王引之《经传释词》卷八:"即,犹遂也。"《左传·隐公四年》:"此二人者,实弑寡君,敢即图之。"杜预注:"因其往,即图之。"《韩非子·外储说右下》:"田婴闻之,即遽请于王而听其计。"《史记·扁鹊仓公列传》:"齐王中子诸婴儿小子病……臣意即为之作下气汤以饮之,一日气下,二日能食,三日即病愈。"汉王充《论衡·感虚篇》:"曾子左臂立痛,即驰至问母：'臂何故痛？'"

〔旋〕《史记·扁鹊仓公列传》："臣意即以寒水拊其头，刺足阴阳脉，左右各三所，病旋已。"又："臣意……则刺其足心各三所，案之无出血，病旋已。"张守节正义："谓旋转之间，病则已止。"司马贞索隐："言寻则已止也。"以"寻"释"旋"。《后汉书·董卓传》："卓既杀琼、珌，旋亦悔之。"唐岑参《走马川行奉送封大夫出师西征》诗："马毛带雪寒气蒸，五花连钱旋作冰。"

〔寻〕 清刘淇《助字辨略》卷二："寻，旋也，随也，凡相应而及曰寻，犹今言随即如何也。"《古诗为焦仲卿妻作》："媒人去数月，寻遣丞请还。"唐王昌龄《塞下曲》诗之四："功勋多被黜，兵马亦寻分。"唐刘禹锡《再游玄都观并引》："是岁出牧连州，寻贬朗州司马。"宋吴曾《能改斋漫录·事始一》："自庆历间，张希文始以圈子标记，礼部因之，颇以为便。元祐复诗赋，尝加校正，寻又罢。"

将 行 行将 行且 且 方 方且

jiāng　xíng　xíng jiāng　xíng qiě　qiě　fāng　fāng qiě

【同】 将要。时间副词，表示某种行为将要发生或某种情况将要出现。

〔将〕《左传·文公十八年》："齐侯戒师期，而有疾。医曰：'不及秋将死。'"《论语·述而》："其为人也，发愤忘食，乐以忘忧，不知老之将至云尔。"《韩非子·内储说上》："子产相郑，病将死。"

〔行〕《诗经·魏风·十亩之间》："十亩之间兮，桑者闲闲兮，行与子还兮。"朱熹集注："行，犹将也。"《商君书·算地》："民胜其地务开，地胜其民事徕。开则行倍。"高亨注："行，将也。"三国魏曹丕《与吴质书》："岁月易得，别来行复四年。"李善注："行，犹且也。"南朝梁刘孝威《结客少年场行》诗："邦君行负弩，县令且前驱。"宋吴曾《能改斋漫录·纪事一》："（旁舍生）乃谋于妻，以女鬻于商人，得钱四十万，行与父母诀，此所以泣之悲也。"

〔行将〕 唐裴夷直《水亭》诗："岁律行将变，君恩竟未回。"《资治通鉴》第六十五卷："（吴）巨是凡人，偏在远郡，行将为人所并，岂足托乎？"明唐顺之《赠许太宰》诗："天子行将问黄发，老臣何以赞嘉言。"

〔行且〕 唐韩愈《答刘秀才论史书》："苟加一职荣之耳，非必督责迫蹙令就功役也。贱不敢逆盛旨，行且谋引去。"宋赵与时《宾退录》卷九："（康节先生）《观盛化吟》有云：'生来只惯见丰稔，老去未尝见乱离。'其子谓'乱离'之语太过。康节叹曰：'吾老且死矣，汝辈行且知之。'"清戴名世《〈齐讴集〉自序》："余行且归隐故山，终身弗出，纵观古人之诗，而因以有吐发愤懑之什，或有当乎？"

〔且〕《诗经·齐风·鸡鸣》："会且归矣，无庶予子憎。"《庄子·逍遥游》："有鸟焉，其名为鹏……绝云气，负青天，然后图南，且适南冥也。"《淮南子·泰族训》："故天之且风，草木未动而鸟已翔矣。"《史记·项羽本纪》："范增起，出召项庄，谓曰：'若入，前为寿，请以剑舞，因击沛公于坐，杀之。不者，若属皆且为所虏。'"

〔方〕《诗经·秦风·小戎》："方何为期，胡然我念之？"马瑞辰通释："方之言将也。"汉荀悦《汉纪·高祖纪》："（韩）信方斩，叹曰：'悔不用蒯通之言，为女子所执。'"北周庾信《哀江南赋》："小人则将及水火，君子则方成猿鹤。"

〔方且〕《庄子·让王》："予适有幽忧之病，方且治之，未暇治天下也。"南朝宋颜延之《三月三日曲水诗序》："方且排凤阙以高游，开爵园而广宴。"唐马总《意林》卷二："有人方且过江，引婴儿欲投于水。"

既　既已　既而　已　已而
jì　jì yǐ　jì ér　yǐ　yǐ ér

【同】已，已经。时间副词，表示行为或事物已经发生。

〔既〕已经。《广雅·释诂四》："既，已也。"《国语·越语上》："譬如蓑笠，时雨既至，必求之。"《论语·子路》："冉有曰：'既庶矣，又何加焉？'曰：'富之。'曰：'既富矣，又何加焉？'曰：'教之。'"《孟子·万章上》："《诗》云：'普天之下，莫非王土；率土之滨，莫非王臣。'而舜既为天子矣，敢问瞽瞍之非臣如何？"《韩非子·十过》："战既罢，共王欲复战，令人召司马子反。司马子反辞以心疾。"《史记·樊哙列传》："哙既饮酒，拔剑切肉食，尽之。"

"既"有时还表示一件事已经发生，接着又发生相关的另一件事。语意大致与"随后"相当。《国语·周语上》："厉王说（悦）荣夷公。芮良夫曰：'……荣公若用，周必败。'既，荣公为卿士，诸侯不享，王流于彘。"

〔既已〕已经。"既已"同义连用。《墨子·公输》："子墨子曰：'然，胡不已乎？'公输盘曰：'不可，吾既已言之王矣。'"《庄子·逍遥游》："许由曰：

'子治天下。天下既已治也,而我犹代子,吾将为名乎?'"《荀子·哀公》:"是故知不务多,务审其所知;言不务多,务审其所闻;行不务多,务审其所由。故知既已知之矣,言既已谓之矣,行既已由之矣,则若性命、肌肤之不可易也。"晋陆机《豫章行》诗:"前路既已多,后途随年侵。"

〔既而〕 随后,接着。一件事已完,接着又发生相关的另一件事。《左传·桓公七年》:"夏,盟、向求成于郑,既而背之。"又《桓公十年》:"初,虞叔有玉,虞公求旃,弗献。既而悔之,曰:'周谚有之:匹夫无罪,怀璧其罪。吾焉用此?其以贾害也。'乃献。"《韩非子·内储说下》:"楚成王以商臣为太子,既而又欲置公子职。商臣作乱,遂攻杀成王。"汉王充《论衡·论死篇》:"孔子葬母于防,既而雨甚至,防墓崩。"

〔已〕 已经,随后。《集韵·志韵》:"已,卒事之辞。"《国语·越语上》:"嚭闻古之伐国者,服之而已;今已服矣,又何求焉?"《论语·微子》:"道之不行,已知之矣。"《韩非子·内储说上》:"攻齐、荆事已定,惠子入见。"《史记·蒙恬列传》:"胡亥已闻扶苏死,即欲释蒙恬。"汉王充《论衡·宣汉篇》:"文帝初即位,谦让未遑。夫如贾生之议,文帝时已太平矣。"

"已"有时还表示一件事已经发生,紧接着又发生另一件相关的事。同"既而"。《史记·项羽本纪》:"韩王成无军功,项王不使之国,与俱至彭城,废以为侯,已又杀之。"汉王充《论衡·无形篇》:"汉兴,老父授张良书,已化为石,是以石之精为汉兴之瑞也。"

〔已而〕 同"既而"。随后,接着。《韩非子·内储说上》:"魏王谓郑王曰:'始郑梁一国也,已而别,今愿复得郑而合之梁。'"《史记·夏本纪》:"帝桀之时,自孔甲以来而诸侯多畔夏……乃召汤而囚之夏台,已而释之。"汉王充《论衡·奇怪篇》:"刘媪尝息大泽之陂,梦与神遇……已而有身,遂生高祖。"

lì jí dùn
立 即 顿

【同】 立即,两个行为之间连接很紧。

〔立〕《史记·项羽本纪》:"沛公至军,立诛杀曹无伤。"汉韩婴《韩诗外传》卷一:"鲍焦曰:'於戏!吾闻贤者重进而轻退,廉者易愧而轻死。'于是弃其蔬,而立槁于洛水之上。""立槁",立即枯死。汉王充《论衡·言毒篇》:

"鬼为烈毒,犯人辄死,故杜伯射,周宣立崩。"《三国志·魏书·陈思王植传》:"时邺铜爵台新成,太祖悉将诸子登台,使各为赋。植援笔立成,可观,太祖甚异之。"明凌濛初《初刻拍案惊奇》卷一九:"大仇已报,立死无恨。"

〔即〕《韩非子·喻老》:"道譬诸若水,溺者多饮之即死,渴者适饮之即生。"《史记·项羽本纪》:"哙曰:'此迫矣!臣请入,与之同命。'哙即带剑拥盾入军门。"汉王充《论衡·福虚篇》:"其母曰:'今蛇何在?'对曰:'我恐后人见之,即杀而埋之。'"《后汉书·宋则传》:"则子年十岁,与苍头共弩射,苍头弦断矢激,误中之,即死。"

〔顿〕 北齐颜之推《颜氏家训·勉学》:"……《韵集》音介。此疑顿释。"宋王谠《唐语林·容止》:"(唐玄宗)谓左右曰:'朕每见张九龄,精神顿生。'"宋曾敏行《独醒杂志》卷二:"绍圣中,(黄山谷)谪居涪陵,始见《怀素自叙》于石扬休家。因借之以归,摹临累日,几废寝食。自此顿悟草法,下笔飞动。"《三国演义》第三八回:"先生之言,顿开茅塞,使备如拨云雾而睹青天。"

【辨】

"立"可与词尾"地"或相关的词搭配,构成"立地""立刻""立便""立时"等,表示立即义。唐吕岩《五言》诗之十:"耄年服一粒,立地变冲童。"清李渔《巧团圆·防辱》:"不好了,贼兵已到城下,立刻就要近身。"宋岳珂《桯史·大散论赏书》:"自是诸军应报稽缓文字,才到本所,立便给散,略无留阻。"明凌濛初《二刻拍案惊奇》卷二〇:"立时准状,金牌来拿陈定到官。"其他还有"立即""立马"等。

"即"可与相关的词搭配,构成"即便""即时""即刻""即速"等,表示立即义。《三国志·蜀书·谯周传》:"亮卒于敌庭,周在家闻问,即便奔赴。"宋杨万里《怪菌歌》诗:"数茎枯菌破土膏,即时便与人般高。"明冯梦龙《警世通言·杜十娘怒沉百宝箱》:"倘若妈妈失信不许,郎君持银去,儿即刻自尽。"清华广生《白雪遗音·马调头·哈吧狗儿》:"忽听的外面,把门轻敲,不敢声高,奴就即速开了门,一见情人微微笑,问问根苗。"

"顿"可与词尾"然"或相关的词搭配,构成"顿然""顿时",表示立即义。如金董解元《西厢记诸宫调》卷五:"小诗便是得效药,读罢顿然痊较。"清吴趼人《二十年目睹之怪现状》第六回:"我听了这话,吃了一大嚇,顿时呆了。"

亟 遽
jí　jù

【同】急忙,赶紧。时间副词,表示急切而又迅速。

〔亟〕《诗经·豳风·七月》:"昼尔于茅,宵尔索绹,亟其乘屋,其始播百穀。"郑玄笺:"亟,急也。"《左传·隐公十一年》:"凡而器用财贿,无寘于许。我死,乃亟去之。"陆德明释文:"亟,纪力反,急也。"《商君书·更法》:"君亟定变法之虑,殆无顾天下之议之也。"《战国策·齐策三》:"然则下东国必可得也⋯⋯可以令楚王亟入下东国。"唐柳宗元《与韩愈论史官书》:"道苟直,虽死不可回也;如回也,莫若亟去其位。"

〔遽〕《庄子·天地》:"厉之人夜半生其子,遽取火而视之,汲汲然唯恐其似己也。"《韩非子·外储说右下》:"田婴闻之,即遽请于王而听其计。"《吕氏春秋·察今》:"楚人有涉江者,其剑自舟中坠于水,遽契其舟,曰:'是吾剑之所从坠。'"《史记·魏世家》:"唐雎对曰:'⋯⋯必待其急而救之,是失一东藩之魏而强二敌之齐、楚,则王何利焉?'于是秦昭王遽为发兵救魏。"清蒲松龄《聊斋志异·促织》:"成益愕,急逐趁之,蟆入草间,蹑迹披求,见有虫伏棘根,遽扑之,入石穴中。"

【辨】

①"亟"与"急"同源(见王力《同源字典》)。"遽"与"传"同义。《说文》:"遽,传也。""传,遽也。"两字互训。"遽""传",是古时传送公文或重要信息的驿车或驿马。清徐灏《说文解字注笺》:"《汉书·高帝纪下》:'乘传诣雒阳。'师古曰:'传者,若今之驿。古者,以车谓之传车;其后,又单置马,谓之驿骑。'顾氏炎武曰:'窃疑此法,春秋时当已有之。如楚子乘驿会师于临品⋯⋯皆事急不暇驾车,或是单乘驿马,而注疏家未之及也。'"(见"驿"下笺)因此,徐灏认为"此(指'遽'字)当以急遽为本义"。

②"亟、遽"与"立、即、顿""俄、顷、瞬""暂、卒、忽、突、蓦、乍、陡、奄、溘",都有迅速义,但有着细微的差别。"亟、遽",含有心情急切的意思;"立、即、顿",兼有前后两件事连接很紧的意思;下文的"俄、顷",强调两件事之间的时间短;"暂、卒、忽、突、蓦、乍、陡、奄、溘",含有出乎意料的意思。

俄(蛾) 顷
é   qǐng

【同】 瞬间,一会儿。时间副词,两件相关的事或两个相关的行为之间,前后相距的时间很短。

〔俄〕(蛾)《说文》:"俄,顷也。"(段注本)段玉裁注:"《玉篇》曰:'俄顷,须臾也。'《广韵》云:'俄顷,速也。'此今义也。寻今义之所由,以俄顷皆偏侧之义,小有偏侧,为时几何,故因谓倏忽为俄顷。"清徐灏《说文解字注笺》:"俄顷之义,谓一倾侧之间,因之谓倏忽为俄顷,与瞬息同义。"《韩非子·外储说右上》:"薛公患之,于是乃召与之博,予之人百金,令之昆弟博;俄又益之人二百金。"南朝宋刘义庆《世说新语·文学》:"(桓温)唤袁(虎)倚马前令作(文),手不辍笔,俄得七纸,殊可观。"唐沈千运《赠史修文》诗:"念离宛犹昨,俄已经数期。"宋洪迈《夷坚甲志·张彦泽遁甲》:"时天色清霁,已有微暑,三人食已,散步僧舍。俄阴云四合,雨下如注,沟壑皆盈。"

"俄"又写作"蛾"。《汉书·外戚传下·班婕妤》:"孝成班婕妤,帝初即位选入后宫。始为少使,蛾而大幸。"颜师古注:"如淳曰:'蛾,无几之顷也。'蛾与俄同,古字通用。"

〔顷〕清徐灏《说文解字注笺》:"('顷'用作)语词为须臾、为俄顷者,言一转仄之间,与转瞬同义。"《庄子·秋水》:"夫不为顷久推移,不以多少进退者,此亦东海之大乐也。"《荀子·正论》:"譬之是犹以塼涂塞江海也,以焦侥而戴太山也,蹎跌碎折不待顷矣。"杨倞注:"顷,少顷也。"清蒲松龄《聊斋志异·凤仙》:"(刘赤水)偶在途中,遇女郎骑款段马,老仆鞚之,摩肩过;反启障纱相窥,丰姿艳绝。顷,一少年后至,曰:'女子何人?似颇佳丽。'刘亟赞之。"按:顷,古注都认为与"转瞬""瞬息"同义,而今注一般都释为不久,于语义虽顺,但与古义有距离。清承培元《说文引经证例》:"案,古云'不待俄顷',犹不待日昃也。后止言'俄顷'为不久,后又单言'俄'、单言'顷'亦为不久之义,失古义矣。"

【辨】

①同是表示短暂义,所搭配的词语不尽相同。"俄"可与"而(尔)""然""顷""忽""刻""旋""瞬"等词语搭配,表示时间短。如《庄子·大宗

师》:"四人相视而笑,莫逆于心,遂相与为友。俄而子舆有病。"《晋书·五行志下》:"石季龙在邺,有一马尾有烧状,入其中阳门,出显阳门,东宫皆不得入,走向东北,俄尔不见。"《庄子·齐物论》:"昔者庄周梦为胡蝶,栩栩然胡蝶也。自喻适志与,不知周也。俄然觉,则蘧蘧然周也。"晋郭璞《江赋》:"倏忽数百,千里俄顷,飞廉无以睎其踪,渠黄不能企其景。"唐虞世南《北堂书钞》卷一三四引南朝宋刘义庆《幽明录》:"祝令林出外间,遂见向枕,谓枕内历年载,而实俄忽之间矣。"《南齐书·竟陵文宣王子良传》:"其次绛标寸纸,一日数至;徵村切里,俄刻十催。"明汤显祖《牡丹亭·幽媾》:"怕桃源路径行来诧,再得俄旋试认他。"清方苞《七思·伯姊》:"姊俄瞬兮心经,食为吐兮梏为停。"

"顷"可与"之""然""有""忽""刻""息""间""暂""少""息""移""须""食"等词语搭配,表示时间短。如《史记·廉颇蔺相如列传》:"赵使还报王曰:'廉将军虽老,尚善饭,然与臣坐,顷之三遗矢矣。'"汉刘向《新序·杂事二》:"昔者,曾参之处,郑人有与曾参同名姓者杀人,人告其母曰:'曾参杀人。'其母织自若也。顷然一人又来告之,其母曰:'吾子不杀人。'有顷一人又来告,其母投杼下机,逾墙而走。"《清史稿·刑法志二》:"若命在顷忽,菹醢必令备尝,气久消亡,刀锯犹难倖免。"《关尹子·七釜》:"瓜之生,发之长,荣卫之行,无顷刻止。"明唐顺之《叙广右战功》:"令制旗,军中无尺布。伐岸竹,揭竿而编篾以为縿,刻顷成数百旗,插之蛟龙滩。"《荀子·致士》:"君子也者,道法之总要也,不可少顷旷也。"《晋书·刘聪载记》:"刘琨去此咫尺之间,狂狷刺客息顷而至。"《新唐书·越王系传》:"若释不诛,祸不移顷。"宋洪迈《夷坚支志甲·生王二》:"生死之分,只在须顷,愿娘子哀之。"《史记·孟尝君列传》:"孟尝君恐追至,客之居下坐者有能为鸡鸣,而鸡齐鸣,遂发传出。出如食顷,秦追果至关。""食顷",一顿饭的时间,极言其短。

②"顷"还可表示近来义,如"顷日""顷者""顷来"等。"俄",或与"俄"搭配的词,不能表示近来义。

暂 卒(猝) 忽 突 驀 乍(咋) 陡 奄(庵) 溘
zàn cù　　　hū tū mò zhà　　dǒu yǎn　　kè

【同】 忽然,突然。时间副词,迅速且出人意料。

〔暂〕《左传·僖公三十三年》:"武夫立而拘诸原,妇人暂而免诸国。"杜预注:"暂,猝也。"《史记·李将军列传》:"行十余里,广详死,睨其旁有一胡儿骑善马,广暂腾而上胡儿马,因推堕儿,取其弓。"汉王充《论衡·四讳篇》:"乳子之家,亦忌恶之,丘墓庐道畔,逾月乃入,恶之甚也。暂卒见若为不吉,极原其事,何以为恶?""暂卒(cù)",突然,同义连用。晋陶潜《与子俨等书》:"五六月中北窗下卧,遇凉风暂至,自谓是羲皇上人。"宋赵令畤《商调蝶恋花》词:"两意相欢朝又暮,争奈郎鞭,暂指长安路。"

〔卒〕(猝)《墨子·号令》:"诸男女有守于城上者……卒有惊事,中军疾击鼓者三,城上道路,里中巷街,皆无得行。"《史记·李将军列传》:"李广军极简易,然虏卒犯之,无以禁也。"三国魏曹植《吁嗟篇》诗:"卒遇回风起,吹我入云间。"南朝宋刘义庆《世说新语·排调》:"谢公清晨卒来,(谢遏)不暇著衣。"《周书·文帝纪下》:"窦泰卒闻军至,惶惧,依山为阵,未及成列,太祖纵兵击破之。"宋岳珂《桯史·刘蕴古》:"蕴古素谓庙议咸许其来也,意得甚,卒闻此语,大骇失色。"

"卒""猝",古今字。"卒",后写作"猝"。金董解元《西厢记诸宫调》卷六:"红娘拜曰:'不敢隐匿,张生猝病,与莺往视疾。'"清蒲松龄《聊斋志异·狐嫁女》:"一更向尽……见一青衣人,挑莲灯,猝见公,惊而退却。"清和邦额《夜谭随录·碧碧》:"少年遑遽,极力挤之,孙猝不及防,失足坠岩下。"

〔忽〕《列子·汤问》:"凉风忽至,草木成实。"汉王充《论衡·自纪篇》:"夫气无渐而卒至曰变,物无类而妄生曰异,不常有而忽见曰妖,诡于众而突出曰怪。"三国魏曹植《杂诗六首》之一:"形影忽不见,翩翩伤我心。"唐岑参《白雪歌送武判官归京》诗:"北风卷地百草折,胡天八月即飞雪。忽如一夜春风来,千树万树梨花开。"清蒲松龄《聊斋志异·偷桃》:"忽有一人率披发童,荷担而上。"

〔突〕《广雅·释诂二》:"突,猝也。"《易经·离卦》:"突如其来如,焚如,死如,弃如。"孔颖达疏:"突然而至,忽然而来,故曰'突如其来如'。"《韩非子·内储说下》:"燕人李季好远出,其妻私有通于士,季突至,士在内中,妻患之。"《汉书·游侠传·陈遵》:"刺史大穷,候遵霑醉时,突入见遵母,叩头自白当对与尚书有期会状,母乃令从后阁出去。"唐吕岩《渔父·朝帝》词:"九转功成数尽乾,开炉拨鼎见金丹。餐饵了,别尘寰。足蹑青云突上天。"

〔蓦〕 金董解元《西厢记诸宫调》卷三:"恰正张生闷转加,蓦见红娘欢喜煞,叉手逢迎他。"元郑德辉《倩女离魂》第二折:"我蓦听得马嘶人语闹喧哗,掩映在垂杨下。"元无名氏《武王伐纣平话》卷下:"二将入阵,蓦闻旗开,忽睹一员猛将。"清郑燮《道情十首》之一:"一霎时波摇金影,蓦抬头月上东山。"

〔乍〕(咋)《广雅·释言》:"乍,暂也。"《古今韵会举要·祃韵》引《增韵》:"乍,忽也,猝也。"《孟子·公孙丑上》:"今人乍见孺子将入于井,皆有怵惕恻隐之心。"《韩非子·解老》:"夫物之一存一亡,乍死乍生,初盛后衰者,不可谓常。"唐白居易《琵琶行》诗:"银瓶乍破水浆迸,铁骑突出刀枪鸣。"唐王建《失钗怨》诗:"镜中乍无失髻样,初起犹疑在床上。"南唐冯延巳《谒金门》词:"风乍起,吹绉一池春水。"宋李清照《声声慢》词:"乍暖还寒时候,最难将息。"

"乍"也写作"咋"。《左传·定公八年》:"桓子咋谓林楚曰:'而先皆季氏之良也,尔以是继之。'"杜预注:"咋,暂也。"杨伯峻注:"咋同乍,即《孟子·公孙丑上》'今人乍见孺子将入于井'之乍,突然也。"清钱大昕《十驾斋养新录》卷二"咋"下:"唐石经本作'乍',后人加口于左旁。案:杜注:'咋,暂也。'《孟子》'今人乍见孺子',赵岐训乍为暂。乍、暂声相近,疑经、注皆无口旁,后人妄增,非杜氏之旧也。"

〔陡〕 宋李昉等《太平广记》卷二〇四引唐逸名《逸史》:"微风拂浪,波澜陡起。"宋汪莘《忆秦娥》词:"村南北,夜来陡觉风霜急。"金董解元《西厢记诸宫调》卷六:"是则是这冤家没弹剥,陡恁地精神偏出跳,转添娇。""陡恁地",忽然如此。元孙仲章《勘头巾》第四折:"当差张千,即日去取。适知观在外探听,陡遇庄家,得其消息。"《西游记》第三七回:"哄朕到井边看甚麼宝贝,他陡起凶心,扑通的把寡人推下井内。"

〔奄〕(庵)《昭明文选·任昉〈齐竟陵文宣王行状〉》:"天不慭遗,奄见薨落。"唐韩愈《宪宗崩慰诸道疏》:"上天降祸,大行皇帝,奄弃万国。""奄弃万国",忽然舍弃万国,谓死亡。《周书·文帝纪上》:"勋业未就,奄罹凶酷。"宋司马光《祭齐国献穆大长公主文》:"遐福未终,大期奄及。"清陈鹤《明纪·明太祖一》:"杨完者以苗獠数万,水陆奄至。(李)文忠将轻兵破其陆军。"

"奄"也写作"庵"。《字汇补·广部》:"庵,与奄同。"宋洪适《隶释·卫尉衡方碑》:"庵离寝疾,年六十有三。"洪适注:"庵为奄。"

〔溘〕《楚辞·离骚》:"溘吾游此春宫兮,折琼枝以继佩。"王逸注:"溘,奄也。"宋沈作喆《寓简》卷三:"一郡数县之官吏得遵于简书,而其编户民得免于流亡溘死者,刘氏之德也。"清叶廷琯《吹网录·宁古塔纪略》:"今观《纪略》祗云:'文人薄命,溘焉捐馆。'""溘焉捐馆",突然去世。

【辨】

①"暂""乍",一般不能加词尾,而"卒""忽""突""蓦""陡""奄""溘"能加词尾"然"或"地(的)""而(尔)"。如:

卒然。《史记·滑稽列传》:"若朋友交游,久不相见,卒然相睹,欢然道故,私情相语,饮可五六斗径醉矣。"

忽然、忽地、忽而(尔)。《史记·扁鹊仓公列传》:"(长桑君)乃悉取其禁方尽与扁鹊。忽然不见,殆非人也。"唐王建《华清宫前柳》诗:"杨柳宫前忽地春,在先惊动探春人。"《史记·日者列传》:"宋忠、贾谊忽而自失,芒乎无色,怅然噤口不能言。"唐刘禹锡《早夏郡中书事》诗:"高帘覆朱阁,忽尔闻调笙。"

突然、突地。汉焦赣《易林·谦之中孚》:"祸不成灾,突然自来。"明徐渭《英烈传》第四十九回:"说甚麽水火既济,本性原无尔我。突地的竟成仇敌,那里是四海一家!"

蓦然、蓦地。明凌濛初《初刻拍案惊奇》卷二〇:"当时蓦然倒在床上,已自叫唤不醒了。"明王玉峰《焚香记·辨非》:"怕有奸人蓦地生恶意,乘机就里施毒计。"

陡然。明李昌祺《剪灯余话·江庙泥神记》:"奴等蒲柳陋姿,丹铅弱质,偶得接见于光范,陡然忽动其柔情,莫或自持,是不可忍,故冒禁而相就,遂犯礼以私奔。"

奄然、奄的。《后汉书·侯霸传》:"未及爵命,奄然而终。"元张鸣善《普天乐·遇美》曲:"立东风一朵乌云,奄的转身,吸的便哂,森的销魂。"

溘然。南朝陈徐陵《与智顗书》:"弟子二三年来,溘然老至,眼耳聋暗,心气昏塞。"

②"奄""溘",可与相关的词语搭配,表示死亡的婉称。如《后汉书·赵岐传》:"卧蓐七年,自虑奄忽,乃为遗令敕兄子。"北齐颜之推《颜氏家

603

训·终制》:"先有风气之疾,常疑奄然。聊书素怀,以为汝戒。"唐刘禹锡《代慰义阳公主薨表》:"岂意遘兹短历,奄谢昌辰。"宋苏舜钦《江宁府溧阳令苏府君墓志铭》:"臣先父早以才业,擢列近辅,未及强仕,奄沦盛朝。"宋苏轼《与程正辅提刑书》之二十:"老嫂奄隔,更此徂岁,想加凄断,然终无益。"《明史·卢象昇传》:"臣非军旅才。愚心任事,义不避难。但自臣父奄逝,长途惨伤,溃乱五官,非复昔时。""奄忽""奄然""奄谢""奄沦""奄隔""奄逝"等,都是死亡的婉称。

"溘"与相关的词搭配都表示死亡的婉称,如南朝梁江淹《恨赋》:"朝露溘至,握手何言?""溘至",婉称死期将至。南朝梁简文帝《与刘孝仪令》:"所赖故人,时相媲偶,而此子溘然,实可嗟痛!"唐刘知几《史通·疑古》:"(舜)怨旷生离,万里无依,孤魂溘尽,让王高韬,岂其若是者乎!"唐李乂《节愍太子哀策文》:"形神溘谢,德音如在。"清蒲松龄《聊斋志异·辛十四娘》:"又逾月,女暴疾,绝饮食……巫医无灵,竟已溘逝。""溘然""溘尽""溘谢""溘逝"等,也都是死亡的婉称。

素 素来 雅 向
sù　　sù lái　　yǎ　　xiàng

【同】 平素,素来。时间副词,表示行为的经常性、一贯性。

〔素〕《左传·僖公二十八年》:"其众素饱,不可谓老。"杨伯峻注:"素,向来。"《史记·淮南衡山列传》:"上素骄淮南王,弗为置严傅相,以故至此。"汉王充《论衡·订鬼篇》:"及见他鬼,非是所素知者,他家若草野之中物为之也。"北齐颜之推《颜氏家训·序致》:"吾家风教,素为整密。"清纪昀《阅微草堂笔记·滦阳消夏录五》:"黑暗中见大树阻去路,素所未有也。"

〔素来〕 唐李商隐《送千牛将军赴阙五十韵》:"素来矜异类,此去岂亲征!"宋苏轼《论叶温叟分擘度牒不公状》:"杭人素来骄奢,本以籴官米为耻,若非饥急,岂肯来籴!"《红楼梦》第一〇七回:"贾母素来本不大喜欢贾赦。"

〔雅〕《玉篇·隹部》:"雅,素也。"《史记·高祖本纪》:"雍齿雅不欲属沛公,及魏招之,即反为魏守丰。"裴骃集解:"服虔曰:'雅,故也。'苏林曰:'雅,素也。'"《汉书·杜周传》:"然范雎起徒步,由异国,无雅信,开一朝之说,而穰侯就封。"颜师古注:"雅信,谓素相任信。"宋陆游《老学庵笔记》卷五:"予雅有道冠、拄杖二癖,每自笑叹。"《明史•毛澄传》:"帝雅敬惮澄,虽数忤旨,而恩礼不衰。"

〔向〕《三国演义》第十四回:"操曰:'臣向蒙国恩,刻思图报。'"清洪昇《长生殿•私祭》:"我与你向受娘娘之恩,无从报答。"清文康《儿女英雄传》第二回:"大人向不收礼,这样的费心费事,教安大爷留着送人罢!"

【附】 素常 平素 向来 一向

终 卒 竟
zhōng zú jìng

【同】终于,最终。时间副词,表示行为终结时的状态。

〔终〕《尚书•旅獒》:"呜呼!夙夜罔或不勤,不矜细行,终累大德。"《墨子•天志中》:"今若处大国则攻小国,处大都则伐小都,欲以求福禄于天,福禄终不得,而祸祟必至矣。"《韩非子•五蠹》:"夫以父母之爱,乡人之行,师长之智,三美加焉,而终不动,其胫毛不改。"《史记•老庄申韩列传》:"然韩非知说之难,为《说难》书甚具,终死于秦。"又《淮阴侯列传》:"今足下自以为与汉王厚交,为之尽力用兵,终为之所禽矣。"汉王充《论衡•吉验篇》:"母置儿于袴中,祝曰:'赵氏宗灭乎,若当啼;即不灭,若无声。'及索之而终不啼,遂脱得活。"汉曹操《步出夏门行•龟虽寿》诗:"腾蛇乘雾,终为土灰。"宋陆游《冬夜读书示子聿》诗:"纸上得来终觉浅,绝知此事要躬行。"

〔卒〕《孟子•尽心下》:"晋人有冯妇者,善搏虎,卒为善士。"《庄子•盗跖》:"子胥沉江,比干剖心。此二子者,世谓忠臣也,然卒为天下笑。"《史记•廉颇蔺相如列传》:"秦王因曰:'今杀相如,终不能得璧也,而绝秦赵之欢……'卒廷见相如,毕礼而归之。"汉桓宽《盐铁论•非鞅》:"秦任商君,国以富强,其后卒并六国而成帝业。"汉王充《论衡•吉验篇》:"每剑加高祖之上,项伯辄以身覆高祖之身……会有张良、樊哙之救,卒得免脱,遂王天下。"《后汉书•酷吏传》:"夫涓流虽寡,浸成江河;爝火虽微,卒能燎原。"宋陆游《老学庵笔记》卷六:"予是日迫赴太守宇文衮臣约饭,不能尽记,后卒不暇再到,至今以为恨。"

〔竟〕《诗经•大雅•瞻卬》:"鞫人忮忒,谮始竟背。"郑玄笺:"竟,犹终也。"

《史记·陈涉世家》:"陈涉虽已死,其所置遣侯王将相竟亡秦,由涉首事也。"汉王充《论衡·骨相篇》:"元帝崩,太子立,是为成帝,正君为皇太后,竟为天下母。"《后汉书·耿弇传》:"有志者事竟成也。"唐李询《赠织锦人》:"札札机声晓复晡,眼穿力尽竟何如!"

唯(惟维) 但(亶) 特 徒 直 弟(第) 仅 仅仅 止 祇 只

【同】 只,仅。范围副词,表示行为或事物限定在一定的范围内。这一组副词除"仅"以外,读音相近,用法基本相同,由于音变而写成不同的文字形式。

〔唯〕(惟维) 只,只有。如用于名词前相当于"只有"。《广雅·释诂一》:"唯,独也。"《易经·序卦》:"有天地然后万物生焉,盈天地之间者唯万物。"《韩非子·十过》:"君之所未尝食唯人肉耳,易牙蒸其子首而进之,君所知也。"《庄子·胠箧》:"然而巨盗至,则负匮揭箧担囊而趋,唯恐缄縢扃鐍之不固也。"《史记·郦生陆贾列传》:"方今燕、赵已定,唯齐未下。"北齐颜之推《颜氏家训·止足》:"宇宙可臻其极,情性不知其穷,唯在少欲知足,为立涯限尔。"

"唯"也写作"惟""维"。《论语·述而》:"子谓颜渊曰:'用之则行,舍之则藏,惟我与尔有是夫!'"《孟子·梁惠王下》:"今王亦一怒而安天下之民,民惟恐王之不好勇也。"唐李白《送孟浩然之广陵》诗:"孤帆远影碧空尽,惟见长江天际流。"《诗经·小雅·谷风》:"将恐将惧,维予与女。"郑玄笺:"当此之时,独我与女尔。"明乌斯道《月夜弹琴记》:"诗亦维妾记忆耳。"

〔但〕(亶) 只,只是。"但"用于表示限仅的副词,在汉初的作品中逐渐见用,先秦极为少见。《正字通·人部》:"但,语辞,犹言特也,第也。"《史记·李斯列传》:"天子所以贵者,但以闻声,群臣莫得见其面。"又《刘敬叔孙通列传》:"匈奴匿其壮士肥牛马,但见老弱及羸畜。"汉孔融《杂诗》:"人生自有命,但恨生日希。"《三国志·吴书·吕蒙传》注引《江表传》:"(鲁)肃拊蒙背曰:'吾谓大弟但有武略耳,至于今者,学识英博,非复吴下阿蒙。'"

"但"也写作"亶"。《汉书·燕刺王旦传》:"臣闻武帝使中郎将苏武使匈奴,见留二十年,还亶为典属国。"颜师古注:"亶音但。"又《贾谊传》:"非亶倒县而已,又类辟,且病痱。"颜师古注:"亶读曰但。"宋岳珂《桯史·尊尧集表》:"了翁始著《合浦尊尧集》,为十论,亶辨其所记载,犹未敢以荆公为非。"

〔特〕 只,只是。《韩非子·外储说左上》:"妻止之曰:'特与婴儿戏耳。'"《史记·扁鹊仓公列传》:"扁鹊以其言饮药三十石,视见垣一方人。以此视病,尽见五藏症结,特以诊脉为名耳。"《汉书·叔孙通传》:"高帝曰:'公罢矣,吾特戏耳。'"又《贾谊传》:"而大臣特以簿书不报,期会之间,以为大故。"颜师古注:"特,徒也。"北魏贾思勰《齐民要术·白醪麹》:"作胡叶汤令沸,笼子中盛麹五六饼许,著汤中,少时出,卧置灰中,用生胡叶覆上以经宿,勿令露湿,特覆麹薄遍而已。"

〔徒〕 只,只是。《字汇·彳部》:"徒,但也。"《孟子·离娄上》:"徒善不足以为政,徒法不能以自行。"《史记·孙子吴起列传》:"孙子曰:'王徒好其言,不能用其实。'"汉曹操《让县自明本志令》:"孤非徒对诸君说此也,常以语妻妾,皆令深知此意。""非徒",非但。汉王充《论衡·程材篇》:"然则《春秋》,汉之经,孔子制作,垂遗于汉。论者徒尊法家,不高《春秋》,是闇蔽也。"三国魏刘劭《人物志·英雄》:"徒英而不雄,则雄材不服也;徒雄而不英,则智者不归往也。"

〔直〕 只,仅仅。清王引之《经传释词》卷六:"直犹特也,但也。直、特古同声。"《孟子·梁惠王上》:"曰:'不可,直不百步耳。是亦走也。'"汉刘向《新序·杂事》:"无盐女对曰:'无有,直窃慕大王之美义耳。'"《汉书·司马迁传》:"夫阴阳、儒、墨、名、法、道德,此务为治者也,直所从言之异路,有省有不省耳。"颜师古注:"直,犹但也。"汉王充《论衡·实知篇》:"夫术数直见一端,不能尽其实;虽审一事,曲辩问之,辄不能尽知。"南朝梁刘勰《文心雕龙·乐府》:"故知季札观乐,不直听声而已。"宋辛弃疾《水调歌头·舟次扬州和杨济翁周显先韵》词:"莫射南山虎,直觅富民侯。"

〔弟〕〔第〕 只,只管。《汉书·申屠嘉传》:"上曰:'汝弟往,吾今使人召若。'"颜师古注:"弟,但也。"又《贾捐之传》:"兴曰:'显鼎贵,上信用之。今欲进,弟从我计,且与合意,即得人矣。'"注:"弟,但也。"《新唐书·杨朝晟传》:"反者皆当死,吾不愿尽诛也,弟取首恶者。"宋欧阳修《南省试进士策问》之二:"抑其设施有法,而弟弗深考之欤?"

"弟"也写作"第"。《新唐书·李齐运传》:"既无学,暗于大体,第以甘言阿匼而已。"宋吴曾《能改斋漫录·记诗》:"素不作诗,亦非禁而不作,第不欲为闲言语耳。"宋陆游《老学庵笔记》卷十:"魏文帝善弹棋,不复用指,第以手巾角拂之。"

〔仅〕 只。行为所必需的最小范围,含有"才"的语意。《战国策·齐策四》:"狡兔有三窟,仅得免其死耳。今君有一窟,未得高枕而卧也。"唐韩愈《柳子厚墓志铭》:"一旦临小利害,仅如毛发比,反眼若不相识。"宋王安石《用前韵戏赠叶致远直讲》诗:"或仅残尺寸,如黑子著靥。"明归有光《项脊轩志》:"项脊轩,旧南阁子也,室仅方丈,可容一人居。"

"仅"也写作"厪"。《字汇·广部》:"厪与仅同。"《汉书·贾谊传》:"诸公幸者,乃为中涓,其次厪得舍人,材之不逮至远也。"颜师古注:"厪与仅同。"宋范成大《晓出北郊》诗:"新渠厪涓流,坏陂方怒号。"

〔仅仅〕 只。"仅"的加强语气,强调范围小。明胡应麟《诗薮·外编·宋》:"工部尽得古今体势,其中何所不肖,而仅仅若此耶?"清纪昀《阅微草堂笔记·姑妄听之》:"外家亦仅仅温饱,屋宇无多。"

〔止〕 只。《庄子·天运》:"仁义,先王之蘧庐也,止可以一宿而不可久处。"五代大愚《乞荆浩画》诗:"不求千涧水,止要两株松。"唐柳宗元《黔之驴》:"技止此耳!"宋陆游《老学庵笔记》卷十:"以臣观之,止是猝死耳。"清纳兰性德《临江仙·卢龙大树》词:"九秋黄叶五更烟,止应摇落尽,不必问当年。"

〔祇〕 只。唐封演《封氏闻见记·第宅》:"数十年来,京城达官家墙皆是某筑,祇见人自更换,墙皆见在。"唐杜甫《遣闷奉呈严公二诗韵》:"胡为来幕下,祇合在舟中。"宋杨万里《阊门外登溪船》诗之五:"无家不住曲溪边,祇种高山不种田。"

〔只〕 仅。《说文》"只"下段玉裁注:"宋人诗用'只'为'祇'字,但也。今人仍之,读如只(隻)。"南朝宋刘义庆《世说新语·任诞》"襄阳罗友有大韵"南朝梁刘孝标注引《晋阳秋》:"我只见汝送人作郡,何不见人送汝作郡?"唐韩愈《过始兴江口感怀》诗:"忆作儿童随伯氏,南来今只一身存。"明凌濛初《初刻拍案惊奇》卷二〇:"只这两句言语,道尽世间情态。"宋王安石《泊船瓜州》诗："京口瓜州一水间,钟山只隔数重山。"

悉 皆 咸 尽 毕 并 俱(具) 举 凡
xī jiē xián jìn bì bìng jù jǔ fán

【同】 都,全。范围副词,表示行为的主体或客体所涉及的范围。如《左传·宣公十五年》:"晋师悉起,将至矣。""悉",表示起兵的范围是所有晋军。又《襄公二十八年》:"崔氏之乱,丧群公子,故鉏在鲁,叔孙还在燕,贾在句渎之丘。及庆氏亡,皆召之。""皆",表示召的范围是宾语"之"所指代的三公子。

〔悉〕 全都,尽。《说文》:"悉,详尽也。"用作程度副词时,偏指尽,意为全部。《尚书·汤誓》:"王曰:'格尔众庶,悉听朕言。'"《左传·昭公十三年》:"鲜虞人闻晋师之悉起也,而不警边,且不修备。"《韩非子·初见秦》:"虽然,臣愿悉言所闻,唯大王裁其罪。"汉刘珍等《东观汉记·光武帝纪》:"六年春二月,吴汉下朐城,天下悉定。"

〔皆〕 都。《说文》:"皆,俱词也。"段玉裁注:"其意为俱,其言为皆。"《论语·颜渊》:"四海之内皆兄弟也。"《孟子·公孙丑下》:"古之君子,其过也如日月之食,民皆见之;及其更也,民皆仰之。"《韩非子·难三》:"人情皆喜贵而恶贱,故季氏之乱成而不上闻,此鲁君之所以劫也。"汉王充《论衡·程材篇》:"儒生、文吏皆有材智,非文吏材高而儒生智下也。"

〔咸〕 全部,全都。《说文》:"咸,皆也,悉也。"《尔雅·释诂下》:"咸,皆也。"郝懿行疏:"咸者,尽之皆也。《说文》云:'皆也,悉也。'按:悉训尽,尽为赅备之义,古《方言》云:'该、备,咸也。'皆若是。是咸训皆也。"《礼记·缁衣》:"刑不试而民咸服。"孔颖达疏:"咸,皆也。"晋陶渊明《桃花源记》:"村中闻有此人,咸来问讯。"

〔尽〕 全部,全都。《集韵·准韵》:"尽,悉也。"王筠《说文》"悉"下注:"尽者,空也。"《左传·昭公二年》:"周礼尽在鲁矣。"《孟子·尽心下》:"孟子曰:'尽信《书》则不如无《书》,吾于《武成》取二三策而已矣。'"《韩非子·内储说上》:"救火者尽赏之,则国不足以赏于人。"《史记·司马相如列传》:"相如与俱之临邛,尽卖其车骑。"汉王充《论衡·问孔篇》:"圣人之言,不能尽解。"南朝宋刘义庆《世说新语·德行》:"贼既至,谓巨伯曰:'大军至,一郡尽空,汝何男子,而敢独止?'"

〔毕〕 全都。《尔雅·释诂下》:"毕,尽也。""毕"的本字"<g/>",《说文》也释为"尽也"。《尚书·泰誓中》:"惟戊午,王次于河朔,群后以师毕会。"孔安国传:"诸侯尽会次也。"《礼记·月令》:"是月也,耕者少舍,乃修阖扇,寝庙毕备。"郑玄注:"毕,犹皆也。"《韩非子·守道》:"通贲、育之情,不以死易生;惑于盗跖之贪,不以财易身;则守国之道毕备矣。"《史记·太史公自序》:"百年之间,天下遗事古文,靡不毕集太史公。"晋王羲之《兰亭集序》:"群贤毕至,少长咸集。""毕""咸"互文。

〔并〕 都。含有一并、一起的意思。《诗经·小雅·宾之初筵》:"既醉而出,并受其福。"《孟子·滕文公上》:"贤者与民并耕而食。"汉贾谊《过秦论》:"山东豪俊遂并起而亡秦族矣。"《汉书·佞幸传·董贤》:"昭仪及贤与妻旦夕上下,并侍左右。"汉王充《论衡·量知篇》:"贫人、富人并为宾客,受赐于主人,富人不惭而贫人常愧者,富人有以效,贫人无以复也。"南朝宋刘义庆《世说新语·德行》:"贼相谓曰:'吾辈无义之人,而入有义之国。'遂班军而还,一郡并获全。"

〔俱〕(具) 都,共同。《说文》:"俱,偕也。"《正字通·八部》:"具,又与俱通。"《尚书·胤征》:"火炎昆冈,玉石俱焚。"《孟子·尽心上》:"父母俱存,兄弟无故,一乐也。"《荀子·劝学》:"白沙在涅,与之俱黑。"《韩非子·显学》:"孔子、墨子俱道尧、舜,而取舍不同。"

"俱"也写作"具"。《诗经·谷风·四月》:"秋日凄凄,百卉具腓。"郑玄笺:"具,犹皆也。"汉王充《论衡·定贤篇》:"儒者传学,不妄一言,先师古语,到今具存。"《昭明文选·张衡〈东京赋〉》:"君臣欢康,具醉熏熏。"薛综注:"具,俱也。"宋范仲淹《岳阳楼记》:"越明年,政通人和,百废具兴。"

〔举〕 都,全部。《正字通·臼部》:"举,皆也。"杨树达《词诠》共列了两个义项。第一义项为"总指指示形容词。凡也,全也";第二义项为"表数副词。皆也"。两者的区别在于:前者是修饰名词。如汉王充《论衡·书解篇》:"吕不韦作《春秋》,举家徙蜀。"《后汉书·孔奋传》:"孔君清廉仁贤,举县蒙恩。"后者是修饰动词、形容词或副词。如《左传·哀公六年》:"僖子不对而泣,曰:'君举不信群臣乎?'"杜预注:"举,皆也。"《孟子·公孙丑下》:"王如用予,则岂徒齐民安,天下之民举安。"《汉书·石奋传》:"(奋)无文学,恭谨,举无与比。"颜师古注:"举,皆也。"

〔凡〕 都,总共。《说文》:"凡,最括而言也。"段玉裁注:"最括者,总聚而絜契束之也。意内言外曰词。其意最括,其言凡也……凡之言氾也,包举泛滥一切之称也。"《广雅•释诂三》:"凡,皆也。"用在动词或名词性谓语前时一般可理解为"都"或"都是",如《尚书•微子》:"卿士师师非度,凡有辜罪,乃罔恒获。"孔安国传:"六卿典士相师效,为非法度(之事),皆有罪辜,无秉常得中者。""凡有辜罪",即都有辜罪。《公羊传•襄公二十七年》:"献公怒曰:'黜我者,非宁氏与孙氏,凡在尔。'公子鱄不得已而与之约。""凡在尔",即都在你。《三国志•魏书•华佗传》:"(华)佗之绝技,凡此类也。"按:"凡此类",名词性谓语。用在数词前一般可理解为"总共",如《史记•陈涉世家》:"陈胜王,凡六月。""凡六月",即总共六(个)月。汉王充《论衡•难岁篇》:"自有九州者九焉,九九八十一,凡八十一州。""凡八十一州",即总共八十一州。用在名词前可一般理解为"凡是",如《韩非子•南面》:"凡功者,其入多,其出少,乃可谓功。""凡功",即凡是功。汉王充《论衡•语增篇》:"凡天下之事,不可增损,考察前后,效验自列。""凡天下之事",即凡是天下之事。在理解时虽稍有差别,但都含有"最括而言",即总括的意思。

屡(娄) 屡屡 骤 亟 数 数数 频 频频 比 比比

【同】屡屡,屡次。表数副词,表示同一行为或情况多次或频频发生。

〔屡〕(娄) 屡屡。大徐本《说文》新附字:"屡,数也。"《尚书•益稷》:"皋陶拜手稽首,飏言曰:'念哉!……屡省乃成,钦哉!'"孔安国传:"屡,数也。"《诗经•小雅•正月》:"屡顾尔仆,不输尔载。"郑玄笺:"屡,数也。"三国魏嵇康《五言诗》:"郢人审匠石,钟子识伯牙;真人不屡存,高唱谁当和?"南朝宋鲍照《拟古》诗:"汉虏方未和,边城屡翻覆。"唐韩愈《平淮西碑》:"河北悍骄,河南附起,四圣不宥,屡兴师征。"宋陆游《送范舍人还朝》诗:"酒醒客散独凄然,枕上屡挥忧国泪。"

"屡"也写作"娄"。《集韵•遇韵》:"屡,或作娄。"《诗经•周颂•桓》:"绥万邦,娄丰年。"郑玄笺:"娄,亟也。"孔颖达疏:"武王诛纣之后,安此万邦,使无兵寇之害;数有丰年,无饥馑之忧。"《汉书•严助传》:"朝廷多事,娄举贤良文学之士。"又《公孙弘传》:"时上方兴功业,娄举贤良。"唐颜师古均释为"娄,古屡字"。按:《汉书》中"屡"多写作"娄"。

〔屡屡〕 多次;不断。晋干宝《搜神记》卷四:"建康小吏曹著,为庐山使所迎,配以女婉。著形意不安,屡屡求请退。"明徐弘祖《徐霞客游记·黔游日记一》:"人家田陇,屡屡从断岸而出。"

〔骤〕 屡次,多次。《左传·宣公十二年》:"楚师骤胜而骄。"又《宣公元年》:"于是,晋侯侈,赵宣子为政,骤谏而不入,故不竞于楚。"《国语·周语上》:"昔吾骤谏王,王不从,是以及此难。"《国语·越语下》:"今申胥骤谏其王,王怒而杀之,其可乎?"按:"骤"用作表数副词多见于《左传》《国语》两书。计《左传》共用16次,《国语》共用10次。与这两本书同时或稍后的《论语》《墨子》《庄子》《孟子》《商君书》等都不用"骤"。只是战国末期的《吕氏春秋》偶有这个用法,如"骤战而骤胜"(《适威》),"由余骤谏而不听"(《不苟》),"赵盾骤谏而不听"(《过理》),共3见。

〔亟〕 屡次。《玉篇·二部》:"亟,数也。"《左传·成公十六年》:"吾先君之亟战也,有故。"杜预注:"亟,数也。"又《隐公元年》:"爱公叔段,欲立之,亟请于武公。公弗许。"《论语·阳货》:"好从事而亟失时,可谓知乎?"《汉书·刑法志》:"于是师旅亟动,百姓罢敝。"颜师古注:"亟,屡也。"唐韩愈《科斗书后记》:"愈亟不获让,嗣为铭文。"《宋史·李纲传下》:"然数年之间,亟奋亟踬,上累陛下知人任使之明,实有系于国体。"

〔数〕 屡次。《广韵·觉韵》:"数,频数。"《尔雅义疏·释诂下》清郝懿行疏:"数者,与屡同义。"《孙子·行军》:"屡赏者窘也,数罚者困也。"《韩非子·有度》:"数至能人之门,不一至主之廷。"又《亡征》:"婢妾之言听,爱玩之智用,外内悲惋而数行不法者,可亡也。"《史记·陈涉世家》:"扶苏以数谏故,上使外将兵。"《汉书·贾山传》:"赋敛重数,百姓任罢。"颜师古注:"数,屡也。"汉王充《论衡·逢遭篇》:"昔周人有仕数不遇,年老白首,泣涕于途者,人或问之:'何为泣乎?'"

〔数数〕 屡次,频频。《汉书·李陵传》:"立政等见陵,未得私语,即目视陵,而数数自循其刀环,握其足,阴谕之,言可还归汉也。"唐白居易《醉后走笔酬刘五主簿长句之赠》诗:"张贾弟兄同里巷,乘闲数数来相访。"

〔频〕 屡屡。《广韵·真韵》:"频,数也。"南朝梁刘勰《文心雕龙·正纬》:"商周以前,图箓频见。"唐韩愈《论天旱人饥状》:"今瑞雪频降,来年必丰。"

明凌濛初《二刻拍案惊奇》卷一:"(柳太守)频对人讲,或有奉承他的解意了,购求来送他,未可知。"

〔频频〕 屡次,不断。唐刘知几《史通·书志》:"前志已录,而后志仍书,篇目如旧,频频互出。"《水浒传》第三六回:"情愿叫小可明吃了官司,急断配出来,又频频嘱咐。"清钱泳《履园丛话·臆论·告借》:"盖借则甚易,还则甚难,取索频频,怨由是起。"

〔比〕 屡屡。《正字通·比部》:"比,频也。"《礼记·投壶》:"请宾曰,顺投为入,比投不释。"陆德明释文:"比,频也。"《汉书·文帝纪》:"间者数年比不登,又有水旱疾疫之灾,朕甚忧之。"颜师古注:"比,犹频也。"《新唐书·关播传》:"帝曰:'朕比下诏求贤才,又遣使黜陟,搜逮所遗,须能者用之,若何?'"清顾炎武《日知录》卷三十:"刘向言春秋二百四十二年,日食三十六,今连三年比食。"

〔比比〕 频频,屡屡。《诗经·大雅·桑柔》"於乎有哀,国步斯频"郑玄笺:"频,犹比也。哀哉!国家之政,行此祸害比比然。"《汉书·哀帝纪》:"郡国比比地动。"颜师古注:"比比,犹频频也。"唐高彦休《唐阙史·裴晋公大度》:"正郎感激之外,比比乖事大之礼,公优容之如不及。"

【附】 频繁 频烦

不 弗 毋 勿 无 靡 蔑 罔
bù fú wú wù wú mí miè wǎng

【同】 否定副词,表示对行为或事物的性状的否定。

〔不〕 表示一般的否定。《玉篇·不部》:"不,弗也。"既可用在动词前,也可用在形容词前;既可用在不及物动词前,也可用在及物动词前。《尚书·大禹谟》:"汝惟不矜,天下莫与汝争能;汝惟不伐,天下莫与汝争功。"孔安国传:"自贤曰矜,自功曰伐。"《孙子·谋攻》:"不战而屈人之兵,善之善者也。"以上两例的"不"用在不及物动词前。《墨子·公孟》:"若先生之言,则是不誉禹,不毁桀、纣也。"《荀子·劝学》:"故不登高山,不知天之高也;不临深谿不知地之厚也。"以上两例的"不"用在及物动词前。《韩非子·显学》:"石非不大,数非不众,而不可谓富强者,磐不生粟,象人不可使距敌也。"例中的"大""众"是形容词。

〔弗〕《广雅·释诂四》:"弗,不也。""弗"多用于否定及物动词,而且又多不出现宾语。《尚书·大诰》:"厥父菑,厥子乃弗肯播。"孔安国传:"其父已菑耕其田,其子乃不肯播种,况肯收获乎?"《左传·僖公十三年》:"齐侯使仲孙湫聘于周……归,复命曰:'未可。王怒未怠,其十年乎?不十年,王弗召也。'"杨伯峻注:"二十三年《传》云:'王子带自齐复归于京师,王召之也。'果十年之后召之。"《论语·公冶长》:"子曰:'弗如也,吾与女弗如也。'"《吕氏春秋·察今》:"澭水暴益,荆人弗知。""弗"所否定的及物动词有时也带宾语。如《左传·庄公十一年》:"宋公靳之,曰:'始吾敬子。今子鲁囚也,吾弗敬子矣。'"《史记·商君列传》:"因谓王即弗用鞅,当杀之。"按:"弗"不能用于否定形容词。

〔毋〕 不。只能用于否定行为。《韩非子·说林下》:"以我为君子也,君子安可毋敬也?"《史记·陈涉世家》:"藉第令毋斩,而戍死者固十六七。"《汉书·蒯通传》:"用臣之计,毋战而略地,不攻而下城,传檄而千里定。"汉王充《论衡·祸虚篇》:"良久,(蒙恬)徐曰:'恬罪故当死矣。夫起临洮属之辽东,城径万里,此其中不能毋绝地脉。此乃恬之罪也。'"宋王安石《请杜醇先生入县学二》:"韩退之毋为师,其孰能为师?"

〔勿〕 不。只能用于否定行为。《诗经·王风·君子于役》:"君子于役,如之何勿思?"《论语·雍也》:"犁牛之子,骍且角,虽欲勿用,山川其舍诸?"皇侃疏:"勿,犹不也。"《史记·廉颇蔺相如列传》:"欲予秦,秦城恐不可得,徒见欺;欲勿予,即患秦兵之来。"汉王充《论衡·量知篇》:"人之学问知能成就,犹骨象玉石切瑳琢磨也。虽欲勿用,贤君其舍诸?"南朝梁刘勰《文心雕龙·章表》:"为表不必三让,又勿得浮华。"

〔无〕 不。只能用于否定行为。清王引之《经传释词》卷十:"无,不也。"《尚书·费誓》:"马牛其风,臣妾逋逃,无敢越逐。"《史记·白起王翦列传》:"今赵亡,秦王王,则武安君必为三公,君能为之下乎?虽无欲为之下,固不得已矣。"南朝梁沈约《冠子祝文》:"无耻下问,乃致高车。""无耻下问",即"不耻下问"。

〔靡〕 不。《诗经·卫风·氓》:"三岁为妇,靡室劳矣。"朱熹集传:"靡,不。言我三岁为妇,尽心竭力,不以室家之务为劳。"汉贾谊《旱云赋》:"悲疆畔之遭祸,痛皇天之靡惠。"《史记·游侠列传》:"古布衣之侠,靡得而闻矣。"唐韩愈《为韦相公让官表》:"伏奉今日制命,以臣为尚书右丞,同中书门下平章事……承命震骇,心神靡宁。"宋陆游《删定官供职谢启》:"儒者高谈而靡适用。"

〔蔑〕没,不。多见于《左传》(10见)、《国语》(7见)两书。《左传·定公四年》:"若使先济者知免,后者慕之,蔑有斗心矣。"《国语·晋语二》:"里克将杀奚齐,先告荀息……荀息曰:'死吾君而杀其孤,吾有死而已,吾蔑从之矣。'"按:先秦古籍如《易经》《诗经》《尚书》《论语》《墨子》《孟子》《庄子》《韩非子》等均不见"蔑"用作否定副词。

〔罔〕不。清王引之《经传释词》卷十:"罔,犹不也。"《尚书·盘庚下》:"罔罪尔众,尔无共怒,协比谗言予一人。"孔安国传:"今我不罪汝。"宋王禹偁《圣人无名赋》:"聪明尽黜,罔求濬哲之褒;迹用弗彰,但守虚无之道。"

按:"无""靡""蔑""罔",除用于"不""没"义外,还有"无"义,均可与"不"连用,构成"无不""靡不""蔑不""罔不",表示对行为的肯定。

毋(无) 勿 莫
wú　　wù　mò

【同】别,不要。表禁副词。《马氏文通》认为,"勿、毋二字,禁戒之词"(实字卷之六)。一般用于否定性的祈使句中,表示禁止或劝诫某种行为。

〔毋〕(无)《说文》:"毋,止之也。"段玉裁注:"其意禁止,其言曰毋也。"《玉篇·毋部》:"毋,莫也。今作无。"《尚书·大禹谟》:"禹拜稽首固辞。帝曰:毋,惟汝谐。"孔安国传:"言毋,所以禁其辞。禹有大功德,故能谐和元后之任。"《诗经·小雅·角弓》:"毋教猱升木,如涂涂附。"郑玄笺:"毋,禁词。"《礼记·曲礼上》:"毋不敬。"陆德明释文:"古人云'毋',犹今人言'莫'也。"《史记·项羽本纪》:"项伯……欲呼张良与俱去,曰:'毋从俱死也。'"又《淮阴侯列传》:"(韩)信乃令军中毋杀广武君。"《新唐书·房玄龄传》:"顾公筋力未衰,毋多让。"

"毋"也写作"无"。《尚书·益稷》:"无若丹朱傲,惟慢游是好。"《孟子·梁惠王上》:"王无罪岁,斯天下之民至焉。"杨伯峻注:"无,同毋,表示禁止的副词。"《史记·商君列传》:"王即不听用鞅,必杀之,无令出境。"南朝梁刘孝威《公无渡河》:"请公无渡河,河广风威厉。"

〔勿〕《广韵·物韵》:"勿,莫也。"《论语·卫灵公》:"己所不欲,勿施于人。"《孟子·梁惠王上》:"百亩之田,勿夺其时,八口之家,可以无饥矣。"《韩非子·外储说右上》:"王曰:'吾欲以国累子,子必勿泄也。'"《战国策·赵策四》:"祭祀必祝之,祝曰:'必勿使反。'"《史记·刺客列传》:"先生所言者,国之大事也,愿先生勿泄也。"汉王充《论衡·道虚篇》:"太子顿首强请曰:'苟已王之疾,臣与臣之母以死争之于王,王必幸臣与臣之母,愿先生之勿患也。'"

〔莫〕《尚书·大禹谟》"毋,惟汝谐"下孔颖达疏:"古人言'毋',犹今人言'莫'。"《史记·商君列传》:"秦惠王车裂商君以徇,曰:'莫如商鞅反者!'"《汉书·王莽传中》:"其去刚卯,莫以为佩;除刀钱,勿以为利。""莫""勿"互文。汉赵晔《吴越春秋》卷三:"子为芦中人,吾为渔丈人,富贵莫相忘。"汉陈琳《饮马长城窟行》诗:"作书与内舍,便嫁莫留住。"晋陆机《吴趋行》诗:"楚妃且勿叹,齐娥且莫讴。""勿""莫"互文。晋王羲之《明府帖》:"当日缘明府共饮,遂阙问,愿足下莫见责。"唐刘禹锡《杨柳枝词》:"请君莫奏前朝曲,听唱新翻杨柳枝。"《资治通鉴》卷第六十五:"愿早定大计,莫用众人之议也。"

【辨】

"毋"与"勿"在语法功能上有所区别。"毋"所修饰的动词,如是及物动词,一般要带宾语;"勿"后的动词一般不带宾语。"莫"在先秦是否定性不定代词,约汉代始用于表禁副词。

rǔ　tiǎn　tāo　wěi

辱 忝 叨 猥

【同】屈辱,玷污。表谦副词,一般用在动词前,谦称自己的行为举止有辱于对方或谦称自己有辱于自己所获得的职位名分。

〔辱〕屈辱。用在动词前,表示对方加惠于己是使对方受到了屈辱。例如:

辱贶　辱蒙恩赐。《左传·文公四年》:"今陪臣来继旧好,君辱贶之,其敢干大礼以自取戾?"又《隐公十一年》:"君若辱贶寡人,则以滕君为请。"

辱惠书　辱蒙惠书。唐韩愈《答陈商书》:"辱惠书,语高而旨深,三四读尚不能通晓,茫然增愧赧。"

辱赐观　谦称他人观览自己的作品。唐韩愈《上宰相书》:"小子不敢自幸,其尝所著文,辄采其可者若干首,录在异卷,冀辱赐观焉!"

辱示 谦称他人示以信函、作品或学说。唐柳宗元《谢吉甫相公示手札启》:"六月二十九日,衡州刺史吕温,道过永州,辱示相公手札……感深益惧,喜极增悲,五情交战,不知所措!"又《答元饶州论政理书》:"辱示以政理之说及刘梦得书,往复甚善。"宋欧阳修《答吴充秀才书》:"前辱示书及文三篇,发而读之,浩乎若千万之多,及少停而视焉,才数百言尔。"

辱临、辱临访、辱临顾、辱到 谦称他人屈尊光临。《左传·昭公七年》:"嘉惠未至,唯襄公之辱临我丧。"《晏子春秋·问下》:"晏子聘于鲁,鲁昭公问曰:子大夫俨然辱临敝邑,窃甚嘉之。"《后汉书·儒林传上·孔僖》:"今陛下亲屈万乘,辱临敝里,此乃崇礼先师,增辉圣德。"宋苏轼《与承天明老》:"近辱临访,纷冗不遂款接,愧企无量。"又《与江惇礼秀才》:"叠辱临顾,感怍无量。录示神告,得闻前人伟迹,固后生之幸。"《公羊传·宣公十二年》:"寡人无良,边垂之臣,以干天祸,是以使君王沛焉,辱到敝邑。"

辱爱 谦称他人对自己的爱护。唐韩愈《上留守郑相公启》:"愈为相公官属五年,辱知辱爱。"

〔忝〕 耻辱。《尔雅·释言》:"忝,辱也。"用法同"辱"。例如:

忝任 谦称有辱于所任职位。《后汉书·杨赐传》:"臣受恩偏特,忝任师傅,不敢自同凡臣,括囊避咎。"

忝中 谦称有辱于所中名位。《西游记》附录:"孩儿叨赖母亲福庇,忝中状元。"

忝附 谦称有辱于所附的名分。《红楼梦》第一一五回:"忝附同名,殊觉玷辱了这两个字。"《清代名人书札·汪承元致徐宗干》:"一俟道路肃清,仍迁葬旋里,忝附谱末,用敢缕陈。"

忝列 谦称有辱于所处行列(同乡、同学等)。《清代名人书札·吉灿升致阎敬铭》:"仰见大人德泽绵祥,诗书启后,将来扬历清要,嗣武弓裘,正未可量。忝列桑恭……倍增忭跃。"

忝越、忝逾 谦称有辱于超越自己德才的职位。《旧唐书·裴度传》:"伏以公台崇礼,典册盛仪,庸臣当之,实为忝越。"宋曾巩《洪州到任谢两府启》:"望故乡而接壤,与仲弟以连城。及是忝逾,出于假借。"

忝窃 谦称有辱于所居名位。晋羊祜《让开府表》:"且臣忝窃虽久,未若今日兼文武之极宠,等宰辅之高位也。"唐杜甫《送长沙李十一》诗:"李杜齐名真忝窃,朔云寒菊倍离忧。"

忝厚眷 谦称有辱于对方厚爱。宋苏轼《与鲜于子骏》:"某到郡正一年,诸况粗遣,岁凶民贫……然在己者,未尝敢行所愧也,如此而已,忝厚眷故及。"又"忝厚眷,不敢用启状,必不深讶。"

〔叨〕 叨,忝。《华严经·序·音义上》引《韵圃》:"叨,忝。"用法同"忝"。例如:

叨受、叨承、叨膺、叨领、叨辱 谦称辱蒙或愧受对方的眷顾。明叶盛《水东日记·胡安忠自述三事》:"又某为都给事中,已叨受上知。每缺给事中,辄命举监生等堪任者。"唐李白《下途归石门旧居》诗:"此心郁怅谁能论,有愧叨承国士恩。"明无名氏《玉杯记·祝香保父》:"爹爹休嗔休怪,孩儿叨承钟爱。"宋范仲淹《举欧阳修充经略掌书记状》:"右臣叨膺圣寄,充前件职任,即日沿边巡按。"宋王明清《挥尘后录余话》卷一:"窃伏惟念一介微臣,粤自布衣,叨膺识擢,凡所蒙被,度越伦辈。"明凌濛初《二刻拍案惊奇》卷一五:"提控留江老转去茶饭,江老也再三辞谢,不敢叨领。"清袁枚《续新齐谐·露水姻缘之神》:"旧岁路中把晤,叨领盛情,曾几何时而遽忘耶?"清纳兰性德《水亭杂识》卷四:"坟典未博,谬膺良史之官;词翰不工,叨辱侍臣之列。""叨辱"与"谬膺"互文。

叨忝、叨光 谦称有辱于所列职位或受到对方的荣光。现表示得到好处的客套话。《北齐书·陈元康传》:"元康叨忝或得黄门侍郎,但时事未可耳。"《北史·辛琛传》:"若万一叨忝,得一方正长史,朝夕闻过,是所愿也。"明凌濛初《二刻拍案惊奇》卷一一:"小生在饭店中,总是叨忝老丈的,就来潭府,也是一般。"明陈汝元《金莲记·觐圣》:"叨光遇主,金莲虽宠微躬;借照成雠,玉烛实招谗口。"清李渔《慎鸾交·悲控》:"郎争气,妾叨光。"

叨据、叨践 谦称有愧于所担任的职位名分。唐刘肃《大唐新语·识量》:"吾少无才,位居宰相,汝今又得州牧,叨据过分,人所嫉也。"五代王定保《唐摭言·主司失意》:"臣性禀朴愚,材昧机变,皆为叨据;果窃显荣,一心唯知效忠。"唐李峤《让地官尚书表》:"秦官汉绶,叨践名级。"

叨窃 谦称自己无才而愧居其位。三国蜀诸葛亮《街亭之败戮马谡上疏》:"臣以弱才,叨窃非据,亲秉旄钺以厉三军,不能训章明法,临事而惧,至有街亭违命之阙。"前蜀杜光庭《孙途司马本命醮词》:"臣自惟幽陋,仰荷裁成,获备冠裳,每忧叨窃。"

叨陪 谦称有辱于相陪或随同。唐王勃《滕王阁序》:"他日趋庭,叨陪鲤对。"清纳兰性德《兴京陪祭福陵》诗:"豹尾叨陪须献颂,小臣惭愧展微才。"

叨长 谦称自己比对方年长。明冯梦龙《醒世恒言·施润泽滩阙遇友》:"施复道:'今年贵庚多少?'答道:'二十八岁。'施复道:'怎样,小子叨长老哥八年。'"清李汝珍《镜花缘》第十五回:"就只事成后,世妹、世弟做了晚亲,门生未免叨长,这却于理不顺。"

叨冒 谦称愧受赏赐。宋叶梦得《避暑录话》卷上:"今叨冒已过多,乃得复行延祖之志,自安一壑,其愧之深矣。"宋范公偁《过庭录》:"以先祖才业,只终皇城史,某何人,叨冒乃尔!"明屠龙《昙花记·夫人得信》:"夫人与老爷大德,小老怎么又可叨冒?不是报信,只来求金了。"

叨赖 辱承、辱蒙。《西游记》附录:"光蕊道:'孩儿叨赖母亲福庇,忝中状元。'"

〔**猥**〕 屈辱。《正字通·犬部》:"猥,凡自称猥者,卑词也。"用法同"辱"。例如:

猥受、猥蒙 辱蒙。汉杨修《答临淄侯笺》:"猥受顾锡,教使刊定,《春秋》之成,莫能损益。"《后汉书·张奋传》:"司空无功于时,猥蒙爵土,身死之后,勿议传国。"

猥厕 谦称自己有辱于所居行列或地位。晋潘岳《秋兴赋·序》:"摄官承乏,猥厕朝列,夙兴晏寝,匪遑底宁。"

猥垂 辱蒙垂顾。晋干宝《搜神记》卷五:"家女子并丑陋,而猥垂荣顾。"

猥赐 辱蒙赐予。唐韩愈《上郑尚书相公启》:"愈启:伏蒙仁恩,猥赐示问,感戴战悚,若无所容措。"

huì guāng xìng
惠 光 幸

【**同**】 表敬副词,用在动词或有时用在名词前,表示对方施加于己的行为,对自己是一种恩荣。

〔惠〕 惠临、惠顾　敬称对方来临。清黄六鸿《福惠全书·莅任·禁私谒》:"因公事而惠临,则宾馆相迎。"《三国志·吴书·鲁肃传》:"今汉室倾危,四方云扰,孤承父兄余业,思有桓、文之功。君既惠顾,何以佐之?"元关汉卿《金线池》楔子:"不意今日惠顾,殊慰鄙怀。"

惠赐、惠贶　敬称对方的馈赠。清吴敏树《与梅伯言先生书》:"伏维矜怜,而终惠赐之,其为感戴,岂可涯量?"三国魏吴质《答东阿王书》:"信到奉所惠贶,发函伸纸,是何文采之巨丽而慰喻之绸缪乎?"

惠复　敬称对方的回信。《清代名人书札·时乃风致刘含芳》:"昨奉十八日惠复,祗承一是。敬审勋侯万福,忭慰何量。"

惠书、惠函、惠缄、惠简、惠示　敬称对方的来函。宋黄山谷《与郭英发》:"荐辱惠书,句益清庄,窃深叹仰。"《汪康年师友书札·蔡钧致汪康年》:"敬启者,顷展惠函,并请单、护照等件,拜悉种切。"又《龙璋致汪康年》:"顷诵惠缄,并先后寄到《农会章程》,辱承奖借过情,祗益颜汗。"又《罗振玉致汪康年》:"前奉惠简,垂鉴殷殷,具悉。心存利济,识量闳深,雒诵之余,莫名亲慕。"又《孙宝琦致汪康年》:"惠示读悉,弟滥竽编制,谢陋何补?惟日亲炙诸名贤,得聆绪论,未始非幸。"

〔光〕 光临、光顾、光驾、光降　敬称对方来临。三国魏曹植《七启》:"不远遐路,幸见光临。"清李渔《慎鸾交·拒托》:"二位姐姐,一向不见,今日为何事光临?"唐薛能《郊居答客》诗:"远劳才子骑,光顾野人门。"清李渔《风筝误·贺岁》:"二位相公不弃,几时到敝寓来,光顾一光顾如何?"明何景明《中秋十七夜留康德涵饮》诗之一:"君子柱光驾,嬾婉情未央。"《汪康年师友书札·卜舫济致汪康年》:"倘蒙光降,准于是日煮茗恭候,陪游一周,晤谭片响。俾弟得稍申瞻仰之忱。幸甚幸甚。肃此布复,统希朗照。顺颂文祺不宣。"

光爱　敬称对方对自己的厚爱。晋陆云《吴故丞相陆公诔》:"攀慕未及,永恋光爱。"

〔幸〕 幸会　与对方会见的敬称。《湘绮楼笺启·致朱道台》:"惠致仁兄节下:去年幸会,旋闻莅湘,及奉访,已还旌矣。"

幸赐　敬称对方的赐予。《清代名人书札·张佩纶致吴卓人》:"苏福乃老仆,到苏生疏,倘有求执事指示之处,幸赐推爱。不尽欲言,即颂礼祺。"

俯(fǔ) 垂(chuí)

【同】 表敬副词。俯,屈身;垂,往下。认为对方处在上位,敬称对方施加于自己的行为,需屈身往下。"俯""垂"后面的动词,一般是对方施加于自己的行为。

〔俯〕 五代王定保《唐摭言·主司失意》:"伏乞陛下特开睿鉴,俯察愚衷。""俯察",敬称对方俯身下察。唐薛用弱《集异记·王涣之》:"诸伶竞拜曰:'俗眼不识神仙,乞降清重,俯就筵席。'""俯就",屈身下就。宋王安石《答交代张廷评启》:"更书始下,已倾自附之诚,赐问俯临,重荷相存之意。""俯临",敬称对方屈尊下临。明沈德符《野获编·捐俸助工》:"各衙门公疏和各官私疏以捐俸为请,主上亦欣然俯从。""俯从",俯身听从。

〔垂〕 唐韩愈《上书后廿九日复上宰相书》:"惴惴焉惟不得出大贤之门下是惧,亦惟少垂察焉。""垂察",同"俯察"。明张居正《答凌洋山辞馈助书》:"辱在心知,故直吐其愚,万惟垂谅。""垂谅",敬称对方赐予谅解。清江藩《汉学师承记·钱大昕》:"嘉庆四年,今上亲政,垂询大昕家居状。""垂询",敬称上对下的询问。清荻岸散人《玉娇梨》第八回:"晚生蒙老先生垂爱,得赐登龙,已出望外,何敢更叨盛款!""垂爱",敬称上对下的关爱。

暗(àn) 阴(yīn) 微(wēi) 潜(qián) 窃(qiè) 私(sī)

【同】 情态副词。暗暗地,行为不公开。

〔暗〕《后汉书·应奉传》:"凡所经履,莫不暗记。"唐韩愈《和侯协律咏笋》诗:"纵横公占地,罗列暗连根。"唐白居易《琵琶行》诗:"寻声暗问弹者谁?琵琶声停欲语迟。"清梁贞怀《天雨花》第六回:"巡抚暗里从头看,心内嗟吁暗忖论。"

〔阴〕《战国策·秦策二》:"张仪返秦,使人使齐,齐、秦之交阴合。"《史记·白起王翦列传》:"至九月,赵卒不得食四十六日,皆内阴相杀食。"《三国志·魏书·吕布传》:"(董)卓尝小失意,拔手戟掷布,布拳捷避之,为卓顾谢,卓意亦解。由是阴怨卓。"清蒲松龄《聊斋志异·尸变》:"客惧甚,不敢作声,阴以足踏诸客。"

〔微〕《韩非子·内储说下》:"司马喜,中山君之臣也,而善于赵。尝以中山之谋微告赵王。"《汉书·伍被传》:"淮南王阴有邪谋,被数微谏。"颜师古注:"微谏,私谏之。"唐柳宗元《童区寄传》:"童微伺其睡,以缚背刃,力下上,得绝。"

〔潜〕《左传·僖公三十二年》:"郑人使我掌其北门之管,若潜师以来,国可得也。""潜师",秘密出兵。《后汉书·列女传·盛道妻》:"法有常刑,必生望,君可速潜逃。"《新唐书·王世充传》:"文都憾焉,潜与楚谋,因世充入殿伏甲杀之。"《明史·宦官传一·郑和》:"和使使招谕,祖义诈降,而潜谋邀劫。"

〔窃〕《左传·庄公十年》:"公子偃曰:'宋师不整,可败也。宋败,齐必还,请击之。'公弗许。自雩门窃出,蒙皋比而先犯之。"《史记·孙子吴起列传》:"齐使者如梁,孙膑以刑徒阴见,说齐使。齐使以为奇,窃载与之齐。"南朝宋刘义庆《世说新语·规箴》:"陈元方遭父丧,哭泣哀恸,躯体骨立,其母愍之,窃以锦被蒙上。"

〔私〕《左传·宣公十六年》:"冬,晋公使士会平王室,定王享之,原襄公相礼……武季私问其故。"《史记·项羽本纪》:"张良是时从沛公。项伯乃夜驰之沛公军,私见张良,具告以事,欲呼张良与俱去。"清刘鹗《老残游记》第十九回:"抚台派了个亲戚来私访。"

【辨】

①词的本义不同。"暗"的本义是光线暗淡。《说文》:"暗,日无光也。"汉王充《论衡·说日篇》:"日中光明,故小;其出入时光暗,故大。""阴"的本义是阳光照射不到的地方。《说文》:"阴,闇也,水之南,山之北也。""微"的本义是隐匿。《说文》:"微,隐行也……《春秋》传曰:'白公其徒微之。'"段玉裁注:"《左传·哀十六年》文。杜曰:'微,匿也。'与《〈尔雅·〉释诂》:'匿,微也。'互训。皆言隐不言行。""潜"通行的本义是深藏。《说文》:"潜,涉水也;一曰藏也。"段玉裁于"一曰藏也"注:"此今日通行义。《〈尔雅·〉释言》曰:'潜,深也。'《方言》曰:'潜,涵沉也。'""窃"的本义是偷窃。《说文》:"窃,盗自中出曰窃。""私"的本义是与"公"相对,即公私的"私"。《说文》:"私,禾也……北道谓禾主人曰私主人。"清徐灏

《说文解字注笺》:"《(诗经·小雅·大田)》篇:'雨我公田,遂及我私。'此公私之本义,故谓'禾主人曰私主人',以其非公田也。"

② 词义的内涵不同。"暗"还有深幽、无光泽、天黑、昏昧等义。"阴"还有潮湿、幽暗、阴冷、阴暗、光阴、阴影、月亮、雌性等义。"微"还有藏匿、伺察、精妙、细小、少、卑贱、衰微、没有等义。"潜"还有暗流、潜藏、埋葬、深处、专一等义。"窃"还有偷盗、盗贼、剽窃、侵害、男女私通等义。"私"还有个人的、秘密、家族、私邪、偏爱、男女私通等义。

【附】 暗中 暗地 暗地里 暗自 暗暗 私下 私自 私私 私底下

相 互 胥 厮(斯)
xiāng hù xū sī

【同】相互,指代性副词,用于动词或介词前指代双方或偏指一方。

〔相〕《易经·系辞上》:"刚柔相推而生变化。"《庄子·大宗师》:"四人相视而笑,莫逆于心,遂相与为友。"《韩非子·奸劫弑臣》:"故其治国也,正明法,陈严刑……君臣相亲,父子相保,而无死亡系虏之患,此亦功之至厚者也。"汉王充《论衡·指瑞篇》:"人同性类,好恶均等,尚不相知,鸟兽与人异性,何能知之?"晋李密《陈情表》:"外无期功强近之亲,内无应门五尺之童,茕茕独立,形影相吊。"

"相"也可用于偏指。《史记·郦生陆贾列传》:"且吾度足下之智不如吾,勇又不如吾。若欲就天下而不相见,窃为足下失之。""相见",即见我;"相",偏指第一人称。《三国志·吴书·鲁肃传》:"子敬,孤持鞍下马相迎,足以显卿未?""相迎",即迎汝;"相",偏指第二人称。《史记·外戚世家》:"窦姬涕泣,怨其宦者,不欲往,相强,乃肯行。""相强",即强之;"相",偏指第三人称。

〔互〕三国魏何晏《论语集解·序》:"所见不同,互有得失。"唐刘知几《史通·六家》:"当汉代史书,以迁、固为主,而纪、传互出,表、志相重,于文为烦,颇难周览。"宋范仲淹《岳阳楼记》:"渔歌互答,此乐何极!""互答",即彼此应答。清俞樾《古书疑义举例·上下两句互误例》:"《管子·八观篇》:'万家以下,则就山泽可矣;万家以上,则去山泽可矣。'按'山''下'二字,传写互易。"

〔胥〕《尔雅·释诂下》:"胥,相也。"《尚书·大诰》:"惟大艰人,诞邻胥伐于厥室。"孔安国传:"惟大为难之人,谓三叔也;大近相伐于其室家,谓叛逆也。"以相释"胥"。《诗经·小雅·角弓》:"兄弟昏姻,无胥远矣。"郑玄笺:"胥,相也。"《孟子·梁惠王下》:"今也不然,师行而粮食,饥者弗食,劳者弗息,睊睊胥谗,民乃作慝。"赵岐注:"在职者又睊睊侧目相视,更相谗恶,民由是化之而作其慝恶也。"唐萧颖士《江有枫》诗序:"二室之间,有槭树焉,与江南枫形胥类。"明方孝孺《宁野轩铭》:"荡荡流俗,机诈日繁,上下胥欺,莫知其艰。"

"胥",有时也可用于偏指。《后汉书·杨彪传》:"移都改制,天下大事,故盘庚五迁,殷民胥怨。"李贤注:"胥,相也。"按:"胥怨",怨上。多用于下怨上。

〔厮〕(斯) 张相《诗词曲语词汇释》卷二:"厮,犹相也。"宋欧阳修《渔家傲》词:"莲子与人长厮类,无好意,年年苦在中心里。"宋吴曾《能改斋漫录·逸文》:"都门盛唱小词曰:'喜则喜,得入手;愁则愁,不长久;忻则忻,我两个厮守;怕则怕,人来破斗。'"宋辛弃疾《夜游宫·苦俗客》词:"几个相知可喜,才厮见,说山说水。"宋朱熹《朱子语类》卷一一六:"如两军厮杀,两边擂起鼓了,只得拼命进前。"元王实甫《西厢记》第五本第一折:"新愁近来接着旧愁,厮混了难分新旧。"明凌濛初《二刻拍案惊奇》卷二:"(小道人)呆呆地袖著手,在旁冷眼厮觑。"

"厮"也写作"斯"。《红楼梦》第八七回:"那都是那几年宝二爷和姑娘小时,一时好了,一时恼了,闹出来的笑话儿。要像如今这样斯抬斯敬的,哪里能把这些东西白糟蹋了呢!""斯抬斯敬",即相互敬重。

【辨】

"相"可用于介词前,表示共同或相互的意思。表示共同义的,如《韩非子·存韩》:"前时五诸侯尝相与共伐韩,秦发兵救之。"晋陶潜《移居》诗之一:"奇文共欣赏,疑义相与析。"表示相互义的,如《韩非子·说林下》:"韩、赵相与为难。韩子索兵于魏曰:'愿借师以伐赵。'"汉王充《论衡·奇怪篇》:"天地之间,异类之物,相与交接,未之有也。""互""胥""厮",一般不能用于介词前。

介 词

依 按(案) 以 如 倚 照

【同】按照,依某事物为根据照着进行。

〔依〕《汉书·王吉传》:"(严君平)博览无不通,依老子、严周之指著书十余万言。"汉王充《论衡·薄葬篇》:"陆贾依儒家而说,故其立语,不肯明处。"元关汉卿《窦娥冤》第一折:"行医有斟酌,下药依《本草》。"《水浒传》第二〇回:"汝等众人各依旧职,管理山前山后事物,守备寨栅滩头。"

〔按〕(案)《商君书·君臣》:"明主之治天下也,缘法而治,按功论赏。"《韩非子·备内》:"按法以治众。"《汉书·扬雄传上》:"移围徙陈,浸淫蹴部,曲队坚重,各按行伍。"颜师古注:"按,依也。""按"也写作"案"《韩非子·孤愤》:"人臣循令而从事,案法而治官。"汉王充《论衡·正说篇》:"故伏羲以卦治天下,禹案《洪范》以治洪水。"

〔以〕《易经·系辞上》:"方以类聚,物以群分。"《商君书·更法》:"礼、法以时而定,制、令各顺其宜。"汉王充《论衡·诘术篇》:"不以甲乙第舍,独以甲乙数宅,何也?"

〔如〕《史记·项羽本纪》:"项王使人致命怀王。怀王曰:'如约。'"唐韩愈《唐故监察御史卫府君墓志铭》:"我闻南方多水银丹砂,杂他奇药,镵为黄金,可饵以不死……得药,试如方。"《西游记》第四一回:"龙王俱如号令。"

〔倚〕按照(乐曲填歌词)。《新唐书·刘禹锡传》:"禹锡谓屈原居沅、湘间作《九歌》,使楚人以迎送神,乃倚其声作《竹枝辞》十余篇。于是武陵夷俚悉歌之。"宋张师正《括异志·陈州女厉》:"时晏相国镇宛丘,屡倚新声作小词。"明徐师曾《文体明辨·诗余》:"辑为《花间集》凡五百阕,此近代倚声填词之祖也。"

〔照〕宋洪巽《旸谷漫录》:"此日试厨幸中台意,照例支犒。"明无名氏《一捧雪·送杯》:"因严爷要索吾主人的玉杯,吾主人爱惜世宝,着吾照样做一假杯。"清钱彩《说岳全传》第五回:"这件衣服,与你令堂说,照你的身材改一件战袍。"按:"照"用作按照义产生较晚。早期的如"照例(按照惯例)""照样(按照原样)",现已成词。现代汉语中,"照"独立用作按照、依照义,已十分普遍。

【辨】

①词的本义不同。"依"的本义是依靠。《说文》:"依,倚也。""按"的

本义是用手向下压。《说文》："按,下也。"段玉裁注："以手抑之使下也。""以"的本义是用。《说文》："以,用也。"段玉裁注："用者,可施行也。凡'以'字皆此训。""如"的本义是随从。《说文》："如,从随也。"段玉裁注："从随,即随从也。随从必以口,从女者,女子从人者也。幼从父兄,嫁从夫,夫死从子。故《白虎通》曰:'女者,如也。'引申之,凡相似曰如,凡有所往曰如,皆从随之引申也。""倚""依",《说文》互训,本义为倚靠,与"依"稍有区别。"倚"早期多用于靠在具体的物上,如倚门、倚柱、倚马、倚(椅),一般不用"依"。"依"的用法更广泛一些。如依人篱下、依山傍水,不能写作"倚"。"照"的本义是照明。《说文》："照,明也。"

② 词义的内涵不同。"依"还有遵循、顺从、依旧等义。"按"还有抑制、抚摸、按摩、巡行等义。"如"还有顺从、如同、往、应当、及(比得上)等义。"倚"还有依凭、依仗、靠近、偏斜等义。"照"还有照耀、日光、察知、对照、执照等义。

【附】 依照 按着

向(嚮 乡) 面(靣) 对 当 朝
xiàng　　　　　miàn　　duì　dāng　cháo

【同】 介词。介进名词,用作状语,指动作或行为向着某人或物。

〔向〕(嚮 乡)《广韵·漾韵》："向,对也。"《庄子·秋水》："(河伯)望洋向若而叹曰:'野语有之曰:闻道百以为莫己若者,我之谓也。'""若",指海神。"向若",面向海神。汉王充《论衡·变动篇》："盛夏之时,当风而立;隆冬之月,向日而坐。"晋左思《蜀都赋》："亦有甲第,当衢向术。"刘善注："术,道也。"吕延济注："当,向也。衢,道也。""当衢向术",面向大道。唐李白《草书歌行》："起来向壁不停手,一行数字大如斗。"

"向"也写作"嚮"。"向""嚮",古今字。清徐灏《说文解字注笺》："向、嚮,古今字。"《孟子·滕文公上》："(门人)入揖与子贡,相嚮而哭。""相嚮",面对面。《史记·滑稽列传》："西门豹簪笔磬折,嚮河立待良久。"宋司马光《项羽诛韩生》："夫秦据函谷,东嚮以制天下。""东嚮",向东。

"向"也写作"乡"。《集韵·漾韵》："乡,面也。或从向。"《左传·僖公三十三年》："秦伯素服郊次,乡师而哭。"杨伯峻注："乡,同今'向'字。"《荀子·非相》："乡则不若,偝则谩之。"杨倞注："乡,读为'向'。"汉许慎

《说文解字叙》:"故诡更正文,乡壁虚造不可知之书,变乱常行,以耀于世。"段玉裁注:"谓好奇者改易正字,向孔氏之壁,凭空造此不可知之书,指为古文也。"

〔面〕(偭)《广雅·释诂四》:"面,嚮也。"《尚书·召诰》:"面稽天若,今时既坠厥命。"孔颖达疏:"郑云:'面犹迴向也。'则面为'向'义。"《周礼·夏官·撢人》:"使万民和说而正王面。"郑玄注:"面,犹嚮也。使民之心晓而正乡王。"贾公彦疏:"使诸侯化目而万民正向于王。"《列子·汤问》:"北山愚公者,年且九十,面山而居。"南朝宋刘义庆《世说新语·忿狷》:"谢无奕性粗强,以事不相得,自往数王蓝田,肆言极骂,王正色面壁不敢动。"

"面"也写作"偭"。《说文》:"偭,乡也。从人面声。《少仪》曰:'尊壶者偭其鼻。'"《礼记·少仪》作"尊壶者面其鼻",孔颖达疏:"尊与壶,悉有面,面有鼻,鼻宜嚮于尊者,故言面其鼻也。"清王筠《说文句读》:"'偭'者,'面'之分别文。""分别文",即古今字。《晋书·挚虞传》:"偭烛龙而游衍兮,穷大明于北陆。"宋周密《齐东野语·三高亭改本》:"偭五鼎兮腥腐,羞三泉于终古。"

〔对〕《广雅·释诂四》:"对、面,嚮也。"钱大昭疏义:"对者,对即嚮,常语也。"《史记·万石张叔列传》:"子孙有过失,不谯让,为便坐,对案不食。"汉曹操《短歌行》:"对酒当歌,人生几何?"明李贽《焚书·书答·与弱侯》:"客生曾对我言。"

〔当〕《左传·文公四年》:"昔诸侯朝正于王,王宴乐之,于是乎赋《湛露》,则天子当阳,诸侯用命也。"杨伯峻注:"甯武子解此诗,又以阳喻天子,天子嚮明而治,谓之当阳。""当阳",面向南。汉董仲舒《春秋繁露·天辨在人》:"不当阳者,臣子是也;当阳者,君父是也。故人主南面以阳为位也。""当阳",向阳或向南。《乐府诗集·横吹曲辞五·木兰辞》:"当窗理云鬓,对镜贴花黄。""当""对"互文。

〔朝〕《王力古汉语字典·月部》:"2.cháo⑥对着,向着(后起义)。"《汉语大字典·月部》:"(二)cháo⑩相当于'向'、'面对'。"南朝齐谢朓《酬王晋安》诗:"拂雾朝青阁,日旰坐彤闱。"唐李白《江西送友人之罗浮》诗:"桂水分五岭,衡山朝九嶷。"《水浒传》第九十三回:"李逵端端正正朝上拜了三拜。"清吴敬梓《儒林外史》第四十回:"当下一直来到花牌楼,一个坐东朝西的门楼,投进贴区。"清李汝珍《镜花缘》第三十九回:"越朝前进,山景越佳,宛如登了仙界一般。"

【辨】

①词的本义不同。"向"字的本义是向北开的窗户,引申为面向。《说文》:"向,北出牖也。从宀从口。《诗》曰:'塞向墐户。'"清徐灏《说文解字注笺》:"古者前堂后室。室之前为牖,后为向,故曰'北出牖'。古钟鼎文作㪫,象形。'向''嚮',古今字。又与'乡'通。引申为向背之偁。""面"字的本义是脸面。引申为面向或背向。《说文》:"面,颜前也。"段玉裁注:"颜者,两眉之中间也。颜前者,谓自此而前,则为目、为鼻、为目下、为颊之间,乃正乡(向)人者,故与'背'为反对之称。引申之,为相乡之称,又引申之,为相背之称。《易》:'穷则变,变则通也。'凡言面缚者,谓反背而缚之。偭,从面。""对"字的本义是应对、答问。《说文》:"对,应无方也。"段玉裁注:"《聘礼》注曰:'对,答问也。'"引申为面向。清朱骏声《说文通训定声》:"[转注]《广雅·释诂四》:'对,嚮也。'""当"的本义是两者相当。《说文》:"当,田相值也。"段玉裁注:"值者,持也。田与田相持也。"引申为面向、对着。"朝"字的本义是早晨。《说文》:"朝,旦也。"引申为朝(cháo)见君王。清朱骏声《说文通训定声》:"[转注]《白虎通·朝聘》:'朝者,见也。因用朝时见,故谓之朝。'《周礼·大宗伯》:'春见曰朝。'注:'朝,犹朝(zhāo)也,欲其来之早。'"约在南北朝开始,又引申出面向、对着义。

②用法有所不同。"向""面"在表示对着某个方位时,常用在方位词后面。如"东面",即面向东;"南面",即面向南等。《史记·项羽本纪》:"项王、项伯东向坐,亚父南向坐,沛公北向坐,张良西向侍。""东向""南向"等,即面向东、面向南等。"对""当""朝"等,没有这个用法。

③词义的内涵不同。"向"还有刚才、从前等义。"面"还有当面、面前、方面等义。"对"还有相配、配偶、对手、对偶等义。"当"还有担当、应当、判罪等义。"朝"还有朝廷、朝代等义。

于(焉) 见 为 被 吃(喫) 把
yú　　jiàn　wéi　bèi　chī　　bǎ

【同】 被,介词,在被动句里引进主动(施事)者。

〔于〕（焉） 动词后用"于"引进主动（施事）者。《战国策·西周策》："邾、莒亡于齐，陈、蔡亡于楚。"高诱注："为齐、楚所灭亡。"《淮南子·氾论训》："故圣人制礼乐，不制于礼乐。"高诱注："圣人能制礼乐，不为礼乐所制。"又《人间训》："张武教智伯夺韩、魏之地，而禽于晋阳。"高诱注："禽于晋阳，为赵襄子所杀。"《史记·刺客列传》："燕小弱，数困于兵，今计举国不足以当秦。"

由于"于"可以引进施事者，兼词"焉"有时相当于"'于'＋施事者"的作用，也可以表示被动式。如《左传·成公十四年》："郑子罕伐许，败焉。""败焉"，即败于许，所以杜预注为"为许所败。"又《昭公十三年》："叔弓围费，弗克，败焉。"杜预注："为费人所败。""败焉"，即败于费。

〔见〕 紧置于动词前，表示被动式。《荀子·法行》："同游而不见爱者，吾必不仁也。"《韩非子·二柄》："此简公失德而田常用之也，故简公见弑。"《史记·淮阴侯列传》："高祖且至楚，信欲发兵反；自度无罪，欲谒上，恐见禽。"《汉书·楚元王传》："堪弟子张猛光禄大夫给事中，大见信任。"按"见"与动词之间不能引进施事者，如要引进主动（施事）者，必须和"于"结合，构成"见＋动词＋于＋主动者"，引进主动者。《庄子·秋水》："吾长见笑于大方之家。"《史记·廉颇蔺相如列传》："臣诚恐见欺于王而负赵，故令人持璧归，间至赵矣。"

〔为〕 "为"表被动有以下五种情况：①"为"紧置于动词前，施事不出现。《吕氏春秋·长攻》："越王弗与，乃攻之，夫差为禽。"高诱注："为越所禽获。"《战国策·燕策三》："父母宗族，皆为戮没。"《史记·陈涉世家》："吴广素爱人，士卒多为用者。"②"为"后引进施事。《韩非子·五蠹》："然则今有美尧、舜、汤、武、禹之道于今之世者，必为新圣笑矣。"《吕氏春秋·审应览》："昔出公之后声氏，为晋公拘于铜鞮。"汉韩婴《韩诗外传》卷十："且臣闻之，昔者桀残贼海内，赋敛无度，万民甚苦，是故汤诛之，为天下戮笑。"③"为＋主动者＋所＋动词"，构成"为……所……"式。这种古汉语中最常见的被动句式，约产生于战国末期，在《史记》《汉书》中始见大量使用，现代汉语的书面语言里还一直沿用。《史记·高祖本纪》："高祖击布时，为流矢所中。"又《张耳陈余列传》："赵王间出，为燕军所得。"《汉书·元后传》："十一世，田和有齐国，世称王，至王建，为秦所灭。"④"为……所……"式中，"为"后的施事不出现而"所"仍保留,构成"为所……"式。《史记·李将军列传》:"用此,其将兵数困辱,其射猛兽,亦数为所伤云。"《汉书·冯奉世传》:"羌虏甚多,皆为所破,杀两校尉。"《三国志·魏书·武帝纪》:"岱不从,遂与战,果为所杀。"⑤"为……所……"式和表被动的"见"叠用,构成"为……所见……"式。这个句式约产生于三国时期,使用频率不高,且通行时期不长。《后汉书·寇荣传》:"而臣兄弟独以无辜为专权之臣所见批抵。"《三国志·吴书·孙綝传》:"诸葛恪、滕胤、吕据,盖以无罪为峻、綝兄弟所见残害。"汉张既《答魏文帝问苏则》:"金城郡昔为韩遂所见屠剥,死丧流亡,或窜戎狄,或陷寇乱,户不满五百。"

〔被〕 "被"表示被动有三种情况:①"被"字紧置于动词前。这是早期用"被"表示的被动句式。《战国策·齐策一》:"国一日被攻,虽欲事秦,不可得也。"《史记·屈原列传》:"信而见疑,忠而被谤,能无怨乎!"又《酷吏列传》:"而七国之乱,发怒于(晁)错,错卒以被戮。"(以上各例中的"被",还没有完全虚化,还有受到、蒙受的意思)②"被"后引进主动者。《三国志·高贵乡公传》:"吾被皇太后征,未知所为。"南朝宋刘义庆《世说新语·言语》:"祢衡被魏武谪为鼓吏。"唐李白《山鹧鸪》诗:"山鸡翟雉来相劝,南禽多被北禽欺。"③"被+主动者+所+动词"式,即"被……所……"式。这种被动句式是"为……所……"式的类化。北齐颜之推《颜氏家训·杂艺》:"吴县顾士端……尤妙丹青,常被元帝所使,每怀羞恨。"

〔吃〕(喫) 用"喫"或"吃"表被动约产生于宋元时期,多见于语体文。宋朱熹《朱子语类》卷八七:"只是扶他以证其邪说,故喫人议论。"明冯梦龙《古今小说·史弘肇龙虎君臣会》:"史弘肇喫赶得慌,撇下了锅子,走入一条巷去躲避。"元关汉卿《金线池》第二折:"那一日吃你家妈妈赶逼我不过,只得忍了一口气,走出你家门。"明刘基《阁门使刘仲璟遇恩录》:"这起反臣都吃我废了,坟墓发掘了。"

〔把〕 用"把"表示被动约产生于宋元时期。宋辛弃疾《好事近》词:"綵胜斗华灯,平把东风吹却。"元无名氏《杀狗劝夫》第二折:"这明明是天赐我两个横财,不取了他的,倒把别人取了去。"元杨景声《刘行首》第二折:"官人在衙门里庆重阳令节,谁想走到人市处,把梅香迷了。"

631

以 用 由 为 因 唯(惟) 缘 坐
yǐ yòng yóu wèi yīn wéi yuán zuò

【同】因,介词,介进行为的原因。

〔以〕《左传·宣公十年》:"十年,春,公如齐,齐侯以我服故,归济西至田。"《论语·卫灵公》:"不以言举人,不以人废言。"《庄子·让王》:"子列子笑谓之曰:'君非自知我也,以人之言遗我粟。至其罪我也,又且以人之言。此吾所以不受也。'"《韩非子·喻老》:"千里之堤以蝼蚁之穴溃,百尺之室以突(烟囱)隙之烟焚。"宋范仲淹《岳阳楼记》:"嗟夫!予尝求古仁人之心,或异二者之为。何哉?不以物喜,不以己悲。"

〔用〕《论语·公冶长》:"伯夷、叔齐不念旧恶,怨是用希。""是用",因此。《礼记·礼运》:"今大道既隐,天下为家,各亲其亲,各子其子,货力为己……故谋用是作,而兵由此起。""用是",因此。《史记·李将军列传》:"孝文十四年,匈奴大入萧关,而广以良家子从军击胡,用善骑射,杀首虏多,为汉中郎。"又:"其射,见敌急,非在数十步之内,度不中不发,发即应弦而倒,用此其将兵数困辱。"

〔由〕清吴昌莹《经词衍释》卷一:"由,因也。"《国语·晋语一》:"骊姬既远太子,乃生之言。太子由是得罪。""由是",因此。《史记·大宛列传》:"其后使往者皆称博望侯以为质于外国,外国由此信之。"《汉书·刘向传》:"谗邪之所以并进者,由上多疑心。"《宋书·恩倖传序》:"恩以狎生,信由恩固。"南朝梁江淹《杂体诗三十首》之二十九:"铩翮由时至,感物聊自伤。"

〔为〕《左传·成公九年》:"为归汶阳之田故,诸侯贰于晋。"《荀子·天论》:"天不为人之恶寒也辍冬,地不为人之恶辽远也辍广。"汉王充《论衡·非韩篇》:"人君治一国,犹天地生万物。天地不为乱岁去春,人君不以衰世屏德。""为""以"互文。唐李白《登金陵凤凰台》诗:"总为浮云能蔽日,长安不见使人愁。"唐杜荀鹤《乱后逢村叟》诗:"因供寨木无桑柘,为著乡兵绝子孙。"

〔因〕唐李白《赠秋浦柳少府》诗:"因君树桃李,此地忽芳菲。"唐陆贽《奉天请数对群臣兼许令论事状》:"昔人有因噎而废食者,又有惧溺而自沉者,其为矫枉防患之虑,岂不过哉!"宋罗大经《鹤林玉露》卷九:"余谓吴师压鲁,鲁亡无日,有若视父母之邦阽危如此,义气所激,愿与宵攻之列,使诚因是而死,得死所矣。"

〔唯〕(惟) 《老子》第二十二章:"夫唯不争,故天下莫能与之争。""夫唯",正因为。《左传•僖公二年》:"冀之既病,则亦唯君故。"《礼记•檀弓下》:"黔敖左奉食,右执饮,曰:'嗟!来食。'(饿者)扬其目而视之,曰:'予唯不食嗟来之食以至于斯也。'"《韩非子•外储说右下》:"其弟谏曰:'夫子嗜鱼而不受者,何也?'对曰:'夫唯嗜鱼,故不受也……'""唯"也写作"惟"。《淮南子•说山训》:"夫惟无量,故不可得而量也。"

〔缘〕 《玉篇•糸部》:"缘,因也。"《广韵•仙韵》:"缘,缘由。"《楚辞•天问》:"缘鹄饰玉,后帝是飨。"王逸注:"后帝,谓殷、汤也。言伊尹始仕,因缘烹鹄鸟之羹,修玉鼎以事于汤,汤贤之,遂以为相也。"《公羊传•宣公六年》:"赵穿缘民众不说,起弑灵公。"唐杜甫《客至》诗:"花径不曾缘客扫,蓬门今始为君开。"宋王安石《登飞来峰》诗:"不畏浮云遮望眼,自缘身在最高层。"

〔坐〕 杨树达《词诠》卷六:"坐,因也。"《燕丹子•下》:"吾坐轻易,为竖子所欺。"北魏郦道元《水经注•江水一》:"母好饮江水,嗜鱼脍,常以鸡鸣溯流汲江,子坐取水溺死。"唐杜牧《山行》诗:"停车坐爱枫林晚,霜叶红于二月花。"明胡应麟《少室山房笔丛•庄岳委谈下》:"李明德显著,坐是不得入贤祠。""坐是",因此。清余怀《板桥杂记•轶事》:"(张魁)钱财到手辄尽,坐此不名一钱,时人共非笑之。"

yǔ   jiāng   hé   gēn   tóng
与 将 和 跟 同

【同】 介词,介进行为的对象,多指人,有时也指事物。相当于"跟"或"同"。

〔与〕《诗经•邶风•击鼓》:"执子之手,与子偕老。"《国语•越语上》:"凡我父兄昆弟及国子姓,有能助寡人谋而退吴者,吾与之共知越国之政。"《战国策•燕策一》:"帝者与师处,王者与友处,霸者与臣处,亡国与役处。"以上各例所介进的是人。汉王充《论衡•本性篇》:"孩子始生,未与物接,谁令悖者?"又《知实篇》:"使圣人达视远见,洞听潜闻,与天地谈,与鬼神言,知天上地下之事。"以上各例所介进的是事。

〔将〕 南朝宋刘义庆《世说新语•文学》:"支道林在白马寺中,将冯太常共语。"唐刘知几《史通•内篇•二体》:"后生而擢居首秩,先辈而抑归末章,遂使汉之贾谊将楚屈原同列,鲁之曹沫与燕荆轲并编。""将""与"互文。以上各例介进的是人。北周庾信《春赋》:"眉将柳而争绿,面共桃竞红。"宋杨万里《月夜观雪》诗:"月色还将雪色同,雪光却与月光通。""将""与"互文。以上各例介进的是物。

〔和〕 《全元散曲·于伯渊〈套数·寄生草〉》:"鬓花腮粉可人怜,翠衾鸳枕和谁共?"元武汉臣《散家财天赐老生儿》第四折:"伯伯、伯娘,休和他一般见识。"元杨文奎《翠红乡儿女两团圆·楔子》:"恰才和几个老弟兄每,饮了几杯酒回来。"

〔跟〕 明汤显祖《牡丹亭》第十二出:"〔贴〕敢再跟娘胡缠,教春香即世里不见儿郎。"清刘鹗《老残游记》第十九回:"甚么王八蛋的客? 有胆子的快来跟三爷碰撞。"清曾朴《孽海花》第十回:"我要问你,我跟你们往日无仇,今日无故,干吗你叫人来戏弄我姑娘?"

〔同〕 元李寿卿《说鱄诸伍员吹箫》第三折:"〔正末云〕既然你是贤士,你敢同我破楚去么?"《三国演义》第十八回:"(张)绣知(刘)表兵已起,即同贾诩引兵袭操。"《水浒传》第五十四回:"我又无家人伴当,同哥哥去市镇上吃三杯淡酒,表结拜之意。"

代 词

余 予 我 吾 卬 朕
yú yú wǒ wú áng zhèn

【同】 第一人称。在句中充当主语、宾语或定语。

〔余〕《尔雅·释诂上》:"余,我也。"《国语·吴语》:"王呼曰:'余不食三日矣。'""余",主语。《左传·襄公二十九年》:"郑伯有使公孙黑如楚,辞曰:'楚、郑方恶,而使余往,是杀余也。'""余",前者为兼语,后者为宾语。《庄子·让王》:"舜以天下让善卷,善卷曰:'余立于宇宙之中……逍遥于天地之间,而心意自得,吾何以天下为哉?'""余",主语。汉王充《论衡·书虚篇》:"孔甲曰:'为余子,孰能贱之?'遂载以归。""余",定语。

〔予〕《尔雅·释诂上》:"予,我也。"《尚书·汤誓》:"予畏上帝,不敢不正。""予",主语。《论语·述而》:"子曰:'天生德于予,桓魋其如予何?'""予",前者为介词"于"的宾语,后者为动词"如"的宾语。又《泰伯》:"曾子有疾,召门弟子,曰:'启予足,启予手。'""予",均为定语。

〔我〕《左传·定公四年》:"初,伍员与申包胥友。其亡也,谓申包胥曰:'我必复楚国。'申包胥曰:'勉之。子能复之,我必能兴之。'""我",均为主语。《论语·子路》:"子曰:'苟有用我者,期月而已可也,三年有成。'""我",宾语。《韩非子·十过》:"彼不假我道,必不敢受我币。""我币"的"我",是定语。

〔吾〕《尔雅·释诂上》:"吾,我也。"《左传·僖公三十年》:"吾不能早用子,今急而求子,是寡人之过也。""吾",主语。《国语·晋语六》:"若以吾意,诸侯皆叛,则晋可为也。""吾",定语。《庄子·齐物论》:"我胜若,若不吾胜。""吾",否定句宾语。按:"吾",一般不能作肯定句的宾语,这在先秦时期具有普遍性。

〔卬〕《尔雅·释诂上》:"卬,我也。"《诗经·邶风·匏有苦叶》:"人涉卬否……卬须我友。"毛亨传:"卬,我也。人皆涉,我友未至,我独待之而不涉。"又《大雅·生民》:"卬盛于豆,于豆于登。"孔颖达疏:"我后稷……盛之于豆,又盛之于登。"按:"卬"的使用频率较低,例中的"卬"均为主语。

〔朕〕《尔雅·释诂上》:"朕,我也。"郝懿行疏:"朕者,《说文》云:'朕,我也。'《白虎通》云:'或称朕何?亦王者之称也。朕,我也。'蔡邕《独断》云:'朕,我也。古者尊卑共之,贵贱不嫌,则可同号之义也。'是'朕'为通称,上下所同,故《书》:'皋陶曰朕言惠。'《离骚》云:'朕皇考曰伯庸。'是古

636

尊卑同号之征也。"《尚书·尧典》:"朕在位七十载。"《左传·僖公十二年》:"王曰:'舅氏……往践乃职,无逆朕命。'"

【辨】①语法功能有所不同。"我"的语法功能最全。"余""予"次之,主要充当主语和宾语,也可充当定语,但频率很低。"余",《左传》共用181次,用作定语仅4例;"予",《孟子》共用41次,用作定语仅1例。"吾",一般只充当主语和定语,有时充当否定句中的宾语(在先秦时期)。"卬",一般充当主语。"朕",古汉语早期主要用于定语。

②不同作品用第一人称代词的风格各异。《尚书》用"予"(221次)不用"余";《左传》用"余"(181次)不用"予";《国语》基本用"余"(53次),用"予"仅1次;"卬"主要见于《尚书》《诗经》;"朕"先秦时期,主要见于《尚书》(81次),其他作品偶有所见,如《左传》2次,《国语》1次。

③感情色彩有所不同。先秦早期,帝王自称"余一人"或"予一人",而不用其他第一人称的词。秦统一中国以后,"朕"开始专用于帝王自称。《史记·秦始皇本纪》:"天子自称曰'朕'。"自此以后,为历代帝王所沿用。

汝(女) 而 若 乃(廼) 戎 尔 你 您(恁) 侬(阿侬)

<small>rǔ　　ér　ruò　nǎi　　róng　ěr　nǐ　nín　　nóng</small>

【同】你,你们。第二人称代词,指称说话的对方。在句中充当主语、宾语或定语,但古汉语中有的有所分工。

〔汝〕(女)《广韵·语韵》:"汝,尔也。"《正字通·水部》:"汝,本水名,借为尔汝字。"《尚书·盘庚上》:"汝曷弗告朕,而胥动以浮言,恐沉于众?"《庄子·人间世》:"汝不知夫螳螂乎?怒其臂以当车辙,不知其不胜任也。"以上两例,"汝"充当主语。《尚书·无逸》:"人乃或诪张为幻曰:'小人怨汝詈汝,则信之。'"《韩非子·外储说左下》:"郑县人卖豚,人问其价,曰:'道远日暮,安暇语汝?'"以上两例,"汝"充当宾语。《尚书·太甲下》:"有言逆于汝心,必求诸道;有言逊于汝志,必求诸非道。"以上两例,"汝"充当定语。

"汝"也写作"女"。《左传·僖公七年》:"我死,女必速行,无适小国,将不女容焉。"《论语·雍也》:"女为君子儒,无为小人儒。"《韩非子·说林下》:"杨朱曰:'子勿击也,子亦犹是。曩者使女狗白而往,黑而来,子岂能毋怪哉!'"

按:"汝""女",用作第二人称代词时,读音和语法功能完全相同,只是写法不同。在先秦早期,各著作或用"汝"或用"女",有所不同。《尚书》用"汝"不用"女";《左传》《论语》用"女"不用"汝";战国中期以后的著作,如《庄子》《孟子》《韩非子》等,"汝""女"并用。

〔而〕用法同"乃"。《左传·宣公十五年》:"夜梦之曰:'余,而所嫁妇人之父也,尔用先人之治命,余是以报。'""而",主语。又《定公十四年》:"夫差使人立于庭,苟出入,必谓己曰:'夫差!而忘越王之杀而父乎?'"前一"而",为主语;后一"而",为定语。《史记·张仪列传》:"若善守汝国,我顾且盗而城。""而",定语。《项羽本纪》:"吾翁即若翁,必欲烹而翁,则幸分我一杯羹。""而"一般用作定语,有时也用作主语。如"而忘越王之杀而父乎"。

〔若〕 用法同"汝"。《庄子·田子方》:"当与汝登高山,履危石,临百仞之渊,若能射乎?"《孟子·梁惠王上》:"缘木求鱼,虽不得鱼,无后灾。以若所为,求若所欲,尽心力而为之,后必有灾。"《史记·张仪列传》:"始吾从若饮,我不盗而璧,若笞我。"

〔乃〕(迺)《尚书·盘庚上》:"古我先王,暨乃祖乃父,胥及勤逸,予敢动用非罚?"《汉书·项籍传》:"汉王曰:'吾与若俱北面受命怀王,约为兄弟,吾翁即汝翁,必欲烹乃翁,幸分我一杯羹。'"又《外戚传》:"太后大怒,曰:'乃欲倚女(汝)子邪?'"

"乃"也可写作"迺"。《史记·郦生陆贾列传》:"高帝骂之曰:'迺公马上得之,安事《诗》《书》?'"按:"乃"一般用作定语,如例中的"乃祖乃父""乃翁""迺翁","乃"都是定语。有时也用作主语,如"乃欲倚女子邪"中的"乃"。

〔戎〕 清朱骏声《说文通训定声》:"按,戎、汝、若、而,皆一声之转。"章炳麟《新方言·释言》:"今江南、浙江滨海之地,谓汝为戎,音如农。"《诗经·大雅·民劳》:"戎虽小子,而式弘大。"又《大雅·江汉》:"肇敏戎公,用锡尔社。"又《大雅·烝民》:"缵戎祖考,王躬是保。"按:用作第二人称的"戎",

主要见于《诗经》,《诗经》中又只见于《大雅》。

〔尔〕 用法同"汝"。《尚书·金縢》:"尔不许我,我乃屏璧与圭。"《左传·宣公十五年》:"盟曰:'我无尔诈,尔无我虞。'"《论语·八佾》:"子贡欲去告朔之饩羊。子曰:'赐也,尔爱其羊,我爱其礼。'"《史记·伍子胥列传》:"阖庐病创,将死,谓太子夫差曰:'尔忘句践杀尔父乎?'"

〔你〕《玉篇·人部》:"你,尔也。"《集韵·止韵》:"你,汝也。"《北史·李密传》:"共你论相杀事,何须作书传雅语邪?"《隋书·五行志上》:"武平五年,童谣曰:'狐截尾,你欲除我我除你。'"五代王定保《唐摭言·贤仆夫》:"或为其类所引曰:'当今北面官人,入则内贵,出则使臣,到所在打风打雨,你何不从之?'"按:"汝""而""尔""若""乃""戎""你",音近义通,为同源字。

〔您〕(恁)《字汇补·心部》:"您,《中原音韵》:'与你同义。今填词家多用此。'"《永乐大典·忠传·春秋齐晏婴》:"(崔杼)杀牲对神道说誓,说您众人有不知俺两家同心的,著他便死。"金董解元《西厢记诸宫调》卷五:"我眼巴巴的盼今宵,还二更左右不来到,您且听着,提防墙上杏花摇。"元张国宝《合汗衫》:"您言冬至我疑春。"

　　"您"也写作"恁"。元无名氏《七国春秋平话后集》卷上:"俺于秦国为上将,恁仗孙子之势,为七国之长。"元王实甫《西厢记》第二本楔子:"我从来斩钉截铁常居一,不似恁惹花拈草没掂三。"按:"您"早期与"你"完全同义;表示"你"的敬称,约是近代才产生的。

〔侬〕(阿侬)　吴语区的方言词。元杨维桢辑《西湖竹枝词》:"劝郎莫上南高峰,劝侬莫上北高峰。""侬"也称"阿侬"。《南史·茹法珍传》:"何世天子无要人,但阿侬货主恶耳。"

其 厥 之
qí jué zhī

【同】 他(它)或他(它)的。代词,第三人称。

〔其〕 主要充当定语,相当于"名词加'之'"。《左传·隐公元年》:"宋武公生仲子。仲子生而有文在其手,曰为鲁夫人。""其手",仲子之手。《国语·鲁语下》:"公父文伯退朝,朝其母,其母方绩。""其母",公父文伯之母。《论语·子路》:"子曰:'其身正,不令而行;其身不正,虽令不从。'"《孟子·离娄上》："桀、纣之失天下也，失其民也；失其民者，失其心也。"

"其"有时在语意上可对译为"他"，但其语法作用仍相当于"名词加'之'"。《史记·孙子吴起列传》："起之为人也，猜忍人也。其少时，家累千金，游仕不遂，遂破其家。""其少时"，起之少时。

〔厥〕 只能充当定语。《左传·哀公十五年》："寡君闻楚为不道，荐伐吴国，灭厥民人。"《国语·楚语上》："若药不瞑眩，厥疾不瘳；若跣不视地，厥足用伤。"《孟子·梁惠王下》："昔者太王好色，爱厥妃。"《史记·卫将军骠骑列传》："骠骑将军去病率师攻西域王浑邪，王及厥众萌咸相奔。"

〔之〕 主要充当宾语。《左传·隐公元年》："公曰：'多行不义，必自毙，子姑待之。'"《国语·越语上》："譬如蓑笠，时雨既至，必求之。"《战国策·赵策三》："辛垣衍曰：'先生独未见夫仆乎？十人而从一人者，宁力不胜，智不若耶？畏之也。'"

"之"有时也充当定语，相当于"其"。《左传·哀公八年》："王犯尝为之宰。"杜预注："王犯，吴大夫，故尝奔鲁为武城（之）宰。""为之宰"，即"为其宰"，为武城之宰。孔颖达疏正作"吴人王犯尝为武城之宰"。《吕氏春秋·长攻》："其妻遥闻之状，磨笄以自刺。""闻之状"，即"闻其状"。《史记·高祖本纪》："（汉王）自称使者，晨驰入张耳、韩信壁，而夺之军。"下文同样的语意"（汉王）还自定陶，驰入齐王壁，夺其军"，可证"夺之军"，即"夺其军"。

【辨】
语法功能不尽相同。"其"一般用作定语，晋代以后，"也可以用作主语"，但"永远不作动词后的宾语"（《王力文集》第十一卷 67 页）。"厥"只用于定语，不能用作主语或宾语。"之"主要用作宾语，有时也用作定语，但不能用作主语。

此 是 斯 兹 之 若
cǐ shì sī zī zhī ruò

【同】 这或这个，近指指示代词。

〔此〕 可用作主语、宾语或定语。《左传·成公元年》："背盟而欺大国，此必败。"《国语·越语上》："句践说于国人曰：'寡人不知其力不足也，而又与大国执雠，以暴露百姓之骨于中原，此则寡人之罪也。'"以上例中的

"此",用作主语。《韩非子•外储说右下》:"王曰:'可恶哉,虎目也!左右曰:'平阳君之目可恶过此。'""此"用作动词"过"的宾语。《荀子•子道》:"子路问于孔子曰:'有人于此,夙兴夜寐,耕耘树艺,手足胼胝,以养其亲,然而无孝之名,何也?'""此"用作介词"于"的宾语。《史记•张丞相列传》:"此子贵,当封。"又:"今此三君者,皆丞相也。""此"分别用作名词或名词性词组的定语。

〔是〕 可用作主语、宾语或定语。《论语•为政》:"知之为知之,不知为不知,是知也。""是",主语,复指前文。《孟子•滕文公上》:"陈良之徒陈相与其弟辛负耒耜而自宋至滕,曰:闻君行圣人之政,是亦圣人也。""是",用作名词性谓语的主语。《韩非子•内储说下》:"其夫曰:'何少也?'对曰:'益是,子将以买妾。'""是",用作动词"益"的宾语。《荀子•解蔽》:"故主其心而慎治之,是以能长用吕望而身不失道。""是",用作介词"以"的前置宾语。《国语•越语上》:"与其杀是人也,宁其得此国也,其孰利乎?""是",用作名词"人"的定语。

〔斯〕 用作主语、宾语或定语。《论语•学而》:"礼之用,和为贵。先王之道,斯为美。""斯",主语,复指"礼之用,和为贵"。又《论语•子罕》:"子在川上曰:'逝者如斯夫!不舍昼夜。'""斯",用作动词"如"的宾语。又:"天之未丧斯文也,匡人其如予何?""斯",用作名词"文"的定语。

〔兹〕 可用作主语、宾语或定语。《左传•宣公十五年》:"怙其隽才,而不以茂德,兹益罪也。"杨伯峻注:"兹,此也。犹言此乃增益其罪也。""兹",主语,复指"怙其隽才,而不以茂德"。《诗经•大雅•泂酌》:"泂酌彼行潦,挹彼注兹,可以濯罍。""兹",用作动词"注"的宾语。《国语•周语下》:"单若有阙,必兹君之子孙实续之,不出于他矣。""兹",用作名词"君"的定语。《左传•成公十七年》:"信不叛君,知不害民,勇不作乱。失兹三者,其谁与我?""兹",用作名词性词组"三者"的定语。

〔之〕 用作定语。《诗经•周南•汉广》:"之子于归,言秣其马。"郑玄笺:"之子,是子也。"又《邶风•燕燕》:"之子于归,远送于野。"《庄子•逍遥游》:"之二虫又何知?"又《则阳》:"夫灵公为灵也久矣,之二人何足以识之?"《吕氏春秋•慎势》:"桓公闻之,抚其仆之手曰:'之歌者,非常人也。'""之",这,都用作名词或名词性词组的定语。

〔若〕 用作定语。《论语•宪问》:"君子哉若人,尚德者若人。""若人",此人。

"若",用作名词"人"的定语。《战国策·齐策六》:"当此之时,将军有死之心,而士卒无生之气,闻若言,莫不挥泣奋臂而欲战。""闻若言",闻此言。"若"用作名词"言"的定语。《吕氏春秋·振乱》:"为天下之长患,致黔首之大害者,若说为深。""若说",此说。"若",用作名词"说"的定语。

【辨】
①语法功能有所不同。"此""是""斯""兹",语法功能最全,可用作主语、宾语或定语。"之""若",只能用作定语。

②使用频率不同。"此""是"的使用频率最高,"斯""兹"较少,"之""若"最少。

③各书的风格有所不同。《左传》《国语》用"兹",不用"斯";《论语》则用"斯",不用"兹"。

彼 夫 其
bǐ fú qí

【同】 那或那个,远指指示代词。

〔彼〕用作主语、宾语或定语,有时在单部句中用作谓语。《庄子·齐物论》:"彼亦一是非,此亦一是非。"汉东方朔《答客难》:"彼一时也,此一时也,岂可同哉!""彼"与"此"对用,用作主语。《孙子·谋攻》:"故曰:知己知彼,百战不殆。不知彼而知己,一胜一负。不知彼,不知己,每战必殆。"《左传·僖公二十八年》:"若其不还,君退臣犯,曲在彼矣。""彼",都用作宾语。《诗经·郑风·狡童》:"彼狡童兮,不与我言兮。"《史记·淮阴侯列传》:"如彼竖子用臣之计,陛下安得而夷之乎?""彼",都用作定语。《论语·宪问》:"问子西,曰:'彼哉彼哉!'"汉桓宽《盐铁论·杂论》:"车丞相即周、鲁之列,当轴处中,括囊不言,容身而去。彼哉彼哉!"两"彼"连用,用作谓语,表示轻蔑。

〔夫〕用作定语,有时也用作主语。《左传·僖公三十年》:"公曰:不可。微夫人之力不及此。""夫人",那人。"夫",用作定语。《庄子·秋水》:"子独不闻夫坎井之蛙乎?""夫坎井之蛙",那坎井之蛙。"夫",用作定语。"夫"有时也用作主语。《左传·襄公二十六年》:"公曰:'夫不恶女乎?'"杜预注:"夫,谓太子也。"又:"子木曰:'夫独无族姻乎?'"杜预注:"夫,谓晋。"两例中的"夫",相当于"那",分别远指太子和晋。

〔其〕 用作定语。《论语•八佾》:"子曰:'赐也,尔爱其羊,我爱其礼。'""其羊",那羊;"其礼",那礼。"其",用作定语。《韩非子•难势》:"人应之曰:'以子之矛,攻子之盾,如何?'其人弗能应。""其人",那人。"其",用作定语。《史记•项羽本纪》:"今欲举大事,将非其人不可。""其人"的用法同上。

【辨】

①语法功能不同。"彼"的语法功能最全,可用作主语、宾语或定语,有时可用作谓语。"夫"主要用作定语,有时用作主语。"其"只能用作定语。

②使用频率不同。在先秦时的作品中,"彼"是专职的指示代词,使用频率很高。如《诗经》用"彼"225次,《左传》55次,《庄子》138次。而"夫""其"用作指示代词的频率很低。(尽管"夫""其"两字的出现频率也很高,但"夫"主要用作名词或语气词,"其"主要用作人称代词)

③语意有所不同。"彼"用作主语或宾语时,含有彼方的意思,有时还能理解为他或他们。如《韩非子•十过》:"彼不假我道,必不敢受我币。"但仍没有失去远指对方的性质。"夫""其"的指示性很强,语意比较单纯。

然 尔 若 偌(惹) 云 许 宁馨(如馨 尔馨) 能 恁(恁的 恁地 恁么 恁般 恁的般)

【同】 如此,这样。表示性状的指示代词,一般用于修饰形容词,有的可以独立充当谓语。

〔然〕《诗经•大雅•皇矣》:"帝谓文王:无然畔援,无然歆羡。"郑玄笺:"畔援,跋扈也……无如是跋扈者,妄出兵也;无如是贪羡者,侵人土地也。"《庄子•知北游》:"至道若是,大言亦然。"《淮南子•主术训》:"人主不明分数利害之地,而贤众口之辩也。治国则不然。"高诱注:"如是也。"按:前一例的"然",修饰形容词;后两例的"然"作谓语。

〔尔〕《孟子•告子上》:"富岁,子弟多赖;凶岁,子弟多暴;非天之降才尔殊也,其所以陷溺其心者然也。""尔殊",如此殊异。"尔",修饰形容词。

《礼记·杂记》:"宦于大夫者之为之服也,自管仲始也,有君命焉尔也。"清王引之《经传释词》卷七:"焉,犹乃也;尔,如此也。言有君命乃如此也。"《古诗为焦仲卿妻作》:"同是被逼迫,君尔妾亦然。"以上两例的"尔",用作谓语。汉曹操《让县自明本志令》:"然欲孤便尔委捐所典众兵,以还执事,归就武平侯国,实不可也。""尔",修饰动词"委捐(放弃)"。

〔若〕《尚书·大诰》:"尔知宁王若勤哉!"孔颖达疏:"如知宁王若此勤劳哉!"《史记·平津侯主父列传》:"盖君子善善恶恶,(君宜知之)君若谨行,常在朕躬。"唐白居易《见敏君初到邠宁秋日登城楼诗诗中颇多乡思因以寄和》:"望乡心若苦,不用数登楼。"《红楼梦》第一〇六回:"老太太若大年纪,儿子们并没奉养一日,反累他老人吓得死去活来。"按:"若"一般用于修饰形容词,不能充当谓语。

〔偌〕(惹) 用法同"若"。元关汉卿《鲁斋郎》楔子:"小人不敢要偌多银子。"元王实甫《西厢记》第一本第二折:"老僧偌大年纪,焉肯作此等之态!"《水浒传》第二回:"史进道:'胡说!偌大一个少华山,恁地广阔,不信没有个獐儿、兔儿。'"清吴敬梓《儒林外史》第四二回:"现放着偌大的十二楼,二老爷为什么不去玩耍?"

"偌"也写作"惹"。元关汉卿《裴度还带》:"这藁荐下垫的来惹高。"元马致远《集贤宾·思情》:"近来自知浮世窄,少负他惹多烦恼。"元杨梓《霍光鬼谏》第一折:"暗想高祖创立起惹大汉朝天下,也非同小可呵!"

〔云〕《左传·襄公二十八年》:"子之言云,又焉用盟?"又《僖公二十九年》:"介葛庐闻牛鸣,曰:'是生三牺,借用之矣,其音云。'"杨伯峻《春秋左传注》均注"云"为"如此"。《吕氏春秋·观表》:"圣人上知千岁,下知千岁,非意之也,盖有自云也。"陈奇猷校释引"于省吾先生曰:'云犹然也。'"《史记·汲郑列传》:"汲、郑亦云,悲夫!"亦云,亦如此。《汉书·汲黯传》:"上方招文学儒者,上曰吾欲云云。"颜师古注:"云云。犹言如此如此也。"按:"云",一般用作谓语,不能修饰形容词。

〔许〕《乐府诗集·清商曲辞·子夜歌三十》:"垂帘自持部,谁知许厚薄。"《隋书·裴蕴传》:"蕴奏曰:'此大不逊,天下何处有许多贼!'""许多贼",如此多贼。唐杜甫《野人送朱樱》诗:"数回细写愁仍破,万颗圆匀讶许同。"宋苏轼《次韵答文与可见寄》诗:"世间那有千寻竹,月落庭空影许长。"

〔宁馨〕(如馨 尔馨)《晋书·王衍传》:"(衍)神情明秀,风姿详雅。总角尝造山涛,涛嗟叹良久,既去,而目送之曰:'何物老妪,生宁馨儿!'""宁馨儿",如此孩子。唐刘禹锡《赠日本僧智藏》诗:"为问中华学道者,几人雄猛得宁馨!"宋苏轼《平山堂次王居卿祠部韵》:"六朝兴废余丘垅,空使奸雄笑宁馨。"清吴廷桢《试儿行为天标令子赋》诗:"几人有儿得宁馨,万金之产良非诬。"

"宁馨"也写作"尔馨""如馨"。南朝宋刘义庆《世说新语·文学》:"殷中军尝至刘尹所,清言良久,殷理小屈,游辞不已,刘亦不复答。殷去后,乃云:'田舍儿强学人作尔馨语。'"又《品藻》:"王丞相云:'见谢仁祖,恒令人得上。'与何次道语,唯举手指地曰:'正自尔馨。'"又《方正》:"桓大司马诣刘尹,卧不起。桓弯弹弹刘枕,丸进碎床褥间。刘作色而起曰:'使君,如馨地宁可斗战求胜!'"《魏书·刘子亚传》:"将刀来破我腹,那得生如馨儿!"

〔能〕 唐杜甫《茅屋为秋风所破歌》诗:"南村群童欺我老无力,忍能对面为盗贼,公然抱茅入竹去,唇焦口燥呼不得。"唐张九龄《庭梅》诗:"芳意何能早,孤荣亦自危。"宋吴文英《三姝媚·过都城旧居有感》词:"春梦人间须断,但怪得,当年梦缘能短。"金董解元《西厢记诸宫调》卷二:"疏眉更目秀,鼻直齿能粗。"

〔恁〕(恁的 恁地 恁么 恁般 恁的般)《正字通·心部》:"恁,俗言如此也。"宋辛弃疾《沁园春·和吴子似县尉》词:"君非我,任功名意气,莫恁徘徊。"宋欧阳修《玉楼春》词:"已去少年无计奈,且愿芳心长恁在。"清洪昇《长生殿·闻乐》:"那壁桂花开的恁早。"清李渔《巧团圆·梦讯》:"谁家庭院恁萧疏,决不是空中楼阁全无主。"

"恁"后加词尾"的""地""么""般"等,仍表示这样、如此义。宋无名氏《大宋宣和遗事·亨集》:"我有姑夫曹辅,见做谏议大夫,若知必谏,官里不敢私行,恁的,交你两口儿完聚如何?"金董解元《西厢记诸宫调》卷四:"料想当日别离不恁的苦。"宋辛弃疾《清平乐·再赋木犀》词:"恁地十分遮护,打窗早有蜂儿。"宋柳永《昼夜乐》词:"早知恁地难拚,悔不当初留住。"宋柳永《定风波》词:"早知恁么,悔当初,不把雕鞍锁。"宋辛弃疾《鹧鸪天·三山道中》词:"此身已觉浑无事,却教儿童莫恁么。"金董解元《西厢记诸宫调》卷六:"恁般闲言语,教人怎地信?"元王实甫《西厢记》第三本第三折:"恁的般受怕担惊,又不图甚浪酒闲荣。"

他(佗 它) 别 异 另
tā　　　bié　yì　lìng

【同】 他指代词。别的;另外的;即自身或原本以外的人或事。

〔他〕(佗 它)《诗经·郑风·褰裳》:"子不我思,岂无他士!"郑玄笺:"他士,犹他人也。"《论语·乡党》:"问人于他邦,再拜而送之。"《孟子·梁惠王下》:"曰:'四境之内不治,则如之何?'王顾左右而言他。"《韩非子·十过》:"兵之著于晋阳三年,今旦暮将拔之而飨其利,何乃将由他心?"汉王充《论衡·问孔篇》:"鲤,子也;颜渊,他姓也。子死且不礼,况其礼他姓之人乎?"清李汝珍《镜花缘》第一回:"他如仙果、瑞木、嘉穀、祥禾之类,更难枚举。"

"他"也写作"佗"。《左传·隐公元年》:"制,巌邑也,虢叔死焉,佗邑唯命。"《战国策·宋卫策》:"(梧下先生)乃见魏王曰:'臣闻秦出兵,未知其所之。秦魏交而不修之日久矣,愿王博事秦,无有佗计。"《梁书·萧子恪传》:"卿是宗室,情义异佗。方坦然相期,卿无复怀自外之心。"

"他"也写作"它"。《玉篇·它部》:"它,异也。"《易经·比卦》:"有孚盈缶,终来有它,吉。"王弼注:"故必有他,吉也。"孔颖达疏:"更有他人并来而得吉。"《诗经·小雅·鹤鸣》:"它山之石,可以攻玉。"陆德明释文:"它,古他字。"南朝宋刘义庆《世说新语·方正》:"它人能令疏亲,臣不能使亲疏。"宋欧阳修《试笔·学书作故事》:"学书勿浪书,事有可记者,它时便为故事。"

〔别〕《史记·高祖本纪》:"齐军归,楚独追北,使沛公、项羽别攻城阳,屠之。"唐段成式《酉阳杂俎·诺皋记下》:"抑知厚地之下,别有天地也。"唐韩愈《祭十二郎文》:"呜乎!其竟以此而殒其生乎,抑别有疾而至斯乎?"明冯梦龙《古今小说·王信之一死救全家》:"小官寡不敌众,只得回军。伏乞钧旨,别差勇将前去,方可成功。"清李汝珍《镜花缘》第五回:"上官婉儿向公主轻轻笑道:'此时只觉四处焦香扑鼻,倒也别有风味,'"清刘鹗《老残游记》第一回:"大家因为他为人颇不讨厌,契重他的意思,都叫他老残,不知不觉,这'老残'二字便成了个别号了。"

〔异〕《礼记·曲礼下》:"辍朝而顾,不有异事,必有异虑。"陈澔集说:"异,犹他也。敬心不存,必形诸外,此所以知其有他事他虑也。"《吕氏春秋•上农》:"农不敢行贾,不敢为异事,为害于时也。"高诱注:"异,犹他也。"《战国策•秦策五》:"燕秦所以不相欺者,无异故,欲攻赵而广河间也。"北魏郦道元《水经注•漾水》:"浊水即白水之异名也。"唐王维《九月九日忆山东兄弟》诗:"独在异乡为异客,每逢佳节倍思亲。"

〔另〕《正字通•口部》:"另,别异也……俗为他日、异日曰另日。"明杨慎《丹铅续录•另日》:"俗谓异日曰另日。"《水浒传》第一六回:"我有心要抬举你,这献生辰纲的札子内,另修一封书在中间,太师跟前重重保你受道敕命回来。"清吴敬梓《儒林外史》第一二回:"叫下两只大船,厨役备办酒席,和司茶酒的人另在一只船上。"清李汝珍《镜花缘》第九一回:"今日行这酒令,已是独出心裁,另开生面。"清李宝嘉《庚子国变弹词》第二七回:"每逢朔望沿常例,万寿千秋另沛恩。"

【辨】

①词的本义不同。"他",《说文》无。古作"它"。"它"的本义为蛇。《说文》:"它,虫也。从虫而长,象冤曲垂尾形。上古草居患它,故相问'无它乎?'""它",上古读托何切。按《说文》的说法,表示其他的"它",是从蛇义引申而来的。因为"它"字用作其他义,后又加虫旁另造"蛇"字,用于专职表示蛇的意思。这个说法如能成立,那么"它""他"是引申义的关系,"它""蛇"是古今字的关系。清徐灏《说文解字注笺》:"它、蛇,古今字……古无'他'字,假'它'为之。后人增人旁作'佗',而隶变为'他'。""别"的本义是分解。《说文》:"别,分解也。"意谓用刀分物。"异"的本义是分物予人。《说文》:"異,分也。从廾畀,畀,予也。""另"字晚出,约产生于宋,初即用于另外义。

②语法功能不同。"他""异"只能修饰名词。"别""另"主要修饰动词,但也可修饰名词,如别人、别号、另日等。

谁 孰

shuí shú

【同】 疑问代词。用于问人或事物。

〔谁〕 只用于问人,可充当主语、宾语、谓语或定语。《左传•僖公四年》:"以此众战,谁能御之?""谁",主语。《韩非子•外储说左下》:"公又问曰:'中府之令,谁使而可?'曰:'臣子可。'""谁","使"的宾语。《战国策·齐策四》:"孟尝君怪之曰:'此,谁也?'""谁",谓语。汉王充《论衡·实知篇》:"曰:能知黑牛白其蹄,能知此牛谁之牛乎?""谁",定语。

〔孰〕 既可用于问人,也可用于问事物。一般用于主语或宾语。《国语·晋语七》:"祁奚辞于军尉,公问焉,曰:'孰可?'"韦昭注:"谁可自代?""孰",问人,主语。《汉书·黥布传》:"孰能为我使淮南?"颜师古注:"孰,谁也。""孰",问人,作主语。汉刘向《说苑·臣术》:"魏文侯且置相,召李克而问焉,曰:'寡人将置相,置于季成子与翟触,我孰置而可?'""孰",问人,相当于"谁","置"的宾语。《韩非子·外储说左上》:"客有为齐王画者,齐王问曰:'画孰最难者?'""孰",问物,相当于"什么",宾语。

"孰"常用于选择问。用于选择问时,相当于"哪个",一般都有先行词,而且作主语。《韩非子·外储说左上》:"平公问叔向曰:'群臣孰贤?'"意思是,群臣之中哪个最贤? 汉贾谊《上疏陈政事》:"夫涉猎之娱与安危之机,孰急?"意思是,两者哪个更急?

【辨】

语法功能有所不同。"谁"只能用于问人;"孰"既可用于问人,也可用于问事物。"谁"能用作定语(一般"谁"后用要加"之");"孰"一般不能。

何 曷 胡 奚 底

hé   hé   hú   xī   dǐ

【同】 疑问代词。用于问事物、原因、处所等。

〔何〕《左传·隐公元年》:"君何患焉?""何",问事物,相当于"什么",作宾语。"何患",忧虑什么?《吕氏春秋·应言》:"孟卬入见,谓魏王曰:'秦客何言?'""何",问事物。"何言",说什么? 又《高义》:"王曰:'将军之遁也,以其为利也。今诚利,将军何死?'""何",问原因,相当于"为什么"。《韩非子·说难》:"胡,兄弟之国也。子言伐之,何也?""何",问原因,相当于"为什么",作谓语。《吕氏春秋·重言》:"对曰:'有鸟止于南方之阜,三年不动不飞不鸣,是何鸟也?'""何",问事物,作定语。《国语·鲁语下》:"客执骨而问曰:'敢问骨者何为大?'"韦昭注:"凡骨者何为大?""何",问事物,作主语,复指骨。

〔曷〕《说文》:"曷,何也。"《吕氏春秋·任数》:"君臣扰乱,上下不分别,虽闻曷闻?虽见曷见?虽知曷知?""曷",什么,分别作"闻""见""知"的宾语。《史记·鲁仲连邹阳列传》:"今吾观先生之玉貌,非有求于平原君者也,曷为久居此围城之中而不去?""曷",介词"为"的宾语。"曷为",为什么。《吕氏春秋·知分》:"夏后启曰:'生不足以使之,则利曷足以使之矣?死不足以禁之,则害曷足以禁之矣?'"高诱注:"死且犹弗禁,何况害也,何足以禁之也。""曷",状语。"曷足以",用疑问形式表示否定。《汉书·王褒传》:"其得意若此,则胡禁不止。曷令不行?""曷",定语。

"曷"在先秦早期有些特殊用法。"曷"可直接用于问时间。如《尚书·汤誓》:"时日曷丧?予与汝皆亡。"孔安国传:"是日(比喻夏桀)何时丧,我与汝俱亡。欲杀身以丧桀。"《诗经·王风·君子于役》:"君子于役,不知其期,曷至哉?"郑玄笺:"曷,何也。君子于往行役,我不知其反(返)期,何时当来至哉?"又《邶风·雄雉》:"道之云远,曷云能来?"郑玄笺:"曷,何也。何时能来望之也?"《左传·昭公元年》:"赵孟曰:'吾子其曷归?'"杜预注:"问何时当归。"

"曷"还相当于"何不"。"凡言何不者,急言之但云'曷'也。"(《说文》"曷"下段玉裁注)《尔雅·释言》:"曷,盍也。"郭璞注:"曷,何不也。"《诗经·唐风·有杕之杜》:"中心好之,曷饮食之?"清王士禛《池北偶谈·濮州女子》:"此地不久必大乱,不可留也,曷避之?"

〔胡〕《庄子·达生》:"然而田原不遇岁,事君不遇世,宾于乡里,逐于州部,则胡罪乎?""胡",定语。"胡罪",何罪。《战国策·齐策四》:"是皆率民而出于孝情者也,胡为至今不朝也?""胡",介词"为"的宾语。"胡为",何为。汉贾谊《论积贮疏》:"即不幸,有二三千里之旱,国胡以相恤?""胡",介词"以"的宾语。"胡以",何以。汉王充《论衡·自纪篇》:"或曰:'有良材奇文,无罪见陷,胡不自陈?'""胡",状语。"胡不",何不。

〔奚〕《小尔雅·释言》:"奚,何也。"《墨子·小取》:"盗人,人也。多盗非多人也,无盗非无人也,奚以明之?""奚",介词"以"的宾语。"奚以",何以。《庄子·人间世》:"颜回见仲尼,请行,曰:'奚之?'曰:'将之卫。'""奚",宾语。"奚之",往哪儿。《孟子·滕文公上》:"许子奚为不自织?""奚",介词"为"的宾语。"奚为",为什么。《吕氏春秋·慎势》:"楚三围宋矣而不能亡,非可亡也,以宋攻楚,奚时止矣?""奚",定语。"奚时",何时。

〔底〕清赵翼《陔余丛考·底》:"江南俗语,问何物曰底物,何事曰底事。唐以来已入诗词中。《乐府诗集·清商曲辞二·欢闻变歌六首》:'君非鸬鹚鸟,底为守空池?'"底为",即何为。唐白居易《放言五首》:'朝真暮伪何人辨,古往今来底事无?'""何""底"互文。宋辛弃疾《归朝欢·题晋臣积翠岩》词:"我笑共工缘底怒?触断峨峨天一柱。"清何伟业《满江红·蒜山怀古》词:"白面书生成底用?萧郎裙屐偏轻敌。"

【辨】
　　"何"的语法功能最全,且使用频率也最高。"曷""胡""奚",多用介词宾语,用作动词宾语、定语相对较少,且使用频率也不如"何"高。"底"用于疑问代词是后起义,约产生于唐,多用于诗词中。

安 焉 恶(乌)
ān　yān　wū

【同】疑问代词。主要用作状语,问行为方式、处所或反问。

〔安〕《韩非子·难一》:"或问儒者曰:'方此时也,尧安在?'""安",动词"在"的宾语。"安在",在哪里。《史记·郑世家》:"文公曰:'诸侯亡公子过者多矣,安能尽礼之?'""安",状语。"安能",哪里或怎么能。汉王充《论衡·儒增篇》:"孝子丧亲不笑可也,安得不言?言安得不见齿?""安",状语。"安得",哪里或怎么能。

〔焉〕《论语·子张》:"卫公孙朝问于子贡曰:'仲尼焉学?'""焉",状语。"焉学",从何处学。《韩非子·外储说右上》:"夫驯鸟者断其下翎焉,断其下翎,则必恃人而食,焉得不驯乎?""焉",状语。"焉得",怎么能。《吕氏春秋·审应览》:"鲁君曰:'天下主亦犹寡人也,将焉之?'""焉",动词"之"的宾语。"焉之",往哪里。《列子·汤问》:"其妻献疑曰:'以君之力,曾不能损魁父之丘,如太行、王屋何?且焉置土石?'""焉",状语,问处所。"焉置",何处放置。

〔恶〕(乌)《墨子·天志上》:"然且亲戚兄弟所知识共相儆戒,皆曰:不可不戒矣,不可不慎矣,恶有处家而得罪于家长而可为也?""恶",状语。"恶有",哪里或怎么有。《孟子·梁惠王上》:"王无异于百姓之以王为爱也,以小易大,彼恶知之?""恶",状语。"恶知",哪里或怎么知道。《战国策·燕策三》:"柳下惠曰:'苟与人之异,恶往而不黜?犹且黜乎,宁于故国尔。'""恶",动词"往"的宾语,"恶往",往哪儿。

"恶"也写作"乌"。《正字通•火部》:"乌,与'恶'同。"《吕氏春秋•明理》:"故乱世之主,乌闻至乐?"高诱注:"乌,安也。""乌",状语。"乌闻",哪里或怎么能听到。《汉书•司马相如传上》:"且夫齐、楚之事,又乌足道乎?""乌足",同"何足"。唐韩愈《言箴》:"不知言之人,乌可与言?"李汉注:"乌,或言'焉'。"

【辨】

语法功能有同有异:

①这一组疑问代词主要作状语。经常用在"能""得""敢""可"等词的前面,组成"安(焉、恶)能""安(焉、恶)得""安(焉、恶)敢""安(焉、恶)可"等词语。

②也能作宾语,但仅限于处所宾语。如"安在""焉之""焉往""恶往"等,且频率不高。

③有时也能作定语,但所修饰的词语各不相同。"焉"一般修饰"故"。《墨子•尚贤下》:"面目美好者,焉故必知(智)哉?""焉故",何故。"恶"一般修饰"许"。《墨子•非乐上》:"吾将恶许用之?""恶许",何处。"安"一般修饰"所",习见于两汉时期的古籍。《史记•东越列传》:"今小国以穷困来告急天子,天子弗振,彼当安所告愬(诉)?""安",定语。"安所",何处。汉王充《论衡•验符篇》:"爵父国,故免吏,字君贤,惊曰:'安所得此?'"

连 词

与 及 暨 若 和
yǔ jí jì ruò hé

【同】 连词,一般连接并列的名词或名词性词组。

〔与〕《易经·说卦》:"是以立天地之道,曰阴与阳;立地之道,曰柔与刚;立人之道,曰仁与义。"《论语·先进》:"子贡问曰:'师与商也孰贤?'"《淮南子·精神训》:"譬犹本与末也,从本引之,千枝万叶,莫不随也。"以上为连接名词与名词。《周礼·地官·大司徒》:"大司徒之职,掌建邦之土地之图与其人民之数。"《左传·僖公二年》:"晋荀息请以屈产之乘与垂棘之璧,假道于虞以伐虢。"《墨子·鲁问》:"昔者智伯伐范氏与中行氏,兼三晋之地。"以上为连接两个名词性词组。

〔及〕《诗经·豳风·七月》:"六月食郁及薁,七月食葵及菽。"北魏郦道元《水经注·浊漳水》:"井深十五丈,藏冰及石墨焉。"以上为连接名词与名词。《史记·夏本纪》:"禹之曾大父及父鲧皆不得在帝位。"汉刘向《说苑·修文》:"春蒐不杀小麑及孕重者。"《汉书·高五王传·赵幽王》:"已,立其子遂为赵王。遂弟辟强及齐悼惠王子朱虚侯章、东牟侯兴居有功,皆可王。"以上为连接两个名词性词组。

〔暨〕《尔雅·释诂下》:"暨,与也。"《尚书·尧典》:"帝曰:'咨!汝羲暨和。'"孔安国传:"暨,与也。"孔颖达疏:"故帝尧乃述而叹之曰:'咨嗟!如羲仲、羲叔与和仲、和叔。'"《左传·定公十年》:"宋公之弟暨仲佗、石彄出奔陈。"杜预注:"暨,与也。"《史记·秦始皇本纪》:"地东至海暨朝鲜,西至临洮、羌中。"唐刘禹锡《国学新修五经壁本记》:"于是学官陈师正等暨生徒凡四百二十又八人,请金石刻,且歌之。""暨"多用于连接名词性词组。

〔若〕《墨子·号令》:"悉举民室材木、瓦若蔺石数,署长短大小。"孙诒让间诂:"若,犹及也,与也。谓民室之材木、瓦及蔺石也。"《史记·魏其武安侯列传》:"愿取吴王若将军头,以报父之仇。"唐刘禹锡《唐故尚书礼部员外郎柳君文集序》:"凡子厚名氏与仕与年暨行己之大方,有退之之志若祭文在。今附于第一通之末云。"元揭傒斯《纯德先生〈梅西集〉序》:"其行也,集先生之诗若文若干卷,曰《梅西集》,属余序。"

〔和〕 宋岳飞《满江红》词:"三十功名尘与土,八千里路云和月。"宋邵桂子《满江红(税官之扬州任)》:"随地平章花与柳,为天评品风和月。"明冯梦龙《醒世恒言》第一卷:"忽一年元旦,潘华和萧雅不约而同到王奉家来拜年。"《红楼梦》第一〇六回:"你父亲的事和你珍大哥的事还不快去打听打听。""和"的用法同"与",但两者一般还是连接名词性词组的居多。

而 以
ér yǐ

【同】 连词。㈠连接并列的动词、动词性词组或连接形容词或形容性词组。㈡连接状语和中心语。

〔而〕㈠连接并列的动词、动词性词组或形容词、形容性词组。

①连接动词或动词性词组。《左传·文公三年》:"秋,雨螽于宋,队(坠)而死。"《论语·为政》:"温故而知新,可以为师矣。"《孟子·公孙丑上》:"其子趋而往视之,苗则槁矣。"《荀子·正名》:"故王者之制名,名定而实辨,道行而志通,则慎率民而一焉。"②连接形容词或形容词词组。《易经·系辞下》:"德薄而位尊,知小而谋大,力少而任重,鲜不及也。"《公羊传·隐公元年》:"桓(公)幼而贵,隐(公)长而卑。"《列子·周穆王》:"秦人逢氏有子,少而惠。"《淮南子·原道训》:"士处下,不在高,故安而不危;水下流,不争先。故疾而不迟。"

㈡连接状语和中心语。《庄子·让王》:"日出而作,日入而息。"《荀子·劝学》:"吾尝终日而思矣,不如须臾之所学也。"《列子·天瑞》:"国氏告之曰:'吾始为盗,一年而给,二年而足,三年大穰。'"以上状语表示时间。《左传·庄公八年》:"射之,豕人立而啼。"《孟子·梁惠王下》:"王顾左右而言他。"《庄子·马蹄》:"含哺而熙,鼓腹而游。"以上状语表示行为方式。

〔以〕㈠连接动词、动词性词组或形容词、形容词性词组。

①连接动词、动词性词组。《易经·系辞上》:"仰以观于天文,俯以察于地理。"《左传·襄公三年》:"臣之罪重,敢有不从以怒君心。"《墨子·大取》:"遇盗人,而断指以免身,利也。"按:"以"后所连接的动词性词组往往表示行为的目的。②连接形容词。《商君书·开塞》:"古之民朴以厚,今之民巧以伪。"《吕氏春秋·辨土》:"故欲广以平,畎欲小以深。"按:主要是连接形容词,且频率也不高。

㈡连接状语和中心语。《左传·宣公十五年》:"敝邑易子而食,析骸以爨。""以""而"互文。又《哀公六年》:"是岁也,有云如众赤鸟夹日以飞。"《说苑·君道》在转录时为"夹日而飞","以""而"异文。《韩非子·说

654

林上》:"有献不死之药于荆王者,谒者操之以入。"《史记·项羽本纪》:"樊哙侧其盾以撞。"以上状语表示行为方式。"以"所连接的状语表示时间的较少,且所修饰的动词多为"来""往"。如《国语·晋语四》:"自今以往,知忠以事者,与詹同。"《吕氏春秋·淫辞》:"自今以来,秦之所欲为,赵助之。"这个用法的"以",是表示时间的界限。由此引申,也可表示空间的界限,如《左传·哀公十五年》:"自济以西,禚、媚、杏以南,书社五百。"《庄子·外物》:"自制河以东,苍梧已(以)北,莫不厌若鱼者。"

然 而 然而 但 抑 顾
rán　ér　rán ér　dàn　yì　gù

【同】连词,表示转折,多用于后面分句的句首。相当于"但是"。

〔然〕《左传·僖公三十年》:"吾不能早用子,今急而求子,是寡人之过也。然郑亡,子亦有不利焉。"《国语·越语上》:"虽无四方之忧,然谋臣与爪牙之士,不可不养而择也。"《韩非子·有度》:"巧匠目意中绳,然必先以规矩为度。"汉陆贾《新语·姿质》:"公卿之子弟,贵戚之党友,虽无过人之能,然身在尊重之处,辅之者强而饰之众也,靡不达也。"

〔而〕《孟子·梁惠王上》:"有复于王者曰:'吾力足以举百钧,而不足以举一羽;明足以察秋毫之末,而不见舆薪。'则王许之乎?"《墨子·法仪》:"天下之为君者众,而仁者寡。"《吕氏春秋·下贤》:"贤主则不然。士虽骄之,而己愈礼之,士安得不归之?"《淮南子·览冥训》:"若以慈石之能运铁也,而求其引瓦,则难矣。"

〔然而〕《荀子·大略》:"义与利者,人之所两有也。虽尧、舜不能去民之欲,然而能使其欲利不克其好义也。虽桀、纣不能去民之好利,然而能使其好义不胜其欲利也。"《韩非子·备内》:"今夫水之胜火亦明矣,然而釜鬲间之,水煎沸竭尽其上,而炎得炽盛焚其下,水失其所以胜者矣。"《战国策·魏策二》:"夫市之无虎明矣,然而三人言而成虎。"汉刘向《新序·杂事》:"人君莫不求贤以自辅,然而国以乱亡者,所谓贤者不贤也。"

注意:早期的"然而",是一个虚词性词组,相当于"如此而……"。如《孟子·公孙丑上》:"无敌于天下者,天吏也,然而不王者,未之有也。""然而"句,意为如此而不能统一天下,还没有过。因"然"经常与表转折的"而"连用,而形成一个表转折的连词。

〔但〕《汉书·匡衡传》:"平原文学匡衡材智有余,经学绝伦,但以无阶朝廷,故随牒在远方。"《后汉书·逸民列传·向长》:"吾已知富不如贫,贵不如贱,但未知死如何生耳。"北魏郦道元《水经注·济水二》:"依文即事,似有符验,但世代绵远,难以详矣。"唐白居易《与吐蕃宰相钵阐步敕书》:"虽两国盟约之言,积年未定,但三州交割之后,克日可期。"

〔抑〕《左传·襄公二十三年》:"多则多矣!抑君似鼠。"杨伯峻注:"抑,转折连词,犹但也。"汉刘向《说苑·贵德》:"美则美矣,抑臣亦有惧也。"唐韩愈《送许郢州序》:"愈虽不敢私其大恩,抑不可不谓之知己。"宋王安石《上皇帝万言书》:"其所施设,虽未能尽当先王之意,抑其大略,可谓合矣。"

〔顾〕 清王引之《经传释词》卷五:"顾,犹但也。"《战国策·燕策三》:"樊将军仰天太息流涕曰:'吾每念,常痛于骨髓,顾计不知所出耳。'"《史记·越王句践世家》:"彼非不爱其弟,顾有所不能忍者也。"三国蜀诸葛亮《后出师表》:"臣非不自惜也,顾王业不得偏全于蜀都,故冒危难以奉先帝之遗意也。"(见《汉晋春秋》)《新唐书·忠义传中·张巡》:"吾欲气吞逆贼,顾力屈耳。"

非徒 非特 非独(匪独) 非直(匪直) 非但(非亶) 非唯(非惟)

【同】 连词,表示递进,用于前面的分句,语义前轻后重;用于后面的分句,语义前重后轻。相当于"不仅""不但"。"非""匪"通假;"徒""特""独""直""啻""但""亶"等,语音相近。

〔非徒〕《孟子·公孙丑上》:"助之长者,揠苗者也。非徒无益,而又害之。"《吕氏春秋·用民》:"汤、武非徒能用其民,又能用非己之民。"《战国策·赵策三》:"君非徒不达于兵也,又不明其时势。"汉王充《论衡·吉验篇》:"命当富贵,非徒得活,又封为侯。"《后汉书·申屠刚传》:"非徒无精锐之心,其患无所不至。"

用在后面分句的,如汉刘向《新序·杂事》:"人置四面,未必得鸟。汤去三面,置其一面,以网四十国,非徒网鸟也。"汉桓宽《盐铁论·非鞅》:"故贤者处实而效功,亦非徒陈空文而已。"

〔非特〕《荀子·非相》:"然则人之所以为人者,非特以二足而无毛也,以其有辨也。"《韩非子·难三》:"管仲之所谓言室满室,言堂满堂者,非特谓游戏饮食之言也,必谓大物也。人主之大物,非法则术也。"《吕氏春秋·适音》:"故先王之制礼乐也,非特以欢耳目、极口服之欲也,将以教民平好恶,行理义也。"

用在后面分句的,如《史记·平原君虞卿列传》:"毛遂曰:'臣乃今日处囊中耳。使遂蚤得处囊中,乃脱颖而出,非特其末见而已。'"汉桓宽《盐铁论·伐功》:"今以汉国之大,士民之力,非特齐桓之众,燕、赵之师也。"

〔非独〕(匪独)《墨子·天志上》:"非独处家者然,虽处国亦然。"《韩非子·六反》:"若夫厚赏,非独赏功也,又劝一国。"《吕氏春秋·无义》:"又况乎人主与其臣谋为义,其孰不与者?非独其臣也,天下皆与之。"《战国策·秦策一》:"非独仪知之也,行道之人皆知之。"

用在后面分句的,如《墨子·古乐》:"故乐之所由来尚矣,非独为一世之所造也。"《淮南子·道应训》:"夫圣人之举事也,可以移风易俗而受教顺,可施后世,非独以适身之行也。"

"非独"后有时也写作"匪独"。南朝陈虞寄《谏陈宝应书》:"夫安危之兆,祸福之机,匪独天时,亦由人事。"唐崔仁滈《诏谕八首》:"内外庶僚,并称其职,则匪独今时之政理,足贻后代之可称。"

〔非直〕(匪直)《墨子·明鬼下》:"今吾为祭祀也,非直注之洿壑而弃之也,上以交鬼神之福,下以合欢聚众,取亲乎乡里。"北魏郦道元《水经注·渭水中》:"非直以山致名,亦指水取称也。"

用在后面分句的,如《淮南子·精神训》:"夫夏后氏之璜者,匣匮而藏之,宝之至也。夫精神之可宝也,非直夏后氏之璜也。"《汉书·翼奉传》:"非直费财,又乃费士。"

"非直"的"非",也写作"匪"。北魏郦道元《水经注·巨马河》:"匪直田渔之赡可怀,信为游神之胜处也。"唐苏颋《让起复表》:"匪直悲深名教,实亦感增存没。"

〔非但〕(非亶)《战国策·魏策三》:"今又走芒卯,入北地,此非但攻梁也,且劫王以多割也。"《汉书·魏相传》:"此五者,非但人事,乃天道也。"南朝宋刘义庆《世说新语·规箴》:"非但我言卿不可,李阳亦谓卿不可。"

用于后面分句的,如《三国志·蜀书·邓芝传》:"臣今来亦欲为吴,非但为蜀也。"

"非但"的"但",也写作"亶"。《汉书·贾谊传》:"非亶倒县而已,又类辟,且病痱。"

〔非唯〕(非惟)《左传·昭公八年》:"子大叔曰:'若何吊也?其非唯我贺,将天下实贺。'"杨伯峻注:"盖谓非但我贺,诸侯皆将来贺。"《史记·司马相如列传》:"非唯雨之,又润泽之。"汉王充《论衡·遭虎篇》:"古今凶险,非唯虎也,野物皆然。"南朝宋刘义庆《世说新语·贤媛》:"汝为吏,以官物见饷,非唯不益,乃增吾忧也。"用于后面分句的,如《晋书·丁潭传》:"然则汉文之诏,合于随时,凡有国者皆宜同也,非唯施于皇帝而已。"

"非唯"的"唯",也写作"惟"。《孟子·万章下》:"非惟小国之君为然也,虽大国之君亦有之。"北魏郦道元《水经注·河水二》:"河水重源有三,非惟二也。"

况　况且　况乃　况乎　而况　又况　何况　矧

kuàng　kuàng qiě　kuàng nǎi　kuàng hū　ér kuàng　yòu kuàng　hé kuàng　shěn

【同】 连词,表示语意更进一层,兼含补充说明。相当于今语"向况""况且"。

〔况〕《广韵·漾韵》:"况,矧也。"《易经·系辞上》:"君子居其室,出其善言,则千里之外应之,况其迩者乎?"《左传·隐公元年》:"姜氏何厌之有?不如早为之所,无使滋蔓。蔓,难图也。蔓草犹不可除,况君之宠弟乎?"汉桓宽《盐铁论·贫富》:"子贡以布衣致之,而孔子非之,况以势位求之者乎?"北齐颜之推《颜氏家训·省事》:"然而穷鸟入怀,仁人所悯,况死士归我,当弃之乎?"

〔况且〕唐白居易《论制科人状》:"设令有过,犹可优容,况且无瑕,岂宜黜退!"明冯梦龙《东周列国志》第三十二回:"众人手无兵器,况且寡不敌众,弱不胜强,如何支架得来?"明许仲琳《封神演义》第三十回:"你位居武成王夫人,况且又是国戚,何卑之有?"

〔况乃〕 汉王充《论衡·效力篇》："书五行之牍,奏十言之记,其才劣者,笔墨之力尤难,况乃连句结章,篇至十百哉!"《后汉书·王符传》："以罪犯人,必加诛罚,况乃犯天,得无咎乎?"宋王安石《酬冲卿月晦夜有感》诗："夜云不见天,况乃星与月。"

〔况乎〕 汉贾谊《新书·阶级(事势)》："鼠近于器,尚惮而弗投,恐伤器也,况乎贵大臣之近于主上乎!"汉韩婴《韩诗外传》卷三："而众人皆愚而无智,陋而无度者也,于其所见,犹可欺也,况乎千岁之后乎!"唐柳宗元《与友人论为文书》："扬雄没而《法言》大兴,马迁生而《史记》未振。彼之二才,犹且若是,况乎未甚闻者哉!"

〔而况〕 汉陆贾《新语·明诫》："鸟兽草木尚欲各得其所,纲之以法,纪之以数,而况于人乎!"《淮南子·主术训》："夫推而不可为之势,而不修道理之数,虽神圣人不能以成其功,而况当世之主乎!"汉桓宽《盐铁论·箴石》："故曰:'谈何容易。'谈且不易,而况行之乎!"

〔又况〕 《淮南子·兵略训》："自五帝而弗能偃也,又况衰世乎!"《史记·黥布列传》："臣请与大王提剑而归汉,汉王必裂地而封大王,又况淮南!淮南必大王有也。"汉刘向《新序·杂事》："文王贤矣,泽及枯骨,又况于人乎!"

〔何况〕 《汉书·谷永传》："昔豫子吞炭坏形以奉见异,齐客陨首公门以报恩施,知氏、孟尝犹有死士,何况将军之门!"汉桓宽《盐铁论·刺议》："故布衣皆得风议,何况公卿之史乎!"宋欧阳修《论契丹侵地界状》："虽使我弱彼强,尚须勉强,何况势均力敌,又违誓约,而彼曲我直乎!"

〔矧〕 《尔雅·释言》："矧,况也。"《尚书·仲虺之诰》："小大战战,罔不惧于非辜。矧予之德,言足听闻!"孔安国传:"言商家小大忧危,恐其非罪见灭。矧,况也。况我之道德善言足听闻乎!"(按:矧,况也。原在"况我"句之前。)《诗经·小雅·伐木》:"相彼鸟矣,犹求友声。矧伊人矣,不求友生!"毛传:"矧,况也。"孔颖达疏:"视彼鸟之无知,犹尚作求其友之声,况人之有知矣,焉得不求其友生乎?"《后汉书·郑玄传》:"昔东海于公仅有一节,犹或戒乡人侈其门间,矧乃郑公之德,而无驷牡之路!"晋陶潜《劝农》:"相彼贤达,犹勤垄亩,矧伊众庶,曳裾拱手!"

抑(意) 抑或 将 且 亡其(妄其 忘其)

【同】 连词,表示选择问。分句后面一般都有疑问语气词,相当于"(是……)还是……"。

〔抑〕(意) 《论语•学而》:"夫子至于是邦也,必闻其政。求之与?抑与之与?"《左传•哀公二十六年》:"文子使王孙齐私于皋如,曰:'子将大灭卫乎?抑纳君而已乎?'"《国语•晋语一》:"床笫之不安邪?抑骊姬之不存侧邪?"汉王充《论衡•刺孟篇》:"仲子所居之室,伯夷之所筑与?抑亦盗跖所筑与?"唐柳宗元《命官》:"命之官,宜以材耶?抑以姓乎?"

"抑"也写作"意"。《墨子•兼爱》:"吾不识孝子之为亲度者,亦欲人爱利其亲与?意欲人之恶贼其亲与?"《战国策•秦策二》:"楚王甚爱之,病,故使人问之曰:'诚病乎?意亦思乎?'"《汉书•燕刺王传》:"其者寡人之不及与?意亦子大夫思有所不至乎?"

〔抑或〕 宋王谠《唐语林•政事上》:"枢密使王归长、马公儒以邺先判度支,再审圣旨,未审下落,抑或仍旧?"清纪昀《阅微草堂笔记•槐西杂志二》:"其为鬼所惑、怪所唝?抑或为盗所诱?均不可知。"清刘鹗《老残游记续集•自序》:"人生果如梦乎?抑或蒙叟之寓言乎?吾不能知。"

〔将〕 《玉篇•寸部》:"将,或也。"清王引之《经传释词》:"将,犹抑也。"《庄子•至乐》:"夫子贪生失理而为此乎?将子有亡国之事,斧钺之铢而为此乎?将子有不善之行,愧遗父母妻子之丑而为此乎?将子有冻馁之患而为此乎?将子之春秋故及此乎?"《楚辞•卜居》:"屈原曰:'吾宁悃悃款款朴以忠乎?将送往劳来斯无穷乎?宁诛草茅以力耕乎?将游大人以成名乎?宁正言不讳以危身乎?将从俗富贵以偷生乎?'"唐孟郊《上常州卢使君书》:"道德仁义,天地之常也,将有人主张之乎?将无人主张之乎?"

〔且〕 清王引之《经传释词》卷八:"且,犹抑也。"《礼记•曾子问》:"葬引至于堩。日有食之,则有变乎?且不乎?"《战国策•齐策四》:"苏秦谓齐王曰:'齐、秦立为两帝,王以为天下尊秦乎?且尊齐乎?'"《淮南子•精神训》:"譬吾处于天下也,亦为一物也矣,不识天下之以我备其物与?且惟无我而物无不备者乎?"《史记•魏世家》:"富贵者骄人乎?且贫贱者骄人乎?"

〔亡其〕(妄其 忘其) 清王念孙《读书杂志·〈史记〉四》:"亡,读如无,或言'亡',或言'亡其',皆转语词也。"《吕氏春秋·审为》:"左手攫之则右手废,右手攫之则左手废,然而攫之必有天下。君将攫乎?亡其不与?"《战国策·韩策一》:"听子之谒而废子之道乎?又亡其行子之术而废子之谒乎?"《淮南子·修务训》:"臣闻大王举兵将攻宋,计必得胜而后攻之乎?亡其苦众劳民,顿兵挫锐,负天下不义之名,而不得咫尺之地,犹且攻之乎?"

"亡其"也写作"妄其""忘其"。《国语·越语下》:"王怒曰:'道固然乎?妄其欺不毂邪?'"《战国策·赵策二》:"不识三国之憎秦而爱怀邪?忘其憎怀而爱秦邪?"

如 或 或者
_{rú　huò　huò zhě}

【同】连词,表示选择。有时也可用于选择问。

〔如〕《论语·先进》:"方六七十,如五六十,求也为之。"朱熹集注:"如,犹或也。"杨伯峻注:"如,或者的意思。"又:"宗庙之事,如会同,端章甫,愿为小相焉。"《史记·平原君虞卿列传》:"予秦地如毋予,孰吉?"

〔或〕《汉书·韩安国传》:"吾势已定,或营其左,或营其右,或当其前,或绝其后,单于可禽,百全可取。"北魏郦道元《水经注·河水四》:"然陶城在蒲坂城北,城即舜所都也,南去历山不远,或耕或陶,所在则可,何必定陶方得为陶也?"《新唐书·魏徵传》:"今之刑赏,或由喜怒,或出好恶。"《三国演义》第七十二回:"汝可引五百人,皆带鼓角,伏于土山之下;或半夜,或黄昏,只听我营中炮响。"

〔或者〕宋王安石《答杨忱书》:"足下何爱而欲交之邪?或者焯然察其有似邪?"宋苏辙《上神宗皇帝书》:"盖世有耕田而以其粗杀人者,或者因以耕田为可废。夫杀人之可诛与耕田之不可废,此二事也。"明兰陵笑笑生《金瓶梅》第十六回:"或者是你家中那娘使了你来?或者是里边十八子那里?"

如　如令　如若　如使　如其　如或　如有　若
若令　若使　若或　若苟

【同】假设连词，用于条件复句的前一分句，表示假设条件或情况。

〔如〕《论语·阳货》："如有用我者，吾其为东周乎！"《孟子·滕文公上》："且一人之身，而百工之所为备。如必自为而后用之，是率天下而路也。"汉王充《论衡·论死篇》："如不能别，则亦无以知其能为鬼也。"

〔如令〕《汉书·元后传》："且使鬼神无知，又何用庙为！如令有知，我乃人之妃妾，岂宜辱帝之堂以陈馈食哉！"《后汉书·循吏列传·许荆》："兄既早没，一子为嗣，如令死者伤其灭绝，愿杀身代之。"

〔如若〕金董解元《西厢记诸宫调》卷三："莺莺女子，容质粗陋，如若委身足下，其幸有三。"《水浒传》第二四回："如若有人欺侮你，不要和他争执，待我回来自和他理论。"

〔如使〕《孟子·公孙丑下》："如使予欲富，辞十万而受万，是为欲富乎？"《汉书·武五子传·燕王旦》："如使古人有知，当何面目复奉齐酎见高祖之庙乎！"

〔如其〕汉刘珍等《东观汉记·冯衍传》："如其不虞（"不虞"，死的婉称），何以待之？"南朝宋刘义庆《世说新语·排调》："如其不尔（如此），篱壁间物，亦不可得也。"

〔如或〕《汉书·艺文志》："如或一言可采，此亦当刍荛狂夫之议也。"晋干宝《搜神记》卷一："为客设酒，无人传杯，杯自至前。如或不尽，杯不去也。"

〔如有〕《史记·袁盎晁错列传》："如有遇雾露，行道死，陛下竟为以天下之大，弗能容，有杀弟之名，奈何？"《汉书·霍光传》："后元二年春，上游五柞宫，病笃，光涕泣问曰：'如有不讳（"不讳"，死的婉称），谁当嗣者？'"

〔若〕《左传·僖公二十三年》："公子若反晋国，则何以报不穀？"《战国策·宋卫策》："若扶梁伐赵，以害赵国，则寡人不忍也。"晋葛洪《抱朴子·塞难》："若儒、道果有先后，则仲尼未可专信，而老氏未可孤用。"

〔若令〕《后汉书·郎顗传》："若令雨可请降，水可攘止，则岁无隔并，太平可待。"晋葛洪《抱朴子·微旨》："若令家户有仙人，属目比肩，吾子虽蔽，亦将不疑。"

〔若使〕《吕氏春秋·去私》:"若使王伯之君诛暴而私之,则亦不可以为王伯矣。"《汉书·扬雄传赞》:"若使遭遇时君,更阅贤知,为所称善,则必度越诸子矣。"

〔若或〕《墨子·号令》:"有司见有罪而不诛,同罪。若或逃之,亦杀。"《三国志·魏书·赵俨传》:"旧兵既少,东兵未至,是以诸营图为邪谋。若或成变,为难不测。"

〔若苟〕《左传·成公二年》:"若苟有以藉口而复于寡君,君之惠也,敢不唯命是听?"《墨子·尚贤中》:"若苟贤者不至乎王公大人之侧,则此不肖者在左右也。"

倘　倘若　倘如　倘或　倘使　傥　傥若　傥或　傥使　使　向使　乡使　设　设如　设若　设令　设使　脱　脱若　脱使　脱或　脱苟　令　弟令　即　苟　苟或　而

【同】假设连词,用于条件复句的前一分句,表示假设条件或情况。

〔倘〕《三国志·蜀书·许靖传》:"倘天假其年,人缓其祸,得归死国家,解逋逃之负,泯躯九泉,将复何恨!"唐李白《赠段七娘》诗:"归时倘佩黄金印,莫学苏秦不下机。"唐权德舆《徐州事宜奏》:"倘诸军进攻,事至危迫,度其不能济也,则必执以为功。"

〔倘若〕南朝梁简文帝《正月八日燃灯应令》诗:"天宫倘若见,灯王愿可逢。"唐牛僧儒《玄怪录·顾总》:"君昔汉公卿,未央冠群贤。倘若念平生,览此同怆然。"元杨显之《临江驿潇湘秋夜雨·楔子》:"倘若有些不测,只不要抱怨我。"

〔倘如〕清李嘉宝《官场现形记》第五八回:"将来倘如有了同敌国交涉的事情,不消你大师费心,我都可以办得好好的。"晚清江忠源《条陈军务疏》:"倘如官兵连获大胜,非独不甘从逆者以免死而得生,即心持两端者,亦将去逆而效顺。"

〔倘或〕 唐柳宗元《与顾十郎书》:"古人之耻躬之不逮,倘或万万有一可冀,复得处人间,则斯言几乎践矣。"五代末宋初徐铉《百官奏请行圣尊后册礼表》:"倘或正仪未行,庶事莫敢先举。"元文明《琵琶记》第六出:"倘或做出歹事来,可不把你名儿污了。"

〔倘使〕 南北朝北周庾信《率尔成咏》诗:"倘使如杨仆,宁为关外人。"五代末宋初徐铉《荐处士陈禹状》:"倘使行顾其言,才副其识,则古之循吏,何以逾之?"《红楼梦》第九三回:"倘使得备奔走,糊口有资,屋乌之爱,感佩无涯矣。"

〔傥〕 《后汉书·隗嚣传》:"傥肯如言,蒙天之福,即智士计功割地之秋也。"《三国志·魏书·董昭传》:"围中将吏不知有救,计粮怖惧,傥有他意,为难不小。"北齐颜之推《颜氏家训·慕贤》:"傥遭不世明达君子,安可不攀附景仰之乎?"

〔傥若〕 南朝宋谢灵运《酬从弟惠连》诗:"傥若果归言,共陶暮春时。"唐高宗武皇后《僧道并重敕》:"傥若史籍无据,俗官何忍虚承?"《敦煌变文集·汉将王陵变》:"傥若今夜逢项羽,斩首将来献我王。"

〔傥或〕 《三国志·吴书·周瑜传》裴松之注引《江表传》:"人之将死,其言也善。傥或可采,瑜死不朽矣。"唐陆贽《兴元论解姜公辅状》:"傥或怒其指过而不改,则陛下招恶直之讥。"金董解元《西厢记诸宫调》卷二:"乱军贼党,傥或虏了莺莺,怎的备?"

〔傥使〕 唐杜牧《上李司徒相公论用兵书》:"傥使北虏至今尚存,沿边犹须转战,回顾上党,岂能讨除!"《宋史·律历志四》:"傥使有司合礼乐之论,是其所是,非其所非,陛下亲临决之,顾于政令不已大乎!"龙榆生《近三百年名家词选·顾贞观〈本事〉》:"金兰傥使无良友,关塞终当老健儿。"

〔使〕 《国语·吴语》:"使死者无知,则已矣;若其有知,吾何面目以见员也。""使""若"互文见义。《韩非子·喻老》:"使天地三年而成一叶,则物之有叶者寡矣。"《战国策·赵策三》:"使梁睹秦称帝之害,则必助赵矣。"

〔向使〕 《史记·秦始皇本纪》:"贾谊、司马迁曰:'向使婴有庸主之材,仅得中佐,山东虽乱,秦之地可全而有,宗庙之祀未当绝也。'"《后汉书·张衡传》:"向使能瞻前顾后,援镜自戒,则何陷于凶患乎?"

〔乡使〕 《史记·郦生陆贾列传》:"乡使秦已并天下,行仁义,法先圣,陛下安得而有之?"《后汉书·严安传》:"乡使秦缓其刑罚,薄赋敛,省徭役,贵仁义,贱权利,上笃厚,下佞巧,变风易俗,化于海内,则世世必安矣。"

〔设〕《尹文子·大道上》:"设复言好马,则复连于马矣,则好所通无方也。设复言好人,则彼属于人矣,则人非好,好非人也。"《史记·魏其武安侯列传》:"此特帝在,即录录,设百岁后,是属宁有可信者乎!"司马贞索隐:"设者,脱也。"汉扬雄《法言·重黎》:"设秦得人,如何?"李轨注:"设,假也。"《南史·郭祖深传》:"今年丰岁稔,犹人有饥色,设遇水旱,何以救之?"

〔设如〕 汉王符《潜夫论·考绩》:"设如家人有五子十孙,父母不察精懻,则勤力者懈弛,而怠慢者遂非,耗业破家之道也。"唐郭震《论去四镇兵疏》:"设如人家遭盗,一则攻其内室,一则寇其外落,主人必不先于外寇,而忧在内室矣。"宋苏东坡《广州东莞县资福禅寺罗汉阁记》:"设如有人,无故取米,投坑井中,见者皆恨。"

〔设若〕 南朝宋文帝刘义隆《诏譬临川王义庆》:"设若天必降灾,宁可千里逃避邪!"唐刘从谏《请王涯等罪名表》:"设若宰相实有异图,当委之有司,正其典刑。"《旧五代史·周书·唐景思》:"(景思)大呼曰:'冤哉!景思何罪?设若有罪,死亦非晚,何不容披雪?'"

〔设令〕《列子·仲尼》:"乐正子舆曰:'子以公孙龙之鸣皆条也,设令发于余窍(指秽穴),子亦将承之。'"《汉书·翟方进传》:"设令时命不成,死国埋名,犹可以不惭于先帝。"唐白居易《论制科人状》:"设令有过,犹可优容,况且无瑕,岂宜黜退!"

〔设使〕《鹖冠子·天权》:"独不见乎隐者乎?设使知之,其知之者屈已知之矣;若其弗知者,虽师而说尚不晓也。"汉曹操《让县自明本志令》:"设使国家无有孤,不知当几人称帝,几人称王。"唐元稹《献事表》:"凡此十者,设使言之而是,是而见用,非臣之福也,天下之福也。"

〔脱〕《吴子·励士》:"君试发无功者五万人,臣请率以当之。脱其不胜,取笑于诸侯,失权于天下矣。"唐薛登《请止四夷入侍疏》:"脱备预不谨,边臣失图,则夷狄称兵,不在外方,非所以肥中国,削四夷,经营万乘之规,贻厥孙谋之道也。"清纪昀《阅微草堂笔记·姑妄听之二》:"脱有不讳,族党中谓我负义,我何以自明?"

〔脱若〕 唐陈子昂《谏曹仁师出军书》:"脱若功未克成,士马先丧尽,中土求士,卒又难得。"唐李绛《论许遂振进奉请驿递送至上都状》:"傥若有利无害,承前久合行之;脱若诸道悉然,即是制度紊乱。""傥若""脱若"互文。宋叶适《定山瓜步石跋三堡坞状》:"脱若房人畏而不前,置而不问……则我以堡坞全力,助其逐袭,或迎之前,或出其后,制胜必矣。"

〔脱使〕 唐李观《晁错论》:"脱使无梁国以绝其道,无条侯以耀其武,则秦之鹿复骇,盎之肉可食。"宋唐庚《过田横墓》诗:"脱使郦生犹未死,将军来此亦何为?"清陆以湉《冷庐杂识·除夕奏凯》:"脱使群起疑惧,铤而走险,为张逆添羽翼,与四城为劲敌矣。"

〔脱或〕 唐李延寿《上南北史表》:"而小说短书,易为湮落,脱或残灭,求勘无所。"《续资治通鉴·宋孝宗淳熙十一年》:"朕巡省之后,脱或有事,卿必亲之,毋忽细微。"

〔脱苟〕 唐刘子元《答郑惟忠史才论》:"脱苟非其才,不可叨居史任。"

〔令〕 《国语·齐语》:"夫管子,天下之才也,所在之国,则必得志于天下。令彼在齐,则必长为鲁国忧矣。"《史记·魏其武安侯列传》:"今我在也,而人皆藉吾弟。令我百岁后,皆鱼肉之矣。"汉王充《论衡·语增篇》:"令池在深室之中,则三千人宜临池坐,前俯饮池酒,仰食肴膳,倡乐在前乃为乐耳!如审临池而坐……倡乐之作不得在前。""令""如"互文。《后汉书·五行志一》:"见一蹇人,言欲上天。令天可上,地上安得民?"

〔弟令〕 《史记·吴王濞列传》:"今大王与吴西乡,弟令事成,两主分争,患乃始结。"按:《汉书·吴王濞传》转录时,"弟令"改为"假令"。

〔即〕 《左传·昭公十二年》:"(南蒯)示子服惠伯,曰:'即欲有事,何如?'"杨伯峻注:"即,假设连词,若也。"《吕氏春秋·疑似》:"即戎寇至,传鼓相告,诸侯之兵皆至救天子。"奇猷案:"即犹若也,详王氏《经传释词》。"《史记·萧相国世家》:"孝惠自临视相国病,因问曰:'君即百岁后,谁可代君者?'"《汉书·西南夷传》:"即以为不毛之地,亡用之民,圣王不以劳中国,宜罢郡,放弃其民,绝其王侯勿复通。"颜师古注:"即犹若也。"

〔苟〕 清王引之《经传释词》卷五:"苟,犹'若'也。"《易经·系辞下》:"苟非其人,道不虚行。"《荀子·法行》:"故君子苟能无以利害义,则耻辱无由至矣。"《淮南子·氾论训》:"治国有常,而利民为本……苟利于民,不必法古;苟周于事,不必循旧。"

〔苟或〕 《左传·昭公元年》:"卫齐子曰:'苟或知之,虽忧何害?'"汉贾谊《新书·匈奴》："苟或非天子民,尚岂天子也!"

〔而〕 用在主谓之间,由转折连词引申而来,相当于"如"。《左传·襄公三十年》:"及三年,又颂之,曰:'我有弟子,子产诲之;我有田畴,子产殖之;子产而死,谁其嗣之?'"《论语·为政》:"人而无信,不知其可也。"《吕氏春秋·举难》:"桓公大悦,将任之。群臣争之曰:'……君不若使人问之,而固贤者也,用之未晚也。'"

借　借使　借令　借如　藉　藉使　藉令
藉第令

【同】 假设连词,用在条件复句的前一分句,表示假设条件或情况。

〔借〕 《正字通·人部》:"借,设词。"《诗经·大雅·抑》:"借曰未知,亦既抱子。"毛传:"借,假也。"孔颖达疏:"假令有人言曰:王尚幼少,未有所知,亦既抱子矣。"《资治通鉴·后晋高祖天福三年》:"借有二人坐狱遇赦,则曲者幸免,直者衔冤。"

〔借使〕 汉贾谊《新书·过秦论下》:"借使秦王论上世之事,并殷周之迹,以制御其政,后虽有淫骄之主,犹未有倾危之患也。"《史记·秦始皇本纪》:"借使子婴有庸主之材,仅得中佐,山东虽乱,秦之地可全而有,宗庙之祀未当绝也。"晋陆机《五等论》:"借使秦人因循周制,虽则无道,有与共毙,覆灭之祸,岂在襄日!"

〔借令〕 《晋书·刘颂传》:"借令愚劣之嗣,蒙先哲之遗绪,得中贤之佐,而树国本根不深,无干辅之固,则所谓任臣者,化而为重臣矣。"《金史·许古传》:"借令时获小捷,亦不足多贺。"《明史·食货志六》:"是二省之粮,借令全输,不足以供禄米之半,况吏禄、军饷皆出乎其中乎?"

〔借如〕 唐司马贞《补史记序》:"借如本纪叙五帝而阙三皇,世家载列国而有外戚,邾、许春秋次国,略而不书,张、吴敌国蕃王,抑而不载,并编录有阙,窃所未安。"唐独孤郁《上权侍郎书》:"借如豫章生于臃肿小木之中,樵苏见之,亦以嗟矣,一有不嗟,则必自与臃肿者亦不多远也。"

〔藉〕 《墨子·大取》:"藉臧也死而天下害,吾持养臧也万倍。"孙诒让间诂:"言假令臧死而害及天下,则吾之持养之也当万倍。"宋陆游《书浮屠事》:

"於虖！世多诋浮屠者,然今之士有如一(指法一)能规其友者乎？藉有之,有如杲(指宗杲)之能受者乎？"清黄钧宰《金壶遯墨·视鬼》："无以自别于群鬼之中,藉非金仆碧睛,世乌得而辨之哉！"

〔藉使〕 汉贾谊《过秦论下》："藉使子婴有庸主之材,仅得中佐,山东虽乱,秦之地可全而有,宗庙之祀未当绝也。"汉刘歆《新序论》："藉使孝公遇齐桓、晋文,得诸侯之统,将合诸侯之君,驱天下之兵以伐秦,秦则亡矣。"宋曾巩《南丰文钞·为人后议》："藉使其名可以强使为一,而迹其实之非一,制其服之非一者,终不可以易,则恶在乎欲绝其名也？"

〔藉令〕 宋司马光《涑水纪闻》卷四："且奏贼初无此言,是必怨雠者为之。藉令有之,若以一卒之故,断都运转使头,此后政令何由得行？"《明史·李善长传》："藉令欲自图不轨,尚未可知,而今谓其欲佐胡惟庸者,则大谬不然。"《晚清文选·章绛〈诸子学略说〉》："藉令其书早出,则老子必不免于杀身。"

〔藉第令〕 《史记·陈涉世家》："公等遇雨,皆已失期,失期当斩。藉弟令毋斩,而戍死者固十六七。"

假如 假若 假而 假使 假令 假之 假设

jiǎ rú jiǎ ruò jiá ér jiǎ shǐ jiǎ lìng jiǎ zhī jiǎ shè

【同】 假设连词,用于条件复句的前一分句,表示假设条件或情况。

〔假如〕 唐韩愈《与凤翔邢尚书书》："假如贤者至,阁下乃一见之,愚者至不得见焉,则贤者莫不至。"唐李象《邂逅致死勿论奏》："假如官司或有刑狱,未见本情,不可全不诘问。"宋梅尧臣《汝州王待制以长篇劝余复饮酒因谢之》："假如寿九十,今子已半世。"

〔假若〕 唐吴武陵《上崔相公书》："假若主好畋猎,则正人其无畋猎者乎？"《西游记》第三二回："假若怠慢了些儿,西天路莫想去得。"明兰陵笑笑生《金瓶梅》第四五回："假若我替你说成了,你伙计六人怎生谢我？"

〔假而〕 《管子·小问》："管子对曰：'假而礼之,厚而无欺,则天下之士至矣。'"唐柳宗元《答韦中立论师道书》："假而以仆年先吾子,闻道著书之日不后,诚欲往来言所闻,则仆固愿悉陈中所得者。"清唐才常《辨惑》："假而其事果出西人,则又万马齐暗,群蝉寒噤,徘徊太息,莫之谁何。"

〔假使〕 《商君书·徕民》："假使王之群臣,有能用之,费此之半,弱晋强秦,若三战之胜者,王必加大赏焉。"汉王充《论衡·感虚篇》:"假使尧时天地相近,尧射得之,犹不能伤日。"《后汉书·儒林传·孔僖》:"假使所非实是,则固应俊改;倘其不当,亦宜含容,又何罪焉?"

〔假令〕《史记·管晏列传》:"假令晏子而在,余虽为之执鞭,所忻慕焉。"汉刘向《说苑·奉使》:"假令大国之使,时过弊邑,弊邑之君亦有命矣。"汉王充《论衡·书解篇》:"假令(韩)非不死,秦未可知。"

〔假之〕 清王引之《经传释词》卷九:"'假之'皆谓假若也。"《荀子·性恶》:"假之人有弟兄资财而分者,且顺情性,好利而欲得,若是,则兄弟相拂夺矣。"《战国策·魏策四》:"今由千里之外欲进美人,所效者庸必得幸乎?假之得幸,庸必为我用乎?"

〔假设〕 汉贾谊《新书·宗首》:"假设陛下居齐桓之处,将不合诸侯匡天下乎?"《汉书·贾谊传》:"假设天下如曩时……陛下即天子位,能自安乎?"宋苏辙《颖滨文钞·札子·再论回河札子》:"假设房中遂成此桥,黄河上流尽在吾地。"

微 自非
wēi zì fēi

【同】 否定性假设连词,相当于如果不是,用在条件复句的前一分句的句首。

〔微〕《左传·僖公三十年》:"不可,微夫(fú)人之力不及此。"意为如果没有那个人的帮助,我今天不能达到这个地位。《论语·宪问》:"微管仲,吾其被发左衽矣。"杨伯峻注:"微,假若没有的意思,只用于和既成事实相反的假设句之首。"《晏子春秋·内篇谏下第二》:"微大夫教寡人,几有大罪以累社稷。今子大夫教之,社稷之福,寡人受命矣。"

〔自非〕《左传·成公十六年》:"唯圣人能内外无患,自非圣人,外宁必有内忧。"杨伯峻注:"自非,假若不是。"汉桓宽《盐铁论·论功》:"自非圣人,得志而不骄佚者未之有也。"《后汉书·冯衍传》:"自非婴城而坚守,则策马而不顾也。"北魏郦道元《水经注·江水》:"自非亭午夜分,不见曦月。"唐陆贽《贞元改元大赦制》:"自非与官军决战,死于锋刃,其余虽临阵擒获,亦并释放。"

要之　总之
yào zhī　zǒng zhī

【同】 连词,承接上文,以示下文是总括上文。

〔要之〕《史记·张仪列传》:"然世恶苏秦者,以其先死,而仪振暴其短以扶其说,成其横道。要之,此二人真倾危之士也。"《汉书·司马迁传》:"今虽欲自雕琢,曼辞以自解,无益,于俗不信,只取辱耳。要之,死日然后是非乃定。"《后汉书·隗嚣传》:"若计不及此,且蓄养士马,据隘自守,旷日持久,以待四方之变,图王不成,其弊犹足以霸。要之,鱼不可脱于渊,神龙失势,即还与蚯蚓同。"宋王安石《上人书》:"诚使巧且华,不必适用;诚使适用,亦不必巧且华。要之,以适用为本。"

〔总之〕《史记·五帝本纪》:"学者多称五帝,尚矣。然《尚书》独载尧以来,而其文不雅驯,荐绅先生难言之……总之,不离古文者近是。"又《货殖列传》:"……大体如此矣。总之,楚越之地,地广人稀,饭稻羹鱼,或火耕而水耨,果隋蠃蛤,不待贾而足。"宋曾巩《越州鉴湖图序》:"鉴湖,一曰南湖,南并山,北属州城漕渠,东西距江……南并堤,北滨漕渠,西属江者皆溉之。总之,溉山阴、会稽两县十四乡之田九千顷。"明冯梦龙《醒世恒言》第十七卷:"汝尚不肯与子还债,外人怎肯把银子与汝子白用!且引诱汝子者,决非放债之人,如何赖得?总之,汝子不肖,莫怪别人。"

汉语拼音检索

—— A ——

ā
(阿依) 639
腌臜 289

āi
哀 339
唉 414

ái
皑 236

ài
艾 45
爱 337
　 340
　 341

ān
安 245
　 262
　 492
　 650
(菴) 100
庵 100

àn
犴 190
岸 232
　 265
按 458
　 626
(案) 458
　 626
暗 621

āng
肮脏 289

áng
卬 636
(卯) 359
昂 359

āo
凹 317

áo
(敖) 109
　 513
遨 513
廒 109

ǎo
媪 47
　 47

ào
(敖) 264
傲 264
(骜) 264
(懊) 264
(謷) 264

—— B ——

bá
拔 404

454
534
(拜) 454

bǎ
把 449
　 631
(把子) 210
靶 210
(靶子) 210

bà
坝 203
爸 49
罢 406
(壩) 203

bái
白 236

bǎi
百姓 20
摆 464

bài
败 535

bān
(班) 484

bǎn
版 141

bāng
邦 180

bǎng
绑 461

bàng
谤 409

bǎo
宝 152

bào
抱 454
　 551
　 566
(菢) 566

bēi
背 450
碑 125

běi
北 535

bèi
贝 136
背 88
倍 590
倍加 590
被 631
辈 68
惫 275

bēn
奔 363
(犇) 363

běn
本 126
　 127

bēng
崩 563

671

绷	461	(频)	232	(慙)	420	chài	
	bǐ	(瀕)	232	cāng		(差)	559
比	70	bīng		仓	108	瘥	559
	285	兵	28	沧	310	chān	
	613	bǐng		(滄)	310	觇	351
比比	613	秉	448	cáng		chán	
彼	642	鞞	35	(臧)	471	婵娟	8
鄙	343	bìng		藏	471	蟾蜍	5
	bì	并	610	cāo		chǎn	
(比)	94	病	558	操	448	产	333
币	138	bō		cáo		阐	369
毕	610	波	227	曹	68	cháng	
闭	370	bó		cǎo		长	300
苾	256	驳	251	草	220	嫦娥	8
(柲)	94	博	296	(騲)	220	chāo	
畀	436	踣	520	cè		超	512
陛	101	(駁)	251	厕	119	cháo	
毙	520	bǔ		策	155	巢	213
婢	23	卜	482	(筞)	155	朝	628
閟	370	补	528	chā		chē	
裨	498	捕	487	(叉)	33	车	167
(獙)	520	bù		差	272	chén	
篦	94	不	613		585	臣	23
	biàn	布	137	靫	33	陈	386
弁	93	布衣	21	chá			522
变	507	怖	422	茶	128	晨	16
辩	484	鞴	34	察	347	chēng	
(辯)	484			chà		称	440
	biǎo	——— C ———		刹	100	chéng	
表	116			差	481	承	437
	biào	cái				诚	247
摽	546	材	494	chái		城	571
	bié	cǎi		(豺)	68		186
别	484	采	482	侪	68	乘	188
	646	cán		柴	130	骣	401
	bīn	惭	420				568
滨	232						

	chěng	稠	285		chǔn		dá
骋	517		chǒu	（惷）	267	（合）	415
	chī	丑	71	（偆）	267	（荅）	415
吃	631		253	蠢	267	答	415
（蚩）	254	瞅	349		cí		dà
（喫）	631	（醜）	253	慈	51	大	294
媸	254		chú		338		578
	chí	除	102	雌	219		dài
池	195		405		cǐ	代	11
	223		560	此	640		12
驰	517		chǔ		cì	诒	425
迟	293	处	494	赐	435	（饴）	164
坻	230	础	112	（锡）	435	（给）	425
持	448		chù		cóng	带	160
	chǐ	（绌）	407	从	344		551
耻	419	黜	407		cú	殆	571
（恥）	419		chuān	（徂）	563	待	520
	chì	川	226	殂	563	袋	164
赤	242	穿	205		cù	（递）	551
赤县	183		chuán	卒	601	（逮）	164
炽	538	船	171	（猝）	601		dān
翅	212	遄	291	数	285	丹	242
	chōng		chuǎn	簇	580	担	452
冲	177	舛	272		cuàn	箪	166
（衝）	177	荈	129	窜	471	（儋）	452
	chóng		chuāng		cuì	（擔）	452
重	333	（囱）	114	粹	250	（檐）	452
	573	（窓）	114		cuò		dàn
	chōu	窗	114	（厝）	493	旦	16
抽	455	（牕）	114	措	493	但	606
瘳	560	（窻）	114	错	271		656
	chóu	（牎）	114	（错）	493	惮	421
俦	69	（窓）	114			（亶）	606
（綢）	285		chuí	—— D ——		（澹）	246
畴	70	垂	621			憺	246
（疇）	69		chún				dāng
		纯	250			当	628

dàng		邸	28		583	**duì**		
（荡）	468		99	鼎	592	对	415	
盪	468	抵	361	**dìng**		憝	628	
dāo		抵死	582	（定）	75	**dūn**		
刀	136	底	650	定	245	（镦）	569	
dǎo		柢	126	頿	75	蹲	378	
岛	231	**dì**		**diū**		镦	569	
dào		弟	61	丢	457	**dùn**		
到	361		607		496	盾	39	
盗	524	（弟）	98	**dōng**		顿	597	
道	175	弟令	666	东	119	（楯）	39	
	385	的	208	东坦	60	**duō**		
dēng		娣	52	**dòng**		多	279	
登	400		61	栋	111		510	
	403	第	98	洞	204	**duó**		
děng		（第）	607	**dōu**		度	440	
等	67	睇	353	（兜鍪）	38	**duò**		
	276			**dǒu**		（陊）	546	
	521	**diān**		（斗）	320	垛	209	
dèng		颠	73	陡	320	（隋）	546	
（隥）	103		547		602	堕	546	
磴	103	**diàn**		**dòu**		（憜）	546	
dī		店	27	豆	128			
（氐）	357	殿	98	脰	87	**——E——**		
低	357	**diāo**		**dū**				
羝	217	（彫）	393	都	187	**ē**		
（隄）	202	（琱）	393	**dú**		阿	200	
堤	202	雕	393	读	397	**é**		
鞮	96	**diào**		渎	226	讹	272	
（鞮鍪）	38	吊	565	（櫝）	165	俄	599	
dí		掉	464	牍	141	娥	252	
狄鞮	159		547		146	（蛾）	599	
涤	468	**diē**		匵	165	（額）	74	
覿	349	爹	49	**dǔ**		额	74	
镝	32	**dié**		睹	348	（譌）	272	
dǐ		牒	141	（覩）	348			
（氐）	126	**dǐng**						
		顶	73					

674

	è		192	非徒	656	fèng	
恶	254		504	非唯	658	奉	437
	581	fán		(非惟)	658	(奉)	134
饿	447	凡	610	非直	657	俸	134
遏	202	燔	537	(匪独)	657	缝	206
(遻)	477	fàn		(匪直)	657	fū	
	ér	范	193	扉	105	夫	44
儿	57	贩	26	fěi		(孚)	566
	61	(范)	193	(非)	409	肤	84
而	83	fāng		诽	409	荂	221
	638	方	141	fèi		孵	566
	654		591	废	407	(膚)	84
	655		595	fēn		fú	
	667	方且	595	分	485	夫	642
而况	659	芳	222	芬	256	弗	613
(衁)	83		256	fén		(服)	33
(髵)	83	fáng		坟	122	郛	186
	ěr	防	202	焚	537	浮	515
尔	639	(坊)	202	fèn		箙	33
	643	房	53	分外	581	fǔ	
(尔馨)	645		97	坋	319	府	99
迩	299	fǎng		忿	260		110
	èr	仿	503	(贲)	260	(俛)	357
二	327	(放)	503	偾	519	俯	357
贰	328	(倣)	503	愤	260		621
		舫	171	fēng		(頫)	357
—— F ——		fàng		丰	323	fù	
		放	492	封	124	父	48
	fá	fēi			196		218
伐	132	妃	52		296	伏	566
	346		54	féng		负	450
	531	非常	582	逢	476		454
(阀)	132	非但	657	fěng			535
厥	39	(非亶)	657	(风)	408	妇	46
	fǎ	非独	657	讽	396	阜	199
法	157	非特	657		408		323

复	572	(皋)	232	弓	30		445
富	323	gǎo		公	219	罟	162
缚	460	缟	237	功	131	瞽	268
(駙)	218	槁	317	(共)	247	gù	
覆	543	gào		宫	97	固	301
馥	256	告	387		98	故	562
		诰	388		550	顾	656
—— G ——		gē		恭	247	guǎ	
		(阁)	492	gǒng		寡	280
gǎi		哥	58	拱	551	guāi	
改	507	搁	492	gǒu		乖	273
gài		gé		苟	666	guài	
丐	475	革	85	苟或	666	怪	580
(丐)	436		507	狗	215	guān	
(匃)	475	格	209	gòu		关	370
(匄)	436	格外	582	购	443	关防	152
	475	阁	105	诟	431	观	347
盖	543	gě		(姤)	477	官	40
	572	舸	171	(冓)	477	冠	92
gān		gěi		(訽)	431	guàn	
干	39	给	436	遘	477	观	100
	232	gēn		彀	529	盥	466
	304	根	126	gū		guāng	
	305	跟	634	(沽)	444	光	282
	473	gēng			446		620
(乾)	304	更	506	姑	46	guī	
	305	(更)	555	酤	444	龟	136
gāng		(庚)	555		446	闺	104
亢	87	赓	555	gǔ		guì	
刚	210	gèng		(估)	26	桂	7
杠	179	更	588	诂	390	匮	165
(矼)	179	更加	589	股	89	跪	377
钢	211	更为	589	沽	26	(櫃)	165
gāo		更自	589	(故)	390	guō	
皋	232	gōng		贾	26	郭	186
羔	217	工	24		443		

	guó		(嚎)	336	红	241	(懽)	258
国	180		(濠)	195	(闳)	294	(驩)	258
	188		hǎo		(宏)	294	huán	
	guò		好	252	洪	294	(还)	548
过	270			579	鸿	148	环	548
			好生	579	(鸿)	294	(圜)	548
—— H ——			hào		hóu		huǎn	
			好	340	侯	208	缓	293
	hái		皓	236	hòu		huàn	
孩	62		(皞)	236	后	52	宦	399
	hán		hé		後	66		567
含	523		何	648	hū		换	442
函	36		何况	659	呼	465	唤	465
	145		和	302	忽	601	浣	468
	166			634	(謼)	465	(澣)	468
	523			653	hú		huáng	
	523		河	9	弧	31	隍	195
涵	523			225	胡	82	惶	422
寒	309		曷	649		649	潢	224
	hǎn		涸	305	鹄	208	huàng	
罕	281		阖	105	(鬍)	82	晃	464
	hàn			370	hù		huī	
汉	10		(龢)	302	互	623	徽	462
	44		hè		户	105	huì	
	184		(何)	452	怙	49	会	592
暵	470		荷	452	huā		沫	467
熯	538		hēi		华	221	绘	398
撼	464		黑	238	花	220	恚	260
翰	145		hěn		(蘤)	220	秽	288
	háng		很	579	huá		惠	337
行	174		(狠)	579	华	182		620
远	91		héng		华夏	181	(薏)	288
航	178		脝	89	huà		(頮)	467
	háo		hōng		画	398	繢	398
号	336		薨	563	huān		(繢)	467
豪	42		hóng		欢	258	hūn	
壕	195		(弘)	294			昏	18

	hùn
（圂）	118
溷	118
	huǒ
夥	279
	huò
或	661
或者	661
货	137
	443
	446
获	487
惑	274

—— J ——

	jī
讥	408
饥	447
姬	52
基	127
绩	132
赍	434
（勣）	132
（齎）	434
	jí
及	653
级	102
极	111
	275
	575
极其	575
即	593
亟	598

疾	291
	557
楫	172
（檝）	172
籍	140
	jǐ
给	321
脊	88
	jì
计	155
技	25
际	206
季	14
剂	154
迹	90
既	595
既而	596
既已	595
继	555
祭	382
悸	422
寄	159
（跡）	90
跽	377
暨	653
（蹟）	90
	jiā
加	498
佳	252
	jiá
跲	518
	jiǎ
甲	29
	36
（鉀）	36
假	427

假而	668
假令	669
假如	668
假若	668
假设	669
假使	668
假之	669
	jiān
坚	300
肩	452
监	190
笺	146
	391
（牋）	146
缄	147
（械）	147
	jiǎn
（拣）	480
（练）	480
柬	148
	480
（咸）	499
减	499
简	146
（简）	480
	jiàn
见	348
	630
间	206
	560
健	580
谏	412
键	568
箭	32
	jiāng
江	225

将	345
	594
	633
	660
（畺）	196
僵	519
疆	196
	jiǎng
桨	173
	jiàng
匠	25
绛	243
	jiāo
（乔）	264
（娇）	264
姣	253
骄	264
（憍）	264
	jiǎo
皎	236
脚	88
	90
	jiào
嚼	287
	jiē
阶	102
皆	609
接	553
（堦）	102
揭	452
街	177
	jié
杰	42
洁	286
捷	291
	533

678

(絜)	286	进	403	(捄)	439	jué	
(渴)	305	近	299	救	439	觉	374
睫	355	晋	403		540	绝	282
碣	125	靳	343	jū			576
竭	282	禁	542	居	367	厥	640
	305			jǔ		(蹶)	518
羯	568	jīng		去	472	蹶	518
jiě		京	200	举	534	jūn	
姐	59	菁	222		610	均	276
jiè		睛	78	jù		(均台)	190
介	36	(精)	78	巨	294	(钧)	276
戒	541	jǐng			583	jùn	
界	197	颈	87	(具)	610	俊	42
借	428	景	2	(居)	378	(陵)	320
	667	(儆)	541	钜	210	峻	320
借令	667	警	541	(钜)	294		
借如	667	jìng		俱	610	— K —	
借使	667	径	175	倨	265		
藉	568		291	剧	576	kāi	
藉	667	净	282	(据)	265	开	368
藉第令	668		286	惧	421	kǎi	
藉令	668	胫	89	(裾)	265	(岂)	263
藉使	668	竟	605	踞	378	(凯)	263
jīn		(竟)	196	(蹶)	265	闿	368
金	137	敬	248	屦	95	恺	263
矜	265	靖	245	遽	170	铠	36
	339	境	196		598	kǎn	
	346	(瀞)	286	juān		槛	107
jǐn		jiǒng		捐	495	kàn	
仅	608	迥	298	涓	482	看	349
仅仅	608	(泂)	298	镌	394	kāng	
紧	580	扃	370	juàn		康	263
谨	248			(券)	275	káng	
		jiǔ		卷	142	扛	453
jìn		九	329	倦	275	kàng	
尽	281	jiù		(勌)	275	伉	266
	609	咎	272				

679

	kào	(誇)	346	(綑)	462	黎	239
靠	381	kuài		kùn		黎民	21
	kē	快	259	困	275	(鱳)	239
窠	213		291	kuò		lǐ	
	kě	kuǎn		(鞟)	85	里	117
可	417	窾	205	鞹	85	鲤	149
	560	kuāng				lì	
	kè	诓	425	—— L ——		力	576
克	533	kuáng				厉	516
	534	诳	424	lā		立	596
刻	393	kuàng		邋遢	289	吏	41
(剋)	533	(兄)	588	lài		丽	252
(尅)	533	况	588	赉	434	励	410
溘	603		658	lán		隶	23
	kěn	况乎	659	澜	227	(砅)	516
肯	417	况乃	659	làng		俪	55
	kōng	况且	658	浪	227	(栗)	422
空	282	kuī		láo		詈	431
	316	盔	38	劳	132	慄	422
	kǒng	窥	351	牢	190	(灑)	516
孔	204	闚	351		301	(孋)	55
	574	kuì		(牢房)	190	lián	
(空)	204	(归)	433	lǎo		连	553
恐	421	馈	433	老	45	怜	337
	kòng	愧	420	lè			338
控	530	(媿)	420	乐	257	涟	227
	kū	(餽)	433	勒	394	联	553
枯	305	kūn		lèi		liáng	
	317	昆	58	(泪)	80	良	575
哭	335		66	类	70	凉	309
	kù	(晜)	58		501	(涼)	309
库	110	kǔn		泪	80	梁	111
酷	578	捆	462	lěng			178
	kuā	阃	107	冷	309	量	440
夸	346	(梱)	107	lí		liǎng	
(侉)	346	(稇)	462	骊	239	两	328

680

liàng		令	157	(圙)	312	慢	265
晾	470		666	圙	312		293
liáo		lóng		lüè		(嫚)	265
辽	297	隆	319	略	155	máng	
僚	40	lǒng		略略	585	盲	268
燎	538	垄	123		585	mào	
(寮)	40	lòu		lún		(皃)	76
liào		陋	254	伦	67	(茂)	411
料	441	镂	394	(论)	481	贸	441
liè		lú		抡	481	帽	93
列	522	卢	238	沦	228	貌	76
冽	310	(卢)	78	luó		懋	411
埒	277	颅	72	罗	162	měi	
烈	133		75		522	美	251
猎	488	胪	78	luò		(媄)	251
lín		(臚)	238	落	546	(嫩)	251
遴	480	lǔ				mèi	
lǐn		虏	24	——M——		妹	60
凛	310	橹	39			寐	372
(凜)	310		173	mā		mén	
檩	108	lù		妈	50	门	104
廪	109	辂	168	mà		méng	
(廩)	310	禄	135	骂	430	吒	20
lìn		路	175	mǎi		氓	20
吝	342	(路)	168	买	443	(萌)	20
赁	429	簏	167	mài		萌	544
(悋)	342	lǔ		卖	445	曚	268
líng		(娄)	611	mán		mí	
图圙	189	屡	611	姏	48	弥	588
(圙圙)	189	屡屡	612	漫	425	弥更	588
陵	123	履	95	mǎn		弥益	588
	200	lù		满	265	麽	614
聆	356				315	mì	
lǐng		律	157	màn		觅	527
领	87	luán		(漫)	265	宓	245
lìng		(栾)	312			密	285
另	647	(挛)	312				

681

(密)	245	miù		—— N ——		匿	471
mián		谬	271			睨	354
眠	373		425	ná		nián	
(瞑)	373	(缪)	271	(拏)	449	年	13
miǎn			425	拿	449	niǎn	
(免)	334	mó		nà		辇	168
免	406	谟	155	内	371	niáng	
昒	352	模	192	(纳)	371	娘	46
勉	410	mò		捺	458		50
娩	334	(没)	562	nǎi		(孃)	50
冕	93	抹	459	乃	593	niē	
miàn		(劢)	562		638	捻	459
面	628	殁	562	(洒)	638	niè	
(偭)	628	莫	616	nán		臬	209
miáo		蓦	602	男	44	(槷)	209
苗	66	墨	239		57	nín	
miǎo		móu		náng		(恁)	639
邈	298	(牟)	77	囊	163	您	639
miào			277	náo		níng	
庙	100	侔	277	(挠)	314	宁	245
miē		眸	77	桡	314	宁馨	645
灭	540	谋	155	něi		nóng	
蔑	615	鍪	38	馁	447	侬	639
mín		mǔ		(餒)	447	nú	
民	20	母	50	nèi		奴	22
mǐn			219	内	52	nǔ	
(闵)	339	牡	218		117	弩	30
悯	339	姥	48	néng		nù	
(愍)	339		51	能	645	怒	260
míng		mù		ní		nǚ	
名	151	目	76	泥	122	女	46
明	15	沐	466	nǐ		(女须)	59
茗	129	(莫)	18	你	639	nuǎn	
铭	394	墓	122	nì		暖	307
暝	19	暮	18	逆	381	(煖)	307
						(煗)	307

	nuò			85	嶓	236	亟	612
诺	414	(罢)	275	pū		契	153
	417	疲	275	仆	519		393
(喏)	414		pǐ	朴	pǔ	砌	103
搦	459	匹	54	朴	249	(栔)	393
		匹夫	21	圃	120	(棄)	495
—— O ——			pì	(普)	296	(鍥)	393
		(俾倪)	353	溥	296		qià
	ǒu	睥睨	353		pù	恰	593
呕	556	辟	368	铺	27		qiān
欧	556	(辟倪)	353	(暴)	469	迁	366
偶	54	(辟睨)	353	(舖)	27		402
	478	(闢)	368	曝	469	悭	343
(耦)	54		piān			愆	270
		篇	142	—— Q ——			qián
			143			铃记	153
—— P ——			piàn		qī	钱	137
		骗	426	妻	52	潜	622
	pā		piǎo	欺	424	黔	238
葩	222	瞟	353		qí	黔首	21
	pá		pín	齐	277		qiàn
爬	401	贫	324	其	639	茜	243
	pà	频	612		643	倩	59
怕	422	频频	613	祈	473	堑	195
	pàn		pìn	綦	575	椠	148
判	485	牝	219	(蕲)	473		qiáng
	pāo		píng		qǐ	强	511
抛	456	(冯)	380	乞	475		qiāo
	495	冯	515	启	368	骹	89
抱	456	凭	380	(啟)	368		qiáo
(抱)	495	(凴)	380	(启)	368	桥	178
	pèi	(憑)	380		qì	樵	130
佩	551		pō	(切)	103	瞧	349
配	54	颇	583	弃	495		352
	pí		pó	泣	80		qiào
皮	84	婆	48		336	(削)	34

(陗)	320		qiū	券	153	(姃)	332
峭	320	丘	123		què	恁	645
窍	205		199	却	364	(恁般)	645
鞘	34	(邱)	123	(卻)	364	(恁地)	645
	qiě		199		qūn	(恁的)	645
且	595		qiú	囷	109	(恁的般)	645
	660	仇	55			(恁么)	645
	qiè	(汓)	514		—— R ——		rēng
妾	23	求	472			扔	457
	52		527		rán		496
窃	524	泅	514	然	417		réng
	622	(逑)	55		643	仍	506
箧	166		qū		655		rì
	qīn	区	485	(然)	537	日	2
侵	531	曲	313	然而	655		15
	qín	(诎)	314	髯	82	驲	170
秦	184	驱	516	(䫇)	82		róng
禽	211	屈	314	燃	537	戎	638
(擒)	486	趋	363		rǎng	荣	221
擒	486	(敺)	516	壤	121	(頌)	76
	qǐn		qú		ráo	容	76
寝	373	衢	177	尧	131	镕	193
	qīng		qù	饶	322		rú
青	240	觑	351	桡	174	如	360
(圊)	118	(覷)	351		rào		501
清	118		quān	绕	550		626
	286	悛	509	(遶)	550		661
	qǐng		quán		rè		662
顷	599	权	440	热	307	如或	662
	qìng	(全)	558		rén	如令	662
(凊)	309	泉	136	人	19	如其	662
清	309	痊	558		rèn	如若	662
(磬)	281		quǎn	任	405	如使	662
磬	281	犬	216		454	(如馨)	645
	qióng		quàn	(任)	332	如有	662
穷	325	劝	410	妊	332	濡	303

孺	61		sàng		585			402
	rǔ	丧	525		shě	(陞)		400
(女)	637		sè	舍	495			402
汝	637	啬	342	(捨)	495		shéng	
乳	334		343		shè	绳		161
辱	419	(穑)	342	设	665		shěng	
	616		shā	设令	665	省		500
	rù	(杀)	580	设如	665	(渻)		500
入	371	煞	580	设若	665	(婚)		500
	ruǐ	(煞)	580	设使	665		shèng	
蕊	222		shài	涉	515	胜		511
	ruò	杀	500		shēn			533
若	345	晒	470	身	332	剩		590
	501		shǎn	呻	395		shī	
	638	闪	352	绅	160	失		270
	641		shàn	娠	332			526
	644	苫	543	深	576	湿		303
	653	扇	105	(震)	332	(溼)		303
	662	(扇)	568		shén		shí	
若苟	663	(善)	568	(神丹)	185	十分		581
若或	663	(擅)	322	神州	183	什		143
若令	662	缮	528		shěn	时		12
若使	663	骟	568	审	571			14
偌	644	(澹)	322	哂	335	莳		491
(焫)	538	赡	322	矧	659		shǐ	
(爇)	644		shāng		shèn	矢		31
爇	538	殇	564	甚	510	豕		214
		商	26		575	使		664
——S——			shàng	慎	249		shì	
		上	401		shēng	士		29
	sān		shāo					44
三	329	烧	537	升	400	氏		64
	sǎng	稍	584		402	世		11
磉	113	稍稍	584	生	333	仕		12
颡	73	稍为	584		579			399
	75		shǎo	(昇)	400	市		443
		少	280					

685

			445		shú	厮	624	249
视	348	孰		648	sǐ			604
是	641		shǔ		死	561	素来	604
适	360	暑		307		578	速	291
	592	属		68		sì		suì
恃	51			70	寺	100	岁	13
室	35		shù		似	501	遂	593
	53	束		460	祀	13		sǔn
	97	述		385		383	损	499
逝	563	树		490	姒	59		suō
嗜	341	庶		20	泗	81	睃	353
澨	233		shuāng		俟	521	缩	461
	shǒu	霜		237	涘	233		suǒ
首	72		shuǎng		笥	166	索	161
	shòu	爽		272	(竢)	521		473
狩	488		shuí		肆	28		474
售	443	谁		647	嗣	66		482
	445		shuǐ			sòng		527
兽	211	水		225	讼	427		
(兽)	488		shuì		送	433	——T——	
	shū	睡		374	诵	396		
书	140		shùn		(颂)	396		tā
	144	(训)		344		sōu	他	646
	389	顺		344	搜	474	(它)	646
(朮)	128	(瞚)		354	(蒐)	474	(佗)	646
(叔)	128	瞬		354		sǒu		tài
姝	252		shuō		叟	45		
殊	278	说		386	(傁)	45	太	577
	485		shuò		瞍	269	(泰)	577
	577	硕		295		sū		tán
菽	128	数		612	苏	376	檀	243
梳	94	数数		612	(甦)	376		táng
(疎)	284		sī		(穌)	376	唐	184
疏	284	私		622		sù	(唐)	202
	392	(斯)		624	夙	17	塘	202
(疏)	94	斯		641	素	237		224
输	536							

	tǎng		tián	投	456	脱或	666
倘	663	田	488		tū	脱若	665
倘或	664	(甸)	488	凸	319	脱使	666
倘如	663	(畋)	488	突	319		tuó
倘若	663		tiǎn		601	(驮)	451
倘使	664	忝	617		tú	佗	451
傥	664		tiāo	图	397	(驼)	451
傥或	664	挑	453	图章	153	橐	164
傥若	664		483	(荼)	128		tuò
傥使	664		tiáo	徒	29	(橐)	546
	tāo	调	301		68	蘀	546
叨	618		tiào		607		
涛	227	眺	350	途	175	── W ──	
	táo		tiē	(涂)	175		
咷	336	(帖)	210	(塗)	175		wā
陶	25	贴	210		tǔ	洼	317
	tè		430	土	121	窊	318
忒	272		tīng		tù	(窐)	317
	580	听	344		556	(窪)	317
忒煞	581		356	吐	4		wài
特	577		417	兔		外	115
	607	(聽)	417		tuán		wān
	tí		tǐng	团	312	(貫)	529
(提)	456	挺	455	(抟)	312	弯	313
啼	336		tóng	(摶)	312		529
(嗁)	336	同	276		tuí		wǎn
题	75		634	(隤)	518	宛	314
(譆)	336	彤	242	蹪	518	莞	335
	tì	童	62		tuì	晚	19
洟	81	(僮)	78	退	364		wáng
逖	298	僮	62		407	亡	525
涕	79	瞳	78		tūn		561
	81		tōu	暾	2		wǎng
(逷)	298	偷	524		tuō	网	162
	tiān		tóu	脱	665	柱	314
添	498	头	72	脱苟	666	罔	615

687

(罔)	162		wēng		615	玺	152
往	360	翁	45	误	271	徙	366
(網)	162		48	(悟)	374	喜	257
	wàng		wō	寤	374		340
望	350	窝	214			屣	95
望舒	8		wǒ	——— X ———		(蹝)	340
	wēi	我	636				xì
微	584		wò		xī	係	461
	622	卧	373	夕	18	(烏)	113
	669	握	449	(希)	281	隙	206
微微	585	龌龊	289		284	磶	113
	wéi		wū	(息)	540	繋	462
韦	85	乌	3	奚	23		xiā
为	630		240		649	瞎	269
围	550	(乌)	650	晞	304		xiá
闱	104	(汙)	288		470	匣	165
唯	606	污	288	悉	609	(柙)	165
	633	(污)	224	惜	341	遐	297
(惟)	606	巫	43	稀	281		xià
	633	洿	224		284	下	534
(维)	606	(洿)	288	(鳥)	95	夏	182
	wěi	诬	425	鸟	95		295
纬	461	屋	97	腊	577	夏台	190
唯	413	恶	650	皙	236	罅	207
猥	619		wú	(媳)	23		xiān
	wèi	亡其	661	豨	215	先	64
为	632	无	614	熄	540		xián
畏	421	(無)	615	(羲)	2	贤	509
谓	387	毋	614	曦	2	咸	609
媚	61		615		xí		xiǎn
遗	433	(妄其)	661	觋	43	洗	466
	wēn	吾	636	袭	505	险	198
温	307	(忘其)	661		531	(崄)	198
	wén		wǔ		xǐ	(嶮)	280
文	151	迕	477			(憸)	280
闻	356		wù	洒	467	鲜	280
		勿	614	洗	467		

	xiàn	些微	585		xǐng	勖		411
限	107		xié	醒	375	续		555
献	434	(页)	72		376	(壻)		59
鐉	568	谐	302		xìng	婿		59
	xiāng	鞋	95	幸	620		xuān	
相	623	(鞵)	95	姓	64	轩		168
香	255	(鰕)	302		xiōng	喧		308
箱	167		xiě	兄	57		xuán	
	xiǎng	写	389	(匃)	86	玄		240
饷	135		503	胸	86	旋		594
	xiàng		xiè		xióng		xuǎn	
(乡)	115	继	460	雄	42	选		479
	627	(緤)	460		218	(撰)		479
乡使	664	(緤)	460		xiū		xué	
向	115	邂逅	477	修	300	穴		204
	605		xīn		528		xuě	
	627	(忻)	258	(脩)	300	雪		237
向使	664	欣	258	秀			xuè	
项	87	(訢)	258		xiù	血		244
相	482	薪	131	秀	221		xūn	
象	159		135		xū	勋		132
	504	馨	256	须	82	(勳)		132
(象)	501		xìn	胥	521		xún	
像	501	信	145	(胥)	623	寻		527
(嚮)	115		247	虚	521			594
	627		571		199		xùn	
	xiāo		xīng	(墟)	316	训		391
肖	502	驿	243	(需)	199	迅		290
	xiǎo	猩	243	婁	521	徇		345
小	585		xíng	(鬚)	59			
	xiào	(刑)	193		xú			
(効)	503	行	594	徐	292		—— Y ——	
笑	334	行将	594		xǔ			
效	503	行且	594	许	416		yá	
(傚)	503	型	193		644	(牙)		544
	xiē	垈	253		xù	芽		544
些	585			叙	385	(厓)		232

(崖)	232	阳	2	咦	379	(释)	257
涯	232		yǎng	疑	274	裔	66
	yǎ	仰	359		yǐ	(意)	660
雅	576		yāo	已	560	溢	315
	604	夭	564		578	(蓺)	490
	yà	(殀)	564		596	瘗	124
(讶)	382		yáo	已而	596	臆	86
迓	382	轺	168	以	626	翼	212
揠	455	摇	463		632		yīn
(御)	382	遥	297	倚	654	因	505
	yān		yào		380	阴	632
焉	650	要之	670		626		4
(鄢)	630		yé				318
阉	567	爷	49	yì		殷	621
	yán	(耶)	49	艺	490		323
严	49		yě	(肊)	86		yín
言	383	冶	25	异	278	吟	395
	385		yè		485	银	137
炎	306	(擪)	459	抑	646		yǐn
	538	厣	459		458	引	529
颜	74		yī		656		yìn
	yǎn	一	327	抑或	660	印	152
奄	602	依	344	邑	660	胤	66
匽	119		380	(佚)	187	(隐)	380
眼	77		626	译	262		yīng
	205	壹	327	易	158	英	41
偃	519	漪	228		442		221
(傿)	119		yí	怿	507	婴	62
(庵)	602	(台)	258	诣	257		549
	yàn	圮	178	驿	362	膺	86
彦	42	(夷)	379	益	170	(撄)	549
唁	565	(诒)	433	益发	497		yíng
宴	262	怡	258	益复	587	迎	381
堰	203	贻	433	埸	587	茔	123
	yáng	移	366	(埶)	197	盈	315
羊	217	遗	526	逸	262	营	549

(萦)	549	余	636			越	512
楹	112	(隃)	512	(粥)	445		547
(嬴)	549	逾	512	愈	510		589
赢	533	渝	508		559	越发	589
yìng		愉	263		586	越加	589
应	415	(媮)	263	愈更	587	越越	589
(膺)	415	愚	267	愈加	587	**yún**	
yǒng		窳	318	愈益	587	云	385
泳	514	與	167	(誉)	262		644
勇	29	瑜	217	(瘉)	510	**yǔn**	
yòng		踰	512		559	允	416
用	405	**yǔ**			586	陨	546
	632	与	435	豫	262	(隕)	563
yóu			633	(蹻)	510	殒	563
尤	270	予	653	燠	307	(碩)	546
	582	屿	436	鬻	445	(贇)	546
尤其	582	羽	231	**yuān**		**yùn**	
由	632		148	悁	261	孕	332
(邮)	270	语	213	**yuán**		愠	261
(遊)	513		384	园	120		
	514	圉	385	(員)	311	— **Z** —	
游	513	庾	189	圆	311		
	514		109	缘	551	**zā**	
yǒu		**yù**			633	扎	462
(幽)	239	妪	47	圜	312	匝	549
羑里	191		47	**yuǎn**		(紥)	462
牖	114	(俞)	559	远	297	(紮)	462
(牖里)	191		586	**yuàn**		**zá**	
黝	239	狱	189	苑	120	杂	251
yòu		语	426	**yuē**		**zāi**	
又	572	浴	387	曰	384	栽	491
又况	659	阈	466	约	460	**zǎi**	
囿	120	遇	107	**yuè**		载	13
yú		(奥)	476	月	4	宰	41
于	630	裕	307	(说)	257	崽	57
予	636	(逾)	322	悦	257		
			510				

	zài		zhāi		zhěn	植	490
再	328	摘	482	畛	176	殖	490
	573		zhān		zhèn		zhǐ
载	493	(旃丹)	185	振	438	止	90
	zàn		zhǎn		464		542
暂	601	辗	355	(振旦)	185		608
	zāng		zhāng	朕	636	只	608
(脏)	289	张	530	眹	79	沚	230
	zāo	章	152	震旦	185	祇	608
遭	476	章甫	93		zhēng	趾	90
	zǎo		zhàng	征	531		zhì
早	16	杖	448	蒸	131	至	361
(蚤)	16	障	202		zhěng		574
澡	466		zhāo	(丞)	438	(至那)	185
	zào	招	209	(拯)	438	志	209
皂	240		465	(承)	438	质	154
造	361	朝	16	拯	438		208
燥	304		zháo	(撜)	438		429
	zé	着	539		zhèng	(质)	112
责	473	(著)	539	正	208	治	246
择	480		zhǎo		592	栉	94
	485	找	527		592	桎	107
	zēng	沼	223	(争)	412	陟	400
增	497		zhào	证	413		403
矰	32	召	465	诤	412	致	574
	zèng	诏	388		zhī	(值)	492
赠	433	(棹)	173	之	360	掷	456
	zhá	照	626		640		496
札	141	(濯)	173		641	(植)	492
	147	櫂	173	(支那)	185	彘	215
	zhǎ		zhě	(脂那)	185	置	492
眨	355	褶	29		zhí		494
	zhà		zhēn	执	448	稚	62
乍	602	珍	342	直	607	(寘)	492
诈	424	(真丹)	185	(直)	478	(寘)	518
(咋)	602	臻	362	值	478	踬	518
						(擿)	456

礞	112	株	127	zhǔn		zōng	
zhōng		(诸华)	182	准	209	宗	64
中	117	(诸夏)	182	(埻)	209	(從)	91
中国	181	猪	214	zhuō		踪	91
中华	182	(豬)	242	捉	487	(蹤)	91
中夏	182	zhú		zhuó		zǒng	
终	562	逐	365	妁	179	总之	670
	605	zhǔ		浊	289	zǒu	
zhǒng		(陼)	229	琢	394	走	363
冢	123	渚	229	擢	403	zū	
(塚)	123	属	553	濯	468	租	428
zhòng		zhù		躅	92	zú	
众	279	住	367	zī		足	90
种	489	注	391	兹	13		321
重	498	柱	112		641	卒	29
(穜)	489	(註)	391	(玆)	586		562
zhōu		zhuàn		(兹益)	586	(殚)	562
舟	171	传	169	滋	586	zǔ	
(舟)	548		390	滋益	586	(作)	432
(州)	229	zhuàng		髭	83	诅	432
周	548	(戆)	267	(鼏)	83	阻	198
	574	戆	267	(顓)	83	(岨)	198
洲	229	zhuī		zǐ		祖	63
zhòu		追	365	子	56	zuì	
咒	431	zhuì			338	最	582
(呪)	431	(队)	545	姊	58	zūn	
胄	37	坠	545	zì		蹲	379
	66	缀	554	自非	669	zuò	
(祝)	431	赘	430	字	151	坐	377
昼	15	(磙)	545		333		633
骤	612	(隧)	545		338	阼	102
zhū		(礈)	545				
朱	242						

后　记

  我是1992年退休的,时年64岁,正是学术思想最成熟的年龄段,精力也还旺盛,且已淡出名利,远离竞争,可以潜心搞一些自己想搞的科学研究,每天搞一点,积少成多,汇聚成册。但随着年事日增,精力日衰,已渐感力不从心,节奏也随之放慢,且产生一种微妙的心理,不仅希望能完成预期的项目,而且还希望能在有生之年看到自己的成果。令人欣喜的是,在联系出版时,居然得到出版界的热情支持,特别是商务印书馆的大力支持,到目前为止,已为我出版了五本拙著(含增补本)。拙著都是关于古汉语的研究,读者面比较窄,商务往往是在亏损的情况下支持拙著的出版。本拙著还得到所在单位首都师范大学出版基金的资助,纳入"秋韵文库"。谨在此一并表示由衷的谢意。